Hörnicke

Landesplanungsgesetz Schleswig-Holstein

Landesplanungsgesetz Schleswig-Holstein

Kommentar

von

Dr. Johannes Hörnicke
Ministerium für Inneres, Kommunales, Wohnen und Sport

2. Auflage

KSV Medien

MIX
Papier | Fördert gute Waldnutzung
FSC® C019821
www.fsc.org

KSV Medien setzt bei der Herstellung überwiegend auf digitale Prozesse.
Dabei stehen eine effiziente Produktionsabwicklung und der verantwortungsvolle Umgang mit den eingesetzten Ressourcen im Fokus.

Bibliografische Information der Deutschen Nationalbibliothek
Die Deutsche Nationalbibliothek verzeichnet diese Publikation in der Deutschen Nationalbibliografie; detaillierte bibliografische Daten sind im Internet über http://dnb.dnb.de abrufbar.

Konrad-Adenauer-Ring 13 · 65187 Wiesbaden
info@ksv-medien.de · www.ksv-medien.de

Satz: C.H.Beck.Media.Solutions · Nördlingen
Druck: Druckerei C.H.Beck · Nördlingen

ISBN 978-3-8293-1998-0

Inhalt

Abkürzungsverzeichnis

a. A.	=	andere Auffassung
a. F.	=	alte Fassung
Abs.	=	Absatz
Alt.	=	Alternative
Amtsbl. Schl.-H.	=	Amtsblatt für Schleswig-Holstein
ARL	=	Akademie für Raumentwicklung in der Leibniz-Gesellschaft, ehemals Akademie für Raumforschung und Landesplanung
Art.	=	Artikel
AWZ	=	Ausschließliche Wirtschaftszone
BauGB	=	Baugesetzbuch
BauR	=	Baurecht Zeitschrift für das gesamte öffentliche und zivile Baurecht
BayVBl.	=	Bayerische Verwaltungsblätter (Zeitschrift)
BBergG	=	Bundesberggesetz
BekanntVO	=	Landesverordnung über die örtliche Bekanntmachung und Verkündung (Bekanntmachungsverordnung)
BGB	=	Bürgerliches Gesetzbuch
BGBl.	=	Bundesgesetzblatt
BGH	=	Bundesgerichtshof
BImSchG	=	Gesetz zum Schutz vor schädlichen Umwelteinwirkungen durch Luftverunreinigungen, Geräusche, Erschütterungen und ähnliche Vorgänge (Bundes-Immissionsschutzgesetz)
BITV 2.0	=	Verordnung zur Schaffung barrierefreier Informationstechnik nach dem Behindertengleichstellungsgesetz (Barrierefreie-Informationstechnik-Verordnung)
Bln-Bbg	=	Berlin-Brandenburg
BR-Drs.	=	Bundesratsdrucksache
bspw.	=	beispielsweise
BT-Drs.	=	Bundestagsdrucksache
BVerfG	=	Bundesverfassungsgericht
BVerwG	=	Bundesverwaltungsgericht
bzgl.	=	bezüglich
bzw.	=	beziehungsweise
d. h.	=	das heißt
DÖV	=	Die öffentliche Verwaltung; Zeitschrift für Verwaltungsrecht und Verwaltungspolitik
DSGVO	=	Verordnung (EU) 2016/679 des Europäischen Parlaments und des Rates vom 27. April 2016 zum Schutz natürlicher Personen bei der Verarbeitung personenbezogener Daten, zum freien Datenverkehr und zur Aufhebung der Richtlinie 95/46/EG (Datenschutz-Grundverordnung)
DVBl	=	Deutsches Verwaltungsblatt (Zeitschrift)
e. V.	=	eingetragener Verein
EEG	=	Gesetz für den Ausbau erneuerbarer Energien (Erneuerbare-Energien-Gesetz–EEG)
EGMR	=	Europäischer Gerichtshof für Menschenrechte

FAG	=	Gesetz über den kommunalen Finanzausgleich in Schleswig-Holstein (Finanzausgleichsgesetz) f. folgend (folgende Seite)
ff.	=	Plural von folgend (folgende Seiten)
FStrG	=	Bundesfernstraßengesetz
GG	=	Grundgesetz
ggf.	=	gegebenenfalls
GIS	=	Geographisches Informationssystem
GO SH	=	Gemeindeordnung für Schleswig-Holstein (Gemeindeordnung)
GStG SH	=	Gesetz zur Gleichstellung der Frauen im öffentlichen Dienst (Gleichstellungsgesetz)
GVOBl.	=	Gesetz- und Verordnungsblatt für Schleswig-Holstein
HdSR	=	Handwörterbuch der Stadt- und Raumentwicklung
Hess. VGH	=	Hessischer Verwaltungsgerichtshof
HLPG	=	Hessisches Landesplanungsgesetz
Hrsg.	=	Herausgeber
i. S. d.	=	im Sinne des
i. V. m.	=	in Verbindung mit
ImSchV-ZustVO	=	Landesverordnung über die zuständigen Behörden nach immissionsschutzrechtlichen sowie sonstigen technischen und medienübergreifenden Vorschriften des Umweltschutzes
KrO SH	=	Kreisordnung für Schleswig-Holstein (Kreisordnung)
KrWG	=	Gesetz zur Förderung der Kreislaufwirtschaft und Sicherung der umweltverträglichen Bewirtschaftung von Abfällen (Kreislaufwirtschaftsgesetz)
LaplaG	=	Gesetz über die Landesplanung Schleswig-Holstein (Landesplanungsgesetz)
LBGG	=	Gesetz zur Gleichstellung von Menschen mit Behinderung in Schleswig-Holstein (Landesbehindertengleichstellungsgesetz)
LEGG	=	Gesetz über Grundsätze zur Entwicklung des Landes (Landesentwicklungsgrundsätzegesetz)
LEP	=	Landesentwicklungsplan
lit.	=	Litera (Buchstabe)
LJG	=	Landesjustizgesetz
LLUR	=	Landesamt für Landwirtschaft, Umwelt und ländliche Räume des Landes Schleswig-Holstein
LNatSchG	=	Gesetz zum Schutz der Natur (Landesnaturschutzgesetz)
LPlG RhPf	=	Landesplanungsgesetz Rheinland-Pfalz
LSA	=	Sachsen-Anhalt
LT-Drs.	=	Landtagsdrucksache
LVerfG SH	=	Landesverfassungsgericht Schleswig-Holstein
LVwG SH	=	Allgemeines Verwaltungsgesetz für das Land Schleswig-Holstein (Landesverwaltungsgesetz)
M-V	=	Mecklenburg-Vorpommern
NABEG	=	Netzausbaubeschleunigungsgesetz Übertragungsnetz
NBehZustÜV	=	Landesverordnung zur Übertragung von Zuständigkeiten auf nachgeordnete Behörden
NdsOVG	=	Niedersächsisches Oberverwaltungsgericht
NordÖR	=	Zeitschrift für öffentliches Recht in Norddeutschland

Nr.	=	Nummer
NROG	=	Niedersächsisches Raumordnungsgesetz
NuR	=	Natur und Recht, Zeitschrift für das gesamte Recht zum Schutze der natürlichen Lebensgrundlagen und der Umwelt
NVwZ	=	Neue Zeitschrift für Verwaltungsrecht
o. g.	=	oben genannt
OVG	=	Oberverwaltungsgericht
PIG SH	=	Parlamentsinformationsgesetz
PlanSiG	=	Planungssicherungsstellungsgesetz
Rn.	=	Randnummer
ROG	=	Raumordnungsgesetz
ROIS	=	Raumordnungs-Informationssystem der Landesplanung
RoV	=	Raumordnungsverordnung
S.	=	Seite
SächsLPlG	=	Gesetz zur Raumordnung und Landesplanung des Freistaates Sachsen (Landesplanungsgesetz)
SH	=	Schleswig-Holstein
SLPG	=	Saarländisches Landesplanungsgesetz
sog.	=	sogenannt
StandAG	=	Gesetz zur Suche und Auswahl eines Standortes für ein Endlager für hochradioaktive Abfälle (Standortauswahlgesetz)
ThürLPlG	=	Thüringer Landesplanungsgesetz
u. a.	=	unter anderem
UmwRG	=	Gesetz über ergänzende Vorschriften zu Rechtsbehelfen in Umweltangelegenheiten nach der EG-Richtlinie 2003/35/EG (Umwelt-Rechtsbehelfsgesetz)
UPR	=	Umwelt- und Planungsrecht (Zeitschrift)
UVP	=	Umweltverträglichkeitsprüfung
UVP-RL	=	Richtlinie 2011/92/EU des Europäischen Parlaments und des Rates vom 13. Dezember 2011 über die Umweltverträglichkeitsprüfung bei bestimmten öffentlichen und privaten Projekten
UVPG	=	Gesetz über die Umweltverträglichkeitsprüfung
Verf SH	=	Verfassung des Landes Schleswig-Holstein
VerwGebVO SH	=	Landesverordnung über Verwaltungsgebühren Schleswig-Holstein (Verwaltungsgebührenverordnung)
VwKostG	=	Verwaltungskostengesetz des Landes Schleswig-Holstein
VG	=	Verwaltungsgericht
VGH	=	Verwaltungsgerichtshof
vgl.	=	vergleiche
VwGO	=	Verwaltungsgerichtsordnung
VwVfG	=	Verwaltungsverfahrensgesetz
WESPG	=	Windenergieplanungssicherstellungsgesetz
WindBG	=	Gesetz zur Festlegung von Flächenbedarfen für Windenergieanlagen an Land (Windenergieflächenbedarfsgesetz)
z. B.	=	zum Beispiel
ZfBR	=	Zeitschrift für deutsches und internationales Bau- und Vergaberecht
ZUR	=	Zeitschrift für Umweltrecht

Literaturverzeichnis

Adam, Brigitte/Zaspel-Heisters, Brigitte, Berichte der Stadt- und Raumentwicklung in ARL – Akademie für Raumforschung und Landesplanung (Hrsg.): Handwörterbuch der Stadt- und Raumentwicklung, 5. Aufl., Hannover 2018, S. 191–196.

ARL – Akademie für Raumforschung und Landesplanung (Hrsg.), Raumordnerische Verträge zielorientiert und aufgabengerecht einsetzen. Positionspapier aus der ARL Nr. 85.

Bartel, Sebastian/Janssen, Gerold, Raumplanung im Untergrund unter Berücksichtigung des Umweltschutzes, NuR 2016 S. 237–246.

Battis, Ulrich/Kersten, Jens, Die Raumordnung nach der Föderalismusreform, DVBl 2007 S. 152–159.

Blotevogel, Hans Heinrich, Geschichte der Raumordnung in ARL – Akademie für Raumforschung und Landesplanung (Hrsg.): Handwörterbuch der Stadt- und Raumentwicklung, 5. Aufl., Hannover 2018, S. 793–803.

Bringewat, Jörn, Recht- und Verfassungsmäßigkeit des Windenergieplanungssicherstellungsgesetzes (WESPG), NordÖR 2016 S. 240–247.

Einig, Klaus, Die Abgrenzung von Planungsräumen der Regionalplanung im Ländervergleich in Mielke, Bernd/Münter, Angelika (Hrsg.): Neue Regionalisierungsansätze in Nordrhein-Westfalen, S. 4–31, Hannover, 2010.

Einig, Klaus, Regulierung durch Regionalplanung, DÖV 2011 S. 185–195.

Einig, Klaus/Zaspel-Heisters, Brigitte, Das System Zentraler Orte in Deutschland in Greiving, Stefan/Flex, Florian (Hrsg.), Neuaufstellung des Zentrale-Orte-Konzepts in Nordrhein-Westfalen, ARL – Akademie für Raumforschung und Landesplanung, Hannover, 2016, S. 3–19.

Epping, Volker/Hillgruber, Christian (Hrsg.), Grundgesetz Beck´scher Online-Kommentar (zitiert Bearbeiter in Epping/Hillgruber, BeckOK GG), 44. Edition, Stand 15.5.2020.

Erbguth, Wilfried, Abweichungsgesetzgebung: verfassungsrechtliche Grundlagen und allgemeine Rechtsfragen, ZUR 2019 S. 195–203.

Erbguth, Wilfried, Rechtsschutz gegen Raumordnungspläne – unter besonderer Berücksichtigung des § 48 UVPG, DVBl 2018 S. 897–906.

Erbguth, Wilfried/Schubert, Mathias, Raumordnung des Untergrundes in ARL – Akademie für Raumforschung und Landesplanung (Hrsg.): Handwörterbuch der Stadt- und Raumentwicklung, 5. Aufl., Hannover 2018, S. 1901–1906.

Ernst, Werner/Zinkahn, Willy/Bielenberg, Walter/Krautzberger, Michael (Hrsg.), Baugesetzbuch (zitiert Bearbeiter in Ernst/Zinkahn/Bielenberg/Krautzberger, BauGB), München, Stand: 1.10.2019, 136. Ergänzungslieferung.

Foerster, German/Friedersen, Gerd-Harald/Rohde, Martin (Hrsg.), Landesverwaltungsgesetz Schleswig-Holstein, Praxis der Kommunalverwaltung (zitiert *Bearbeiter* in PRAXIS-Beitrag A 15 SH), Wiesbaden, 34. Nachlieferung Februar 2020.

Gatz, Stephan, Windenergieanlagen in der Verwaltungs- und Gerichtspraxis, 2. Aufl., Bonn, 2013.

Goppel, Konrad, Aspekte des Zielabweichungsverfahrens im Raumordnungsrecht, UPR 2006 S. 296–299.

Goppel, Konrad, Landesplanung, Landesentwicklung in ARL – Akademie für Raumforschung und Landesplanung (Hrsg.), Handwörterbuch der Stadt- und Raumentwicklung, 5. Aufl., Hannover 2018, S. 1307–1322.

Hoppe, Werner, Kompetenz-Debakel für die Raumordnung durch die Föderalismusreform infolge der uneingeschränkten Abweichungszuständigkeit der Länder, DVBl 2007 S. 144–152.

Hoppe, Werner/Beckmann, Martin/Kment, Martin (Hrsg), Gesetz über die Umweltverträglichkeitsprüfung/Umwelt-Rechtsbehelfsgesetz (zitiert *Bearbeiter* in Hoppe/Beckmann/Kment, UVPG), 5. Aufl., Köln 2018.

Isbary, Gerhard, Zur Gliederung des Bundesgebietes in Teilräume, DÖV 1963 S. 793–797.

Jarass, Hans D., Bundesimmissionschutzgesetz (zitiert *Jarass,* BImSchG), 13. Aufl., München 2020.

Kment, Martin, Das Raumordnungsverfahren – Befristung und Fristverlängerung, NVwZ 2010 S. 542–545.

Kment, Martin (Hrsg.), Raumordnungsgesetz mit Landesplanungsrecht (zitiert *Bearbeiter* in Kment, ROG), Baden-Baden, 2019.

Krautzberger, Michael/Stüer, Bernhard, Planungssicherstellungsgesetz 2020: Öffentlichkeitsbeteiligung in Krisenzeiten, DVBl 2020 S. 910–913.

Kühl, Claus, Entwicklung des zentralörtlichen Systems, Die Gemeinde 1981 S. 225–228.

Kümper, Boas, Drittschutz beim Vollzug von Raumordnungsplänen?, NuR 2021 S. 588–598.

Landmann, Robert von/Rohmer, Gustav; Beckmann, Martin/Durner, Wolfgang/Mann, Thomas/Röckinghausen, Marc (Hrsg.), Umweltrecht, UVPG (zitiert *Bearbeiter* in Landmann/Rohmer, UmweltR, UVPG), 59. Ergänzungslieferung, München, 2010.

Mann, Thomas/Sennekamp, Christoph/Uechtritz, Michael (Hrsg.), Verwaltungsverfahrensgesetz (zitiert *Bearbeiter* in Mann/Sennekamp/Uechtritz, VwVfG), 2. Aufl., Baden-Baden 2019.

Maunz, Theodor/Dürig, Günter (Hrsg.), Grundgesetz (zitiert *Bearbeiter* in Maunz/Dürig, GG), 87. Lieferung, München, 2019.

Patella, Maren, Die Rechtsschutzmöglichkeiten von Nachbargemeinden beim Zielabweichungsverfahren nach bayerischem Landesplanungsrecht, BayVBl. 2012 S. 421–427.

Priebs, Axel, Raumordnung in Deutschland, Braunschweig, 2013.

Reidt, Olaf, Die Bedeutung von (in Aufstellung befindlichen) Zielen der Raumordnung bei der Genehmigung von Bauvorhaben Privater, ZfBR 2004 S. 430–439.

Ritter, Ernst-Hasso, Das Gesetz zur Neufassung des Raumordnungsgesetzes (ROG 2009): Weiterentwicklung oder beginnendes Siechtum?, DÖV 2009 S. 425–434.

Ritter, Ernst-Hasso, Das uneingeschränkte Abweichungsrecht nach Art. 72 Abs. 3 GG, ARL-Nachrichten 3/2006 S. 12–14.

Runkel, Peter, Die Landesplanungsgesetze und das ROG-Änderungsgesetz 2017 als das spätere Gesetz nach Art. 72 Absatz 3 Satz 3 GG, ZUR 2019 S. 210–217.

Schaetzell, Johannes, Gesetz über die Landesplanung – Landesplanungsgesetz in Praxis der Gemeindeverwaltung, 43. Lieferung Schleswig-Holstein, Wiesbaden, 1962.

Schink, Alexander/Reidt, Olaf/Mitschang, Stephan (Hrsg.), Umweltverträglichkeitsprüfungsgesetz/Umwelt-Rechtsbehelfsgesetz (zitiert *Bearbeiter* in Schink/Reidt/Mitschang, UVPG), München, 2018.

Schmidt-Bleibtreu, Bruno/Hofmann, Hans/Hennecke, Hans-Günter (Hrsg.), GG Kommentar zum Grundgesetz (zitiert *Bearbeiter* in Schmidt-Bleibtreu/Hofmann/Hennecke, GG), 14. Aufl., Köln 2018.

Schmitz, Holger, Raumordnerische Gesetzgebung der Länder: ergänzendes, abweichendes und wiederholendes Recht, ZUR 2019 S. 203–210.

Schoen, Hendrik, Bundesrechtliche Vorgaben zur landesplanerischen Untersagung und Mittel zur Sicherung städtebaulicher Planungsabsichten – Eine vergleichende Betrachtung, NuR 2000 S. 138–145.

Schoen, Hendrik, Untersagung in der Raumordnung in ARL – Akademie für Raumforschung und Landesplanung (Hrsg.): Handwörterbuch der Stadt- und Raumentwicklung, 5. Aufl.ge, Hannover 2018, S. 2733–2738.

Schlacke, Sabine/Schnittker, Daniel, Fracking und Raumordnung – Steuerungspotenziale der Landesentwicklungsplanung, ZUR 2016 S. 259–268.

Schmitz, Holger/Haselmann, Cosima, Das raumordnerische Wegplanen von Konzentrationszonen für Windenergieanlagen und seine entschädigungsrechtlichen Folgen, NVwZ 2015 S. 846–851.

Schrage, Christel, Zielabweichungsverfahren bei Raumordnungsplänen, Münster, 1998.

Siebelt, Johannes, Anspruch auf Raumordnungsverfahren, NVwZ 1992 S. 645–648.

Spannowsky, Willy/Runkel, Peter/Goppel, Konrad (Hrsg.), Raumordnungsgesetz (zitiert *Bearbeiter* in Spannowsky/Runkel/Goppel, ROG), 2. Aufl., München, 2018.

Stelkens, Paul/Bonk, Heinz Joachim/Sachs, Michael (Hrsg.), Verwaltungsverfahrensgesetz (zitiert Bearbeiter in Stelkens/Bonk/Sachs, VwVfG), 9. Aufl., München 2018.

Sturm, Gabriele, Raumbeobachtung in ARL – Akademie für Raumforschung und Landesplanung (Hrsg.): Handwörterbuch der Stadt- und Raumentwicklung, 5. Aufl., Hannover 2018, S. 1865–1871.

Terfrüchte, Thomas/Flex, Florian, Zentraler Ort in ARL – Akademie für Raumforschung und Landesplanung (Hrsg.): Handwörterbuch der Stadt- und Raumentwicklung, 5. Aufl., Hannover 2018, S. 2969–2979.

Tyczewski, Thomas, Der Raumordnungsvertrag nach § 14 ROG als flankierendes Mittel zur Regionalplanung, BauR 2021 S. 152–170.

Uechtritz, Michael, Phasenspezifischer oder konzentrierter Rechtsschutz: Das Beispiel Raumordnungs- und Baurecht, ZUR 2017 S. 479–488.

Weber, Klaus (Hrsg.), Creifelds, Rechtswörterbuch (zitiert Bearbeiter in Creifelds, Rechtswörterbuch), 24. Edition, München, 2020.

Wysk, Peter, Planungssicherstellung in der COVID-19-Pandemie, NVwZ 2020 S. 905–910.

Zachow, Mark G., Das Windenergieplanungssicherstellungsgesetz, Kiel, 2018.

Zsinka, Enikö, Das Zitiergebot in der Abweichungsgesetzgebung. Rechtsstaatliche und demokratische Grundlagen sowie Anforderungen einer Kennzeichnungspflicht in Art. 72 Abs. 3 GG, Berlin, 2017.

Gesetz über die Landesplanung (Landesplanungsgesetz–LaplaG)

vom 27. Januar 2014 (GVOBl. S. 8),
zuletzt geändert durch Gesetz zur Änderung des Landesplanungsgesetzes
vom 24. Mai 2024 (GVOBl. S. 405)

– Text –

Inhaltsübersicht:

ABSCHNITT I
ALLGEMEINE BESTIMMUNGEN

§ 1
Regelungsbereich

Dieses Gesetz regelt für die Raumordnung in Schleswig-Holstein Ergänzungen zum und Abweichungen vom Raumordnungsgesetz (ROG).

§ 2
Aufgaben der Raumordnung

(1) [1] Aufgabe der Raumordnung ist es, den Gesamtraum des Landes Schleswig-Holstein und seine Teilräume nach Maßgabe der Leitvorstellungen und der Grundsätze der §§ 1 und 2 ROG zu entwickeln, zu ordnen und zu sichern. [2] Dabei muss insbesondere dafür Sorge getragen werden, dass

1. durch Raumordnungspläne die unterschiedlichen Anforderungen an den Raum aufeinander abgestimmt und die auf der jeweiligen Planungsebene auftretenden räumlichen Nutzungskonflikte ausgeglichen werden und hierdurch zugleich Vorsorge für einzelne Raumfunktionen und Raumnutzungen getroffen wird,
2. die raumwirksamen Planungen der Ministerien (Fachplanungen des Landes), der Gemeinden, Gemeindeverbände, Kreise und aller anderen Planungsträger entsprechend den Erfordernissen der Raumordnung abgestimmt werden,
3. durch regionale und überregionale Zusammenarbeit sowie das Setzen von Entwicklungsimpulsen die Potenziale und Synergieeffekte einer zukunftsorientierten Gestaltung des Landes Schleswig-Holstein einschließlich ihrer Landesgrenzen überschreitenden Bezüge aufgegriffen und gestärkt werden; hierdurch soll auch die nachhaltige Raumentwicklung Schleswig-Holsteins verbessert werden, die gleichzeitig zur Wettbewerbsfähigkeit des Landes beiträgt.

(2) [1] Der Gesamtraum schließt auch den Untergrund im Landesgebiet von Schleswig-Holstein ein. [2] Untergrund im Sinne dieses Gesetzes sind diejenigen unterirdischen Bereiche, denen aufgrund ihrer Tieflage für oberflächige Nutzungen, insbesondere solche baulicher Art, in der Regel keine Bedeutung zukommt.

§ 3
Planungsräume

Schleswig-Holstein ist in drei regionale Planungsräume eingeteilt:

Planungsraum I:
Kreisfreie Stadt Flensburg, Kreise Nordfriesland und Schleswig-Flensburg.

Planungsraum II:
Kreisfreie Städte Kiel und Neumünster, Kreise Plön und Rendsburg-Eckernförde.

Planungsraum III:
Kreisfreie Stadt Lübeck, Kreise Dithmarschen, Herzogtum Lauenburg, Ostholstein, Pinneberg, Segeberg, Steinburg und Stormarn.

§ 4
Landesplanungsbehörde

Landesplanungsbehörde ist die für die Raumordnung und die Landesplanung zuständige oberste Landesbehörde.

ABSCHNITT II

RAUMORDNUNGSPLÄNE

§ 5
Allgemeine Vorschriften über Raumordnungspläne

(1) [1]Raumordnungspläne sind der Landesentwicklungsplan als landesweiter Raumordnungsplan und die Regionalpläne für die Planungsräume. [2]Planungsträger für die Raumordnungspläne ist die Landesplanungsbehörde. [3]Das Verfahren zur Aufstellung der Raumordnungspläne richtet sich nach den Absätzen 4 bis 9 und den §§ 7 bis 10 und 13 ROG. [4]Die Raumordnungspläne legen die anzustrebende räumliche Entwicklung für einen Zeitraum von regelmäßig fünfzehn Jahren fest (Planungszeitraum). [5]Sie sind bei Bedarf der Entwicklung anzupassen und insoweit gemäß § 6 zu ändern. [6]§ 6 bleibt unberührt.

(2) In den Raumordnungsplänen ist sicherzustellen, dass den räumlichen Erfordernissen der Verteidigung, des Zivilschutzes und der Konversion nicht mehr benötigter ehemaliger militärischer Liegenschaften Rechnung getragen wird.

(3) [1]Die raumrelevanten Inhalte der regionalen und überregionalen Landschaftsplanung sowie die räumlichen Erfordernisse des Klimaschutzes und der Anpassung an den Klimawandel sind bei der Aufstellung von Raumordnungsplänen zu berücksichtigen. [2]Im Untergrund können in den Raumordnungsplänen einzelne unterirdische Teilräume bestimmten öffentlichen Zwecken gewidmet oder im Interesse eines öffentlichen Zwecks gegenüber bestimmten Veränderungen geschützt werden. [3]Ein derartiger Zweck kann auch in der Erhaltung bestimmter Beschaffenheiten des Untergrundes, insbesondere besonderer geologischer oder geomorphologischer Formationen, bestehen.

(4) [1]Die Landesplanungsbehörde informiert frühzeitig über die geplante Aufstellung eines Raumordnungsplans. [2]Das Aufstellungsverfahren leitet die Landesplanungsbehörde durch Bekanntmachung der allgemeinen Planungsabsichten im Amtsblatt für Schleswig-Holstein ein. [3]Die Landesplanungsbehörde veröffentlicht diese Bekanntmachung nachrichtlich im Internet.

(5) Der Entwurf eines Raumordnungsplans, seine Begründung und der Umweltbericht werden durch die Landesplanungsbehörde unverzüglich nach Entscheidung der Landesregierung im Internet bereitgestellt.

(6) [1]Die Beteiligung der Öffentlichkeit und der in ihren Belangen betroffenen öffentlichen Stellen richtet sich nach § 9 Absatz 2 bis 5 ROG. [2]Die Landesplanungsbehörde leitet das Verfahren durch Bekanntmachung im Amtsblatt Schleswig-Holstein ein. [3]In der Bekanntmachung ist zusätzlich darauf hinzuweisen, dass Stellungnahmen in mündlicher Form ausgeschlossen sind. [4]Die kreisangehörigen Städte und Gemeinden leiten ihre Stellungnahme zusätzlich informationshalber ihrem jeweiligen Kreis zu.

(7) [1]Der Landesentwicklungsplan wird von der Landesregierung mit Zustimmung des Landtags als Rechtsverordnung beschlossen. [2]Vor dem Beschluss der Landesregierung ist der Landesplanungsrat zu beteiligen. [3]Die Veröffentlichung des Landesentwicklungsplans richtet sich nach § 10 Absatz 2 ROG. [4]Die Unterlagen nach § 10 Absatz 2 ROG werden bei der Landesplanungsbehörde zur Einsichtnahme bereitgehalten.

(8) [1]Die Regionalpläne sind zeitnah dem Landesentwicklungsplan anzupassen. [2]Regionalpläne werden von der Landesregierung als Rechtsverordnungen beschlossen. [3]Vor dem Beschluss der Landesregierung ist der Landesplanungsrat zu beteiligen. [4]Die Veröffentlichung der Regionalpläne richtet sich nach § 10 Absatz 2 ROG. [5]Die Unterlagen nach § 10 Absatz 2 ROG werden bei der Landesplanungsbehörde zur Einsichtnahme bereitgehalten.

(9) Durchführung und Inhalte der Umweltprüfung von Raumordnungsplänen richten sich nach § 8 ROG.

§ 5a

(aufgehoben)

§ 6

Planänderungsverfahren

[1] Die Raumordnungspläne sind bei Bedarf zu ändern. [2] Dies kann auch in sachlichen oder räumlichen Teilabschnitten geschehen. [3] Für die Änderung finden die für die Aufstellung geltenden Regelungen des § 5 entsprechende Anwendung.

§ 7

Planerhaltung

(1) Für die Verletzung von Verfahrens- und Formvorschriften dieses Gesetzes bei der Aufstellung oder Änderung von Raumordnungsplänen gilt § 11 ROG.

(2) Die Verletzung von Verfahrens- und Formvorschriften bei der Aufstellung von Raumordnungsplänen ist bei der Landesplanungsbehörde als zuständiger Stelle im Sinne von § 11 Absatz 5 Satz 1 ROG geltend zu machen.

§ 8

Landesentwicklungsplan

(1) Der Landesentwicklungsplan enthält auf der Grundlage von § 1 Absatz 3 ROG und §§ 7 und 13 ROG die Ziele und Grundsätze der Raumordnung, die für das ganze Land einschließlich des Küstenmeeres oder für die räumliche Beziehung der Landesteile untereinander von Bedeutung sind.

(2) [1] Die Kreise und kreisfreien Städte sind frühzeitig an der Erarbeitung des Landesentwicklungsplans zu beteiligen. [2] Parallel zum Beteiligungsverfahren gemäß § 5 Absatz 5 wird der Innen- und Rechtsausschuss des Landtags über den Stand der Arbeiten unterrichtet. [3] Ihm wird Gelegenheit zur Stellungnahme gegeben.

§ 9

Regionalpläne

[1] Regionalpläne entwickeln sich aus dem Landesentwicklungsplan und enthalten die Ziele, Grundsätze und sonstigen Erfordernisse der Raumordnung für die in § 3 festgelegten Planungsräume. [2] Die Kreise und kreisfreien Städte sind frühzeitig an der Erarbeitung des Regionalplanes für den jeweiligen Planungsraum zu beteiligen; die kreisangehörigen Städte und Gemeinden sind hierbei einzubeziehen.

ABSCHNITT III

VERWIRKLICHUNG DER PLANUNG, ZUSAMMENARBEIT, RAUMVERTRÄGLICHKEITSPRÜFUNG

§ 10
Raumordnerische Zusammenarbeit

Neben den Instrumenten des Abschnittes III ist zur Verwirklichung der Erfordernisse der Raumordnung insbesondere von den Möglichkeiten der raumordnerischen Zusammenarbeit nach § 14 ROG Gebrauch zu machen.

§ 11
Bauleitplanung

(1) Die Gemeinden haben der Landesplanungsbehörde frühzeitig die beabsichtigte Aufstellung von Bauleitplänen anzuzeigen (Planungsanzeige).

(2) [1] Soweit erforderlich teilt die Landesplanungsbehörde den Gemeinden innerhalb einer Frist von zwei Monaten, nach der ihr beurteilungsfähige Planunterlagen vorliegen, die zu beachtenden Erfordernisse der Raumordnung (§ 3 Absatz 1 Nummer 1 ROG) mit. [2] Näheres dazu regelt die Landesplanungsbehörde. [3] Die Pflicht, Ziele der Raumordnung nach § 4 ROG zu beachten, bleibt unberührt.

(3) [1] Die Landesplanungsbehörde kann auf eine Planungsanzeige verzichten. [2] Näheres dazu regelt die Landesplanungsbehörde.

(4) [1] Zur Vorbereitung ihrer Stellungnahme nach Absatz 2 Satz 1 kann die Landesplanungsbehörde ein Abstimmungsverfahren durchführen (raumplanerisches Abstimmungsverfahren), in das insbesondere die Gemeinden und Kreise und die weiteren Träger öffentlicher Belange einzubeziehen sind, auf deren Gebiet oder deren Aufgaben sich die Planung voraussichtlich erheblich auswirken wird. [2] Dies sowie Art und Umfang der erforderlichen Unterlagen sind der Gemeinde, die die Planungsanzeige vorgelegt hat, mitzuteilen. [3] Zur Durchführung des Verfahrens kann die Frist nach Absatz 2 Satz 1 angemessen verlängert werden.

§ 12
Abstimmung von Planungen und Maßnahmen, Auskunftspflicht

(1) [1] Öffentliche Stellen und Personen des Privatrechts nach § 4 Absatz 1 Satz 2 ROG haben ihre raumbedeutsamen Planungen und Maßnahmen aufeinander und untereinander abzustimmen. [2] Die Landesplanungsbehörde ist in die Abstimmung einzubeziehen.

(2) [1] Die öffentlichen Stellen haben der Landesplanungsbehörde frühzeitig Auskunft über die raumbedeutsamen Planungen und Maßnahmen aus ihrem Zuständigkeits- und Aufgabenbereich zu erteilen. [2] Soweit dies erforderlich ist, gibt die Landesplanungsbehörde ihnen die Ziele der Raumordnung bekannt, die im Rahmen der Durchführung der Planungen und Maßnahmen zu beachten sind. [3] § 11 Absatz 4 gilt entsprechend.

(3) Die Auskunftspflicht nach Absatz 2 Satz 1 gilt auch für natürliche und juristische Personen des Privatrechts sowie nichtrechtsfähige Vereinigungen.

§ 13
Zielabweichung

(1) [1] Die Landesplanungsbehörde entscheidet über die Abweichung von Zielen der Raumordnung gemäß § 6 Absatz 2 ROG in einem gesonderten Verfahren. [2] Sie entschei-

det hierüber ergänzend zu § 6 Absatz 2 ROG im Einvernehmen mit den jeweils fachlich berührten obersten Landesbehörden und nach Beteiligung der weiteren jeweils fachlich berührten öffentlichen Stellen.

(2) Auf eine Zielabweichung besteht kein Anspruch.

§ 13a
Erprobung von Entwicklungsmaßnahmen, Evaluation

(1) [1]Zur Erprobung einer innovativen, möglichst interkommunalen Entwicklungsmaßnahme, insbesondere zu Zwecken der Digitalisierung, der Siedlungsentwicklung, der Daseinsvorsorge, der Mobilität, des Klimaschutzes und der Energiewende kann die Landesplanungsbehörde im Einzelfall auf der Basis eines raumordnerischen Vertrages nach § 14 Absatz 2 Satz 1 Nummer 1 ROG eine räumlich oder zeitlich oder eine räumlich und zeitlich begrenzte Abweichung von Zielen der Raumordnung zulassen. [2]Der raumordnerische Vertrag nach Satz 1 kann eine Zielabweichungsentscheidung vorbereiten oder ersetzen. [3]§ 6 Absatz 2 ROG und § 13 gelten entsprechend.

(2) Die Landesplanungsbehörde wertet die Entwicklungsmaßnahmen nach Absatz 1 aus und entscheidet bei Bedarf über eine Anpassung der Raumordnungspläne.

§ 13b
Zielabweichungsverfahren für Windenergieanlagen an Land

(1) Plant eine Gemeinde vor dem in § 245e Absatz 1 Satz 2 Baugesetzbuch genannten Zeitpunkt ein Windenergiegebiet gemäß § 2 Nummer 1 des Windenergieflächenbedarfsgesetzes außerhalb der in den Regionalplänen ausgewiesenen Vorranggebiete auszuweisen, soll ihrem Antrag auf Zielabweichung abweichend von § 245e Absatz 5 Baugesetzbuch und § 6 Absatz 2 des Raumordnungsgesetzes nur dann stattgegeben werden, wenn

1. ein Raumordnungsplan an der von der Gemeinde für Windenergie an Land geplanten Stelle kein Gebiet für mit der Windenergie an Land unvereinbare Nutzungen oder Funktionen festlegt,
2. die Fläche von der Gemeinde unter Beachtung der im Landesentwicklungsplan für Windenergie an Land im Übrigen festgelegten Ziele der Raumordnung und unter Berücksichtigung der Grundsätze der Raumordnung ermittelt worden ist,
3. die planende Gemeinde nachgewiesen hat, dass die Ausweisung der Windenergiegebiete mittels Sonderbauflächen, Sondergebieten oder mit diesen vergleichbaren Ausweisungen erfolgen soll und dass sie keine Bestimmungen zur Höhe der Windenergieanlagen an Land im jeweiligen Bauleitplan trifft,
4. die planende Gemeinde nachgewiesen hat, dass sie die Ausweisung der Windenergiegebiete mit den benachbarten Gemeinden abgestimmt hat und
5. die planende Gemeinde nachgewiesen hat, dass sie bei der Planung eines Windenergiegebietes die in ihren Belangen berührten öffentlichen Stellen beteiligt und die Abwägung gemäß § 1 Absatz 7 Baugesetzbuch durchgeführt hat.

(2) [1]Dem Antrag einer Gemeinde soll unter Beachtung der in Absatz 1 genannten Voraussetzungen stattgegeben werden, wenn

1. das Vorhaben überwiegend der Stromversorgung mindestens eines im Umkreis von bis zu 10 km befindlichen oder geplanten energieintensiven Gewerbe- oder Industriestandortes dient und die Nutzung der gewonnenen Energie mittels unmittelbarem Direktanschluss und -verbrauch (ohne EEG-Fördermechanismen) erfolgt oder
2. das Vorhaben in der Gemeinde überwiegend der Wärmeversorgung im Rahmen eines kommunalen Wärmekonzepts dient.

[2] Abstände, die als Ziele der Raumordnung im Landesentwicklungsplan für Windenergie an Land zu Gewerbegebieten festgelegt sind, finden in einer Bauleitplanung für Standorte nach Satz 1 keine Anwendung.

(3) Die Gemeinden kommen den Nachweispflichten durch Einreichung nachvollziehbarer Unterlagen nach.

(4) Die Landesplanungsbehörde kann abweichend von § 13 Absatz 1 Satz 2 auf das Einvernehmen der jeweils fachlich berührten obersten Landesbehörden und auf die Beteiligung der weiteren jeweils fachlich berührten öffentlichen Stellen verzichten.

§ 14
Raumverträglichkeitsprüfung

(1) Die Durchführung der Raumverträglichkeitsprüfung richtet sich nach § 15 und § 16 ROG, soweit dieses Gesetz nichts anderes regelt.

(2) Zuständig für die Durchführung von Raumverträglichkeitsprüfungen für Vorhaben nach § 1 der Raumordnungsverordnung vom 13. Dezember 1990 (BGBl. I S. 2766), zuletzt geändert durch Artikel 12 des Gesetzes vom 22. März 2023 (BGBl. 2023 I Nr. 88), ist die Landesplanungsbehörde.

§ 15
Durchführung und Ergebnis der Raumverträglichkeitsprüfung

(1) [1] Die Landesplanungsbehörde erörtert mit dem Träger des Vorhabens Gegenstand, Umfang und Methoden sowie sonstige erhebliche Fragen der Raumverträglichkeitsprüfung. [2] Anschließend legt sie Art und Umfang der erforderlichen Unterlagen nach § 15 Absatz 2 Satz 1 ROG fest, die für die raumordnerische Beurteilung notwendig sind und ihr vom Träger des Vorhabens vorzulegen sind. [3] Die Unterlagen sind in elektronischer Form zur Verfügung zu stellen und sollen mindestens folgende Angaben enthalten:

1. Beschreibung des Vorhabens mit Angaben über Standort, Art und Umfang, Emissionen und Reststoffe, Bedarf an Grund und Boden sowie andere Ansprüche an Natur und Umwelt und seine wirtschaftlichen Zielsetzungen,
2. Beschreibung der durch das Vorhaben bedingten Infrastrukturanforderungen,
3. Beschreibung der räumlichen Ausgangslage, insbesondere ihrer ökologischen sowie kulturhistorischen Ausstattung,
4. Beschreibung der Maßnahmen, mit denen erhebliche Beeinträchtigungen durch das Vorhaben auf den insgesamt betroffenen Raum vermieden oder vermindert werden,
5. Beschreibung aller auch nach Vornahme von Maßnahmen nach Nummer 4 erwarteten erheblichen Auswirkungen des Vorhabens auf den insgesamt betroffenen Raum,
6. Beschreibung möglicher Ausgleichs- und Ersatzmaßnahmen für unvermeidbare Beeinträchtigungen,
7. Darstellung der wesentlichen Gründe für den benannten Standort sowie ernsthaft in Betracht kommender Standort- oder Trassenalternativen.

[4] Bei den erforderlichen Angaben ist von den allgemein anerkannten Prüfungsmethoden und dem allgemeinen Kenntnisstand auszugehen. [5] Eine allgemeinverständliche Zusammenfassung der Angaben ist beizufügen. [6] Die Landesplanungsbehörde kann außerdem vom Vorhabenträger die Vorlage weiterer Gutachten verlangen, soweit diese für die raumordnerische Beurteilung erforderlich sind.

(2) [1] In der Raumverträglichkeitsprüfung sind, soweit sie berührt sein können, zu beteiligen:

1. Die öffentlichen Stellen nach § 15 Absatz 3 Satz 1 ROG sowie
2. die nach § 40 des Landesnaturschutzgesetzes anerkannten Vereine, der Landesnaturschutzverband sowie sonstige Verbände und Vereinigungen.

[2] Die Landesplanungsbehörde bestimmt den Kreis der Beteiligten und legt die Art und Weise der Beteiligung fest. [3] Sie kann Dritte hinzuziehen. [4] Soweit Raumverträglichkeitsprüfungen grundsätzliche Fragen der Landesplanung berühren, soll die Landesplanungsbehörde den Landesplanungsrat (§ 20) beteiligen.

(3) [1] Die Landesplanungsbehörde beteiligt die Öffentlichkeit und die in ihren Belangen berührten öffentlichen Stellen nach Absatz 2 nach Maßgabe der §§ 15 und 16 ROG. [2] Stellungnahmen können in schriftlicher oder elektronischer Form bei der Landesplanungsbehörde abgegeben werden; darauf ist in der Bekanntmachung nach § 15 Absatz 3 Satz 5 ROG hinzuweisen.

(4) Die Landesplanungsbehörde veröffentlicht ihre landesplanerische Stellungnahme nach § 15 Absatz 1 Satz 5 ROG zusätzlich im Internet, soweit dadurch die Interessen des Vorhabenträgers an Geheimhaltung seiner Betriebs- und Geschäftsgeheimnisse oder Geheimhaltungsinteressen des Bundes oder eines Landes nach § 15 Absatz 3 Satz 3 und 4 ROG nicht verletzt werden.

§ 16

Beschleunigte Raumverträglichkeitsprüfung

Die Landesplanungsbehörde kann nach Maßgabe des § 16 ROG eine beschleunigte Raumverträglichkeitsprüfung durchführen.

§ 17

Kosten für Zielabweichungsverfahren und Raumverträglichkeitsprüfungen

[1] Für die Durchführung von Zielabweichungsverfahren und Raumverträglichkeitsprüfungen werden gegenüber dem Träger des Vorhabens Kosten nach dem Verwaltungskostengesetz des Landes Schleswig-Holstein vom 17. Januar 1974 (GVOBl. Schl.-H. S. 37), zuletzt geändert durch Artikel 4 des Gesetzes vom 6. Dezember 2022 (GVOBl. Schl.-H. S. 1002), erhoben. [2] Satz 1 gilt auch für vom Träger des Vorhabens veranlasste Verfahrenseinstellungen.

§ 18

Untersagung raumbedeutsamer Planungen und Maßnahmen, Anpassung an Ziele der Raumordnung

(1) Die Landesplanungsbehörde kann raumbedeutsame Planungen und Maßnahmen im Einzelfall nach Maßgabe des § 12 ROG untersagen.

(2) [1] Abweichend von § 12 Absatz 2 ROG kann die Landesplanungsbehörde gegenüber den in § 4 ROG genannten öffentlichen Stellen auch bestimmen, dass raumbedeutsame Planungen und Maßnahmen zur Windenergienutzung sowie Entscheidungen über deren Zulässigkeit in einzelnen Planungsräumen befristet allgemein untersagt sind. [2] Die Untersagung ist zulässig, wenn sich ein Raumordnungsplan in Aufstellung befindet, in dem als Ziel der Raumordnung eine räumliche Konzentration der Windenergienutzung bei gleichzeitigem Ausschluss an anderer Stelle im Planungsraum vorgesehen ist, und zu befürchten steht, dass Planungen und Maßnahmen zur Windenergienutzung außerhalb der dafür zukünftig vorgesehenen Gebiete die Verwirklichung der vorgesehenen Ziele der Raumordnung unmöglich machen oder wesentlich erschweren würden. [3] Die Dauer der Untersagung beträgt bis zu zwei Jahre. [4] Die Landesplanungsbehörde kann die Untersagung um ein weiteres Jahr verlängern. [5] Die Landesplanungsbehörde kann allgemein

für räumlich abgegrenzte Gebiete des Planungsraums oder im Einzelfall gegenüber den in § 4 ROG genannten öffentlichen Stellen Befreiungen von der Untersagung nach Satz 1 zulassen, wenn und soweit raumbedeutsame Planungen oder Maßnahmen nicht befürchten lassen, dass die Verwirklichung der in Aufstellung befindlichen Ziele der Raumordnung unmöglich gemacht oder wesentlich erschwert wird.

(3) Vorhaben, die vor dem Eintritt der Wirksamkeit der Untersagung genehmigt worden sind, sowie Unterhaltungsarbeiten und die Fortführung einer bisher ausgeübten Nutzung werden von der Untersagung nicht berührt.

(4) Bei Entscheidungen nach § 4 Absatz 1 Satz 1 Nr. 2 und 3 und Absatz 2 ROG kann die öffentliche Stelle das Verfahren für die Geltungsdauer einer befristeten raumordnerischen Untersagung aussetzen.

(5) [1] Die Landesplanungsbehörde kann verlangen, dass die Träger der Bauleitplanung ihre Flächennutzungspläne und Bebauungspläne an die Ziele der Raumordnung anpassen. [2] Rechtsbehelfe gegen ein Anpassungsverlangen haben keine aufschiebende Wirkung.

§ 18a

(aufgehoben)

§ 19

Ersatzleistungen

(1) Hat eine Gemeinde Dritte nach §§ 39 bis 44 des Baugesetzbuches (BauGB) zu entschädigen, weil sie einen Bebauungsplan zur Anpassung an einen Raumordnungsplan ändern oder aufheben muss, leistet ihr die Landesplanungsbehörde Ersatz.

(2) [1] Ein Anspruch auf Ersatzleistung ist ausgeschlossen, wenn die Gemeinde die Landesplanungsbehörde nicht rechtzeitig vor Inkrafttreten des Raumordnungsplanes darüber unterrichtet hat, dass ein bestehender oder in Aufstellung oder in Änderung befindlicher Bebauungsplan den Zielen des in Aufstellung befindlichen Raumordnungsplanes zuwiderläuft und Entschädigungsansprüche bei einer Anpassung des Bebauungsplanes nicht ausgeschlossen sind. [2] Das Gleiche gilt, soweit die Gemeinde von einer oder einem durch die Maßnahme Begünstigten Ersatz verlangen kann.

(3) [1] Muss der Träger einer nach § 18 Absatz 1 oder Absatz 2 untersagten Planung oder Maßnahme aufgrund der Untersagung eine Dritte oder einen Dritten entschädigen, ersetzt ihr oder ihm die Landesplanungsbehörde die hierdurch entstehenden notwendigen Aufwendungen. [2] Die Ersatzleistung ist ausgeschlossen, wenn die Untersagung von dem Planungsträger verschuldet ist oder aus Anlass der Untersagung aus anderen Rechtsgründen Entschädigungsansprüche bestehen.

ABSCHNITT IV

LANDESPLANUNGSRAT, RAUMORDNUNGSBERICHT, RAUMBEOBACHTUNG

§ 20

Landesplanungsrat

(1) [1] Zur Mitwirkung an den Aufgaben der Landesplanungsbehörde wird ein Landesplanungsrat gebildet. [2] Er hat die Aufgabe, die Landesplanungsbehörde in grundsätzlichen Fragen, insbesondere bei der Aufstellung der Raumordnungspläne, zu beraten.

(2) Die Landesplanungsbehörde hat dem Landesplanungsrat in seinen Sitzungen über den Stand der Landesplanung und über wichtige Angelegenheiten ihres Aufgabenbereichs zu berichten.

§ 21

Organisation des Landesplanungsrates

(1) [1] Den Vorsitz im Landesplanungsrat hat das für die Raumordnung und Landesplanung zuständige Mitglied der Landesregierung. [2] Zudem gehören dem Landesplanungsrat an:

1. **Je eine Vertreterin oder ein Vertreter der im Schleswig-Holsteinischen Landtag vertretenen Parteien auf Vorschlag der Landtagsfraktionen,**
2. **je zwei Vertreterinnen oder Vertreter der Kommunalen Landesverbände auf deren Vorschlag,**
3. **je eine Vertreterin oder ein Vertreter jeder der drei Industrie- und Handelskammern, jeder der zwei Handwerkskammern, der Landwirtschaftskammer und der Architekten- und Ingenieurkammer Schleswig-Holstein auf Vorschlag der Kammern,**
4. **eine Vertreterin oder ein Vertreter der Akademie für die ländlichen Räume Schleswig-Holsteins e. V. auf deren Vorschlag,**
5. **zwei Vertreterinnen oder Vertreter der Gewerkschaften auf Vorschlag des Deutschen Gewerkschaftsbundes, Bezirk Nord,**
6. **zwei Vertreterinnen oder Vertreter der Vereinigung der Unternehmensverbände in Hamburg und Schleswig-Holstein e.V., davon eine Vertreterin oder ein Vertreter der Arbeitgeber der Land- und Forstwirtschaft auf Vorschlag der Vereinigung der Unternehmensverbände,**
7. **zwei Vertreterinnen oder Vertreter der anerkannten Naturschutzvereinigungen nach § 3 Absatz 3 Umwelt-Rechtsbehelfsgesetz in der Fassung der Bekanntmachung vom 23. August 2017 (BGBl. I S. 3290), zuletzt geändert durch Artikel 2 des Gesetzes vom 14. März 2023 (BGBl. 2023 I Nr. 71), in Verbindung mit § 40 Absatz 1 Landesnaturschutzgesetz in Schleswig-Holstein auf deren Vorschlag sowie zwei auf dem Gebiet der Ökologie sachkundige Wissenschaftlerinnen oder Wissenschaftler auf Vorschlag des für Umwelt zuständigen Ministeriums in Abstimmung mit den Umweltverbänden,**
8. **zwei auf dem Gebiet der Raumordnung sachkundige Wissenschaftlerinnen oder Wissenschaftler auf Vorschlag der oder des Vorsitzenden,**
9. **eine Vertreterin oder ein Vertreter des Landessportverbandes Schleswig-Holstein e. V. auf dessen Vorschlag,**
10. **eine Vertreterin des LandesFrauenRates Schleswig-Holstein e. V. auf dessen Vorschlag,**
11. **eine Vertreterin oder ein Vertreter des Landesjugendrings Schleswig-Holstein e. V. auf dessen Vorschlag,**
12. **eine Vertreterin oder ein Vertreter des Landeskulturverbandes Schleswig-Holstein e. V. auf dessen Vorschlag,**
13. **eine Vertreterin oder ein Vertreter des Tourismusverbandes Schleswig-Holstein e. V. auf dessen Vorschlag,**
14. **eine Vertreterin oder ein Vertreter des Verbandes norddeutscher Wohnungsunternehmen Landesverband Schleswig-Holstein e. V. auf dessen Vorschlag,**
15. **eine Vertreterin oder ein Vertreter des Landesseniorenrates e. V. auf dessen Vorschlag,**

16. eine Vertreterin oder ein Vertreter für Angelegenheiten von Menschen mit Behinderungen" auf Vorschlag der oder des Landesbeauftragten für diesen Bereich,
17. je eine Vertreterin oder ein Vertreter der Minderheiten der Dänen, der Friesen sowie der deutschen Sinti und Roma auf Vorschlag der oder des Minderheitenbeauftragten des Ministerpräsidenten oder der Ministerpräsidentin und
18. eine Vertreterin oder ein Vertreter für Angelegenheiten von Menschen mit Migrationshintergrund auf Vorschlag der oder des Beauftragten für Flüchtlings-, Asyl- und Zuwanderungsfragen.

(2) Die oder der Vorsitzende beruft die Mitglieder des Landesplanungsrates auf Vorschlag der in Absatz 1 Satz 2 genannten Stellen.

(3) [1] Die oder der Vorsitzende kann weitere Mitglieder in den Landesplanungsrat berufen. [2] Die Gesamtzahl der Mitglieder des Landesplanungsrates soll fünfzig nicht überschreiten.

(4) [1] Bei der Berufung der Mitglieder des Landesplanungsrates nach den Absätzen 2 und 3 sind Frauen und Männer zu gleichen Teilen zu berücksichtigen. [2] Bestehen Rechte einzelner Stellen für Vorschläge zur Berufung nach Absatz 1 Satz 2 nur für eine Person, sollen Frauen und Männer von Amtszeit zu Amtszeit alternierend berücksichtigt werden.

(5) [1] Die Mitglieder des Landesplanungsrates werden für die Dauer einer Wahlperiode des Landtages berufen. [2] Eine Mitgliedschaft endet

1. durch vorzeitigen Verzicht des Mitgliedes oder
2. durch Abberufung und Berufung eines neuen Mitgliedes auf Vorschlag der gemäß Absatz 1 Vorschlagsberechtigten.

[3] Eine wiederholte Berufung von Mitgliedern ist zulässig. [4] Die Tätigkeit ist ehrenamtlich.

(6) Der Landesplanungsrat kann für die Behandlung von Einzelfragen Ausschüsse bilden und Sachverständige hinzuziehen.

(7) Die Mitglieder der Landesregierung können an den Sitzungen des Landesplanungsrates und seiner Ausschüsse teilnehmen oder zu diesen Sitzungen Vertreterinnen oder Vertreter entsenden.

(8) [1] Der Landesplanungsrat soll mindestens zweimal jährlich zusammentreten; er kann von der oder dem Vorsitzenden jederzeit einberufen werden. [2] Er muss einberufen werden, wenn wenigstens ein Drittel seiner Mitglieder es beantragt.

(9) Der Landesplanungsrat gibt sich eine Geschäftsordnung.

§ 22

Raumordnungsbericht

[1] Die Landesregierung berichtet dem Landtag in regelmäßigen Abständen über die räumliche Entwicklung des Landes, den Stand von Raumordnungsplänen und über gegebenenfalls erforderliche Änderungen des Zentralörtlichen Systems (Raumordnungsbericht). [2] Die Landesregierung legt dem Landtag alle drei Jahre einen detaillierten Bericht zur Flächeninanspruchnahme vor. [3] Wenn in dem Berichtszeitraum die anzustrebende anteilige Reduktion des Flächenverbrauches nicht erreicht worden ist, muss der Bericht mögliche weitere Maßnahmen für die Umsetzung der Reduktion des Flächenverbrauches enthalten.

§ 23

Raumbeobachtung, Raumordnungsinformationssystem

[1]Die Landesplanungsbehörde beobachtet laufend die landesweite räumliche Entwicklung (Raumbeobachtung) und führt alle raumbedeutsamen Planungen und Maßnahmen, die zur Wahrnehmung der Aufgaben der Landesplanung von Bedeutung sind, in einem Raumordnungsinformationssystem zusammen. [2]Öffentliche Planungsträger sowie die Personen des Privatrechts nach § 4 Absatz 1 Satz 2 ROG sind verpflichtet, der Landesplanungsbehörde die von ihnen beabsichtigten raumbedeutsamen Planungen und Maßnahmen zur Führung des Raumordnungsinformationssystems sowie wesentliche Änderungen mitzuteilen und mittels geeigneter Geodatendienste oder in anderer geeigneter digitaler Form bereitzustellen.

ABSCHNITT V

ZENTRALÖRTLICHES SYSTEM

§ 24

Zentrale Orte und Stadtrandkerne

(1) [1]Zentrale Orte sind Oberzentren, Mittelzentren und Mittelzentren im Verdichtungsraum, Unterzentren und Unterzentren mit Teilfunktionen eines Mittelzentrums und ländliche Zentralorte. [2]Im näheren Umkreis von Mittel- und Oberzentren sowie von Hamburg werden Stadtrandkerne festgelegt. [3]Stadtrandkerne sind Stadtrandkerne I. Ordnung, Stadtrandkerne I. Ordnung mit Teilfunktionen eines Mittelzentrums und Stadtrandkerne II. Ordnung. [4]Zu Zentralen Orten und Stadtrandkernen sind Gemeinden zu bestimmen.

(2) Zentrale Orte und Stadtrandkerne haben übergemeindliche Versorgungsfunktionen für die ihnen zugeordneten Verflechtungsbereiche (Nahbereiche, Mittelbereiche, Oberbereiche).

(3) [1]Die Landesregierung legt unter Anwendung der Kriterien der §§ 25 bis 30 die Zentralen Orte und Stadtrandkerne durch Verordnung fest und ordnet sie den verschiedenen Stufen zu. [2]Durch die Verordnung erfolgt auch die Festlegung der Nah- und Mittelbereiche. [3]Ergeben sich aus dem Raumordnungsbericht nach § 22 erforderliche Änderungen, ist die Verordnung anzupassen.

(4) Unter Personen im Sinne der §§ 25 bis 30 ist die Zahl der Einwohnerinnen und Einwohner zu verstehen, die sich aus der amtlichen Bevölkerungsfortschreibung des Statistischen Amtes für Hamburg und Schleswig-Holstein ergibt.

§ 25

Ländliche Zentralorte

(1) Ländliche Zentralorte dienen überwiegend der Grundversorgung eines Nahbereiches.

(2) [1]Ein ländlicher Zentralort darf nur festgelegt werden, wenn im Nahbereich mindestens 5 000 Personen, davon mindestens 1 000 im baulich zusammenhängenden Siedlungsgebiet, leben. [2]In Gebieten mit einer Bevölkerungsdichte von über 80 Personen je Quadratkilometer sollen diese Werte erheblich überschritten werden. [3]Zentrale Orte sollen mindestens sechs Kilometer voneinander entfernt sein; jedoch sollen Wohnplätze höchstens zwölf Kilometer von einem Zentralen Ort entfernt sein.

§ 26
Unterzentren

(1) [1]Unterzentren dienen überwiegend der Grundversorgung eines Nahbereiches. [2]Unterzentren sollen durch die Bevölkerungszahl ihres Nahbereiches, die Größe des Zentralen Ortes und bessere Ausstattung gegenüber ländlichen Zentralorten hervorgehoben sein.

(2) [1]Ein Unterzentrum darf nur festgelegt werden, wenn im Nahbereich mindestens 10 000 Personen, davon mindestens 4 000 im baulich zusammenhängenden Siedlungsgebiet, leben. [2]In Gebieten mit einer Bevölkerungsdichte von über 80 Personen je Quadratkilometer sollen diese Werte erheblich überschritten werden; im Übrigen gelten die Abstandskriterien des § 25 Absatz 2 Satz 3.

(3) [1]Abweichend von Absatz 2 Satz 1 können in den strukturschwachen ländlichen Räumen Unterzentren auch dann festgelegt werden, wenn im Nahbereich mindestens 7.500 Personen, davon mindestens 3 000 im baulich zusammenhängenden Siedlungsgebiet, leben. [2]Der Landesentwicklungsplan legt die strukturschwachen ländlichen Räume fest.

§ 27
Unterzentren mit Teilfunktionen von Mittelzentren

(1) [1]Außerhalb der im Landesentwicklungsplan festgelegten Ordnungsräume können in Gebieten, die mehr als zehn Kilometer von Oberzentren oder Mittelzentren entfernt liegen, Unterzentren mit Teilfunktionen eines Mittelzentrums festgelegt werden, wenn sie für die Nahbereiche von mehreren Unterzentren, ländlichen Zentralorten oder Stadtrandkernen über die Grundversorgung hinaus mindestens teilweise Versorgungsfunktionen zur Deckung des gehobenen, längerfristigen Bedarfs ausüben. [2]Die Festlegung kann nur erfolgen, wenn in dem gesamten Mittelbereich mehr als 20 000 Personen, davon mindestens 10 000 im baulich zusammenhängenden Siedlungsgebiet, leben.

(2) Abweichend von Absatz 1 können in den strukturschwachen ländlichen Räumen des Landes, die im Landesentwicklungsplan festgelegt sind, Unterzentren mit Teilfunktionen eines Mittelzentrums auch dann festgelegt werden, wenn mindestens 7 000 Personen im baulich zusammenhängenden Siedlungsgebiet leben.

§ 28
Mittelzentren und Mittelzentren im Verdichtungsraum

(1) Mittelzentren und Mittelzentren im Verdichtungsraum haben über den Nahbereich und über die Grundversorgung hinausgehende Versorgungsfunktionen und Zentralitätsbedeutung.

(2) Mittelzentren und Mittelzentren im Verdichtungsraum sollen in ihrem Mittelbereich für die Nahbereiche mehrerer Unterzentren, ländlicher Zentralorte oder Stadtrandkerne oder für Teile dieser Nahbereiche differenzierte Versorgungsmöglichkeiten zur Deckung des gehobenen längerfristigen Bedarfs bieten und über ein breites Wirtschaftsgefüge mit Ansätzen zur Ausbildung eines industriellen Potentials verfügen.

(3) [1]Ein Mittelzentrum darf nur festgelegt werden, wenn im Mittelbereich mindestens 40 000 Personen, davon mindestens 15 000 im baulich zusammenhängenden Siedlungsgebiet, leben. [2]Mittelzentren sollen mindestens zwölf Kilometer von benachbarten Mittel- oder Oberzentren entfernt liegen.

(4) [1]Mittelzentren im Verdichtungsraum sollen wenigstens 80 000 Personen in ihrem Mittelbereich, davon 25 000 im baulich zusammenhängenden Siedlungsgebiet, aufwei-

sen. [2] Der Landesentwicklungsplan kennzeichnet die gemeinsam von Bund und Ländern festgelegten Verdichtungsräume.

§ 29
Oberzentren

Oberzentren sollen für mehrere Mittelbereiche oder für Teile von diesen Einrichtungen zur Deckung des spezialisierten höheren Bedarfs bieten (Oberbereiche); sie sollen ein starkes, differenziertes Wirtschaftsgefüge mit einem bedeutenden industriellen Potential aufweisen, dessen Wachstum anzustreben ist.

§ 30
Stadtrandkerne

(1) [1] In einem Umkreis von zehn Kilometern um Mittel- und Oberzentren sowie um Hamburg sollen in der Regel keine Zentralen Orte festgelegt werden. [2] Hier sollen Stadtrandkerne I. und II. Ordnung ausgewiesen werden, die zentrale Teilfunktionen in engem räumlichen Zusammenhang und für einen räumlich begrenzten Bereich wahrnehmen.

(2) [1] Stadtrandkerne I. Ordnung entsprechen nach ihrer Zentralitätsfunktion unter Berücksichtigung der besonderen Verhältnisse in Stadtrandgebieten den Unterzentren. [2] Sie sollen einen Bereich von mindestens 20 000 Personen versorgen.

(3) Stadtrandkerne I. Ordnung, die über ihren Versorgungsbereich hinaus Versorgungsfunktionen für Teilbereiche einer differenzierten Versorgung zur Deckung des gehobenen längerfristigen Bedarfs ausüben, können als Stadtrandkerne I. Ordnung mit Teilfunktionen eines Mittelzentrums festgelegt werden, wenn in ihren Mittelbereichen mindestens 40 000 Personen, davon mindestens 20 000 im Stadtrandkern, leben.

(4) Stadtrandkerne II. Ordnung entsprechen nach ihrer Zentralitätsfunktion unter Berücksichtigung der besonderen Verhältnisse in Stadtrandgebieten den ländlichen Zentralorten und sollen einen Bereich von mindestens 10 000 Personen versorgen.

Gesetz
über die Landesplanung
(Landesplanungsgesetz–LaplaG)

vom 27. Januar 2014 (GVOBl. S. 8),
zuletzt geändert durch Gesetz zur Änderung des Landesplanungsgesetzes
vom 24. Mai 2024 (GVOBl. S. 405)

Kommentar

Einführung

Übersicht

1. Raumordnung und Landesplanung

1.1 Begriffliche Einführung

Im GG werden die Begriffe Raumordnung und Landesplanung in Art. 29 Abs. 1 GG nebeneinander verwendet, indem klargestellt wird, dass *„das Bundesgebiet neu gegliedert werden kann, um zu gewährleisten, dass die Länder nach Größe und Leistungsfähigkeit die ihnen obliegenden Aufgaben wirksam erfüllen können. Dabei sind die landsmannschaftliche Verbundenheit, die geschichtlichen und kulturellen Zusammenhänge, die wirtschaftliche Zweckmäßigkeit sowie die Erfordernisse der Raumordnung und der Landesplanung zu berücksichtigen."* Der Begriff der Raumordnung wird sodann in Art. 74 Abs. 1 Nr. 31 GG sowie in Art. 72 Abs. 3 Satz 1 Nr. 4 GG aufgegriffen und darin der Bereich der Raumordnung der konkurrierenden Gesetzgebung zugewiesen und zudem den Ländern die Möglichkeit gegeben, abweichende Regelungen zu treffen. Eine Aufgabenbeschreibung für die Raumordnung nimmt § 1 Abs. 1 ROG vor. Danach sind der Gesamtraum der Bundesrepublik Deutschland und seine Teilräume durch Raumordnungspläne, durch raumordnerische Zusammenarbeit und durch Abstimmung raumbedeutsamer Planungen und Maßnahmen zu entwickeln, zu ordnen und zu sichern. Das LaplaG greift in § 2 Abs. 1 die Aufgabenbeschreibung des ROG auf und definiert in dieser Vorschrift als Aufgabe der Raumordnung die Entwicklung, Ordnung und Sicherung des Gesamtraums des Landes Schleswig-Holstein und seiner Teilräume nach Maßgabe der Leitvorstellungen und der Grundsätze der §§ 1 und 2 ROG. Aufgrund dieser Aufgabenbeschreibungen und der Bezugnahme auf den Raum wird die Raumordnung als überörtliche und überfachliche Planung verstanden, die sich auf die Gesamtstruktur des Raumes bezieht. Die Durchführung der Planung obliegt den Ländern, deren Kompetenz zwangsläufig auf das jeweilige Landesgebiet begrenzt ist. Von daher werden die Begriffe Raumordnung und Landesplanung häufig deckungsgleich verwendet, wobei der Begriff Landesplanung auf die landesplanerische Raumordnung begrenzt ist (vgl. *Goppel*, Landesplanung, Landesentwicklung,

HdSR, S. 1307, 1308). Zum Teil wird mit der Landesplanung aber auch der Arbeitsvorgang bzw. die Organisationsform (Landesplanungsbehörde) verstanden und mit dem Begriff Raumordnung die Umsetzung der Aufgabe der Entwicklung, Ordnung und Sicherung des Raumes (vgl. *Schaetzell*, Landesplanungsgesetz, S. 6).

1.2 Ordnung und Planung des Raums

Die Raumordnung knüpft an den geografischen Begriff des Raumes und damit an einen zu ordnenden und zu planenden Raum an. Wesentlich dabei ist, dass es sich um ein Gebiet handeln muss, welches übergemeindlich bzw. überörtlich ist. Denn die örtliche Planung wird durch das Städtebaurecht abschließend geregelt und ist vom Recht der kommunalen Selbstverwaltung des Art. 28 Abs. 2 GG umfasst. Bestandteil der örtlichen Planung ist zudem die bodenrechtliche und parzellenscharfe Planung, die konkret die bauliche Nutzungsmöglichkeit eines Grundstückes bestimmt. Um daher nicht in das Recht der kommunalen Selbstverwaltung einzugreifen, zugleich aber überörtliche Planungen umsetzen zu können, soll mit der Raumordnung eine zusammenfassende, übergeordnete Planung und Ordnung des Raumes ermöglicht werden. Diese ist übergeordnet, weil sie überörtliche Planung ist und weil sie vielfältige Fachplanungen zusammenfasst und aufeinander abstimmt (BVerfG, Gutachten über die Zuständigkeit des Bundes zum Erlass eines Baugesetzes vom 16.6.1954 – 1 PBvV 2/52 –, Rn. 79).

1.3 Raumordnung und Bauleitplanung

Die Bauleitplanung stellt eine örtliche, städtebauliche Planung dar und grenzt sich zur Raumordnung durch den örtlichen Bezug ab. Im BauGB wird die Aufgabe der Bauleitplanung in § 1 Abs. 1 BauGB als Vorbereitung und Leitung der baulichen und sonstigen Nutzung der Grundstücke in der Gemeinde definiert und in § 1 Abs. 2 BauGB als mögliche Form der Bauleitpläne der Flächennutzungsplan als vorbereitender Bauleitplan und der Bebauungsplan als verbindlicher Bauleitplan genannt. Nach dem Baurechtsgutachten des BVerfG wird die Bauleitplanung als städtebauliche Planung dem Bodenrecht zugeordnet, denn soweit diese Planung verbindliche Kraft für die einzelnen Grundstückseigentümer hat und regelt, in welcher Weise der Eigentümer sein Grundstück nutzen darf, insbesondere, ob er überhaupt bauen darf und in welcher Weise, wird dadurch die rechtliche Qualität des Bodens bestimmt (BVerfG, Gutachten über die Zuständigkeit des Bundes zum Erlass eines Baugesetzes vom 16.6.1954 – 1 PBvV 2/52 –, Rn. 76). Aufgrund der Abgrenzung zwischen Bodenrecht und Raumordnung gilt daher, dass durch die Raumordnung keine Festlegungen getroffen werden dürfen, die eine unmittelbar bodenrechtliche Wirkung haben sollen. Eine Ausnahme gilt nur dann, wenn bodenrechtliche Vorschriften, wie die sog. Raumordnungsklauseln eine unmittelbare bodenrechtliche Wirkung ermöglichen. Bspw. dürfen nach § 35 Abs. 3 Satz 2 BauGB raumbedeutsame Vorhaben im Außenbereich den Zielen der Raumordnung nicht widersprechen. Im bauplanungsrechtlichen Innenbereich wirken die Ziele der Raumordnung nicht unmittelbar, jedoch sind die Bauleitpläne an die Vorgaben der Raumordnung gebunden und nach § 1 Abs. 4 BauGB den Zielen der Raumordnung anzupassen. Die Beeinflussung ist wechselseitig, denn auch die Bauleitpläne sind bei der Erstellung der Raumordnungspläne nach § 1 Abs. 3 ROG aufgrund des Gegenstromprinzips zu berücksichtigen. Dabei dürfen Raumordnungspläne das Recht der kommunalen Selbstverwaltung aus Art. 28 Abs. 2 GG nur einschränken, wenn die dadurch getroffenen Festlegungen hinreichend abgewogen und verhältnismäßig sind.

1.4 Raumordnung und Fachplanung

Fachplanungen können zwar überörtlich sein, sind aber auf ein Fachgebiet beschränkt und werden in der Regel auf der Grundlage eines Fachgesetzes durchgeführt. Relevant sind Fachplanungen für die Raumordnung jedoch nur dann, wenn sie raumbedeutsam sind. Dies kann sowohl bei der Ausweisung von Schutzgebieten (bspw. Naturschutzgebiete, Landschaftsschutzgebiete, Naturparke) sowie bei Infrastrukturplanungen (bspw. Verkehrswegeplanung, Leitungsnetzausbau) der Fall sein. Mittels solcher Fachplanungen können sektorale Fachpolitiken umgesetzt werden, die aufgrund der Bindungswirkung der Erfordernisse der Raumordnung nach § 4 ROG im Regelfall die Ziele der Raumordnung beachten und die Grundsätze sowie die sonstigen Erfordernisse der Raumordnung berücksichtigen müssen. Von der Bindungswirkung kann im Einzelfall durch ein Zielabweichungsverfahren abgesehen werden, wenn die Abweichung nach § 6 Abs. 2 ROG i. V. m. § 13 LaplaG unter raumordnerischen Gesichtspunkten vertretbar ist und die Grundzüge der Planung nicht berührt werden. Vereinzelt existieren fachgesetzliche Sonderregelungen, wie bspw. in § 16 Abs. 3 Satz 3 FStrG bei fernstraßenrechtlichen Linienbestimmungen sowie in § 15 Abs. 1 Satz 2 NABEG beim Leitungsnetzbau, die den Vorrang der Bundesfachplanung gegenüber der Landesplanung normieren. Landesrechtliche Fachplanungen sind nach § 12 LaplaG der Pflicht zur Abstimmung mit der Landesplanungsbehörde unterworfen und werden daher nicht nur mit dem Instrument der Raumordnungspläne, sondern auch vor allem durch die raumordnerische Aufgabe der Zusammenarbeit und der Abstimmung raumbedeutsamer Planungen und Maßnahmen in die Raumordnung einbezogen.

2. Die Entwicklung der Landesplanung und des Landesplanungsgesetzes

2.1 Landesplanung bis 1945

Die Begriffe Landesplanung und Raumordnung haben ihre historischen Vorläufer in einer planmäßigen staatlichen Raumentwicklungs- und Infrastrukturpolitik, wie etwa bei der Anlage von Siedlungen in Mesopotamien oder der Infrastrukturmaßnahmen im Römischen Reich. Auch die gezielte Kolonisation bestimmter Bereiche in Europa und Asien sowie die gezielte Infrastrukturplanung ab dem 17. Jahrhundert in Europa stellen Beispiele für eine solche Raumplanung dar (vgl. *Priebs*, Raumordnung in Deutschland, S. 21 f.). Durch die Industrialisierung in Deutschland sowie insbesondere die Hochindustrialisierung ab dem Jahr 1870, die erhebliche Entwicklungen im Bereich der Eisenbahninfrastruktur und Urbanisierung zur Folge hatten, wurde das Bedürfnis nach einer geordneten Stadt- und Verkehrsplanung deutlich, die nicht auf die Gemeindegrenzen beschränkt sein sollte. Es entstanden Organisationen und Verbände, die die Landesplanung und Raumordnung durch freiwilligen Zusammenschluss von Gemeinden, Gemeindeverbänden und Wirtschaftsverwaltungen steuern sollten. Die ersten Planungen dieser Art wurden ab dem Jahr 1910 in Groß-Berlin und 1920 im Ruhrgebiet begonnen. Während der Zeit des Nationalsozialismus wurden die Ideen einer staatlichen raumordnerischen Lenkung, die auf einem hierarchischen Mehrebenensystem basieren sollte, aufgegriffen und hierfür im Jahr 1935 die Reichsstelle für Raumordnung gegründet, die bis zum Ende des 2. Weltkriegs bestand. Die zuvor errichteten kommunalen und regionalen Landesplanungsverbände wurden der Reichsstelle für Raumordnung unterstellt und gingen in nach Ländern bzw. preußischen Provinzen organisierten Landesplanungsgemeinschaften auf (*Blotevogel*, Geschichte der Raumordnung, HdSR, S. 793, 795 f.).

2.2 Landesplanung in Schleswig-Holstein in den Nachkriegsjahren

In den ersten Jahren nach dem 2. Weltkrieg wurden in Schleswig-Holstein landesplanerische Aufgaben vom Landesplanungsamt wahrgenommen, das von 1946 bis 1951 zum Ministerium für Aufbau und Arbeit gehörte. In dieser Zeit übte die Landesplanung durch Erlasse ihre steuernde Aufgabe aus. Mit dem 1949 beschlossenen Gesetz über den Aufbau in den schleswig-holsteinischen Gemeinden (Aufbaugesetz) wurden erstmals einzelne landesplanerische Aufgaben gesetzlich geregelt (GVOBl. 1949 S. 93). Das Aufbaugesetz ging davon aus, dass der Aufbau in den Nachkriegsjahren Pflichtaufgabe der Gemeinden war, diese jedoch den überörtlichen – mithin den landesplanerischen – Gesichtspunkten Rechnung tragen mussten (LT-Drs. 1/158 S. 179). So war in § 2 Abs. 3 des Aufbaugesetzes geregelt, dass *„die gemeindliche Planung [...] der übergeordneten Planung (Landesplanung) entsprechen"* muss. Die planerische Arbeit bestand in diesen Jahren zunächst aus einer Bestandsaufnahme, um eine Grundlage für planerische Aktivitäten zu schaffen.

Im Verlauf der Folgejahre war für das Begriffs- und Aufgabenverständnis der Raumordnung das sog. Baurechtsgutachten des BVerfG aus dem Jahr 1954 (BVerfG, Gutachten über die Zuständigkeit des Bundes zum Erlass eines Baugesetzes vom 16.6.1954 – 1 PBvV 2/52 –), mit dem die Aufgaben der Raumordnung und der Bauleitplanung konkretisiert und voneinander abgegrenzt wurden, sowie das im Jahr 1957 zwischen dem Bund und den Ländern geschlossene Verwaltungsabkommen über die Zusammenarbeit auf dem Gebiet der Raumordnung, maßgeblich. Eine zentrale Bundesbehörde sollte weiterhin nicht geschaffen werden, so dass die Aufgabe der Raumordnung und der Landesplanung bei den Ländern verblieb. Der Bund hatte zwar aufgrund der Kompetenz zur Rahmengesetzgebung im Bereich der Raumordnung die Möglichkeit durch gesetzliche Regelungen steuernd zu wirken, überließ jedoch vorerst die gesetzliche Ausgestaltung der Vorgaben für die Raumordnung und Landesplanung den Ländern.

2.3 Das Landesplanungsgesetz in Schleswig-Holstein

Basierend auf den Erfahrungen mit der Aufbauplanung in Schleswig-Holstein sowie der Klarheit über das zukünftige Aufgabenverständnis der Raumordnung und der Landesplanung trat im Jahr 1961 das erste schleswig-holsteinische Landesplanungsgesetz in Kraft. Nach Niedersachsen und Bayern regelte Schleswig-Holstein als drittes Land die Aufgaben und Organisation der Landesplanung mit einem eigenen Gesetz. In § 1 des LaplaG 1961 wurden die Aufgaben und Ziele der Landesplanung beschrieben. Demnach war es Aufgabe der Landesplanung, die übergeordnete zusammenfassende Planung für eine den wirtschaftlichen, sozialen, kulturellen und landschaftlichen Erfordernissen im Sinne des Gemeinwohls entsprechende Ordnung des Raumes aufzustellen und die Raumordnungspläne fortlaufend der Entwicklung anzupassen (§ 1 Abs. 1 lit. a LaplaG 1961) sowie die Planungen der einzelnen Geschäftsbereiche der Landesregierung (Fachplanungen) sowie die Planungen der Gemeinden und Gemeindeverbände und anderer Planungsträger abzustimmen. Die Landesplanungsbehörde wurde gesetzlich beim Ministerpräsidenten verankert (§ 2 LaplaG 1961) und zur Mitwirkung, Förderung und Beratung ein Landesplanungsrat gegründet (§§ 3, 4 LaplaG 1961). Neben der Landesplanungsbehörde wurde in § 5 LaplaG 1961 die Bildung von regionalen Landesplanungsverbänden durch Zusammenschlüsse von Kreisen und kreisfreien Städten auf freiwilliger Basis als weitere Organisationsform geregelt. Die wesentlichen Arbeitsgrundlagen für die Durchführung der Landesplanung waren in §§ 6 bis 11 LaplaG 1961 enthalten und sahen eine Auskunftspflicht (§ 6 LaplaG), die Pflicht zur Beachtung der Erfordernisse der Landesplanung (§ 7 LaplaG), eine Verfahrensvorschrift für das Raumordnungsverfahren (§ 8 LaplaG) sowie Regelungen zur Wirkung Raumordnungsprogramme und Raumordnungspläne (§ 9 LaplaG) und zum Verhältnis zwischen Landesplanung und Bauleitplanung (§ 10 LaplaG) vor.

Nachdem bereits im Jahr 1955 im Bundestag der erste Entwurf eines Raumordnungsgesetzes eingebracht worden war (BT-Drs. 2/1656), der jedoch mit Ablauf der zweiten Wahlperiode hinfällig geworden war, wurde 1963 ein Regierungsentwurf eines Raumordnungsgesetzes in den Bundestag eingebracht (BT-Drs. 4/472), der in veränderter Form 1965 beschlossen wurde und als Raumordnungsgesetz in Kraft trat (BGBl. 1965 S. 306).

Als Reaktion auf das ROG des Bundes wurde in Schleswig-Holstein eine Änderung des Landesplanungsgesetzes diskutiert. Die SPD-Fraktion stieß mit ihrem Änderungsantrag 1969 (LT-Drs. 6/639) die parlamentarische Befassung an. Angenommen wurde hingegen der im Jahr darauf von der CDU- und FDP-Fraktion eingebrachte Antrag zur Änderung des LaplaG (LT-Drs. 6/1271, 6/1621), so dass im Jahr 1971 das geänderte Gesetz in Kraft trat (Landesplanungsgesetz vom 13.4.1971, GVOBl. 1971 S. 157). Die inhaltlichen Neuregelungen beruhten zum Teil auf den bundesrechtlichen Vorgaben, konkretisierten aber auch bestehende Regelungen der Aufgaben und Instrumente der Landesplanungsbehörde. Nach der Aufgabenbeschreibung der Landesplanung und der Klarstellung, dass es sich bei der Landesplanung um Aufgabe des Landes handelt (§ 1 LaplaG), wurde in § 2 Abs. 1 LaplaG 1971 darauf hingewiesen, dass ein Landesentwicklungsgrundsätzegesetz die Grundsätze regelt, die von der Landesplanung neben den Grundsätzen der Raumordnung nach § 2 Abs. 1 ROG zur Entwicklung des Landes zu beachten sind. Dieses, gemeinsam mit dem Landesplanungsgesetz beschlossene, Landesentwicklungsgrundsatzegesetz trat ebenfalls 1971 in Kraft (Landesentwicklungsgrundsätzegesetz vom 13.4.1971, GVOBl. 1971 S. 157) und beinhaltete neben dem Hauptziel (§ 2 LEGG), der Entwicklung des Landes Schleswig-Holstein, die Landesentwicklungsgrundsätze (§ 3 LEGG: Lage im Raum, § 4 LEGG: Umweltschutz, § 5 LEGG: Natürliche Lebensgrundlagen, § 6 LEGG: Wohnen und Arbeiten, § 7 LEGG: Landesentwicklung und § 8 LEGG: Verkehr), das Zentral-Örtliche-System (§§ 9–12 LEGG) sowie in § 13 LEGG die Festlegung der fünf Planungsräume (Planungsraum I: Kreise Herzogtum Lauenburg, Pinneberg, Segeberg und Stormarn; Planungsraum II: Kreisfreie Stadt Lübeck, Kreis Ostholstein; Planungsraum III: Kreisfreie Städte Kiel und Neumünster, Kreise Rendsburg-Eckernförde und Plön; Planungsraum IV: Kreise Dithmarschen und Steinburg sowie Planungsraum V: Kreisfreie Stadt Flensburg, Kreise Flensburg-Land, Nordfriesland und Schleswig).

Im Landesplanungsgesetz wurde die ursprüngliche Regelung zu den Raumordnungsplänen (vgl. § 9 LaplaG 1961) erweitert und enthielt nun Vorgaben für die Wirkung der Raumordnungspläne (§ 4 LaplaG 1971), zum Landesraumordnungsplan (§ 5 LaplaG 1971), zu den Regionalplänen (§ 6 LaplaG 1971) sowie zur Aufstellung und Festlegung der Pläne (§ 7 LaplaG 1971). Aus der ursprünglichen Regelung der Regionalen Landesplanung (§ 5 LaplaG 1961) wurde die Aufgabe der Kreise und kreisfreien Städte zur Entwicklungsplanung mittels Kreisentwicklungsplanung geschaffen (§§ 11 bis 13 LaplaG 1971). Vorschriften zur Landesplanungsbehörde, die weiterhin dem Ministerpräsidenten unterstellt war, sowie zum Landesplanungsrat fanden sich in den §§ 8 bis 10 des LaplaG 1971. Weitere Einzelvorschriften beinhalteten das Raumordnungsverfahren (§ 14 LaplaG 1971), die Untersagung raumordnungswidriger Planungen und Maßnahmen (§ 15 LaplaG 1971), das Verhältnis zwischen Landesplanung und Bauleitplanung (§ 16 LaplaG 1971), die Ersatzleistung an die Gemeinden (§ 17 LaplaG 1971), das Raumordnungskataster (§ 18 LaplaG 1971), Auskunftspflichten an die Landesplanung (§ 19 LaplaG 1971) sowie die Berichtspflicht der Landesplanung an den Landtag (§ 20 LaplaG 1971).

In den Folgejahren wurden lediglich kleinere Änderungen und Anpassungen vorgenommen, wie die Anpassungen des Zentral-Örtlichen-Systems (1973, 1981 und 1985) oder die Änderung des Landesentwicklungsgrundsatzes zum Umweltschutz im LEGG (1973). Mit den Änderungen in den Jahren 1976 und 1981 wurde die Verpflichtung zur Aufstellung der Kreisentwicklungspläne reduziert und die Abstände zur Fortschreibung dieser Pläne verlängert. Im Jahr 1988 wechselte die Landesplanungsbehörde von der Staatskanzlei in das Ministerium für Natur, Umwelt und Landesentwicklung, was zu einer Anpassung aufgrund dieser geänderten Ressortzuständigkeit führte.

Nachdem im Jahr 1989 das ROG erstmals in größerem Umfang novelliert wurde, wurden im Jahr 1992 auch am LaplaG umfangreiche Änderungen beschlossen (LT-Drs. 12/1631, GVOBl. 1992 S. 196). Dabei nahm der Gesetzgeber Überarbeitungen in vier Bereichen vor: So wurden die Vorschriften zum Raumordnungsverfahren (§§ 14, 14a, 14b LaplaG) an die rahmenrechtliche Vorgabe des § 6a ROG angepasst. Die Aufgabenbeschreibung der Landesplanung in § 1 LaplaG wurde dahingehend konkretisiert, dass sie *„die übergeordnete zusammenfassende Planung für eine den Schutz der natürlichen Grundlagen des Lebens [...] auf und festzustellen"* habe, um so entsprechend des Staatsziels der Umweltbelange diese stärker zu betonen. Durch die Einfügung des § 7a LaplaG mit der Regelung zur Aufstellung von Regionalbezirksplanungen sollte die Möglichkeit geschaffen werden, dass Stadt-Umland-Verbände diese Aufgabe übernehmen. Schließlich wurde mit dem neuen § 4 Abs. 3 LaplaG das Zielabweichungsverfahrens eingeführt.

Im Kabinett von *Heide Simonis* wechselte die Landesplanungsbehörde wieder in die Staatskanzlei, was im Jahr 1994 zu einer Anpassung an die geänderte Ressortzuständigkeit führte. 1995 wurde die Landesentwicklungsgesellschaft (§ 10a LaplaG) als öffentliches Unternehmen zur Landesentwicklung in das Gesetz mit aufgenommen. Bereits nach wenigen Jahren bestand nach Auffassung der Landesregierung jedoch kein Bedarf mehr für eine solche Landesentwicklungsgesellschaft, so dass diese zum Ende des Jahres 2003 vollständig privatisiert und der § 10a LaplaG im Jahr 2005 gestrichen wurde (LT-Drs. 16/335 S. 28).

Bei der Gesetzesänderung im Jahr 2001 handelte es sich um Anpassungen der Zuständigkeiten und Ressortbezeichnungen, da nach der Landtagswahl 2000 die Landesplanungsbehörde in das neu geschaffene Ministerium für ländliche Räume, Landesplanung, Landwirtschaft und Tourismus wechselte. Das Gesetz zur Stärkung der kommunalen Selbstverwaltung im Jahr 2002 führte zur Streichung der gesetzlichen Regelungen für die Kreisentwicklungspläne. 2005 wechselte die Landesplanungsbehörde in das Innenministerium, was wieder zu Anpassungen der Zuständigkeiten und Ressortbezeichnungen führte.

Zum Ende der 18. Legislaturperiode wurde im Jahr 2012 eine Neufassung des Landesplanungsgesetzes beschlossen, das im Wesentlichen die Kommunalisierung der Regionalplanung zum Inhalt hatte. Diese Kommunalisierung wurde jedoch von der neuen Regierung zum Ende des Jahres 2012 aufgehoben und das Landesplanungsgesetz zu Beginn des Jahres 2014 neugefasst. Diese Neufassung beinhalte zudem auch Anpassungen an das geänderte ROG, einen Neuzuschnitt der Planungsräume und Überführung des LEGG in das LaplaG.

Nach den Urt. des OVG SH zur Aufhebung der Regionalpläne Windenergie wurde 2015 mit dem Windenergieplanungssicherstellungsgesetz eine Allgemeinuntersagung in § 18 Abs. 2 und 3 LaplaG eingefügt sowie durch § 18a LaplaG die vorläufige Unzulässigkeit von Windkraftanlagen normiert. Dieses sogenannte Moratorium wurde in den Jahren 2017, 2018 und 2019 bis zum 31.12.2020 verlängert.

Weitere inhaltliche Änderungen wurden im Jahr 2018 in den Vorschriften für die Anhörung der Träger öffentlicher Belange (Beteiligte) und der Öffentlichkeit vorgenommen. Zudem wurde das LaplaG an das überarbeitete ROG 2017 angepasst.

Im Jahr 2020 wurden in das LaplaG als neue Vorschriften § 5a und § 13a LaplaG aufgenommen. Mit § 5a LaplaG wurde die digitale Öffentlichkeitsbeteiligung als abweichendes Landesrecht eingefügt, um bei Beteiligungsverfahren bei der Aufstellung von Raumordnungsplänen auf die Auslegung verzichten zu können. Der § 13a LaplaG normiert den raumordnerischen Vertrag als Instrument für Zielabweichungen. Des Weiteren wurden redaktionelle Änderungen und Klarstellungen vorgenommen. In einer weiteren Änderung zum Ende des Jahres 2020 wurde die Vorschrift zum Raumordnungsbericht in § 22 LaplaG um die Pflicht zur Vorlage eines Berichts zur Flächeninanspruchnahme ergänzt.

Um auf die Neuerungen des ROG und BauGB zu reagieren, wurde 2024 das LaplaG erneut angepasst. Dadurch wurden in § 5 LaplaG die Vorschriften zur Beteiligung der Öffentlichkeit neu geregelt und in dieser Norm die digitale Öffentlichkeitsbeteiligung überführt, so dass der erst im Jahr 2020 eingeführte § 5a LaplaG wieder gestrichen wurde. Das Raumordnungsverfahren wurde entsprechend der Vorgabe des ROG in Raumverträglichkeitsprüfung umbenannt und die §§ 14–17 LaplaG an die Änderungen des ROG angepasst. Der neu eingefügte § 13b LaplaG enthält eine abweichende Regelung zu dem ursprünglichen § 245e Abs. 5 BauGB (sog. Gemeindeöffnungsklausel), mit der engere Voraussetzungen für einen Antrag auf Zielabweichung für Windenergieanlagen an Land geschaffen wurden.

2.4 Übersicht der Änderungen des Landesplanungsgesetzes

Gesetz	Datum	Fundstelle
Gesetz über den Aufbau in den schleswig-holsteinischen Gemeinden (Aufbaugesetz)	21.5.1949	GVOBl. 1949 S. 93
Gesetz über die Landesplanung–Landesplanungsgesetz	5.7.1961	GVOBl. 1961 S. 119

Gesetz	Datum	Fundstelle
Gesetz über die Landesplanung (Landesplanungsgesetz)	13.4.1971	GVOBl. 1971 S. 152
Gesetz über die Grundsätze zur Entwicklung des Landes (Landesentwicklungsgrundsätzegesetz)	13.4.1971	GVOBl. 1971 S. 157
Gesetz zur Änderung des Gesetzes über die Grundsätze zur Entwicklung des Landes (Landesentwicklungsgrundsätzegesetz)	11.12.1973	GVOBl. 1973 S. 423
Gesetz zur Änderung des Gesetzes über die Grundsätze zur Entwicklung des Landes (Landesentwicklungsgrundsätzegesetz)	11.12.1973	GVOBl. 1973 S. 424
Zweites Gesetz zur Änderung des Landesplanungsgesetzes	31.3.1976	GVOBl. 1976 S. 112
Gesetz zur Änderung des Landesplanungsgesetzes	24.6.1981	GVOBl. 1981 S. 116
Bekanntmachung der Neufassung des Landesplanungsgesetzes	24.6.1981	GVOBl. 1981 S. 117
Gesetz zur Änderung des Gesetzes über die Grundsätze zur Entwicklung des Landes (Landesentwicklungsgrundsätzegesetz)	22.9.1981	GVOBl. 1981 S. 179
Bekanntmachung der Neufassung des Gesetzes über die Grundsätze zur Entwicklung des Landes (Landesentwicklungsgrundsätzegesetz)	22.9.1981	GVOBl. 1981 S. 180
Gesetz zur Änderung der Landesentwicklungsgrundsätze	19.11.1985	GVOBl. 1985 S. 374
Gesetz zur Änderung des Landesplanungsgesetzes	14.12.1988	GVOBl. 1988 S. 215
Gesetz zur Änderung des Landesplanungsgesetzes	20.3.1992	GVOBl. 1992 S. 196
Landesplanungsgesetz	10.6.1992	GVOBl. 1992 S. 342
Gesetz zur Änderung des Landesplanungsgesetzes	26.7.1994	GVOBl. 1994 S. 428
Gesetz zur Änderung des Landesplanungsgesetzes	6.3.1995	GVOBl. 1995 S. 114
Gesetz zur Neufassung der Landesentwicklungsgrundsätze	31.10.1995	GVOBl. 1995 S. 364
Bekanntmachung der Neufassung des Gesetzes über die Landesplanung (Landesplanungsgesetz)	10.2.1996	GVOBl. 1996 S. 232
Landesverordnung zur Anpassung von Rechtsvorschriften an geänderte Zuständigkeiten der obersten Landesbehörden und geänderte Ressortbezeichnungen	13.2.2001	GVOBl. 2001 S. 34
Gesetz zur Stärkung der kommunalen Selbstverwaltung (Artikel 5: Änderung des Gesetzes über die Landesplanung)	25.6.2002	GVOBl. 2002 S. 126 (146)

Gesetz	Datum	Fundstelle
Landesverordnung zur Anpassung von Rechtsvorschriften an geänderte Zuständigkeiten der obersten Landesbehörden und geänderte Ressortbezeichnungen	12.10.2005	GVOBl. 2005 S. 487
Gesetz zur Änderung des Landesverwaltungsgesetzes und anderer Vorschriften (Artikel 3)	15.12.2005	GVOBl. 2005 S. 542 (545)
Gesetz zur Änderung planungsrechtlicher Vorschriften (LaPlaÄndG)	27.4.2012	GVOBl. 2012 S. 452
Gesetz zur Aufhebung des Gesetzes zur Änderung landesplanungsrechtlicher Vorschriften	5.12.2012	GVOBl. 2012 S. 742
Gesetz zur Neufassung des Landesplanungsgesetzes und zur Aufhebung des Landesentwicklungsgrundsätzegesetzes	27.1.2014	GVOBl. 2014 S. 8
Gesetz zur Änderung des Landesplanungsgesetzes – Windenergieplanungssicherstellungsgesetz (WEPSG)	22.5.2015	GVOBl. 2015 S. 132
Gesetz zur Änderung des Landesplanungsgesetzes	5.4.2017	GVOBl. 2017 S. 222
Gesetz zur Änderung des Landesplanungsgesetzes	15.6.2018	GVOBl. 2018 S. 292
Gesetz zur Änderung des Landes-UVP-Gesetzes (Artikel 5 Änderung des Landesplanungsgesetzes)	13.12.2018	GVOBl. 2018 S. 773 (777)
Gesetz zur Änderung des Landesplanungsgesetzes	20.5.2019	GVOBl. 2019 S. 98
Gesetz zur Änderung des Landesplanungsgesetzes	26.8.2020	GVOBl. 2020 S. 500
Gesetz zur Änderung des Landesverwaltungsgesetzes (Artikel 6)	1.9.2020	GVOBl. 2020 S. 508 (510)
Gesetz zur bedarfsgerechten Weiterentwicklung des kommunalen Finanzausgleichs (Artikel 6 Änderung des Landesplanungsgesetzes)	12.11.2020	GVOBl. 2020 S. 808 (823)
Gesetz zur Änderung des Landesplanungsgesetzes	24.5.2024	GVOBl. 2024, S. 405

ABSCHNITT I
ALLGEMEINE BESTIMMUNGEN

§ 1
Regelungsbereich

Dieses Gesetz regelt für die Raumordnung in Schleswig-Holstein Ergänzungen zum und Abweichungen vom Raumordnungsgesetz (ROG).

Erläuterungen

1. Inhalt der Norm

§ 1 LaplaG benennt kurz und knapp den Regelungsbereich des LaplaG und stellt klar, dass das Land von seinem Recht zur Ergänzung des ROG und zur Abweichung vom ROG Gebrauch macht.

2. Gesetzgebungskompetenz des Landes

2.1 Gesetzgebungskompetenz im Bereich der Raumordnung

Das Grundgesetz weist durch Art. 72 Abs. 1 GG i. V. m. Art. 74 Abs. 1 Nr. 31 GG das Recht der Raumordnung dem Bereich der konkurrierenden Gesetzgebung zu. Danach haben die Länder die Befugnis zur Gesetzgebung, solange und soweit der Bund von seiner Gesetzgebungszuständigkeit nicht durch Gesetz Gebrauch gemacht hat. Zusätzlich ermächtigt Art. 72 Abs. 3 Satz 1 Nr. 4 GG die Länder, durch Gesetz abweichende Regelungen im Bereich der Raumordnung zu treffen, wenn der Bund von seiner Gesetzgebungszuständigkeit Gebrauch gemacht hat.

2.2 Ergänzendes Landesrecht

Der Grundsatz der konkurrierenden Gesetzgebungskompetenz gemäß Art. 72 Abs. 1 GG gibt den Ländern die Möglichkeit zur Gesetzgebung, wenn der Bund eine Materie nicht („solange") oder nicht abschließend („soweit") geregelt hat. Damit wird die Zuständigkeit der Länder nur vollständig verdrängt, wenn der Bund keine abschließende Regelung getroffen hat. Trifft der Bund Regelungen, ist zu prüfen, ob diese abschließend sein sollen oder ob bewusst nur zu Teilfragen Vorschriften erlassen werden sollten oder ganz auf die Klarstellung regelungsbedürftiger Sachverhalte verzichtet wurde (*Sannwald* in Schmidt-Bleitreu/Hofmann/Hennecke, GG, Art. 72, Rn. 26 ff.).

Da im Zuge der Föderalismusreform 2006 die Gesetzgebungskompetenzen von Bund und Ländern geändert wurden und das Recht der Raumordnung aus der abgeschafften Gesetzgebungskompetenz der Rahmengesetzgebung in die konkurrierende Gesetzgebung überführt wurde, hat der Bund erstmals mit dem ROG 2008 umfassend von seiner Gesetzgebungszuständigkeit Gebrauch gemacht. Dabei gingen die Vorschriften des geänderten ROG deutlich über die Rahmenregelungen der vorherigen Fassungen des ROG hinaus. Jedoch hat der Bund im ROG 2008 in § 28 Abs. 3 sowie im ROG 2017 in § 27 Abs. 3 konkret formuliert, dass bestimmte landesrechtlich ergänzende Regelungen von der jeweiligen Neufassung des ROG unberührt bleiben und lässt daher vermuten, dass das ROG nicht in allen Punkten abschließend sein soll. Diese Vermutung wird auch durch die jeweiligen Gesetzesbegründungen bestärkt, die hervorheben, dass den Ländern der erforderliche Spielraum für ergänzendes Landesrecht belassen werden soll (zum ROG 2008: BT-Drs. 16/10292 S. 18) und die Möglichkeit von ergänzendem Landesrecht betonen (zum ROG 2017: BT-Drs. 18/10883 S. 63 f.). Es ist jedoch in Bezug auf die jeweilige Norm zu prüfen, ob das ROG eine abschließende Regelung treffen sollte (*Schmitz*, Raumordnerische Gesetzgebung der Länder: ergänzendes, abweichendes und wiederholendes Recht, ZUR 2019 S. 203, 204), so dass nicht generell davon ausgegangen werden kann, dass die Länder alle Normen des ROG ergänzen können. So ist bspw. fraglich, ob § 1 ROG mit der Aufgabennormierung, dass der Gesamtraum zu entwickeln ist, abschließend ist oder, wie durch das LaplaG erfolgt, Ergänzungen dahingehend möglich sind, dass in § 2 Abs. 2 LaplaG auch der Untergrund im Landesgebiet zum Gesamtraum des Landes gezählt und die Aufgabe der Raumordnungsplanung im Untergrund in § 5 Abs. 3 Sätze 2 und 3 LaplaG weiter konkretisiert wird. Für die Zulässigkeit dieser Regelung im LaplaG und damit für das Verständnis einer nicht abschließenden Regelung im ROG spricht, dass auch *„die unterirdische Raumordnung in den gesetzlichen Grundsätzen des ROG, die die Aufgaben der Raumordnung konkretisieren, bereits unter dem Gesichtspunkt der vorsorgenden Sicherung sowie der geordneten Aufsuchung und Gewinnung von standortgebundenen Rohstoffen angesprochen ist"* (*Runkel*, Die Landesplanungsgesetze und das ROG-Änderungsgesetz 2017 als das spätere Gesetz nach Art. 72 Absatz 3 Satz 3 GG, ZUR 2019 S. 210, 211).

Mit der Neufassung des LaplaG im Jahr 2014 wurde daher berücksichtigt, dass das ROG nunmehr zur konkurrierenden Gesetzgebung des Bundes gehört und das LaplaG auf ergänzende Vorschriften zum ROG beschränkt (LT-Drs. 18/885 S. 32). So ergänzt das LaplaG das ROG bspw. um Vorschriften zur Aufteilung des Landes in drei Planungsräume, Verfahrens- und Beteiligungsvorschriften (Planaufstellung, Raumverträglichkeitsprüfung, Zielabweichungsverfahren), um Ersatzleistungen und um die gesetzliche Normierung des Zentralörtlichen Systems.

Da die Länder nach Art. 83 GG Gesetze in eigener Angelegenheit ausführen und sie nach Art. 84 GG selbstständig die Einrichtung der Behörden und das Verwaltungsverfahren regeln, kann die Ermächtigung zur Schaffung der Landesplanungsbehörde und damit die besondere Stellung der Landesplanung mit dem Verzicht auf regionale Planungsverbände, wie es in anderen Ländern üblich ist, daher ebenfalls durch Landesrecht geregelt werden.

2.3 Abweichendes Landesrecht

Im Rahmen der konkurrierenden Gesetzgebung wurde mit Art. 72 Abs. 3 GG eine neuartige Gesetzgebungskompetenz geschaffen, die es den Ländern ermöglicht, in sechs Bereichen, die bisher Gegenstand der Rahmengesetzgebungskompetenz des Bundes waren und zu denen auch das Recht der Raumordnung gehört, abweichende Regelungen von Bundesgesetzen zu treffen. Bezweckt wurde mit dieser Kompetenz, den Ländern die Möglichkeit zu geben, *„in den genannten Bereichen abweichend von der Regelung des Bundes eigene Konzeptionen zu verwirklichen und auf ihre unterschiedlichen strukturellen Voraussetzungen und Bedingungen zu reagieren"* (BT-Drs. 16/813 S. 11). Diesem Recht zur abweichenden Gesetzgebung müssen die Länder nicht nachkommen. Treffen sie jedoch solche abweichenden Regelungen, verdrängt das Landesrecht das Bundesrecht im Rahmen eines bloßen Anwendungsvorrangs (BVerwG, Beschl. vom 11.4.2016 – 3 B 29/ 15 –, Rn. 5; *Uhle* in Maunz/Dürig, GG, Art. 72 Rn. 303). Das heißt, dass bei einer späteren Aufhebung des Landesrechts das zuvor verdrängte Bundesrecht wieder gilt. In zeitlicher

Hinsicht gilt ansonsten, dass nach Art. 72 Abs. 3 Satz 3 GG im Verhältnis von Bundes- und Landesrecht das jeweils spätere Gesetz vorgeht. Dadurch wird der allgemeine Grundsatz, dass ein späteres Gesetz einem früheren Gesetz derselben Rangordnung vorgeht (lex posterior derogat legi priori) auf die unterschiedliche Rangordnung zwischen Bundes- und Landesrecht ausgedehnt (BT-Drs. 16/813 S. 11 f.). Der Vorrang von gültigem Bundesrecht vor ansonsten gültigem Landesrecht gemäß Art. 31 GG findet für diese Fälle keine Anwendung. Andererseits wird aus dem Grundsatz der Bundestreue angenommen, dass eine inhaltsgleiche Neufassung eines Bundesgesetzes das abweichende Landesrecht nicht erneut verdrängt wird (*Sannwald* in Schmidt-Bleibtreu/Hofmann/Hennecke, GG, Art. 72, Rn. 117). Der gegensätzlichen Auffassung, die eine Neufassung von Vorschriften ohne inhaltliche Änderung als neues, späteres Gesetz versteht, ist zu widersprechen (*Runkel*, Die Landesplanungsgesetze und das ROG-Änderungsgesetz 2017 als das spätere Gesetz nach Art. 72 Absatz 3 Satz 3 GG, ZUR 2019 S. 210, 215), da hier andernfalls die Gefahr einer Endlosschleife droht, in der Bund und Land sich bei Nichtgefallen der abweichenden Landesnorm bzw. der vorgegebenen bundesrechtlichen Norm, mit Gesetzesänderungen abwechseln und damit die Systematik der Abweichungskompetenz des Art. 72 Abs. 3 GG leerliefe. Gleiches gilt, wenn einzelne Vorschriften neu sortiert werden, indem Absätze oder ganze Paragraphen an eine andere Stelle verschoben werden (so auch *Runkel*, Die Landesplanungsgesetze und das ROG-Änderungsgesetz 2017 als das spätere Gesetz nach Art. 72 Absatz 3 Satz 3 GG, ZUR 2019 S. 210, 215).

Um den Ländern die Möglichkeit der Anpassung und ggf. Abweichung zu geben, treten nach Art. 72 Abs. 3 Satz 2 GG Bundesgesetze auf diesen Gebieten, wie eben das ROG, frühestens sechs Monate nach ihrer Verkündung in Kraft. In Ausnahmefällen kann mit Zustimmung des Bundesrates diese Frist verkürzt werden.

Als ungeschriebene verfassungsrechtliche Voraussetzung wird das Zitiergebot bzw. die Kennzeichnungspflicht bei abweichenden Gesetzen gefordert (*Uhle* in Maunz/Dürig, GG, Art. 72 Rn. 284 ff.; vertiefend *Zsinka*, Das Zitiergebot in der Abweichungsgesetzgebung, S. 209 ff.). Danach soll das abweichende Landesrecht ausdrücklich benennen, von welcher bundesrechtlichen Vorschrift abgewichen werden soll. Dieser Auffassung wird in der Literatur nicht widersprochen, wenn auch die Herleitung unterschiedlich ausfällt. Relevant ist jedoch, wie sich eine fehlerhafte oder unterlassene Zitierung auf das abweichende Landesrecht auswirkt. Rechtstheoretisch wird dabei zwischen der unmittelbaren Verfassungswidrigkeit des Gesetzes und dem Wegfall des Anwendungsvorrangs unterschieden, was aber in der Praxis zum selben Ergebnis, der Nichtanwendbarkeit des Landesrechts führen würde (*Erbguth*, Abweichungsgesetzgebung: verfassungsrechtliche Grundlagen und allgemeine Rechtsfragen, ZUR 2019 S. 195, 202). Das BVerfG hat jedoch in seiner Entscheidung zum Numerus Clausus aus dem Jahr 2018 ein solches Zitiergebot für den Anwendungsbereich des Art. 125b Abs. 1 Satz 3 GG verneint und betont, dass die Zitierung derjenigen bundesrechtlichen Vorschriften, von denen abgewichen werden soll, nicht geboten ist. Denn ungeschriebene weitergehende Anforderungen an den Gebrauch der Abweichungsbefugnis, also wie bei der Anforderung eines Zitiergebotes, ergeben sich nicht aus dem Gebot der Normklarheit. Das BVerfG ließ bewusst offen, ob etwas anderes gilt, wenn ein Land von den in Art. 72 Abs. 3 GG genannten Vorschriften abweicht, nachdem der Bund eine Materie auf der Grundlage seiner konkurrierenden Gesetzgebungszuständigkeit regelt und damit im vorgesehenen Wechselspiel mit dem Bundesrecht tätig wird (BVerfG, Urt. vom 19.12.2017 – 1 BvL 3/14, 1 BvL 4/14 –, Rn. 235 f.). Unabhängig von der rechtlichen Notwendigkeit der Zitierung, hilft eine Nennung der gesetzlichen Vorschriften, von denen abgewichen werden soll, zum besseren Verständnis des abweichenden Landesrechts und trägt so zu einer höheren Rechtssicherheit bei.

Im Gegensatz zu den ergänzenden Regelungen im LaplaG gibt es jedoch nur wenige Vorschriften, die explizit vom ROG abweichen. Eine solche deutliche Abweichungsnorm stellt § 18 Abs. 2 LaplaG dar, der die Befugnis der Landesplanungsbehörde zur befristeten Untersagung von raumbedeutsamen Planungen und Maßnahmen nach § 12 Abs. 2 ROG auf befristete Untersagungen allgemein für einen gesamten Planungsraum erweitert. Mit der Formulierung zu Beginn des § 18 Abs. 2 Satz 1 LaplaG *„Abweichend von § 12 Absatz 2 ROG …“* wird auch entsprechend der Kennzeichnungspflicht auf die Abweichung durch das Landesrecht hingewiesen.

Die Abweichungskompetenz ist dabei nicht auf das ROG beschränkt. Maßgeblich ist, dass es sich um eine Regelung handelt, die zum Recht der Raumordnung gehört. Daher ist auch der 2024 eingeführte § 13b LaplaG zulässig, der eine abweichende Regelung zum § 245e Abs. 5 BauGB beinhaltet.

Diese Beispiele zeigen, dass die Abweichungskompetenz im LaplaG wenig genutzt wird. Dies verwundert nicht, da die Länder generell nur behutsam von ihr Gebrauch machen (*Seiler* in Epping/Hillgruber, BeckOK GG, Art. 72 Rn. 29). Zudem wird auch die konsensorientierte Entstehung des ROG 2008 als Grund herangezogen, dass die Länder generell wenig die Abweichungsmöglichkeit im Raumordnungsrecht nutzen (*Schmitz*, Raumordnerische Gesetzgebung der Länder: ergänzendes, abweichendes und wiederholendes Recht, ZUR 2019 S. 203, 204), da es beim Zustandekommen des ROG 2008 einen engen Abstimmungsprozess zwischen Bund und Ländern gab (vgl. LT-Drs. 18/885 S. 31).

2.4 Wiederholung durch Landesrecht

Wiederholende Regelungen im Landesrecht stellen hingegen weder Ergänzungen noch Abweichungen dar. Eine Gesetzgebungskompetenz für die bloße Wiederholung von Bundesrecht durch landesrechtliche Normen erschließt sich daher nicht (*Erbguth*, Abweichungsgesetzgebung: verfassungsrechtliche Grundlagen und allgemeine Rechtsfragen, ZUR 2019 S. 195, 199). Andererseits wurde mit dem LaplaG bezweckt, dass das Ineinandergreifen der bundesrechtlichen und landesrechtlichen Regelungen dadurch verdeutlicht wird, dass auf das ROG Bezug genommen wird (LT-Drs. 18/881 S. 33). Es ist daher eine differenzierte Betrachtung geboten, wenn sich identische Formulierungen im ROG und im LaplaG finden.

Redaktionelle Wiederholungen und Verweise auf das ROG bzw. Hinweise, dass sich bestimmte Verfahren nach dem ROG richten, dienen häufig dem besseren Verständnis des LaplaG und helfen so die Anwendbarkeit des Gesetzes zu erleichtern. Problematisch sind solche Verweise dann, wenn sich die Vorschriften des ROG ändern und eine rechtzeitige Anpassung des LaplaG misslingt, wie es im Fall des ROG 2017 war, das zum 29.11.2017 in Kraft trat, während das LaplaG erst mit Inkrafttreten vom 29.6.2018 auf die Änderungen des ROG reagierte und redaktionelle Anpassungen vornahm.

2.5 Einschränkung der Kompetenz des Landes durch Beachtung des abweichungsfesten Kerns

Einer Einschränkung unterliegt die Ergänzungs- und Abweichungskompetenz für die Länder durch die Pflicht zur Beachtung des abweichungsfesten Kerns der Bundesgesetze. Diese Einschränkung wird trotz des schrankenlosen Wortlauts von Art. 72 Abs. 3 Satz 1 Nr. 4 GG mehrheitlich in der Literatur angenommen. Dabei variieren die Begründungen und Herleitungen für einen abweichungsfesten Kern. Für das Recht der Raumordnung ergibt sich bereits aus der Natur der Sache, dass die Länder nur soweit ergänzende oder abweichende Vorschriften erlassen können, die ihren jeweiligen Zuständigkeitsbereich betreffen (so *Battis/Kersten*, Die Raumordnung nach der Föderalismusreform, DVBl 2007 S. 152, 157 ff., ablehnend: *Hoppe*, Kompetenz-Debakel für die Raumordnung durch die Föderalismusreform infolge der uneingeschränkten Abweichungszuständigkeit der Länder, DVBl 2007 S. 144, 145 ff.). Für das LaplaG gilt daher, dass dieses Gesetz allein Vorgaben für das Gebiet des Landes Schleswig-Holstein sowie für den Bereich des Küstenmeers, der zur Zuständigkeit von Schleswig-Holstein gehört, treffen kann. Belange anderer Länder oder Nachbarstaaten sowie die Planung für Bereiche des Meeres außerhalb der 12-Seemeilen-Zone, d. h. in der AWZ, unterliegen der Regelungskompetenz des Bundes (vgl. BVerfG, Urt. vom 30.10.1962 – 2 BvF 2/60 –, Rn. 86 f.) Zudem soll dem Bund das Recht vorbehalten bleiben, einen Grundstock verbindlicher Regelungen der Raumordnung im Gesamtstaat aufzustellen, worunter vor allem die Grundlagen der Raumordnung sowie die Grundzüge der Instrumente und Verfahren gehören (*Ritter*, Das uneingeschränkte Abweichungsrecht nach Art. 72 Abs. 3 GG, ARL-Nachrichten 3/2006 S. 12, 14).

2.6 Einschränkung der Kompetenz des Landes durch Beachtung weiterer rechtlicher Vorgaben

Die Abweichungs- und Ergänzungskompetenz wird auch durch die Pflicht zur Beachtung europarechtlicher Vorgaben eingeschränkt. Neben der direkten Geltung von EU-Verordnungen sind auch die EU-Richtlinien sowie die nationalen Umsetzungsakte zu beachten. Vorschriften des ROG, die die folgend genannten Richtlinien umsetzen, sind daher ebenfalls abweichungsfest:

- Richtlinie 79/409/EWG des Rates vom 2.4.1979 über die Erhaltung der wild lebenden Vogelarten,
- Richtlinie 92/43/EWG des Rates vom 21.5.1992 zur Erhaltung der natürlichen Lebensräume sowie der wild lebenden Tiere und Pflanzen,
- Richtlinie 2001/42/EG des europäischen Parlaments und des Rates vom 27.6.2001 über die Prüfung der Umweltauswirkungen bestimmter Pläne und Programme sowie
- Richtlinie 2014/89/EU des Europäischen Parlaments und des Rates vom 23.7.2014 zur Schaffung eines Rahmens für die maritime Raumplanung

Im Übrigen kann das LaplaG die Pflicht zur Umweltprüfung nach § 8 ROG nicht einschränken, da ansonsten die besondere Verfahrensvorschrift für Umweltprüfungen bei Raumordnungsplänen in § 48 UVPG, wonach die Strategische Umweltprüfung einschließlich der Überwachung nach dem ROG durchgeführt wird, gemäß § 38 UVPG durch die unmittelbare Geltung der §§ 38 ff. UVPG ersetzt wird.

2.7 Fortgeltung landesrechtlicher Vorschriften

Sollte sich durch eine Änderung des ROG ergeben, dass eine vormals nicht abschließende Bundesvorschrift, die Raum für Ergänzungen durch die Länder gelassen hat, nunmehr abschließende Regelungen trifft, würde das Landesrecht verdrängt und kann allenfalls als Abweichungsrecht neu erlassen werden. Ausnahmen gelten gemäß § 27 Abs. 3 ROG für die landesrechtlichen Vorschriften, die am 29.11.2017 galten und die § 2 Abs. 2 ROG, §§ 6 bis 12 ROG oder die Vorschriften des Abschnitts 2 des ROG ergänzen, sowie landesrechtliche Gebührenregelungen und weitergehendes Landesrecht zur Beschleunigung des Verfahrens bei Änderung eines ausgelegten Raumordnungsplanentwurfs.

§ 2
Aufgaben der Raumordnung

(1) Aufgabe der Raumordnung ist es, den Gesamtraum des Landes Schleswig-Holstein und seine Teilräume nach Maßgabe der Leitvorstellungen und der Grundsätze der §§ 1 und 2 ROG zu entwickeln, zu ordnen und zu sichern. Dabei muss insbesondere dafür Sorge getragen werden, dass

1. **durch Raumordnungspläne die unterschiedlichen Anforderungen an den Raum aufeinander abgestimmt und die auf der jeweiligen Planungsebene auftretenden räumlichen Nutzungskonflikte ausgeglichen werden und hierdurch zugleich Vorsorge für einzelne Raumfunktionen und Raumnutzungen getroffen wird,**
2. **die raumwirksamen Planungen der Ministerien (Fachplanungen des Landes), der Gemeinden, Gemeindeverbände, Kreise und aller anderen Planungsträger entsprechend den Erfordernissen der Raumordnung abgestimmt werden,**

3. durch regionale und überregionale Zusammenarbeit sowie das Setzen von Entwicklungsimpulsen die Potenziale und Synergieeffekte einer zukunftsorientierten Gestaltung des Landes Schleswig-Holstein einschließlich ihrer Landesgrenzen überschreitenden Bezüge aufgegriffen und gestärkt werden; hierdurch soll auch die nachhaltige Raumentwicklung Schleswig-Holsteins verbessert werden, die gleichzeitig zur Wettbewerbsfähigkeit des Landes beiträgt.

(2) Der Gesamtraum schließt auch den Untergrund im Landesgebiet von Schleswig-Holstein ein. Untergrund im Sinne dieses Gesetzes sind diejenigen unterirdischen Bereiche, denen aufgrund ihrer Tieflage für oberflächige Nutzungen, insbesondere solche baulicher Art, in der Regel keine Bedeutung zukommt.

Erläuterungen

Übersicht

1. Inhalt der Norm

§ 2 Abs. 1 LaplaG bestimmt als Aufgabe der Raumordnung in Schleswig-Holstein, dass der Gesamtraum des Landes sowie die Teilräume des Landes zu entwickeln, zu ordnen und zu sichern sind. Dabei sind die Leitvorstellungen und Grundsätze der §§ 1 und 2 ROG zu beachten. Zudem ist dafür Sorge zu tragen, dass die in drei Nrn. des § 2 Abs. 1 Satz 2 LaplaG aufgeführten Grundvorgaben der Raumordnung, das Abstimmungsgebot durch die Raumordnungspläne (Nr. 1), der Koordinierungsauftrag mit der Fachplanung und weiteren Planungsträgern (Nr. 2) sowie die raumordnerische Zusammenarbeit (Nr. 3), beachtet werden.

§ 2 Abs. 2 LaplaG erweitert die Zuständigkeit der Landesplanung auf den Untergrund. Hierzu definiert § 2 Abs. 2 Satz 2 LaplaG den Untergrund i. S. d. LaplaG als diejenigen unterirdischen Bereiche, denen aufgrund ihrer Tieflage für oberflächige Nutzungen, insbesondere solche baulicher Art, in der Regel keine Bedeutung zukommt.

2. Aufgaben der Raumordnung (§ 2 Abs. 1 LaplaG)

2.1 Bundesrechtliche Vorgaben

Als Aufgabe der Raumordnung wird in § 1 Abs. 1 ROG formuliert, dass der Gesamtraum der Bundesrepublik Deutschland und seine Teilräume durch Raumordnungspläne, durch raumordnerische Zusammenarbeit und durch Abstimmung raumbedeutsamer Planungen und Maßnahmen zu entwickeln, zu ordnen und zu sichern sind. Dabei sind unterschiedliche Anforderungen an den Raum aufeinander abzustimmen und die auf der jeweiligen Planungsebene auftretenden Konflikte auszugleichen sowie Vorsorge für einzelne Nutzungen und Funktionen des Raums zu treffen. Zudem ist nach § 1 Abs. 2 Satz 1 ROG als Leitvorstellung bei der Erfüllung der Aufgabe der Raumordnung eine nachhaltige Raumentwicklung, die die sozialen und wirtschaftlichen Ansprüche an den Raum mit seinen ökologischen Funktionen in Einklang bringt und zu einer dauerhaften, großräumig ausgewogenen Ordnung mit gleichwertigen Lebensverhältnissen in den Teilräumen führt, zu beachten.

Diese bundesgesetzliche Vorgabe des ROG regelt den Anwendungsbereich für die Raumordnung (Gesamtraum der Bundesrepublik Deutschland) und erweitert diesen in § 1 Abs. 4 ROG zudem um den Bereich der AWZ. Dieser Gesamtraum und seine Teilräume sollen entwickelt, geordnet und gesichert werden. Als Instrumente hierfür nennt § 1 Abs. 1 ROG die Raumordnungspläne, die raumordnerische Zusammenarbeit und die Abstimmung raumbedeutsamer Planungen und Maßnahmen. Raumordnungspläne sind nach § 3 Abs. 1 Nr. 7 ROG zusammenfassende, überörtliche und fachübergreifende Pläne nach den §§ 13 und 17 ROG. Die raumordnerische Zusammenarbeit als zweites in § 1 Abs. 1 ROG genanntes Instrument wird in § 14 ROG weiter erläutert und weist auf die Bedeutung der Zusammenarbeit zwischen der für die Raumordnung zuständigen Behörde mit anderen Planungsträgern und Behörden hin. Die Abstimmung raumbedeutsamer Planungen und Maßnahmen soll als drittes Instrument dazu dienen, die vielfältigen und teilweise konkurrierenden Nutzungen des Raumes zu steuern. Die Entwicklung des Raumes ist unter Berücksichtigung des überörtlichen Charakters der Raumordnung zu sehen, die der Bauleitplanung oder einer Fachplanung übergeordnet ist. Mit dem Entwickeln einher geht im Regelfall auch das Ordnen des Raumes, denn sobald miteinander konkurrierende Nutzungen in einem Raum angestrebt werden, sind diese aufeinander und untereinander abzustimmen und ggf. im Rahmen einer Abwägungsentscheidung festzulegen. Mit dem Sichern soll Vorsorge für zukünftige Nutzungen getroffen werden oder bestehende Raumnutzungen geschützt werden. Raumordnung ist daher als eine übergeordnete Regulierung zu verstehen, die raumbedeutsamen Planungen, Vorhaben und Maßnahmen reguliert, die Raum in Anspruch nehmen bzw. den Raum beeinflussen (vgl. *Einig*, Regulierung durch Regionalplanung, DÖV 2011 S. 185, 190).

2.2 Aufgabendefinition im LaplaG

Bereits das LaplaG 1961 sah in § 1 Abs. 1 vor, dass es Aufgabe der Landesplanung ist, die übergeordnete zusammenfassende Planung für die Ordnung des Raumes aufzustellen, die Raumordnungspläne fortlaufend anzupassen und die kommunalen Planungen sowie Fachplanungen abzustimmen. Zur Durchführung sollten nach § 1 Abs. 2 LaplaG 1961 Raumordnungsprogramme und Regionalpläne aufgestellt werden. Diese gesetzliche Regelung wurde mit dem LaplaG 1971 im Wortlaut leicht verändert, ansonsten bis zur einer vollständigen Neufassung der Vorschrift zu den Aufgaben der Raumordnung durch den § 2 LaplaG 2014 beibehalten. Dabei soll § 2 Satz 1 LaplaG den räumlich und inhaltlich übergreifenden Auftrag der Raumordnung auf Landesebene in Ergänzung der Leitvorstellungen des § 1 ROG verdeutlichen (LT-Drs. 18/885 S. 34). Ein eigener Regelungsinhalt ist darin nicht zu sehen, denn die Landesplanung des Landes Schleswig-Holstein ist zwangsläufig auf den Gesamtraum des Landes Schleswig-Holstein beschränkt. Eine Konkretisierung der Aufgaben der Raumordnung folgt daher erst aus den drei Nrn. des § 2 Abs. 1 Satz 2 LaplaG, die den raumordnerischen Auftrag zur Abstimmung, zum Ausgleich verschiedener Nutzungsinteressen sowie zur Vorsorge für einzelne Raumfunktionen und Raumnutzungen (Nr. 1) und den Koordinierungsauftrag mit der Fachplanung der Ressorts, den kommunalen Gebietskörperschaften und den sonstigen Planungsträgern (Nr. 2) beschreiben sowie die räumlichen Bezüge regionaler und überregionaler Zusammenarbeit darstellen, mit der Potenziale und Synergieeffekte generiert und die nachhaltige Raumentwicklung Schleswig-Holsteins verbessert werden, die gleichzeitig zur Wettbewerbsfähigkeit des Landes beitragen soll (Nr. 3).

3. Raumordnung im Untergrund (§ 2 Abs. 2 LaplaG)

Der erste Satz des § 2 Abs. 2 LaplaG stellt klar, dass zum Gesamtraum i. S. d. § 2 Abs. 1 LaplaG, der zu entwickeln, zu ordnen und zu sichern ist, auch der Untergrund gehört. Mit dem zweiten Satz des § 2 Abs. 2 LaplaG werden der Untergrund als diejenigen unterirdischen Bereiche, denen aufgrund ihrer Tieflage für oberflächige Nutzungen, insbesondere solche baulicher Art, in der Regel keine Bedeutung zukommt, definiert. Diese Definition des Untergrundes und die Klarstellung, dass der Untergrund Teil des Gesamtraumes ist, entscheidet für Schleswig-Holstein das LaplaG die Frage, ob das Landesplanungs- und Raumordnungsrecht auch auf den Bereich des Untergrundes anwendbar ist (vgl. *Erbguth/ Schubert*, Raumordnung des Untergrundes, HdSR, S. 1901, 1903). Inwieweit die raumordnerische Steuerung des Untergrundes mit den raumordnerischen Instrumenten möglich und geeignet erscheint, lässt § 2 Abs. 2 LaplaG offen. Daher ist die zeitgleich eingeführte Regelung in § 5 Abs. 3 Satz 2 LaplaG ergänzend heranzuziehen. Danach können in den Raumordnungsplänen einzelne unterirdische Teilräume für bestimmte öffentliche Zwecken gewidmet oder im Interesse eines öffentlichen Zwecks gegenüber bestimmten Veränderungen geschützt werden. Ein derartiger Zweck kann nach § 5 Abs. 3 Satz 3 LaplaG auch in der Erhaltung bestimmter Beschaffenheiten des Untergrundes, insbesondere besonderer geologischer oder geomorphologischer Formationen, bestehen. Die Vorschriften § 2 Abs. 2 LaplaG und § 5 Abs. 3 Sätze 2 und 3 LaplaG wurden im laufenden Gesetzgebungsverfahren zum LaplaG 2014 als Antrag der Regierungsfraktionen eingebracht (LT-Drs. 18/2200), ohne dass dem Entwurf eine Begründung beigefügt wurde. Aufgrund der politischen Diskussionen und dem Bestreben der schleswig-holsteinischen Landesregierung zum Ausschluss von Fracking in der 18. Wahlperiode, sind diese Regelungen unter Berücksichtigung dieser Problematik zu sehen (vgl. Plenarprotokoll 18/42 S. 3395; Plenarprotokoll 18/47 S. 3822, 3824, 3830).

§ 3
Planungsräume

Schleswig-Holstein ist in drei regionale Planungsräume eingeteilt:

Planungsraum I:

Kreisfreie Stadt Flensburg, Kreise Nordfriesland und Schleswig-Flensburg.

Planungsraum II:

Kreisfreie Städte Kiel und Neumünster, Kreise Plön und Rendsburg-Eckernförde.

Planungsraum III:

Kreisfreie Stadt Lübeck, Kreise Dithmarschen, Herzogtum Lauenburg, Ostholstein, Pinneberg, Segeberg, Steinburg und Stormarn.

Erläuterungen

Übersicht

1. Inhalt der Norm

§ 3 LaplaG teilt Schleswig-Holstein in drei regionale Planungsräume als planerische Teilräume des Landes ein. Planungsraum I mit der kreisfreien Stadt Flensburg und den Kreisen Nordfriesland und Schleswig-Flensburg, Planungsraum II mit den kreisfreien Städten Kiel und Neumünster sowie den Kreisen Plön und Rendsburg-Eckernförde und Planungsraum III mit der kreisfreien Stadt Lübeck und den Kreisen Dithmarschen, Herzogtum Lauenburg, Ostholstein, Pinneberg, Segeberg, Steinburg und Stormarn.

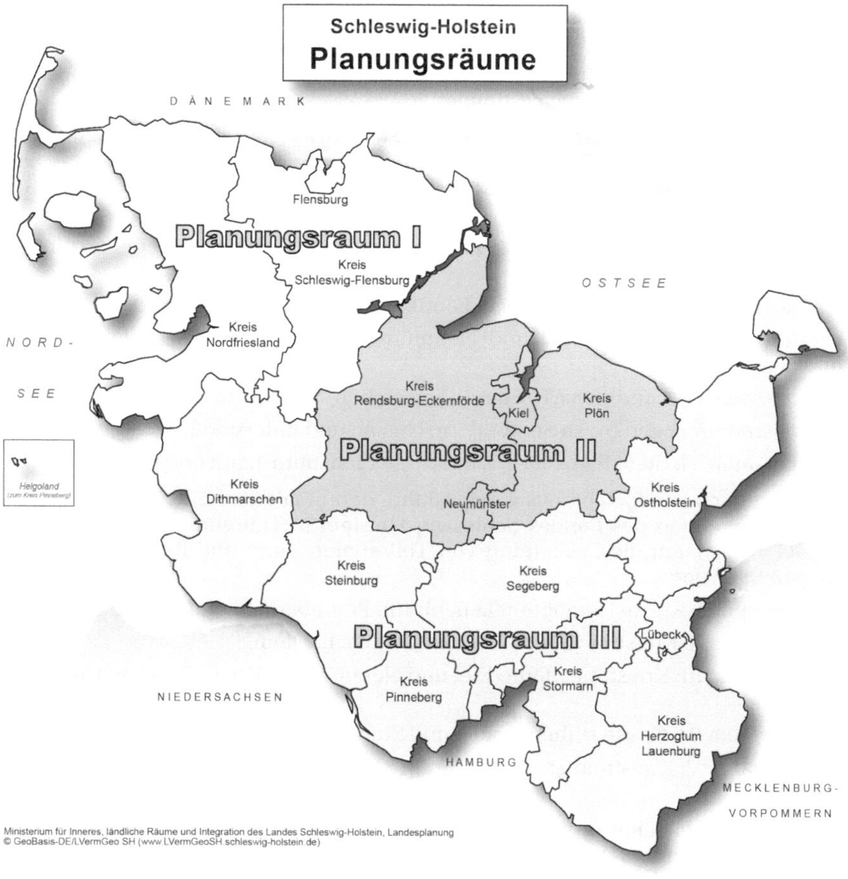

Abbildung 1: Schleswig-Holstein Planungsräume

2. Hintergründe zum Zuschnitt der Planungsräume

Die Einteilung des schleswig-holsteinischen Landesgebiets in drei Planungsräume ist im Zusammenhang mit der in § 13 Abs. 1 Satz 1 Nr. 2 ROG formulierten Pflicht der Länder zur Aufstellung von Raumordnungsplänen für die Teilräume der Länder (Regionalpläne) zu sehen. Mangels einer bundesgesetzlichen Regelung zur Bestimmung der Teilräume, obliegt es den Ländern die Festlegung dieser Teilräume selbst zu treffen. Die einzelnen Länder haben so unterschiedliche Regelungen getroffen, um die Teilräume zu definieren. Die Größe variiert dabei von eher kleineren Teilräumen in Form von Kreisen bzw. Landkreisen bis hin zu größeren Planungsräume in Form von abgrenzbaren Regionen über mehrere Landkreise hinweg oder in Form der Regierungsbezirke (vgl. *Einig*, Die Abgrenzung von Planungsräumen der Regionalplanung im Ländervergleich). In jedem Fall bietet es sich an, die in den 1960er Jahren aufgestellten Grundsätze zur Gliederung des Bundesgebietes in Planungsräume zu beachten. Danach sollen die Teilräume u. a. flächendeckend, größer als Kreise bzw. Landkreise sein und die Ausübung der wichtigsten Daseinsfunktionen (Wohnen, Arbeit, Verkehr, Erholung, Kultur, Bildung und Gemeinschaft) ermöglichen (*Isbary*, Zur Gliederung des Bundesgebietes in Teilräume, DÖV 1963 S. 793, 797). In Schleswig-Holstein besteht die Besonderheit, dass sowohl die Aufgabe der Landesplanung als auch die Aufgabe der Regionalplanung von der Landesplanungsbehörde wahrgenommen werden. Aus der örtlichen Zuständigkeit einer Regionalplanungsbehörde lassen sich so nicht die Teilräume bestimmen.

Ursprünglich fand die Gliederung des Landes Schleswig-Holstein in Teilräume lediglich durch eine interne Arbeitsanweisung der Landesplanungsbehörde statt, die das Land in sechs Planungsräume einteilte (Erster Raumordnungsbericht der Landesregierung Schleswig-Holstein, 1965, S. 54):

- Planungsraum I: Landkreise Herzogtum Lauenburg, Pinneberg, Segeberg und Stormarn;
- Planungsraum II: Hansestadt Lübeck, Landkreise Eutin und Oldenburg;
- Planungsraum III: Städte Kiel und Neumünster, Landkreise Eckernförde, Plön und Rendsburg;
- Planungsraum IV: Landkreise Norderdithmarschen, Süderdithmarschen und Steinburg;
- Planungsraum V: Landkreise Südtondern, Husum und Eiderstedt;
- Planungsraum VI: Stadt Flensburg, Landkreise Flensburg-Land und Schleswig.

Der Gesetzgeber hat jedoch bereits wenige Jahre darauf mit dem LEGG im Jahr 1971 eine gesetzliche Einteilung des Landes Schleswig-Holstein in Teilräume vorgenommen. § 13 des LEGG 1971 nahm die Festlegung von Teilräumen durch die Bestimmung von fünf Planungsräumen vor:

- Planungsraum I: Kreise Herzogtum Lauenburg, Pinneberg, Segeberg und Stormarn;
- Planungsraum II: Kreisfreie Stadt Lübeck, Kreis Ostholstein;
- Planungsraum III: Kreisfreie Städte Kiel und Neumünster, Kreise Rendsburg-Eckernförde und Plön;
- Planungsraum IV: Kreise Dithmarschen und Steinburg sowie
- Planungsraum V: Kreisfreie Stadt Flensburg, Kreise Flensburg-Land, Nordfriesland und Schleswig.

Die Landesplanungsbehörde war für die Aufstellung von Regionalplänen in allen Planungsräumen zuständig. Der erste Regionalplan wurde 1967 für den Planungsraum IV aufgestellt. 1976 wurde der erste Regionalplan für den Planungsraum I aufgestellt. 1976 folgten die ersten Regionalpläne für die Planungsräume III und V sowie 1977 für den Planungsraum II.

Eine Pflicht, die Festlegung der Teilräume im Gesetz zu regeln, besteht nicht. Gleichwohl wurde mit der Aufhebung des LEGG die bisherige Praxis der gesetzlichen Festlegung der Planungsräume fortgesetzt und die Regelung im LEGG über die Planungsräume in das LaplaG überführt. In diesem Zusammenhang wurden die Planungsräume zum 1.1.2014 in der seitdem gültigen Form neu zugeschnitten. Ausweislich der Gesetzesbegründung waren für die neue Einteilung in drei Planungsräume neben der bisherigen Berücksichtigung der Oberbereiche der Oberzentren auch erweiterte raumordnerische Kriterien, wie Stadt-Umland- und Pendlerverflechtungen, regionale Kooperationen und der Verlauf der Landesentwicklungsachsen (Fehmarnbelt-Achse, A 20- und A 23-Achse) maßgeblich. Als Vorteile für den neuen Zuschnitt sah der Gesetzgeber an, dass die bestehenden Regionen (Metropolregion, Kiel-Region, Landesteil Schleswig) sowie die Verflechtungen von Hamburg mit den Oberzentren Kiel, Lübeck, Flensburg und Neumünster mit ihrem jeweiligen Umland durch dieses Modell am besten abgebildet werden. Zugleich würden die gut funktionierenden Arbeitsstrukturen im Planungsraum III (Arbeitsgemeinschaft Hamburg Randkreise) nicht geteilt. Die fast vollständige Abbildung der Metropolregion Hamburg in einem Planungsraum (mit Ausnahme von Neumünster) entspräche weitestgehend dem

Vorschlag der Arbeitsgemeinschaft Hamburg Randkreise. Auch die Wunschvorstellungen der Kreise Nordfriesland (Verbleib im bisherigen Verbund) und Dithmarschen (Berücksichtigung der Mitgliedschaft in der Metropolregion) wurden erfüllt (LT-Drs. 18/885, S. 34 f.). Zudem entsprach die Größe der alten Planungsräume II (Ostholstein und Lübeck) und IV (Steinburg und Dithmarschen) nicht mehr den Anforderungen, da sie im Hinblick auf achsiale Entwicklungsperspektiven und unter Berücksichtigung des Zuschnittes regionaler Kooperationsabgrenzungen zu klein waren (LT-Drs. 18/885 S. 3 f.).

§ 4
Landesplanungsbehörde

Landesplanungsbehörde ist die für die Raumordnung und die Landesplanung zuständige oberste Landesbehörde.

Erläuterungen

Übersicht

1. Inhalt der Norm
2. Die für die Raumordnung und die Landesplanung zuständige oberste Landesbehörde
3. Landesplanungsbehörde als Behörde im Geschäftsbereich des …
4. Kommunalisierung der Regionalplanung

1. Inhalt der Norm

§ 4 LaplaG benennt die Landesplanungsbehörde als die für die Raumordnung und Landesplanung zuständige oberste Landesbehörde. Damit werden mit dieser Norm die Aufgaben und Zuständigkeiten der Landesplanung in einer zentralen Behörde konzentriert und es wird auf den Behördenaufbau durch eine mehrstufige Landesplanungsverwaltung verzichtet.

2. Die für die Raumordnung und die Landesplanung zuständige oberste Landesbehörde

Die Formulierung *„die für die Raumordnung und die Landesplanung zuständige oberste Landesbehörde"* wurde im Jahr 2018 in das LaplaG aufgenommen. Die Änderung sollte klarstellende Wirkung haben und wiederkehrenden Anpassungsbedarf bei Änderungen der Ressortzuständigkeiten vermeiden (LT-Drs.19/1049 S. 9). Zuvor war es üblich, konkret zu benennen, welche oberste Landesbehörde zugleich Landesplanungsbehörde war. Damit erforderte die alte Fassung des Gesetzes im Falle einer Änderung der Ressortzuständigkeiten jeweils eine Anpassung des LaplaG.

Die Zuständigkeit ergibt sich nunmehr daraus, welche oberste Landesbehörde die Aufgaben der Raumordnung und Landesplanung wahrnimmt. Oberste Landesbehörden sind nach § 5 Abs. 1 LVwG SH die Landesregierung, die Ministerpräsidentin oder der Ministerpräsident, die Ministerien sowie der Landesrechnungshof und auch die Landtagspräsidentin oder der Landtagspräsident und die Präsidentin oder der Präsident des Landesverfassungsgerichtes soweit diese öffentlich-rechtliche Verwaltungstätigkeit ausüben. Zudem können nach § 5 Abs. 2 LVwG SH zur Entlastung der obersten Landesbehörden von Verwaltungsarbeit Ämter gebildet werden, die mit einer gewissen Selbständigkeit ausgestattet sind, aber Bestandteile der obersten Landesbehörden bleiben. Mit der Bekanntmachung nach § 27 Abs. 1 Satz 2 LVwG SH wird im Gesetz- und Verordnungsblatt auf die Änderung einer Ressortzuständigkeit und auf den Zeitpunkt dieser Änderung hingewiesen.

§ 4 LaplaG enthält keine Beschreibung der Aufgaben der Landesplanungsbehörde. Aus der Regelung, dass die Landesplanungsbehörde die für die Raumordnung und die Landesplanung zuständige oberste Landesbehörde ist, folgt zugleich die Allzuständigkeit für die im LaplaG und im ROG sowie ggf. in weiteren Fachgesetzen genannten landesplanerischen und raumordnerischen Aufgaben. Weitere und ggf. nachgeordnete Landesplanungsbehörden oder Regionalplanungsbehörden existieren demnach in Schleswig-Holstein nicht.

3. Landesplanungsbehörde als Behörde im Geschäftsbereich des ...

Die Landesplanungsbehörde war in der Geschichte des Landes Schleswig-Holstein verschiedenen Ressorts zugeordnet.

Landesplanerische Aufgaben wurden von 1946 bis 1951 vom Landesplanungsamt wahrgenommen, das zum Ministerium für Aufbau und Arbeit gehörte. Ab 1951 wurde die Landesplanung unmittelbar dem Ministerpräsidenten unterstellt und gehörte zur Staatskanzlei. Durch § 2 LaplaG 1961 wurde die Aufgabenwahrnehmung durch den Ministerpräsidenten erstmalig gesetzlich normiert und konkretisiert. Im Jahr 1988 wechselte die Landesplanungsbehörde von der Staatskanzlei in das Ministerium für Natur, Umwelt und Landesentwicklung. Mit den Ressortänderungen nach der Wahl von *Heide Simonis* zur Ministerpräsidentin gehörte die Landesplanungsbehörde ab 1993 wieder zur Staatskanzlei und nach der Landtagswahl 2000 in das neu geschaffene Ministerium für ländliche Räume, Landesplanung, Landwirtschaft und Tourismus. 2003 wechselte die Landesplanungsbehörde in das Innenministerium. Anschließend gehörte die Landesplanung von 2012 bis 2017 zur Staatskanzlei und seit 2017 zum Ministerium für Inneres, ländliche Räume und Integration bzw. ab Mai 2020 zum Ministerium für Inneres, ländliche Räume, Integration und Gleichstellung. Nach der Landtagswahl im Jahr 2022 blieb die Landesplanungsbehörde im Innenministerium, das fortan den Titel Ministerium für Inneres, Kommunales, Wohnen und Sport führte.

4. Kommunalisierung der Regionalplanung

Die Landesplanung wurde in Schleswig-Holstein bislang immer als staatliche Aufgabe wahrgenommen. Dabei war es insbesondere die Landesplanungsbehörde als Teil einer obersten Landesbehörde, die koordinierende und steuernde Tätigkeiten ausübte. Bereits in der ersten Fassung des LaplaG war jedoch in § 5 LaplaG 1961 geregelt, dass Aufgaben der regionalen Landesplanung an regionale Landesplanungsverbände oder Kreisen übertragen werden konnten. Aus dieser Möglichkeit der Aufgabenübertragung wurde im Jahr 1971 mit der Reform des LaplaG die Pflicht zur Aufstellung von Kreisentwicklungsplänen als neue Aufgabe für die Kreise eingeführt. Zur Entlastung der Kreise wurde diese Verpflichtung durch die Änderungen des LaplaG in den Jahren 1976 und 1981 reduziert und die Abstände zur Fortschreibung dieser Pläne verlängert. Im Jahr 2002 wurde die Verpflichtung zur Aufstellung der Kreisentwicklungspläne aus dem LaplaG gestrichen.

In den folgenden Jahren gab es verschiedene Diskussionen, die unterschiedliche Ansätze zur Kommunalisierung der Regionalplanung bzw. von Teilaspekten hiervon zum Gegenstand hatten. Diese reichten von der Vollübertragung der Regionalplanung auf eine Körperschaft öffentlichen Rechts nach dem LVwG SH bis hin zu der Wahrnehmung von regionalplanerischen Aufgaben als freiwillige Aufgabe der Kreise. Mit einem Gesetzentwurf aus dem Jahr 2004 (LT-Drs. 15/3472 S. 51 ff.) sollte die Möglichkeit geschaffen werden, dass sich in jedem der fünf Planungsräume Regionale Planungsversammlungen bilden, die mit der Aufstellung oder Änderung eines Regionalplans für den jeweiligen Planungsraum in eigener Verantwortung betraut werden. Für den Fall, das von den eingeräumten Möglichkeiten kein Gebrauch gemacht werden sollte, wäre die Regionalplanung bei der Landesplanungsbehörde verblieben. Dieser Gesetzentwurf wurde zwar intensiv diskutiert, jedoch nach den Beratungen und Anhörungen im Agrar- sowie im Innen- und Rechtsausschuss von der Tagesordnung des Plenums genommen und fiel damit zum Ablauf der 15.

Legislaturperiode des schleswig-holsteinischen Landtags und der Neuwahl am 20.2.2005 unter die Diskontinuität. Erst nach der Landtagswahl im Jahr 2009 wurde die Kommunalisierung der Regionalplanung wieder aufgegriffen und mit den Arbeiten an einem neuen Gesetz begonnen. Dabei stand die Reform des LaplaG unter Zeitdruck, denn aufgrund eines Urt. des LVerfG SH wurden die Neuwahlen für den Landtag schon für Mai 2012 angesetzt. Für Abstimmungen der Referentenentwürfe mit den Kreisen, kreisfreien Städten und Kommunen blieb daher nur Zeit bis zum Herbst 2011. Der von der Landesregierung eingebrachte Gesetzesentwurf (LT-Drs. 17/2048) sah die Kommunalisierung der Aufstellung der Regionalpläne und des Vollzuges vor. Am 26.4.2012, zehn Tage vor der Wahl, wurde dann vom Landtag die Neufassung des LaplaG mit der Kommunalisierung der Regionalplanung beschlossen, das zum 1.1.2013 in Kraft treten sollte.

Das geänderte LaplaG sah die Aufstellung der Regionalpläne als eine Aufgabe in kommunaler Verantwortung vor. Hierfür sollte in jedem der fünf Planungsräume ein Kreis oder eine kreisfreie Stadt die Aufgabe der Trägerschaft der Regionalplanung auf der Basis einer Vereinbarung mit den anderen zum Planungsraum gehörenden Kreisen und kreisfreien Städte für den gesamten Planungsraum ausüben (§ 6 Abs. 1 LaplaG). Dabei sollte sowohl die Aufstellung eines Regionalplanes, als auch der Vollzug der raumordnungsrechtlichen Vorschriften eine pflichtige Selbstverwaltungsaufgabe darstellen, wozu die Zuständigkeiten in § 5 LaplaG geregelt wurden. Sollte ein Träger nicht bestimmt werden, würde die oberste Landesplanungsbehörde für den betreffenden Planungsraum die Trägerschaft eines Kreises oder einer kreisfreien Stadt anordnen und die Kreise und kreisfreien Städte des Planungsraumes unter Fristsetzung verpflichten, eine Vereinbarung zur Trägerschaft der Regionalplanung zu schließen (§ 6 Abs. 4 LaplaG). Mit der Übertragung der Aufgabe zur Aufstellung der Regionalplans und der Vollzugsaufgaben sollte je Planungsraum eine leitende regionale Planungsstelle geschaffen werden, die zusätzlich auch mit den Aufgaben einer höheren Verwaltungsbehörde nach dem BauGB betraut werden sollte, was insbesondere die Zuständigkeit für die Genehmigung der Flächennutzungspläne beinhaltet hätte. Die Regionalpläne sollte in der Rechtsform als Satzung erlassen und wirksam werden, wenn alle die Kreise und kreisfreien Städte im Planungsraum dem Entwurf des Regionalplans zugestimmt hätten und die Landesplanungsbehörde die Satzung genehmigt hätte (§ 10 Abs. 4 LaplaG). Neben der Aufgabe der Genehmigung der Regionalpläne, war die oberste Landesplanungsbehörde weiter für die Aufstellung des Landesentwicklungsplans, für die Abstimmung mit anderen Ländern und dem Bund, für die Raumbeobachtung und Durchführung von Raumordnungsverfahren zuständig (§ 5 Abs. 1, § 15 Abs. 3 LaplaG). In organisatorischer Hinsicht sah das Gesetz vor, dass die Kreise und kreisfreien Städte jedes Planungsraumes bis zum 30.9.2012 die Vereinbarung zur Trägerschaft der Regionalplanung schließen mussten, um dann bis Ende des Jahres 2012 die Behördenstruktur für die ab 1.1.2013 wahrzunehmenden Aufgaben aufzubauen.

Nach der Landtagswahl kam es jedoch zum Regierungswechsel und die neue Koalition aus SPD, Grüne und SSW, die bereits zuvor gegen die Kommunalisierung der Regionalplanung gestimmt hatten, kündigte alsbald an, die Änderungen im LaplaG wieder rückgängig machen zu wollen und das Gesetz damit faktisch nicht zum 1.1.2013 in Kraft treten zu lassen. Mit dem Gesetz zur Aufhebung des Gesetzes zur Änderung landesplanungsrechtlicher Vorschriften (LaplaÄndG) vom 5.12.2012 wurde dann die Kommunalisierung wieder aufgehoben. Stattdessen trat zum 1.1.2014 das geänderte LaplaG in Kraft, das die Aufgabe der Landesplanungsbehörde als die für die Raumordnung und Landesplanung zuständige oberste Landesbehörde normierte und keine Möglichkeiten für eine kommunale Regionalplanung vorsah.

ABSCHNITT II

RAUMORDNUNGSPLÄNE

§ 5
Allgemeine Vorschriften über Raumordnungspläne

(1) [1]Raumordnungspläne sind der Landesentwicklungsplan als landesweiter Raumordnungsplan und die Regionalpläne für die Planungsräume. [2]Planungsträger für die Raumordnungspläne ist die Landesplanungsbehörde. [3]Das Verfahren zur Aufstellung der Raumordnungspläne richtet sich nach den Absätzen 4 bis 9 und den §§ 7 bis 10 und 13 ROG. [4]Die Raumordnungspläne legen die anzustrebende räumliche Entwicklung für einen Zeitraum von regelmäßig fünfzehn Jahren fest (Planungszeitraum). [5]Sie sind bei Bedarf der Entwicklung anzupassen und insoweit gemäß § 6 zu ändern. [6]§ 6 bleibt unberührt.

(2) In den Raumordnungsplänen ist sicherzustellen, dass den räumlichen Erfordernissen der Verteidigung, des Zivilschutzes und der Konversion nicht mehr benötigter ehemaliger militärischer Liegenschaften Rechnung getragen wird.

(3) [1]Die raumrelevanten Inhalte der regionalen und überregionalen Landschaftsplanung sowie die räumlichen Erfordernisse des Klimaschutzes und der Anpassung an den Klimawandel sind bei der Aufstellung von Raumordnungsplänen zu berücksichtigen. [2]Im Untergrund können in den Raumordnungsplänen einzelne unterirdische Teilräume bestimmten öffentlichen Zwecken gewidmet oder im Interesse eines öffentlichen Zwecks gegenüber bestimmten Veränderungen geschützt werden. [3]Ein derartiger Zweck kann auch in der Erhaltung bestimmter Beschaffenheiten des Untergrundes, insbesondere besonderer geologischer oder geomorphologischer Formationen, bestehen.

(4) [1]Die Landesplanungsbehörde informiert frühzeitig über die geplante Aufstellung eines Raumordnungsplans. [2]Das Aufstellungsverfahren leitet die Landesplanungsbehörde durch Bekanntmachung der allgemeinen Planungsabsichten im Amtsblatt für Schleswig-Holstein ein. [3]Die Landesplanungsbehörde veröffentlicht diese Bekanntmachung nachrichtlich im Internet.

(5) Der Entwurf eines Raumordnungsplans, seine Begründung und der Umweltbericht werden durch die Landesplanungsbehörde unverzüglich nach Entscheidung der Landesregierung im Internet bereitgestellt.

(6) [1]Die Beteiligung der Öffentlichkeit und der in ihren Belangen betroffenen öffentlichen Stellen richtet sich nach § 9 Absatz 2 bis 5 ROG. [2]Die Landesplanungsbehörde leitet das Verfahren durch Bekanntmachung im Amtsblatt Schleswig-Holstein ein. [3]In der Bekanntmachung ist zusätzlich darauf hinzuweisen, dass Stellungnahmen in mündlicher Form ausgeschlossen sind. [4]Die kreisangehörigen Städte und Gemeinden leiten ihre Stellungnahme zusätzlich informationshalber ihrem jeweiligen Kreis zu.

(7) [1]Der Landesentwicklungsplan wird von der Landesregierung mit Zustimmung des Landtags als Rechtsverordnung beschlossen. [2]Vor dem Beschluss der Landesregierung ist der Landesplanungsrat zu beteiligen. [3]Die Veröffentlichung des Landesentwicklungsplans richtet sich nach § 10 Absatz 2 ROG. [4]Die Unterlagen nach § 10 Absatz 2 ROG werden bei der Landesplanungsbehörde zur Einsichtnahme bereitgehalten.

(8) [1]Die Regionalpläne sind zeitnah dem Landesentwicklungsplan anzupassen. [2]Regionalpläne werden von der Landesregierung als Rechtsverordnungen beschlossen. [3]Vor dem Beschluss der Landesregierung ist der Landesplanungsrat zu beteiligen. [4]Die Veröffentlichung der Regionalpläne richtet sich nach § 10 Absatz 2 ROG. [5]Die Unterlagen nach § 10 Absatz 2 ROG werden bei der Landesplanungsbehörde zur Einsichtnahme bereitgehalten.

(9) Durchführung und Inhalte der Umweltprüfung von Raumordnungsplänen richten sich nach § 8 ROG.

Erläuterungen

Übersicht

1. Inhalt der Norm

§ 5 LaplaG enthält allgemeine Regelungen für Raumordnungspläne und stellt eine ergänzende Vorschrift zu den §§ 7 ff. ROG dar.

Raumordnungspläne stellen die wichtigsten Instrumente der Raumordnung dar. § 5 Abs. 1 LaplaG fasst hierfür die allgemein für die Aufstellung von Raumordnungsplänen geltenden Regelungen in § 5 Abs. 1 Satz 3 LaplaG zusammen. Nach § 5 Abs. 1 Satz 1 LaplaG zählen zu den Raumordnungsplänen der Landesentwicklungsplan gemäß § 8 LaplaG sowie die Raumordnungspläne gemäß § 9 LaplaG. Die Landesplanungsbehörde wird in § 5 Abs. 1 Satz 2 LaplaG als zuständige Planungsträgerin benannt. Nach § 5 Abs. 1 Satz 4 LaplaG sind 15 Jahre als Planungszeitraum bestimmt. Auf die Möglichkeit der Anpassung der Pläne weist § 5 Abs. 1 Satz 5 LaplaG hin.

§ 5 Abs. 2 LaplaG fordert, dass die besondere Bedeutung von Erfordernissen der Verteidigung und des Zivilschutzes sowie der Konversion nicht mehr benötigter ehemaliger militärischer Liegenschaften in Raumordnungsplänen beachtet wird.

§ 5 Abs. 3 LaplaG betont die Berücksichtigung raumrelevanter Inhalte der regionalen und überregionalen Landschaftsplanung sowie der räumlichen Erfordernisse des Klimaschutzes und der Anpassung an den Klimawandel bei der Aufstellung von Raumordnungsplänen. Zudem wird aufgrund der in § 2 Abs. 2 LaplaG enthaltenen Einbeziehung des Untergrundes in die Landesplanung die Möglichkeit der raumordnerischen Steuerung des Untergrundes durch Raumordnungspläne konkretisiert.

In § 5 Abs. 4 LaplaG ist die Pflicht der Landesplanungsbehörde zur frühzeitigen Information über die geplante Aufstellung eines Raumordnungsplans enthalten. Hierzu muss eine Bekanntmachung der allgemeinen Planungsabsichten im Amtsblatt für Schleswig-Holstein erfolgen, die zusätzlich nachrichtlich im Internet veröffentlicht werden muss. So soll nach außen der Wille der Landesplanungsbehörde zur Neuaufstellung von Raumordnungsplänen und der Festlegung von Zielen der Raumordnung sichtbar werden.

Das Verfahren zur Aufstellung von Raumordnungsplänen einschließlich der Beteiligung der Öffentlichkeit und der in ihren Belangen berührten öffentlichen Stellen erfolgt gemäß § 5 Abs. 6 LaplaG nach den Vorgaben des ROG. Hierzu enthalten die Absätze 5 und 6 des § 5 LaplaG nähere Erläuterungen.

Die Absätze 7 und 8 des § 5 LaplaG regeln den Rechtscharakter der Raumordnungspläne. Der Landesentwicklungsplan und die Regionalpläne werden als Rechtsverordnungen beschlossen, wobei für den Beschluss des Landesentwicklungsplans die Zustimmung des Landtags erforderlich ist. In jedem Fall ist vor dem Beschluss der Landesplanungsrat zu beteiligen.

§ 5 Abs. 9 LaplaG verweist hinsichtlich der Durchführung und des Inhalts der Umweltprüfung auf § 8 ROG.

2. Rechtsgrundlagen für die Aufstellung, Änderung, Ergänzung und Aufhebung der Raumordnungspläne

Die rechtlichen Grundlagen für die Aufstellung, Änderung, Ergänzung und Aufhebung der Raumordnungspläne ergeben sich in Schleswig-Holstein aus den bundesrechtlichen Vorschriften des ROG und der landesrechtlichen Regelungen im LaplaG. Allgemeine Vorschriften über Raumordnungspläne im Raumordnungsrecht des Bundes enthält § 7 ROG, der durch die Bestimmungen in § 13 ROG ergänzt wird. Landesrechtlich stellt § 5 LaplaG die zentrale Norm für die Aufstellung von Raumordnungsplänen dar, der ergänzende landesrechtliche Regelungen zu den Vorschriften des ROG enthält.

Eine allgemeine Begriffsbestimmung für die Raumordnungspläne enthält § 3 Abs. 1 Nr. 7 ROG. Landesrechtlichen Ergänzungen sind für den Landesentwicklungsplan in § 8 LaplaG sowie für die Regionalpläne in § 9 LaplaG geregelt.

Die Voraussetzungen für die Umweltprüfung bei der Aufstellung von Raumordnungsplänen ergeben sich aus § 8 ROG.

§ 9 ROG enthält Regelungen zum Beteiligungsverfahren bei der Planaufstellung.

Weitere formelle Anforderungen an die Bekanntmachung von Raumordnungsplänen sowie die Bereithaltung von Raumordnungsplänen und von Unterlagen sind in § 10 ROG geregelt.

§ 6 LaplaG stellt die landesrechtliche Norm zum Planänderungsverfahren dar und ergänzt das ROG.

Die Planerhaltung, d. h., dass ein Raumordnungsplan trotz der Verletzung von höherrangigem Recht unter bestimmten Voraussetzungen wirksam und der Fehler unbeachtlich sein kann, wird durch § 11 ROG geregelt und durch § 7 LaplaG landesrechtlich konkretisiert.

3. Raumordnungspläne (§ 5 Abs. 1 LaplaG)

Mit dem ersten Absatz des § 5 LaplaG sollen die allgemein für die Aufstellung von Raumordnungsplänen geltenden Regelungen „vor die Klammer gezogen" werden (LT-Drs. 18/885 S. 36). Daher enthält dieser Absatz grundlegende Aussagen zu den Raumordnungsplänen, zum Planungsträger und dem angestrebten Planungszeitraum.

3.1 Begriff der Raumordnungspläne (§ 5 Abs. 1 Satz 1 LaplaG)

Nach § 5 Abs. 1 Satz 1 LaplaG sind Raumordnungspläne der Landesentwicklungsplan als landesweiter Raumordnungsplan (vgl. § 8 LaplaG) und die Regionalpläne für die Planungsräume (vgl. § 9 LaplaG). Eine weitergehende Erläuterung enthält das LaplaG nicht, so dass auf die Definition in § 3 Abs. 1 Nr. 7 ROG zurückzugreifen ist, wonach Raumordnungspläne zusammenfassende, überörtliche und fachübergreifende Pläne nach den

§§ 13 und 17 ROG sind. Da die landesrechtliche Zuständigkeit auf die in § 13 Abs. 1 ROG genannten Pläne, dem Raumordnungsplan für das Landesgebiet (landesweiter Raumordnungsplan) und die Raumordnungspläne für die Teilräume der Länder (Regionalpläne) beschränkt ist, stellt die fehlende Nennung der Raumordnungspläne für die deutsche ausschließliche Wirtschaftszone und für den Gesamtraum gemäß § 17 ROG in § 5 Abs. 1 Satz 1 LaplaG keine unzulässige landesrechtliche Konkretisierung dar. Auch der in § 13 Abs. 4 ROG genannte regionale Flächennutzungsplan findet in Schleswig-Holstein keine Anwendung und musste daher im LaplaG nicht gesondert erwähnt werden.

Die Begriffsdefinition in § 3 Abs. 1 Nr. 7 ROG enthält mehrere in § 1 ROG genannte Aufgaben der Raumordnung und hebt so die Raumordnungspläne als das zentrale Instrument der Raumordnung hervor. Denn mit der Raumordnung soll anders als die Fachplanung fachübergreifend und anders als die Bauleitplanung überörtlich geplant werden. Zudem sollen Raumordnungspläne durch den zusammenfassenden Charakter ihrem Bündelungs- und Koordinierungsauftrag nachkommen (*Grotefels* in Kment, ROG, § 13, Rn. 11).

3.2 Planungsträger (§ 5 Abs. 1 Satz 2 LaplaG)

Nach § 5 Abs. 1 Satz 2 LaplaG ist die Landesplanungsbehörde die Planungsträgerin für die Raumordnungspläne. Da die Landesplanungsbehörde nach § 4 LaplaG allzuständig für Aufgaben der Landesplanung und Raumordnung ist, kommt dieser Regelung lediglich deklatorische Bedeutung zu.

3.3 Verfahren zur Aufstellung der Raumordnungspläne (§ 5 Abs. 1 Satz 3 LaplaG)

Auch der Hinweis in § 5 Abs. 1 Satz 3 LaplaG ist ohne weitere inhaltlich Aussage und verweist lediglich klarstellend darauf, dass das Verfahren zur Aufstellung der Raumordnungspläne sich nach den § 5 Abs. 4 bis 9 LaplaG und den §§ 7 bis 10 und 13 ROG richtet.

3.4 Planungszeitraum (§ 5 Abs. 1 Sätze 4 und 5 LaplaG)

In § 5 Abs. 1 Satz 4 LaplaG wird ein Planungszeitraum für die Raumordnungspläne von 15 Jahren bestimmt. Zudem sind die Pläne nach § 5 Abs. 1 Satz 5 LaplaG bei Bedarf der Entwicklung anzupassen und können auch gemäß § 6 LaplaG durch ein Planänderungsverfahren geändert werden. Mit der regelmäßigen Überarbeitung der Raumordnungspläne können wechselnde gesellschaftliche Trends, sich ändernde wirtschaftliche Rahmenbedingungen und neue politische Leitlinien durch die Festlegung von raumordnerischen Zielen und Grundsätzen entsprochen werden.

Jedoch sind an die Nichteinhaltung der zeitlichen Begrenzung nach § 5 Abs. 1 Satz 4 LaplaG oder der Anpassungsverpflichtung nach § 5 Abs. 1 Satz 5 LaplaG keine Rechtsfolgen geknüpft, so dass auch nach Ablauf von 15 Jahren bestehende Raumordnungspläne ihre Gültigkeit behalten und weiter anzuwenden sind. Gleichwohl wird die Landesplanungsbehörde durch die gesetzliche Regelung aufgefordert, die Pläne regelmäßig zu überprüfen und der Gesetzgeber verpflichtet, die haushaltsrechtlichen Voraussetzungen für eine funktionsfähige Landesplanungsbehörde zu schaffen.

Eine zeitliche Vorgabe für die Anpassungspflicht wurde im Gesetz nicht aufgenommen. Es liegt also im Ermessen der Landesplanungsbehörde, ob und wann eine Anpassung der Regionalpläne an den LEP erfolgt. Sie entscheidet damit nach Maßgabe der Dringlichkeit unter Berücksichtigung der Umstände des Einzelfalls. Eine Verpflichtung, wie in Niedersachsen mit der Pflicht zur unverzüglichen Anpassung (vgl. § 5 Abs. 3 Satz 3 NROG), wonach die Regionalpläne bei Änderungen oder einer Neuaufstellung des Landes-Raumordnungsprogramms unverzüglich anzupassen sind, oder gar die Pflicht zur sofortigen Anpassung besteht daher nicht.

Mit der ROG-Novelle wurde in § 7 Abs. 8 ROG die Pflicht eingeführt, Raumordnungspläne nach spätestens zehn Jahren zu überprüfen. Diese Prüfpflicht soll nach dem Willen des Gesetzgebers dazu dienen, die Raumordnungsplanung weiter zu flexibilisieren, indem die

Behörden schneller auf aktuelle Entwicklungen und planerische Bedürfnisse reagieren. Aus der Prüfpflicht muss jedoch keine unmittelbare Anpassungspflicht folgen. Vielmehr geht das ROG davon aus, dass ein mittelfristiger Planungszeitraum i. S. d. § 7 Abs. 1 Satz 1 ROG bei zehn bis 15 Jahren liegt, so dass nach einer Überprüfung nach zehn Jahren Zeit bleibt, um im Anschluss ein etwaiges Planänderungsverfahren durchzuführen (BT-Drs. 20/4823, S. 24).

Eine verschärfte Anpassungspflicht wurde durch § 13 Abs. 1a ROG aufgenommen. Danach sind die Raumordnungspläne den Zielen der Raumordnung anzupassen, die in den Bundesraumordnungsplänen nach § 17 ROG festgelegt sind, also die Raumordnungspläne für die deutsche ausschließliche Wirtschaftszone und für den Gesamtraum. Dabei will der Gesetzgeber die Anpassungspflicht als eine aktive, über § 4 Abs. 1 ROG hinausgehende Pflicht durch eine sofortige Prüfung nach Inkrafttreten des Raumordnungsplans des Bundes und erforderlichenfalls möglichst kurzfristige Änderung beziehungsweise Anpassung der landesweiten und regionalen Raumordnungspläne verstanden wissen (BT-Drs. 20/4823, S. 26).

4. Besondere militärische Belange (§ 5 Abs. 2 LaplaG)

§ 5 Abs. 2 LaplaG beinhaltet einen Auftrag des Gesetzgebers an die Landesplanungsbehörde, dass diese in den Raumordnungsplänen sicherstellt, dass den räumlichen Erfordernissen der Verteidigung, des Zivilschutzes und der Konversion nicht mehr benötigter ehemaliger militärischer Liegenschaften Rechnung getragen wird. Ausweislich der Gesetzesbegründung soll mit § 5 Abs. 2 LaplaG so die besondere Bedeutung der Erfordernisse der Verteidigung und des Zivilschutzes hervorgehoben werden, da gerade in Schleswig-Holstein der Bundeswehr eine hohe Bedeutung zukommt, was auch für Folgenutzungen im Rahmen von Konversionsflächen gilt (LT-Drs. 18/885 S. 36).

Diese Regelung ist als Ergänzung des Grundsatzes der Raumordnung in § 2 Abs. 2 Nr. 7 ROG zur Verteidigung und zum Zivilschutz sowie als Fortführung des ursprünglich in § 13 LEGG 1995 normierten Landesentwicklungsgrundsatzes zur Verteidigung zu verstehen. So ist nach § 2 Abs. 2 Nr. 7 ROG den räumlichen Erfordernissen der Verteidigung und des Zivilschutzes Rechnung zu tragen. Davon umfasst ist, dass den räumlichen Erfordernissen der Bundeswehr, der Bundespolizei, der Landespolizei sowie des Zivil- und Katastrophenschutzes hinsichtlich der Bereitstellung und Sicherung von Flächen, der infrastrukturellen Anbindung aber auch hinsichtlich des Umgebungsschutzes Rechnung zu tragen ist (*Runkel* in Bielenberg/Runkel/Spannowsky, ROG, M § 2 Rn. 253). Das LEGG wurde zum 1.1.2014 aufgehoben und die darin enthaltenen Regelungen zum Teil in das LaplaG überführt. Durch die Aufnahme der Verteidigung als Landesentwicklungsgrundsatz in § 13 LEGG 1995 sollte ursprünglich der in Schleswig-Holstein besonderen strukturprägenden Bedeutung der Bundeswehreinrichtungen als wichtige Wirtschafts- und Arbeitsmarktfaktoren, insbesondere in relativ strukturschwachen Gebieten, wie im Landesteil Schleswig und in den Kreisen Ostholstein und Dithmarschen, Rechnung getragen werden. Der Abbau von Bundeswehreinrichtungen sollte so entsprechende Konversions- und wirtschaftliche Ausgleichsmaßnahmen erfordern (LT-Drs. 13/2502 S. 43 f.). Mit der Regelung in § 5 Abs. 2 LaplaG wird daher einerseits der Grundsatz in § 2 Abs. 2 Nr. 7 ROG wiederholt und durch die Formulierung, dass der Konversion nicht mehr benötigter ehemaliger militärischer Liegenschaften Rechnung getragen wird, eine landesrechtliche Ergänzung vorgenommen, die der besonderen Situation des Landes und die aus dem Wandel der Bundeswehr resultierenden Konversationsmaßnahmen aufgreift.

5. Berücksichtigung der Landschaftsplanung (§ 5 Abs. 3 Satz 1 LaplaG)

Als weitere landesrechtliche Grundsatzbestimmung regelt § 5 Abs. 3 Satz 1 LaplaG die Berücksichtigung der raumrelevanten Inhalte der regionalen und überregionalen Landschaftsplanung sowie die räumlichen Erfordernisse des Klimaschutzes und der Anpassung an den Klimawandel bei der Aufstellung von Raumordnungsplänen, die nach Auffassung des Gesetzgebers eine besondere Betonung notwendig macht (LT-Drs. 18/885 S. 36). Der Unterschied zum in § 5 Abs. 2 LaplaG geregelten Grundsatz der Verteidigung, des Zivilschutzes und der Konversion, deren räumlichen Erfordernissen Rechnung zu tragen ist, ist in der Wortwahl des § 5 Abs. 2 Satz 1 LaplaG zu sehen, wonach die Belange der Landschaftsplanung und des Klimaschutzes zu berücksichtigen sind. Ob die unterschiedliche Wortwahl auch zu einer inhaltlich anderen Bewertung führen soll, ist hingegen zu bezweifeln, da nach § 4 Abs. 1 ROG Grundsätze der Raumordnung generell zu berücksichtigen sind.

Indem § 5 Abs. 3 Satz 1 LaplaG die regionale und überregionale Landschaftsplanung sowie die räumlichen Erfordernisse des Klimaschutzes und der Anpassung an den Klimawandel als besondere zu berücksichtigende Grundsätze nennt, wiederholt die Norm damit einzelne Aspekte des bundesrechtlichen Grundsatzes der Raumordnung zu Umwelt und Klimaschutz in § 2 Abs. 2 Nr. 6 ROG. Zudem werden auch einzelne Aspekte der mittlerweile aufgehobenen Vorschriften des LEGG, wie § 5 LEGG 1995 zum Schutz und zur Entwicklung der natürlichen Grundlagen des Lebens sowie § 6 LEGG 1995 zur ökologischen Qualitätssicherung des Raumes, im LaplaG aufgegriffen. Da die Aufzählung in § 5 Abs. 3 Satz 1 LaplaG nicht über § 2 Abs. 2 Nr. 6 ROG hinausgeht, ist die Vorschrift lediglich als Klarstellung und als besondere Betonung des Gesetzgebers an die Landesplanungsbehörde zu verstehen, dass die raumrelevanten Inhalte der regionalen und überregionalen Landschaftsplanung sowie die räumlichen Erfordernisse des Klimaschutzes und der Anpassung an den Klimawandel bei der Aufstellung von Raumordnungsplänen hinreichend berücksichtigt werden. Gleichwohl sind die in § 2 Abs. 2 Nr. 6 ROG aufgeführten und weitergehenden Aspekte genauso zu berücksichtigen:

- So ist auch die generelle Bedeutung des Raums für die Funktionsfähigkeit der Böden, des Wasserhaushalts, der Tier- und Pflanzenwelt sowie des Klimas einschließlich der jeweiligen Wechselwirkungen zu berücksichtigen.
- Zudem sind Naturgüter sparsam und schonend in Anspruch zu nehmen sowie Grundwasservorkommen und die biologische Vielfalt sind zu schützen.
- Die Flächeninanspruchnahme für Siedlungs- und Verkehrszwecke ist zu verringern.
- Beeinträchtigungen des Naturhaushalts sind auszugleichen und den Erfordernissen des Biotopverbundes ist Rechnung zu tragen.
- An der Küste und im Binnenland ist für den vorbeugenden Hochwasserschutz zu sorgen.
- Der Schutz der Allgemeinheit vor Lärm und die Reinhaltung der Luft ist sicherzustellen.
- Den räumlichen Erfordernissen des Klimaschutzes ist Rechnung zu tragen, sowohl durch Maßnahmen, die dem Klimawandel entgegenwirken, als auch durch solche, die der Anpassung an den Klimawandel dienen. Dabei sind die räumlichen Voraussetzungen für den Ausbau der erneuerbaren Energien, für eine sparsame Energienutzung sowie für den Erhalt und die Entwicklung natürlicher Senken für klimaschädliche Stoffe und für die Einlagerung dieser Stoffe zu schaffen.
- Entsprechend der europarechtlichen Vorgaben für die maritime Raumplanung ist die nachhaltige Entwicklung im Meeresbereich zu unterstützen.

6. Raumordnerische Steuerung des Untergrundes (§ 5 Abs. 3 Sätze 2 und 3 LaplaG)

§ 5 Abs. 3 Sätze 2 und 3 LaplaG ermöglichen es in den Raumordnungsplänen einzelne unterirdische Teilräume für bestimmte öffentliche Zwecke festzulegen oder im Interesse eines öffentlichen Zwecks gegenüber bestimmten Veränderungen zu schützen. Diese Regelung wurde gemeinsam mit § 2 Abs. 2 LaplaG und der darin enthaltenen Einbeziehung des Untergrunds in dem von der Raumordnung zu steuernden Gesamtraum des Landes Schleswig-Holstein im laufenden Gesetzgebungsverfahren zum LaplaG 2014 als Antrag der Regierungsfraktionen eingebracht (LT-Drs. 18/2200), ohne dass dem Entwurf eine Begründung beigefügt wurde. Aufgrund der politischen Diskussionen und dem

Bestreben der schleswig-holsteinischen Landesregierung zum Ausschluss von Fracking in der 18. Wahlperiode sind § 2 Abs. 2 sowie § 5 Abs. 3 Sätze 2 und 3 LaplaG unter Berücksichtigung dieser Problematik zu sehen (vgl. Plenarprotokoll 18/42 S. 3395; Plenarprotokoll 18/47 S. 3822, 3824, 3830).

Zum Inhalt der Raumordnungspläne regelt § 13 Abs. 5 Satz 1 ROG, dass diese Pläne Festlegungen zur Raumstruktur enthalten sollen und gibt dabei beispielhaft mögliche Kerninhalte vor. Diese werden in drei Bereich unterteilt: Die anzustrebende Siedlungsstruktur, die anzustrebende Freiraumstruktur sowie die zu sichernden Standorte und Trassen für Infrastruktur. Aufgrund der Formulierung „insbesondere" ist die Erweiterung der Inhalte durch ergänzendes Landesrecht möglich (*Grotefels* in Kment, ROG, § 13 Rn. 110). Eine solche landesrechtliche Erweiterung des Katalogs der Kerninhalte stellt § 5 Abs. 3 Satz 2 LaplaG dar. Entgegen des Wortlauts ist davon auszugehen, dass in den Raumordnungsplänen einzelne unterirdische Teilräume zu bestimmten öffentlichen Zwecken festgelegt und nicht gewidmet werden sollen, da § 13 Abs. 5 Satz 1 ROG Festlegungen und nicht Widmungen in Raumordnungsplänen vorsieht. Denn unter Widmung ist ein Hoheitsakt zu verstehen, durch den der öffentliche Zweck eines Gegenstandes festgelegt wird, dem dieser dienen soll (*Runkel* in Bielenberg/Runkel/Spannowsky, ROG, M § 2 Rn. 289a), wie dies auch in § 48 Abs. 1 Satz 1 BBergG geregelt ist. Die Festlegung kann zu öffentlichen Zwecken oder im Interesse eines öffentlichen Zwecks zum Schutz gegenüber bestimmten Veränderungen erfolgen. Dabei kann nach § 5 Abs. 3 Satz 3 LaplaG ein derartiger Zweck auch in der Erhaltung bestimmter Beschaffenheiten des Untergrundes, insbesondere besonderer geologischer oder geomorphologischer Formationen, bestehen. Ein solcher öffentliche Zweck ist auch im Umweltschutz zu sehen, der durch Gewässerschutz konkretisiert wird. So könnten durch eine Raumplanung des Untergrunds für gewässersensible Rohstoffnutzungen und der damit einhergehenden Berücksichtigung der Gewässerschutzbelange Spätfolgen des Bergbaus bereits frühzeitig vermieden werden (*Bartel/Janssen*, Raumplanung im Untergrund unter Berücksichtigung des Umweltschutzes, NuR 2016 S. 237, 239). Sollten in den Raumordnungsplänen Festlegungen zum Schutz gegenüber bestimmten Veränderungen getroffen werden, ist zu beachten, dass ein Ausschluss für bestimmte Nutzungen von der Aufgabe der Raumordnung gedeckt sein muss und es sich nicht um eine unzulässige Verhinderungsplanung handeln darf. Unter bestimmten Umständen kann es der Sicherungs- und Vorsorgeauftrag der Raumordnung nach einer Abwägung jedoch gebieten, den Gesamtraum vor einer bestimmten raumbedeutsamen Nutzung zu schützen (so *Schlacke/Schnittker*, Fracking und Raumordnung, ZUR 2016 S. 259, 267).

7. Frühzeitige Information über Aufstellung von Raumordnungsplänen (§ 5 Abs. 4 LaplaG)

7.1 Sinn und Zweck der frühzeitigen Information

Nach § 5 Abs. 4 LaplaG ist die Landesplanungsbehörde zur frühzeitigen Information über die geplante Aufstellung eines Raumordnungsplans verpflichtet. Damit wird § 9 Abs. 1 Satz 1 ROG ergänzt, der verlangt, dass die Öffentlichkeit und die in ihren Belangen berührten öffentlichen Stellen von der Aufstellung des Raumordnungsplans zu unterrichten sind. In der Phase vor der Veröffentlichung des ersten Planentwurfes sollen die Öffentlichkeit und die in ihren Belangen berührten öffentlichen Stellen davon in Kenntnis gesetzt werden, dass ein Raumordnungsplan neu aufgestellt, geändert oder ergänzt werden soll und sie damit rechnen können, dass die formelle Beteiligung eingeleitet werden wird (*Schubert* in Kment, ROG, § 9 Rn. 39).

7.2 Einleitung des Aufstellungsverfahrens

Formell wird das Aufstellungsverfahren nach § 5 Abs. 4 Satz 2 LaplaG durch Bekanntmachung der allgemeinen Planungsabsichten im Amtsblatt für Schleswig-Holstein eingeleitet. Zusätzlich ist diese Bekanntmachung nach § 5 Abs. 4 Satz 3 LaplaG nachrichtlich im

Internet zu veröffentlichen. Diese Regelungen stellen ergänzendes Landesrecht dar, da § 9 Abs. 1 ROG offen lässt, in welcher Form die frühzeitige Unterrichtung zu erfolgen hat. Da sich die Unterrichtung an die Öffentlichkeit und die in ihren Belangen berührten öffentlichen Stellen wendet, ist eine Bekanntmachung auch das richtige Mittel, da so nicht nur gezielt einzelne Behörden angesprochen, sondern umfassend die Bevölkerung informiert werden kann. Dass in der Gesetzesbegründung der § 5 Abs. 4 LaplaG auch als Regelung für den Ankündigungserlass bezeichnet wird, ist zwar missverständlich, steht einer rechtlichen Einordnung als öffentliche Bekanntmachung aber nicht entgegen. Denn der Gesetzgeber weist in der Begründung selbst darauf hin, dass mit einem solchen Erlass, der ankündigt, dass die Landesplanungsbehörde einen Raumordnungsplan aufstellt, keine konstitutive Wirkung erzielt wird, da unmittelbar hieran keine Rechtsfolgen geknüpft sind. Allerdings wird hierdurch nach außen hin der Wille der Landesplanungsbehörde deutlich, Ziele aufstellen zu wollen (LT-Drs. 18/885 S. 36).

Da nach § 7 Abs. 7 ROG die Vorschriften über die Aufstellung von Raumordnungsplänen auch für ihre Änderung, Ergänzung und Aufhebung gelten, ist auch bei der Änderung oder Aufgabe der Planungsabsichten darauf zu achten, dass eine Information nach § 5 Abs. 4 LaplaG erfolgt.

7.3 Inhalt der frühzeitigen Information

Als Inhalt der frühzeitigen Information werden in § 5 Abs. 4 Satz 2 LaplaG die allgemeinen Planungsabsichten genannt. Eine weitergehende Definition hierfür existiert weder im LaplaG noch im ROG. In Anlehnung an die Vorschrift zur frühzeitigen Unterrichtung bei der Bauleitplanung in § 3 Abs. 1 Satz 1 BauGB werden von den allgemeinen Planungsabsichten die allgemeinen Ziele und Zwecke der Planung, sich wesentlich unterscheidende Lösungen, die für die Neugestaltung oder Entwicklung eines Gebiets in Betracht kommen und die voraussichtlichen Auswirkungen der Planung umfasst. Ein solcher Mindestinhalt ist insbesondere deswegen erforderlich, da nach § 9 Abs. 1 Sätze 2 und 3 ROG mit der frühzeitigen Unterrichtung auch die öffentlichen Stellen aufgefordert werden sollen, Aufschluss über diejenigen von ihnen beabsichtigten oder bereits eingeleiteten Planungen oder Maßnahmen sowie über deren zeitliche Abwicklung zu geben, die für die Aufstellung der Raumordnungspläne bedeutsam sein können. Zudem sollen der Landesplanungsbehörde die Informationen übermittelt werden, die für die Ermittlung und Bewertung des Abwägungsmaterials zweckdienlich sind. Dieser Verpflichtung können die öffentlichen Stellen nur nachkommen, wenn sie die Ziele und Zwecke der Planaufstellung kennen (*Runkel* in Spannowsky/Runkel/Goppel, ROG, § 9 Rn. 14).

7.4 Folgen der frühzeitigen Information

Befinden sich Ziele in Aufstellung, können Planungen und Maßnahmen, die die Verwirklichung dieser künftigen Ziele unmöglich machen oder erschweren, nach § 18 Abs. 1 LaplaG in Verbindung mit § 12 Abs. 2 ROG befristet untersagt werden. Voraussetzung hierfür ist nach § 3 Abs. 1 Nr. 4a ROG, dass es sich um Ziele der Raumordnung handelt, die nach Durchführung des Beteiligungsverfahrens nach § 9 Abs. 2 ROG in einem die Ergebnisse der Beteiligung berücksichtigenden Planentwurf enthalten sind, und als solche den Verfahrensbeteiligten zur Kenntnis gegeben wurden. Daher ist erforderlich, dass neben der formellen Anforderung, dass eine Bekanntmachung nach § 5 Abs. 4 LaplaG erfolgt ist, dass ein Beteiligungsverfahren stattgefunden hat. Inhaltlich wird vorausgesetzt, dass das vorgesehene Ziel der Raumordnung eine Detailschärfe aufweist, die zeichnerisch oder verbal so fest umrissen ist, dass es anderen Behörden und der Öffentlichkeit zur Kenntnis gebracht werden kann und es diesen ermöglicht, sich dazu zu äußern (BVerwG, Urt. vom 27.1.2005 – 4 C 5/04 –, Rn. 28). Allgemeine Planungsabsichten oder bloße Bekanntmachungen über die Einleitung von Verfahren zur Erarbeitung von Raumordnungsplänen erfüllen diese Voraussetzung in der Regel nicht (vgl. Erl. 3.4.1. sowie 4.3.2 zu § 18 LaplaG). Denn erst mit einer Veröffentlichung nach dem Beteiligungsverfahren ist ein Planungsstand erreicht, der die Prognose nahelegt, dass die ins Auge gefasste planerische Zielfestlegung Eingang in die endgültige Fassung des Raumordnungsplans finden wird (BT-Drs. 20/4823, S. 21).

8. Beteiligung bei der Aufstellung von Raumordnungsplänen (§ 5 Abs. 5 und 6 LaplaG)

8.1 Allgemeines zur Beteiligung bei der Aufstellung von Raumordnungsplänen

Die Beteiligung ist ein wichtiger Bestandteil des Verfahrens zur Aufstellung von Raumordnungsplänen. Die bundesrechtliche Vorschrift zur Beteiligung in § 9 ROG enthält für die Beteiligung grundlegende Regelungen, die durch das ergänzende Landesrecht in § 5 LaplaG näher konkretisiert werden.

Als grundlegende Norm regelt § 9 ROG in Abs. 1 die Unterrichtungspflicht, wenn ein Plan aufgestellt werden soll. § 9 Abs. 2 ROG regelt das eigentliche Beteiligungsverfahren für den ersten Planentwurf. Die erneute Auslegung wird in § 9 Abs. 3 ROG bestimmt und die Beteiligung eines Nachbarstaates in § 9 Abs. 4 ROG. In § 9 Abs. 5 ROG wird geregelt, dass in den Fällen nur geringfügiger Änderungen eines Raumordnungsplans erleichterte Voraussetzungen für das Beteiligungsverfahren gelten.

Die landesrechtliche Ergänzung erfolgt durch § 5 Abs. 5 und 6 LaplaG. § 5 Abs. 5 LaplaG regelt die Bereitstellung der Unterlagen im Internet. Dabei verweist das LaplaG in § 5 Abs. 6 Satz 1 darauf, dass sich die Beteiligung der Öffentlichkeit und der in ihren Belangen betroffenen öffentlichen Stellen nach § 9 Abs. 2 bis 5 ROG richtet. Als ergänzende Regelung sieht § 5 Abs. 5 LaplaG vor, dass der Entwurf eines Raumordnungsplans, seine Begründung und der Umweltbericht durch die Landesplanungsbehörde unverzüglich nach Entscheidung der Landesregierung im Internet bereitgestellt werden. Zudem wird in § 5 Abs. 6 Satz 2 LaplaG präzisiert, dass die Landesplanungsbehörde das Verfahren durch Bekanntmachung im Amtsblatt Schleswig-Holstein einleitet. Nach § 5 Abs. 6 Satz 3 LaplaG ist in der Bekanntmachung zusätzlich darauf hinzuweisen, dass Stellungnahmen in mündlicher Form ausgeschlossen sind. Die kreisangehörigen Städte und Gemeinden sind nach § 5 Abs. 6 Satz 4 LaplaG aufgefordert, ihre Stellungnahme zusätzlich informationshalber ihrem jeweiligen Kreis zuzuleiten.

Formelle Fehler bei der Beteiligung sind nach § 11 Abs. 1 Nr. 1 ROG beachtlich und führen regelmäßig zur Aufhebung von Raumordnungsplänen. Sollten deshalb Fehler im Beteiligungsverfahren auftreten, ist es ratsam, dass eine weitere Beteiligungsrunde stattfindet, in der die Unterlagen erneut veröffentlicht werden, und bei der die Möglichkeit zur Abgabe von Stellungnahmen besteht. Denn es kommt darauf an, dass die abschließende Öffentlichkeitsbeteiligung durchgeführt wird. Nach der Rechtsprechung des BVerwG muss die interessierte Öffentlichkeit einmal die Gelegenheit erhalten, zu dem Planentwurf in seiner letzten Fassung Stellung zu nehmen (BVerwG, Urt. vom 29.1.2009 – 4 C 16.07 –, Rn. 40).

8.2 Unterlagen für das Beteiligungsverfahren

8.2.1 Unterlagen nach den Gesetzen der Raumordnung

Um entsprechend der Zwecke des Beteiligungsverfahrens die Information und damit einhergehend die Abgabe von Stellungnahmen zu ermöglichen, bedarf es der Kenntnis des Planentwurfes sowie ggf. weiterer erläuternder Unterlagen. Das ROG sieht daher vor, dass der Entwurf des Raumordnungsplanes, seine Begründung, der Umweltbericht sowie ggf. weitere zweckdienliche Unterlagen auszulegen sind und hierzu Gelegenheit zur Stellungnahme zu geben ist (§ 9 Abs. 2 Sätze 1 und 2 ROG). Die Auswahl, welche Unterlagen zweckdienlich sind, trifft die Landesplanungsbehörde (*Runkel* in Spannowsky/Runkel/Goppel, ROG, § 9, Rn. 33). Dies dürften vor allem Unterlagen sein, auf die in dem Planentwurf, der Begründung und dem Umweltbericht Bezug genommen wird und die nicht frei einsehbar sind, wie bspw. Gutachten oder erläuternde Karten. Bei dieser Einschätzung kommt der Landesplanungsbehörde ein Ermessensspielraum zu. Dabei gilt, dass diese Entscheidung keiner oder jedenfalls nur einer auf Beurteilungsfehler beschränkten gerichtlichen Überprüfung unterliegt (OVG NRW, Urt. vom 24.3.2024 – 11 D 133/20 –, Rn. 269).

Das LaplaG enthält zu diesen Anforderungen keine Ergänzungen, weist aber in § 5 Abs. 5 LaplaG darauf hin, dass der Entwurf eines Raumordnungsplans, seine Begründung und der Umweltbericht unverzüglich nach Entscheidung der Landesregierung im Internet bereitgestellt werden. Nach der Gesetzesbegründung soll dadurch die Transparenz gefördert werden (LT-Drs. 19/1049 S. 10).

8.2.2 Datenschutzhinweise

Da durch die Stellungnahmen im Beteiligungsverfahren regelmäßig personenbezogene Daten i. S. d. Art. 4 Nr. 1 DSGVO durch die Landesplanungsbehörde erhoben, gespeichert und verarbeitet werden, müssen nach Art. 13 DSVGO auch Datenschutzhinweise bereitgestellt werden.

8.2.3 Barrierefreie Gestaltung der Internetseiten

Bei der Veröffentlichung im Internet sind zudem die Vorgaben zur Barrierefreiheit zu beachten. Nach § 12 Abs. 1 LBGG sind die öffentlichen Stellen verpflichtet, ihre Websites und mobilen Anwendungen, einschließlich der für ihre Beschäftigten bestimmten Angebote im Intranet, sowie die von ihnen zur Verfügung gestellten grafischen Programmoberflächen, die mit Mitteln der Informationstechnik dargestellt werden, barrierefrei im Sinne des Art. 4 der Richtlinie (EU) 2016/2102 zu gestalten, soweit dies nicht eine unverhältnismäßige Belastung für die öffentliche Stelle im Land bewirkt.

Bezüglich der Anforderungen zur Barrierefreiheit verweist § 12b Abs. 3 LBGG auf die Barrierefreie-Informationstechnik-Verordnung (BITV 2.0) des Bundes. Nach § 3 Abs. 3 BITV 2.0 ist eine barrierefreie Gestaltung nach dem Stand der Technik umzusetzen. Der Stand der Technik entspricht derzeit dem offiziellen Standard für barrierefreie PDF-Dokumente. Die textlichen Festlegungen und die Begründungen in Textform sind daher entsprechend dieser Vorgaben zu gestalten. Schwieriger wird die Umsetzung der Anforderungen an die Barrierefreiheit an zeichnerische Festlegungen oder die tabellarische Darstellung umfangreichen Datenmaterials. Soweit hier den Anforderungen der Barrierefreiheit durch Bildunterschriften, Bildbeschreibungen oder einer bestimmten Tabellenformatierung nicht gerecht werden kann, ist zu prüfen, ob von den Anforderungen der Barrierefreiheit abgesehen werden kann. Hierzu regelt § 1 der Landesverordnung über den barrierefreien Zugang zu Websites und mobilen Anwendungen öffentlicher Stellen, dass öffentliche Stellen von der barrierefreien Gestaltung nur dann absehen dürfen, soweit sie durch eine barrierefreie Gestaltung im Einzelfall unverhältnismäßig belastet würden. Als eine unverhältnismäßige Belastung in diesem Sinne sind Maßnahmen zu verstehen, die einer öffentlichen Stelle eine übermäßige organisatorische oder finanzielle Last in Hinblick auf Größe, Ressource und Art der öffentlichen Stelle auferlegen (§ 1 Satz 2 Nr. 1), die Fähigkeit einer öffentlichen Stelle ihren Zweck zu erfüllen gefährden würden (§ 1 Satz 2 Nr. 2) oder die Möglichkeit zur Veröffentlichung von Informationen, die für ihre Aufgaben und Dienstleistungen erforderlich oder relevant sind, gefährden würden (§ 1 Satz 2 Nr. 3). Dabei ist dem voraussichtlich entstehenden Nutzen oder Nachteil für die Bürger, insbesondere für Menschen mit Behinderungen, Rechnung zu tragen, indem die geschätzten Kosten und sonstigen Auswirkungen für die betreffende öffentliche Stelle im Verhältnis zu den geschätzten Vorteilen für Menschen mit Behinderungen abgewogen werden, wobei die Nutzungshäufigkeit und die Nutzungsdauer der digitalen Auftritte und Angebote zu berücksichtigen sind.

8.3 Beteiligung der Öffentlichkeit und der in ihren Belangen betroffenen öffentlichen Stellen (§ 5 Abs. 6 LaplaG)

8.3.1 Einleitung der Öffentlichkeitsbeteiligung

Die Beteiligung der Öffentlichkeit und der in ihren Belangen betroffenen öffentlichen Stellen wird nach § 5 Abs. 6 Satz 2 LaplaG durch die Bekanntmachung im Amtsblatt eingeleitet. Weitergehende Anforderungen an die Form der Bekanntmachung enthält die Norm nicht. Lediglich § 5 Abs. 6 Satz 3 LaplaG verlangt, dass in der Bekanntmachung zusätzlich darauf hinzuweisen ist, dass Stellungnahmen in mündlicher Form ausgeschlossen sind. Im Übrigen sind daher die Vorgaben des § 9 Abs. 2 ROG anzuwenden.

8.3.1.1 Mindestinhalt der Bekanntmachung

Voraussetzung für die Einleitung der Öffentlichkeitsbeteiligung ist nach § 9 Abs. 2 ROG die Bekanntmachung über Beteiligungsmöglichkeit. Da das LaplaG keinen Mindestinhalt definiert, welche Angaben notwendigerweise in der Bekanntmachung enthalten sein müssen, sind allein die Anforderungen des § 9 Abs. 2 ROG zu beachten. Nach § 9 Abs. 2 Satz 3 ROG sind Internetseite oder Internetadresse und Dauer der Veröffentlichung mindestens eine Woche vor Beginn der Veröffentlichung öffentlich bekanntzumachen. § 9 Abs. 2 Satz 4 ROG ergänzt, dass in der Bekanntmachung unter Angabe einer angemessenen Frist, die zumindest der Veröffentlichungsfrist entspricht und drei Monate nicht übersteigen soll, darauf hinzuweisen ist, dass Stellungnahmen abgegeben werden können, die Stellungnahmen elektronisch übermittelt werden sollen und mit Ablauf der Frist alle Stellungnahmen ausgeschlossen sind, die nicht auf besonderen privatrechtlichen Titeln beruhen.

Da nach § 9 Abs. 2 Satz 5 ROG zusätzlich zur Veröffentlichung im Internet eine oder mehrere andere leicht zu erreichende, auch analoge Zugangsmöglichkeiten zur Verfügung zu stellen sind, soweit dies nach Feststellung der das Beteiligungsverfahren durchführenden Stelle angemessen und zumutbar ist, ist in der Bekanntmachung ebenfalls auf diese Zugangsmöglichkeiten hinzuweisen.

8.3.1.2 Bekanntmachungsfrist

Zu beachten ist, dass die Bekanntmachung mindestens eine Woche vor Beginn der Veröffentlichung der Unterlagen erfolgen muss. Dabei berechnet sich die Wochenfrist nach § 89 LVwG SH i. V. m. §§ 187 f. BGB. Die Frist beginnt am Tag nach der Veröffentlichung (§ 89 Abs. 2 LVwG SH i. V. m. § 187 Abs. 1 BGB). Dies gilt auch, wenn dieser Tag ein Sonnabend, Sonntag oder ein gesetzlicher Feiertag ist. Die Vorschriften des § 89 LVwG SH i. V. m. § 187 BGB enthalten keine entgegenstehenden Regelungen. Die Frist endet mit Ablauf des Tages, der durch seine Benennung dem Tag entspricht, in den das Ereignis fällt (§ 188 Abs. 2 BGB).

Erfolgt die Bekanntmachung z. B. an einem Donnerstag, beginnt die Bekanntmachungsfrist am Freitag und sie endet am Donnerstag der folgenden Woche. Dies gilt auch, wenn das Fristende auf einen Samstag, Sonntag oder gesetzlichen Feiertag fällt, da es sich um die öffentliche Auslegung von Unterlagen handelt (§ 89 Abs. 3 Satz 2 LVwG SH).

8.3.1.3 Anstoßwirkung der Bekanntmachung

Bei der Bekanntmachung ist wichtig, dass dadurch die sog. Anstoßwirkung erzielt wird. Entsprechend der Rechtsprechung des BVerwG zur Bekanntmachung einer öffentlichen Auslegung eines Bauleitplans soll durch die Bekanntmachung die Öffentlichkeit dazu bewegt werden, sich über die Planungsabsichten zu informieren, und gegebenenfalls mit Anregungen und Bedenken zu der Planung beizutragen. Daher muss die Bekanntmachung in einer Weise geschehen, die geeignet ist, den an der beabsichtigten Planung interessierten Bürgern ihr Interesse an Information und Beteiligung durch Abgabe einer Stellungnahme bewusst zu machen. Maßgebliche Voraussetzung hierfür ist, dass erkennbar ist, welches Planungsvorhaben betrieben wird (BVerwG, Beschl. vom 17.9.2008 – 4 BN 22.08 –, Rn. 4). Die Rechtsprechung kann auf die Raumordnung übertragen werden, da auch hier die Bekanntmachung zur Öffentlichkeitsbeteiligung dazu dienen soll, interessierte Bürger anzuregen, sich mit dem Planentwurf auseinanderzusetzen und Stellungnahmen abzugeben (OVG Bln-Bbg, Urt. vom 23.5.2019 – OVG 2 A 4.19 –, Rn. 48).

Der Inhalt der Bekanntmachung muss eine Umschreibung des räumlichen Geltungsbereiches des Planes enthalten. Diese Umschreibung muss so genau erfolgen, dass Interessierte erkennen können, welcher konkrete Teil des Landes Schleswig-Holstein von dem Plan erfasst wird. Aufgrund des regionalplanerischen Maßstabes bietet es sich daher an, das Plangebiet durch Angabe der betroffenen Kreise und kreisfreien Städte zu definieren. Damit würde die Bekanntmachung nicht überfrachtet und der Hinweiszweck nicht konterkariert (OVG Bln-Bbg, Urt. vom 5.7.2018 – OVG 2 A 2.16 –, Rn. 46).

8.3.2 Begriff der Öffentlichkeit und der in ihren Belangen betroffenen öffentlichen Stellen (§ 5 Abs. 6 LaplaG)

Der Begriff der Öffentlichkeit wird ebenso wie auch der Begriff der in ihren Belangen betroffenen öffentlichen Stellen im LaplaG nicht definiert.

Lediglich § 3 Abs. 1 Nr. 5 ROG definiert öffentliche Stellen als Behörden des Bundes und der Länder, kommunale Gebietskörperschaften, bundesunmittelbare und die der Aufsicht eines Landes unterstehenden Körperschaften, Anstalten und Stiftungen des öffentlichen Rechts. Das ROG schränkt für die Beteiligung diesen Begriff weiter ein, so dass diese öffentlichen Stellen zusätzlich in ihren Belangen berührt sein müssen. Worin die Berührung in den Belangen liegen muss, ist im ROG nicht beschrieben. Aufgrund des Bezugs zur Aufstellung von Raumordnungsplänen in § 9 ROG kann der Schluss gezogen werden, dass die öffentlichen Stellen durch die Festlegungen des Raumordnungsplans in ihren Belangen berührt sein müssen (*Runkel* in Spannowsky/Runkel/Goppel, ROG, § 9 Rn. 66). Das LaplaG verwendet nicht „berührt", sondern „betroffen", um die öffentlichen Stellen weiter einzugrenzen. Es ist jedoch durch die unterschiedliche Begriffsverwendung kein anderer Regelungsgehalt gemeint, denn in der Gesetzesbegründung zum LaplaG wird betont, dass so weit wie möglich auf das ROG zurückgegriffen wird (LT-Drs. 20/1902, S. 17).

Die Öffentlichkeitsbeteiligung ist hingegen weit zu verstehen. Dies zeigt zum einen die fehlende Verwendung des Begriffs berührte/betroffene, was bspw. in § 42 Abs. 3 UVPG anders gehandhabt wird. Zum anderen ist die europarechtliche Bedeutung der Öffentlichkeitsbeteiligung zu beachten. So dass auch nach Art. 2 lit. d) SUP-RL die Öffentlichkeit als „eine oder mehrere natürliche oder juristische Personen und, in Übereinstimmung mit den innerstaatlichen Rechtsvorschriften oder der innerstaatlichen Praxis, deren Vereinigungen, Organisationen oder Gruppen" zu verstehen ist.

8.3.3 Informationsmöglichkeit

Voraussetzung für eine Beteiligung im Planaufstellungsverfahren ist für die Öffentlichkeit und der in ihren Belangen betroffenen öffentlichen Stellen die Kenntnis der Unterlagen des Beteiligungsverfahrens. Bei diesen Unterlagen handelt es sich nach § 9 Abs. 2 Satz 1 ROG zumindest um den Entwurf des Raumordnungsplans, seiner Begründung und im Falle einer durchgeführten Umweltprüfung auch um den Umweltbericht. Diese Unterlagen sind nach § 9 Abs. 2 ROG im Internet bereitzustellen. Nur in Ausnahmefällen sollen die Unterlagen zur Einsichtnahme bereitgehalten werden. Die Gesetzesbegründung zum LaplaG sieht jedoch vor, dass die Landesplanungsbehörde ein Exemplar zur Einsichtnahme bereithalten soll. Für die Bereitstellung der Unterlagen nutzt die Landesplanungsbehörde das Internetportal BOB-SH Landesplanung, welches unter der Adresse https://bolapla-sh.de verfügbar ist.

Diese Form der reinen Internetveröffentlichung wurde durch die Novellen des ROG im Jahr 2023 bzw. des LaplaG im Jahr 2024 eingeführt und stellt eine nicht zu unterschätzende Reform im Beteiligungsverfahren dar. Während ursprünglich noch eine Auslegung in allen Gemeinden in Schleswig-Holstein notwendig war und später die Planunterlagen nur noch bei den Kreisen und kreisfreien Städten ausgelegt wurden, gilt nun nur noch die Internetbeteiligung. Dadurch werden Verwaltungskosten und Verwaltungsaufwand verringert. Zugleich führt der Verzicht auf die Auslegung bei den Kreisen und kreisfreien Städten dazu, dass das Risiko ausgeschlossen wird, dass dort Verfahrensvorschriften für die Auslegung nicht beachtet und die Pläne aus diesem Grunde für unwirksam erklärt werden (LT-Drs. 20/1902, S. 17).

8.3.4 Einsichtnahme in die Unterlagen

Neben der Möglichkeit, die Planunterlagen im Internet einzusehen, sollen nach § 9 Abs. 2 ROG zusätzlich eine oder mehrere andere leicht zu erreichende, auch analoge Zugangsmöglichkeiten zur Verfügung gestellt werden, soweit dies nach Feststellung der das Beteiligungsverfahren durchführenden Stelle angemessen und zumutbar ist. Die Gesetzesbegründung im LaplaG, dass die Planunterlagen nur noch im Internet bereitgestellt werden sollen und parallel dazu ein Exemplar in Papierform zur Einsicht bereitgehalten werden soll (LT-Drs. 20/1902, S. 17), stellt keine unzulässige Einschränkung oder gar abweichendes Landesrecht dar. Hierfür mangelt es schon an einer gesetzlichen Qualität, so dass weiterhin das ROG vorgeht, das vorsieht, dass angemessene alternative Zugangsmöglichkeiten geschaffen werden sollen. Die Bereithaltung eines Papierexemplars kann ein solches Verfahren sein. Wichtig ist jedoch, dass die Landesplanungsbehörde im Einzelfall prüft, ob es sich dabei um eine leicht zu erreichende alternative Zugangsmöglichkeit handelt. Dabei ist auch zu beachten, dass nach Art. 14 Abs. 2 LVerf SH das Land im Rahmen seiner Kompetenzen einen persönlichen, schriftlichen und elektronischen Zugang zu seinen Behörden und Gerichten zu sichern hat. Niemand darf wegen der Art des Zugangs benachteiligt werden.

8.3.5 Veröffentlichungsfrist

Die Veröffentlichungsfrist beträgt nach dem Gesetzeswortlaut des § 9 Abs. 2 Satz 2 ROG einen Monat. Zwar fehlt eine § 3 Abs. 2 Satz 1 BauGB vergleichbare Regelung, wonach die Monatsfrist mindestens 30 Tage betragen soll, jedoch sollten 30 Tage nicht unterschritten werden, was besonders bei einem Fristbeginn Ende Januar oder im Februar relevant werden kann (*Runkel* in Spannowsky/Runkel/Goppel, ROG, § 9 Rn. 37). Fristbeginn ist nach § 89 LVwG SH i. V. m. §§ 187 Abs. 2 BGB der erste Tag der Auslegung, wobei entsprechend des Sinns und Zwecks der Auslegung hierfür kein Samstag, Sonntag oder gesetzlicher Feiertag gewählt werden darf. Die Frist endet mit dem Ablauf des Vortages des folgenden Monats, der durch seine Zahl dem Tag des ersten Auslegungstags im Vormonat entspricht. Dies gilt auch, wenn das Fristende auf einen Samstag, Sonntag oder gesetzlichen Feiertag fällt, da es sich um die öffentliche Auslegung von Unterlagen handelt (§ 89 Abs. 3 Satz 2 LVwG SH).

Wichtig ist, dass während der gesamten, in der Bekanntmachung angekündigten, Veröffentlichungszeit über das Internet auf die Unterlagen zugegriffen und das Online-Beteiligungsverfahren genutzt werden kann. In der Rechtsprechung zur Veröffentlichung der Bauleitplanung im Internet wurde von den Gerichten ein strenger Maßstab angenommen, so dass eine Veröffentlichung von Unterlagen einen Tag später, als es ursprünglich angekündigt worden war, ein Verstoß gegen die Veröffentlichungszeit darstellte (OVG SH, Urt. vom 2.11.2023 – 1 KN 11/19 –). Denn dadurch bestanden nach Auffassung des Gerichts Zugangshindernisse, die geeignet waren, die Öffentlichkeit von einer Einsichtnahme abzuhalten. Das OVG wies dabei darauf hin, dass eine Abweichung von einem Tag zwar marginal sei, jedoch im Hinblick auf das gesetzliche Ziel eines „einfachen und effektiven Zugangs der Öffentlichkeit" ein strenger Maßstab an ein ordnungsgemäßes Online-Beteiligungsverfahren gestellt werden müsse. Die Öffentlichkeit müsse darauf vertrauen können, dass die bekanntgegebenen Fristen für die Öffentlichkeitsbeteiligung eingehalten werden.

Im Fall der zusätzlichen Möglichkeit der Einsichtnahme in die Unterlagen muss gewährleistet werden, dass innerhalb des Monats an jedem Wochentag (Montag bis Freitag) Einsicht genommen werden kann. Zudem sollte auch mindestens einmal nachmittags für mehrere Stunden die Einsichtnahme angeboten werden. Insgesamt sollten die Zeiten für die Einsichtnahme der Unterlagen mindestens 20 Stunden pro Woche betragen (vgl. OVG Bln-Bbg, Urt. vom 5.7.2018 – OVG 2 A 2.16 –, Rn. 50). Zwar muss die Öffentlichkeit während der vollen Frist eines Monats in zumutbarer Weise Gelegenheit zur Einsicht haben. Eine unzumutbare Einschränkung der Einsichtsmöglichkeit tritt aber nicht schon dadurch ein, dass die Einsichtnahme auf eine bestimmte Anzahl von Stunden für den Publikumsverkehr beschränkt wird (BVerwG, Urt. vom 4.7.1980 – 4 C 25.78 –, Rn. 11).

8.3.6 Möglichkeit der Abgabe von Stellungnahmen

Stellungnahmen können nach § 9 Abs. 2 Satz 3 ROG in einer angemessenen Frist abgegeben werden, die zumindest der Veröffentlichungsfrist entspricht und drei Monate nicht übersteigen soll. Dabei sieht das ROG vor, dass die Stellungnahmen elektronisch übermittelt werden sollen, ohne jedoch in Ausnahmefällen andere Arten auszuschließen. Lediglich in § 5 Abs. 6 Satz 3 LaplaG wird als ergänzendes Landesrecht die mündliche Form der Stellungnahme ausgeschlossen. Auf diese Möglichkeit wurde bereits im Rahmen der ROG-Novelle in der Gesetzesbegründung hingewiesen (BT-Drs. 20/4823, S. 24).

Kreisangehörige Städte und Gemeinden sind zudem verpflichtet, ihre Stellungnahmen der Landesplanungsbehörde und den Kreisen zuzusenden. Ursprünglich war im LaplaG 2014 geregelt, dass die Stellungnahmen der kreisangehörigen Städte und Gemeinden über die Kreise zuzuleiten waren und die Kreise diese Stellungnahmen unverzüglich an die Landesplanungsbehörde weiterleiten sollten. Sinn und Zweck dieser Norm war, den Kreisen Gelegenheit zu geben, sich in ihrer Stellungnahme mit den Voten der Gemeinden ihres Gebietes auseinanderzusetzen (LT-Drs. 18/885 S. 37). Mit dem LaplaG 2018 fiel die Verpflichtung zur Weiterleitung weg. Die Information der Kreise wurde beibehalten, um eine rechtzeitige Information der Kreise zu gewährleisten (LT-Drs. 19/1049 S. 11).

8.3.7 Präklusion

§ 9 Abs. 2 Satz 3 Nr. 3 ROG beinhaltet eine Präklusionsregelung, die vorsieht, dass mit Ablauf der Stellungnahmefrist alle Stellungnahmen ausgeschlossen sind, die nicht auf besonderen privatrechtlichen Titeln beruhen.

Diese Präklusionsvorschrift wurde mit dem ROG 2017 im laufenden Gesetzgebungsverfahren auf Vorschlag des Bundesrates eingeführt und sollte die Auswirkungen eines Urt. des BVerwG für die Verwaltung praktikabler gestalten (BT-Drs. 18/11423 S. 7). Zuvor hatte das BVerwG entschieden, dass bei Raumordnungsplänen, die die Wirkung des § 35 Abs. 3 Satz 2 BauGB erzielen sollen, auch Privatpersonen die Antragsbefugnis für eine Normenkontrolle haben können, die weder im Beteiligungsverfahren noch vor Gericht dargelegt hatten, auf den von den Zielen der Raumordnung betroffenen Grundstücken in absehbarer Zukunft raumbedeutsame Vorhaben verwirklichen zu wollen, die voraussichtlich den Zielen der Raumordnung widersprechen werden (BVerwG, Urt. vom 16.4.2015 – 4 CN 6/14 –, Rn. 14). Die Einführung der Präklusionsvorschrift erfolgte zwar im Hinblick auf das Urt. des BVerwG, es bleibt jedoch unklar, wie weit sich der Gesetzgeber mit einer Entscheidung des EuGH auseinandergesetzt hatte, die Präklusionsnormen im UmwRG sowie im VwVfG für unionsrechtswidrig erklärt hatte, weil sie dem Grundsatz des effektiven Rechtsschutzes zuwider liefen und keine europarechtliche Grundlage hätten (EuGH, Urt. vom 15.10.2015 – C-137/14 –, Rn. 30, 69) sowie mit einer darauf ergangenen Entscheidung des BVerwG zu einer aus diesen Gründen folgenden Nichtanwendbarkeit einer Präklusionsvorschrift im rheinland-pfälzischen Landeswassergesetz (BVerwG, Urt. vom 22.10.2015 – 7 C 15/13 –, Rn. 26). Da in der Literatur gute Argumente genannt werden, die die Zulässigkeit einer Präklusionsregelung im ROG unter Berücksichtigung der o. g. Rechtsprechung in Zweifel ziehen (*Schubert* in Kment, ROG, C, Rn. 28 ff.), besteht die Gefahr, dass bei einer gerichtlichen Kontrolle eines Raumordnungsplans das OVG zu dem Ergebnis kommt, dass die Präklusionsregelung im ROG nicht anzuwenden ist, wenn es der Auffassung ist, dass diese Vorschrift unionsrechtswidrig ist und keine Möglichkeit gesehen wird, diese unionskonform auszulegen (EuGH, Urt. vom 20.12.2017 – C-664/15 –, Rn. 55).

Unabhängig von der Zulässigkeit der Präklusionsregelung ist unklar, inwieweit diese Vorschrift für die Landesplanungsbehörde bei der Planaufstellung zu einer geänderten Vorgehensweise führt. Grundsätzlich bewirkt eine Präklusionsregelung, dass Einwände und Stellungnahmen gegen eine Planung nur bis zu einem bestimmten Zeitpunkt des Aufstellungsverfahrens vorgebracht werden können. Nach Ablauf der Frist sind nicht geltend gemachte Einwände, soweit es sich nicht um offensichtliche Gegebenheiten handelt, im weiteren Verwaltungsverfahren und auch im Gerichtsverfahren ausgeschlossen. Nach § 11 Abs. 3 Satz 1 ROG ist für die Abwägung nach § 7 Abs. 2 ROG die Sach- und Rechtslage im Zeitpunkt der Beschlussfassung über den jeweiligen Raumordnungsplan maßgebend, was bedeutet, dass Änderungen der Sach- und Rechtslage vor der Beschlussfassung noch zum Inhalt der Abwägungsentscheidung gemacht werden müssen. Hiervon ging auch der Bundesrat aus, der in seinem Beschluss formulierte, dass die Präklusionsvorschrift die Anforderungen des Abwägungsgebots unberührt lässt (BR-Drs. 656/16 [Beschluss] S. 5). Die Präklusionsregelung ist daher nicht so zu verstehen, dass die Landesplanungsbehörde die Sach- und Rechtslage nur zum Zeitpunkt des Abschlusses des Beteiligungsverfahrens bewerten darf. In Betracht kommen daher eher solche Fälle, die auch Gegenstand der o. g. Entscheidung des BVerwG waren, wie wenn Private, aber auch öffentliche Planungsträger, Vorhaben planen und durch die Raumordnungsplanung in ihren Rechten betroffen werden (*Runkel* in Spannowsky/Runkel/Goppel, ROG, § 9 Rn. 44). Dies folgt auch aus der Gesetzesbegründung, deren Ziel es war, die Auswirkungen des o. g. Urt. des BVerwG für die Verwaltung praktikabler zu gestalten (BT-Drs. 18/11432 S. 7) und eben nicht die Abwägungssystematik zu verändern.

Erfolgt die Bekanntmachung z. B. an einem Donnerstag, beginnt die Bekanntmachungsfrist am Freitag und endet am Donnerstag der folgenden Woche. Dies gilt auch, wenn das Fristende auf einen Samstag, Sonntag oder gesetzlichen Feiertag fällt, da es sich um die öffentliche Auslegung von Unterlagen handelt (§ 89 Abs. 3 Satz 2 LVwG SH). Um auf die Frist für die Öffentlichkeitsbeteiligung Bezug zu nehmen und auf die Möglichkeit zur Abgabe von Stellungnahmen hinzuweisen, ist nach § 5 Abs. 8 Satz 5 LaplaG in die Bekanntmachung die Formulierung aufzunehmen, dass Äußerungen in schriftlicher oder elektronischer Form während der Frist nach § 5 Abs. 7 LaplaG abgegeben werden können. Zugleich ist nach § 5 Abs. 8 Satz 5 LaplaG mit der Fristsetzung auf die Folgen verspäteter Stellungnahmen gemäß § 9 Abs. 2 Satz 4 ROG hinzuweisen (vgl. Erl. 8.3.4).

9. Erneute Beteiligung

Für den Fall, dass der Entwurf des Raumordnungsplans, der Gegenstand der Beteiligung gewesen ist, geändert wird und hierdurch eine erneute Beteiligung erforderlich wird, soll sich diese Beteiligung nach § 9 Abs. 3 ROG auf die geänderten Teile beschränken. Zudem können in diesem Fall die Dauer der Veröffentlichung und die Frist zur Stellungnahme für die erneute Beteiligung angemessen verkürzt werden.

9.1 Notwendigkeit der erneuten Beteiligung

Hintergrund für diese Regelung ist, dass bei einer Änderung eines Entwurfs des Raumordnungsplans nach erfolgter Durchführung des Beteiligungsverfahrensnach § 9 Abs. 2 ROG zu prüfen ist, ob diese Änderungen eine erneute Beteiligung erforderlich machen. Diese Prüfung ist unter Beachtung der gesetzlichen Vorgaben des § 9 Abs. 3 Satz 1 ROG vorzunehmen. Nach dieser Vorschrift ist die erneute Auslegung bzw. Beteiligung erforderlich, wenn der Planentwurf dergestalt geändert wird, dass dies zu einer erstmaligen oder stärkeren Berührung von Belangen führt. Die Formulierung *„erstmalige oder stärkere Berührung von Belangen"* soll nach der Gesetzesbegründung zum ROG verdeutlichen, dass

Änderungen ohne inhaltliche bzw. rechtliche Relevanz sowie bloße Änderungen der Planbegründung keine neue Auslegung erforderlich machen (BT-Drs. 18/10883 S. 48). Die zur alten Fassung des ROG ergangenen Entscheidungen, die bei bloßen Klarstellungen oder Ergänzungen der Begründung keine neue Betroffenheit ansehen (Hess. VGH, Beschl. vom 25.1.2018 – 4 B 1535/17.N –, Rn. 29 bzw. die zum Baurecht in dieser Frage ergangenen Entscheidungen: BVerwG, Beschl. vom 18.12.1987 – 4 NB 2.87 –, Rn. 21; Beschl. vom 29.6.2017 – 4 BN 37/16 –, Rn. 7) sowie bei Änderungen im Umweltbericht keine erneute Auslegung erforderlich sei (BVerwG, Urt. vom 8.3.2017 – 4 CN 1/16 –, Rn. 13 ff.), können daher weiterhin als Maßstab gelten.

Wenn sich aber die Änderung des Planentwurfes auf abwägungsrelevante Belange auswirken kann, ist eine erneute Beteiligung notwendig (*Schubert* in Kment, ROG, § 9, Rn. 80). Dies gilt insbesondere dann, wenn Raumordnungspläne durch die Streichung oder Neuaufnahme von Vorranggebieten geändert werden (OVG SH, Urt. vom 20.1.2015 – 1 KN 7/13 –, Rn. 53; OVG M-V, Urt. vom 19.5.2015 – 3 K 44/11 –, Rn. 69; NdsOVG, Urt. vom 29.4.2020 – 1 KN 141/17 –, Rn. 56 ff.). Denn entsprechend der Rechtsprechung zur Bauleitplanung verpflichtet jede Änderung in inhaltlicher Hinsicht zur erneuten Auslegung, da so die Öffentlichkeit Gelegenheit erhält, zu dem Planentwurf in seiner letzten Fassung Stellung zu nehmen (vgl. BVerwG, Beschl. vom 8.3.2010 – 4 BN 44/09 –, Rn. 12). Eine Begrenzung findet diese weite Beteiligungspflicht nach Auffassung des BVerwG darin, dass das Beteiligungsverfahren nicht um seiner selbst willen zu betreiben ist. So besteht kein Anlass für eine erneute Beteiligung, wenn eine nochmalige Beteiligung mit der Möglichkeit der Abgabe von Stellungnahmen eine bloße Förmelei wäre, die nicht zu der Erreichung der mit dem Beteiligungsverfahren verfolgten Zielen, d. h. einem Erkenntnisgewinn, aber auch der Schaffung von Akzeptanz und Transparenz, beitragen würde (zum Raumordnungsrecht: OVG Bln-Bbg, Urt. vom 5.7.2018 – OVG 2 A 2.16 –, Rn. 42; zum Bauplanungsrecht: BVerwG, Urt. vom 29.1.2009 – 4 C 16/07 –, Rn. 40).

9.2 Folgen der erneuten Beteiligung

9.2.1 Beschränkte Beteiligung

Als Folgen der Pflicht zur erneuten Beteiligung sieht § 9 Abs. 3 Satz 1 ROG vor, dass der geänderte Teil des Planes erneut auszulegen und in Bezug auf die Änderung erneut Gelegenheit zur Stellungnahme zu geben ist. Dabei können die Dauer der Veröffentlichung und die Frist zur Stellungnahme angemessen verkürzt werden. Zudem soll die Beteiligung auf die von der Änderung erstmalig oder stärker in ihren Belangen berührte Öffentlichkeit sowie auf die von der Änderung erstmalig oder stärker in ihren Belangen berührten öffentlichen Stellen beschränkt werden, wenn durch die Änderung des Planentwurfs die Grundzüge der Planung nicht berührt werden.

9.2.2 Verkürzung der Beteiligungsfrist

In zeitlicher Hinsicht können nach § 9 Abs. 3 Satz 2 ROG bei einer erneuten Beteiligung die Dauer der Auslegung und die Frist zur Stellungnahme angemessen verkürzt werden. Als Grenze für eine Fristverkürzung dürfte die in § 9 Abs. 2 Satz 2 ROG genannte Frist von einem Monat anzusehen sein. Hierfür spricht, dass angesichts des räumlichen Umfangs der Planung und der regelmäßigen rechtlichen Komplexität ausreichend Zeit für die Sichtung der Unterlagen und für die Meinungsbildung eingeräumt werden muss (*Runkel* in Spannowsky/Runkel/Goppel, ROG, § 9 Rn. 55). Zudem ist zu beachten, dass nach § 28 Satz 1 Nr. 5 GO SH die Gemeindevertretung die Entscheidung über die Beteiligung bei der Aufstellung und Fortschreibung von Raumordnungsplänen sowie die nach § 23 Satz 1 Nr. 4 KrO SH der Kreistag die Entscheidung über die Beteiligung bei der Aufstellung und Fortschreibung von Raumordnungsplänen nicht übertragen können und so ausreichend Zeit für die Beschlussfassung in den Gremien gegeben werden muss.

9.2.3 Beschränkung der zu Beteiligenden

Zudem soll nach § 9 Abs. 3 Satz 3 ROG die Beteiligung auf die von der Änderung berührten Öffentlichkeit sowie auf die in ihren Belangen berührten öffentlichen Stellen beschränkt werden, wenn durch die Änderung des Planentwurfs die Grundzüge der Planung nicht berührt werden. Als Grundzüge der Planung wird die Planungskonzeption verstanden, die die im Einzelnen im Raumordnungsplan aufgeführten Ziele der Raumordnung trägt und damit den für sie wesentlichen Gehalt bestimmt (BVerwG, Beschl. vom 15.7.2005 – 9 VR 43/04 –, Rn. 12). Neben der Einordnung dieses weiten Begriffs dürfte auch die Auswahl der von der Änderung in ihren Belangen berührten öffentlichen Stellen sowie der berührten Öffentlichkeit Schwierigkeiten bereiten, so dass die praktische Anwendbarkeit dieser Regelung eingeschränkt sein dürfte. Zwar ist die Formulierung „soll" so zu verstehen, dass im Regelfall für die mit ihrer Durchführung betraute Behörde grundsätzlich so zu verfahren hat, wie es im Gesetz bestimmt ist. Im Regelfall ist daher „sollen" als „müssen" zu verstehen, so dass eine Behörde nur bei Vorliegen von Umständen, die den Fall als atypisch erscheinen lassen, anders als im Gesetz vorgesehen verfahren darf (BVerwG, Urt. vom 2.7.1992 – 5 C 39.90 –, Rn. 15). In der Praxis stellt es jedoch erhebliche Schwierigkeiten dar, bei Raumordnungsplänen, die naturgemäß Auswirkungen auf größere Gebiete haben, eine Beschränkung auf die erstmalig oder stärker in ihren Belangen berührte Öffentlichkeit oder auf die von der Änderung erstmalig oder stärker in ihren Belangen berührten öffentlichen Stellen vorzunehmen. Daher wird es weiterhin notwendig sein, eine erneute Beteiligung mit einer umfassenden Öffentlichkeitsbeteiligung anzubieten, um die Gefahr zu vermeiden, unrechtmäßig Teile der Öffentlichkeit zu beschränken.

10. Form, Verkündung und Rechtsschutz

10.1 Rechtsform der Raumordnungspläne

§ 10 Abs. 1 ROG setzt voraus, dass Raumordnungspläne als Gesetz oder Rechtsverordnung verkündet werden können, überlässt die Frage, welche Rechtsform gewählt werden soll, aber den landesrechtlichen Bestimmungen. Das LaplaG regelt in § 5 Abs. 7 Satz 1 LaplaG sodann, dass der Landesentwicklungsplan von der Landesregierung mit Zustimmung des Landtags als Rechtsverordnung beschlossen wird. Regionalpläne werden nach § 5 Abs. 8 Satz 2 ebenfalls von der Landesregierung als Rechtsverordnungen beschlossen, die aber keiner Zustimmung des Landtags benötigen.

Beim Landesentwicklungsplan wird der Landtag unmittelbar in die Beschlussfassung eingebunden. Aufgrund des umfangreichen Abwägungsprozesses, der den Festlegungen des Landesentwicklungsplans zugrunde liegt, hat der Landtag keine Möglichkeit Änderungen vorzunehmen. Er kann lediglich zustimmen oder die Zustimmung verweigern, was eine erneute Überarbeitung des Plans durch die Landesplanungsbehörde erfordern würde. Denn die für die Planung erforderliche Abwägung ist durch die Landesplanungsbehörde vorzunehmen, so dass sich die Zustimmung des Landtages auf den gesamten – abgewogenen – Plan bezieht (LVerfG SH, Urt. vom 24.9.2021 – LVerfG 1/18 –, Rn. 86).

Da der Innen- und Rechtsausschuss des Landtags nach § 8 Abs. 2 Satz 2 LaplaG parallel zum Beteiligungsverfahren über den Stand der Erarbeitung des Landesentwicklungsplans sowie der Landtag aufgrund der Informationspflichten des PIG SH zu unterrichten sind, ist davon auszugehen, dass Bedenken, die der Zustimmung entgegenstehen, vorher geklärt werden können. In der Praxis übersendet die Landesregierung nach der Beschlussfassung die Verordnung mit der Bitte um Zustimmung an den Landtag. Nach einem zustimmenden Beschluss des Landtags wird die Verordnung ausgefertigt und verkündet. Der Beschluss der Rechtsverordnungen für die Regionalpläne setzt keine Zustimmung des Landtags voraus.

In jedem Fall ist nach § 5 Abs. 7 Satz 2 und Abs. 8 Satz 3 LaplaG vor dem Beschluss der Landesregierung der Landesplanungsrat zu beteiligen, was nach der Gesetzesbegründung die Einbeziehung des Landesplanungsrates noch vor der abschließenden Kabinettsbefassung bedeuten soll (LT-Drs. 18/885 S. 38).

10.2 Verkündung der Raumordnungspläne

Die Veröffentlichung der Raumordnungspläne richtet sich nach § 10 Abs. 2 ROG, worauf § 5 Abs. 7 Satz 3 und Abs. 8 Satz 4 LaplaG verweisen. Daher gilt auch landesrechtlich, dass nach § 10 Abs. 2 Satz 1 ROG der Raumordnungsplan mit der Begründung und einer Rechtsbehelfsbelehrung sowie im Falle einer durchgeführten Umweltprüfung mit der zusammenfassenden Erklärung nach § 10 Abs. 3 ROG und der Aufstellung der Überwachungsmaßnahmen nach § 8 Abs. 4 Satz 1 ROG im Internet zu veröffentlichen ist. Zusätzlich ist nach § 10 Abs. 2 Satz 2 ROG die Einsichtnahme an einem oder mehreren Orten zu gewähren. Hierfür bestimmen § 5 Abs. 7 Satz 4 bzw Abs. 8 Satz 5 LaplaG, dass die Unterlagen nach § 10 Abs. 2 ROG bei der Landesplanungsbehörde zur Einsichtnahme bereitgehalten werden.

In der Bekanntmachung oder in der Verkündung des Raumordnungsplans ist auf die Veröffentlichung unter Angabe der Internetseite oder Internetadresse sowie auf die Einsichtnahmemöglichkeit hinzuweisen (§ 10 Abs. 2 Satz 4 ROG).

Daraus ergibt sich, dass der Text der Rechtsverordnung im Gesetz- und Verordnungsblatt zu verkünden ist und die Raumordnungspläne einschließlich textlicher und zeichnerischer Festlegungen sowie deren Begründungen als Anlagen zwar Bestandteile der Rechtsverordnung sind, jedoch im Internet und durch Bereithaltung bei der Landesplanungsbehörde veröffentlicht werden. Zu beachten ist dabei, dass nach § 329a LVwG SH jede Person einen angemessenen Zugang zu der Publikation haben muss. Es ist sicherzustellen, dass die publizierten Inhalte allgemein und dauerhaft zugänglich sind und eine Veränderung des Inhalts ausgeschlossen ist. Um die Raumordnungspläne auffinden zu können, ist im Text der Rechtsverordnung die Adresse der Internetseite sowie die Möglichkeit der Einsichtnahme anzugeben. Für die Veröffentlichung der Raumordnungspläne nutzt die Landesplanungsbehörde gewöhnlich die Adresse https://www.schleswig-holstein.de/raumordnungsplaene bzw. für den Landesentwicklungsplan die Adresse http://www.schleswig-holstein.de/landesentwicklungsplan.

Zusätzlich sind die im Internet veröffentlichten Unterlagen bei der Landesplanungsbehörde bereitzuhalten. Dazu gehören nach § 10 Abs. 2 Satz 1 ROG der Raumordnungsplan mit der Begründung und einer Rechtsbehelfsbelehrung sowie die Unterlagen der Umweltprüfung mit der zusammenfassenden Erklärung nach § 10 Abs. 3 ROG und der Aufstellung der Überwachungsmaßnahmen nach § 8 Abs. 4 Satz 1 ROG. Für das Bereithalten ist es ausreichend, wenn auf Nachfrage Einsicht in die Unterlagen gewährt wird, ohne dass diese an einem bestimmten Ort zu jedermanns Einsicht ausliegen müssen. Zwar geht der Gesetzgeber davon aus, dass die Einsichtnahme in die Unterlagen nach § 10 Abs. 2 ROG mittlerweile überwiegend über das Internet erfolgt und die Möglichkeit zur Einsichtnahme in Papierunterlagen kaum noch wahrgenommen wird. Aufgrund der Vorgaben des ROG soll auf diese Möglichkeit noch nicht gänzlich verzichtet werden (LT-Drs. 19/1952 S. 23). Daher ist ebenfalls in der Rechtsverordnung auf die Möglichkeit der Einsichtnahme sowie ggf. Ort und Zeit hinzuweisen.

Damit die Vorschriften zur Planerhaltung angewendet werden können, muss zudem auf die Voraussetzungen der Geltendmachung der Verletzung von Verfahrens- und Formvorschriften und die damit verbundenen Rechtsfolgen gemäß § 11 Abs. 5 Satz 2 ROG sowie § 7 Abs. 2 LaplaG hingewiesen werden. Auch dieser Hinweis sollte zur Klarstellung bereits in der Rechtsverordnung aufgenommen werden. Die Rechtsbehelfsbelehrung kann entsprechend der Aufzählung in § 10 Abs. 2 Satz 1 ROG als Anlage zur Rechtsverordnung im Internet veröffentlicht und bei der Landesplanungsbehörde zur Einsichtnahme bereitgehalten werden.

Zum Inkrafttreten beinhaltet das LaplaG keine Regelungen. Daher findet § 61 Satz 1 LVwG SH unmittelbar Anwendung, wonach Verordnungen, soweit in ihnen nichts anderes bestimmt ist, mit dem vierzehnten Tag nach Ablauf des Tages in Kraft treten, an dem das Verkündungsblatt ausgegeben worden ist. Dabei wird regelmäßig in den Verordnungen bestimmt, dass sie am Tage nach der Verkündung oder an einem kalendermäßig bestimmten Tag in Kraft treten (*Friedersen/Stadelmann* in LVwG PdK, § 61, Erl.).

10.3 Rechtsschutz

10.3.1 Normenkontrollantrag

Da die Raumordnungspläne in der Rechtsform der Rechtsverordnung beschlossen werden, ist der Normenkontrollantrag nach § 47 Abs. 1 Nr. 2 VwGO das statthafte Rechtsmittel. Nach § 47 Abs. 1 Nr. 2 VwGO entscheidet das OVG im Rahmen seiner Gerichtsbarkeit auf Antrag über die Gültigkeit von anderen im Rang unter dem Landesgesetz stehenden Rechtsvorschriften, sofern das Landesrecht dies bestimmt. Eine solche Bestimmung ist durch § 67 LJG erfolgt, indem die Vorschrift anordnet, dass das OVG nach Maßgabe des § 47 VwGO über die Gültigkeit einer landesrechtlichen Verordnung oder einer anderen im Range unter dem Landesgesetz stehenden Rechtsvorschrift entscheidet. Die Regionalpläne und der Landesentwicklungsplan ergehen als Rechtsverordnung und damit als landesrechtliche Verordnung (vgl. Erl. 10.1).

Das Normenkontrollverfahren wird durch einen Antrag eingeleitet, in dem der Antragsteller, der Antragsgegner und die angegriffene Vorschrift zu bezeichnen sind (vgl. §§ 81 f. VwGO). Dabei kann sich der Normenkontrollantrag gegen einzelne Festlegungen sowie gegen den gesamten Raumordnungsplan richten.

10.3.2 Antragsbefugnis

Der Antrag auf Normenkontrolle kann nach § 47 Abs. 2 Satz 1 VwGO von jeder natürlichen oder juristischen Person, die geltend macht, durch die Rechtsvorschrift oder deren Anwendung in ihren Rechten verletzt zu sein oder in absehbarer Zeit verletzt zu werden, sowie von jeder Behörde gestellt werden. Unter Behörden ist entsprechend § 3 Abs. 2 LVwG SH jede organisatorisch selbständige Stelle, die öffentlich-rechtliche Verwaltungstätigkeit ausübt, zu verstehen. Gemeinden und andere Körperschaften des öffentlichen Rechts können damit im Ergebnis ihre Antragsfähigkeit als in eigenen Rechten Betroffene und auch als Behörde begründen (BVerwG, Beschl. vom 15.3.1989 – 4 NB 10/88 –, Rn. 11 ff.).

Voraussetzung für eine Rechtsverletzung durch einen Raumordnungsplan ist damit, dass die betroffene Person geltend macht durch die Festlegungen des Raumordnungsplans in ihren Rechten betroffen zu sein. Das BVerwG stellt an die aus dem planungsrechtlichen Abwägungsgebot herzuleitende Antragsbefugnis zur Stellung eines Normenkontrollantrags gegen einen raumordnungsrechtlichen Plan im Grundsatz dieselben Anforderungen wie etwa im Falle eines Normenkontrollantrags gegen einen Bebauungsplan. Es müssen also hinreichend substanziiert Tatsachen vorgetragen werden, die es zumindest als möglich erscheinen lassen, dass der Antragsteller durch bestimmte Festlegungen des Raumordnungsplans oder dessen Anwendung in seinem Recht auf ordnungsgemäße Abwägung seiner Belange verletzt wird. Dafür müssen die Belange benannt werden, die verletzt sein sollen und die für die Abwägung überhaupt zu beachten waren (BVerwG, Beschl. vom 21.3.2019 – 4 BN 11.19 –, Rn. 5 m. w. N.).

10.3.2.1 Gemeinden

Gemeinden können eine Verletzung ihrer Rechte durch die Festlegung von Zielen der Raumordnung, die für sie nach § 4 Abs. 1 ROG bzw. § 1 Abs. 4 BauGB verbindlich sind, geltend machen und sich dabei auf die kommunale Planungshoheit als Teil des Selbstverwaltungsrechtes aus Art. 28 GG berufen. Denn nur so kann die Gemeinde überprüfen lassen, ob sie einer Beachtenspflicht von Zielfestlegungen, die sich auf bestimmte Gemeindegebietsteile auswirken, unterliegt (BVerwG, Urt. vom 20.11.2003 – 4 CN 6/03 –, Rn. 40). Hingegen kann eine Gemeinde sich nicht zur Sachwalterin der Allgemeinheit berufen und Rechte Dritter bzw. ihrer Bürger, wie Schutz des privaten Eigentums, der Gesundheit, wie Lärmschutzinteressen oder den Schutz vor visuellen Beeinträchtigungen, geltend machen oder die Unvereinbarkeit des Vorhabens mit den Belangen von Natur und Landschaft gerichtlich überprüfen zu lassen (BVerwG, Urt. vom 28.4.2016 – 9 A 8/15 –, Rn. 14; OVG M-V, Beschl. vom 26.6.2019 – 3 KM 83/17 –, Rn. 19).

10.3.2.2 Behörden

Behörden müssen ein objektives Kontrollinteresse darlegen und geltend machen, dass sie die beanstandenden Festlegungen anzuwenden haben oder durch den Vollzug in ihrem Tätigkeitsbereich betroffen sein werden (BVerwG, Urt. vom 22.6.2011 – 4 CN 4/10 –, Rn. 17).

10.3.2.3 Private

Auch natürliche oder juristische Personen können geltend machen, durch Ziele der Raumordnung in ihren Rechten verletzt zu sein. Hierfür werden in der Rechtsprechung zwei Fallkonstellationen unterschieden. Eigentümer können sich als unmittelbar oder als mittelbar Betroffene gegen Zielfestlegungen wehren.

Ein Eigentümer kann unmittelbar betroffen und damit zur Berufung auf eine Verletzung seines Rechts aus Art. 14 Abs. 1 GG befugt sein, wenn ein Raumordnungsplan das Grundstück durch ein Ziel der Raumordnung erfasst und der Grundstückseigentümer so durch § 35 Abs. 3 Satz 3 BauGB an der Realisierung zielwidriger Vorhaben gehindert ist (BVerwG vom 16.4.2015 – 4 CN 6/14 –, Rn. 9 ff.). Denn durch die sogenannte Konzentrationszonenplanung können bestimmte Vorhaben (z. B. Windkraftanlagen, Abbau von Rohstoffen) auf Teile des Plangebiets beschränkt werden, was durch die Ausweisung von Eignungsgebieten nach § 7 Abs. 3 Satz 2 Nr. 3 ROG bzw. die Ausweisung von Vorranggebieten mit der Wirkung von Eignungsgebieten nach § 7 Abs. 3 Satz 3 ROG denkbar ist. In diesen Fällen kommt dem Ziel der Raumordnung eine unmittelbare bodenrechtlich bindende Wirkung zu, was dazu führt, dass der Raumordnungsplan eine einem Bebauungsplan in gleicher Weise einschränkende Funktion ausübt (*Uechtritz*, Phasenspezifischer oder konzentrierter Rechtsschutz: Das Beispiel Raumordnungs- und Baurecht, ZUR 2017 S. 479, 482 f.).

Private, die nicht unmittelbar durch Zielfestlegungen betroffen sind, können allenfalls mittelbar betroffen sein und das Recht auf ordnungsgemäße Abwägung nach § 7 Abs. 2 Satz 1 ROG rügen. Denn bei der Aufstellung von Raumordnungsplänen sind auch private Belange abzuwägen, soweit sie auf der jeweiligen Planungsebene erkennbar und von Bedeutung sind. Ein Privater muss daher vortragen, dass es zumindest möglich ist, dass er durch die Festlegungen des Raumordnungsplans oder durch seine Anwendung in seinem Recht auf ordnungsgemäße Abwägung verletzt wird (BVerwG, Beschl. vom 10.2.2016 – 4 BN 37/15 –, Rn. 7). Dies gilt nach der Rechtsprechung des BVerwG auch für die Fälle, in denen sich Grundstückseigentümer oder Nutzungsberechtigte gegen Zielfestlegungen wehren wollen, wenn die jeweiligen Grundstücke außerhalb der festgelegten Eignungs- oder Vorranggebiete liegen (NdsOVG, Urt. vom 13.7.2017 – 12 KN 106/15 –, Rn. 22; Hess. VGH, Urt. vom 23.9.2015 – 4 C 358/14.N –, Rn. 28 ff.).

Ein Nachbar kann sich hingegen grundsätzlich nicht gegen einen Raumordnungsplan wehren. So kommt eine Verletzung von seinen Rechten erst in Betracht, wenn aufgrund der Zielfestlegungen des Raumordnungsplans ein Bebauungsplan erlassen wird oder eine immissionsschutzrechtliche oder baurechtliche Genehmigung für ein Vorhaben erteilt wird, die gegen nachbarschützende Rechte verstößt (BVerwG, Beschl. vom 13.11.2006 – 4 BN 18/06 –, Rn. 7). Dies gilt insbesondere, wenn die Mindestabstände, die sich in der Praxis für entsprechende Anlagen und Vorhaben als sicher herausgestellt haben, eingehalten werden (*Uechtritz*, Phasenspezifischer oder konzentrierter Rechtsschutz: Das Beispiel Raumordnungs- und Baurecht, ZUR 2017 S. 479, 484).

10.3.2.4 Umweltverbände

Umweltverbände können als juristische Personen eine Antragsbefugnis haben, wenn sie eine Rechtsverletzung geltend machen. Darüber hinaus ermöglicht das UmwRG anerkannten Umweltverbänden Normenkontrollanträge zu stellen. Nach § 2 Abs. 1 UmwRG kann eine nach § 3 UmwRG anerkannte inländische Vereinigung ohne eine Verletzung in eigenen Rechten geltend machen zu müssen, Rechtsbehelfe nach Maßgabe der VwGO gegen eine Entscheidung nach § 1 Abs. 1 Satz 1 UmwRG oder deren Unterlassen einlegen. Dabei ist ein Raumordnungsplan nach § 1 Abs. 1 Satz 1 Nr. 4 UmwRG i. V. m. § 48 Satz 2 UVPG nur als zu überprüfende Entscheidung umfasst, wenn dieser Plan nicht nach Anlage 5 Nr. 1.5 oder 1.6 des UVPG Flächen für die Windenergienutzung oder für den Abbau von Rohstoffen ausweist (vgl. ausführlich *Erbguth*, Rechtsschutz gegen Raumordnungspläne – unter besonderer Berücksichtigung des § 48 UVPG, DVBl 2018 S. 897). Jedoch beinhaltet ein Raumordnungsplan keine „Ausweisung von Flächen", wenn der Plan lediglich abstrakte und rein textliche Festlegungen von Zielen oder Grundsätzen der Raumordnung enthält, die die Windenergie oder die Rohstoffnutzung betreffen (OVG NRW, Urt. vom 21.3.2024 – 11 D 133/20 –, Rn. 243). Auch aus dem Europarecht ergibt sich keine weitergehende Antragsbefugnis. Zwar regelt die Aarhus-Konvention Anforderungen an die Beteiligung und gerichtliche Kontrolle umweltbezogener Entscheidungen. Diese lässt aber Spielraum bei der Gestaltung durch die Mitgliedstaaten. Daher ist ein konzentrierter Rechtsschutz zulässig, wie bspw. in § 48 Satz 2 UVPG oder in § 1 Abs. 1 Satz 3 UmwRG (so NdsOVG, Beschl. vom 30.1.2024 – 12 KN 61/21 –, Rn. 8 ff.).

10.3.3 Rechtsschutzbedürfnis

Neben der Antragsbefugnis setzt das Normenkontrollverfahren ein allgemeines Rechtsschutzbedürfnis des Antragstellers voraus. Mit dem Vorliegen der Antragsbefugnis wird im Regelfall auch das allgemeine Rechtsschutzbedürfnis gegeben sein. Es soll dann fehlen, wenn der Antragsteller seine Rechtsstellung durch die Erklärung der Unwirksamkeit der angegriffenen Rechtsnorm nicht verbessern kann (BVerwG, Urt. vom 16.4.2015 – 4 CN 6/14 –, Rn. 16).

10.3.4 Form und Frist

Schließlich ist als weitere formelle Voraussetzung die einjährige Antragsfrist nach § 47 Abs. 2 Satz 1 VwGO zu beachten. Der Antrag auf Normenkontrolle ist ein Jahr nach Bekanntmachung des angegriffenen Raumordnungsplanes zu stellen. Der Antrag ist nach § 81 Abs. 1 Satz 1 VwGO schriftlich beim OVG in Schleswig zu stellen. Sie muss nach § 82 Abs. 1 VwGO den Antragsteller, den Antragsgegner und den Gegenstand des Antrags bezeichnen und soll einen bestimmten Antrag enthalten.

10.3.5 Inzidentkontrolle

Darüber hinaus ist es möglich, Raumordnungspläne im Rahmen einer Inzidentkontrolle überprüfen zu lassen. Denkbare Fallkonstellationen sind Anfechtungsklagen von Gemeinden, die sich gegen das Anpassungsverlangen der Landesplanungsbehörde wehren oder Private, die eine für Dritte erteilte Genehmigungsentscheidung angreifen wollen. Verpflichtungsklagen können eine inzidente Prüfung eines Raumordnungsplans beinhalten, wenn eine Gemeinde die Erteilung zur Genehmigung eines Flächennutzungsplans begehrt, die unter Verweis auf Ziele der Raumordnung untersagt worden ist. Private können eine inzidente Prüfung anstreben, wenn sie baurechtliche oder immissionsschutzrechtliche Genehmigungen für Vorhaben im Außenbereich begehren, die nach § 35 Abs. 3 BauGB unter Verweis auf entgegenstehende Ziele der Raumordnung untersagt worden sind.

11. Umweltprüfung bei der Aufstellung von Raumordnungsplänen (§ 5 Abs. 9 LaplaG)

Bei der Aufstellung von Raumordnungsplänen ist eine Umweltprüfung durchzuführen, in der die voraussichtlichen erheblichen Auswirkungen des Raumordnungsplans auf die in § 8 Abs. 1 Satz 1 ROG genannten Schutzgüter zu ermitteln und in einem Umweltbericht frühzeitig zu beschreiben und zu bewerten sind. Das LaplaG enthält hierzu keine abweichenden oder ergänzenden Regelungen, sondern verweist in § 5 Abs. 9 LaplaG lediglich darauf, dass sich Durchführung und Inhalte der Umweltprüfung von Raumordnungsplänen nach § 8 ROG richten (vgl. daher die Kommentierungen zu § 8 ROG: *Faßbender* in Kment, ROG, § 8; *Spannowsky* in Spannowsky/Runkel/Goppel, ROG, § 8; *Spannowsky* in Bielenberg/Runkel/Spannowsky, ROG, L § 9).

11.1 Zweck der Umweltprüfung

Der Zweck der Umweltprüfung folgt aus § 3 UVPG. Danach sollen durch diese Prüfung erhebliche Auswirkungen eines Vorhabens, eines Plans oder Programms auf die Schutzgüter umfassend ermittelt, beschrieben und bewertet werden und so einer wirksamen Umweltvorsorge nach Maßgabe der geltenden Gesetze dienen. Wenn für die Aufstellung eines Raumordnungsplans nach dem UVPG die Pflicht zur Durchführung der Umweltprüfung besteht, so wird die Strategische Umweltprüfung (die im ROG nur als Umweltprüfung bezeichnet wird) einschließlich der Überwachung nach dem ROG durchgeführt. Wesentlich ist der dazu nach § 8 Abs. 1 ROG zu erstellende Umweltbericht. Dessen Inhalte ergeben sich aus der Anlage 1 des ROG. Dabei gilt, dass die Strategische Umweltprüfung nach § 33 UVPG unselbständiger Teil behördlicher Verfahren zur Aufstellung oder Änderung von Plänen und Programmen ist und in ein anderes Verfahren, d. h. in das Verfahren zur Aufstellung bzw. Änderung eines Raumordnungsplans, integriert wird.

11.2 Notwendigkeit der Umweltprüfung

Das ROG sieht grundsätzlich in § 8 Abs. 1 Satz 1 ROG die Durchführung einer Umweltprüfung als notwendig an. Eine Ausnahme kann nach § 8 Abs. 2 ROG vorliegen, wenn lediglich geringfügige Änderungen an Raumordnungsplänen vorgenommen werden sollen. In diesen Fällen kann von einer Umweltprüfung abgesehen werden, wenn durch eine überschlägige Prüfung festgestellt wurde, dass die Änderungen voraussichtlich keine erheblichen Umweltauswirkungen haben werden.

11.3 Durchführung der Umweltprüfung

11.3.1 Zuständige Stelle

Nach § 8 Abs. 1 Satz 1 ROG ist die Umweltprüfung von der für den Raumordnungsplan zuständigen Stelle durchzuführen. Verantwortlich ist demnach die Landesplanungsbehörde nach § 4 und § 5 Abs. 1 Satz 2 LaplaG.

11.3.2 Festlegung des Untersuchungsrahmens (Scoping)

In einem ersten Verfahrensschritt ist der räumliche und inhaltliche Untersuchungsrahmen der Umweltprüfung einschließlich des erforderlichen Umfangs und Detaillierungsgrads des Umweltberichts festzulegen. Dabei sind die öffentlichen Stellen, deren umwelt- und gesundheitsbezogener Aufgabenbereich von den Umweltauswirkungen des Raumordnungsplans berührt werden kann, zu beteiligen. Es bietet sich hierzu an, mit sämtlichen zu beteiligenden Behörden sowie mit Verbänden mit umwelt- und gesundheitsbezogenem Aufgabenbereich im Rahmen eines Scoping-Termins den Untersuchungsrahmen der Umweltprüfung einschließlich der allgemeinen Planungsabsicht, die für die Umweltprüfung vorliegenden Daten und angeforderten Fachbeiträge, die der Umweltprüfung zu unterziehenden Planungsinhalte sowie der vorgesehene Detaillierungsgrad und Umfang des Berichts zu erörtern und ihnen die Möglichkeit der Stellungnahme zu geben.

11.3.3 Umweltbericht

In einem Umweltbericht müssen nach § 8 Abs. 1 Satz 1 ROG die Auswirkungen und die Wechselwirkungen zwischen den Umweltauswirkungen auf die Schutzgüter Menschen, einschließlich der menschlichen Gesundheit, Tiere, Pflanzen und die biologische Vielfalt, Boden, Wasser, Luft, Klima und Landschaft, Kulturgüter und sonstige Sachgüter ermittelt, beschrieben und bewertet werden. Hierfür sind die Angaben der Anlage 1 des ROG zu beachten. Demnach besteht der Umweltbericht aus einer Einleitung mit der Darstellung des Raumordnungsplans sowie der zu beachtenden Umweltschutzziele, aus einer Beschreibung und Bewertung der Umweltauswirkungen, die eine Bestandsaufnahme des Umweltzustandes, einer Prognose hinsichtlich dessen Entwicklungen, Maßnahmen zur Vermeidung sowie in Betracht kommende anderweitigen Planungsmöglichkeiten und zusätzlich über Beschreibungen der Arbeitsweise bei der Umweltprüfung.

Zusätzlich zum Umweltbericht sind auch in der zusammenfassenden Erklärung nach § 10 Abs. 3 ROG die Ergebnisse der Umweltprüfung zu dokumentieren.

11.4 Überwachung des Vollzugs (Monitoring)

Nach Abschluss des Planaufstellungsverfahrens sind gemäß § 8 Abs. 4 ROG die erheblichen Auswirkungen der Durchführung der Raumordnungspläne auf die Umwelt zu überwachen. Zweck der Überwachung ist u. a., frühzeitig unvorhergesehene nachteilige Auswirkungen zu ermitteln, um in der Lage zu sein, geeignete Maßnahmen zur Abhilfe zu ergreifen. Verantwortlich für die Überwachung ist nach § 8 Abs. 4 Satz 1 ROG die Landesplanungsbehörde. Hierbei kann die Landesplanungsbehörde auf das Instrument der Raumbeobachtung und das Raumordnungsinformationssystem nach § 23 LaplaG zurückgreifen. Darüber hinaus bietet es sich an, verschiedene Fachprogramme anderer Behörden, wie insbesondere des Landesamtes für Landwirtschaft, Umwelt und ländliche Räume (LLUR) zu nutzen.

§ 6
Planänderungsverfahren

[1] Die Raumordnungspläne sind bei Bedarf zu ändern. [2] Dies kann auch in sachlichen oder räumlichen Teilabschnitten geschehen. [3] Für die Änderung finden die für die Aufstellung geltenden Regelungen des § 5 entsprechende Anwendung.

Übersicht

1. Inhalt der Norm

§ 6 LaplaG enthält Regelungen für den besonderen Fall, dass ein Raumordnungsplan geändert werden soll. Hierzu macht § 6 Satz 1 LaplaG die allgemeine Vorgabe, dass Raumordnungspläne bei Bedarf zu ändern sind. § 6 Satz 2 LaplaG ermöglicht eine solche Änderung auch in sachlichen oder räumlichen Teilabschnitten.

2. Planänderung (§ 6 LaplaG)

Neben der Aufstellung von Raumordnungsplänen kennt das ROG auch die Änderung, Ergänzung und Aufhebung der Pläne. Diese Begriffe werden jedoch nicht weiter definiert, stattdessen stellt § 7 Abs. 7 ROG klar, dass die Regelungen des ROG über die Aufstellung von Raumordnungsplänen auch für die Änderung, Ergänzung und Aufhebung gelten. Entsprechend des fast wortgleichen § 1 Abs. 8 BauGB gelten also auch für Planänderungen die formellen und materiellen Vorgaben des ROG, die für die Planaufstellung gelten. Dabei ist unter dem Begriff der Planänderung eine inhaltliche Veränderung bestehender Regelungen zu verstehen. Hingegen werden bei einer Planergänzung bestehenden Regelungen neue Regelungen hinzufügt und bei einer Planaufhebung ein Plan oder Teile eines Plans außer Kraft gesetzt (vgl. *Faßbender* in Kment, ROG, § 7 Rn. 110).

§ 6 LaplaG ergänzt nun das ROG um Verfahrensvorschriften für das Planänderungsverfahren. Vorangestellt wird der Vorschrift die Vorgabe, dass Raumordnungspläne bei Bedarf zu ändern sind. Daraus kann einerseits die Pflicht zur Änderung entnommen werden, wenn ein Bedarf vorliegt, andererseits aber auch das Verbot keine Planänderung vorzunehmen, wenn hierfür kein Bedarf besteht. Der Begriff des Bedarfs ist aber auch unter der Vorgabe zum Planungszeitraum in § 5 Abs. 1 Satz 4 LaplaG zu verstehen. Durch diese Vorschrift ist geregelt, dass die Raumordnungspläne die anzustrebende räumliche Entwicklung für einen Zeitraum von regelmäßig fünfzehn Jahren festlegen. Sollte sich vor Ablauf der 15 Jahre schon ein Anpassungsbedarf bestehen, so ist die Neuaufstellung der Raumordnungspläne oder eine Planänderung nach § 6 LaplaG möglich.

§ 6 Satz 2 LaplaG stellt klar, dass die Planänderung auch in Teilabschnitten erfolgen kann. Ein solcher Teilabschnitt beinhaltet lediglich einzelne Teile eines gesamten Raumordnungsplanes, die sachlich oder räumlich in einem eigenständigen Verfahren geändert werden können. Dies können einzelne Kapitel des Planes sein, die thematisch oder regional voneinander abgegrenzt werden können. Für eine solche Planänderung sind nach § 6 Satz 3 LaplaG die geltenden Regelungen des § 5 LaplaG entsprechend anzuwenden.

3. Vereinfachtes Verfahren

Nach § 9 Abs. 5 ROG kann bei geringfügigen Änderungen eines Raumordnungsplans einschließlich der Ergänzung oder Aufhebung einzelner Festlegungen die Beteiligung auf die von der Änderung in ihren Belangen berührte Öffentlichkeit und die von der Änderung in ihren Belangen berührten öffentlichen Stellen beschränkt werden, wenn die Grundzüge der Planung nicht berührt werden, nach § 8 Abs. 2 Satz 1 ROG festgestellt wurde, dass die Änderungen, Ergänzungen oder Aufhebungen voraussichtlich keine erheblichen Umweltauswirkungen haben werden, und der Meeresbereich nicht berührt ist.

Eine darüberhinausgehende Regelung enthält das LaplaG nicht mehr. Insbesondere wurde 2024 Absatz 2 des § 6 LaplaG gestrichen, der für lediglich geringfügige Änderungen an einem Raumordnungsplan die Planänderung in einem vereinfachten Verfahren ermöglichte.

Damit gelten die Vorgaben des ROG zum Umgang bei geringfügigen Änderungen ohne weitere Ergänzungen auch in Schleswig-Holstein. Voraussetzung für die Beschränkung der Öffentlichkeitsbeteiligung nach § 9 Abs. 5 Satz 1 ROG ist demnach, dass die Grundzüge der Planung nicht berührt werden, nach § 8 Abs. 2 Satz 1 ROG festgestellt wurde, dass die Änderungen, Ergänzungen oder Aufhebungen voraussichtlich keine erheblichen Umweltauswirkungen haben werden, und der Meeresbereich nicht berührt ist.

Geringfügige Änderungen von Raumordnungsplänen, die die Grundzüge der Planung nicht berühren dürfen, setzen entsprechend der Rechtsprechung zu Zielabweichungsverfahren voraus, dass der planerische Grundgedanke erhalten bleibt und die Planänderung noch im Bereich dessen liegt, was der Planer gewollt hat oder gewollt hätte, wenn er die weitere Entwicklung einschließlich des Grundes für die Änderung gekannt hätte (vgl. BVerwG, Urt. vom 9.3.1990 – 8 C 76.88 –, Rn. 19).

Zudem muss nach § 8 Abs. 2 Satz 1 ROG festgestellt worden sein, dass die Änderungen voraussichtlich keine Umweltauswirkungen haben werden. Die Feststellung nach § 8 Abs. 2 Satz 1 ROG beinhaltet eine überschlägige Prüfung unter Berücksichtigung der in Anlage 2 des ROG genannten Kriterien, dass die Planänderungen voraussichtlich keine erheblichen Umweltauswirkungen haben werden. Diese Prüfung ist unter Beteiligung der öffentlichen Stellen, deren umwelt- und gesundheitsbezogener Aufgabenbereich von den Umweltauswirkungen des Raumordnungsplans berührt werden kann, durchzuführen.

Als drittes Tatbestandsmerkmal ist erforderlich, dass die Änderungen nicht den Meeresbereich betreffen, da bei maritimen Raumordnungsplänen nach Art. 9 Abs. 1 der Richtlinie 2014/89/EU des Europäischen Parlaments und des Rates vom 23.7.2014 zur Schaffung eines Rahmens für die maritime Raumplanung eine Beteiligung der Öffentlichkeit vorgesehen ist, durch die alle interessierten Kreise unterrichtet werden und die einschlägigen Interessenträger bzw. Behörden und die betroffene Öffentlichkeit gemäß den einschlägigen Vorschriften des Unionsrechts in einer frühen Phase der Ausarbeitung maritimer Raumordnungspläne angehört werden.

§ 7
Planerhaltung

(1) Für die Verletzung von Verfahrens- und Formvorschriften dieses Gesetzes bei der Aufstellung oder Änderung von Raumordnungsplänen gilt § 11 ROG.

(2) Die Verletzung von Verfahrens- und Formvorschriften bei der Aufstellung von Raumordnungsplänen ist bei der Landesplanungsbehörde als zuständiger Stelle im Sinne von § 11 Absatz 5 Satz 1 ROG geltend zu machen.

Erläuterungen

Übersicht

1. Inhalt der Norm

Das ROG regelt in § 11, dass ein Raumordnungsplan trotz der Verletzung von höherrangigem Recht unter den in dieser Norm genannten Voraussetzungen wirksam und der Fehler unbeachtlich sein kann. Mit § 7 Abs. 1 LaplaG wird dieses Prinzip der Planerhaltung auch auf die Verletzung von Verfahrens- oder Formvorschriften des LaplaG übertragen.

§ 7 Abs. 2 LaplaG benennt die Landesplanungsbehörde als die zuständige Stelle, bei der die Verstöße geltend zu machen sind.

2. Planerhaltung

2.1 Sinn und Zweck der Planerhaltung

Die Verletzung von formellen Voraussetzungen an das Planaufstellungsverfahren sowie der materiellen Anforderungen des Raumordnungsplans führen grundsätzlich zu einer Nichtigkeit des Plans. Dieser Rechtsgedanke führte bei Bauleitplanungen dazu, dass in den 1970er-Jahren eine Vielzahl an Flächennutzungs- und Bebauungsplänen durch die VG aufgrund formeller Fehler aufgehoben wurden und eine rechtssichere Planung für die Behörden schwer möglich war. Daher wurde im Jahr 1976 durch den neuen § 155a BauGB eine Unbeachtlichkeitsvorschrift für Flächennutzungspläne und städtebauliche Satzungen beschlossen, die zwischenzeitlich auf einen größeren Katalog an Normen erweitert wurde. Im Bereich der Bauleit- sowie der Fachplanung werden dadurch formelle Fehler, aber auch Abwägungsmängel für unbeachtlich erklärt (§ 214 Abs. 3 BauGB, § 75 Abs. 1a Satz 1 VwVfG), ihre Beachtlichkeit von der Einhaltung einer Rügefrist abhängig gemacht (§ 215 Abs. 1 BauGB) oder die Heilung in einem ergänzenden Verfahren ermöglicht (§ 214 Abs. 4 BauGB, § 75 Abs. 1a Satz 2 Alt. 2 VwVfG).

Im ROG wurde erst mit § 10 ROG 1998 eine planerhaltende Vorschrift aufgenommen. Denn die ursprünglich wenig beklagten Raumordnungspläne wurden mit zunehmender Ausformung von Zielen und Grundsätzen der Raumordnung immer häufiger einer inzidenten Rechtskontrolle durch die VG unterzogen, so dass der Gesetzgeber sich aufgefordert sah, auch im Recht der Raumordnung einen Grundsatz der Planerhaltung zu normieren (BT-Drs. 13/6392 S. 85). Dieser Grundsatz der Planerhaltung wurde durch das ROG 2008 und ROG 2017 erweitert und der § 11 ROG zu einer zentralen Norm mit Regelungen zur Planerhaltung fortentwickelt, die mit dem ROG 2023 ausgeweitet wurde.

Da im LaplaG auf ergänzende oder abweichende Vorschriften verzichtet wurde, ist § 11 ROG unmittelbar für die Verletzung von bundesrechtlichen Vorschriften anzuwenden. Darüber hinaus folgt aus § 7 Abs. 1 LaplaG, dass für die Verletzung von Verfahrens- und Formvorschriften des LaplaG bei der Aufstellung oder Änderung von Raumordnungsplänen ebenfalls § 11 ROG anzuwenden ist.

2.2 Die Regelungen der Planerhaltung in § 11 ROG

Die Vorschrift des § 11 ROG kann in drei Kategorien unterteilt werden, nach denen die Beachtlichkeit der Verletzung von Fehlern bei der Aufstellung von Raumordnungsplänen zu bewerten ist. Die Absatz 1 bis 4 des § 11 ROG enthalten u. a. einen Katalog mit Fehlern, die stets unbeachtlich sind. In § 11 Abs. 5 ROG, ggf. i. V. m. Absatz 1, 3 oder 4 des § 11 ROG, sind zunächst beachtliche Fehler aufgeführt, die nach Verstreichen einer Rügefrist unbeachtlich werden. Die übrigen Fehler sind stets beachtlich.

2.2.1 Stets unbeachtliche Fehler

Aus dem Umkehrschluss des Wortlauts in § 11 Abs. 1 ROG folgt, dass die Verfahrens- und Formfehler unbeachtlich sind, die nicht in § 11 Abs. 1 Nr. 1 bis 3 ROG genannt werden. Zudem ist auch die Verletzung von Verfahrens- und Formfehlern unbeachtlich, wenn nach § 11 Abs. 1 Nr. 1 ROG zwar die Vorschriften des § 9 ROG über die Beteiligung dadurch verletzt worden sind, dass einzelne Personen oder öffentliche Stellen nicht beteiligt worden sind oder eine grenzüberschreitende Beteiligung fehlerhaft erfolgte, die entsprechenden Belange jedoch unerheblich waren oder in der Entscheidung berücksichtigt worden sind. Auch eine Verletzung der Vorschriften des § 7 Abs. 5 ROG und des § 9 Abs. 2 ROG über die Begründung des Raumordnungsplans sowie seiner Entwürfe ist unbeachtlich, wenn lediglich die Begründung unvollständig ist. Die Verletzung der Vorschrift zur Bekanntmachung des § 10 ROG ist nach § 11 Abs. 1 Nr. 3 ROG nicht beachtlich, wenn der Hinweiszweck erreicht wurde.

Unter der Voraussetzung des § 11 Abs. 2 ROG ist die Verletzung des raumordnungsrechtlichen Entwicklungsgebots unbeachtlich. Dies ist der Fall, wenn nach § 11 Abs. 2 ROG das aus § 13 Abs. 2 Satz 1 ROG folgende Gebot, dass die Regionalpläne aus dem Raumordnungsplan für das Landesgebiet zu entwickeln sind, verletzt worden ist, wenn nach § 11 Abs. 2 Nr. 2 ROG der Regionalplan aus einem Raumordnungsplan für das Landesgebiet entwickelt worden ist, dessen Unwirksamkeit wegen Verletzung von Verfahrens- oder Formvorschriften sich nach Bekanntmachung oder Verkündung des Regionalplans herausstellt.

Mängel des Abwägungsvorgangs sind nach § 11 Abs. 3 Satz 2 ROG nicht erheblich, wenn sie nicht offensichtlich und auf das Abwägungsergebnis nicht von Einfluss gewesen sind. Zudem wurde § 11 Abs. 3 ROG im Jahr 2023 um einen Satz 3 ergänzt, wodurch der Fall geregelt wird, dass wenn in einem Raumordnungsplan einzelne Vorranggebiete mit Ausschlusswirkung oder Teile dieser Gebiete fehlerhaft festgelegt werden, der Raumordnungsplan im Übrigen wirksam bleibt, sofern die Grundzüge der Planung nicht berührt sind und der vorrangigen Nutzung oder Funktion substanziell Raum verschafft wird.

Mängel des Umweltberichts sind nicht beachtlich, wenn dieser nach § 11 Abs. 4 Nr. 1 ROG nicht in wesentlichen Punkten unvollständig ist und die unvollständigen wesentlichen Punkte nicht Bestandteil der zusammenfassenden Erklärung nach § 10 Abs. 3 ROG sind. Eine unterbliebene Umweltprüfung bei geringfügigen Änderungen von Raumordnungsplänen ist zulässig, wenn nach § 11 Abs. 4 Nr. 2 ROG die Vorprüfung des Einzelfalls entsprechend den Vorgaben von § 8 Abs. 2 ROG ordnungsgemäß durchgeführt worden ist und ihr Ergebnis nachvollziehbar ist; dabei ist unbeachtlich, wenn einzelne öffentliche Stellen nicht beteiligt worden sind.

2.2.2 Zunächst beachtliche Fehler

Die in § 11 Abs. 5 ROG aufgezählten Fehler sind zunächst beachtlich. Die Beachtlichkeit ist jedoch auf ein Jahr ab Bekanntmachung der Raumordnungspläne befristet, wenn nicht innerhalb dieses Jahres gegenüber der zuständigen Stelle der Fehler unter Darlegung des die Verletzung begründenden Sachverhalts geltend gemacht worden ist. Zudem muss bei Inkraftsetzung des Raumordnungsplans auf die Voraussetzungen für die Geltendmachung der Verletzung von Vorschriften sowie auf die Rechtsfolgen hingewiesen worden sein.

Zum Katalog des § 11 Abs. 5 ROG gehören die Verletzung von in § 11 Abs. 1 Nr. 1 und Nr. 2 ROG genannten Verfahrens- und Formvorschriften (§ 11 Abs. 5 Satz 1 Nr. 1 ROG), nach § 11 Abs. 3 ROG beachtliche Mängel des Abwägungsvorgangs (§ 11 Abs. 5 Satz 1 Nr. 2 ROG) sowie eine nach § 11 Abs. 4 ROG beachtliche Verletzung der Vorschriften über die Umweltprüfung (§ 11 Abs. 5 Satz 1 Nr. 3 ROG).

2.2.3 Stets beachtliche Fehler

Stets beachtlich sind die Fehler, die weder unbeachtlich sind noch durch Zeitablauf unbeachtlich werden. Dazu gehören Fehler im Zusammenhang mit der Bekanntmachung nach § 11 Abs. 1 Nr. 3 ROG, nicht unbeachtliche Verstöße gegen das Entwicklungsgebot des § 11 Abs. 2 ROG sowie inhaltliche Fehler, die nicht in § 11 ROG genannt sind sowie Verstöße gegen höherrangige Rechtsvorschriften.

2.3 Planerhaltung bei Verletzung von Verfahrens- und Formvorschriften des LaplaG

Für die Verletzung von Verfahrens- und Formvorschriften des LaplaG bei der Aufstellung oder Änderung von Raumordnungsplänen gilt nach dem Wortlaut des § 7 Abs. 1 LaplaG ebenfalls die Vorschrift des § 11 ROG. Ziel des Gesetzgebers war es, § 11 ROG auch auf die Verletzung ergänzender Vorschriften des LaplaG anzuwenden (LT-Drs. 18/885 S. 39). Die sehr allgemein gehaltene Vorschrift kann so verstanden werden, dass Fehler bei landesrechtlichen ergänzenden Verfahrens- und Formvorschriften in entsprechender Anwendung des § 11 ROG unbeachtlich sein können. Aufgrund der Beschränkung in § 7 Abs. 1

LaplaG auf Verfahrens- und Formvorschriften ist in § 11 ROG nur Absatz 1 und Absatz 5 Satz 1 Nr. 1 maßgeblich. Gleichwohl bleibt aufgrund des unbestimmten Wortlauts der Norm eine gewisse Unklarheit, ob und welche Regelungen des Vorschriften LaplaG im Einzelfall unter den Anwendungsbereich des § 11 ROG fallen sollen.

In Betracht kommen als ergänzende Vorschriften des LaplaG, deren Verletzung unbeachtlich sein kann, die §§ 5, 8 und 9 des LaplaG in Betracht, die Anforderungen an das Verfahren und die Form der Aufstellung und Änderung von Raumordnungsplänen beinhalten. Entsprechend der Systematik des § 11 ROG können diese ebenfalls in die Kategorien stets unbeachtlicher Fehler, zunächst beachtliche Fehler und stets beachtliche Fehler eingeteilt werden.

2.3.1 Stets unbeachtlicher Fehler

Eine Verletzung von Verfahrens- und Formvorschriften des LaplaG ist für die Rechtswirksamkeit eines Raumordnungsplans in entsprechender Anwendung des § 11 Abs. 1 Nr. 1 ROG unbeachtlich, wenn die Vorschriften der §§ 5, 8 und 9 des LaplaG über die Beteiligung zwar dadurch verletzt worden sind, dass einzelne Personen oder öffentliche Stellen nicht beteiligt worden sind oder eine grenzüberschreitende Beteiligung fehlerhaft erfolgte, die entsprechenden Belange jedoch unerheblich waren oder in der Entscheidung berücksichtigt worden sind. Dabei ist insbesondere die Liste der in ihren Belangen berührten öffentlichen Stellen in § 5 Abs. 5 LaplaG sowie die Beteiligung des Landesplanungsrates nach § 5 Abs. 10 und 11 LaplaG maßgeblich. Jedoch kann auch eine fehlerhafte Beteiligung der Kreise und kreisfreien Städte nach § 8 Abs. 2 Satz 1 LaplaG sowie § 9 Satz 2 LaplaG unter die Unbeachtlichkeit nach § 11 Abs. 1 Nr. 1 ROG fallen, wenn die entsprechenden Belange unerheblich waren oder in der Entscheidung berücksichtigt worden sind.

Ein Bekanntmachungsfehler ist entsprechend § 11 Abs. 1 Nr. 3 ROG unbeachtlich, wenn der Hinweiszweck erreicht wurde. Hierbei ist jedoch nicht die frühzeitige Information und Bekanntmachung nach § 5 Abs. 4 LaplaG gemeint, sondern die abschließende Bekanntmachung der Raumordnungspläne, die in Schleswig-Holstein als Rechtsverordnung ergehen. Als Besonderheit ist nach § 5 Abs. 10 und 11 LaplaG zu beachten, dass abweichend von Art. 46 Abs. 2 Verf SH bzw. § 60 Abs. 1 LVwG SH die Veröffentlichung der Raumordnungspläne im Internet erfolgt, worauf im Gesetz- und Verordnungsblatt hinzuweisen ist.

2.3.2 Zunächst beachtlicher Fehler

Die §§ 5, 8 und 9 des LaplaG enthalten als Verfahrens- und Formvorschriften hauptsächlich Anforderungen an die Beteiligung der Öffentlichkeit und von in ihren Belangen berührten öffentlichen Stellen. Über die Unbeachtlichkeit dieser Verstöße nach § 11 Abs. 1 Nr. 1 ROG hinaus, sind Verstöße gegen die Vorschriften zur Beteiligung nach § 11 Abs. 5 Satz 1 Nr. 1 ROG jedoch nur für den Zeitraum eines Jahres beachtlich, wenn nicht innerhalb dieses Jahres gegenüber der zuständigen Stelle der Fehler unter Darlegung des die Verletzung begründenden Sachverhalts geltend gemacht worden ist. Zudem muss bei Inkraftsetzung des Raumordnungsplans auf die Voraussetzungen für die Geltendmachung der Verletzung von Vorschriften sowie auf die Rechtsfolgen hingewiesen worden sein.

2.3.3 Stets beachtlicher Fehler

Von § 11 Abs. 5 Satz 1 Nr. 1 ROG werden Fehler der Bekanntmachung nicht umfasst und demnach nicht nach Ablauf eines Jahres unbeachtlich. Auf das LaplaG übertragen, bleiben daher Bekanntmachungsfehler, mit Ausnahme von nach § 11 Abs. 1 Nr. 3 ROG unbeachtlichen Fehlern, stets beachtlich.

3. Die Landesplanungsbehörde als die zuständige Stelle nach § 11 Abs. 5 Satz 1 ROG (§ 7 Abs. 2 LaplaG)

Mit der Aufzählung in § 11 Abs. 5 ROG werden die Fehler genannt, die zwar beachtlich sind, aber nach rügelosem Fristablauf unbeachtlich werden. Die Rüge ist innerhalb eines Jahres seit der Bekanntmachung oder Verkündung des Raumordnungsplans zu erheben. Für die Erhebung der Rüge ist keine Form vorgeschrieben, so dass jede Rügeform zulässig ist (*Hager* in Kment, ROG, § 11 Rn. 115). Voraussetzung ist, dass die Rüge unter Darlegung des die Verletzung begründenden Sachverhalts geltend gemacht wird, so dass aus Gründen der Rechtsklarheit und Rechtssicherheit die schriftliche oder elektronische Form gewählt werden sollte (*Spannowsky* in Spannowsky/Runkel/Goppel, ROG, § 11 Rn. 87). Inhaltlich soll die Rüge hinreichend substantiiert und konkretisiert darlegen, worin der Mangel des Plans liegt, so dass pauschale Rügen ausgeschlossen sind (vgl. BVerwG, Beschl. vom 19.1.2012 – 4 BN 35/11 –, Rn. 4).

Da § 11 Abs. 5 Satz 1 ROG offen lässt, bei welcher Stelle die Verletzung von zunächst beachtlichen Fehlern zu rügen ist, konnte diese Lücke durch eine landesrechtliche Regelung gefüllt werden. Nach § 7 Abs. 2 LaplaG ist die Landesplanungsbehörde die zuständige Stelle, gegenüber der die Verstöße geltend zu machen sind.

§ 8
Landesentwicklungsplan

(1) Der Landesentwicklungsplan enthält auf der Grundlage von § 1 Absatz 3 ROG und §§ 7 und 13 ROG die Ziele und Grundsätze der Raumordnung, die für das ganze Land einschließlich des Küstenmeeres oder für die räumliche Beziehung der Landesteile untereinander von Bedeutung sind.

(2) Die Kreise und kreisfreien Städte sind frühzeitig an der Erarbeitung des Landesentwicklungsplans zu beteiligen. Parallel zum Beteiligungsverfahren gemäß § 5 Absatz 5 wird der Innen- und Rechtsausschuss des Landtags über den Stand der Arbeiten unterrichtet. Ihm wird Gelegenheit zur Stellungnahme gegeben.

Erläuterungen

Übersicht

1. Inhalt der Norm
2. Landesentwicklungsplan (§ 8 Abs. 1 LaplaG)
3. Besondere Vorgaben für das Beteiligungsverfahren (§ 8 Abs. 2 LaplaG)

1. Inhalt der Norm

§ 8 LaplaG enthält ergänzende landesrechtliche Regelungen für den Landesentwicklungsplan als Raumordnungsplan für das Landesgebiet (landesweiter Raumordnungsplan) i. S. d. § 13 Abs. 1 Satz 1 Nr. 1 ROG.

§ 8 Abs. 1 LaplaG stellt lediglich klar, dass der Landesentwicklungsplan die Ziele und Grundsätze der Raumordnung enthält, die für das ganze Land einschließlich des Küstenmeeres oder für die räumliche Beziehung der Landesteile untereinander von Bedeutung sind und grenzt ihn damit zu den Regionalplänen nach § 9 LaplaG ab.

§ 8 Abs. 2 LaplaG enthält als Vorgabe für das Planaufstellungsverfahren, dass die Kreise und kreisfreien Städte frühzeitig an der Erarbeitung des Planes zu beteiligen sind. Der Landtag ist durch eine Unterrichtung des Innen- und Rechtsausschusses parallel zum Beteiligungsverfahren nach § 5 Abs. 5 LaplaG über den Stand der Arbeiten zu informieren und ihm dabei Gelegenheit zur Stellungnahme zu geben.

2. Landesentwicklungsplan (§ 8 Abs. 1 LaplaG)

Die Länder sind nach § 13 Abs. 1 Satz 1 Nr. 1 ROG verpflichtet, für das Landesgebiet einen Raumordnungsplan aufzustellen, den landesweiten Raumordnungsplan. Er wird in Schleswig-Holstein nach den Regelungen in § 5 Abs. 1 LaplaG und § 8 LaplaG als Landesentwicklungsplan bezeichnet und ist nach § 5 Abs. 10 LaplaG als Rechtsverordnung mit Zustimmung des Landtages zu beschließen.

Der Inhalt des Landesentwicklungsplanes soll nach § 8 Abs. 1 LaplaG aus den Zielen und Grundsätzen bestehen, die landesweit oder für die räumliche Beziehung der Landesteile untereinander von Bedeutung sind. Diese sollen nach § 13 Abs. 5 ROG insbesondere Festlegungen zu der anzustrebenden Siedlungsstruktur (hierzu können Raumkategorien, Zentrale Orte, besondere Gemeindefunktionen wie Entwicklungsschwerpunkte und Entlastungsorte, Siedlungsentwicklungen und Achsen gehören), zu der anzustrebenden Freiraumstruktur (hierzu können großräumig übergreifende Freiräume und Freiraumschutz, Nutzungen im Freiraum wie Standorte für die vorsorgende Sicherung sowie die geordnete Aufsuchung und Gewinnung von standortgebundenen Rohstoffen, Sanierung und Entwicklung von Raumfunktionen und Freiräume zur Gewährleistung des vorbeugenden Hochwasserschutzes gehören) sowie zu den zu sichernden Standorten und Trassen für Infrastruktur (hierzu können Verkehrsinfrastruktur und Umschlaganlagen von Gütern sowie Ver- und Entsorgungsinfrastruktur einschließlich Energieleitungen und Energieanlagen gehören) enthalten.

Aufgrund seiner landesweiten Festlegungen ist der Landesentwicklungsplan das zentrale Instrument der Landesplanung in Schleswig-Holstein. Mit der planerischen Prognose sollen damit die unterschiedlichen Nutzungen des Raums aufeinander abgestimmt und Konflikte minimiert werden, wie sie zum Beispiel zwischen Wohnen, Gewerbe, Tourismus, Infrastruktur, Landwirtschaft, Rohstoffabbau oder Energieerzeugung sowie Ressourcenschutz auftreten können. Der Landesentwicklungsplan hat dabei neben den von den drei Planungsräumen auch die Gebiete Küstenmeeres zum Regelungsgegenstand. Damit wollte der Gesetzgeber klarstellen, dass der Landesentwicklungsplan auch Festlegungen für den Bereich des Küstenmeeres enthalten kann und dass die das Küstenmeer betreffenden raumordnerischen Planungen ausschließlich auf der Ebene des Landesentwicklungsplanes stattfinden (LT-Drs. 19/1952 S. 23). Der Bereich der AWZ ist hingegen der raumordnerischen Planung des Bundes vorbehalten (vgl. § 17 ROG).

3. Besondere Vorgaben für das Beteiligungsverfahren (§ 8 Abs. 2 LaplaG)

In § 8 Abs. 2 LaplaG sind besondere Vorgaben für das Beteiligungsverfahren enthalten. Nach § 8 Abs. 2 Satz 1 LaplaG sind die Kreise und kreisfreien Städte frühzeitig an der Erarbeitung des Landesentwicklungsplans zu beteiligen. Da diese frühzeitige Beteiligung bereits bei der Erarbeitung des Planes erfolgen soll, findet sie zeitlich deutlich vor dem Beteiligungsverfahren nach § 5 Abs. 7 LaplaG statt, da hier ein fertiggestellter Planentwurf ausgelegt wird. Regelmäßig wird es zu diesem Zeitpunkt noch keinen beratungsfähigen Entwurf geben, so dass es sich anbietet, informelle Beteiligungsformen, wie Praxisgespräche, Planerforen oder Informations- und Präsentationsveranstaltungen durchzuführen.

Die Unterrichtung des Innen- und Rechtsausschusses des Landtags ergänzt die allgemeinen Informationspflichten aus Art. 28 Verf SH sowie aus § 1 Abs. 1 Nr. 2 PIG, wonach die Landesregierung den Landtag frühzeitig und vollständig über Grundsatzfragen der Landesplanung, der Standortplanung und der Durchführung von Großvorhaben zu unterrichten hat. Der Landtag bzw. der Innen- und Rechtsausschuss des Landtages wird so nicht als Beteiligter des § 5 Abs. 5 LaplaG angesehen, soll entsprechend informiert und ihm Gelegenheit zur Stellungnahme gegeben werden, ohne, dass es den formalen Rahmen des Beteiligungsverfahrens nach § 5 Abs. 7 LaplaG bedarf.

§ 9
Regionalpläne

Regionalpläne entwickeln sich aus dem Landesentwicklungsplan und enthalten die Ziele, Grundsätze und sonstigen Erfordernisse der Raumordnung für die in § 3 festgelegten Planungsräume. Die Kreise und kreisfreien Städte sind frühzeitig an der Erarbeitung des Regionalplanes für den jeweiligen Planungsraum zu beteiligen; die kreisangehörigen Städte und Gemeinden sind hierbei einzubeziehen.

Erläuterungen

Übersicht

1. Inhalt der Norm

§ 9 LaplaG enthält ergänzende landesrechtliche Regelungen für die Regionalpläne als Raumordnungspläne für die Teilräume der Länder i. S. d. § 13 Abs. 1 Satz 1 Nr. 2 ROG.

Durch § 9 Satz 1 LaplaG werden allgemeine Aussagen zum Entwicklungsgebot, zum Inhalt und zur Reichweite der Regionalpläne getroffen. Satz 2 des § 9 LaplaG enthält als Vorgabe für das Planaufstellungsverfahren, dass die Kreise und kreisfreien Städte frühzeitig an der Erarbeitung des Planes zu beteiligen und auch die kreisangehörigen Städte und Gemeinden hierbei einzubeziehen sind.

2. Regionalpläne

Die Pflicht zum Aufstellen von Regionalplänen folgt aus § 13 Abs. 1 Satz 1 Nr. 2 ROG. Das LaplaG trifft hierzu in § 5 Abs. 11 LaplaG und § 9 LaplaG ergänzende Regelungen. Regionalpläne beinhalten Festlegungen für die Teilräume der Länder und bewegen sich eine Ebene unterhalb des Landesentwicklungsplans. Die Teilräume werden durch § 3 LaplaG durch die Einteilung des Landes Schleswig-Holstein in drei regionale Planungsräume bestimmt. Bezugsebene der Regionalpläne sind daher die jeweiligen Planungsräume (LT Drs. 18/885 S. 40).

Zum Inhalt der Regionalpläne gibt § 9 Satz 1 LaplaG vor, dass es sich um die Ziele, Grundsätze und sonstigen Erfordernisse der Raumordnung für die in § 3 LaplaG festgelegten Planungsräume handeln soll. Daraus ergibt sich, dass die Regionalpläne nach der Vorgabe des § 13 Abs. 5 ROG insbesondere Festlegungen zu der anzustrebenden Siedlungsstruktur (hierzu können Raumkategorien, Zentrale Orte, besondere Gemeindefunktionen wie Entwicklungsschwerpunkte und Entlastungsorte, Siedlungsentwicklungen und Achsen gehören), zu der anzustrebenden Freiraumstruktur (hierzu können großräumig übergreifende Freiräume und Freiraumschutz, Nutzungen im Freiraum wie Standorte für die vorsorgende Sicherung sowie die geordnete Aufsuchung und Gewinnung von standortgebundenen Rohstoffen, Sanierung und Entwicklung von Raumfunktionen und Freiräume zur Gewährleistung des vorbeugenden Hochwasserschutzes gehören) sowie zu den zu sichernden Standorten und Trassen für Infrastruktur (hierzu können Verkehrsinfrastruktur und Umschlaganlagen von Gütern sowie Ver- und Entsorgungsinfrastruktur einschließlich Energieleitungen und Energieanlagen gehören) enthalten sollen.

3. Entwicklungsgebot (§ 9 Satz 1 LaplaG)

Der Inhalt der Regionalpläne soll sich entsprechend des Entwicklungsgebots gemäß § 13 Abs. 2 Satz 1 ROG aus dem Landesentwicklungsplan ableiten.

Aus diesem Entwicklungsgebot folgt in materieller Hinsicht, dass sich die Regionalpläne in dem vom Landesentwicklungsplan vorgegebenen Rahmen einfügen und die Ziele und Grundsätze der Raumordnung auf einer nachfolgenden Ebene konkretisieren. Der Rahmen des LEP wird somit ortsnäher und problemorientierter konkretisiert und verfeinert (*Grotefels* in Kment, ROG, § 13 Rn. 64). Bei der Umsetzung ist die Raumordnungsbehörde nicht an einen bloßen Vollzug oder an eine Ergänzung gebunden, sondern hat eine gestalterische Freiheit in der eigenen Planung.

In zeitlicher Hinsicht verlangt § 5 Abs. 11 LaplaG, dass die Regionalpläne zeitnah dem Landesentwicklungsplan anzupassen sind. Diese Regelung wurde aus Gründen der Rechtssicherheit aufgenommen, um die für die Bindungswirkung der Erfordernisse der Raumordnung nötige Rechtsklarheit so schnell wie möglich herzustellen. Denn nach der Aufstellung eines Landesentwicklungsplans besteht ein Harmonisierungsbedürfnis für die gültigen Regionalpläne (LT-Drs. 18/885 S. 38).

4. Besondere Vorgaben für das Beteiligungsverfahren (§ 9 Satz 2 LaplaG)

Nach § 9 Satz 2 LaplaG sind in der Erarbeitungsphase die Kreise und kreisfreien Städte frühzeitig zu beteiligen und die kreisangehörigen Städte und Gemeinden hierbei einzubeziehen. Dadurch werden die allgemeinen Vorschriften zur Beteiligung im Planaufstellungsverfahren ergänzt. Da diese frühzeitige Beteiligung bereits bei der Erarbeitung des Planes erfolgen soll, findet sie zeitlich deutlich vor dem Beteiligungsverfahren nach § 5 Abs. 7 LaplaG statt, da hier ein fertiggestellter Planentwurf ausgelegt wird. Regelmäßig wird es zu diesem Zeitpunkt noch keinen beratungsfähigen Entwurf geben, so dass es sich anbietet, informelle Beteiligungsformen, wie Praxisgespräche, Planerforen oder Informations- und Präsentationsveranstaltungen durchzuführen.

ABSCHNITT III

VERWIRKLICHUNG DER PLANUNG, ZUSAMMENARBEIT, RAUMVERTRÄGLICHKEITSPRÜFUNG

§ 10

Raumordnerische Zusammenarbeit

Neben den Instrumenten des Abschnittes III ist zur Verwirklichung der Erfordernisse der Raumordnung insbesondere von den Möglichkeiten der raumordnerischen Zusammenarbeit nach § 14 ROG Gebrauch zu machen.

Erläuterungen

Übersicht

1. Inhalt der Norm

Die Vorschrift des § 10 LaplaG regelt i. V. m. § 14 ROG die raumordnerische Zusammenarbeit. Dabei weist der Gesetzestext darauf hin, dass neben den Instrumenten des Abschnitts III des LaplaG – Bekanntgabe der Ziele bei der Bauleitplanung (§ 11 LaplaG), der Abstimmung von Planungen und Maßnahmen sowie die Auskunftspflicht (§ 12 LaplaG), der Zielabweichung (§ 13 LaplaG), der Raumverträglichkeitsprüfung (§§ 14 ff. LaplaG), der Untersagung (§§ 18 f. LaplaG) sowie der jüngsten Regelung zur Erprobung von Entwicklungsmaßnahmen (§ 13a LaplaG) – von den in § 14 ROG genannten Möglichkeiten der raumordnerischen Zusammenarbeit – raumordnerische Verträge, regionale Entwicklungskonzepte, Netzwerk- und Kooperationsstrukturen, interkommunale Zusammenarbeit, Abstimmung öffentlicher und privater Akteure sowie die Durchführung einer Raumbeobachtung und Bereitstellung der Ergebnisse für regionale und kommunale Träger sowie für Träger der Fachplanung im Hinblick auf raumbedeutsame Planungen und Maßnahmen, sowie Beratung dieser Träger – Gebrauch gemacht werden soll. Damit beinhaltet § 10 LaplaG keinen eigenen Regelungsinhalt, sondern hat, wie auch der § 14 ROG, lediglich einen Appelcharakter (vgl. *Pleiner* in Kment, ROG, § 14 Rn. 3).

2. Hintergründe

Die Norm wurde mit der Neufassung des LaplaG im Januar 2014 in das Gesetz aufgenommen. Ziel des Gesetzgebers war es, die Bedeutung der informellen Instrumente in der Raumordnung hervorzuheben, da diese für die Entwicklung und Umsetzung raumbezogener Perspektiven eine immer stärkere Rolle spielen würden. Diese würden mehr als zuvor neben die klassischen Instrumente der Zielvorgabe und deren Vollzug treten. In der Akzeptanz seien sie häufig sogar überlegen. § 10 LaplaG wurde an den Anfang des dritten Abschnitts gestellt. Damit wird die Nähe zu den Vorschriften zur Raumverträglichkeitprüfung, die ebenfalls moderationsähnliche Elemente enthält, sowie zu den klassischen Instrumenten der Raumordnung, wie der der Bekanntgabe der Ziele bei der Bauleitplanung, der Zielabweichung und der Untersagung, deutlich (LT-Drs. 18/885 S. 40).

3. Bundesrechtliche Vorgaben

Die Regelung zur raumordnerischen Zusammenarbeit in § 14 ROG wurde im Jahr 1998 erstmals im ROG (damals noch in § 13 ROG) aufgenommen (BGBl. I 1997 S. 1081, 2102) und auch als Experimentierparagraph bezeichnet (vgl. *Goppel* in Spannowsky/Runkel/Goppel, ROG, § 14 Rn. 7). Dadurch sollte das kooperative Zusammenwirken der von Plänen der Landes- und Regionalplanung betroffenen Gemeinden sowie der Wirtschaft gefördert werden. In der Gesetzesbegründung wurde auch die Möglichkeit genannt, vertragliche Vereinbarungen zu schließen (BT-Drs. 13/6392 S. 84). Mit der Reform des ROG im Jahr 2008 wurde die Überschrift der Norm neu gefasst und enthält seitdem die heutige Formulierung „Raumordnerische Zusammenarbeit" (BGBl. I 2008 S. 2986). Ziel des Gesetzgebers war es, der in der Praxis immer wichtiger werdenden Koordination mittels Kooperation in der Raumordnung auch gesetzlich stärker Rechnung zu tragen. Demzufolge wurde in § 14 Abs. 1 ROG geregelt, dass nicht nur die Planinhalte, sondern auch sonstige Bereiche der Raumordnung zum möglichen Gegenstand der Kooperation erklärt werden können. Zudem werden die Raumordnungsbehörden so zur aktiven Gestaltung der Kooperation verpflichtet. § 14 Abs. 1 Satz 2 ROG stellt klar, dass die Zusammenarbeit sowohl zur Entwicklung einer Region als auch im Hinblick auf grenzüberschreitende oder interkommunale Anliegen erfolgen kann. In § 14 Abs. 2 ROG sind in nicht abschließender Weise mögliche Kooperationsformen genannt (BT-Drs. 16/10292 S. 26).

4. Formelle und informelle Arten der Zusammenarbeit

4.1 Vertragliche Vereinbarungen

Die vertraglichen Vereinbarungen nach § 14 Abs. 2 Satz 1 Nr. 1 ROG können insbesondere zur Koordinierung oder Verwirklichung von raumordnerischen Entwicklungskonzepten und zur Vorbereitung oder Verwirklichung von Raumordnungsplänen dienen. Zudem stellt der § 14 Abs. 2 Satz 2 ROG klar, dass Gegenstand der vertraglichen Vereinbarung auch die Übernahme von Kosten sein kann, die dem Träger der Landes- oder Regionalplanung bei der im Interesse des Vertragspartners liegenden Vorbereitung oder Verwirklichung von Raumordnungsplänen entstehen.

Das Mittel des raumordnerischen Vertrags sollte nach seiner Intention im ROG zur Vorbereitung und Verwirklichung von Raumordnungsplänen dienen (vgl. ARL, Raumordnerische Verträge zielorientiert und aufgabengerecht einsetzen, S. 1 f.). Mit § 13a LaplaG „Erprobung von Entwicklungsmaßnahmen" wird in Schleswig-Holstein, als Ergänzung zum Bundesrecht, klargestellt, dass der raumordnerische Vertrag auch zur Vorbereitung oder als Ersatz einer Zielabweichungsentscheidung genutzt werden kann.

4.2 Regionale Entwicklungskonzepte

§ 14 Abs. 2 Satz 1 Nr. 2 ROG nennt Maßnahmen, wie regionale Entwicklungskonzepte, überregionale, regionale und interkommunale Netzwerke und Kooperationsstrukturen, regionale Foren und Aktionsprogramme zu aktuellen Handlungsanforderungen als weitere Arten der Zusammenarbeit. Darin finden sich keine verbindlichen Vorgaben, sondern vielmehr eine Klarstellung, dass auch die Raumordnung für diese Aufgabenbereiche zuständig ist (*Goppel* in Spannowsky/Runkel/Goppel, ROG, § 14 Rn. 20). Indem regionale Entwicklungskonzepte als informelle Planungsinstrumente auf der Ebene von Regionen, d. h. unterhalb der Ebene des Landes, aber oberhalb der kommunalen Ebene angesiedelt sind, können sie als Bindeglied zwischen den Gemeinden und dem Land wirken und dabei unterstützen, die in den Raumordnungsplänen festgelegten Ziele und Grundsätze umzusetzen. Dies zeigt sich in Schleswig-Holstein insbesondere im Rahmen der Zusammenarbeit in der Metropolregion Hamburg durch die Koordinierung des Planungsdialogs zwischen Schleswig-Holstein und Hamburg bzw. bei Kooperationen zwischen schleswig-holsteinischen Teilräumen und der Metropolregion Hamburg sowie bei Kooperationen im Nord- und Ostseeraum.

4.3 Durchführung einer Raumbeobachtung und Bereitstellung der Ergebnisse

Als weiteres Instrument wird in § 14 Abs. 2 Satz 1 Nr. 3 ROG die Durchführung einer Raumbeobachtung mit der anschließenden Bereitstellung der Ergebnisse für regionale und kommunale Träger sowie für Träger der Fachplanung im Hinblick auf raumbedeutsame Planungen und Maßnahmen und die Beratung dieser Träger aufgeführt. Konkretisierende Regelungen hierzu finden sich in § 23 LaplaG, der die Landesplanungsbehörde zur Raumbeobachtung und zur Führung eines Raumordnungsinformationssystems verpflichtet. Zusätzlich wird die Raumbeobachtung durch die Pflicht der Landesregierung zur Erstellung eines Raumordnungsberichts nach § 22 LaplaG ergänzt.

5. Raumordnerischer Vertrag

5.1 Form des Vertrags

In der Regel wird der raumordnerische Vertrag in der Form des öffentlich-rechtlichen Vertrags nach §§ 121 ff. LVwG SH geschlossen und gilt nur für öffentlich-rechtliche Anwendungsfälle im Bereich der Landesplanung und der Raumordnung. Denkbar ist auch eine zivilrechtliche Form, wie bspw. in Form eines Werkvertrags zwischen der Landesplanungsbehörde und einem privaten Auftragnehmer für planvorbereitende Aufgaben (vgl. *Spannowsky* in Bielenberg/Runkel/Spannowsky, ROG, L § 13, Rn. 51).

5.2 Vertragsinhalt

Verschiedene Anwendungsgebiete bzw. Vertragsinhalte, die im raumordnerischen Vertrag geregelt werden können, nennt § 14 Abs. 2 Satz 1 Nr. 1 ROG. Das Gesetz zählt als möglichen Inhalt raumordnerischer Verträge die Koordinierung oder Verwirklichung von raumordnerischen Entwicklungskonzepten und die Vorbereitung oder Verwirklichung von Raumordnungsplänen auf. Die Aufzählung ist nicht abschließend, denn im Recht der Raumordnung existiert kein Vertragsformverbot, welches den Abschluss öffentlich-rechtlicher Verträge einschränkt (*Spannowsky* in Bielenberg/Runkel/Spannowsky, ROG, L § 13 Rn. 47). Zudem verstärkt der Begriff „insbesondere", der den Beispielen vorangestellt ist, den weiten Anwendungsbereich. Allerdings sollen durch einen raumordnerischen Vertrag nicht die anderen Handlungsoptionen der Landesplanungsbehörde aus dem Recht der Raumordnung eingeschränkt werden, sondern diese ergänzt werden (vgl. ARL, Raumordnerische Verträge zielorientiert und aufgabengerecht einsetzen, S. 1). Die Umgehung von gesetzlich vorgeschriebenen Verfahrensschritten oder Entscheidungen, wie bei der Aufstellung von Raumordnungsplänen, beim Raumordnungs- oder Zielabweichungsverfahren ist nicht zulässig. So kann ein raumordnerischer Vertrag nicht genutzt werden, um an die Stelle eines Raumordnungsplans zu treten, da von gesetzlichen Anforderungen an die Planaufstellung, insb. beim Beteiligungsverfahren und der Umweltprüfung, nicht abgesehen werden kann (vgl. *Tyczewski*, Der Raumordnungsvertrag nach § 14 ROG als flankierendes Mittel zur Regionalplanung, BauR 2021 S. 152, 157). In diesem Zusammenhang ist auch die Klarstellung in § 13a LaplaG zu sehen, dass der raumordnerische Vertrag auch zur Vorbereitung oder als Ersatz einer Zielabweichungsentscheidung genutzt werden kann. Denn in diesem Fall soll der raumordnerische Vertrag nicht nur Grundlage für eine Zielabweichungsentscheidung durch einen Verwaltungsakt der Landesplanungsbehörde sein, sondern den Verwaltungsakt auch ersetzen (LT-Drs. 19/1952 S. 25). Eine Abgrenzung ist in inhaltlicher Sicht zum städtebaulichen Vertrag vorzunehmen, für den die Voraussetzungen des § 11 BauGB zu beachten sind. Verträge sind städtebaulicher Natur, wenn sie sich auf Einzelheiten des Städtebaus beziehen, also auf die bauliche und sonstige Nutzung der Grundstücke in der Gemeinde (*Reidt* in Battis/Krautzberger/Löhr, BauGB, § 11 Rn. 1). Dabei können mögliche Vertragsinhalte des städtebaulichen Vertrags die Vorbereitung und Durchführung städtebaulicher Maßnahmen, die Förderung und Sicherung der mit der Bauleitplanung verfolgten Ziele und die Übernahme von Kosten oder sonstigen Aufwendungen, die der Gemeinde für städtebauliche Maßnahmen entstehen oder entstanden sind, sein.

§ 14 Abs. 2 Satz 2 ROG enthält die Möglichkeit, auch Kostenübernahmevereinbarungen zum Gegenstand des raumordnerischen Vertrags zu machen. Diese Regelung orientiert sich an der Norm zum städtebaulichen Vertrag in § 11 BauGB und weist darauf hin, dass in einem Vertrag vereinbart werden kann, dass die Übernahme von Kosten, die dem Träger der Planung entstehen, von dem Vertragspartner zu erstatten sind. Dies wird im ROG weiter konkretisiert, dass der Kostenschuldner die Kosten nur tragen muss, wenn die Vorbereitung oder Verwirklichung von Raumordnungsplänen im Interesse des Vertragspartners erfolgt. Neben den allgemeinen Kosten der Verwaltung können auch Kosten erstattungsfähig sein, die durch die Beauftragung Dritter, wie bei der Erstellung von Gutachten oder Beratungsleistungen, entstehen.

5.3 Vertragspartner

Eine Definition der möglichen Vertragspartner enthält das ROG nicht. Eine solche Festlegung wäre im Übrigen auch nicht sinnvoll, da je nach Vertragsgegenstand sich die Vertragspartner sowie deren Anzahl unterscheiden können. Die Landesplanungsbehörde als die für die Raumordnung und die Landesplanung zuständige Behörde wird dabei regelmäßig einzubinden sein. Als weitere Vertragspartner kommen Kreise und Gemeinden sowie sonstige öffentliche Stellen und private Verbände oder Unternehmen in Betracht.

5.4 Rechtsfolgen

Ein zwei- oder mehrseitiger Vertrag bindet die Vertragspartner und verpflichtet sie zur gegenseitigen Erfüllung der vertraglich vereinbarten Leistungen. Da der raumordnerische Vertrag nicht planersetzend sein darf bzw. nicht dazu dienen darf, die Vorgaben der Landes- oder Regionalplanung zu umgehen, finden die vertraglichen Pflichten ihre Grenze darin, dass der Planungsvorgang nur ergänzt werden darf, jedoch nicht vorweggenommen oder ersetzt wird (*Pleiner* in Kment, ROG, § 14, Rn. 42 f.). Ein Vertragspartner kann daher keinen Anspruch auf Aufstellung eines bestimmten Plans oder Planinhalts geltend machen, so dass es eher um die Förderung bestimmter Projekte sowie der Durchführung von projektfördernden Maßnahmen gehen kann (*Spannowsky* in Bielenberg/Runkel/Spannowsky, ROG, L § 13 Rn. 68, 76).

§ 11
Bauleitplanung

(1) Die Gemeinden haben der Landesplanungsbehörde frühzeitig die beabsichtigte Aufstellung von Bauleitplänen anzuzeigen (Planungsanzeige).

(2) Soweit erforderlich teilt die Landesplanungsbehörde den Gemeinden innerhalb einer Frist von zwei Monaten, nach der ihr beurteilungsfähige Planunterlagen vorliegen, die zu beachtenden Erfordernisse der Raumordnung (§ 3 Absatz 1 Nummer 1 ROG) mit. Näheres dazu regelt die Landesplanungsbehörde. Die Pflicht, Ziele der Raumordnung nach § 4 ROG zu beachten, bleibt unberührt.

(3) Die Landesplanungsbehörde kann auf eine Planungsanzeige verzichten. Näheres dazu regelt die Landesplanungsbehörde.

(4) Zur Vorbereitung ihrer Stellungnahme nach Absatz 2 Satz 1 kann die Landesplanungsbehörde ein Abstimmungsverfahren durchführen (raumplanerisches Abstimmungsverfahren), in das insbesondere die Gemeinden und Kreise und die weiteren Träger öffentlicher Belange einzubeziehen sind, auf deren Gebiet oder deren Aufgaben sich die Planung voraussichtlich erheblich auswirken wird. Dies sowie Art und Umfang der erforderlichen Unterlagen sind der Gemeinde, die die Planungsanzeige vorgelegt hat, mitzuteilen. Zur Durchführung des Verfahrens kann die Frist nach Absatz 2 Satz 1 angemessen verlängert werden.

Erläuterungen

Übersicht

1. Inhalt der Norm

§ 11 LaplaG regelt die gegenseitigen Informationspflichten für die Gemeinden und die Landesplanungsbehörde in Bezug auf Aufstellung und Änderung von Bauleitplänen. Dazu enthält § 11 Abs. 1 LaplaG die Pflicht der Gemeinden, frühzeitig die beabsichtigte Aufstellung von Bauleitplänen anzuzeigen.

§ 11 Abs. 2 LaplaG verpflichtet die Landesplanungsbehörde innerhalb von zwei Monaten nach Vorlage der Anzeige zur Aufstellung der Bauleitpläne durch die Gemeinden die bei der Bauleitplanung zu beachtenden Erfordernisse der Raumordnung mitzuteilen.

Zur Vorbereitung dieser Stellungnahme kann die Landesplanungsbehörde nach § 11 Abs. 4 LaplaG ein raumplanerisches Abstimmungsverfahren durchführen.

Absatz 2 und Absatz 3 des § 11 LaplaG beinhalten eine Ermächtigung für die Landesplanungsbehörde, durch einen Erlass weitere Regelungen vorzunehmen und abweichend von § 11 Abs. 1 LaplaG Ausnahmen von der Anzeigepflicht festzulegen.

2. Entstehungsgeschichte

Bereits in § 2 Abs. 4 des Gesetzes über den Aufbau schleswig-holsteinischer Gemeinden (Aufbaugesetz) vom 21.5.1949 (GVOBl. 1949 S. 93), das die Gemeinden u. a. verpflichtete, ihren Aufbau zu planen und die Maßnahmen zu seiner Durchführung zu treffen, war die Formulierung enthalten, dass die gemeindliche Planung sich der übergeordneten Planung (Landesplanung) einfügen muss. Mit der ersten Fassung des BauGB (damals § 1 Abs. 3 BauGB, BGBl. I 1960 S. 341) wurde die Vorgabe aufgenommen, dass Bauleitpläne den Zielen der Raumordnung und Landesplanung anzupassen sind. Das raumordnerische Pendant dazu stellt der heutige § 4 Abs. 1 ROG dar. Demnach sind bei raumbedeutsamen Planungen und Maßnahmen öffentlicher Stellen die Ziele der Raumordnung zu beachten sowie die Grundsätze und sonstige Erfordernisse der Raumordnung in Abwägungs- und Ermessensentscheidungen zu berücksichtigen.

Voraussetzung in all diesen Fällen ist die gegenseitige Kenntnis der Bauleitpläne und der Ziele der Raumordnung bereits im frühzeitigen Planaufstellungsverfahren. Aus diesem Grund wurde bereits in der ersten Fassung des LaplaG in § 10 die Pflicht zur gegenseitigen Unterrichtung aufgenommen (GVOBl. 1961 S. 119; LT-Drs. 4/376 S. 14). Diese Regelung in der alten Fassung des LaplaG baute auf den guten Erfahrungen in der Zusammenarbeit zwischen Gemeinden und Landesverwaltung bei der Aufstellung von Aufbauplänen nach dem Aufbaugesetz auf (*Schaetzell*, Landesplanungsgesetz, S. 42). Nach der ursprünglichen Regelung wurden für die Aufstellung der Aufbaupläne auf Anforderung von den Gemeinden von der Landesplanungsbehörde Gutachten erarbeitet, die aufzeigen sollten, welche Folgerungen sich für die gemeindliche Planung aus den Entwicklungszielen im übergeordneten Raum ergaben (LT-Drs. 4/376 S. 14). Diese Mitteilungspflicht ist nun im Gesetz verankert.

Im Rahmen der Reform des LaplaG im Jahr 2014 wurde die Vorschrift zur Unterrichtungspflicht neu gefasst. Die grundsätzliche Pflicht der Gemeinden zur Anzeige von Bauleitplänen gegenüber der Landesplanungsbehörde blieb bestehen, jedoch muss die Landesplanungsbehörde nicht mehr in allen Fällen eine Stellungnahme zu den Planentwürfen abgeben und kann festlegen, in welchen Fällen auf die Planungsanzeige verzichtet wird. Das in § 11 Abs. 4 LaplaG genannte raumplanerische Abstimmungsverfahren war bislang nicht im Gesetz enthalten.

3. Pflicht zur Planungsanzeige (§ 11 Abs. 1 LaplaG)

Die Pflicht der Gemeinden, die beabsichtigte Aufstellung von Bauleitplänen der Landesplanungsbehörde anzuzeigen gilt nach § 11 Abs. 1 LaplaG unbeschränkt. Eine Einschränkung kann nach § 11 Abs. 3 LaplaG durch die Landesplanungsbehörde selbst vorgenommen werden, wovon diese per Erlass vom 1.5.2020 Gebrauch gemacht hat, der rückwirkend zum 1.1.2020 in Kraft trat (vgl. Amtsbl. Schl-H. 2020 S. 912).

Mit der Regelung zur Anzeigepflicht von Bebauungsplänen behält das LaplaG eine gesetzliche Regelung bei, die im Jahr 1998 im BauGB weitgehend abgeschafft wurde (vgl. BT-

Drs. 13/6392 S. 49). Lediglich in wenigen Fällen ist nach § 10 Abs. 2 Satz 1 BauGB die Genehmigung eines Bebauungsplans und damit auch die Anzeige des Plans verpflichtend. Der Unterschied ergibt sich aber aus der unterschiedlichen Intention des BauGB und des LaplaG. Während die baurechtlichen Regelungen auf die Sicherheit der Rechtmäßigkeit der Bauleitplanung abzielen, trägt die Regelung des LaplaG dem Gegenstromprinzip des § 1 Abs. 3 ROG Rechnung. Dabei ist auch zu beachten, dass die Anzeigepflicht des § 11 LaplaG keine Umsetzung der landesrechtlichen Öffnungsklausel des § 246 Abs. 1a BauGB darstellt. Denn dieses bauplanungsrechtliche Anzeigeverfahren soll der nach BauGB zuständigen Verwaltungsbehörde ermöglichen, die angezeigten Satzungen auf formelle und materielle Rechtsfehler zu prüfen und diese ggf. zu beanstanden (*Blechschmidt* in Ernst/Zinkahn/Bielenberg/Krautzberger, BauGB, § 246 Rn. 32 f.). Da weitergehende Prüfverfahren nach Landesrecht ausgeschlossen sind, ist die Vorschrift des LaplaG lediglich als gegenseitige Informationspflicht zu sehen, die keine Sanktionsmöglichkeiten beinhaltet.

Anzuzeigen sind nach dem Gesetzeswortlaut Bauleitpläne, demnach also Bebauungspläne und Flächennutzungspläne (§ 1 Abs. 2 BauGB). Dies gilt unabhängig von der aus dem BauGB resultierenden Verpflichtung, Flächennutzungspläne bzw. genehmigungsbedürftige Bebauungspläne von der höheren Verwaltungsbehörde genehmigen zu lassen. Denn zuständig für die Genehmigung von Flächennutzungsplänen und genehmigungsbedürftigen Bebauungsplänen der Gemeinden, die der Kommunalaufsicht des Innenministeriums unterliegen, ist das Innenministerium. Landrätinnen oder Landräte sind als untere Landesbehörde jeweils zuständige Genehmigungsbehörde für genehmigungsbedürftige Bebauungspläne der Gemeinden, die ihrer Kommunalaufsicht unterliegen (§ 1 Abs. 1 NBehZustÜV).

Die Landesplanungsbehörde hat mit Erlass vom 1.5.2020 (Amtsbl. Schl-H. 2020 S. 912) die Pflicht zur Planungsanzeige konkretisiert und eingeschränkt. Planungsanzeigen sollen demnach zukünftig ausschließlich auf digitalem Wege ausgetauscht werden (vgl. Ziffer I. des Erlasses). Gleichwohl kann die Landesplanungsbehörde in Einzelfällen ergänzend zur digitalen Fassung auch Planunterlagen in Papierform anfordern (vgl. Ziffer II. 1.3 des Erlasses). Inhaltlich setzt die Planungsanzeige voraus, dass der Anzeige Lagepläne und – soweit bereits vorhanden – erste Planskizzen beigefügt werden. Zudem sind Angaben über Art und Umfang der vorgesehenen Flächennutzung und über die zeitlichen Vorstellungen der Verwirklichung der Planungen zu machen, um der Landesplanungsbehörde im Rahmen ihrer Stellungnahme nach § 11 Abs. 2 LaplaG die auf den Einzelfall und die jeweiligen örtlichen Gegebenheiten zutreffenden Ziele der Raumordnung bekannt geben zu können (vgl. Ziffer II. 1.5 des Erlasses).

Planungsanzeigen sind möglichst frühzeitig nach dem Aufstellungsbeschluss und spätestens parallel zur frühzeitigen Beteiligung der Behörden und den sonstigen Trägern öffentlicher Belange (§ 4 Abs. 1 BauGB) zu erstatten (vgl. Ziffer II. 1.4 des Erlasses). Zu beachten ist hierbei, dass die Planungsanzeige zwar parallel zur frühzeitigen Beteiligung nach § 4 Abs. 1 BauGB erfolgen kann, dieses Verfahren jedoch nicht ersetzt. Daher gelten ggf. andere Fristen nach § 4 BauGB für das formelle Verfahren zur Aufstellung eines Bauleitplans.

4. Landesplanerische Stellungnahme (§ 11 Abs. 2 LaplaG)

Als Reaktion auf die Planungsanzeige der Gemeinden teilt die Landesplanungsbehörde mit der landesplanerischen Stellungnahme die zu beachtenden Erfordernisse der Raumordnung mit. Dazu gehören nach § 3 Abs. 1 Nr. 1 ROG die Ziele, Grundsätze und sonstige Erfordernisse der Raumordnung, die sich aus dem jeweiligen Regionalplan und dem Landesentwicklungsplan ergeben können. Denn im Einzelfall bedürfen die Ziele, Grundsätze und sonstige Erfordernisse der Raumordnung oft der Interpretation im Hinblick auf konkrete Raumgegebenheiten, so dass die Landesplanungsbehörde im Wege der landesplanerischen Stellungnahme nicht nur in die Abstimmung einzelner Planungen und Maßnahmen eingebunden wird, sondern die aus ihrer Sicht verbindliche Rechtslage darstellt. Die

Landesplanungsbehörde gibt aber nicht durchgängig in allen Fällen eine Stellungnahme zu den vorgelegten Planentwürfen ab. Denn mit der Gesetzesänderung des LaplaG zum Jahr 2014 wurde zur Verringerung des Verwaltungsaufwandes und wegen des objektivrechtlichen Charakters der Erfordernisse der Raumordnung die Stellungnahmepflicht der Landesplanungsbehörde nach § 11 Abs. 2 Satz 1 LaplaG auf die Fälle beschränkt, in denen ein Konflikt mit den Erfordernissen der Raumordnung aufgezeigt und einer Lösung zugeführt werden muss. Nur in diesen Fällen soll eine Rückkopplung der Landesplanungsbehörde mit den Gemeinden erfolgen müssen (LT-Drs. 18/885 S. 41). Die Landesplanungsbehörde muss dann innerhalb der genannten Frist reagieren. Ansonsten kann die Gemeinde ihr Planverfahren fortsetzen. Die Landesplanungsbehörde nimmt zu den Planungsanzeigen innerhalb einer Frist von zwei Monaten auf digitalem Wege Stellung; die Frist beginnt mit der Vorlage (Eingangsdatum) beurteilungsfähiger Unterlagen einschließlich des Votums der Landrätin bzw. des Landrates. Davon unberührt bleibt die Durchführung raumplanerischer Abstimmungsverfahren gemäß § 11 Abs. 4 LaplaG (vgl. Ziffer II. 1.7 des Erlasses).

Nach § 11 Abs. 2 Satz 3 LaplaG bleibt die Pflicht unberührt, dass die Ziele der Raumordnung nach § 4 ROG zu beachten sind. Dies soll der Tatsache Rechnung tragen, dass es sich bei den Erfordernissen der Raumordnung um objektives Recht handelt, deren Verletzung auch noch zu jedem späteren Zeitpunkt geltend gemacht werden kann (LT-Drs. 18/885 S. 41). Ein eigener Regelungsinhalt ist darin nicht zu sehen.

5. Verzicht auf Planungsanzeige (§ 11 Abs. 3 LaplaG)

Die ursprüngliche Rechtslage sah vor, dass ausnahmslos alle Bauleitpläne der Gemeinden der Landesplanungsbehörde angezeigt und dabei die allgemeinen Planungsabsichten mitgeteilt werden (vgl. § 10 LaplaG 1963). Das LaplaG 1981 ermöglichte, dass auf die Vorlage solcher Bebauungspläne verzichtet werden kann, die landesplanerisch von geringer Bedeutung sind. Das Nähere sollte durch einen Erlass der Landesplanungsbehörde geregelt werden. Diese Änderung sollte der Vereinfachung der Landesplanung und in besonderem Maße der Entlastung der verschiedenen mit der Bauleitplanung befassten Dienststellen der Kommunen dienen (LT- Drs. 9/740 S. 5). Die im Jahr 2014 beschlossene Formulierung grenzt die Möglichkeit nun nicht mehr auf die landesplanerische geringe Bedeutung ein, sondern ermächtigt die Landesplanungsbehörde umfassend selbst zu regeln, in welchen Fällen sie auf die Planungsanzeige verzichtet.

Der Erlass vom 1.5.2020 sieht vor, dass bei der Aufstellung, Änderung, Ergänzung oder Aufhebung von Bebauungsplänen, die sich aus dem Flächennutzungsplan entwickeln und in denen die Festsetzung von Kleinsiedlungsgebieten, besonderen, reinen oder allgemeinen Wohngebieten, Dorf- oder Mischgebieten oder Grünflächen i. S. d. § 9 Abs. 1 Nr. 15 BauGB vorgesehen ist, auf eine Planungsanzeige gemäß § 11 Abs. 1 LaplaG verzichtet wird (vgl. Ziffer II. 2.1 des Erlasses). Bei Städten und Gemeinden, die als Zentrale Orte oder Stadtrandkerne eingestuft sind, verzichtet die Landesplanungsbehörde außerdem bei Bebauungsplänen der Innenentwicklung nach § 13a BauGB, bei denen eine Anpassung des Flächennutzungsplans im Wege der Berichtigung erfolgt, auf eine Planungsanzeige, wenn die Festsetzungen dieser Bebauungspläne Kleinsiedlungsgebiete, besondere, reine oder allgemeine Wohngebiete, Dorf- oder Mischgebiete bzw. Grünflächen zum Gegenstand haben (vgl. Ziffer II. 2.2 des Erlasses). Im Übrigen sind, außer in den Fällen der selbstständigen Bebauungspläne nach § 8 Abs. 2 BauGB, Planungsanzeigen entbehrlich, wenn Belange der Raumordnung nicht oder nur unwesentlich berührt sind. Dies ist in der Regel bei der Änderung und Ergänzung von Bebauungsplänen im vereinfachten Verfahren nach § 13 BauGB, bei der Änderung der Stellung von baulichen Anlagen, Änderung von baugestalterischen Festsetzungen und/oder Änderung der inneren Verkehrserschließung eines Baugebietes sowie bei der Änderung der Festsetzungen von Grundflächenzahl, Geschoßflächenzahl und/oder überbaubaren Grundstücksflächen, sofern in diesen Fällen keine Erhöhung von Verkaufsflächen ermöglicht wird, anzunehmen (vgl. Ziffer II. 2.3 des Erlasses).

6. Raumplanerisches Abstimmungsverfahren (§ 11 Abs. 4 LaplaG)

Mit § 11 Abs. 4 LaplaG wurde das raumplanerische Abstimmungsverfahren in das LaplaG aufgenommen, das bislang nicht gesetzlich geregelt war. Dieses Verfahren ist nicht formgebunden und dient zur Informationsbeschaffung der Landesplanungsbehörde im Rahmen der Vorbereitung komplexer Stellungnahmen zu anzeigepflichtigen Bauleitplänen (LT-Drs. 18/885 S. 41). Eine rechtliche Bindungswirkung resultiert aus dem raumplanerischen Abstimmungsverfahren weder für den Träger der Maßnahme, die Landesplanungsbehörde oder sonstige Dritte und ersetzt keine Verfahrensschritte im Bauleitplanverfahren. Damit das Verfahren vor Abgabe der landesplanerischen Stellungnahme durchgeführt werden kann, ermöglicht § 11 Abs. 4 Satz 3 LaplaG die Frist zur Abgabe der Stellungnahme nach § 11 Abs. 2 Satz 1 LaplaG angemessen zu verlängern. In das Abstimmungsverfahren sind insbesondere die Gemeinden und Kreise und die weiteren Träger öffentlicher Belange einzubeziehen, auf deren Gebiet oder deren Aufgaben sich die Planung voraussichtlich erheblich auswirken wird. Die Gemeinde, die die Planungsanzeige vorgelegt hat, ist darüber zu informieren.

§ 12
Abstimmung von Planungen und Maßnahmen, Auskunftspflicht

(1) Öffentliche Stellen und Personen des Privatrechts nach § 4 Absatz 1 Satz 2 ROG haben ihre raumbedeutsamen Planungen und Maßnahmen aufeinander und untereinander abzustimmen. Die Landesplanungsbehörde ist in die Abstimmung einzubeziehen.

(2) Die öffentlichen Stellen haben der Landesplanungsbehörde frühzeitig Auskunft über die raumbedeutsamen Planungen und Maßnahmen aus ihrem Zuständigkeits- und Aufgabenbereich zu erteilen. Soweit dies erforderlich ist, gibt die Landesplanungsbehörde ihnen die Ziele der Raumordnung bekannt, die im Rahmen der Durchführung der Planungen und Maßnahmen zu beachten sind. § 11 Absatz 4 gilt entsprechend.

(3) Die Auskunftspflicht nach Absatz 2 Satz 1 gilt auch für natürliche und juristische Personen des Privatrechts sowie nichtrechtsfähige Vereinigungen.

Erläuterungen

Übersicht

1. Inhalt der Norm

Neben der Informationspflicht der Gemeinden und der Landesplanungsbehörde bei der Aufstellung von Bauleitplänen in § 11 LaplaG enthält das LaplaG in § 12 LaplaG weitere Pflichten zur Abstimmung und Auskunft von öffentlichen Stellen, natürlichen und juristischen Personen des Privatrechts sowie nichtrechtsfähigen Vereinigungen untereinander und mit der Landesplanungsbehörde. Damit werden nicht nur Behörden zur Abstimmung bzw. zur Auskunft verpflichtet, sondern auch sonstige öffentliche Stellen und Personen des Privatrechts. Insofern dient § 12 LaplaG auch der Informationsbeschaffung der Landesplanungsbehörde und trägt den Regelungen zur raumordnerischen Zusammenarbeit des § 10 LaplaG sowie des § 14 ROG Rechnung.

§ 12 Abs. 1 LaplaG regelt die Pflicht der öffentlichen Stellen und der Personen des Privatrechts, ihre raumbedeutsamen Planungen und Maßnahmen aufeinander und untereinander abzustimmen. Zusätzlich wird in § 12 Abs. 1 Satz 2 LaplaG klargestellt, dass die Landesplanungsbehörde in diese Abstimmung mit einzubeziehen ist.

§ 12 Abs. 2 Satz 1 und Abs. 3 LaplaG verpflichten die öffentlichen Stellen, natürliche und juristische Personen des Privatrechts sowie nichtrechtsfähige Vereinigungen zur frühzeitigen Auskunft über die raumbedeutsamen Planungen und Maßnahmen aus ihrem Zuständigkeits- und Aufgabenbereich. Ergänzend zur Regelung des § 11 Abs. 2 LaplaG bestimmt § 12 Abs. 2 Satz 2 LaplaG, dass die Landesplanungsbehörde über die Ziele der Raumordnung, die von öffentlichen Stellen im Rahmen der Durchführung der Planungen und Maßnahmen zu beachten sind, zu informieren hat. Mit § 12 Abs. 2 Satz 3 LaplaG wird klargestellt, dass die Landesplanungsbehörde ein raumplanerisches Abstimmungsverfahren durchführen kann, in das insbesondere die Gemeinden und Kreise und die weiteren Träger öffentlicher Belange einzubeziehen sind, auf deren Gebiet oder deren Aufgaben sich die Planung voraussichtlich erheblich auswirken wird.

2. Entstehungsgeschichte

Die erste Fassung des LaplaG enthielt in § 6 eine Regelung zur Auskunftspflicht, die Gemeinden, Gemeindeverbände, öffentlich-rechtliche Körperschaften, Anstalten und Stiftungen des öffentlichen Rechts sowie Wirtschaftsunternehmungen und Privatpersonen verpflichtete, auf Verlangen der Landesplanungsbehörde über beabsichtigte Maßnahmen Auskunft zu erteilen, die für die Landesplanungsbehörde von Bedeutung sind oder werden können (GVOBl. 1961 S. 119). Die hinter dieser Norm stehende Intention des Gesetzgebers war, dass die Landesplanungsbehörde von denjenigen Planungen, die die Entwicklung des Raumes wesentlich beeinflussen können, Kenntnis erhält und so die Landesplanungsbehörde erst tätig werden kann (LT-Drs. 4/376 S. 12).

Das ROG beinhaltete bis zum Jahr 2008, zuletzt in § 14 ROG 1998, die Pflicht zur Abstimmung raumbedeutsamer Planungen und Maßnahmen. Satz 1 des § 14 ROG 1998 regelte die Abstimmung zwischen öffentlichen Stellen und Personen des Privatrechts nach § 4 Abs. 3 ROG 1998 (jetzt § 4 Abs. 1 Satz 2 ROG). Als rahmenrechtliche Vorgabe des Bundes gemäß Art. 75 Abs. 1 Satz 1 Nr. 4 GG a. F. wurde durch § 14 Satz 2 ROG 1998 den Ländern aufgegeben, Inhalt und Umfang der Mitteilungs- und Auskunftspflicht über beabsichtigte raumbedeutsame Planungen und Maßnahmen und die Mitwirkung der für die Raumordnung zuständigen Behörden bei der Abstimmung zu regeln. Eine solche Regelung durch das Landesplanungsgesetz enthielt erstmals das LaplaG 1971 in § 19 (GVOBl. 1971, S. 152).

Der nicht in Kraft getretene Gesetzesentwurf des LaplaG aus dem 2004 sah vor, dass der Wortlaut an die Formulierungen des § 14 ROG 1998 angepasst werden sollte (LT-Drs. 15/3472 S. 62). Da auch die Änderungen des LaplaG aus dem Jahr 2012 nicht in Kraft traten, wurden erst in der zum 1.1.2014 in Kraft getretenen Fassung des LaplaG (GVOBl. 2014 S. 8) die bisherigen Regelungen aufgegriffen. Die seitdem gültige Formulierung beinhaltet weiter die Forderung der Landesplanungsbehörde über raumordnerisch relevante Planungen und Maßnahmen, die nicht schon unter § 11 LaplaG fallen, unterrichtet zu sein, um gegebenenfalls Folgerungen ziehen zu können (LT-Drs. 18/885 S. 42).

Im ROG entfiel hingegen zum 1.1.2009 die Pflicht zur Abstimmung raumbedeutsamer Planungen und Maßnahmen in § 14 LaplaG, da der Gesetzgeber im Hinblick auf verschiedene neue Regelungen zur Beteiligung die gesonderte Vorschrift zur Auskunftspflicht als verzichtbar ansah. Zudem würden nach Auffassung des Bundes verschiedene Fachplanungsgesetze weitere Abstimmungspflichten hinsichtlich raumbedeutsamer Planungen und Maßnahmen vorsehen (BT-Drs. 16/10292 S. 26).

3. Die Abstimmungspflicht (§ 12 Abs. 1 LaplaG)

3.1 Bedeutung

Der § 14 ROG a. F. mit der Pflicht zur Abstimmung raumbedeutsamer Planungen und Maßnahmen wurde als Grundsatznorm des Raumordnungsrechts bezeichnet, da er eine allgemeine Abstimmungs- und Koordinierungsfunktion der Raumordnung darstellte (*Reitzig* in Bielenberg/Runkel/Spannowsky, ROG, K § 14 Rn. 12). Die landesgesetzliche Regelung in § 12 LaplaG nimmt ebendiese Funktion wahr, indem Behörden sowie öffentliche Stellen und Personen des Privatrechts nach § 4 Abs. 1 Satz 2 ROG zu einer allgemeinen Abstimmung verpflichtet werden.

Die Abstimmungsverpflichtung ist in die formelle und materielle Abstimmung zu unterteilen. Als formelle Anforderung der Abstimmung sind die genannten Behörden, Stellen und Personen im Rahmen der Erarbeitung von Planungen oder bei der Umsetzung von Maßnahmen angemessen zu beteiligen. § 12 LaplaG tritt dabei hinter die speziellen Beteiligungsvorschriften des LaplaG sowie hinter fachgesetzliche Regelungen zurück. In materieller Hinsicht setzt die Abstimmungspflicht voraus, dass bei der Erarbeitung einer Planung bzw. der Entscheidung über eine Maßnahme die im Rahmen der Abstimmung gewonnenen Erkenntnisse gewürdigt, d. h. abgewogen werden.

3.2 Raumbedeutsame Planungen und Maßnahmen

Nach dem Gesetzeswortlaut ist eine Planung oder Maßnahme abstimmungsbedürftig, wenn diese raumbedeutsam ist. *„Raumbedeutsame Planungen und Maßnahmen"* werden in § 3 Abs. 1 Nr. 6 ROG mit *„Planungen einschließlich der Raumordnungspläne, Vorhaben und sonstige Maßnahmen, durch die Raum in Anspruch genommen oder die räumliche Entwicklung oder Funktion eines Gebietes beeinflusst wird, einschließlich des Einsatzes der hierfür vorgesehenen öffentlichen Finanzmittel"* definiert. Da das LaplaG diese Begriffe, die aus der Legaldefinition des ROG stammen, verwendet und keine abweichenden Definitionen formuliert, ist zur Auslegung die hierauf Bezug nehmende Literatur und Rechtsprechung heranzuziehen. Das Begriffspaar *„Planungen und Maßnahmen"* ist dabei sehr weit zu verstehen und soll Verwaltungshandeln in jeglicher Form erfassen (*Reitzig* in Bielenberg/Runkel/Spannowsky, ROG, K § 14 Rn. 27). Weit versteht auch das BVerwG den Begriff der Planungsentscheidung. Nach der Rechtsprechung ist diese *„dadurch gekennzeichnet, dass der planenden Behörde durch ein Gesetz die Befugnis übertragen wird, für ein bestimmtes Vorhaben, das dem Wohle der Allgemeinheit dient, private und öffentliche Belange in einem Akt planender Gestaltung durch Abwägung zum Ausgleich zu bringen und erforderlichenfalls zu überwinden"* (BVerwG, Urt. vom 11.4.1986 – 4 C 51/83 –, Rn. 38). Das ROG nennt in der Legaldefinition beispielhaft für Planungen die Raumordnungspläne. Gleichwohl gehören auch Bauleitpläne sowie Fachpläne (wie die Bundesfachplanung nach dem NABEG oder die Abfallwirtschaftsplanung nach dem KrWG) zu den Planungen. Der Maßnahmenbegriff umfasst die Vorhaben sowie sonstige Maßnahmen. Für den Begriff des Vorhabens kann dabei auf § 29 BauGB zurückgegriffen werden, denn nach dem Willen des Gesetzgebers sollen raumbedeutsame Vorhaben i. S. d. BauGB zugleich raumbedeutsame Vorhaben des ROG sein (BT-Drs. 13/6392 S. 81). Nach dem weiten Verständnis für die Begriffe Planungen und Vorhaben ist für „sonstige Maßnahmen" kaum noch ein Anwendungsfall ersichtlich, so dass dieser Begriff daher als Auffangtatbestand zu verstehen ist. Die Bundestagsdrucksache nennt beispielhaft für sonstige Maßnahmen *„bestimmte Raumnutzungen wie Aufschüttungen, Abgrabungen, Ausschachtungen sowie Ablagerungen einschließlich Lagerstätten"* (BT-Drs. 13/6392 S. 81), für die gemäß § 29 Abs. 1 Halbsatz 2 BauGB ebenfalls die bauplanungsrechtlichen Vorschriften der §§ 30 bis 37 BauGB gelten, die die Zulässigkeit von Vorhaben nach dem Bauplanungsrecht regeln.

Aufgrund des weiten Verständnisses für *„Planungen und Maßnahmen"* ist es Aufgabe der „Raumbedeutsamkeit" für eine Eingrenzung zu sorgen. Die Legaldefinition des § 3 Abs. 1 Nr. 6 ROG stellt für die Auslegung der Raumbedeutsamkeit einer Planung oder Maßnahme darauf ab, dass diese entweder raumbeanspruchend (*„durch die Raum in Anspruch genommen wird"*) oder raumbeeinflussend (*„oder die räumliche Entwicklung oder Funktion eines Gebiets beeinflusst wird"*) sein müssen, um so nicht bei jeder Planung oder Maßnahme, die Grund und Boden in Anspruch nimmt, die Raumbedeutsamkeit zu bejahen. Gleichwohl kann eine Planung oder Maßnahme, auch wenn sie nur in geringem Umfang Grund und Boden in Anspruch nimmt, dann eine raumbedeutsame Maßnahme sein, wenn sie bspw. aufgrund ihrer besonderen Lage oder Ausstrahlung auf die weitere Umgebung raumbeeinflussend ist (BT-Drs. 13/6392 S. 81). Dieser Hinweis aus der Gesetzesbegründung stellt klar, dass als ungeschriebenes Kriterium auch die Überörtlichkeit zu beachten ist. Dieser Auffassung liegt die verfassungsrechtliche Abgrenzung zwischen der überörtlichen Raumordnungsplanung und der örtlichen Bauleitplanung, die durch das Baurechtsgutachten des BVerfG beschrieben worden ist (BVerfG, Rechtsgutachten vom 16.6.1954 [Gutachten über die Zuständigkeit des Bundes zum Erlass eines Baugesetzes] – 1 PBvV 2/52 –), zugrunde. Demnach wird die Raumordnungsplanung als *„zusammenfassende, übergeordnete Planung und Ordnung des Raumes"*, der Bauleitplanung bzw. der städtebaulichen Planung übergeordnet, *„weil sie überörtliche Planung ist und weil sie vielfältige Fachplanungen zusammenfasst und aufeinander abstimmt."* (BVerfG, Rechtsgutachten vom 16.6.1954 [Gutachten über die Zuständigkeit des Bundes zum Erlass eines Baugesetzes] – 1 PBvV 2/52 –, Rn. 79). Damit geht die Raumordnung auf Grundlage des Begriffs der Überörtlichkeit über die der Bauleitplanung immanente *„unmittelbare rechtliche Beziehung der Planung zum Grund und Boden"* (BVerfG, Rechtsgutachten vom 16.6.1954 [Gutachten über die Zuständigkeit des Bundes zum Erlass eines Baugesetzes] – 1 PBvV 2/52 –, Rn. 78) hinaus.

Die Raumbedeutsamkeit einer Maßnahme wird angenommen, wenn durch diese Raum in Anspruch (raumbeanspruchend) genommen wird. Mit der Neufassung des ROG 1998 ersetzte diese Formulierung die ursprünglich im Gesetz genannte Voraussetzung, dass durch eine Maßnahme Grund und Boden in Anspruch genommen wird, denn die Raumbedeutsamkeit kann auch dann vorliegen, wenn sie nur in geringem Umfang Grund und Boden in Anspruch nimmt (BT-Drs. 13/6392 S. 81). Im Ergebnis kommt es jedoch weiter auf die Inanspruchnahme von Raum, also auch von Grund und Boden an. Da es keine feste Größe gibt, ab der die Raumbedeutsamkeit zu bejahen ist, ist auf das jeweilige Plangebiet und die Beanspruchung von Raum im Verhältnis zu diesem Gebiet abzustellen. Denn es sollen solche Planungen und Maßnahmen erfasst werden, *„die nach den Maßstäben des Planungsraumes bereits wegen ihrer Größenordnung herausragen und daher der raumordnerischen Einordnung bedürfen"* (*Runkel* in Spannowsky/Runkel/Goppel, ROG, § 3, Rn. 112).

Als Alternative zur Raumbeanspruchung nennt das ROG die Raumbeeinflussung, die vorliegt, wenn die räumliche Entwicklung oder Funktion eines Gebiets beeinflusst wird. Dabei geht es darum, welche Auswirkung eine Planung oder Maßnahme auf das jeweilige Gebiet verursacht. In einer Prognoseentscheidung ist festzustellen, ob und welche Wirkungen bei Umsetzung der geplanten Maßnahme hervorgerufen würden, die zumindest ein nennenswertes Gewicht (*Kümper* in Kment, ROG, § 3 Rn. 124) bzw. eine gewisse Signifikanz (*Runkel* in Spannowsky/Runkel/Goppel, ROG, § 3, Rn. 114) aufweisen müssen. Insbesondere Auswirkungen auf Natur und Umwelt, Verkehr sowie Wirtschaft, aber auch auf die Bevölkerungsentwicklung können dabei relevante Kriterien für eine solche Prognose sein. Es kommt nicht darauf an, ob die Prognoseentscheidung positiv oder negativ bewertet wird, denn die Prüfung des Tatbestandsmerkmals der Raumbedeutsamkeit dient lediglich zur Ermöglichung einer späteren Bewertung, die nach politischen oder rechtlichen Kriterien erfolgen kann.

Unbeachtlich ist die zeitliche Geltungsdauer einer Planung oder Maßnahme. Eine solche Beschränkung der Geltungsdauer kann zwar die raumordnerische Abstimmung erleichtern, stellt aber die Raumbedeutsamkeit als solche nicht in Frage (OVG SH, Urt. vom 21.12.2017 – 1 KN 8/17 –, Rn. 118)

3.3 Aufeinander und untereinander abstimmen (Abstimmungspflicht)

Der Landesgesetzgeber hat die Verpflichtung zur Abstimmung nicht weiter konkretisiert, sondern hat das Begriffspaar „aufeinander und untereinander abstimmen" unverändert aus dem ROG übernommen. Unter dieser Formulierung ist eine umfassende Abstimmungspflicht verbunden, die die Abstimmung zwischen verschiedenen Aufgabenbereichen und verschiedenen Planungs- und Verwaltungsebenen (aufeinander abstimmen) sowie zwischen gleichartigen Fachplanungen (untereinander abstimmen) beinhaltet (*Reitzig* in Bielenberg/Runkel/Spannowsky, ROG, K § 14 Rn. 35). Soweit die Landesplanungsbehörde nicht bereits im Rahmen dieser Abstimmung miteinbezogen werden muss, stellt § 12 Abs. 1 Satz 2 LaplaG klar, dass sie ebenfalls in die Abstimmung einzubeziehen ist.

Dabei liegt die Pflicht zur Abstimmung in der Regel bei dem Vorhabenträger bzw. dem Plangeber. Es ist nicht Aufgabe anderer öffentlicher Stellen oder Personen des Privatrechts nach § 4 Abs. 1 Satz 2 ROG dafür zu sorgen, in die Abstimmung einbezogen zu werden. Je nach Art und Umfang der jeweiligen Planung oder Maßnahme muss sich ein Vorhabenträger oder Plangeber bemühen, andere Stellen aktiv einzubinden. Zugleich ist dabei der Begriff der Abstimmung weiter zu verstehen, als eine bloße Information oder Kenntnisgabe (OVG SH, Urt. vom 21.12.2017 – 1 KN 8/17 –, Rn. 135), sondern setzt ein Mitwirken der zu informierenden Stelle voraus. Ein Zwang zur Einigung oder die Lösung von Raumnutzungs- oder von Interessenkonflikten besteht nicht (*Reitzig* in Bielenberg/Runkel/Spannowsky, ROG, K § 14 Rn. 36), jedoch sollen die auf den unterschiedlichen Fachbereichen und Ebenen gegebenen Entscheidungsspielräume ausgelotet und wenn möglich in Einklang gebracht werden (OVG SH, Urt. vom 21.12.2017 – 1 KN 8/17 –, Rn. 137).

3.4 Die Abstimmungspflichtigen

Die Pflicht zur Abstimmung trifft nach § 12 Abs. 1 Satz 1 LaplaG die öffentlichen Stellen und Personen des Privatrechts nach § 4 Abs. 1 Satz 2 ROG. Diese sind zur Abstimmung verpflichtet soweit sie betroffen oder zuständig sind. Hingegen wird mit der Erwähnung der Landesplanungsbehörde in § 12 Abs. 1 Satz 2 LaplaG hervorgehoben, dass diese grundsätzlich immer einzubeziehen ist.

Zu den öffentlichen Stellen gehören gemäß § 3 Abs. 1 Nr. 5 ROG die Behörden des Bundes und der Länder, kommunale Gebietskörperschaften, bundesunmittelbare und die der Aufsicht eines Landes unterstehenden Körperschaften, Anstalten und Stiftungen des öffentlichen Rechts. Personen des Privatrechts nach § 4 Abs. 1 Satz 2 ROG sind Personen, die öffentliche Aufgaben wahrnehmen, wenn öffentliche Stellen an den Personen mehrheitlich beteiligt sind oder die Planungen und Maßnahmen überwiegend mit öffentlichen Mitteln finanziert werden. Dabei werden als öffentliche Aufgaben die Aufgaben angesehen, deren Erfüllung bzw. Durchführung ein besonderes Interesse der Öffentlichkeit besteht (BVerfG, Beschl. vom 18.12.1974 – 1 BvR 430/65, 1 BvR 259/66 –, Rn. 90). In der Regel wird es sich dabei um Aufgaben im Bereich der Daseinsvorsorge handeln, wie etwa *„im Bereich Schienenverkehr, Straßenbau, Post- und Telekommunikation, Ver- und Entsorgung, Bildungs- und Sozialwesen"* (*Goppel* in Spannowsky/Runkel/Goppel, ROG, § 4 Rn. 64). Des Weiteren müssen diese Personen des Privatrechts unter mehrheitlicher Beteiligung öffentlicher Stellen stehen oder die Planungen und Maßnahmen müssen überwiegend mit öffentlichen Mitteln finanziert werden. Zur erstgenannten Alternative gehörten damit Personen, die in ihrer gesellschaftsrechtlichen Struktur aufgrund einer Mehrheitsbeteiligung nach Anteilen oder nach Stimmen durch staatliche Organe dominiert werden. Indem die zweite Alternative auf die überwiegende Finanzierung der Planung oder Maßnahme mit öffentlichen Mitteln abstellt, kommt es hier nicht auf die Gesellschaftsstruktur im Ganzen, sondern auf die jeweilige Planung oder Maßnahme an. Eine Einbeziehung in die Abstimmungspflicht besteht dann nur für die Fälle, in denen öffentliche Mittel die vollständigen oder überwiegenden Kosten tragen.

3.5 Weitere Abstimmungspflichten des LaplaG und des ROG

§ 12 LaplaG steht als allgemeine Pflicht zur Abstimmung neben den, zum Teil allgemeinen aber auch spezielleren, Regelungen im LaplaG und im ROG zur Abstimmung, Einbeziehung und Information von öffentlichen Stellen, natürlichen und juristischen Personen sowie der gesamten Öffentlichkeit. So sehen § 2 Abs. 1 Satz 2 Nr. 1 und Nr. 2 LaplaG sowie § 1 Abs. 1 Satz 2 Nr. 1 ROG bereits als generelle Aufgabe der Raumordnung eine weitreichende und grundsätzliche Abstimmungspflicht vor. Die speziellen Regelungen des § 11, § 13 und der §§ 14 f. LaplaG zu einzelnen, fach- oder themenbezogenen Fragen werden zudem durch § 10 LaplaG und § 14 ROG mit dem Leitgedanken der raumordnerischen Zusammenarbeit abgerundet. Auch das Gegenstromprinzip aus § 1 Abs. 3 ROG sowie die Anpassungspflicht der Bauleitpläne an die Ziele der Raumordnung gemäß § 1 Abs. 4 BauGB stellen eine besondere Form der Abstimmung dar.

Ein Verzicht auf die Abstimmung nach § 12 LaplaG ist dann entbehrlich, wenn mit den aufeinander und untereinander abzustimmenden Stellen bereits ein derart vertiefter Austausch stattfand, dass eine weitere Abstimmung keine neuen Erkenntnisse bringen würde. Gleichwohl genügt die bloße Vermutung zur Zustimmung zu der jeweiligen Planung oder Maßnahme nicht (vgl. OVG SH, Urt. vom 21.12.2017 – 1 KN 8/17 –, Rn. 132). Andererseits kann die weitere Einbeziehung der Landesplanungsbehörde nach § 12 Abs. 1 Satz 2 LaplaG entbehrlich sein, wenn die Landesplanungsbehörde bereits ein Zielabweichungs- oder eine Raumverträglichkeitsprüfung durchgeführt hat oder entschieden hat, auf die Durchführung der Raumverträglichkeitsprüfung zu verzichten und eine Beteiligung der Landesplanungsbehörde im Rahmen eines Genehmigungs- oder sonstigen Fachverfahrens erfolgt (vgl. hierzu auch Ziffer III. des Erlasses der Landesplanungsbehörde vom 1.5.2020, Amtsbl. Schl.-H. 2020 S. 912).

3.6 Rechtsschutz bei fehlender oder unzureichender Abstimmung

Abstimmungsfehler können vorliegen, wenn die Abstimmung nach § 12 Abs. 1 LaplaG nicht oder nur unzureichend durchgeführt worden ist. Ein solcher Fehler ist jedoch nicht isoliert angreifbar, da es sich bei der Abstimmung um einen innerbehördlichen Entscheidungsprozess handelt, der in der Regel sein Ergebnis in einer Stellungnahme findet. Diese Stellungnahme kann Bestandteil eines späteren Verfahrensabschlusses (bspw. Genehmigung, Planfeststellung, Satzung, Verordnung) werden, welcher gerichtlich voll überprüfbar ist. Im Rahmen dieser Überprüfung können Abstimmungsfehler zur Rechtswidrigkeit oder Nichtigkeit einer Planung oder Maßnahme führen. Dies gilt insbesondere, wenn eine erforderliche Abstimmung unterblieben ist und die Planung oder Maßnahme an einem beachtlichen, zu deren Unwirksamkeit führenden Verfahrensmangel leidet, der auch durch ein nachträgliches (ergänzendes) Verfahren nicht überwunden werden kann. Denn die bloße Annahme, dass das Verfahren mit gleichem Ergebnis nach Durchführung einer nachträglichen Abstimmung erlassen würde, würde dem Ergebnis dieser Abstimmung in unzulässiger Weise vorgreifen (OVG SH, Urt. vom 21.12.2017 – 1 KN 8/17 –, Rn. 138).

Prozessual sind die Voraussetzungen des jeweiligen Verfahrens zu beachten. Werden Raumordnungspläne, Satzungen oder Verordnungen angegriffen, ist im Rahmen einer Normenkontrolle gemäß § 47 VwGO zu prüfen, ob diese aufgrund eines Abstimmungsfehlers aufzuheben sind. Maßgeblich wird dabei sein, ob die Antragsbefugnis für eine Normenkontrolle gemäß § 47 Abs. 2 VwGO vorliegt, d. h. wenn eine natürliche oder juristische Person geltend macht, durch die Rechtsvorschrift oder deren Anwendung einen Nachteil erlitten oder in absehbarer Zeit zu erwarten hat. Zudem kann eine Behörde den

Normenkontrollantrag stellen, wenn sie diese Rechtsvorschrift zu beachten oder auszuführen hat (BVerwG, Beschl. vom 8.7.2019 – 7 BN 5.18 –, Rn. 7). Gegen erteilte oder versagte Genehmigungen oder Planfeststellungen sind in der Regel Anfechtungs-, Verpflichtungs- und ggf. Feststellungsklagen statthafte Rechtsmittel, deren Klagebefugnis die Verletzung eigener Rechte voraussetzt (vgl. § 42 Abs. 2 VwGO) bzw. ein berechtigtes Interesse an einer baldigen Feststellung (vgl. § 43 Abs. 1 VwGO).

4. Auskunftspflicht (§ 12 Abs. 2 Satz 1, Abs. 3 LaplaG)

Die in Absatz 2 und 3 des § 12 LaplaG enthaltenen Regelungen zur Auskunftspflicht verpflichten öffentliche Stellen, natürliche und juristische Personen des Privatrechts sowie nichtrechtsfähige Vereinigungen zur frühzeitigen Auskunft über die raumbedeutsamen Planungen und Maßnahmen aus ihrem Zuständigkeits- und Aufgabenbereich. Damit ist die bereits in der ersten Fassung des LaplaG enthaltende Regelung zur Auskunftspflicht (damals § 6, GVOBl. 1961 S. 119) weiter Bestandteil des Gesetzes. Dieser Regelung lag die Erkenntnis zugrunde, dass *„Voraussetzung für die Tätigkeit der Landesplanungsbehörde ist, dass sie von denjenigen Planungen, die die Entwicklung des Raumes wesentlich beeinflussen können, Kenntnis erhält“* (LT-Drs. 4/376 S. 12). Da die meisten Informationen für die landesplanerische Arbeit bereits aufgrund der Abstimmungspflicht aus § 12 Abs. 1 LaplaG sowie aufgrund der allgemeinen Regelungen zur Raumordnerischen Zusammenarbeit aus § 10 LaplaG der Landesplanung bekannt sein werden, stellt die Auskunftspflicht daher lediglich eine Ergänzung dar, die die zusätzliche Möglichkeit zur individuellen Anfrage ermöglicht. Denn mit der Verwendung des Begriffes „Auskunft“ kann die Landesplanung zielgerichtet Informationen erfragen. Eine Auskunftspflicht erwächst nämlich erst bei behördlicher Anfrage und besteht im Gegensatz zur Melde- oder Mitteilungspflicht nicht von vornherein.

Mit der Erweiterung der Auskunftspflicht aus § 12 Abs. 2 LaplaG auf natürliche und juristische Personen des Privatrechts sowie nichtrechtsfähige Vereinigungen durch § 12 Abs. 3 LaplaG, wurde die Verpflichtung zur Auskunft gleichermaßen auf heranzuziehende natürliche und juristische Personen des Privatrechts ausgedehnt (LT-Drs. 18/885 S. 42). Hintergrund dafür ist, dass die Auskunftspflicht von Wirtschaftsunternehmen und Privatpersonen einer gesetzlichen Regelung bedarf, während verwaltungsinterne Meldeverfahren durch Erlass angeordnet oder durch Vereinbarungen geregelt werden können (LT-Drs. 4/376 S. 12). Damit geht der Gesetzgeber bei der Auskunftspflicht weiter als bei der Abstimmungspflicht nach § 12 Abs. 1 LaplaG, wofür lediglich öffentliche Stellen und Personen des Privatrechts nach § 4 Abs. 1 Satz 2 ROG zur Abstimmung verpflichtet wurden.

Mit dem bereits in § 12 Abs. 1 LaplaG verwendeten Begriffspaar der raumbedeutsamen Planungen (vgl. hierzu Erl. 3.2) ist zwar ein weitreichender Auskunftsanspruch verbunden, der jedoch auf den jeweiligen Zuständigkeits- und Aufgabenbereich des Auskunftspflichtigen beschränkt ist. Die Beschränkung ist insbesondere bei Auskünften von natürlichen und juristischen Personen des Privatrechts sowie von nichtrechtsfähigen Vereinigungen relevant, da so nur Informationen erfragt werden dürfen, die für die Landesplanung von Bedeutung sind oder werden können. Betriebs- und Geschäftsgeheimnisse oder geheimhaltungsbedürftige Informationen sowie Informationen, deren Veröffentlichung Bestimmung des Datenschutzes oder des Urheberrechts entgegenstehen, müssen nicht weitergegeben werden.

5. Information über Ziele der Raumordnung (§ 12 Abs. 2 Sätze 2 und 3 LaplaG)

§ 12 Abs. 2 Satz 2 LaplaG stellt klar, dass die Landesplanungsbehörde, soweit erforderlich, neben den Fällen des § 11 LaplaG auch in den Fällen des § 12 LaplaG die Ziele der Raumordnung, die bei der Durchführung von Planungen und Maßnahmen zu beachtenden sind, bekannt zu geben hat.

Mit dem Verweis in § 12 Abs. 2 Satz 3 LaplaG auf § 11 Abs. 4 LaplaG soll darauf hingewiesen werden, dass in solchen Fällen das raumplanerische Abstimmungsverfahren genutzt werden kann, um die Gemeinden und Kreise und die weiteren Träger öffentlicher Belange einzubeziehen, auf deren Gebiet oder deren Aufgaben sich die Planung oder Maßnahme voraussichtlich erheblich auswirken wird (vgl. hierzu Erl. 6 zu § 11 LaplaG).

§ 13
Zielabweichung

(1) [1]Die Landesplanungsbehörde entscheidet über die Abweichung von Zielen der Raumordnung gemäß § 6 Absatz 2 ROG in einem gesonderten Verfahren. [2]Sie entscheidet hierüber ergänzend zu § 6 Absatz 2 ROG im Einvernehmen mit den jeweils fachlich berührten obersten Landesbehörden und nach Beteiligung der weiteren jeweils fachlich berührten öffentlichen Stellen.

(2) Auf eine Zielabweichung besteht kein Anspruch.

Erläuterungen

Übersicht

1. Inhalt der Norm

§ 13 LaplaG konkretisiert und ergänzt als landesrechtliche Norm § 6 Abs. 2 ROG. Ergänzend zur Vorschrift des ROG, die bundesrechtlich die materiell rechtlichen Anforderungen an eine Zielabweichung regelt, aber keine Anforderungen zur Durchführung eines Zielabweichungsverfahrens enthält, bestimmt § 13 Abs. 1 Satz 1 LaplaG, dass die Entscheidung der Landesplanungsbehörde über eine Zielabweichung nur in einem gesonderten Verfahren getroffen werden kann. Zudem muss nach § 13 Abs. 1 Satz 2 LaplaG die Entscheidung im Einvernehmen mit den jeweils fachlich berührten obersten Landesbehörden und nach Beteiligung der weiteren jeweils fachlich berührten öffentlichen Stellen erfolgen.

Die Klarstellung in § 13 Abs. 2 LaplaG verdeutlicht, dass auf eine positive Entscheidung über eine Zielabweichung kein Anspruch besteht und diese somit im Ermessen der Landesplanungsbehörde liegt.

2. Entstehungsgeschichte

Nachdem bereits im Jahr 1962 Hessen (*Kment* in Kment, ROG, § 6 Rn. 4) sowie in den 1970er Jahren Baden-Württemberg und Rheinland-Pfalz das Zielabweichungsverfahren in die jeweiligen Landesplanungsgesetze aufnahmen (*Schmitz* in Bielenberg/Runkel/Spannowsky, ROG, L § 6 Rn. 4), strebte die schleswig-holsteinische Landesregierung mit dem Entwurf für das Gesetz zur Änderung des Landesplanungsgesetzes aus dem Jahr 1991 (LT-Drs. 12/1631), das 1992 in Kraft trat (GVOBl. 1992 S. 196), ebenfalls die Einführung eines solchen Verfahrens an. Mit dem Zielabweichungsverfahren sollte der Landesplanungsbehörde in besonderen Einzelfällen gestattet sein, von den in den Raumordnungsplänen festgelegten Zielen der Raumordnung Abweichungen zuzulassen, wofür es einer konkreten Ermächtigungsnorm bedurfte (LT-Drs. 12/1631 S. 2). In der Gesetzesbegründung wurde die Einführung der Vorschrift damit begründet, dass zwar die Raumordnungspläne einen Planungszeitraum von mindestens 15 Jahren haben würden und die Verpflichtung bestünde, nach etwa der Hälfte des Planungszeitraumes sie der Entwicklung anzupassen, die Landesplanungsbehörde jedoch unabhängig von dieser gesetzlich vorgegebenen Verpflichtung im Einzelfall auch kurzfristig in der Lage sein müsse, bei Vorliegen besonderer Gründe von den verbindlichen Zielen Freistellungen zu gewähren. Zudem sollte so die erforderliche Flexibilität der übergeordneten Landesplanung im Verhältnis zur Bauleitplanung und den sonstigen Planungen aller öffentlichen Planungsträger gewährleistet werden. Gleichwohl sollte die Freistellung von der Bindung an die Ziele der Raumordnung nur unter bestimmten Voraussetzungen und nur im Rahmen eines festgelegten Abweichungsverfahrens erfolgen, um so sicherzustellen, dass diese Ausnahmeentscheidung nur in besonders gelagerten Fällen zum Tragen kommen würde (LT-Drs. 12/1631 S. 18). Der beschlossene Gesetzestext formulierte in § 4 Abs. 3 Satz 2 LaplaG 1992 als solche materiellen Voraussetzungen, dass *„die Abweichungen aufgrund einer Veränderung der Sachlage nach raumordnerischen Gesichtspunkten geboten sind und die Raumordnungspläne in ihren Grundzügen nicht berührt werden."* Zudem war verfahrensrechtlich geregelt, dass die Entscheidung über die Zielabweichung im Einvernehmen mit den jeweils fachlich berührten Ministerinnen und Ministern sowie unter Beteiligung der jeweils fachlich berührten Träger der öffentlichen Verwaltung erfolgen muss.

Mit dieser Norm zum Zielabweichungsverfahren griff Schleswig-Holstein einer rahmenrechtlichen Regelung des im Jahr 1993 geänderten ROG (BGBl. 1993 S. 466, 480) vor. Diese Regelung verpflichtete die Länder, ein Verfahren zur Abweichung von Zielen der Raumordnung in ihren Landesplanungsgesetzen vorzusehen. In Anlehnung an die Regelung zum Befreiungsrecht im BauGB, sollten als Voraussetzungen für eine Zielabweichung die Feststellung erfolgen, dass es sich um einen Einzelfall handelt sowie die Prüfung positiv bejaht werden, dass die Abweichung unter raumordnerischen Gesichtspunkten vertretbar ist und dabei die Grundzüge der Planung nicht berührt werden (BT-Drs. 12/3944 S. 48). Das ROG 1998 (BGBl. 1997 S. 2081, 2102) ergänzte das Zielabweichungsverfahren um ein Zieländerungsverfahren, das eine förmliche Änderung eines Plans bei der angestrebten

Abweichung von Grundzügen der Planung zuließ. Mit dem ROG 2008 (BGBl. 2008 S. 2986) wurde der Wortlaut der Norm zum Zielabweichungsverfahren geändert, aber dennoch in inhaltlicher Anknüpfung (BT-Drs. 16/10292 S. 23) an die Vorgängervorschrift in § 6 ROG neu gefasst.

Die aktuelle Vorschrift zum Zielabweichungsverfahren im LaplaG trat zum 1.1.2014 in Kraft. Die Gesetzesbegründung nannte als Begründung, dass die Regelung in § 13 Abs. 1 LaplaG als eine Anpassung an das ROG erfolgte (LT-Drs. 18/885 S. 42).

Mit der Neufassung des § 6 Abs. 2 ROG, die zum 28.9.2023 in Kraft trat, besteht nun eine Soll-Vorschrift, dass von der zuständigen Raumordnungsbehörde die Abweichung von einem in einem Raumordnungsplan festgelegten Ziel der Raumordnung erteilt werden soll, wenn die Abweichung unter raumordnerischen Gesichtspunkten vertretbar ist und die Grundzüge der Planung nicht berührt werden.

Mit § 13a LaplaG wurde die Verfahrensvorschrift zum Zielabweichungsverfahren im Jahr 2020 dahingehend ergänzt, dass nunmehr zur Erprobung einer innovativen, möglichst interkommunalen Entwicklungsmaßnahme, insbesondere zu Zwecken der Digitalisierung, der Siedlungsentwicklung, der Daseinsvorsorge, der Mobilität, des Klimaschutzes und der Energiewende die Landesplanungsbehörde im Einzelfall auf der Basis eines raumordnerischen Vertrages nach § 14 Abs. 2 Satz 1 Nr. 1 ROG eine räumlich oder zeitlich oder eine räumlich und zeitlich begrenzte Abweichung von Zielen der Raumordnung zulassen kann. Dabei kann dieser raumordnerische Vertrag eine Zielabweichungsentscheidung vorbereiten oder ersetzen.

Eine spezielle Regelung für Zielabweichungsverfahren für Windenergieanlagen an Land enthält § 13b LaplaG. Diese Vorschrift schränkt die ursprüngliche bundesrechtliche Regelung in § 245e Abs. 5 BauGB ein, die als sog. Gemeindeöffnungsklausel die Ausweisung zusätzlicher Flächen für Windkraftanlagen ermöglicht. Für solche Fälle war § 13b LaplaG lex specialis zu § 13 LaplaG.

3. Grundlagen des Zielabweichungsverfahrens

Das Zielabweichungsverfahren setzt voraus, dass eine Regelung getroffen werden soll, um von einem Ziel der Raumordnung abzuweichen. Wesentlich für das Verständnis der Bedeutung des Zielabweichungsverfahrens ist daher die Begriffsklärung des „Ziels der Raumordnung" sowie etwaiger Abweichungsmöglichkeiten.

3.1 Bedeutung des Zielabweichungsverfahrens

§ 3 Abs. 1 Nr. 2 ROG definiert Ziele der Raumordnung als *„verbindliche Vorgaben in Form von räumlich und sachlich bestimmten oder bestimmbaren, vom Träger der Raumordnung abschließend abgewogenen textlichen oder zeichnerischen Festlegungen in Raumordnungsplänen zur Entwicklung, Ordnung und Sicherung des Raums"*. Diese Begriffsdefinition gilt neben den anderen Legaldefinitionen in § 3 ROG für die Auslegung der Vorschriften des ROG und mangels abweichender Regelungen im schleswig-holsteinischen Landesrecht für die Auslegung des LaplaG. Ferner findet die Definition auch in anderen gesetzlichen Raumordnungsklauseln, wie bspw. in § 4 Abs. 1 Satz 3, Abs. 2 und § 35 Abs. 3 BauGB Anwendung (*Runkel* in Bielenberg/Runkel/Spannowsky, ROG, M § 3 Rn. 4 f.). Die Bedeutung der Ziele der Raumordnung liegt darin, dass diese nach § 4 Abs. 1 ROG bei raumbedeutsamen Planungen und Maßnahmen öffentlicher Stellen, bei Entscheidungen öffentlicher Stellen über die Zulässigkeit raumbedeutsamer Planungen und Maßnahmen anderer öffentlicher Stellen und bei Entscheidungen öffentlicher Stellen über die Zulässigkeit raumbedeutsamer Planungen und Maßnahmen von Personen des Privatrechts, die der Planfeststellung oder der Genehmigung mit der Rechtswirkung der Planfeststellung bedürfen, zu beachten sind. Dies gilt entsprechend bei raumbedeutsamen Planungen und Maßnahmen, die Personen des Privatrechts in Wahrnehmung öffentlicher Aufgaben durchführen, wenn öffentliche Stellen an den Personen mehrheitlich beteiligt sind oder die Planungen und Maßnahmen überwiegend mit öffentlichen Mitteln finanziert werden. Die Beachtenspflicht verlangt dabei eine strikte Bindung an die Vorgabe des Ziels der Raumordnung (*Goppel* in Spannowsky/Runkel/Goppel, ROG, § 4 Rn. 23), von der die im Gesetz genannten öffentlichen Stellen und Personen des Privatrechts nicht abweichen dürfen. Von Grundsätzen und sonstigen Erfordernissen der Raumordnung, die in § 3 Abs. 1 Nr. 3 und Nr. 4 ROG definiert werden, kann hingegen im Rahmen einer ordnungsgemäßen Abwägung abgewichen werden, da diese nach § 4 Abs. 1 Satz 1 ROG in Abwägungs- oder Ermessensentscheidungen lediglich zu berücksichtigen sind. Das Zielabweichungsverfahren ermöglicht so, trotz der Beachtenspflicht, zu prüfen, ob eine öffentliche Stelle oder eine Person des Privatrechts eine raumbedeutsame Planung oder Maßnahme umsetzen können und dabei nicht ein bestimmtes Ziel gebunden sind. Die Abweichung von einem Ziel wird dabei nur für das konkrete Vorhaben geprüft und ggf. zugelassen, jedoch das Ziel nicht in seinem Bestand in Frage gestellt.

3.2 Erforderlichkeit eines Zielabweichungsverfahrens

3.2.1 Beachtenspflicht bei raumbedeutsamen Planungen oder Maßnahmen

Nach § 4 Abs. 1 ROG unterfallen nur raumbedeutsame Planungen und Maßnahmen (siehe hierzu die Legaldefinition in § 3 Abs. 1 Nr. 6 ROG sowie die Erl. 3.2 zu § 12 LaplaG) unter die Beachtenspflicht von Zielen der Raumordnung. Dementsprechend ist das Zielabweichungsverfahren nur notwendig und zulässig, wenn tatsächlich eine Beachtenspflicht besteht, von der abgewichen werden soll.

Die Anforderung der raumbedeutsamen Planung oder Maßnahme wird in § 4 Abs. 1 ROG konkretisiert, dass es sich um raumbedeutsame Planungen und Maßnahmen öffentlicher Stellen (Satz 1 Nr. 1), Entscheidungen öffentlicher Stellen über die Zulässigkeit raumbedeutsamer Planungen und Maßnahmen anderer öffentlicher Stellen (Satz 1 Nr. 2) oder um Entscheidungen öffentlicher Stellen über die Zulässigkeit raumbedeutsamer Planungen und Maßnahmen von Personen des Privatrechts, die der Planfeststellung oder der Genehmigung mit der Rechtswirkung der Planfeststellung bedürfen (Satz 1 Nr. 3) handeln muss.

Gemäß § 4 Abs. 2 ROG sind bei sonstigen Entscheidungen öffentlicher Stellen über die Zulässigkeit raumbedeutsamer Planungen und Maßnahmen von Personen des Privatrechts die Erfordernisse der Raumordnung nach den für diese Entscheidungen geltenden Vorschriften zu berücksichtigen. Diese Regelung, dass die Bindungswirkung nur nach den einschlägigen fachgesetzlichen Vorschriften erfolgt, ist vor allem im Baurecht relevant. Denn während § 35 Abs. 3 Satz 3 BauGB verlangt, dass raumbedeutsame Vorhaben den Zielen der Raumordnung nicht widersprechen dürfen, existiert eine vergleichbare Regelung für den Innenbereich nicht. Demnach ist im Geltungsbereich eines Bebauungsplans oder im unbeplanten Innenbereichs eine Baugenehmigung zu erteilen, wenn die baurechtlichen Voraussetzungen erfüllt sind (vgl. *Goppel* in Spannowsky/Runkel/Goppel, ROG, § 4 Rn. 72 f.).

Zudem wird die Bindungswirkung nach § 4 ROG für die Ziele der Raumordnung durch § 5 ROG beschränkt. So gilt nach § 5 Abs. 1 ROG für raumbedeutsame Planungen und Maßnahmen von öffentlichen Stellen des Bundes, von anderen öffentlichen Stellen, die im Auftrag des Bundes tätig sind, sowie von Personen des Privatrechts nach § 4 Abs. 1 Satz 2 ROG, die für den Bund öffentliche Aufgaben durchführen, die Bindungswirkung der Ziele der Raumordnung in Raumordnungsplänen nur, wenn die zuständige Stelle oder Person bei der Aufstellung des Raumordnungsplans nach § 9 ROG beteiligt worden ist und sie innerhalb einer Frist von zwei Monaten nach Mitteilung des rechtsverbindlichen Ziels nicht widersprochen hat. In § 5 Abs. 2 Satz 2 NABEG ist darüber hinaus geregelt, dass die Bindungswirkung der Ziele der Raumordnung nur gilt, wenn die Bundesnetzagentur bei der Aufstellung, Änderung oder Ergänzung des Raumordnungsplans nach § 9 ROG beteiligt worden ist und sie innerhalb einer Frist von zwei Monaten nach Mitteilung des rechtsverbindlichen Ziels nicht widersprochen hat.

3.2.2 Ziele der Raumordnung

Trotz der Legaldefinition in § 3 Abs. 1 Nr. 2 ROG für den Begriff „Ziele der Raumordnung" ist bei den Regelungen in Raumordnungsplänen nicht immer eindeutig, ob es sich um ein (wirksames) Ziel handelt, das auch rechtmäßig ist. Die Darstellung eines Ziels kann durch textliche oder zeichnerische Festlegungen erfolgen. Aufgrund der Verpflichtung aus § 7 Abs. 1 Satz 4 ROG, wonach Ziele und Grundsätze der Raumordnung als solche zu kennzeichnen sind, werden im Landesentwicklungsplan sowie in den Regionalplänen üblicherweise textliche Festlegungen mit Zielcharakter durch ein fett gedrucktes „Z" gekennzeichnet. Zeichnerische Festlegungen werden regelmäßig durch Erläuterungen oder durch die Legende der Karte als Ziele der Raumordnung identifizierbar. Eine solche Kennzeichnung in textlicher oder zeichnerischer Form ist jedoch nicht allein verbindlich. Maßgeblich ist vielmehr, ob auch inhaltlich die Regelung als Ziel der Raumordnung bestimmt ist. Das BVerwG stellte hierzu klar, dass wenn eine planerische Regelung die begrifflichen Voraussetzungen der Legaldefinition des ROG erfüllt, kraft der materiellen Aussage ein Ziel der Raumordnung entsteht (BVerwG, Beschl. vom 15.4.2003 – 4 BN 25/03 –, Rn. 4). Unabhängig davon, ob dies dem Willen des Planungsträgers entspricht oder nicht. Im Umkehrschluss folgt daraus, dass wenn die tatbestandlichen Vorgaben des § 3 Abs. 1 Nr. 2 ROG nicht erfüllt sind, kein Ziel der Raumordnung vorliegen kann. Entsprechend der Definition des § 3 Abs. 1 Nr. 2 ROG kommt es daher darauf an, dass es sich um verbindliche Vorgaben handelt, die vom Träger der Raumordnung abschließend abgewogen und räumlich und sachlich bestimmt oder bestimmbar sind.

Verbindliche Vorgaben enthält eine Regelung dann, wenn sie inhaltliche Vorgaben festlegt. Aus Gründen der Rechtsklarheit muss die sich daraus ergebene Bindungswirkung klar erkennbar sein. Formulierungen, wie „ist", „sind", „müssen" oder „darf nicht" sind gebräuchlich. Die Verwendung von Formulierungen, wie „in der Regel" oder „sollen" lassen hingegen Raum für eine weitere Abwägung und beinhalten so keine Bindungswirkung (*Runkel* in Spannowsky/Runkel/Goppel, ROG, § 3 Rn. 16 ff.).

Die Anforderung, dass die Vorgaben abschließend abgewogen sein müssen, verlangt, dass eine umfassende und abschließende Abwägung stattgefunden hat und dass die Vorgabe eben Ergebnis dieser Abwägung ist (*Runkel* in Spannowsky/Runkel/Goppel, ROG, § 3 Rn. 46). Durchgeführt werden muss die Abwägung durch den Träger der Raumordnung, d. h. durch die Landesplanungsbehörde.

Schließlich muss die Vorgabe räumlich und sachlich bestimmt oder bestimmbar sein. Dabei hängt es nach der Rechtsprechung davon ab, ob ein Ziel hinreichend bestimmt ist, welchen materiellen Gehalt es hat. Bereits aus der Formulierung muss sich ergeben, dass es sich um eine die gesetzliche Anpassungspflicht begründende Handlungsanweisung mit Letztentscheidungscharakter und nicht um eine Anregung oder Abwägungsdirektive handelt, die einer weiteren abwägenden Konkretisierung und Ausformung durch die untere Planungsebene zugänglich ist (BVerwG, Beschl. vom 20.8.1992 – 4 NB 20/91 –, Rn. 23).

3.3 Abgrenzung des Zielabweichungsverfahrens zu anderen Verfahren der Raumordnung

Das Zielabweichungsverfahren stellt ein Verfahren dar, um von Zielen der Raumordnung Abweichungen zuzulassen. Gleichwohl ermöglichen das ROG und das LaplaG in weiteren Verfahren, die Nichtbeachtbarkeit von Zielen der Raumordnung zu ermöglichen. Diese Verfahren werden nachfolgend zum Zielabweichungsverfahren abgegrenzt.

3.3.1 Abgrenzung zur Ausnahme nach § 6 Abs. 1 ROG

Nach § 6 Abs. 1 ROG können von Zielen der Raumordnung im Raumordnungsplan Ausnahmen festgelegt werden. Dadurch wird klargestellt, dass der Planungsträger berechtigt ist, bereits im Plan bestimmte Ausnahmen zu definieren. Inhaltlich ist er verpflichtet, die Voraussetzungen der Ausnahme mit hinreichender tatbestandlicher Bestimmtheit oder doch wenigstens Bestimmbarkeit festzulegen (BVerwG, Urt. vom 16.12.2010 – 4 C 8.10 –, Rn. 8). Wesentlicher Unterschied zum Zielabweichungsverfahren liegt in der Vorfestlegung des Planungsträgers. Wohingegen durch das Zielabweichungsverfahren Vorhaben zugelassen werden sollen, an die bei der Planaufstellung nicht gedacht wurde. Damit grenzen sich die Ausnahme nach § 6 Abs. 1 ROG und das Zielabweichungsverfahren dadurch voneinander ab, dass im Fall, dass ein bestimmter Sachverhalt durch eine Ausnahme erfasst wird, es keines Zielabweichungsverfahrens bedarf, da dem Vorhaben kein Ziel der Raumordnung entgegensteht (*Schmitz* in Bielenberg/Runkel/Spannowsky, ROG, L § 6 Rn. 44).

3.3.2 Abgrenzung zur Plan- bzw. Zieländerung nach § 7 Abs. 7 ROG

Um ein Ziel der Raumordnung aufzuheben und ein neues Ziel zu erlassen, das fortan gelten soll, bedarf es einer Änderung des jeweiligen Raumordnungsplans. Eine solche Planänderung ist nach § 7 Abs. 7 ROG nach den Vorschriften, die auch für die Planaufstellung gelten, durchzuführen. Unter den Voraussetzungen des § 6 Abs. 2 LaplaG ist es möglich, geringfügige Änderungen in einem vereinfachten Verfahren vorzunehmen.

3.4 Kosten und Gebühren des Zielabweichungsverfahrens

Durch die im Jahr 2024 eingeführte Kostenpflicht für Zielabweichungsverfahren in § 17 LaplaG besteht nun auch eine gesetzliche Regelung zu Kosten und Gebühren. Bis dahin erging die Entscheidung über die Zielabweichung kostenfrei. Nach der Gesetzesbegründung rechtfertigt die Erweiterung der Antragsbefugnis für Zielabweichungsverfahren auf private Vorhabenträger durch den im Jahr 2023 eingeführten § 6 Abs. 2 Satz 3 ROG die Ausweitung der Kostenpflicht. Zugleich diene die Kostenpflicht der Erhaltung der Funktionsfähigkeit der Verwaltung und würde Vorhabenträger davon abgehalten, von vornherein aussichtslose Anträge auf Zielabweichung zu stellen (LT-Drs. 20/1902, S. 27).

4. Formelle Anforderungen an das Zielabweichungsverfahren

4.1 Zuständigkeit

Die Landesplanungsbehörde ist bereits nach § 4 LaplaG allzuständig für die Aufgaben der Raumordnung und Landesplanung. Der Formulierung in § 13 Abs. 1 Satz 1 LaplaG, wonach die Landesplanungsbehörde über das Abweichen von Zielen der Raumordnung entscheidet, beinhaltet daher eher eine klarstellende und hinweisende Funktion als eine eigenständige Zuständigkeitsbestimmung.

4.2 Antragsberechtigung und Antragserfordernis

§ 6 Abs. 2 Satz 2 ROG nennt als zum Antrag auf Durchführung eines Zielabweichungsverfahrens berechtigte Personen die öffentlichen Stellen und die Personen des Privatrechts, die das Ziel, von dem eine Abweichung zugelassen werden soll, nach § 4 ROG zu beachten haben. Im Jahr 2023 wurde in § 6 Abs. 2 Satz 3 ROG die Ergänzung aufgenommen, dass auch Personen des Privatrechts antragsberechtigt sind, deren beantragtes Vorhaben der Planfeststellung oder der Genehmigung mit der Rechtswirkung der Planfeststellung bedarf, oder deren beantragtes Vorhaben nach § 4 Abs. 2 ROG zu beurteilen ist. Dadurch wurde der Kreis der möglichen Antragsteller erweitert. Laut der Gesetzesbegründung sollte durch diese Erweiterung des Antragsrechts zugunsten privater Vorhabenträger Bedenken der Europäischen Kommission bezüglich der raumordnerischen Einzelhandelssteuerung nachgekommen werden (BT-Drs. 20/4823, S. 22).

Die ursprünglichen Gesetzesfassungen des LaplaG enthielten zum Antragserfordernis keine Formulierungen. Stattdessen verlangte § 4 Abs. 3 Satz 1 LaplaG 1992 eine Unterrichtung der Landesplanungsbehörde durch den Träger der öffentlichen Verwaltung oder der juristischen Person des Privatrechts, der oder die von Zielen eines Raumordnungsplanes abweichen will. Der Wortlaut des § 6 Abs. 2 Satz 2 ROG lässt aber offen, ob die Landesplanungsbehörde auch von Amts wegen ein Zielabweichungsverfahren durchführen kann. In der Literatur werden hierzu unterschiedliche Auffassungen vertreten. Eine Seite nimmt an, dass aus der bundesrechtlichen Festlegung des Kreises der Antragsberechtigten zu schließen ist, dass ein formeller Antrag erforderlich ist (*Goppel* in Spannowsky/Runkel/Goppel, ROG, § 6 Rn. 40). Dagegen wird angeführt, dass allein mit der Aufzählung bestimmter Antragsberechtigter noch kein gesetzliches Antragserfordernis begründet werden kann (*Kment* in Kment, ROG, § 6 Rn. 116; *Schmitz* in Bielenberg/Runkel/Spannowsky, ROG, L § 6 Rn. 163). Für die zweite genannte Auffassung spricht, dass die Landesplanungsbehörde mit ihren Instrumenten und Maßnahmen keine konkreten Vorhaben genehmigt, sondern raumordnerische Entscheidungen trifft. Diese Entscheidungen dienen dazu, gleich ob sie im Zielabweichungsverfahren oder in der Raumverträglichkeitsprüfung getroffen werden, die Vereinbarkeit und ggf. die Möglichkeit des Abweichens von Zielen der Raumordnung festzustellen. Der Behörde muss es daher selbst auch möglich sein, etwaige Unklarheiten zu beheben und so Entscheidungen über das Abweichen von Zielen der Raumordnung zu treffen.

Die Formulierung „Antragsberechtigt sind…" spricht dafür, dass eine Antragstellung durch die im Gesetz genannten öffentlichen Stellen und Personen des Privatrechts dazu führt, dass die Behörde verpflichtet ist, ein Zielabweichungsverfahren durchzuführen (vgl. *Goppel* in Spannowsky/Runkel/Goppel, ROG, § 6 Rn. 42; *Schmitz* in Bielenberg/Runkel/Spannowsky, ROG, L § 6 Rn. 163). Der Bedeutungsgehalt des § 6 Abs. 2 Satz 2 ROG ist daher darin zu sehen, dass klargestellt wird, wer antragsbefugt ist und dass ein Ermessen bezüglich des „ob" der Durchführung eines Zielabweichungsverfahrens der Landesplanungsbehörde bei einem zulässigen Antrag nicht zusteht.

4.3 Gesondertes Verfahren

Das ROG enthält, außer in § 6 Abs. 2 Satz 2 ROG für die Antragsbefugnis, keine Anforderungen an das formelle Zielabweichungsverfahren. Nach der Gesetzesbegründung soll dieser Satz 2 des § 6 Abs. 2 ROG klarstellen, dass die Entscheidungen über Zielabweichungen in einem Verfahren getroffen werden sollen (BT-Drs. 16/10292 S. 23). Das LaplaG geht in § 13 Abs. 1 Satz 1 darüber hinaus und konkretisiert diese Anforderungen, dass die Entscheidung über die Zielabweichung nur in einem gesonderten Verfahren getroffen werden kann. Eine Definition eines solchen „gesonderten Verfahrens" enthält das Gesetz nicht. Die Formulierung des „besonderen Verfahrens" war zuvor in der alten Fassung des § 11 Satz 1 ROG 1998 enthalten, jedoch auch hier nicht näher bestimmt. In der Literatur wird angenommen, dass, trotz des Wegfalls dieser Formulierung in der geltenden Fassung des § 6 Abs. 2 ROG, es sich bei dem Zielabweichungsverfahren um ein eigenes Verfahren der Raumordnung handeln muss (*Goppel* in Spannowsky/Runkel/Goppel, ROG, § 6, Rn. 40). Diese Sichtweise scheint aber fraglich zu sein, wenn sie allein aus dem Wortlaut des ROG hergeleitet wird. Aufgrund der landesplanerischen Regelung in Schleswig-Holstein ist die Anforderung an ein „gesondertes Verfahren" jedoch zu bejahen, da der Wortlaut des LaplaG an die alte Regelung des § 11 Satz 1 ROG 1998 anknüpft. Zudem spricht die Benennung der Landesplanungsbehörde als die zuständige Behörde ebenfalls dafür, dass das Zielabweichungsverfahren als ein Verfahren der Raumordnung zu verstehen ist, das von der dafür zuständigen Behörde und nach den Anforderungen des § 6 Abs. 2 ROG und des § 13 LaplaG durchzuführen ist.

4.4 Abgrenzung zur Konzentrationswirkung anderer Verfahren

4.4.1 Abgrenzung zur Raumverträglichkeitsprüfung

Relevant kann die Abgrenzung des Zielabweichungsverfahrens als „gesondertes Verfahren" werden, wenn im Rahmen einer Raumverträglichkeitsprüfung über die Abweichung von Zielen der Raumordnung entschieden werden soll, oder wenn die Konzentrationswirkung im Planfeststellungsverfahren zugleich die Entscheidung über eine Zielabweichung mitumfassen soll.

Die Raumverträglichkeitsprüfung nach §§ 15 f. ROG, §§ 14 ff. LaplaG dient der Prüfung der Raumverträglichkeit raumbedeutsamer Planungen und Maßnahmen. Dabei sind die raumbedeutsamen Auswirkungen der jeweiligen Planung oder Maßnahme unter überörtlichen Gesichtspunkten zu prüfen; insbesondere werden die Übereinstimmung mit den Erfordernissen der Raumordnung und die Abstimmung mit anderen raumbedeutsamen Planungen und Maßnahmen geprüft. Gegenstand der Prüfung sollen auch ernsthaft in Betracht kommende Standort- oder Trassenalternativen sein. Sollte sich im Rahmen dieser Prüfung herausstellen, dass aufgrund von Verstößen gegen Ziele des Landesentwicklungsplans oder eines Regionalplans eine Planung oder Maßnahme nicht raumverträglich ist, müsste allein deswegen die raumordnerische Beurteilung nach § 15 Abs. 6 Nr. 1 LaplaG zur Feststellung kommen, dass die Planung oder Maßnahme mit den Erfordernissen der Raumordnung nicht übereinstimmt. § 15 Abs. 6 Nr. 2 LaplaG verlangt jedoch in der raumordnerischen Beurteilung auch eine Feststellung, wie Vorhaben unter den Gesichtspunkten der Raumordnung aufeinander abgestimmt oder durchgeführt werden können, woraus sich eine Pflicht der Landesplanungsbehörde ergibt, mögliche Zielabweichungen zu prüfen. Eine Zielabweichung kann die raumordnerische Beurteilung jedoch nicht enthalten, denn anders als andere Landesplanungsgesetze (vgl. § 8 Abs. 1 Satz 2 HLPG, § 17 Abs. 8 LPlG RhPf, § 5 Abs. 2 SLPG, § 16 Satz 3 SächsLPlG, § 11 Abs. 4 ThürLPlG) sieht das schleswig-holsteinische LaplaG nicht vor, dass Raumverträglichkeitsprüfung und Zielabweichungsverfahren miteinander verbunden werden können. Hierbei ist auch zu beachten, dass Raumverträglichkeitsprüfung und Zielabweichungsverfahren unterschiedliche Funktionen haben. Während bei der Raumverträglichkeitsprüfung die Prüfung erfolgt, ob raumbedeutsame Planungen oder Maßnahmen mit den Erfordernissen der Raumordnung übereinstimmen und wie raumbedeutsame Planungen und Maßnahmen unter Gesichtspunkten der Raumordnung aufeinander abgestimmt oder durchgeführt werden können, ermöglicht das Zielabweichungsverfahren die Überwindung eines entgegenstehenden Ziels der Raumordnung im Einzelfall (OVG RhPf, Urt. vom 15.2.2017 – 8 A 10717/16 –, Rn. 57). Zudem unterscheiden sich die formellen und materiellen Verfahrensanforderungen von Raumverträglichkeitsprüfung und von Zielabweichungsverfahren. Aufgrund der Zuständigkeit der Landesplanungsbehörde sowohl für die Raumverträglichkeitsprüfung und für das Zielabweichungsverfahren liegt es nahe, beide Verfahren parallel zu führen und das Ergebnis des Zielabweichungsverfahrens in der raumordnerischen Beurteilung aufzugreifen.

4.4.2 Abgrenzung zum Planfeststellungsverfahren

Die Vorschriften zum Planfeststellungsverfahren sehen eine Konzentrationswirkung des Planfeststellungsbeschlusses vor (vgl. § 142 Abs. 1 LVwG SH, § 75 Abs. 1 VwVfG). Andere behördliche Entscheidungen sind demnach neben der Planfeststellung nach Landes- oder Bundesrecht, wie insbesondere öffentlich-rechtliche Genehmigungen, Verleihungen, Erlaubnisse, Bewilligungen, Zustimmungen und Planfeststellungen nicht erforderlich. Aufgrund dieser Formulierung geht die Rechtsprechung davon aus, dass die Konzentrationswirkung des Planfeststellungsbeschlusses auch die Entscheidung über die Zielabweichung erfasst (vgl. Hess. VGH, Beschl. vom 11.11.2008 – 11 B 254/08.T –, Rn. 110; Hess. VGH, Urt. vom 28.6.2005 – 12 A 8/05 –, Rn. 218; VGH BW, Urt. vom 8.7.2002 – 5 S 2715/01 –, Rn. 81). Eine gegenteilige Auffassung, dass ein Zielabweichungsverfahren, wie auch eine Raumverträglichkeitsprüfung, als ein notwendigerweise vor dem Planfeststellungsverfahren vorhergehendes Verfahren nicht von der Konzentrationswirkung des Planfeststellungsbeschlusses erfasst wird (*Schmitz* in Bielenberg/Runkel/Spannowsky, ROG, L § 6 Rn. 148), hat in der Rechtsprechung bislang keinen Anklang gefunden. Da die Rechtsprechung mehrheitlich zu der alten Formulierung im ROG bzw. zu alten Landesplanungsgesetzen ergangen ist, die wie § 13 LaplaG ein „besonderes Verfahren" voraussetzen, kann davon ausgegangen werden, dass auch die Verwaltungsgerichtsbarkeit in Schleswig-Holstein in einem ähnlich gelagerten Fall die Konzentrationswirkung des Planfeststellungsbeschlusses bejahen würden. Gleichwohl kann § 13 Abs. 1 LaplaG aber auch so verstanden werden, dass durch diese landesrechtliche Regelung die Konzentrationswirkung der Vorschrift zum landesrechtlichen Planfeststellungsverfahren (§ 142 Abs. 1 LVwG SH) ausgeschlossen wird, da die Landesplanungsbehörde in einem besonderen Verfahren über das Abweichen von Zielen der Raumordnung entscheiden muss. Damit wird eben, anders als im ROG, ausgeschlossen, dass die Entscheidung über eine Zielabweichung in einem anderen Verfahren durch die für dieses Verfahren zuständige Behörde erfolgen kann. Dafür spricht auch, dass ansonsten die Abwägungsentscheidung im Rahmen der Aufstellung eines Raumordnungsplans durch die Landesplanungsbehörde von einer anderen Behörde unterlaufen und somit faktisch die Zielbindungskraft verloren gehen kann (vgl. *Ritter*, Das Gesetz zur Neufassung des Raumordnungsgesetzes (ROG 2009): Weiterentwicklung oder beginnendes Siechtum?, DÖV 2009 S. 425, 428), was neben gesetzessystematischen Gründen (*Kment* in Kment, ROG, § 6 Rn. 16) gegen die Durchführung eines Zielabweichungsverfahrens im Planfeststellungsverfahren spricht.

Sollte dennoch die Zielabweichung in das Planfeststellungsverfahren integriert werden, müsste die für die Planfeststellung zuständige Behörde die materiellen Voraussetzungen für die Zielabweichung genauso auch für ihre Entscheidung beachten. Denn die Konzentrationswirkung befreit die Planfeststellungsbehörde lediglich davon, reine Verfahrensvorschriften anderer Rechtsbereiche, die außerhalb des eigenen Verfahrensrechts liegen, zu beachten. Umgekehrt bedeutet daher die verfahrensrechtliche Konzentrationswirkung, dass die Planfeststellungsbehörde an alle Rechtsvorschriften, die außerhalb des engeren Fachplanungsrechts bestehen und einen materiellen Gehalt haben, gebunden bleibt (BVerwG, Beschl. vom 26.6.1992 – 4 B 1–11/92 –, Rn. 35 f.). Als solche materiellen Anforderungen gelten daher, neben den sich aus § 6 Abs. 2 ROG ergebenden Voraussetzungen der „Vertretbarkeit" sowie der „Nichtberührung in den Grundzügen der Planung", auch die in § 13 Abs. 1 Satz 2 LaplaG genannten Voraussetzungen, dass das Einvernehmen mit den jeweils fachlich berührten obersten Landesbehörden vorliegt. Denn diese Anforderung stellt zwar einerseits, wie auch die Pflicht zur Beteiligung der weiteren jeweils fachlich berührten öffentlichen Stellen aus § 13 Abs. 1 Satz 2 LaplaG, eine formelle Verfahrensanforderung dar, beinhaltet aber zugleich auch das Erfordernis, dass die Zielabweichung nur bei dem Vorliegen des Einvernehmens der jeweils fachlich berührten obersten Landesbehörden und damit auch der Landesplanungsbehörde zugelassen werden darf.

4.4.3 Abgrenzung zum immissionsschutzrechtlichen Genehmigungsverfahren

Für das immissionsschutzrechtliche Genehmigungsverfahren sieht § 13 BImSchG eine Konzentrationswirkung für andere die Anlage betreffende behördliche Entscheidungen vor, insbesondere für öffentlich-rechtliche Genehmigungen, Zulassungen, Verleihungen, Erlaubnisse und Bewilligungen mit Ausnahme von Planfeststellungen. Als öffentlich-rechtliche Entscheidung über die Zulassung einer Zielabweichung ist diese nicht vom Wortlaut des § 13 BImSchG und damit nicht von der Konzentrationswirkung ausgeschlossen. Wie bei der Abgrenzung zum Planfeststellungsverfahren gilt auch bei der Abgrenzung zum immissionsschutzrechtlichem Genehmigungsverfahren, dass die Zielabweichungsentscheidung in einem eigenen „besonderen Verfahren" erfolgt, das dem immissionsschutzrechtlichen Genehmigungsverfahren vorgelagert ist. Zudem spricht die klare Zuständigkeitsregelung in § 13 Abs. 1 Satz 1 LaplaG dafür, dass die Landesplanungsbehörde und nicht die für die immissionschutzrechtliche Genehmigung zuständige Behörde die Entscheidung über die Zulässigkeit der Zielabweichung trifft. In der neueren Literatur wird die Auffassung vertreten, dass die Konzentrationswirkung des § 13 BImSchG auch für Zielabweichungsentscheidungen gilt (vgl. *Jarass*, BImSchG, § 13, Rn. 6a; *Kümper*, Drittschutz beim Vollzug von Raumordnungsplänen, NuR 2021, S. 588, S. 589.), was zuletzt im Eilverfahren vom NdsOVG bestätigt wurde (NdsOVG, Beschl. vom 15.12.2021 – 12 MS 97/21 –, Rn. 23 ff. Eine abschließende Entscheidung des NdsOVG steht noch aus). Der VGH BW wandte sich gegen diese Sichtweise und verneinte, dass die raumordnerische Zielabweichungswirkung der Konzentrationswirkung des § 13 BImSchG unterfallen würde. Das Gericht führte dazu als Argument an, dass die Zielabweichungsentscheidung eine vorgelagerte Entscheidung der höheren Planungsebene sei, die die raumordnerischen Voraussetzung für die anlagenbezogene Genehmigung erst schaffen würde (VGH BW, Urt. vom 5.10.2022 – 10 S 1485/21 –, Rn. 52 f.).

Diese Rechtsprechung ist – wie auch bei der Abgrenzung von Zielabweichungsverfahren und Planfeststellungsverfahren (vgl. Erl. 4.4.2) – nur bedingt auf die Rechtslage in Schleswig-Holstein übertragbar, da das LaplaG ein „gesondertes Verfahren" verlangt und so die Landesplanungsbehörde in einem gesonderten Verfahren über das Abweichen von Zielen der Raumordnung entscheiden muss.

4.5 Im Einvernehmen mit den jeweils fachlich berührten obersten Landesbehörden

Die Entscheidung über die Zielabweichung muss nach § 13 Abs. 1 Satz 2 LaplaG im Einvernehmen mit den jeweils fachlich berührten obersten Landesbehörden erfolgen. Der Gesetzgeber wollte damit zum Ausdruck bringen, dass die betroffenen Fachressorts im Wege des Einvernehmens einbezogen werden (LT-Drs. 18/885 S. 42). Oberste Landesbehörden sind nach § 5 Abs. 1 LVwG SH die Landesregierung, die Ministerpräsidentin oder der Ministerpräsident, die Ministerien sowie der Landesrechnungshof und auch die Landtagspräsidentin oder der Landtagspräsident und die Präsidentin oder der Präsident des Landesverfassungsgerichtes soweit diese öffentlich-rechtliche Verwaltungstätigkeit ausüben. Zudem können nach § 5 Abs. 2 LVwG SH zur Entlastung der obersten Landesbehörden von Verwaltungsarbeit Ämter gebildet werden, die mit einer gewissen Selbständigkeit ausgestattet sind, aber Bestandteile der obersten Landesbehörden bleiben. Eine fachliche Berührung liegt in der Regel vor, wenn die sachliche Zuständigkeit nach §§ 25 ff. LVwG SH beeinträchtigt wird.

Das Einvernehmen erfordert, neben der formlosen Einbeziehung der obersten Landesbehörden, ein Einverständnis oder eine Zustimmung zur begehrten Zielabweichung. Im Fall einer angestrebten Ablehnung der Zielabweichung wäre im Umkehrschluss das Einvernehmen nicht notwendig, da das bestehende Ziel seine Bindungswirkung entfaltet und damit die Berührtheit fachlicher Belange entfällt (*Goppel* in Spannowsky/Runkel/Goppel, ROG, § 6 Rn. 43). Wird hingegen das Einvernehmen von mindestens einer fachlich berührten obersten Landesbehörde nicht erteilt, fehlt diese formelle Anforderung, so dass die Landesplanungsbehörde nicht berechtigt ist, die Zielabweichung positiv zu bescheiden.

4.6 Nach Beteiligung der weiteren jeweils fachlich berührten öffentlichen Stellen

Zusätzlich zum Einvernehmen mit den jeweils fachlich berührten obersten Landesbehörden setzt das LaplaG die Beteiligung der weiteren jeweils fachlich berührten öffentlichen Stellen voraus. Eine Beteiligung oder auch ein Benehmen bedeutet, dass den weiteren fachlich berührten öffentlichen Stellen Gelegenheit zur Stellungnahme gegeben wird (BVerwG, Beschl. vom 7.2.2005 – 9 VR 15/04 –, Rn. 11). Dabei umfasst der Begriff der fachlich berührten öffentlichen Stellen eine Betroffenheit in sachlicher Zuständigkeit nach §§ 25 ff. LVwG SH sowie auch in räumlicher Hinsicht. Dabei ist die räumliche Berührtheit an den betroffenen Zielen und den Auswirkungen der angestrebten Zielabweichungen zu messen. Neben den unmittelbar betroffenen Gemeinden, Ämtern und Kreisen kann es geboten sein, die betroffenen Nachbargemeinden, -ämter und -kreise zu beteiligen.

Eine weitere Beteiligung nicht fachlich berührter öffentlicher Stellen oder von sonstigen natürlichen oder juristischen Personen ist hingegen, anders als die breite Beteiligung der Öffentlichkeit in der Raumverträglichkeitsprüfung oder im Planaufstellungsverfahren, nicht vorgesehen. Ist der Sachvortrag sonstiger Betroffener, Personen oder Verbände für die Entscheidung der Landesplanungsbehörde hilfreich oder gar notwendig, spricht nichts dagegen, diese um eine Stellungnahme zu bitten.

Die Vorschrift des § 78 Abs. 2 LVwG SH, wonach die Behörde von Amts wegen oder auf Antrag diejenigen, deren rechtliche Interessen durch den Ausgang des Verfahrens berührt werden können, als Beteiligte hinzuziehen kann sowie im Fall, wenn der Ausgang des

Verfahrens rechtsgestaltende Wirkung für eine dritte Person hat, diese auf Antrag als Beteiligte oder Beteiligter zu dem Verfahren hinzuziehen muss und soweit diese Person der Behörde bekannt ist, diese sie von der Einleitung des Verfahrens zu benachrichtigen hat, findet hingegen im Zielabweichungsverfahren keine Anwendung. Als das speziellere Gesetz geht das LaplaG der Regelung des § 78 LVwG SH vor. Die Beteiligung von Privatpersonen ist im Zielabweichungsverfahren auch nicht mit Blick auf Art. 19 Abs. 4 GG verfassungsrechtlich geboten, da ihnen mit der Inzidentprüfung der Zielabweichungsentscheidung im Rahmen der Anfechtung der späteren Zulassungsentscheidung ausreichender Rechtsschutz zur Verfügung steht (BVerwG, Beschl. vom 15.7.2005 – 9 VR 43/04 –, Rn. 10).

5. Materielle Voraussetzungen einer Zielabweichung

Die materiell-rechtlichen Voraussetzungen einer Zielabweichung ergeben sich aus § 6 Abs. 2 ROG. Nach § 6 Abs. 2 ROG muss die Abweichung unter raumordnerischen Gesichtspunkten vertretbar sein und es dürfen die Grundzüge der Planung nicht berührt werden. Zudem wird über den Wortlaut des ROG hinaus diskutiert, dass es sich um einen atypischen Einzelfall handeln muss. § 13 Abs. 1 Satz 2 LaplaG ergänzt als landesrechtliche Verfahrensanforderung, dass die Entscheidung über die Zielabweichung ein Einvernehmen mit den jeweils fachlich berührten obersten Landesbehörden sowie eine Beteiligung der weiteren jeweils fachlich berührten öffentlichen Stellen erfordert.

5.1 Vertretbarkeit unter raumordnerischen Gesichtspunkten

Die Anforderung, dass eine Abweichung unter raumordnerischen Gesichtspunkten vertretbar sein muss, wurde im Jahr 1993 in das ROG aufgenommen und war zuvor bereits in ähnlicher Form in der ersten Regelung zum Zielabweichungsverfahren in § 4 Abs. 3 Satz 2 LaplaG 1992 *(„Abweichungen nach raumordnerischen Gesichtspunkten geboten")* enthalten. Darüberhinausgehende Erläuterungen dieses unbestimmten Rechtsbegriffes sind in den Gesetzgebungsmaterialien nicht enthalten.

Das BVerwG sieht eine Abweichung als raumordnerisch vertretbar an, soweit das Vorhaben im Hinblick auf den Zweck der Zielfestlegung anhand der konkreten Situation planbar gewesen wäre, wenn der Weg der Planung statt der Abweichung beschritten worden wäre (BVerwG, Beschl. vom 12.7.2018 – 7 B 15/17 –, Rn. 13) und zitiert dabei eine eigene Entscheidung (BVerwG, Urt. vom 17.12.1998 – 4 C 16/97 – Rn. 36), in der die städtebauliche Vertretbarkeit im Sinne des § 31 Abs. 2 Nr. 2 BauGB zur Auslegung herangezogen wird. Damit unterstreicht das Gericht die Vergleichbarkeit der Normen zur städtebaulichen und zur raumordnerischen Vertretbarkeit.

Die städtebauliche Vertretbarkeit wird danach beurteilt, ob die Abweichung ein nach § 1 BauGB zulässiger Inhalt eines Bebauungsplans sein könnte (BT-Drs. 10/4630 S. 85). Auf die raumordnerische Vertretbarkeit übertragen, würde die Landesplanungsbehörde bei Kenntnis der später eingetretenen Entwicklung ein Ziel in einem Raumordnungsplan so aufstellen, dass dieses für das nun begehrte Vorhaben kein Hindernis darstellen würde. Es muss daher eine unbeabsichtigte Planungslücke vorliegen, die entweder bei der Planaufstellung nicht bekannt war oder durch veränderte Bedingungen erst im Nachhinein entstanden ist.

Gleichzeitig kann ein durch die Raumordnungsplan nicht zu erzielendes Ergebnis auch nicht durch eine Zielabweichung erreicht werden, wenn andere landesplanerische Gründe oder fachgesetzliche Regelungen entgegenstehen (*Schmitz* in Bielenberg/Runkel/Spannowsky, ROG, L § 6 Rn. 115). Daher müssen in jedem Fall die gesetzliche Leitvorstellung der Raumordnung (vgl. § 1 Abs. 2 ROG), die allgemeinen gesetzlichen Grundsätze der Raumordnung (vgl. § 2 Abs. 2 ROG) sowie Vorgaben des jeweiligen Fachrechts berücksichtigt werden. Zudem dürfen durch die Abweichung von einem Ziel der Raumordnung, das sich aus einem Regionalplan ergibt, keine Vorgaben des höherrangigen Landesentwicklungsplans verletzt werden. Somit kann die Vertretbarkeit unter raumordnerischen

Gesichtspunkten nur dann vorliegen, wenn sich die raumbedeutsame Planung oder Maßnahme innerhalb der rechtlichen Grenzen der Planbarkeit befindet und tatsächlich umgesetzt werden kann.

5.2 Grundzüge der Planung sind nicht berührt

Auch die Anforderung, dass die Grundzüge der Planung nicht berührt sein dürfen, ist gesetzlich nicht definiert. Gleichwohl enthält die Gesetzesbegründung zum ROG die Warnung, dass in einem Fall, wenn durch eine Zielabweichung die Grundzüge der Planung berührt werden, unter Umständen der ganze Raumordnungsplan hinfällig ist (BT-Drs.12/3944 S. 48). Wenn davon ausgegangen wird, dass der Bundesgesetzgeber mit der Neufassung des § 6 Abs. 2 ROG der Regelung zur Befreiung von Festsetzungen eines Bebauungsplans in § 31 Abs. 2 BauGB folgte, kann die Rechtsprechung zur Auslegung dieser Norm als Orientierung herangezogen werden. Gleichwohl betont aber das BVerwG, dass es sich nicht abstrakt bestimmen lässt, wann eine Planänderung die Grundzüge der Planung berührt (BVerwG, Urt. vom 16.12.2010 – 4 C 8.10 –, Rn. 26) und setzt so die Betrachtung der konkreten Umstände des jeweiligen Einzelfalls voraus. Eine Befreiung von Festsetzungen eines Bebauungsplans ist nach Auffassung des BVerwG mit den Grundzügen der Planung vereinbar, wenn durch die angestrebte Befreiung vom Planinhalt keine derartige Bedeutung zukommt, dass die angestrebte und im Plan zum Ausdruck gebrachte städtebauliche Ordnung in beachtlicher Weise beeinträchtigt wird. Daher muss eine mit den Grundzügen der Planung vereinbare Abweichung durch das planerische Wollen gedeckt sein. Es muss also angenommen werden können, dass die Abweichung noch im Bereich dessen liege, was der Planer gewollt hat oder gewollt hätte, wenn er die weitere Entwicklung einschließlich des Grundes für die Abweichung gekannt hätte (BVerwG, Urt. vom 9.3.1990 – 8 C 76.88 –, Rn. 19). Übertragen auf die Raumordnung versteht das BVerwG damit vom Begriff der Grundzüge der Planung die Planungskonzeption, die die im Einzelnen aufgeführten Ziele trägt und damit den für sie wesentlichen Gehalt bestimmt (BVerwG, Beschl. vom 15.7.2005 – 9 VR 43/04 –, Rn. 12).

Unter Berücksichtigung der genannten Rechtsprechung ist der Begriff der Planung eher weit zu verstehen, d. h., dass von der Planung nicht bereits einzelne Ziele erfasst sein sollen, sondern es um den Plan als ganzen geht, von dessen Grundzügen nicht abgewichen werden darf. Denn wenn es, wie vom BVerwG festgestellt, um die Planungskonzeption geht, die die im Einzelnen aufgeführten Ziele trägt, ist eine Abweichung am Maßstab dieses Plans zu bewerten. Zu diesen Plänen, die raumordnerische Ziele beinhalten, gehören der landesweite Raumordnungsplan bzw. der Landesentwicklungsplan (§ 13 Abs. 1 Satz 1 Nr. 1 ROG, § 8 LaplaG) sowie die Regionalpläne (§ 13 Abs. 1 Satz 1 Nr. 2 ROG, § 9 LaplaG). Für die Aufstellung dieser Raumordnungspläne bedarf es eines umfangreichen Interessenausgleichs, für den im Rahmen einer Abwägung die Wechselwirkungen auf einen Raum untereinander und zueinander betrachtet und in Einklang gebracht werden sollen, so dass als Grundzug der Planung die Gesamtschau der Planinhalte zu verstehen ist (vgl. *Goppel*, Aspekte des Zielabweichungsverfahrens im Raumordnungsrecht, UPR 2006 S. 296, 297). Da der Plan gemäß § 7 Abs. 5 ROG eine Begründung benötigt, die dazu dient, die Kontrolle der Abwägung und der Inhalte des jeweiligen Plans zu dokumentieren, ist auch diese in die Gesamtschau miteinzubeziehen. Denn aus dieser Begründung lassen sich die Zwecke und wesentlichen Auswirkungen des Plans ablesen sowie durch die Wiedergabe der tragenden Gründe der Entscheidung nachvollziehen, inwieweit welche Ziele und Grundsätze in Wechselbeziehung zueinanderstehen und einander bedingen (vgl. Spannowsky in Bielenberg/Runkel/Spannowsky, ROG, M § 7 Rn. 132 ff.).

Das Nicht-berührt-sein der Grundzüge der Planung ist daran zu messen, wieweit das Abweichen von einem oder einzelnen Zielen eines Plans dazu führt, dass andere Ziele des Plans betroffen sind. Bleiben die im Plan festgelegten Wechselwirkungen zwischen den anderen Zielen weiter bestehen, ist das mit der Abwägung bezweckte Ergebnis intakt. Von einer Berührung bzw. einem Berührt-sein ist daher erst dann auszugehen, wenn der mit der Abwägung bezweckte Interessenausgleich nicht mehr gegeben ist. Denn in diesem

Fall würden neue Konflikte entstehen, die einen erneuten Interessenausgleich erfordern würden, wodurch die ursprüngliche Gesamtabwägung in Frage gestellt werden würde. Als Faustformel kann dabei angenommen werden, dass die Grundzüge der Planung eher berührt sind, je größer die angestrebte Zielabweichung ist oder umso mehr Ziele festgelegt wurden, von denen abgewichen werden soll, da in beiden Fallkonstellationen stärker in den ursprünglichen Interessenausgleich eingegriffen wird, als bei kleinteiligen oder punktuellen Abweichungen.

In der Praxis ist daher festzustellen, zu welchen anderen Zielen der Raumordnung das Ziel, von dem abgewichen werden soll, in enger Verbindung steht und welche Auswirkungen eine Abweichung auf diese anderen Ziele haben würde. Eine Zielabweichung darf die grundsätzliche Planungskonzeption des jeweiligen Raumordnungsplanes nicht konterkarieren.

5.3 Atypischer Einzelfall

Die ursprünglichen Regelungen in § 4 Abs. 3 LaplaG 1992 sowie in § 5 Abs. 5 ROG 1993 sahen vor, dass lediglich „im Einzelfall Abweichungen" zugelassen werden dürfen. In der Rechtsprechung zu § 31 Abs. 2 BauGB, die wie bereits erwähnt auf die raumordnerische Zielabweichung übertragbar ist, wurde diese Bedingung zusätzlich um die Voraussetzung der Atypik ergänzt. Das BVerwG grenzte die Atypik regelmäßig negativ ab, indem dann die Atypik verneint wurde, wenn die Gründe, die für eine erstrebte Befreiung von den Festsetzungen des Bebauungsplans nach § 31 Abs. 2 BauGB sprechen, für jedes oder nahezu jedes andere Grundstück im Baugebiet gegeben wären (BVerwG, Urt. vom 18.5.1990 – 4 C 49/89 –, Rn. 29).

Diese Formulierung wurde mit den in den folgenden Jahren vorgenommenen Änderungen am LaplaG sowie am ROG aufgehoben. Eine ausdrückliche Verpflichtung, nur im Einzelfall Abweichungen von Zielen der Raumordnung zuzulassen, sieht der Gesetzeswortlaut nicht mehr vor. Der Wegfall der Anforderung des Einzelfalls erfolgte im ROG gemeinsam im Gesetzgebungsverfahren zur Änderung des BauGB und führte dort zum Wegfall der gleichlautenden Regelung in § 31 Abs. 2 BauGB. Hierzu nannte der Gesetzgeber als Begründung, dass die Befreiung nicht nur ausschließlich im Einzelfall zulässig sein sollte, sondern auch in mehreren Fällen. Damit sollte nach dem Willen des Gesetzgebers eine „Atypik" im Sinne der bisherigen Rechtsprechung nicht mehr vorliegen müssen. Gleichwohl sollte die Grenze für mehrere Befreiungen erreicht sein, wenn es sich um so viele zu regelnde Fälle handelt, dass die Schwelle des bauleitplanerischen Planungserfordernisses überschritten werden würde (BT-Drs. 13/6392 S. 56). Die Kritik des Bundesrates am Wegfall des Einzelfallerfordernisses und dem Antrag, dass die neue Formulierung dahingehend ergänzt werden sollte, dass von einem Ziel der Raumordnung nur „im Einzelfall bei hinreichend konkreter Planung" abgewichen werden kann, um so die Abgrenzung zum Planänderungsverfahren zu verdeutlichen (BR-Drs. 635/96 S. 70), wurde im Gesetzgebungsverfahren nicht entsprochen.

In der Praxis führt das Weglassen der Anforderung des (atypischen) Einzelfalls dazu, dass diese Anforderung nicht mehr eigenständig zu prüfen ist. Gleichzeitig hilft der Verzicht auf den Einzelfall, um Abweichungen bei mehreren gleich gearteten Fällen zuzulassen und entspricht so dem Verbot der Ungleichbehandlung gleicher Fallkonstellationen durch die Verwaltung. Auch die Rechtsprechung hat die Fokussierung auf die Atypik aufgegeben. So ist nach der Auffassung des BVerwG das Zielabweichungsverfahren nicht auf den atypischen Fall, sondern gerade auf den Härtefall ausgerichtet, bei dem die Planaussage in Gestalt der Regelvorgabe dem Vorhaben zunächst entgegensteht, gleichwohl eine Zulassung vertretbar erscheint (BVerwG, Urt. vom 16.12.2010 – 4 C 8.10 –, Rn. 27).

5.4 Ermessen

Im Jahr 2023 wurde aus dem „Kann" in § 6 Abs. 2 Satz 1 ROG ein „Soll". Nun soll die zuständige Raumordnungsbehörde einem Antrag auf Abweichung von einem Ziel der

Raumordnung stattgeben, wenn die Abweichung unter raumordnerischen Gesichtspunkten vertretbar ist und die Grundzüge der Planung nicht berührt werden. Zwar wollte der Gesetzgeber weiterhin gewährleisten, dass ein Zielabweichungsverfahren auch zukünftig auf Einzelfälle begrenzt bleibt und als allgemeines Instrument zur Planänderung nicht zur Verfügung steht, gleichwohl wird der Ermessensspielraum eingeschränkt. Damit soll dem Antrag im Regelfall stattgegeben werden, wenn die Tatbestandsvoraussetzungen des § 13 LaplaG bzw. § 6 Abs. 2 ROG vorliegen. Das heißt, dass bei der Vertretbarkeit unter raumordnerischen Gesichtspunkten sowie unter Wahrung der Grundzüge der Planung dem Antrag auf Zielabweichung stattzugeben ist, wenn die Landesplanungsbehörde keine besonderen Gründe benennt, die dem entgegenstehen.

Der landesrechtlichen Regelung in § 13 Abs. 2 LaplaG, wonach auf eine Zielabweichung kein Anspruch besteht, kommt keine eigenständige Bedeutung mehr zu. Denn als das neuere Recht geht § 6 Abs. 2 Satz 1 ROG dem § 13 Abs. 2 LaplaG vor. Zudem räumt selbst eine Soll-Vorschrift der Behörde ein – wenn auch begrenztes – Ermessen ein und stellt keine Anspruchsgrundlage dar. Die Landesplanungsbehörde ist daher neben der Prüfung des Vorliegens der Tatbestandsvoraussetzungen des Zielabweichungsverfahrens verpflichtet, im Sinne des § 73 Abs. 1 LVwG SH eine Abwägung der öffentlichen Belange und der Interessen der einzelnen Person vorzunehmen. Zwar spricht bei dem Vorliegen der Voraussetzungen des § 6 Abs. 2 ROG viel dafür, der begehrten Zielabweichung zu entsprechen. Gleichwohl ist festzustellen, ob durch die Zielabweichung Interessen von Dritten berührt werden. Im Rahmen einer Interessenabwägung ist zu prüfen, welche Interessen gewichtiger sind. Auch eine Prognose bezüglich gleich gelagerter Fälle kann in diese Entscheidung mit einfließen. Die Landesplanungsbehörde ist aufgrund des Gleichbehandlungsgrundsatzes verpflichtet, gleichartige Zielabweichungsanträge gleich zu bescheiden. Würde jedoch die erstmalige Bescheidung eines Zielabweichungsantrages dazu führen, dass eine Vielzahl von Abweichungen zu gestatten sind und dabei die Vertretbarkeit oder die Grundzüge der Planung berührt werden, ist zu prüfen, ob statt der Zielabweichung eine Plan- oder Zieländerung durchzuführen ist. Ein Anspruch auf Zulassung einer Zielabweichung kann nur dann bestehen, wenn eine Reduzierung des Ermessens auf null angenommen werden könnte, also nur eine einzige Handlungsalternative in Betracht kommt, weil jede andere Entscheidung rechtswidrig wäre (OVG Bln-Bbg, Urt. vom 16.11.2017 – 10 B 1.17 –, Rn. 64).

6. Rechtsschutz

Der Rechtsschutz ist bei Zielabweichungsverfahren gegen die Entscheidung der Zielabweichung selbst und bei der Verletzung von Beteiligungsrechten denkbar.

6.1 Rechtsschutz gegen eine Zielabweichungsentscheidung

Die Entscheidung über die Zielabweichung erfolgt in der Regel in Form eines Verwaltungsaktes nach § 106 LVwG SH. Dieser kann die Zielabweichung zulassen, sie ablehnen oder unter der Beachtung bestimmter Voraussetzungen, die ggf. in Form von Nebenbestimmungen erfolgen, gestatten. Wenn diese Entscheidung in der Form eines Verwaltungsaktes ergeht, kann dagegen innerhalb eines Monats nach Bekanntgabe Klage bei dem VG SH erhoben werden. Ein Vorverfahren nach § 68 Abs. 1 Satz 1 VwGO ist nicht durchzuführen. Da es sich bei der erlassenden Behörde, der Landesplanungsbehörde, um eine oberste Landesbehörde handelt, greift die Ausnahmeregelung des § 68 Abs. 1 Satz 2 Nr. 1 VwGO, die ein Vorverfahren entbehrlich macht.

Voraussetzung für das Vorliegen eines Verwaltungsaktes sind die in § 106 Abs. 1 LVwG SH genannten Merkmale, dass es sich um eine Verfügung, Entscheidung oder andere öffentlich-rechtliche Maßnahme handelt, die eine Behörde zur Regelung eines Einzelfalles auf dem Gebiet des öffentlichen Rechts trifft und die auf unmittelbare Rechtswirkung nach außen gerichtet ist. Das letztgenannte Merkmal, die Außenwirkung, ist nicht in jedem Fall gegeben und hängt maßgeblich vom Verhältnis zwischen der Landesplanungsbehörde und dem Adressaten der Zielabweichungsentscheidung ab. Denn die Außenwirkung setzt voraus, dass die Entscheidung nach ihrem objektiven Sinngehalt dazu bestimmt ist, Außenwirkung zu entfalten, nicht aber davon, wie sie sich im Einzelfall auswirkt (BVerwG, Urt. vom 22.5.1980 – 2 C 30/78 –, Rn. 14). Maßnahmen und Entscheidungen zwischen Behörden desselben Rechtsträgers wirken nicht nach außen. Trifft die Landesplanungsbehörde demnach eine Entscheidung gegenüber anderen Behörden des Landes Schleswig-Holstein fehlt es an der Außenwirkung, so dass die Zielabweichungsentscheidung nicht isoliert angegriffen werden kann. Eine gerichtliche Kontrolle ist im Rahmen der Überprüfung des konkreten Vorhabens oder der Planfeststellung möglich. Ergeht die Entscheidung gegenüber Behörden anderer Rechtsträger (Bund, andere Länder, Kreise, Ämter, Gemeinden) kommt dieser eine Außenwirkung zu, wenn diejenige Behörde das Ziel auch zu beachten hatte. Zielabweichungsentscheidungen gegen über Personen des Privatrechts wirken ebenfalls nach außen.

Die Klagemöglichkeit Dritter gegen eine Zielabweichungsentscheidung ist hingegen unabhängig vom Vorliegen der Voraussetzungen eines Verwaltungsaktes aufgrund der notwendigen Klagebefugnis nur im Einzelfall gegeben. Denn die Befugnis zur Klage gegen eine Zielabweichungsentscheidung setzt eine Betroffenheit als Dritter und daraus folgend eine Verletzung in eigenen Rechten voraus. Diese Rechtsverletzung ist bei Nachbargemeinden denkbar, die eine Beeinträchtigung ihrer durch ein Ziel der Raumordnung zugewiesene Funktion oder negative Auswirkungen auf zentrale Versorgungsbereiche geltend machen (*Kment* in Kment, ROG, § 6, Rn. 180). Jedoch ist hierbei zu beachten, dass grundsätzlich die Nachbargemeinde mit einem Normenkontrollantrag gegen die Bauleitplanung, die aufgrund der ergangenen Zielabweichungsentscheidung umgesetzt wird, vorgehen kann. Mit der Normenkontrolle kann geprüft werden, ob die nachbargemeindlichen Belange im Rahmen des interkommunalen Abstimmungsgebots nach § 2 Abs. 2 BauGB ausreichend berücksichtigt wurden. Eine Klagebefugnis unmittelbar gegen die Zielabweichung soll daher voraussetzen, dass bereits aus dem Ziel der Raumordnung, von dem abgewichen werden soll, eine unmittelbare Bindungswirkung resultiert. Durch die Zielabweichungsentscheidung würden die Rechte der unmittelbar betroffenen Nachbargemeinde beeinträchtigt, da bereits in diesem Stadium die Rechtsschutzmöglichkeit eröffnet ist (*Patella*, Die Rechtsschutzmöglichkeiten von Nachbargemeinden beim Zielabweichungsverfahren nach bayerischem Landesplanungsrecht, BayVBl. 2012 S. 421, 424).

Auf eine Klagebefugnis gegen eine Zielabweichungsentscheidung können sich Dritte hingegen nicht berufen (vgl. ausführlich: *Kümper*, Drittschutz beim Vollzug von Raumordnungsplänen?, NuR 2021 S. 588, 591; vgl. SächsOVG, Urt. vom 9.2.2023 – 1 C 27/22 –, Rn. 21 ff.). Eine Ausnahme kann jedoch für nach dem Umweltrechtsbehelfsgesetz (UmwRG) anerkannte Umweltverbände bestehen. Vom BVerwG wurde dies für den Fall anerkannt, dass es unterlassen wurde, einen Regionalplan mit Umweltprüfung zu ändern, und so anstelle der Zielabweichung die Änderung eines Regionalplans erforderlich gewesen wäre (vgl. BVerwG, Urt. vom 28.9.2023 – 4 C 6/21 –).

Für andere Fallkonstellationen ist hingegen die Klagebefugnis nach dem UmwRG kaum denkbar. Denn der Anwendungsbereich des UmwRG ist auf Rechtsbehelfe gegen Entscheidungen nach § 1 Abs. 1 UmwRG beschränkt. Dies sind bspw. Entscheidungen über die Zulässigkeit von Vorhaben, gegen Genehmigungen für Anlagen sowie gegen Entscheidungen nach dem Umweltschadensgesetz. Das Zielabweichungsverfahren ist jedoch nicht darunter zu subsumieren (hierzu sehr ausführlich Hess. VGH, Beschl. vom 15.8.2019 – 4 B 1303/19 –, Rn. 32 ff. sowie Hess. VGH, Beschl. vom 31.5.2021 – 4 A 610/19 –, Rn. 38 ff. und dies bestätigend BVerwG, Urt. vom 28.9.2023 – 4 C 6/21 –, Rn. 8 ff.; ebenfalls OVG RhPf, Urt. vom 15.2.2017 – 8 A 10717/16 –, Rn. 32 ff.). Raumordnungspläne sind nach § 1 Abs. 1 Satz 1 Nr. 4 UmwRG nur vom Anwendungsbereich umfasst, sofern diese Flächen für Windkraftanlagen oder den Abbau von Rohstoffen vorsehen (vgl. § 48 Satz 2 UVPG). Mit einer Zielabweichungsentscheidung erfolgt jedoch noch keine Vorhabenzulassung. Dies ist Gegenstand des nachfolgenden Planfeststellungs- oder Genehmigungsverfahrens. Auch stellt die Zielabweichung keinen eigenen selbständigen Raumordnungsplan dar, der einer Strategischen Umweltprüfung nach Anlage 5 des UVPG bzw. einer schleswig-holsteinischen Vorschrift bedarf und fällt so nicht unter die Voraussetzung des § 1 Abs. 1 Satz 1 Nr. 4 UmwRG.

6.2 Rechtsschutz wegen einer Verletzung von Beteiligungsrechten

Das LaplaG ordnet die Beteiligung jeweils fachlich berührten obersten Landesbehörden zur Herstellung eines Einvernehmens sowie die Beteiligung der weiteren jeweils fachlich berührten öffentlichen Stellen an.

Die Landesplanungsbehörde gehört als oberste Landesbehörde zum selben Rechtsträger wie die anderen obersten Landesbehörden zum Land Schleswig-Holstein. Im Fall einer solchen Identität des Rechtsträgers fehlt es an einer Außenwirkung, so dass die Geltendmachung der Verletzung von Beteiligungsrechten nicht zulässig ist.

Die fehlende Herstellung des Benehmens mit den weiteren jeweils fachlich berührten öffentlichen Stellen anderer Rechtsträger (Bund, andere Länder, Kreise, Ämter und Gemeinden) führt als unterbliebene Mitwirkung einer anderen Behörde nach § 113 Abs. 3 Nr. 4 LVwG SH nicht zur Nichtigkeit, sondern zur bloßen Rechtswidrigkeit der Zielabweichungsentscheidung. Dieser Fehler ist jedoch durch eine Nachholung der Mitwirkung gemäß § 114 Abs. 1 Nr. 5 LVwG SH heilbar. Sollte die Zielabweichungsentscheidung wegen der fehlenden Beteiligung der weiteren jeweils fachlich berührten öffentlichen Stellen formell rechtswidrig sein, folgt daraus noch keine Klagebefugnis. Betroffene müssen darüber hinaus geltend machen, in eigenen Rechten verletzt zu sein. Bei kommunalen Klagen gegen eine Zielabweichungsentscheidung ist eine Klagebefugnis zwar bei Sachverhalten im Bereich der Bauleitplanung denkbar, wenn sich eine Gemeinde auf ihr Selbstverwaltungsrecht aus Art. 28 Abs. 2 GG beruft (vgl. *Schrage*, Zielabweichungsverfahren bei Raumordnungsplänen, S. 166 f.). Sie müsste geltend machen, dass durch die fehlende Beteiligung im Zielabweichungsverfahren die gemeindliche Planungshoheit betroffen ist. Dies erscheint eher eine theoretische Problematik zu sein, da die Landesplanungsbehörde die Beteiligung nachholen und somit den Fehler heilen kann. Zudem ist die Landesplanungsbehörde nicht an eine Stellungnahme einer Gemeinde gebunden, so dass das gemeindliche Selbstverwaltungsrecht weiter ausgeübt werden kann.

§ 13a
Erprobung von Entwicklungsmaßnahmen, Evaluation

(1) Zur Erprobung einer innovativen, möglichst interkommunalen Entwicklungsmaßnahme, insbesondere zu Zwecken der Digitalisierung, der Siedlungsentwicklung, der Daseinsvorsorge, der Mobilität, des Klimaschutzes und der Energiewende kann die Landesplanungsbehörde im Einzelfall auf der Basis eines raumordnerischen Vertrages nach § 14 Absatz 2 Satz 1 Nummer 1 ROG eine räumlich oder zeitlich oder eine räumlich und zeitlich begrenzte Abweichung von Zielen der Raumordnung zulassen. Der raumordnerische Vertrag nach Satz 1 kann eine Zielabweichungsentscheidung vorbereiten oder ersetzen. § 6 Absatz 2 ROG und § 13 gelten entsprechend.

(2) Die Landesplanungsbehörde wertet die Entwicklungsmaßnahmen nach Absatz 1 aus und entscheidet bei Bedarf über eine Anpassung der Raumordnungspläne.

Erläuterungen

Übersicht

1. Inhalt der Norm

§ 13a LaplaG ermächtigt die Landesplanungsbehörde zur Zulassung von Abweichungen von Zielen der Raumordnung auf Grundlage eines raumordnerischen Vertrages. Dabei gilt die Vorschrift für die in § 13a Abs. 1 Satz 1 LaplaG benannten Fallgestaltungen, nämlich zur Erprobung einer innovativen, möglichst interkommunalen Entwicklungsmaßnahme, insbesondere zu Zwecken der Digitalisierung, der Siedlungsentwicklung, der Daseinsvorsorge, der Mobilität, des Klimaschutzes und der Energiewende. Die Vorschrift sieht ferner vor, dass der Vertrag über die Zielabweichung eine Entscheidung im Zielabweichungsverfahren nach § 13 LaplaG, § 6 Abs. 2 ROG ersetzen oder vorbereiten kann. Die Landesplanungsbehörde kann so auch weiterhin durch einen Verwaltungsakt über die Zielabweichung entscheiden.

§ 13a Abs. 2 LaplaG sieht vor, dass die umgesetzten Entwicklungsmaßnahmen durch die Landesplanungsbehörde ausgewertet werden und bei Bedarf entschieden wird, ob, wann und in welchem Umfang darauf die Raumordnungspläne angepasst werden.

2. Bedeutung

Mit der Vorschrift des § 13a LaplaG zur Erprobung von Entwicklungsmaßnahmen beinhaltet das Gesetz eine Regelung, die das Zielabweichungsverfahren mit dem raumordnerischen Vertrag zusammenführt und so die bestehenden Regelungen für Zielabweichungsverfahren konkretisiert und ergänzt. Es werden verfahrensrechtliche sowie materiellrechtliche Regelungen für eine Zielabweichung in bestimmten Fällen getroffen und dadurch der unbestimmte Rechtsbegriff der raumordnerischen Vertretbarkeit konkretisiert. Ziel ist es so, die Umsetzung von Zielabweichungsverfahren in den genannten Fällen zu erleichtern (LT-Drs. 19/1952 S. 24). Dazu wird die Landesplanungsbehörde ermächtigt, unter Beachtung der in § 13a LaplaG definierten Voraussetzungen, eine räumlich oder zeitlich oder eine räumlich und zeitlich begrenzte Abweichung von Zielen der Raumordnung zuzulassen. Eine Einengung gegenüber der regulären Zielabweichung nach § 6 Abs. 2 ROG, § 13 LaplaG ist darin nicht zu sehen. Denn auch wenn eine solche Entscheidung klassischerweise in der Form eines Verwaltungsaktes nach § 106 LVwG SH ergeht, erfordert die Anforderung an die Bestimmtheit eines Verwaltungsaktes aus § 108 LVwG SH, dass die Zielabweichungsentscheidung inhaltlich hinreichend bestimmt sein muss, was allein aus Gründen der raumordnerischen Vertretbarkeit auch eine räumliche Begrenzung voraussetzt.

Als zu nutzendes Instrument nennt § 13a LaplaG den raumordnerischen Vertrag. Dieser kann nach § 13a Abs. 1 Satz 2 LaplaG für sich allein die Zielabweichungsentscheidung bewirken und so die Zielabweichung mittels eines Verwaltungsaktes ersetzen. Der raumordnerische Vertrag kann aber auch zur Vorbereitung einer Zielabweichungsentscheidung durch einen Verwaltungsakt dienen. Ein eigenständiger Regelungsgehalt ist darin nicht zu sehen. Denn § 121 Satz 1 LVwG SH regelt, dass ein Rechtsverhältnis auf dem Gebiet des öffentlichen Rechts durch Vertrag begründet, geändert oder aufgehoben werden kann, soweit Rechtsvorschriften einem solchen Vertrag nicht entgegenstehen. Ein solches entgegenstehende Verbot, d. h. ein Vertragsformverbot für Zielabweichungsentscheidungen ist im Recht der Raumordnung nicht normiert (*Spannowsky* in Bielenberg/Runkel/Spannowsky, ROG, L § 13 Rn. 47). Vielmehr wird es einer Behörde aus der Vorschrift des § 121 Satz 2 LVwG SH ermöglicht, anstatt einen Verwaltungsakt zu erlassen, einen öffentlich-rechtlichen Vertrag mit derjenigen oder demjenigen schließen, an die oder den sie sonst den Verwaltungsakt richten würde. Würde der Ansicht gefolgt, dass raumordnerische Verträge ein Zielabweichungsverfahren nicht ersetzen können, da der Gesetzgeber das Handlungsinstrument in der Zielabweichung in der Form eines einseitigen Verwaltungsaktes abschließend bestimmt hat (*Tyczewski*, Der Raumordnungsvertrag nach § 14 ROG als flankierendes Mittel zur Regionalplanung, BauR 2021 S. 152, 160), wäre § 13a LaplaG tatsächlich als eine Ergänzung des klassischen Zielabweichungsverfahren und als Norm mit einem eigenen Regelungsinhalt zu sehen.

3. Voraussetzungen der Zielabweichung nach § 13a Abs. 1 LaplaG

3.1 Mögliche Fallgestaltungen (§ 13a Abs. 1 Satz 1 LaplaG)

Der Anwendungsbereich der Vorschrift ist auf die Erprobung von innovativen, möglichst interkommunalen Entwicklungsmaßnahmen beschränkt. Dabei ist der Begriff der Entwicklungsmaßnahme nicht mit dem in §§ 165 ff. BauGB geregelten Instrument der Stadtentwicklung gleichzusetzen, das dazu dient, Teile eines Gemeindegebiets für die städtebauliche Entwicklung und Ordnung der Gemeinde oder entsprechend der angestrebten Entwicklung des Landesgebiets oder der Region zu entwickeln. Nach der Gesetzesbegründung soll der Begriff der Entwicklungsmaßnahme vielmehr weit verstanden werden und Maßnahmen umfassen, die zu einer attraktiven, zukunftsgerichteten und nachhaltigen Entwicklung der Kommunen beitragen können. Dies soll möglichst auf der Basis von bspw. Stadt-Umland-Konzepten, Amtskonzepten, regionalen Anpassungs- und Entwicklungsstrategien, regionalen Entwicklungskonzepten und bilateralen interkommunalen Planungen erfolgen. Weiterhin muss die Entwicklungsmaßnahme innovativ sein. Hierzu setzt die Gesetzesbegründung den Begriff innovativ mit neu gleich und verlangt, dass die Maßnahme bisher nicht erprobt oder deutlich verbessert sein muss (LT-Drs. 19/1952 S. 24).

Beispielhaft zählt § 13a Abs. 1 Satz 1 LaplaG auf, dass zu Fallgestaltungen der Erprobung von Entwicklungsmaßnahmen Zwecke der Digitalisierung, der Siedlungsentwicklung, der Daseinsvorsorge, der Mobilität, des Klimaschutzes und der Energiewende zählen. Damit werden aktuelle Megatrends aufgegriffen und beispielhaft genannt, von denen nach Auffassung der Landesplanungsbehörde das Land Schleswig-Holstein in den nächsten Jahren betroffen sein wird und auf die damit verbundenen Herausforderungen auch die Raumordnung Antworten geben muss.

3.2 Im Einzelfall (§ 13a Abs. 1 Satz 1 LaplaG)

Neben der Beschränkung auf die Erprobung von Entwicklungsmaßnahmen sieht § 13a Abs. 1 Satz 1 LaplaG vor, dass die Zulassung von Zielabweichungen im Einzelfall erfolgen kann. Nach der Gesetzesbegründung soll die Regelung aufgrund der Begrenzung auf den Einzelfall nur in herausragenden Fällen Anwendung finden (LT-Drs. 19/1952 S. 24). Damit dürfte der Anwendungsbereich noch enger sein als beim regulären Zielabweichungsverfahren, für das es darauf ankommt, dass die Grundzüge der Planung nicht berührt sind und die Abweichung vertretbar ist. Die Vorschrift des § 13a LaplaG soll und kann daher kein Instrument mit Auffangfunktion für alle möglichen Fallgestaltungen sein.

3.3 Auf der Basis eines raumordnerischen Vertrages (§ 13a Abs. 1 Satz 1 LaplaG)

Die Zielabweichungsentscheidung nach § 13a LaplaG soll auf Basis eines raumordnerischen Vertrages nach § 14 Abs. 2 Satz 1 Nr. 1 ROG erfolgen. Damit wollte der Gesetzgeber zum Ausdruck bringen, dass eine kooperative Lösung im Wege von Verhandlungen über die Vertragsinhalte „auf Augenhöhe“ gefunden werden soll (LT-Drs. 19/1952 S. 24).

In der Regel wird der raumordnerische Vertrag in der Form des öffentlich-rechtlichen Vertrags nach §§ 121 ff. LVwG SH geschlossen und gilt nur für öffentlich-rechtliche Anwendungsfälle im Bereich der Landesplanung und der Raumordnung. Daher sind neben den formellen Anforderungen des § 6 Abs. 2 ROG und des § 13 LaplaG auch die Anforderungen an die Schriftform des öffentlich-rechtlichen Vertrags nach § 124 LVwG SH und eine etwaige notwendige Zustimmung von Dritten und Behörden nach § 125 LVwG SH zu beachten.

3.4 Beachtung der Voraussetzungen des § 6 Abs. 2 ROG und des § 13 LaplaG (§ 13a Abs. 1 Satz 3 LaplaG)

Mit § 13a Abs. 1 Satz 3 LaplaG wird auf § 6 Abs. 2 ROG sowie § 13 LaplaG Bezug genommen und die entsprechende Geltung dieser Vorschriften hervorgehoben. Praktisch bedeutet diese Regelung, dass die Voraussetzungen, die auch im Zielabweichungsverfahren zu beachten sind, bei der Zulassung von Zielabweichungen nach § 13a LaplaG ebenfalls einzuhalten sind (vgl. Erl. zu § 13 LaplaG). Daraus folgt, dass der Gesetzgeber mit dem § 13a LaplaG lediglich ergänzendes Landesrecht erlassen wollte. Eine Abweichung vom ROG war nicht beabsichtigt.

3.5 Ermessen

Die Ermächtigung des § 13a LaplaG ist wie auch § 6 Abs. 2 ROG und § 13 Abs. 1 LaplaG als Kann-Regelung formuliert und erfordert eine Ermessensentscheidung der Landesplanungsbehörde. Diese hat im Wege des pflichtgemäßen Ermessens zu prüfen, ob sie von den Möglichkeiten zur Erprobung von Entwicklungsmaßnahmen und der Befreiung von Zielen der Raumordnung Gebrauch macht. Ein Anspruch auf eine Zielabweichung ist regelmäßig nicht gegeben und ist nur in den sehr seltenen Fällen einer Ermessensreduzierung auf null denkbar.

4. Evaluation (§ 13a Abs. 2 LaplaG)

Mit der Umsetzung von Entwicklungsmaßnahmen können auch Entwicklungen möglich werden, an die derzeit noch nicht gedacht oder die noch nicht für möglich gehalten werden. Nach einer erfolgreichen Erprobung kann es sich anbieten, dass auf diesen Erkenntnissen neue Grundsätze und Ziele der Raumordnung festgelegt werden. Vor diesem Hintergrund ist vorgesehen, dass die Landesplanungsbehörde die umgesetzten Maßnahmen auswertet und evaluiert und ggf. bei Bedarf über die Anpassung der Raumordnungspläne entscheidet. Die Auswertung sollte fachlich und ggf. wissenschaftlich angemessen sein. Zur Vorbereitung der Auswertung bietet sich an, dass die Landesplanungsbehörde bereits die Umsetzung der Maßnahmen in geeigneter und angemessener Weise begleitet. Auf dieser Basis kann die Landesplanungsbehörde entscheiden, ob und wann eine Umsetzung in den Raumordnungsplänen erfolgt. Dies könnte im Rahmen einer Fortschreibung nach Ablauf des regulären Planungszeitraums von fünfzehn Jahren erfolgen oder bei Bedarf im Rahmen eines Planänderungsverfahrens nach § 6 Abs. 1 LaplaG. Eine allgemeine Verkürzung des allgemeinen Planungszeitraums ist nach dem Willen des Gesetzgebers nicht bezweckt. Auch ein Anspruch auf Umsetzung in den Raumordnungsplänen besteht nicht (LT-Drs. 19/1952 S. 25 f.).

5. Außerkrafttreten

Nach Art. 3 des Gesetzes zur Änderung des Landesplanungsgesetzes vom 26.8.2020 (GVOBl. S. 500) tritt die Vorschrift des § 13a LaplaG mit Ablauf von fünfzehn Jahren nach ihrem Inkrafttreten außer Kraft, d. h. mit Ablauf des 3.9.2035. Damit hat der Gesetzgeber die Geltungsdauer dieser Regelung zeitlich begrenzt, was den Charakter einer Experimentierklausel unterstreicht.

§ 13b
Zielabweichungsverfahren für Windenergieanlagen an Land

(1) Plant eine Gemeinde vor dem in § 245e Absatz 1 Satz 2 Baugesetzbuch genannten Zeitpunkt ein Windenergiegebiet gemäß § 2 Nummer 1 des Windenergieflächenbedarfsgesetzes außerhalb der in den Regionalplänen ausgewiesenen Vorranggebiete auszuweisen, soll ihrem Antrag auf Zielabweichung abweichend von § 245e Absatz 5 Baugesetzbuch und § 6 Absatz 2 des Raumordnungsgesetzes nur dann stattgegeben werden, wenn

1. **ein Raumordnungsplan an der von der Gemeinde für Windenergie an Land geplanten Stelle kein Gebiet für mit der Windenergie an Land unvereinbare Nutzungen oder Funktionen festlegt,**
2. **die Fläche von der Gemeinde unter Beachtung der im Landesentwicklungsplan für Windenergie an Land im Übrigen festgelegten Ziele der Raumordnung und unter Berücksichtigung der Grundsätze der Raumordnung ermittelt worden ist,**
3. **die planende Gemeinde nachgewiesen hat, dass die Ausweisung der Windenergiegebiete mittels Sonderbauflächen, Sondergebieten oder mit diesen vergleichbaren Ausweisungen erfolgen soll und dass sie keine Bestimmungen zur Höhe der Windenergieanlagen an Land im jeweiligen Bauleitplan trifft,**
4. **die planende Gemeinde nachgewiesen hat, dass sie die Ausweisung der Windenergiegebiete mit den benachbarten Gemeinden abgestimmt hat und**
5. **die planende Gemeinde nachgewiesen hat, dass sie bei der Planung eines Windenergiegebietes die in ihren Belangen berührten öffentlichen Stellen beteiligt und die Abwägung gemäß § 1 Absatz 7 Baugesetzbuch durchgeführt hat.**

(2) [1]Dem Antrag einer Gemeinde soll unter Beachtung der in Absatz 1 genannten Voraussetzungen stattgegeben werden, wenn

1. **das Vorhaben überwiegend der Stromversorgung mindestens eines im Umkreis von bis zu 10 km befindlichen oder geplanten energieintensiven Gewerbe- oder Industriestandortes dient und die Nutzung der gewonnenen Energie mittels unmittelbarem Direktanschluss und -verbrauch (ohne EEG-Fördermechanismen) erfolgt oder**
2. **das Vorhaben in der Gemeinde überwiegend der Wärmeversorgung im Rahmen eines kommunalen Wärmekonzepts dient.**

[2]Abstände, die als Ziele der Raumordnung im Landesentwicklungsplan für Windenergie an Land zu Gewerbegebieten festgelegt sind, finden in einer Bauleitplanung für Standorte nach Satz 1 keine Anwendung.

(3) Die Gemeinden kommen den Nachweispflichten durch Einreichung nachvollziehbarer Unterlagen nach.

(4) Die Landesplanungsbehörde kann abweichend von § 13 Absatz 1 Satz 2 auf das Einvernehmen der jeweils fachlich berührten obersten Landesbehörden und auf die Beteiligung der weiteren jeweils fachlich berührten öffentlichen Stellen verzichten.

Erläuterungen

Übersicht

6. Zusätzliche Anforderungen an die Zielabweichung (§ 13b Abs. 1 LaplaG)
7. Ausnahmen für energieintensive Standorte und für die kommunale Wärmeplanung (§ 13b Abs. 2 LaplaG)
8. Anforderungen an die vorzulegenden Unterlagen (§ 13b Abs. 3 LaplaG)
9. Verfahrenserleichterungen im Zielabweichungsverfahren (§ 13b Abs. 4 LaplaG)

1. Vorbemerkung

Mit Inkrafttreten der Änderung des § 245e Abs. 5 BauGB zum 13.8.2025 durch das Gesetz zur Umsetzung von Vorgaben der Richtlinie (EU) 2023/2413 für Zulassungsverfahren nach dem Bundes-Immissionsschutzgesetz und dem Wasserhaushaltsgesetz sowie für Planverfahren nach dem Baugesetzbuch und dem Raumordnungsgesetz, zur Änderung des Bundeswasserstraßengesetzes und zur Änderung des Windenergieflächenbedarfsgesetzes ist § 13b LaplaG gegenstandslos geworden.

Hintergrund dafür ist, dass es sich bei § 13b LaplaG um eine Norm handelt, die als vom Bundesrecht abweichendes Landesrecht dem Grundsatz lex posterior derogat legi priori aus Art. 72 Abs. 3 Satz 3 GG unterworfen ist, wonach das jeweils später erlassene Gesetz vorgeht. Da § 13b LaplaG in der gegenwärtigen Fassung dem § 245e Abs. 5 BauGB widerspricht, ist die neuere Vorschrift des BauGB anzuwenden.

2. Inhalt der Norm

§ 13b LaplaG schränkte die ursprüngliche bundesrechtliche Regelung des § 245e Abs. 5 BauGB ein (sog. Gemeindeöffnungsklausel). Aufgrund des § 245e Abs. 5 BauGB ist es Gemeinden erleichtert möglich, Flächen für die Windkraftnutzung auszuweisen, auch wenn die Landesplanung in ihrem Gebiet keine Windflächen festgelegt hatte. Mit § 13b LaplaG wurden wieder engere Voraussetzungen für einen entsprechenden Antrag auf Zielabweichung geschaffen.

§ 13b Abs. 1 LaplaG verlangt, dass Gemeinden nur dann Windenergiegebiete ausweisen können, wenn ein Raumordnungsplan an der von der Gemeinde für Windenergie an Land geplanten Stelle kein Gebiet für mit der Windenergie an Land unvereinbare Nutzungen oder Funktionen festlegt und die Ziele der Raumordnung beachtet werden. Zudem müssen die Gemeinden nachweisen, dass sie ihre Windenergiegebiete mit den benachbarten Gemeinden abgestimmt und die öffentlichen Stellen beteiligt haben.

Darüber hinaus regelt § 13b Abs. 2 LaplaG, dass für die Direktversorgung von energieintensiven Gewerbe- oder Industriestandorten oder für die Wärmeversorgung im Rahmen von kommunalen Wärmekonzepten dem Antrag der Gemeinde auf Zielabweichung stattgegeben werden soll und, dass im Rahmen der Bauleitplanung für solche Vorhaben Ausnahmen von landesplanerisch festgelegten Abstandsvorgaben zu Gewerbegebieten getroffen werden können.

Nach § 13b Abs. 4 LaplaG kann die Landesplanungsbehörde in diesen speziellen Zielabweichungsverfahren auf das Einvernehmen der jeweils fachlich berührten obersten Landesbehörden und auf die Beteiligung der weiteren jeweils fachlich berührten öffentlichen Stellen verzichten.

3. Die Gemeindeöffnungsklausel des § 245e Abs. 5 BauGB

Hintergrund für die Einführung des § 13b LaplaG war die sog. Gemeindeöffnungsklausel des § 245e Abs. 5 BauGB, die zum 14.1.2024 in Kraft trat. Mit der Änderung des BauGB zum 13.8.2025 wurde die Norm neu gefasst.

Die Gemeindeöffnungsklausel ist wiederum nicht ohne das Windenergieflächenbedarfsgesetz zu sehen. Mit dem WindBG wurde ein neues System für die Planung von Windenergieanlagen erlassen. Ein wichtiger Bestandteil dieses Gesetzes ist die Vorgabe verbindlicher Flächenziele (Flächenbeitragswerte) für die Länder, die für den Ausbau der Windenergie an Land benötigt werden, um die vom EEG vorgegebenen Ausbauziele und Ausbaupfade zu erfüllen. Für Schleswig-Holstein ergibt sich daraus die Verpflichtung, insgesamt 2 % der Landesfläche bis Ende 2032 für Windenergie (nach der Rotor-Out-Vorgabe) auszuweisen, davon 1,3 % als Zwischenziel bis Ende 2027. Mit der von Schleswig-Holstein angewandten Rotor-In-Planung sind anhand eines Umrechnungsfaktors des WindBG nach derzeitiger Schätzung 3,1 bis 3,3 % der Landesfläche als Windenergiegebiete auszuweisen, um die bundesrechtliche Verpflichtung zu erfüllen. Im Zuge der Raumordnungsplanung soll dies durch die Ausweisung von Vorranggebieten Windenergie realisiert werden. Für die Übergangszeit beinhaltet § 245e BauGB Überleitungsvorschriften, u. a., dass nach § 245e Abs. 1 BauGB bestehende Raumordnungs- und Flächennutzungspläne mit Konzentrationswirkung bis Ende 2027 fortgelten, um die unkontrollierte Ansiedlung von Windenergieanlagen zu vermeiden.

Mit dem § 245e Abs. 5 BauGB wird Gemeinden die Möglichkeit gegeben, eigene Windenergiegebiete außerhalb von landesplanerisch festgelegten Vorranggebieten Windenergie zu planen. Nach der Gesetzesbegründung sollen so Gemeinden in ihrem Gemeindegebiet Windenergiegebiete ausweisen dürfen, wenn vor Ort dazu die Bereitschaft besteht, jedoch bislang raumordnerische Festlegungen die Ausweisung eines solchen Gebietes nicht vorsahen oder sogar verhinderten. Liegen die tatbestandlichen Voraussetzungen vor und sprechen im Einzelfall keine atypischen Gründe gegen die Erteilung, ist die Zielabweichung zu gestatten. In den Gesetzgebungsmaterialien werden beispielhaft Gewerbe und Industrie erwähnt, für die es erforderlich sein kann, kurzfristig zusätzliche Flächen für Windkraftanlagen an Land bereitzustellen (BT-Drs. 20/7622, S. 15).

Steht der Planung einer Gemeinde ein Ziel der Raumordnung entgegen, so sah der ursprüngliche § 245e Abs. 5 BauGB vor, dass dem Antrag auf Abweichung von diesem Ziel abweichend von § 6 Abs. 2 ROG stattgegeben werden soll, wenn der Raumordnungsplan an der von der Gemeinde für Windenergie geplanten Stelle kein Gebiet für mit der Windenergie unvereinbare Nutzungen oder Funktionen festlegt. Damit war weiterhin geregelt, dass ein Zielabweichungsverfahren durchzuführen ist. Jedoch kam es nicht darauf an, ob die Zielabweichung unter raumordnerischen Gesichtspunkten vertretbar ist und die Grundzüge der Planung nicht berührt werden, sondern nur darauf, dass der Raumordnungsplan an der von der Gemeinde für Windenergie geplanten Stelle kein Gebiet für mit der Windenergie unvereinbare Nutzungen oder Funktionen festlegt. Dies wäre bspw. der Fall, wenn andere raumbedeutsame Vorhaben umgesetzt werden sollen oder arten- und naturschutzfachliche Gründe der Errichtung von Windkraftanlagen entgegenstehen. Aufgrund der Formulierung „soll" ist die Zielabweichung zu gestatten, wenn keine atypischen Gründe vorliegen.

Mit der Neufassung des § 245e Abs. 5 BauGB im Jahr 2025 ist nun geregelt, dass eine Gemeinde ein Windenergiegebiet gem. § 2 Nr. 1 WindBG auch dann ausweisen kann, wenn die Ausweisung mit einem Ziel der Raumordnung nicht vereinbar ist, es sei denn, bei diesem Ziel handelt es sich um ein Vorranggebiet für mit der Windenergie unvereinbare Nutzungen oder Funktionen. Ein Zielabweichungsverfahren ist hierfür nicht mehr notwendig.

4. § 13b LaplaG als abweichendes Landesrecht

Bei § 13b LaplaG handelt es sich um vom Bundesrecht abweichendes Landesrecht. Darauf weist bereits die Formulierung „abweichend von § 245e Absatz 5 Baugesetzbuch und § 6 Absatz 2 des Raumordnungsgesetzes" in § 13b Abs. 1 LaplaG hin. Mit der Aufnahme dieser eindeutigen Formulierung macht der Gesetzgeber die Abweichung zum BauGB und zum ROG deutlich. Üblicherweise betrifft die Abweichungskompetenz im LaplaG lediglich Regelungen des ROG; da jedoch § 245e Abs. 5 BauGB Materien des Raumordnungsrechts regelt und damit der konkurrierenden Gesetzgebung unterliegt, besitzt Schleswig-Holstein die Befugnis zur abweichenden Gesetzgebung nach Art. 72 Abs. 3 Satz 1 Nr. 4 GG und konnte auch eine vom BauGB abweichende Vorschrift erlassen (LT-Drs. 20/1902, S. 20).

Aufgrund des Inkrafttretens des neu gefassten § 245e Abs. 5 BauGB zum 13.8.2025 geht das Bundesrecht nun wieder vor. Denn nach Art. 72 Abs. 3 Satz 3 GG geht im Verhältnis von Bundes- und Landesrecht das jeweils spätere Gesetz vor.

5. Maßgeblicher Zeitpunkt (§ 13b Abs. 1 LaplaG)

Sowohl der Gesetzeswortlaut („Plant eine Gemeinde [...], soll ihrem Antrag auf Zielabweichung [....]") als auch die Gesetzesbegründung (LT-Drs. 20/1902, S. 20) bestimmen, dass nur eine Gemeinde einen Antrag auf Zielabweichung stellen kann. Nicht eindeutig ist jedoch, bis wann die Planung der Gemeinde stattfinden kann, bzw. bis wann der Antrag auf Zielabweichung gestellt werden muss. Zwar bestimmt § 13b Abs. 1 LaplaG, dass es um die Planung der Gemeinde vor dem in § 245e Abs. 1 Satz 2 BauGB genannten Zeitpunkt gehen muss, was entweder nach § 245e Abs. 5 BauGB i. V. m. § 245e Abs. 1 Satz 2 BauGB der Zeitpunkt des Erreichens des Flächenbeitragswerts nach dem WindBG ist, oder der 31.12.2027. Jedoch definieren weder das BauGB noch das LaplaG, was mit „Planen" gemeint ist.

Der Prozess der gemeindlichen Bauleitplanung ist dabei weit zu verstehen und beginnt mit dem Aufstellungsbeschluss für die Änderung des Flächennutzungsplans bzw. Bebauungsplans. Zu diesem Zeitpunkt ist im Regelfall die gemeindliche Planung noch nicht ausreichend konkretisiert. Erst mit der Beschlussfassung oder sogar erst mit der Bekanntmachung des Bauleitplans wird dann tatsächlich Recht geschaffen. Die Beschlussfassung oder Bekanntmachung des Bauleitplans als maßgeblichen Zeitpunkt nach § 13b Abs. 1 LaplaG bzw. § 245e Abs. 5 BauGB anzusetzen, würde jedoch die gemeindliche Planungshoheit, die durch die Gemeindeöffnungsklausel gestärkt werden soll, wieder einschränken. Denn neben dem nicht unerheblichen Zeitraum, der für die Aufstellung des Bauleitplans angesetzt werden muss, wäre die Dauer des Zielabweichungsverfahrens zu beachten, die den Prozess weiter verzögern kann. Daher bietet es sich an, als Zeitpunkt auf den Antrag auf Zielabweichung abzustellen. Denn mit dem Antrag auf Zielabweichung muss die Planung der Gemeinde sich so weit konkretisiert haben, dass klar ist, wo im Gemeindegebiet Windkraftanlagen errichtet werden sollen, und welche Ziele der Raumordnung betroffen sind, von denen abgewichen werden soll. Mit dem Antrag auf Zielabweichung muss die Gemeinde zudem nachvollziehbare Unterlagen einreichen (vgl. § 13b Abs. 3 LaplaG), was u. a. die Unterlagen beinhaltet, die im Verfahren der Aufstellung der Bauleitplanung ohnehin zu erstellen sind, und mit denen die Gemeinde nachgewiesen hat, dass sie die Ausweisung der Windenergiegebiete mit den benachbarten Gemeinden abgestimmt hat, und die in ihren Belangen berührten öffentlichen Stellen beteiligt und die Abwägung gemäß § 1 Abs. 7 BauGB durchgeführt hat.

6. Zusätzliche Anforderungen an die Zielabweichung (§ 13b Abs. 1 LaplaG)

Inhaltlicher Schwerpunkt des § 13b LaplaG sind die zusätzlichen Anforderungen an die Zielabweichung, die in Absatz 1 definiert werden. Diese setzen voraus, dass nach Nr. 1 ein Raumordnungsplan an der von der Gemeinde für Windenergie an Land geplanten Stelle kein Gebiet für mit der Windenergie an Land unvereinbare Nutzungen oder Funktionen festlegt, nach Nr. 2 die Fläche von der Gemeinde unter Beachtung der im Landesentwicklungsplan für Windenergie an Land im Übrigen festgelegten Ziele der Raumordnung und unter Berücksichtigung der Grundsätze der Raumordnung ermittelt worden ist, nach Nr. 3 die planende Gemeinde nachgewiesen hat, dass die Ausweisung der Windenergiegebiete mittels Sonderbauflächen, Sondergebieten oder mit diesen vergleichbaren Ausweisungen erfolgen soll, und dass sie keine Bestimmungen zur Höhe der Windenergieanlagen an Land im jeweiligen Bauleitplan trifft, nach Nr. 4 die planende Gemeinde nachgewiesen hat, dass sie die Ausweisung der Windenergiegebiete mit den benachbarten Gemeinden abgestimmt hat sowie nach Nr. 5 die planende Gemeinde nachgewiesen hat, dass sie bei der Planung eines Windenergiegebietes die in ihren Belangen berührten öffentlichen Stellen beteiligt und die Abwägung gemäß § 1 Abs. 7 BauGB durchgeführt hat.

Mit diesen Tatbestandsvoraussetzungen will der Gesetzgeber gewährleisten, dass die Gemeinden bei der Ausweisung von Windenergiegebieten die Ziele und Grundsätze der Raumordnung des jeweils gültigen Landesentwicklungsplans Windenergie an Land beachten (Nr. 1, Nr. 2), und so einen geordneten und schlussendlich in der Bevölkerung akzeptierten Windenergieausbau in Schleswig-Holstein zu erreichen (LT-Drs. 20/1902, S. 20 f.).

Nr. 3 zielt darauf ab, dass die durch die Gemeinden mittels Bauleitplanung ausgewiesenen Windenergiegebiete auf den Flächenbeitragswert des WindBG angerechnet werden, und so helfen, das sich aus dem WindBG ergebende Ziel, insgesamt 2 % der Landesfläche bis Ende 2032 für Windenergie (nach der Rotor-Out-Vorgabe) auszuweisen, davon 1,3 % als Zwischenziel bis Ende 2027, zu erreichen. Zu beachten ist nämlich dafür, dass nach § 4 Abs. 1 Satz 5 WindBG nur Flächen angerechnet werden, die keine Bestimmungen zur Höhe baulicher Anlagen enthalten. Die Auflistung, dass die Ausweisung der Windenergiegebiete mittels Sonderbauflächen, Sondergebieten oder mit diesen vergleichbaren Ausweisungen erfolgen kann, geht auf die Begriffsdefinition des § 2 Nr. 1 Buchst. a) WindBG zurück. Diese Norm definiert Windenergiegebiete als Ausweisungen von Flächen für die Windenergie an Land in Raumordnungs- oder Bauleitplänen und nennt dafür Vorranggebiete und mit diesen vergleichbaren Gebieten in Raumordnungsplänen sowie Sonderbauflächen, Sondergebiete und mit diesen vergleichbaren Ausweisungen in Flächennutzungsplänen und Bebauungsplänen.

Nr. 4 und Nr. 5 beinhalten als Tatbestandsvoraussetzungen Verfahrensschritte des BauGB, die zwingend vor Einreichung eines Zielabweichungsantrages erfüllt sein müssen. Es handelt sich dabei um gesetzliche Vorgaben von § 1 Abs. 7, § 2, § 4 und § 4a BauGB, die ohnehin seitens des kommunalen Planungsträgers bei der Aufstellung von Bauleitplanungen zu erfüllen sind. Die Nennung dieser Anforderungen unterstreicht, dass als maßgeblicher Zeitpunkt für die Planung der Gemeinde i. S. d. § 13b Abs. 1 LaplaG bzw. § 245e Abs. 5 BauGB es darauf ankommt, dass der Zielabweichungsantrag vor dem Zeitpunkt des Erreichens des Flächenbeitragswerts nach dem WindBG bzw. vor dem 31.12.2027 zu stellen ist. Auch die Gesetzesbegründung betont, dass es sich hierbei nicht um konstitutive Voraussetzungen handelt, sondern es auf diese Weise gewährleistet werden soll, dass Zielabweichungsanträge durch die Gemeinden mit den notwendigen Unterlagen und ausreichend begründet bei der Landesplanungsbehörde eingereicht werden. Zudem wird durch den vorausgesetzten Verfahrensstand der Bauleitplanung gewährleistet, dass sich die planende Gemeinde vor der Einreichung eines Zielabweichungsantrages ausreichend und intensiv mit der Ausweisung von Windenergiegebieten in ihrem Gemeindegebiet auseinandergesetzt hat (LT-Drs. 20/1902, S. 21).

7. Ausnahmen für energieintensive Standorte und für die kommunale Wärmeplanung (§ 13b Abs. 2 LaplaG)

Sinn und Zweck des § 13b Abs. 2 LaplaG ist es ausweislich der Gesetzesbegründung, dass dem Wunsch nach kommunaler Wärmeversorgung durch Erneuerbare Energien sowie dem erhöhten Stromverbrauch von bereits ansässigen oder sich ansiedeln wollenden Unternehmen Rechnung getragen werden soll (LT-Drs. 20/1902, S. 21). Zur Begünstigung dieser energieintensiven Standorte und der kommunalen Wärmeplanung bestimmt § 13b Abs. 2 Satz 2 LaplaG, dass solche Abstandsvorgaben keine Anwendung finden, die als Ziele der Raumordnung im Landesentwicklungsplan für Windenergie an Land zu Gewerbegebieten festgelegt sind.

7.1 Energieintensive Standorte (§ 13b Abs. 2 Satz 1 Nr. 1 LaplaG)

Als Voraussetzung der Ausnahme für energieintensive Standorte nennt § 13b Abs. 2 Satz 1 Nr. 1 LaplaG, dass das Vorhaben überwiegend der Stromversorgung mindestens eines im Umkreis von bis zu 10 km befindlichen oder geplanten energieintensiven Gewerbe- oder Industriestandortes dient, und die Nutzung der gewonnenen Energie mittels unmittelbarem Direktanschluss und -verbrauch (ohne EEG-Fördermechanismen) erfolgt. Wann dabei die Stromversorgung überwiegend einem energieintensiven Gewerbe- oder Industriestandortes dient, ist nicht eindeutig bestimmt. Sinnvoll erscheint es, den Begriff „überwiegend" so zu verstehen, dass mehr als die Hälfte des jährlich erzeugten Stroms für die Nutzung des energieintensiven Gewerbe- oder Industriestandortes dient. Die Anforderungen, wann es sich um einen energieintensiven Gewerbe- oder Industriestandort handelt, werden im Gesetz ebenfalls nicht definiert. Die Gesetzesbegründung weist lediglich darauf hin, dass bei geplanten Gewerbe- und Industriestandorten die Planung bereits so weit fortgeschritten sein muss, dass mit einer Ansiedlung ausreichend sicher gerechnet werden kann (LT-Drs. 20/1902, S. 22). Energieintensiv sind besonders die Unternehmen, die für die Herstellung von chemischen Erzeugnissen sowie für Metallerzeugung und -bearbeitung einen hohen Energiebedarf haben. Aber auch die Mineralölverarbeitung bzw. die Zementherstellung gehören zu den Branchen, die in Schleswig-Holstein einen hohen Energiebedarf haben. Damit würden vor allem Standorte in der Nähe von Brunsbüttel und Heide in den Anwendungsbereich dieser Regelung fallen. Aufgrund der weiten Formulierung des Anwendungsbereichs, der lediglich auf energieintensiven Gewerbe- oder Industriestandorte abstellt, ohne jedoch Mindestmengen oder eine besonders hohe Kostenbelastung zu erfordern, wie es bspw. im Gesetz zur Finanzierung der Energiewende im Stromsektor durch Zahlungen des Bundes und Erhebung von Umlagen der Fall ist, können auch kleinere Standorte im ländlichen Raum in den Anwendungsbereich fallen. Denn selbst einzelne Unternehmen, wie bspw. Meiereien oder holzverarbeitende Betriebe, können energieintensiv sein und einen erhöhten Stromverbrauch haben. Eine Einschränkung ist daher lediglich auf Tatbestandsseite darin zu sehen, dass der Radius zwischen dem energieintensiven Gewerbe- oder Industriestandort und dem Windenergiegebiet maximal 10 km betragen darf, und so auch mehrere Gemeindegebiete betreffen kann. Zudem verlangt § 13b Abs. 2 Satz 1 Nr. 1 LaplaG, dass die Nutzung der gewonnenen Energie mittels unmittelbarem Direktanschluss und -verbrauch (ohne EEG-Fördermechanismen) erfolgt. Laut der Gesetzesbegründung soll daher der Strom nicht durch ein Netz durchgeleitet werden, wobei entsprechend der Definition des § 3 Nr. 35 EEG das Netz die Gesamtheit der miteinander verbundenen technischen Einrichtungen zur Abnahme, Übertragung und Verteilung von Elektrizität für die allgemeine Versorgung darstellt (LT-Drs. 20/1902, S. 22).

7.2 Kommunale Wärmeplanung (§ 13b Abs. 2 Satz 1 Nr. 2 LaplaG)

Vorhaben, die der kommunalen Wärmeversorgung einer Gemeinde dienen, werden ebenfalls von den landesplanerisch festgelegten Abstandsvorgaben zu Gewerbegebieten befreit. Als Voraussetzung nennt dafür § 13b Abs. 2 Satz 1 Nr. 2 LaplaG, dass das Vorhaben in der Gemeinde überwiegend der Wärmeversorgung im Rahmen eines kommunalen Wärmekonzepts dient. Auch hierbei ist der Begriff „überwiegend" so zu verstehen, dass mindestens die Hälfte der jährlich erzeugten Strommenge zur Nutzung der kommunalen Wärmeversorgung dient. Mit Wärmekonzept dürfte die kommunale Wärmeplanung nach dem Wärmeplanungsgesetz bzw. nach dem Energiewende- und Klimaschutzgesetz (EWKG) gemeint sein. Auf Grundlage dieser Gesetze erarbeiten die Gemeinden eine kommunale Wärmeplanung. Wird sodann in einer solchen Wärmeplanung vorgesehen, dass der durch in einem Windenergiebiet befindlichen Windkraftanlagen erzeugte Strom überwiegend der kommunalen Wärmeversorgung dienen soll, kann darauf aufbauend durch Bauleitplanung ein solches Windenergiebiet ausgewiesen werden. Maßgeblich ist daher der Wärmeplan der Gemeinde und die darin enthaltende Prognose zur Erzeugung und Verbrauch des Stroms. Die Nutzung der gewonnenen Energie mittels unmittelbarem Direktanschluss und -verbrauch, wie es in § 13b Abs. 2 Satz 1 Nr. 1 LaplaG vorgesehen ist, gilt hier jedoch nicht. Es kommt daher lediglich auf einen Mengenausgleich und die der Wärmeplanung zugrundeliegende Berechnung an.

8. Anforderungen an die vorzulegenden Unterlagen (§ 13 Abs. 3 LaplaG)

§ 13b Abs. 3 LaplaG bestimmt, dass die Gemeinden den Nachweispflichten durch Einreichung nachvollziehbarer Unterlagen nachkommen. Hierbei handelt es sich um eine Selbstverständlichkeit, denn eine Entscheidung über eine Zielabweichung ist der Landesplanungsbehörde nur möglich, wenn alle relevanten Tatbestandsvoraussetzungen geprüft werden können. Dazu gehören vor allem die Unterlagen, um die Tatbestandsvoraussetzungen der Abs. 1 und 2 des § 13b LaplaG prüfen zu können. Dies sind insbesondere die Dokumente, die von der Gemeinde im Verfahren der Aufstellung der Bauleitplanung ohnehin zu erstellen sind.

9. Verfahrenserleichterungen in Zielabweichungsverfahren (§ 13b Abs. 4 LaplaG)

Die Entscheidung im Zielabweichungsverfahren ergeht nach § 13 Abs. 1 Satz 2 LaplaG im Einvernehmen mit den jeweils fachlich berührten obersten Landesbehörden (vgl. Erl. 4.5 zu § 13 LaplaG) und nach Beteiligung der weiteren jeweils fachlich berührten öffentlichen Stellen (vgl. Erl. 4.6 zu § 13 LaplaG). Mit der Regelung in § 13b Abs. 4 LaplaG kann davon abweichend auf das Einvernehmen der jeweils fachlich berührten obersten Landesbehörden und auf die Beteiligung der weiteren jeweils fachlich berührten öffentlichen Stellen verzichtet werden. Hintergrund ist, dass im Bauleitplanverfahren die von der Planung betroffenen Träger öffentlicher Belange durch die Gemeinde bereits beteiligt werden müssen. Nach der Gesetzesbegründung soll so die Möglichkeit der Landesplanungsbehörde, im Zielabweichungsverfahren auf die Beteiligung und das Einholen des Einvernehmens zu verzichten, zu einer Verfahrensvereinfachung und -beschleunigung führen (LT-Drs. 20/1902, S. 23).

Entsprechend der Anforderung an die vorzulegenden Unterlagen nach § 13b Abs. 3 LaplaG ist die Beteiligung der Träger öffentlicher Belange der Landesplanungsbehörde durch die Gemeinde nachzuweisen. Die Landesplanung kann so für das Zielabweichungsverfahren auf die eingegangenen Stellungnahmen aus dem Bauleitplanverfahren zurückgreifen (LT-Drs. 20/1902, S. 23).

Vor §§ 14–17 LaplaG Überblick zur Raumverträglichkeitsprüfung

Erläuterungen

Übersicht

1. Überblick

Die §§ 14 bis 17 LaplaG beinhalten die landesrechtlichen Regelungen zur Raumverträglichkeitsprüfung.

Mit einer Raumverträglichkeitsprüfung wird überprüft, ob ein konkretes Vorhaben von überörtlicher Bedeutung mit den Zielen und Grundsätzen der Raumordnung übereinstimmt. Zudem wird die Abstimmung mit Planungen und Maßnahmen anderer Planungsträger durchgeführt. Ziel ist es, durch eine Raumverträglichkeitsprüfung frühzeitig konkurrierende Nutzungsansprüche an den Raum zu ermitteln und im Einzelfall aufeinander abzustimmen. Außerdem können durch eine Raumverträglichkeitsprüfung Kompromisslinien aufgezeigt werden und Konflikte lassen sich vor dem nachfolgenden Planfeststellungsverfahren entschärfen. Eine Raumverträglichkeitsprüfung ist wegen seines fachübergreifenden Charakters geeignet, die oftmals widerstreitenden Planungen und Nutzungsansprüche in Einklang zu bringen. Es schließt die Prüfung von ernsthaft in Betracht kommenden Trassen- und Standortalternativen ein. Mit einer überschlägigen Prüfung der Auswirkungen des Vorhabens auf die Schutzgüter nach § 2 Abs. 1 UVPG unter Berücksichtigung der Kriterien nach Anlage 3 des UVPG wird eine Prüfung von Umweltauswirkungen in einem groben Maßstab durchgeführt, um Eingriffe in schützenswerte Bereiche abzuwenden oder unvermeidbare Eingriffe und Umweltbelastungen auf ein erträgliches Maß zu reduzieren.

Das Ergebnis der Raumverträglichkeitsprüfung ist in den nachfolgenden Verfahren zu berücksichtigen. Das bedeutet, dass bei der Entscheidung der Genehmigungs- oder Planfeststellungsbehörde die Ergebnisse der Raumverträglichkeitsprüfung in deren Abwägungsprozess mit einbezogen werden müssen. Soweit Ziele der Raumordnung unmittelbar gelten, sind sie auch für die Behörden zwingend und können nicht im Rahmen einer Abwägung überwunden werden. Die Raumverträglichkeitsprüfung ersetzt keine Genehmigungen, Planfeststellungen oder sonstige behördliche Entscheidungen über die Zulässigkeit des Vorhabens. Aufgrund des eher behördenverbindlichen Charakters und der fehlenden unmittelbaren Rechtswirkung nach außen kann das Ergebnis einer Raumverträglichkeitsprüfung nicht mit einem Rechtsmittel angegriffen werden.

2. Rechtsgrundlagen

Rechtliche Grundlagen für die Durchführung einer Raumverträglichkeitsprüfung sind die §§ 15 f. ROG, die §§ 14 bis 17 LaplaG, die Raumordnungsverordnung (RoV) sowie § 49 UVPG.

§ 15 ROG ist die zentrale Norm, die die Raumverträglichkeitsprüfung als besonderes Verfahren ermöglicht und formelle und materielle Anforderungen beinhaltet.

§ 16 ROG ermöglicht die Durchführung der beschleunigten Raumverträglichkeitsprüfung mit formellen Vereinfachungen und enthält die Möglichkeit, auf die Durchführung einer Raumverträglichkeitsprüfung zu verzichten.

§ 14 LaplaG ergänzt und konkretisiert die bundesrechtlichen Vorgaben zur Raumverträglichkeitsprüfung aus dem ROG und dem UVPG. Dabei wird in Absatz 1 klargestellt, dass sich die Raumverträglichkeitsprüfung nach § 15 und § 16 ROG richtet, soweit das LaplaG nichts anderes regelt.

§ 15 LaplaG enthält Bestimmungen für die Durchführung der Raumverträglichkeitsprüfung. In Absatz 1 werden die Unterlagen konkretisiert, die vom Träger des Vorhabens der Landesplanungsbehörde vorzulegen sind. Die Absätze 2 bis 4 regeln das Verfahren zur Beteiligung der Öffentlichkeit.

§ 16 LaplaG beinhaltet die Regelung zur beschleunigten Raumverträglichkeitsprüfung und verweist darauf, dass die Landesplanungsbehörde nach Maßgabe des § 16 ROG eine beschleunigte Raumverträglichkeitsprüfung durchführen kann.

§ 16 LaplaG regelt, dass für die Durchführung von Raumverträglichkeitsprüfungen gegenüber dem Vorhabenträger Kosten erhoben werden.

Die RoV nennt die Planungen und Maßnahmen, für die eine Raumverträglichkeitsprüfung durchgeführt werden kann, wenn sie im Einzelfall raumbedeutsam sind und überörtliche Bedeutung haben.

§ 49 UVPG sieht vor, dass bei Raumverträglichkeitsprüfungen die Prüfung der Umweltauswirkungen nur nach Maßgabe des ROG erfolgt. Die Umweltverträglichkeitsprüfung im nachfolgenden behördlichen Verfahren, das der Zulassungsentscheidung dient, umfasst eine vertiefte Prüfung der in der Raumverträglichkeitsprüfung nur überschlägig geprüften Umweltauswirkungen.

3. Historische Entwicklung

Als zweites Land, nach Bayern im Jahr 1957, nahm Schleswig-Holstein 1961 das Raumordnungsverfahren in das LaplaG auf. § 8 des LaplaG 1961 regelte (GVOBl. 1961 S. 119), dass in den Fällen, wenn durch Planungen eines Planungsträgers zugleich die Interessen anderer Planungsträger beeinträchtigt werden, die Landesplanungsbehörde, soweit sie es für erforderlich hält oder eine dieser Stellen es beantragt, ein Raumordnungsverfahren durchführt, das der Abstimmung der Interessen dient. Wenn über den Ausgleich der Interessen im Raumordnungsverfahren kein Einvernehmen erzielt werden konnte, hatte die Landesplanungsbehörde der Planung zu widersprechen. Dabei handelte es sich lediglich um ein verwaltungsinternes Verfahren, das eine Beteiligung von Privatpersonen oder der Öffentlichkeit nicht vorsah (LT-Drs. 4/376 S. 13). Die Bedeutung des Raumordnungsverfahrens bestand vor allem darin, dass Planungsträgern, die mit der Abstimmung auf regionaler Ebene nicht übereinkamen, die Möglichkeit eröffnet werden sollte, eigene Planungsabsichten durch die Landesplanungsbehörde überprüfen zu lassen (*Schaetzell*, Landesplanungsgesetz, S. 36). Zudem wurde der Landesplanungsbehörde durch das Widerspruchsrecht ein Sicherungsinstrument übertragen, um Ziele aufstellen zu können bzw. bereits aufgestellte Ziele zu sichern (vgl. *Schaetzell*, Landesplanungsgesetz, S. 37).

Das LaplaG 1971 erweiterte die Vorschrift zum Raumordnungsverfahren um die Möglichkeit, den Antrag, auf Durchführung eines Raumordnungsverfahrens, abzulehnen, wenn über die Interessenbeeinträchtigung bereits in einem anderen gesetzlich vorgesehenen Planungsverfahren entschieden worden ist oder bei deren rechtzeitiger Geltendmachung hätte entschieden werden können (GVOBl. 1971 S. 152).

Im ROG wurde im Jahr 1989 mit dem § 6a erstmals eine bundesrechtliche Grundlage für das Raumordnungsverfahren in das Gesetz aufgenommen (BGBl. 1989 S. 1417). Ziel des Gesetzgebers war es, einen einheitlichen Rahmen für die Durchführung von Raumordnungsverfahren in den Ländern zu schaffen und die EG-Richtlinie über die Umweltverträglichkeitsprüfung bei bestimmten öffentlichen und privaten Projekten (85/337/EWG) in nationales Recht umzusetzen (BT-Drs. 11/3916 S. 13). Als Rahmenrecht des Bundes enthielt § 6a ROG 1989 Vorgaben zum Abstimmungsauftrag beim Raumordnungsverfahren und enthielt formelle und materielle Verfahrensanforderungen, fügte die Umweltverträglichkeitsprüfung in das Verfahren ein und ermächtigte die Bundesregierung zum Erlass einer Rechtsverordnung, der Raumordnungsverordnung, die Vorhaben enthält, vor deren Verwirklichung im Regelfall ein Raumordnungsverfahren durchgeführt werden soll.

Mit dem LaplaG 1992 wurde auf die rahmenrechtlichen Vorgaben des ROG reagiert und die §§ 14, 14a sowie 14b als neue Vorschriften zum Raumordnungsverfahren eingefügt (GVOBl. 1992 S. 196). Zudem sahen die neuen Vorschriften umfangreiche Detailregelungen für die Durchführung des Raumordnungsverfahrens sowie die Einführung einer Umweltverträglichkeitsprüfung und einer weitgehenden Einbeziehung der Öffentlichkeit im Raumordnungsverfahren vor.

Das ROG 1998 (BGBl. 1997 S. 2081) beinhaltete weiter eine rahmenrechtliche Regelung zum Raumordnungsverfahren (§ 15 ROG 1998), die jedoch im Vergleich zu § 6a ROG 1989 verringert wurde und die zwingende Verbindung von Raumordnungsverfahren und UVP auflöste. Wie auch das LaplaG 1992, beinhaltete das ROG 1998 nun eine Öffentlichkeitsbeteiligung und sah Fristen für die Einleitung und den Abschluss des Verfahrens vor (BT-Drs. 13/6392 S. 86 f.).

Das nach der Föderalismusreform erlassene ROG 2008 (BGBl. 2008 S. 2986) sah eine unmittelbare Verpflichtung der Länder zur Durchführung von Raumordnungsverfahren vor und führte mit dem vereinfachten Raumordnungsverfahren ein Verfahren mit verkürzter Verfahrensdauer ein (BT-Drs. 16/10292 S. 26 f.).

Mit dem LaplaG 2014 wurden die landesrechtlichen Vorschriften nach über 20 Jahren umfassend überarbeitet und dabei an das ROG angepasst (GVOBl. 2014 S. 8).

Die Reform des ROG aus dem Jahr 2017 (BGBl. 2017 S. 1245) ergänzte die Vorschriften um Verfahrensanforderungen, wie eine Verpflichtung zur Öffentlichkeitsbeteiligung (BT-Drs. 18/10883 S. 54 ff.).

Die Änderungen im LaplaG in den Jahren 2018 (GVOBl. 2018 S. 292) und 2020 (GVOBl. 2020 S. 500) bestanden weitgehend aus Verfahrenserleichterungen sowie aus redaktionellen Anpassungen an das ROG 2017.

Verfahrenserleichterungen für das Raumordnungsverfahren brachte das ROG 2021. Mit der Änderung des ROG im Rahmen des Gesetzes zur Beschleunigung von Investitionen (BGBl. 2021 S. 2694), das am 9.6.2021 in Kraft trat, wurde festgelegt, dass das Raumordnungsverfahren im Regelfall nur auf Antrag des Vorhabenträgers durchgeführt wird. Zudem wurde die Digitalisierung bei der Einreichung und Bekanntmachung von Unterlagen stärker beachtet und das Raumordnungsverfahren enger mit dem nachfolgenden Zulassungsverfahren verknüpft.

Eine grundlegende Änderung der bundesrechtlichen Vorschriften nahm das ROG 2023 vor. Dazu wurde § 15 ROG neu gefasst und mit einer neuen Überschrift in Raumverträglichkeitsprüfung umbenannt. Inhaltlich wurde das Verfahren beschleunigt und optimiert. Aufbau und Grundstruktur wurden weitgehend beibehalten. Mit der Änderung des LaplaG im Jahr 2024 wurde auf die Änderung des ROG reagiert und das Raumordnungsverfahren im LaplaG ebenfalls in Raumverträglichkeitsprüfung umbenannt und inhaltliche Folgeänderungen vorgenommen.

4. Ablauf der Raumverträglichkeitsprüfung

Der Ablauf der Raumverträglichkeitsprüfung ergibt sich aus dem Zusammenspiel der bundes- und der landesrechtlichen Vorschriften. Die nachfolgende Übersicht gibt daher nur einen Überblick über den Ablauf. Im Übrigen wird auf die Erl. zu den §§ 14 bis 17 LaplaG sowie auf die Vorschriften des ROG verwiesen.

- Vorstellung des Vorhabens bei der Landesplanungsbehörde.
- Grundsätzliche Entscheidung über die Durchführung einer Raumverträglichkeitsprüfung durch die Landesplanungsbehörde § 15 Abs. 4 ROG, § 16 Abs. 2 ROG).
- Erörterung des Vorhabens mit dem Vorhabenträger (Gegenstand, Umfang und Methoden) durch die Landesplanungsbehörde (§ 15 Abs. 1 LaplaG). Ziel des Erörterungstermins ist die Festlegung (Festlegungsprotokoll) der von dem Vorhabenträger für die Durchführung der Raumverträglichkeitsprüfung zu fertigenden Unterlagen.
- Vorlage der Unterlagen bei der Landesplanungsbehörde und Prüfung auf Vollständigkeit (§ 15 Abs. 2 ROG).
- Eröffnung des Verfahrens durch Beteiligung der Öffentlichkeit und der in ihren Belangen berührten öffentlichen Stellen (§ 15 Abs. 2 LaplaG, § 15 Abs. 3 ROG).
- Überprüfung der Auswirkungen des Vorhabens unter überörtlichen und fachlichen Gesichtspunkten und Abstimmung mit den Zielen und Erfordernissen der Raumordnung sowie Ermittlung und Beschreibung der Auswirkungen des Vorhabens auf der Grundlage der für die raumordnerische Beurteilung erforderlichen Unterlagen und der von den beteiligten Stellen und der Öffentlichkeit vorgelegten Stellungnahmen, ergänzt um eigene Ermittlungen der Landesplanungsbehörde (§ 15 Abs. 1 ROG).
- Abschluss der Raumverträglichkeitsprüfung innerhalb von sechs Monaten und Veröffentlichung der landesplanerischen Stellungnahme (§ 15 Abs. 4 LaplaG, § 15 Abs. 1 ROG).

§ 14
Raumverträglichkeitsprüfung

(1) Die Durchführung der Raumverträglichkeitsprüfung richtet sich nach § 15 und § 16 ROG, soweit dieses Gesetz nichts anderes regelt.

(2) Zuständig für die Durchführung von Raumverträglichkeitsprüfungen für Vorhaben nach § 1 der Raumordnungsverordnung vom 13. Dezember 1990 (BGBl. I S. 2766), zuletzt geändert durch Artikel 12 des Gesetzes vom 22. März 2023 (BGBl. 2023 I Nr. 88), ist die Landesplanungsbehörde.

Erläuterungen

Übersicht

1. Inhalt der Norm

§ 14 Abs. 1 LaplaG verweist darauf, dass sich die Raumverträglichkeitsprüfung nach den § 15 und § 16 ROG richtet, soweit das LaplaG keine anderen Regelungen enthält. § 14 Abs. 2 LaplaG benennt die Landesplanungsbehörde als die für die Durchführung von Raumverträglichkeitsprüfungen zuständige Stelle.

2. Ergänzendes Landesrecht

Die landesrechtlichen Bestimmungen zur Raumverträglichkeitsprüfung im LaplaG ergänzen das ROG. Mit dem einleitenden Satz in § 14 Abs. 1 LaplaG wird daher auf die grundsätzlich geltenden Vorschriften des ROG sowie auf ggf. ergänzende und abweichende Regelungen im LaplaG hingewiesen. Abweichende Vorschriften sind nach Art. 72 Abs. 3 GG grundsätzlich möglich. Ergänzendes Landesrecht ist nur soweit zulässig, wenn der Bund eine Materie nicht („solange") oder nicht abschließend („soweit") geregelt hat (vgl. Erl. zu § 1 LaplaG).

3. Die Raumverträglichkeitsprüfung

Mit § 15 Abs. 1 ROG wird die Raumverträglichkeitsprüfung als ein besonderes Verfahren definiert, in dem die Raumverträglichkeit raumbedeutsamer Planungen und Maßnahmen geprüft wird. Eine darüberhinausgehende Definition für die Raumverträglichkeitsprüfung enthält das LaplaG nicht.

4. Zuständigkeit der Landesplanungsbehörde (§ 14 Abs. 2 LaplaG)

§ 14 Abs. 2 LaplaG bestimmt die Landesplanungsbehörde als die sachlich zuständige Behörde für die Durchführung von Raumverträglichkeitsprüfungen für die in § 1 RoV genannten Vorhaben. Die Landesplanungsbehörde ist nach § 4 LaplaG die für die Raumordnung und die Landesplanung zuständige oberste Landesbehörde und somit auch zuständig für die in ROG, RoV und LaplaG genannten Aufgaben und damit auch nach § 15 Abs. 1 ROG für die Durchführung von Raumverträglichkeitsprüfungen. § 14 Abs. 2 LaplaG kommt daher nur klarstellende Funktion zu, insoweit dort die Landesplanungsbehörde benannt wird.

5. Prüfung der Durchführung einer Raumverträglichkeitsprüfung

5.1 Prüfungspflicht

Vor Beginn der Durchführung der Raumverträglichkeitsprüfung steht die Feststellung, ob dafür ein Verwaltungsverfahren durchgeführt werden soll. Landesrechtliche Regelungen existieren dazu nicht mehr, so dass auf § 15 Abs. 4 ROG zurückzugreifen ist. Die ursprüngliche Regelung in § 14 Abs. 1 LaplaG, dass in der Regel ein Raumordnungsverfahren durchgeführt werden soll, soweit im Übrigen nicht nach § 16 Abs. 2 ROG davon abgesehen wird, wurde im Jahr 2024 aus dem LaplaG gestrichen. Durch den geänderten § 15 ROG im Jahr 2021 wurde festgelegt, dass die Raumverträglichkeitsprüfung grundsätzlich nur auf Antrag des Vorhabenträgers durchgeführt werden soll. Beantragt der Vorhabenträger keine Raumverträglichkeitsprüfung, ist er dennoch nach § 15 Abs. 4 Satz 1 ROG verpflichtet, der Landesplanungsbehörde anzuzeigen, wenn er ein Zulassungsverfahren für eine raumbedeutsame Planung oder Maßnahme nach § 1 RoV anstrebt. In seinem solchen Fall soll die Landesplanungsbehörde auch ohne Antrag des Vorhabenträgers eine Raumverträglichkeitsprüfung durchführen, wenn sie befürchtet, dass die Planung oder Maßnahme im Hinblick auf die Übereinstimmung mit den Erfordernissen der Raumordnung und auf die Abstimmung mit anderen raumbedeutsamen Planungen und Maßnahmen zu raumbedeutsamen Konflikten führen wird. In diesem Fall muss die Landesplanungsbehörde ihre Entscheidung über die Einleitung der Prüfung dem Vorhabenträger innerhalb von vier Wochen nach der Anzeige des Vorhabenträgers mitteilen.

5.2 Raumverträglichkeitsprüfungen für Vorhaben der RoV

Nach § 15 Abs. 1 ROG prüft die Landesplanungsbehörde in einem besonderen Verfahren die Raumverträglichkeit raumbedeutsamer Planungen und Maßnahmen im Sinne von § 1 der RoV. Die RoV geht davon aus, dass die Durchführung einer Raumverträglichkeitsprüfung nur auf Grundlage eines Antrags nach § 15 Abs. 4 Satz 1 ROG (Antrag des Vorhabenträgers) oder auf Grundlage einer Entscheidung nach § 15 Abs. 4 Satz 4 ROG (Entscheidung der Landesplanungsbehörde, wenn sie befürchtet, dass die Planung oder Maßnahme im Hinblick auf die Übereinstimmung mit den Erfordernissen der Raumordnung und auf die Abstimmung mit anderen raumbedeutsamen Planungen und Maßnahmen zu raumbedeutsamen Konflikten führen wird) für die in der RoV aufgeführten Planungen und Maßnahmen erfolgt. Dies gilt nur, wenn die in der RoV aufgeführten Planungen und Maßnahmen im Einzelfall raumbedeutsam sind und überörtliche Bedeutung haben.

Neben der Feststellung, ob das konkrete Vorhaben unter die Liste in § 1 RoV fällt, ist darüber hinaus zu bewerten, ob die Raumbedeutsamkeit und Überörtlichkeit gegeben ist. Bei einer positiven Feststellung steht der Landesplanungsbehörde dennoch das Recht zu, von der Durchführung einer Raumverträglichkeitsprüfung abzusehen, wenn bei den Planungen und Maßnahmen sichergestellt ist, dass ihre Raumverträglichkeit anderweitig geprüft wird (§ 16 Abs. 2 Satz 1 ROG). Da in Schleswig-Holstein keine Rechtsverordnung existiert, die regelt, in welchen Fälle sich die Durchführung einer Raumverträglichkeitsprüfung erübrigt (vgl. § 16 Abs. 2 Satz 2 ROG) und auch im LaplaG keine gesetzlichen Kriterien festgelegt sind, obliegt die Entscheidung der Landesplanungsbehörde, ob eine Raumverträglichkeitsprüfung durchgeführt wird. Dabei ist zu beachten, dass es sich bei § 16 Abs. 2 Satz 1 ROG um eine Sollvorschrift handelt, so dass unter den in Absatz 2 genannten Voraussetzungen vor Durchführung eines Planfeststellungsverfahrens auf eine eigenständige Raumverträglichkeitsprüfung im Regelfall („soll") zu verzichten ist. Damit verbleibt der Raumordnungsbehörde ein sachgerechter Ermessensspielraum für atypische Einzelfälle (BT-Drs. 20/5830, S. 45).

5.3 Verdrängung der Raumverträglichkeitsprüfung

Der Anwendungsbereich für die Raumverträglichkeitsprüfung kann durch fachgesetzliche Regelungen eingeschränkt werden. So sieht § 28 Satz 1 NABEG vor, dass abweichend von § 15 Abs. 1 ROG i. V. m. § 1 Satz 1 Nr. 14 RoV eine Raumverträglichkeitsprüfung für die Errichtung oder die Änderung von Höchstspannungsleitungen, für die im Bundesnetzplan Trassenkorridore oder Trassen ausgewiesen sind, nicht stattfindet. Was über den Wortlaut hinaus auch für vom NABEG erfasste Seekabel gelten soll (*Schmitz* in Bielenberg/Runkel/ Spannowsky, ROG, M § 15 Rn. 67). Weiterhin ist nach § 20 Abs. 4 Standortauswahlgesetz (StandAG) keine Raumverträglichkeitsprüfung für die Errichtung des Endlagers durchzuführen. Damit weicht das StandAG von § 15 Abs. 1 ROG i. V. m. § 1 Satz 1 Nr. 16 RoV ab.

§ 15
Durchführung und Ergebnis der Raumverträglichkeitsprüfung

(1) [1]Die Landesplanungsbehörde erörtert mit dem Träger des Vorhabens Gegenstand, Umfang und Methoden sowie sonstige erhebliche Fragen der Raumverträglichkeitsprüfung. [2]Anschließend legt sie Art und Umfang der erforderlichen Unterlagen nach § 15 Absatz 2 Satz 1 ROG fest, die für die raumordnerische Beurteilung notwendig sind und ihr vom Träger des Vorhabens vorzulegen sind. [3]Die Unterlagen sind in elektronischer Form zur Verfügung zu stellen und sollen mindestens folgende Angaben enthalten:

1. **Beschreibung des Vorhabens mit Angaben über Standort, Art und Umfang, Emissionen und Reststoffe, Bedarf an Grund und Boden sowie andere Ansprüche an Natur und Umwelt und seine wirtschaftlichen Zielsetzungen,**
2. **Beschreibung der durch das Vorhaben bedingten Infrastrukturanforderungen,**
3. **Beschreibung der räumlichen Ausgangslage, insbesondere ihrer ökologischen sowie kulturhistorischen Ausstattung,**
4. **Beschreibung der Maßnahmen, mit denen erhebliche Beeinträchtigungen durch das Vorhaben auf den insgesamt betroffenen Raum vermieden oder vermindert werden,**
5. **Beschreibung aller auch nach Vornahme von Maßnahmen nach Nummer 4 erwarteten erheblichen Auswirkungen des Vorhabens auf den insgesamt betroffenen Raum,**
6. **Beschreibung möglicher Ausgleichs- und Ersatzmaßnahmen für unvermeidbare Beeinträchtigungen,**
7. **Darstellung der wesentlichen Gründe für den benannten Standort sowie ernsthaft in Betracht kommender Standort- oder Trassenalternativen.**

[4]Bei den erforderlichen Angaben ist von den allgemein anerkannten Prüfungsmethoden und dem allgemeinen Kenntnisstand auszugehen. [5]Eine allgemeinverständliche Zusammenfassung der Angaben ist beizufügen. [6]Die Landesplanungsbehörde kann außerdem vom Vorhabenträger die Vorlage weiterer Gutachten verlangen, soweit diese für die raumordnerische Beurteilung erforderlich sind.

(2) [1]In der Raumverträglichkeitsprüfung sind, soweit sie berührt sein können, zu beteiligen:

1. **Die öffentlichen Stellen nach § 15 Absatz 3 Satz 1 ROG sowie**
2. **die nach § 40 des Landesnaturschutzgesetzes anerkannten Vereine, der Landesnaturschutzverband sowie sonstige Verbände und Vereinigungen.**

[2]Die Landesplanungsbehörde bestimmt den Kreis der Beteiligten und legt die Art und Weise der Beteiligung fest. [3]Sie kann Dritte hinzuziehen. [4]Soweit Raumverträglichkeitsprüfungen grundsätzliche Fragen der Landesplanung berühren, soll die Landesplanungsbehörde den Landesplanungsrat (§ 20) beteiligen.

(3) [1]Die Landesplanungsbehörde beteiligt die Öffentlichkeit und die in ihren Belangen berührten öffentlichen Stellen nach Absatz 2 nach Maßgabe der §§ 15 und 16 ROG. [2]Stellungnahmen können in schriftlicher oder elektronischer Form bei der Landesplanungsbehörde abgegeben werden; darauf ist in der Bekanntmachung nach § 15 Absatz 3 Satz 5 ROG hinzuweisen.

(4) Die Landesplanungsbehörde veröffentlicht ihre landesplanerische Stellungnahme nach § 15 Absatz 1 Satz 5 ROG zusätzlich im Internet, soweit dadurch die Interessen des Vorhabenträgers an Geheimhaltung seiner Betriebs- und Geschäftsgeheimnisse oder Geheimhaltungsinteressen des Bundes oder eines Landes nach § 15 Absatz 3 Satz 3 und 4 ROG nicht verletzt werden.

Erläuterungen

Übersicht

1. Inhalt der Norm

§ 15 LaplaG enthält formelle und materielle Anforderungen an die Durchführung und an das Ergebnis der Raumverträglichkeitsprüfung.

In § 15 Abs. 1 LaplaG werden die Unterlagen konkretisiert, die vom Träger des Vorhabens der Landesplanungsbehörde vorzulegen sind.

Die Absätze 2 und 3 des § 15 LaplaG regeln das Verfahren zur Beteiligung der Öffentlichkeit und Absatz 4 des § 15 LaplaG bestimmt, dass die landesplanerische Stellungnahme im Internet zu veröffentlichen ist.

2. Hintergründe der Norm

§ 15 LaplaG enthält im Wesentlichen ergänzende Regelungen für die Durchführung der Raumverträglichkeitsprüfung. Da § 15 LaplaG weitgehend auf den §§ 14a und 14b LaplaG

1992 beruht, gelten inhaltlich die Regelungen aufgrund des § 28 Abs. 3 ROG 2008 bzw. § 27 Abs. 3 ROG 2017/2023 weiter. Denn die §§ 14a und 14b LaplaG 1992 waren als Konkretisierungen der rahmenrechtlichen Bestimmung des § 6a ROG 1989 bestimmt (LT-Drs. 12/1631 S. 23) und stellen somit solche Normen dar, die bewusst dazu gedacht waren, die rahmenartig gefassten Bundesnormen auszufüllen und zu konkretisieren (*Schubert* in Kment, ROG, § 27 Rn. 24). Die seit 1992 in den Vorschriften zum Raumordnungsverfahren vorgenommenen Änderungen, im Wesentlichen durch die Überarbeitungen des LaplaG in den Jahren 2014, 2018, 2020 und 2024 waren vorwiegend redaktionelle Änderungen sowie Anpassungen aufgrund der Änderungen des ROG. Zu beachten sind nach der ROG-Änderung im Jahr 2021 weitere Anforderungen zur Digitalisierung sowie die die Verfahrensbeschleunigungen der ROG-Novelle aus dem Jahr 2023.

3. Anforderungen an die Verfahrensunterlagen (§ 15 Abs. 1 LaplaG)

3.1 Erörterung mit dem Träger des Vorhabens (§ 15 Abs. 1 Satz 1 LaplaG)

Nachdem die Entscheidung über die Durchführung der Raumverträglichkeitsprüfung getroffen worden ist, erörtert die Landesplanungsbehörde nach § 15 Abs. 1 Satz 1 LaplaG mit dem Träger des Vorhabens Gegenstand, Umfang und Methoden sowie sonstige erhebliche Fragen der Raumverträglichkeitsprüfung. Dabei können sowohl formelle und materielle Fragen sowie Unklarheiten zur Durchführung der Raumverträglichkeitsprüfung geklärt werden. Denn im beidseitigen Interesse von Landesplanungsbehörde und Träger des Vorhabens an einem zügigen, ökonomischen und auf das spätere Zulassungsverfahren abgestimmten Raumverträglichkeitsprüfung ist es sinnvoll, die wesentlichen Fragen vorab zu erörtern. Formelle Anforderungen an eine Erörterung werden im Gesetz nicht definiert. Möglich sind daher schriftliche oder mündliche Erörterungen. In der Praxis hat sich ein Termin zur Erörterung bewährt, bei dem die Landesplanungsbehörde mit Vertretern des Vorhabenträgers Fragen der Raumverträglichkeitsprüfung diskutieren kann. Die Teilnahme am Erörterungstermin, der auch Antragskonferenz genannt wird, ist jedoch nicht auf die Landesplanungsbehörde und den Träger des Vorhabens begrenzt. Da der Erörterungstermin auch zur Vorbereitung für die Festlegung von Art und Umfang der Unterlagen nach § 15 Abs. 1 Satz 2 LaplaG dient, kann es sinnvoll sein, betroffene Gemeinden, andere Behörden und Dritte hinzuzuziehen (LT-Drs. 12/1631 S. 23). Selbst eine Erörterung mit Einbeziehung der Öffentlichkeit ist möglich. Als verfahrensleitende Behörde obliegt es der Landesplanungsbehörde, nach eigenem Ermessen, die Teilnehmer des Erörterungstermins festzulegen und einzuladen. Neben der Größe und Bedeutung des Vorhabens kann dabei auch das allgemeine öffentliche Interesse für einen Erörterungstermin mit einer größeren Anzahl an Teilnehmern sprechen.

3.2 Festlegung von Art und Umfang der Unterlagen (§ 15 Abs. 1 Sätze 2 und 3 LaplaG)

Im Anschluss an die Erörterung mit dem Träger des Vorhabens legt die Landesplanungsbehörde Art und Umfang der erforderlichen Unterlagen gemäß § 15 Abs. 2 Satz 1 ROG fest, die für die raumordnerische Beurteilung notwendig sind und ihr vom Träger des Vorhabens vorzulegen sind. Dabei sind neben den gesetzlichen Anforderungen aus ROG, UVPG und LaplaG auch die im Erörterungstermin gewonnenen Erkenntnisse und Absprachen zu berücksichtigen. Die Festlegung von Art und Umfang der Unterlagen soll als Grundlage für den Träger des Vorhabens dienen, um ihm vorab Klarheit zu verschaffen, welche Informationen die Landesplanungsbehörde für die raumordnerische Beurteilung benötigt.

Die Unterlagen sind nach § 15 Abs. 1 Satz 3 LaplaG in elektronischer Form zur Verfügung zu stellen. Das ROG sieht dabei vor, dass die Verfahrensunterlagen in einem verkehrsüblichen elektronischen Format eingereicht werden sollen.

Nach Eingang der Unterlagen hat die Landesplanungsbehörde einen Monat Zeit, die Vollständigkeit der Dokumente zu prüfen. Will die Landesplanungsbehörde Unterlagen nachfordern, hat sie dies dem Vorhabensträger innerhalb dieses Monats mitzuteilen und ihn bei Bedarf unter genauer Bezeichnung der noch erforderlichen Unterlagen oder Daten zur Vervollständigung der Unterlagen aufzufordern. Mit diesen klaren Fristen sollen Verfahrensverzögerungen vermieden werden. Zudem soll durch die klare Benennung der Unterlagen der Gefahr entgegengewirkt werden, dass der Vorhabenträger andere als die von der Landesplanungsbehörde gemeinten Unterlagen liefert (BT-Drs. 20/4823, S. 27).

3.3 Inhalt der Unterlagen (§ 15 Abs. 1 Sätze 3 bis 6 LaplaG)

§ 15 Abs. 2 Satz 1 ROG bestimmt, dass die Verfahrensunterlagen der Landesplanungsbehörde eine Bewertung der raumbedeutsamen Auswirkungen des Vorhabens ermöglichen müssen. Hierzu gehören auch geeignete Angaben entsprechend der Anlage 2 UVPG zu den Merkmalen des Vorhabens und des Standorts sowie zu den möglichen erheblichen Umweltauswirkungen des Vorhabens. Ergänzend zu dieser allgemeinen Regelung im ROG beinhalten die Sätze 3 bis 6 des § 15 Abs. 1 LaplaG die Mindestanforderungen an die Verfahrensunterlagen.

§ 15 Abs. 1 Satz 3 LaplaG definiert in sieben Unterpunkten folgende inhaltliche Anforderungen an die Unterlagen:

1. Beschreibung des Vorhabens mit Angaben über Standort, Art und Umfang, Emissionen und Reststoffe, Bedarf an Grund und Boden sowie andere Ansprüche an Natur und Umwelt und seine wirtschaftlichen Zielsetzungen,
2. Beschreibung der durch das Vorhaben bedingten Infrastrukturanforderungen,
3. Beschreibung der räumlichen Ausgangslage, insbesondere ihrer ökologischen sowie kulturhistorischen Ausstattung,
4. Beschreibung der Maßnahmen, mit denen erhebliche Beeinträchtigungen durch das Vorhaben auf den insgesamt betroffenen Raum vermieden oder vermindert werden,
5. Beschreibung aller auch nach Vornahme von Maßnahmen nach Nr. 4 erwarteten erheblichen Auswirkungen des Vorhabens auf den insgesamt betroffenen Raum,
6. Beschreibung möglicher Ausgleichs- und Ersatzmaßnahmen für unvermeidbare Beeinträchtigungen,
7. Darstellung der wesentlichen Gründe für den benannten Standort sowie ernsthaft in Betracht kommender Standort- oder Trassenalternativen.

Die sieben Unterpunkte orientieren sich an den Anforderungen, die aufgrund des § 16 UVPG vom Vorhabenträger bei der Erarbeitung des UVP-Berichts zu beachten sind. Zusätzlich sind typische raumordnerische Belange ergänzt (vgl. Nr. 2 und Nr. 4). Der Tatsache, dass es bei der Raumverträglichkeitsprüfung nicht in erster Linie um eine Umweltverträglichkeitsprüfung, sondern um eine generelle Überprüfung aller raumordnerischen Belange geht, tragen die Formulierungen in den Nrn. 3, 4 und 5 Rechnung. Die dortigen Begriffe „räumliche Ausgangslage" und „insgesamt betroffener Raum" beziehen alle räumlich relevanten Belange mit ein. Zugleich sind dabei auch die in § 16 UVPG angesprochenen Umweltbelange mit umfasst (LT-Drs. 12/1631 S. 23).

Mit der Formulierung „sollen mindestens" in § 15 Abs. 1 Satz 3 LaplaG wird klargestellt, dass diese Anforderungen im Regelfall zum Mindestinhalt gehören, es der Landesplanungsbehörde aber freisteht, weitere Anforderungen zu stellen oder im Einzelfall von der Vorlage bestimmter Unterlagen abzusehen. In diesem Sinne ist auch § 15 Abs. 1 Satz 6 LaplaG zu verstehen. Dieser Satz stellt klar, dass die Landesplanungsbehörde die Vorlage von Gutachten verlangen kann, um sicherzustellen, dass in jedem Fall die zur raumordnerischen Beurteilung erforderlichen Angaben beigebracht werden. Die Landesplanungsbehörde hat demnach zu prüfen, welche Unterlagen sie zur Vornahme der raumordnerischen Beurteilung benötigt.

Inhaltlich gilt nach § 15 Abs. 1 Satz 4 LaplaG für alle beizubringenden Unterlagen, dass sie die allgemein anerkannten Prüfungsmethoden und den allgemeinen Kenntnisstand berücksichtigen müssen. Die nach § 15 Abs. 1 Satz 5 LaplaG erforderliche, allgemeinverständliche Zusammenfassung der Angaben soll sicherstellen, dass bei der Vielzahl der erforderlichen fachlichen Angaben auch derjenige sich einen ausreichenden Überblick über das geplante Vorhaben verschaffen kann, der nicht mit der Fachmaterie des Vorhabenbereiches unmittelbar vertraut ist.

4. Beteiligung öffentlicher Stellen und der Öffentlichkeit (§ 15 Abs. 2 und 3 LaplaG)

4.1 Allgemeines zur Beteiligung öffentlicher Stellen und der Öffentlichkeit

§ 15 Abs. 3 ROG beinhaltet die grundsätzliche Pflicht zur Beteiligung der in ihren Belangen berührten öffentlichen Stellen, der Öffentlichkeit und der Nachbarstaaten und enthält Anforderungen an die Durchführung dieser Beteiligung. § 15 Abs. 2 und 3 LaplaG ergänzen diese bundesrechtliche Anforderung und regeln das nähere Verfahren.

Unterschiedliche Anforderungen an die Beteiligung der Öffentlichkeit und der Beteiligung der öffentlichen Stellen im Rahmen der Raumverträglichkeitsprüfung enthalten das LaplaG und das ROG nicht. Eine solche Differenzierung war noch bis 2024 im LaplaG enthalten, da die Beteiligung öffentlicher Stellen vorrangig der Informationsgewinnung für die Landesplanungsbehörde dient und der Koordinierungs- und Abstimmungsfunktion des Raumordnungsverfahrens gerecht werden soll (*Schmitz* in Bielenberg/Runkel/Spannowsky, ROG, M § 15 Rn. 270), während hingegen die Beteiligung der Öffentlichkeit durchgeführt wird, um eine Meinungsbildung der Öffentlichkeit und deren Beurteilung durch die Landesplanungsbehörde zu ermöglichen (LT-Drs. 12/1631 S. 25) und um Verwaltungsvorgänge transparent zu gestalten, damit die Akzeptanz von Großprojekten in der Bevölkerung erhöht wird (BT-Drs. 18/10883 S. 55).

4.2 Kreis der Beteiligten (§ 15 Abs. 2 LaplaG)

§ 15 Abs. 2 LaplaG regelt die Beteiligung von öffentlichen Stellen und sonstigen Stellen, die neben der Beteiligung der allgemeinen Öffentlichkeit gesondert zu beteiligen sind. Genannt werden in § 15 Abs. 2 Satz 1 LaplaG die öffentlichen Stellen nach § 15 Abs. 3 Satz 1 ROG sowie die nach § 40 LNatSchG anerkannten Vereine bzw. anerkannten Naturschutzvereinigungen, der Landesnaturschutzverband sowie sonstige Verbände und Vereinigungen. Da bereits § 15 Abs. 3 Satz 1 ROG die Beteiligung der in ihren Belangen berührten öffentlichen Stellen vorsieht, ist § 15 Abs. 2 LaplaG durch die Aufforderung zur Beteiligung der öffentlichen Stellen nach § 15 Abs. 3 Satz 1 ROG in § 15 Abs. 2 Satz 1 Nr. 1 LaplaG als Konkretisierung und Klarstellung zu verstehen, der durch die Aufnahme der in § 15 Abs. 2 Satz 1 Nr. 2 LaplaG genannten Verbände auch ergänzendes Recht darstellt.

Zu öffentlichen Stellen werden durch die Legaldefinition des § 3 Abs. 1 Nr. 5 ROG Behörden des Bundes und der Länder, kommunale Gebietskörperschaften, bundesunmittelbare und die der Aufsicht eines Landes unterstehenden Körperschaften, Anstalten und Stiftungen des öffentlichen Rechts gezählt. Zur Einschränkung verlangt das Gesetz, dass die öffentlichen Stellen in ihren Belangen berührt sein müssen. Berührt bedeutet insoweit nicht allein eine unmittelbare, räumliche Betroffenheit durch einen Standort- oder Trassenvorschlag bzw. die Verwirklichung eines Vorhabens im Gemeindegebiet, sondern auch eine mittelbare Betroffenheit durch die Auswirkungen und Wechselwirkungen des Vorhabens, wenn dieses bspw. Anpassungs- oder Rücksichtnahmepflichten auslöst (LT-Drs. 12/1631 S. 24; *Dietz* in Kment, ROG, § 15 Rn. 59).

Die gesonderte Erwähnung der nach § 40 LNatSchG anerkannten Naturschutzvereinigungen sowie des Landesnaturschutzverbandes geht auf die Bedeutung einer raumordnerischen Umweltverträglichkeitsprüfung zurück (LT-Drs. 12/1631 S. 24) und soll neben den sonstigen im Gesetz nicht gesondert benannten Verbänden und Vereinigungen eine weitergehende Beteiligung von in ihren Belangen berührten Gruppen betonen.

Aus § 15 Abs. 3 Satz 10 ROG folgt zudem, dass bei raumbedeutsamen Planungen und Maßnahmen, die erhebliche Auswirkungen auf Nachbarstaaten haben können, die betroffenen Nachbarstaaten in der Raumverträglichkeitsprüfung nach den Grundsätzen der Gegenseitigkeit und Gleichwertigkeit zu beteiligen sind. Bei Vorhaben in der Grenznähe zum Königreich Dänemark, aber auch Vorhaben im Küstenmeer, die Auswirkungen auf andere Anrainerstaaten an Ost- und Nordsee haben können, ist daher ebenfalls eine Beteiligung durchzuführen, um Informationen zu gewinnen, gleichwohl aber auch gutnachbarliche Beziehungen über die Staatsgrenzen hinweg zu pflegen (*Dietz* in Kment, ROG, § 15, Rn. 76).

Um im Einzelfall abschließend festzulegen, wer auf Grundlage der Auflistung in § 15 Abs. 2 Satz 1 LaplaG zu beteiligen ist, wird die Landesplanungsbehörde durch § 15 Abs. 2 Satz 2 LaplaG aufgefordert, den Kreis der Beteiligten zu bestimmen. Zudem hat die Landesplanungsbehörde auch die Art und Weise der Beteiligung festzulegen. Das LaplaG definiert keine Anforderungen dazu, wie Verfahrensunterlagen den Beteiligten zur Verfügung gestellt werden sollen und wie und in welcher Frist die Möglichkeit der Stellungnahme besteht, verweist jedoch in § 15 Abs. 3 Satz 1 LaplaG darauf, dass die Beteiligung der Öffentlichkeit und die in ihren Belangen berührten öffentlichen Stellen nach Maßgabe der §§ 15 und 16 ROG erfolgt. Gleichwohl steht es der Landesplanungsbehörde frei, zusätzliche Beteiligungsmöglichkeiten anzubieten, wie die Durchführung von Präsentationsveranstaltungen und Ortsbesichtigungen unter Teilnahme der Beteiligten, um notwendige Informationen für die Bearbeitung der Raumverträglichkeitsprüfung zu erhalten.

In der Regelung des § 15 Abs. 2 Satz 3 LaplaG, wonach die Landesplanungsbehörde Dritte hinzuziehen kann, ist auf den ersten Blick kein eigener Regelungsinhalt erkennbar. Denn Dritten steht es frei, im Rahmen der Beteiligung der Öffentlichkeit eine Stellungnahme abzugeben, soweit sie nicht bereits durch die Bestimmung des Kreises der Beteiligten nach § 15 Abs. 2 Satz 2 LaplaG einbezogen wurden. Eine Relevanz kann der Regelung des § 15 Abs. 2 Satz 3 LaplaG aufgrund des Interesses der Landesplanungsbehörde an der Erlangung von Informationen zukommen. Denn es kann sinnvoll und geboten sein, Dritte, wie bspw. Unternehmen, Verbände und Organisationen, aber auch Bürgerinitiativen und sonstige Interessengruppen, gesondert hinzuziehen und zur Abgabe einer Stellungnahme aufzufordern, um deren Kenntnisse im Rahmen der Raumverträglichkeitsprüfung berücksichtigen zu können.

§ 15 Abs. 2 Satz 4 LaplaG bestimmt dass, soweit Raumverträglichkeitsprüfungen grundsätzliche Fragen der Landesplanung berühren, die Landesplanungsbehörde den Landesplanungsrat beteiligen soll. Damit soll der Landesplanungsrat seiner in § 20 Abs. 1 Satz 2 LaplaG genannten Aufgabe, der Beratung der Landesplanungsbehörde in grundsätzlichen Fragen, nachkommen können.

4.3 Beteiligung der Öffentlichkeit (§ 15 Abs. 3 LaplaG)

Die Regelungen zur Beteiligung der Öffentlichkeit des ROG werden durch § 15 Abs. 3 LaplaG ergänzt.

Als maßgebliche Vorschrift für die Beteiligung der Öffentlichkeit bestimmt § 15 Abs. 3 Satz 2 ROG, dass die Verfahrensunterlagen mindestens für die Dauer eines Monats im Internet zu veröffentlichen sind. Die bisherige Regelung, dass die Unterlagen auszulegen sind, wurde gestrichen. Der Gesetzgeber bezweckte damit bewusst, dass die Auslegung durch die Veröffentlichung im Internet ersetzt wird (BT-Drs. 19/22139 S. 27). Die Einsichtnahme in Unterlagen in gedruckter Form soll nach § 15 Abs. 3 Satz 7 ROG nur noch in Ausnahmefällen möglich sein. Diese Ausnahmefälle liegen nach der Gesetzesbegründung vor, wenn eine in ihren Belangen berührte öffentliche Stelle oder eine zur Öffentlichkeit gehörende Person keine Möglichkeit zur Nutzung des Internets hat (BT-Drs. 19/22139 S. 27). Dann können als zusätzliches Informationsangebot andere leicht zu erreichende Zugangsmöglichkeiten genutzt werden, etwa durch Versendung oder öffentlich zugängliche Lesegeräte. Dies muss nach Feststellung der Landesplanungsbehörde angemessen und zumutbar sein.

Vor der Veröffentlichung der Unterlagen im Internet ist in § 15 Abs. 3 Satz 5 ROG bestimmt, dass Ort und Dauer der Veröffentlichung mindestens eine Woche vor Beginn der Veröffentlichung öffentlich bekannt zu machen sind. Dabei ist unter Angabe einer angemessenen Frist, die zumindest der Veröffentlichungsfrist entspricht, darauf hinzuweisen, dass Stellungnahmen abgegeben werden können und bei der Abgabe elektronische Informationstechnologien genutzt werden sollen. Zudem ist in der Bekanntmachung darauf hinzuweisen, dass und wo die Veröffentlichung im Internet erfolgt. Die Bekanntmachung muss dazu geeignet sein, die sogenannte Anstoßfunktion zu erreichen. Denn potenziell von einem Vorhaben betroffene Personen sollen abschätzen können, ob sie durch die Umsetzung des Vorhabens berührt sein werden und aus diesen Gründen die Unterlagen des Verfahrens für sie von Interesse sein können. Erforderlich ist daher, dass die Bekanntmachung in einem hinreichendem Umfang Aufschluss über das Planungsvorhaben gibt und so alle Bürger in die Lage versetzt werden, das Vorhaben einem bestimmten Raum zuzuordnen (BVerwG, Urt. vom 17.12.2002 – 4 C 15.01 –, Rn. 14).

Neben der Einsichtnahme in die Unterlagen, beinhaltet eine öffentliche Beteiligung regelmäßig die Möglichkeit Äußerungen und Stellungnahmen zu einem geplanten Vorhaben abzugeben. Das ROG definiert in § 15 Abs. 3 Satz 6 nicht, in welcher Form Stellungnahmen abgegeben werden können, sondern weist nur darauf hin, dass Stellungnahmen abgegeben werden können und dass die Übermittlung elektronisch erfolgen soll. In jedem Fall ist auf die Möglichkeit zur Abgabe von Stellungnahmen in der Bekanntmachung zur Öffentlichkeitsbeteiligung hinzuweisen. Eine Einschränkung des Beteiligungsrechtes ist gesetzlich nicht vorgesehen, so dass keine eigene Betroffenheit durch die Planung oder das Vorhaben vorausgesetzt wird, oder Gemeinde-, Kreis- oder Landesgrenzen bestimmte Personen oder Gruppen ausschließen. Denn die Beteiligungsrechte sind in der Raumverträglichkeitsprüfung voraussetzungsfrei und dürfen nicht von besonderen Bedingungen oder Betroffenheiten abhängig gemacht werden (*Schmitz* in Bielenberg/Runkel/Spannowsky, ROG, M § 15 Rn. 310).

5. Gegenstand der Raumverträglichkeitsprüfung

5.1 Allgemeines

Inhalt und Gegenstand der Raumverträglichkeitsprüfung wird durch § 15 Abs. 1 Satz 2 ROG vorgegeben. Danach sind die Prüfung der raumbedeutsamen Auswirkungen der Planung oder Maßnahme unter überörtlichen Gesichtspunkten, insbesondere die Übereinstimmung mit den Erfordernissen der Raumordnung und die Abstimmung mit anderen raumbedeutsamen Planungen und Maßnahmen, die Prüfung der ernsthaft in Betracht kommenden Standort- oder Trassenalternativen sowie eine überschlägige Prüfung der Auswirkungen des Vorhabens auf die Schutzgüter nach § 2 Abs. 1 UVPG unter Berücksichtigung der Kriterien nach Anlage 3 UVPG Gegenstand der Raumverträglichkeitsprüfung. Das LaplaG enthält keine eigenen inhaltlichen Aussagen zum Inhalt der Raumverträglichkeitsprüfung. Anforderungen, die über das ROG hinausgehen, bzw. das ROG ergänzen, werden hier nicht gemacht. Daher gilt der Grundgedanke, der der Raumverträglichkeitsprüfung nach dem ROG zugrunde liegt, dass die Raumverträglichkeitsprüfung den Charakter einer vorgelagerten Prüfung hat, mit der Nutzungskonflikte möglichst frühzeitig erkannt werden sollen (BT-Drs. 20/4823, S. 26).

5.2 Dauer der Raumverträglichkeitsprüfung

Das ROG regelt in § 15 Abs. 1 Satz 3, dass die Raumverträglichkeitsprüfung innerhalb einer Frist von sechs Monaten nach Vorliegen der vollständigen Verfahrensunterlagen endet. Fristbeginn ist so der Zeitpunkt, an dem die vollständigen Verfahrensunterlagen bei der Landesplanungsbehörde vorliegen. Den Abschluss findet die Raumverträglichkeitsprüfung nach § 15 Abs. 1 Satz 4 ROG mit der Übermittlung der raumordnerischen Stellungnahme an den Vorhabenträger. Sollte die Landesplanungsbehörde nicht innerhalb der sechs Monate die Stellungnahme fertiggestellt haben, endet dennoch nach § 15 Abs. 1 Satz 5 ROG die Raumverträglichkeitsprüfung. Das verbindliche Ende der Raumverträglichkeitsprüfung kann zu erheblichen Verfahrensbeschleunigungen führen, denn in der Vergangenheit war es nicht unüblich, dass sich Raumordnungsverfahren über einen Zeitraum von deutlich mehr als einem halben Jahr hinzogen, und zum Teil mehrere Jahre dauerten. Zwar sah auch das ROG bereits vor dem Jahr 2023 vor, dass das Raumordnungsverfahren nicht länger als sechs Monaten dauern sollte; mangels fehlender Sanktionen, wurde diese Vorschrift in der Praxis jedoch häufig nicht eingehalten. Nun kann nach Ablauf der sechs Monate die Zulassungsbehörde das Zulassungsverfahren auf Antrag des Vorhabenträgers einleiten. In diesem Fall beteiligt sie die Landesplanungsbehörde im Rahmen der fachrechtlichen Behördenbeteiligung. Der Wunsch des Gesetzgebers war es dabei, dass Verzögerungen im Genehmigungsverfahren auch für den Fall ausgeschlossen werden, dass die Raumordnungsbehörde keine Stellungnahme übermittelt, und so ausgeschlossen wird, dass etwaige ausnahmsweise Verzögerungen bei der Prüfung durch die Raumordnungsbehörde zulasten des Vorhabenträgers gehen (BT-Drs. 20/4823, S. 26 f.).

6. Prüfung der Umweltauswirkungen

6.1 Allgemeines

Die Prüfung der Umweltauswirkungen hat nach § 49 Satz 1 UVPG nach Maßgabe des ROG zu erfolgen. Damit gibt es im Verfahren der Raumverträglichkeitsprüfung keine eigene Umweltverträglichkeitsprüfung mehr, was der Vermeidung von Doppelprüfungen und der Verfahrensbeschleunigung dienen soll. Der Gesetzgeber bezweckt damit, dass die Raumverträglichkeitsprüfung vielmehr unter Berücksichtigung von Umweltbelangen erfolgen soll, soweit diese auf der vorgelagerten Ebene der Raumverträglichkeitsprüfung nach überschlägiger Prüfung der Auswirkungen des Vorhabens auf die Schutzgüter nach § 2 Abs. 1 UVPG unter Berücksichtigung der in Anlage 3 des UVPG genannten Kriterien erkennbar sind (BT-Drs. 20/4823, S. 31).

Nach § 49 Satz 2 UVPG umfasst die Umweltverträglichkeitsprüfung im nachfolgenden behördlichen Verfahren, das der Zulassungsentscheidung dient, eine vertiefte Prüfung der in der Raumverträglichkeitsprüfung nur überschlägig geprüften Umweltauswirkungen. Eine volle abschichtende Wirkung, wie es ursprünglich nach der alten Fassung des § 49 Abs. 2 UVPG möglich war, kann der Prüfung der Umweltauswirkungen im Rahmen der Raumverträglichkeitsprüfung somit nicht mehr zukommen.

6.2 Gegenstand der Prüfung der Umweltauswirkungen

Gegenstand der raumordnerischen Prüfung der Umweltauswirkungen ist nach § 15 Abs. 1 Satz 2 Nr. 3 ROG eine überschlägige Prüfung der Auswirkungen des Vorhabens auf die Schutzgüter nach § 2 Abs. 1 UVPG unter Berücksichtigung der Kriterien nach Anlage 3 UVPG.

Entsprechend der Grundsätze für die Umweltverträglichkeitsprüfung, die sich aus § 3 UVPG ergeben, umfasst die Prüfung der Umweltauswirkungen die Ermittlung, Beschreibung und Bewertung der erheblichen Auswirkungen eines Vorhabens, eines Plans oder Programms auf die in § 2 Abs. 1 UVPG genannten Schutzgüter. Eine solche Prüfung dient so einer wirksamen Umweltvorsorge nach Maßgabe der geltenden Gesetze und wird nach einheitlichen Grundsätzen sowie unter Beteiligung der Öffentlichkeit durchgeführt.

Schutzgüter i. S. d. UVPG sind nach § 2 Abs. 1 UVPG

- Menschen, insbesondere die menschliche Gesundheit,
- Tiere, Pflanzen und die biologische Vielfalt, Fläche, Boden, Wasser, Luft, Klima und Landschaft,

- kulturelles Erbe und sonstige Sachgüter sowie
- die Wechselwirkung zwischen den vorgenannten Schutzgütern.

Die Untersuchung der Auswirkungen auf die in § 2 Abs. 1 UVPG genannten Schutzgüter soll dazu beitragen, einen umweltunverträglichen Vorhabenstandort frühzeitig zu erkennen und so die abschließende Zulassungsentscheidung zu entlasten (*Wagner* in Hoppe/Beckmann/Kment, UVPG, § 49 Rn. 9). Denn die Planung oder Maßnahme wird nur dann raumverträglich sein können, wenn sie auf die im UVPG genannten Schutzgüter ausreichend Rücksicht nimmt.

Da für die Raumverträglichkeitsprüfung lediglich die überschlägige Prüfung der Auswirkungen gefordert wird, ist der Prüfmaßstab deutlich gröber anzusetzen. Zwar ist der Begriff der „überschlägigen Prüfung" im ROG nicht definiert. Nach der Gesetzesbegründung zu § 7 UVPG soll eine überschlägige Prüfung die eigentliche Umweltverträglichkeitsprüfung nicht vorwegnehmen. Sie ist daher noch nicht darauf gerichtet, die zu erwartenden Umweltauswirkungen des Vorhabens im Rahmen einer in Einzelheiten gehenden Untersuchung umfassend zu ermitteln (BT-Drs. 18/11499, 78 f.). Andererseits darf sich die Vorprüfung nicht in einer oberflächlichen Abschätzung spekulativen Charakters erschöpfen, sondern muss auf der Grundlage geeigneter und ausreichender Informationen erfolgen (BVerwG, Urt. vom 18.12.2014 – 4 C 36.13 –, Rn. 29).

6.3 Beschreibung der raumbedeutsamen Umweltauswirkungen

Im UVPG ist vorgesehen, dass im Rahmen der Umweltverträglichkeitsprüfung die zuständige Behörde eine zusammenfassende Darstellung erstellt. Diese zusammenfassende Darstellung beinhaltet nach § 24 Abs. 1 Satz 1 UVPG

- Umweltauswirkungen des Vorhabens,
- Merkmale des Vorhabens und des Standorts, mit denen erhebliche nachteilige Umweltauswirkungen ausgeschlossen, vermindert oder ausgeglichen werden sollen, und
- Maßnahmen, mit denen erhebliche nachteilige Umweltauswirkungen ausgeschlossen, vermindert oder ausgeglichen werden sollen, sowie
- Ersatzmaßnahmen bei Eingriffen in Natur und Landschaft.

Mangels eigener Anforderungen des ROG an die Darstellung der Umweltauswirkungen, bietet es sich an, die raumbedeutsamen Umweltauswirkungen auf Grundlage der Kriterien der zusammenfassenden Darstellung des § 24 UVPG zu beschreiben und in die landesplanerische Stellungnahme aufzunehmen.

6.4 Bewertung der raumbedeutsamen Umweltauswirkungen

Allein die Darstellung der raumbedeutsamen Umweltauswirkungen genügt jedoch nicht, um eine Prüfentscheidung vorzunehmen. Daher hat die Landesplanungsbehörde auf der Grundlage der zusammenfassenden Darstellung die Umweltauswirkungen des Vorhabens im Hinblick auf eine wirksame Umweltvorsorge zu bewerten. Unter Beachtung des § 25 UVPG sind daher auch bei der raumordnerischen Prüfung der Umweltauswirkungen die Umweltauswirkungen des Vorhabens im Hinblick auf eine wirksame Umweltvorsorge im Sinne des § 3 UVPG zu bewerten. Zudem ist die Bewertung zu begründen. Die Bewertung soll in einem zweistufigen Verfahren erfolgen. In einem ersten Schritt wird für die in § 2 Abs. 1 UVPG genannten Schutzgüter eine Bewertung vorgenommen, auf der aufbauend in einem zweiten Schritt eine Gesamtbetrachtung aller Umweltauswirkungen sowie die Wechselwirkungen zwischen den Schutzgütern nach § 2 Abs. 1 Nr. 5 UVPG erfolgt (*Wagner* in Hoppe/Beckmann/Kment, UVPG, § 49 Rn. 97 f.).

7. Das Ergebnis der Raumverträglichkeitsprüfung (§ 15 Abs. 4 LaplaG)

Das Ergebnis der Raumverträglichkeitsprüfung ist eine gutachterliche Stellungnahme, die die Landesplanungsbehörde dem Vorhabenträger übermittelt. Dabei verwendet das ROG den Begriff gutachterliche Stellungnahme (§ 15 Abs. 1 Satz 4 ROG), während das LaplaG die Bewertungsentscheidung landesplanerische Stellungnahme nennt (§ 15 Abs. 4 LaplaG). Eine abweichende Bedeutung ist in den unterschiedlichen Begriffen jedoch nicht zu erkennen. Denn mit beiden Begriffen wird deutlich, dass es sich lediglich um eine Stellungnahme und nicht um eine rechtsverbindliche Entscheidung handelt. Die rechtliche Grundlage bildet hierfür bereits die Begriffsbestimmung der sonstigen Erfordernisse der Raumordnung in § 3 Abs. 1 Nr. 4 ROG, zu denen Ergebnisse förmlicher landesplanerischer Verfahren wie der Raumverträglichkeitsprüfung und landesplanerische Stellungnahmen gehören. Die sonstigen Erfordernisse der Raumordnung nach § 3 Abs. 1 Nr. 4 ROG sind gem. § 4 Abs. 1 Satz 1 ROG in Abwägungs- oder Ermessensentscheidungen zu berücksichtigen. Damit fehlt es der landesplanerischen Stellungnahme an der rechtlichen Bedeutung eines Verwaltungsaktes oder eines Ziels der Raumordnung, gleichwohl ist die landesplanerische Entscheidung als abwägungserheblicher Belang in der Gesamtabwägung zu berücksichtigen.

In der bis 2024 geltenden Fassung des LaplaG war in § 15 Abs. 7 Satz 3 geregelt, dass das Ergebnis des Raumordnungsverfahrens gegenüber dem Träger des Vorhabens und gegenüber Einzelnen keine unmittelbare Rechtswirkung entfaltet und nicht die Genehmigungen, Planfeststellungen oder sonstigen behördlichen Entscheidungen nach anderen Rechtsvorschriften ersetzt. Schon damals war diese Vorschrift lediglich als deklaratorische Regelung zu verstehen, die die Rechtslage des ROG klarstellend wiedergibt. Zudem war bereits in der Rechtsprechung die Rechtsqualität der abschließenden Entscheidung des Raumordnungsverfahrens mit der Qualität einer gutachterlichen Stellungnahme anerkannt, die keine unmittelbare Rechtswirkung nach außen entfaltet (BVerwG, Beschl. vom 30.8.1995 – 4 B 86/95 –, Rn. 8). Mit der Aufnahme des Begriffs gutachterliche Stellungnahme im ROG wird so die Beurteilung der Rechtsprechung aufgegriffen. Damit ist das Ergebnis der Raumverträglichkeitsprüfung von der Zulassungsbehörde lediglich im Rahmen von behördlichen Ermessensentscheidungen oder als Abwägungsmaterial bei Entscheidungen mit planerischem Einschlag zu berücksichtigen und kann überwunden werden (BT-Drs. 20/4823, S. 27).

8. Rechtsschutz

Mit der Einordnung des Ergebnisses der Raumverträglichkeitsprüfung als sonstiges Erfordernis der Raumordnung nach § 3 Abs. 1 Nr. 4 ROG und der daraus einhergehenden Berücksichtigungspflicht in Abwägungs- oder Ermessensentscheidungen nach § 4 Abs. 1 Satz 1 ROG folgt, dass gegen diese Entscheidung kein Rechtsschutz gegeben ist. Daher ist die Aussage des § 15 Abs. 6 ROG, dass das Ergebnis der Raumverträglichkeitsprüfung nur im Rahmen des Rechtsbehelfsverfahrens gegen die nachfolgende Zulassungsentscheidung überprüft werden kann, nur als klarstellende Regelung zu verstehen. Träger des Vorhabens sowie betroffene Dritte, wie Gemeinden, können die raumordnerische Beurteilung daher nur mit der nachfolgenden Entscheidung über die Genehmigung, Planfeststellung oder Zulassung überprüfen lassen. Davon nicht betroffen ist die Kontrolle der Kostenentscheidung für die Raumverträglichkeitsprüfung (vgl. Erl. 7 zu § 17 LaplaG).

§ 16
Beschleunigte Raumverträglichkeitsprüfung

Die Landesplanungsbehörde kann nach Maßgabe des § 16 ROG eine beschleunigte Raumverträglichkeitsprüfung durchführen.

Erläuterungen

Übersicht

1. Inhalt der Norm

1. Inhalt der Norm

§ 16 LaplaG stellt klar, dass die beschleunigte Raumverträglichkeitsprüfung nach § 16 Abs. 1 ROG auch in Schleswig-Holstein durchgeführt werden kann. Diese Regelung des ROG sieht vor, dass auf die Beteiligung einzelner öffentlicher Stellen nach § 15 Abs. 3 Satz 1 und 10 ROG verzichtet werden kann, wenn die raumbedeutsamen Auswirkungen der Planungen und Maßnahmen gering sind, oder wenn für die Prüfung der Raumverträglichkeit erforderliche Stellungnahmen schon in einem anderen Verfahren abgegeben wurden. Dabei soll die beschleunigte Raumverträglichkeitsprüfung grundsätzlich in drei Monaten abgeschlossen werden.

2. Hintergründe der Norm

Im ROG wurde das beschleunigte Raumordnungsverfahren im Jahr 2008 unter der Bezeichnung vereinfachtes Raumordnungsverfahren eingeführt. Ziel des Gesetzgebers war es, ein Raumordnungsverfahren mit verkürzter Verfahrensdauer zu schaffen, was durch Vereinfachungen beim Beteiligungsverfahren erfolgte (BT-Drs. 16/10292 S. 27). Mit der ROG-Novelle 2017 fand die Umbenennung in beschleunigtes Raumordnungsverfahren statt, ohne dass die Norm inhaltlich geändert wurde. Damit sollte zum Ausdruck gebracht werden, dass der Begriff „beschleunigtes" der Tatsache besser Rechnung trägt, dass bei einem beschleunigten Raumordnungsverfahren das Raumordnungsverfahren deutlich schleuniger, nämlich in der Hälfte der in § 15 Abs. 4 Satz 1 ROG grundsätzlich vorgesehenen Zeitdauer, durchgeführt werden kann (BT-Drs. 18/10883 S. 56). Mit der Umbenennung des Raumordnungsverfahrens in Raumverträglichkeitsprüfung, wurden auch die Vorschriften im ROG und LaplaG zum Beschleunigten Raumordnungsverfahren in „Beschleunigte Raumverträglichkeitsprüfung" geändert. Zudem wurde im Jahr 2024 im LaplaG eine bis dahin in Satz 2 der Vorschrift enthaltene Regelung gestrichen, die es ermöglichte, die Beteiligung der Öffentlichkeit auf eine Unterrichtung zu beschränken. Bei dieser Vorschrift handelte es sich um abweichendes Landesrecht; sie wurde mit der Begründung aufgehoben, dass im ROG eine verbindliche Öffentlichkeitsbeteiligung auch für beschleunigte Raumverträglichkeitsprüfungen vorgesehen ist (LT-Drs. 20/1902, S. 26 f.).

3. Anwendungsbereich

3.1 Allgemeines

Als Anwendungsbereich für die beschleunigte Raumverträglichkeitsprüfung wird in der Gesetzesbegründung zum LaplaG genannt, wenn die raumbedeutsamen Auswirkungen gering sind, oder wenn die für die Prüfung der Raumverträglichkeit erforderlichen Stellungnahmen schon in einem anderen Verfahren abgegeben worden sind (LT-Drs. 18/885 S. 44), was dem Wortlaut des § 16 Abs. 1 Satz 1 ROG entspricht. Einen eigenen Regelungsgegenstand enthält daher § 16 LaplaG nicht. Der Satz ist vielmehr als deklaratorisch zu verstehen. Maßgeblich für den Anwendungsbereich sind demnach die bundesrechtlichen Vorgaben des § 16 Abs. 1 Satz 1 ROG. Ob eine beschleunigte oder eine reguläre Raumverträglichkeitsprüfung durchgeführt wird, ist unter Würdigung der Umstände des Einzelfalls zu entscheiden.

3.2 Raumbedeutsame Auswirkungen der Planung oder Maßnahme sind gering

Als erste Variante des Anwendungsbereiches für die beschleunigte Raumverträglichkeitsprüfung regelt § 16 Abs. 1 Satz 1 ROG, dass die beschleunigte Raumverträglichkeitsprüfung in Betracht kommt, wenn die raumbedeutsamen Auswirkungen der Planung oder Maßnahme gering sind. Nach der Gesetzesbegründung zum ROG ist das der Fall, wenn bei einer raumbedeutsamen Planung oder Maßnahme bereits nach ihrer Art oder in ihrer konkreten Ausgestaltung davon auszugehen ist, dass ihre überörtlich raumbedeutsamen Auswirkungen nicht schwerwiegender Natur sind. Dies gilt, wenn etwa nur wenige der in § 2 Abs. 2 ROG genannten Belange oder diese Belange nur relativ geringfügig betroffen sind (BT-Drs. 16/10292 S. 27). Da vor der Durchführung einer Raumverträglichkeitsprüfung die Landesplanungsbehörde noch keine Feststellung treffen kann, ob und in welchem Umfang eine Planung oder Maßnahme raumbedeutsame Auswirkungen haben wird, kommt es hierzu auf eine Prognoseentscheidung an. Der Landesplanungsbehörde steht hier ein weiter Ermessensspielraum zu, denn sie kann sich zu diesem frühen Stadium nur auf die bereits vorliegenden Vorhabensunterlagen sowie auf anderweitig erlangte Kenntnisse stützen (*Dietz* in Kment, ROG, § 16, Rn. 7).

3.3 Verzicht wegen bereits abgegebener Stellungnahmen

Als weitere Variante zur Nutzung der beschleunigten Raumverträglichkeitsprüfung sieht das ROG vor, dass für die Prüfung der Raumverträglichkeit erforderliche Stellungnahmen schon in einem anderen Verfahren abgegeben wurden. Solche Fälle können nach der Gesetzesbegründung vorliegen, wenn bereits ein Bauleitplanverfahren eingeleitet worden ist, oder wenn eine Raumverträglichkeitsprüfung bereits abgeschlossen wurde und danach die darin überprüfte Planung oder Maßnahme nicht wesentlich geändert worden ist (BT-Drs. 16/10292 S. 27). Da es bei der beschleunigten Raumverträglichkeitsprüfung um den Verzicht der Beteiligung einzelner öffentlicher Stellen geht, ist auch auf die Stellungnahmen dieser öffentlichen Stellen abzustellen. Inhaltlich müssen die Stellungnahmen raumrelevante Aussagen enthalten, die eine Beurteilung der Raumbedeutsamkeit des Vorhabens ermöglichen (*Goppel* in Spannowsky/Runkel/Goppel, ROG, § 16 Rn. 20).

§ 17

Kosten für Zielabweichungsverfahren und Raumverträglichkeitsprüfungen

[1] Für die Durchführung von Zielabweichungsverfahren und Raumverträglichkeitsprüfungen werden gegenüber dem Träger des Vorhabens Kosten nach dem Verwaltungskostengesetz des Landes Schleswig-Holstein vom 17. Januar 1974 (GVOBl. Schl.-H. S. 37), zuletzt geändert durch Artikel 4 des Gesetzes vom 6. Dezember 2022 (GVOBl. Schl.-H. S. 1002), erhoben. [2] Satz 1 gilt auch für vom Träger des Vorhabens veranlasste Verfahrenseinstellungen.

Erläuterungen

Übersicht

6. Kostenbescheid
7. Rechtsschutz

1. Inhalt der Norm

§ 17 LaplaG ermöglicht, dass für die Durchführung von Zielabweichungsverfahren und Raumverträglichkeitsprüfungen gegenüber dem Vorhabenträger Kosten erhoben werden. Diese Regelung wurde mit der Reform des LaplaG 2014 in das Gesetz aufgenommen, um dem Aufwand, der mit der Durchführung von Raumordnungsverfahren verbunden ist, gerecht zu werden. Schleswig-Holstein schloss sich dabei mehreren Ländern an, die bereits Gebührenregelungen für Raumordnungsverfahren in den jeweiligen Landesplanungsgesetzen aufgenommen hatten. Mit der Reform des LaplaG 2024 wurde die Kostenpflicht auch auf Zielabweichungsverfahren erweitert.

Nach § 17 Satz 2 LaplaG werden auch Kosten erhoben, wenn der Träger des Vorhabens die Einstellung der Zielabweichungsverfahren oder der Raumverträglichkeitsprüfungen veranlasst.

2. Gebührenpflichtige Amtshandlung

Nach § 2 Abs. 1 Verwaltungskostengesetz des Landes Schleswig-Holstein (VwKostG SH) i. V. m. § 1 Landesverordnung über Verwaltungsgebühren (VerwGebVO) werden Verwaltungsgebühren für Amtshandlungen nach dem allgemeinen Gebührentarif erhoben. Die Tarifstelle Nr. 26 Raumordnungsverfahren nennt in der Anlage Allgemeiner Gebührentarif der VerwGebVO die Fälle, in denen Gebühren zu erheben sind.

Der Begriff der gebührenpflichtigen Amtshandlung reicht weiter als der Begriff des Verwaltungsakts in § 106 LVwG SH. Denn Gebühren sind öffentlich-rechtliche Geldleistungen, die aus Anlass individuell zurechenbarer, öffentlicher Leistungen dem Gebührenschuldner durch eine öffentlich-rechtliche Norm oder sonstige hoheitliche Maßnahme auferlegt werden und dazu bestimmt sind, in Anknüpfung an diese Leistung deren Kosten ganz oder teilweise zu decken (BVerfG, Beschl. vom 6.2.1979 – 2 BvL 5/76 –, Rn. 35). Die Durchführung eines Zielabweichungsverfahrens oder einer Raumverträglichkeitsprüfung erfüllt die Voraussetzungen einer gebührenpflichtigen Amtshandlung. Dabei ist es unerheblich, dass es sich bei der raumordnerischen Beurteilung bzw. der landesplanerischen Stellungnahme, anders als bei der Zielabweichungsentscheidung, nicht um einen Verwaltungsakt i. S. d. § 106 LVwG SH handelt und diese Beurteilung bei Genehmigungen, Planfeststellungen oder sonstigen behördlichen Entscheidungen über die Zulässigkeit des Vorhabens nach Maßgabe der dafür geltenden Vorschriften nur zu berücksichtigen ist. Entscheidend ist allein, dass die raumordnerische Beurteilung als Ergebnis der behördlichen Handlung nach ihrer Ausgestaltung dem Vorhabenträger gegenüber erkennbar in Erscheinung tritt und keinen lediglich behördeninternen Vorgang darstellt (VG Sigmaringen, Urt. vom 23.3.2005 – 8 K 462/04 –, Rn. 30).

3. Gebühren

3.1 Höhe der Gebühren

Die Tarifstelle für Raumordnungsverfahren erfasst sämtliche Amtshandlungen bei der Durchführung von Raumverträglichkeitsprüfungen, für die Gebühren erhoben werden sollen. Die Tarifstelle ist in die Bereiche Vorbereitungsmaßnahmen, Durchführung der (vereinfachten) Raumordnungsverfahren und Verfahrenseinstellungen unterteilt. Bei den Gebühren ist ein Mindest- sowie Höchstbetrag festgesetzt worden. Die Anknüpfung der Gebühren an Herstellungskosten oder Investitionsrahmen und eine damit einhergehende Staffelung der Gebühren wurde nicht übernommen. Mit dem für Schleswig-Holstein festgesetzten Gebührentarif wird dem Umstand einer umfassenden Deckung der entstehenden Verwaltungskosten innerhalb einer komplexen Raumverträglichkeitsprüfungen sowie der Bedeutung, dem wirtschaftlichen Wert oder dem sonstigen Nutzen der Amtshandlung für den Vorhabenträger besser Rechnung getragen.

Zusätzlich wird in einer Anmerkung zu Tarifstelle 26 klargestellt, dass mit der Gebühr die Auslagen für Vervielfältigung, Telekommunikations- und Postdienstleistungen, informationstechnische Systeme sowie Kosten für Dienstreisen abgegolten sind. Hingegen sind weitere Aufwendungen, insbesondere für ortsübliche Bekanntmachungen, die Erstellung von Gutachten durch Dritte sowie die Hinzuziehung von Sachverständigen in den Gebühren nicht einbezogen und als Auslage gesondert zu erheben.

Auch die Gebühren und Auslagen der mitwirkenden Behörden bestimmen sich nach den für die mitwirkenden Behörden geltenden gebührenrechtlichen Vorschriften und werden zusätzlich erhoben.

Tarifstelle	Gegenstand	Gebühr Euro
26	Raumordnungsverfahren	
26.1	*Prüfung und Feststellung der Erforderlichkeit eines Raumordnungsverfahrens nach den §§ 15, 16 ROG i. V. m. §§ 14, 17 LaplaG* *Mit der Gebühr ist der Aufwand für die Beratung des Vorhabenträgers abgegolten.*	*300 bis 5.000*
26.2	*Durchführung eines Raumordnungsverfahrens nach § 15 ROG i. V. m. §§ 14, 15 LaplaG einschließlich der raumordnerischen Beurteilung nach § 15 Absatz 6 LaplaG* *Mit der Gebühr ist der Aufwand für die Vorbereitung und Durchführung eines Erörterungstermins sowie die Durchführung einer erforderlichen Ortsbesichtigung abgegolten.*	*5.000 bis 200.000*
26.3	*Durchführung eines vereinfachten Raumordnungsverfahrens nach § 16 ROG i. V. m. § 17 LaplaG*	*3.000 bis 100.000*
	Mit der Gebühr ist der Aufwand für die Durchführung einer erforderlichen Ortsbesichtigung abgegolten.	
26.4.	*Einstellung eines Raumordnungsverfahrens auf Veranlassung des Vorhabenträgers, bevor die Amtshandlung vollständig erbracht ist (Zustellung des Verfahrensergebnisses)*	*bis 75 % der Gebühr nach Tarifstelle 26.2*
26.5	*Einstellung eines vereinfachten Raumordnungsverfahrens auf Veranlassung des Vorhabenträgers, bevor die Amtshandlung vollständig erbracht ist (Zustellung des Verfahrensergebnisses)*	*bis 75 % der Gebühr nach Tarifstelle 26.3*
	Anmerkung zu Tarifstelle 26: *Mit der Gebühr sind die Auslagen für Vervielfältigung, Telekommunikations- und Postdienstleistungen, informationstechnische Systeme sowie Kosten für Dienstreisen abgegolten.* *Weitere Aufwendungen, insbesondere für ortsübliche Bekanntmachungen, die Erstellung von Gutachten durch Dritte sowie die Hinzuziehung von Sachverständigen sind in den Gebühren nicht einbezogen und als Auslage gesondert zu erheben. Die Gebühren und Auslagen der mitwirkenden Behörden bestimmen sich nach den für die mitwirkenden Behörden geltenden*	

Tarifstelle	Gegenstand	Gebühr Euro
	gebührenrechtlichen Vorschriften und werden zusätzlich erhoben.	

3.2 Grundlage der Gebührenbemessung

Maßgeblich für die Festsetzung der Gebührensätze war die Regelung des § 3 Abs. 1 VwKostG, wonach die Gebührensätze so zu bemessen sind, dass zwischen der den Verwaltungsaufwand berücksichtigenden Höhe der Verwaltungsgebühr einerseits und der Bedeutung, dem wirtschaftlichen Wert oder dem sonstigen Nutzen der Amtshandlung für den Kostenschuldner andererseits ein angemessenes Verhältnis besteht. Eine Berücksichtigung der Europäischen Dienstleistungsrichtlinie (Richtlinie des Europäischen Parlaments und des Rates über Dienstleistungen im Binnenmarkt 2006/123/EG vom 12.12.2006) war nicht erforderlich. Die Dienstleistungsrichtlinie sieht vor, dass eine Verwaltungsgebühr in einem angemessenen Verhältnis zu den Kosten der entsprechenden Verfahren und Formalitäten stehen muss (sog. europarechtlicher Vorrang des Kostendeckungsprinzips; vgl. Art. 13 Abs. 2 Dienstleistungsrichtlinie). Die Anwendung des dem Verwaltungskostengesetz des Landes Schleswig-Holstein immanenten Äquivalenzprinzips (vgl. § 3 Abs. 1 VwKostG SH) wäre danach nicht möglich. Im Bereich Raumordnung findet diese Richtlinie nach Erwägungsgrund Nr. 9 der Dienstleistungsrichtlinie keine Anwendung.

3.3 Änderung des Gebührentarifs

Nach § 5 Abs. 1 VerwGebVO SH ist die Landesplanungsbehörde als fachlich zuständige oberste Landesbehörde ermächtigt, den allgemeinen Gebührentarif durch Verordnung zu ändern. Eine Beteiligung des Landesplanungsrates i. S. d. § 20 LaplaG ist nicht erforderlich. Mit der Schaffung einer Tarifstelle für Raumordnungsverfahren im allgemeinen Gebührentarif der VerwGebVO SH liegt keine grundsätzliche Fragestellung der Landesplanung vor und es wird der Aufgabenbereich des Rates nach § 1 Geschäftsordnung des Landesplanungsrates nicht berührt.

4. Entstehung der Kostenschuld

Die Kostenschuld entsteht gemäß § 11 Abs. 1 VwGebVO, soweit ein Antrag notwendig ist, mit dessen Eingang bei der zuständigen Behörde, im Übrigen mit der Beendigung der gebührenpflichtigen Amtshandlung.

Die Amtshandlung der Prüfung und Feststellung der Erforderlichkeit einer Raumverträglichkeitsprüfung ist mit der Entscheidung der Landesplanungsbehörde über die Durchführung beendet. Die Durchführung einer (beschleunigten) Raumverträglichkeitsprüfung endet mit der Übermittlung der landesplanerischen Stellungnahme an den Vorhabenträger. Sollte eine Raumverträglichkeitsprüfung auf Veranlassung des Vorhabenträgers eingestellt werden, bevor die Zustellung des Verfahrensergebnisses erfolgt ist, sind bis zu 75 % der jeweiligen Gebühr für die (beschleunigte) Raumverträglichkeitsprüfung zu erheben.

Auslagen können unabhängig von den Gebühren für die jeweilige Amtshandlung geltend gemacht werden. Denn gemäß § 11 Abs. 2 VerwGebVO entsteht die Verpflichtung zur Erstattung von Auslagen in der Regel mit der Aufwendung des zu erstattenden Betrages.

5. Kostenschuldner

Kostenschuldner ist, wer die Amtshandlung veranlasst, zu wessen Gunsten sie vorgenommen wird oder wer einer besonderen Überwachung oder Beaufsichtigung unterliegt (§ 13 Abs. 1 Nr. 1 VwKostG), wer die Kosten durch eine vor der zuständigen Behörde abgegebene oder ihr mitgeteilte Erklärung übernommen hat (§ 13 Abs. 1 Nr. 1 VwKostG) oder wer für die Kostenschuld eines anderen kraft Gesetzes haftet (§ 13 Abs. 1 Nr. 1 VwKostG). Regelmäßig wird der Träger des Vorhabens Veranlasser der Amtshandlung i. S. d. § 13

Abs. 1 Nr. 1 VwKostG SH sein. Häufig veranlassen Projektierer, Architekten oder andere Behörden das Zielabweichungsverfahren oder die Raumverträglichkeitsprüfung. § 17 Satz 1 LaplaG stellt daher als lex specialis zur Regelung des VwKostG klar, dass die Kosten auch in diesen Fällen gegenüber dem Träger des Vorhabens erhoben werden. In der Praxis dürfte dies jedoch keinen Unterschied machen, da von Dritten für einen anderen Vorhabenträger veranlasste Zielabweichungsverfahren bzw. Raumverträglichkeitsprüfungen ohnehin nur bearbeitet werden, wenn eine Vertretungsbefugnis besteht.

6. Kostenbescheid

Die Kosten für das Zielabweichungsverfahren oder die Raumverträglichkeitsprüfung werden von Amts wegen festgesetzt. Dabei soll gemäß § 14 Abs. 1 Satz 2 VerwKostG SH die Entscheidung über die Kosten zusammen mit der Sachentscheidung getroffen werden. In der Kostenentscheidung müssen mindestens angegeben werden, wer die kostenerhebende Behörde und wer Kostenschuldner ist, welche kostenpflichtige Amtshandlung vorgenommen wurde, welche Beträge als Verwaltungsgebühren und Auslagen zu zahlen sind sowie wo, wann und wie die Verwaltungsgebühren und Auslagen zu zahlen sind.

Für die Fälle, in denen die Kostenentscheidung nicht zusammen mit der Sachentscheidung getroffen wurde, ist zu beachten, dass nach den Regelungen des § 20 VerwKostG SH der Anspruch auf Zahlung von Kosten nach drei Jahren verjährt. Die Verjährungsfrist beginnt mit dem Ablauf des Kalenderjahres, in dem der Anspruch fällig geworden ist. Mit dem Ablauf der Verjährungsfrist erlischt der Anspruch.

7. Rechtsschutz

Gegen die Kostenentscheidung kann Klage vor dem schleswig-holsteinischen VG erhoben werden. Ein Vorverfahren nach § 68 Abs. 1 Satz 1 VwGO ist nicht durchzuführen. Da es sich bei der erlassenden Behörde, der Landesplanungsbehörde, um eine oberste Landesbehörde handelt, greift die Ausnahmeregelung des § 68 Abs. 1 Satz 2 Nr. 1 VwGO, die ein Vorverfahren entbehrlich macht. Nach § 80 Abs. 2 Satz 1 Nr. 1 VwGO entfällt die aufschiebende Wirkung bei der Anforderung von öffentlichen Abgaben und Kosten. Denn Kosten i. S. d. § 80 Abs. 2 Satz 1 Nr. 1 VwGO sind die (öffentlich-rechtlichen) Gebühren und Auslagen, die in einem förmlichen Verwaltungsverfahren nach den Vorschriften der Verwaltungskostengesetze auferlegt werden, also auch die Kosten und Auslagen eines Zielabweichungsverfahrens oder einer Raumverträglichkeitsprüfung.

Nach § 22 VerwKostG SH kann die Kostenentscheidung zusammen mit der Amtshandlung oder selbständig angefochten werden. Gegen die landesplanerische Stellungnahme als Ergebnis der Raumverträglichkeitsprüfung ist jedoch ein Rechtsbehelf nicht statthaft. Der Rechtsbehelf ist daher bei Raumverträglichkeitsprüfungen auf die Kostenentscheidung beschränkt. Bei Zielabweichungsverfahren kann hingegen die Kostenentscheidung isoliert oder zusammen mit dem Bescheid angegriffen werden.

§ 18

Untersagung raumbedeutsamer Planungen und Maßnahmen, Anpassung an Ziele der Raumordnung

(1) Die Landesplanungsbehörde kann raumbedeutsame Planungen und Maßnahmen im Einzelfall nach Maßgabe des § 12 ROG untersagen.

(2) Abweichend von § 12 Absatz 2 ROG kann die Landesplanungsbehörde gegenüber den in § 4 ROG genannten öffentlichen Stellen auch bestimmen, dass raumbedeutsame Planungen und Maßnahmen zur Windenergienutzung sowie Entscheidungen über deren Zulässigkeit in einzelnen Planungsräumen befristet allgemein untersagt sind. Die Untersagung ist zulässig, wenn sich ein Raumordnungsplan in Aufstellung befindet, in dem als Ziel der Raumordnung eine räumliche Konzentration der Windenergienutzung bei

gleichzeitigem Ausschluss an anderer Stelle im Planungsraum vorgesehen ist, und zu befürchten steht, dass Planungen und Maßnahmen zur Windenergienutzung außerhalb der dafür zukünftig vorgesehenen Gebiete die Verwirklichung der vorgesehenen Ziele der Raumordnung unmöglich machen oder wesentlich erschweren würden. Die Dauer der Untersagung beträgt bis zu zwei Jahre. Die Landesplanungsbehörde kann die Untersagung um ein weiteres Jahr verlängern. Die Landesplanungsbehörde kann allgemein für räumlich abgegrenzte Gebiete des Planungsraums oder im Einzelfall gegenüber den in § 4 ROG genannten öffentlichen Stellen Befreiungen von der Untersagung nach Satz 1 zulassen, wenn und soweit raumbedeutsame Planungen oder Maßnahmen nicht befürchten lassen, dass die Verwirklichung der in Aufstellung befindlichen Ziele der Raumordnung unmöglich gemacht oder wesentlich erschwert wird.

(3) Vorhaben, die vor dem Eintritt der Wirksamkeit der Untersagung genehmigt worden sind, sowie Unterhaltungsarbeiten und die Fortführung einer bisher ausgeübten Nutzung werden von der Untersagung nicht berührt.

(4) Bei Entscheidungen nach § 4 Absatz 1 Satz 1 Nr. 2 und 3 und Absatz 2 ROG kann die öffentliche Stelle das Verfahren für die Geltungsdauer einer befristeten raumordnerischen Untersagung aussetzen.

(5) Die Landesplanungsbehörde kann verlangen, dass die Träger der Bauleitplanung ihre Flächennutzungspläne und Bebauungspläne an die Ziele der Raumordnung anpassen. Rechtsbehelfe gegen ein Anpassungsverlangen haben keine aufschiebende Wirkung.

Erläuterungen

Übersicht

1. Inhalt der Norm

§ 18 LaplaG enthält in den Absätzen 1 bis 4 Regelungen zur Untersagung von raumbedeutsamen Planungen und Maßnahmen und stellt eine landesrechtliche Ergänzungs- und Abweichungsvorschrift zu § 12 ROG dar.

§ 18 Abs. 1 LaplaG verweist darauf, dass raumbedeutsame Planungen und Maßnahmen im Einzelfall nach Maßgabe des § 12 ROG durch die Landesplanungsbehörde untersagt werden können.

§ 18 Abs. 2 LaplaG geht über die Untersagung des Einzelfalls nach den Vorschriften des ROG hinaus und ermächtigt die Landesplanungsbehörde zu einer befristeten Untersagung von raumbedeutsamen Planungen und Maßnahmen zur Windenergienutzung sowie Entscheidungen über deren Zulässigkeit in einzelnen Planungsräumen, im Rahmen der Aufstellung von Raumordnungsplänen, die als Ziel der Raumordnung eine räumliche Konzentration der Windenergienutzung bei gleichzeitigem Ausschluss an anderer Stelle im Planungsraum beinhalten.

§ 18 Abs. 3 LaplaG schafft einen Bestandsschutz für Vorhaben, die vor der Untersagung genehmigt worden sind, für Unterhaltungsarbeiten sowie für die Fortführung einer bisher ausgeübten Nutzung.

§ 18 Abs. 4 LaplaG enthält eine Rechtsgrundlage für Behörden zur Aussetzung von Entscheidungen nach § 4 Abs. 1 Satz 1 Nr. 2 und 3 und Abs. 2 ROG, solange die Landesplanungsbehörde eine raumordnerische Untersagung angeordnet hat.

§ 18 Abs. 5 LaplaG beinhaltet die Rechtsgrundlage für das Anpassungsverlangen der Landesplanungsbehörde gegenüber den Gemeinden, dass diese ihre Bauleitpläne an die Ziele der Raumordnung anpassen. Mit § 18 Abs. 5 Satz 2 LaplaG wird die aufschiebende Wirkung von Rechtsbehelfen gegen dieses Anpassungsverlangen ausgeschlossen.

2. Entstehungsgeschichte

Das ROG sah bereits 1965 in § 7 vor, dass raumordnungswidrige Planungen und Maßnahmen zeitlich begrenzt untersagt werden können (BGBl. I 1965 S. 306). § 12 ROG 1998 erweiterte die zeitlich befristete Untersagung um die Möglichkeit der unbefristeten Untersagung (BGBl. I 1997 S. 2081). Das nach der Föderalismusreform neu gefasste ROG 2008 verschob die Regelung zur Untersagung in § 14 ROG und änderte diese zur besseren Verständlichkeit strukturell geringfügig (BT-Drs. 16/10292 S. 26, BGBl. I 2008 S. 2986). Im

Rahmen der ROG-Reform 2017 wurde die Regelung ohne inhaltliche Änderung wieder in § 12 ROG verschoben (BT-Drs. 18/10883 S. 50, BGBl. I 2017 S. 2808).

Das LaplaG nahm mit der Neufassung im Jahr 2014 die Untersagung raumbedeutsamer Planungen und Maßnahmen sowie die Anpassung an Ziele der Raumordnung in das Gesetz mit auf, um einerseits § 14 ROG umzusetzen und die Zuständigkeit der Landesplanungsbehörde zu regeln und andererseits eine Rechtsgrundlage für ein Anpassungsverlangen der Landesplanungsbehörde zu schaffen (LT-Drs. 18/885 S. 44).

Nachdem 2015 das OVG SH die Fortschreibungen der Regionalpläne für zwei Planungsräume für unwirksam erklärt hatte, mit denen Ziele der Raumordnung für eine raumverträgliche Steuerung und Konzentration von Windkraftanlagen aufgestellt worden waren, wurde § 18 LaplaG um zwei Absätze ergänzt. Mit dem neuen Absatz 2 des § 18 LaplaG wurde eine Ermächtigung geschaffen, die vorläufige Untersagung nicht nur individuell gegenüber einzelnen Planungen und Maßnahmen, sondern generell für bestimmte Planungsräume oder das Landesgebiet auszusprechen. Die Regelung in § 18 Abs. 3 LaplaG, wonach Vorhaben, die vor dem Eintritt der Wirksamkeit der Untersagung genehmigt worden sind, sowie Unterhaltungsarbeiten und die Fortführung einer bisher ausgeübten Nutzung nicht von der Untersagung berührt werden, sollte neben dem Bestandsschutz eine Art Übergangsregelungsregelung schaffen, da insbesondere Vorhaben und Anlagen, für die bereits eine die baurechtliche Zulässigkeit feststellende Genehmigung ergangen ist, von der Untersagung nicht mehr erfasst werden und so auch nicht von dem zeitgleich beschlossenen § 18a LaplaG nicht erfasst werden (LT-Drs. 18/2983 S. 8).

Im Jahr 2018 wurde 18 LaplaG um den neuen Abs. 4 ergänzt. Diese Vorschrift stellt eine Rechtsgrundlage für Behörden zur Aussetzung von Entscheidungen nach § 4 Abs. 1 Satz 1 Nr. 2 und Nr. 3 sowie Abs. 2 ROG dar dient insbesondere der Klarstellung der Rechtsfolgen einer raumordnerischen befristeten Untersagung (LT-Drs. 19/950 S. 6).

3. Untersagung raumbedeutsamer Planungen und Maßnahmen (§ 18 Abs. 1 LaplaG)

3.1 Bedeutung

Das LaplaG verzichtet mit dem bloßen Verweis auf § 12 ROG auf weitere Ergänzungen zur Regelung des Bundes und stellt lediglich die Zuständigkeit der Landesplanungsbehörde klar. Dabei steht der Landesplanungsbehörde die Möglichkeit der Untersagung unbefristet zu, wenn raumbedeutsamen Planungen und Maßnahmen Ziele der Raumordnung entgegenstehen (§ 12 Abs. 1 ROG) und ist als repressives Sicherungsinstrument auf die Beachtung der bestehenden Pläne ausgerichtet. Eine befristete Untersagung ist möglich bei raumbedeutsamen Planungen und Maßnahmen, wenn sich ein Raumordnungsplan in Aufstellung befindet und wenn zu befürchten ist, dass die Planung oder Maßnahme die Verwirklichung der vorgesehenen Ziele der Raumordnung unmöglich machen oder wesentlich erschweren würde (§ 12 Abs. 2 ROG) und hat präventiven Charakter, um die Aufstellung der zukünftigen Pläne nicht zu gefährden. Die Untersagung stellt ein förmliches Sicherungsinstrument dar, das mit der Veränderungssperre nach § 14 BauGB zur Sicherung eines Bebauungsplanes vergleichbar ist und der wirksamen Durchsetzbarkeit der Raumordnungsplanung gegenüber anderen raumbedeutsamen Planungen und Maßnahmen dient.

3.2 Voraussetzungen der Untersagung

Die unbefristete und die befristete Untersagung zielen auf verschiedene Anwendungsbereiche ab und unterscheiden sich neben der Befristung auch durch den präventiven und repressiven Charakter. Dennoch beinhalten beide Varianten zum Teil identische Voraussetzungen, wie den Untersagungsgegenstand, den Untersagungsadressaten, das Verfahren und den Zeitraum der Untersagung.

3.2.1 Gegenstand der Untersagung

Gegenstand einer Untersagung können raumbedeutsame Planungen und Maßnahmen sowie die Entscheidung über deren Zulässigkeit sein. Raumbedeutsame Planungen und Maßnahmen sind nach der Legaldefinition des § 3 Abs. 1 Nr. 6 ROG Planungen einschließlich der Raumordnungspläne, Vorhaben und sonstige Maßnahmen, durch die Raum in Anspruch genommen oder die räumliche Entwicklung oder Funktion eines Gebietes beeinflusst wird, einschließlich des Einsatzes der hierfür vorgesehenen öffentlichen Finanzmittel. Damit kommt es darauf an, ob die Planung oder Maßnahme raumbeanspruchend oder raumbeeinflussend ist (vgl. Erl. 3.2 zu § 12 LaplaG). Typischer Gegenstand der Untersagung sind daher die Bauleitplanung und die Planfeststellung (*Schoen*, Untersagung in der Raumordnung, HdSR, S. 2733, 2734). Untersagt werden können aber auch die Entscheidungen über die Zulässigkeit von raumbedeutsamen Planungen und Maßnahmen. Mit dieser weiten Formulierung werden eine Vielzahl von behördlichen Entscheidungen, wie Planfeststellungsbeschlüsse, Plangenehmigungen, Baugenehmigungen, abfall-, immissionsschutz- und wasserrechtliche Genehmigungen sowie über die Entscheidung von Einzelvorhaben hinaus Genehmigungen von Plänen, wie die des Flächennutzungsplans, umfasst (*Hager* in Kment, ROG, § 12 Rn. 12). Die Raumbedeutsamkeit, d. h. die Raumbeanspruchung und Raumbeeinflussung, muss auch bei diesen Zulassungsentscheidungen gegeben sein.

3.2.2 Adressat der Untersagung

Die Untersagung kann gegenüber den in § 4 ROG genannten öffentlichen Stellen ausgesprochen werden. In der Legaldefinition des § 3 Abs. 1 Nr. 5 ROG werden zu den öffentlichen Stellen die Behörden des Bundes und der Länder, kommunale Gebietskörperschaften, bundesunmittelbare und die der Aufsicht eines Landes unterstehenden Körperschaften, Anstalten und Stiftungen des öffentlichen Rechts gezählt. Durch die Beschränkung auf die in § 4 ROG genannten öffentlichen Stellen umfasst der Adressatenkreis öffentliche Stellen,

- die raumbedeutsamen Planungen und Maßnahmen betreiben (§ 4 Abs. 1 Satz 1 Nr. 1 ROG), wie bspw. Gemeinden bei der Aufstellung von Bauleitplänen,
- die Entscheidungen über die Zulässigkeit raumbedeutsamer Planungen und Maßnahmen anderer öffentlicher Stellen treffen (§ 4 Abs. 1 Satz 1 Nr. 2 ROG), wie bspw. das Land Schleswig-Holstein oder die Kreise im Fall von genehmigungsbedürftigen Bauleitplänen,
- die Entscheidungen über die Zulässigkeit raumbedeutsamer Planungen und Maßnahmen von Personen des Privatrechts treffen, die der Planfeststellung oder der Genehmigung mit der Rechtswirkung der Planfeststellung bedürfen (§ 4 Abs. 1 Satz 1 Nr. 3 ROG), wie bspw. Planfeststellungen für Infrastrukturmaßnahmen,
- die die Errichtung und den Betrieb von öffentlich zugänglichen Abfallbeseitigungsanlagen von Personen des Privatrechts nach dem BImSchG genehmigen (§ 4 Abs. 3 ROG) oder
- die der Zielbindung einer materiellen Raumordnungsklausel unterliegen oder die über die Zulässigkeit einer Planung oder Maßnahme entscheiden, die dieser Zielbindung unterliegt (§ 4 Abs. 1 Satz 3, Abs. 2 ROG), wie bspw. bei Genehmigungen für Vorhaben im Außenbereich.

Eine Untersagung kann nach dem Wortlaut des § 12 ROG nicht an Personen des Privatrechts ausgesprochen werden. Dieses gilt nicht, soweit nach § 4 Abs. 1 Satz 2 ROG Personen des Privatrechts öffentlichen Stellen gleichgestellt sind, wenn diese Personen raumbedeutsame Planungen und Maßnahmen in Wahrnehmung öffentlicher Aufgaben durchführen und entweder öffentliche Stellen an den Personen mehrheitlich beteiligt sind oder die Planungen und Maßnahmen überwiegend mit öffentlichen Mitteln finanziert werden.

Behörden des Bundes können nur dann Adressat der raumordnerischen Untersagung durch die Landesplanungsbehörde sein, wenn diese Behörden nach § 5 Abs. 1 ROG bei der Aufstellung des Raumordnungsplans beteiligt worden sind und sie den Zielen nicht widersprochen haben.

3.2.3 Verfahren

§ 12 Abs. 1 und Abs. 2 ROG bestimmen die Raumordnungsbehörde, als sachlich zuständige Behörde. Die Landesplanungsbehörde ist nach § 4 LaplaG die für die Raumordnung zuständige Behörde und somit zuständig für raumordnerische Untersagungen. § 18 Abs. 1 LaplaG kommt daher nur klarstellende Funktion zu, insoweit dort die Landesplanungsbehörde benannt wird.

Untersagungen ergehen in der Regel als Verwaltungsakt nach § 106 LVwG SH. Dies gilt soweit Adressat der Untersagung keine Behörde des Landes Schleswig-Holstein ist. In diesem Fall würde es an der nach § 106 Abs. 1 LVwG SH erforderlichen Außenwirkung fehlen. Ansonsten bestehen an der Einordnung als Verwaltungsakt keine Zweifel. Dafür spricht auch die Formulierung des § 12 Abs. 3 ROG, wonach die, bei Rechtsbehelfen gegen Verwaltungsakte übliche, aufschiebende Wirkung ausgesetzt ist.

Als belastender Verwaltungsakt bedarf die Untersagung einer zuvor durchgeführten Anhörung nach § 87 Abs. 1 LVwG SH. Die Vorschriften zur Form des Verwaltungsaktes (§ 108 LVwG SH) und zur Begründung (§ 109 LVwG SH) sind zu beachten.

3.2.4 Zeitraum der Untersagung

Auch wenn der Wortlaut des § 12 ROG keinen Zeitraum angibt, indem Untersagung ausgesprochen werden können, ist es allgemein anerkannt, dass die Raumordnungsbehörde bei der Untersagung raumbedeutsamer Planungen und Maßnahmen an einen bestimmten Zeitraum gebunden ist (vgl. *Schmitz* in Bielenberg/Runkel/Spannowsky, ROG, L § 14 Rn. 29).

Im Interesse der beteiligten öffentlichen Stellen an Klarheit über die Zulässigkeit des begehrten Vorgehens ist es geboten, dass die jeweils zuständige Raumordnungsbehörde möglichst frühzeitig Untersagungen vornehmen kann, um weitere Aufwendungen in die Planung zu vermeiden, was für einen möglichst frühen Beginn des Zeitraums der Untersagung spricht. Gleichzeitig bedarf es einer gewissen Konkretisierung der Planung oder Maßnahme, um tatsächlich das Vorliegen einer Gefahr für Ziele der Raumordnung bewerten zu können. Es wird daher darauf ankommen, ob es für einen Plan einen Planaufstellungsbeschluss oder eine erste rechtsförmliche Entscheidung des zuständigen Beschlussgremiums gibt bzw. wenn für eine Maßnahme erste rechtserhebliche Handlungen vorgenommen worden sind (*Hager* in Kment, ROG, § 12 Rn. 20).

Der Untersagungszeitraum endet, wenn die Planung oder Maßnahme sowie die Entscheidung über deren Zulässigkeit abgeschlossen ist. Solange noch Verfahrensschritte zur Umsetzung der Planung oder Maßnahme erfolgen müssen, kann eine Untersagung ausgesprochen werden. Im Gegensatz zum landesplanerischen Anpassungsverlangen nach § 18 Abs. 5 LaplaG, kann eine Untersagungsanordnung von der Landesplanungsbehörde nur als Sicherungsinstrument genutzt werden.

Es ist jedoch zwischen dem Abschluss einer raumbedeutsamen Planung und einer Maßnahme zu differenzieren. Bei Bauleitplänen endet der Abschluss der Planung mit der Bekanntmachung, wodurch der Bebauungsplan in Kraft tritt (§ 10 Abs. 3 Satz 4 BauGB) bzw. der Flächennutzungsplan wirksam wird (§ 6 Abs. 5 Satz 2 BauGB). Bei Maßnahmen endet der Zeitraum der Untersagung mit der letzten verbindlichen Entscheidung über deren Zulassung. Denn mit der Planfeststellung oder der Genehmigung eines Vorhabens steht die sogenannte Tatbestandswirkung einer Untersagung entgegen (*Sachs* in Stelkens/Bonk/Sachs, VwVfG, § 43 Rn. 143 ff.). Eine Zulassungsentscheidung, die gegen die Ziele der Raumordnung verstößt, ist zwar rechtswidrig, aber nicht nichtig. Erst die Aufhebung der Zulassungsentscheidung ermöglicht der Landesplanungsbehörde das Sicherungsinstrument der Untersagung anzuwenden (*Schoen*, Bundesrechtliche Vorgaben zur landesplanerischen Untersagung und Mittel zur Sicherung städtebaulicher Planungsabsichten – eine vergleichende Betrachtung, NuR 2000 S. 138, 143).

3.2.5 Im Einzelfall

Durch die Änderung des LaplaG im Jahr 2015 wurde der Absatz 1 des § 18 LaplaG um die Worte „im Einzelfall" ergänzt. Nach der Gesetzesbegründung soll diese Einfügung der Abgrenzung der Anwendungsbereiche und Rechtsfolgen von § 18 Abs. 1 und § 18 Abs. 2 LaplaG dienen und damit zugleich klarstellen, dass die befristete Untersagung nach § 12 Abs. 2 ROG anwendbar bleibt, aber auf die Untersagung im Einzelfall beschränkt ist (LT-Drs. 18/2983 S. 7). Eine inhaltliche Änderung oder Ergänzung zum ROG ist darin nicht zu sehen, denn bereits zuvor kam es auf die jeweilige konkrete raumbedeutsame Planung oder Maßnahme sowie die Entscheidung über deren Zulässigkeit an.

3.3 Unbefristete Untersagung

3.3.1 Untersagungsgrund

Die unbefristete Untersagung nach § 12 Abs. 1 ROG setzt als Untersagungsgrund voraus, dass Ziele der Raumordnung der Planung oder Maßnahme entgegenstehen. Es muss sich demnach um eine verbindliche Regelung handeln, die einem Ziel der Raumordnung i. S. d. § 3 Abs. 1 Nr. 2 ROG entspricht (vgl. Erl. 3.2.2 zu § 13 LaplaG). Dieses Ziel muss rechtsverbindlich erlassen worden sein, was durch den Landesentwicklungsplan oder einen Regionalplan möglich ist und darf nicht funktionslos geworden sein. Ein Entgegenstehen setzt voraus, dass dieses Ziel die zu untersagende Planung oder Maßnahme mehr als nur geringfügig beeinträchtigt (*Schmitz* in Bielenberg/Runkel/Spannowsky, ROG, L § 14 Rn. 48).

3.3.2 Wirkung der unbefristeten Untersagung

Mit der unbefristeten Untersagung werden die Fortführung sowie der Vollzug der Planung oder der Maßnahme dauerhaft unterbunden. Die Fortführung der Planung muss beendet werden. Ein Bauleitplan darf nicht bekanntgemacht werden. Eine beantragte Zulassungsentscheidung darf aufgrund des Zielverstoßes nicht ergehen. Da die weiteren Behörden direkt an die Entscheidung der Landesplanungsbehörde gebunden sind, bedarf es keine weiteren Vollzugsmaßnahmen. Sollten dennoch kommunale Behörden die Planung oder Maßnahme sowie Zulassungsentscheidungen hierüber weiter betreiben, ist ein Einschreiten durch die Kommunalaufsicht zu prüfen (vgl. §§ 123 f. GO SH).

3.4 Befristete Untersagung

Mit der befristeten Untersagung können zukünftige Ziele der Raumordnung durch eine Untersagung für bis zu drei Jahre gesichert werden, um so die Aufstellung eines Raumordnungsplans nicht zu erschweren oder sogar zu verhindern. Die zeitliche Begrenzung erfolgt, um Einschränkungen des kommunalen Selbstverwaltungsrechts bzw. der kommunalen Planungshoheit aus Art. 28 Abs. 2 GG bzw. der Grundrechte auf Berufsfreiheit aus Art. 12 GG und auf Eigentum aus Art. 14 GG verhältnismäßig auszugestalten.

3.4.1 Untersagungsgrund

Als Voraussetzung nennt § 12 Abs. 2 ROG, dass sich ein Raumordnungsplan in Aufstellung befindet und dass zu befürchten sein muss, dass die Planung oder Maßnahme die Verwirklichung der vorgesehenen Ziele der Raumordnung unmöglich machen oder wesentlich erschweren würde. Die Möglichkeit, so auch Raumordnungspläne zu sichern, die in Aufstellung sind, entspricht dem Gedanken der gesetzlichen Regelung in § 3 Abs. 1 Nr. 4 ROG, wonach in Aufstellung befindliche Ziele der Raumordnung als sonstige Erfordernisse der Raumordnung bei Planungen und Maßnahmen nach § 4 Abs. 1 Satz 1 ROG zu berücksichtigen sind.

In Aufstellung befindet sich ein Raumordnungsplan, wenn das Verfahren nach § 7 ROG eingeleitet worden ist, welches über erste Vorbereitungsmaßnahmen hinausgeht. Die Notwendigkeit eines förmlichen Aufstellungsbeschlusses wird vom Gesetzeswortlaut nicht vorausgesetzt, so dass teilweise in der Literatur der Aufstellungsbeschluss als notwendiger Verfahrensschritt angenommen wird, um eine Abgrenzung zu bloßen verwaltungsinternen Entwürfen vornehmen zu können (so *Goppel* in Spannowsky/Runkel/Goppel, ROG, § 12 Rn. 21). Aufgrund der landesrechtlichen Regelung in § 5 Abs. 4 Satz 2 LaplaG, wonach die Landesplanungsbehörde das Aufstellungsverfahren durch Bekanntmachung der allgemeinen Planungsabsichten im Amtsbl. Schl.-H. einleitet, kommt es für eine Untersagung auf diese erfolgte Bekanntmachung an. Dies gilt nur, wenn das darin vorgesehene Ziel der Raumordnung eine Detailschärfe aufweist, die zeichnerisch oder verbal so fest umrissen ist, dass es anderen Behörden und der Öffentlichkeit zur Kenntnis gebracht werden kann und es diesen ermöglicht, sich dazu zu äußern (BVerwG, Urt. vom 27.1.2005 – 4 C 5/04 –, Rn. 28). Allgemeine Planungsabsichten oder bloße Bekanntmachungen über die Einleitung von Verfahren zur Erarbeitung von Raumordnungsplänen erfüllen diese Voraussetzung in der Regel nicht. Entsprechend der Regelung in § 7 Abs. 7 ROG gelten die Vorschriften über die Aufstellung von Raumordnungsplänen auch für eine Änderung, Ergänzung oder Aufhebung solcher Pläne.

Mit der ROG-Novelle aus dem Jahr 2023 ist eine Legaldefinition für in Aufstellung befindliche Ziele der Raumordnung in § 3 Abs. 1 Nr. 4a ROG in das Gesetz aufgenommen wurden. Danach liegen in Aufstellung befindliche Ziele vor, wenn nach Durchführung des Beteiligungsverfahrens nach § 9 Abs. 2 ROG Ziele der Raumordnung in einem die Ergebnisse der Beteiligung berücksichtigenden Planentwurf enthalten sind und als solche den Verfahrensbeteiligten zur Kenntnis gegeben wurden. Denn mit einer Veröffentlichung nach dem Beteiligungsverfahren ist ein Planungsstand erreicht, der die Prognose nahelegt, dass die ins Auge gefasste planerische Zielfestlegung Eingang in die endgültige Fassung des Raumordnungsplans finden wird. Dies soll jedoch nicht gelten, wenn die planaufstellende Stelle den Planentwurf nach der (ersten) Beteiligung in geänderter oder ergänzter Fassung in die erneute Beteiligung gibt. Dann ist nach der Gesetzesbegründung die Voraussetzung der vollständigen Durchführung des Beteiligungsverfahrens noch nicht erfüllt (BT Drs. 20/4823, S. 21 f.). Die Legaldefinition gilt jedoch lediglich für „in Aufstellung befindliche Ziele der Raumordnung" und regelt deren Verhältnis aufgrund ihrer Bedeutung durch § 35 Abs. 3 Satz 1 BauGB. Ein Raumordnungsplan befindet sich nach § 12 ROG bzw. § 18 LaplaG bereits in einem viel früheren Stadium in Aufstellung, um schon lange vor einer Verfestigung der Ziele der Raumordnung die Planung an sich zu sichern und um überhaupt eine rechtssichere Planung zu ermöglichen.

Die weitere Anforderung, dass darüber hinaus zu befürchten sein muss, dass die Planung oder Maßnahme die Verwirklichung der vorgesehenen Ziele der Raumordnung unmöglich machen oder wesentlich erschweren würde, setzt eine Prognoseentscheidung der Landesplanungsbehörde voraus, dass sich ein erkennbarer Widerspruch (*Goppel* in Spannowsky/Runkel/Goppel, ROG, § 12 Rn. 24) bzw. ein überschaubarer Konflikt (*Schmitz* in Bielenberg/Runkel/Spannowsky, ROG, L § 14 Rn. 72) der raumbedeutsamen Planung oder Maßnahme zu dem in Aufstellung befindlichen Ziel abzeichnet. Dabei muss die Prognoseentscheidung auf einer zuverlässigen Tatsachenbasis beruhen und schlüssig sein (BVerwG, Urt. vom 3.7.1998 – 4 CN 5/97 –, Rn. 46). Um das Sicherungsinstrument der Untersagung nicht durch zu hohe Voraussetzungen obsolet werden zu lassen und um den Plan auch im frühen Stadium schützen zu können, darf die Anforderung an die Prognose jedoch nicht zu hoch sein. Gleichwohl muss der Konflikt bzw. der Widerspruch oberhalb der Wesentlichkeitsschwelle angesiedelt sein, so dass Verstöße, die räumlich oder funktional nur geringfügig wirken, nicht davon umfasst sind (*Hager* in Kment, ROG, § 12 Rn. 50).

3.4.2 Wirkung der befristeten Untersagung

Die Wirkung der befristeten Untersagung unterscheidet sich in mehreren Punkten von der Wirkung der unbefristeten Untersagung. Während die unbefristete Untersagung ein aus den Raumordnungsplänen bestehendes Vollzugsverbot konkretisiert, schafft die befristete Untersagung erstmals ein solches Verbot. Positive Entscheidungen über die Zulässigkeit von Planungen und Maßnahmen dürfen, solange die befristete Untersagung gilt, nicht ergehen. Durch die Aufnahme zum Aussetzen von Zulassungsentscheidungen in § 18 Abs. 4 LaplaG haben die zuständigen Behörden die Möglichkeit, den Genehmigungsanspruch zu suspendieren, bis die von der Landesplanungsbehörde angeordnete raumordnerische Untersagung endet. Die Dauer der Untersagung ist auf maximal drei Jahre begrenzt, wobei nach § 12 Abs. 2 Satz 2 ROG von einer Dauer von zwei Jahren ausgegangen wird, die nach § 12 Abs. 2 Satz 3 ROG um ein weiteres Jahr verlängert werden kann. Da die Untersagung nicht zu einem Selbstzweck dient, ist sie vorher zu beenden, wenn der Sicherungszweck durch das Inkrafttreten des Raumordnungsplans und damit des Ziels der Raumordnung erreicht wird oder wenn die Umsetzung des vorgesehenen Ziels der Raumordnung eingestellt oder geändert wird.

3.5 Ermessen

Die Landesplanungsbehörde kann unter Berücksichtigung der in § 12 Abs. 1 und Abs. 2 ROG genannten Tatbestandsvoraussetzungen eine Untersagung für raumbedeutsame Planungen und Maßnahmen sowie die Entscheidung über deren Zulässigkeit anordnen. Vor allem bei der befristeten Untersagung ist die richtige Ermessensausübung relevant, da hier, anders als bei der unbefristeten Untersagung, durch die Untersagung erstmals ein Vollzugsverbot begründet wird.

Im Rahmen der ordnungsgemäßen Ermessensausübung muss die Landesplanungsbehörde sowohl das Entschließungs- als auch das Auswahlermessen beachten. Im Rahmen des Entschließungsermessens ist zu prüfen, ob ein Handeln der Landesplanungsbehörde angezeigt ist. Eine dafür zu treffende Prognoseentscheidung muss zu dem Ergebnis kommen, dass die geplante Planung oder Maßnahme ohne die Untersagung die Ziele der Raumordnung gefährdet. Das Gebot der Verhältnismäßigkeit erfordert aber, dass zuvor die Anwendung milderer Mittel, wie insbesondere Abstimmungen untereinander, geprüft werden. Das Auswahlermessen erfordert eine genaue Bestimmung des Umfangs der Untersagung in Hinblick auf die angestrebte Planung oder Maßnahme und in der Auswahl des Adressaten. Bei der befristeten Untersagung ist zudem die Dauer der Befristung festzulegen.

3.6 Rechtsschutz

Gegen die in der Form eines Verwaltungsaktes ergangenen Untersagung kann innerhalb eines Monats nach Bekanntgabe Klage bei dem VG SH erhoben werden. Ein Vorverfahren nach § 68 Abs. 1 Satz 1 VwGO ist nicht durchzuführen, denn bei der erlassenden Behörde, der Landesplanungsbehörde, handelt es sich um eine oberste Landesbehörde, so dass die Ausnahmeregelung des § 68 Abs. 1 Satz 2 Nr. 1 VwGO greift, die ein Vorverfahren entbehrlich macht. Da nach § 12 Abs. 3 ROG Rechtsbehelfe gegen Untersagungen keine aufschiebende Wirkung haben, bedarf es eines Antrags nach § 80 Abs. 5 VwGO zur Anordnung der aufschiebenden Wirkung.

Ergeht die Untersagung ohne Außenwirkung, das sind die Fälle, wenn der Adressat der Untersagung zum selben Rechtsträger wie die Landesplanungsbehörde gehört, also zum Land Schleswig-Holstein, handelt es sich lediglich um eine interne fachliche Weisung (OVG LSA, Urt. vom 6.8.2012 – 2 L 6/10 –, Rn. 47; BGH, Urt. vom 30.6.1983 – III ZR 73/82 –, Rn. 18). Da es an einem Verwaltungsakt fehlt, ist die Anfechtungsklage nach § 42 Abs. 1 VwGO nicht statthaft. Für die Zulässigkeit der Feststellungsklage nach § 43 VwGO fehlt es an einem feststellungsfähigen subjektiv-öffentlichem Recht, wenn die Untersagung nur behördenintern ergeht.

Voraussetzung für die Zulässigkeit der Klage ist in jedem Fall, dass die Adressaten der Untersagung ihre Klagebefugnis geltend machen. Gemeinden können geltend machen, durch die Untersagung in ihrem Recht auf gemeindliche Selbstverwaltung aus Art. 28 Abs. 2 GG verletzt zu sein. Bei Personen des Privatrechts ist eine Verletzung der Grundrechte auf Eigentum sowie Gewerbebetrieb aus Art. 14 GG oder der Berufsfreiheit aus Art. 12 GG denkbar (*Goppel* in Spannowsky/Runkel/Goppel, ROG, § 12 Rn. 32). Eine Klagebefugnis von Privatpersonen scheidet hingegen aus. Da die raumordnerische Untersagung der Durchsetzung von Zielen der Raumordnung sowie der Sicherung der Aufstellung von Raumordnungsplänen dient, sind private Belange allenfalls mittelbar verletzt (*Hager* in Kment, ROG, § 12 Rn. 64). Eine Überprüfung der Untersagung ist daher nur inzident im Rahmen einer Verpflichtungsklage mit dem Begehren zur Erteilung einer Genehmigung für ein Vorhaben möglich (*Schmitz* in Bielenberg/Runkel/Spannowsky, ROG, L § 14 Rn. 132). Hält das Gericht die Untersagung für rechtswidrig, stellt sie keinen zureichenden Grund für die Nichtbescheidung dar mit der Folge, dass der Genehmigungsanspruch von ihr unberührt bleibt. Die Genehmigung ist jedoch nur zu erteilen, wenn dem Vorhaben keine öffentlich-rechtlichen Vorschriften entgegenstehen (OVG LSA, Urt. vom 18.11.2015 – 2 L 1/13 –, Rn. 110).

4. Generelle Untersagung (§ 18 Abs. 2 LaplaG)

4.1 Inhalt der Norm

Die Untersagungen des § 12 ROG stellen auf den jeweiligen Einzelfall ab. Mit der Regelung in § 18 Abs. 2 LaplaG wurde darüber hinaus eine Ermächtigung geschaffen, raumbedeutsame Planungen und Maßnahmen zur Windenergienutzung sowie Entscheidungen über deren Zulässigkeit in einzelnen Planungsräumen befristet allgemein zu untersagen. Damit wird ein an die Veränderungssperre in § 14 BauGB angelehntes Sicherungsinstrument geschaffen, das speziell für die Aufstellung von Regionalplänen, die Zielfestlegungen über die räumliche Konzentration von Windkraftanlagen zum Inhalt haben, Anwendung finden kann. Die Befristung der Untersagung auf bis zu zwei Jahre sowie die Verlängerung um ein weiteres Jahr orientiert sich an der befristeten Untersagung nach § 12 Abs. 2 ROG. Um den Eingriff auszugleichen, können unter Beachtung der Voraussetzungen des § 18 Abs. 2 Satz 5 LaplaG Befreiungen zugelassen werden.

4.2 Die generelle Untersagung als abweichendes oder ergänzendes Landesrecht

Die Vorschrift des § 18 Abs. 2 LaplaG wird mit den Worten „*Abweichend von § 12 Abs. 2 ROG*" eingeleitet und stellt damit auf den ersten Blick die Ausprägung der Kennzeichnungspflicht für abweichende Gesetze i. S. d. Art. 72 Abs. 3 GG dar (vgl. Erl. 2.3 zu § 1 LaplaG). Die Gesetzesbegründung erwähnt hingegen, dass es sich um eine das Bundesrecht ergänzende und insoweit davon abweichende Regelung handelt (LT-Drs. 18/2983 S. 5) und ist damit widersprüchlich, da die Vorschrift entweder ergänzend oder abweichend sein kann. Da jedoch als Gesetzgebungskompetenz Art. 72 Abs. 3 Satz 1 Nr. 4 GG benannt wird (LT-Drs. 18/2983 S. 6), spricht viel für die Vermutung, dass § 18 Abs. 2 LaplaG nach dem Willen des Gesetzgebers abweichendes Landesrecht sein soll. Diese Vorschrift setzt aber nicht § 12 Abs. 2 ROG vollständig außer Kraft, sondern begründet bei Vorliegen der in § 18 Abs. 2 LaplaG genannten Voraussetzungen die Anwendung des Sicherungsinstruments der generellen Untersagung. Andernfalls hätte § 18 Abs. 1 LaplaG nur auf die Untersagung in § 12 Abs. 1 ROG Bezug genommen. Eine dahingehende Auslegung, dass § 12 Abs. 2 ROG unanwendbar und § 18 Abs. 1 LaplaG verfassungswidrig ist, da § 18 Abs. 2 LaplaG die Anwendung des § 12 Abs. 2 ROG ausschließt (*Zachow*, Windenergieplanungssicherstellungsgesetz, S. 130 f.), widerspricht dem Willen des Gesetzgebers. Denn dieser wollte § 18 Abs. 2 LaplaG als eine über § 12 Abs. 2 ROG hinausgehende Ermächtigung zur Sicherung der Neuaufstellung von Zielen der Raumordnung schaffen (LT-Drs. 18/2983 S. 7).

4.3 Tatbestandsvoraussetzungen

Die Anwendung der generellen Untersagung beinhaltet drei Voraussetzungen. § 18 Abs. 2 Satz 1 LaplaG verlangt, dass es sich um raumbedeutsame Planungen und Maßnahmen oder um Entscheidungen über deren Zulässigkeit handeln muss. Zudem fordert der erste Halbsatz des § 18 Abs. 2 Satz 2 LaplaG, dass sich ein Raumordnungsplan in Aufstellung befinden muss, in dem als Ziel der Raumordnung eine räumliche Konzentration der Windenergienutzung bei gleichzeitigem Ausschluss an anderer Stelle im Planungsraum vorgesehen ist. Der zweite Halbsatz des § 18 Abs. 2 Satz 2 LaplaG fordert, dass zu befürchten sein muss, dass Planungen und Maßnahmen zur Windenergienutzung außerhalb der dafür zukünftig vorgesehenen Gebiete die Verwirklichung der vorgesehenen Ziele der Raumordnung unmöglich machen oder wesentlich erschweren würden.

4.3.1 Raumbedeutsame Planungen und Maßnahmen zur Windenergienutzung

Als Voraussetzung nennt § 18 Abs. 2 Satz 1 LaplaG, dass es sich um raumbedeutsame Planungen und Maßnahmen sowie Entscheidungen über deren Zulässigkeit handeln muss, die zur Windenergienutzung dienen sollen. Wie auch § 12 ROG, stellt § 18 Abs. 2 LaplaG auf die Legaldefinition des § 3 Abs. 1 Nr. 6 ROG ab, wonach es sich hierbei um Planungen einschließlich der Raumordnungspläne, Vorhaben und sonstige Maßnahmen, durch die Raum in Anspruch genommen oder die räumliche Entwicklung oder Funktion eines Gebietes beeinflusst wird, einschließlich des Einsatzes der hierfür vorgesehenen öffentlichen Finanzmittel handelt. Die Einschränkung auf Planungen und Maßnahmen zur Windenergienutzung war im ursprünglichen Gesetzentwurf (LT-Drs. 18/2983) nicht enthalten und wurde erst im parlamentarischen Verfahren eingefügt. Zwar stimmt der Wortlaut *„zur Windenergienutzung"* nicht mit der in § 35 Abs. 1 Nr. 5 BauGB verwendeten Formulierung *„Vorhaben, die der Erforschung, Entwicklung oder Nutzung der Windenergie dienen"* überein. Im allgemeinen Sprachgebrauch handelt es sich jedoch in beiden Fällen um die sogenannten Windkraftanlagen (vgl. *Söfker* in Ernst/Zinkahn/Bielenberg/Krautzberger, BauGB, § 35 Rn. 58a). Trotz dieser sprachlichen Differenzen zwischen dem BauGB und dem LaplaG ist daher nicht von einem anderen Anwendungsbereich auszugehen. So dass auch der Änderungsantrag, der die im BauGB genutzte Formulierung im LaplaG verwenden wollte (LT-Drs. 18/3016), abgelehnt wurde.

4.3.2 In Aufstellung befindlicher Raumordnungsplan

Als weitere Voraussetzung verlangt der erste Halbsatz des § 18 Abs. 2 Satz 2 LaplaG, dass sich ein Raumordnungsplan in Aufstellung befinden muss, in dem als Ziel der Raumordnung eine räumliche Konzentration der Windenergienutzung bei gleichzeitigem Ausschluss an anderer Stelle im Planungsraum vorgesehen ist. Raumordnungspläne sind nach § 3 Abs. 1 Nr. 7 ROG zusammenfassende, überörtliche und fachübergreifende Pläne nach § 13 ROG (Landesweite Raumordnungspläne, Regionalpläne und regionale Flächennutzungspläne) und § 17 ROG (Raumordnungspläne für die deutsche ausschließliche Wirtschaftszone und für den Gesamtraum). Im Sinne des LaplaG ist jedoch die einschränkende Definition des § 5 Abs. 1 LaplaG anzuwenden, wonach nur die von der Landesplanungsbehörde aufzustellenden Raumordnungspläne, der Landesentwicklungsplan und die Regionalpläne, erfasst sind. Aufgrund der weiteren Einschränkung, dass der Plan ein Ziel mit der einer räumlichen Konzentration der Windenergienutzung bei gleichzeitigem Ausschluss an anderer Stelle im Planungsraum vorsehen muss, kommt praktisch aber nur ein Regionalplan nach § 9 LaplaG in Betracht.

Dieser Regionalplan muss sich in Aufstellung befinden. Dazu zählt nach § 7 Abs. 7 ROG auch die Änderung, Ergänzung und Aufhebung. Als maßgeblicher Zeitpunkt für die Einleitung des Aufstellungsverfahrens ist entsprechend der Vorgabe des § 5 Abs. 4 Satz 2 LaplaG als frühestmöglicher Zeitpunkt die Bekanntmachung der allgemeinen Planungsabsichten im Amtsbl. Schl.-H. durch die Landesplanungsbehörde anzusehen. Der Wortlaut lässt damit einen frühen Zeitpunkt für die Anwendung der generellen Untersagung zu.

Dies gilt jedoch nur, wenn das vorgesehene Ziel der Raumordnung eine Detailschärfe aufweisen muss, die zeichnerisch oder verbal so fest umrissen ist, dass es anderen Behörden und der Öffentlichkeit zur Kenntnis gebracht werden kann und es diesen ermöglicht, sich dazu zu äußern (BVerwG, Urt. vom 27.1.2005 - 4 C 5/04 -, Rn. 28). Allgemeine Planungsabsichten oder bloße Bekanntmachungen über die Einleitung von Verfahren zur Erarbeitung von Raumordnungsplänen erfüllen diese Voraussetzung in der Regel nicht.

Als inhaltliche Anforderung wird zudem vorausgesetzt, dass dieser Regionalplan die räumliche Konzentration der Windenergienutzung bei gleichzeitigem Ausschluss an anderer Stelle im Planungsraum regeln soll. Damit kann vom Gesetzgeber nur gemeint sein, dass die Privilegierung der Windenergienutzung im Außenbereich aus § 35 Abs. 1 Nr. 5 BauGB durch den Planvorbehalt des § 35 Abs. 3 Satz 3 BauGB eingeschränkt werden soll. Nach dieser bauplanungsrechtlichen Vorschrift stehen öffentliche Belange einem privilegierten Vorhaben nach § 35 Abs. 1 Nr. 2 bis 6 BauGB entgegen, soweit hierfür durch Darstellungen im Flächennutzungsplan oder als Ziele der Raumordnung eine Ausweisung an anderer Stelle erfolgt ist, was als Planvorbehalt oder Konzentrationsplanung bezeichnet wird. Die Anforderungen an eine solche Konzentrationszonenplanung wurden durch die Rechtsprechung des BVerwG maßgeblich entwickelt (ausführlich zu den Anforderungen: *Gatz*, Windenergieanlagen, S. 66 ff.). Die Planung muss ausreichend nutzbare Flächen vorsehen (substanziell Raum schaffen) und darf nicht als bloße Negativplanung den Ausschluss regeln. Bei der Auswahl der Flächen ist ein gesamträumliches Planungskonzept zu Grunde zu legen, das abschnittsweise ermittelt, welche Flächen nutzbar sind. Im ersten Abschnitt sind diejenigen Bereiche als Tabuzonen zu ermitteln, die sich für die Nutzung der Windenergie nicht eignen. Die Tabuzonen lassen sich in zwei Kategorien einteilen, nämlich in Zonen, in denen die Errichtung und der Betrieb von Windenergieanlagen aus tatsächlich und/oder rechtlichen Gründen schlechthin ausgeschlossen sind (harte Tabuzonen) und in Zonen, in denen die Errichtung und der Betrieb von Windkraftanlagen zwar tatsächlich und rechtlich möglich sind, in denen nach den planerischen Vorstellungen, aber keine Windkraftanlagen aufgestellt werden sollen (weiche Tabuzonen). Nach Abzug der harten und weichen Tabuzonen bleiben sog. Potenzialflächen übrig, die für die Darstellung von Konzentrationszonen in Betracht kommen. Sie sind in einem weiteren Arbeitsschritt zu den auf ihnen konkurrierenden Nutzungen in Beziehung zu setzen und mit dem Anliegen abzuwägen, der Windenergienutzung an geeigneten Standorten eine Chance zu geben, die ihrer Privilegierung nach § 35 Abs. 1 Nr. 5 BauGB gerecht wird (BVerwG, Beschl. vom 15.9.2009 - 4 BN 25.09 -, Rn. 8).

4.3.3 Untersagungsgrund

Der zweite Halbsatz des § 18 Abs. 2 Satz 2 LaplaG enthält, ähnlich wie auch § 12 Abs. 2 ROG, als Untersagungsgrund die Anforderung, dass zu befürchten sein muss, dass Planungen und Maßnahmen zur Windenergienutzung außerhalb der dafür zukünftig vorgesehenen Gebiete die Verwirklichung der vorgesehenen Ziele der Raumordnung unmöglich machen oder wesentlich erschweren würden. Laut der Gesetzesbegründung setzt die generelle Untersagung des § 18 Abs. 2 LaplaG voraus, dass sich die in Aufstellung befindlichen Ziele den Planungsabsichten der Landesplanungsbehörde nach im Sinne einer räumlichen Konzentration mit außergebietlichem Ausschluss auswirken müssen. In einem solchen Fall soll nach dem Willen des Gesetzgebers zur Sicherung dieser Ausschlusswirkung der generelle Charakter der Untersagung ohne notwendige Einzelfallprüfung gerechtfertigt sein (LT-Drs. 18/2983 S. 8). Im Unterschied zu § 12 Abs. 2 ROG, der eine Prognoseentscheidung für den jeweiligen Einzelfall fordert, bedarf nach der Gesetzesbegründung die Rechtfertigung der Untersagung bei der Anwendung des § 18 Abs. 2 LaplaG keine Einzelfallprüfung. Damit kann jedoch nur gemeint sein, dass es nicht auf die Prüfung der einzelnen Planung oder Maßnahme ankommt, denn eine Ermessensentscheidung ist aufgrund der Verwendung des Begriffs „befürchten" gleichwohl notwendig. Die Landesplanungsbehörde muss sich dann jedoch allgemein damit auseinandersetzen, ob und wie sehr überhaupt Planungen und Maßnahmen zur Windenergienutzung außerhalb der dafür zukünftig vorgesehenen Gebiete die Verwirklichung der vorgesehenen Ziele der Raumordnung unmöglich machen oder wesentlich erschweren würden. Da generell die Errichtung von Windkraftanlagen untersagt wird, sind auch solche Planungen und Maßnahmen unzulässig, die mit der Konzentrationszonenplanung und damit den angestrebten Zielen der Raumordnung übereinstimmen. Es muss daher zu befürchten sein, dass durch eine Vielzahl an Planungen und Maßnahmen zur Windenergienutzung außerhalb der dafür zukünftig vorgesehenen Gebiete die Verwirklichung der Konzentrationszonenplanung unmöglich machen oder wesentlich erschweren würden, die nicht durch eine raumordnerische Untersagung nach § 12 Abs. 2 ROG im Einzelfall untersagt werden können oder denen im immissionsschutzrechtlichen Genehmigungsverfahren nicht wirksam die angestrebten Ziele als in Aufstellung befindlichen Ziele als unbenannte öffentliche Belange i. S. d. § 35 Abs. 3 entgegengehalten werden können (vgl. BVerwG, Urt. vom 27.1.2005 – 4 C 5/04 –, Rn. 17 ff.). Denn sowohl die befristete raumordnerische Untersagung im Einzelfall als auch die Geltendmachung des Entgegenstehens eines öffentlichen Belangs im konkreten Genehmigungsverfahren stellen mildere Mittel dar, als eine generelle Untersagung nach § 18 Abs. 2 LaplaG.

4.4 Ermessen

§ 18 Abs. 2 LaplaG räumt der Landesplanungsbehörde Ermessen ein, ob und in welchem Umfang eine generelle Untersagung erlassen wird. Für die Ausübung des Auswahl- und des Entschließungsermessen sind die Ermessensausübungen bei der Untersagung nach § 12 Abs. 1 und 2 ROG genannten Grundsätze anzuwenden (vgl. Erl. 3.5.).

4.5 Adressat

Die Untersagung kann gegenüber den in § 4 ROG genannten öffentlichen Stellen ausgesprochen werden. Damit ist eine inhaltliche Änderung des § 18 Abs. 1 LaplaG gegenüber dem § 12 Abs. 2 ROG zu sehen (vgl. Erl. 3.2.2.). In der Praxis sind dabei zwei Fallkonstellationen bedeutsam. Stellen Gemeinden Bauleitpläne auf, die Darstellungen bzw. zur Windenergienutzung beinhalten, muss sich die Untersagung nach § 18 Abs. 1 LaplaG direkt an diese Gemeinden richten. Eine Untersagung der Genehmigung eines Bauleitplans gegenüber einem Kreis oder der obersten Bauaufsichtsbehörde kann daher nur nachrangig erfolgen.

Die Errichtung von einzelnen Windkraftanlagen ab einer Höhe von über 50 m bedarf einer immissionsschutzrechtlichen Genehmigung, für die das Landesamt für Landwirtschaft, Umwelt und ländliche Räume (LLUR) nach § 2 Nr. 3 ImSchV-ZustVO zuständig ist. Dabei beinhaltet das immissionsschutzrechtliche Verfahren die sogenannte Konzentrationswirkung, was bedeutet, dass die Genehmigung nach dem BImSchG andere behördliche Entscheidungen, insbesondere auch die baurechtliche Genehmigung, einschließt. Untersagungen gegen die Zulassung in diesen Fällen sind daher an das LLUR zu richten. Sollte nur eine Baugenehmigung notwendig sein, da die beantragte Windkraftanlage die Gesamthöhe von 50 m nicht überschreitet, wäre die Untersagung gegen die örtlich zuständige Bauaufsicht zu richten.

4.6 Form der Untersagung

Die Form der Untersagung knüpft maßgeblich an den Adressaten an. Wie auch bei der befristeten Untersagung nach § 12 Abs. 2 ROG kommt es hierfür darauf an, im welchem Verhältnis die Landesplanungsbehörde zum Adressaten der Untersagung steht. Maßnahmen und Entscheidungen zwischen Behörden desselben Rechtsträgers wirken nicht nach außen, so dass einer Untersagung gegenüber dem LLUR nur verwaltungsinterne Wirkung zukommt. Eine generelle Untersagung wird jedoch alle raumbedeutsamen Planungen und Maßnahmen zur Windenergie umfassen müssen und daher auch an die Gemeinden und die Bauaufsichtsbehörden ergehen. Da diese öffentlichen Stellen bekannt sind, kann die generelle Untersagung als personenbezogene Allgemeinverfügung nach § 106 Abs. 2 Alt.

1 LVwG SH ergehen (*Zachow*, Windenergieplanungssicherungsgesetz, S. 57; a. A. *Bringewatt*, Recht- und Verfassungsmäßigkeit des Windenergieplanungssicherstellungsgesetzes (WESPG), NordÖR 2016 S. 240, 245).

4.7 Wirkung

Die generelle Untersagung nach § 18 Abs. 2 LaplaG schafft, wie auch die befristete Untersagung nach § 12 Abs. 2 ROG, erstmals ein Verbot, ohne, dass sich dieses bereits aus der Planung oder einem Gesetz ergibt. Jedoch ist die generelle Untersagung nach § 18 Abs. 2 Satz 3 LaplaG auf bis zu zwei Jahre befristet. Eine Verlängerung ist nach § 18 Abs. 2 Satz 4 LaplaG um ein weiteres Jahr möglich. Während dieses Zeitraums können nach § 18 Abs. 4 LaplaG die zuständigen Behörden die Verfahren aussetzen und so den Genehmigungsanspruch suspendieren, bis die von der Landesplanungsbehörde angeordnete generelle Untersagung endet.

4.8 Befreiung

Die Wirkung der generellen Untersagung kann nach § 18 Abs. 2 Satz 5 LaplaG ausgeglichen werden, indem die Landesplanungsbehörde allgemein für räumlich abgegrenzte Gebiete des Planungsraums oder im Einzelfall gegenüber den in § 4 ROG genannten öffentlichen Stellen Befreiungen von der Untersagung zulassen kann. Voraussetzung ist, dass die zu befreienden raumbedeutsamen Planungen oder Maßnahmen nicht befürchten lassen, dass die Verwirklichung der in Aufstellung befindlichen Ziele der Raumordnung unmöglich gemacht oder wesentlich erschwert wird. Damit zeigt sich, dass dem Gesetzgeber die Intensität der Untersagung bewusst war, so dass er der Landesplanungsbehörde ein Instrument an die Hand geben wollte, mit dem sie bei entsprechendem Fortschritt ihrer eigenen Planung die Zulassung von Planungen und Maßnahmen von der generellen Untersagung ausnehmen kann, bei denen kein Widerspruch zu den künftigen Zielen zu erwarten ist (LT-Drs. 18/2983 S. 8).

Mit der Befreiung von der Untersagung im Einzelfall kann die Landesplanungsbehörde die suspendierende Wirkung gegenüber einzelnen Anträgen im immissionsschutzrechtlichen Verfahren sowie gegenüber einzelnen Gemeinden, die einen Bauleitplanung aufstellen, aufheben. Eine Entscheidung über die Zulässigkeit des einzelnen Vorhabens oder der Bauleitplanung ist damit jedoch nicht verbunden. Diese muss aufgrund der weiteren immissionsschutzrechtlichen oder bauplanungsrechtlichen Voraussetzungen von den zuständigen Behörden getroffen werden. Befreiungen für räumlich abgegrenzte Gebiete des Planungsraums setzen eine klare Bestimmtheit voraus. Dabei können nur einzelne Gebiete eines Gemeindegebiets oder auch die gesamte Fläche eines Kreises der Befreiung unterliegen.

Voraussetzung ist in jedem Fall, dass die Landesplanungsbehörde eine Prognoseentscheidung trifft, in der sie die Befürchtung verneint, dass die Verwirklichung der in Aufstellung befindlichen Ziele der Raumordnung unmöglich gemacht oder wesentlich erschwert wird. Eine solche Prognose wird bei entsprechendem Fortschritt der Planung eher anzunehmen sein, wenn die Abwägung fortgeschritten ist und sich in verschiedenen Verfahrensschritten Flächen bestätigt haben, die als für die Windenergie nutzbare Flächen zur Verfügung stehen bzw. die nicht zur Verfügung stehen. Gebiete, bei denen bis zum Abschluss des Planaufstellungsverfahrens unklar ist, ob sie für die Windenergienutzung ausgewiesen werden sollen, eignen sich weniger für eine Befreiung nach § 18 Abs. 2 Satz 5 LaplaG.

4.9 Rechtsschutz

Ergeht die generelle Untersagung als Allgemeinverfügung nach § 106 Abs. 2 Alt. 1 LVwG SH kann mit dem Begehren auf Aufhebung der Untersagung eine Anfechtungsklage erhoben werden. Denn aufgrund der Ausnahmeregelung des § 68 Abs. 1 Satz 2 Nr. 1 VwGO entfällt das Vorverfahren. Gemeinden können im Wege der Anfechtungsklage geltend machen, durch die generelle Untersagung in ihrer gemeindlichen Selbstverwaltungsgarantie aus Art. 28 Abs. 2 GG verletzt zu sein, das sich in dem Recht zur Bauleitplanung in § 2 Abs. 1 Satz 1 BauGB niederschlägt. Private Vorhabenträger können die Untersagung jedoch nur inzident überprüfen lassen, wenn sie gegen eine ablehnende Zulassungsentscheidung vorgehen und Verpflichtungsklage mit dem Begehr auf Erteilung einer immissionsschutzrechtlichen Genehmigung erheben.

Ein Anspruch auf Erteilung einer Befreiung nach § 18 Abs. 2 Satz 5 LaplaG besteht hingegen nicht. Antragsteller haben lediglich einen Anspruch auf eine ermessensfehlerfreie Entscheidung. Gleichwohl wird der Ermessensspielraum der Landesplanungsbehörde eingeschränkt, wenn nachgewiesen wird, wenn und soweit raumbedeutsame Planungen oder Maßnahmen nicht befürchten lassen, dass die Verwirklichung der in Aufstellung befindlichen Ziele der Raumordnung unmöglich gemacht oder wesentlich erschwert wird.

Gegen eine erteilte Befreiung ist hingegen im Wege des Drittschutzes kein Rechtsschutz gegeben. Mit der generellen Untersagung nach § 18 Abs. 2 LaplaG soll die Aufstellung eines Regionalplans durch die Landesplanungsbehörde abgesichert werden. Ob und wie Planungen und Maßnahmen zur Windenergienutzung außerhalb der dafür zukünftig vorgesehenen Gebiete die Verwirklichung der vorgesehenen Ziele der Raumordnung unmöglich machen oder wesentlich erschweren würden, stellt allein einen Eingriff in das bzw. eine Erschwerung des Planaufstellungsverfahren dar. Einen Anspruch Dritter auf die erfolgreiche Durchführung dieses Verfahrens besteht jedoch nicht.

5. Bestandsschutzklausel (§ 18 Abs. 3 LaplaG)

§ 18 Abs. 3 LaplaG regelt, welche Vorhaben von einer Untersagung nicht betroffen sind und schafft in Anlehnung an § 14 Abs. 3 BauGB (Bestandsschutz bei einer baurechtlichen Veränderungssperre) eine Bestandsschutzklausel. Eine Einschränkung für eine bestimmte Form der Untersagung ist aus dem Wortlaut nicht erkennbar, so dass sowohl Einzeluntersagungen nach § 18 Abs. 1 LaplaG sowie Allgemeinuntersagungen nach § 18 Abs. 2 LaplaG umfasst sind.

Vorhaben, für die ein solcher Bestandsschutz gilt, sind solche, die vor dem Eintritt der Wirksamkeit der Untersagung genehmigt worden sind. Nach der Gesetzesbegründung kommt für eine solche Genehmigung eine Baugenehmigung, eine immissionsschutzrechtliche (Voll-)Genehmigung oder eine die planungsrechtliche Zulässigkeit aussprechende immissionsschutzrechtliche Teilgenehmigung oder ein auf die planungsrechtliche Zulässigkeit bezogener baurechtlicher oder immissionsschutzrechtlicher Vorbescheid in Betracht (LT-Drs. 18/2983 S. 8). Da der Wortlaut eindeutig von *„genehmigt worden sind"* spricht, kommt es nicht auf die bloße Genehmigungsfähigkeit an bzw. aus welchen Gründen eine Genehmigung möglicherweise rechtswidrig noch nicht erteilt ist.

Weiterhin werden Unterhaltungsarbeiten sowie die Fortführung einer bisher ausgeübten Nutzung von der Untersagung nicht berührt. Damit wird dem grundrechtlich garantierten Eigentumsschutz Rechnung getragen. Dies kann nur soweit gelten, wie Unterhaltungsarbeiten auf Reparaturen und Erhaltungsmaßnahmen zur Sicherung des baulichen Zustandes beschränkt sind und die ausgeübte Nutzung bereits vor der Untersagung rechtmäßig ausgeübt worden ist und keine nachträgliche Nutzungsänderung stattfindet.

6. Aussetzen von Zulassungsentscheidungen (§ 18 Abs. 4 LaplaG)

Die Regelung in § 18 Abs. 4 LaplaG, dass bei Entscheidungen nach § 4 Abs. 1 Satz 1 Nr. 2 und 3 und Abs. 2 ROG die öffentliche Stelle das Verfahren für die Geltungsdauer einer befristeten raumordnerischen Untersagung aussetzen kann, wurde vom Gesetzgeber zur Schaffung einer eindeutigen Rechtslage für eine ausdrückliche Regelung der Rechtsfolgen einer raumordnerischen befristeten Untersagung geschaffen (LT-Drs. 19/950 S. 6).

Diese Regelung kann als Klarstellung verstanden werden, da die Aussetzung eines Verwaltungsverfahrens als ungeschriebene Verfahrensbefugnis unter § 75 LVwG SH gezählt werden kann. Denn hinter der Vorschrift zur Nichtförmlichkeit des Verwaltungsverfahrens steht der Gedanke, dass die Behörde ein weites Ermessen hat, das Verwaltungsverfahren einfach, zweckmäßig und zügig durchzuführen. Insbesondere kann es zweckmäßig sein, ein Verfahren auszusetzen, wenn die beabsichtigte Entscheidung ganz oder teilweise von dem Bestehen oder Nichtbestehen eines Rechtsverhältnisses abhängt, das Gegenstand eines anderen Verwaltungsverfahrens oder eines verwaltungsgerichtlichen Verfahrens ist (vgl. *Sennekamp* in Mann/Sennekamp/Uechtritz, VwVfG, § 10 Rn. 48 f.). § 18 Abs. 4 LaplaG normiert diese ungeschriebene Verfahrensbefugnis für Entscheidungen nach § 4 Abs. 1 Satz 1 Nr. 2 ROG (Entscheidungen öffentlicher Stellen über die Zulässigkeit raumbedeutsamer Planungen und Maßnahmen anderer öffentlicher Stellen) und § 4 Abs. 1 Satz 1 Nr. 3 ROG (Entscheidungen öffentlicher Stellen über die Zulässigkeit raumbedeutsamer Planungen und Maßnahmen von Personen des Privatrechts, die der Planfeststellung oder der Genehmigung mit der Rechtswirkung der Planfeststellung bedürfen) sowie § 4 Abs. 2 ROG (sonstigen Entscheidungen öffentlicher Stellen über die Zulässigkeit raumbedeutsamer Planungen und Maßnahmen von Personen des Privatrechts). Bei diesen Entscheidungen kann die jeweilige öffentliche Stelle das Verfahren aussetzen, bis die von der Landesplanungsbehörde angeordnete raumordnerische Untersagung endet. Damit wird der Genehmigungsanspruch solange suspendiert. Eine solche Suspendierung ist notwendig, da eine Untersagung gegenüber einer Behörde nicht geeignet ist, den Rechtsanspruch eines Dritten auf Erteilung einer Genehmigung im baurechtlichen oder immissionsschutzrechtlichen Verfahren zu beschneiden, wenn auf diese Genehmigung gleichwohl ein Anspruch besteht. Erst die Umsetzung der Untersagung in Gestalt einer Aussetzung im Genehmigungsverfahren verursacht eine Außenwirkung, die in die Genehmigungsansprüche eines Dritten eingreifen kann (SächsOVG, Urt. vom 20.6.2007 – 1 B 14/07 –, Rn. 38 ff.). Da sowohl in der Literatur (*Reidt*, Die Bedeutung von (in Aufstellung befindlichen) Zielen der Raumordnung bei der Genehmigung von Bauvorhaben Privater, ZfBR 2004 S. 430, 438) als auch in der Rechtsprechung (SächsOVG, Urt. vom 20.6.2007 – 1 B 14/07 –, Rn. 42) Zweifel geäußert wurden, ob eine Aussetzung ohne Rechtsgrundlage erlassen werden darf, d. h., ob die Aussetzung eines Verwaltungsverfahrens als ungeschriebene Verfahrensbefugnis nach § 75 LVwG SH bei Genehmigungsansprüchen tatsächlich ausreicht, schafft § 18 Abs. 4 LaplaG an dieser Stelle die notwendige gesetzliche Grundlage und somit Rechtssicherheit.

7. Landesplanerisches Anpassungsverlangen (§ 18 Abs. 5 LaplaG)

7.1 Bedeutung

Das Zusammenspiel von Bau- und Planungsrecht wird maßgeblich durch die Wechselbeziehungen zwischen der Landes- bzw. Raumordnungsplanung mit der Bauleitplanung beeinflusst. So soll sich entsprechend des Gegenstromprinzips aus § 1 Abs. 3 ROG die Entwicklung, Ordnung und Sicherung der Teilräume in die Gegebenheiten und Erfordernisse des Gesamtraums einfügen und die Entwicklung, Ordnung und Sicherung des Gesamtraums soll die Gegebenheiten und Erfordernisse seiner Teilräume berücksichtigen. Gleichzeitig wirken sich die Raumordnungspläne auf die kommunale Planung aus, indem neben der Bindungswirkung des § 4 ROG, wodurch u. a. geregelt ist, dass Ziele der Raumordnung bei raumbedeutsamen Planungen und Maßnahmen öffentlicher Stellen zu beachten sind, § 1 Abs. 4 BauGB die Gemeinden verpflichtet, die Bauleitpläne den Zielen der Raumordnung anzupassen. Die Gemeinden hat dabei keine Möglichkeiten, Abweichungen von Zielen der Raumordnung in den Bauleitplänen zu regeln, sondern sind an diese gebunden. Im Unterschied zum Entwicklungsgebot des Bebauungsplans aus dem Flächennutzungsplan nach § 8 Abs. 2 Satz 1 BauGB, ist die Anpassungspflicht daher deutlich strikter. Gleichzeitig werden Flächennutzungs- und Bebauungspläne durch nachträgliche Änderungen der Raumordnungspläne sowie durch Zieländerungen und -festlegungen nicht ungültig, aber die Zielfestlegung im Raumordnungsplan setzt sich als Bestandteil der übergeordneten Planung gegenüber einem zielwidrig gewordenen Bauleitplan durch (BVerwG, Urt. vom 17.9.2003 – 4 C 14/01 –, Rn. 19). Eine Gemeinde ist dennoch zur Anpassung an die Ziele der Raumordnung nicht nur verpflichtet, wenn sie Bauleitpläne aus eigenem Entschluss und allein aus städtebaulichen Gründen aufstellt oder ändert, sondern sie muss auch dann planerisch aktiv werden, wenn allein geänderte oder neue Ziele der Raumordnung eine Anpassung der Bauleitpläne erfordern (BVerwG, Beschl. vom 8.3.2006 – 4 B 75/05 –, Rn. 12). § 1 Abs. 4 BauGB stellt aber keine Grundlage für den Erlass eines Verwaltungsaktes dar, durch den die Landesplanungsbehörde die Gemeinden zur Anpassung verpflichten kann (VG SH, Urt. vom 14.3.2017 – 2 A 219/14 –, Rn. 70), so dass § 18 Abs. 5 LaplaG diese Lücke durch eine landesrechtliche Umsetzungsnorm füllt.

7.2 Anpassung an Ziele der Raumordnung

Die Anpassungspflicht gilt nach dem Gesetzeswortlaut nur für Ziele der Raumordnung i. S. d. § 3 Abs. 1 Nr. 2 ROG, nicht für Grundsätze der Raumordnung i. S. d. § 3 Abs. 1 Nr. 3 ROG (VG SH, Urt. vom 14.3.2017 – 2 A 219/14 –, Rn. 72) oder Abschlussentscheidungen eines Raumordnungsverfahrens bzw. nun einer Raumverträglichkeitsprüfung (vgl. BVerwG, Urt. vom 20.1.1984 – 4 C 43/81 –, Rn. 26 f.). Nach der Rechtsprechung des BVerwG (BVerwG, Urt. vom 16.12.2010 – 4 C 8/10 –, Rn. 10) kommt es nicht darauf an, wie Ziele oder Grundsätze in einem Raumordnungsplan bezeichnet sind. Die Wortwahl „Ziel" oder die Betitelung mit „Z" lassen zwar eine Vermutung für ein Ziel der Raumordnung zu. Es lässt sich daraus nicht zwingend eine Zielbindung ableiten. Vielmehr erfüllen landesplanerische Aussagen in Gestalt einer Soll-Vorschrift dann die Merkmale eines Ziels der Raumordnung, wenn die Voraussetzungen, bei deren Vorliegen die Soll-Vorschrift auch ohne förmliches Zielabweichungsverfahren eine Ausnahme von der Zielbindung zulässt oder im Wege der Auslegung auf der Grundlage des Plans hinreichend bestimmt sind (Bestimmtheit). Soll-Vorschriften, die dem nachgeordneten Planungsträger bei der Einschätzung, ob ein atypischer Fall vorliegt, einen eigenen Abwägungsspielraum einräumen, entfalten hingegen keinen Verbindlichkeitsanspruch (abschließend abgewogene Festlegung).

Die Verwendung des Begriffes „Anpassen" kann missverständlich sein. So steht der Wortlaut dafür, dass ein bestehender Bauleitplan an ein Ziel der Raumordnung anzupassen ist und setzt damit bereits eine gemeindliche Erstplanung voraus. Nach dem Willen des Gesetzgebers soll „Anpassen" auch für das Verlangen nach einer Erstplanung gelten, wenn noch keine Planung vorhanden ist (LT-Drs. 18/885 S. 44). Dabei nimmt die Gesetzesbegründung auf ein Urt. des BVerwG Bezug, indem das Gericht ausführte, dass Gemeinden nach § 1 Abs. 4 BauGB nicht nur zur inhaltlichen Anpassung, sondern auch zur erstmaligen Aufstellung eines Bauleitplans verpflichtet sind, sobald und soweit dies zur Verwirklichung der Ziele der Raumordnung erforderlich ist. Die Planungspflicht beginnt bereits, wenn die Verwirklichung der Ziele bei Fortschreiten der planlosen städtebaulichen Entwicklung auf unüberwindbare (tatsächliche oder rechtliche) Hindernisse stoßen oder wesentlich erschwert würde (BVerwG, Urt. vom 17.9.2003 – 4 C 14/01 –, Rn. 31). Diesem in der Gesetzesbegründung zu findenden Verständnis folgt auch das VG SH, betont jedoch, dass der Wortlaut eine andere Schlussfolgerung zuzulassen würde (vgl. VG SH, Urt. vom 14.3.2017 – 2 A 219/14 –, Rn. 70).

7.3 Inhalt des Anpassungsverlangens

Das landesplanerische Anpassungsverlangen ergeht in der Rechtsform eines Verwaltungsaktes gegenüber der Gemeinde. Es gelten daher die Voraussetzungen für den Erlass eines Verwaltungsaktes nach §§ 106 ff. LVwG SH. Die Verfügung muss die Anforderungen an Bestimmtheit und Form gemäß § 108 LVwG SH beachten. Das landesplanerische Anpassungsverlangen muss der Gemeinde klare, verständliche Vorgaben für die Planung machen, wenn auch der Gemeinde ein Ausgestaltungsspielraum verbleiben kann (VG SH, Urt. vom 14.3.2017 – 2 A 219/14 –, Rn. 101). Vor Erlass der Verfügung ist die Gemeinde nach § 87 LVwG SH anzuhören, da diese in das Recht der Gemeinde auf Bauleitplanung in eigener Verantwortung eingreift.

Inhaltlich ist die Verfügung darauf beschränkt, dass allein die Anpassung von Bauleitplänen (Flächennutzungspläne sowie Bebauungspläne) an Ziele der Raumordnung verlangt werden kann. Ein davon abweichendes oder hinausgehendes Verlangen ist von § 18 Abs. 5 LaplaG nicht umfasst. Neben der Aufstellung der Bauleitpläne kann die Landesplanungsbehörde die Gemeinde auch zur Nutzung von Sicherungsinstrumenten, wie dem Erlass einer Veränderungssperre, auffordern (vgl. VG SH, Urt. vom 14.3.2017 – 2 A 219/14 –, Rn. 106 f.).

Der Gebrauch des Anpassungsverlangens steht im Ermessen der Landesplanungsbehörde, ob (Entschließungsermessen) und in welcher Form (Auswahlermessen) sie ein Anpassungsverlangen erlässt. Dabei ist es sogar möglich, dass das Entschließungsermessen auf null reduziert ist, wenn gravierende Abweichungen in einem Bauleitplan von den Zielen der Raumordnung bestehen. Denn würde in solchen Fällen nicht von dem Anpassungsverlangen Gebrauch gemacht werden, wäre fraglich, wie die Landesplanung in anderen, nicht so gravierenden Fällen der Abweichung von den Zielen der Raumordnung noch ermessensfehlerfrei ein landesplanerisches Anpassungsverlangen erlassen könnte (VG SH, Urt. vom 14.3.2017 – 2 A 219/14 –, Rn. 108). Diese Sichtweise wird vom VG Gera bestätigt, dass sogar von einem intendierten Ermessen ausgeht, d. h., dass die Richtung der Betätigung des Ermessens vorgezeichnet ist. Das VG Gera begründet diese Sichtweise damit, dass die verwandte Wortwahl „Anpassungspflicht" in der Normüberschrift zu § 7 ThürLPlG verdeutlicht, dass grundsätzlich nicht nur eine Pflicht der Gemeinden zur Anpassung ihrer Bauleitpläne besteht, sondern auch die Landesplanung verpflichtet ist, die Ziele der Raumordnung durch Erlass eines Zielanpassungsverlangens zu verwirklichen (VG Gera, Urt. vom 27.4.2018 – 4 K 145/17 Ge –, Rn. 54). Eine solche Titelüberschrift fehlt zwar im LaplaG, der Inhalt der Norm ist in Schleswig-Holstein weitgehend identisch. Maßgeblich ist jedoch die bundesrechtlich geregelte Verpflichtung der Gemeinden aus § 1 Abs. 4 BauGB zur Anpassung raumordnungswidriger Bauleitpläne an die Ziele der Raumordnung sowie der sich aus § 4 ROG ergebenden strikten Bindung der Planungsträger an die Ziele der Raumordnung, woraus sich verbindliche Vorgaben ergeben.

Ebenso darf das Anpassungsverlangen weder rechtlich noch tatsächlich unmöglich sein. Der Gemeinde muss es also mit planerischen Instrumenten und Mitteln möglich sein, das Verlangen der Landesplanung mit ihrer Bauleitplanung umzusetzen (VGH BW, Beschl. vom 18.5.2016 – 8 S 703/16 –, Rn. 17 ff.). Im Falle einer Fristsetzung, bis zu deren Ablauf ein Bauleitplanverfahren abzuschließen ist, muss berücksichtigt werden, dass diese angemessen festgelegt wird (VG SH, Urt. vom 14.3.2017 – 2 A 219/14 –, Rn. 89). Ein trotz Fristablauf nicht umgesetztes Anpassungsverlangen kann zum Verzug der Gemeinde führen, was weitere allgemeine kommunalaufsichtliche Maßnahmen ermöglicht.

7.4 Abgrenzung zu kommunalaufsichtlichen Maßnahmen

Mit der Vorschrift zum Anordnungsrecht aus der Gemeindeordnung für Schleswig-Holstein ermächtigt § 124 Abs. 1 GO SH die Kommunalaufsichtsbehörde anzuordnen, dass eine Gemeinde innerhalb einer bestimmten Frist das Erforderliche zu veranlassen hat, wenn sie die ihr nach dem Gesetz obliegenden Pflichten oder Aufgaben nicht erfüllt. Zudem ermöglicht das Beanstandungsrecht aus § 123 GO SH, der Kommunalaufsichtsbehörde, Beschlüsse und Anordnungen der Gemeinde, die das Recht verletzen, zu beanstanden und zu verlangen, dass die Gemeinde den Beschluss oder die Anordnung binnen einer angemessenen Frist aufhebt. Die Kommunalaufsichtsbehörde kann ferner verlangen, dass die Gemeinde Maßnahmen, die aufgrund derartiger Beschlüsse und Anordnungen getroffen wurden, rückgängig macht. Das spezialrechtliche Anpassungsverlangen aus dem LaplaG steht dabei neben den allgemeinen Regelungen des LVwG SH. Nach dem Grundsatz, dass das speziellere Gesetz dem allgemeineren Gesetz vorgeht, obliegt es vorrangig der Landesplanungsbehörde im Rahmen ihrer Zuständigkeit und mit ihren rechtlichen Möglichkeiten, das Anpassungsverlangen durchzusetzen, um Bauleitpläne den Zielen der Raumordnung anzupassen. Die allgemeine Befugnis der Kommunalaufsichtsbehörde geht jedoch über diese speziellen Sachverhalte hinaus (OVG RhPf, Urt. vom 23.3.2012 – 2 A

11176/11 –, Rn. 27 f.) und kann auch dazu dienen, zu verhindern, dass die rechtswidrige Kollegialentscheidung des Gemeindeorgans, die regelmäßig noch der Umsetzung bedarf Wirksamkeit entfaltet (VG Koblenz, Urt. vom 18.8.2011 – 1 K 265/11.KO –, Rn. 25).

7.5 Sofortige Vollziehbarkeit des Anpassungsverlangens

Nach § 80 VwGO haben Widersprüche und Anfechtungsklagen gegen Verwaltungsakte, zu denen nach § 106 Abs. 2 LVwG SH auch Allgemeinverfügungen gehören, grundsätzlich aufschiebende Wirkung. Dies hat zur Folge, dass solche Rechtsbehelfe gegen Anpassungsverlangen die aufschiebende Wirkung auslösen würden. Dadurch würden die Verfügungen der Landesplanungsbehörde bis zur Rechtskraft keine Wirkung erzielen. Damit die sofortige Vollziehung nicht im Einzelfall ausdrücklich von der Landesplanungsbehörde angeordnet werden muss, wurde mit der Gesetzesänderung im Jahr 2018 die Regelung eingeführt, dass die aufschiebende Wirkung von Gesetzes wegen bereits ausgeschlossen ist. Ziel des Gesetzgebers war es dabei, das Verfahren zu beschleunigen, eine schnelle gerichtliche Klärung im Rahmen des Eilrechtsschutzes zu ermöglichen und so gleichzeitig die Durchsetzbarkeit des Anpassungsverlangens zu erhöhen (LT-Drs. 19/950 S. 6).

7.6 Rechtsschutz gegen das Anpassungsverlangen

Das Anpassungsverlangen der Landesplanungsbehörde wirkt gegenüber der Gemeinde als belastender Verwaltungsakt, da er in das gemeindliche Selbstverwaltungsrecht eingreift. Das statthafte Rechtsmittel ist daher die Anfechtungsklage, da es sich um einen Verwaltungsakt von einer obersten Landesbehörde handelt und aufgrund der Ausnahmeregelung des § 68 Abs. 1 Satz 2 Nr. 1 VwGO das Vorverfahren entfällt. Die Klagebefugnis nach § 42 Abs. 2 VwGO kann die Gemeinde damit begründen, durch ein rechtswidriges Anpassungsverlangen in ihrer Selbstverwaltungsgarantie aus Art. 28 Abs. 2 GG verletzt zu sein, das sich in dem Recht zur Bauleitplanung in § 2 Abs. 1 Satz 1 BauGB niederschlägt.

Aufgrund des Ausschlusses der aufschiebenden Wirkung nach § 12 Abs. 5 Satz 2 LaplaG wird in der Praxis der einstweilige Rechtsschutz relevant werden. Hierzu kann nach § 80 Abs. 5 Satz 1 VwGO die Gemeinde die Anordnung der aufschiebenden Wirkung beantragen.

Nachbargemeinden haben die Möglichkeit, im Rahmen einer Verpflichtungsklage die Landesplanungsbehörde zu einer ermessensfehlerfreien Entscheidung nach § 114 VwGO verpflichten. Voraussetzung ist hierfür die Geltendmachung der Klagebefugnis. Diese kann bei der Nachbargemeinde darin liegen kann, dass das gemeindliche Abstimmungsgebot nach § 2 Abs. 2 BauGB verletzt wurde und sich die Gemeinde nach § 2 Abs. 2 Satz 2 BauGB auf die ihr durch Ziele der Raumordnung zugewiesenen Funktionen sowie auf Auswirkungen auf ihre zentralen Versorgungsbereiche berufen kann. Dies ist insbesondere denkbar, wenn Ziele betroffen sind, die mehrere Gemeinden in einer Region gemeinsam betreffen und dabei die Gemeinden in einer wechselbezüglichen Beziehung untereinanderstehen, wie es bspw. bei dem Großflächigen Einzelhandels oder dem Wohnbaulichen Entwicklungsrahmen.

§ 19
Ersatzleistungen

(1) Hat eine Gemeinde Dritte nach §§ 39 bis 44 des Baugesetzbuches (BauGB) zu entschädigen, weil sie einen Bebauungsplan zur Anpassung an einen Raumordnungsplan ändern oder aufheben muss, leistet ihr die Landesplanungsbehörde Ersatz.

(2) Ein Anspruch auf Ersatzleistung ist ausgeschlossen, wenn die Gemeinde die Landesplanungsbehörde nicht rechtzeitig vor Inkrafttreten des Raumordnungsplanes darüber unterrichtet hat, dass ein bestehender oder in Aufstellung oder in Änderung befindlicher

Bebauungsplan den Zielen des in Aufstellung befindlichen Raumordnungsplanes zuwiderläuft und Entschädigungsansprüche bei einer Anpassung des Bebauungsplanes nicht ausgeschlossen sind. Das Gleiche gilt, soweit die Gemeinde von einer oder einem durch die Maßnahme Begünstigten Ersatz verlangen kann.

(3) Muss der Träger einer nach § 18 Absatz 1 oder Absatz 2 untersagten Planung oder Maßnahme aufgrund der Untersagung eine Dritte oder einen Dritten entschädigen, ersetzt ihr oder ihm die Landesplanungsbehörde die hierdurch entstehenden notwendigen Aufwendungen. Die Ersatzleistung ist ausgeschlossen, wenn die Untersagung von dem Planungsträger verschuldet ist oder aus Anlass der Untersagung aus anderen Rechtsgründen Entschädigungsansprüche bestehen.

Erläuterungen

Übersicht

1. Inhalt der Norm

§ 19 LaplaG enthält Regelungen zu Ersatzleistungen, die von der Landesplanungsbehörde in den genannten Fällen zu zahlen sind.

§ 19 Abs. 1 LaplaG regelt Ersatzleistungen für die Fälle, in denen eine Gemeinde Dritte nach den §§ 39 bis 44 BauGB entschädigen muss. Voraussetzung ist, dass die Gemeinde einen Bebauungsplan zur Anpassung an einen Raumordnungsplan ändern oder aufheben muss und nach den Vorschriften der §§ 39 bis 44 BauGB zur Entschädigung verpflichtet ist.

§ 19 Abs. 2 LaplaG schließt den Anspruch auf Ersatzleistung aus, wenn die Gemeinde nicht rechtzeitig darauf hingewiesen hat, dass ein bestehender oder in Aufstellung oder in Änderung befindlicher Bebauungsplan den Zielen des in Aufstellung befindlichen Raumordnungsplanes zuwiderläuft und Entschädigungsansprüche bei einer Anpassung des Bebauungsplanes nicht ausgeschlossen sind. Die Ersatzpflicht ist auch ausgeschlossen, wenn die Gemeinde von einer oder einem durch die Maßnahmen Begünstigten Ersatz verlangen kann.

§ 19 Abs. 3 LaplaG regelt die Ersatzleistung für Entschädigungen auf Grundlage einer raumordnerischen Untersagung nach § 18 LaplaG. Ähnlich wie der § 19 Abs. 2 LaplaG, enthält § 19 Abs. 3 LaplaG einen Ausschlusstatbestand. Danach ist die Ersatzleistung ausgeschlossen, wenn die Untersagung von dem Planungsträger verschuldet ist oder aus Anlass der Untersagung aus anderen Rechtsgründen Entschädigungsansprüche bestehen.

2. Entstehungsgeschichte

Die Regelungen zu den Ersatzleistungen wurden im Jahr 1971 in das LaplaG aufgenommen und beruhen auf Änderungen, die erst im Gesetzgebungsverfahren im Ausschuss für Innere Verwaltung behandelt wurden (LT-Drs. 6/1621 S. 12). Mit der Neufassung des Gesetzes im Jahr 2014 wurden die Absätze 1 und 2 des ursprünglichen § 17 LaplaG sprachlich präzisiert und in den neuen § 19 LaplaG übertragen. Die bisherige Entschädigungsregelung für raumordnerische Untersagungen im bisherigen § 15 Abs. 5 LaplaG wurden unverändert in den neuen § 19 Abs. 3 LaplaG verschoben, um die Rechtsvorschriften zur Entschädigung im Rahmen des Landesplanungsrechts an einer Stelle zusammenzufassen (LT-Drs. 18/885 S. 44).

3. Ersatzleistungen für Entschädigungen nach §§ 39 bis 44 BauGB (§ 19 Abs. 1 LaplaG)

3.1 Entschädigungspflicht der Gemeinde

Voraussetzung für eine Entschädigungspflicht der Landesplanungsbehörde gegenüber planenden Gemeinden ist eine Entschädigungspflicht der Gemeinde selbst gegenüber Dritten aufgrund der Vorschriften §§ 39 bis 44 BauGB. Im BauGB sind diese Vorschriften im Abschnitt „Entschädigung" zusammengefasst. Inhaltlich regeln sie, ob und unter welchen Voraussetzungen Änderungen, Ergänzungen oder Aufhebungen eines Bebauungsplans Ansprüche auf Entschädigung für Eigentümer oder berechtigte Nutzer gegenüber den planenden Gemeinden begründen können. Zugleich wird mit der Beschränkung auf die baurechtlichen Vorschriften §§ 39 bis 44 BauGB klargestellt, dass weitere Entschädigungspflichten aus baurechtlichen Vorschriften (bspw. § 37 Abs. 3 BauGB, ggf. i. V. m. § 7 Satz 6 BauGB oder § 38 Satz 3 BauGB), Planungskosten der Gemeinde, Folgekosten für Erschließung und Infrastruktur sowie Wertminderungen nicht ersetzt werden.

§ 39 BauGB enthält eine Generalnorm für Vertrauensschäden für bereits getätigte Aufwendungen für die Fälle, wenn Eigentümer oder sonstige Nutzungsberechtigte im berechtigten Vertrauen auf den Bestand eines rechtsverbindlichen Bebauungsplans Vorbereitungen für die Verwirklichung von Nutzungsmöglichkeiten getroffen haben. Sie können dann eine angemessene Entschädigung in Geld verlangen, soweit die Aufwendungen durch die Änderung, Ergänzung oder Aufhebung des Bebauungsplans an Wert verlieren. Davon umfasst werden zum einen nutzungsvorbereitende Aufwendungen, wie Honorare für Architekten- und Bauingenieur für die Erstellung von Planentwürfen, Kosten für Grundstücksteilungen und -vermessungen sowie Bau- und Finanzierungskosten. Außerdem kann ein entschädigungspflichtiger Vertrauensschaden nach § 39 Satz 2 BauGB auch für Erschließungsabgaben nach bundes- oder landesrechtlichen Vorschriften, wie bspw. für Anschlussbeiträge für Abwasserbeseitigungsanlagen oder Straßenkostenbeiträge, bestehen.

Die §§ 40, 41 BauGB enthalten Entschädigungsregelungen für nachteilige Festsetzungen für öffentliche Flächen, Belastungen und Bindungen im Bebauungsplan. Hierzu beinhaltet § 40 Abs. 1 BauGB eine Aufzählung an fremdnützigen Festsetzungen, wie bspw. Festsetzungen von Flächen für den Gemeinbedarf sowie für Sport- und Spielanlagen (Nr. 1) für Verkehrsflächen (Nr. 5) oder Versorgungsflächen (Nr. 6). Für die Festsetzungen eines Bebauungsplans über Geh-, Fahr- und Leitungsrechte, die die Privatnützigkeit in der Regel nicht verdrängen, sondern lediglich einschränken, enthält § 41 BauGB einen weiteren Entschädigungsanspruch. Zudem enthält § 41 Abs. 2 BauGB einen Entschädigungsanspruch, wenn in einem Bebauungsplan Festsetzungen über die Bepflanzung enthalten sind und infolge dieser Festsetzung besondere Aufwendungen notwendig werden (Nr. 1) oder eine wesentliche Wertminderung des Grundstücks eintritt (Nr. 2).

Als Generalnorm ist § 42 BauGB subsidiär gegenüber den §§ 40, 41 BauGB und regelt Entschädigungsansprüche, wenn die zulässige Nutzung eines Grundstücks aufgehoben oder geändert wird und dadurch eine nicht nur unwesentliche Wertminderung des Grundstücks eintritt. Aus der Klarstellung in § 43 Abs. 3 Satz 1 BauGB folgt, dass § 42 BauGB nur angewendet werden kann, wenn nicht bereits die Voraussetzungen der §§ 40 und 41 Abs. 1 BauGB vorliegen.

Die §§ 43 und 44 BauGB regeln das Entschädigungsverfahren, Entschädigungspflichtige, Fälligkeit und Erlöschen der Entschädigungsansprüche. § 43 Abs. 1 und 2 BauGB enthält Regelungen zum Entschädigungsverfahren für die Übernahme eines Grundstücks oder

Begründung eines Rechts sowie für die Entschädigung in Geld. § 43 Abs. 3 BauGB regelt das Verhältnis der Entschädigungsnormen zueinander und § 43 Abs. 4 und 5 BauGB enthalten ergänzende Regelungen zur Bemessung der Entschädigung. § 44 BauGB stellt klar, wer zur Entschädigung verpflichtet ist, nämlich die planenden Gemeinden, es sei denn, der Begünstigte ist zur Entschädigung verpflichtet, wenn er mit der Festsetzung zu seinen Gunsten einverstanden ist. Zudem beinhalten § 44 Abs. 3 und 4 BauGB die Regelungen zur Fälligkeit und Verzinsung sowie das Erlöschen der Ansprüche. Abschließend verpflichtet § 44 Abs. 5 BauGB in der Bekanntmachung der Genehmigung des Bebauungsplanes auf die genannten Bestimmungen der § 44 Abs. 3 und 4 BauGB hinzuweisen.

3.2 Kausalität

Die Entschädigungspflicht der Gemeinde muss sich kausal aus der Pflicht zur Änderung oder Aufhebung eines Bebauungsplans aufgrund der Anpassung an einen Raumordnungsplan ergeben. Hintergrund ist hierfür, dass Festlegungen in Raumordnungsplänen, die eine Nutzung gestatten oder einschränken, nicht entschädigungspflichtig sind. Erst durch die Anpassung des Bebauungsplans an den Raumordnungsplan kann ein Entschädigungsanspruch entstehen. Dabei ist die Gemeinde bereits von Gesetzes wegen, d. h. aus § 1 Abs. 4 BauGB zur Anpassung der Bauleitpläne an die Ziele der Raumordnung verpflichtet. Es bedarf daher kein von der Landesplanungsbehörde nach § 18 Abs. 5 LaplaG ausgeübtes Anpassungsverlangen.

4. Ausschluss der Ersatzleistungen (§ 19 Abs. 2 LaplaG)

In § 19 Abs. 2 LaplaG werden die Tatbestände aufgeführt, bei denen eine Gemeinde keinen Anspruch auf Ersatz geltend machen kann.

Dies sind die Fallkonstellationen, in denen eine Gemeinde die Landesplanungsbehörde nicht rechtzeitig über den bestehenden oder in Aufstellung oder in Änderung befindlichen Bebauungsplan unterrichtet hat, der den Zielen des in Aufstellung befindlichen Raumordnungsplanes zuwiderläuft und Entschädigungsansprüche bei einer Anpassung des Bebauungsplanes nicht ausgeschlossen sind. Damit fügt sich § 19 Abs. 2 LaplaG in die Normen zur raumordnerischen Zusammenarbeit und der Abstimmung untereinander ein. Die den Gemeinden durch § 5 Abs. 5 LaplaG ermöglichte frühzeitige Gelegenheit zur Stellungnahme als öffentliche Stellen, wird somit durch § 19 Abs. 2 LaplaG quasi zu einer Pflicht, will sich die Gemeinde nicht des Anspruchs auf Ersatzleistungen verschließen. Zudem stellt § 19 Abs. 2 LaplaG auch eine Ergänzung zur bestehenden Pflicht zur Anzeige von Bebauungsplänen nach § 11 LaplaG dar.

Voraussetzung ist, dass die Gemeinde, über die Anzeigepflicht nach § 11 LaplaG hinaus, im Aufstellungsverfahrens des Raumordnungsplans auf Widersprüche zwischen einem bestehenden Bebauungsplan der Gemeinde bzw. einem in Aufstellung oder in Änderung befindlichen Bebauungsplan und dem in Aufstellung befindlichen Raumordnungsplan hinweist. Dieser Hinweis muss auch beinhalten, dass durch den Raumordnungsplan Entschädigungsansprüche nicht ausgeschlossen sind. Sowohl an den Hinweis über die Widersprüche zwischen dem Bebauungsplan und dem Raumordnungsplan als auch an den Hinweis über mögliche Entschädigungsansprüche sind keine hohen Anforderungen zu stellen, da sich die Folgen des Raumordnungsplans erst vollumfänglich bei der Anpassung des Bebauungsplans und der konkreten Vorhabenplanung zeigen werden. Nicht destotrotz muss der Vortrag der Gemeinde jedoch über den bloßen Hinweis auf einen möglichen Widerspruch hinausgehen und widersprüchliche Ziele benennen.

Schließlich muss sich der Raumordnungsplan in Aufstellung befinden. Hierbei ist zu berücksichtigen, dass gemäß § 7 Abs. 7 ROG die Vorschriften über die Aufstellung auch für die Änderung, Ergänzung oder Aufhebung eines Raumordnungsplans gelten. Nach dem Wortlaut des § 5 Abs. 4 Satz 2 LaplaG wird das Aufstellungsverfahren durch die Landesplanungsbehörde durch Bekanntmachung der allgemeinen Planungsabsichten im Amtsblatt für Schleswig-Holstein eingeleitet. Zu diesem Zeitpunkt dürften die Ziele des

Raumordnungsplans bzw. die in Aufstellung befindlichen Ziele jedoch nur in Ausnahmefällen bekannt sein, so dass regelmäßig erst im Beteiligungsverfahren nach § 5 Abs. 5 LaplaG die Gemeinden auf ihre bauleitplanerischen Konflikte hinweisen können.

Die Ersatzpflicht ist nach § 19 Abs. 2 Satz 2 LaplaG auch ausgeschlossen, wenn die Gemeinde von einer oder einem durch die Maßnahmen Begünstigten Ersatz verlangen kann. Damit wird die Entschädigungspflicht des Begünstigten aus § 44 BauGB im LaplaG besonders hervorgehoben.

Über den Gesetzeswortlaut hinaus ist die Landesplanungsbehörde zur Ersatzleistung nur bei einer rechtmäßigen Entschädigung verpflichtet. Die Landesplanungsbehörde muss selbst prüfen, ob die Voraussetzungen der §§ 39 bis 44 BauGB vorgelegen haben. Rechtswidrig geleistete Entschädigungen sind von der Landesplanungsbehörde nicht zu erstatten.

5. Ersatzleistungen bei raumordnerischen Untersagungen (§ 19 Abs. 3 LaplaG)

Landesplanerische oder raumordnerische Untersagungen nach § 12 ROG begründen grundsätzlich keine Erstattungs- oder Entschädigungsansprüche gegenüber der untersagenden Behörde. Denn als bloße Sicherungsfunktion stellt die Untersagung keine Aufhebung oder Änderung der zulässigen Nutzung dar, sondern weist vielmehr den Charakter einer Inhalts- und Schrankenbestimmung im Sinne des Art. 14 Abs. 1 Satz 2 GG auf. Dabei wird dem Betroffenen aber kein unverhältnismäßiges Opfer auferlegt, das eine finanzielle Erstattung oder Entschädigung erfordern würde (BVerwG, Urt. vom 27.1.2005 – 4 C 5.04 –, Rn. 25). Vergleichbar ist die raumordnerische Untersagung daher am ehesten mit einer Veränderungssperre nach § 14 BauGB. Für diese wird jedoch nach § 18 BauGB ein Erstattungsanspruch angenommen, wenn die Untersagung über den Zeitraum von vier Jahren hinausgeht.

Um dennoch in diesen Fällen Leistungen durch die Landesplanungsbehörde zu ermöglichen, wurde mit § 19 Abs. 3 LaplaG eine Rechtsgrundlage für Ersatzleistungen der Landesplanungsbehörde für zu leistende Entschädigungen auf Grundlage einer raumordnerischen Untersagung nach § 18 Abs. 1 LaplaG i. V. m. § 12 Abs. 1 und 2 ROG sowie der generellen Untersagung nach § 18 Abs. 2 LaplaG aufgenommen. Damit beinhaltet § 19 Abs. 3 LaplaG keinen eigenen Entschädigungsanspruch, sondern normiert lediglich einen Rückgriffanspruch des Planungsträgers, wenn dessen Maßnahme zur Sicherung eines Ziels der Raumordnung oder eines Raumordnungsplans untersagt wird und der Planungsträger aufgrund dieser Untersagung gegenüber Dritten entschädigungspflichtig ist.

Ähnlich wie der § 19 Abs. 2 LaplaG, regelt § 19 Abs. 3 Satz 2 LaplaG einen Ausschlusstatbestand. So ist die Ersatzleistung ausgeschlossen, wenn die Untersagung von dem Planungsträger verschuldet ist oder aus Anlass der Untersagung aus anderen Rechtsgründen Entschädigungsansprüche bestehen.

6. Entschädigungsansprüche wegen Festlegung von Zielen der Raumordnung

Mit den Regelungen für Ersatzleistungen in § 19 Abs. 1 und 2 LaplaG wird nur ein Erstattungsanspruch der Gemeinden gegenüber der Landesplanungsbehörde geregelt, wenn die Gemeinde aufgrund von Festsetzungen in einem Bebauungsplan selbst zur Entschädigung verpflichtet ist. Ein selbständiger Entschädigungsanspruch Dritter gegenüber der Landesplanungsbehörde ist weder im ROG noch im LaplaG ausdrücklich normiert.

Gleichwohl wird diskutiert, ob Ziele der Raumordnung Entschädigungspflichten nach § 42 BauGB auslösen können. Das OVG Lüneburg hatte entschieden, dass bei einer Überarbeitung von Zielen der Raumordnung eine eigentumskräftig verfestigte Rechtsposition nicht berührt wird. Denn mit der raumordnungsrechtlichen Festlegung des Vorranggebiets für Windenergie wird die nach § 35 Abs. 1 BauGB privilegierte Nutzung unter Anwendung der sog. Raumordnungsklausel des § 35 Abs. 3 Satz 2 Halbsatz 2 BauGB verstärkt. Ein Baurecht oder ein Nutzungsanspruch wird damit jedoch nicht begründet (OVG Lüneburg,

Urt. vom 8.5.2012 – 12 LB 265/10 –, Rn. 48). Die für die Entscheidung dieser Frage zugelassene Revision (BVerwG, Beschl. vom 5.3.2013 – 4 B 40.12 –) musste vom BVerwG wegen einer Verfahrenseinstellung jedoch nicht entschieden werden (BVerwG, Beschl. vom 5.3.2013 – 4 C 1.13 –). Die abschließende Position des BVerwG bleibt daher, trotz einer Entscheidung aus dem Jahr 2005, in der das BVerwG Entschädigungsansprüche durch eine entsprechende Anwendung der §§ 39 und 42 BauGB verneint hatte (BVerwG, Urt. vom 27.1.2005 – 4 C 5/04 –, Rn. 24 f.), offen.

Gegen eine Entschädigungspflicht in entsprechender Anwendung des § 42 BauGB spricht, dass Festlegungen in einem Raumordnungsplan, anders als Festsetzungen eines Bebauungsplanes nicht unmittelbar auf den Zulassungsanspruch durchschlagen. Denn raumordnerische Ziele entfalten nur gegenüber den in § 4 ROG genannten Personen eine Bindungswirkung. Durch die Raumordnungsklauseln in § 35 Abs. 3 BauGB kann den Zielen der Raumordnung jedoch ausnahmsweise eine Bindungswirkung zukommen, die auf die bodenrechtlichen Nutzungsmöglichkeiten unmittelbar wirkt. Relevant ist die Fragestellung insbesondere bei der raumordnerischen Steuerung der Errichtung von Windkraftanlagen durch eine Konzentrationszonenplanung. Dadurch wird die Nutzung für Windenergie in einem Gebiet zugelassen und zugleich im übrigen Bereich eines Plangebietes ausgeschlossen. Durch diese planerische Festlegung entfällt die Privilegierung von Windkraftanlagen im Außenbereich nach § 35 Abs. 1 Nr. 5 BauGB, so dass die Zielfestlegung im Raumordnungsplan unmittelbar auf die Nutzbarkeit des Grundstücks wirkt. Jedoch sind auch bei dieser Fallkonstellation Ansprüche der betroffenen Eigentümer in entsprechender Anwendung des § 42 BauGB zu verneinen. Denn die Nutzbarkeit des Grundstücks stand auch vor der raumordnerischen Zielfestlegung unter dem Vorbehalt der entgegenstehenden öffentlichen Belange nach § 35 Abs. 1 BauGB, unter die eben nun auch der Planvorbehalt nach § 35 Abs. 3 Satz 3 BauGB zu zählen ist (*Schmitz/Haselmann*, Das raumordnerische Wegplanen von Konzentrationszonen für Windenergieanlagen und seine entschädigungsrechtlichen Folgen, NVwZ 2015 S. 846, 851).

ABSCHNITT IV
LANDESPLANUNGSRAT, RAUMORDNUNGSBERICHT, RAUMBEOBACHTUNG

§ 20
Landesplanungsrat

(1) Zur Mitwirkung an den Aufgaben der Landesplanungsbehörde wird ein Landesplanungsrat gebildet. Er hat die Aufgabe, die Landesplanungsbehörde in grundsätzlichen Fragen, insbesondere bei der Aufstellung der Raumordnungspläne, zu beraten.

(2) Die Landesplanungsbehörde hat dem Landesplanungsrat in seinen Sitzungen über den Stand der Landesplanung und über wichtige Angelegenheiten ihres Aufgabenbereichs zu berichten.

Erläuterungen

Übersicht

1. Inhalt der Norm

§ 20 Abs. 1 LaplaG bestimmt, dass ein Landesplanungsrat zu bilden ist, der an den Aufgaben der Landesplanungsbehörde mitwirken soll. Dabei soll der Landesplanungsrat die Landesplanungsbehörde in grundsätzlichen Fragen beraten.

§ 20 Abs. 2 LaplaG verpflichtet die Landesplanungsbehörde den Landesplanungsrat über den Stand der Landesplanung und über die wichtigen Angelegenheiten der Raumordnung und der Landesplanung Bericht zu erstatten.

2. Bedeutung

Bereits in der ersten Fassung des LaplaG aus dem Jahr 1961 war die Bildung eines Landesplanungsrates zur Mitwirkung an den Aufgaben der Landesplanung gesetzlich geregelt (§ 3 Abs. 1 LaplaG 1961). Das Gesetz nannte als Aufgabe die Förderung der zusammenfassenden übergeordneten Landesplanung sowie die Beratung der Landesplanungsbehörde bei grundsätzlichen Fragen der Landesplanung und bei der Aufstellung der Raumordnungspläne. Zudem musste der Landesplanungsrat bei einem Widerspruch in einem Raumordnungsverfahren angehört werden und sein Benehmen vor der Feststellung von Raumordnungsplänen herbeigeführt werden (§ 3 Abs. 2 LaplaG 1961). Diese gesetzliche Aufgabe wurde in den folgenden Jahrzehnten nur in Nuancen angepasst. So wurden mit dem LaplaG 1971 die nun in § 20 Abs. 2 LaplaG enthaltende Pflicht der Landesplanungsbehörde zur Berichterstattung über den Stand der Landesplanung und über wichtige Angelegenheiten ihres Aufgabenbereichs aufgenommen und mit dem LaplaG 2014 die Vorschriften über den Landesplanungsrat insgesamt gestrafft, aber im Wesentlichen unverändert gelassen.

Die Einführung der erstmaligen Regelung zum Landesplanungsrat wurde vom Gesetzgeber damit begründet, dass bei der umfassenden Bedeutung der Landesplanung auch andere Planungsträger außerhalb des staatlichen Bereiches ein Interesse an der Mitwirkung haben. Um diese Mitwirkung zu ermöglichen, erschien es zweckmäßig, durch einen Beirat für alle an der Landesplanung interessierten Stellen ein Forum für eine echte Mitwirkungsmöglichkeit zu schaffen. Vermieden werden sollte die Errichtung von Landesplanungsgemeinschaften als öffentlich-rechtliche Körperschaften neben der Landesplanungsbehörde, wie es sie aufgrund früherer reichsrechtlicher Regelungen gab, um so keine organisatorische und finanzielle Komplizierung im Aufbau der Landesplanung entstehen zu lassen (LT-Drs. 4/376 S. 9 f.).

Beim Landesplanungsrat handelt es sich so um einen Beirat, der als informelles Gremium die Landesplanungsbehörde nach § 20 Abs. 1 LaplaG berät. Weiterhin ist der Landesplanungsrat bei der Aufstellung von Raumordnungsplänen nach § 5 Abs. 10 und 11 LaplaG zu beteiligen. Soweit Raumverträglichkeitsprüfungen grundsätzliche Fragen der Landesplanung berühren, soll die Landesplanungsbehörde den Landesplanungsrat nach § 15 Abs. 2 LaplaG ebenfalls beteiligen.

3. Beratung (§ 20 Abs. 1 LaplaG)

Wesentliche Aufgabe des Landesplanungsrates ist die Mitwirkung an den Aufgaben der Landesplanungsbehörde sowie die Beratung in grundsätzlichen Fragen. Dabei ging es dem Gesetzgeber darum, dass der Landesplanungsrat im Rahmen seiner Beratungsfunktion an den Aufgaben der Landesplanung gestaltend mitwirken soll und er jederzeit durch Vorschläge oder Stellungnahmen eine eigene Initiative entfalten kann (LT-Drs. 4/376 S. 10).

Entsprechend des gesetzlichen Auftrags kann eine Beratung bzw. Mitwirkung an den Aufgaben der Landesplanungsbehörde nur Fragen der Raumordnung und Landesplanung betreffen. Dabei ist der Begriff der Mitwirkung in § 20 Abs. 1 Satz 1 LaplaG eher allgemein zu verstehen, der durch die Aufgabe der Beratung in § 20 Abs. 1 Satz 2 LaplaG sowie durch die Beteiligungsrechte bei der Aufstellung der Raumordnungspläne sowie bei

Raumverträglichkeitsprüfungen konkretisiert wird. Mehr als eine Beratungsfunktion ist jedoch auch in dieser Beteiligung nicht zu sehen, denn Mitbestimmungsrechte, die über die bloße Möglichkeit der Abgabe von Stellungnahmen oder Vorschlägen hinausgehen, sind im LaplaG nicht vorgesehen. Die Beratung soll nach § 20 Abs. 1 Satz 2 LaplaG in grundsätzlichen Fragen erfolgen, wobei als Beispiel die Beratung bei der Aufstellung der Raumordnungspläne genannt wird. Eine zu starke Einengung ist aber in dem Begriff „grundsätzliche Fragen" nicht zu sehen, denn da es sich nur um eine Beratung und mithin nicht um eine echte Mitbestimmung handelt, sind davon Sachverhalte umfasst, die nicht bloßen Einzelfallcharakter haben. Damit ähnelt die beratende Tätigkeit des Landesplanungsrates der des Beirates für Raumentwicklung nach § 23 ROG. Dieser Beirat soll das für Raumordnung zuständige Bundesministerium in Grundsatzfragen der räumlichen Entwicklung beraten. Dabei wird ebenfalls davon ausgegangen, dass die Beratung bei Grundsatzfragen weit zu fassen ist und nicht nur generelle Themenstellungen der Raumordnung dazuzuzählen sind (*Goppel* in Spannowsky/Runkel/Goppel, ROG, § 23 Rn. 3). Im Ergebnis ist keine Einschränkung für den Landesplanungsrat zu sehen, ob und welche Beratungen er der Landesplanungsbehörde anbietet oder welche Stellungnahmen er abgibt. Gleiches gilt für die Landesplanungsbehörde, die eine Beratung beim Landesplanungsrat erbitten möchte.

Neben Schleswig-Holstein haben weitere Länder sowie der Bund ähnliche Beiräte gebildet, die meist beratende Tätigkeiten ausüben sollen. Hierbei ist es ohne Frage, dass Einbeziehung von Wissen sowohl aus der Mitte der Gesellschaft aber auch aus der Wissenschaft die ministerielle Arbeit unterstützen kann. Ob dabei ein solches Gremium noch erforderlich und zeitgemäß ist, kann dagegen auch in Zweifel gezogen werden – die europa- und bundesrechtlichen Vorgaben zur Beteiligung der Öffentlichkeit und der Digitalisierung eröffnen vielfältige Möglichkeiten zur Einbeziehung Dritter, die nicht an den Rahmen eines Beirates gebunden sind.

4. Informationspflicht (§ 20 Abs. 2 LaplaG)

Mit der Verpflichtung aus § 20 Abs. 2 LaplaG, wonach die Landesplanungsbehörde dem Landesplanungsrat über den Stand der Landesplanung und über die wichtigen Angelegenheiten ihres Aufgabenbereiches berichten soll, wurde eine Selbstverständlichkeit normiert. Soll der Landesplanungsrat bei den Aufgaben der Landesplanung mitwirken und eine beratende Tätigkeit ausüben, ist es notwendig, dass er über die Angelegenheiten der Raumordnung und der Landesplanung informiert ist und Kenntnisse über die aktuellen Vorhaben und Planungen hat. Daher ist § 20 Abs. 2 LaplaG eher als Klarstellung zu verstehen, ohne dass darin ein eigenständiger Regelungsbereich zu sehen ist.

§ 21
Organisation des Landesplanungsrates

(1) [1] Den Vorsitz im Landesplanungsrat hat das für die Raumordnung und Landesplanung zuständige Mitglied der Landesregierung. [2] Zudem gehören dem Landesplanungsrat an:

1. **Je eine Vertreterin oder ein Vertreter der im Schleswig-Holsteinischen Landtag vertretenen Parteien auf Vorschlag der Landtagsfraktionen,**
2. **je zwei Vertreterinnen oder Vertreter der Kommunalen Landesverbände auf deren Vorschlag,**
3. **je eine Vertreterin oder ein Vertreter jeder der drei Industrie- und Handelskammern, jeder der zwei Handwerkskammern, der Landwirtschaftskammer und der Architekten- und Ingenieurkammer Schleswig-Holstein auf Vorschlag der Kammern,**
4. **eine Vertreterin oder ein Vertreter der Akademie für die ländlichen Räume Schleswig-Holsteins e. V. auf deren Vorschlag,**

5. zwei Vertreterinnen oder Vertreter der Gewerkschaften auf Vorschlag des Deutschen Gewerkschaftsbundes, Bezirk Nord,
6. zwei Vertreterinnen oder Vertreter der Vereinigung der Unternehmensverbände in Hamburg und Schleswig-Holstein e.V., davon eine Vertreterin oder ein Vertreter der Arbeitgeber der Land- und Forstwirtschaft auf Vorschlag der Vereinigung der Unternehmensverbände,
7. zwei Vertreterinnen oder Vertreter der anerkannten Naturschutzvereinigungen nach § 3 Absatz 3 Umwelt-Rechtsbehelfsgesetz in der Fassung der Bekanntmachung vom 23. August 2017 (BGBl. I S. 3290), zuletzt geändert durch Artikel 2 des Gesetzes vom 14. März 2023 (BGBl. 2023 I Nr. 71), in Verbindung mit § 40 Absatz 1 Landesnaturschutzgesetz in Schleswig-Holstein auf deren Vorschlag sowie zwei auf dem Gebiet der Ökologie sachkundige Wissenschaftlerinnen oder Wissenschaftler auf Vorschlag des für Umwelt zuständigen Ministeriums in Abstimmung mit den Umweltverbänden,
8. zwei auf dem Gebiet der Raumordnung sachkundige Wissenschaftlerinnen oder Wissenschaftler auf Vorschlag der oder des Vorsitzenden,
9. eine Vertreterin oder ein Vertreter des Landessportverbandes Schleswig-Holstein e. V. auf dessen Vorschlag,
10. eine Vertreterin des LandesFrauenRates Schleswig-Holstein e. V. auf dessen Vorschlag,
11. eine Vertreterin oder ein Vertreter des Landesjugendrings Schleswig-Holstein e. V. auf dessen Vorschlag,
12. eine Vertreterin oder ein Vertreter des Landeskulturverbandes Schleswig-Holstein e. V. auf dessen Vorschlag,
13. eine Vertreterin oder ein Vertreter des Tourismusverbandes Schleswig-Holstein e. V. auf dessen Vorschlag,
14. eine Vertreterin oder ein Vertreter des Verbandes norddeutscher Wohnungsunternehmen Landesverband Schleswig-Holstein e. V. auf dessen Vorschlag,
15. eine Vertreterin oder ein Vertreter des Landesseniorenrates e. V. auf dessen Vorschlag,
16. eine Vertreterin oder ein Vertreter für Angelegenheiten von Menschen mit Behinderungen“ auf Vorschlag der oder des Landesbeauftragten für diesen Bereich,
17. je eine Vertreterin oder ein Vertreter der Minderheiten der Dänen, der Friesen sowie der deutschen Sinti und Roma auf Vorschlag der oder des Minderheitenbeauftragten des Ministerpräsidenten oder der Ministerpräsidentin und
18. eine Vertreterin oder ein Vertreter für Angelegenheiten von Menschen mit Migrationshintergrund auf Vorschlag der oder des Beauftragten für Flüchtlings-, Asyl- und Zuwanderungsfragen.

(2) Die oder der Vorsitzende beruft die Mitglieder des Landesplanungsrates auf Vorschlag der in Absatz 1 Satz 2 genannten Stellen.

(3) [1] Die oder der Vorsitzende kann weitere Mitglieder in den Landesplanungsrat berufen. [2] Die Gesamtzahl der Mitglieder des Landesplanungsrates soll fünfzig nicht überschreiten.

(4) [1] Bei der Berufung der Mitglieder des Landesplanungsrates nach den Absätzen 2 und 3 sind Frauen und Männer zu gleichen Teilen zu berücksichtigen. [2] Bestehen Rechte einzelner Stellen für Vorschläge zur Berufung nach Absatz 1 Satz 2 nur für eine Person, sollen Frauen und Männer von Amtszeit zu Amtszeit alternierend berücksichtigt werden.

(5) [1] Die Mitglieder des Landesplanungsrates werden für die Dauer einer Wahlperiode des Landtages berufen. [2] Eine Mitgliedschaft endet

1. durch vorzeitigen Verzicht des Mitgliedes oder

2. durch Abberufung und Berufung eines neuen Mitgliedes auf Vorschlag der gemäß Absatz 1 Vorschlagsberechtigten.

[3] Eine wiederholte Berufung von Mitgliedern ist zulässig. [4] Die Tätigkeit ist ehrenamtlich.

(6) Der Landesplanungsrat kann für die Behandlung von Einzelfragen Ausschüsse bilden und Sachverständige hinzuziehen.

(7) Die Mitglieder der Landesregierung können an den Sitzungen des Landesplanungsrates und seiner Ausschüsse teilnehmen oder zu diesen Sitzungen Vertreterinnen oder Vertreter entsenden.

(8) [1] Der Landesplanungsrat soll mindestens zweimal jährlich zusammentreten; er kann von der oder dem Vorsitzenden jederzeit einberufen werden. [2] Er muss einberufen werden, wenn wenigstens ein Drittel seiner Mitglieder es beantragt.

(9) Der Landesplanungsrat gibt sich eine Geschäftsordnung.

Erläuterungen

Übersicht

1. Inhalt der Norm

§ 21 LaplaG enthält organisatorische Regelungen zur Mitgliedschaft und zur Arbeitsweise des Landesplanungsrates.

Die Absätze 1 bis 5 des § 21 LaplaG beinhalten die Regelung zum Vorsitz, die Aufzählung der möglichen Mitglieder sowie deren Berufung und die Dauer der Mitgliedschaft.

§ 21 Abs. 6 LaplaG normiert die Möglichkeit, für die Behandlung von Einzelfragen Ausschüsse zu bilden und Sachverständige hinzuziehen.

§ 21 Abs. 8 LaplaG regelt das Tagungsintervall. Danach soll der Landesplanungsrat mindestens zweimal jährlich zusammentreten. Durch den Vorsitzenden ist jederzeit eine Einberufung möglich. Sie muss erfolgen, wenn mindestens ein Drittel der Mitglieder des Landesplanungsrates sie beantragt.

2. Mitglieder des Landesplanungsrates (§ 21 Abs. 1 bis 5 LaplaG)

2.1 Vorsitz des Landesplanungsrates (§ 21 Abs. 1 Satz 1 LaplaG)

Die Vorschrift zur Organisation des Landesplanungsrates wird mit der gesetzlichen Bestimmung des Vorsitzenden eingeleitet. So hat nach § 21 Abs. 1 Satz 1 LaplaG den

Vorsitz im Landesplanungsrat das für die Raumordnung und Landesplanung zuständige Mitglied der Landesregierung. Diese Formulierung wurde mit dem LaplaG 2020 in das Gesetz aufgenommen und vollzieht die bisherige Praxis nach. Denn bereits zuvor hatte auch das für die Raumordnung und Landesplanung zuständige Mitglied der Landesregierung den Vorsitz des Landesplanungsrates inne, wurde jedoch im Gesetz eindeutig benannt. Die Bezugnahme auf das jeweils für die Raumordnung und Landesplanung zuständige Mitglied der Landesregierung vermeidet nun zukünftig wiederkehrenden Anpassungsbedarf bei Änderungen der Ressortzuständigkeiten (LT-Drs. 19/1952 S. 28).

Eine Bestimmung über die Geschäftsführung des Landesplanungsrates ist im LaplaG nicht enthalten, da sie zweckmäßigerweise durch die Landesplanungsbehörde wahrgenommen wird (LT-Drs. 4/376 S. 10).

2.2 Mitglieder des Landesplanungsrates (§ 21 Abs. 1 Satz 2, Abs. 3 Satz 1 LaplaG)

§ 21 Abs. 1 Satz 2 LaplaG führt in den Nrn. 1 bis 18 auf, welche Institutionen Vertreterinnen und Vertreter in den Landesplanungsrat entsenden können. Diese sollen aus einem breiten Spektrum aus Politik, Verbänden und Interessengruppen stammen und sind u. a.

- die im Schleswig-Holsteinischen Landtag vertretenen Parteien,
- die kommunalen Landesverbände,
- die Industrie- und Handelskammern,
- die Handwerkskammern,
- die Landwirtschaftskammer,
- die Gewerkschaften,
- die Vereinigung der schleswig-holsteinischen Unternehmensverbände und
- die Umweltverbände.

Außerdem gehören dem Landesplanungsrat Vertreterinnen und Vertreter für die Bereiche Sport, Tourismus, Kultur und Wohnen an sowie Wissenschaftlerinnen und Wissenschaftler, die auf den Gebieten Ökologie und Raumordnung sachkundig sind. Auch die Angelegenheiten der Minderheiten im Land sowie von Frauen, Senioren, Jugendlichen, Menschen mit Behinderung und Menschen mit Migrationshintergrund werden durch Mitglieder im Landesplanungsrat vertreten.

Die Berufung der Mitglieder erfolgt nach § 21 Abs. 2 LaplaG durch den Vorsitzenden auf Vorschlag der in § 21 Abs. 1 Satz 2 LaplaG genannten Stellen. Darüber hinaus können nach § 21 Abs. 3 Satz 1 LaplaG weitere Mitglieder durch den Vorsitzenden des Landesplanungsrates berufen werden. Diese Ermächtigung soll sicherstellen, dass weitere an der Landesplanung interessierte Kreise dem Landesplanungsrat angehören können (LT-Drs. 4/376 S. 10).

2.3 Höchstzahl der Mitglieder (§ 21 Abs. 3 Satz 2 LaplaG)

Die Höchstzahl der Mitglieder wird durch § 21 Abs. 3 Satz 2 LaplaG auf 50 begrenzt. Die Begrenzung der Mitglieder wurde mit dem LaplaG 1961 eingeführt und soll die Arbeitsfähigkeit des Landesplanungsrates sichern (LT-Drs. 4/376 S. 10). Die ursprüngliche Höchstzahl von 30 Mitgliedern im LaplaG 1961 wuchs mit dem LaplaG 1992 auf 35 auf und liegt seit dem Jahr 2014 bei 50. Da die Auswahl der Mitglieder an die Vorgaben des § 21 Abs. 1 Satz 2 LaplaG gebunden ist, kommt der Höchstzahl nur eine Bedeutung durch die in § 21 Abs. 3 Satz 1 LaplaG genannte Möglichkeit zu, dass die oder der Vorsitzende weitere Mitglieder in den Landesplanungsrat berufen kann.

2.4 Paritätische Besetzung des Landesplanungsrates (§ 21 Abs. 4 LaplaG)

Nach § 21 Abs. 4 LaplaG sind bei der Berufung der Mitglieder des Landesplanungsrates Frauen und Männer zu gleichen Teilen zu berücksichtigen. Mit der Einfügung dieser

Regelung durch das LaplaG 1992 sollte der Landesverfassung Rechnung getragen werden (LT-Drs. 12/1631 S. 20). Denn nach Art. 9 Satz 2 Verf SH ist insbesondere darauf hinzuwirken, dass Frauen und Männer in kollegialen öffentlich-rechtlichen Beschluss- und Beratungsorganen zu gleichen Anteilen vertreten sind. Diese Regelung wurde im Jahr 2014 überarbeitet und in diesem Zuge vom Gesetzgeber auf das Erfordernis hingewiesen, dass das Gremium als Ganzes betrachtet und paritätisch besetzt wird (vgl. § 15 GStG SH). Daher müsse eine paritätische Besetzung des Gesamtgremiums voraussetzen, dass auch die Vorschläge der vertretenden Stellen bereits paritätisch gestaltet werden. Für den Fall, dass eine Stelle nur ein Mitglied entsenden kann, wurde daher die in § 21 Abs. 4 Satz 2 LaplaG genannte Ausnahme aufgenommen, dass Frauen und Männer von Amtszeit zu Amtszeit alternierend berücksichtigt werden sollen (LT-18/885 S. 45).

2.5 Mitgliedschaft im Landesplanungsrat (§ 21 Abs. 5 LaplaG)

Die Mitglieder werden nach § 21 Abs. 5 Satz 1 LaplaG für die Dauer einer Wahlperiode berufen. Daraus ergibt sich, dass eine Berufung zu Beginn der Wahlperiode erfolgen muss, um die Arbeitsfähigkeit des Landesplanungsrates zu gewährleisten. Eine Mitgliedschaft kann durch vorzeitigen Verzicht des Mitgliedes oder durch Abberufung und Berufung eines neuen Mitgliedes auf Vorschlag der in § 21 Abs. 1 LaplaG genannten Stellen enden. Die Klarstellung in § 21 Abs. 5 Satz 3 LaplaG zur Zulässigkeit einer wiederholten Berufung von Mitgliedern verdeutlicht, dass die langjährige Mitarbeit im Landesplanungsrat über mehrere Wahlperioden hinweg möglich ist.

Schließlich stellt § 21 Abs. 5 Satz 3 LaplaG klar, dass die Tätigkeit ehrenamtlich ist. Regelungen zur Entschädigung von Aufwendungen wurden nicht getroffen.

3. Arbeitsweise des Landesplanungsrates (§ 21 Abs. 6 bis 9 LaplaG)

3.1 Bildung von Ausschüssen (§ 21 Abs. 6 LaplaG)

Für die Behandlung von Einzelfragen kann der Landesplanungsrat nach § 21 Abs. 6 LaplaG Ausschüsse bilden und Sachverständige hinzuziehen. Damit wird klargestellt, dass aufgrund der Größe des Beirates von bis zu 50 Mitgliedern eine tatsächliche Diskussion und Erarbeitung von Fachfragen einen kleineren Rahmen benötigt. Zudem kann so externer Sachverstand für einzelne Fragen hinzugezogen werden, ohne dass dieser aus der Mitte des Landesplanungsrates kommen muss.

3.2 Teilnahme von Mitgliedern der Landesregierung (§ 21 Abs. 7 LaplaG)

§ 21 Abs. 7 LaplaG ermöglicht den Mitgliedern der Landesregierung an den Sitzungen des Landesplanungsrates und seiner Ausschüsse teilzunehmen oder zu diesen Sitzungen Vertreterinnen oder Vertreter entsenden. Hintergrund für diese Klarstellung ist, dass die Landesminister naturgemäß nicht Mitglieder eines die Landesregierung beratenden Organs sein sollen. Zugleich haben sie aber regelmäßig wegen der engen Zusammenhänge zwischen der Landesplanung und den Aufgaben der Ressorts ein berechtigtes Interesse an der Tätigkeit des Landesplanungsrates, so dass vom Gesetzgeber die Möglichkeit ihrer jederzeitigen Teilnahme an den Sitzungen des Landesplanungsrates und seiner Ausschüsse oder der Entsendung von Vertretern sichergestellt wurde.

3.3 Sitzungsturnus (§ 21 Abs. 8 LaplaG)

Das LaplaG sieht vor, dass der Landesplanungsrat im Regelfall mindestens zweimal jährlich tagen soll. Darüber hinaus kann der Vorsitzende den Landesplanungsrat jederzeit einberufen. Wenn mindestens ein Drittel der Mitglieder es beantragt, muss der Vorsitzende den Landesplanungsrat einberufen.

3.4 Geschäftsordnung (§ 21 Abs. 9 LaplaG)

Mit § 21 Abs. 9 LaplaG wird der Landesplanungsrat verpflichtet, sich eine Geschäftsordnung zu geben. Diese kann die Arbeitsweise des Landesplanungsrates für weitere Einzelfragen regeln, jedoch nicht von den gesetzlichen Vorgaben abweichen.

§ 22
Raumordnungsbericht

Die Landesregierung berichtet dem Landtag in regelmäßigen Abständen über die räumliche Entwicklung des Landes, den Stand von Raumordnungsplänen und über gegebenenfalls erforderliche Änderungen des Zentralörtlichen Systems (Raumordnungsbericht). Die Landesregierung legt dem Landtag alle drei Jahre einen detaillierten Bericht zur Flächeninanspruchnahme vor. Wenn in dem Berichtszeitraum die anzustrebende anteilige Reduktion des Flächenverbrauches nicht erreicht worden ist, muss der Bericht mögliche weitere Maßnahmen für die Umsetzung der Reduktion des Flächenverbrauches enthalten.

Erläuterungen

Übersicht

1. Inhalt der Norm

§ 22 Satz 1 LaplaG enthält die Regelung zur Erstellung und zum Inhalt eines Raumordnungsberichts. Inhalt eines Raumordnungsberichts soll nach dieser Vorschrift ein Bericht über die räumliche Entwicklung des Landes, über den Stand von Raumordnungsplänen und über gegebenenfalls erforderliche Änderungen des Zentralörtlichen Systems sein. Ein Raumordnungsbericht soll dem Landtag von der Landesregierung in regelmäßigen Abständen erstattet werden.

Als spezielle Form des Raumordnungsberichts soll nach den Sätzen 2 und 3 des § 22 LaplaG die Landesregierung einen Bericht zur Flächeninanspruchnahme vorliegen. Nach § 22 Satz 2 LaplaG soll dieser Bericht alle drei Jahre erstattet werden. Als inhaltliche Anforderung nennt § 22 Satz 3 LaplaG, dass der Bericht mögliche weitere Maßnahmen für die Umsetzung der Reduktion des Flächenverbrauches enthalten muss, wenn in dem Berichtszeitraum die anzustrebende anteilige Reduktion des Flächenverbrauches nicht erreicht worden ist.

2. Bedeutung des Raumordnungsberichts

Die Instrumente der Landesplanungsbehörde haben in der Regel rechtssetzenden oder gestaltenden Charakter. Aus dem Raumordnungsbericht ergeben sich hingegen keine unmittelbaren rechtlichen Folgen, auch wenn in der Praxis regelmäßig aufgrund der in den Berichten enthaltenden Änderungsvorschläge Anpassungen an rechtlichen Vorschriften, wie insbesondere an der Verordnung zum Zentralörtlichen System, vorgenommen wurden. Denn vorrangig dient der Raumordnungsbericht dazu, den Landtag auf Probleme und Veränderungen der Raumentwicklung frühzeitig hinzuweisen und die räumlichen Wirkungen von Planungen und Maßnahmen darzustellen. Zwar wird aufgrund des gesetzlichen Auftrages der Bericht gegenüber dem Parlament erstattet. Praktisch dient er aber auch den Kreisen und Gemeinden, sonstigen Behörden, Verbänden und der Wissenschaft sowie der interessierten Öffentlichkeit zur Information und Veranschaulichung des aktuellen Standes der Raumordnung (*Adam/Zaspel-Heisters*, Berichte der Stadt- und Raumentwicklung, HdSR S. 191, 192). Grundlage für die Erstellung eines Raumordnungsberichts ist die Raumbeobachtung und die Auswertung der gewonnenen Informationen aus einem Rauminformationssystem (vgl. § 23 LaplaG).

Bezüglich des Inhaltes und des Umfanges der Raumordnungsberichte ist in den letzten Jahren und Jahrzehnten eine deutliche Abnahme feststellbar. Zwar macht § 22 Satz 1 LaplaG keine Vorgaben zum Umfang des Berichts, inhaltlich werden aber drei Themen aufgeführt, die Gegenstand eines Raumordnungsberichts sein sollen. Danach sollen über die räumliche Entwicklung des Landes, den Stand von Raumordnungsplänen und über gegebenenfalls erforderliche Änderungen des Zentralörtlichen Systems berichtet werden. Die Liste ist jedoch nicht abschließend. Die Darstellung der räumlichen Entwicklung wird weitgehend eine Bestandsaufnahme der raumordnerischen Situation in Schleswig-Holstein darstellen. Diese sollte um die daraus resultierenden und zu prognostizierenden Entwicklungstendenzen ergänzt werden. Ein Bericht über den Stand von Raumordnungsplänen kann über inhaltlichen Anpassungsbedarf sowie im Rahmen eines Planaufstellungsverfahrens auch über angestrebte Zeitpläne erfolgen. Wesentlicher Inhalt soll zudem die Auseinandersetzung mit dem Zentralörtlichen System sein. Aufgrund dieser Darstellungen sollen Raumordnungsberichte dem Gesetzgeber helfen, um über Änderungen der gesetzlichen Kriterien des Zentralörtlichen Systems in den §§ 24 bis 30 LaplaG zu entscheiden. Zudem sollen Raumordnungsberichte entsprechend der Vorgabe des § 24 Abs. 3 Satz 3 LaplaG dazu dienen, erforderliche Änderungen an der Verordnung zum Zentralörtlichen Systems mit den konkreten Einstufungen vorzunehmen.

3. Bericht zur Flächeninanspruchnahme

Die Sätze 2 und 3 des § 22 LaplaG ergänzen die allgemeine Pflicht zur Erarbeitung und Vorlage eines Raumordnungsberichts um einen weiteren Bericht, der sich ausschließlich dem Thema der Flächeninanspruchnahme widmen soll. Hintergrund hierfür ist, dass nach Auffassung des Gesetzgebers die Flächeninanspruchnahme in Schleswig-Holstein, gemessen an den Zielen für Deutschland und Schleswig-Holstein, weiterhin zu hoch ist. Daher soll der Bericht zur Flächeninanspruchnahme dazu dienen, sowohl eine Übersicht über die Entwicklung der Flächeninanspruchnahme in Schleswig-Holstein zu gewinnen als auch eine Grundlage für die weitere räumliche Planung zu schaffen (LT-Drs. 19/2119 S. 174).

Nach § 22 Satz 2 LaplaG soll der Bericht zur Flächeninanspruchnahme alle drei Jahre erarbeitet und vorgelegt werden.

Die inhaltlichen Anforderungen an den Bericht zur Flächeninanspruchnahme werden in § 22 LaplaG nicht definiert. Die Gesetzesbegründung führt aus, dass in dem Bericht zur Flächeninanspruchnahme die aktuelle Situation und die Veränderung gegenüber einem Vergleichszeitraum darzustellen ist. Dabei soll nach Kreisen und Gemeinden sowie nach Art der Nutzung (Siedlungs- und Verkehrsfläche sowie Unterkategorien) differenziert werden. Zudem soll der Bericht zur Flächeninanspruchnahme die Bevölkerungsentwicklung und den Flächenverbrauch pro Einwohner und weitere raumbedeutsame Faktoren für die Flächeninanspruchnahme beschreiben (LT-Drs. 19/2119 S. 174).

Wenn der Bericht zur Flächeninanspruchnahme zu dem Ergebnis kommen sollte, dass in dem Berichtszeitraum die anzustrebende anteilige Reduktion des Flächenverbrauches nicht erreicht worden ist, muss nach § 22 Satz 3 LaplaG der Bericht mögliche weitere Maßnahmen für die Umsetzung der Reduktion des Flächenverbrauches enthalten.

4. Historische Entwicklung

Die schleswig-holsteinisches Landesregierung legte im Jahr 1965, damals noch ohne gesetzlichen Auftrag, den ersten Raumordnungsbericht vor. Mit diesem Raumordnungsbericht wurde eine Bestandsaufnahme der Entwicklungstendenzen vollzogen und zugleich ein erster Ausblick auf die künftigen Raumordnungspläne gegeben und das Zentralörtliche System skizziert. Mit § 20 des LaplaG 1971 wurde ein gesetzlicher Auftrag im LaplaG formuliert, durch den die Landesregierung aufgefordert wurde, dem Landtag mindestens zweimal in der Legislaturperiode, erstmalig in der siebten Wahlperiode im Jahr 1971, über Fragen der räumlichen Entwicklung, des Landes und des Standes von Raumordnungsplänen zu berichten. Gegenstand des zweiten Raumordnungsberichtes waren dann die Entwicklung des Landes Schleswig-Holstein zwischen den Volkszählungen in den Jahren 1961 und 1970, der Stand der Arbeiten an den Raumordnungsplänen sowie eine Stellungnahme zur zentralörtlichen Gliederung (LT-Drs. 7/233). Der dritte Raumordnungsbericht aus dem Jahr 1974 enthielt als besonderen Schwerpunkt eine Darstellung der Infrastrukturentwicklung und -ausstattung in Schleswig-Holstein (LT-Drs. 7/1151). In der achten Wahlperiode wurde ein Raumordnungsbericht im Jahr 1977 vorgelegt, der sich entsprechend des gesetzlichen Auftrages u. a. mit der Frage beschäftigte, ob Änderungen in der zentralörtlichen Gliederung für erforderlich gehalten werden und enthielt als weitere Schwerpunkte des Berichtes Ausführungen zu den großräumigen Entwicklungstendenzen von Bevölkerung und Arbeitsplätzen, die insbesondere für die anstehende Novellierung des Landesraumordnungsplans und anderer Raumordnungspläne von Bedeutung waren (LT-Drs. 8/652). Der zweite Raumordnungsbericht in der achten Wahlperiode wurde im Jahr 1978 vorgelegt, der als Schwerpunkt die Infrastrukturausstattung und Umweltgestaltung für den Freizeitbereich hatte (LT-Drs. 8/1596).

In der neunten Wahlperiode wurde der § 20 LaplaG neu gefasst und die Anzahl der dem Landtag im Laufe einer Wahlperiode vorzulegenden Berichte von zwei auf einen verringert, denn zur Frage der erforderlichen Änderungen der zentralörtlichen Gliederung wurde bereits bisher nur einmal in der Wahlperiode Stellung genommen und auch unter Berücksichtigung der anderen Themen schien es dem Gesetzgeber ausreichend und sinnvoll, dass die Landesplanungsbehörde über die mittel- und langfristige Entwicklung in der Regel nur einmal, etwa zur Mitte der Wahlperiode, dem Landtag berichtet (LT-Drs. 9/740 S. 5). Der noch vor der Änderung des LaplaG verfasste Raumordnungsbericht aus dem Jahr 1980 blieb so der einzige Bericht in der neunten Wahlperiode. Dieser befasste sich mit der Frage, ob Änderungen in der zentralörtlichen Gliederung für erforderlich gehalten werden und enthielt als weitere Schwerpunkte Ausführungen zu den Entwicklungstendenzen von Bevölkerung und Arbeitsplätzen im Land insgesamt und in der kleinräumigen Entwicklung sowie Ausführungen über den Stand der Planung im Land (LT-Drs. 9/792). Die Berichte der folgenden Wahlperioden enthielten ebenfalls meist Aussagen zur Änderungsbedürftigkeit des Zentralörtlichen Systems und griffen Entwicklungstendenzen in Schleswig-Holstein auf. Eine Besonderheit stellte im Jahr 2005 der Raumordnungsbericht Küste und Meer dar. Mit diesem Raumordnungsbericht wurde erstmals eine umfassende Betrachtung der Raumnutzungen in den für Schleswig-Holstein relevanten Meeres- und Küstenbereichen vorgenommen (LT-Drs. 16/551).

Eine Änderung der Vorschrift zum Raumordnungsbericht erfolgte erst wieder mit dem LaplaG 2014. Hierbei wurde die bisherige Regelung, dass die Landesregierung dem Landtag einmal in jeder Legislaturperiode in einem Raumordnungsbericht zu Fragen der räumlichen Entwicklung und zum Stand von Raumordnungsplänen berichtet, durch eine flexiblere Regelung ersetzt. Ziel des seitdem geltenden Rechts soll aber unverändert sein, dass auch zukünftig die Landesplanungsbehörde nach Möglichkeit in einem Abstand von fünf Jahren dem Landtag einen Bericht erstattet und darin eventuellen Änderungs- und Anpassungsbedarf an den Regelungen des Zentralörtlichen Systems aufzeigt (LT-Drs. 18/880 S. 45).

Mit der Ergänzung des § 22 LaplaG um die Sätze 2 und 3, die zum 1.1.2021 in Kraft trat, wurde eine zusätzliche Berichtspflicht aufgenommen. Nunmehr ist die Landesregierung neben der allgemeinen Pflicht zur Vorlage von Raumordnungsberichten nach § 22 Satz 1 LaplaG alle drei Jahre zur Vorlage eines Berichts zur Flächeninanspruchnahme verpflichtet. Wenige Monate nach Inkrafttreten des Gesetzes griff der Bericht der Landesregierung zum Landesprogramm zum Schutz der Böden und zum nachhaltigen Flächenmanagement (LT-Drs. 19/3020) in Kapitel 5 das Thema der Flächeninanspruchnahme auf.

5. Weitere Informationspflichten gegenüber dem Landtag

Weitere Berichtspflichten der Landesregierung, die Fragen der Landesplanung betreffen, folgen zudem aus der Verfassung des Landes Schleswig-Holstein sowie aus dem Parlamentsinformationsgesetz. So ist nach Art. 28 Verf SH, der Regelungen zu Informationspflichten der Landesregierung gegenüber dem Landtag enthält, die Landesregierung verpflichtet, den Landtag u. a. über Grundsatzfragen der Landesplanung, der Standortplanung und der Durchführung von Großvorhaben frühzeitig und vollständig zu unterrichten. Als gesetzliche Konkretisierung dieser verfassungsrechtlichen Unterrichtungspflicht normiert § 1 Abs. 1 Nr. 2 PIG SH, dass die Landesregierung den Landtag frühzeitig und vollständig über Grundsatzfragen der Landesplanung, der Standortplanung und der Durchführung von Großvorhaben unterrichtet. Des Weiteren ist aufgrund der Regelung zu Grundsatzfragen der Landesplanung, der Standortplanung und der Durchführung von Großvorhaben in § 4 PIG SH das fachlich zuständige Ministerium zur Unterrichtung des Landtages über Planungsvorhaben, die für die Entwicklung des Landes Schleswig-Holstein oder größerer Teile desselben raumbedeutsam sind, verpflichtet.

§ 23
Raumbeobachtung, Rauminformationssystem

Die Landesplanungsbehörde beobachtet laufend die landesweite räumliche Entwicklung (Raumbeobachtung) und führt alle raumbedeutsamen Planungen und Maßnahmen, die zur Wahrnehmung der Aufgaben der Landesplanung von Bedeutung sind, in einem Raumordnungsinformationssystem zusammen. Öffentliche Planungsträger sowie die Personen des Privatrechts nach § 4 Absatz 1 Satz 2 ROG sind verpflichtet, der Landesplanungsbehörde die von ihnen beabsichtigten raumbedeutsamen Planungen und Maßnahmen zur Führung des Raumordnungsinformationssystems sowie wesentliche Änderungen mitzuteilen und mittels geeigneter Geodatendienste oder in anderer geeigneter digitaler Form bereitzustellen.

Erläuterungen

Übersicht

1. Inhalt der Norm

§ 23 LaplaG enthält zwei Instrumente der Landesplanungsbehörde. Die Raumbeobachtung, um laufend die landesweite räumliche Entwicklung zu beobachten und das Rauminformationssystem, um die aus der Beobachtung gewonnenen Informationen in einem System zu verarbeiten.

§ 23 Satz 2 LaplaG verpflichtet öffentliche Planungsträger und Personen des Privatrechts nach § 4 Abs. 1 Satz 2 ROG, der Landesplanungsbehörde die von ihnen beabsichtigten raumbedeutsamen Planungen und Maßnahmen mitzuteilen, um diese im Rauminformationssystem nutzen zu können.

2. Bedeutung

Mit der Beobachtung des Raumes sollen Informationen erfasst werden, um sie für weitere Anwendungsfälle nutzen und verarbeiten zu können. Dabei stellt in der Raumbeobachtung die Erhebung von raumbezogenen Daten die typischerweise genutzte Methode dar, um Informationen zu erfassen und um räumliche Entwicklungen messbar zu machen. Die Daten stellen numerische Daten dar, d. h. Geofachdaten, wie sie aus amtlichen Statistiken gewonnen werden, sowie geometrische Daten dar, also Geobasisdaten oder Geofachdaten, wie sie durch Vermessung gewonnen werden (*Sturm*, Raumbeobachtung, HdSR S. 1865, 1867). Zur Verknüpfung dieser Daten benötigt die Raumbeobachtung Systeme, die diese numerischen und geometrischen Daten zusammenführen und so einer Auswertung zugänglich machen.

Die Raumbeobachtung zielt dabei darauf ab, die Auswirkungen fachlicher und rechtlicher Regelungen auf die räumliche Entwicklung zu überprüfen sowie Behörden und den Landtag zu beraten. Im Wesentlichen gehören daher zu Raumbeobachtung die Erstellung eines Monitoring-Konzeptes zur Umsetzung der Ziele und Grundsätze des LEP und zur Überwachung der Auswirkungen auf die Umwelt nach § 10 Abs. 3 ROG sowie die Durchführung des Monitorings mittels Analyse, Aufbereitung und Bewertung raumrelevanter Daten. Eng damit verknüpft und quasi Ergebnis der Raumbeobachtung ist die Erstellung von (themenbezogenen) Raumordnungsberichten nach § 22 LaplaG.

Durch § 23 LaplaG wird der mit dem § 18 LaplaG 1971 eingeführte Begriff Raumordnungskataster durch Rauminformationssystem ersetzt. Inhaltlich wurde aber bereits im LaplaG 1971 klargestellt, dass die Landesplanungsbehörde ein Raumordnungskataster führt, welches alle raumbedeutsamen Planungen und Maßnahmen enthalten soll, die zur Wahrnehmung der Aufgaben der Landesplanung von Bedeutung sind. In der Gesetzesbegründung zum LaplaG 2014 wird zwar die Wichtigkeit des Raumordnungsinformationssystems betont, um durch dieses die voraussichtlichen erheblichen Auswirkungen der Durchführung der Raumordnungspläne auf die Umwelt zu überwachen und im Falle negativer Auswirkungen geeignete Maßnahmen zur Abhilfe ergreifen zu können (§ 8 Abs. 4 ROG), die durch die Raumordnungspläne vorgezeichneten Entwicklungen zu evaluieren und um über aktuelle Schwerpunktthemen der räumlichen Entwicklung des Landes zu berichten (LT-Drs. 18/885 S. 45 f.), eine konkrete Aufgabenbeschreibung oder eine Regelung, wie im Einzelnen die Überwachung durchzuführen ist, findet sich jedoch nicht. Der Landesplanungsbehörde ist es daher selbst überlassen, wie sie diesem gesetzlichen Auftrag nachkommt. Derzeit nutzt die Landesplanungsbehörde das Raumordnungs-Informationssystem der Landesplanung (ROIS) um raumrelevante Planungen und Maßnahmen zusammenzuführen. Dieses System besteht aus verschiedenen Bestandteilen, wie einem Geographischen Informationssystem (GIS) und einer Gemeindedatenbank zur Darstellung, Analyse und Ausgabe von Geodaten. Dabei wird auf die bereitgestellten Daten verschiedener Planungsträger, z. B. die Fachplanungen verschiedener Landesbehörden oder der städtebaulichen Planungen der Kommunen, zugegriffen. Zur Bereitstellung von Daten werden nach § 23 Satz 2 LaplaG Behörden und Stellen, die raumbeanspruchende Planungen und Maßnahmen festsetzen und damit die Bodennutzung bestimmen oder die räumliche Entwicklung eines Gebietes beeinflussen verpflichtet. Damit findet eine Ergänzung der allgemeinen Informationspflichten aus § 11 und § 12 LaplaG statt. Denn damit die raumordnerischen Informationen in einem System zusammengeführt werden können, bedarf es der Mitteilung und der digitalen Bereitstellung raumbedeutsamer Planungen und Maßnahmen durch verschiedene Stellen. Die Landesplanungsbehörde nutzt hierfür auch Daten des Statistischen Amtes für Hamburg und Schleswig-Holstein sowie auch vom Bund nach § 22 Abs. 1 Satz 2 ROG bereitgestellte Informationen.

Ausgewählte Daten, insbesondere die Raumordnungspläne, stellt die Landesplanungsbehörde als Kartendienst bzw. als Datensatz im Internet zur Verfügung.

ABSCHNITT V
ZENTRALÖRTLICHES SYSTEM

Vor §§ 24–30 Überblick zum Zentralörtlichen System

Erläuterungen

Übersicht

1. Überblick

Die §§ 24 bis 30 LaplaG beinhalten die landesrechtlichen Regelungen zum Zentralörtlichen System.

Das Zentralörtliche System dient in Schleswig-Holstein zur Festlegung von Zentralen Orten und Stadtrandkernen um die Siedlungstätigkeit entsprechend der Grundsätze der Raumordnung aus § 2 Abs. 2 ROG räumlich zu konzentrieren. Ziel ist es, die Versorgungsinfrastruktur in Zentralen Orten zu bündeln und so Schwerpunkte für Wohnungsbau, Gewerbe und Dienstleistungen zu schaffen. Dazu werden mittels des Zentralörtlichen Systems derzeit 132 Gemeinden in Zentrale Orte und Stadtrandkerne gegliedert. Oberzentren als höchste Stufe stellen die Versorgung mit Gütern und Dienstleistungen des höheren spezialisierten Bedarfs sicher. Die Versorgung mit Gütern und Dienstleistungen des gehobenen Bedarfs übernehmen auf der mittelzentralen Ebene Unterzentren mit Teilfunktionen von Mittelzentren, Mittelzentren und Mittelzentren im Verdichtungsraum sowie Stadtrandkerne I. Ordnung mit Teilfunktionen von Mittelzentren. Unterzentren und Stadtrandkerne I. Ordnung sowie ländliche Zentralorte und Stadtrandkerne II. Ordnung stellen die Grundversorgung sicher.

2. Die Theorie des Zentralörtlichen Systems

Das Zentralörtliche System in Schleswig-Holstein geht begrifflich auf die Theorie eines Systems zentraler Orte zurück, die von *Walther Christaller* im Jahr 1933 mit seiner Dissertation über die Gesetzmäßigkeiten untersucht worden ist, die die Lage, Verteilung, Größe und Bedeutung von Städten in Süddeutschland erklären sollte. Wesentliche Annahme dieser Theorie war, dass Orte in einem bestimmten Gebiet verschiedenen Hierarchiestufen zugeordnet werden. Orte höherer Hierarchiestufen (Zentrale Orte) wiesen dabei ein breiteres Angebot und eine bessere Versorgungsinfrastruktur auf, als Orte niedrigerer Hierarchiestufen. Mit Hilfe dieser Theorie sollen so optimale Standorte für auf den Endverbraucher abzielende Waren- und Dienstleistungsangebote abgeleitet werden können (*Terfrüchte/Flex*, Zentraler Ort, HdSR S. 2969, 2970).

In der Landesplanung und Raumordnung wird der Begriff Zentraler Ort jedoch vorrangig normativ verwendet, um damit ein raumordnerisches Steuerungsinstrument nutzen zu können. Ein Zentraler Ort in der Raumordnung ist daher in der Regel der Adressat einer zentralörtlichen Funktionszuweisung. Indem den Orten bestimmte Funktionen zugewiesen werden, soll ein bestehender Zustand gesichert bzw. auf einen angestrebten Zustand hingewirkt werden (*Terfrüchte/Flex*, Zentraler Ort, HdSR S. 2969, 2971). Die rechtliche Bindungswirkung richtet sich im Regelfall zuerst an öffentliche Stellen, die der Bindungswirkung von Zielen der Raumordnung unterliegen und die so im Rahmen ihrer fachplanerischen Zuständigkeit über die konkrete Standortverteilung von Einrichtungen der Daseinsvorsorge entscheiden. Private werden neben der Appellfunktion aber auch aus wirtschaftlichen Gründen freiwillig das Angebot in Zentralen Orten schaffen (*Einig/Zaspel-Heisters*, Das System Zentraler Orte in Deutschland, ARL 17 S. 3, 5). Darüber hinaus können in den Raumordnungsplänen weitere Festlegungen getroffen werden, die die Nutzungsmöglichkeiten in Zentralen Orten definieren (wie dies beim großflächigen Einzelhandel mittlerweile gängige Praxis ist).

3. Aufbau des Zentralörtlichen Systems

Die Einstufung als Zentraler Ort erfolgt in den meisten Ländern in einem dreistufigen System (siehe dazu ausführlich *Einig/Zaspel-Heisters*, Das System Zentraler Orte in Deutschland, ARL 17 S. 3, 6 f.; BT-Drs. 5/3958 S. 149).

Auf der obersten Stufe der Hierarchie stehen die Oberzentren, die in Schleswig-Holstein durch § 29 LaplaG definiert werden und die möglichst vielfältig ausgestattet sein sollen, um mit hochrangigen Einrichtungen und Dienstleistungen einen spezialisierten, höheren Bedarf decken zu können, der eine überregionale bis landesweite Bedeutung aufweisen kann. Oberzentren weisen daher eher Hochschulen, bedeutsame kulturelle Einrichtungen (überregional bedeutsam Museen, Opern, Theater), große Krankenhäuser, Einkaufszentren bzw. relevante Innenstädte sowie ICE-Haltepunkte auf.

Eine Stufe darunter befinden sich die Mittelzentren, die die Versorgung mit Gütern und Dienstleistungen des gehobenen Bedarfs übernehmen und damit über eine rein örtliche Grundversorgung hinausgehen. Nach der Einstufung des LaplaG werden hierzu Unterzentren mit Teilfunktionen von Mittelzentren (§ 27 LaplaG), Mittelzentren und Mittelzentren im Verdichtungsraum (§ 28 LaplaG) sowie Stadtrandkerne I. Ordnung mit Teilfunktionen von Mittelzentren (§ 30 Abs. 3 LaplaG) gezählt. Typische Einrichtungen von Mittelzentren sind weiterführende allgemeinbildende Schulen (Gemeinschaftsschule, Gymnasium), größere Sportanlagen, ein breiteres Angebot an Fachärzten sowie Krankenhäuser und vielseitige Einkaufsmöglichkeiten.

Die unterste Stufe stellen die Grundzentren dar, die zum Teil auch in Unter- und Kleinzentren unterteilt werden. Durch sie soll die Grundversorgung mit Gütern und Leistungen des täglichen Bedarfs gewährleistet werden. Unterzentren sind besser ausgestattet als Kleinzentren. Das LaplaG sieht hierfür die Unterzentren (§ 26 LaplaG) und Stadtrandkerne I. Ordnung (§ 30 Abs. 1 LaplaG) sowie für die Grundversorgung die ländlichen Zentralorte (§ 25 LaplaG) und Stadtrandkerne II. Ordnung (§ 30 Abs. 4 LaplaG) vor. Typische Einrichtungen sind Kindergärten und Grundschulen, kleinere Sportanlagen für den Breitensport, Arztpraxen und ein Einzelhandel zur örtlichen Nahversorgung.

4. Rechtsgrundlagen

Die in § 2 ROG enthaltenen Grundsätze der Raumordnung enthalten Aussagen zur Entwicklung, Ordnung und Sicherung des Raums. § 2 Abs. 2 ROG erwähnt in Nr. 2 Satz 4 sowie in Nr. 3 Satz 2 den Begriff Zentraler Ort, um die Siedlungstätigkeit räumlich zu konzentrieren und diese dabei vorrangig auf vorhandene Siedlungen mit ausreichender Infrastruktur und auf Zentrale Orte auszurichten, bei der Daseinsvorsorge die soziale Infrastruktur vorrangig in Zentralen Orten zu bündeln sowie die Erreichbarkeits- und Tragfähigkeitskriterien des Zentrale-Orte-Konzepts flexibel an regionalen Erfordernissen auszurichten.

Nach § 13 Abs. 5 ROG sollen Raumordnungspläne Festlegungen zur Raumstruktur enthalten. Dabei enthält § 13 Abs. 5 Satz 1 ROG eine beispielhafte Aufzählung der möglichen Inhalte und nennt unter der Kategorie der „anzustrebenden Siedlungsstruktur" (Nr. 1) auch die „Zentralen Orte" (lit. b). Damit geht keine Verpflichtung für die Länder einher, in den Raumordnungsplänen tatsächlich Zentrale Orte auszuweisen, so dass das in Schleswig-Holstein angewandte Modell mit der Festlegung durch eine Rechtsverordnung mit dem ROG in Einklang steht.

§ 24 LaplaG definiert in Abs. 1 Zentrale Orte und Stadtrandkerne, die zusammen das Zentralörtliche System bilden. Zudem werden wegen ihrer übergemeindlichen Versorgungsfunktion den Zentralen Orten und Stadtrandkernen Verflechtungsbereiche zugeordnet (§ 24 Abs. 2 LaplaG). Durch § 24 Abs. 3 LaplaG wird die Landesregierung ermächtigt, eine Rechtsverordnung zu erlassen, die unter Anwendung der in §§ 25 bis 30 LaplaG aufgeführten Kriterien die Gemeinden in Schleswig-Holstein den verschiedenen Stufen zuordnet und die Nah- und Mittelbereiche festlegt.

§ 25 LaplaG bestimmt die ländlichen Zentralorte. Sie dienen nach § 25 Abs. 1 LaplaG überwiegend der Grundversorgung eines Nahbereiches. Nach § 25 Abs. 2 LaplaG setzt ein ländlicher Zentralort voraus, dass im Nahbereich mindestens 5.000 Personen leben, davon mindestens 1.000 Personen im baulich zusammenhängenden Siedlungsgebiet. In Gebieten mit einer Bevölkerungsdichte von über 80 Personen je Quadratkilometer sollen diese Werte erheblich überschritten werden. Zentrale Orte sollen mindestens sechs Kilometer voneinander entfernt sein; jedoch sollen Wohnplätze höchstens zwölf Kilometer von einem Zentralen Ort entfernt sein.

§ 26 LaplaG beinhaltet die Anforderungen an Unterzentren. Diese dienen überwiegend der Grundversorgung eines Nahbereiches. Unterzentren sollen durch die Bevölkerungszahl ihres Nahbereiches, die Größe des Zentralen Ortes und die bessere Ausstattung gegenüber ländlichen Zentralorten hervorgehoben sein. Als Voraussetzung fordert § 26 Abs. 2 LaplaG, dass ein Unterzentrum nur festgelegt werden darf, wenn im Nahbereich mindestens 10.000 Personen leben, davon mindestens 4.000 Personen im baulich zusammenhängenden Siedlungsgebiet. In Gebieten mit einer Bevölkerungsdichte von über 80 Personen je Quadratkilometer sollen diese Werte erheblich überschritten werden. Zudem sollen auch hier, wie bei den ländlichen Zentralorten, Zentrale Orte mindestens sechs Kilometer voneinander entfernt liegen; jedoch sollen Wohnplätze höchstens zwölf Kilometer von einem Unterzentrum entfernt sein. In den strukturschwachen ländlichen Räumen können Unterzentren auch dann festgelegt werden, wenn im Nahbereich mindestens 7.500 Personen leben, davon mindestens 3.000 Personen im baulich zusammenhängenden Siedlungsgebiet. Die Festlegung der strukturschwachen ländlichen Räume erfolgt durch den LEP.

§ 27 LaplaG regelt die Anforderungen an Unterzentren mit Teilfunktionen von Mittelzentren. Sie können außerhalb der im LEP festgelegten Ordnungsräume in Gebieten festgelegt werden, die mehr als zehn Kilometer von Oberzentren oder Mittelzentren entfernt liegen, wenn sie für die Nahbereiche von mehreren Unterzentren, ländlichen Zentralorten oder Stadtrandkernen über die Grundversorgung hinaus mindestens teilweise Versorgungsfunktionen zur Deckung des gehobenen, längerfristigen Bedarfs ausüben. Die Festlegung kann nur erfolgen, wenn in dem gesamten Mittelbereich mehr als 20.000 Personen leben, davon mindestens 10.000 Personen im baulich zusammenhängenden Siedlungsgebiet. In den strukturschwachen ländlichen Räumen des Landes können Unterzentren mit Teilfunktionen eines Mittelzentrums auch dann festgelegt werden, wenn mindestens 7.000 Personen im baulich zusammenhängenden Siedlungsgebiet leben.

§ 28 LaplaG erläutert, dass sowohl Mittelzentren als auch Mittelzentren im Verdichtungsraum eine über den Nahbereich und die Grundversorgung hinausgehende Versorgungsfunktion und Zentralitätsbedeutung haben und in ihrem Mittelbereich differenzierte Versorgungsmöglichkeiten zur Deckung des gehobenen längerfristigen Bedarfs bieten sowie über ein breites Wirtschaftsgefüge mit Ansätzen zur Ausbildung eines industriellen Potentials verfügen sollen. Nach § 28 Abs. 3 LaplaG darf ein Mittelzentrum nur festgelegt werden, wenn im Mittelbereich mindestens 40.000 Personen leben, davon mindestens 15.000 Personen im baulich zusammenhängenden Siedlungsgebiet. Mittelzentren sollen mindestens zwölf Kilometer von benachbarten Mittel- oder Oberzentren entfernt liegen. Mittelzentren im Verdichtungsraum sollen nach § 28 Abs. 4 LaplaG wenigstens 80.000 Personen in ihrem Mittelbereich aufweisen, davon 25.000 Personen im baulich zusammenhängenden Siedlungsgebiet.

§ 29 LaplaG regelt, dass Oberzentren für mehrere Mittelbereiche oder für Teile von diesen Einrichtungen zur Deckung des spezialisierten höheren Bedarfs bieten (Oberbereiche) sollen. Dabei sollen sie ein starkes, differenziertes Wirtschaftsgefüge mit einem bedeutenden industriellen Potential aufweisen, dessen Wachstum anzustreben ist.

§ 30 LaplaG definiert die Stadtrandkerne. Statt der Festlegung von Zentralen Orten in einem Umkreis von zehn Kilometern um Mittel- und Oberzentren sowie um Hamburg sollen in der Regel Stadtrandkerne I. und II. Ordnung ausgewiesen werden, die zentrale Teilfunktionen in engem räumlichen Zusammenhang und für einen räumlich begrenzten Bereich wahrnehmen. Dabei entsprechen nach § 30 Abs. 2 LaplaG Stadtrandkerne I. Ordnung nach ihrer Zentralitätsfunktion unter Berücksichtigung der besonderen Verhältnisse in Stadtrandgebieten den Unterzentren. Sie sollen einen Bereich von mindestens 20.000 Personen versorgen. Stadtrandkerne I. Ordnung, die über ihren Versorgungsbereich hinaus Versorgungsfunktionen für Teilbereiche einer differenzierten Versorgung zur Deckung des gehobenen längerfristigen Bedarfs ausüben, können nach § 30 Abs. 3 LaplaG als Stadtrandkerne I. Ordnung mit Teilfunktionen eines Mittelzentrums festgelegt werden, wenn in ihren Mittelbereichen mindestens 40.000 Personen, davon mindestens 20.000 Personen im Stadtrandkern, leben. Nach § 30 Abs. 4 LaplaG entsprechen Stadtrandkerne II. Ordnung nach ihrer Zentralitätsfunktion unter Berücksichtigung der besonderen Verhältnisse in Stadtrandgebieten den ländlichen Zentralorten und sollen einen Bereich von mindestens 10.000 Personen versorgen.

Die Landesverordnung zur Festlegung der Zentralen Orte und Stadtrandkerne einschließlich ihrer Nah- und Mittelbereiche sowie ihre Zuordnung zu den verschiedenen Stufen bzw. kurz die Verordnung zum Zentralörtlichen System (GVOBl. 2019, S. 348) legt die Zentralen Orte und Stadtrandkerne mit ihren Nah- und Mittelbereichen in Form einer Rechtsverordnung fest. Diese Verordnung trat am 30.9.2019 in Kraft und ist bis zum 29.9.2024 befristet. Insgesamt sind 132 Städte und Gemeinden als Zentrale Orte und Stadtrandkerne dargestellt. Dabei wird unterschieden zwischen den verschiedenen Hierarchiestufen im Zentralörtlichen System, also Oberzentren, Mittelzentren, Mittelzentren im Verdichtungsraum, Unterzentren mit Teilfunktionen eines Mittelzentrums, Unterzentren, ländlichen Zentralorten sowie Stadtrandkernen I. und II. Ordnung.

- Oberzentren sind Flensburg, Kiel und Lübeck sowie Neumünster (Teilfunktionen eines Oberzentrums).
- Mittelzentren im Verdichtungsraum sind Ahrensburg, Geesthacht, Norderstedt, Pinneberg und Wedel. Darüber hinaus gibt es noch ein gemeinsames Mittelzentrum, das die Städte Reinbek und Glinde zusammen mit der Gemeinden Wentorf bei Hamburg bilden. Mittelzentren außerhalb der Verdichtungsräume sind Bad Oldesloe, Bad Segeberg/Wahlstedt, Brunsbüttel, Eckernförde, Elmshorn, Eutin, Heide, Husum, Itzehoe, Kaltenkirchen, Mölln, Rendsburg und Schleswig.
- Unterzentren mit Teilfunktionen eines Mittelzentrums sind Kappeln, Meldorf, Neustadt in Holstein, Niebüll, Oldenburg in Holstein, Plön, Ratzeburg, Sylt und Tönning. Unterzentren sind Albersdorf, Bad Bramstedt, Bargteheide, Barmstedt, Bordesholm, Bornhöved/Trappenkamp, Bredstedt, Büchen, Burg (Dithmarschen), Büsum, Fehmarn, Friedrichstadt, Gettorf, Glückstadt, Heiligenhafen, Hohenwestedt, Kellinghusen, Kropp,

Lauenburg/Elbe, Leck, Lensahn, Lütjenburg, Marne, Mittelangeln, Nortorf, Preetz, Reinfeld (Holstein), Schönberg (Holstein), Schwarzenbek, Süderbrarup, Tarp, Timmendorfer Strand/Scharbeutz, Trittau, Uetersen, Wilster und Wyk auf Föhr/Nebel.

- Ländliche Zentrale sind Ahrensbök, Berkenthin, Böklund, Erfde, Felde, Garding, Gelting, Grömitz, Grube, Hanerau-Hademarschen, Hennstedt, Hohenlockstedt, Hohn, Horst (Holstein), Krempe, Leezen, Lunden, Nahe/Itzstedt, Neukirchen/Klanxbüll, Owschlag, Sandesneben, Sankt Michaelisdonn, Sankt Peter-Ording, Schafflund, Schenefeld, Schönwalde am Bungsberg, Selent, Silberstedt, Sörup, Steinbergkirche, Steinburg, Süderlügum, Tellingstedt, Viöl, Wacken, Wankendorf und Wesselburen..
- Stadtrandkerne I. Ordnung sind Bad Schwartau, Heikendorf, Henstedt-Ulzburg, Kiel-Friedrichsort, Kiel-Mettenhof, Lübeck-Moisling, Lübeck-Travemünde, Norderstedt-Garstedt und Quickborn. Stadtrandkerne II. Ordnung sind Altenholz, Barsbüttel, Büdelsdorf, Flintbek, Glücksburg (Ostsee), Großhansdorf, Halstenbek, Harrislee, Kiel-Elmschenhagen, Kiel-Suchsdorf, Kronshagen, Lübeck-Kücknitz, Malente, Ratekau, Schenefeld, Schwentinental, Stockelsdorf, Tornesch.

5. Historische Entwicklung des Zentralörtlichen Systems in Schleswig-Holstein

5.1 Historische Bedeutung in Schleswig-Holstein

Das System der zentralen Orte wird seit den 1960er-Jahren als Gliederungsprinzip der Siedlungsentwicklung verstärkt in der Landesplanung und Raumordnung in Schleswig-Holstein genutzt. Dabei resultierte seine wichtige Rolle daher, weil die Stufengliederung der Siedlungsstruktur zugleich Ausdruck und Voraussetzung für eine Raumgliederung und eine differenzierte räumliche Entwicklung war (Raumordnungsbericht 1965 S. 49). Diese planerische und raumordnerische Bedeutung wurde im Jahr 1970 um eine finanzielle Komponente ergänzt, als mit der Reform des kommunalen Finanzausgleichs die Eigenschaft des durch die Raumordnung festgelegten zentralen Ortes mit bestimmten finanziellen Zuweisungen verknüpft wurde (*Kühl*, Entwicklung des zentralörtlichen Systems, Die Gemeinde 1981 S. 225, 226), was bis heute wesentlicher Bestandteil des Finanzausgleichsgesetzes ist (vgl. § 15 FAG).

5.2 Erste Ansätze im Raumordnungsbericht 1965

Im ersten Raumordnungsbericht der Landesregierung aus dem Jahr 1965 wurde das von der Landesplanungsbehörde angewandte System der zentralen Orte ausführlich erläutert und die angestrebte Weiterentwicklung dargestellt (Raumordnungsbericht 1965 S. 50 ff.). Da in Schleswig-Holstein ein historisch gewachsenes System von zentralen Orten verschiedener Ordnung mit jeweils zugeordneten Zentralitätsbereichen bestand, hatte sich für die Landesplanungsbehörde ein System mit vier Ordnungen bewährt:

- I. Ordnung (Oberzentrum) mit über 100.000 Einwohnern im Zentralitätsbereich,
- II. Ordnung (Mittelzentren) mit über 20.000 bis 100.000 Einwohnern im Zentralitätsbereich,
- III. Ordnung (Unterzentren) mit über 10.000 bis 20.000 Einwohnern im Zentralitätsbereich,
- IV. Ordnung (ländliche Mittelpunktgemeinden) mit über 5.000 bis 10.000 Einwohnern im Zentralitätsbereich (Nahversorgungsbereich).

Mit diesem System gliederte sich Schleswig-Holstein in 130 zentrale Orte in den Ordnungen I bis IV, die einschließlich der 22 Stadtrandgemeinden mit über 3.000 Einwohnern, die zu den Siedlungsgebieten der Ober- und Mittelzentren gehörten, im Jahr 1965 ca. 72 % der gesamten Bevölkerung des Landes umfassten.

5.3 Der Landesraumordnungsplan (LROP) 1969

Mit dem ersten Landesraumordnungsplan aus dem Jahr 1969 wurde das zentralörtliche System in überarbeiteter Form angewandt und die auf Grundlage des Raumordnungsberichts aus dem Jahr 1965 weiterentwickelten Kriterien auf die tatsächlichen Gegebenheiten übertragen. Neben dem Kriterium der Größe der Gemeinde, die auf den Einwohnerzahlen der Orte basierte, wurde als ein weiteres Element die Entfernung zwischen den Orten aufgenommen, um unnötige Konkurrenz und gegenseitige Beeinträchtigung zu vermeiden. Der LROP 1969 legte Ober-, Mittel- und Unterzentren fest, dazu im Randbereich der großen Städte die Stadtrandkerne I. Ordnung. Die Auswahl der ländlichen Zentralorte und der Stadtrandkerne II. Ordnung sollte durch die Regionalpläne erfolgen. Hierfür legte der LROP lediglich die Kriterien fest (*Kühl*, Entwicklung des zentralörtlichen Systems, Die Gemeinde 1981 S. 225, 226).

5.4 Gesetzliche Regelungen im LEGG und LaplaG

Wenige Jahre nach dem LROP 1969 zog der Gesetzgeber die Aufgabe der planerischen Steuerung durch die Festlegung der Kriterien und die Übertragung und Anwendung an sich und schuf mit den §§ 9 bis 12 des LEGG 1971 (GVOBl. 1971, S. 157) eine gesetzliche Regelung für das Zentralörtliche System. Inhaltlich änderte sich mit der gesetzlichen Definition und den Festlegungen gegenüber dem bisherigen Vorgehen der Landesplanungsbehörde wenig. Der Vorschriftenkatalog wurde mit der in § 9 LEGG 1971 enthaltenen Bestimmung des Begriffs Zentrale Orte eingeleitet, die als ländliche Zentralorte, Unterzentren, Mittelzentren sowie Oberzentren definiert wurden. Zudem war vorgesehen, dass im Umkreis von Ober- und Mittelzentren sowie von Hamburg Stadtrandkerne I. und II. Ordnung festgelegt werden können. Die folgenden Vorschriften erläuterten die Kriterien für die einzelnen Kategorien. § 10 LEGG 1971 definierte die Kriterien für ländliche Zentralorte und Unterzentren, § 11 LEGG 1971 die Ober- und Mittelzentren sowie § 12 LEGG 1971 die Stadtrandkerne.

Eine Anpassung des Zentralörtlichen Systems erfolgte in den Jahren 1973 (GVOBl. 1973 S. 423; LT-Drs. 7/620 S. 2) und 1981 (GVOBl. 1981 S. 179; LT-Drs. 9/791 S. 2) durch die Änderung der Zuordnungen von einzelnen Gemeinden in die Kategorien des zentralörtlichen Systems. Diese Änderungen beruhten auf den zuvor erarbeiten Raumordnungsberichten und führten dazu, dass im LEGG die Vorschriften angepasst wurden, die die Gemeinden der Unterzentren, Mittelzentren sowie der Stadtrandkerne I. Ordnung aufführten. Eine Ergänzung am System der Zentralen Orte wurde 1985 vorgenommen (GVOBl. 1985 S. 374; LT-Drs. 10/1003 S. 2). Im Rahmen der Änderung des LEGG wurden die Kategorie des ländlichen Zentralorts überarbeitet und die Zuordnungen einzelner Gemeinden zu einem Unterzentrum angepasst.

Im Jahr 1995 wurde das LEGG reformiert und an die programmatischen Grundaussagen entsprechend der gesellschaftlichen, politischen, ökologischen, ökonomischen und demographischen Entwicklung angepasst und dabei auch zwischenzeitlich erfolgte Gesetzesänderungen auf Bundes- und Landesebene berücksichtigt (GVOBl. 1995 S. 364; LT-Drs. 13/2502 S. 1). In diesem Zusammenhang wurde auch das Zentralörtliche System umgestaltet. Während bisher die Zentralen Orte und Stadtrandkerne im LEGG selbst aufgeführt waren, wurde durch eine Ermächtigungsgrundlage die Landesregierung beauftragt, durch Rechtsverordnung die jeweiligen Einstufungen und Zuordnungen vorzunehmen. Zugleich wurden die Einstufungskriterien für Zentrale Orte der mittleren Stufe sowie quantitative Angaben zur Mindesteinwohnerzahl konkretisiert.

Das LEGG wurde zum 1.1.2014 aufgehoben und in diesem Zusammenhang die Vorschriften zum Zentralörtlichen System in das LaplaG überführt. Dabei entspricht der Abschnitt V Zentralörtliches System des LaplaG mit den Vorschriften der §§ 24 bis 30 LaplaG weitgehend dem bisherigen Abschnitt II des LEGG zum zentralörtlichen System (§§ 14 bis 20 LEGG 1995). Die Einstufungskriterien für ländliche Zentralorte und für Unterzentren mit Teilfunktionen eines Mittelzentrums wurden aufgrund von Vorschlägen aus dem Raumordnungsbericht „Zentralörtliches System" vom 16.12.2008 (LT-Drs. 16/2385) geändert. Darüber hinaus entfiel die Möglichkeit, die Grundeinstufung der Zentralen Orte und Stadtrandkerne in Raumordnungsplänen zu differenzieren (LT-Drs. 18/885 S. 46).

Mit dem LaplaG 2020 wurde klargestellt, dass erforderliche Änderungen im Zentralörtlichen System, die im Raumordnungsbericht nach § 22 LaplaG dargestellt werden, anschließend im Rahmen einer Änderung der Verordnung zum Zentralörtlichen System umgesetzt werden (LT-Drs. 19/1952 S. 28).

§ 24
Zentrale Orte und Stadtrandkerne

(1) Zentrale Orte sind Oberzentren, Mittelzentren und Mittelzentren im Verdichtungsraum, Unterzentren und Unterzentren mit Teilfunktionen eines Mittelzentrums und ländliche Zentralorte. Im näheren Umkreis von Mittel- und Oberzentren sowie von Hamburg werden Stadtrandkerne festgelegt. Stadtrandkerne sind Stadtrandkerne I. Ordnung, Stadtrandkerne I. Ordnung mit Teilfunktionen eines Mittelzentrums und Stadtrandkerne II. Ordnung. Zu Zentralen Orten und Stadtrandkernen sind Gemeinden zu bestimmen.

(2) Zentrale Orte und Stadtrandkerne haben übergemeindliche Versorgungsfunktionen für die ihnen zugeordneten Verflechtungsbereiche (Nahbereiche, Mittelbereiche, Oberbereiche).

(3) Die Landesregierung legt unter Anwendung der Kriterien der §§ 25 bis 30 die Zentralen Orte und Stadtrandkerne durch Verordnung fest und ordnet sie den verschiedenen Stufen zu. Durch die Verordnung erfolgt auch die Festlegung der Nah- und Mittelbereiche. Ergeben sich aus dem Raumordnungsbericht nach § 22 erforderliche Änderungen, ist die Verordnung anzupassen.

(4) Unter Personen im Sinne der §§ 25 bis 30 ist die Zahl der Einwohnerinnen und Einwohner zu verstehen, die sich aus der amtlichen Bevölkerungsfortschreibung des Statistischen Amtes für Hamburg und Schleswig-Holstein ergibt.

Erläuterungen

Übersicht

1. Inhalt der Norm

§ 24 LaplaG leitet den Katalog der Vorschriften zum Zentralörtlichen System in Schleswig-Holstein ein. Hierzu wird in § 24 Abs. 1 LaplaG der Begriff des Zentralen Ortes bestimmt. Zu Zentralen Orten zählen danach Oberzentren, Mittelzentren und Mittelzentren im Verdichtungsraum, Unterzentren und Unterzentren mit Teilfunktionen eines Mittelzentrums und ländliche Zentralorte. Zudem wird die Ausweisung von Stadtrandkernen ermöglicht, die gemeinsam mit den Zentralen Orten das Zentralörtliche System bilden.

§ 24 Abs. 2 LaplaG nennt die übergemeindliche Versorgungsfunktion als Aufgabe der Zentralen Orte und Stadtrandkerne, derentwegen ihnen Verflechtungsbereiche (Nahbereiche, Mittelbereiche, Oberbereiche) zugeordnet werden.

Durch § 24 Abs. 3 LaplaG wird die Landesregierung ermächtigt, eine Rechtsverordnung zu erlassen, die unter Anwendung der in §§ 25 bis 30 LaplaG aufgeführten Kriterien die Gemeinden in Schleswig-Holstein den verschiedenen Stufen zuordnet und die Nah- und Mittelbereiche festlegt.

§ 24 Abs. 4 LaplaG erläutert den in den §§ 25 bis 30 LaplaG verwendeten Begriff Personen.

2. Das Zentralörtliche System in Schleswig-Holstein (§ 24 Abs. 1 LaplaG)

In Schleswig-Holstein besteht das Zentralörtliche System aus Zentralen Orten und Stadtrandkernen. Zu den Zentralen Orten zählen nach § 24 Abs. 1 Satz 1 LaplaG die Oberzentren, Mittelzentren und Mittelzentren im Verdichtungsraum, Unterzentren und Unterzentren mit Teilfunktionen eines Mittelzentrums sowie die ländlichen Zentralorte. Stadtrandkerne werden nach § 24 Abs. 1 Satz 2 LaplaG in Stadtrandkerne I. Ordnung, Stadtrandkerne I. Ordnung mit Teilfunktionen eines Mittelzentrums und Stadtrandkerne II. Ordnung unterteilt, die im näheren Umkreis eines übergeordneten Zentralen Ortes (Mittel- und Oberzentren sowie Hamburg) ausgewiesen werden und Versorgungsaufgaben sowie wohnbauliche und gewerbliche Entwicklungen möglichst in Abstimmung mit dem Zentralen Ort vornehmen sollen. Damit soll klargestellt werden, dass im näheren Einflussbereich von Mittel- und Oberzentren sowie von Hamburg besondere Strukturen bestehen, die zur Entwicklung eigenständiger, gut ausgestatteter Orte geführt haben, die es aber andererseits wegen der stark übergeordneten Ausstrahlung und Funktionswahrnehmung des Mittel- oder Oberzentrums nicht zulassen, hier voll ausgestattete Zentrale Orte mit all ihren öffentlichen und privaten Infrastruktureinrichtungen zu etablieren (Überversorgung). Vielmehr nehmen diese Orte vorwiegend Versorgungsfunktionen für die eigene Bevölkerung und in Funktionsteilung mit der Kernstadt allenfalls einzelne zentralörtliche Funktionen für einen größeren Einzugsbereich wahr. Sie werden deshalb als Stadtrandkerne eingestuft und sind insoweit nur in eingeschränktem Sinne Zentrale Orte (LT-Drs. 13/2502 S. 44).

Trotz dieser auf den ersten Blick verschachtelt wirkenden Untergliederung wird in Schleswig-Holstein das in den meisten Ländern übliche dreistufige System der Zentralen Orte angewendet, das aus Ober-, Mittel- und Grundzentren besteht. Oberzentren als höchste Stufe stellen die Versorgung mit Gütern und Dienstleistungen des höheren spezialisierten Bedarfs sicher. Die Versorgung mit Gütern und Dienstleistungen des gehobenen Bedarfs übernehmen auf der Stufe der Mittelzentren die Unterzentren mit Teilfunktionen von Mittelzentren, Mittelzentren und Mittelzentren im Verdichtungsraum sowie Stadtrandkerne I. Ordnung mit Teilfunktionen von Mittelzentren. Unterzentren und Stadtrandkerne I. Ordnung sowie ländliche Zentralorte und Stadtrandkerne II. Ordnung zählen zu den Grundzentren, wobei auch hier argumentiert werden könnte, dass eine weitere Untergliederung der Grundzentren in Unter- und Kleinzentren erfolgen könnte. In diesem Fall würden die Unterzentren sowie die Stadtrandkerne I. Ordnung zu den Unterzentren und die ländlichen Zentralorte und die Stadtrandkerne II. Ordnung zu den Kleinzentren zählen.

Den normativen Charakter des Zentralörtlichen Systems unterstreicht § 24 Abs. 1 Satz 3 LaplaG. Danach sind Gemeinden zu Zentralen Orten und Stadtrandkernen zu bestimmen. Die Eigenschaft als Zentraler Ort bzw. Stadtrandkern ergibt sich demnach nicht aus sich selbst heraus, sondern durch eine zentralörtliche Funktionszuweisung. Die Zuweisung erfolgt nach § 24 Abs. 3 LaplaG durch Rechtsverordnung. Als Zentrale Orte und Stadtrandkerne werden politische Gemeinden festgelegt, die gemäß § 15 FAG auch die allgemeinen Schlüsselzuweisungen für übergemeindliche Aufgaben erhalten. Es können nicht nur einzelne Gemeinden, sondern auch mehrere Gemeinden gemeinsam festgelegt werden (LT-Drs. 18/885 S. 46 f.). Bei der Einstufung eines Zentralen Ortes nach den in den §§ 25 bis 30 LaplaG genannten Kriterien wird neben der Einwohnerzahl des Verflechtungsbereiches die Einwohnerzahl des baulich zusammenhängenden Siedlungsgebietes und nicht die der Gemeinde als Kriterium herangezogen. Denn das Zentralörtliche System beinhaltet die Zielsetzung, überörtliche Einrichtungen in einem engen, räumlichen Zusammenhang zu konzentrieren. Zur Tragfähigkeit dieser Einrichtungen sind bestimmte Einwohnerzahlen erforderlich. Das baulich zusammenhängende Siedlungsgebiet ist in der Regel der Bereich, der für zentrale Einrichtungen in Frage kommt. Daher ist das baulich zusammenhängende Siedlungsgebiet und nicht das Gemeindegebiet der Siedlungsbereich, dessen Einwohnerzahl maßgebend für die Zuordnung zu einer Stufe ist (LT-Drs. 13/2502 S. 44 f.). Dabei ist das baulich zusammenhängende Siedlungsgebiet nicht an das bauplanungsrechtliche Kriterium des im Zusammenhang bebauten Ortsteils nach § 34 BauGB gebunden, sondern auch weitere Gebiete, die bereits nach der Bauleitplanung für eine Bebauung vorgesehen sind oder für eine Bebauung geeignet erscheinen, soweit sie mit dem Siedlungsgebiet zusammenhängen. Denn die Begriffe Siedlungsgebiet bzw. Siedlungsbereich beschreiben einen aus einem oder mehreren Gemeindeteilen bestehenden Bereich, in dem sich die Siedlungstätigkeit über die Eigenentwicklung der Gemeinde hinaus (überörtliche Ansiedlung) oder zur örtlichen Konzentration der Eigenentwicklung vorrangig vollziehen soll. Ein Siedlungsbereich setzt dem Wortsinn nach das Vorhandensein von baulichen oder sonstigen Anlagen bzw. Flächen voraus, die der Unterkunft oder der menschlichen Betätigung im weitesten Sinne dienen (VG SH, Urt. vom 8.2.2013 – 1 A 287/11 –, Rn. 55).

3. Funktion der Zentralen Orte und Stadtrandkerne (§ 24 Abs. 2 LaplaG)

Das System der Zentralen Orte weist diesen Orten regelmäßig zwei wesentliche Funktionen zu. So sollen Zentrale Orte Aufgaben und Funktionen für benachbarte Orte einer niedrigeren Hierarchiestufe bzw. nicht als Zentrale Orte eingestufte Orte mit übernehmen. Im Rahmen der Versorgungsfunktion soll die Bevölkerung mit Gütern und Dienstleistungen versorgt werden. Dabei variiert die Versorgungsfunktion je nach Hierarchiestufe. Auf der Stufe des Oberzentrums soll ein spezialisierter, höherer Bedarf gedeckt werden, auf der Stufe des Mittelzentrums geht es um die Deckung des gehobenen Bedarfs und auf der Stufe des Grundzentrums um den alltäglichen Bedarf. Dabei ist zu beachten, dass in der Regel Zentrale Orte einer höheren Hierarchiestufe meist gleichzeitig auch die Funktionen der niedrigeren Hierarchiestufen wahrnehmen, so dass Oberzentren gleichzeitig auch Mittel- und Grundzentren darstellen. Als weitere Funktion soll mit der Entwicklungsfunktion die Stabilisierung und Entwicklung von Teilräumen gewährleistet werden. Die Ausweisung als Zentraler Ort soll nur dann erfolgen, wenn sowohl der gegenwärtige Entwicklungsstand sowie die Prognose für die sich abzeichnende Entwicklung eines Ortes die Einstufung über einen längeren Zeitraum rechtfertigt (*Terfrüchte/Flex*, Zentraler Ort, HdSR S. 2969, 2972 f.).

Wegen dieser übergemeindlichen Versorgungsfunktion werden Zentralen Orten und Stadtrandkernen Verflechtungsbereiche zugeordnet. Dieser Bereich umfasst die Gemeinden, die im Wesentlichen vom Zentralen Ort mitversorgt werden. In Einzelfällen kann sich der Verflechtungsbereich auch nur auf das eigene Gemeindegebiet beziehen. Einigen Stadtrandkernen ist kein Verflechtungsbereich zugeordnet (LT-Drs. 18/885 S. 47). Zentrale Orte haben einen Nahbereich, für den sie die Grundversorgung sicherstellen. Ab der Stufe der Unterzentren mit Teilfunktionen von Mittelzentren wird Zentralen Orten zusätzlich ein Mittelbereich zugeordnet, der aufzeigt, welche Städte und Gemeinden der Zentrale Ort mit Gütern und Dienstleistungen des gehobenen Bedarfs versorgt. Zudem wird Oberzentren ein Oberbereich zugeordnet, der zur Befriedigung des spezialisierten höheren Bedarfs dient (BT-Drs. 5/3958 S. 149).

Für ihre Funktion als Schwerpunkte der Versorgungsinfrastruktur im Land erhalten die Zentralen Orte und Stadtrandkerne Schlüsselzuweisungen für übergemeindliche Aufgaben aus dem kommunalen Finanzausgleich (§ 15 FAG). Eine solche Anknüpfung an die Kategorien des Landesplanungsrechts im FAG ist auch verfassungsgemäß (LVerfG, Urt. vom 17.2.2023 – 5/21 –, Rn. 111). Denn Zentrale Orte müssen öffentliche Aufgaben in der

Weise erfüllen, dass sie bei Planung und Ausgestaltung von Maß und Kapazität nicht auf die Versorgung der eigenen Einwohner beschränkt sind, sondern darüber hinaus auch die Versorgung der Einwohner des zentralen Verflechtungsbereichs einbeziehen (LVerfG, Urt. vom 17.2.2023 – 5/21 –, Rn. 107). Die Erweiterung gemeindlicher Aufgaben der Zentralen Orte und Stadtrandkerne bei gleichzeitiger entsprechender Entlastung der nichtzentralen Gemeinden des Verflechtungsbereichs rechtfertigt und erfordert sogar, dass entsprechende Kostenzuwächse bzw. -entlastungen bei der angemessenen Finanzausstattung im Rahmen des Finanzausgleichs berücksichtigt werden (LVerfG, Urt. vom 17.2.2023 – 5/21 –, Rn. 110). Dabei kann sich der Gesetzgeber für die gesonderte Zuweisung von Mitteln für die Wahrnehmung übergemeindlicher Aufgaben daran orientieren, inwieweit eine Gemeinde durch die Landesplanung gesetzlich verpflichtet ist, Einrichtungen vorzuhalten, die von der Bevölkerung der Umlandgemeinden mitgenutzt werden können (LVerfG, Urt. vom 17.2.2023 – 5/21 –, Rn. 118).

4. Verordnung zum Zentralörtlichen System (§ 24 Abs. 3 LaplaG)

4.1 Inhalt der Verordnung (§ 24 Abs. 3 Sätze 1 und 2 LaplaG)

Durch § 24 Abs. 3 LaplaG wird die Landesregierung ermächtigt, eine Rechtsverordnung zu erlassen, die unter Anwendung der in §§ 25 bis 30 LaplaG aufgeführten Kriterien die Gemeinden in Schleswig-Holstein als Zentrale Orte und Stadtrandkerne sowie die Nah- und Mittelbereiche festlegt. Mit der Rechtsverordnung sollen namentlich alle Zentralen Orte und Stadtrandkerne festgelegt werden. Mit der Einführung dieser Ermächtigungsgrundlage verzichtete der Gesetzgeber ab dem Jahr 1995 auf die seit dem Jahr 1971 praktizierte Vorgehensweise mit der gesetzlichen Festlegung im LEGG. Außerdem soll nach § 24 Abs. 3 Satz 2 LaplaG mit der Rechtsverordnung die Festlegung der Nah- und Mittelbereiche der Zentralen Orte und Stadtrandkerne erfolgen. Zuvor fand eine Abgrenzung der Nahbereiche in den Regionalplänen statt. Die Mittelbereiche wurden im ehemaligen Landesraumordnungsplan dargestellt (LT-Drs. 13/2502 S. 45).

Mit der Aufforderung, dass die Landesregierung unter Anwendung der Kriterien der §§ 25 bis 30 LaplaG die Zentralen Orte und Stadtrandkerne festlegt und sie den verschiedenen Stufen zuordnet, wird die Landesregierung in die Pflicht genommen, die gesetzlichen Vorgaben zu beachten. Eine Möglichkeit, von den Kriterien abzuweichen oder aus Gründen des Bestandsschutzes in der Vergangenheit getroffenen Festlegungen weiter fortzuführen, enthält das LaplaG nicht. Mit dem Erlass der Rechtsverordnung ist so unter Betrachtung des jeweiligen gegenwärtigen Zustands eine Einstufung bzw. Festlegung vorzunehmen. Maßgebliche Kriterien sind nach den §§ 25 bis 30 LaplaG die in den Kriterien genannten Mindesteinwohnerzahlen im baulichen Siedlungszusammenhang und im Versorgungsbereich (Nahbereich und Mittelbereich) sowie die räumliche Lage einer Gemeinde und ihre Entfernung zum nächsten Zentralen Ort. Eine Einstufung oder Festlegung nach planerischen Zielsetzungen, wie z. B. beabsichtigte Entwicklungsmöglichkeiten oder eine sehr gute Daseinsvorsorge und Infrastruktur, sieht der Wortlaut des Gesetzes nicht vor.

4.2 Anpassung aufgrund eines Raumordnungsberichts (§ 24 Abs. 3 Satz 3 LaplaG)

In § 24 Abs. 3 Satz 3 LaplaG ist eine Pflicht zur Anpassung der Rechtsverordnung zum Zentralörtlichen System auf der Grundlage der Raumordnungsberichte nach § 22 LaplaG vorgesehen. Nach § 22 LaplaG berichtet die Landesregierung dem Landtag in regelmäßigen Abständen über die räumliche Entwicklung des Landes, den Stand von Raumordnungsplänen und über gegebenenfalls erforderliche Änderungen des Zentralörtlichen Systems. Ein festes Intervall, dass die Landesregierung dem Landtag einmal in jeder Legislaturperiode mit einem Raumordnungsbericht Bericht erstattet, wurde im Jahr 2014 aus dem LaplaG gestrichen. Gleichwohl soll die Landesregierung nach Möglichkeit in einem Abstand von fünf Jahren einen Bericht vorlegen und darin auch über eventuelle Änderungen des Zentralörtlichen Systems berichten (LT-Drs. 18/885 S. 45).

Nach dem Willen des Gesetzgebers soll die Überprüfungs- und Anpassungspflicht und die Festlegung durch Rechtsverordnung dazu dienen, bisher nicht eingestufte Gemeinden, unabhängig von der Fortschreibung der Regionalpläne, als ländliche Zentralorte oder als Stadtrandkerne II. Ordnung einstufen zu können. Zudem ist durch die gleichzeitige Festlegung der Nah- und Mittelbereiche in der Rechtsverordnung die Abgrenzung dieser Bereiche ebenfalls nicht mehr von der Fortschreibung der Raumordnungspläne abhängig (LT-Drs. 13/2502 S. 45). In der Praxis wurden auf Grundlage der Raumordnungsberichte aus den Jahren 1997 (LT-Drs. 14/1092), 2008 (LT-Drs. 16/2385), 2014 (LT-Drs. 18/2082), 2019 (LT-Drs. 19/1504) und 2024 (LT-Drs. 20/2053) jeweils Höherstufungen oder Neueinstufungen vorgenommen. Von Abstufungen Zentraler Orte und Stadtrandkerne wurde zuletzt abgesehen, da zwar einige Gemeinden nicht mehr den Kriterien des LaplaG entsprachen oder zum Teil noch nie entsprochen haben, aber in der Beurteilung der betroffenen Städte und Gemeinden es im Vergleich zu früheren Überprüfungen keine neuen Gesichtspunkte gibt, die nunmehr für eine Abstufung sprechen würden. Vielmehr würden Aspekte wie die Größe des zu versorgenden Umlands oder die Sicherung der Versorgung in strukturschwachen oder in dünner besiedelten Räumen auch heute noch die Beibehaltung der Einstufungen stützen (LT-Drs. 19/1504 S. 9). Damit entspricht das Vorgehen weitgehend dem Willen des Gesetzgebers, der in der Gesetzesbegründung zum LEGG 1995 zum Ausdruck brachte, dass ein späteres Absinken unter die gesetzlichen Richtwerte im Rahmen der allgemeinen Bevölkerungsentwicklung nicht zur Abstufung führen soll. Abstufungen sollen nur erfolgen, wenn die maßgebenden Einwohnerwerte ganz erheblich unterschritten sind und wenn bei der ursprünglichen Einstufung Gesichtspunkte eine besondere Rolle gespielt haben, die inzwischen entfallen sind. Bei Abstufungsvorschlägen müsse daher ein solcher Wegfall begründet werden (LT-Drs. 13/2502 S. 46).

Die Anpassungspflicht ist vom Wortlaut seit der Gesetzesänderung im Jahr 2020 auf erforderliche Änderungen aufgrund des Raumordnungsberichts beschränkt. Damit soll jedoch keine inhaltliche Änderung des Gesetzes zur bisherigen Praxis gemeint sein, sondern vielmehr soll die Neuformulierung der Klarstellung dienen, dass erforderliche Anpassungen beim Zentralörtlichen System, die im Raumordnungsbericht nach § 22 LaplaG dargestellt werden, anschließend im Rahmen einer Änderung der Verordnung zum Zentralörtlichen System umgesetzt werden (LT-Drs. 19/1952 S. 28).

4.3 Rechtsschutz

Neben den Vorteilen für die Ausstattung von Einrichtungen der Daseinsvorsorge und Infrastruktur stellt auch die Verknüpfung des Zentralörtlichen Systems mit dem kommunalen Finanzausgleich einen Anreiz für Gemeinden dar, in eine möglichst hohe Stufe eingruppiert zu werden. Trotz der klaren Kategorien in §§ 25 bis 30 LaplaG kann es rechtliche Differenzen über die Einstufung geben, so dass von einzelnen Gemeinden um Rechtsschutz nachgesucht werden kann.

Als statthafter Rechtsbehelf kommt der Normenkontrollantrag nach § 47 Abs. 1 Nr. 2 VwGO in Betracht, da die Verordnung zum Zentralörtlichen System in Form einer Rechtsverordnung erlassen wird und somit eine andere im Rang unter dem Landesgesetz stehende Rechtsvorschrift darstellt. Nach § 47 Abs. 1 Nr. 2 VwGO entscheidet das OVG im Rahmen seiner Gerichtsbarkeit auf Antrag über die Gültigkeit von anderen im Rang unter dem Landesgesetz stehenden Rechtsvorschriften, sofern das Landesrecht dies bestimmt. Eine solche Bestimmung ist durch § 67 LJG erfolgt, indem die Vorschrift anordnet, dass das OVG nach Maßgabe des § 47 VwGO über die Gültigkeit einer landesrechtlichen Verordnung oder einer anderen im Range unter dem Landesgesetz stehenden Rechtsvorschrift entscheidet. Das Normenkontrollverfahren wird durch einen Antrag eingeleitet, in dem der Antragsteller, der Antragsgegner und die angegriffene Vorschrift zu bezeichnen sind (vgl. §§ 81 f. VwGO). Der Antrag kann nach § 47 Abs. 2 Satz 1 VwGO von jeder natürlichen oder juristischen Person, die geltend macht, durch die Rechtsvorschrift oder deren Anwendung in ihren Rechten verletzt zu sein oder in absehbarer Zeit verletzt zu werden, sowie von jeder Behörde gestellt werden. Unter Behörden ist entsprechend § 3 Abs. 2

LVwG SH jede organisatorisch selbständige Stelle, die öffentlich-rechtliche Verwaltungstätigkeit ausübt, zu verstehen. Gemeinden und andere Körperschaften des öffentlichen Rechts können damit im Ergebnis ihre Antragsfähigkeit als in eigenen Rechten Betroffene und auch als Behörde begründen (BVerwG, Beschl. vom 15.3.1989 – 4 NB 10/88 –, Rn. 11 ff.). So kann die Antragsbefugnis für die Gemeinde als in eigenen Rechten Betroffene daraus folgen, dass sie aufgrund der möglichen fehlerhaften Einstufung im Zentralörtlichen System Auswirkungen auf ihre Planungshoheit oder Finanzausstattung geltend machen kann. Denn neben unterschiedlichen planerischen Rechten, die im LEP konkretisiert werden, knüpft § 15 FAG mit der Zuweisung von Mitteln im Rahmen des kommunalen Finanzausgleiches an bestimmte Stufenzuordnungen des Zentralörtlichen Systems an (vgl. OVG LSA, Urt. vom 15.5.2014 – 2 K 54/12 –, Rn. 61). Für die Antragsbefugnis der Gemeinde als Behörde wird es vom BVerwG als ausreichend erachtet, dass die angegriffene Vorschrift im Gemeindegebiet gilt und von ihr bei der Wahrnehmung der eigenen oder übertragenen Angelegenheiten zu beachten ist (BVerwG, Beschl. vom 15.3.1989 – 4 NB 10/88 –, Rn. 14). Zwar ist die Gemeinde bei der Wahrnehmung von Aufgaben auch an die Einstufung des Zentralörtlichen Systems gebunden, es folgen jedoch aus der Verordnung zum Zentralörtlichen Systems keine weiteren Rechte und Pflichten. Erst durch die im LEP oder in einem Regionalplan festgelegten Ziele der Raumordnung ergeben sich Pflichten, die zu beachten sind (§ 4 Abs. 1 Satz 1 ROG, § 1 Abs. 4 BauGB). Neben der Antragsbefugnis setzt das Normenkontrollverfahren ein allgemeines Rechtsschutzbedürfnis des Antragstellers voraus. Mit dem Vorliegen der Antragsbefugnis wird im Regelfall auch das allgemeine Rechtsschutzbedürfnis gegeben sein. Es soll jedoch dann fehlen, wenn der Antragsteller seine Rechtsstellung durch die Erklärung der Unwirksamkeit der angegriffenen Rechtsnorm nicht verbessern kann (BVerwG, Urt. vom 16.4.2015 – 4 CN 6/14 –, Rn. 16). Dies wäre dann denkbar, wenn durch eine Aufhebung der Verordnung zum Zentralörtlichen System bzw. der fehlerhaften Einstufung der jeweiligen Gemeinde unmissverständlich klar ist, dass eine Neueinstufung zum selben Ergebnis kommen würde. Schließlich ist als weitere formelle Voraussetzung die einjährige Antragsfrist nach § 47 Abs. 2 Satz 1 VwGO zu beachten.

5. Begriff der Personen (§ 24 Abs. 4 LaplaG)

Der in den §§ 25 bis 30 LaplaG verwendete Begriff „Personen" wird durch § 24 Abs. 4 LaplaG mit der Zahl der Einwohnerinnen und Einwohner definiert, die sich aus der amtlichen Bevölkerungsfortschreibung des Statistischen Amtes für Hamburg und Schleswig-Holstein ergibt. Das Statistische Amt ermittelt die Einwohnerzahl zum Stichtag 31. Dezember eines Jahres auf Basis der Bevölkerungsfortschreibung.

§ 25
Ländliche Zentralorte

(1) Ländliche Zentralorte dienen überwiegend der Grundversorgung eines Nahbereiches.

(2) Ein ländlicher Zentralort darf nur festgelegt werden, wenn im Nahbereich mindestens 5.000 Personen, davon mindestens 1.000 im baulich zusammenhängenden Siedlungsgebiet, leben. In Gebieten mit einer Bevölkerungsdichte von über 80 Personen je Quadratkilometer sollen diese Werte erheblich überschritten werden. Zentrale Orte sollen mindestens sechs Kilometer voneinander entfernt sein; jedoch sollen Wohnplätze höchstens zwölf Kilometer von einem Zentralen Ort entfernt sein.

Erläuterungen

Übersicht

1. Inhalt der Norm

§ 25 Abs. 1 LaplaG erläutert als Aufgabe der ländlichen Zentralorte, dass diese überwiegend der Grundversorgung eines Nahbereiches dienen.

§ 25 Abs. 2 LaplaG definiert als Mindesteinwohnerwerte für ländliche Zentralorte, dass im Nahbereich mindestens 5.000 Personen leben, davon mindestens 1.000 Personen im baulich zusammenhängenden Siedlungsgebiet. In Gebieten mit einer Bevölkerungsdichte von über 80 Personen je Quadratkilometer sollen diese Werte erheblich überschritten werden. Zentrale Orte sollen mindestens sechs Kilometer voneinander entfernt sein. Wohnplätze sollen höchstens zwölf Kilometer von einem Zentralen Ort entfernt sein.

2. Bedeutung

Die ländlichen Zentralorte dienen nach § 25 Abs. 1 LaplaG überwiegend der Grundversorgung eines Nahbereiches. Sie stehen gemeinsam mit den Unterzentren gemäß § 26 LaplaG und sowie den Stadtrandkernen I. Ordnung (§ 30 Abs. 1 LaplaG) und den Stadtrandkernen II. Ordnung (§ 30 Abs. 4 LaplaG) im dreistufigen Zentralörtlichen System auf der unteren Stufe und gehören so zu den Grundzentren. In Grundzentren sollen Einrichtungen zur Deckung des allgemeinen Bedarfs der Bevölkerung in sozialer, kultureller und wirtschaftlicher Hinsicht (Grundversorgung) bereitgestellt werden. Das sind typischerweise Kindergärten und Grundschulen, kleinere Spiel- und Sportstätten sowie gewisse Einrichtungen der gesundheitlichen Betreuung (Arzt, Apotheke), ferner Einzelhandels-, Handwerks- und Dienstleistungsbetriebe (BT-Drs. 5/3958 S. 149).

Zur Unterscheidung von Unterzentren und ländlichen Zentralorten bestimmt § 26 Abs. 1 Satz 2 LaplaG dass Unterzentren durch die Bevölkerungszahl ihres Nahbereiches, die Größe des Zentralen Ortes und bessere Ausstattung gegenüber ländlichen Zentralorten hervorgehoben sein sollen.

Die Einwohnermindestwerte folgen aus § 26 Abs. 2 LaplaG. Danach setzt ein ländlicher Zentralort voraus, dass im Nahbereich mindestens 5.000 Personen leben, davon mindestens 1.000 Personen im baulich zusammenhängenden Siedlungsgebiet. Bei einer Bevölkerungsdichte von 80 Einwohnern je Quadratkilometer sollen diese Mindestwerte erheblich überschritten werden. Zudem sollen Zentrale Orte mindestens sechs Kilometer voneinander entfernt sein; jedoch sollen Wohnplätze höchstens zwölf Kilometer von einem Zentralen Ort entfernt sein. Dabei wurde mit der Reform des LaplaG im Jahr 2014 die maximale Entfernung zum nächsten Zentralen Ort von zehn auf zwölf Kilometer angehoben, um so der deutlich besseren Mobilität Rechnung tragen zu können. Die Beibehaltung eines Höchstabstands zwischen Wohnplatz und dem nächsten Zentralen Ort soll aber nach wie vor sicherstellen, dass für fast alle Einwohner in Schleswig-Holstein in vertretbarer Entfernung ein Zentraler Ort erreichbar bleibt. In diesem Zusammenhang wurde eine Ausnahmeregelung für ländliche Zentralorte in dünnbesiedelten und abgelegenen Gebieten, ähnlich der Regelungen in § 26 Abs. 3 LaplaG und § 27 Abs. 2 LaplaG für Unterzentren bzw. Unterzentren mit Teilfunktionen von Mittelzentren in strukturschwachen ländlichen Räumen, gestrichen, da sich durch die Erhöhung des Entfernungskriteriums die Fläche der sogenannten dünnbesiedelten abgelegenen Gebiete in Schleswig-Holstein auf nur noch sehr wenige und nur sehr kleine Gebiete reduziert hat, in denen zudem keine Gemeinden bzw. Hauptortslagen von Gemeinden liegen (LT-Drs. 18/885 S. 47).

Die Verordnung zum Zentralörtlichen System definiert als ländliche Zentralorte folgende Orte: Ahrensbök, Berkenthin, Böklund, Erfde, Felde, Garding, Gelting, Grömitz, Großenwiehe, Grube, Hanerau-Hademarschen, Hennstedt, Hohenlockstedt, Hohn, Horst (Holstein), Krempe, Leezen, Lunden, Nahe/Itzstedt, Neukirchen/Klanxbüll, Owschlag, Sandesneben, Sankt Michaelisdonn, Sankt Peter-Ording, Schafflund, Schenefeld, Schönwalde am Bungsberg, Selent, Silberstedt, Sörup, Steinbergkirche, Steinburg, Süderlügum, Tellingstedt, Viöl, Wacken und Wankendorf.

§ 26
Unterzentren

(1) Unterzentren dienen überwiegend der Grundversorgung eines Nahbereiches. Unterzentren sollen durch die Bevölkerungszahl ihres Nahbereiches, die Größe des Zentralen Ortes und bessere Ausstattung gegenüber ländlichen Zentralorten hervorgehoben sein.

(2) Ein Unterzentrum darf nur festgelegt werden, wenn im Nahbereich mindestens 10.000 Personen, davon mindestens 4.000 im baulich zusammenhängenden Siedlungsgebiet, leben. In Gebieten mit einer Bevölkerungsdichte von über 80 Personen je Quadratkilometer sollen diese Werte erheblich überschritten werden; im Übrigen gelten die Abstandskriterien des § 25 Absatz 2 Satz 3.

(3) Abweichend von Absatz 2 Satz 1 können in den strukturschwachen ländlichen Räumen Unterzentren auch dann festgelegt werden, wenn im Nahbereich mindestens 7.500 Personen, davon mindestens 3.000 im baulich zusammenhängenden Siedlungsgebiet, leben. Der Landesentwicklungsplan legt die strukturschwachen ländlichen Räume fest.

Erläuterungen

Übersicht

1. Inhalt der Norm

§ 26 LaplaG definiert in Absatz 1 die Unterzentren als untere Stufe im Zentralörtlichen System.

§ 26 Abs. 2 LaplaG nennt als Voraussetzung für die Einstufung von Unterzentren, dass im Nahbereich mindestens 10.000 Personen leben, davon mindestens 4.000 Personen im baulich zusammenhängenden Siedlungsgebiet. In Gebieten mit einer Bevölkerungsdichte von über 80 Personen je Quadratkilometer sollen diese Werte jedoch erheblich überschritten werden. Aufgrund des Verweises in § 26 Abs. 2 Satz 2 Halbsatz 2 LaplaG auf § 25 Abs. 2 Satz 3 LaplaG sollen die Unterzentren, wie auch die ländlichen Zentralorte nach § 25 LaplaG, mindestens sechs Kilometer von Zentralen Orten entfernt liegen.

§ 26 Abs. 3 LaplaG ermöglicht als Ausnahme für die strukturschwachen ländlichen Räume, dass dort Unterzentren auch dann festgelegt werden können, wenn im Nahbereich mindestens 7.500 Personen leben, davon mindestens 3.000 Personen im baulich zusammenhängenden Siedlungsgebiet. Die Festlegung der strukturschwachen ländlichen Räume erfolgt nach § 26 Abs. 3 Satz 2 LaplaG durch den LEP.

2. Bedeutung

Die Unterzentren dienen nach § 26 Abs. 1 Satz 1 LaplaG der Grundversorgung eines Nahbereiches und gehören im dreistufigen Zentralörtlichen System zu den Grundzentren und damit zur unteren Stufe. In ihnen sollen Einrichtungen zur Deckung des allgemeinen Bedarfs der Bevölkerung in sozialer, kultureller und wirtschaftlicher Hinsicht (Grundversorgung) bereitgestellt werden. Sie weisen typischerweise einen Kindergarten und eine Grundschule auf, kleinere Spiel- und Sportstätten sowie gewisse Einrichtungen der gesundheitlichen Betreuung (Arzt, Apotheke), ferner Einzelhandels-, Handwerks- und Dienstleistungsbetriebe (BT-Drs. 5/3958 S. 149). Das LaplaG sieht als Grundzentren neben den Unterzentren auch die ländlichen Zentralorte gemäß § 25 LaplaG sowie die Stadtrandkerne I. Ordnung (§ 30 Abs. 1 LaplaG) und Stadtrandkerne II. Ordnung (§ 30 Abs. 4 LaplaG) vor.

Zur Unterscheidung von Unterzentren und ländlichen Zentralorten bestimmt § 26 Abs. 1 Satz 2 LaplaG, dass Unterzentren durch die Bevölkerungszahl ihres Nahbereiches, die Größe des Zentralen Ortes und bessere Ausstattung gegenüber ländlichen Zentralorten hervorgehoben sein sollen.

Die Einwohnermindestwerte ergeben sich aus § 26 Abs. 2 LaplaG. Nach § 26 Abs. 2 Satz 1 LaplaG darf ein Unterzentrum nur festgelegt werden, wenn im Nahbereich mindestens 10.000 Personen leben, davon mindestens 4.000 Personen im baulich zusammenhängenden Siedlungsgebiet. Bei einer Bevölkerungsdichte von 80 Einwohnern je Quadratkilometer sollen diese Mindestwerte deutlich übertroffen werden. Darüber hinaus gelten nach § 26 Abs. 2 Satz 2 Halbsatz 2 LaplaG die Abstandskriterien des § 25 Abs. 2 Satz 3 LaplaG. Nach § 25 Abs. 2 Satz 3 LaplaG sollen Zentrale Orte mindestens sechs Kilometer voneinander entfernt liegen. Dabei sollen jedoch Wohnplätze höchstens zwölf Kilometer von einem Zentralen Ort entfernt sein.

§ 26 Abs. 3 LaplaG enthält Ausnahmekriterien für die Einstufung von Unterzentren in strukturschwachen ländlichen Räumen. Dabei wurde im Jahr 1995 der zuvor verwendete Begriff strukturschwache Räume durch den Begriff strukturschwache ländliche Räume ersetzt (LT-Drs. 13/2502 S. 46). Die Festlegung dieser strukturschwachen ländlichen Räume erfolgt nach § 26 Abs. 3 Satz 2 LaplaG durch den Landesentwicklungsplan. Die Anforderung für die Einstufung wird gegenüber den regulären Mindestwerte für Unterzentren nach § 26 Abs. 2 LaplaG um 25 % gesenkt, so dass für die Festlegung von Unterzentren in strukturschwachen ländlichen Räumen im Nahbereich mindestens 7.500 Personen leben sollen, davon mindestens 3.000 Personen im baulich zusammenhängenden Siedlungsgebiet. Damit soll der besonderen Situation in diesen ländlichen Räumen Rechnung getragen werden, denn Unterzentren sind hier wichtige Versorgungs- und Entwicklungsschwerpunkte.

Die Verordnung zum Zentralörtlichen System legt auf Grundlage dieser Kriterien Albersdorf, Bad Bramstedt, Bargteheide, Barmstedt, Bordesholm, Bornhöved/Trappenkamp, Bredstedt, Büchen, Burg (Dithmarschen), Büsum, Fehmarn, Friedrichstadt, Gettorf, Glückstadt, Heiligenhafen, Hohenwestedt, Kellinghusen, Kropp, Lauenburg/Elbe, Leck, Lensahn, Lütjenburg, Marne, Mittelangeln, Nortorf, Preetz, Reinfeld (Holstein), Schönberg (Holstein), Schwarzenbek, Süderbrarup, Tarp, Timmendorfer Strand/Scharbeutz, Trittau, Uetersen, Wesselburen, Wilster und Wyk auf Föhr/Nebel als Unterzentren fest.

§ 27

Unterzentren mit Teilfunktionen von Mittelzentren

(1) Außerhalb der im Landesentwicklungsplan festgelegten Ordnungsräume können in Gebieten, die mehr als zehn Kilometer von Oberzentren oder Mittelzentren entfernt liegen, Unterzentren mit Teilfunktionen eines Mittelzentrums festgelegt werden, wenn sie für die Nahbereiche von mehreren Unterzentren, ländlichen Zentralorten oder Stadtrandkernen über die Grundversorgung hinaus mindestens teilweise Versorgungsfunktionen zur Deckung des gehobenen, längerfristigen Bedarfs ausüben. Die Festlegung kann nur erfolgen, wenn in dem gesamten Mittelbereich mehr als 20.000 Personen, davon mindestens 10.000 im baulich zusammenhängenden Siedlungsgebiet, leben.

(2) Abweichend von Absatz 1 können in den strukturschwachen ländlichen Räumen des Landes, die im Landesentwicklungsplan festgelegt sind, Unterzentren mit Teilfunktionen eines Mittelzentrums auch dann festgelegt werden, wenn mindestens 7.000 Personen im baulich zusammenhängenden Siedlungsgebiet leben.

Erläuterungen

Übersicht

1. Inhalt der Norm

§ 27 LaplaG regelt die Anforderungen an Unterzentren mit Teilfunktionen von Mittelzentren. Dazu benennt § 27 Abs. 1 Satz 1 LaplaG die Voraussetzung für die Festlegung von Unterzentren mit Teilfunktionen von Mittelzentren. Demnach müssen die Unterzentren mit Teilfunktionen von Mittelzentren außerhalb der im Landesentwicklungsplan festgelegten Ordnungsräume und mehr als zehn Kilometer von Oberzentren oder Mittelzentren entfernt liegen sowie für die Nahbereiche von mehreren Unterzentren, ländlichen Zentralorten oder Stadtrandkernen über die Grundversorgung hinaus mindestens teilweise Versorgungsfunktionen zur Deckung des gehobenen, längerfristigen Bedarfs ausüben. § 27 Abs. 1 Satz 2 LaplaG definiert die Einwohnermindestwerte, wonach in dem gesamten Mittelbereich mehr als 20.000 Personen leben müssen, davon mindestens 10.000 Personen im baulich zusammenhängenden Siedlungsgebiet.

§ 27 Abs. 2 LaplaG ermöglicht in den strukturschwachen ländlichen Räumen des Landes von den in § 27 Abs. 1 Satz 2 LaplaG genannten Kriterien abzuweichen, wenn mindestens 7.000 Personen im baulich zusammenhängenden Siedlungsgebiet leben.

2. Bedeutung

Das Zentralörtliche System in Schleswig-Holstein weist der Stufe der Mittelzentren drei verschiedene Kategorien zu: Die in § 27 LaplaG definierten Unterzentren mit Teilfunktionen von Mittelzentren sowie die Mittelzentren und Mittelzentren im Verdichtungsraum gemäß § 28 LaplaG und die Stadtrandkerne I. Ordnung mit Teilfunktionen von Mittelzentren gemäß § 30 Abs. 3 LaplaG. Aufgabe der mittelzentralen Ebene ist es, die Versorgung mit Gütern und Dienstleistungen des gehobenen Bedarfs zu übernehmen. Dazu gehören weiterführende allgemeinbildende Schulen (Gemeinschaftsschule, Gymnasium) und Berufsschulen, Krankenhäuser, größere Sportanlagen und vielseitige Einkaufsmöglichkeiten (BT-Drs. 5/3958 S. 149).

Bei der Einstufung von Unterzentren mit Teilfunktionen von Mittelzentren soll es darauf ankommen, dass der zu versorgende Mittelbereich überwiegend größere Entfernungen zu den nächsten Mittelzentren aufweist und die dort vorgehaltenen Versorgungsleistungen nur durch lange Wege und einen unzumutbaren Zeitaufwand zu erreichen sind. Aus diesem Grund soll die Einstufung nicht allein von bestimmten Einwohnerwerten für den Zentralen Ort und einen Mittelbereich abhängen. Als zumutbare Entfernung wurde der Wert von zehn Kilometern aufgrund der Entschließung der Ministerkonferenz für Raumordnung vom 15.6.1972 die 1-Stunden Grenze bei Benutzung öffentlicher Verkehrsmittel einschließlich Wegezeiten von bzw. zu entsprechenden Haltepunkten festgelegt (LT-Drs. 13/2502 S. 46). Dabei sind Unterzentren mit Teilfunktionen eines Mittelzentrums nach § 27 Abs. 1 Satz 1 LaplaG nur außerhalb der Ordnungsräume festzulegen. Denn in Ordnungsräumen ist die Versorgungslage vergleichsweise besser, so dass Festlegungen von Unterzentren mit Teilfunktionen eines Mittelzentrums nach Willen des Gesetzgebers hier nicht erforderlich sind. Außerhalb der Ordnungsräume, d. h. in ländlichen Teilräumen des Landes, die wegen ihrer peripheren Lage und ihrer großen Entfernung zu Mittel- und Oberzentren bzw. deren schwieriger Erreichbarkeit nur unzureichend auf der mittelzentralen Ebene versorgt werden, sollen Unterzentren mit Teilfunktionen eines Mittelzentrums jedoch ergänzend zu Mittelzentren Versorgungsaufgaben auf der mittleren Stufe des Zentralörtlichen Systems wahrnehmen (LT-Drs. 18/885 S. 47 f.).

Die Einwohnermindestzahl ergibt sich aus § 27 Abs. 1 Satz 2 LaplaG und setzt voraus, dass in dem gesamten Mittelbereich mehr als 20.000 Personen leben, davon mindestens 10.000 Personen im baulich zusammenhängenden Siedlungsgebiet. Damit entspricht die Mindestgröße des Zentralen Ortes selbst etwa der Hälfte der durchschnittlichen Größenordnung von Mittelzentren. Dies soll sicherstellen, dass nur Orte mit einem ausreichenden Leistungsangebot in diese Kategorie eingestuft werden (LT-Drs. 13/2502 S. 47).

In § 27 Abs. 2 LaplaG werden entsprechend dem Vorgehen bei den Unterzentren in den strukturschwachen ländlichen Räumen nach § 26 Abs. 3 LaplaG die Anforderungen an die Mindesteinwohnerzahl herabgesetzt, um dort überhaupt Unterzentren mit Teilfunktionen von Mittelzentren einstufen zu können (LT-Drs. 13/2502 S. 47). Unterzentren mit Teilfunktionen von Mittelzentren haben eine besondere Funktion als Entwicklungsschwerpunkte für die ländlichen Räume. Ihr Angebot an Gütern und Dienstleistungen geht über das von Unterzentren hinaus, entspricht vielerorts aber noch nicht dem Angebot in reinen Mittelzentren.

Aufgrund der in § 27 LaplaG festgelegten Kriterien kommen nur Gemeinden in Randbereichen des Landes für eine Einstufung als Unterzentren mit Teilfunktionen von Mittelzentren in Frage. So wurden nach der Verordnung zum Zentralörtlichen System als Unterzentren mit Teilfunktionen von Mittelzentren Kappeln, Meldorf, Neustadt in Holstein, Niebüll, Oldenburg in Holstein, Plön, Ratzeburg, Sylt und Tönning eingestuft.

§ 28

Mittelzentren und Mittelzentren im Verdichtungsraum

(1) Mittelzentren und Mittelzentren im Verdichtungsraum haben über den Nahbereich und über die Grundversorgung hinausgehende Versorgungsfunktionen und Zentralitätsbedeutung.

(2) Mittelzentren und Mittelzentren im Verdichtungsraum sollen in ihrem Mittelbereich für die Nahbereiche mehrerer Unterzentren, ländlicher Zentralorte oder Stadtrandkerne oder für Teile dieser Nahbereiche differenzierte Versorgungsmöglichkeiten zur Deckung des gehobenen längerfristigen Bedarfs bieten und über ein breites Wirtschaftsgefüge mit Ansätzen zur Ausbildung eines industriellen Potentials verfügen.

(3) Ein Mittelzentrum darf nur festgelegt werden, wenn im Mittelbereich mindestens 40.000 Personen, davon mindestens 15.000 im baulich zusammenhängenden Siedlungsgebiet, leben. Mittelzentren sollen mindestens zwölf Kilometer von benachbarten Mittel- oder Oberzentren entfernt liegen.

(4) Mittelzentren im Verdichtungsraum sollen wenigstens 80.000 Personen in ihrem Mittelbereich, davon 25.000 im baulich zusammenhängenden Siedlungsgebiet, aufweisen. Der Landesentwicklungsplan kennzeichnet die gemeinsam von Bund und Ländern festgelegten Verdichtungsräume.

Erläuterungen

Übersicht

1. Inhalt der Norm

§ 28 LaplaG enthält die Vorgaben für Mittelzentren und für Mittelzentren im Verdichtungsraum. Die Abs. 1 und 2 des § 28 LaplaG stellen klar, dass sowohl Mittelzentren als auch Mittelzentren im Verdichtungsraum eine über den Nahbereich und die Grundversorgung hinausgehende Versorgungsfunktion und Zentralitätsbedeutung haben sowie in ihrem Mittelbereich differenzierte Versorgungsmöglichkeiten zur Deckung des gehobenen längerfristigen Bedarfs bieten und über ein breites Wirtschaftsgefüge mit Ansätzen zur Ausbildung eines industriellen Potentials verfügen sollen.

§ 28 Abs. 3 LaplaG benennt die Kriterien für ein Mittelzentrum. Voraussetzung ist, dass im Mittelbereich mindestens 40.000 Personen leben, davon mindestens 15.000 Personen im baulich zusammenhängenden Siedlungsgebiet. Zudem sollen Mittelzentren mindestens zwölf Kilometer von benachbarten Mittel- oder Oberzentren entfernt liegen.

Mittelzentren im Verdichtungsraum sollen nach § 28 Abs. 4 LaplaG wenigstens 80.000 Personen in ihrem Mittelbereich aufweisen, davon 25.000 Personen im baulich zusammenhängenden Siedlungsgebiet.

2. Bedeutung

Die in § 28 LaplaG definierten Mittelzentren und Mittelzentren im Verdichtungsraum stellen neben den Unterzentren mit Teilfunktionen von Mittelzentren gemäß § 27 LaplaG sowie den Stadtrandkernen I. Ordnung mit Teilfunktionen von Mittelzentren gemäß § 30 Abs. 3 LaplaG die zweite Stufe des Zentralörtlichen Systems, die Stufe der Mittelzentren, dar. Aufgabe der mittelzentralen Ebene ist es, die Versorgung mit Gütern und Dienstleistungen des gehobenen Bedarfs zu übernehmen. Dazu gehören weiterführende allgemeinbildende Schulen (Gemeinschaftsschule, Gymnasium) und Berufsschulen, Krankenhäuser, größere Sportanlagen und vielseitige Einkaufsmöglichkeiten (BT-Drs. 5/3958 S. 149). Die Absätze 1 und 2 des § 28 LaplaG sind daher als Klarstellung zu verstehen, dass sowohl Mittelzentren als auch Mittelzentren im Verdichtungsraum eine über den Nahbereich und die Grundversorgung hinausgehende Versorgungsfunktion und Zentralitätsbedeutung haben und in ihrem Mittelbereich differenzierte Versorgungsmöglichkeiten zur Deckung des gehobenen längerfristigen Bedarfs bieten sollen (LT-Drs. 18/885 S. 48).

Die Einwohnerkriterien für Mittelzentren wurden erstmalig durch das LEGG 1995 festgelegt und entsprechen der Entschließung der Ministerkonferenz für Raumordnung vom 15.6.1972. Aus der Mindestbereichsgröße und der Besiedlungsdichte in Schleswig-Holstein ergab sich die Abstandsregelung in § 28 Abs. 3 Satz 2 LaplaG (LT-Drs. 13/2502 S. 47).

Für Mittelzentren im Verdichtungsraum definiert § 28 Abs. 4 Satz 1 LaplaG die Mindesteinwohnerkriterien. Entsprechend der schon seit 1970 festgelegten Verdoppelung der Einwohnermindestwerte bei Stadtrandkernen gegenüber den Zentralen Orten im ländlichen Raum wurde auch bei den Mittelzentren im Verdichtungsraum von einer Verdoppelung der Einwohnermindestwerte gegenüber den Mittelzentren ausgegangen. Aufgrund der gegebenen Verhältnisse war der Mindestwert für Personen im zentralen Ort selbst unterhalb des Doppelten des entsprechenden Wertes bei Mittelzentren anzusetzen. Die Einstufung als Mittelzentrum im Verdichtungsraum setzt voraus, dass das Mittelzentrum in einem Verdichtungsraum gemäß der Entschließung der Ministerkonferenz für Raumordnung vom 7.9.1993 gelegen ist (LT-Drs. 13/2502 S. 47).

Nach der Verordnung zum Zentralörtlichen System sind Mittelzentren die Gemeinden Bad Oldesloe, Bad Segeberg/Wahlstedt, Brunsbüttel, Eckernförde, Elmshorn, Eutin, Heide, Husum, Itzehoe, Kaltenkirchen, Mölln, Rendsburg und Schleswig.

Mittelzentren im Verdichtungsraum sind Ahrensburg, Geesthacht, Norderstedt, Pinneberg, Reinbek/Glinde/Wentorf bei Hamburg und Wedel.

§ 29
Oberzentren

Oberzentren sollen für mehrere Mittelbereiche oder für Teile von diesen Einrichtungen zur Deckung des spezialisierten höheren Bedarfs bieten (Oberbereiche); sie sollen ein

starkes, differenziertes Wirtschaftsgefüge mit einem bedeutenden industriellen Potential aufweisen, dessen Wachstum anzustreben ist.

Erläuterungen

Übersicht

1. Inhalt der Norm

§ 29 LaplaG enthält die Definition für Oberzentren. Sie sollen für mehrere Mittelbereiche oder für Teile von diesen Einrichtungen zur Deckung des spezialisierten höheren Bedarfs bieten. Dabei sollen sie ein starkes, differenziertes Wirtschaftsgefüge mit einem bedeutenden industriellen Potential aufweisen, dessen Wachstum anzustreben ist.

2. Bedeutung

Oberzentren stellen die höchste Stufe der Hierarchie im Zentralörtlichen System dar. Ihre Aufgabe ist es, die Versorgung mit Gütern und Dienstleistungen des höheren spezialisierten Bedarfs sicherzustellen. Zu den in § 29 LaplaG genannten Einrichtungen zur Deckung des spezialisierten höheren Bedarfs gehören insbesondere auch zentrale Bildungseinrichtungen, Krankenhäuser der Schwerpunkt-oder Maximalversorgung, Technologietransfereinrichtungen, Theater, umfassende Einkaufsmöglichkeiten, Versicherungen und größere Geldinstitute sowie Landes- und Bundesbehörden (LT-Drs. 13/2502 S. 47 f.).

Nach § 5 der Verordnung zum Zentralörtlichen System sind die Oberzentren in Schleswig-Holstein Flensburg, Kiel und Lübeck sowie Neumünster mit Teilfunktionen eines Oberzentrums.

§ 30
Stadtrandkerne

(1) In einem Umkreis von zehn Kilometern um Mittel- und Oberzentren sowie um Hamburg sollen in der Regel keine Zentralen Orte festgelegt werden. Hier sollen Stadtrandkerne I. und II. Ordnung ausgewiesen werden, die zentrale Teilfunktionen in engem räumlichen Zusammenhang und für einen räumlich begrenzten Bereich wahrnehmen.

(2) Stadtrandkerne I. Ordnung entsprechen nach ihrer Zentralitätsfunktion unter Berücksichtigung der besonderen Verhältnisse in Stadtrandgebieten den Unterzentren. Sie sollen einen Bereich von mindestens 20.000 Personen versorgen.

(3) Stadtrandkerne I. Ordnung, die über ihren Versorgungsbereich hinaus Versorgungsfunktionen für Teilbereiche einer differenzierten Versorgung zur Deckung des gehobenen längerfristigen Bedarfs ausüben, können als Stadtrandkerne I. Ordnung mit Teilfunktionen eines Mittelzentrums festgelegt werden, wenn in ihren Mittelbereichen mindestens 40.000 Personen, davon mindestens 20.000 im Stadtrandkern, leben.

(4) Stadtrandkerne II. Ordnung entsprechen nach ihrer Zentralitätsfunktion unter Berücksichtigung der besonderen Verhältnisse in Stadtrandgebieten den ländlichen Zentralorten und sollen einen Bereich von mindestens 10.000 Personen versorgen.

Erläuterungen

Übersicht

1. Inhalt der Norm

Nach § 24 Abs. 1 LaplaG besteht das Zentralörtliche System in Schleswig-Holstein aus Zentralen Orten und Stadtrandkernen. Die Stadtrandkerne werden in § 30 Abs. 1 LaplaG erläutert und in § 30 Abs. 2 bis 4 LaplaG in Stadtrandkerne I. Ordnung, Stadtrandkerne I. Ordnung mit Teilfunktionen und Stadtrandkerne II. Ordnung eingestuft.

§ 30 Abs. 1 LaplaG bestimmt, dass statt der Festlegung von Zentralen Orten in einem Umkreis von zehn Kilometern um Mittel- und Oberzentren sowie um Hamburg in der Regel Stadtrandkerne I. und II. Ordnung ausgewiesen werden sollen.

§ 30 Abs. 2 LaplaG definiert Stadtrandkerne I. Ordnung, die nach ihrer Zentralitätsfunktion unter Berücksichtigung der besonderen Verhältnisse in Stadtrandgebieten den Unterzentren entsprechen und einen Bereich von mindestens 20.000 Personen versorgen sollen.

Stadtrandkerne I. Ordnung können nach § 30 Abs. 3 LaplaG als Stadtrandkerne I. Ordnung mit Teilfunktionen eines Mittelzentrums festgelegt werden, wenn sie über ihren Versorgungsbereich hinaus Versorgungsfunktionen für Teilbereiche einer differenzierten Versorgung zur Deckung des gehobenen längerfristigen Bedarfs ausüben und wenn in ihren Mittelbereichen mindestens 40.000 Personen leben, davon mindestens 20.000 Personen im Stadtrandkern.

Nach § 30 Abs. 4 LaplaG entsprechen Stadtrandkerne II. Ordnung nach ihrer Zentralitätsfunktion unter Berücksichtigung der besonderen Verhältnisse in Stadtrandgebieten den ländlichen Zentralorten und sollen einen Bereich von mindestens 10.000 Personen versorgen.

2. Bedeutung

Die Kategorie der Stadtrandkerne im Zentralörtlichen System ist eine Besonderheit in Schleswig-Holstein. Dadurch sollen Orte, die im engen räumlichen Zusammenhang mit einem übergeordneten Zentralen Ort (Hamburg, die Oberzentren Flensburg, Kiel, Lübeck und Neumünster sowie die Mittelzentren Bad Oldesloe, Bad Segeberg/Wahlstedt, Brunsbüttel, Eckernförde, Elmshorn, Eutin, Heide, Husum, Itzehoe, Kaltenkirchen, Mölln, Rendsburg und Schleswig) Versorgungsaufgaben wahrnehmen, die wohnbauliche und gewerbliche Entwicklungen möglichst in Abstimmung mit diesem Zentralen Ort vornehmen. Dabei beträgt nach § 30 Abs. 1 Satz 1 LaplaG der Umkreis zehn Kilometer um den jeweiligen Zentralen Ort. Aufgrund der Formulierung „sollen" sind in Einzelfällen jedoch auch in diesen Umkreisen Zentrale Orte möglich. Eine solche Festlegung ist erfolgt, wenn die Zentralen Orte vom Mittelzentrum nicht unmittelbar versorgt werden und für mehrere ländliche Gemeinden vollwertige Versorgungsaufgaben wahrnehmen.

Damit die Gebiete um die Ober- und Mittelzentren nicht durch eine große Zahl von geförderten Stadtrandkernen begünstigt werden, wurden die Mindesteinwohnerwerte für Stadtrandkerne in der Regel doppelt so hoch angesetzt wie bei den entsprechenden Stufen der Zentralen Orte. So muss ein Stadtrandkern I. Ordnung 20.000 Einwohner in seinem Bereich aufweisen, obwohl er etwa dem Unterzentrum mit 10.000 Einwohnern entspricht. Stadtrandkerne I. Ordnung sind nach der Verordnung zum Zentralörtlichen System Bad Schwartau, Heikendorf, Henstedt-Ulzburg, Kiel-Friedrichsort, Kiel-Mettenhof, Lübeck-Moisling, Lübeck-Travemünde, Norderstedt-Garstedt und Quickborn.

Stadtrandkerne I. Ordnung mit Teilfunktionen eines Mittelzentrums setzen voraus, dass in ihren Mittelbereichen mindestens 40.000 Personen leben, davon mindestens 20.000 im Stadtrandkern. Die Mindesteinwohnerzahl für den Mittelbereich entspricht dem Mindestwert von Mittelzentren. Die geforderte Einwohnerzahl des Stadtrandkerns soll aber entsprechend den Verhältnissen im Stadtrandraum zwischen dem Wert von Mittelzentren (15.000 Personen) und von Mittelzentren im Verdichtungsraum (25.000 Personen) liegen. Eine Einstufung von Orten in den Stadtrandkern I. Ordnung mit Teilfunktionen eines Mittelzentrums ist zurzeit aber nicht erfolgt.

Stadtrandkerne II. Ordnung sollen einen Bereich von mindestens 10.000 Personen versorgen und damit die doppelte Anzahl von Personen als der entsprechende ländliche Zentralort. Nach der Verordnung zum Zentralörtlichen System sind Stadtrandkerne II. Ordnung Altenholz, Barsbüttel, Büdelsdorf, Flintbek, Glücksburg (Ostsee), Großhansdorf, Halstenbek, Harrislee, Kiel-Elmschenhagen, Kiel-Suchsdorf, Kronshagen, Lübeck-Kücknitz, Malente, Ratekau, Rellingen, Schenefeld, Schwentinental, Stockelsdorf, Tornesch.

Anhang

Anhang 1

1. Raumordnungspläne Fundstellen

Nach § 5 Abs. 10 Satz 3 und Abs. 11 Satz 4 LaplaG erfolgt die Veröffentlichung der Raumordnungspläne im Internet. Hierauf ist in der Rechtsverordnung im Gesetz- und Verordnungsblatt hinzuweisen.

Für die Veröffentlichung der Raumordnungspläne nutzt die Landesplanungsbehörde die Adresse https://www.schleswig-holstein.de/raumordnungsplaene bzw. für den Landesentwicklungsplan die Adresse http://www.schleswig-holstein.de/landesentwicklungsplan.

Landesentwicklungsplan

Landesverordnung über den Landesentwicklungsplan Schleswig-Holstein – Fortschreibung 2021 (LEP-VO 2021) vom 25.11.2021 (GVOBl. 2021 S. 1409), zuletzt geändert durch Landesverordnung zur Änderung der Landesverordnung über den Landesentwicklungsplan Schleswig-Holstein – Fortschreibung 2021 (GVOBl. 2026/43).

Landesverordnung über das Thema Windenergie an Land im Landesentwicklungsplan Schleswig-Holstein (LEPWindVO) vom 5.5.2026 (GVOBl. 2026/43)

Regionalpläne

Regionalplan für den Planungsraum I des Landes Schleswig-Holstein – Kreise Herzogtum Lauenburg, Pinneberg, Segeberg und Stormarn (Amtsbl. Schl.-H. 1998 S. 751).

Regionalplan 2004 für den Planungsraum II des Landes Schleswig-Holstein (Schleswig-Holstein Ost) – Kreisfreie Stadt Lübeck, Kreis Ostholstein (Amtsbl. Schl.-H. 2004 S. 905).

Fortschreibung 2000 des Regionalplans für den Planungsraum III (Schleswig-Holstein Mitte) des Landes Schleswig-Holstein – Kreisfreie Städte Kiel, Neumünster, Kreise Plön und Rendsburg-Eckernförde (Amtsbl. Schl.-H. 2001 S. 49; sowie Berichtigung, Fundstelle: Amtsbl. Schl.-H. 2001 S. 388).

Fortschreibung 2005 – Regionalplan für den Planungsraum IV des Landes Schleswig-Holstein (Schleswig-Holstein Süd-West) – Kreise Dithmarschen und Steinburg (Amtsbl. Schl.-H. 2005 S. 295).

Neufassung 2002 des Regionalplans für den Planungsraum V Landesteil Schleswig (Schleswig-Holstein Nord) des Landes Schleswig-Holstein – Kreisfreie Stadt Flensburg, Kreise Nordfriesland und Schleswig-Flensburg (Amtsbl. Schl.-H. 2002 S. 747).

Landesverordnung für den Regionalplan für den Planungsraum I in Schleswig-Holstein Kapitel 5.8 (Windenergie an Land) (Regionalplan I-Teilaufstellung-VO) vom 29.12.2020 (GVOBl. 2021 S. 1082), zuletzt geändert durch Art. 64 LVO vom 27.10.2023 (GVOBl. 2023 S. 514).

Landesverordnung für den Regionalplan für den Planungsraum II in Schleswig-Holstein Kapitel 5.7 (Windenergie an Land) (Regionalplan II-Teilaufstellung-VO) vom 29.12.2020 (GVOBl. 2021 S. 1082), zuletzt geändert durch Art. 64 LVO vom 27.10.2023 (GVOBl. 2023 S. 514).

Landesverordnung für den Regionalplan für den Planungsraum III in Schleswig-Holstein Kapitel 5.7 (Windenergie an Land) (Regionalplan III-Teilaufstellung-VO) vom 29.12.2020 (GVOBl. 2021 S. 1083), zuletzt geändert durch Art. 64 LVO vom 27.10.2023 (GVOBl. 2023 S. 514).

2. Landesentwicklungsplan Schleswig-Holstein Fortschreibung 2021 Zukunft gemeinsam nachhaltig gestalten

Inhaltsverzeichnis

Abbildungsverzeichnis

Verzeichnis der Themenkarten

Anhang 2

Themenkarte 21: Vogelzug
Themenkarte 22: NATURA 2000-Gebiete
Themenkarte 23: Biotopverbundsystem
Themenkarte 24: Binnenhochwasserschutz
Themenkarte 25: Küstenhochwasserschutz

Abkürzungsverzeichnis

AIS	= Automatic Identification System
ALKIS	= Amtliches Liegenschaftskataster-Informationssystem
AWZ	= Ausschließliche Wirtschaftszone
AWZROV	= Verordnung über die Raumordnung in der deutschen ausschließlichen Wirtschaftszone in der Nordsee und in der Ostsee
BauGB	= Baugesetzbuch
BauNVO	= Baugesetzbuch
BBPlG	= Bundesbedarfsplangesetz
BBodSchG	= Bundes-Bodenschutzgesetz
BImSchG	= Bundes-Immissionsschutzgesetz
BImSchV	= Verordnung zum Bundes-Immissionsschutzgesetz
BNatSchG	= Bundesnaturschutzgesetz
BS	= Berufsbildende Schulen
BSI-Gesetz	= Gesetz über das Bundesamt für Sicherheit in der Informationstechnik
BSI-Kritis	= Verordnung zur Bestimmung Kritischer Infrastrukturen nach dem BSI-Gesetz
BSWAG	= Bundesschienenwegeausbaugesetz
BVWP	= Bundesverkehrswegeplan
CAES	= Druckluftkraftwerke
CCS	= Carbon Dioxide Capture and Storage
CO2	= Kohlenstoffdioxid
CWVO	= Camping- und Wochenendplatzverordnung
DigiNetzG	= Gesetz zur Erleichterung des Ausbaus digitaler Hochgeschwindigkeitsnetze
DOC	= Designer-Outlet Center
DSchG	= Denkmalschutzgesetz
EEG	= Erneuerbare-Energien-Gesetz
EFRE	= Europäischer Fond für regionale Entwicklung
ELER	= Europäischer Landwirtschaftsfond für die Entwicklung des ländlichen Raums
EnLAG	= Energieleitungsausbaugesetz
EnWG	= Gesetz über die Elektrizitäts- und Gasversorgung
EU	= Europäische Union
e. V.	= eingetragener Verein
EWKG	= Energiewende- und Klimaschutzgesetz
FAG	= Finanzausgleichsgesetz
FFH	= Flora-Fauna-Habitat
FOC	= Factory-Outlet Center
FTTB	= Fiber to the Building

FTTH	=	Fiber to the home
GAK	=	Gemeinschaftsaufgabe zur Verbesserung der Agrarstruktur und des Küstenschutzes
G-BA	=	Gemeinsamer Bundesausschuss
GEFEK	=	Gewerbeflächenkonzept
GEFIS	=	Gewerbeflächeninformationssystem
GEG	=	Gebäudeenergiegesetz
GF	=	Geschossfläche
GPK	=	Generalplan Küstenschutz des Landes Schleswig-Holstein
GO	=	Gemeindeordnung
GR	=	Grundfläche
HSG	=	Hochschulgesetz
HVV	=	Hamburger Verkehrsverbund
I.	=	1.
II.	=	2.
III.	=	3.
IV.	=	4.
V.	=	5.
IES	=	Integrierte Entwicklungsstrategie
IKZM	=	Integriertes Küstenzonenmanagement
ITF.SH	=	Innovations- und Technologieforum
KFZ	=	Kraftfahrzeug
KiTaG	=	Kindertagesförderungsgesetz
KIWA	=	Koordinationsstelle für innovative Wohn- und Pflegeformen im Alter
KSpG SH	=	Gesetz zur Regelung der Kohlenstoffdioxid-Speicherung in Schleswig-Holstein
KVSH	=	Kassenärztliche Vereinigung Schleswig-Holstein
KZV SH	=	Kassenzahnärztliche Vereinigung Schleswig-Holstein
LaplaG	=	Landesplanungsgesetz Schleswig-Holstein
LEP	=	Landesentwicklungsplan
LKW	=	Lastkraftwagen
LNatSchG	=	Landesnaturschutzgesetz
LNG	=	Liquefied Natural Gas
LNVP	=	Landesweiter Nahverkehrsplan
LWaldG	=	Landeswaldgesetz
LWG	=	Landeswassergesetz
MindGrVO	=	Mindestgrößenverordnung
MKRO	=	Ministerkonferenz für Raumordnung
MSRL	=	Meeresstrategierahmenrichtlinie
MThw	=	Mittleres Tidehochwasser
NABEG	=	Netzausbaubeschleunigungsgesetz
NAH.SH	=	Nahverkehrsverbund Schleswig-Holstein
NäPA	=	nichtärztliche Praxisassistentinnen und Praxisassistenten
NEP	=	Netzentwicklungsplan

NPG	=	Nationalparkgesetz
NOVA-Prinzip	=	Netz-Optimierung vor Netz-Verstärkung vor Netz-Ausbau
NSG	=	Naturschutzgebiet
OECD	=	Organisation für wirtschaftliche Zusammenarbeit und Entwicklung
ÖPNV	=	Öffentlicher Personalnahverkehr
PCI	=	Projects of common Interest/Vorhaben von gemeinsamen Interesse
PKW	=	Personenkraftwagen
PUDLV	=	Post-Universaldienstleistungsverordnung
RBZ	=	Regionale Berufsbildungszentren
RIN	=	Richtlinie für integrierte Netzgestaltung
ROG	=	Raumordnungsgesetz
SchulG	=	Schulgesetz
SDG	=	Substainable Development Goals (Nachhaltigkeitsziele)
SGB	=	Sozialgesetzbuch
SHIBB	=	Schleswig-Holsteinisches Institut für Berufliche Bildung
Sozial. Besch. a. A.	=	Sozialversicherungspflichtig Beschäftigte am Arbeitsort
Sozial. Besch. a. W.	=	Sozialversicherungspflichtig Beschäftigte am Wohnort
SRÜ	=	Seerechtsübereinkommen der Vereinten Nationen
StandAG	=	Standortauswahlgesetz
STRING	=	South Western Baltic Sea Transregional Area – Implementing New Geography
SUP	=	Strategische Umweltprüfung
TEN-E Verordnung	=	Leitlinien für die europäische Energieinfrastruktur
TEN-V	=	Transeuropäisches Verkehrsnetz
UN	=	Vereinte Nationen
UN-BRK	=	Behindertenrechtskonvention der Vereinten Nationen
UVP	=	Umweltverträglichkeitsprüfung
UVPG	=	Gesetz über die Umweltverträglichkeitsprüfung
WaStrG	=	Bundeswasserstraßengesetz
WHG	=	Wasserhaushaltsgesetz
WindSeeG	=	Wind-auf-See-Gesetz
WLAN	=	Wireless Local Area Network
WRRL	=	Wasserrahmenrichtlinie
WSG-Verordnung	=	Wasserschutzgebiet-Verordnung

Rechtlicher Rahmen und Aufbau

Der Landesentwicklungsplan (LEP) ist das zentrale Instrument der Raumordnung in Schleswig-Holstein. Dieser soll die unterschiedlichen Nutzungen des Raums aufeinander abstimmen und Konflikte minimieren, wie sie zum Beispiel zwischen Wohnen, Gewerbe, Tourismus, Infrastruktur, Landwirtschaft, Rohstoffabbau oder Energieerzeugung sowie Ressourcenschutz (unter anderem Klima- und Naturschutz) und der Landes- und Bündnisverteidigung auftreten können. Leitvorstellung der Raumordnung ist eine nachhaltige Raumentwicklung, so dass wirtschaftliche, soziale und ökologische Aspekte in Einklang miteinander stehen.

Der Landesentwicklungsplan hat dabei stets größere räumliche Zusammenhänge im Blick. Er ist ein Rahmen setzender Leitplan, der die anzustrebende räumliche Entwicklung des gesamten Landes einschließlich des Küstenmeers und der inneren Gewässer festlegt. Die Pflicht der Länder, landesweite

Raumordnungspläne aufzustellen, ergibt sich aus dem Raumordnungsgesetz (ROG) (§ 13 Absatz 1 Satz 1 Nummer 1 ROG).

© GeoBasis-DE/LVermGeoSH
Herausgeber: Ministerium für Inneres, ländliche Räume, Integration und Gleichstellung des Landes Schleswig-Holstein
Landesentwicklungsplan Schleswig-Holstein – Fortschreibung 2021

Themenkarte 1 Geltungsbereich Landesentwicklungsplan

Das Raumordnungsgesetz schreibt auch vor, dass die gesamträumlichen Festlegungen eines Landesentwicklungsplans in teilräumlichen Regionalplänen konkretisiert werden müssen. Das schleswig-holsteinische Landesplanungsgesetz (LaplaG) definiert dafür seit 2014 drei Planungsräume, für die erstmals Regionalpläne aufgestellt werden (siehe Themenkarte 1). Bis diese fertig gestellt sind, gelten weiterhin die Regionalpläne der ehemaligen Planungsräume I bis V. Für das schleswig-holsteinische Küstenmeer und die inneren Gewässer bis zur 12-Seemeilen-Grenze stellt der Landesentwicklungsplan abschließend Ziele und Grundsätze auf. In den Regionalplänen werden diese nicht weiter konkretisiert.

Rechtswirkungen

Nach § 4 Raumordnungsgesetz sind öffentliche Stellen (und unter bestimmten Voraussetzungen Private, die öffentliche Aufgaben wahrnehmen) verpflichtet, die Ziele der Raumordnung zu beachten sowie Grundsätze der Raumordnung in Abwägungs- und Ermessensentscheidungen zu berücksichtigen. Bei der Verbindlichkeit der raumordnerischen Aussagen ist zwischen Zielen und Grundsätzen zu unterscheiden.

Ziele der Raumordnung sind verbindliche Vorgaben in Form von räumlich und sachlich bestimmten oder bestimmbaren und von der Trägerschaft der Raumordnung abschließend abgewogenen textlichen oder zeichnerischen Festlegungen in Raumordnungsplänen zur Entwicklung, Ordnung und Sicherung des Raums (§ 3 Absatz 1 Ziffer 2 ROG). Sie sind keiner Abwägung mehr zugänglich und daher von den öffentlichen Stellen (§ 3 Absatz 1 Ziffer 5 ROG) bei allen raumbedeutsamen Planungen und Maßnahmen zu beachten (§ 4 Absatz 1 ROG). Die Gemeinden sind durch das Baugesetzbuch

(BauGB) (§ 1 Absatz 4 BauGB) explizit verpflichtet, im Rahmen der Bauleitplanung die Ziele der Raumordnung zu beachten.

Grundsätze der Raumordnung sind Vorgaben zur Entwicklung, Ordnung und Sicherung des Raums für nachfolgende Abwägungs- oder Ermessensentscheidungen (§ 3 Absatz 1 Ziffer 3 ROG). Die im Landesentwicklungsplan enthaltenen Grundsätze der Raumordnung ergänzen oder konkretisieren die im Raumordnungsgesetz des Bundes (§ 2 ROG) aufgeführten Grundsätze. Sie sind durch die öffentlichen Planungsträgerschaften im Rahmen von Abwägung- und Ermessensentscheidungen zu berücksichtigen (§ 4 Absatz 1 ROG).

Den Zielen und Grundsätzen ist jeweils eine **Begründung** beigefügt. Sie dient der Erläuterung und hat keine Bindungsqualität.

Geltungszeitraum und Fortschreibungsverfahren

Der Landesentwicklungsplan legt fest, welche räumliche Entwicklung des Landes für die nächsten 15 Jahre angestrebt wird. Die Fortschreibung des Landesentwicklungsplans Schleswig-Holstein 2010 (Landesentwicklungsplan 2010) berücksichtigt dabei die gesellschaftlichen, räumlichen und rechtlichen Veränderungen seit Inkrafttreten des Landesentwicklungsplans am 13. Juli 2010 (Amtsblatt Schleswig-Holstein 2010 Seite 719). Der fortgeschriebene Landesentwicklungsplan bezieht sich ab seinem Inkrafttreten auf einen Planungszeitraum von 15 Jahren. Er ist Grundlage für die Aufstellung der Regionalpläne.

Die Fortschreibung erfolgt gemäß den Vorgaben des Raumordnungsgesetzes und auf der Grundlage des schleswig-holsteinischen Landesplanungsgesetzes (§§ 5, 6 und 8 LaplaG). Trägerin der Raumordnung und Plangeberin ist die Ministerin für Inneres, ländliche Räume, Integration und Gleichstellung des Landes Schleswig-Holstein in ihrer Funktion als Landesplanungsbehörde. Die Landesregierung beschließt den Landesentwicklungsplan mit Zustimmung des Landtages als Rechtsverordnung. Der Landesentwicklungsplan unterstützt die Umsetzung landespolitischer Ziele und die Entwicklung der Teilräume.

Inhaltlich basiert die Fortschreibung des Landeswicklungsplans auf

- den von der Ministerkonferenz für Raumordnung 2016 und 2017 verabschiedeten Leitbildern und Handlungsstrategien für die Raumentwicklung in Deutschland,
- landespolitischen Zielen sowie geänderten rechtlichen Vorgaben und
- den Ergebnissen aus informellen Beteiligungsrunden mit Vertreterinnen und Vertretern der Kreise und kreisfreien Städte.

Außerdem bezieht sich die Fortschreibung auf die mit Runderlass des Ministerpräsidenten vom 26. Februar 2014 (Amtsblatt Schleswig-Holstein 2014 Seite 152) angekündigte Fortschreibung des Landesentwicklungsplans bezüglich der Bestimmungen zum Ausschluss von Fracking (Kapitel 4.6 Absatz 5) und hinsichtlich der Nutzungen des Untergrundes (Kapitel 4.5.3 und 4.5.4). Ausgenommen vom Fortschreibungsverfahren ist hingegen das Sachthema Windenergie (Kapitel 4.5.1), das Gegenstand eines rechtlich eigenständigen Teilfortschreibungsverfahrens zum Landesentwicklungsplan 2010 ist.

Aufbau

Der Landesentwicklungsplan gliedert sich in vier Teile.

Der **Teil A – Herausforderungen, Chancen und strategische Handlungsfelder** hat den Charakter von allgemeinen Leitbildern der Raumordnung zur zukünftigen räumlichen Entwicklung des Landes. Anhand elf gesellschaftlicher Megatrends und den daraus abgeleiteten strategischen Handlungsfeldern der Landesentwicklung wird dargestellt, wie die Raumordnung – und insbesondere der Landesentwicklungsplan – dazu beiträgt.

In **Teil B – Ziele und Grundsätze der Raumordnung** erfolgt die landesplanerische Übersetzung dieser Leitbilder in raumordnerische Festlegungen: Dies sind zu beachtende Ziele und zu berücksichtigende Grundsätze der Raumordnung. Teil B ist thematisch in sechs Hauptkapitel und zahlreiche Unterkapitel gegliedert.

Um Vorschriften konkret benennen zu können, sind die einzelnen Absätze eines Kapitels nummeriert. Bei Querverweisen innerhalb des Landesentwicklungsplans werden sie unter Angabe der Kapitelnummer und gegebenenfalls der Absatznummer zitiert (beispielsweise Kapitel 3.6.1 Absatz 2 mit einem Ziel der Raumordnung zur Festlegung von Schwerpunkten für den Wohnungsbau).

Ziele der Raumordnung sind mit dem Buchstaben Z gekennzeichnet, Grundsätze der Raumordnung mit G und Begründungen mit B. Die in den Begründungen enthaltenen Karten und Abbildungen haben ebenfalls einen erläuternden Charakter.

Der **Teil C – Hauptkarte** enthält die zeichnerischen Festlegungen des Landesentwicklungsplans im Maßstab 1:300.000 (eins zu dreihunderttausend). Diese sind für diesen Maßstab kartographisch generalisiert und nicht beliebig vergrößerbar. In Zweifelsfällen erlaubt erst die weiter konkretisierte Darstellung in den Karten der Regionalpläne, die im Maßstab 1:100.000 (eins zu einhunderttausend) erstellt werden, genauere Aussagen.

In **Teil D – Umweltbericht** werden die voraussichtlichen, erheblichen Auswirkungen der Fortschreibung des Landesentwicklungsplans auf die Umwelt beschrieben und bewertet. Die Pflicht zur Umweltprüfung ergibt sich aus § 5 Absatz 12 Landesplanungsgesetz in Verbindung mit § 8 Raumordnungsgesetz im Sinne der Richtlinie 2001/42/EG des Europäischen Parlaments und des Rates vom 27. Juni 2001 über die Prüfung der Umweltauswirkungen bestimmter Pläne und Programme (SUP-Richtlinie). Der Umweltbericht ist Bestandteil der Begründung des Landesentwicklungsplans. Teil D beinhaltet auch die zusammenfassende Erklärung gemäß § 10 Absatz 3 ROG.

Teil A Herausforderungen, Chancen und strategische Handlungsfelder

(1) Schleswig-Holstein – Zukunft flexibel, gemeinsam und nachhaltig gestalten

Mit Herausforderungen flexibel umgehen

Seit der Veröffentlichung des Landesentwicklungsplans 2010 haben sich viele gesellschaftliche und wirtschaftliche Rahmenbedingungen verändert – global und national, aber auch in Schleswig-Holstein selbst. Neben der gesetzlichen Verpflichtung, den Plan bei Bedarf an die Entwicklung anzupassen, geben auch neue Herausforderungen, veränderte gesetzliche Vorgaben sowie neue Zielsetzungen der Landesregierung Anlass für eine Fortschreibung. Damit wird gleichzeitig die Basis für eine neue Generation von Regionalplänen geschaffen.

Ein Landesentwicklungsplan, der auf die nächsten 15 Jahre ausgerichtet ist, kann nicht für alle zukünftigen Herausforderungen, Entwicklungen und Projektideen vorab schon eine raumordnerische Antwort geben. Er setzt einerseits einen verbindlichen Rahmen für die räumliche Entwicklung in den nächsten Jahren, muss andererseits aber auch flexibel genug sein, um innovative Entwicklungen zu ermöglichen und zu befördern. Der Landesentwicklungsplan beinhaltet daher ein ausreichendes Maß an Flexibilität und Gestaltungsspielraum für die Kommunen.

Gestaltungschancen nutzen – Innovationen fördern (Experimentierklausel)

Die Kommunen und andere öffentliche Stellen sowie Personen des Privatrechts in Wahrnehmung öffentlicher Aufgaben sollen die Gestaltungschancen, die sich aus den Megatrends für ihren Raum ergeben, stärker nutzen. Vor allem Kommunen, die neue Entwicklungen einleiten wollen, sollen bei der Umsetzung unterstützt werden.

Die im Landesplanungsgesetz neu eingeführte raumordnerische Experimentierklausel bietet die Möglichkeit, besonders innovative Entwicklungsansätze, die vor allem im Zusammenhang mit der Digitalisierung, der Siedlungsentwicklung, der Sicherung der Daseinsvorsorge, der Mobilität der Zukunft, dem Klimawandel und der Energiewende stehen, modellhaft und experimentell in der Praxis zu erproben. Dabei soll auf Grundlage eines raumordnerischen Vertrages gemäß § 14 des Raumordnungsgesetzes des Bundes zwischen der Landesplanungsbehörde und den kommunalen und privaten Trägerschaften räumlich oder zeitlich begrenzt von Zielen der Raumordnung abgewichen werden können. Da die Zusammenarbeit von Gemeinden zur Stärkung teilräumlicher Entwicklungen gestärkt werden soll, stehen hier insbesondere interkommunale Entwicklungsansätze im Vordergrund.

Durch diese raumordnerische Experimentierklausel sollen auch Entwicklungen möglich werden, die derzeit noch nicht gedacht oder für möglich gehalten werden. Hieraus können nach erfolgreicher Erprobung auch neue Regelungen für die Raumordnung hervorgehen. Vor diesem Hintergrund soll eine angemessene wissenschaftliche Begleitung und/oder Auswertung (Evaluation) für die durchgeführten Experimente und Modellvorhaben vorgesehen werden. Gleichzeitig soll durch dieses neue Instrument die Innovationskraft der Kommunen und die Flexibilität der Pläne – über die bereits vorhandenen Flexibilisierungsansätze des Landesentwicklungsplans selbst und die Abweichungsmöglichkeit von Zielen der Raumordnung über das Zielabweichungsverfahren gemäß § 13 Landesplanungsgesetz hinaus – gestärkt werden.

Durch diese Möglichkeiten soll die „Entwicklungskomponente" des Landesentwicklungsplans betont werden. Gleichzeitig erhält die kommunale Ebene so mehr Entscheidungs- und Gestaltungsspielraum.

Zukunft anpacken – Hand in Hand

Gemeinsam mit den Kommunen, der Wirtschaft und allen gesellschaftlichen Akteurinnen und Akteuren will das Land die Entwicklung Schleswig-Holsteins und seiner Teilräume gestalten. Dazu sollen Politik, Wirtschaft und Gesellschaft Hand in Hand arbeiten.

Über 1.100 Kommunen prägen den „echten Norden" mit ihren individuellen Qualitäten und Eigenschaften. Sie sind die Keimzelle des Gemeinwesens und zentrale Adressaten für die raumordnerischen Ziele und Grundsätze des Landesentwicklungsplans. Die kurzen Wege innerhalb der Städte und Gemeinden und zwischen den Kommunen, die besondere Vertrautheit im Miteinander sowie gewachsene soziale und gesellschaftliche Strukturen – all das sorgt für eine tiefe Verwurzelung vieler Menschen an ihrem Lebensmittelpunkt. Gleichzeitig agiert die Bevölkerung nicht mehr nur lokal, sondern nutzt regionsweite Angebote. Anstelle von administrativen Grenzen treten funktional miteinander verflochtene Räume. Das gemeinsame Denken und Handeln in funktionalen Räumen über die einzelne Gemeinde- und Stadtgrenze hinaus sowie die Vernetzung der verschiedenen Fachpolitiken sind daher zentrale strategische Ansätze zur erfolgreichen Zukunftsgestaltung Schleswig-Holsteins. Die Zusammenarbeit von Stadt und Land ist dabei von entscheidender Bedeutung, um allzu kleinräumige und nicht mehr zukunftsfähige Politikansätze zu überwinden und um neue Gestaltungschancen besser zu nutzen, ohne die Identität der Gemeinden aufzugeben. Darüber hinaus sind Kooperation und Zusammenarbeit ein wesentlicher Faktor, den gesellschaftlichen Zusammenhalt in Zeiten des Wandels zu gewährleisten.

Wachstumschancen nutzen – Räume nachhaltig und ausgewogen entwickeln

Schleswig-Holstein möchte verstärkt die Entwicklungschancen seiner Wachstumsräume nutzen und gleichzeitig eine ausgewogene und nachhaltige Entwicklung aller Teilräume erreichen.

Die Potenziale des Hamburger Umlandes, der Oberzentren Kiel, Lübeck, Flensburg und Neumünster, der Mittelzentren und ihres jeweiligen Umlandes sowie der Räume entlang der Landesentwicklungsachsen sollen als Wachstumschancen genutzt und weiterentwickelt werden. Von zentraler Bedeutung ist es dabei, die sich ändernden Rahmenbedingungen im Blick zu behalten und so auf diese zu reagieren, dass die vielfältige wirtschaftliche Basis in Schleswig-Holstein erhalten und gestärkt wird. Die jeweiligen Strategien einzelner Teilräume sollen zu einer ausgewogenen und nachhaltigen Gesamtentwicklung des Landes Schleswig-Holstein beitragen. Im Rahmen der Neuaufstellung der Regionalpläne sollen hierfür die Weichenstellungen des Landesentwicklungsplans räumlich konkretisiert und im Hinblick auf die besonderen Erfordernisse einzelner Räume angepasst werden. Stadt-Umlandkonzepte, interkommunale Vereinbarungen und kreisgrenzen übergreifende Vernetzung als Teil der Regionalentwicklung werden hier einfließen.

Der engere Verflechtungsraum um die Metropole Hamburg ist eine dynamische Wirtschafts- und Wachstumszone mit attraktiven Standortvoraussetzungen für Gewerbe- und Dienstleistungsunternehmen und mit großer Bedeutung für die gesamtwirtschaftliche Entwicklung von Schleswig-Holstein. Aufgrund des hohen Siedlungsdrucks in diesem Raum und der Notwendigkeit, die Lebensqualität auf einem hohen Niveau zu erhalten sowie ökologischen und ressourcenschonenden Belangen weiterhin gerecht zu werden, bedarf es einer gesonderten raumplanerischen Herangehensweise für das Hamburger Umland. Zentrales Ziel ist es dabei, im Sinne einer qualitativen Wachstumsstrategie die Potenziale des engeren und weiteren Hamburger Umlands zu nutzen und Entwicklungsmöglichkeiten zu verbessern. Dies bedeutet, dass der gewerblichen und wohnbaulichen Entwicklung unter Berücksichtigung der Funktionsfähigkeit der natürlichen Ressourcen mehr Raum gegeben werden soll. Gleichzeitig soll die Lebens- und Umweltqualität auf hohem Niveau erhalten bleiben und die Freiräume gesichert werden. In diesem Sinne ist es Aufgabe des Landesentwicklungsplans und der nachfolgenden Regionalpläne, in ihrer Funktion als fachübergreifende Gesamtplanungen die räumlichen Voraussetzungen zu schaffen, um das Land gleichermaßen (wirtschaftlich) dynamisch, nachhaltig und ausgewogen zu entwickeln.

Der Landesentwicklungsplan und insbesondere die Neuaufstellung des Regionalplans für den Planungsraum III, der weitgehend dem schleswig-holsteinischen Teilraum der Metropolregion Hamburg entspricht, sollen eine Verbesserung der Flächenangebote für Wohnungsbau und gewerbliche Entwicklung im Wachstumsraum Hamburg-Umland ermöglichen und dabei gleichberechtigt die Belange der Rohstoffsicherung, des Schutzes natürlicher Ressourcen sowie der Freiraumentwicklung und Naherholung berücksichtigen und durch gerechte Abwägung einen Ausgleich zwischen allen Belangen herstellen.

Räumlich soll die qualitative Wachstumsstrategie für das Hamburg-Umland entsprechend dem raumplanerischen Leitbild der „dezentralen Konzentration" umgesetzt werden. Jede Gemeinde kann sich entsprechend ihrer Funktion weiterentwickeln; Schwerpunkte der Entwicklung sollen jedoch die Städte und Gemeinden sein, die die nötigen infrastrukturellen Voraussetzungen für ein stärkeres gewerbliches und wohnbauliches Wachstum haben.

Zur räumlichen Umsetzung der qualitativen Wachstumsstrategie für das Hamburg-Umland sollen die folgenden im Landesentwicklungsplan getroffenen Festlegungen beitragen:

- Siedlungsachsen (Teil B, Kapitel 3.3)
  Die Siedlungsachsen sollen als Schwerpunkte für Wohnen und Gewerbe weiterentwickelt werden. Ihre räumliche Abgrenzung im Rahmen der Neuaufstellung des Regionalplans für den Planungsraum III soll so angepasst werden, dass für die nächsten zehn bis fünfzehn Jahre ausreichend Raum für neue Wohn- und Gewerbegebiete gegeben ist. Die konkrete Ausweisung von Wohn- und Gewerbegebieten obliegt den Kommunen auf den Siedlungsachsen im Rahmen ihrer Bauleitplanung. Von ihnen wird in diesem Sinn ein substanzieller Beitrag zur qualitativen Wachstumsstrategie im Hamburg-Umland erwartet.
- Entwicklung der Städte und Gemeinden zwischen den Siedlungsachsen (Teil B, Kapitel 3.2, 3.6.1, 3.7)
  Auch zwischen den Siedlungsachsen im Hamburger Umland werden insbesondere in den Zentralen Orten neue Wohnungen und Entwicklungsmöglichkeiten für Gewerbebetriebe gebraucht. Dies gilt aber auch für die Gemeinden ohne zentralörtliche Einstufung, die zwischen den Siedlungsachsen liegen und keine Schwerpunkte für Wohnen und Gewerbe sind. Die Fortschreibung des Landesentwicklungsplans und die damit verbundene Aktualisierung des wohnbaulichen Entwicklungsrahmens ermöglicht es diesen Gemeinden, bezogen auf ihren Wohnungsbestand Ende 2020 wieder 15 Prozent neue Wohnungen zu bauen. Alle Gemeinden können zudem ortsangemessene Gewerbegebiete ausweisen. Für die Schwerpunkte für Wohnungsbau und Gewerbe gelten keine quantitativen Begrenzungen. Im Rahmen der Neuaufstellung des Regionalplans für den Planungsraum III werden darüber hinaus weitere Entwicklungsmöglichkeiten für Gemeinden zwischen den Siedlungsachsen geprüft. Gemeinden, die für Wohnungsbau oder Gewerbe besonders geeignet sind, kann im Regionalplan eine besondere Funktion Wohnen/Gewerbe und Dienstleistungen zugewiesen werden. Dadurch können dort Flächen über den rein örtlichen Bedarf hinaus ausgewiesen werden.
- Überregional bedeutsame Gewerbestandorte an Landesentwicklungsachsen (Teil B, Kapitel 2.5, 3.7)
  Im Landesentwicklungsplan werden sogenannte Landesentwicklungsachsen dargestellt, die sich am Verlauf der überregionalen Verkehrswege im Land, insbesondere den Bundesautobahnen, orientieren. An ihnen sollen bei der Neuaufstellung der Regionalpläne und auf der Grundlage bereits vorliegender Gewerbeflächenentwicklungskonzepte erstmals überregionale Standorte für Gewerbegebiete festgelegt werden und so durch die Regionalplanung attraktive, autobahnnahe Gewerbeflächenangebote gesichert werden.
- Entwicklungs- und Entlastungsorte (Teil B, Kapitel 3.4)
  Der engere Verflechtungsraum um Hamburg ist wegen seiner dynamischen Entwicklung auch einem hohen Siedlungsdruck ausgesetzt, der zu Belastungen für Menschen und die Natur führt. Um Entlastung zu schaffen, sollen Entwicklungsimpulse in die angrenzenden ländlichen Räume gelenkt werden. Gleichzeitig können so mehr Gemeinden von den Wachstumsimpulsen der Metropole Hamburg profitieren. Der Landesentwicklungsplan eröffnet der Regionalplanung die Möglichkeit, im Zuge der Neuaufstellung des Regionalplans für den Planungsraum III Entwicklungs- und Entlastungsorte im weiteren Einzugsbereich der Metropole Hamburg zu bestimmen. Diese Funktion sollen geeignete Zentrale Orte übernehmen, gegebenenfalls unter Einbeziehung weiterer geeigneter Gemeinden in ihrem Umland. Entwicklungs- und Entlastungsorte erhalten besondere Entwicklungsoptionen, die den Zielsetzungen der Siedlungsachsen entsprechen.
- Regionale Grünzüge und Grünzäsuren (Teil B, Kapitel 6.3)
  In den Wachstumsräumen des Landes mit ihrem hohen Siedlungsdruck ist es besonders wichtig, die Lebensqualität der dort wohnenden Menschen zu sichern und auch ökologische Belange zu berücksichtigen. Lebensqualität ist zudem immer mehr auch ein wirtschaftlicher Standortfaktor. Zur Lebensqualität gehören neben dem Ausbau und der Sicherung der sozialen Infrastrukturen insbesondere der Schutz der natürlichen Ressourcen und die Sicherung von Freiräumen ohne Bebauung und wirtschaftliche Nutzung. Unter Abwägung der unterschiedlichen Ansprüche von Siedlungsentwicklung und Freiraumsicherung werden im Rahmen der Neuaufstellung des Regionalplans für den Planungsraum III die ausgewiesen Regionalen Grünzüge und die Grünzäsuren auf den Siedlungsachsen überprüft und angepasst.

Anhang 2

Flächennutzung nachhaltig gestalten – Flächeninanspruchnahme reduzieren

Die künftige Bevölkerungs- und Wirtschaftsentwicklung führt innerhalb Schleswig-Holsteins zu räumlich stark differenzierten Flächenbedarfen. Eine zukunftsfähige Landesentwicklung erfordert auch weiterhin eine Inanspruchnahme von Flächen für Leben, Arbeiten Wohnen, Gewerbe und Industrie, Verkehr, Einrichtungen der Daseinsvorsorge oder der Energieversorgung. Der Landesentwicklungsplan bildet mit seinen Zielstellungen und strategischen Handlungsfeldern die Grundlage für die räumliche Entwicklung des Landes für die nächsten 15 Jahre. Teilweise stehen einzelne Zielsetzungen in einem Spannungsfeld mit anderen Zielsetzungen. So strebt das Land eine qualitative Wachstumsstrategie und gleichzeitig eine nachhaltige Reduzierung der Flächeninanspruchnahme an. Schleswig-Holstein will damit den Natur- und Umweltschutz auf der einen Seite sowie die wirtschaftlichen Interessen und die Flächenbedarfe des Landes auf der anderen Seite in Einklang bringen.

Weltweit nimmt das Bewusstsein für die große Bedeutung der Böden als natürliche Lebensgrundlage zu. Ein sparsamer Umgang mit der Fläche im besiedelten Bereich und der Erhalt unbebauter Freiräume im Außenbereich sind notwendig, um die Böden mit ihren Funktionen zum Beispiel für Klimaschutz, Biotop-und Artenschutz sowie Landschaftsschutz zu erhalten. Darüber hinaus ist die landwirtschaftliche Nutzung der fruchtbaren Böden zu erhalten und die Zersiedelung naturnaher Räume zu verhindern. Nutzungen müssen so ausgestaltet werden, dass die Funktionsfähigkeit des Naturhaushalts erhalten bleibt und eine nachhaltige Nutzungsfähigkeit der Naturgüter gewährleistet wird. Dieses erfordert auch den Erhalt der für den Naturraum charakteristischen natürlichen und naturnahen Ökosysteme.

Eine Reduzierung des täglichen Zuwachses an Siedlungs- und Verkehrsflächen ist deshalb erklärtes Ziel einer nachhaltigen Landesentwicklung für Schleswig-Holstein. Die Neuinanspruchnahme von bisher nicht baulich vorgenutzten Flächen bei Bauvorhaben der Kommunen, Fachplanungen und privaten Trägerschaften soll daher so sparsam wie möglich erfolgen.

Um der ungebremsten Inanspruchnahme von Natur- und Freiflächen sowie Landwirtschaftsflächen Einhalt zu gebieten, soll im Land die tägliche Inanspruchnahme neuer Siedlungs- und Verkehrsflächen bis 2030 auf unter 1,3 Hektar pro Tag abgesenkt werden. Die Reduzierung der Flächeninanspruchnahme auf unter 1,3 Hektar pro Tag in Schleswig-Holstein bis 2030 setzt das flächenpolitische Ziel der Deutschen Nachhaltigkeitsstrategie 2016, in der die Reduzierung der Flächeninanspruchnahme durch neue Siedlungs- und Verkehrsflächen bundesweit auf unter 30 Hektar pro Tag bis 2030 festgelegt wurde, für Schleswig-Holstein um. Die tägliche Flächeninanspruchnahme von Siedlungs- und Verkehrsflächen in Schleswig-Holstein betrug 2019 rund 1,8 Hektar pro Tag; der Vierjahresdurchschnitt 2016 – 2019 beträgt 2,3 Hektar pro Tag.

Langfristig soll im Land eine Flächenkreislaufwirtschaft dazu führen, dass das Verhältnis von Siedlungs- und Verkehrsflächen im Bezug zu Freiflächen sowie land- und forstwirtschaftlich genutzten Flächen gleichbleibt. Dies bedeutet, dass langfristig keine Landwirtschafts- und Naturflächen neu für Siedlungs- und Verkehrsflächen in Anspruch genommen werden sollen. Dieses entspricht dem UN Nachhaltigkeitsziel (SDG) 15.3 und dem europäischen Flächensparziel, das im „Fahrplan für ein ressourcenschonendes Europa" festgeschrieben ist. Versiegelte Flächen, die nicht mehr genutzt werden, sollten möglichst entsiegelt und in den Flächenkreislauf zurückgeführt werden.

Als zentraler Bestandteil einer nachhaltigen Entwicklungspolitik für Schleswig-Holstein trägt eine flächensparende und bedarfsgerechte Siedlungs- und Verkehrsflächenentwicklung dazu bei, mögliche Konkurrenzen zwischen den Gemeinden mit daraus unter Umständen resultierenden steigenden Infrastrukturfolgekosten und wachsenden wirtschaftlichen Belastungen für die Gemeinden und deren Einwohnerinnen und Einwohner zu vermeiden. Sie ist als Chance einer Entwicklung und nicht als Hemmnis zu sehen.

Eine nachhaltige Flächennutzung soll unter der Berücksichtigung der drei wesentlichen Strategien verfolgt werden:

- Vermeidung (Aktiver Flächenschutz und flächensparendes Bauen),
- Mobilisierung (Aktivierung von Baulücken und Innenentwicklungspotenzialen, Entsiegelung im Bestand) und
- Revitalisierung (Revitalisierung beziehungsweise Rekultivierung von Brachflächen und Stadtumbau).

Um die Flächensparzielsetzung bis 2030 stufenweise zu erreichen, werden unter Einbeziehung bestehender Instrumente und Maßnahmen neue Maßnahmen für ein nachhaltiges Flächenmanagementsystem entwickelt, das insbesondere die Kommunen bei der Umsetzung der Flächensparzielsetzung unterstützen soll. Das Land will durch Förderungen konkrete Anreize setzen, damit kommunale Entwicklungen möglichst ohne eine Flächenneuinanspruchnahme verwirklicht werden. Ebenso soll eine verbesserte Kommunikation dazu beitragen, vor Ort für eine Reduzierung des Flächenverbrauches zu sensibilisieren und zu motivieren.

Eine Reihe von Instrumenten und Maßnahmen tragen bereits zu einer Reduzierung der Flächenneuinanspruchnahme bei. Diese sind vor allem:

- **Landesplanerische Vorgaben zur Reduzierung der Flächenneuinanspruchnahme, insbesondere sind dies:**
  - Grundsatz der Raumordnung, bis 2030 die tägliche Flächenneuinanspruchnahme in Schleswig-Holstein durch Siedlungs- und Verkehrsflächen entsprechend der landespolitischen Flächensparzielsetzung auf unter 1,3 Hektar pro Tag zu senken (Kapitel 3.9 Absatz 3G),
  - Vorrang der Innenentwicklung vor der Außenentwicklung mit einer Nachweispflicht von ausgeschöpften Flächenpotenzialen, bevor neue nicht erschlossene Bauflächen ausgewiesen werden (Kapitel 3.9 Absatz 4Z),
  - Grundsätze zur Verringerung der Neuinanspruchnahme von Grund und Boden (Kapitel 3.9 Absatz 5G).
- **Maßnahmen im Rahmen der Wohnraumförderung**
  - Im Rahmen der Wohnraumförderung werden Ersatzneubauten (Abriss und Neubau) gefördert. Mit diesem Werkzeug wird eine effizientere Nutzung vorhandener Flächen ermöglicht.
  - Mit dem neuen Förderprogramm „Neue Perspektive Wohnen" werden flächensparende und qualitativ hochwertige Bebauungskonzepte und Wohnformen gezielt gefördert.
- **Vereinfachung von Nachverdichtungsmaßnahmen**
  Die Landesbauordnung ermöglicht Vereinfachungen von Aufstockungen und Dachgeschossausbauten hinsichtlich der Aufzugspflicht und der Abstandsflächen. Diese Maßnahmen werden gezielt gefördert.
- **Maßnahmen im Rahmen der ländlichen Entwicklung**
  Im Rahmen der Förderung von investiven Maßnahmen der Dorfentwicklung mit Mitteln der Gemeinschaftsaufgabe „Verbesserung der Agrarstruktur und des Küstenschutzes" (GAK) ist bei der Beantragung von Einzelmaßnahmen auf Basis eines Ortskernentwicklungskonzeptes, die Innenentwicklungspotenziale darstellen müssen, das Flächensparen ein wesentliches Projektauswahlkriterium. Darüber hinaus sind die Umnutzung von ehemals landwirtschaftlich genutzten Gebäuden und die Umnutzung dörflicher Bausubstanz als Einzelmaßnahme ebenso förderfähig, wie der Abriss oder Teilabriss von Bausubstanz im Innenbereich, die Entsiegelung brach gefallener Flächen sowie die Entsorgung der dabei anfallenden Abrissmaterialien.
- **Förderung des Brachflächenrecyclings**
  Das Brachflächenrecycling wird über Förderprogramme des Ministeriums für Energiewende, Landwirtschaft, Umwelt, Natur und Digitalisierung und des Ministeriums für Wirtschaft, Verkehr, Arbeit, Technologie und Tourismus des Landes Schleswig-Holstein unterstützt.
- **Bereitstellung eines Flächenmanagementkatastertools**
  Das Ministerium für Energiewende, Landwirtschaft, Umwelt, Natur und Digitalisierung des Landes Schleswig-Holstein stellt den Kommunen seit vielen Jahren ein Flächenmanagementkatastertool zur Verfügung.

Darüber hinaus werden folgende (Anreiz-)Maßnahmen zur Erreichung der Flächensparzielsetzung bereitgestellt:

- **Aktive Liegenschaftspolitik unterstützen**
  Ein Baulandfonds mit Beratungsstruktur unterstützt die Kommunen bei der Entwicklung von anspruchsvollen Flächen, insbesondere im Innenbereich und bei Flächenarrondierungen.
- **(Inter)kommunales/regionales Flächenmanagement forcieren**
  Stadt-Umland-Kooperationen tragen zu einem besseren interkommunalen Ausgleich und einem effizienteren Flächenmanagement bei. (Inter)kommunale/regionale Flächenmanagements werden daher finanziell unterstützt. Darüber hinaus werden die Kommunen zu weiteren Instrumenten und Fördermöglichkeiten des Flächenmanagements beraten und es wird ein Netzwerk kommunaler und regionaler Flächenmanagerinnen/-manager aufgebaut.
- **Brachflächenbestand mittels eines Baulückenkatasters erheben**
  Mit Hilfe neuer digitaler Geodatenauswertungsverfahren wird den Kommunen eine flächendeckende und landesweit homogene Analysemöglichkeit zur Identifikation der jeweiligen Innenentwicklungspotenziale bereitgestellt.

- **Flächenmonitoring und Berichterstattung zum Flächenverbrauch etablieren**
  Ein transparentes und regelmäßiges Monitoring der Flächeninanspruchnahme soll Erfolge und Misserfolge bei der Erreichung der Flächensparzielsetzung darstellen. Die Auswertungen des Amtlichen Liegenschaftskataster-Informationssystems (ALKIS) werden dabei als Grundlage für die Erreichung der Flächensparzielsetzung sowie gegebenenfalls für die Ableitung von weiteren Maßnahmen herangezogen. Alle zwei bis drei Jahre wird dem Schleswig-Holsteinischem Landtag hierzu ein Bericht erstattet.

(2) Landesplanung weiterdenken

Schleswig-Holstein wird in den nächsten Jahren von verschiedenen globalen und regionalen Trends beeinflusst. Insbesondere elf Trends werden das Land nachhaltig verändern und prägen:

- **Demografischer Wandel**: Die Bevölkerungsentwicklung verlangt nach regional differenzierten Lösungen und wirkungsvollen Kooperationen.
- **Wandel von Stadt und Land**: Unterschiedliche Trends beeinflussen das soziale und wirtschaftliche Leben in Städten und ländlichen Räumen und sorgen dafür, dass sich diese kontinuierlich wandeln.
- **Digitaler Wandel**: Der digitale Wandel erfordert Denken, auch im Sinne der Raumordnung, und Investitionen in digitale Infrastruktur und digitale Kompetenzen.
- **Internationalisierung**: Eine global vernetzte Welt und eine zunehmend globale Migration erfordern eine starke internationale Ausrichtung von Wirtschaft, Wissenschaft und Gesellschaft in Schleswig-Holstein und eine Berücksichtigung der Auswirkungen des eigenen Handelns auf andere Regionen in der Welt.
- **Nachhaltige Nutzung der natürlichen Lebensgrundlagen**: Die Grenzen unseres Planeten sowie der kontinuierliche Rückgang der Biodiversität erfordern einen neuen Umgang mit unseren natürlichen Ressourcen und Ökosystemen sowie ihren funktionalen Dienstleistungen
- **Klimawandel**: Der Klimawandel erfordert eine nachhaltige Anpassungsfähigkeit und einen effektiven und langfristigen Klimaschutz.
- **Wachsende Verkehre und neue Mobilitätsformen**: Wachsende Anforderungen an die Mobilität verlangen von Schleswig-Holstein ressourceneffiziente Lösungen, die der teilräumlichen Verkehrsentwicklung entsprechen.
- **Innovation als zentraler Treiber der Wirtschaftsentwicklung**: Der Wettbewerb der Regionen und Unternehmen verlangt nach einer hohen Innovationsfähigkeit, verbunden mit einer klaren Profilierung.
- **Wandel zur Wissensgesellschaft**: Die Wissensgesellschaft erfordert ein leistungsfähiges Bildungssystem, die Entfaltung individueller Bildungspotenziale und die Bereitschaft zum lebenslangen Lernen.
- **Wandel der Arbeitswelt**: Digitalisierung und Automatisierung, Fachkräftemangel und Wertewandel erfordern, die Arbeitswelt der Zukunft neu zu gestalten.
- **Wertewandel**: Der Wertewandel führt zur steigenden Bedeutung von individueller Lebenszufriedenheit und von immateriellen Werten und schafft zunehmende Möglichkeiten zur persönlichen Entfaltung und sowie Raum für neues Denken und Handeln in der Gesellschaft.

Aus diesen sogenannten Megatrends resultieren für Schleswig-Holstein Chancen, aber auch Risiken, die beide heute noch nicht in vollem Umfang absehbar sind. Land, Kommunen, Wirtschaft, Gesellschaft und auch die Raumordnung müssen auf die Herausforderungen Antworten geben.

Der Landesentwicklungsplan knüpft an die zentralen Megatrends an. Im Teil B werden unter Berücksichtigung der Trends Grundsätze und Ziele der Raumordnung festgelegt. Damit ist der Landesentwicklungsplan ein Fachplan, zugleich aber auch ein strategischer Ansatz für eine zukunftsorientierte räumliche Entwicklung im Land.

Vor dem Hintergrund großer Veränderungen aufgrund der Megatrends muss Landesentwicklung umfassender gedacht werden. Daher werden im neuen Landesentwicklungsplan auch Themen wie Digitalisierung, Lebensqualität, Bildung, Forschung und Innovation als zentrale Handlungsfelder dargestellt. Sie zählen zu den Treibern der Landesentwicklung, auch wenn nicht alle Aspekte eine unmittelbare Raumrelevanz haben. Diese Themen spiegeln sich in unterschiedlicher Tiefe in den Zielen und Grundsätzen der Raumordnung im Teil B des Landesentwicklungsplans wider.

Einzelnen Themen kommt eine besondere Bedeutung im Landesentwicklungsplan zu: Der Ausbau von Kooperationen und Vernetzungen, begleitet von den Möglichkeiten der Digitalisierung, spielt künftig eine wesentliche Rolle in allen Bereichen der Landesentwicklung. Damit wird Kooperation und Vernetzung sowie das Denken und Handeln in funktionalen Räumen zum übergeordneten Leitgedanken –

sowohl für die Entwicklung der Raumstruktur, die Siedlungsentwicklung, die wirtschaftliche Entwicklung und die Entwicklung der Daseinsvorsorge als auch für die Nutzung der natürlichen Ressourcen. Um der stetig wachsenden Komplexität der Lebenswelt gerecht zu werden, muss Landesentwicklung heute mehr denn je aus einer integrativen Perspektive heraus gedacht und gestaltet werden.

Eine zukunftsfähige Landesentwicklung kann darüber hinaus nur erfolgreich sein, wenn sie die Themen Nachhaltigkeit, Geschlechtergerechtigkeit, inklusives Gemeinwesen sowie moderner Staat und Gesellschaft berücksichtigt. Schleswig-Holstein hat sich verpflichtet, sein Handeln entlang der globalen Nachhaltigkeitsziele im Rahmen der UN-Resolution „Transformation unserer Welt: die Agenda 2030 für nachhaltige Entwicklung" auszurichten. Auch für die Raumordnung gilt daher, noch stärker auf nachhaltiges Handeln zu setzen, um Schleswig-Holstein ökologisch, ökonomisch und sozial weiterzuentwickeln.

In Schleswig-Holstein sollen alle Menschen faire Chancen haben. Unter dem Leitbild der Geschlechtergerechtigkeit und eines inklusiven Gemeinwesens müssen die Akteurinnen und Akteure im Land die Auswirkungen ihrer Vorhaben auf die Lebenssituationen und Bedürfnisse aller Menschen grundsätzlich und systematisch berücksichtigen. Teilhabe sowie soziale, gesellschaftliche und ökologische Verantwortung gehören daher auch zu den übergeordneten Handlungsmaximen der Landesentwicklung in Schleswig-Holstein, um die besondere Lebensqualität im Land zu bewahren und zu stärken.

(3) Konzeptioneller Rahmen für den Landesentwicklungsplan

Im Folgenden werden aus den Megatrends die strategischen Handlungsfelder für die Landesentwicklung abgeleitet und die raumordnerischen Bezüge dazu dargestellt. Dabei wird auf die zentralen Fundstellen im Teil B des Landesentwicklungsplans verwiesen.

1 Digitalisierung – Zielgerichtet den digitalen Wandel in Schleswig-Holstein vorantreiben

Für ein zukunftsfähiges Schleswig-Holstein will das Land digitale Infrastrukturen ausbauen und digitale Kompetenzen und Fertigkeiten fördern.

Digitalisierung und digitaler Wandel sind Entwicklungsvoraussetzungen für alle Lebens- und Wirtschaftsbereiche. Die Versorgung mit schnellem Internet bildet die Basis, um die Chancen und Potenziale der Digitalisierung in allen Bereichen und in allen Teilräumen des Landes nutzen zu können.

Das Land setzt sich zum Ziel, bis 2025 die umfassende Abdeckung Schleswig-Holsteins mit Glasfasertechnologie und leistungsfähigen Mobilfunknetzen zu erreichen. Ebenso sollen der verstärkte Ausbau von öffentlichem WLAN und eine Vorreiterrolle beim Ausbau mobiler Angebote auf Basis der nächsten Mobilfunkgeneration 5G vorangetrieben werden. Beim Breitbandausbau will das Land einen besonderen Fokus auf die flächendeckende Versorgung der ländlichen Räume legen, um die Attraktivität dieser Regionen als Lebens- und Arbeitsstandort zu stärken.

Schleswig-Holstein setzt hierbei auf Kooperation: Ein Bündnis mit Akteurinnen und Akteuren aus Wirtschaft und Kommunen soll für schnelle Fortschritte in der Entwicklung der digitalen Infrastruktur sorgen und damit dazu beitragen, dass Schleswig-Holstein seinen Spitzenplatz in der glasfasergestützten Breitbandversorgung in Deutschland festigt.

Neben dem Ausbau der digitalen Infrastrukturen sollen die Chancen der Digitalisierung in allen Bereichen und Teilräumen verstärkt genutzt werden. Dabei sollen auch neue Ansätze entwickelt und erprobt werden, die bei der räumlichen Planung zu berücksichtigen sind (Kapitel 4.4 und 5). Zum einen führt dies mittel- bis langfristig zu „smarten" Raumstrukturen und Infrastrukturen. Zum anderen bietet die digitale Transformation von Städten und Gemeinden zu Smart Cities und Smart Regions Chancen für eine nachhaltige und zukunftsfähige Entwicklung des Landes. Hierbei sollen die digitale Teilhabe, der Erwerb digitaler Kompetenzen und die Fertigkeiten aller Menschen einen besonderen Stellenwert einnehmen.

2 Lebensqualität – Den wichtigsten Standortfaktor Schleswig-Holsteins sichern und ausbauen

Schleswig-Holstein will seine spezifische Lebensqualität – geprägt durch die einzigartige Natur, Geografie und seine kulturellen Identitäten – als Alleinstellungsmerkmal und Standortfaktor stärken, ausbauen und sichtbarer machen. Dazu gehören auch gesellschaftliche Teilhabe, Wohlfahrt und soziale Infrastrukturen.

Lebensqualität fußt auf einer gut funktionierenden Daseinsvorsorge im Land. Daher will Schleswig-Holstein unter den Bedingungen des demografischen Wandels soziale Infrastrukturen und Dienstleistungen generationenspezifisch und generationengerecht langfristig erhalten und ausbauen. Dies betrifft die Betreuung von Kindern, Jugendlichen und Seniorinnen und Senioren, Bildung, Gesundheit,

Pflege und Sport, die Barrierefreiheit für Menschen mit Behinderungen, die Versorgung mit Dienstleistungen und Waren des täglichen Bedarfs, Kulturangebote sowie die Kommunikationsinfrastruktur.

Schleswig-Holstein will gleichwertige Lebensverhältnisse in allen Teilräumen des Landes schaffen. Dies gilt insbesondere auch für Räume mit geringer Dichte an Einwohnerinnen und Einwohnern und starken Bevölkerungsrückgängen. Gleichwertige Lebensverhältnisse bedeuten aber nicht identische Lebensverhältnisse an jedem Ort, sondern Chancengleichheit, die Gewährleistung bestimmter Mindeststandards bei Daseinsvorsorge, Erwerbsmöglichkeiten, Infrastrukturausstattungen und Umweltqualitäten sowie die bedarfsgerechte Versorgung mit Wohnraum.

Das Land verfolgt hierzu folgende raumordnerische Handlungsansätze:

- Durch das Zentralörtliche System sollen Infrastrukturangebote räumlich gebündelt und für alle Menschen im Land unter Berücksichtigung zielgruppenspezifischer Belange in zumutbarer Entfernung angeboten werden. Dabei ist stets zu berücksichtigen, welche besonderen Bedürfnisse sich insbesondere aus dem Alter, dem Geschlecht, der ethnischen Zugehörigkeit oder einem vorhandenen Unterstützungsbedarf ergeben (Kapitel 3.1),
- bei der Planung von Infrastrukturen und Dienstleistungen sollen die demografischen Veränderungen und die Möglichkeiten der Digitalisierung berücksichtigt werden (Kapitel 4.4 und 5.),
- beim Aus- und Umbau der sozialen und technischen Infrastruktur soll der Aspekt der langfristigen wirtschaftlichen Tragfähigkeit ausreichend beachtet werden (Kapitel 3.9),
- durch interkommunale Kooperationen und die Einbeziehung privater Akteurinnen und Akteure sollen innovative und kostengünstige Lösungen zur Sicherung der Daseinsvorsorge entwickelt und umgesetzt werden. Dabei sollen soziale Belange gegenüber ökonomischen und ökologischen Belangen ein angemessenes Gewicht erhalten (Kapitel 5.) und
- durch eine nachhaltige Flächennutzung, die Stärkung des vorhandenen Schutzgebiets- und Biotopverbundsystems, die Weiterentwicklung der Grünen Infrastruktur sowie durch eine konsequente Umsetzung der Energiewende sollen die natürlichen Lebensgrundlagen der Menschen erhalten und verbessert werden (Kapitel 6.).

3 Bildung – Bildungsqualität stärken, Bildungsgerechtigkeit sichern und Zugänge zu Bildung ausbauen

Schleswig-Holstein will eine Bildungslandschaft schaffen, die jedem Menschen im Land Zugang zu den bestmöglichen Abschlüssen bietet und die in der Lage ist, Bildung auf qualitativ hochwertige Weise zu vermitteln.

Um jedem Menschen in Schleswig-Holstein eine qualitativ hochwertige und umfassende Bildung zu ermöglichen, soll in allen Teilräumen des Landes eine flächendeckende Versorgung mit leistungsfähigen Bildungsangeboten sichergestellt sein (Kapitel 5.1). Dafür will Schleswig-Holstein ein schulisches Standortnetz erhalten und aufbauen, das eine gute Erreichbarkeit der Bildungsangebote für alle Schülerinnen und Schüler gewährleistet. Die demografischen Veränderungen mit rückläufigen Schülerinnen- und Schülerzahlen erfordern variable Strategien im ländlichen Raum: Dies kann zum Beispiel bedeuten, dass kleine Schulen jahrgangsübergreifende Lerngemeinschaften bilden, um einen Standort zu erhalten. Alternativ können Schulstandorte durch Um- oder Ausbaumaßnahmen zusammengelegt werden. Das Zentralörtliche System bietet hierfür räumliche Anknüpfungspunkte. Welche Strategie für welchen Standort richtig ist, muss unter Beteiligung der Akteurinnen und Akteure vor Ort entschieden werden.

Auch Berufs- und Weiterbildungsangebote müssen in ihrer Qualität und in der Erreichbarkeit – ausgerichtet am Zentralörtlichen System – gestärkt werden. Eine engere Vernetzung in regionalen Verbundstrukturen soll die Verfügbarkeit moderner und zukunftsorientierter Weiterbildungs- und Berufsangebote optimieren.

Um allen Menschen umfassende Teilhabe zu ermöglichen, sollen Kooperationen zu den Übergängen zwischen Kitas und Grundschulen sowie den Grundschulen und weiterbildenden Schulen ausgebaut werden. Auch das Angebot schulischer- und außerschulischer Ganztagsbetreuung will das Land erweitern. Ein Fokus soll auf der Bereitstellung inklusiver Angebote liegen. Der durch den demografischen Wandel zu erwartende Schülerinnen- und Schülerrückgang in vielen Teilregionen erfordert die Gestaltung flexibler Bildungsangebote. Ebenso sollen die Potenziale der Digitalisierung im Bildungssektor genutzt werden.

Die Ausbildung qualifizierter Fachkräfte ist eine Schlüsselaufgabe für die Sicherung der Zukunftsfähigkeit Schleswig-Holsteins und ein unverzichtbarer Standortfaktor. Im Hinblick auf eine zukunftsfähige berufliche Bildung im Land soll das System der dualen Berufsausbildung gestärkt werden. Im

Rahmen des lebenslangen Lernens soll auch die Bildung für nachhaltige Entwicklung ausgebaut werden.

4 Innovationen und Forschung — Ideen und Kreativität als Entwicklungstreiber begreifen

Schleswig-Holstein will die Infrastruktur in Wissenschaft und Forschung weiterentwickeln, die Hochschulen und die Vernetzung mit der heimischen Wirtschaft und Gesellschaft stärken sowie ein kreatives Umfeld schaffen, das attraktiv für kluge Köpfe aus dem In- und Ausland ist.

Die Bedeutung Schleswig-Holsteins als Wissenschafts- und Forschungsstandort ist ausschlaggebend, um ausreichend geeignete Fachkräfte und Zuwanderinnen und Zuwanderer zu gewinnen und um junge, qualifizierte Leute im Land zu halten. Das Land will zu einem konkurrenzfähigen Innovationsstandort sowie attraktiv für Start-Ups und Gründerinnen und Gründer werden. Zielstellung dabei ist es, Wissen zu generieren, Wissen zu vermitteln und Wissen zu nutzen. Dafür wird Schleswig-Holstein die Stärkung von Forschung und Lehre, die intensivere Vernetzung von Bildungs- und Forschungseinrichtungen untereinander, aber auch mit Wirtschaftsunternehmen und zivilgesellschaftlichen Akteurinnen und Akteuren, und damit eine neue Form der Nutzung von Wissen und den Transfer von Wissen in die Gesellschaft vorantreiben. Dadurch soll auch die Kohärenz zwischen Wissenschaft, Forschung und Wirtschaft optimiert werden.

Schleswig-Holstein will insbesondere die vielfältige Hochschul- und Forschungslandschaft stärken: Hochschulen, Fachhochschulen, Forschungseinrichtungen und Einrichtungen des Wissens- und Technologietransfers sind Entwicklungstreiber für Gesellschaft und Wirtschaft sowie für die Gestaltung des digitalen Wandels. Sie sollen daher als wichtiger Standort- und Wertschöpfungsfaktor gefördert werden (Kapitel 4.2).

5 Regionen im Wandel — Durch differenzierte Raumbetrachtung Stadt und Land zielgerichtet entwickeln

Schleswig-Holstein will durch Beteiligung lokaler und regionaler Akteurinnen und Akteure eine differenzierte Raumbetrachtung unterstützen, so dass regionale Stärken und Schwächen leichter identifiziert werden können. Dies soll zu einer bedarfsorientierten Landesentwicklung und zu einer ausgewogenen Raumentwicklung beitragen.

Die demografischen Veränderungen der nächsten Jahrzehnte werden sich auf fast alle Lebensbereiche und auf alle Regionen des Landes auswirken. Es sind Zuwächse an Einwohnerinnen und Einwohnern insbesondere in den größeren Städten und im Hamburger Umland und sinkende Zahlen in vielen anderen Teilräumen des Landes bei gleichzeitig deutlich mehr älteren und immer weniger jungen Menschen zu erwarten.

In Schleswig-Holstein soll es auch zukünftig gleichwertige Lebensverhältnisse für alle Menschen im Land geben. Dazu sollen eine geordnete Entwicklung der Teilräume sowie eine ausgewogene und zukunftsfähige Raumstruktur im Land beitragen. Dies gilt für die Ordnungsräume wie für die ländlichen Räume gleichermaßen. Weiterhin sollen regional differenzierte Lösungen und wirkungsvolle Kooperationen geschaffen und Infrastruktur, Wirtschaft, Bildung, Wohnungsbau, Gesundheitsversorgung, Tourismus, Kultur und Freizeit den gewandelten Nachfragestrukturen angepasst und am individuellen Bedarf der Teilräume ausgerichtet werden.

Das Land strebt eine nachhaltige Siedlungsstruktur und Siedlungsentwicklung an, die wirtschaftlichen, ökologischen und sozialen Belangen gerecht wird. Dies ermöglicht attraktive strukturelle Rahmenbedingungen für die Wirtschaft, den Schutz der natürlichen Ressourcen und ein angemessenes und differenziertes Wohnungsangebot für alle Menschen im Land.

Die Digitalisierung, der demografische Wandel, der Klimawandel, neue Mobilität und der gesellschaftliche Wandel verlangen neue innovative und regional differenzierte Lösungen und Kooperationen. Dies betrifft auch die Stadt- und Ortsplanung. Das Land will mit seinen Regionen, Kreisen und Gemeinden rechtzeitig Strategien und Handlungskonzepte entwickeln, um die Lebensqualität im Land zu sichern und Wettbewerbsvorteile für ein starkes und attraktives Schleswig-Holstein zu schaffen.

Das Land verfolgt hierzu folgende raumordnerische Handlungsansätze:

- Die Siedlungsentwicklung soll auf Schwerpunkte konzentriert werden, wodurch eine effiziente und kostengünstige Infrastrukturversorgung gewährleistet werden kann (Kapitel 3.1),
- an geeigneten Standorten soll in ausreichendem und bedarfsgerechtem Umfang die Ausweisung von Flächen für Wohnen, Gewerbe und Industrie ermöglicht werden (Kapitel 3.6, 3.7),

- es sollen neue und energieeffiziente Wohnformen sowie der verstärkte Bedarf an generationsübergreifenden, alters- und behindertengerechten und bezahlbaren Wohnungen berücksichtigt werden (Kapitel 3.6),
- es sollen innovative Gewerbegebiete geschaffen werden, die unter anderem die Themen Digitalisierung, Erreichbarkeit, Kinderbetreuung sowie Energie- und Ressourceneffizienz berücksichtigen (Kapitel 3.7),
- im Rahmen eines nachhaltigen, zukunftsweisenden Flächenmanagements sollen die Flächeninanspruchnahme reduziert, Infrastrukturfolgekosten und die Flächenentsiegelung stärker in den Blick genommen und die Wiedernutzbarmachung von Brachflächen forciert werden (Kapitel 3.9),
- Freiräume in Städten und Dörfern sollen erhalten werden (Kapitel 6.3),
- Städte und Umlandgemeinden sollen sich als funktionale Räume (Regionen) begreifen, in denen Flächenplanungen und Infrastruktureinrichtungen möglichst gemeinsam entwickelt und aufeinander abgestimmt werden (Kapitel 1.),
- Städte und Gemeinden sollen Zukunftsperspektiven als Smart Cities beziehungsweise Smart Regions entwickeln (Kapitel 4.4 und 5.) und
- Städte und Gemeinden sollen die Energiewende und die Versorgung mit Erneuerbaren Energien vorantreiben (Kapitel 4.5); mit regionalen Entwicklungskonzepten, regionalen Anpassungs- und Entwicklungsstrategien, Stadt-Umlandkonzepten, Amtskonzepten oder bilateralen interkommunalen Planungen sollen hierfür wichtige Grundlagen geschaffen werden (Kapitel 1.).

6 Wirtschaftliche Basis — Stärken und neue Zukunftsfelder profilieren

Schleswig-Holstein will die vielfältigen wirtschaftlichen Grundlagen und Potenziale des Landes ausbauen und an die veränderten Rahmenbedingungen anpassen. Dabei gilt es, starke traditionelle Branchen zu stärken und weiter zu entwickeln und vielversprechende Zukunftsfelder auszubauen.

Der zunehmende internationale Wettbewerb, die rapide Digitalisierung, der wachsende Fachkräftebedarf sowie die steigenden Anforderungen an Nachhaltigkeit und Ressourceneffizienz sind große Herausforderungen für die Wirtschaft.

Daher will Schleswig-Holstein die großen Potenziale sowohl der starken Basisbranchen als auch der vielversprechenden wirtschaftlichen Zukunftsfelder nutzen und gezielt fördern. Dadurch sollen die wirtschaftlichen Stärken Schleswig-Holsteins zum Treiber für Innovationskraft, Wachstum und Wertschöpfung werden. Kleine Unternehmen, Mittelstand und Handwerk stehen als wichtiges wirtschaftliches Rückgrat des Landes im besonderen Fokus.

Schleswig-Holstein will attraktive Rahmenbedingungen für Investitionen, für ein qualitatives und nachhaltiges Wirtschaftswachstum und für gute Beschäftigungs- und Einkommensmöglichkeiten bieten und die Teilräume zu international wettbewerbsfähigen Regionen aufbauen. Diese Entwicklung soll auf den Erhalt der natürlichen Ressourcen, der Lebensqualität und der kulturellen Identitäten abzielen. Ökonomische, soziale und ökologische Belange stehen damit gleichrangig nebeneinander.

Das Land will sich so als leistungsfähige europäische Region im internationalen Standortwettbewerb behaupten, seine Stärke als Urlaubs- und Erlebnisland ausbauen und sich weiter als internationale maritime Modellregion profilieren.

Schleswig-Holstein will aber auch seine Vorreiterstellung in der Energiewende weiter ausbauen und die Wertschöpfung aus im Land produzierten Erneuerbaren Energien steigern.

Das Land verfolgt hierzu folgende raumordnerische Handlungsansätze:

- Die Verkehrs- und Breitbandinfrastruktur sollen erhalten und ausgebaut werden (Kapitel 4.3, 4.4),
- ein attraktives und bedarfsgerechtes Gewerbe- und Industrieflächenangebot soll an geeigneten Schwerpunktstandorten geschaffen werden (Kapitel 3.7),
- die Bildungs- und Ausbildungsmöglichkeiten sollen verbessert und auf die Anforderungen einer modernen Wirtschaft ausgerichtet werden (Kapitel 5.1),
- neben den traditionellen Standortfaktoren sollen auch kulturelle Milieus, Kreativität und gesellschaftliche Toleranz als wichtige wirtschaftliche Rahmenbedingungen gefördert werden (Kapitel 5.6),
- die Entwicklungschancen aus der exponierten Lage als „Land zwischen den Meeren" und aus der Metropolregion Hamburg sollen genutzt werden (Kapitel 1.),
- die Forschungszentren sollen ausgebaut, der Wissens- und Technologietransfer zwischen Forschung und Unternehmen verbessert und die Zusammenarbeit der Hochschulen intensiviert werden (Kapitel 4.2),

- die Erneuerbaren Energien und das Energieleitungsnetz sollen ausgebaut sowie die Nutzung tiefer Geothermie und Energiespeicher weiterentwickelt und die Sektorenkopplung vorangetrieben werden (Kapitel 4.5) und
- Kooperationen mit anderen Staaten, Regionen und Wirtschaftsstandorten sollen ausgebaut und mit den Partnern die Kompetenzfelder des Landes gemeinsam international vermarktet werden (Kapitel 1.).

7 Mobilität der Zukunft – Heute die Verkehrspolitik von morgen denken

Schleswig-Holstein will nicht nur zum Vorreiter neuer Mobilität werden, sondern auch eine raum- und energiesparende und gleichzeitig finanzierbare Mobilitätsinfrastruktur realisieren. Dies berücksichtigt nicht nur die Bedürfnisse der Menschen in den einzelnen Lebens- und Wirtschaftsräumen, sondern vor allem auch die Nutzung technischer Innovationen, um neue Formen der Mobilität zu ermöglichen.

Eine nachhaltige, nutzerfreundliche, verlässliche und barrierefreie Mobilität ist ein wesentlicher Beitrag zur Sicherung der Zukunftsfähigkeit des Landes. Angesichts der drängenden Herausforderungen des Klimaschutzes, der Begrenztheit fossiler Energieträgerschaften und der nachteiligen Umweltauswirkungen bisheriger Verkehrsmittel sind ressourceneffiziente Mobilitätsformen gefordert.

Die Digitalisierung, der gesellschaftliche Wandel, wachsende Güterverkehre, die Kooperationen mit Dänemark und mit dem Ostseeraum, die intensiven Pendlerbeziehungen zur Metropole Hamburg und die unterschiedliche Siedlungs- und Raumstruktur sowie die heterogene Bevölkerungsentwicklung in den Teilräumen Schleswig-Holsteins beeinflussen das Mobilitätsverhalten der Zukunft. Das Land will daher mit Entschlossenheit in den Erhalt und den Ausbau der Verkehrsinfrastruktur investieren und sich für den Ausbau der überregionalen Verkehrsachsen stark machen, um die Wettbewerbsfähigkeit Schleswig-Holsteins zu stärken. Bei der gezielten Weiterentwicklung der Verkehrsinfrastruktur gilt insbesondere der Grundsatz Erhalt und Sanierung vor Neubau.

Schleswig-Holstein verfolgt bei der Erarbeitung von Lösungsmöglichkeiten und Konzepten einen ganzheitlichen Ansatz, der alle Verkehrsträgerschaften, Teilräume und Sektoren einbezieht: Öffentliche und private Verkehrssysteme sollen intermodal und digital verknüpft und Radwege ausgebaut werden. Darüber hinaus sollen vor dem Hintergrund des demografischen Wandels neben technischen Möglichkeiten auch neue Mobilitätsangebote verstärkt gefördert und entwickelt werden – wie etwa Bürgerbusse, ehrenamtliche Car-Sharing-Modelle oder auch ehrenamtlich organisierte Internetportale, die Fahrtwünsche und -angebote in Echtzeit vermitteln. Im Hinblick auf eine gute Erreichbarkeit sollen Einrichtungen der Daseinsvorsorge und zukunftsfähige Angebote des öffentlichen Personennahverkehrs (ÖPNV) auf das Zentralörtliche System hin ausgerichtet werden. So kann die Mobilität auch im ländlichen Raum sichergestellt werden.

Das Land verfolgt hierzu folgende raumordnerische Handlungsansätze:

- Die Verkehrsinfrastruktur soll durch die Verknüpfung aller Verkehrsträgerschaften und Teilräume eine größere Leistungsfähigkeit erreichen (Kapitel 4.3),
- neben dem Ausbau des transeuropäischen Verkehrsnetzes in Schleswig-Holstein soll das Straßennetz bedarfsgerecht weiterentwickelt werden (Kapitel 4.3.1),
- der Schienenverkehr von Personen und Gütern soll ausgebaut, die ÖPNV-Bedienung in verdichteten Räumen soll verbessert und die ländlichen Räume sollen durch ein Bus- und Schienennetz erschlossen werden (Kapitel 4.3, 4.3.2, 4.3.5),
- Verkehr vermeidende Siedlungsstrukturen sollen geschaffen und der ÖPNV und der Radverkehr ausgebaut werden (Kapitel 3.9, 4.3.5),
- Verschiedene Mobilitätsangebote (unter anderem ÖPNV, Car- und Bikesharing-Dienste, Mitfahrgelegenheiten, Bürgerbusse, Ridepooling-Fahrdienste) sollen übergreifend digital vernetzt werden (Kapitel 4.4, 5) und
- Einrichtungen der Daseinsvorsorge sollen auf das Zentralörtliche System hin ausgerichtet werden, um eine gute Erreichbarkeit sicherzustellen (Kapitel 5.).

8 Natürliche Lebensgrundlagen – Schützen und nutzen

Schleswig-Holstein will den Natur- und Umweltschutz auf der einen Seite sowie die wirtschaftlichen Interessen und die Flächenbedarfe des Landes auf der anderen Seite in Einklang bringen. Dabei geht es vor allem darum, das Bewusstsein für einen nachhaltigen Umgang mit den natürlichen Lebensgrundlagen zu schärfen, bestehende Defizite im Hinblick auf Biodiversität, Ressourcen- und Flächenschutz sowie Flächeninanspruchnahme abzubauen, den Klimaschutz und die Anpassung an den Klimawandel aktiv mitzugestalten sowie die Potenziale von Nord- und Ostsee stärker zu nutzen.

Eine intakte Natur bildet die Grundlage für Landwirtschaft, Fischerei und Tourismus und trägt zur hohen Lebensqualität in Schleswig-Holstein bei. Durch eine enge Verzahnung von Ökologie, Wirtschaft und Gesellschaft kann Schleswig-Holstein auch perspektivisch seine natürliche Ressourcenbasis erhalten und nachhaltig nutzen.

Es gilt, Biodiversität, Ressourcen- und Flächenschutz zu stärken und effektive Maßnahmen gegen den Klimawandel zu ergreifen. Schleswig-Holstein will die Funktionsfähigkeit des Naturhaushalts sowie die Vielfalt, Eigenart und Schönheit der Natur- und Kulturlandschaften in ihrem Erlebnis- und Erholungswert sichern und weiterentwickeln. Natur und Umwelt sollen auch um ihrer selbst willen erhalten und geschützt werden. Zudem sollen Luft, Boden und Wasser vor Beeinträchtigungen geschützt werden. Gleichzeitig sollen Natur und Landschaft auch Basis für eine wirtschaftliche Perspektive bilden.

Das Land verfolgt hierzu folgende raumordnerische Handlungsansätze:

- Die tägliche Flächenneuinanspruchnahme für Siedlungs- und Verkehrszwecke soll bis 2030 auf unter 1,3 Hektar pro Tag abgesenkt werden (Kapitel 3.9),
- bei der Wohnungsbauentwicklung hat die Innenentwicklung Vorrang vor der Außenentwicklung (Kapitel 3.9),
- das landesweite Biotopverbundsystem mit den NATURA 2000-Gebieten als zentralem Element soll auf mindestens 15 Prozent der Landesfläche ausgebaut werden und mindestens 2 Prozent Wildnisgebiete enthalten (Kapitel 6.2),
- der Waldanteil soll auf 12 Prozent der Landesfläche erhöht werden (Kapitel 4.8),
- die Energiewende soll konsequent umgesetzt werden (Kapitel 4.5),
- Verkehr vermeidende Siedlungsstrukturen sollen geschaffen und der ÖPNV und Radverkehr ausgebaut werden (Kapitel 4.3) und
- im Bereich der Küsten und Flüsse sollen in besonderer Weise geeignete Maßnahmen zur Klimaanpassung und zum Schutz vor Hochwasserereignissen ergriffen werden (Kapitel 6.5, 6.6).

9 Vernetzung und Kooperation – Grenz- und fachübergreifende Zusammenarbeit ausbauen

Schleswig-Holstein will Fachpolitiken großräumiger und vernetzter denken, nach außen gezielt regionale Kooperationen und internationale Vernetzung ausbauen und nach innen Internationalität und globale Verantwortung aktiv gestalten.

Eine vernetzte Welt erfordert ein großräumiges, grenzübergreifendes Denken und eine überregionale, europäische und internationale Kooperation. Es gibt keinen Bereich der Landesentwicklung, der nur in den Grenzen Schleswig-Holsteins gedacht werden kann.

International, überregional, regional und kommunal bergen Handlungsfelder von der Siedlungsentwicklung über Wirtschaft, Bildung und Forschung sowie Daseinsvorsorge bis hin zum Ressourcenschutz enorme Kooperationspotenziale. Die Vernetzung der einzelnen Sektoren auf diesen Ebenen ist der strategische Ansatz zur erfolgreichen Zukunftsgestaltung Schleswig-Holsteins. Noch mehr als bisher setzt das Land daher auf Zusammenarbeit und abgestimmte Konzepte der Kommunen und Regionen sowie eine internationale Vernetzung (Kapitel 1). Dabei werden neben der interkommunalen Zusammenarbeit auch Kooperationen von Kommunen und Unternehmen und anderen Institutionen innerhalb räumlich und funktional verflochtener Räume immer wichtiger und sollten daher mehr Gestaltungs- und Entwicklungsspielräume bekommen.

10 Zuwanderung – Schleswig-Holstein als attraktives Zuwanderungsland gestalten

Schleswig-Holstein will eine stärkere internationale Ausrichtung von Politik, Wirtschaft und Gesellschaft, um Schleswig-Holstein als Zuwanderungsland zu etablieren. Dafür ist Zuwanderinnen und Zuwanderern eine sichere, lebenswerte und staatsbürgerschaftliche Perspektive zu eröffnen. Zugleich ist Zuwanderung sozialverträglich zu entwickeln.

Aufgrund demografischer Entwicklungen und eines hohen Fachkräftebedarfs ist Schleswig-Holstein dauerhaft auf Einwanderung angewiesen. Um Schleswig-Holstein als attraktives Zuwanderungsland zu etablieren, muss sich das Land nicht nur regional, sondern auch national und international dem Konkurrenzkampf um kluge Köpfe stellen. Zugleich will das Land aber auch offen sein für jene Menschen, die vor Krieg, Hunger und Verfolgung fliehen und Zuflucht suchen.

Für die vielfältigen Zuwanderungsgruppen müssen Strukturen entwickelt werden, die eine frühzeitige Integration ermöglichen. Daher gilt es, bei der Siedlungsentwicklung und bei der Sicherung der Daseinsvorsorge sowohl in den größeren Städten als auch in den Gemeinden der ländlichen Räume bedarfsgerechte Angebote und Dienstleistungen zu schaffen (Kapitel 5).

11 Moderner Staat – Soziale und gesellschaftliche Verantwortung im Wandel gewährleisten

Schleswig-Holstein will einen leistungsfähigen modernen Staat, der den Wandel zusammen mit allen Verantwortungsträgerinnen und Verantwortungsträgern in Wirtschaft und Gesellschaft gestaltet und das Leben in einer solidarischen, fairen, verantwortungsvollen und vielfältigen Gesellschaft sicherstellt.

Der Wandel von Staat, Wirtschaft und Gesellschaft eröffnet vielfältige Gestaltungschancen für die Zukunft, zieht aber auch soziale Veränderungen nach sich, die das Miteinander beeinflussen und sogar bedrohen können. Für einen leistungsfähigen und modernen Staat will Schleswig-Holstein in Zeiten der Veränderung daher soziale und gesellschaftliche Verantwortung, Zusammenhalt und Chancengerechtigkeit stärken.

Große Chancen für einen zukunftsfähigen Staat liegen in der partnerschaftlichen Zusammenarbeit von Land und Kommunen und der Kommunen untereinander. Die Kommunen – die Städte, Gemeinden und Kreise – sind die Keimzellen des Gemeinwesens. Sie bilden mit ihren vielfältigen Leistungen und Infrastrukturen das Rückgrat des Landes. Das Land will daher die eigenverantwortliche kommunale Selbstverwaltung fördern und die Rahmenbedingungen für faire Partnerschaften zwischen den Städten, Gemeinden und Kreisen verbessern. Das Land will Anreize für die interkommunale Zusammenarbeit setzen, um Unternehmensansiedlungen und wirtschaftliche Rahmenbedingungen, Siedlungsentwicklung, Freiraumentwicklung, Tourismus und Erholung sowie Infrastruktur und Daseinsvorsorge nachhaltig, zukunftsfähig und vor allem gemeinschaftlich zu gestalten. Hier kann ein Mehrebenengovernance-Modell Orientierung geben (Kapitel 1).

Teil B Grundsätze und Ziele der Raumordnung

1 Vernetzung und Kooperation

Grundsätze und Ziele der Raumordnung

1 G

Die Vernetzung und Kooperation auf internationaler, überregionaler, regionaler und interkommunaler Ebene soll so ausgebaut werden, dass

- Herausforderungen über administrative Grenzen hinweg bewältigt werden können und gemeinsame Interessen wahrgenommen werden,
- die Entwicklung innovativer Ansätze befördert wird, zum Beispiel im Bereich der Digitalisierung,
- städtische und ländliche Räume nachhaltig und räumlich ausgewogen entwickelt werden,
- die Leistungs-, Innovations- und Wettbewerbsfähigkeit aller Teilräume, Städte und Gemeinden gestärkt wird,
- sich ausreichend große funktionale Räume bilden, um gemeinsam konkurrenzfähig zu sein,
- das Angebot und die Leistungsfähigkeit von Einrichtungen der Daseinsvorsorge sichergestellt werden und
- raumbedeutsame Planungen und Maßnahmen besser abgestimmt werden.

2 G

Durch eine verstärkte internationale Vernetzung sollen die Position Schleswig-Holsteins und seine Wahrnehmung und Sichtbarkeit im nationalen und internationalen Wettbewerb weiter ausgebaut, die europäische Integration gestärkt und für die Landes- und Regionalentwicklung wichtige Themen auf europäischer und internationaler Ebene mitgestaltet werden.

3 G

Die überregionale Verflechtung mit den unmittelbaren Nachbarn in Norddeutschland und Skandinavien soll weiter ausgebaut werden, um die Standortqualitäten Schleswig-Holsteins zu erhöhen und zusätzliche Entwicklungspotenziale zu erschließen.

4 G

Die nationale und internationale Bedeutung der Metropolregion Hamburg als Wirtschafts- und Lebensraum mit hoher Dynamik und großer Attraktivität soll weiterentwickelt werden. Durch eine verstärkte partnerschaftliche Zusammenarbeit sollen Entwicklungsimpulse auch in den ländlichen Räumen der Metropolregion und über die Metropolregion hinaus für das ganze Land genutzt werden.

5 G

Die Regionen Schleswig-Holsteins sollen in ihrer spezifischen teilräumlichen Entwicklung befördert werden. Durch regionale Kooperationen sollen die Standortattraktivität erhöht, die Lebensqualität der Menschen verbessert, Natur und Umwelt geschützt und die wirtschaftliche Entwicklung der Unternehmen weiter unterstützt werden.

6 G

Durch interkommunale Kooperationen sollen gute Lebensbedingungen in den Kommunen gesichert werden. Dazu sollen die wirtschaftlichen Rahmenbedingungen und die Umweltsituation verbessert, die Abstimmung von Planungen und Maßnahmen und die Einbindung relevanter Akteurinnen und Akteure gefördert, Entscheidungsprozesse beschleunigt sowie eine strategische Ausrichtung der kommunalen und regionalen Politik für eine nachhaltige Entwicklung des Gesamtraums erleichtert werden.

Begründung

B zu 1

Die weiter zunehmende Globalisierung, der technologische Fortschritt und die Erhöhung der Mobilität führen dazu, dass sich Staats- und Verwaltungsgrenzen immer weniger mit den Aktionsräumen von Unternehmen und Bürgerinnen und Bürgern decken. Unternehmen orientieren sich bei ihren Standortentscheidungen an den wachsenden globalen Verflechtungen. Die Bevölkerung agiert nicht nur lokal, sondern nutzt über Gemeindegrenzen hinweg regionsweite Angebote. So entstehen neue funktionale Räume, die sich nicht mehr mit den administrativ definierten Gebieten decken.

Der Wettbewerb um Einwohnerinnen und Einwohner, Fachkräfte, Arbeitsplätze und Kapital findet verstärkt in funktionalen Räumen statt. Im internationalen Kontext stehen an Stelle der Nationalstaaten stetig wachsende Wirtschaftsräume im Wettbewerb. Es entstehen daher immer mehr regionale Kooperationen mit dem Ziel, attraktive Rahmenbedingungen für die wirtschaftliche Entwicklung und die Gestaltung des Lebensumfelds der Bevölkerung zu schaffen. Zur Bewältigung der Folgen des demografischen Wandels wächst auf kommunaler Ebene die Notwendigkeit zur Zusammenarbeit, um kommunale Infrastrukturen und die öffentliche Daseinsvorsorge zu sichern.

Die Bedeutung der Region als Bezugsrahmen und Handlungsebene nimmt dabei – in unterschiedlichen geografischen Maßstäben – stetig zu.

Um diese räumlichen und strukturpolitischen Entwicklungen für das gesamte Land aktiv aufzugreifen, bedarf es des Ausbaus und der Weiterentwicklung von Kooperationen und Netzwerken. Alle Akteurinnen und Akteure im Land sind aufgefordert, über Staats- und Verwaltungsgrenzen aber auch Fachpolitiken und Einrichtungen hinweg zusammenzuarbeiten. Dafür wird die Landesregierung im Rahmen ihrer Fachpolitiken und Förderprogramme aber vor allem auch mit Instrumenten der Landes- und Regionalplanung, der ländlichen Regionalentwicklung und der Regionalpolitik verstärkt Anreize und Unterstützungsmöglichkeiten schaffen.

Mit Blick auf die unterschiedlichen geografischen Maßstäbe bedarf es des Ausbaus sowohl der kleinräumigen als auch der großräumigen Kooperationen. Daher wird sich die strategische Weiterentwicklung der Kooperationslandschaft in Schleswig-Holstein auf die in Abbildung 1 genannten fünf Kooperationsebenen konzentrieren:

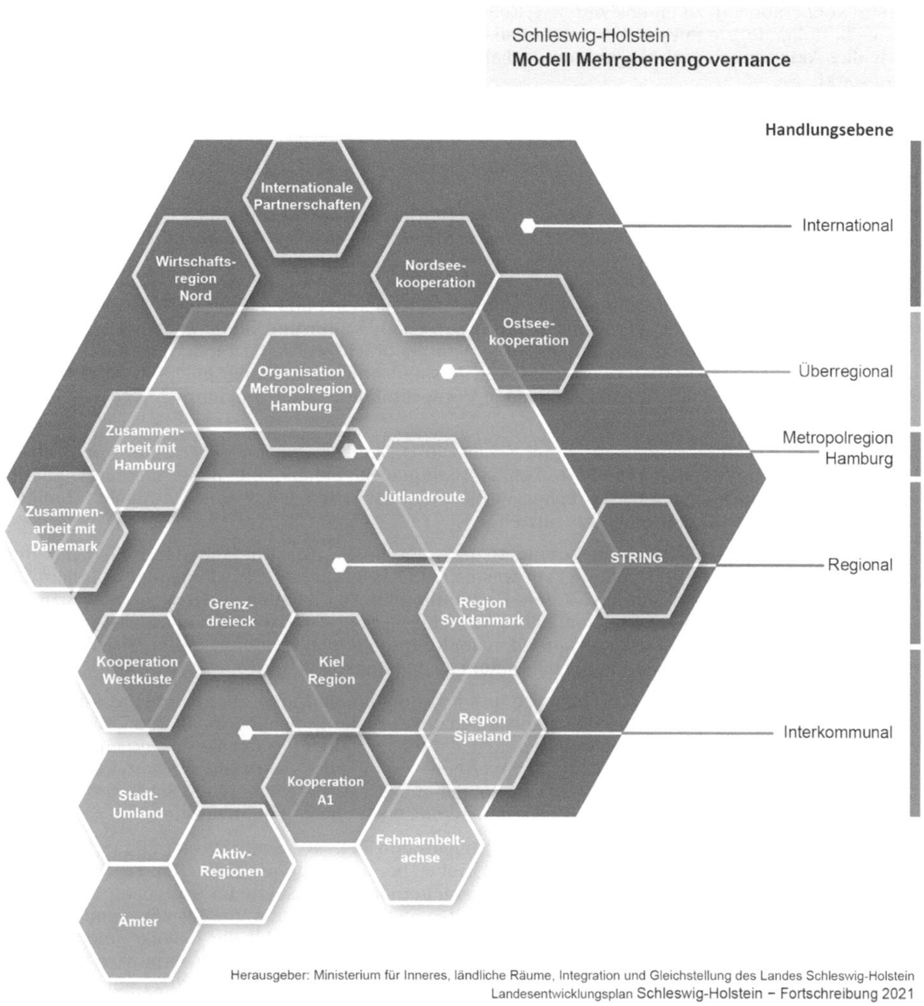

Abbildung 1 Modell Mehrebenengovernance

(1) Aufbau neuer und Ausbau bestehender internationaler Kooperationen,
(2) Intensivierung der überregionalen Zusammenarbeit mit Hamburg als wichtigstem Partner im Süden und mit Dänemark im Norden,
(3) Weiterentwicklung des funktionalen Wirtschafts- und Lebensraums „Metropolregion Hamburg“,
(4) Stärkung der teilräumlichen Entwicklungspotenziale durch regionale Kooperationen,
(5) verstärkte interkommunale Kooperationen.

Den funktionalen Verflechtungen folgend überlagern sich Kooperationsbeziehungen thematisch und räumlich immer mehr und bedingen sich auch gegenseitig. So ist zum Beispiel die Kooperation in der Metropolregion Hamburg sowohl ein Instrument zur internationalen Positionierung Schleswig-Holsteins als auch eine regionale Kooperation zur Entwicklung der endogenen Potenziale des Hamburger Umlandes. Es gilt daher, diese fünf Ebenen durch eine systematische Verzahnung und Koordinierung gezielt zu einer „Mehrebenengovernance“ strategisch weiter zu entwickeln. Dafür wird das Land

Kooperationen dabei unterstützen, den Informationsfluss und die Zusammenarbeit zwischen den einzelnen Kooperationen zu intensivieren („Kooperation der Kooperationen"). Dadurch werden die bereits bestehende Vielfalt der Kooperationen und Netzwerke sowie das dahinterstehende Engagement aller Akteurinnen und Akteure im Land als besonderer Standortfaktor Schleswig-Holsteins weiter gestärkt.

Darüber hinaus wird eine grenzüberschreitende Raumbeobachtung grundsätzlich als sinnvoll angesehen.

B zu 2

Die Zusammenarbeit in internationalen Partnerschaften ist ein fester Bestandteil der Landespolitik. Um jedoch im globalen Kontext als wettbewerbsfähiger Standort auftreten zu können und zur Stärkung der europäischen Integration, bedarf es einer noch stärkeren internationalen Vernetzung. Mit einer Internationalisierungsstrategie wird daher das Ziel verfolgt, Schleswig-Holstein deutlich stärker als international verflochtenen Wirtschafts- und Lebensraum zu entwickeln und zu positionieren. Schwerpunkte der Strategie bilden die Bereiche Wirtschaft, Wissenschaft, Kultur und Bildung. Dabei soll auch die „innere Internationalisierung" des Landes weiter vorangebracht werden, zum Beispiel durch Vermittlung von Sprachkenntnissen, der Förderung von Auslandserfahrungen aber auch der Förderung der grundlegenden Bereitschaft, die transnationalen Verflechtungen als Entwicklungschance für das Land wahrzunehmen.

Dieser Ausbau des „Internationalen" ist für Schleswig-Holstein in den nächsten Jahren von zentraler Bedeutung, auch um die durch die Feste Fehmarnbeltquerung entstehende neue Geografie mit einer engeren wirtschaftlichen und verkehrlichen Verflechtung zwischen den beiden Metropolen Hamburg und Kopenhagen für das ganze Land zu nutzen.

Dafür wird Schleswig-Holstein seine besondere geografische Lage als Bindeglied zwischen Hamburg und der Öresund-Region und dem ganzen westlichen Ostseeraum mit den Regionen Göteborg und Oslo noch stärker einsetzen, um Investoren, Fachkräfte und Touristinnen und Touristen anzuziehen. Um diese Lagegunst offensiv zu nutzen, gilt es, in Richtung Süden den gemeinsamen Wirtschaftsraum Schleswig-Holstein und die Zusammenarbeit in der Metropolregion Hamburg weiter auszubauen und in Richtung Norden die Verflechtungen mit Dänemark zu intensivieren (Absatz B zu 3 und 4).

Die nordeuropäischen Metropolen Hamburg und Kopenhagen verfügen über eine hohe Attraktivität und wirtschaftliche Stärke: Beide zählen jedoch von der Zahl der Einwohnerinnen und Einwohner her zu den kleineren europäischen Metropolen. Erst mit einer Bündelung der Potenziale entstünde ein Wirtschaftsraum, der auch im internationalen Wettbewerb eine konkurrenzfähige Sichtbarkeit erlangt. Die Landesregierung Schleswig-Holstein verfolgt daher das Ziel, die Kooperation Schleswig-Holsteins mit Hamburg und Dänemark zu einer „Wirtschaftsregion Nord" weiterzuentwickeln.

Mit der Zusammenarbeit in der internationalen Kooperation STRING (South Western Baltic Sea Transregional Area – Implementing New Geography) gibt es bereits wichtige Schritte hin zu einer solchen europäischen Großregion (Themenkarte 3). Dreizehn Regionen und Städte im westlichen Ostseeraum eint die gemeinsame Vision, einen Korridor zu schaffen, in dem Wachstum, Arbeitsplätze und Nachhaltigkeit gefördert und hohe Standards für Wohlstand und Lebensqualität der Bevölkerung gesichert werden. Mit der STRING-Strategie 2030 haben sich die Partner auf zwei Schwerpunkte festgelegt: Infrastruktur und Grünes Wachstum. Gemeinsam mit der OECD hat STRING 2020/21 ein Konzept für ein grünes Silicon Valley zwischen Hamburg und Oslo entwickelt, damit sich die Regionen im globalen Standortwettbewerb gemeinsam positionieren und als nachhaltige grüne Wachstumsregion vermarkten können.

Im Rahmen der Internationalisierung spielt auch die Ostseekooperation für Schleswig-Holstein weiterhin eine wichtige Rolle. Sie bildet den Rahmen für die Zusammenarbeit mit den Regionen der gesamten Ostseeregion inklusive der Nicht-EU-Staaten Russland und Norwegen. Vor diesem Hintergrund verfolgt die Landesregierung mit ihrem ostseepolitischen Konzept folgende Ziele:

- Ausbau der konstruktiven Rolle Schleswig-Holsteins als Mitgestalter der Ostseepolitik,
- Nutzung der wirtschaftlichen Chancen des Ostseeraums,
- Intensivierung von Hochschul- und Forschungskooperationen,
- Beiträge zur möglichst schnellen und effektiven Verbesserung der Umweltsituation im Ostseeraum und zum nachhaltigen Schutz unserer Lebensgrundlagen,
- Profilierung Schleswig-Holsteins als Teil der Maritimen Modellregion Ostseeraum,
- Nutzung der Innovations- und Integrationskraft von Kultur für die soziale Integration und gesellschaftliche Weiterentwicklung und

- Profilierung der Ostseeregion als attraktiver Standort und Lebensraum.

Eng damit verbunden ist auch das Engagement des Landes im Rahmen der Nordseekooperation. Hier besteht vor allem eine enge Zusammenarbeit Schleswig-Holsteins mit den dänischen Regionen, aber auch mit den Niederlanden. Gemeinsam wird das Ziel verfolgt, Kooperationsvorhaben zwischen relevanten Akteurinnen und Akteuren außerhalb der politischen Verwaltung aufzubauen.

Als zentrale Instrumente zur Umsetzung der Ziele der Ostsee- und Nordseekooperation dienen das INTERREG-Ostsee- und das INTERREG-Nordseeprogramm, über die bi- und multilaterale Projekte mit schleswig-holsteinischer Beteiligung durchgeführt werden können (Themenkarte 2).

Quelle: Europäische Kommission und Interreg Deutschland-Dänemark, NUTS-Daten © ESRI / Michael Bauer Research GmbH
Herausgeber: Ministerium für Inneres, ländliche Räume, Integration und Gleichstellung des Landes Schleswig-Holstein
Landesentwicklungsplan Schleswig-Holstein – Fortschreibung 2021

Themenkarte 2 Kooperationen im Nord- und Ostseeraum

B zu 3

Neben der Kooperation auf der internationalen Ebene hat die Zusammenarbeit auf der überregionalen Ebene mit den unmittelbaren Nachbarn in Norddeutschland und Dänemark einen besonderen Stellenwert.

Das Land Schleswig-Holstein und die Freie und Hansestadt Hamburg bilden einen gemeinsamen Wirtschafts- und Lebensraum, der auch aus nationaler und internationaler Perspektive als Einheit wahrgenommen wird. Für die Positionierung Schleswig-Holsteins im Standortwettbewerb sind die

Abstrahleffekte Hamburgs ein wichtiger Faktor. Umgekehrt verbessert aber auch Hamburg seine eigenen Standortqualitäten durch die Stärken und die Vielfalt des schleswig-holsteinischen Umlands.

Es ist das Ziel der Landesregierung, Schleswig-Holstein als Ganzes von den sich aus der Nähe zu Hamburg ergebenden Chancen profitieren zu lassen. Dafür wird der Standortfaktor Hamburg aktiv in die eigenen Strategien des Landes einbezogen und die Metropolfunktionen Hamburgs für die Entwicklung Schleswig-Holsteins gezielt genutzt. Dabei sind insbesondere folgende Felder von wachsender Bedeutung:

- Ausbau der Verwaltungskooperationen, insbesondere mit Blick auf den Abbau von Verwaltungsgrenzen für die Bürgerinnen und Bürger,
- Ausbau der öffentlichen Infrastruktur, vor allem im Bereich des ÖPNV,
- Gemeinsame Nutzung der Chancen der Digitalisierung, vor allem auch im Bereich des E-Governments,
- Intensivierung der Zusammenarbeit im Bereich der Wirtschaftsförderungen sowie der Siedlungs- und Raumentwicklung,
- enge Zusammenarbeit im Bereich Bildung, Hochschulen, Wissenschaft und Forschung und
- nationaler und internationaler Auftritt als starkes Bündnis.

In Richtung Norden sind die Verflechtungen mit Dänemark auf der Grundlage des Rahmenplans für die deutsch-dänische Zusammenarbeit stetig ausgebaut worden. Im Mittelpunkt des Rahmenplans steht die Positionierung Schleswig-Holsteins als Teil des „europäischen Nordens“. Dazu tragen unter anderem bei:

- die historisch gewachsene enge nachbarschaftliche Zusammenarbeit mit der Region Syddanmark mit einem Schwerpunkt auf den strategischen Handlungsfeldern wirtschaftliche Entwicklung, Bildung, Forschung, Mobilität in Beruf und Alltag sowie Kultur und Minderheiten,
- die seit Februar 2017 bestehende enge Partnerschaft mit der Region Sjælland mit dem Ziel der Vertiefung der Zusammenarbeit in der Fehmarnbeltregion,
- das grenzüberschreitende INTERREG-5A-Programm „Deutschland-Danmark“ (zukünftig INTERREG-6A) als zentrales Instrument zur strategischen Nutzung und Gestaltung dieser beiden Kooperationen und
- die Verbesserung der wirtschaftlichen Rahmenbedingungen, der Förderung eines grenzüberschreitenden Arbeitsmarktes, der kulturellen Zusammenarbeit und des Zusammenbringens der Bürgerinnen und Bürger über die Grenze hinweg in der Region „Sønderjylland-Schleswig“.

Dieser Rahmenplan soll als Grundlage für die deutsch-dänische Zusammenarbeit weiter vertieft und weiterentwickelt werden.

Über diese bilaterale Zusammenarbeit auf regionaler Ebene hinaus entwickelt sich seit geraumer Zeit eine großräumige „Achsen-Zusammenarbeit“ zwischen Schleswig-Holstein und Dänemark – sowohl im „Jütland-Korridor“ als auch auf der „Fehmarnbelt-Achse“ –, die es weiter voranzutreiben gilt (Themenkarte 3). Hamburg ist an beiden Kooperationskonzepten beteiligt.

Im „Jütlandkorridor“ arbeiten die Partner (neben Schleswig-Holstein und Hamburg die dänischen Regionen Syddanmark, Midtjylland und Nordjylland sowie die dänischen Großkommunen Aarhus und Aalborg) am Aufbau einer projektorientierten Zusammenarbeit. Neben dem Wachstumspotenzial der Metropolregion Hamburg und des Städtedreiecks Kolding – Fredericia – Vejle ist hier vor allem die Entwicklungsdynamik des Industrie- und Dienstleistungszentrums im Großraum Aalborg eine treibende Kraft. Ziel ist es, die transnationale Zusammenarbeit von Clustern in dem für alle sehr wichtigen Wirtschaftsbereich „Erneuerbare Energien“ voranzubringen.

Auf der Fehmarnbelt-Achse verspricht die Realisierung der Festen Fehmarnbeltquerung eine besondere zusätzliche Entwicklungsdynamik. Wesentliches Forum für die Zusammenarbeit ist die seit Ende der 1990er Jahre bestehende, strategisch ausgerichtete STRING-Kooperation (Absatz B zu 2). Hinzu kommen weitere Kooperationen wie das kommunal und durch gesellschaftliche Einrichtungen getragene „Fehmarnbelt-Komitee“, der von Wirtschaftsverbänden und Kammern getragene „Fehmarnbelt Business Council“, der grenzübergreifend tätige „Hansebelt e.V.“, einem Zusammenschluss von Unternehmen, sowie das Regionalmanagement im „Hansebelt“ (vergleiche Absatz B zu 5). Mit Unterstützung aus dem INTERREG-5A-Programm „Deutschland-Danmark“ hat die Fehmarnbeltregion viele Begegnungen zwischen Menschen beiderseits der Grenze, kulturellen Austausch und Projekte zur Stärkung des grenzüberschreitenden Arbeitsmarktes durchgeführt. Damit steigt die Chance, aus der Realisierung der Festen Fehmarnbeltquerung die Schaffung einer neuen deutsch-dänischen Entwicklungsachse auch auf kommunaler Ebene zu verwirklichen.

An der engen Zusammenarbeit mit Dänemark haben die beiden nationalen Minderheiten südlich und nördlich der Grenze großen Anteil. Minderheitenpolitik ist in Schleswig-Holstein ein Politikfeld, das von einem parteiübergreifenden Konsens geprägt ist und innerhalb der Landesregierung als Querschnittsaufgabe für alle Ressorts verstanden wird. Ziel ist es, das Profil des Landes als Modellregion für Minderheitenpolitik auf Augenhöhe zu stärken und gemeinsam mit den Minderheiten ihre Eigenständigkeit und ihren Beitrag zur kulturellen Vielfalt zukunftsfest zu machen.

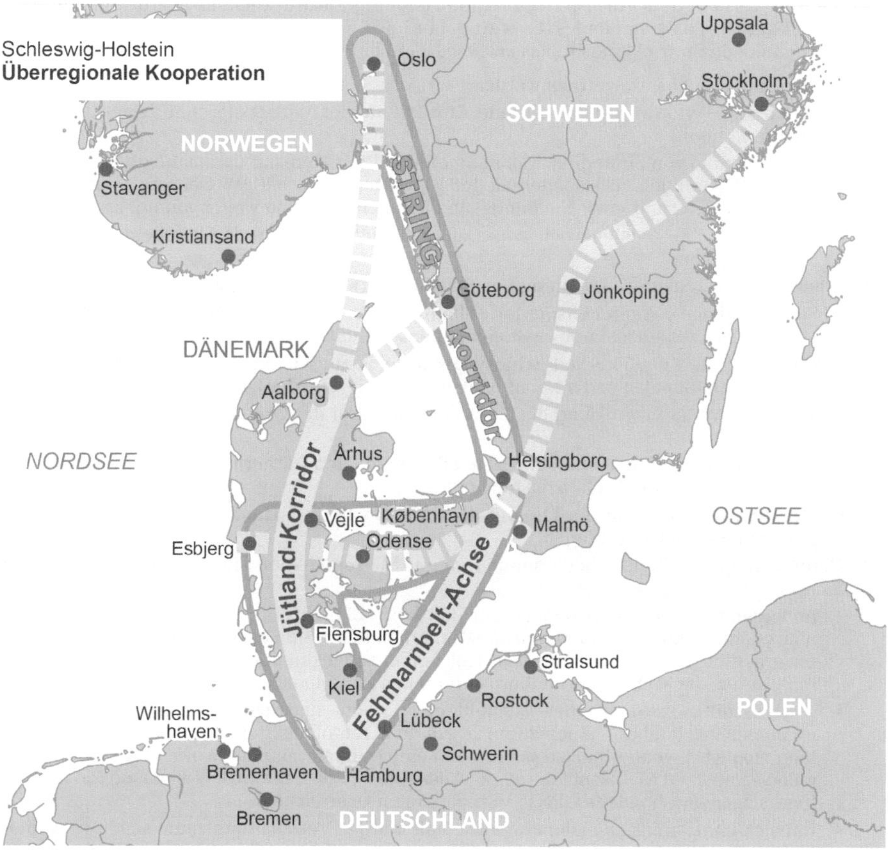

Stand: Oktober 2020
NUTS-Daten © ESRI / Michael Bauer Research GmbH
Herausgeber: Ministerium für Inneres, ländliche Räume, Integration und Gleichstellung des Landes Schleswig-Holstein
Landesentwicklungsplan Schleswig-Holstein – Fortschreibung 2021

Themenkarte 3 Überregionale Kooperationen

B zu 4

Die Metropolregion Hamburg ist ein eng verflochtener Wirtschafts- und Lebensraum, der die Freie und Hansestadt Hamburg sowie Teile der Länder Schleswig-Holstein, Niedersachsen und Mecklenburg-Vorpommern umfasst (Themenkarte 4). In diesem Raum leben rund 5,4 Millionen Menschen auf einer Fläche von 28.500 Quadratkilometern. Die Metropolregion Hamburg gehört mit einem Bruttoinlandsprodukt von 225 Milliarden Euro zu den besonders wettbewerbsfähigen Regionen Deutschlands und Europas.

In Schleswig-Holstein liegen 52 Prozent der Landesfläche innerhalb der Metropolregion Hamburg. 61 Prozent der Bevölkerung Schleswig-Holsteins lebt in diesem Raum.

Anhang 2

Metropolregionen sind aufgrund ihrer Größe, Innovations- und Wirtschaftskraft Motoren der Landes- und Regionalentwicklung. Sie werden zukünftig von der weiterwachsenden Bedeutung großer Agglomerationen profitieren, da sie als deutlich sichtbare Knotenpunkte im internationalen Austausch fungieren.

Es liegt daher im besonderen Interesse des Landes Schleswig-Holstein, die Entwicklung des Wirtschafts- und Lebensraums Metropolregion Hamburg zu stärken und weiter voranzubringen. Die Landesregierung versteht dabei die Metropolregion Hamburg ausdrücklich als Instrument zur Stärkung der Entwicklung des ganzen Landes. Es wird daher auch weiterhin das Ziel verfolgt, die von diesem Raum ausgehenden Entwicklungsimpulse weit ins Land hineinzutragen.

Dafür sollen folgende Ansätze verfolgt werden:

(1) Stärkung der Wettbewerbsfähigkeit und Attraktivität des Wirtschafts- und Lebensraums Metropolregion Hamburg
- Unterstützung von Strategien, Maßnahmen und Projekten, mit denen die grenzüberschreitenden Verflechtungen insbesondere in den Bereichen Wirtschaft, Wissenschaft, Innovation, Verkehr, Digitalisierung sowie Siedlungs- und Raumentwicklung weiter vorangebracht werden.
- Stärkung der Zusammenarbeit zwischen den städtischen und den ländlichen Räumen in der Metropolregion.

(2) Erhöhung der nationalen und internationalen Sichtbarkeit der Metropolregion Hamburg
- Steigerung des Bekanntheitsgrads der Region als innovativer Wirtschaftsstandort, attraktivem Urlaubsziel und Lebensraum mit hoher Lebensqualität.
- Dabei soll die Zugehörigkeit Schleswig-Holsteins zur Metropolregion Hamburg selbst noch stärker zur nationalen und internationalen Positionierung des Landes genutzt werden.

(3) Ausbau und Weiterentwicklung der Zusammenarbeit in der Organisation Metropolregion Hamburg
- Bündelung und Vernetzung der Kräfte aller regionalen Akteurinnen und Akteure über administrative und sektorale Grenzen hinweg.
- Stärkung der Funktion der Organisation Metropolregion Hamburg als Impulsgeber für die Entwicklung der Gesamtregion.

(4) Verbesserung der Standortbedingungen im zur Metropolregion Hamburg gehörenden Teil des Landes
- Im engeren Verflechtungsbereich um Hamburg sollen ausreichende und attraktive Entwicklungsmöglichkeiten für die Bereiche Wohnen und Gewerbe geschaffen werden, um einerseits die erhöhten Bedarfe aus Schleswig-Holstein abzudecken und gleichzeitig die Entwicklungsimpulse aus der Metropole Hamburg aufnehmen zu können.
- Zugleich gilt es im Sinne einer nachhaltigen Freiraum- und Siedlungsentwicklung, die Lebensqualitäten im Hamburg nahen Raum zu erhalten, regionale Freiräume für Natur und Naherholung möglichst wohnortnah zu sichern und eine Minimierung der Verkehre sowie einen hohen ÖPNV-Anteil am Modalsplit durch die Ausrichtung der Siedlungsentwicklung auf leistungsfähige, schienengebundene ÖPNV-Verkehrslinien zu erreichen.
- Entwicklungsimpulse aus dem engeren Hamburger Verflechtungsraum sollen in weiter entfernt liegende Entwicklungs- und Entastungsorte gelenkt werden. Sie sollen die Entwicklungsimpulse aus dem engeren Verflechtungsraum auffangen, sich als eigenständige Wirtschaftszentren (gegebenenfalls mit geeigneten Nachbargemeinden) weiterentwickeln und damit zur Stärkung des ländlichen Raums beitragen.

(5) Lenkung der Entwicklungsimpulse der Metropolregion in das ganze Land
- Dafür wird das Konzept der Siedlungsachsen (Kapitel 3.3) durch Entwicklungs- und Entlastungsorte (Kapitel 3.4) und die das ganze Land durchziehenden Landesentwicklungsachsen (Kapitel 2.5) ergänzt. Durch die Festlegung von überregionalen Standorten für Gewerbegebiete an Landesentwicklungsachsen (Kapitel 3.7) sollen attraktive Flächen für die Wirtschaft angeboten, Unternehmen mit hoher Wertschöpfung angesiedelt und neue Arbeitsplätze geschaffen werden. Unterstützt wird dies durch ein fortlaufendes Monitoring und eine darauf aufbauende Fortschreibung der teilräumlichen Gewerbeflächenleitfäden und -konzepte. Dabei kommt insbesondere der Zusammenarbeit in der Organisation Metropolregion Hamburg im Rahmen der Projekte „Gewerbeflächenkonzept" (GEFEK) und „Gewerbeflächeninformationssystem" (GEFIS) ein hoher Stellenwert zu.
- Verstärkte Zusammenarbeit zwischen der Organisation Metropolregion Hamburg und den weiteren im Land bestehenden regionalen Kooperationen zum Beispiel im Rahmen gemeinsam

durchgeführter Projekte, aber auch gemeinsamer Interessenvertretung auf nationaler und internationaler Ebene.

Quellen (Stand 2020):
KielRegion [http://www.kielregion.de]
Fehmarnbelt-Komitee [http://www.fehmarnbelt-portal.de/]
Regionale Kooperation Westküste [http://www.rk-westküste.de]
Grenzdreieck - Grænsetrekanten [http://www.grenzdreieck.de]
Metropolregion Hamburg [http://www.metropolregion.hamburg.de]
Region Sønderjylland-Schleswig [http://www.region.de]

Kartengrundlage: NUTS-Daten © ESRI / Michael Bauer Research GmbH
Herausgeber: Ministerium für Inneres, ländliche Räume, Integration und Gleichstellung des Landes Schleswig-Holstein
Landesentwicklungsplan Schleswig-Holstein – Fortschreibung 2021

Themenkarte 4 Regionale Kooperationen

B zu 5

Neben der Zusammenarbeit in der Metropolregion Hamburg haben sich mit der Kooperation Westküste, der Kooperation „Sønderjylland-Schleswig", der KielRegion, dem Fehmarnbelt-Komitee und dem Regionalmanagement im Hansebelt entlang der Bundesautobahn 1 weitere regionale Kooperationsräume gebildet (Themenkarte 4).

Diese über die Grenzen der Kreise und kreisfreien Städte hinausgehenden Kooperationen orientieren sich räumlich an den Landesentwicklungsachsen, die dem Verlauf der Bundesautobahnen folgen. Mit ihnen werden die entlang dieser Entwicklungsachsen bestehenden besonderen Wachstumsperspektiven aufgegriffen. Die großräumigen Kooperationen leisten durch die fachübergreifende Bündelung und Entwicklung regionaler Kräfte, durch das Aufgreifen wichtiger Zukunftsthemen und durch die in Eigeninitiative erfolgende Umsetzung von konkreten Projekten einen wichtigen Beitrag zur Verbesserung der regionalen Wettbewerbsfähigkeit. Die Landesregierung wird auch zukünftig Kreisgrenzen übergreifende Kooperationen durch die Förderung von Regionalen Entwicklungskonzepten, Regionalmanagements und Regionalbudgets unterstützen.

Die Kooperationen haben folgende spezifische Schwerpunkte gesetzt:

Die Regionale Kooperation Westküste, die die Kreise Dithmarschen, Nordfriesland, Pinneberg und Steinburg umfasst, konzentriert sich auf die Förderung ihrer zukunftsfähigen verkehrlichen Erschließung und wirtschaftlichen Entwicklung. Die Zusammenarbeit nutzt die besonderen Entwicklungspotenziale dieser Küstenregion in den Bereichen Erneuerbare Energien und Tourismus, um ihre Wettbewerbsfähigkeit zu stärken. Die Zusammenarbeit soll weiter vertieft werden, um die Position der Westküste als Standort für Erneuerbare Energien weiter zu festigen. Es wurde ein Gewerbeflächenmonitoring eingeführt und seit 2021 vermarktet sich die Kooperation überregional unter dem Label „Energieküste". Zudem sollen vor allem auch die Aktivitäten im Bereich Innovation und die bestehenden Verbindungen mit der Hansestadt Hamburg und der Metropolregion Hamburg vertieft werden.

Unter dem Titel KielRegion arbeitet die Landeshauptstadt Kiel mit den Kreisen Rendsburg-Eckernförde und Plön partnerschaftlich an gemeinsamen Themen. In der Region liegen neben der Großstadt Kiel noch sechs Klein- und Mittelstädte sowie 239 Gemeinden. Schwerpunkte der regionalen Kooperation sind die Themen Leben, Mobilität, Wirtschaft und Wissenschaft. Die KielRegion ist mit ihren Verflechtungen nach Skandinavien gut aufgestellt und hat sich in der Mitte des Landes zu einem starken regionalen Standort entwickelt. Die KielRegion soll weiter die fachübergreifende Zusammenarbeit für die Gestaltung eines attraktiven Lebens- und Wohnraums, eines zukunftsfähigen Wirtschaftsstandorts und einer starken Wissensregion im Norden voranbringen. Wichtige Projekte sind dabei der Ausbau des Regionalmarketings, die Entwicklung von zukunftsträchtigen Mobilitätslösungen und die Gestaltung des digitalen Wandels.

Das Regionalmanagement im Hansebelt entlang der Bundesautobahn 1 ist Teilraum der Metropolregion Hamburg und gleichzeitig Teil der deutsch-dänischen Fehmarnbelt-Achse. Die Kooperation wird von den Kreisen Herzogtum Lauenburg, Ostholstein, Segeberg, Stormarn sowie der Hansestadt Lübeck mit ihren Wirtschaftsförderungsgesellschaften getragen. Sie verfolgt das Ziel, sich stärker zwischen Hamburg und Kopenhagen zu positionieren, um das durch den Bau der Fehmarnbeltquerung wachsende Interesse von Unternehmen und Touristinnen und Touristen zu nutzen, aber auch um die Möglichkeiten durch den Standortfaktor Metropolregion verstärkt zu nutzen. Wichtige Handlungsfelder der Kooperation sind die Zusammenarbeit im Bereich der Gewerbeflächenentwicklung und -vermarktung, die Entwicklung zu einer Region für innovative Mobilität, der Ausbau des Tourismus sowie das Regionalmarketing. Um die besondere Lagegunst Schleswig-Holsteins für die Landes- und Regionalentwicklung zu nutzen, kommt dieser Kooperation als Bindeglied zwischen Hamburg und Kopenhagen/Skandinavien hohe Bedeutung zu. Darüber hinaus haben sich mit dem „Fehmarnbelt-Komitee", dem „Fehmarnbelt Business Council" und dem „Hansebelt e.V." entlang der Fehmarnbelt-Achse weitere Kooperationen gebildet (siehe B zu 2).

Der Landesteil Schleswig kann wegen seiner Lage zwischen den Wachstumszentren in Dänemark und im Süden Schleswig-Holsteins eine wichtige Scharnierfunktion in den deutsch-dänischen Entwicklungsstrategien einnehmen. Neben den in der Grenzregion ausgeprägten Stärken zum Beispiel im Bereich Energietechnologien, den Hochschulstandorten Sønderborg und Flensburg, der kommunalen Zusammenarbeit im „Grenzdreieck" Flensburg – Aabenraa – Sønderborg oder der grenzüberschreitenden Zentralfunktion Flensburgs kann die Zusammenarbeit in der „Region Sønderjylland-Schleswig" ein wesentliches Element sein. Um diese Chance über die Grenze hinweg gemeinsam zu nutzen, wären gemeinsame Anstrengungen zum Beispiel zur Fachkräfteanwerbung und -bindung oder zum Ausbau des grenzüberschreitenden ÖPNV in der deutsch-dänischen Grenzregion erforderlich. Innerhalb des Landesteils Schleswig haben die Kreise Nordfriesland und Schleswig-Flensburg sowie die

Stadt Flensburg positive Erfahrungen in der Kreisgrenzen überschreitenden Zusammenarbeit gesammelt. Beispielsweise wurde ein gemeinsamer Nahverkehrsplan aufgestellt. Zur Anpassung der Daseinsvorsorge an den demografischen Wandel haben die beiden Kreise enger kooperiert, jüngst zum Beispiel in dem Bundesmodellvorhaben „Langfristige Sicherung von Versorgung und Mobilität in ländlichen Räumen". Während der Kreis Nordfriesland in das Regionalmanagement der Westküste eingebunden ist, hat sich im Kreis Schleswig-Flensburg an der bedeutenden Landesentwicklungsachse der Bundesautobahn 7 bisher noch kein großräumiger Kooperationsraum etablieren können. Aus Sicht der Landesplanung könnte die Regionalentwicklung und Wirtschaftsförderung in diesem Raum deutlich von einem Regionalmanagement profitieren, weshalb Initiativen zur Institutionalisierung eines Kooperationsraumes an der Bundesautobahn 7 sehr begrüßt werden würden.

B zu 6

Auf der kommunalen Ebene hat sich ebenfalls eine vielfältige Kooperationslandschaft in Schleswig-Holstein etabliert mit

- Stadt- und Umland-Kooperationen (unter anderem Elmshorn, Flensburg, Geesthacht, Heide, Husum, Itzehoe, Kiel, Lübeck, Rendsburg und Schleswig; Themenkarte 5),
- 22 AktivRegionen (eingetragene Vereine, unter Einbindung von Wirtschafts- und Sozialpartnern; Themenkarte 6), sowie
- zahlreichen kommunalen Zweckverbänden, Verwaltungsgemeinschaften, gemeinsamen Kommunalunternehmen und Nachbarschaftsforen.

Darüber hinaus bestehen auf Ämterebene vielversprechende Kooperationsansätze in den Bereichen Daseinsvorsorge, Digitalisierung und Siedlungsentwicklung. Viele Herausforderungen der Zukunft lassen sich nur interkommunal bewältigen. Daher wird das Denken und Handeln über die Grenzen der eigenen Kommune hinaus für viele Themenbereiche immer vordringlicher. Keine Kommune kann die Herausforderungen alleine bewältigen oder die sich ergebenden Chancen individuell voll ausschöpfen. Durch Zusammenarbeit können allzu kleinräumige Politikansätze überwunden und neue Gestaltungschancen genutzt werden. Daher soll die interkommunale Zusammenarbeit im Land in allen Bereichen und Teilräumen ausgeweitet werden. Dieses gilt insbesondere für die Verflechtungsbereiche der Ober- und Mittelzentren (zum Beispiel von Flensburg).

Stand: 06/2020
© GeoBasis-DE/LVermGeoSH
Herausgeber: Ministerium für Inneres, ländliche Räume, Integration und Gleichstellung des Landes Schleswig-Holstein
Landesentwicklungsplan Schleswig-Holstein – Fortschreibung 2021

Themenkarte 5 Stadt-Umland-Kooperationen

Die Kooperationsthemen und -anlässe reichen von Wohnen, über Gewerbe (Kapitel 3.7), Einzelhandel (Kapitel 3.10), Digitalisierung (Kapitel 4.4 und 5), Freiraumsicherung (Kapitel 6.2 und 6.3), Tourismus und Erholung (Kapitel 4.7), Mobilität und Verkehr (Kapitel 4.3) sowie zur sozialen und technischen Daseinsvorsorge (Kapitel 5) bis hin zu Klimaschutz und Klimaanpassung (Kapitel 6.1). Im Bereich der Siedlungsentwicklung sieht der Landesentwicklungsplan Regelungen zur interkommunalen Zusammenarbeit vor (Kapitel 3.8), mit denen flexibel den besonderen Bedarfssituationen in den Teilräumen Rechnung getragen und ein wichtiger Beitrag zur Sicherung langfristig tragfähiger Strukturen geleistet werden soll.

Aufgrund der engen Verflechtungen zwischen Städten und ihrem Umland sollen die Konkurrenzen im Wettbewerb um Einwohnerinnen und Einwohner und um Arbeitsplätze durch eine enge Kooperation vermieden werden. Stattdessen geht es darum, die jeweiligen Potenziale der Partnerkommunen wie Standortgunst, Flächenreserven und Infrastruktur bestmöglich für den Gesamtraum zu nutzen und langfristig zu sichern. Vertrauen und gegenseitiger Respekt, aber auch verbindliche Konzepte und Vereinbarungen zwischen den Partnerkommunen sind wesentlich für erfolgreiche Stadt-Umland-Kooperationen. Aber auch ein fairer Interessens- und Lastenausgleich, wie er zum Beispiel im Lebens- und Wirtschaftsraum Rendsburg realisiert wurde, tragen zu einer zukunftsfähigen Entwicklung des Gesamtraumes bei.

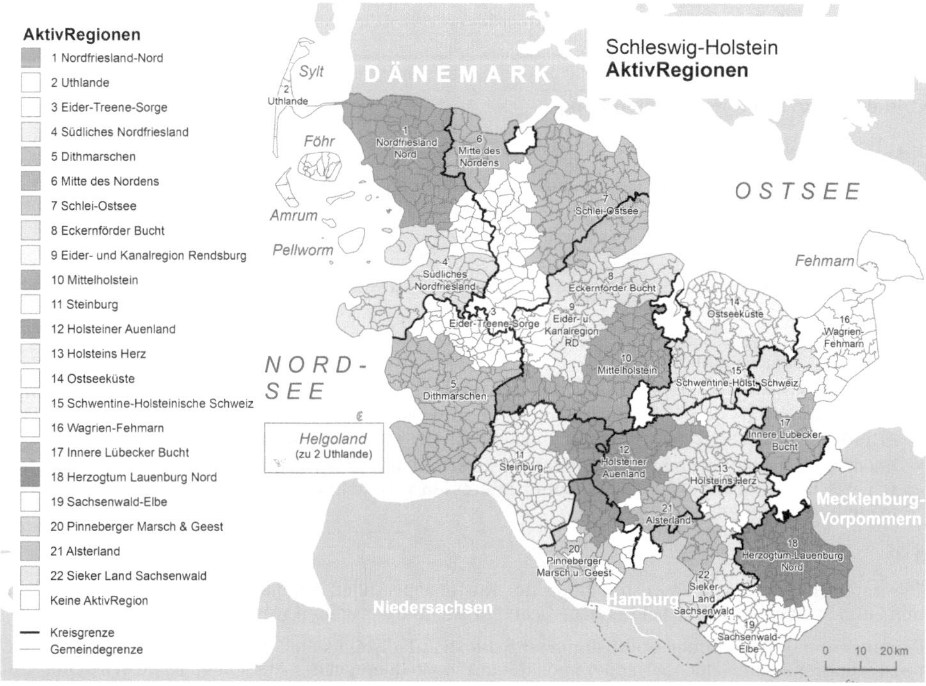

Stand: 2020
© GeoBasis-DE/LVermGeoSH
Herausgeber: Ministerium für Inneres, ländliche Räume, Integration und Gleichstellung des Landes Schleswig-Holstein
Landesentwicklungsplan Schleswig-Holstein – Fortschreibung 2021

Themenkarte 6 AktivRegionen

Eine abgestimmte Siedlungs- und Infrastrukturentwicklung wird nicht nur in Stadt- und Umlandbereichen, sondern auch in den ländlichen Räumen immer wichtiger. Die kommunale Zusammenarbeit, zum Beispiel im Rahmen von Anpassungs- und Entwicklungsstrategien, soll daher verstärkt auch auf der Ämterebene erfolgen.

Auf Ebene der AktivRegionen sind private und öffentliche Akteurinnen und Akteure in 22 Vereinen zusammengeschlossen. Sie gestalten gemeinsam mit den Menschen vor Ort die Zukunft der Dörfer und kleinen Städte in ihrer Region (Themenkarte 6). Klimawandel und Energie, nachhaltige Daseinsvorsorge, Wachstum und Innovation sowie Bildung sind die Themenschwerpunkte. Mit Hilfe europäischer Fördermittel aus dem Europäischen Landwirtschaftsfond für die Entwicklung des ländlichen Raums (ELER) setzen die öffentlichen und privaten Trägerschaften in den AktivRegionen Projekte im Sinne einer eigenständigen und nachhaltigen Regionalentwicklung in und für die ländlichen Räume um. Eine wesentliche Grundlage bilden dabei regionale integrierte Entwicklungsstrategien (IES).

Darüber hinaus können auch bi- und multilaterale Kooperationen in einzelnen Fachthemen Vorteile für die Kommunen hervorbringen. Hier haben sich bereits vielfältige Organisationsmodelle und -strukturen etabliert.

Die Zusammenarbeit auf der interkommunalen Ebene soll freiwillig sein und sich sowohl im Rahmen bewährter, öffentlich-rechtlicher oder privatrechtlicher Organisationsformen vollziehen als auch offen sein für neue, informelle Formen partnerschaftlicher Zusammenarbeit.

2 Raumstruktur

2.1 Küstenmeer

Grundsätze und Ziele der Raumordnung

1 G

Die Potenziale des Küstenmeers, der inneren Gewässer und des landseitigen Küstenbereichs (Küstenzone) sollen verträglich genutzt, geschützt und nachhaltig entwickelt werden.

Z

Das Küstenmeer von Nord- und Ostsee sowie die inneren Gewässer sind in der Hauptkarte dargestellt.

2 G

In den Küstenzonen sollen

- regionale Strategien entwickelt werden, die die erforderlichen Anpassungen an den Klimawandel und die Potenziale der Küstenzonen von Nord- und Ostsee für eine nachhaltige Nutzung sowie die Erfordernisse des Schutzes von Natur und Landschaft und des Meeresschutzes aufzeigen, sowie
- bei den unterschiedlichen Raumnutzungsansprüchen und Entwicklungen frühzeitig Konflikte zwischen Schutzerfordernissen und Nutzungsinteressen vermieden und bestehende Nutzungskonflikte minimiert werden.

3 G

Die unterschiedlichen Raumansprüche in der Küstenzone sollen aufeinander abgestimmt und Ziele und Grundsätze relevanter Fachbereiche beachtet oder berücksichtigt werden.

Planungen und Maßnahmen im Küstenmeer Schleswig-Holstein sollen mit denen in den Küstenmeeren der angrenzenden Nachbarländer und -staaten sowie denen in der Ausschließlichen Wirtschaftszone abgestimmt werden.

Die Belange der nationalen und militärischen Sicherheit sowie die uneingeschränkte Einsatzfähigkeit der Bundeswehr und der Bundespolizei See sollen berücksichtigt werden.

Begründung

B zu 1

Land und Meer als integrative Bestandteile der Küstenzone zeichnen sich durch besondere Dynamik, Vielfalt und Schönheit aus. Ziel ist es daher, die ökologischen und ökonomischen Potenziale der Küstenzonen von Nord- und Ostsee bei gleichzeitigem Erhalt der natürlichen Dynamik der Küstenökosysteme sowie der Kulturdenkmale gemäß § 2 Absatz 2 Denkmalschutzgesetz (DSchG) zu nutzen und eine nachhaltige und umweltverträgliche Entwicklung voranzutreiben.

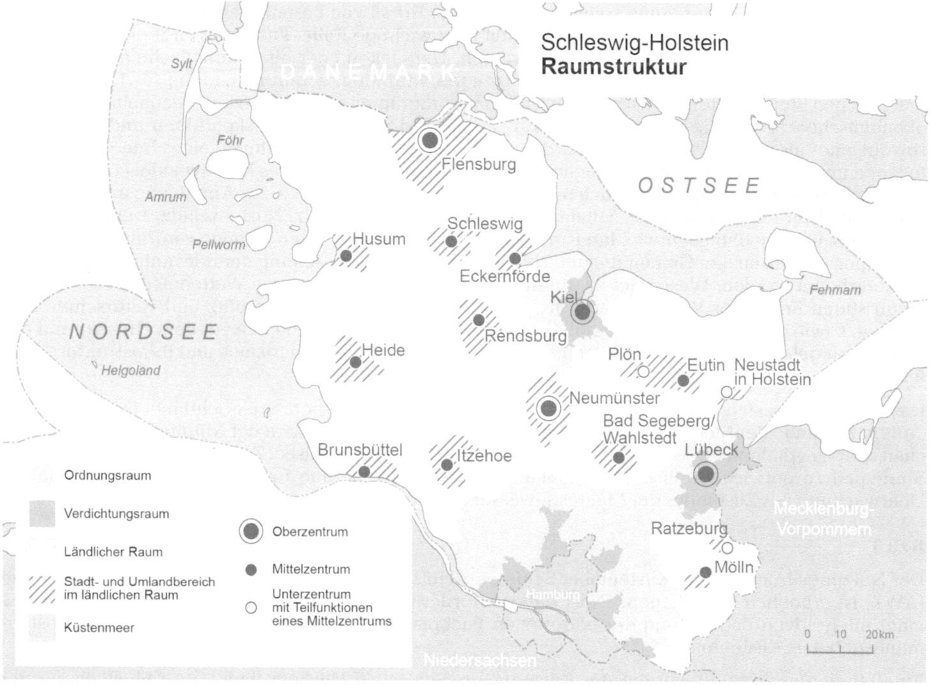

Stand: 2021
© GeoBasis-DE/LVermGeoSH
Herausgeber: Ministerium für Inneres, ländliche Räume, Integration und Gleichstellung des Landes Schleswig-Holstein
Landesentwicklungsplan Schleswig-Holstein – Fortschreibung 2021

Themenkarte 7 Raumstruktur

Das Küstenmeer, das gemessen von den Basislinien die maximale Küstenmeerbreite von 12 Seemeilen nicht überschreiten darf, schließt sich seewärts an die inneren Gewässer an (Themenkarte 7). Die inneren Gewässer sind die landwärts der Basislinie des Küstenmeeres gelegenen Gewässer. Als Basislinie gilt in der Ostsee die Küstenlinie sowie vor den Förden eine Fördeabschlusslinie. In der Nordsee ist mit Ausnahme der Sylter Westküste die Basislinie nach internationaler Übereinkunft koordinatengestützt in einiger Entfernung seewärts der Inseln und Sandbänke definiert. Aufgrund der Festlegung gerader Basislinien gehören die nordfriesischen Inseln und Halligen sowie das Wattenmeer zu den inneren Gewässern.

Die Küstenzone schließt neben dem Küstenmeer je nach Problemstellung die inneren Gewässer sowie Teile des Landesinneren (zum Beispiel auch See- und Binnenwasserstraßen) mit ein. Aufgrund der unterschiedlichen funktionalen Zusammenhänge wird landseitig keine Abgrenzung vorgenommen. Die räumliche Ausdehnung kann daher sehr unterschiedlich sein. Als Orientierung für den landseitigen Küstenbereich der Küstenzone kann jedoch die im Raumordnungsbericht Küste und Meer 2005 vorgenommene räumliche Differenzierung und Abgrenzung der Küstenzone – bis drei Kilometer landeinwärts – dienen.

B zu 2

Die Küstenzonen werden als Wirtschafts-, Siedlungs-, Erholungs- und Erlebnisraum von den Menschen genutzt. Sie sind aber auch ökologisch wertvolle und sensible Bereiche, die oftmals einem gesetzlichen Schutz wie beispielsweise als Nationalpark, Naturschutzgebiet, Flora-Fauna-Habitat-(FFH) und Vogelschutzgebiet unterliegen. Im Meeresboden können darüber hinaus dingliche Zeugnisse wie archäologische Funde, Veränderungen und Verfärbungen in der natürlichen Bodenbeschaffenheit sowie Zeugnisse pflanzlichen und tierischen Lebens Rückschlüsse auf die Vergangenheit des Menschen zulassen, dessen Siedlungsräume an der Ostseeküste stark eiszeitlich geprägt sind. Neben der anthropogenen Überprägung spielt daher auch der Erhalt von besonderen geologischen oder geomorphologischen Formationen aus den Eiszeiten eine wichtige Rolle. Punktuell birgt das Küstenmeer zudem technische Gefahren als Folge von Kriegen, Unglücken oder einer unbedachten Entsorgung. Ursächlich sind Wracks von Schiffen und Flugzeugen, Munition, verlorene Ladung sowie Abfälle mit gefährlichen Stoffen. Interessenskonflikte sind so vorprogrammiert. Zur Nutzung der ökologischen und ökonomischen Potenziale einerseits und zur Vermeidung von Nutzungskonflikten andererseits ist sowohl land- als auch seeseitig eine koordinierte Vorgehensweise im Rahmen eines Integrierten Küstenzonenmanagements (IKZM) unumgänglich. Vor dem Hintergrund des Klimawandels und der Nutzungskonkurrenzen werden aber auch regionale Strategien, die Ansätze zur Anpassung an den Klimawandel und für ein verträgliches Miteinander zwischen Naturschutz, Küstenschutz, Denkmalschutz, Tourismus und Siedlungsentwicklung in den Küstenzonen aufzeigen, immer vordringlicher. Diese Strategien sollen von den Gemeinden interkommunal unter Einbeziehung der relevanten Fachplanungen erarbeitet werden. Wesentliche Grundlage hierfür sind die Strategie Wattenmeer 2100, die den langfristigen Erhalt des Wattenmeeres in seinen Funktionen für Küstenschutz und Naturschutz zum Ziel hat, sowie die in Erstellung befindliche Strategie Ostseeküste 2100, die vor dem Hintergrund des Meeresspiegelanstiegs Handlungsempfehlungen zu Küstenschutz, Tourismus und Infrastrukturen liefern soll.

Des Weiteren besteht die Verpflichtung der EU-Meeresstrategierahmenrichtlinie (MSRL), einen „guten Zustand" der Meeresumwelt in den jeweiligen Meeresgewässern der Mitgliedstaaten zu erreichen oder zu erhalten. Für Deutschland sind dieses die Ost- und Nordsee. Zur Erreichung der Ziele sind Strategien zu entwickeln, in denen Maßnahmen zur Verbesserung und Monitoringprogramme zur Überwachung des Zustandes der Meeresgewässer festgelegt werden.

B zu 3

Der Nutzungsdruck auf das Küstenmeer Schleswig-Holsteins und die ausschließliche Wirtschaftszone (AWZ) ist erheblich angestiegen. Es ist daher erforderlich, Konflikte auch raumordnerisch im Sinne einer integrativen Betrachtung der betroffenen Fachplanungen zu lösen (raumordnerisches Abstimmungsgebot im Küstenmeer).

Eine raumordnerische Steuerung des Küstenmeers Schleswig-Holstein findet ausschließlich auf der Ebene des Landesentwicklungsplans statt. Für die AWZ stellt der Bund eigene Raumordnungspläne auf. Die Nachbarländer haben für ihre Küstenmeere ebenfalls raumordnerische Festlegungen getroffen.

Zur Erfüllung des verfassungsmäßigen Auftrages und zum Erhalt der Fähigkeit der Landes- und Bündnisverteidigung, der Einsatzfähigkeit im Ausland sowie zur Überwachung der Seegrenzen ist sicherzustellen, dass die Belange der nationalen und militärischen Sicherheit sowie die uneingeschränkte Einsatzfähigkeit der Bundeswehr und der Bundespolizei See (zum Beispiel in Form von Übungen und Erprobungen auf See) bei Planungen und Maßnahmen berücksichtigt werden.

Innerhalb des Nationalparks Schleswig-Holsteinisches Wattenmeer ist dabei der Vorrang des Naturschutzes zu beachten.

2.2 Ordnungsräume

Grundsätze und Ziele der Raumordnung

1 Z

Ordnungsräume sind um die schleswig-holsteinischen Oberzentren Kiel und Lübeck sowie um Hamburg abgegrenzt. Sie umfassen die Verdichtungsräume mit ihren Randgebieten. Ordnungsräume und Verdichtungsräume sind in der Hauptkarte dargestellt.

2 G

In den Ordnungsräumen sollen die Standortvoraussetzungen für eine dynamische Wirtschafts- und Arbeitsplatzentwicklung weiter verbessert werden. Hierzu soll die Kommunikationsinfrastruktur weiterentwickelt werden und es sollen die Anbindungen an die nationalen und internationalen Waren- und Verkehrsströme über Schiene und Straße sowie über Luft- und Schiffsverkehrswege gesichert und bedarfsgerecht ausgebaut werden. Flächen für Gewerbe- und Industriebetriebe sowie für Wohnungsbau sollen in ausreichendem Umfang vorgehalten werden.

3 G

In den Ordnungsräumen sollen die unterschiedlichen Flächennutzungsansprüche besonders sorgfältig aufeinander abgestimmt werden.

Z

Die Siedlungsentwicklung ist durch Siedlungsachsen (Kapitel 3.3) und Zentrale Orte (Kapitel 3.1) sowie regionale Grünzüge und Grünzäsuren (Kapitel 6.3) besonders zu ordnen und zu strukturieren.

G

Die Siedlungsentwicklung in den Ordnungsräumen erfolgt vorrangig auf den Siedlungsachsen und soll außerhalb der Siedlungsachsen auf die Zentralen Orte konzentriert werden.

Diese Siedlungsschwerpunkte sollen gut an den öffentlichen Personennahverkehr (ÖPNV) angebunden sein. Städte und Gemeinden auf den Siedlungsachsen sollen möglichst eine Anbindung an den schienengebundenen Personennahverkehr haben (Kapitel 4.3.5).

Die Räume zwischen den Siedlungsachsen sollen in ihrer landschaftlich betonten Struktur erhalten bleiben. Als Lebensraum der dort wohnenden Menschen, aber auch als Räume für Land- und Forstwirtschaft, Naherholung und Ressourcenschutz sowie als ökologische Funktions- und Ausgleichsräume sollen sie gesichert werden.

Z

In den Regionalplänen sind in den Ordnungsräumen regionale Grünzüge (Kapitel 6.3.1) und auf den Siedlungsachsen überörtlich bedeutsame Grünzäsuren (Kapitel 6.3.2) darzustellen. Diese Freiräume sind als Gliederungselemente und in ihren Funktionen für den Naturhaushalt und die Naherholung zu sichern.

4 G

In den Ordnungsräumen besteht für benachbarte Städte und Gemeinden bei Planungen für Wohnen, Gewerbe, Einzelhandel, Verkehr, Infrastruktur und zur Freiraumgestaltung ein erhöhtes Abstimmungs- und gemeinsames Planungserfordernis. Sie sollen hier verstärkt zusammenarbeiten und dabei möglichst interkommunale Vereinbarungen zur Siedlungsentwicklung (Kapitel 3.8) treffen.

Begründung

B zu 1

Die Verdichtungsräume wurden von der Ministerkonferenz für Raumordnung (MKRO) festgelegt und sind im Landesentwicklungsplan nachrichtlich dargestellt. Zusammen mit den sogenannten Randgebieten der Verdichtungsräume, die im Landesentwicklungsplan festgelegt werden, bilden sie die Ordnungsräume.

Für die Abgrenzung der Ordnungsräume wurden zugrunde gelegt

- die Pendlerverflechtungen sowie
- die Verdichtung einer Gemeinde
(anhand der Kriterien Siedlungsdichte, Siedlungsflächenanteil, Einwohnerinnen und Einwohner sowie sozialversicherungspflichtig Beschäftigte je Hektar Gebäude- und Freifläche) und
- die Arbeitsplatzzentralität
(anhand der Kriterien sozialversicherungspflichtig Beschäftigte am Arbeitsort je Einwohnerinnen und Einwohner sowie Anteil der Auspendlerinnen und Auspendler an den sozialversicherungspflichtig Beschäftigten am Wohnort).

Zur Methodik der Abgrenzung siehe Anlage 1. Die zugehörigen Gemeinden sind in Anlage 2 aufgelistet.

B zu 2

Die Ordnungsräume sind Schwerpunkträume der wirtschaftlichen Entwicklung im Land. Sie profitieren von der Wirtschaftsstärke und der überregionalen Anziehungskraft der Oberzentren. Um die wirtschaftlichen Chancen besser nutzen zu können, soll die Kommunikations- und Verkehrsinfrastruktur in den Ordnungsräumen verbessert werden und es sollen bedarfsgerecht Flächen für Gewerbe und Industrie ausgewiesen werden. Zur wirtschaftlichen Standortprofilierung tragen außerdem attraktive

Angebote an Wohnungen und Einrichtungen der Daseinsvorsorge für die Beschäftigten bei. Nachhaltigkeitsaspekte sollen bei den Flächenplanungen angemessen berücksichtigt werden.

B zu 3

Die Ordnungsräume entwickeln sich dynamisch, sie sind aber aufgrund ihrer Verdichtung auch durch räumliche Belastungen gekennzeichnet, wie örtliche Flächenengpässe, wachsendes Verkehrsaufkommen und zunehmende Nutzungskonflikte. Die konkurrierenden Flächenansprüche für Wohnen, Gewerbe, Land- und Forstwirtschaft, Infrastruktur, Naherholung und Ressourcenschutz müssen daher besonders abgewogen werden, um die wirtschaftliche Entwicklungsdynamik zu stärken und gleichzeitig die Lebensqualität in den Ordnungsräumen zu sichern.

Wesentliches Instrument zur Steuerung der Siedlungsentwicklung ist das Konzept der Siedlungsachsen. Die Siedlungsachsen, die in den Regionalplänen verbindlich abgegrenzt werden (Kapitel 3.3), sind Schwerpunkte der Siedlungsentwicklung. Die Räume zwischen den Achsen sind weniger dicht besiedelt und sollen vor allem landschaftlich geprägt sein. Sie sind Räume für Land- und Forstwirtschaft, aber auch Naherholungsräume und stellen einen Kontrast zu den verdichteten und stark besiedelten Achsen dar.

B zu 4

Wegen der hohen Siedlungsdichte, der intensiven räumlichen Verflechtungen und des erheblichen Siedlungsdrucks reichen vielerorts die Abstimmungen im Rahmen der Bauleitplanung nicht aus, um der besonderen räumlichen Situation, die beispielsweise durch baulich zusammenhängende Gemeinden oder Stadt-Umland-Wanderung gekennzeichnet ist, Rechnung zu tragen. Daher sind interkommunale Abstimmungen, Strategien und Vereinbarungen erforderlich. Sie sollen unter anderem dazu beitragen, dass an geeigneten Standorten genügend Flächen für bezahlbaren Wohnraum und gewerbliche Entwicklung bereitgestellt werden.

2.3 Ländliche Räume

Grundsätze und Ziele der Raumordnung

1 Z

Ländliche Räume im Sinne der Raumordnung sind alle Städte und Gemeinden, die außerhalb der im Landesentwicklungsplan dargestellten Ordnungsräume (Kapitel 2.2) liegen. Die ländlichen Räume sind in der Hauptkarte dargestellt.

2 G

Die ländlichen Räume sollen als eigenständige, gleichwertige und zukunftsfähige Lebensräume gestärkt werden. Die Rahmenbedingungen für die wirtschaftliche Entwicklung sollen verbessert werden. Die Bedeutung der ländlichen Räume als Natur- und Erholungsräume soll nachhaltig gesichert werden. Der Vielfalt und Unterschiedlichkeit der ländlichen Räume sollen teilräumliche Strategien und Entwicklungskonzepte Rechnung tragen, die endogene Potenziale nutzen.

3 G

Die Entwicklung der ländlichen Räume erfordert eine intensive und übergreifende Zusammenarbeit der Kommunen und aller Politikbereiche sowie integrierte Handlungsstrategien, die unter Beteiligung der Menschen in den ländlichen Räumen erarbeitet und umgesetzt werden. Die Handlungsstrategien sollen den Strukturwandel gestalten, die Digitalisierung unterstützen und helfen, die Folgen des demografischen Wandels zu bewältigen, die Daseinsvorsorge langfristig zu sichern, zur Sicherstellung der Energieversorgung beizutragen, Arbeitsplätze und Erwerbsmöglichkeiten, insbesondere auch für Frauen und junge Menschen, zu schaffen, die Wohnqualität und das Wohnumfeld zu sichern und junge Familien an die ländlichen Räume zu binden.

4 G

Die Daseinsvorsorge soll überall in den ländlichen Räumen gesichert werden (Kapitel 5). Einrichtungen der überörtlichen Daseinsvorsorge sollen gut erreichbar sein.

Z

Versorgungsschwerpunkte sowie Siedlungs- und Wirtschaftsschwerpunkte in den ländlichen Räumen sind die Zentralen Orte (Kapitel 3.1). Sie werden ergänzt durch Gemeinden mit einer ergänzenden überörtlichen Versorgungsfunktion (Kapitel 3.2 Absatz 2). Einrichtungen der Daseinsvorsorge, die einen größeren überörtlichen Versorgungsbereich abdecken, sowie die Siedlungsentwicklung sind auf diese Orte zu konzentrieren.

In anderen Gemeinden ergänzen Waren und Dienstleistungen der Grundversorgung entsprechend der Gemeindegröße das Angebot vor Ort (Kapitel 3.10).

G

Dörfliche Multifunktionshäuser sollen unterhalb der Ebene der Zentralen Orte möglichst viele Angebote der Daseinsvorsorge unter einem Dach bündeln und durch eine enge Partnerschaft von Gemeinde, Betriebsgesellschaften und dörflicher Bevölkerung entwickelt und getragen werden.

Bei der Bereitstellung von Einrichtungen der Daseinsvorsorge sowie der Siedlungsentwicklung sollen die Gemeinden in den ländlichen Räumen verstärkt zusammenarbeiten.

5 G

Insbesondere in den ländlichen Räumen soll die digitale Kommunikationsinfrastruktur für die Bevölkerung und die Wirtschaft verbessert werden (Kapitel 4.4). Bis 2025 sollen flächendeckend Gebäude und Haushalte mit Glasfaser versorgt sein. Parallel zur stationären Breitbandversorgung sollen eine flächendeckende Versorgung mit mobilen Breitbanddiensten erfolgen und eine bedarfsgerechte WLAN-Versorgung gewähreistet werden.

6 G

Das Netz des ÖPNV in den ländlichen Räumen soll erhalten und die Verkehrsbedienung auch unter Nutzung neuer Mobilitätsangebote verbessert werden. Um ihre überörtliche Versorgungsfunktion wahrnehmen zu können, sollen insbesondere die Zentralen Orte gut über den ÖPNV angebunden sein (Kapitel 4.3.5).

7 G

Die Landwirtschaft (Kapitel 4.8) ist ein prägender Wirtschaftsbereich der ländlichen Räume. Die Voraussetzungen für eine leistungsfähige, flächenbezogen nachhaltig wirtschaftende Landwirtschaft sollen erhalten und weiter verbessert werden.

Eine besondere Rolle für die Landwirtschaft wird die Erzeugung und Nutzung der Erneuerbaren Energien spielen.

8 G

Das ökologisch bedeutsame Potenzial der ländlichen Räume soll gesichert und weiterentwickelt werden und die landschaftlichen Qualitäten sollen gestärkt werden (Kapitel 6.2).

Begründung

B zu 1

Welche Kommunen in Schleswig-Holstein zum ländlichen Raum zählen, wird von Fachplanungen und Förderfonds teils unterschiedlich bewertet. Die Abgrenzung im Landesentwicklungsplan erfolgt nach raumordnerischen Gesichtspunkten. Demnach umfassen die ländlichen Räume fast 80 Prozent der Gesamtfläche des Landes und sind für fast die Hälfte aller Schleswig-Holsteinerinnen und Schleswig-Holsteiner Wohn- und Lebensraum. Aufgrund ihrer landschaftlichen und kulturellen Besonderheiten, ihrer wirtschaftlichen Ausgangssituation, ihrer Bevölkerungsentwicklung und ihrer Entfernung zu den großen Zentren sind die ländlichen Räume allerdings sehr unterschiedlich. Ein spezieller Teilraum sind die Stadt- und Umlandbereiche (Kapitel 2.4), die aufgrund ihrer Bedeutung innerhalb der ländlichen Räume im Landesentwicklungsplan als eigene Raumkategorie festgelegt und in der Hauptkarte dargestellt sind.

Die ländlichen Räume lassen sich darüber hinaus unterscheiden in:

- Ländliche Räume im Einzugsbereich der Oberzentren und deren Ordnungsräumen:
  In diesen zentrumsnahen ländlichen Räumen bestehen aufgrund der geringen Entfernung zu den wirtschaftsstärksten Räumen des Landes gute Entwicklungsvoraussetzungen. Bereits in der Vergangenheit konnten sie sich besser entwickeln als andere Teile der ländlichen Räume, was Gewinne von Einwohnerinnen und Einwohnern sowie Wanderungen, eine starke Bautätigkeit und die Erwerbssituation unterstreichen. Diese Räume profitieren am ehesten von wirtschaftlichen Überschwappeffekten der großen Zentren und der Metropolregion Hamburg. Wo ein ausreichendes wohnortnahes Arbeitsplatzangebot fehlt, wird durch Berufspendeln in die Oberzentren ein vergleichsweise hoher Lebensstandard sichergestellt.
- Zentrumsferne ländliche Räume:
  Diese ländlichen Teilräume des Landes liegen weiter entfernt von den Oberzentren oder sind mitunter verkehrlich schlecht an diese angebunden. Durch den Strukturwandel in der Landwirtschaft gehen Erwerbsgrundlagen und Arbeitsplätze in der Land- und Ernährungswirtschaft verloren. Zwar bietet die großflächige Nutzung Erneuerbarer Energien vielerorts neue Ansätze für regionale Wertschöpfung, doch insgesamt fehlen Erwerbsmöglichkeiten, insbesondere auch für Frauen und junge Menschen. Diese Räume sind dadurch weniger attraktiv für Zuwanderinnen und Zuwanderer und es drohen langfristig Wanderungsverluste und Einwohnerrückgänge. Diese können wiederum die wirtschaftliche Tragfähigkeit von Versorgungseinrichtungen gefährden und die Lebensqualität in diesen Räumen verschlechtern.
- Ländliche Räume mit hohem touristischem Potenzial:
  Die Küstenregionen des Landes, insbesondere an der Westküste, sind aufgrund ihres landschaftlichen und infrastrukturellen Potenzials teilweise weniger strukturschwach als andere zentrumsferne ländliche Räume. Allerdings weisen sie durch den Tourismus oft eine einseitige Wirtschaftsstruktur auf und viele Arbeitsplätze sind saisonabhängig. Das Infrastrukturangebot ist in diesen Teilräumen aufgrund des Tourismus besser als in anderen ländlichen Räumen. Die Räume sind zudem attraktive Zuwanderungsregionen, insbesondere für ältere Menschen.

B zu 2

Schleswig-Holstein hat viele attraktive und leistungsstarke ländliche Räume, deren Identität und Zukunftsfähigkeit ebenso wie ihre natürlichen Ressourcen gesichert werden müssen. Veränderte Rahmenbedingungen ergeben sich durch den weiter fortschreitenden Strukturwandel, die demografische Entwicklung, den Klimawandel und die Digitalisierung. Insbesondere der Breitbandausbau kann die Standortattraktivität der ländlichen Räume verbessern und dort in Verbindung mit der hohen Lebensqualität neue Entwicklungsmöglichkeiten eröffnen. Chancen für die wirtschaftliche Entwicklung der ländlichen Räume bieten besonders die Wirtschaftsbereiche Erneuerbare Energien, Tourismus und Ernährungswirtschaft mit ihren jeweiligen Wertschöpfungsketten.

B zu 3

Die Herausforderungen für die ländlichen Räume sind vielfältig. Daher sind fachübergreifende Betrachtungen und interkommunale Handlungsansätze notwendig, wie zum Beispiel Anpassungs- und Entwicklungsstrategien zur Daseinsvorsorge (Kapitel 5).

B zu 4

Um die Daseinsvorsorge in den ländlichen Räumen zu sichern, ist es wichtig, die Siedlungsentwicklung sowie die Versorgungsinfrastruktur auf Schwerpunkte zu konzentrieren. Dies erhöht die wirtschaftliche Tragfähigkeit von Investitionen – nicht zuletzt bei sinkenden Zahlen an Einwohnerinnen und Einwohnern. Auch digitale Angebotsformen können zur Sicherung der Versorgung beitragen. Gleichzeitig muss aber gewährleistet sein, dass überörtliche Versorgungsinfrastruktur in zumutbarer Entfernung erreichbar bleibt. Dörfliche Multifunktionshäuser, wie zum Beispiel MarktTreffs, sind Instrumente der integrierten ländlichen Entwicklung und geeignet, unterhalb der Ebene der Zentralen Orte kleine Angebote aus den Bereichen Soziales, Bildung, Kultur, Gesundheit, Gastronomie oder kleinflächiges Lebensmittelangebot zu bündeln, diese tragfähig zu machen und durch die Vernetzung weitere Synergien zur Verbesserung der Lebensqualität in den Dörfern zu erreichen. Sinnvoll kann in diesem Zusammenhang auch eine Verknüpfung mit besonderen Wohnangeboten im Ortskern sein, zum Beispiel für ältere Menschen. Flächenausweisungen und die Bereitstellung von Versorgungseinrichtungen sollen in den ländlichen Räumen verstärkt interkommunal oder regional geplant und abgestimmt werden, damit es nicht zu einem schädlichen Wettbewerb um Einwohnerinnen und Einwohner kommt. Erforderlich ist auch eine stärkere Zusammenarbeit der Zentralen Orte mit Nachbargemeinden und anderen Zentralen Orten.

B zu 5

Die Digitalisierung spielt in den ländlichen Räumen eine immer größere Rolle. Um die Chancen der ländlichen Räume nutzen zu können, sind moderne Glasfasernetze für die Bevölkerung und die Wirtschaft von großer Bedeutung. Für die Nutzung moderner Kommunikationsformen wie E-Government, E-Learning, E-Health oder E-Commerce sind schnelle Internetverbindungen unerlässlich und eine Voraussetzung für gleichwertige Lebensverhältnisse. Eine leistungsfähige Breitbandinfrastruktur gehört mittlerweile zur Basisinfrastruktur.

Die Breitbandstrategie der Landesregierung („Breitband 2025“) vom März 2017 formuliert als Infrastrukturziel eine flächendeckende Versorgung mit Glasfaser bis in die Gebäude und Haushalte, denn Glasfaser ist die zukunftssicherste Breitbandtechnologie, allen anderen Technologien überlegen, ohne weitere Tiefbauarbeiten zu noch höherer Leistung erweiterbar und außerdem ökologisch verträglicher als andere Technologien.

Die flächendeckende Versorgung mit mobilen Breitbanddiensten und WLAN wird wegen der zunehmenden Nutzung von Mobilfunkdiensten als komplementäres Ziel zur stationären Breitbandversorgung gesehen.

B zu 6

Ein ÖPNV mit dichtem Streckennetz und kurzen Taktzeiten gestaltet sich in den ländlichen und oft dünn besiedelten Räumen sehr schwierig, da vielerorts kein wirtschaftlicher Betrieb möglich ist. Sinkende Zahlen an Einwohnerinnen und Einwohnern können die Situation in den nächsten Jahren weiter erschweren. Gleichwohl sollen die ländlichen Räume auch weiterhin gut mit dem ÖPNV erreichbar bleiben. Vor allem für die steigende Zahl älterer und weniger mobiler Menschen wird der ÖPNV an Bedeutung gewinnen. Er wird aber zunehmend durch alternative Angebotsformen ergänzt und verbessert werden müssen, wie zum Beispiel durch Dorf- oder Bürgerbusse, Anruf-Sammeltaxis und Anrufbusse oder durch Internetportale, die ehrenamtlich organisiert Fahrtwünsche und -angebote vermitteln.

B zu 7

Wegen ihrer besonderen Bedeutung für die ländlichen Räume soll die Landwirtschaft gesichert und gestärkt werden. Zu den Voraussetzungen hierfür siehe Kapitel 4.8. Die Erzeugung und Nutzung Erneuerbarer Energien eröffnet den Landwirtinnen und Landwirten zusätzliche Einkommensperspektiven.

B zu 8

Die ländlichen Räume sichern die natürlichen Lebensgrundlagen und leisten damit einen Beitrag zum Klimaschutz (Kapitel 6.1). Sie bewahren Ressourcen und gestalten Kulturlandschaften dauerhaft. Dabei kommt der nachhaltigen, vielfältig strukturierten und multifunktionalen Land- und Forstwirtschaft eine große Bedeutung zu.

2.4 Stadt- und Umlandbereiche in ländlichen Räumen

Grundsätze und Ziele der Raumordnung

1 G

In der Hauptkarte sind um folgende Ober- und Mittelzentren sowie Unterzentren mit Teilfunktionen von Mittelzentren Stadt- und Umlandbereiche in den ländlichen Räumen festgelegt:

- Oberzentren: Flensburg, Neumünster
- Mittelzentren: Bad Segeberg/Wahlstedt, Brunsbüttel, Eckernförde, Eutin, Heide, Husum, Itzehoe, Mölln, Rendsburg, Schleswig
- Unterzentren mit Teilfunktionen von Mittelzentren: Neustadt in Holstein, Plön, Ratzeburg

Die Stadt- und Umlandbereiche in ländlichen Räumen sollen in den Regionalplänen räumlich konkretisiert werden.

2 G

Die Stadt- und Umlandbereiche in ländlichen Räumen sollen als regionale Wirtschafts-, Versorgungs- und Siedlungsschwerpunkte in den ländlichen Räumen gestärkt werden und dadurch Entwicklungsimpulse für den gesamten ländlichen Raum geben.

3 G

Die Standortbedingungen für die Wirtschaft sollen durch das Angebot an Flächen für Gewerbe und Industrie und eine gute verkehrliche Anbindung an regionale und überregionale Wirtschaftsverkehre verbessert werden. Bildungseinrichtungen und Wirtschaft sollen verstärkt zusammenarbeiten und vor dem Hintergrund der demografischen Entwicklung einem absehbaren Mangel an Facharbeitskräften entgegenwirken.

4 G

Regional bedeutsame Versorgungseinrichtungen in den ländlichen Räumen sollen vorrangig auf die Stadt- und Umlandbereiche konzentriert werden. Gleichzeitig sollen die Stadt- und Umlandbereiche regional gut angebunden sein, und es soll eine gute Verkehrsverbindung zwischen Kernstadt und Umlandgemeinden geben.

5 G

Bei Planungen für Wohnen, Gewerbe, Einzelhandel, Verkehr, technische und soziale Infrastruktur, Freizeit, Kultur und Freiraumsicherung soll zusammengearbeitet werden. Dabei sollen möglichst interkommunale Vereinbarungen getroffen werden (Kapitel 3.8 Absatz 1).

Begründung

B zu 1

Innerhalb der ländlichen Räume unterscheiden sich die Ober- und Mittelzentren mit ihren Umlandgemeinden aufgrund ihrer Siedlungsstruktur sowie ihrer Stärken und Schwächen von kleineren Zentralen Orten (Unterzentren, ländlichen Zentralorten) und Dörfern. Dieser Situation wird durch die Festlegung von Stadt- und Umlandbereichen und die Formulierung von speziellen Zielen und Grundsätzen Rechnung getragen.

Die Stadt- und Umlandbereiche umfassen in der Regel die Kernstadt und die direkten Nachbargemeinden. Darüber hinaus orientiert sich die Abgrenzung im Landesentwicklungsplan (Anlage 3) an der Gebietskulisse bereits bestehender oder wünschenswerter Stadt-Umland-Planungen.

Durch eine Konkretisierung der Abgrenzung in den Regionalplänen soll aktuellen Entwicklungen Rechnung getragen werden.

B zu 2

Die Stadt- und Umlandbereiche zeichnen sich durch ein herausgehobenes Angebot an Arbeits- und Ausbildungsplätzen aus und durch mehr Menschen, die dorthin einpendeln als auspendeln. Außerdem bieten sie im Vergleich zum übrigen ländlichen Raum ein größeres Angebot an Infrastruktur, insbesondere für den gehobenen Bedarf. Arbeitsplätze und Infrastruktur befinden sich hier schwerpunktmäßig in den Kernstädten, doch auch viele Umlandgemeinden sind hierfür Standorte. Kernstädte und Umlandgemeinden sind aufgrund ihrer Standortbedingungen gemeinsam regionale Entwicklungsschwerpunkte in den ländlichen Räumen mit der Aufgabe, auch für den umliegenden und oft strukturschwächeren Raum Impulse für eine positive wirtschaftliche Entwicklung zu geben sowie Versorgungsangebote bereitzustellen.

B zu 3

Um ihre Funktion als Wirtschaftsschwerpunkte zu stärken, müssen die Standortvoraussetzungen für die Wirtschaft in den Stadt- und Umlandbereichen verbessert werden. Neben Infrastruktur und Flächenangeboten zählen hierzu auch qualifizierte Arbeitskräfte.

B zu 4

Regional bedeutsame Versorgungseinrichtungen bieten Infrastruktur sowie Waren und Dienstleistungsangebote, die Zentrale Orte der ober- oder mittelzentralen Ebene (Kapitel 3.1.1, 3.1.2) kennzeichnen, wie zum Beispiel Krankenhäuser, Fachhochschulen oder Kaufhäuser.

Eine gute verkehrliche Anbindung ist nicht nur ein wichtiger Standortfaktor für die Wirtschaft, sondern sie soll auch sicherstellen, dass schnell und bequem Versorgungseinrichtungen in den Stadt- und Umlandbereichen und insbesondere in deren Kernstädten erreicht werden können. Dies gilt sowohl für die Einwohnerinnen und Einwohner in den Stadt- und Umlandbereichen als auch für weiter entfernt lebende Menschen. Vor dem Hintergrund der deutlich steigenden Zahl älterer und weniger mobiler

Menschen muss eine gute verkehrliche Anbindung auch über den ÖPNV gewährleistet werden. Zur Verbesserung der Verkehrsverbindungen in den Stadt- und Umlandbereichen können auch gute Bedingungen für den Rad- und Fußverkehr beitragen.

B zu 5

Aufgrund der engen räumlichen Verflechtungen ist es insbesondere in den Stadt- und Umlandbereichen in ländlichen Räumen sinnvoll und wünschenswert, dass sich die Kommunen bei ihren Planungen besser abstimmen und zusammenarbeiten. Gemeinsam erarbeitete Datengrundlagen und Planungsansätze, wie zum Beispiel Gebietsentwicklungsplanungen, Stadt-Umland-Konzepte oder regionale Anpassungs- und Entwicklungsstrategien sollen möglichst zu interkommunalen Vereinbarungen führen (Kapitel 3.8 Absatz 1). Dadurch sollen bedarfsgerecht Wohnbau- und Gewerbeflächen sowie Infrastruktur bereitgestellt werden und die Stadt- und Umlandbereiche als Ganzes und in ihrer gemeinsamen Funktion als Wirtschafts- und Versorgungsschwerpunkte in den ländlichen Räumen gestärkt werden.

2.5 Landesentwicklungsachsen

Grundsätze und Ziele der Raumordnung

1 G

Entlang folgender überregionaler Verkehrswege sind Landesentwicklungsachsen festgelegt und in der Hauptkarte des Landesentwicklungsplans symbolisch dargestellt:

- von Hamburg entlang der Bundesautobahn 23/Bundesstraße 5 Richtung Tondern und Süddänemark,
- von Hamburg entlang der Bundesautobahn 7/Bundesautobahn 215 über Neumünster Richtung Kiel beziehungsweise Richtung Flensburg und Süddänemark,
- von der Bundesautobahn 1 bei Bargteheide entlang der Bundesautobahn 21/Bundesstraße 404 Richtung Kiel,
- von Hamburg entlang der Bundesautobahn 1 über Lübeck und Puttgarden Richtung Kopenhagen und Malmö,
- von Hamburg entlang der Bundesautobahn 24 Richtung Berlin sowie
- von Lübeck entlang der geplanten Bundesautobahn 20 Richtung Niedersachsen.

Die Landesentwicklungsachsen werden durch eine Vielzahl wichtiger Verkehrswege untereinander verbunden. Gemeinsam bilden sie eine dichte Netzstruktur, die im Hinblick auf die Stärkung Schleswig-Holsteins als Wirtschaftsstandort bedarfsgerecht weiterzuentwickeln ist.

2 G

Die Landesentwicklungsachsen sollen zur Verbesserung der räumlichen Standortbedingungen sowie zur Stärkung der Verflechtungsstrukturen im Land beitragen. Sie sollen

- ausreichend leistungsfähige, überregionale Verkehrsverbindungen für einen großräumigen Leistungsaustausch gewährleisten (Kapitel 4.3),
- Orientierungspunkte für potenzielle überregionale Standorte für Gewerbegebiete sein (Kapitel 3.7),
- die Teilräume und Oberzentren des Landes untereinander und mit der Metropolregion Hamburg vernetzen und
- die Verflechtungen zu benachbarten Metropolräumen stärken und die Integration in die nationalen und transeuropäischen Netze unterstützen.

Begründung

B zu 1

Die Landesentwicklungsachsen markieren zentrale Entwicklungsstränge in Schleswig-Holstein und zeigen besondere Wachstumsperspektiven auf für Räume und Regionen, die durch diese überregionalen Verkehrswege erschlossen sind oder erschlossen werden sollen, wie durch die Realisierung der Festen Fehmarnbeltquerung und den geplanten Weiterbau der Bundesautobahn 20 Richtung Niedersachsen. Bei den Landesentwicklungsachsen stehen eine zukunftsfähige wirtschaftliche und verkehrliche Entwicklung sowie die Förderung von Kooperationen im Vordergrund. Die nur symbolhaft dargestellten Landesentwicklungsachsen unterscheiden sich damit in ihrer Funktion von den Siedlungsachsen (Kapitel 3.3), die in den Regionalplänen flächig abgegrenzt sind und Schwerpunkte für die Siedlungsentwicklung darstellen.

Die Landesentwicklungsachsen, die sich an den Bundesautobahnen im Land orientieren, sind durch wichtige Bundesstraßen miteinander verbunden. Hauptverbindungsachsen sind die Verkehrsverbindung von der Bundesautobahn 1 über Kiel und Rendsburg bis nach Heide (Bundesstraßen 202 und 76, Bundesautobahn 210 und Bundesstraße 203), die Verbindung zwischen Flensburg und Niebüll entlang der Bundesstraße 199, die Verbindung zwischen Schleswig und Husum entlang der Bundesstraße 201, der Bereich der Bundesstraße 207 als Verbindung zwischen den Bundesautobahnen 24 und 20 und der Bereich der Bundesstraße 404 als Verbindung zwischen den Autobahnen 1, 21 und 24 (Themenkarte 8). Sie verdeutlichen die Anbindung der Landeshauptstadt Kiel und der Kreisstädte an der Westküste sowie die Anbindung des nordwestlichen Grenzraums und des östlichen Hamburg-Umlands an die wesentlichen Verkehrsströme von und nach Skandinavien und Osteuropa.

Landesentwicklungsachsen und Hauptverbindungsachsen werden in den verschiedenen Teilräumen des Landes durch regional bedeutsame Verkehrswege ergänzt. Hierzu zählen beispielsweise die Bundesstraße 201 zwischen Schleswig und Kappeln, die Bundesstraße 200 zwischen Husum und Flensburg oder die Bundesstraße 5 zwischen Itzehoe und Brunsbüttel. Entlang der Hauptverbindungsachsen gibt es bereits zahlreiche gewerbliche Schwerpunkte, insbesondere in den Zentralen Orten. Anders als bei den Landesentwicklungsachsen, bei denen durch die Festlegung von überregionalen Standorten für Gewerbegebiete (Kapitel 3.7 Absatz 4) neue Entwicklungspotenziale aufgrund der herausragenden verkehrlichen Anbindung erschlossen werden sollen, steht bei den Hauptverbindungsachsen die Erreichbarkeit der Schwerpunkte im Vordergrund. Die vorhandenen Schwerpunkte bieten bereits vielfältige gewerbliche Entwicklungsmöglichkeiten.

Stand: 2020

Herausgeber: Ministerium für Inneres, ländliche Räume, Integration und Gleichstellung des Landes Schleswig-Holstein
Landesentwicklungsplan Schleswig-Holstein – Fortschreibung 2021

Themenkarte 8 Landesentwicklungsachsen und Hauptverbindungsachsen

B zu 2

Landesentwicklungsachsen wurden erstmals mit dem Landesentwicklungsplan 2010 eingeführt. Sie sollen das Zentralörtliche System und das System der Siedlungsachsen unter Berücksichtigung landschaftsplanerischer Erfordernisse ergänzen. In Anbetracht der Internationalisierung der Wirtschaft und der wachsenden Standortkonkurrenz der Regionen in Europa sollen sie die Wettbewerbsbedingungen des Landes und seiner Teilräume verbessern und Grundlage eines „Wachstumsmodells Schleswig-Holstein" sein. Satz 2 konkretisiert die Zielsetzung für vier Teilbereiche:

- Um leistungsfähige überregionale Verkehrsverbindungen zu gewährleisten, ist der weitere Ausbau der Verkehrswege unter Berücksichtigung der Landesentwicklungsachsen sicherzustellen.
- Zur Verbesserung der wirtschaftlichen Standortattraktivität muss Schleswig-Holstein in allen Landesteilen und insbesondere im Verflechtungsraum um Hamburg über eine ausreichende Zahl verkehrlich hervorragend angebundener und hochwertiger Gewerbestandorte verfügen. Hierzu sind auch neue überregionale Standorte entlang der Landesentwicklungsachsen in Betracht zu ziehen. Sie sollen helfen, Standortnachteile aufgrund der Lage Schleswig-Holsteins nördlich des Elbtunnels und des Fördergefälles gegenüber Nachbarländern auszugleichen. Auf die in Kapitel 3.7 Absatz 4 genannten Anforderungen an überregionale Standorte für Gewerbegebiete an Landesentwick-

lungsachsen wird hingewiesen. Für die Festlegung sollten gegebenenfalls auch andere Verkehrsträgerschaften (Schiene, Wasserstraßen) in Betracht gezogen werden.

- Eine verbesserte Anbindung des Nordens an die Metropolregion Hamburg und die Erschließung und Vernetzung der Teilräume untereinander sind für eine zukunftsfähige Entwicklung Schleswig-Holsteins von besonderer Bedeutung. Ziel der Landesentwicklungsachsen, insbesondere der Achsen in Süd-Nord-Richtung, ist es, die wirtschaftlichen Überschwappeffekte einer „Wachsenden Metropolregion Hamburg" gezielter als bisher auch in die Regionen und Zentralen Orte nördlich der förmlichen Gebietskulisse der Metropolregion Hamburg zu lenken.
- Schleswig-Holstein ist Teil des „weiteren metropolitanen Verflechtungsraums" der Metropolregion Hamburg. Dies ist für die Landesentwicklung von strategischer Bedeutung. Zukünftig sollen aber auch die Beziehungen zu den anderen angrenzenden Metropolregionen intensiviert und die Integration des Landes in die nationalen und transeuropäischen Netze gestärkt werden. Von besonderer Bedeutung sind hier die Verflechtungen in den Nord- und Ostseeraum.

3 Siedlungsstruktur und Siedlungsentwicklung

3.1 Zentralörtliches System

Grundsätze und Ziele der Raumordnung

1 Z

Das Zentralörtliche System in Schleswig-Holstein umfasst Zentrale Orte und Stadtrandkerne. Diese sind unterteilt in:

- Oberzentren,
- Mittelzentren,
- Mittelzentren im Verdichtungsraum,
- Unterzentren mit Teilfunktionen von Mittelzentren,
- Unterzentren,
- ländliche Zentralorte,
- Stadtrandkerne I. und II. Ordnung sowie
- Stadtrandkerne I. Ordnung mit Teilfunktionen von Mittelzentren.

Die Zentralen Orte und Stadtrandkerne sind in der Hauptkarte nachrichtlich dargestellt.

2 Z

Zentraler Ort oder Stadtrandkern ist das baulich zusammenhängende Siedlungsgebiet in der Hauptortslage der zentralörtlich eingestuften Gemeinde.

Das baulich zusammenhängende Siedlungsgebiet ist in den Regionalplänen festzulegen. Sofern es auch Flächen von Nachbargemeinden umfasst, die baulich an die Hauptortslage angrenzen, ist deren Entwicklung mit der zentralörtlich eingestuften Gemeinde abzustimmen und darf nicht zu deren Lasten gehen.

3 Z

Die Zentralen Orte und Stadtrandkerne sind Schwerpunkte für überörtliche Infrastruktur- und Versorgungseinrichtungen sowie für die wohnbauliche und gewerbliche Entwicklung und sind als solche zu sichern und zu stärken.

G

Das Zentralörtliche System soll sicherstellen, dass für alle Menschen im Land in zumutbarer Entfernung überörtliche Einrichtungen der Daseinsvorsorge erreichbar sind.

4 Z

Jedem Zentralen Ort sind entsprechend seiner zentralörtlichen Einstufung Verflechtungsbereiche zugeordnet. Sie zeigen auf, welche Gemeinden mit dem Zentralen Ort funktional verflochten sind. Die Nahbereiche sind in den Regionalplänen darzustellen.

G

Die Zentralen Orte sollen entsprechend ihrer Einstufung für ihren Verflechtungsbereich die Versorgung mit Gütern und Dienstleistungen sicherstellen. Die Bereiche sollen so abgegrenzt sein, dass der Zentrale Ort sie möglichst gut versorgen kann.

5 G

Art und Umfang der zentralörtlichen Einrichtungen sollen die erwartete Bevölkerungsentwicklung und die wirtschaftliche Tragfähigkeit berücksichtigen. Bei Bedarf sollen Kooperationen mit anderen Zentralen Orten oder Gemeinden des eigenen oder anderer Verflechtungsbereiche angestrebt werden.

Neue Versorgungseinrichtungen im Nahbereich sollen möglichst nicht zu Lasten bereits bestehender Einrichtungen eines Zentralen Ortes gehen.

Versorgungseinrichtungen sollen möglichst räumlich konzentriert im Siedlungskern der Zentralen Orte und Stadtrandkerne bereitgestellt werden.

6 Z

Die Zentralen Orte und Stadtrandkerne haben entsprechend ihrer Funktion in bedarfsgerechtem Umfang Flächen für Wohnen, Gewerbe und Infrastruktur auszuweisen.

G

Bei Flächenplanungen sollen sie auch verstärkt mit Gemeinden ihres Nah- oder Versorgungsbereichs kooperieren. Es soll eine partnerschaftliche Zusammenarbeit angestrebt werden, die der Bedeutung der einzelnen Gemeinden gerecht wird und einen fairen Interessenausgleich ermöglicht.

7 G

Zur Unterstützung ihrer übergemeindlichen Aufgaben erhalten Zentrale Orte und Stadtrandkerne Schlüsselzuweisungen aus dem kommunalen Finanzausgleich. Diese sollen für zentralörtliche Einrichtungen im Zentralen Ort/Stadtrandkern oder für sonstige Maßnahmen verwendet werden, die den Einwohnerinnen und Einwohnern des gesamten Verflechtungs-/Versorgungsbereichs zugutekommen.

Begründung

B zu 1

Zentrale Orte und Stadtrandkerne werden auf der Grundlage der Kriterien im Landesplanungsgesetz (§§ 24 bis 30 LaplaG) eingestuft. Ihre Festlegung erfolgt in einer Landesverordnung. Im Landesentwicklungsplan sind sie daher nachrichtlich dargestellt. Grundlage für die Darstellung ist die aktuelle Verordnung zum Zentralörtlichen System (Gesetz und Verordnungsblatt Schleswig-Holstein 2019, Seite 348; siehe auch Themenkarte 9).

B zu 2

Bei zentralörtlich eingestuften Großgemeinden mit mehreren Ortslagen weist in der Regel nur die Hauptortslage die Eigenschaften eines Zentralen Orts oder Stadtrandkerns auf. Deshalb werden Zentrale Orte und Stadtrandkerne über das baulich zusammenhängende Siedlungsgebiet der Hauptortslage konkretisiert. Dies ist wichtig für eine konzentrierte Siedlungsentwicklung, die Zuordnung von zentralen Einrichtungen und die Ansiedlung von Einzelhandelseinrichtungen. Neben dem Bestand sind auch solche Flächen einzubeziehen, die nach der Bauleitplanung für eine Bebauung vorgesehen sind oder für eine Bebauung geeignet erscheinen, soweit sie mit dem Siedlungsgebiet zusammenhängen. Dies können auch baulich angrenzende Flächen von Nachbargemeinden sein. Wegen der Teilhabe an der Schwerpunktfunktion des Zentralen Orts oder Stadtrandkerns müssen einbezogene Nachbargemeinden übergreifende Planungskonzepte der zentralörtlich eingestuften Gemeinde (zum Beispiel Einzelhandelskonzepte, Wohnungsmarktkonzepte) beachten. Schlüsselzuweisungen für übergemeindliche Aufgaben nach § 15 Finanzausgleichsgesetz (FAG) erhalten nur die zentralörtlich eingestuften Gemeinden.

B zu 3

Zentrale Orte und Stadtrandkerne sind multifunktionale Schwerpunkte. Ihr Standortvorteil besteht in der Nutzung von Synergieeffekten durch die räumliche Konzentration von Wohnen, Arbeiten und Infrastruktur. Auch unter wirtschaftlichen, sozialen und ökologischen Gesichtspunkten ist das Zentralörtliche System besonders leistungsfähig und stützt eine nachhaltige räumliche Entwicklung. Es wirkt einer dispersen Siedlungsentwicklung entgegen und ist wesentlicher Baustein des Prinzips der dezentralen Konzentration.

Das Zentralörtliche System ist in Schleswig-Holstein sehr differenziert und soll sicherstellen, dass die Bevölkerung Einrichtungen der Daseinsvorsorge möglichst wohnortnah und mit vertretbarem Zeit- und Kostenaufwand erreichen kann. Dies ist wichtig für eine hohe Lebensqualität. Das Zentralörtliche System ist in seiner heutigen Ausprägung hierfür hinreichend dicht geknüpft. Die Daseinsvorsorge muss aber auch langfristig und für abgelegene oder dünn besiedelte Räume gesichert bleiben. Neben dem Aspekt der wirtschaftlichen Tragfähigkeit ist daher auch die Erreichbarkeit von Einrichtungen zu beachten. Da angesichts der demografischen Entwicklung eine Reduzierung von Einrichtungen der Daseinsvorsorge in der Fläche langfristig nicht ausgeschlossen werden kann, könnten in Teilräumen des Landes dann größere Entfernungen als bisher zu Versorgungseinrichtungen entstehen. Diese Entfernungen müssen durch die Sicherung von Einrichtungen mindestens in Zentralen Orten in einem vertretbaren Rahmen bleiben, damit auch weiterhin gleichwertige Lebensverhältnisse gewährleistet sind.

B zu 4

Die Zentralen Orte bieten nicht nur für die eigene Bevölkerung Bildungs-, Verwaltungs-, Einkaufs- oder Freizeiteinrichtungen, sondern auch für die Bevölkerung ihres Verflechtungsbereichs.

Nahbereiche sind Bereiche zur Deckung des Grundbedarfs und werden um jeden Zentralen Ort abgegrenzt. Trotz Überlagerungen und Überschneidungen der wirtschaftlichen und verwaltungsmäßigen Beziehungen und der Tatsache, dass Einwohnerinnen und Einwohner häufig Einrichtungen in mehreren Zentralen Orten nutzen, erfolgt bei den Nahbereichen eine eindeutige Zuordnung, die sich an der überwiegenden Ausrichtung orientiert. Die Nahbereiche werden in der Verordnung zum Zentralörtlichen System festgelegt und in den Regionalplänen dargestellt. Stadtrandkernen sind in der Regel keine Nahbereiche zugeordnet, da ihre benachbarten Gemeinden überwiegend vom höherrangigen Zentrum versorgt werden und die Versorgungsbereiche der Stadtrandkerne daher nicht über das eigene Gemeindegebiet hinausgehen. Eine Ausnahme sind solche Stadtrandkerne, die aufgrund ihrer Ausstattung und Lage erkennbar auch eine Versorgungsfunktion für Nachbargemeinden übernehmen oder eine zentralörtliche Teilfunktion haben.

Mittelbereiche werden zusätzlich zu den Nahbereichen um die Zentralen Orte und Stadtrandkerne der mittel-zentralen Ebene (Unterzentren mit Teilfunktionen von Mittelzentren, Mittelzentren, Mittelzentren im Verdichtungsraum und Stadtrandkerne I. Ordnung mit Teilfunktionen von Mittelzentren) sowie um Oberzentren ausgewiesen. Sie sind Bereiche zur Deckung des gehobenen, längerfristigen Bedarfs und werden in der Verordnung zum Zentralörtlichen System festgelegt.

Oberbereiche, das heißt Verflechtungsbereiche um Oberzentren, werden in Schleswig-Holstein nicht abgegrenzt. Anhaltspunkte für oberzentrale Verflechtungen liefern die Planungsräume (Planungsraum I: Oberzentrum Flensburg, Planungsraum II: Oberzentren Kiel und Neumünster, Planungsraum III: Oberzentrum Lübeck und schleswig-holsteinischer Versorgungsbereich des Oberzentrums Hamburg).

Zentrale Orte höherer Stufe erfüllen auch die Versorgungsfunktionen nachrangiger Zentraler Orte.

B zu 5

Zentralörtliche Einrichtungen müssen sich in ihrem Leistungsangebot an der Bevölkerungsentwicklung orientieren. Dort, wo es absehbar zu Einwohnerrückgängen kommen wird und Reduzierungen des Angebots oder sogar Schließungen von Einrichtungen drohen, soll stärker als bisher mit anderen Zentralen Orten und Gemeinden außerhalb des bisherigen Verflechtungsbereichs kooperiert werden, um im Interesse des Gesamtraums langfristig ein Versorgungsangebot aufrecht zu erhalten.

Um die Schwerpunktfunktion zu sichern, sollen neue Versorgungseinrichtungen in nicht-zentralörtlichen Gemeinden die Einrichtungen in bestehenden Zentralen Orten und Stadtrandkernen nicht beeinträchtigen.

Zentralörtliche Einrichtungen sollen nicht über das Gemeindegebiet verteilt werden, sondern sich im Siedlungskern oder im engen räumlichen Zusammenhang zu diesem konzentrieren. Dieser Bereich wird im Wesentlichen durch das baulich zusammenhängende Siedlungsgebiet (Absatz 2) abgegrenzt. Vor dem Hintergrund einer in den nächsten Jahren deutlich steigenden Zahl älterer und weniger mobiler Menschen werden Aspekte wie räumliche Konzentration, kurze Wege und Nähe zu Wohnstandorten an Bedeutung gewinnen. Gleichzeitig kann durch die Konzentration von Versorgungseinrichtungen ein Beitrag zur Steigerung der Attraktivität städtischer und dörflicher Zentren geleistet werden.

In Ausnahmen kann es sinnvoll sein, zentralörtliche Einrichtungen nicht im Zentralen Ort, sondern in einer dafür besonders geeigneten Gemeinde im Verflechtungsbereich vorzuhalten.

B zu 6

Eine wesentliche Voraussetzung dafür, dass Zentrale Orte und Stadtrandkerne ihre Schwerpunktfunktion wahrnehmen können, ist ein entsprechendes Flächenangebot. Sie müssen deshalb eine vorausschauende Flächenvorsorge betreiben, gegebenenfalls in enger Zusammenarbeit mit Nachbargemeinden, wenn insbesondere objektive Flächenengpässe oder schwierige Planungsprozesse eine bedarfsgerechte Ausweisung in den Zentralen Orten und Stadtrandkernen erschweren.

Abstimmungen und Kooperationen mit Nachbargemeinden sollen eine bedarfsgerechte Versorgung an bestmöglichen Standorten im Raum ermöglichen und Zentralen Ort und Umland stärken.

B zu 7

Die Bereitstellung zentralörtlicher Einrichtungen und die Übernahme von überörtlichen Versorgungsaufgaben verursacht bei den Zentralen Orten und Stadtrandkernen Kosten, für die sie unterstützend Schlüsselzuweisungen aus dem kommunalen Finanzausgleich erhalten.

Es besteht die Möglichkeit, zentralörtliche Mittel, die dem gesamten Verflechtungsbereich zugutekommen, auch außerhalb des Zentralen Ortes oder Stadtrandkerns zu verwenden.

3.1.1 Oberzentren

Grundsätze und Ziele der Raumordnung

1 Z

Die Oberzentren sind Versorgungs-, Wirtschafts-, Arbeitsmarkt-, Wissenschafts- und Kulturzentren von überregionaler und landesweiter Bedeutung. Im Bereich der Daseinsvorsorge versorgen sie die Bevölkerung mit Gütern und Dienstleistungen des höheren spezialisierten Bedarfs und bieten ein großes und differenziertes Angebot an Arbeits- und Ausbildungsplätzen sowie an Wissenschafts-, Technologie- und Kultureinrichtungen. In diesen Funktionen sind sie zu stärken und weiterzuentwickeln.

G

Ein bedarfsgerechtes Flächenangebot und eine gute verkehrliche Anbindung an andere nationale und internationale Wirtschaftsstandorte und -regionen sollen die Standortbedingungen in den Oberzentren verbessern.

Oberzentren sollen Motoren für eine zukunftsfähige Regionalentwicklung sein.

Begründung

B zu 1

Aufgrund ihrer Infrastruktur- und Versorgungseinrichtungen sowie ihres Angebots an Einrichtungen in den Bereichen Wissenschaft, Technologie und Kultur stellen die Oberzentren für große Teile des Landes Güter und Dienstleistungen bereit, die in anderen Zentralen Orten nicht angeboten werden. Beispiele hierfür sind unter anderem an das Abitur anschließende Bildungseinrichtungen (Fachhochschule, Universität), Behörden der höheren Stufe, Krankenhäuser der Maximal- und Schwerpunktversorgung und umfassende Einkaufsmöglichkeiten zur Deckung des spezialisierten höheren Warenbedarfs (zum Beispiel Großkaufhäuser, Einkaufszentren/-passagen).

Oberzentren sind aufgrund ihrer Potenziale und Einrichtungen geeignet, regionale Entwicklungsprozesse voranzutreiben und haben zudem eine überregionale, landesweite und teilweise auch über Schleswig-Holstein hinausgehende Bedeutung. Durch eine leistungsfähige Verkehrsanbindung ist die Erreichbarkeit der Oberzentren auch für weiter entfernt lebende Menschen im Land sicherzustellen.

Eine gute Verkehrsanbindung, insbesondere an große nationale und internationale Wirtschaftsräume, verbessert die wirtschaftlichen Standortvoraussetzungen.

3.1.2 Mittelzentren

Grundsätze und Ziele der Raumordnung

1 Z

Die Zentralen Orte der mittelzentralen Ebene stellen regional für die Bevölkerung ihres Verflechtungsbereichs die Versorgung mit Gütern und Dienstleistungen des gehobenen Bedarfs sicher. Sie sind darüber hinaus regionale Wirtschafts- und Arbeitsmarktzentren mit einem breit gefächerten Angebot an Arbeits- und Ausbildungsplätzen. In diesen Funktionen sind sie zu stärken und weiterzuentwickeln.

G

Hierzu sollen ein bedarfsgerechtes Angebot an Flächen für Gewerbe und Dienstleistungen sowie eine gute Verkehrsverbindung im Verflechtungsbereich und zu anderen Mittel- und Oberzentren im Land sowie nach Hamburg beitragen. Mittelzentren sollen über ein vielfältiges und attraktives Angebot an Infrastruktur- und Versorgungseinrichtungen von regionaler Bedeutung verfügen.

2 Z

Unterzentren mit Teilfunktionen von Mittelzentren üben für die Nahbereiche mehrerer ländlicher Zentralorte, Unterzentren oder Stadtrandkerne mindestens teilweise Versorgungsfunktionen für die Deckung des Bedarfs mit Gütern und Dienstleistungen des gehobenen Bedarfs aus und sind in dieser Funktion zu stärken und weiterzuentwickeln.

G

Sie sollen in Teilräumen des Landes, die wegen ihrer peripheren Lage, ihrer großen Entfernung zu Mittel- und Oberzentren oder deren schwieriger Erreichbarkeit nur unzureichend versorgt sind, das Angebot auf der mittelzentralen Ebene ergänzen. Dieses soll sich an der Ausstattung von Mittelzentren orientieren.

Begründung

B zu 1

Mittelzentren, Mittelzentren im Verdichtungsraum und Unterzentren mit Teilfunktionen von Mittelzentren sind Zentrale Orte der mittelzentralen Ebene. Sie nehmen für einzelne Regionen im Land eine Versorgungsfunktion wahr. Besonders die mittelzentralen Orte in den ländlichen Räumen leisten einen wichtigen Beitrag zu deren Entwicklung. Die Verflechtungsbereiche (Mittelbereiche) sollen mehrere Unterzentren, ländliche Zentralorte oder Stadtrandkerne umfassen. Sie bieten Versorgungsmöglichkeiten für Güter und Dienstleistungen des gehobenen Bedarfs, wie beispielsweise weiterführende allgemeinbildende und berufsbildende Schulen, Behörden der unteren Stufe oder Krankenhäuser der Regelversorgung.

B zu 2

Unterzentren mit Teilfunktionen von Mittelzentren nehmen in ländlichen Räumen ergänzend zu reinen Mittelzentren Versorgungsaufgaben auf der mittelzentralen Ebene wahr. Ihre Einstufungskriterien sind gegenüber reinen Mittelzentren herabgesetzt. In strukturschwachen ländlichen Räumen (Themenkarte 9) sind diese nochmals abgesenkt. Unterzentren mit Teilfunktionen von Mittelzentren haben eine besondere Funktion als Entwicklungsschwerpunkte für die ländlichen Räume. Ihr Angebot an Gütern und Dienstleistungen geht über das von Unterzentren hinaus, entspricht vielerorts aber noch nicht dem von Mittelzentren.

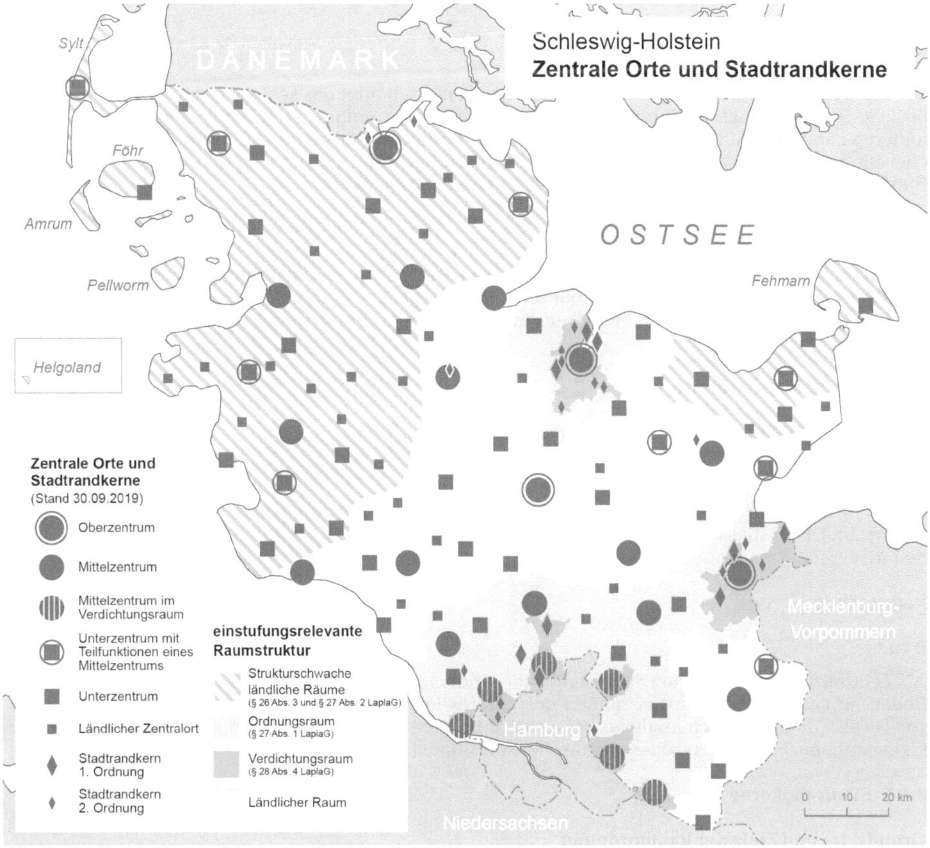

Stand: 2020

Herausgeber: Ministerium für Inneres, ländliche Räume, Integration und Gleichstellung des Landes Schleswig-Holstein
Landesentwicklungsplan Schleswig-Holstein – Fortschreibung 2021

Themenkarte 9 Zentrale Orte und Stadtrandkerne

3.1.3 Unterzentren

Grundsätze und Ziele der Raumordnung

1 Z

Unterzentren stellen für die Bevölkerung ihres Verflechtungsbereichs die Versorgung mit Gütern und Dienstleistungen des qualifizierten Grundbedarfs sicher. In dieser Funktion sind sie zu stärken und ihr Angebot ist bedarfsgerecht weiterzuentwickeln.

G

Ihre Ausstattung soll sich von ländlichen Zentralorten abheben.

Begründung

B zu 1

Bei der Versorgung mit Gütern des Grundbedarfs unterscheidet das schleswig-holsteinische Zentralörtliche System zwischen Unterzentren und den niedriger eingestuften ländlichen Zentralorten. In anderen Ländern sind vergleichbare Orte meist als Grundzentren eingestuft. Unterzentren und ländliche Zentralorte weisen vielerorts die gleichen zentralörtlichen Einrichtungen auf. In der Regel sind Einrichtungen in Unterzentren aber größer oder besser ausgestattet.

Zu den zentralörtlichen Einrichtungen des qualifizierten Grundbedarfs zählen in der Regel Kommunalverwaltungen und Fachärzte.

In strukturschwachen ländlichen Räumen (Themenkarte 9) sind die Einstufungskriterien für Unterzentren gegenüber anderen Räumen herabgesetzt. Damit soll der besonderen Situation in diesen Räumen Rechnung getragen werden. Unterzentren sind hier wichtige Versorgungs- und Entwicklungsschwerpunkte.

3.1.4 Ländliche Zentralorte

Grundsätze und Ziele der Raumordnung

1 Z

Ländliche Zentralorte stellen für die Bevölkerung ihres Verflechtungsbereichs die Versorgung mit Gütern und Dienstleistungen des Grundbedarfs sicher. In dieser Funktion sind sie zu sichern und bedarfsgerecht weiterzuentwickeln.

Begründung

B zu 1

Als Zentrale Orte der untersten Stufe stellen die ländlichen Zentralorte den Grundbedarf, das heißt den Bedarf an Gütern und Dienstleistungen des kurzfristigen, täglichen Bedarfs sicher. Dieser wird beispielsweise gedeckt durch ärztliche Versorgung im Bereich der Allgemeinmedizin, Zweigstellen von Geldinstituten, Handwerks- oder private Dienstleistungsbetriebe.

3.1.5 Stadtrandkerne

Grundsätze und Ziele der Raumordnung

1 G

Stadtrandkerne sollen im engen räumlichen Zusammenhang mit einem übergeordneten Zentralen Ort Versorgungsaufgaben wahrnehmen. Ihre zentralörtlichen Einrichtungen sollen denen vergleichbarer Zentraler Orte entsprechen und in Abstimmung mit einem übergeordneten Zentralen Ort entwickelt werden. Wohnbauliche und gewerbliche Entwicklungen sollen möglichst in Abstimmung mit dem Zentralen Ort erfolgen.

2 G

Stadtrandkerne in den Ordnungsräumen sollen auf den Siedlungsachsen (Kapitel 3.3) liegen. Stadtrandkerne sollen verkehrlich gut an das Zentrum angebunden sein. Stadtrandkerne sollen baulich so geordnet und gestaltet sein, dass ein Versorgungskern erkennbar ist.

Begründung

B zu 1

In einem Umkreis von zehn Kilometern um Ober- und Mittelzentren sowie um Hamburg werden keine Zentralen Orte, sondern Stadtrandkerne (I. und II. Ordnung oder I. Ordnung mit Teilfunktionen von Mittelzentren) festgelegt. Die zehn Kilometer-Umkreise sind in der Hauptkarte dargestellt. Die Stadtrandkerne nehmen im engen räumlichen Zusammenhang mit dem Zentralen Ort und für einen begrenzten Bereich, der in der Regel nur das eigene Gemeindegebiet umfasst, Versorgungsaufgaben wahr. In Einzelfällen sind in den zehn Kilometer-Umkreisen um Mittelzentren auch Zentrale Orte festgelegt worden, wenn diese vom Zentrum nicht unmittelbar versorgt werden und für mehrere ländliche Gemeinden vollwertige Versorgungsaufgaben wahrnehmen.

Unter Berücksichtigung der besonderen Verhältnisse in Stadtrandgebieten entsprechen Stadtrandkerne I. Ordnung in ihrer Zentralitätsfunktion Unterzentren und Stadtrandkerne II. Ordnung ländlichen Zentralorten. Stadtrandkerne I. Ordnung mit Teilfunktionen von Mittelzentren sollen teilweise die Versorgung mit Gütern und Dienstleistungen des gehobenen Bedarfs decken und sind insofern Mittelzentren vergleichbar.

Wegen der direkten Nähe zu einem übergeordneten Zentrum (Ober- oder Mittelzentrum) besteht ein besonderer Abstimmungsbedarf mit diesem. Nach Möglichkeit sollte ein Interessensausgleich zwischen übergeordnetem Zentrum und Stadtrandkern erreicht werden.

Innerstädtische Stadtrandkerne sind städtische Nebenzentren und nehmen teil an der Entwicklung des Ober- oder Mittelzentrums.

B zu 2

Ordnungsräume sind durch einen hohen Siedlungsdruck gekennzeichnet. Zur besseren Steuerung soll die Siedlungsentwicklung auf Siedlungsachsen konzentriert werden. Dafür ist es erforderlich, dass auch die Stadtrandkerne als Siedlungsschwerpunkte in die Siedlungsachsen einbezogen werden. Da die Versorgung in den Stadtrandkernen in Verbindung mit dem übergeordneten Zentralen Ort erfolgt, soll zudem eine gute verkehrliche Anbindung gegeben sein. Bei der städtebaulichen Gestaltung ist darauf zu achten, dass sich die zentralörtlichen Einrichtungen räumlich konzentrieren.

3.2 Besondere Funktionen von Gemeinden ohne zentralörtliche Einstufung

Grundsätze und Ziele der Raumordnung

1 G

In den Regionalplänen können in den Ordnungsräumen (Kapitel 2.2) und in den Stadt- und Umlandbereichen in ländlichen Räumen (Kapitel 2.4) Gemeinden oder Ortsteile von Flächengemeinden benannt werden, die sich in Ergänzung zu den Zentralen Orten besonders für eine Wohn- und/oder Gewerbeentwicklung eignen, die bei Bedarf über den Rahmen nach Kapitel 3.6.1 Absatz 3 oder die Vorgaben nach Kapitel 3.7 Absatz 1 hinausgehen kann.

Die Gemeinden sollen hinsichtlich ihrer Infrastrukturausstattung und ihrer Verkehrsanbindung sowie unter Beachtung ökologischer und landschaftlicher Gegebenheiten über die Voraussetzungen für eine solche Entwicklung verfügen, die nicht zu Lasten der Zentralen Orte gehen soll. Die Gemeinden sollen in den Stadt- und Umlandbereichen in ländlichen Räumen in guter Zuordnung zu den Kernstädten liegen. In den Ordnungsräumen sollen sie eine gute Zuordnung zu größeren Zentralen Orten oder zu den Siedlungsachsen haben. Die Benennung in den Regionalplänen soll durch eine interkommunale Vereinbarung (Kapitel 3.8) gesichert werden.

2 G

Die Regionalpläne können Gemeinden oder Ortsteilen von Flächengemeinden, die in den ländlichen Räumen außerhalb der Stadt- und Umlandbereiche und außerhalb der Schwerpunkträume für Tourismus und Erholung liegen, eine ergänzende überörtliche Versorgungsfunktion zuweisen. Diese sollen über ein nennenswertes Angebot an Versorgungseinrichtungen mit Gütern und Dienstleistungen des kurzfristigen, täglichen Bedarfs verfügen sowie Arbeitsplätze im Handwerk und im Dienstleistungsbereich bieten. Sie sind ergänzende Schwerpunkte für Wohnungsbau und Gewerbe in den ländlichen Räumen. Ihre Entwicklung soll nicht zu Lasten benachbarter Zentraler Orte gehen. Eine Abstimmung und interkommunale Zusammenarbeit mit den Zentralen Orten soll bei Flächen- und Infrastrukturplanungen angestrebt werden.

Begründung

B zu 1

In den Regionalplänen soll es möglich sein, ergänzend zu den Schwerpunkten, die durch den Landesentwicklungsplan vorgegeben sind, in Ordnungsräumen und Stadt- und Umlandbereichen in ländlichen Räumen weitere Gemeinden für eine besondere wohnbauliche und gewerbliche Entwicklung festzulegen. Die Gemeinden müssen hierfür bestimmte Voraussetzungen erfüllen (Kapitel 3.6.1 Absatz 5). Die Eignung soll durch ein gesamträumliches Konzept ermittelt werden. Besonders geeignet sind zum Beispiel die bislang in Regionalplänen festgelegten Gemeinden mit einer planerischen Wohnfunktion und/oder planerischen Gewerbe- und Dienstleistungsfunktion. Die Entwicklungsmöglichkeiten werden durch interkommunale Vereinbarungen verbindlich festgelegt (Kapitel 3.6.1 Absatz 5, Kapitel 3.7 Absatz 3).

B zu 2

Auch in den ländlichen Räumen kann es erforderlich sein, die durch den Landesentwicklungsplan festgelegten Schwerpunkte für Wohnen und Gewerbe zu ergänzen, um zu einer bedarfsgerechten Versorgung zu kommen. Daher gibt es die Möglichkeit, weitere Schwerpunkte festzulegen und Gemeinden oder Ortsteilen eine ergänzende überörtliche Versorgungsfunktion zu geben. Die Gemeinden müssen hierfür besonders geeignet sein und sich durch ihr überörtliches Infrastruktur- und Arbeitsplatzangebot deutlich von anderen ländlichen Gemeinden abheben. Durch Abstimmung mit den Zentralen Orten sollen konkurrierende Planungen vermieden werden. Die Schwerpunkträume für Tourismus und Erholung in den ländlichen Räumen zeichnen sich wie die Ordnungsräume durch einen erheblichen Nutzungsdruck, eine hohe Siedlungsdichte sowie ein zeitweilig hohes Personenaufkommen aus. Hier sind ordnende Maßnahmen für die Siedlungstätigkeit und zur Sicherung der Freiräume erforderlich. Aufgrund der Schwerpunktsetzung auf Tourismus und Erholung sollen hier keine weiteren Siedlungsschwerpunkte in Ergänzung zu den Zentralen Orten festgelegt werden.

3.3 Siedlungsachsen

Grundsätze und Ziele der Raumordnung

1 Z

Die Siedlungsentwicklung in den Ordnungsräumen (Kapitel 2.2) ist vorrangig entlang von Siedlungsachsen auszurichten. Die Grundrichtungen der Siedlungsachsen sowie die äußeren Siedlungsachsenschwerpunkte sind in der Hauptkarte dargestellt.

In den Regionalplänen sind die Siedlungsachsen verbindlich abzugrenzen und durch Grünzäsuren zu gliedern (Kapitel 6.3.2).

2 G

Siedlungsachsen können bei Bedarf in den Regionalplänen auch in den Stadt- und Umlandbereichen um die Oberzentren Flensburg und Neumünster (Kapitel 2.4) abgegrenzt und durch Grünzäsuren (Kapitel 6.3.2) gegliedert werden. Die Siedlungsentwicklung ist dann vorrangig entlang der Siedlungsachsen auszurichten.

3 G

Die Abgrenzung der Siedlungsachsen soll sich an folgenden Kriterien orientieren:
- Den Siedlungsachsen sollen größere baulich zusammenhängende Siedlungsgebiete zugeordnet sein,
- sie sollen über Flächenpotenziale für eine weitere Siedlungsentwicklung verfügen,
- die Ergebnisse abgestimmter Stadt-Umland-Planungen sollen berücksichtigt werden,
- die Siedlungsachsen sollen die engeren Einzugsbereiche der Haltepunkte/Bahnhöfe des schienengebundenen ÖPNV umfassen,
- sie sollen dem überörtlichen Straßennetz, insbesondere den Autobahnanschlussstellen zugeordnet und damit verknüpft sein,
- die ökologische und landschaftliche Verträglichkeit für eine weitere Siedlungsentwicklung soll gewährleistet sein und
- zusammenhängende landschaftliche Freiräume sollen erhalten werden und vernetzt bleiben.

4 Z

Auf den Siedlungsachsen sind in bedarfsgerechtem Umfang Siedlungsflächen auszuweisen. Die bauliche Entwicklung darf nicht über die Abgrenzung der Siedlungsachsen hinausgehen.

G

Die Siedlungs- und Freiraumentwicklung auf den Siedlungsachsen soll geordnet erfolgen. Der Abstimmung sowie der interkommunalen Zusammenarbeit auf den Siedlungsachsen kommt insbesondere im

Hinblick auf eine Stärkung der Zentralen Orte und Stadtrandkerne (Kapitel 3.1 Absatz 3) eine besondere Bedeutung zu. Es soll eine zeitlich aufeinander abgestimmte Siedlungsentwicklung angestrebt werden.

Insbesondere in den engeren Einzugsbereichen der Bahnhöfe und Haltepunkte des ÖPNV soll eine wohnbauliche Entwicklung in ausreichendem Umfang und in angemessen verdichteter Bauweise ermöglicht werden. Außerdem sollen hier Flächen für Gewerbe und Dienstleistungen angeboten werden, die auf zentrale und/oder wohnungsnahe Lagen angewiesen sind.

Flächen für überörtlich bedeutsame und verkehrsintensive Gewerbegebiete sollen gut an das überörtliche Verkehrsnetz angebunden sein.

5 G

Die Regionalpläne können in den Ordnungsräumen im unmittelbaren Siedlungszusammenhang mit den Oberzentren besondere Siedlungsräume ausweisen, die verbindlich abzugrenzen und darzustellen sind.

Z

Eine planmäßige Erweiterung über den vorhandenen baulichen Siedlungszusammenhang hinaus ist dabei nicht vorzusehen.

Besondere Siedlungsräume dürfen innerhalb ihrer Abgrenzung an einer Siedlungsentwicklung über den örtlichen Bedarf hinaus teilhaben.

Begründung

B zu 1, 2

Um die Nachteile einer weitläufigen, ringförmigen Ausbreitung von Siedlungsflächen im Umland großer städtischer Zentren zu vermeiden, soll die Siedlungsentwicklung in den Ordnungsräumen vorrangig auf Siedlungsachsen erfolgen. Für den Fall, dass aufgrund des Siedlungsdrucks in den Stadt- und Umlandbereichen der Oberzentren Flensburg und Neumünster ebenfalls der Bedarf besteht, die Siedlungsentwicklung entlang von Siedlungsachsen auszurichten, können auch dort in den Regionalplänen Siedlungsachsen verbindlich abgegrenzt und durch Grünzäsuren strukturiert werden. Für die Siedlungsachsen in den Ordnungsräumen gibt der Landesentwicklungsplan in der Hauptkarte Grundrichtung und Endpunkte der Achsen (äußere Siedlungsachsenschwerpunkte) vor. Der Radius ergibt sich dabei aus dem engeren Verflechtungsbereich der Oberzentren mit ihrem Umland. Die verbindliche Abgrenzung der Siedlungsachsen als flächenhaft festgelegte Räume sowie die Ausweisung von Grünzäsuren zur inneren Gliederung erfolgt in den Regionalplänen.

B zu 3

Die Abgrenzung der Siedlungsachsen gegenüber dem regionalen Freiraum soll unter Berücksichtigung städtebaulicher, infrastruktureller und landschaftlicher Belange erfolgen. Die Siedlungsachsen sollen durch eine dichte Folge von Siedlungsgebieten als punktaxiales Prinzip im Verlauf leistungsfähiger Verkehrslinien gekennzeichnet sein. Das Rückgrat bilden dabei in der Regel die schienengebundenen Linien des ÖPNV, im Einzelfall auch leistungsfähige Busachsen. Weitere leistungsfähige Verkehrslinien sind die regionalen und überregionalen Straßenverbindungen, insbesondere die Autobahnen, die im Verlauf der Siedlungsachsen der Abwicklung des Individualverkehrs zwischen Arbeitsstätte und Wohnung dienen, aber insbesondere auch für gewerbliche Verkehre von besonderer Bedeutung sind.

B zu 4

In den Ordnungsräumen ist auch weiterhin von einer im Vergleich zu anderen Teilräumen höheren Nachfrage nach Wohn- und Gewerbeflächen auszugehen. Im Bereich der Achsenräume ist daher eine vorausschauende Flächenvorsorge zu treffen. Aufgrund der dynamischen Entwicklung und der damit verbundenen hohen baulichen Verdichtung ist auf den Siedlungsachsen besonders darauf zu achten, dass landschaftliche Freiräume sowie attraktive und gesunde Lebensbedingungen erhalten bleiben.

Um möglichst vielen Berufspendlerinnen und -pendlern eine gute Erreichbarkeit ihrer Arbeitsplätze durch den ÖPNV zu ermöglichen, sollte in den engeren Einzugsbereichen der Haltestellen und Bahnhöfe, insbesondere der Hauptstrecken des ÖPNV, die Wohnraumversorgung in verdichteter Bauweise erfolgen. Des Weiteren sollte hier eine Ansiedlung von Gewerbebetrieben und Dienstleistern, die auf zentrale Standorte angewiesen sind, planerisch sichergestellt werden. Eine gute Erreichbarkeit ist für viele Unternehmen eine wichtige Standortvoraussetzung. Größere Gewerbegebiete auf den Achsen sollten insoweit in guter Zuordnung zu den Autobahnanschlussstellen ausgewiesen werden.

B zu 5

Insbesondere im Ordnungsraum Hamburg gibt es kleinere Räume, die sich in Verlängerung innerstädtischer Nebenachsen baulich und wirtschaftlich entwickelt haben. Sie besitzen nicht den Charakter der Siedlungsachsen, haben jedoch traditionell an einer planmäßigen Entwicklung in begrenztem Rahmen teilgenommen. Die Ausweisung in den Regionalplänen soll den ungesteuerten Prozess einer Zersiedelung planerisch begrenzen.

3.4 Entwicklungs- und Entlastungsorte

Grundsätze und Ziele der Raumordnung

1 G

In den Regionalplänen können in ländlichen Räumen geeignete Zentrale Orte mit ihrem baulich zusammenhängenden Siedlungsgebiet und gegebenenfalls weiteren geeigneten Gemeinden, die in guter Zuordnung zu dem Zentralen Ort liegen, als Entwicklungs- und Entlastungsorte dargestellt werden. Dorthin sollen besondere siedlungsstrukturelle und wirtschaftliche Entwicklungsimpulse gelenkt werden. Die Orte sollen sich als eigenständige regionale Zentren und Wachstumskerne verstärkt weiterentwickeln und zur Entlastung der verdichteten Bereiche, insbesondere des Ordnungsraums Hamburg, beitragen.

Begründung

B zu 1

In den Ordnungsräumen kommt es teilweise zu Flächenengpässen für Wohnen und Gewerbe. Um den Flächenbedarfen und gleichzeitig einer geordneten Siedlungsentwicklung, einer nachhaltigen Freiraumsicherung und dem Schutz der natürlichen Grundlagen des Lebens Rechnung zu tragen, können in den ländlichen Räumen zur Entlastung der verdichteten Bereiche, insbesondere des Ordnungsraums Hamburg, geeignete Zentrale Orte – in der Regel Mittelzentren, mindestens jedoch Unterzentren – in den Regionalplänen als Entwicklungs- und Entlastungsorte festgesetzt werden. Diese sind als Gemeindegrenzen überschreitende Siedlungsschwerpunkte angelegt. Daher bezieht sich ihre Funktion nicht nur auf den Zentralen Ort selbst, sondern unabhängig von Gemeindegrenzen auf das gesamte baulich zusammenhängende Siedlungsgebiet des Zentralen Ortes. Gegebenenfalls können auch Gemeinden außerhalb des baulichen Siedlungszusammenhanges, die in guter Zuordnung zum Zentralen Ort liegen sowie über eine gute ÖPNV-Anbindung und Infrastrukturausstattung verfügen, bei der räumlichen Abgrenzung einbezogen werden, um die Funktionswahrnehmung zu unterstützen. Die Entwicklung der einbezogenen nicht zentralörtlich eingestuften Gemeinden soll nicht zu Lasten des Zentralen Ortes gehen und soll insoweit mit dem Zentralen Ort abgestimmt werden.

3.5 Baugebietsgrenzen

Grundsätze und Ziele der Raumordnung

1 Z

In den Regionalplänen sind in den Schwerpunkträumen für Tourismus und Erholung (Kapitel 4.7.1 Absatz 4) Baugebietsgrenzen festzulegen, sofern keine regionalen Grünzüge (Kapitel 6.3.1) dargestellt sind.

G

Dabei sollen
- Bauflächenausweisungen im aktuellen Flächennutzungs- / Landschaftsplan der Gemeinde berücksichtigt werden,
- die ökologische Qualität und Bedeutung der angrenzenden Flächen für die landschaftsbezogene Erholung gewahrt bleiben und
- eine bandartige Siedlungsentwicklung entlang der Küstenbereiche vermieden werden.

Außerdem soll durch die Baugebietsgrenzen eine Gliederung des Orts- und Landschaftsbildes erfolgen.

Z

Die gemeindliche Siedlungsentwicklung erfolgt innerhalb der Baugebietsgrenzen.

Begründung

B zu 1

Baugebietsgrenzen legen Bereiche fest, in denen eine Siedlungsentwicklung erfolgen kann. Mit diesem Instrument kann in den Regionalplänen die Siedlungstätigkeit in stark frequentierten Tourismus- und Erholungsräumen, die gleichzeitig einen hohen Siedlungsdruck haben, geordnet und gesteuert werden. So lassen sich auch touristisch attraktive Freiräume erhalten. Touristische Nutzungen und bauliche Entwicklungen im Bestand sind außerhalb der Baugebietsgrenzen grundsätzlich nicht ausgeschlossen. Bei der Festsetzung von Baugebietsgrenzen sind die Ergebnisse der Landschaftsplanung sowie gemeindliche und interkommunale Entwicklungskonzepte zu berücksichtigen.

3.6 Wohnungsversorgung

Grundsätze und Ziele der Raumordnung

1 G

In allen Teilräumen des Landes soll eine bedarfsgerechte Versorgung der Bevölkerung mit Dauerwohnraum sichergestellt werden. Das Angebot soll den Umfang des künftigen Wohnungsbedarfs decken, demografische, soziale und gesellschaftliche Veränderungen berücksichtigen und hinsichtlich Größe, Ausstattung, Lage, Gestaltung des Wohnumfelds und Preis den unterschiedlichen Ansprüchen der Nachfragerinnen und Nachfrager Rechnung tragen. Insbesondere für kleine Haushalte und für ältere Menschen sollen mehr Angebote geschaffen werden. Verbessert werden soll außerdem das Wohnungsangebot für Familien mit Kindern.

Dem Bedarf an bezahlbaren Mietwohnungen für mittlere und untere Einkommensgruppen soll durch geeignete Maßnahmen, insbesondere auch für sozial geförderten Wohnraum, Rechnung getragen werden. Dafür sollen nicht nur die Schwerpunkte für den Wohnungsbau (Kapitel 3.6.1 Absatz 2) sorgen, sondern auch andere geeignete Gemeinden insbesondere in den Ordnungsräumen (Kapitel 2.2), den Stadt- und Umlandbereichen in ländlichen Räumen (Kapitel 2.4) und in den Schwerpunkträumen für Tourismus und Erholung (Kapitel 4.7.1).

Für eine bedarfsgerechte Wohnungsversorgung sollen vorrangig Maßnahmen der Innenentwicklung durchgeführt werden und der Wohnungsbestand soll angepasst und zeitgemäß weiterentwickelt werden. Klimaschutz- und Klimaanpassungsmaßnahmen soll Rechnung getragen werden. Nur in möglichst geringem Umfang sollen neue Flächen ausgewiesen werden. Dabei sollen kompakte Siedlungsformen und eine angemessene Bebauungsdichte realisiert werden (Kapitel 3.9).

Bei der Ausweisung von Flächen für Einfamilienhäuser soll berücksichtigt werden, dass die Zahl der Haushalte von Menschen in mittleren Altersgruppen mittelfristig zurückgehen wird und gleichzeitig durch die steigende Zahl älterer Menschen bei Einfamilienhäusern mehr Gebrauchtimmobilien auf den Markt kommen werden.

Bei der Planung von Wohnungsangeboten für ältere Menschen soll darauf geachtet werden, dass diese möglichst gut an Versorgungseinrichtungen angebunden sind.

2 G

Der Wohnungsneubau soll folgende Bedarfskomponenten berücksichtigen:

- Entwicklung der Zahl und der Struktur der Haushalte (Neubedarf),
- Ersatz für Abriss, Zusammenlegung oder Umwidmung von Wohnungen (Ersatzbedarf) und
- Mobilitäts- und Leerstandsreserven für die Sicherstellung gut funktionierender Wohnungsmärkte.

Anhang 2

Begründung

B zu 1

Eine bedarfsgerechte Wohnungsversorgung trägt zu einer hohen Lebensqualität in Schleswig-Holstein bei und ist ein wesentlicher Bestandteil der Daseinsvorsorge. Im Vergleich zu den letzten Jahrzehnten ist aufgrund der steigenden Zahl älterer Menschen und kleinerer Haushaltsgrößen zukünftig von einer quantitativ und qualitativ deutlich anderen Nachfrage nach Wohnungen auszugehen. Steigende Preise für Wohnraum und zahlreiche sozial geförderte Wohnungen, die in den nächsten Jahren aus der Mietpreisbindung fallen, erfordern zusätzliche Angebote an bezahlbaren Mietwohnungen, sowohl für untere Einkommensgruppen, als auch für „Normalverdiener". Um unter anderem Segregation zu vermeiden, sollen dafür nicht nur die Schwerpunkte für den Wohnungsbau (Kapitel 3.6.1 Absatz 2) sorgen, sondern auch geeignete Umlandgemeinden. Erfolgen kann dies zum Beispiel bei Planung, Erwerb und Vergabe von Wohnbauflächen oder indem im Vorfeld der Aufstellung von Bauleitplänen in städtebaulichen Verträgen Regelungen zur Inanspruchnahme von Mitteln der sozialen Wohnraumförderung getroffen werden. Auch beispielweise durch die Einrichtung gemeindlicher Wohnungsbaugenossenschaften kann die Schaffung von preisgünstigem Wohnraum unterstützt werden.

Damit aus Gründen der Nachhaltigkeit für den Wohnungsbau weniger neue Flächen in Anspruch genommen werden, müssen neben Innenentwicklungspotenzialen auch die Wohnungsbestände stärker bei der Angebotsplanung berücksichtigt werden. Durch Instandsetzung, Umbau und funktionale Anpassung sollen sie an eine sich ändernde Nachfrage angepasst und außerdem energetisch verbessert werden. Dies gilt insbesondere für die Wohnungsbestände der 1950er, 60er und 70er Jahre. Darüber hinaus muss das Wohnumfeld aufgewertet werden.

Im Hinblick auf die demografischen Veränderungen werden immer mehr Wohnungen gebraucht, die aufgrund ihrer Ausstattung und ihrer Lage für Ältere und Menschen mit Behinderungen geeignet sind. Vorrausetzungen hierfür erfüllen vorrangig integrierte und barrierefrei gestaltete Standorte in den Zentralen Orten und Stadtrandkernen. Auch alternative Wohnformen und Wohnkonzepte, wie zum Beispiel Mehr-Generationen-Wohnprojekte oder ökologische Bauprojekte auf genossenschaftlicher Basis können neben bewährten Bauformen und -konzepten dazu beitragen, den unterschiedlichen Anforderungen an den Bau neuer Wohnungen Rechnung zu tragen.

B zu 2

Für den Bau neuer Wohnungen gibt es verschiedene Bedarfsfaktoren. Zum einen entsteht Neubedarf, wenn sich Zahl und Altersstruktur der Haushalte verändern. Nach den Ergebnissen der Bevölkerungs- und Haushaltsvorausberechnung des Statistikamtes Nord wird die Zahl der Haushalte in Schleswig-Holstein etwa bis 2025 weiter steigen und danach zurückgehen. Gleichzeitig wird sich die Altersstruktur der Haushalte verändern. Die Zahl der Haushalte mit Menschen ab 65 Jahren wird im Planungszeitraum stark steigen, während die Zahl der Haushalte mit Jüngeren und Personen in mittleren Altersgruppen deutlich zurückgehen wird.

Bedarf für neue Wohnungen entsteht auch durch Veränderungen im Wohnungsbestand. Durch Abriss, Zusammenlegung oder Umwidmung gehen regelmäßig Wohnungen verloren, für die als Ersatz neue Wohnungen gebaut werden müssen. Für diesen Bedarf sollten jährlich etwa 0,1 Prozent des Bestandes an Wohnungen in Ein- und Zweifamilienhäusern und 0,3 Prozent des Bestandes an Wohnungen in Mehrfamilienhäusern veranschlagt werden. Dieser Bedarf kann in der Regel größtenteils auf bereits vorhandenen Wohnbauflächen gedeckt werden.

Damit die Wohnungsmärkte besser funktionieren, kann es notwendig sein, die Zahl der kurzzeitig leerstehenden Wohnungen zu erhöhen. Je nach Ausgangssituation in den Teilräumen sollte im Planungszeitraum eine Mobilitäts- oder Leerstandsreserve zwischen 1 Prozent und 3 Prozent des Wohnungsbestandes aufgebaut werden.

3.6.1 Wohnungsbauentwicklung in den Gemeinden

Grundsätze und Ziele der Raumordnung

1 G

Grundsätzlich können in allen Gemeinden im Land neue Wohnungen gebaut werden. Art und Umfang der wohnbaulichen Entwicklung hängen vom Bedarf und von den örtlichen Voraussetzungen ab, das heißt von Funktion, Größe, Infrastrukturausstattung, Lage, verkehrlicher Anbindung und Siedlungsstruktur der Gemeinden. Bei ihren Planungen sollen die Gemeinden die Funktionsfähigkeit des Naturhaushalts berücksichtigen, Freiräume sichern und weiterentwickeln, Wohnungsbestände einbeziehen sowie demografische, städtebauliche und überörtliche Erfordernisse berücksichtigen.

Der Umfang der erforderlichen Flächenneuausweisungen hängt maßgeblich von den Bebauungsmöglichkeiten im Innenbereich ab (Kapitel 3.9 Absatz 4) sowie den Möglichkeiten, vorhandene Wohnungsbestände weiterzuentwickeln. Bei der Ausweisung von neuen Wohngebieten sollen Erschließungskosten sowie Folgekosten für die soziale und technische Infrastruktur berücksichtigt werden. Ausweisung und Erschließung von Bauflächen sowie der Bau von Wohnungen sollen zeitlich angemessen verteilt erfolgen. Es sollen flächensparende Siedlungs- und Erschließungsformen angewendet werden (Kapitel 3.9 Absatz 3 und 5).

Die Gemeinden sollen sich möglichst in interkommunalen Vereinbarungen über die Wohnungsbauentwicklung von Teilräumen verständigen (Kapitel 3.8).

2 Z

Schwerpunkte für den Wohnungsbau sind die Zentralen Orte und Stadtrandkerne (Kapitel 3.1) sowie die Ortslagen auf den Siedlungsachsen (Kapitel 3.3). Sie werden ergänzt durch die in den Regionalplänen ausgewiesenen Gemeinden oder Ortslagen mit einer ergänzenden überörtlichen Versorgungsfunktion (Kapitel 3.2 Absatz 2).

Die Schwerpunkte haben eine besondere Verantwortung für die Deckung des regionalen Wohnungsbedarfs und haben entsprechend ihrer Funktion ausreichenden Wohnungsbau zu ermöglichen.

3 Z

Gemeinden oder Gemeindeteile, die keine Schwerpunkte für den Wohnungsbau sind, decken den örtlichen Bedarf. Dort können im Zeitraum 2022 bis 2036 bezogen auf ihren Wohnungsbestand am 31. Dezember 2020 neue Wohnungen im Umfang von

- bis zu 15 Prozent in den Ordnungsräumen (Kapitel 2.2) und von
- bis zu 10 Prozent in den ländlichen Räumen (Kapitel 2.3)

gebaut werden (wohnbaulicher Entwicklungsrahmen).

Es ist der Bestand an Dauerwohnungen zugrunde zu legen.

Wohneinheiten, die in Gebäuden mit drei und mehr Wohnungen, in Wohnheimen und durch Baumaßnahmen an bestehenden Gebäuden entstehen, werden nur zur Hälfte auf den wohnbaulichen Entwicklungsrahmen angerechnet. Gleiches gilt für andere, kleine Wohneinheiten in flächensparender Bauweise.

Vom wohnbaulichen Entwicklungsrahmen sind Ausnahmen nach Maßgabe der Absätze 4 und 5 möglich.

4 Z

Eine geringfügige Überschreitung des wohnbaulichen Entwicklungsrahmens (Absatz 3) ist möglich, wenn es sich um Maßnahmen der Innenentwicklung auf Flächen von zentraler städtebaulicher und ortsplanerischer Bedeutung handelt. Voraussetzung dafür ist, dass

- ein gemeindliches Steuerungserfordernis durch eine Bauleitplanung vorliegt oder
- ein städtebaulicher Missstand vorliegt, der durch eine Bauleitplanung vermieden oder beseitigt werden soll, oder
- ein besonderer Wohnungsbedarf zu decken ist.
- Des Weiteren ist es möglich, den wohnbaulichen Entwicklungsrahmen geringfügig zu überschreiten, wenn
- die Ausschöpfung zuvor in hohem Maße durch Maßnahmen der Innenentwicklung erfolgt ist und
- es nachweislich einen dringenden Wohnungsneubaubedarf für die örtliche Bevölkerung gibt, der nur durch die Entwicklung eines neuen Wohngebietes zu decken ist.

5 Z

Eine Überschreitung des wohnbaulichen Entwicklungsrahmens (Absatz 3) ist bei Bedarf für einzelne Gemeinden im Rahmen von interkommunalen Vereinbarungen für Teilräume (Kapitel 3.8 Absatz 2 und 3) möglich. Voraussetzung dafür ist, dass

- der Wohnungsneubaubedarf der Teilräume auf Basis der aktuellen Bevölkerungs- und Haushaltsvorausberechnung des Statistikamtes Nord oder daraus abgeleiteter kleinräumiger Vorausberechnungen ermittelt wurde,
- der Umfang der wohnbaulichen Entwicklung sich am Bedarf orientiert sowie in den interkommunalen Vereinbarungen verbindlich und so festgelegt wird, dass vorrangig in den Schwerpunkten (Absatz 2) gebaut wird und
- die Gemeinden, die auf Basis der interkommunalen Vereinbarungen den ansonsten für sie geltenden wohnbaulichen Entwicklungsrahmen von 10 Prozent beziehungsweise 15 Prozent (Absatz 3) überschreiten, hinsichtlich ihres Infrastrukturangebotes, ihrer Siedlungsstruktur, ihrer verkehrlichen Anbindung sowie unter Beachtung ökologischer Belange hierfür geeignet sind. In den Regionalplänen benannte Gemeinden mit einer besonderen Funktion gemäß Kapitel 3.2 Absatz 1 sind hierfür geeignet.

Begründung

B zu 1

Jede Gemeinde kann einen Beitrag zur Deckung des Wohnungsbedarfs im Land leisten. Die genannten Anforderungen sollen sicherstellen, dass die bauliche Entwicklung bedarfsgerecht und nachhaltig erfolgt und den zentralen Herausforderungen der nächsten Jahre Rechnung trägt, wie zum Beispiel demografischen Veränderungen, dem Klimawandel, der Energiewende und dem Ziel, weniger Flächen in Anspruch zu nehmen. Sofern es eine aktuelle Bevölkerungs- und Haushaltsvorausberechnung gibt, sollte diese Grundlage für die konkrete Abschätzung des örtlichen oder regionalen Wohnungsbedarfs sein. Ebenso sollten empirische Wohnungsmarktdaten und aktuelle Wohnungsmarktprognosen, die im Auftrag des Landes erstellt wurden, bei kommunalen Entwicklungs- und Baulandbevorratungsstrategien herangezogen werden. Auch interkommunale Vereinbarungen tragen zu einer bedarfsgerechten Wohnungsversorgung an geeigneten Standorten bei. Im Hinblick auf eine möglichst geringe Inanspruchnahme neuer Flächen und die finanziellen Auswirkungen auf die Kommunen und ihre Bürgerinnen und Bürger sollen bereits bei der vorbereitenden Bauleitplanung Innenentwicklungspotenziale und voraussichtliche Infrastrukturfolgekosten und gegebenenfalls auch die Situation auf dem Markt für Gebrauchtimmobilien in der Gemeinde berücksichtigt werden. Außerdem sollen die Flächen zeitlich angemessen entwickelt werden. Haben Gemeinden absolut nur einen sehr kleinen wohnbaulichen Entwicklungsrahmen (Absatz 3), kann aus wirtschaftlichen Gründen von einer zeitlichen Verteilung abgesehen werden.

B zu 2

Der Wohnungsbau soll nach dem Prinzip der dezentralen Konzentration erfolgen. Das heißt, er ist auf mehrere Schwerpunkte im Land zu konzentrieren. Dieses räumliche Ordnungsprinzip ist in Bundes- und Landesgesetzen verankert. Ziel sind langfristig tragfähige Siedlungs- und Versorgungsstrukturen, die gleichwertige Lebensverhältnisse in allen Teilräumen des Landes ermöglichen. Eine Schwerpunktsetzung wird im Hinblick auf sinkende Einwohnerzahlen und einen zunehmenden Wettbewerb der Gemeinden um neue Einwohnerinnen und Einwohner zum Erhalt ihrer Infrastruktur immer wichtiger. Die Eignung einer Gemeinde als Schwerpunkt ergibt sich im Wesentlichen aus ihrer Infrastrukturausstattung, ihrer räumlichen Lage und ihrer verkehrlichen Anbindung, insbesondere an den ÖPNV. Die Schwerpunkte sind im Hinblick auf die demografischen Veränderungen, wie zum Beispiel die Zunahme kleiner Haushalte von älteren Menschen, auch gefragte Wohnstandorte. Gemeinden mit einer ergänzenden überörtlichen Versorgungsfunktion haben in der Regel keine so gute Infrastrukturausstattung wie Zentrale Orte. Daher nehmen sie die Schwerpunktfunktion nur ergänzend wahr.

Um ihrer Funktion gerecht zu werden, ist es erforderlich, dass die Schwerpunkte durch eine nachhaltige kommunale Wohnbauplanung, insbesondere eine vorausschauende Bodenbevorratung sowie ihre Bauleitplanung sicherstellen, dass neben der Deckung des Wohnungsbedarfs der örtlichen Bevölkerung auch größere Zuwanderung möglich ist. Für eine bedarfsgerechte Flächenplanung sollen aktuelle Bedarfsprognosen zugrunde gelegt werden. Insbesondere bei fehlenden Flächen soll die Schwerpunktfunktion in Kooperation mit benachbarten Gemeinden gesichert werden.

B zu 3

Alle Gemeinden können planerisch Vorsorge für den Wohnungsbau im Rahmen des örtlichen Bedarfs treffen. Gleichzeitig soll beim Wohnungsbau eine Schwerpunktsetzung erfolgen. Die Entwicklung in Gemeinden, die keine Schwerpunkte sind, wird daher auf den örtlichen Bedarf begrenzt. Dies gilt auch für Ortslagen zentralörtlich eingestufter Gemeinden, die nicht zum baulich zusammenhängenden

Siedlungsgebiet gehören und damit kein Zentraler Ort oder Stadtrandkern sind (Kapitel 3.1 Absatz 2). Der örtliche Bedarf umfasst die Nachfrage der am Ort lebenden Bevölkerung und Angebote für ortsangemessene Zuwanderung.

Die Werte von 10 Prozent und 15 Prozent wurden unter Berücksichtigung einer vorrangigen Entwicklung in den Schwerpunkten aus dem aktuell absehbaren Wohnungsneubaubedarf abgeleitet und sind Obergrenzen. Gemeinden, in denen aufgrund kleinräumiger Prognosen ein deutlich niedrigerer örtlicher Bedarf erkennbar ist, sollten den Rahmen durch planerische Vorsorge nicht voll ausschöpfen. Auch ökologische, städtebauliche und infrastrukturelle Gesichtspunkte können gegen ein Ausschöpfen des Rahmens sprechen. Die Werte von 10 und 15 Prozent beziehen sich auf den Wohnungsbestand 31. Dezember 2020 und den Zeitraum 2022 bis 2036.

Der Rahmen bezieht sich auf Dauerwohnungen. Ferien- und Zweitwohnungen sind daher insbesondere in Tourismusgemeinden und in Gemeinden mit Wochenendhausgebieten aus dem Wohnungsbestand und den Baufertigstellungen herauszurechnen. Falls keine statistischen Angaben über Ferien- und Zweitwohnungen vorliegen, sollen diese geschätzt werden.

Zur Förderung einer geringeren Inanspruchnahme von Flächen (Kapitel 3.9 Absatz 3 und 4) durch verdichtete und flächensparende Bauweisen sollen die in der amtlichen Baufertigstellungsstatistik erfassten Wohneinheiten, die in Mehrfamilienhäusern (Gebäude mit drei und mehr Wohnungen), in Wohnheimen und durch Baumaßnahmen an bestehenden Gebäuden (zum Beispiel durch Dachgeschossausbau) entstehen, nur zur Hälfte auf den wohnbaulichen Entwicklungsrahmen angerechnet werden.

Um außerdem einen Anreiz zu geben, mehr Wohnangebote für kleine Haushalte, insbesondere von jungen und älteren Menschen zu schaffen, sollen kleine Wohneinheiten, die in anderen flächensparenden Bauweisen entstehen, ebenfalls nur zur Hälfte auf den wohnbaulichen Entwicklungsrahmen angerechnet werden. Als Richtgröße gelten 50 qm Wohnfläche pro eigenständiger Wohneinheit. Da diese Wohneinheiten in der Baufertigstellungsstatistik nicht gesondert ausgewiesen werden, ist für die verringerte Anrechnung bereits realisierter Wohneinheiten ein geeigneter Nachweis von den Gemeinden zu erbringen und die Umsetzung geplanter Vorhaben durch geeignete Maßnahmen (zum Beispiel vorhabenbezogene Bebauungspläne, städtebauliche Verträge) sicherzustellen.

Die überschlägige Prüfung der Umweltauswirkungen bezüglich einer Verringerung der Anrechnung bestimmter Wohneinheiten (ein Halb statt zwei Drittel) hat unter Berücksichtigung der in Anlage 2 zu § 8 Absatz 2 ROG genannten Kriterien, sofern sie von der Planänderung betroffen sein können, ergeben, dass von einer Verringerung keine erheblichen Umweltauswirkungen zu erwarten sind (Anlage 3a).

Falls Gemeinden ihren wohnbaulichen Entwicklungsrahmen voll ausschöpfen und dabei Wohneinheiten entstehen, die vermindert angerechnet werden, können zwar insgesamt mehr neue Wohnungen als bislang entstehen. Ob und in welchem Ausmaß dadurch allerdings zusätzlich Fläche in Anspruch genommen würde, hängt von der Art des Wohnungsbaus ab und kann erst im Rahmen der kommunalen Bauleitplanung eingeschätzt werden, da erst auf dieser Ebene konkrete Festlegungen zum Wohnungsbau getroffen werden. Auf Ebene des Landesentwicklungsplans lässt sich einschätzen, dass keine erheblichen Umweltauswirkungen zu erwarten sind, da durch die verringerte Anrechnung voraussichtlich nur wenige zusätzliche Wohneinheiten geschaffen werden können. Zudem dürfte sich eine Zunahme verdichteten Wohnungsbaus auch positiv auf die Flächenneuinanspruchnahme auswirken.

Negative Umweltauswirkungen, zum Beispiel im Hinblick auf Verdichtung und zusätzliche Infrastrukturbedarfe, lassen sich ebenfalls auf kommunaler Ebene im Rahmen der Bauleitplanung vermeiden. Eine Betroffenheit gesetzlich geschützter Gebiete kann erst auf kommunaler Ebene geprüft werden.

Eine Alternative zu einer verringerten Anrechnung wäre, die betreffenden Wohneinheiten gar nicht auf den wohnbaulichen Entwicklungsrahmen anzurechnen. Dies dürfte tendenziell zu einer höheren zusätzlichen Flächeninanspruchnahme führen und außerdem die Konzentration der Wohnungsbauentwicklung auf die festgelegten Schwerpunkte (Absatz 2) erschweren.

Im Hinblick auf die Deckung eines im gesamten Land wachsenden Bedarfs an kleinen Wohneinheiten ist die verringerte Anrechnung kleiner Wohneinheiten positiv zu bewerten. Sie bietet einen Anreiz, mehr kleine Wohnungen in flächensparender und verdichteter Bauweise zu bauen, für die es aufgrund der demografischen Entwicklung einen wachsenden Bedarf gibt. Die Änderungen tragen somit zu einer bedarfsgerechteren Planung bei.

B zu 4

Um Innenentwicklungsmaßnahmen zu fördern, die zu einer attraktiven Ortskernentwicklung beitragen, wie zum Beispiel die Umnutzung von innerörtlich gelegenen landwirtschaftlichen Hofstellen oder die Nachnutzung von Brachflächen in zentraler städtebaulicher Lage, können geringfügige Überschreitungen des wohnbaulichen Entwicklungsrahmens in Ausnahmefällen zugelassen werden. Dies kann in Betracht kommen, wenn die Gemeinde für einen Bereich, der nach § 34 Baugesetzbuch (BauGB) zu beurteilen ist, eine Bauleitplanung aufstellt, um die Innenentwicklung gezielt steuern zu können. Auch das gemeindliche Ziel, einen städtebaulichen Missstand im Innenbereich (zum Beispiel leerstehende Gebäude oder untergenutzte Flächen) mit einer attraktiven Folgenutzung zu beheben oder zu verhindern, kann in die Einzelfallprüfung eingehen. Ebenso soll mit dieser Ausnahmeregelung im Rahmen der Ortskernentwicklung die Schaffung von Wohnraum für besondere Wohnbedarfe unterstützt werden, zu denen beispielsweise Maßnahmen der sozialen Wohnraumförderung des Landes zählen, bezahlbare Mietwohnungen für mittlere oder untere Einkommensgruppen, Wohnformen, die dem demografischen Wandel Rechnung tragen, oder besondere Wohnprojekte.

Auch für den Fall, dass der wohnbauliche Entwicklungsrahmen durch Entwicklungen nach § 34 BauGB oder Bebauungspläne im Innenbereich bereits größtenteils ausgeschöpft ist, kann in Ausnahmefällen eine geringfügige Überschreitung durch eine Neuinanspruchnahme von Flächen im Rahmen der Bauleitplanung ermöglicht werden, wenn das Baugebiet nachweislich der Deckung des Bedarfs der örtlichen Bevölkerung dient und dies durch geeignete Instrumente, wie zum Beispiel den Kauf der Flächen durch die Kommune oder die Sicherung eines gemeindlichen Mitspracherechts bei der Vergabe der Baugrundstücke, sichergestellt wird. Auf verdichtete Bauformen soll geachtet werden. Die örtliche Bevölkerung umfasst Ortsansässige und deren Kinder sowie Einpendlerinnen und Einpendler. Durch die betreffenden Gemeinden ist aufzuzeigen, in welchem Umfang die von der amtlichen Statistik erfassten Baufertigstellungen auf Innenentwicklungsmaßnahmen entfallen.

B zu 5

Im Rahmen von interkommunalen Vereinbarungen für Teilräume können von der kommunalen Ebene in Abstimmung mit der Regionalplanung einzelne Gemeinden festgelegt werden, die den wohnbaulichen Entwicklungsrahmen überschreiten können, wenn hierfür entsprechender Bedarf besteht und sich die Gemeinden für mehr Wohnungsbau eignen. Die Teilräume sollen möglichst die regionalen Wohnungsmarktverflechtungen abbilden. Geeignete Teilräume sind zum Beispiel Stadt- und Umlandbereiche, Amtsbereiche oder Nahbereiche. Die beteiligten Gemeinden sollen sich über die Wohnungsbauentwicklung verständigen und auf der Basis einer kleinräumigen Bedarfsprognose hierzu verbindliche Festlegungen treffen. Auch weitere zur Verfügung stehende Informationen zu den Wohnungsmärkten, wie Wohnungsmarkt- oder Wohnraumentwicklungskonzepte, sollen dafür genutzt werden. Durch die interkommunalen Vereinbarungen sollen in den Teilräumen langfristig tragfähige Strukturen gesichert werden und es soll der besonderen Bedarfssituation von Teilräumen, vor allem solchen mit höherem Wohnungsneubaubedarf, Rechnung getragen werden

3.7 Flächenvorsorge für Gewerbe und Industrie

Grundsätze und Ziele der Raumordnung

1 G

Alle Gemeinden können unter Beachtung ökologischer und landschaftlicher Gegebenheiten eine bedarfsgerechte Flächenvorsorge für die Erweiterung ortsansässiger Betriebe sowie die Ansiedlung ortsangemessener Betriebe treffen.

Vor der Neuausweisung von Flächen sollen in den Gemeinden Altstandorte, Brachflächen und Konversionsstandorte in städtebaulich integrierter Lage genutzt werden. Es soll darauf geachtet werden, dass Flächen sparend gebaut wird, die Gewerbeflächen den Wohnbauflächen räumlich und funktional sinnvoll zugeordnet sind und dass insbesondere exponierte Standorte qualitativ hochwertig gestaltet werden.

2 Z

Flächen für Gewerbe und Industrie, die nicht den Bedingungen nach Kapitel 3.7 Absatz 1 Satz 1 entsprechen, sind vorrangig in den Schwerpunkten auszuweisen. Schwerpunkte sind Zentrale Orte und Stadtrandkerne (Kapitel 3.1) sowie Ortslagen auf den Siedlungsachsen (Kapitel 3.3). Sie werden ergänzt durch die in den Regionalplänen ausgewiesenen Gemeinden mit einer ergänzenden überörtlichen Versorgungsfunktion (Kapitel 3.2 Absatz 2).

3 G

In interkommunalen Vereinbarungen (Kapitel 3.8 Absatz 2) zwischen benachbarten Gemeinden können auf der Grundlage eines abgestimmten Konzepts bei Bedarf weitere Gemeinden benannt werden, die sich für eine größere Gewerbeflächenentwicklung eignen.

Die Gemeinden sollen unter Beachtung ökologischer und landschaftlicher Gegebenheiten

- über spezifische Standortvoraussetzungen für Gewerbe und Industrie verfügen,
- eine gute überörtliche Verkehrsanbindung einschließlich guter ÖPNV-Anbindung der Arbeitsplätze haben sowie
- räumlich gut dem Zentralen Ort oder den Siedlungsachsen zugeordnet sein.

Z

In den Regionalplänen benannte Gemeinden mit einer besonderen Funktion gemäß Kapitel 3.2 Absatz 1 sind hierfür geeignet.

In den interkommunalen Vereinbarungen ist der Umfang der Gewerbeflächenentwicklung für die beteiligten Gemeinden verbindlich festzulegen und am regionalen Bedarf auszurichten. Schwerpunkte (Absatz 2) und Gemeinden nach Kapitel 3.2 Absatz 1 sind vorrangig zu berücksichtigen.

4 G

An den Landesentwicklungsachsen (Kapitel 2.5) können in den Regionalplänen überregionale Standorte für Gewerbegebiete an Landesentwicklungsachsen festgelegt werden. Diese sollen insbesondere verkehrsintensiven gewerblichen Branchen vorbehalten sein, die auf eine gute Anbindung an überregionale Verkehrswege angewiesen sind und/oder nicht siedlungsnah untergebracht werden können oder sollen. Eine inhaltliche und räumliche Konkretisierung der Standorte kann in den Regionalplänen erfolgen. Die Zahl der Standorte soll sich auf wenige, größere gewerbliche Entwicklungsschwerpunkte beschränken.

Z

Für die Festlegung sind zunächst der vorsorgende, überregionale Flächenbedarf und die Standortanforderungen der weiteren gewerblichen Entwicklung festzustellen. Die Planungen sind auf der jeweiligen Entwicklungsachse abzustimmen.

G

Bei der Festlegung der überregionalen Standorte für Gewerbegebiete an Landesentwicklungsachsen sollen unter Beachtung des regionalen Gewerbeflächenbedarfs die folgenden raumordnerischen Kriterien berücksichtigt werden:

- eine besonders gute verkehrliche Anbindung an eine Landesentwicklungsachse, an benachbarte Siedlungsschwerpunkte und Zentrale Orte und möglichst an das bestehende Schienennetz,
- möglichst Einbeziehung eines Zentralen Ortes,
- Gewährleistung der Funktionsfähigkeit Zentraler Orte bei der Festlegung des Umfangs der Flächenausweisungen,
- Sicherstellung einer bedarfsgerechten ÖPNV-Anbindung und
- Gewährleistung der ökologischen Verträglichkeit unter Berücksichtigung der Landschaftsplanung.

Z

Bei der Festlegung von überregionalen Standorten für Gewerbegebiete an Landesentwicklungsachsen ist der Einzelhandel auszuschließen (Kapitel 3.10).

Begründung

B zu 1

Mit der Ausweisung von Gewerbeflächen kann ein wichtiger Beitrag zur wirtschaftlichen Entwicklung und zur Verbesserung der Arbeitsplatzsituation vor Ort geleistet werden. In allen Gemeinden gibt es daher die Möglichkeit, dass sich bereits ortsansässige Betriebe erweitern können. Auch die Ansiedlung neuer Betriebe ist möglich, allerdings muss es sich hierbei um Betriebe handeln, die sich aufgrund ihrer Branche, ihres Angebots, ihrer Größe und ihrer baulichen Ansprüche in die gewachsene örtliche Struktur einfügen, das heißt die ortsangemessen sind. Der Flächenbedarf soll vorher gründlich abgeschätzt werden. Im Sinne von Nachhaltigkeit ist bei der gewerblichen Entwicklung auf eine möglichst geringe Inanspruchnahme neuer Flächen (zum Beispiel durch die Verwertung von Flächen, die bereits in der Nutzung sind oder waren; Kapitel 3.9 Absatz 3 und 5) zu achten und im Hinblick auf die städtebauliche integrierte Lage und die räumlich und funktional sinnvolle Zuordnung insbesondere zu Wohnbauflächen ist das Ziel „Innen- vor Außenentwicklung" (Kapitel 3.9 Absatz 4) zu beachten. Außerdem ist auf niedrige Infrastrukturfolgekosten zu achten.

B zu 2

Die gewerbliche Entwicklung soll dem Prinzip der dezentralen Konzentration folgen und auf mehrere geeignete Schwerpunkte konzentriert werden. Größere Gewerbeflächenausweisungen sollen daher in den Zentralen Orten und Stadtrandkernen sowie auf den Siedlungsachsen und ergänzend dazu auch in den Gemeinden mit einer ergänzenden überörtlichen Versorgungsfunktion erfolgen. Diese sind gleichzeitig Schwerpunkte für Wohnungsbau und Versorgungseinrichtungen, so dass Wohnen, Arbeiten und Infrastruktur hier räumlich konzentriert werden können. Damit verbessern sich die Standortvoraussetzungen für die Wirtschaft und es können Synergieeffekte entstehen. Außerdem lassen sich durch räumliche Konzentration Pendlerverkehre verringern und es kann ein Beitrag zum Klimaschutz geleistet werden.

B zu 3

Aufgrund eines erhöhten oder spezifischen Gewerbeflächenbedarfs kann es in Teilräumen des Landes erforderlich sein, dass auch weitere Gemeinden, als die in Absatz 2 genannten, größere Gewerbeflächen ausweisen. Solche Gemeinden sollen in den Regionalplänen hierfür bereits benannt sein oder über geeignete Voraussetzungen verfügen und durch interkommunale Vereinbarungen festgelegt werden.

B zu 4

Die Möglichkeit der Festlegung von überregionalen Standorten für Gewerbegebiete an Landesentwicklungsachsen erweitert das Instrumentarium der Regionalplanung für eine gewerbliche Flächenvorsorge. Die neuen Standorte sollen in erster Linie für flächenintensive Betriebe vorgehalten werden, die zum Beispiel aufgrund ihrer Emissionen nicht siedlungsnah untergebracht werden können und/oder wegen ihrer Lieferverkehre eine kurze Anbindung an überregionale Verkehrswege beziehungsweise einen Autobahnzugang möglichst ohne Ortsdurchfahrt benötigen. Darüber hinaus sollen diese Standorte auch zur Deckung zusätzlicher regionaler Bedarfe beitragen und ein zusätzliches Angebot für Neuansiedlungen in Schleswig-Holstein entsprechend der Ansiedlungsstrategie des Landes schaffen, die aufgrund ihrer Standortanforderungen der direkten Zuordnung an eine Landesentwicklungsachse bedürfen und ein hohes Innovationspotenzial haben oder viele qualifizierte Arbeitsplätze schaffen.

Die Ansiedlung entsprechender gewerblicher Branchen ist durch geeignete Maßnahmen sicherzustellen, beispielsweise durch die Festsetzung einer den Verkehrsbedürfnissen entsprechenden inneren Erschließung, durch die Festsetzung der Grundstücksgrößen auf entsprechend flächenintensive Betriebe sowie durch den Ausschluss von betriebsbedingtem Wohnen. Mit der Festlegung von Standorten soll es nicht zu einer beliebigen gewerblichen Überplanung von Autobahnanschlüssen kommen.

Eine räumliche Konkretisierung der Standorte erfolgt in den Regionalplänen. Darin können auch Aussagen zum Charakter und zu den Entwicklungszielen der jeweiligen Standorte getroffen werden.

Für die Festlegung sollen der vorsorgende, längerfristige Bedarf (nicht der kurzfristige Bedarf aufgrund konkreter Anfragen nach Gewerbeflächen) sowie die zu erwartenden wirtschaftlichen Struktureffekte und Standortanforderungen bewertet werden. Aufgrund der überregionalen Bedeutung sind großräumige Abstimmungen erforderlich.

Bei den Festlegungen der Standorte sollen neben gewerblichen Chancen und zu erwartenden wirtschaftlichen Struktureffekten auch raumordnerische Kriterien umfassend abgewogen werden. Ökologisch bedeutsame Räume sollen freigehalten werden und neue Gebiete möglichst flächenschonend und -sparend realisiert sowie verträglich in die Landschaft eingefügt werden. Um vorhandene Infrastrukturen mitnutzen zu können, sollen die Standorte an benachbarte Siedlungsschwerpunkte und möglichst an das bestehende Schienennetz verkehrlich gut angebunden werden. Die Flächen sollen möglichst interkommunal mit betroffenen Zentralen Orten (zum Beispiel durch Zweckverbandsvereinbarungen) entwickelt werden. Soweit die in Absatz 4 genannten materiellen Voraussetzungen erfüllt sind (zum Beispiel durch ein regionales Gewerbeflächenentwicklungskonzept), können bereits im Vorwege von Regionalplanaufstellungen Standorte auf der Grundlage von Zielabweichungsverfahren nach § 13 Absatz 1 Landesplanungsgesetz oder eines raumplanerischen Abstimmungsverfahrens festgelegt werden.

Wegen der besonderen Ausrichtung der Ansiedlung von Einkaufseinrichtungen größeren Umfangs am Zentralörtlichen System, der möglichen Beeinträchtigung der Innenstädte und der Gefahr einer insgesamt raumunverträglichen Entwicklung ist der Einzelhandel in den überregionalen Gewerbegebieten an Landesentwicklungsachsen auszuschließen.

3.8 Interkommunale Vereinbarungen zur Siedlungsentwicklung

Grundsätze und Ziele der Raumordnung

1 G

Kommunen sollen bei der wohnbaulichen und gewerblichen Entwicklung verstärkt zusammenarbeiten. Auch bei räumlichen Planungen im Bereich der Daseinsvorsorge, beim Einzelhandel, beim Verkehr sowie der Freiraumsicherung soll zunehmend gemeindeübergreifend agiert werden.

Durch freiwillige interkommunale Vereinbarungen kann die Zusammenarbeit auf eine verbindliche Grundlage gestellt werden. Interkommunale Vereinbarungen sollen einen Interessensausgleich zwischen den beteiligten Städten und Gemeinden herbeiführen.

2 G

Freiwillige interkommunale Vereinbarungen zur wohnbaulichen und gewerblichen Entwicklung in Teilräumen sollen in der Regel unter Beteiligung von Schwerpunkten (Kapitel 3.6.1 Absatz 2 und Kapitel 3.7 Absatz 2) geschlossen werden. Diese tragen eine besondere Verantwortung für das Zustandekommen der Vereinbarungen. Werden Vereinbarungen in begründeten Einzelfällen ohne Beteiligung von Schwerpunkten geschlossen, darf die Entwicklung der Schwerpunkte dadurch nicht beeinträchtigt werden.

3 Z

Sollen die interkommunalen Vereinbarungen Basis für zukünftige, regionalplanerische Beurteilungen der beteiligten Kommunen sein, so ist der Umfang der wohnbaulichen und gewerblichen Entwicklung für die beteiligten Kommunen im Sinne einer Selbstbindung verbindlich festzulegen (Kapitel 3.6.1 Absatz 5 und Kapitel 3.7 Absatz 3). Die Schwerpunkte (Kapitel 3.6.1 Absatz 2 und Kapitel 3.7 Absatz 2) und Gemeinden mit einer besonderen Funktion gemäß Kapitel 3.2 Absatz 1 sind dabei vorrangig zu berücksichtigen.

Die Inhalte der interkommunalen Vereinbarungen sind durch gesamträumliche Konzepte zu untersetzen und mit der Regionalplanung im Hinblick auf die Erfordernisse der Raumordnung abzustimmen.

G

Interkommunale Vereinbarungen sollen regelmäßig überprüft und gegebenenfalls an veränderte Rahmenbedingungen angepasst werden.

Begründung

B zu 1

Abstimmungen, gemeinsame Planungen und verbindliche Vereinbarungen zwischen Kommunen über ihre zukünftige Entwicklung gewinnen angesichts demografischer Veränderungen und zur Stärkung der Innenentwicklung immer mehr an Bedeutung. Planungen einzelner Gemeinden haben stets Auswirkungen auf Nachbargemeinden und sind daher auch in einem gesamträumlichen Kontext zu sehen. Im Interesse aller Gemeinden sollen bestehende Strukturen nicht gefährdet werden und es soll nicht zu einem schädlichen Wettbewerb um Einwohnerinnen und Einwohner sowie Arbeitsplätze kommen. Besser ist es, die Kommunen schaffen in gemeinsamer Verantwortung die Voraussetzungen für den langfristigen Erhalt von Einrichtungen der Daseinsvorsorge und die Sicherung gleichwertiger Lebensverhältnisse. Die kommunale Planungshoheit wird dadurch nicht in Frage gestellt.

Freiwillige interkommunale Vereinbarungen sind in diesem Sinne geeignet und bieten die Chance, zu verbindlich abgestimmten und gesamträumlich sinnvollen kommunalen Planungen – auch im Sinne von Entwicklungspartnerschaften – zu kommen. Die Vereinbarungen sollen die unterschiedlichen Interessen der Kommunen angemessen berücksichtigen. Freiwilligkeit ist dabei eine wichtige Voraussetzung für den Erfolg der Zusammenarbeit. Gesamträumliche Konzepte, wie zum Beispiel Gebietsentwicklungsplanungen, Stadt-Umland-Konzepte, Amtskonzepte und regionale Anpassungs- und Entwicklungsstrategien (Kapitel 5 Absatz 3), sollen interkommunale Vereinbarungen vorbereiten. Sie leisten fachlich qualifizierte Vorarbeiten in Form von kleinräumigen Bedarfsprognosen oder Stärken-Schwächen-Analysen und untermauern Entscheidungen über Priorität, Umfang, Ausgestaltung und Umsetzung von Entwicklungsmaßnahmen. Hilfreich sind auch regionale Wohnungsmarktanalysen und -konzepte und integrierte Stadtentwicklungskonzepte. Zukünftige Bauleitplanverfahren werden durch diese Instrumente und Verfahren vereinfacht und beschleunigt.

B zu 2

Insbesondere um die Funktion der Schwerpunkte für Wohnen und Gewerbe zu sichern, sollen diese in interkommunale Vereinbarungen einbezogen werden. Aufgrund ihrer Größe und ihrer wirtschaftlichen Stärke tragen sie jedoch auch eine besondere Verantwortung, damit Vereinbarungen, von denen sowohl die Schwerpunkte als auch die Umlandgemeinden langfristig profitieren können, zustande kommen.

Die Stadt- und Umlandbereiche sind durch eine dynamische Wohnungsbau- und Wirtschaftsentwicklung gekennzeichnet, aber auch durch einen starken Wettbewerb zwischen den Städten und den Umlandgemeinden. Daher wird hier ein besonderes Erfordernis für interkommunal abgestimmte und vertraglich abgesicherte Planungen gesehen. Sie sollen zu einem gerechten Ausgleich von Nutzen und Lasten beitragen, die Leistungs- und Wettbewerbsfähigkeit der Räume als Ganzes stärken und in Abstimmung mit den Erfordernissen der Innenentwicklung zu einer bedarfsgerechten Flächenentwicklung an geeigneten Standorten führen. Neben den Kernstädten der Stadt- und Umlandbereiche sollten auch andere Zentrale Orte mit ihren Umlandgemeinden interkommunale Vereinbarungen schließen, die jeweils sowohl die Interessen der Zentralen Orte als auch der Umlandgemeinden angemessen berücksichtigen. Interkommunale Vereinbarungen sind vielerorts auch für Amts- und Nahbereiche oder auch Teile davon sinnvoll. Sehen Zentrale Orte oder andere Schwerpunkte kein Erfordernis, sich an solchen interkommunalen Prozessen zu beteiligen, oder lassen sie sich räumlich nicht integrieren, ist es ausnahmsweise möglich, dass Gemeinden auch ohne Beteiligung eines Zentralen Ortes oder eines anderen Schwerpunkts Vereinbarungen über ihre zukünftige wohnbauliche oder gewerbliche Entwicklung schließen.

B zu 3

Festlegungen in interkommunalen Vereinbarungen können von Vorgaben zur Siedlungsentwicklung (Kapitel 3.6.1 Absatz 5, Kapitel 3.7 Absatz 3, Kapitel 3.10 Absatz 13) abweichen, wenn ihnen gesamträumliche Konzepte auf der Basis kleinräumiger Bedarfsprognosen zugrunde liegen und sie mit der Regionalplanung abgestimmt sind.

3.9 Städtebauliche Entwicklung

Grundsätze und Ziele der Raumordnung

1 G

Es sollen Maßnahmen der integrierten Stadt- und Dorfentwicklung durchgeführt werden, die Stadt- und Ortsteilzentren stärken, gewachsene Strukturen erhalten und weiterentwickeln und die Lebensverhältnisse in Städten und Dörfern verbessern.

Insbesondere Zentrale Orte sollen Vorsorgestrategien und Konzepte entwickeln, die städtebauliche Anpassungserfordernisse aufgrund demografischer und wirtschaftsstruktureller Veränderungen aufzeigen. Die Konzepte sollen nach Möglichkeit Grundlage für die zukünftig verstärkt erforderlichen interkommunalen Abstimmungen zur Siedlungsentwicklung sein.

Städtebauliche Maßnahmen sollen zur Behebung baulicher und sozialer Missstände in städtischen Problemlagen beitragen und Anforderungen an den Klimaschutz und die Klimaanpassung berücksichtigen. Städtebaulichen Funktionsverlusten soll entgegengewirkt werden.

2 G

Neue Bauflächen sollen nur in guter räumlicher und verkehrsmäßiger Anbindung an vorhandene, im baulichen Zusammenhang bebaute, tragfähige und zukunftsfähige Ortsteile und in Form behutsamer Siedlungsabrundungen ausgewiesen werden. Eine Erweiterung von Siedlungssplittern soll vermieden werden. Auf eine gute Einbindung der Bauflächen in die Landschaft soll geachtet werden.

3 G

Die Inanspruchnahme neuer Flächen soll landesweit reduziert werden. Bis 2030 soll die tägliche Flächenneuinanspruchnahme in Schleswig-Holstein durch Siedlungs- und Verkehrsflächen auf unter 1,3 Hektar pro Tag abgesenkt werden. Langfristig soll eine Flächenkreislaufwirtschaft dazu führen, dass das Verhältnis von Siedlungs- und Verkehrsflächen im Bezug zu Freiflächen sowie land- und forstwirtschaftlich genutzten Flächen gleichbleibt. Versiegelte Flächen, die nicht mehr genutzt werden, sollten möglichst entsiegelt und in den Flächenkreislauf zurückgeführt werden.

4 Z

Die Innenentwicklung hat Vorrang vor der Außenentwicklung. Vorrangig sind bereits erschlossene Flächen im Siedlungsgefüge zu bebauen. Bevor Kommunen neue, nicht erschlossene Bauflächen ausweisen, ist von ihnen aufzuzeigen, inwieweit sie noch vorhandene Flächenpotenziale ausschöpfen können. Hierzu zählen alle Baugrundstücke

- im Geltungsbereich rechtskräftiger Bebauungspläne nach § 30 BauGB,
- im Geltungsbereich von Bebauungsplänen, in denen Vorhaben nach § 33 BauGB zu beurteilen sind, sowie
- in Bereichen gemäß § 34 BauGB.

Innenentwicklung umfasst zudem die Nutzung von Brachflächen und leerstehenden Gebäuden sowie andere Nachverdichtungsmöglichkeiten.

Im Geltungsbereich wirksamer Flächennutzungspläne sind darüber hinaus Reserveflächen in städtebaulich integrierten Lagen zu überprüfen.

5 G

Zur Verringerung der Neuinanspruchnahme von Grund und Boden sollen

- die Gemeinden Innenentwicklungspotenziale durch geeignete Maßnahmen mobilisieren,
- Möglichkeiten für eine städtebaulich angemessene Verdichtung bestehender oder geplanter Bauflächen genutzt werden, die auch soziale Belange berücksichtigen,
- die Umnutzung brachliegender, ehemals baulich genutzter Flächen, insbesondere ehemals militärisch, verkehrlich und gewerblich genutzter Flächen, in siedlungsstrukturell integrierter Lage vorangetrieben und Baulandreserven mobilisiert werden,
- leerstehende oder leer fallende Bausubstanz in bebauten Ortslagen, insbesondere in den Stadt- und Dorfkernen, modernisiert und angemessen genutzt werden und
- Flächen sparende Siedlungs- und Erschließungsformen realisiert werden.

Ein Flächenmanagement soll die verschiedenen Maßnahmen koordinieren und die notwendige Flächeninanspruchnahme optimieren. Die Umweltqualität in den Städten und Gemeinden soll durch eine ökologisch orientierte Innenentwicklung verbessert werden. Hierzu zählen insbesondere die Sicherung von städtebaulich und ökologisch relevanten Grünflächen und innerörtlichen Grünachsen mit Übergang zur freien Landschaft sowie der Erhalt und die Verbesserung von Grünverbindungen und Freiflächen in ihrer Funktion als Frischluftschneisen und als wohnungsnahe Erholungsräume. Örtliche Grünzüge und städtebauliche Grünzäsuren sollen unter Berücksichtigung der ökologischen Belange für die Naherholung gestaltet werden.

6 G

In den Städten und Gemeinden soll im Sinne einer nachhaltigen Stadt- und Ortsentwicklung eine verstärkte Nutzungsmischung angestrebt werden. Wohnungen und Arbeitsstätten sowie private und öffentliche Einrichtungen der Daseinsvorsorge sollen für die Bevölkerung unter vertretbarem Zeit- und Kostenaufwand erreichbar sein. Einrichtungen der Nahversorgung sollen möglichst in Ortszentren oder Stadt-/Stadtteilzentren bereitgestellt werden oder baulich an Wohnstandorte angebunden sein.

7 G

Die Siedlungsentwicklung soll mit den Erfordernissen einer günstigen Verkehrserschließung und -bedienung durch öffentliche Verkehrsmittel und den Radverkehr abgestimmt werden (Kapitel 4.3.5). Im Bereich von Haltestellen, insbesondere spurgebundener öffentlicher Nahverkehrsmittel, soll auf eine städtebauliche Verdichtung hingewirkt werden. Bei der Reaktivierung von Bahnstrecken und der Einrichtung neuer Haltepunkte soll darauf geachtet werden, dass die Haltestellen möglichst in günstiger siedlungsstruktureller Einbindung eingerichtet werden und in Anbindung an die Haltestellen Wohnbau- und Gewerbeflächen zur Verfügung gestellt werden können.

Es soll eine stärkere interkommunale Abstimmung von Flächenausweisungen im Rahmen der Bauleitplanung mit verkehrsträgerübergreifenden Lösungen angestrebt werden.

8 G

Bei der Stadt- und Siedlungsentwicklung, bei städtebaulichen Maßnahmen und Maßnahmen der Ortsentwicklung sollen die Erfordernisse eines sparsamen, energieeffizienten und umweltfreundlichen Energieverbrauchs berücksichtigt werden. Energieoptimierte städtebauliche Strukturen wie kompakte Bauweise, Windschutz und Ausrichtung der Gebäude zur passiven und aktiven Nutzung der Solarenergie sollen ebenso Beachtung finden wie ein energieeffizienter baulicher Wärmeschutz auf einem zunehmend höheren energetischen Standard für Neu- und Bestandsgebäude und Vorkehrungen für neue Verkehrstechnologien (insbesondere Elektromobilität). Zur Wärmeversorgung von Wohn- und Betriebsstätten soll verstärkt der Aufbau von Nah- und Fernwärmenetzen sowie bedarfsgerechter Wärmespeicher vorgesehen werden (Kapitel 4.5). Neu zu errichtende Gebäude sollen so energieoptimiert und -effizient realisiert werden, dass möglichst kein zusätzlicher Energiebedarf und eine möglichst geringe Kohlenstoffdioxid-Belastung entsteht.

9 G

Es sollen ausreichend Flächen für die Umsetzung der Energiewende zur Verfügung stehen. Bei der Aufstellung von Bebauungsplänen sollen Gemeinden die Möglichkeit zur Nutzung von Erneuerbaren Energien (Kapitel 4.5) über die Pflichten des Gebäudeenergiegesetzes (GEG) hinaus durch geeignete Festsetzungen berücksichtigen. Im Aufstellungsverfahren sollen nach Möglichkeit Flächen für Anlagen zur Nutzung Erneuerbarer Energien im Planungsbereich festgesetzt werden. Dabei sollen insbesondere die Möglichkeiten des Solarausbaus auf und an Gebäudeflächen ausgeschöpft werden.

10 G

Gewachsene Siedlungsstrukturen und typische Baustile sollen im Sinne eines ganzheitlichen baukulturellen Verständnisses unter Berücksichtigung zeitgemäßer Anforderungen bewahrt und weiterentwickelt werden.

Besonders erhaltens- und schützenswerte Ortskerne oder -teile und städtebauliche Situationen, Kultur-, Bau- und Bodendenkmäler mit benachbarten Gebäuden und Anlagen (Ensembleschutz) sowie durch Verordnung festgesetzte Denkmalbereiche können in den Regionalplänen aufgeführt werden. Sie sollen bei allen Planungen und Maßnahmen berücksichtigt werden. Ihr Umfeld soll unter Beachtung von denkmalpflegerischen und kulturhistorischen Belangen entsprechend gestaltet werden.

In den Regionalplänen können Sichtschneisen dargestellt werden. Bei Bauvorhaben innerhalb von Sichtschneisen soll darauf geachtet werden, dass der Blick auf die schützenswerten Bereiche möglichst nicht beeinträchtigt wird.

11 G

Bei raumbedeutsamen Planungen und Maßnahmen sollen die dafür vorgesehenen Flächen einander so zugeordnet werden, dass schädliche Umwelteinwirkungen durch Lärm auf Wohngebiete sowie auf sonstige schutzbedürftige Gebiete wie Klinik-, Kur- und Erholungsgebiete weitestgehend vermieden werden. Außerdem sollen lärmempfindliche Bereiche von emissionsträchtigen Anlagen und raumbedeutsamen Verkehrseinrichtungen mit störenden Wirkungen auf die Umgebung möglichst freigehalten werden. Belastungen der Bevölkerung sowie von Natur und Umwelt durch emissionsträchtige Anlagen oder andere Aktivitäten sollen so gering wie möglich sein. Unvermeidbare Belastungen sollen durch abgestimmte Nutzungsregelungen oder geeignete technische Maßnahmen begrenzt werden.

Zur wirksamen Abstimmung der Siedlungsentwicklung mit den Belangen Lärm erzeugender Nutzungen sowie zur Lenkung der Bauleitplanung können in die Regionalpläne nachrichtlich Lärmschutzbereiche sowie Bauschutzbereiche von Flughäfen übernommen werden.

Mit Lärmaktionsplänen sollen Gemeinden Lärmprobleme und Lärmauswirkungen regeln und darin ruhige Gebiete festlegen, die gegen die Zunahme von Lärm geschützt werden sollen.

12 G

Bei der Entwicklung vormals militärisch genutzter Flächen sollen regionale Aspekte, Belange von Nachbargemeinden, konkurrierende Flächenangebote und Standorte, Altlasten und Belange des

Denkmal-, Natur- und Artenschutzes sowie Klimaschutz und Energiewende berücksichtigt werden. Bei Bedarf soll auch ein Rückbau auf den Flächen geprüft werden.

13 G

Die Gemeinden sollen bei der Aufstellung ihrer Bauleitpläne die Wasserflächen und die für die Wasserwirtschaft vorgesehenen Flächen sowie die Flächen, die im Interesse des Hochwasserschutzes und der Regelung des Wasserabflusses benötigt werden, berücksichtigen und hier keine Nutzungen vorsehen, die im Konflikt mit diesen Belangen stehen.

Begründung

B zu 1

Die Bau- und Siedlungstätigkeit soll den gesellschaftlichen Anforderungen an eine nachhaltige Stadt- und Ortsentwicklung Rechnung tragen. Das heißt, wirtschaftliche, soziale und ökologische Belange sollen gleichermaßen berücksichtigt werden. Auch auf demografische Veränderungen und den Klimawandel soll eingegangen werden. Auf der Grundlage von integrierten Ansätzen und Konzepten der Stadt- und Ortsentwicklung, die diese komplexen Wechselwirkungen berücksichtigen, sollen die kommunalen städtebaulichen Planungen und Maßnahmen mit privaten Investitionen der Bau- und Siedlungstätigkeit verknüpft werden. Hierbei sollen auch die Wohnungsbestände berücksichtigt werden. Es soll vorrangig darauf geachtet werden, dass gewachsene Strukturen in den Innenstädten und den Ortskernen gestärkt werden.

Vor diesem Hintergrund kommt dem differenzierten und zielgenauen Einsatz der Instrumente des Besonderen Städtebaurechts (Städtebauliche Sanierungs- und Entwicklungsmaßnahmen, Stadtumbaumaßnahmen und Maßnahmen der Sozialen Stadt) besondere Bedeutung zu. Städtebauliche Gesamtmaßnahmen sollen helfen,

- die Funktion von Innenstädten und Ortsteilzentren unter besonderer Berücksichtigung der Wohnraumentwicklung sowie der Belange des Denkmalschutzes und der Denkmalpflege zu stärken und zu entwickeln,
- einer sozialen Polarisierung in Städten entgegenzuwirken und die soziale Integrationskraft von Städten oder problembelasteten Stadtteilen zu stärken,
- nachhaltige städtebauliche Strukturen in von erheblichen städtebaulichen Funktionsverlusten betroffenen Gebieten herzustellen und
- Brachflächen insbesondere in den Innenstädten für nachhaltige neue Nutzungen zu reaktivieren.

Insbesondere die Mittel- und Oberzentren als größte Wohn- und Wirtschaftsstandorte müssen im Hinblick auf ihre Bedeutung für eine nachhaltige Entwicklung der Region in ihrer Leistungsfähigkeit gesichert werden.

B zu 2

Eine Zersiedelung der Landschaft soll verhindert werden, um den Außenbereich zu schützen und die Inanspruchnahme neuer Flächen zu reduzieren. Unter Zersiedelung wird sowohl ungeordnete oder unzusammenhängende Bebauung verstanden als auch Bebauung, die durch ihren Umfang und ihre Lage die freie Landschaft und das Ortsbild nachteilig beeinflusst. Neue Baugebiete sollen daher möglichst in Anbindung an bestehende Siedlungseinheiten und in Form von Ortsabrundungen ausgewiesen werden.

B zu 3

Nach § 2 Absatz 2 Nummer 6 Raumordnungsgesetz (ROG) sollen in den Raumordnungsplänen quantifizierbare Vorgaben zur Reduzierung der Flächeninanspruchnahme gemacht werden, um die erstmalige Inanspruchnahme von Freiflächen für Siedlungs- und Verkehrszwecke zu verringern. Der Erhalt von Freiflächen ist zur Stabilisierung der natürlichen Umweltfunktionen von Böden essenziell. Dies betrifft nicht nur die ausgleichenden Klimafunktionen, sondern insbesondere auch ihre Leistungen im Hinblick auf den qualitativen und quantitativen Wasserhaushalt, der für ein Land wie Schleswig-Holstein besonders wichtig ist. Darüber hinaus soll die landwirtschaftliche Nutzung der fruchtbaren Böden erhalten und die Zersiedelung naturnaher Räume verhindert werden. Um der ungebremsten Inanspruchnahme von Natur- und Freiflächen sowie Landwirtschaftsflächen Einhalt zu gebieten, hatte die Bundesregierung bereits 2002 in der Nationalen Nachhaltigkeitsstrategie ein quantitatives Ziel zur Reduzierung des Flächenverbrauchs festgeschrieben und in der Neuauflage der Nachhaltigkeitsstrategie 2016 die Flächeninanspruchnahme durch Siedlung und Verkehr auf bundesweit unter 30 Hektar pro Tag bis 2030 begrenzt. Heruntergebrochen auf Schleswig-Holstein liegt der Wert dieser Zielsetzung bei unter 1,3 Hektar pro Tag. 2019 wurden in Schleswig-Holstein pro Tag durchschnittlich 1,8 Hektar neu für Siedlung und Verkehr genutzt. Der Vierjahresdurchschnitt 2016 – 2019 beträgt 2,3 Hektar pro Tag.

Für neue Wohnungen, gewerbliche Entwicklung und Infrastruktur werden auch in den kommenden Jahren Flächen gebraucht, die bislang nicht baulich genutzt werden. Die Neuinanspruchnahme solcher Flächen soll bei allen Bauvorhaben so gering wie möglich erfolgen, um den angestrebten Wert von unter 1,3 Hektar pro Tag zu erreichen.

Langfristig sollen möglichst keine Landwirtschafts- und Naturflächen neu für Siedlungs- und Verkehrsflächen in Anspruch genommen werden. Dies entspricht dem UN Nachhaltigkeitsziel (SDG) 15.3 und dem europäischen Flächensparziel, das im „Fahrplan für ein ressourcenschonendes Europa" festgeschrieben ist. Die landespolitische Flächensparzielsetzung soll durch eine Mengensteuerung, also eine Begrenzung der Neuinanspruchnahme von Flächen, und eine Qualitätssteuerung unter Schonung des Außenbereichs durch Innenentwicklung sowie durch eine qualitative Aufwertung von Siedlungsflächen erreicht werden.

Um die Flächensparzielsetzung bis 2030 stufenweise umzusetzen, wird die Landesregierung geeignete Maßnahmen im Sinne eines Flächenmanagements entwickeln (siehe Teil A Kapitel I). Darüber hinaus sollen die in Absatz 5 aufgeführten Handlungsdirektiven darauf hinwirken, dass die Flächensparzielsetzung realisiert werden kann.

B zu 4

Durch den Vorrang der Innenentwicklung sollen im Hinblick auf die zukünftige demografische Entwicklung tragfähige und kostengünstige Siedlungsstrukturen entstehen und eine Zersiedelung und eine Flächenneuinanspruchnahme begrenzt werden. Innenentwicklung führt in der Regel zu einer Belebung und Aufwertung innerörtlich gewachsener Strukturen und Ortsbilder, einer besseren Auslastung vorhandener Infrastruktur sowie zu einer altersstrukturellen Durchmischung und dem Erhalt von Landschaftsqualitäten am Ortsrand.

Zur Umsetzung der in Absatz 3 genannten Zielsetzung einer Reduzierung der Flächenneuinanspruchnahme sind vorrangig bereits erschlossene Flächen im Siedlungsgefüge zu bebauen, bevor nicht erschlossene Bauflächen ausgewiesen werden. Im Einzelfall ist dieses nicht immer zu realisieren, da beispielsweise erschlossene Bauflächen nicht vorhanden sind oder bestimmte Nutzungen einen anderen Standort erfordern. Daher sind im Rahmen der vorbereitenden Bauleitplanung eine Prüfung und ein Ausschöpfen von vorhandenen Flächenpotenzialen notwendig. Zu den Nachverdichtungsmöglichkeiten gehören auch die Erweiterung, der Ausbau und die Aufstockung vorhandener Gebäude. Insbesondere für größere Kommunen ist ein Flächenmanagement (Kapitel 3.9 Absatz 5) zu empfehlen, das eine systematische Erhebung und Fortschreibung von Potenzialen im Innenbereich erleichtert. Städte und Gemeinden sollten sich zudem mit der Fortentwicklung ihrer baulichen Bestände und eines anstehenden generativen Wandels auseinandersetzen.

Zu den Reserveflächen zählen unter anderem Flächen aufgegebener landwirtschaftlicher Betriebe oder Gewerbe- und Konversionsflächen in städtebaulich integrierten Lagen.

B zu 5

Da Grund und Boden nicht vermehrbar sind, aber weiterhin Freiflächen in nennenswertem Umfang in Anspruch genommen werden müssen, ist auf einen sparsamen Umgang hinzuwirken. Daher sollen unter anderem Innenentwicklungspotenziale erhoben werden und es soll eine intensive und kontinuierliche Auseinandersetzung mit dem baulichen Bestand erfolgen. Außerdem ist es wichtig, dass Gemeinden nicht nur Flächenpotenziale erfassen und prüfen, sondern auch Maßnahmen ergreifen, um Innenentwicklungspotentiale zu mobilisieren und nutzbar zu machen.

In größeren Städten und Gemeinden kann hierzu ein systematisches Flächenmanagement beitragen. Neben der vorrangigen Inanspruchnahme bestehender Potenziale gehört zum Flächenmanagement gegebenenfalls auch, Flächen aus dem Baurecht oder der Vermarktung herauszunehmen.

Um Freiflächen und Landschaft zu schonen, soll im Rahmen einer verstärkten Innenentwicklung (Absatz 4) darauf hingewirkt werden, noch ungenutzte bebaubare Flächen zu aktivieren sowie Flächen und leerstehende Bausubstanz zu reaktivieren. Hierdurch kann ein Beitrag zum Klimaschutz geleistet werden, bestehende Infrastruktur kann besser ausgelastet werden und hohe Investitionskosten für die Erschließung von neuen Baugebieten lassen sich vermeiden. Auch durch eine gezielte Umnutzung und Wohnungsmodernisierung kann der Flächenanspruch für neue Baugebiete reduziert werden. Anliegen einer ökologisch orientierten Innenentwicklung ist es auch, nicht besiedelte Flächen als Grünräume, die für das ökologische Gefüge in der Gemeinde und die Erholung der Bevölkerung von Bedeutung sind, zu sichern und zu erhalten.

B zu 6

Vorteile einer Nutzungsmischung sind die

- Schaffung oder Sicherung von Arbeitsplätzen in innerstädtischen Gebieten und von wohnungsnahen Versorgungsmöglichkeiten,
- Änderung der Verkehrsmittelnutzung zugunsten des Umweltverbundes,
- Revitalisierung von Stadtteilen,
- Reduzierung störender Landschaftsnutzung in Außenbereichen und
- Verringerung betrieblicher Emissionen wegen höherer Anforderungen im Bereich des Immissionsschutzes.

B zu 7

Die Zunahme der Verkehrsbeziehungen zwischen Wohnort, Arbeitsplatz, Schule, Einkaufseinrichtungen und Freizeitmöglichkeiten sowie die wirtschaftlichen Erfordernisse eines tragfähigen Verkehrsnetzes erfordern eine enge Koordination von Siedlungs- und Verkehrsplanung. Um Autoverkehr reduzieren zu können, sollen Haltepunkte des schienengebundenen Verkehrs möglichst siedlungsstrukturell gut eingebunden sein. Außerdem sollen dort geeignete Wohnbau- und Gewerbeflächen oder auch größere Arbeitsstandorte vorhanden oder aktivierbar sein.

B zu 8

Zum nachhaltigen Schutz der Umwelt kommt der Berücksichtigung eines sparsamen Energieverbrauchs sowohl in der Herstellungs- als auch in der Nutzungsphase von Gebäuden besondere Bedeutung zu. Neben der Reduktion des Energieverbrauchs durch geändertes Nutzerverhalten ist daher die Effizienz der energetischen Standards im Neubaubereich und bei energetischen Sanierungen deutlich zu steigern. Zur Deckung des verbleibenden Energiebedarfs im Rahmen der Siedlungsentwicklung bedeutet dies, dass Heizungstechniken wie Fernwärme, Abwärmenutzung, Wärmepumpen, Solarnutzung und Speichertechnologien zukünftig verstärkt zur Anwendung kommen sollten (Kapitel 4.5). Die dafür erforderlichen Investitionen und Betriebskosten setzen eine ausreichende Anzahl angeschlossener Wohneinheiten und damit eine Konzentration der Siedlungsentwicklung voraus. Zugleich ist bei konzentrierter Bebauung die Wärmeabgabe an die Umwelt wesentlich geringer als bei sehr lockerer Siedlungsweise. Passivhäuser können in besonderem Maße dazu beitragen, Heizenergie einzusparen.

Vorkehrungen für neue Verkehrstechnologien, insbesondere für die Elektromobilität, umfassen zum Beispiel eine Ladeinfrastruktur, die auch im verdichteten Geschosswohnungsbau ausreichende Kapazitäten vorsieht.

Zur Bewältigung der ökologischen und ökonomischen Folgen des Klimawandels in der Stadtentwicklung soll der zwischen dem Innenministerium Schleswig-Holstein und den fünf wichtigsten wohnungswirtschaftlichen Verbänden in Schleswig-Holstein geschlossene Klimapakt Wohnen beitragen. Er hat die Erhöhung der Energieeffizienz und die Verstärkung von Maßnahmen zur Energieeinsparung im Wohnungsbestand zum Ziel.

B zu 9

Voraussetzung für die Umsetzung der Energiewende ist es, dass dafür ausreichend Flächen zur Verfügung stehen. Bereits jetzt sind Bauherrinnen und Bauherren durch das Gebäudeenergiegesetz (GEG) verpflichtet, zur energetischen Optimierung des Gebäudebestands beizutragen. Nach § 9 Absatz 1 Nummer 12, 23 Buchstabe b BauGB können Gemeinden über die Regelungen des GEG hinaus weitergehende Festsetzungen zum Einsatz Erneuerbarer Energien treffen, soweit dieses fachlich hinreichend, zum Beispiel in Form von Energiekonzepten, begründet ist. Mit dieser landesplanerischen Regelung sollen die Gemeinden ermutigt werden, Personen und Unternehmen, die bauen wollen, zu klimapolitisch sinnvollen bauliche Maßnahmen anzuhalten, indem Erneuerbare Energien verstärkt genutzt werden.

Zudem sollen Gemeinden im Zuge der Aufstellung von Bebauungsplänen prüfen, ob sich Anlagen für die Nutzung Erneuerbarer Energien im Plangebiet realisieren lassen. So können beispielsweise Kleinwindenergieanlagen in Gewerbegebieten oder Blockheizkraftwerke, die durch eine in der Nähe gelegene Biogasanlage mit Brenngas versorgt werden, errichtet werden."

B zu 10

Baukultur umfasst die vielfältige Gestaltung der natürlichen und gebauten Umwelt durch den Menschen. Sie wird getragen durch das Zusammenwirken vieler lokaler Akteurinnen und Akteure aus Verwaltung, Politik, Bürgerschaft und Wirtschaft, die gezielt Baukulturstrategien verfolgen, um eine hohe Qualität beim Planen und Bauen zu erlangen.

Eine enge Verbindung von Denkmalpflege und Siedlungsentwicklung, insbesondere Stadt- und Dorferneuerung/-entwicklung, begünstigt die Verknüpfung von Maßnahmen aus beiden Aufgabenbereichen. Eine Benennung schützenswerter Bereiche beziehungsweise die Darstellung von Sichtschneisen in den Regionalplänen können zu einer stärkeren Berücksichtigung denkmalpflegerischer Interessen bei allen Planungen und Maßnahmen beitragen.

Um den Status der Lübecker Altstadt als UNESCO-Welterbestätte zu schützen, sollen Sichtachsen und Blickbeziehungen zur Altstadt – auch aus dem Lübecker Umland – erhalten bleiben.

B zu 11

Lärmschutz dient der Gewährleistung eines hohen Gesundheits- und Umweltschutzniveaus. Soweit kommt nicht nur dem aktiven Lärmschutz, sondern bereits der planenden Vorsorge besondere Bedeutung zu. Eine Hauptlärmquelle in Schleswig-Holstein ist der Straßenverkehr.

Ruhige Gebiete, die in Lärmaktionsplänen gemäß § 47d Bundes-Immissionsschutzgesetz (BImSchG) von Gemeinden festgesetzt werden, sind planungsrechtliche Festlegungen, die von den zuständigen Planungsträgerschaften bei ihren Planungen zu berücksichtigen sind (§ 47d Absatz 6 BImSchG in Verbindung mit § 47 Absatz 6 Satz 2 BImSchG). Sie sollen den tatsächlichen Bedarf an Erholungsflächen abbilden. In Ballungsräumen von Ober- und Mittelzentren können als ruhige Gebiete neben großflächigen Gebieten, die einen weitgehend naturbelassenen oder land- und forstwirtschaftlich genutzten Naturraum bilden, auch innerstädtische Erholungsflächen festgesetzt werden, sofern sie von der Bevölkerung als ruhig empfunden werden (zum Beispiel Kurgebiete, Krankenhausgebiete, Naturflächen, Grünflächen, Friedhöfe, Kleingartenanlagen). In ländlichen Räumen sind Gebiete geeignet, die keinen anthropogenen Geräuschen, wie zum Beispiel Verkehrs-, Industrie- und Gewerbe- oder Freizeitlärm, ausgesetzt sind. Bei der Festsetzung ruhiger Gebiete kann auch auf andere Schutzgebiete, wie Landschaftsschutzgebiete oder Naturschutzgebiete, Bezug genommen werden.

B zu 12

Vormals militärisch genutzte Flächen an integrierten Standorten haben aufgrund ihrer Größe oder ihres vorhandenen Gebäudebestands vielerorts ein großes städtebauliches Potenzial und bieten die Möglichkeit, durch eine zivile Nachnutzung Verluste an Arbeitsplätzen, Wertschöpfung und Kaufkraft zu kompensieren. Die besonderen Probleme solcher Flächen sowie die überörtliche und mitunter auch regionale Bedeutung dieser Art von Flächenentwicklung erfordern eine intensive Planung und Abstimmung aller Beteiligten. Standorte in nicht integrierter Lage sollen kritisch begleitet werden, wenn eine Nachnutzung mit den Grundsätzen einer nachhaltigen städtebaulichen Entwicklung kaum vereinbar ist. Da nicht für jede Liegenschaft eine Nachfolgenutzung möglich sein wird, soll auch der ersatzlose Rückbau bisheriger Nutzungen geprüft werden.

B zu 13

Durch das Freihalten der Flächen von mit dem Hochwasserschutz konkurrierenden Nutzungen erhalten sich die Gemeinden die Möglichkeit, den Erfordernissen des Klimaschutzes und der Klimaanpassung sowie den daraus abzuleitenden Maßnahmen gerecht zu werden und berücksichtigen gleichzeitig die Belange des Küsten- oder Hochwasserschutzes und der Hochwasservorsorge, insbesondere die Vermeidung und Verringerung von Hochwasserschäden. Sie tragen so dazu bei, die allgemeinen Anforderungen an gesunde Wohn- und Arbeitsverhältnisse, die Sicherheit der Wohn- und Arbeitsbevölkerung und eine menschenwürdige Umwelt zu sichern, die natürlichen Lebensgrundlagen zu schützen und zu entwickeln sowie den Klimaschutz und die Klimaanpassung, insbesondere in der Stadtentwicklung, zu fördern.

3.10 Einzelhandel

Ziele und Grundsätze

1 G

Grundsatz der Raumordnung ist es, eine ausgewogene Handels- und Dienstleistungsstruktur zur Versorgung der Bevölkerung und der Wirtschaft im Land zu gewährleisten. Hierzu ist ein breites Spektrum von Einrichtungen unterschiedlicher Größen, Betriebsarten und Angebotsformen erforderlich. Die Einrichtungen sollen nach Größe und Angebot differenziert verteilt mit Schwerpunkten in den Zentralen Orten bereitgestellt werden.

2 G

In allen Gemeinden sollen in guter, fußläufig erreichbarer Zuordnung zu den Wohngebieten ausreichende Einzelhandelseinrichtungen zur Deckung des täglichen Bedarfs (Nahversorgung) bei guter Einbettung in die Siedlungsstruktur (Wohngebiete) angestrebt werden.

3 Z

(1) Einkaufszentren, großflächige Einzelhandelsbetriebe und sonstige großflächige Handelsbetriebe für Endverbraucherinnen und Endverbraucher im Sinne von § 11 Absatz 3 Baunutzungsverordnung (BauNVO) (Einzelhandelsgroßprojekte) dürfen wegen ihrer besonderen Bedeutung für die Zentralität in der Regel nur in Oberzentren, Mittelzentren, Unterzentren mit Teilfunktion eines Mittelzentrums beziehungsweise Stadtrandkernen I. Ordnung mit Teilfunktion eines Mittelzentrums, Unterzentren beziehungsweise Stadtrandkernen I. Ordnung und Ländlichen Zentralorten beziehungsweise Stadtrandkernen II. Ordnung ausgewiesen, errichtet oder erweitert werden (Zentralitätsgebot).

(2) Hersteller-Direktverkaufszentren als besondere Form des großflächigen Einzelhandels sind nur in Oberzentren zulässig.

(3) Ausnahmsweise dürfen großflächige Vorhaben im Sinne von Ziffer 1 dieses Absatzes in Gemeinden ohne zentralörtliche Funktion zugelassen werden, wenn sie den Anforderungen der Absätze 4 bis 6 (Beeinträchtigungsverbot, Kongruenzgebot und Integrationsgebot) entsprechen und alternativ
- o die zu prognostizierende Umsatzerwartung der sortimentsspezifischen Kaufkraft im Gemeindegebiet entspricht,
- o nach den raumstrukturellen Gegebenheiten der Sicherung der Nahversorgung dienen,
- o diese mit Siedlungsbereichen benachbarter Ober-, Mittel- oder Unterzentren mit Teilfunktion eines Mittelzentrums und Unterzentren sowie Ländlichen Zentralorten zusammengewachsen sind (baulich zusammenhängendes Siedlungsgebiet eines Zentralen Ortes oder Stadtrandkerns, das die kommunale Grenze überschreitet),
- o sich das Vorhaben auf den Handel mit nicht-zentrenrelevanten und raumbeanspruchenden Hauptsortimenten beschränkt. Das zentrenrelevante Randsortiment eines derartigen Vorhabens soll 10 Prozent der Verkaufsfläche (VK) nicht überschreiten (Absatz 6 Z (3)).

4 Z

(1) Die Darstellung und Festsetzung für Vorhaben im Sinne des § 11 Absatz 3 BauNVO darf die Versorgungsfunktion Zentraler Orte nicht wesentlich beeinträchtigen und keine schädlichen Auswirkungen auf Zentrale Versorgungsbereiche in der planenden Gemeinde oder in anderen Gemeinden erwarten lassen (Beeinträchtigungsverbot).

(2) Gleichfalls darf die Darstellung und Festsetzung für Einzelhandelseinrichtungen im Sinne von § 11 Absatz 3 BauNVO keine schädlichen Auswirkungen auf die verbrauchernahe Versorgung mit Waren und Gütern des täglichen Bedarfs für die Bevölkerung im Einzugsgebiet erwarten lassen.

5 Z

Bei der Darstellung und Festsetzung für Vorhaben im Sinne von § 11 Absatz 3 BauNVO ist sicherzustellen, dass das Einzugsgebiet der als zulässig festgesetzten Einzelhandelsnutzungen den Verflechtungsbereich der Standortgemeinde nicht wesentlich überschreitet (Kongruenzgebot). Verflechtungsbereich der Standortgemeinde ist

- für Mittel- und Oberzentren für Einzelhandelseinrichtungen mit nahversorgungsrelevanten Sortimenten sowie für Zentrale Orte unterhalb der Ebene der Mittelzentren für alle Einzelhandelseinrichtungen der Nahbereich,
- für Mittel- und Oberzentren für alle Einzelhandelseinrichtungen außer solchen mit nahversorgungsrelevanten Sortimenten der Mittelbereich und
- für Gemeinden ohne zentralörtliche Bedeutung für alle Einzelhandelseinrichtungen das Gemeindegebiet.

6 Z

(1) Die Darstellung und Festsetzung für Einzelhandelseinrichtungen im Sinne von § 11 Absatz 3 BauNVO mit zentrenrelevanten Sortimenten gemäß Anlage 4 sind nur in Zentralen Versorgungsbereichen der Standortgemeinde zulässig (Integrationsgebot).
Die Darstellung und Festsetzung für Einzelhandelseinrichtungen im Sinne von § 11 Absatz 3 BauNVO mit nahversorgungsrelevanten Sortimenten gemäß Anlage 4 sind auch außerhalb Zentraler Versorgungsbereiche im baulich zusammenhängenden Siedlungsgebiet der Standortgemeinde im räumlichen Zusammenhang mit Wohnbebauung zulässig (siedlungsstrukturelles Integrationsgebot).

(2) Die Darstellung und Festsetzung von Sondergebieten für großflächige Einzelhandelseinrichtungen im Sinne von § 11 Absatz 3 BauNVO an den Zu- und Abfahrten von Bundesautobahnen außerhalb des baulich zusammenhängenden Siedlungsgebiets ist grundsätzlich ausgeschlossen.

(3) Bei der Darstellung und Festsetzung von Sondergebieten für großflächige Einzelhandelseinrichtungen im Sinne von § 11 Absatz 3 BauNVO mit nicht zentrenrelevanten Sortimenten außerhalb Zentraler Versorgungsbereiche ist die Verkaufsfläche für zentrenrelevante Randsortimente in der Regel auf 10 Prozent der Gesamtverkaufsfläche zu begrenzen.

(4) In Mittelzentren mit mehr als 50.000 Einwohnerinnen und Einwohnern im Verflechtungsbereich und Oberzentren darf bei der Darstellung und Festsetzung von Sondergebieten für großflächige Einzelhandelseinrichtungen im Sinne von § 11 Absatz 3 BauNVO mit nicht zentrenrelevanten Sortimenten außerhalb Zentraler Versorgungsbereiche ausnahmsweise die Verkaufsfläche für zentrenrelevante Randsortimente 10 Prozent der Gesamtverkaufsfläche überschreiten, wenn der Nachweis geführt werden kann, dass keine schädlichen Auswirkungen im Sinne von Absatz 4 Z (Beeinträchtigungsverbot) zu erwarten sind (Einzelfallprüfung).

(5) Randsortimente müssen im funktionalen Zusammenhang mit dem Hauptsortiment stehen.

7 Z

Durch geeignete bauleitplanerische Darstellungen und Festsetzungen ist sicherzustellen, dass in solchen städtebaulichen Lagen, in denen Kern- oder Sondergebiete für Vorhaben im Sinne von § 11 Absatz 3 BauNVO nach den Zielen dieses Abschnitts nicht dargestellt und festgesetzt werden dürfen, keine Agglomerationen von Einzelhandelsbetrieben im räumlichen Zusammenhang entstehen, von denen Wirkungen wie von Vorhaben im Sinne von § 11 Absatz 3 BauNVO ausgehen können.

8 G

Die Ausweisung neuer Flächen für den großflächigen Einzelhandel soll grundsätzlich interkommunal zwischen den Zentralen Orten eines Mittelbereichs sowie im Einzelfall mit den gleich- beziehungsweise höherrangigen Zentralen Orten benachbarter Mittelbereiche im Einzugsbereich der geplanten großflächigen Einzelhandelseinrichtung abgestimmt werden.

9 Z

Von einzelnen Vorgaben der Absätze 1 bis 7 und 11 kann im Rahmen eines Zielabweichungsverfahrens auf der Basis eines interkommunal abgestimmten Konzeptes (regionales oder Stadt-Umland-Einzelhandelskonzept) unter Berücksichtigung der sonstigen Erfordernisse der Raumordnung abgewichen werden.

10 G

Großflächige Einzelhandelseinrichtungen sollen in örtliche und regionale ÖPNV-Netze eingebunden werden.

11 Z

Für bestehende Einzelhandelsstandorte, die mit den landesplanerischen Zielen dieses Abschnittes unvereinbar sind, ist abweichend von den Zielen dieses Abschnittes die Darstellung und Festsetzung als Bestands-Sondergebiete zulässig. Dabei sind die zulässigen Verkaufsflächen und Sortimente entsprechend dem gegebenen baurechtlichen Bestandsschutz der vorhandenen Betriebe zu beschränken. Nutzungsänderungen zentrenrelevanter Einzelhandelsbetriebe in nicht zentrenrelevante Einzelhandelsbetriebe sind planerisch zulässig. Ausnahmsweise sind einmalig auch geringfügige Erweiterungen zulässig, wenn durch den Einzelhandelsbetrieb

- keine wesentliche Beeinträchtigung der Funktionsfähigkeit Zentraler Orte und
- keine schädlichen Auswirkungen auf Zentrale Versorgungsbereiche in der Gemeinde oder in anderen Gemeinden zu erwarten sind oder weiter verstärkt werden sowie
- auch die verbrauchernahe Versorgung mit Waren und Gütern des täglichen Bedarfs durch die Erweiterungen nicht beeinträchtigt wird.

Erweiterungen gelten in der Regel bis zu einer Größenordnung von 5 Prozent der Verkaufsfläche als geringfügig. Darüberhinausgehende Erweiterungen können nur ausnahmsweise als geringfügig angesehen werden, wenn sie funktional neutral sind, insbesondere keine neuen Betriebstypen ermöglichen, das Beeinträchtigungsverbot (Absatz 4) gewahrt bleibt und die Planung auf der Basis eines kommunalen oder regionalen Einzelhandelskonzeptes erfolgt, das neben den beteiligten Kommunen auch die Kommunen betrachtet, deren Versorgungsfunktionen oder Planungsperspektiven durch die Konzeptinhalte erfasst werden.

12 Z

In Grenzhandelsgemeinden kann auf der Grundlage der Landesplanerischen Leitlinien zur Entwicklung des Grenzhandels in Schleswig-Holstein vom 5. April 2019 vom Zentralitäts-, Kongruenz- und Integrationsgebot für großflächige Einzelhandelsvorhaben mit einem auf den klassischen Grenzhandel ausgerichteten Kernsortiment abgewichen werden, wenn aufgrund der Verkaufsflächengröße und der spezifischen Angebotstypik keine städtebaulich und strukturell negativen Auswirkungen auf die Zentralen Versorgungsbereiche sowie die verbrauchernahen Versorgungsstrukturen der Standortgemeinde oder benachbarter Zentraler Orte zu erwarten sind.

Grenzhandelsgemeinden sind Gemeinden,

- deren Gemeindegebiet unmittelbar an das Königreich Dänemark angrenzt und die über eine Grenzübergangsstelle verfügen oder
- die bereits klassische Grenzhandelseinrichtungen beherbergen.

Klassische Grenzhandelskernsortimente sind:

- Warengruppe Nahrungs- und Genussmittel (Zigaretten/Tabak, (alkoholische) Getränke, Süßwaren);
- Warengruppe Drogerie- /Kosmetikartikel und
- Warengruppe Reisebedarf.

13 G

Städte und Gemeinden sollen sich frühzeitig, möglichst auf Basis von interkommunalen oder regionalen Einzelhandelskonzepten, mit den Auswirkungen des Online-Handels auseinandersetzen.

Begründung

B zu 1

Mit der Ausrichtung der einzelhandelsrelevanten Versorgungsstrukturen auf das Zentrale-Orte-System sowie einer räumlich ausgewogenen Verteilung der Handels- und Dienstleistungsstrukturen soll in Umsetzung der im Raumordnungsgesetz festgelegten Grundsätze der Raumordnung eine bedarfsgerechte Versorgung der Bevölkerung und der Wirtschaft mit Einzelhandelsgütern und Dienstleistungen in erreichbarer Nähe beziehungsweise zumutbarer Entfernung erhalten werden. Zudem soll einer wesentlichen Beeinträchtigung umweltrelevanter, verkehrlicher, städtebaulicher und absatzwirtschaftlicher Belange entgegengewirkt werden.

B zu 2

Die Sicherstellung einer möglichst umfassenden dezentralen wohnstandortnahen Nahversorgung sowohl im städtischen als auch im ländlichen Raum stellt ein zentrales entwicklungsrelevantes Ziel in Schleswig-Holstein dar und rechtfertigt die räumliche Lenkung der entsprechenden Investitionen an die raumordnerisch geeigneten Standorte. Das Grundgerüst stellt dabei das Angebot in den Zentralen Orten dar, welches durch die Nahversorgungsangebote in den Orten ohne zentralörtliche Funktion ergänzt wird. Die Übernahme überörtlicher Nahversorgungsfunktionen soll nur im Zusammenhang mit der gegebenenfalls zugewiesenen zentralörtlichen Funktion und nur für die Gemeinden erfolgen, die über ein unzureichendes Angebot an Einrichtungen der Nahversorgung verfügen. Die Übernahme überörtlicher Nahversorgungsfunktionen kann im Einzelfall im Interesse der Sicherstellung einer wohnstandortnahen Versorgung auch durch die nächstgelegene, nicht zentralörtlich eingestufte Nachbargemeinde erfolgen. Die Standortstruktur der Nahversorgungseinrichtungen ist auf ein möglichst dezentral angelegtes Netz von wohnstandortnahen Standorten auszurichten, um den Anforderungen an eine möglichst gute fußläufige Erreichbarkeit zu genügen. Die Sicherstellung der Nahversorgung

- in guter fußläufiger Entfernung soll sich in der Regel an einer Isodistanz (Linien gleicher Entfernung) von 500 - 1.000 Meter um den Vorhabenstandort orientieren und insoweit nicht pauschal in einem Zirkelkreis rund um das Planvorhaben erfolgen, sondern dem öffentlichen Straßen- und Wegenetz sowie anderen tatsächlichen Gegebenheiten, zum Beispiel Barrieren durch Bahngleise et cetera, Rechnung tragen;
- in zumutbarer Entfernung soll sich an dem Kriterium orientieren, wonach die Entfernung zwischen einem Wohnplatz und einem Zentralen Ort höchstens zehn Kilometer betragen soll.

Hinsichtlich der Tragfähigkeit von Lebensmittelmärkten ist zu berücksichtigen, dass moderne Lebensmittelmärkte in einer Größenordnung von rund 1.000 bis 1.300 Quadratmeter Verkaufsfläche (Lebensmitteldiscounter) beziehungsweise 1.400 bis 1.800 Quadratmeter Verkaufsfläche (Lebensmittelvollsortimenter) in der Regel auf folgende Mindestmantelbevölkerung innerhalb des unmittelbaren Versorgungsgebiets (in der Regel das Gemeindegebiet) angewiesen sind:

- Lebensmitteldiscounter mit 1.000 Quadratmeter Verkaufsfläche: rund 3.200 Einwohnerinnen und Einwohner,
- Lebensmitteldiscounter mit 1.300 Quadratmeter Verkaufsfläche: rund 3.900 Einwohnerinnen und Einwohner,
- Lebensmittelverbrauchermärkte mit 1.400 Quadratmeter Verkaufsfläche: rund 4.100 Einwohnerinnen und Einwohner,
- Lebensmittelverbrauchermärkte mit 1.800 Quadratmeter Verkaufsfläche: rund 5.300 Einwohnerinnen und Einwohner.

Dabei spielen auch die lokale Kaufkraft, die touristische Nachfrage sowie das am Standort bereits vorhandene spezifische Angebot eine wichtige Rolle.

Zur Sicherung der Lebensqualität in kleineren Orten Schleswig-Holsteins kann unterhalb der Ebene der Zentralen Orte auch die Einrichtung von dörflichen Multifunktionshäusern (Beispiel MarktTreff) beitragen, die neben einem kleinflächigen Lebensmittelangebot möglichst viele Angebote aus den Bereichen Soziales, Bildung, Kultur, Gesundheit und Gastronomie unter einem Dach bündeln und die durch eine enge Partnerschaft von Gemeinde, Betriebsgesellschaften und dörflicher Bevölkerung entwickelt und getragen werden sollen (Kapitel 2.3 und Kapitel 5).

B zu 3

In Umsetzung des Zentrale-Orte-Prinzips sind großflächige Einzelhandelseinrichtungen im Sinne von § 11 Absatz 3 BauNVO grundsätzlich auf die Zentralen Orte zu lenken. Die Zentralen Orte sind bestimmt durch die Verordnung zum Zentralörtlichen System in der zum Zeitpunkt des Beschlusses des Landesentwicklungsplans gültigen Fassung. Unter den großflächigen Einzelhandelseinrichtungen im Sinne von § 11 Absatz 3 BauNVO werden auf der Grundlage der Entscheidung des Bundesverwaltungsgerichts vom 24. November 2005 (Az. 4 C 10.04 und 14.04) Einzelhandelsbetriebe mit mehr als 800 Quadratmetern Verkaufsfläche, Einkaufszentren und vergleichbare Einrichtungen verstanden. Das Zentralitätsgebot gilt auch für den Fall, dass ein vorhandener Betrieb in die Großflächigkeit hinein erweitert wird oder dass die Gesamtgröße mehrerer kleinerer Ladeneinheiten im räumlich-funktionalen Verbund die Großflächigkeit erreicht (Agglomeration).

Vom Zentralitätsgebot kann über die ausdrücklich geregelten alternativen Ausnahmefälle hinaus nicht abgewichen werden.

Aufgrund der rückläufigen Zahl von flächenmäßig kleineren Lebensmittelmärkten und der Siedlungsstrukturen in Schleswig-Holstein können sich Potenziale an Einwohnerinnen und Einwohnern beziehungsweise an Kaufkraft auch in Gemeinden ohne zentralörtliche Funktion ergeben, die Entwicklungsperspektiven für großflächige Lebensmittelmärkte im Sinne von § 11 Absatz 3 BauNVO darstellen (zum Beispiel Größenordnung der zu versorgenden örtlichen Bevölkerung oder Übernahme „erweiterter" Nahversorgungsfunktionen für unterversorgte Nachbargemeinden aufgrund von Vorteilen des Mikrostandortes (Lage im Raum, Zuordnung zu Wohngebieten oder verkehrliche Anbindung et cetera)). Dabei soll als ein Indikator auch die örtlich nicht gebundene Kaufkraft herangezogen werden, um zu verdeutlichen, inwieweit durch das neu hinzutretende Vorhaben ein Verdrängungswettbewerb zu erwarten ist, der ein vorhandenes, städtebaulich sinnvolles Standortsystem gefährdet und bauplanungsrechtlich kaum noch steuerbar ist. In diesem Zusammenhang ist auch von besonderer Bedeutung, dass ein mehrfaches „Aufbrauchen" der vorhandenen Kaufkraft einer Gemeinde durch die Ansiedlung mehrerer entsprechender Betriebe mit dem Zentrale-Orte-System nicht vereinbar wäre, da der entsprechende Einzelhandel in dem Nicht-Zentralen Ort tatsächlich auf Kaufkraft aus anderen Gemeinden angewiesen wäre. Die zum jeweiligen Verflechtungsbereich eines Zentralen Ortes gehörenden Gemeinden haben aufgrund des Gebots der interkommunalen Rücksichtnahme zudem die Pflicht, bei ihrer Eigenentwicklung die Versorgungsfunktionen des Zentralen Ortes zu beachten. Insoweit werden dem Recht der Nahbereichsgemeinden auf Eigenentwicklung dort inhaltliche Grenzen gesetzt, wo anderenfalls zu befürchten wäre, dass die Zentralen Orte durch Abzug von Einkaufseinrichtungen wesentliche Teile ihrer zentralörtlichen Ausstattung und Funktionen verlieren könnten und damit unter Umständen kaum noch in der Lage sind, kostenintensive sonstige Einrichtungen der Daseinsvorsorge vorzuhalten. Eine solche Entwicklung ginge letztlich auch direkt zu Lasten der zu versorgenden Nahbereichsgemeinden. Mit Blick auf die landesplanerische Zielsetzung der Entwicklung und Stärkung der Zentralen Orte sowie einer effektiven Nutzung und Bündelung der Infrastruktur, einer Vermeidung eines unnötigen Flächen- und Ressourcenverbrauchs durch Zersiedlung und dem damit einhergehenden Verkehr sowie der Vermeidung von Sozial- und Umweltlasten bleiben die Zentralen Orte Vorrangstandorte für großflächige Lebensmittelmärkte im Sinne von § 11 Absatz 3 BauNVO.

Die im baulich zusammenhängenden Siedlungsbereich eines Zentralen Ortes gelegenen Nachbargemeinden, die in den Regionalplänen dargestellt sind, nehmen an der Versorgungsfunktion des Zentralen Ortes teil. Von den landesplanerischen Vorgaben für eine differenzierte räumliche Verteilung von Einkaufseinrichtungen soll nur einvernehmlich abgewichen werden. Maßgeblich sind dabei aber die Zielsetzungen und Konzeptionen des Zentralen Ortes. Je konkreter die Vorstellungen des Zentralen Ortes dabei sind, desto genauer muss sich die benachbarte Gemeinde darin einpassen. Nur für den Fall, dass keine konkreten Zielsetzungen oder Konzeptionen hinsichtlich der Versorgungsfunktionen des Zentralen Ortes vorliegen, sind einer Nachbargemeinde im baulich zusammenhängenden Siedlungsgebiet eines Zentralen Ortes auf der Basis einer rechtsgültigen Bauleitplanung eigene Planungen zur Wahrnehmung teilzentraler Aufgaben der Versorgung zuzugestehen. Die Standorte sollen dann innerhalb des baulich zusammenhängenden Siedlungsgebietes liegen.

Für nicht-zentrenrelevante und raumbeanspruchende Hauptsortimente, zu denen beispielsweise ein Baustoffhandel oder ein KFZ-Handel (einschließlich Wohnwagen/Wohnmobile/Caravan) gehören können, ist eine Abweichung von der Regel-Aussage möglich bei einer Beschränkung der (zentrenrelevanten) Randsortimente im Sinne von Absatz 6 Z. Dabei ist die Abstimmung mit dem Zentralen Ort, in dessen Verflechtungsbereich die Standortgemeinde ohne zentralörtliche Versorgungsfunktion liegt, zu suchen.

Hersteller-Direktverkaufszentren (Factory- oder Designer-Outlet-Center (FOC/DOC)) sind Einkaufszentren, in denen eine Vielzahl von Herstellern – oder von ihnen Beauftragte – eigenproduzierte Markenwaren unter Ausschaltung des Groß- und Einzelhandels mit deutlichen Preisnachlässen direkt an die Endverbraucherin und den Endverbraucher veräußern. Aufgrund der damit verbundenen raumstrukturellen Probleme sind diese nur in Oberzentren zulässig.

Stadtrandkerne liegen im nahen Umkreis von 10 Kilometern um Ober- oder Mittelzentren. In der Regel umfasst der zu versorgende Bereich der Stadtrandkerne nur das eigene Gemeindegebiet.

B zu 4 (1)

Schutzgut des Beeinträchtigungsverbotes ist die Vermeidung einer Beeinträchtigung der Funktionsfähigkeit Zentraler Orte in Umsetzung des Zentrale-Orte-Prinzips. Die Versorgungsfunktion Zentraler Orte soll sich primär über deren Zentrale Versorgungsbereiche (siehe B zu Absatz 6 (1 und 2)) entfalten. Dementsprechend ist als Grundsatz der Raumordnung in § 2 Absatz 2 Nummer 3 Satz 3 des Raumordnungsgesetzes (ROG) festgehalten, dass die räumlichen Voraussetzungen für die Erhaltung der Innenstädte und örtlichen Zentren als Zentrale Versorgungsbereiche zu schaffen sind. Zu berücksichtigen sind auch mögliche Auswirkungen auf konzeptionelle Ansätze zur Fortentwicklung und Ertüchtigung der zentralen Versorgungsbereiche. Eine Beschränkung des Beeinträchtigungsverbots auf die Funktionsfähigkeit der Zentralen Versorgungsbereiche würde aber übersehen, dass den Zentralen Orten auch im Bereich der nicht zentrenrelevanten Sortimente eine hervorgehobene Versorgungsbedeutung zukommt. Gemäß ROG ist die Siedlungstätigkeit räumlich zu konzentrieren und vorrangig auf vorhandene Siedlungen mit ausreichender Infrastruktur und auf Zentrale Orte auszurichten. Insoweit wird auch die Versorgungsfunktion der Zentralen Orte im Bereich der nicht zentrenrelevanten Sortimente in den Schutzbereich des Beeinträchtigungsverbots einbezogen.

Das Beeinträchtigungsverbot steht unter einem Wesentlichkeitsvorbehalt. Bezogen auf die Funktionsfähigkeit der Zentralen Versorgungsbereiche ist als Maßstab für eine wesentliche Beeinträchtigung die bereits vorliegende Rechtsprechung des Bundesverwaltungsgerichts zu § 34 Absatz 3 BauGB heranzuziehen. Danach sind schädliche Auswirkungen auf Zentrale Versorgungsbereiche jedenfalls dann zu erwarten, wenn ein Vorhaben deren Funktionsfähigkeit so nachhaltig stört, dass sie ihren Versorgungsauftrag generell oder hinsichtlich einzelner Branchen nicht mehr substantiell wahrnehmen können (vergleiche Bundesverwaltungsgericht (Urteil vom 11. Oktober 2007 - 4 C 7 /07 –). Die möglichen Auswirkungen sind durch eine „worst-case" Betrachtung unter Berücksichtigung gegebener Vorschädigungen zu ermitteln. Die Prognose zentrenschädigender Beeinträchtigungen setzt dabei eine Abschätzung der absatzwirtschaftlichen Auswirkungen und der städtebaulichen Folgewirkungen eines Planvorhabens voraus. In diesem Zusammenhang ist bei nicht zentrenrelevanten Kernsortimenten von einer deutlich höheren „Erheblichkeitsschwelle" auszugehen, als dies im Zusammenhang mit zentrenrelevanten Bedarfsgütern der Fall ist.

B zu 4 (2)

Neben der zu sichernden Funktionsfähigkeit der Zentralen Versorgungsbereiche ist – insbesondere auch zur Stärkung einer funktionsgerechten Versorgungsstruktur – im Sinne von § 11 Absatz 3 Satz 2 BauNVO die verbrauchernahe Versorgung der Bevölkerung vor allem mit Lebensmitteln in den Blick zu nehmen, die nicht nur auf die Zentralen Versorgungsbereiche, sondern auch auf wohnortnahe Standorte in siedlungsstrukturell integrierten Lagen ausgerichtet ist.

B zu 5

Das Kongruenzgebot fordert eine Kongruenz zwischen dem Einzugsgebiet des Einzelhandelsbetriebes und dem zentralörtlichen Verflechtungsbereich der Standortgemeinde.

Der Verflechtungsbereich eines Zentralen Ortes ist in seiner räumlichen Ausdehnung exakt (gemeindeflächenscharf) bestimmt durch die Verordnung zum Zentralörtlichen System in der zum Zeitpunkt des Beschlusses des Landesentwicklungsplans gültigen Fassung. Die Abgrenzung des Einzugsgebietes dient als Grundlage zur Analyse der Wettbewerbssituation sowie zur Ermittlung des externen Nachfragepotenzials eines Standortes und stellt dabei ein theoretisches Konstrukt der potenziellen Kundenströme dar. In Abhängigkeit von der Lage, Betriebsgröße sowie des geplanten sortimentsspezifischen Angebotes lässt sich das Einzugsgebiet eines Vorhabens im räumlichen Spannungsgeflecht weitgehend genau bestimmen. Von der räumlichen Ausdehnung ist wiederum das dort vorhandene spezifische Kaufkraftpotenzial von Einwohnerinnen und Einwohnern abzuleiten, auf das bei der Prüfung des Kongruenzgebotes abzustellen ist. Bei der Ermittlung des einwohnerinnen- und einwohnerspezifischen Kaufkraftpotenzials ist in den Gemeinden der Schwerpunkträume für Tourismus und Erholung (Anlage 5) ein Einwohneräquivalent der Übernachtungsgäste und in den Grenzhandelsgemeinden (Absatz 12 G) die Umsatzanteile skandinavischer Kundinnen und Kunden zum Verflechtungsraum hinzuzurechnen.

Von einer wesentlichen Überschreitung kann in der Regel ausgegangen werden, wenn mehr als 30 Prozent des Umsatzes eines Vorhabens aus Räumen außerhalb des Verflechtungsbereiches erzielt werden. Die Überschreitung eines Umsatzanteils von 30 Prozent ist insbesondere in dünn besiedelten ländlichen Räumen zur Sicherung der Nahversorgung zulässig. Dünn besiedelte Räume liegen fernab der Städte, sind nicht an diese angebunden und zeichnen sich durch eine Bevölkerungsdichte (Einwohnerinnen und Einwohner pro Quadratkilometer) weit unter dem Landesdurchschnitt aus. Zudem zeichnen sich diese Regionen häufig durch besondere geografische Gegebenheiten aus, zum Beispiel Insellage oder Grenzregion.

Bei der Anwendung des Kongruenzgebotes kann angenommen werden, dass bei Einhaltung der nachfolgenden, konkretisierenden Verkaufsflächenobergrenzen (Schwellenwerte), die unter Berücksichtigung der Funktionszuweisung der einzelnen Zentralen Orte von der Tragfähigkeit der Einzelhandelsbetriebe für sämtliche Zentralen Orte der jeweiligen Hierarchiestufe empirisch abgeleitet wurden, das

Einzugsgebiet der Einzelhandelsnutzungen den Verflechtungsbereich eines Unterzentrums in der Regel nicht wesentlich überschreitet.

- Für großflächige Einzelhandelseinrichtungen im Sinne des § 11 Absatz 3 Satz 1 Nummer 2, 3 BauNVO mit nahversorgungs- und zentrenrelevanten Sortimenten auf nicht mehr als 3.000 Quadratmeter Verkaufsfläche,
- für großflächige Einzelhandelseinrichtungen im Sinne des § 11 Absatz 3 Satz 1 Nummer 2, 3 BauNVO mit nicht-zentrenrelevanten Sortimenten auf nicht mehr als 6.000 Quadratmeter Verkaufsfläche, und
- für Einkaufszentren im Sinne des § 11 Absatz 3 Satz 1 Nummer 1 BauNVO auf nicht mehr als 6.000 Quadratmeter Verkaufsfläche.

Maßstab ist ein Unterzentrum mit maximal 30.000 Einwohnerinnen und Einwohnern im Verflechtungsbereich, da mit einer Ausnahme alle Unterzentren in Schleswig-Holstein weniger als 30.000 Einwohnerinnen und Einwohner im Verflechtungsbereich aufweisen. Die abschöpfbare Kaufkraft durch ein entsprechendes Vorhaben wird mit 50 bis 60 Prozent angenommen.

Bei Betrachtung der innerstädtischen Leitbranche Bekleidung ergibt sich für ein Unterzentrum mit einem Verflechtungsbereich mit maximal 30.000 Einwohnerinnen und Einwohnern eine tragfähige Größenordnung von 2.300 bis 3.000 Quadratmeter Verkaufsfläche. Die Verkaufsfläche der Warengruppe Bekleidung nimmt bei Neuansiedlungen von innerstädtischen Einkaufszentren regelmäßig mindestens rund 50 Prozent der Gesamtverkaufsfläche ein. Bei einem Orientierungswert von 55 Prozent Verkaufsflächenanteil in der Warengruppe Bekleidung, ergibt sich für die mögliche Gesamtverkaufsfläche des Einkaufszentrums eine Größenordnung von rund 4.100 bis 5.500 Quadratmeter. In den Sortimentsbereichen Möbel und Baumarktsortimente werden für ein entsprechendes Einzelvorhaben Kaufkraftabschöpfungen von 50 bis 60 Prozent zugrunde gelegt. Diese spiegeln zum einen die Bedeutung entsprechender Einrichtungen in Kommunen dieser Größenordnung wieder, lassen aber darüber hinaus auch insbesondere im Möbelbereich Spielraum für qualifizierte Entwicklungen in höherrangigen Zentralen Orten.

Eine Obergrenze von 3.000 Quadratmeter für zentrenrelevante Sortimente, von 6.000 Quadratmeter für nicht-zentrenrelevante Sortimente und von 6.000 Quadratmeter für Einkaufszentren in einem Unterzentrum mit einem Verflechtungsbereich mit maximal 30.000 Einwohnerinnen und Einwohnern kann damit angenommen werden, ohne auf der einen Seite entsprechende Kommunen in ihrer Entwicklungsfähigkeit wesentlich einzuschränken und auf der anderen Seite das hierarchische System der Zentralen Orte zu konterkarieren.

Die erforderliche Verhältnismäßigkeit des Plansatzes wird über den Wesentlichkeitsvorbehalt für den Maßstab der Überschreitung gewährleistet. Abweichungen sind nur über das Zielabweichungsverfahren nach den Vorgaben des Raumordnungsgesetzes in Verbindung mit dem Landesplanungsgesetz möglich.

Im Einzelfall muss geprüft werden, ob für die Errichtung von Einkaufszentren, großflächigen Einzelhandelsbetrieben oder sonstigen großflächigen Handelsbetrieben ein Raumordnungsverfahren oder ein raumplanerisches Abstimmungsverfahren erforderlich wird.

B zu 6 (1)

Zentrenrelevante Sortimente prägen in besonderem Maße die Angebotsstruktur der Innenstädte in Schleswig-Holstein. In ihrem Zusammenspiel leisten sie einen wichtigen Beitrag zur Vielfalt des innerstädtischen Einzelhandelsangebotes, tragen zur Belebung (Frequenz an Passantinnen und Passanten) sowie Attraktivität der Innenstädte bei und übernehmen somit eine wichtige Magnetfunktion für die Innenstädte. Die Darstellung und Festsetzung von Kern- und Sondergebieten für großflächige Einzelhandelsvorhaben im Sinne des § 11 Absatz 3 BauNVO mit zentrenrelevanten Sortimenten ist daher nur in den zentralen Versorgungsbereichen zulässig. Dabei wird auf die städtebaurechtliche Kategorie des Zentralen Versorgungsbereichs abgestellt. Danach sind Zentrale Versorgungsbereiche räumlich abgrenzbare Bereiche einer Gemeinde, denen aufgrund vorhandener Einzelhandelsnutzungen – häufig ergänzt durch diverse Dienstleistungen und gastronomischer Angebote – eine Versorgungsfunktion über den unmittelbaren Nahbereich hinaus zukommt. „Zentral" ist in diesem Zusammenhang nicht geografisch im Sinne einer Innenstadtlage oder Ortsmitte, sondern funktional zu verstehen. Das heißt, der Zentrale Versorgungsbereich hat nach Lage, Art und Zweckbestimmung die Versorgung des Gemeindegebietes oder eines Teilbereiches davon mit einem auf seinen Einzugsbereich abgestimmten Spektrum an Waren des kurz-, mittel- oder langfristigen Bedarfs sicherzustellen. Ein Zentraler Versorgungsbereich muss also einen gewissen, über seine eigenen Grenzen hinausreichenden räumlichen Einzugsbereich mit städtebaulichem Gewicht haben und damit über den unmittelbaren Nahbereich hinauswirken. Er setzt zudem eine integrierte Lage voraus. Isolierte Standorte mit einzelnen Einzelhandelsbetrieben bilden keinen Zentralen Versorgungsbereich, auch wenn sie über einen weiten Einzugsbereich verfügen und eine beachtliche Versorgungsfunktion erfüllen mögen. Bei den Zentralen Versorgungsbereichen sind verschiedene Stufen zu unterscheiden, nämlich Innenstädte als Hauptzentren, Nebenzentren in Stadtteilen sowie auch Nahversorgungszentren. In kleineren Gemeinden und Städten wird in der Regel nur ein Zentraler Versorgungsbereich vorhanden sein. In größeren Städten können dagegen mehrere Zentrale Versorgungsbereiche mit einer mehrstufig funktionierenden Gliederung existieren. Das Hauptgeschäftszentrum ist dann für die gesamte Stadt und meist auch für die umgebende Region von Bedeutung, während Zentren der nachgeordneten Stufen der Stadtteilversorgung beziehungsweise der Nahversorgung umliegender Wohnsiedlungsbereiche dienen. Bei der Definition der Zentralen Versorgungsbereiche ist im Einzelfall auf die tatsächlich vorhandene Situation abzustellen. Konzeptionelle Überlegungen der Gemeinden sind – auch im Hinblick auf mögliche Erweiterungsplanungen von Zentralen Versorgungsbereichen – zu berücksichtigen.

Die nahversorgungs- und zentrenrelevanten Leitsortimente für Schleswig-Holstein, die anhand vorhandener Sortimentsstrukturen in den Innenstädten Schleswig-Holsteins, einer Auswertung gesamtstädtischer Einzelhandelsgutachten und -konzepte sowie einer Analyse der Verteilung der sortimentsspezifischen Verkaufsflächen nach Lagen innerhalb und außerhalb der Innenstädte, stichprobenartig auf ihre Nahversorgungs- und/oder Zentrenrelevanz überprüft und typisiert worden sind, sind in der Anlage 4 benannt. Als zentrenrelevant werden abstrakt-generell diejenigen Sortimente definiert, die in den Zentralen Versorgungsbereichen der jeweiligen Standortgemeinde konkret zentrenprägende Funktion haben. Die Liste der nahversorgungs- und zentrenrelevanten Leitsortimente kann in Abhängigkeit von den örtlichen Gegebenheiten und städtebaurechtlichen Gesichtspunkten auf der Basis konzeptioneller Festlegungen der Gemeinde ergänzt werden. Das gilt im begründeten Einzelfall auch für eine Änderung, zum Beispiel in der Form, dass ein Sortiment, das als zentrenrelevant definiert worden ist, in seiner Zentrenbedeutung aber eine untergeordnete Rolle spielt, zu einem nicht-zentrenrelevanten Sortiment umdefiniert werden soll.

In siedlungsstrukturell integrierten Lagen außerhalb der Zentralen Versorgungsbereiche innerhalb des baulich zusammenhängenden Siedlungsgebietes in guter Zuordnung zu den Wohngebieten einer Standortgemeinde können klein- und großflächige Betriebe mit nahversorgungsrelevanten Sortimenten hinsichtlich eines engmaschigen und dezentralen Nahversorgungsnetzes sowie einer guten Erreichbarkeit von Lebensmittelmärkten sinnvoll und möglich sein. Neben der Voraussetzung einer vorrangigen Nahversorgungsfunktion ist hierbei sicherzustellen, dass vom Vorhaben keine negativen Auswirkungen auf die Zentralen Versorgungsbereiche oder die übrige Versorgungsstruktur im Sinne von § 11 Absatz 3 BauNVO ausgehen. Ein räumlicher Zusammenhang mit der Wohnbebauung liegt vor, wenn in dem Bereich überwiegend Wohnnutzung stattfindet beziehungsweise der Bereich als zusammengehörend mit den Bereichen mit überwiegender Wohnnutzung wahrgenommen werden kann.

B zu 6 (2)

Wegen der besonderen Ausrichtung der Ansiedlung von großflächigen Einzelhandelseinrichtungen am Zentralörtlichen System, der möglichen Beeinträchtigung Zentraler Versorgungsbereiche, auch in Nachbargemeinden, und der Gefahr einer insgesamt raumstrukturell unverträglichen Entwicklung ist der Einzelhandel an Standorten an überregional bedeutenden Verkehrsachsen grundsätzlich auszuschließen. Dabei handelt es sich um Standorte an Bundesautobahnen in unmittelbarer Nähe von Zu-/Abfahrten, an Raststätten oder auf Autohöfen außerhalb des im jeweils geltenden Regionalplan ausgewiesenen baulich zusammenhängenden Siedlungsgebietes oder ohne direkte Zuordnung zum Siedlungsbereich einer Gemeinde. Für verkehrsaffine oder besondere Verkehre auslösende Sortimente, wie zum Beispiel Kfz-Handel einschließlich Wohnwagen/Wohnmobile/Caravan, oder besonders raumbeanspruchende Sortimente können im Einzelfall in Abstimmung mit der Landesplanung Ausnahmen zugelassen werden. Im Rahmen der Prüfung einer Ausnahme sind die Möglichkeiten für die Entwicklung von Standortalternativen in integrierter Lage, wie zum Beispiel in Form einer „Auto- oder Möbelmeile", gesondert zu prüfen.

B zu 6 (3)

Großflächige Einzelhandelsbetriebe im Sinne von § 11 Absatz 3 BauNVO mit nicht-zentrenrelevanten Sortimenten führen regelmäßig sogenannte Ergänzungs- oder Randsortimente. Während von nicht-zentrenrelevanten Randsortimenten an Standorten außerhalb der städtebaulich-funktionalen Zentren definitionsgemäß keine Gefährdung für die Entwicklung der Zentralen Versorgungsbereiche ausgeht, sind bei zentrenrelevanten Randsortimenten Auswirkungen auf die Zentralen Versorgungsbereiche (hier insbesondere auf die mehrheitlich kleinteiligen Fachangebote) möglich. Um Funktionsverlusten in Zentralen Versorgungsbereichen vorzubeugen, sind zentrenrelevante Randsortimente insoweit nur in begrenztem Umfang zulässig.

Artikel des Randsortiments erreichen in der Regel einen relativ geringen Anteil am Umsatz. Sie werden nicht nur zur Erreichung zusätzlicher (höherer) Deckungsbeiträge geführt, sondern auch aus psychostrategischen Gründen, etwa um Verbundkäufe auszulösen, um den Kundinnen und Kunden einen zusätzlichen Service und/oder zusätzliches Prestige zu bieten und um eine Profilierung des eigenen Sortiments, einen Imagevorsprung zu erreichen (Abgrenzung gegenüber den Wettbewerbern).

Der gültige Anteil der Gesamtverkaufsfläche für zentrenrelevante Randsortimente liegt bei 10 Prozent. Dieser Wert ergibt sich sowohl aus den landesplanerischen Vorgaben als auch aus den durch die Rechtsprechung definierten Kriterien für Randsortimente hinsichtlich ihrer ergänzenden Funktion und untergeordneten Gewichtigkeit. Zudem findet sich dieser Wert mehrheitlich in der Sortimentsstruktur der Betriebe mit nicht-zentrenrelevantem Kernsortiment wieder beziehungsweise wird sogar unterschritten.

B zu 6 (4)

Das Eintreten raumordnerischer Auswirkungen in Folge absatzwirtschaftlicher Verdrängungseffekte ist aufgrund der Heterogenität des Landes Schleswig-Holstein insbesondere in Mittel- und Oberzentren stark von der jeweils konkreten örtlichen Angebotssituation abhängig. Die Obergrenze für zentrenrelevante Randsortimente von 10 Prozent kann daher in Mittel- und Oberzentren im Einzelfall auf der Basis einer gesonderten Prüfung (städtebauliche Wirkungsanalyse) überschritten werden.

Die Ausnahme können vor allem größere Betriebseinheiten der Warengruppe Möbel bilden.

B zu 6 (5)

Um Funktionsverlusten in Zentralen Versorgungsbereichen vorzubeugen, sind zentrenrelevante Randsortimente nur dann zulässig, wenn auch ein direkter funktionaler Bezug zum Kernsortiment vorhanden ist. Als typische Beispiele für einen funktionalen Bezug sind unter anderem zu nennen:

- Glas/Porzellan/Keramik, Haushaltswaren, Wohneinrichtung, Heimtextilien und Leuchten in Möbelhäusern,
- Leuchten, Haushaltswaren, Wohneinrichtung, Heimtextilien, Arbeitskleidung und
- schuhe sowie Schnittblumen in Bau- und Gartenmärkten und
- Aktionsware in Lebensmittelmärkten.

B zu 7

Das Bundesverwaltungsgericht hat in seinem Urteil vom 10. November 2011 (– 4 CN 9/1 0 –) entschieden, dass mehrere nicht großflächige Einzelhandelsbetriebe bei räumlicher Konzentration und raumordnerischen Wirkungen wie bei einem (regional bedeutsamen) großflächigen Einzelhandelsbetrieb beziehungsweise Einkaufszentrum im Sinne von § 11 Absatz 3 BauNVO als Agglomeration anzusehen sind. Darüber hinaus zeichnet sich eine Einzelhandelsagglomeration durch folgende Merkmale aus:

„Mehr als zwei (auch geplante) selbstständige, je für sich nicht großflächige Einzelhandelsbetriebe in räumlicher Nähe zueinander, die städtebaulich beziehungsweise aus Sicht des Kunden aufeinander bezogen gelten oder die eine wechselseitige Ergänzung der Sortimente und/oder sonstige Synergieeffekte (etwa gemeinsame Nutzung von Werbeanlagen, Zufahrten oder Stellplätze) erkennen lassen."

Ein funktionaler Bezug der angebotenen Sortimente ist dabei nicht zwingende Voraussetzung.

Insbesondere die (sukzessive) Konzentration mehrerer kleinteiliger Einzelhandelsbetriebe mit zentren- und nahversorgungsrelevanten Kernsortimenten an städtebaulich nicht wünschenswerten Standorten (zum Beispiel an überregional bedeutenden Verkehrsachsen (zum Beispiel Autobahnen, Ausfallstraßen oder in Gewerbegebieten)) kann städtebaulich negative Auswirkungen zur Folge haben, die dazu führen, dass insbesondere die Zentralen Versorgungsbereiche einer Kommune mittel- bis langfristig die ihnen zukommende Versorgungsfunktion nicht mehr erfüllen können.

Wenngleich auf Ebene der Landesplanung ausschließlich die Steuerung von großflächigen Einzelhandelseinrichtungen im Sinne von § 11 Absatz 3 BauNVO möglich ist, ermöglicht die Regelung die Steuerung einer Einzelhandelsagglomeration, die vergleichbare raumordnerische Wirkungen wie eine großflächige Einzelhandelseinrichtung erwarten lässt. Die Landesplanung wirkt insoweit insbesondere bei Gewerbegebietsplanungen über Musterfestsetzungen darauf hin, dass der Einzelhandel und insbesondere der Lebensmitteleinzelhandel als generelle Nutzungsart ausgeschlossen wird und nur auf solche Betriebe beschränkt wird, die ihre eigenproduzierten Produkte als untergeordnete Nebeneinrichtung an Endverbraucherinnen und Endverbraucher verkaufen (das heißt nicht selbständiger Einzelhandel wie zum Beispiel Direkt-Vermarktung oder Handwerker-Privileg). In dieser Form und Größenordnung ist Handel in Gewerbegebieten ein produktiver Begleiter von Ansiedlungsvorhaben und schadet den Innenstadtstrukturen und Ortskernen nicht.

B zu 8

Die Regelung greift die Verpflichtung zur interkommunalen Abstimmung von Bauleitplänen gemäß § 2 Absatz 2 Satz 1 BauGB auf. Aus raumordnerischer Sicht ist es erforderlich, Standorte für die Ansiedlung von großflächigen Einzelhandelseinrichtungen möglichst auf geeignete Zentrale Orte zu konzentrieren. Daher haben Gemeinden die beabsichtigte Aufstellung von Bauleitplänen der Landesplanungsbehörde nach § 11 Absatz 1 LaplaG anzuzeigen und kann die Landesplanungsbehörde angesichts der wachsenden Anteile zentren- und nahversorgungsrelevanter Waren entscheiden, ein raumplanerisches Abstimmungsverfahren nach § 11 Absatz 4 LaPlaG oder ein Raumordnungsverfahren nach § 14 LaplaG durchzuführen. Im Übrigen kann die Landesplanungsbehörde der planenden Gemeinde empfehlen, eine frühzeitige Abstimmung mit den betroffenen Nachbargemeinden (insbesondere Zentralen Orten, im Einzelfall aber auch Gemeinden ohne zentralörtliche Funktion) vorzunehmen oder ein von der Landesplanung moderiertes Planungsgespräch anbieten. Ob und inwieweit eine gesonderte interkommunale Abstimmung erforderlich wird und auch Zentrale Orte benachbarter Mittelbereiche zu beteiligen sind sowie über die Notwendigkeit einer Dokumentation der Abstimmung über einen öffentlich-rechtlichen Vertrag, entscheidet die Landesplanung. Das gilt ebenso bei der Frage, ob im Einzelfall ausnahmsweise auch die Belange von Zentralen Orten mit niedrigerer zentralörtlicher Funktion oder von Gemeinden ohne zentralörtliche Funktion zu prüfen sind, zum Beispiel soweit eine grundlegende Funktionsbeeinträchtigung ihrer Zentralen Versorgungsbereiche durch einzelne Vorhaben oder die Agglomeration mehrerer Vorhaben zu besorgen ist.

B zu 9

Im Rahmen der interkommunalen Zusammenarbeit bieten sich Instrumente zur freiwilligen und partnerschaftlichen Zusammenarbeit (zum Beispiel Stadt-Umland-Planungen oder Regionale Entwicklungskonzepte) an. Unter Berücksichtigung raumordnerischer Vorgaben können die beteiligten Kommunen unter Einbindung des Zentralen Ortes gemeinsam ihre Situation analysieren, Lösungen möglicher Probleme entwickeln und vereinbaren. Dabei sind neben den beteiligten Kommunen auch die Kommunen zu betrachten, deren Versorgungsfunktionen oder Planungsperspektiven durch die interkommunale Zusammenarbeit erfasst werden. Im Rahmen solcher Konzepte kann im Einzelfall auch von einzelnen Vorgaben dieses Kapitels abgewichen werden. In Frage kommen insbesondere sogenannte Regionale Einzelhandelskonzepte (zum Beispiel kreisweite oder kreisübergreifende Konzepte) als auch Einzelhandelskonzepte im Rahmen der Stadt-Umland-Planung oder von kleineren Zentralen Orten und ihren Nachbargemeinden. Die Regelung stellt klar, dass die bauleitplanerische Umsetzung solcher Konzepte ein Zielabweichungsverfahren erfordert. Wenn sich Kommunen oder eine Region über die Ansiedlung von Einzelhandelsgroßprojekten unter Berücksichtigung der Erfordernisse der Raumordnung gemeinsam verständigt haben, wird eine Zielabweichung regelmäßig unter erleichterten Bedingungen in Frage kommen.

B zu 10

Die Vorgabe dient der Erreichbarkeit von Einrichtungen und Angeboten der Grundversorgung für alle Bevölkerungsgruppen im Sinne des § 2 Absatz 2 Nummer 3 ROG. Auch gilt es, motorisierten Individualverkehr durch sinnvolle funktionale Zuordnung der Einzelhandelsbetriebe zu vermeiden und zu verlagern oder Versorgungsdefizite für nicht mobile Bevölkerungsschichten zu minimieren. Dies verlangt für großflächige Einzelhandelsbetriebe, die nicht funktional integriert werden können, die Einbindung in örtliche ÖPNV-Konzepte. Solche Konzepte gewinnen vor dem Hintergrund der Folgen des demografischen Wandels und des Energieverbrauchs zunehmend an Bedeutung.

B zu 11

§ 1 Absatz 4 BauGB verpflichtet die Gemeinden nicht nur dazu, ihre Bauleitplanung den Zielen der Raumordnung anzupassen, wenn sie sich aus eigenem Antrieb dazu entschließen, einen Bebauungsplan aufzustellen, zu ändern oder aufzuheben. Da der Regelungszweck des § 1 Absatz 4 BauGB darin besteht, eine umfassende materielle Konkordanz zwischen der übergeordneten Landesplanung und der gemeindlichen Bauleitplanung zu gewährleisten (vergleiche Bundesverwaltungsgericht, Beschluss vom 25. Juni 2007 - 4 BN 17/07 – und Urteil vom 17. September 2003 - 4 C 14.01 –) sind die Gemeinden auch dazu verpflichtet, bestehende Bebauungspläne zu ändern oder auch Bebauungspläne erstmals aufzustellen, wenn ein planerisches Einschreiten zur Umsetzung raumordnungsrechtlicher

Zielsetzungen erforderlich ist (vergleiche Bundesverwaltungsgericht, Urteil vom 17. September 2003 - 4 C 14.01 -).

Für bestehende Einzelhandelsstandorte im unbeplanten Innenbereich (§ 34 BauGB) und im räumlichen Geltungsbereich eines Bebauungsplans (§ 30 BauGB), die mit den landesplanerischen Zielvorgaben nicht beziehungsweise nicht mehr vereinbar sind, ist daher eine Regelung zum planerischen Umgang geboten. Da derartige Standorte ohne Verstoß gegen die Zielbestimmung noch nicht einmal bestandsorientiert als Sondergebiet überplant werden könnten, ist es erforderlich, für derartige Standorte eine Ausnahmemöglichkeit von den sonstigen Zielbestimmungen zu schaffen, um eine bestandsorientierte Überplanung zu ermöglichen. Im Einzelfall dürfen unter den maßgeblichen Voraussetzungen auch Festsetzungen des erweiterten Bestandsschutzes getroffen werden. Anstelle der Festsetzung eines sonstigen Sondergebietes nach § 11 BauNVO ist auch

- die Festsetzung eines Baugebiets mit Einzelhandelssteuerung (§ 1 Absatz 5 und 9 BauNVO) sowie einer „Fremdkörperfestsetzung" auf Grundlage von § 1 Absatz 10 Satz 1 BauNVO oder
- eine Festsetzung nach Maßgabe von § 9 Absatz 2a Satz 1 Halbsatz 2 BauGB zulässig.

Die Verpflichtung zur Überplanung derartiger vorhandener Standorte zur Anpassung an die Ziele der Raumordnung erstarkt erst dann zu einer konkreten Planungspflicht, wenn zielwidrige Veränderungen des Bestandes geplant sind.

Im Rahmen des Grundgedankens des § 1 Absatz 10 BauNVO und abhängig vom Nachweis der städtebaulichen Verträglichkeit sind geringfügige Arrondierungen und Erweiterungen zugelassen. Die Geringfügigkeit wird bei Erweiterungen von bis zu 5 Prozent der Verkaufsfläche je Einzelhandelsbetrieb regelmäßig erfüllt sein. Darüberhinausgehende Erweiterungen werden nur in Ausnahmefällen noch als geringfügig betrachtet werden können. Insbesondere dürfen sie zu keinen neuen oder wesentlich anderen Einzelhandelsbetrieben führen, das heißt sie müssen funktional neutral sein (zum Beispiel Modernisierung oder Anpassung an aktuelle Verbrauchererwartungen). Die Geringfügigkeitsschwelle wird jedenfalls überschritten, wenn das Beeinträchtigungsverbot berührt wird. Zudem muss die Planung auf der Basis eines kommunalen oder regionalen Einzelhandelskonzeptes erfolgen, das neben den beteiligten Kommunen auch die Kommunen betrachtet, deren Versorgungsfunktionen oder Planungsperspektiven durch die Konzeptinhalte erfasst werden.

Diese Regelung mit Bestandsbezug bezieht sich nur auf die genehmigte tatsächlich und aktuell noch ausgeübte Nutzung. Bei Gebäuden mit Leerstand gilt dieses nur, soweit für die zuletzt ausgeübte Nutzung noch Bestandsschutz besteht.

Die planende Gemeinde darf die Erweiterungsoption nur einmal in Anspruch nehmen.

B zu 12

Der Grenzhandel stellt aufgrund seiner Charakteristika einen Sonderfall dar, auf den die einschlägigen Ziele und Grundsätze der Raumordnung in den Raumordnungsplänen, die keine gesonderten Erfordernisse der Raumordnung zur Steuerung des Grenzhandels enthalten, nicht ohne Hinzunahme weiterer Erwägungen angewendet werden können. Die Landesplanung wird daher die geltenden „Landesplanerischen Leitlinien zur Entwicklung des Grenzhandels in Schleswig-Holstein" im Rahmen der Beurteilungen nach § 11 (für Bauleitplanungen) und § 12 LaplaG (für Einzelvorhaben) und in Anwendung der einschlägigen Ziele und Grundsätze des Landesentwicklungsplans zusätzlich zu den Erfordernissen der Raumordnung nach § 3 Absatz 1 Ziffer 1 ROG zugrunde legen. Die Leitlinien ersetzen diese Verfahren nach § 11 und § 12 LaplaG nicht.

B zu 13

Online-Handel, elektronischer Handel, Internethandel oder E-Commerce bezeichnen Ein- und Verkaufsvorgänge mittels Internet. Der Anteil des Online-Handels am gesamten Handelsvolumen ist in den vergangenen Jahren stetig gewachsen und wird weiter zunehmen. Die Folgen der Corona-Pandemie haben dem Online-Handel dazu noch zu einem überproportionalen Wachstumsschub verholfen. Auch wenn nach Ende der pandemiebedingten Auswirkungen mit einer Relativierung des überproportionalen Wachstumsschubs zugunsten des stationären Einzelhandels gerechnet werden kann, wird die Bedeutung des Online-Handels auf hohem Niveau verbleiben. Für die Städte und Gemeinden ergeben sich durch die zunehmende Digitalisierung im Einzelhandel diverse Herausforderungen, die zugleich Chancen und Risiken beinhalten können.

Der Online-Handel könnte die Chance bieten, die Versorgungsbedingungen in den Regionen zu verbessern, in denen der stationäre Einzelhandel die (Nah-) Versorgung nicht mehr ausreichend abdeckt, zum Beispiel in Form einer virtuellen Nahversorgung. Weiterhin könnte der Online-Handel die vorhandenen stationären Versorgungsangebote auch sinnvoll ergänzen, zum Beispiel in Form virtueller Marktplätze.

Der steigende Umsatzanteil des Online-Handels wird das Netz aus stationärem Einzelhandel zunehmend unter Druck setzen. Um diese Entwicklungen so nachhaltig wie möglich gestalten zu können, bieten Einzelhandelskonzepte eine wichtige Grundlage. Diese Konzepte sollten, wenn möglich, interkommunal oder auch regional erarbeitet werden.

4 Wirtschaftliche Entwicklung

4.1 Wirtschaftliche Basis und Zukunftsfelder der Wirtschaft

Grundsätze und Ziele der Raumordnung

1 G

Zur Sicherung von Wachstum und Beschäftigung in Schleswig-Holstein sollen die traditionell starken Branchen, wie Tourismus, Maschinenbau, die Herstellung chemischer und pharmazeutischer Erzeugnisse, Logistik und Landwirtschaft, gestärkt werden. Gleichzeitig sollen die Wirtschaftsfelder mit den größten Entwicklungspotenzialen umwelt- und sozialverträglich ausgebaut werden. Dies sind die Bereiche Life Sciences, Maritime Wirtschaft, Erneuerbare Energien, Informations- und Kommunikationstechnologie, Medien und Design, Mikro- und Nanotechnologie sowie Ernährungswirtschaft.

2 G

Die Innovationsfähigkeit der Unternehmen im Land soll gestärkt und der Wirtschaftsstandort Schleswig-Holstein attraktiver werden. Durch eine abgestimmte Wirtschafts- und Wissenschaftspolitik soll der Innovationsprozess von den Hochschulen über die Forschung bis hin zu den Unternehmen und damit schließlich zum Markt noch gezielter und schneller erfolgen. Landesweit agierende Clustermanagements, Kooperationsnetzwerke und Kompetenzzentren sollen die Vernetzung zwischen Unternehmen, wirtschaftsnahen Einrichtungen, Hochschulen und Forschungseinrichtungen verbessern. Es sollen leistungsfähige Netzwerke angestrebt werden, die den Know-how-Transfer zwischen Wissenschaft, Forschung und Wirtschaft verbessern und so nachhaltig zur Stärkung vorhandener Potenziale wie auch zur Verbesserung der Wettbewerbsfähigkeit Schleswig-Holsteins beitragen.

Begründung

B zu 1–2

Im Wettbewerb der Regionen um Standortvorteile und Unternehmen werden Wissen, Fachkräfte, Innovationen und besondere wirtschaftliche Schwerpunkte zunehmend zu den entscheidenden Faktoren. Zentrale Herausforderungen für die Wirtschaft sind der zunehmende europäische und internationale Wettbewerb, eine rasant voranschreitende Digitalisierung, deutliche Veränderungen in der Arbeitswelt, wachsende Anforderungen an Nachhaltigkeit und Ressourceneffizienz, absehbare Engpässe bei Fachkräften und die Sicherung des Unternehmensbestandes.

Um Wachstum, Wertschöpfung und Arbeitsplätze im Land zu sichern, ist es wichtig, dass die schleswig-holsteinische Wirtschaft nicht nur eine starke wirtschaftliche Basis in ihren traditionell gut aufgestellten Branchen hat, sondern auch in Zukunftsfeldern vorhandene Stärken und Potenziale nutzt und diese konsequent und nachhaltig zugleich weiterentwickelt. Im Rahmen der Regionalen Innovationsstrategie hat die Landesregierung fünf Spezialisierungsfelder festgelegt, die als besonders zukunftsträchtig eingestuft werden: Life Sciences, Erneuerbare Energien, Maritime Wirtschaft, Ernährungswirtschaft sowie Informationstechnologie, Telekommunikation und Medien. Darüber hinaus gibt es ein eigenständiges Cluster im Bereich Tourismus. Insbesondere müssen die Chancen, die sich aus der Digitalisierung der Wirtschaft ergeben, ergriffen und für künftige Produktionsprozesse und wirtschaftliche Dienstleistungen umgesetzt werden. Auch Klima- und Umweltschutz sowie Energie- und Ressourceneffizienz erfordern Innovationen, mit denen sich neue und wachsende Märkte erschließen lassen.

Innovationen sind entscheidend, um Wettbewerbsfähigkeit, nachhaltige Wertschöpfung und Beschäftigung in Schleswig-Holstein zu sichern. Die schleswig-holsteinische Wirtschaft ist stark von kleinen und mittelständischen Unternehmen geprägt, die aus eigener Kraft nur in begrenztem Umfang in Forschung und Entwicklung investieren können. Deshalb gilt es besonders, die Verbindungen zwischen Forschung, Entwicklung und Umsetzung in marktfähige Produkte zu verbessern. Ein ausdifferenziertes Technologietransfersystem soll die Zusammenarbeit zwischen mittelständischer Wirtschaft und Wissenschaft stärken, um Innovationen auf den Weg zu bringen. Auch die Clusterförderung in Schleswig-Holstein zielt auf die Vernetzung von Unternehmen untereinander und mit Forschungseinrichtungen ab.

4.2 Wissenschaft, Forschung, Technologie

Grundsätze und Ziele der Raumordnung

1 G

Schleswig-Holstein soll unter Beachtung internationaler Qualitätsstandards als attraktiver und wettbewerbsfähiger Wissenschafts-, Forschungs- und Technologiestandort weiterentwickelt werden. Hierzu sollen die vorhandenen Stärken und Innovationspotenziale des Landes weiter erschlossen und genutzt werden.

2 G

Zur Sicherung und Stärkung der schleswig-holsteinischen Position im Bereich von Wissenschaft und Forschung sollen innovationspolitische Programme, zum Beispiel im Rahmen des Europäischen Fonds für regionale Entwicklung (EFRE), darauf ausgerichtet sein, insbesondere

- die Kooperation von Wissenschaft, Forschung und Wirtschaft durch den Auf- und Ausbau bedeutsamer Kompetenzzentren, die Förderung von Verbund-Projektforschung und die Existenzgründung aus Hochschulen zu intensivieren und so die Innovationskraft der Unternehmen zu erhöhen; dabei ist den öffentlichen und insbesondere wissenschaftlichen Bedürfnissen nach ungehindertem Zugang zu den Forschungsergebnissen und Forschungsprimärdaten Rechnung zu tragen,
- die Zusammenarbeit von Hochschulen und Forschungseinrichtungen sowohl innerhalb des Landes, als auch mit geeigneten nationalen und internationalen Partnern zu verbessern,
- die Kohärenz zwischen Wissenschaft, Forschung und Wirtschaft vor allem im Hinblick auf die Zukunftsfelder der Wirtschaft (Kapitel 4.1) zu stärken,
- qualitativ hochwertige, besonders Erfolg versprechende und das Profil des Landes schärfende Forschungs- und Technologiefelder zu fördern,
- die Spitzenforschung und den Aufbau von Exzellenz in Lehre und Forschung zu befördern,
- themenspezifische, leistungsstarke Netzwerke für Forschung, Technologietransfer und Innovationsunterstützung zu errichten,
- die Verzahnung von Hochschulen und Gesellschaft zu stärken und ein kreatives Umfeld für kluge Köpfe aus dem In- und Ausland zu schaffen sowie
- vor allem die Attraktivität des Studienstandorts Schleswig-Holstein zu erhöhen.

Begründung

B zu 1, 2

Schleswig-Holstein verfügt über eine differenzierte Hochschul- und Forschungslandschaft und ein dichtes Netz an Einrichtungen des Wissens- und Technologietransfers (Themenkarte 10, Themenkarte 11). Eine regional differenzierte Weiterentwicklung soll die vorhandenen Potenziale entsprechend den jeweiligen Bedürfnissen und Möglichkeiten weiter stärken. Dabei sind die Innovations-, Technologie- und Gründerzentren sowie ihr Dachverband Nordzentren e. V. und der Verein StartUp SH e. V. einzubeziehen.

Innovationspolitische Programme zielen bisher überwiegend darauf ab, die öffentliche Forschung zu steigern. Zukünftig sollen sie vermehrt auch Anreize für die Kooperation von Wissenschaft und Wirtschaft zur Erhöhung entsprechender privater Forschungs- und Entwicklungsausgaben geben, denn ein ausreichendes Volumen an Forschung und Entwicklung, gerade auch in den privaten Unternehmen, ist eine entscheidende Voraussetzung für die Innovations- und Wettbewerbsfähigkeit der Wirtschaft in Schleswig-Holstein. Privat finanzierte Forschung erfordert einen angemessenen Ausgleich zwischen den berechtigten Interessen der Auftraggeberinnen und Auftraggeber sowie dem Interesse der Wissenschaft und der Öffentlichkeit.

Um die Transfers von Forschungs- und Entwicklungsergebnissen aus den öffentlich finanzierten Forschungseinrichtungen in die Privatwirtschaft zu unterstützen, müssen innovative Netzwerke initiiert, thematische Koordinierungsstellen in Schlüssel- und Querschnittstechnologiebereichen eingerichtet und international konkurrenzfähige Cluster entwickelt werden. Dabei sollen branchenbezogen Clustermanagements neben anderen Aufgaben auch die Vernetzung von Wissenschaft und Wirtschaft in Schwerpunktbereichen wie den Zukunftsfelder der Wirtschaft (Kapitel 4.1) unterstützen.

Um Wissenschaft und Wirtschaft sowie weitere Stakeholdergruppen, die sich mit Forschung, Entwicklung und Innovation befassen, besser zu vernetzen, hat die Landesregierung das Innovations- und Technologieforum (ITF.SH) ins Leben gerufen. Es dient als Austauschplattform, soll den Wissens- und Technologietransfer intensivieren sowie Kooperationen und innovative Projektideen anbahnen. Samt seiner Arbeitsstrukturen soll es dauerhaft etabliert werden und regelmäßig zu unterschiedlichen Themen des Transfers stattfinden.

Stand: 2020

Herausgeber: Ministerium für Inneres, ländliche Räume, Integration und Gleichstellung des Landes Schleswig-Holstein
Landesentwicklungsplan Schleswig-Holstein – Fortschreibung 2021

Themenkarte 10 Hochschul- und Forschungslandschaft

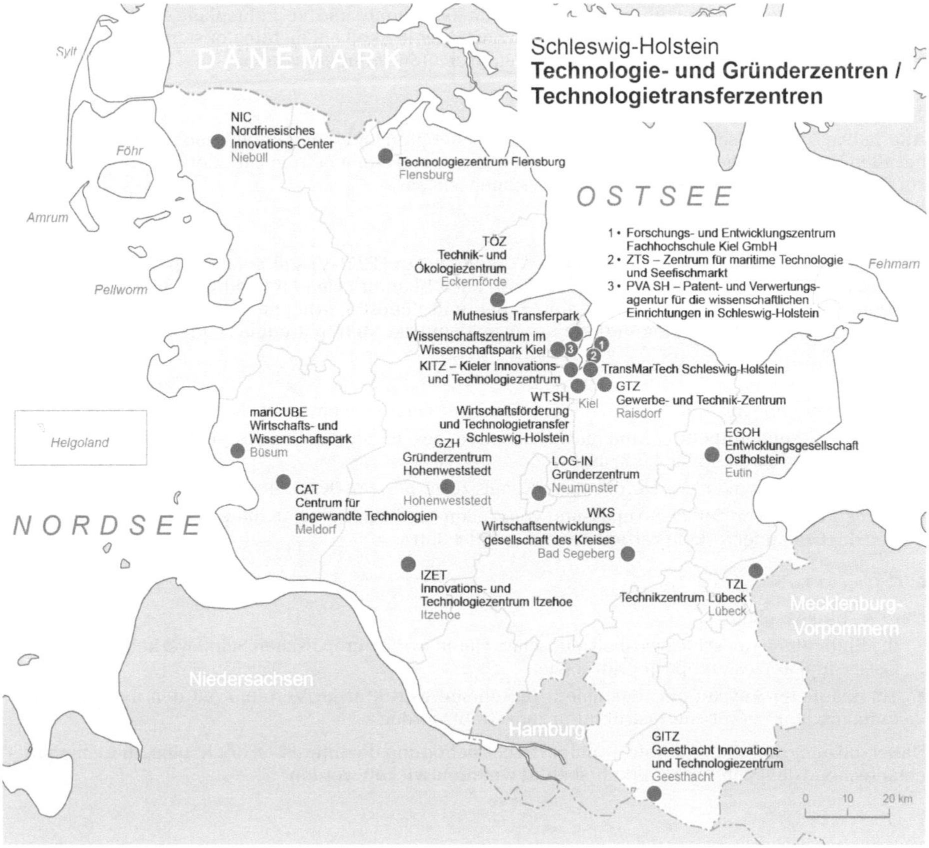

Stand: 2021

Herausgeber: Ministerium für Inneres, ländliche Räume, Integration und Gleichstellung des Landes Schleswig-Holstein
Landesentwicklungsplan Schleswig-Holstein – Fortschreibung 2021

Themenkarte 11 Technologie- und Gründerzentren/Technologietransferzentren

4.3 Mobilität und Verkehr

Grundsätze und Ziele der Raumordnung

1 G

In Schleswig-Holstein soll eine raum- und energiesparende, emissionsarme, vernetzte, flexible, möglichst weitreichend barrierefreie, verlässliche und gleichzeitig bezahlbare Mobilität unter Berücksichtigung klima- und umweltpolitischer Ziele realisiert werden. Dabei sollen die Bedürfnisse der Menschen in den einzelnen Lebens- und Wirtschaftsräumen, technische Innovationen sowie die Ziele einer verminderten Flächeninanspruchnahme (Kapitel 3.9 Absatz 3) berücksichtigt werden.

Ein leistungsfähiges und gut vernetztes Verkehrssystem soll Wachstum, Wettbewerbsfähigkeit, Arbeitsplätze und die Teilhabe aller Bevölkerungsgruppen am gesellschaftlichen Leben sicherstellen.

2 G

Die Verkehrsinfrastruktur soll durch die Verknüpfung aller Verkehrsträgerschaften und Teilräume ihre größtmögliche Leistungsfähigkeit erreichen. Verkehrsmittel sollen daher verstärkt intermodal verbunden sowie regionale und überregionale Mobilitätskonzepte und Verkehrspläne erarbeitet und aufeinander abgestimmt werden. Verkehre sollen nach Möglichkeit auf nichtmotorisierte oder öffentliche, insbesondere schienengebundene Verkehrsträgerschaften verlagert werden.

3 G

Alternative Antriebe sowie der Ausbau der dafür benötigten Lade- und Betankungsinfrastruktur sollen bei allen Verkehrsträgerschaften die Umwelt entlasten und einen Beitrag zur Energieeinsparung sowie zur Reduzierung von klimaschädlichen Emissionen leisten.

4 G

Durch den Ausbau der Transeuropäischen Verkehrsnetze (TEN-V) soll Schleswig-Holstein als nördlichstes Bundesland leistungsfähige Anschlüsse nach Skandinavien (Jütlandroute und Fehmarnbeltachse) und insbesondere nach Südwesten, Süden und Südosten erhalten. Dies gilt besonders für die hoch belasteten überregionalen Verkehrswege im Raum der Metropolregion Hamburg.

5 Z

Im Zusammenhang mit dem Ausbau der Transeuropäischen Verkehrsnetze ist

- die Feste Fehmarnbeltquerung nach Maßgabe des Planfeststellungsbeschlusses zu realisieren (Kapitel 4.3.1 und Kapitel 4.3.2) und
- die Leistungsfähigkeit des Nord-Ostsee-Kanals zu verbessern (Kapitel 4.3.3) sowie
- die ökologisch verträgliche Anpassung von Außen- und Unterelbe an die veränderten Anforderungen des Containerverkehrs erforderlich (Kapitel 4.3.3).

6 G

Darüber hinaus sollen

- die Einbindung der schleswig-holsteinischen Häfen in die europäischen Schiffsverkehrswege in der Ostsee und in Westeuropa geprüft sowie
- ein adäquater Ausbau der regionalen Verkehrsinfrastruktur im Verbund mit den nationalen und europäischen Verkehrsinfrastrukturen angestrebt werden.

Dabei soll auch die „Jütlandroute" – unter Berücksichtigung der Interessen der Region Süddänemark – entsprechend dem künftigen Verkehrsbedarf weiterentwickelt werden.

7 G

Die Bildung von – auch Verkehrsträgerschaften übergreifenden – organisatorischen Netzwerken zur Erhöhung der Attraktivität des Personenverkehrs und des Logistikstandorts Schleswig-Holstein soll gefördert werden. Möglichkeiten zur Verlagerung der Güterverkehre von der Straße auf die Schiene und die Schifffahrt sollen verstärkt genutzt werden, insbesondere in den Hafenstandorten.

8 G

Die Einrichtungen der Daseinsvorsorge, insbesondere in den Zentralen Orten, sowie touristische Angebote sollen gut erreichbar sein. Unter versorgungs-, verkehrs-, umwelt- und tourismuspolitischen Gesichtspunkten sollen dabei neue Mobilitätsangebote geschaffen und digital vernetzt sowie eine bessere Anbindung des Urlaubs- und Erholungsverkehrs angestrebt werden (Kapitel 4.3.5).

Begründung

B zu 1, 2

Der Trend zu mehr Mobilität ist ungebrochen und führt zu einem höheren Verkehrsaufkommen. Gleichzeitig verändern sich die Anforderungen an Verkehrsmittel und -infrastruktur stetig, vor allem im Hinblick auf den Schutz von Mensch, Natur und Umwelt. Hierbei ist auch der Grundsatz einer auf unter 1,3 Hektar pro Tag reduzierten Flächenneuinanspruchnahme bis 2030 zu berücksichtigen. Die Digitalisierung, der demografische Wandel und der gesellschaftliche Wertewandel, die Siedlungsentwicklung sowie die wirtschaftlichen Verflechtungen zwischen Regionen, Ländern und Staaten beeinflussen die Mobilität von heute und morgen. So werden mittel- bis langfristige Entwicklungen wie das vollautomatisierte Fahren vermutlich nicht nur Auswirkungen auf Sicherheit, Flexibilität, Komfort, Zuverlässigkeit und Effizienz von Mobilität haben, sondern auch neue Anforderungen an die Stadtentwicklung und -planung stellen. Die zukünftige Entwicklung von Mobilität und Logistik ist mitentscheidend für den Zugang zu Bildung und Arbeit, zu medizinischer Versorgung und Nahversorgung. Und sie beeinflusst die Wirtschaftsentwicklung und das soziale Leben der Bürgerinnen und Bürger. Gleichzeitig können zum Beispiel durch Heimarbeit und Telemedizin zahlreiche Fahrten eingespart werden. Daher müssen die Mobilitätsbedürfnisse und die Potenziale der Mobilität der Zukunft bei allen raumbezogenen Planungen (zum Beispiel bei der Planung von Wohn- und Gewerbegebieten sowie von Daseinsvorsorge- und Verkehrsinfrastrukturen) berücksichtigt werden. Um regionale Mobilitätsbedarfe hinreichend zu berücksichtigen, sollen regionale Mobilitätskonzepte (wie zum Beispiel der Masterplan Mobilität der KielRegion) erstellt werden. So ist eine verstärkte Kooperation innerhalb der Metropolregion Hamburg zur intermodalen Verknüpfung der Pendlerverkehr erstrebenswert.

Die neuen technischen Möglichkeiten können in Schleswig-Holstein für eine bessere Nutzung der bereits vorhandenen Infrastrukturen und für eine Ergänzung der bisherigen Mobilitätslösungen genutzt werden. Zur digitalen Vernetzung von Mobilitätsangeboten siehe auch Absätze 8 G und B zu 8. Durch eine stärkere, datenbasierte Verkehrsplanung und -steuerung können in Zukunft die Mobilitätsbedarfe und die Verkehrslage besser abgestimmt werden. Neben einer guten Verkehrsinfrastruktur wird es zukünftig entscheidend darauf ankommen, wie diese Infrastruktur genutzt wird.

B zu 3

Durch die Weiterentwicklung und Verbreitung von alternativen Antrieben für Busse, Bahn, Schiffe, Personen- und Lastkraftwagen, aber auch von Elektromotoren für Fahrräder können die Nachteile herkömmlicher Antriebe, wie Umweltbelastung und Abhängigkeit von fossilen Ressourcen, eingedämmt und so ein Beitrag zu mehr Energieeffizienz und Emissionsreduzierung geleistet werden.

Die Elektromobilität ist ein wesentliches Element für eine nachhaltige Gestaltung des Personen- und Güterverkehrs. Bei einem zu erwartenden Anstieg der Verkehrsleistung bietet sie die Chance, den Einsatz fossiler Brennstoffe im Verkehrssektor sowie Lärm- und Treibhausgasemissionen zu reduzieren. Durch die Nutzung fluktuierender erneuerbarer Energien kann die Elektromobilität außerdem zum Gelingen der Energiewende beitragen. Der Umstieg auf emissionsarme Fahrzeuge wird aber nicht ausreichen, um die gesetzten Klimaschutzziele zu erreichen und die verkehrsbedingten Treibhausgasemissionen in ausreichendem Maß zu reduzieren. Es müssen beispielsweise auch durch neue Mobilitätskonzepte und -angebote Anreize zur verstärkten Nutzung des öffentlichen Personennahverkehrs geschaffen werden, auch um im ländlichen Raum bestmögliche Mobilität zu gewährleisten.

In Schleswig-Holstein sollen für verschiedene Elektromobilitätsprojekte und autonomes Fahren Bundes- und EU-Mittel eingeworben und der Ausbau einer öffentlich zugänglichen Ladenetzinfrastruktur gefördert werden. Projekte wie die Nutzung von elektrischen Antrieben durch eine Elektrifizierung von Bundesautobahnen („E-Highway") sind geeignet, zu erproben, wie der LKW-Verkehr umweltfreundlicher gestaltet und in seiner Effizienz und Leistungsfähigkeit verbessert werden kann. Bei der Elektromobilität, auch auf der Schiene, soll die Zusammenarbeit mit Dänemark und Schweden ausgebaut werden.

B zu 4 – 6

Die intensive Kooperation der europäischen Staaten im Ostseeraum bedingt eine starke Zunahme der Verkehrsbeziehungen und Verkehrsströme zwischen Schleswig-Holstein und Skandinavien sowie durch Schleswig-Holstein als wichtigem Bindeglied zwischen Nord- und Mitteleuropa sowie zwischen Ost- und Nordsee.

Von Bedeutung in diesem Zusammenhang ist zum einen die durch Staatsvertrag zwischen Dänemark und Deutschland vereinbarte Feste Fehrmarnbeltquerung auf der Fehmarnbeltachse als Verbindung von Stockholm – Malmö/Kopenhagen über Lübeck nach Hamburg. Zum anderen ist die Entwicklung auf der Jütlandlinie mit ihrer Querung über den Großen Belt als Verbindung von dem Dreieck Stockholm, Oslo und Kopenhagen über Jütland und Schleswig-Holstein nach Hamburg von Bedeutung. Diese wichtigen Verkehrsachsen im Transeuropäischen Verkehrsnetz werden zunehmende Verkehre im Schienen- und Straßenverkehr bewältigen müssen.

Die Fehmarnbeltachse als kürzeste, direkte Verbindung zwischen Hamburg, Lübeck und Kopenhagen/Malmö gilt es vor allem auch für den öffentlichen Personenverkehr in ihrer Leistungsfähigkeit zu stärken durch

- die Erhöhung der Streckengeschwindigkeit im bestehenden Netz (Begradigung einzelner Abschnitte) sowie
- die Verbesserung der Erreichbarkeit und der Durch- beziehungsweise Umfahrung Hamburgs.

Durch ihren Ausbau erfolgt der Lückenschluss im Transeuropäischen Netz. Die Beseitigung des Engpasses zwischen Pinneberg und Elmshorn ist eine unerlässliche Voraussetzung dafür, dass die Jütlandroute ihrer Funktion als wichtigem Glied im europäischen Verkehrsnetz gerecht werden kann und dass die weitgehend parallel geführte Autobahn – mit Engpässen insbesondere im Bereich der Elbquerung – entlastet wird.

Damit wären entsprechend den Anforderungen im Transeuropäischen Verkehrsnetz zwei gleichrangige, leistungsfähige feste Verbindungen nach Dänemark, Schweden und Norwegen geschaffen.

Die zunehmenden Verkehrsströme erfordern die Realisierung einer von Ost nach West verlaufenden leistungsstarken Verbindung inklusive einer Elbquerung im Zuge der Bundesautobahn 20 westlich von Glückstadt. Diese wird zu einer spürbaren verkehrlichen Entlastung des Kernraums der Metropolregion Hamburg führen. Langfristig wird als zweite durchgängige Nord-Süd-Achse zwischen Kiel und Niedersachsen der Ausbau der Bundesstraße 404 zur Bundesautobahn 21 mit einer östlichen Elbquerung verfolgt.

Darüber hinaus sind die Verbesserung der Leistungsfähigkeit des Nord-Ostsee-Kanals sowie die Anpassung von Außen- und Unterelbe an die Anforderungen der Containerschifffahrt von besonderer Bedeutung.

Der Ausbau der Verkehrsinfrastruktur soll möglichst flächenschonend sowie umwelt- und naturverträglich erfolgen. Hierbei wird das Verschlechterungsverbot und Zielerreichungsgebot gemäß Wasserrahmenrichtlinie (EU-WRRL) berücksichtigt.

B zu 7

Für die Zukunft wird eine erhebliche Zunahme des Güterverkehrsaufkommens prognostiziert. Hiervon ist Schleswig-Holstein durch Transitverkehre besonders betroffen. Der weitaus größte Anteil am Modal-Split des Güterverkehrs entfällt hierbei auf den LKW-Verkehr. Damit sind hohe Lärm- und Schadstoffemissionen verbunden. Aus diesem Grund wird grundsätzlich die Zielsetzung verfolgt, Güterverkehre stärker auf die ressourcen- und umweltfreundliche Eisenbahn zu verlagern. Darüber hinaus sind vor dem Hintergrund der neuen Anforderungen an die Mobilität der Zukunft die Organisationsstrukturen und Netzwerke verkehrsträgerübergreifend weiterzuentwickeln.

B zu 8

In Zentralen Orten sollen zentralörtliche Einrichtungen gebündelt werden. Damit das Netz Zentraler Orte die Daseinsvorsorge in der Fläche sichern kann, muss eine gute Erreichbarkeit gewährleistet werden. Dies gilt einerseits für die Erreichbarkeit Zentraler Orte durch die Gemeinden ihres Versorgungsbereichs als auch für die Erreichbarkeit zwischen Zentralen Orten gleicher Zentralitätsstufe. Zielgrößen für die Erreichbarkeit Zentraler Orte definiert die Richtlinie für integrierte Netzgestaltung (RIN). An diesen Zielgrößen gemessen, bedarf die Erreichbarkeit einzelner Zentraler Orte in Schleswig-Holstein noch einer Verbesserung. Dies gilt insbesondere für die Erreichbarkeit mit dem öffentlichen Personenverkehr. Deshalb sollten die Zielgrößen der RIN bei allen Verkehrsplanungen in Schleswig-Holstein zur Orientierung dienen, um mittel- bis langfristig bestehende Erreichbarkeitsdefizite der Zentren zu reduzieren. Um die verschiedenen individuellen Mobilitätsbedürfnisse zu befriedigen, muss das Verkehrssystem zukunftsorientiert und flexibel gestaltet werden. Verschiedene Mobilitätsangebote (unter anderem ÖPNV, Car- und Bikesharing-Dienste, Mitfahrgelegenheiten, Bürgerbusse, Ridepooling-Fahrdienste) sollen übergreifend über ein digitales Mobilitätsportal vernetzt werden. In den touristischen Destinationen sollen Anreisemöglichkeiten und die Mobilität vor Ort durch eine intelligente Verknüpfung verschiedener Verkehrsmittel verbessert werden.

4.3.1 Straßenverkehr

Grundsätze und Ziele der Raumordnung

1 G

Wegen der hohen Bedeutung des Individualverkehrs im Flächenland Schleswig-Holstein und erheblicher Verkehrszuwächse, die im Planungszeitraum noch zu erwarten sind, soll das bestehende Straßennetz bedarfsgerecht weiterentwickelt werden. Dabei sollen Erhalt und Sanierung des Straßennetzes Vorrang haben. Der Neubau oder Ausbau soll sich auf Maßnahmen konzentrieren, die für die Entwicklung Schleswig-Holsteins aber auch für die leistungsfähige Abwicklung des Verkehrs eine besondere Bedeutung haben. Bei Ausbau und Neubaumaßnahmen soll die Schaffung von Voraussetzungen für alternative Antriebe berücksichtigt werden.

2 G

Das Netz der überregionalen Straßenverkehrsverbindungen (Bundesautobahnen und Bundesstraßen) ist in der Hauptkarte dargestellt. Es kann seiner Funktion nur gerecht werden, wenn es durch regionale Straßenverkehrsverbindungen mit den einzelnen Räumen des Landes sinnvoll verbunden ist. Dazu gehören insbesondere auch die Straßenzüge, die zugleich Zubringer zu den Bundesautobahnen sind, die Querverbindungen in den Ordnungsräumen zur Entlastung der Verdichtungsräume sowie die für den Tourismus wichtigen ergänzenden Verbindungen.

3 G

Das Netz der Bundesfernstraßen wird ergänzt durch Landesstraßen, die überwiegend der inneren Erschließung der Teilräume des Landes dienen. Die Kreisstraßen ergänzen das Netz der Landesstraßen und sollen im Wesentlichen der inneren Erschließung der Nahbereiche und der Anbindung der Gemeinden an die Zentralen Orte dienen. Bei der Ausgestaltung des Landes- und des Kreisstraßennetzes sowie der Verknüpfung untereinander und mit den Bundesfernstraßen hat die Ausrichtung auf die Zentralen Orte (Kapitel 3.1) und deren Anbindung entsprechend ihrer Bedeutung innerhalb des Zentralörtlichen Systems besonderes Gewicht. Darüber hinaus haben die Landes- und Kreisstraßen auch für die Erschließung von Erholungsgebieten eine Bedeutung. Im Zusammenhang mit der Ausgestaltung regionalplanerischer Konzeptionen wird für die Ordnungsräume eine Entlastung des Straßennetzes durch ÖPNV-Maßnahmen aber auch Maßnahmen zur Verknüpfung verschiedener Verkehrsträgerschaften angestrebt.

4 Z

In den Regionalplänen sind neben dem überregionalen Straßenverkehrsnetz auch wichtige Landes- und Kreisstraßen (regionales Straßenverkehrsnetz) darzustellen.

5 Z

Die linienbestimmte und zum Teil bereits verwirklichte Bundesautobahn 20 ist von der Bundesautobahn 1 in westliche Richtung bis nach Niedersachsen als nordwestliche Umfahrung Hamburgs mit westlicher Elbquerung bei Glückstadt zu realisieren. In der Hauptkarte ist die Trasse der Bundesautobahn 20 dargestellt.

6 Z

Im Zusammenhang mit der Realisierung der Festen Fehmarnbeltquerung sind die Bundesstraße 207 zwischen Heiligenhafen-Ost und Puttgarden zu einer vierstreifigen Bundesstraße auszubauen und die bisherige Fehmarnsundquerung zu erneuern.

7 Z

Im Übrigen werden im Planungszeitraum vordringlich verfolgt:

- der vierstreifige Ausbau der Bundesstraße 404 zur Bundesautobahn 21 von Stolpe bis Kiel (mit Anschluss Bundesstraße 76) und von der Bundesautobahn 1 bis zur Bundesautobahn 24,
- der sechsstreifige Ausbau der Bundesautobahn 7 zwischen dem Autobahnkreuz Rendsburg und der Anschlussstelle Büdelsdorf einschließlich des sechsstreifigen Ersatzbauwerks Rader Hochbrücke,
- die verbesserte Anbindung des Kieler Ostufers über die Südspange Kiel im Zuge der Bundesstraße 202,
- die verbesserte Anbindung des Wirtschaftsraums Brunsbüttel und ein qualifizierter Ausbau der Bundesautobahn 23 / Bundesstraße 5 zwischen Heide und Bredstedt und zwischen Itzehoe und Wilster,
- der Bau von verschiedenen Ortsumgehungen (Geesthacht, Glückstadt, Handewitt, Hattstedt-Bredstedt, Itzehoe, Lauenburg, Ratzeburg, Schwarzenbek, Tating, und Wedel).

In der Hauptkarte sind die in den Absätzen 5 bis 7 genannten und die im Bundesverkehrswegeplan 2030 enthaltenen laufenden und festdisponierten Projekte sowie die Maßnahmen des Vordringlichen und Weiteren Bedarfs dargestellt.

Anhang 2

Begründung

B zu 1 – 5

Grundlage für die Bundesfernstraßenplanung ist das 6. Gesetz zur Änderung des Fernstraßenausbaugesetzes vom 23. Dezember 2016, zu dem der Bedarfsplan für die Bundesfernstraßen Anlage ist.

Der Bau der Bundesautobahn 20 von der Bundesautobahn 1 bei Lübeck mit einer Weiterführung über die Bundesautobahnen 21, 7 und 23 in Richtung Niedersachsen (Bundesautobahnen 20 und 26) mit westlicher Elbquerung ist erforderlich, um neben Regionalentwicklungseffekten auch eine Verkehrsentlastung des Raums Hamburg zu bewirken. Hamburg bleibt ein durch hohes Verkehrsaufkommen belasteter Verkehrsknotenpunkt. Die zunehmenden Verkehrsströme machen daher den Bau einer weiteren Umfahrungsmöglichkeit erforderlich. Eine östliche Elbquerung wird im Zusammenhang mit dem vierstreifigen Ausbau der Bundesstraße 404 zur Bundesautobahn 21 als zweite durchgängige leistungsstarke Nord-Süd-Achse zwischen Kiel und Niedersachsen verfolgt.

In den Planungen soll berücksichtigt werden, wie die Voraussetzungen für Elektromobilität und alternative Antriebe – zum Beispiel durch die Bereitstellung von Lademöglichkeiten und Tankinfrastruktur – geschaffen werden können.

B zu 6

Im Zusammenhang mit der Realisierung der Festen Fehmarnbeltquerung ist der vierstreifige Ausbau der Hinterlandanbindung (Bundesstraße 207 zwischen Heiligenhafen-Ost und Puttgarden) erforderlich. Die im Zuge der B 207 befindliche Fehmarnsundbrücke ist im Bestand zu schmal, um einen vierstreifigen Straßenquerschnitt zu ermöglichen. Darüber hinaus haben umfangreiche statische Untersuchungen gezeigt, dass die bestehende Fehmarnsundbrücke den zukünftigen Straßen- und Schienenverkehren nach Fertigstellung der Festen Fehmarnbeltquerung nicht gewachsen ist. Daher ist der Aus- beziehungsweise Neubau der Fehmarnsundquerung (FSQ) zu verfolgen. Im Rahmen der Vorplanung wurde nach umfangreichen Untersuchungen und nach Abwägung aller Aspekte der Bau eines Absenktunnels mit vier Fahrsteifen für die Straße und zwei Gleisen für die Schiene sowie der Erhalt der Sundbrücke für den langsamen Verkehr als Vorzugsvariante definiert, die der weiteren Entwurfs- und Genehmigungsplanung zugrunde zu legen ist.

B zu 7

Die im Bundesverkehrswegeplan 2030 dargestellten laufenden und festdisponierten Projekte sowie die Maßnahmen des Vordringlichen und Weiteren Bedarfs im Straßenneu- und -ausbau haben besondere Bedeutung für die bedarfsgerechte Entwicklung des Straßennetzes in Schleswig-Holstein. Die als vordringlich angesehenen Ortsumgehungen sollen zu einer deutlichen Verkehrsentlastung in den Ortschaften der aufgeführten Gemeinden beitragen.

Zur Steigerung der Attraktivität und Erreichbarkeit der Westküste und des Wirtschaftsraums Brunsbüttel sind im Rahmen des abschnittsweisen Ausbaus der Bundesautobahn 23 und der Bundesstraße 5 (Westküstenachse) entsprechend ihrer verkehrlichen Belastung folgende Maßnahmen geplant:

- Zwischen der Anschlussstelle Tornesch und der Anschlussstelle Eidelstedt sechsstreifiger Ausbau der Bundesautobahn 23,
- zwischen Itzehoe und Wilster-West dreistreifige Verkehrsführungen der Bundesstraße 5,
- Durchführung einer Verkehrsuntersuchung im Abschnitt Wilster-West bis Brunsbüttel der Bundesstraße 5,
- im Bereich zwischen Tönning und Husum dreistreifige Verkehrsführungen der Bundesstraße 5,
- mehrere Ortsumgehungen zwischen Hattstedt und Bredstedt.

Die Maßnahmen im Verlauf der Bundesstraße 5 nördlich von Heide bis zur dänischen Grenze stehen auch im Einklang mit den Zielsetzungen der Partnerschaftsvereinbarung zwischen dem Land Schleswig-Holstein und der Region Süddänemark vom 27. Juni 2007 und sind im „Gemeinsamen Papier zum grenzüberschreitenden Verkehr und Mobilität Schleswig-Holstein und Region Süddänemark" vom 20. Mai 2008 enthalten.

4.3.2 Schienenverkehr

Grundsätze und Ziele der Raumordnung

1 G

Der Schienenverkehr soll hinsichtlich der Struktur und der Bedienung darauf ausgerichtet werden, dass er einen erheblichen Teil des zu erwartenden Verkehrszuwachses im Personen- und Güterverkehr bewältigen und einen möglichst hohen Anteil der starken Pendlerverkehre zur Verkehrsentlastung insbesondere dicht besiedelter Gebiete übernehmen kann. Neben der vollständigen Modernisierung des eingesetzten Fahrzeugmaterials zählen hierzu auch Erhalt und Ausbau des Personenverkehrsangebots, aber auch die schienengebundene Erschließung von Hafen-, Industrie- und Gewerbegebieten.

2 Z

Die Fernverkehrsverbindungen zwischen Schleswig-Holstein, dem übrigen Bundesgebiet und Dänemark auf den Strecken Hamburg – Sylt, Hamburg – Kiel/Flensburg (– Dänemark), Hamburg – Lübeck – Fehmarn (– Dänemark) und Hamburg – Büchen – Berlin sind zu sichern und langfristig leistungsfähig auszubauen.

Neben dem Streckennetz der überregionalen und regionalen Schienenverkehrsverbindungen ist in der Hauptkarte der Ausbaubedarf dargestellt.

3 Z

Im Zusammenhang mit der Realisierung der Festen Fehmarnbeltquerung ist die Eisenbahnverbindung zwischen Lübeck und Puttgarden gemäß deutsch-dänischem Staatsvertrag vom 3. September 2008 zu elektrifizieren und zweigleisig auszubauen.

4 G

Zur Steigerung der Leistungsfähigkeit der Regional- und Fernverkehre sollen

- weitere Bahnstrecken elektrifiziert und ertüchtigt sowie Fahrzeuge mit alternativen Antrieben eingesetzt werden,
- die Marschbahn Hamburg – Sylt stufenweise vollständig zweigleisig ausgebaut werden,
- die Strecke zwischen dem neuen Bahnhof Altona Nord (Diebsteich) in Hamburg und dem Bahnhof Elmshorn in ihrer Kapazität deutlich ausgebaut werden,
- das Zugangebot auf der Strecke Kiel – Lübeck erhöht werden und
- die Probstei durch die Reaktivierung der Strecke Kiel – Schönberger Strand besser an die Landeshauptstadt angebunden werden.

5 G

Die Schienenwege auf den zum Teil durch den Mischbetrieb von Personen- und Güterzügen verkehrlich stark belasteten Strecken im Hamburger Umland sollen ausgebaut werden:

- Achse Nord-Ost: Ausbau zwischen Hamburg-Hasselbrook und Ahrensburg-Gartenholz für einen separaten S-Bahn-Verkehr („S 4 Ost"),
- Achse West: Ausbau der Strecke Pinneberg – Elmshorn für die bessere Anbindung an die Hamburger Innenstadt, einschließlich der Stärkung des Streckenabschnitts sowie ein Ausbau des Bahnhofs Elmshorn als Knotenbahnhof für die Westküste und die Strecken nach Kiel und Flensburg,
- Achse Nord: Elektrifizierung und teilweiser zweigleisiger Ausbau der Strecke Hamburg-Eidelstedt – Kaltenkirchen der Eisenbahn Altona-Kaltenkirchen-Neumünster (AKN) für die Einrichtung einer durchgehenden Schnellbahnlinie Richtung Hamburg Hauptbahnhof („S 21"),
- Achse Ost: Stärkung des Nahverkehrsangebots zwischen Hamburg Hauptbahnhof und Büchen entsprechend der zunehmenden Pendelverflechtungen und der angestrebten Siedlungsentwicklung.

Anhang 2

Begründung

B zu 1, 2

Grundlage für die Planung ist der Bundesverkehrswegeplan vom 3. August 2016 (BVWP), das Bundesschienenwegeausbaugesetz (BSWAG) sowie der Landesweite Nahverkehrsplan (LNVP).

Der Ausbau des Schienenpersonen- und Schienengüterverkehrs ist angesichts der steigenden Verkehrsvolumina und seiner Bedeutung für den Umwelt- und Klimaschutz weiterhin ein wichtiges Anliegen der Landesverkehrspolitik. Daher wird die Umsetzung der geplanten Projekte intensiv betrieben und die Verhandlungen zur Implementierung werden mit den zuständigen Stellen auf Bundesebene – teilweise auch in enger Zusammenarbeit mit der Freien und Hansestadt Hamburg – fortgeführt.

B zu 3

Im Zusammenhang mit der Realisierung der Festen Fehmarnbeltquerung werden Güterverkehre auf die Eisenbahnverbindung zwischen Lübeck und Puttgarden verlagert, die auf der Grundlage des Staatsvertrags zwischen Dänemark und Deutschland elektrifiziert und zweigleisig ausgebaut werden soll. Die Planfeststellungsverfahren für den Ausbau der Strecke werden von der Deutsche Bahn AG vorbereitet. Das Land hat dabei mit dem 2014 abgeschlossenen Raumordnungsverfahren den Grundstein für einen regionalverträglichen Ausbau gelegt, der auch die besonderen touristischen Belange der Region berücksichtigt. Umfangreiche statische Untersuchungen für die bestehende Fehmarnsundbrücke haben gezeigt, dass die Brücke den Straßen- und Schienenverkehren nach Fertigstellung der Festen Fehmarnbeltquerung nicht gewachsen ist und daher die Verbindung über den Fehmarnsund ausgebaut werden muss.

Zur Aufnahme der Eisenbahnverkehre soll das neue Querungsbauwerk zweigleisig und elektrifiziert ausgebaut werden. Im Rahmen der Vorplanung ist nach umfangreichen Untersuchungen und nach Abwägung aller Aspekte der Bau eines Absenktunnels mit vier Fahrsteifen für die Straße und zwei Gleisen für die Schiene sowie der Erhalt der Sundbrücke als Vorzugsvariante definiert worden, die der weiteren Entwurfs- und Genehmigungsplanung zugrunde zu legen ist.

B zu 4

Seit Mitte der 1980er Jahre hat sich die Zahl der vom Land bestellten Zugkilometer – das ist die Summe der Strecken aller im Fahrplan veröffentlichten Züge – von rund 11 Millionen auf knapp 26 Millionen Zugkilometer pro Jahr erhöht. Die bedarfsorientierte Optimierung des Fahrplanangebots führte zu einem deutlichen Anstieg der Fahrgäste. Um auch zukünftig den Anforderungen eines modernen Verkehrssystems gerecht zu werden, sollen die genannten Infrastrukturausbaumaßnahmen dazu beitragen, Pünktlichkeit und Qualität des Schienenpersonennahverkehrs in Schleswig-Holstein zu erhöhen.

Eine Elektrifizierung von weiteren Strecken würde dabei den Schadstoffausstoß drastisch reduzieren, da elektrisch betriebene Triebwagen und Lokomotiven die eingesetzte Energie deutlich effizienter in Bewegung umsetzen können. Zudem sollen alternative Antriebsformen entwickelt und auf den nicht elektrifizierten Strecken eingesetzt werden. Durch weitere Ertüchtigungen der Regionalstrecken wird schnellerer Verkehr möglich. So könnten attraktivere Fahrpläne umgesetzt und Verspätungen minimiert werden.

B zu 5

Zur Verbesserung der Schienenverkehrsverbindungen im nördlichen Teil der Metropolregion Hamburg und zur Entlastung des Hamburger Hauptbahnhofs wird angestrebt, auf den genannten vier Achsen Verbesserungen in der Infrastruktur und im Angebot zu erreichen.

Durch den Neubau des Bahnhofes Altona Nord (heute Diebsteich) werden neue Umsteigemöglichkeiten geschaffen. Ziel der überwiegenden Zahl der Personen im Schienenpersonennahverkehr aus Schleswig-Holstein ist jedoch der Hamburger Hauptbahnhof, der diesen Belastungen baulich gewachsen sein sollte.

4.3.3 Schiffsverkehr, Häfen und Wasserstraßen

Grundsätze und Ziele der Raumordnung

1 Z

Bei allen raumbedeutsamen Planungen und Maßnahmen in Bundeswasserstraßen (Seewasserstraßen und Binnenwasserstraßen) ist deren rechtlicher Status zu beachten. Die Sicherheit und Leichtigkeit des Verkehrs darf durch die Planungen und Maßnahmen nicht unzulässig beeinträchtigt werden.

2 Z

Auf den Bundeswasserstraßen, insbesondere auf internationalen Schifffahrtsrouten, ist grundsätzlich die Sicherheit und Leichtigkeit des ungehinderten Schiffsverkehrs in der Nordsee und Ostsee entsprechend dem internationalen Seerechtsübereinkommen der Vereinten Nationen (SRÜ) zu gewährleisten.

3 Z

In den Vorranggebieten Schifffahrt hat die Sicherheit und Leichtigkeit des Schiffsverkehrs Vorrang vor anderen raumbedeutsamen Nutzungsansprüchen. Raumbedeutsame Planungen, Maßnahmen, Vorhaben und Nutzungen in diesen Gebieten, die die Schifffahrt beeinträchtigen, sind auszuschließen. Der Landesentwicklungsplan legt die Vorranggebiete Schifffahrt in der Hauptkarte fest.

4 G

In den Vorbehaltsgebieten Schifffahrt soll der Sicherheit und Leichtigkeit des Schiffsverkehrs besonderes Gewicht beigemessen werden. Dies soll bei der Abwägung mit anderen raumbedeutsame Planungen, Maßnahmen, Vorhaben und Nutzungen berücksichtigt werden.

Der Landesentwicklungsplan legt die Vorbehaltsgebiete Schifffahrt in der Hauptkarte fest.

5 G

Die See- und Binnenschifffahrt soll als kostengünstige und energieeffiziente Verkehrsträgerschaft insbesondere im Gütertransport über größere Entfernungen zu einer Entlastung von Straße und Schiene beitragen. Dafür soll die Leistungsfähigkeit der überregionalen Wasserstraßen und Häfen mit ihren Hinterlandanbindungen als Schnittstellen der Verkehrswege gesichert und gegebenenfalls gesteigert werden. Dabei soll eine stärkere Kooperation und Arbeitsteilung von Häfen – auch länderübergreifend – angestrebt werden. Beim Aus- und Umbau von Häfen soll geprüft werden, inwieweit die Ausrüstung mit umweltfreundlichen landseitigen Stromanschlüssen technisch und wirtschaftlich realisierbar ist. Der Einsatz innovativer Antriebsformen aus Erneuerbarer Energie für Schiffe ist anzustreben und sollte bei der Planung von Hafeninfrastruktur berücksichtigt werden.

6 Z

Für die Sicherung und Entwicklung des überregional bedeutsamen Hamburger Hafens ist die Anpassung der Fahrrinne von Außen- und Unterelbe an die veränderten Anforderungen der Containerschifffahrt erforderlich.

7 G

Im Zusammenhang mit der verstärkten Zusammenarbeit im Ostseeraum kommt der Entwicklung der Ostseehäfen mit überregionaler Bedeutung (Kiel, Lübeck und Puttgarden) und der Verbesserung der Hinterlandanbindungen eine besondere Rolle zu.

Den Häfen in Brunsbüttel (Ölhafen und Hafen Ostermoor am Nord-Ostsee-Kanal sowie Elbehafen) und dem Schwerlasthafen Osterrönfeld am Nord-Ostsee-Kanal kommt wegen der hohen logistischen, regionalwirtschaftlichen und arbeitsmarktpolitischen Bedeutung eine überregionale Bedeutung zu.

Die Häfen in Flensburg, Husum und Büsum haben aus gewerblicher und logistischer Sicht ebenfalls eine überregionale Bedeutung.

Häfen mit überregionaler Bedeutung sollen in ihren Funktionen gesichert werden. Sie sind in der Hauptkarte dargestellt.

8 G

Für die übrigen regional und lokal bedeutsamen Häfen wird eine an ihren Funktionen gemessene Bestandserhaltung und Bedarfsanpassung angestrebt. Sie sind in den Regionalplänen darzustellen. Dort können auch Aussagen zur Bedeutung von Häfen für den Sportbootverkehr getroffen werden.

9 G

Die Infrastruktur der Häfen Kiel und Lübeck, ihre Hinterlandanbindung und die seeseitige Zufahrt nach Lübeck sollen orientiert an der Entwicklung der Verkehre, Schiffsgrößen und alternativen Antriebe ausgebaut werden. Dabei sollen auch die Kooperationsmöglichkeiten mit der Hafenwirtschaft in Hamburg berücksichtigt werden.

10 Z

Zur Verbesserung der Leistungsfähigkeit des Nord-Ostsee-Kanals sind erforderlich:

- Maßnahmen zur Kurvenaufweitung zwischen Königsförde und Kiel-Holtenau,
- die Vertiefung des Kanals um einen Meter,
- ein Schleusenneubau in Brunsbüttel,
- Schleusensanierungen in Brunsbüttel und Kiel-Holtenau und
- der Neubau der 1. Levensauer Hochbrücke (K 27).

11 G

Der Elbe-Lübeck-Kanal soll an den heutigen Standard des deutschen Binnenwasserstraßennetzes angepasst und gemäß BVWP 2030 ausgebaut werden. Die Brücken über den Elbe-Lübeck-Kanal sollen dementsprechend ausgebaut werden.

Begründung

B zu 1, 2

Die Sicherheit und Leichtigkeit des Schiffsverkehrs hat vor dem Hintergrund des bereits sehr hohen und künftig noch zunehmenden Verkehrsaufkommens auf See sowie den ebenfalls zunehmenden verschiedenen Nutzungsansprüchen im Meeresbereich große Bedeutung. Sicherheit und Leichtigkeit des Schiffsverkehrs bedeutet dabei, dass die Schifffahrt Bundeswasserstraßen möglichst störungsfrei und ohne komplizierte Manöver benutzen kann. Darüber hinaus werden in Bezug auf das Befahren durch entsprechende Verordnungen des Bundes Regelungen für den Nationalpark Schleswig-Holsteinisches Wattenmeer und für die Naturschutzgebiete der Ostsee festgelegt.

Die Bundeswasserstraßen erfahren durch das Wasserstraßengesetz (WaStrG) ihre abschließende gesetzliche Widmung als Verkehrswege für die Schifffahrt. Neben den Binnenwasserstraßen, die dem allgemeinen Verkehr dienen, gehören zu den Bundeswasserstraßen auch die Seewasserstraßen. Nach dem Wasserstraßengesetz erstrecken sich die Seewasserstraßen von der Küstenlinie (Mittleres Tidehochwasser – MThw) beziehungsweise der Trennungslinie Binnen-/Seewasserstraße bis zur seewärtigen Begrenzung des Küstenmeeres. Die Seewasserstraßen sind in ihrer ganzen Breite der Schifffahrt gewidmet und stehen ihr vollständig zur Verfügung. Ausgenommen hiervon ist das Befahren der Bundeswasserstraßen in Nationalparken und Naturschutzgebieten (§ 5 Satz 3 WaStrG) soweit hier durch Rechtsverordnung des Bundes das Befahren eingeschränkt oder untersagt wird, weil dies zur Erreichung der Schutzzwecke erforderlich ist.

Eine Überplanung der dem allgemeinen Verkehr gewidmeten Bundeswasserstraßen ist nur zulässig, wenn dadurch die Wahrnehmung der hoheitlichen Aufgaben der Wasserstraßen- und Schifffahrtsverwaltung (insbesondere Ausbau und Unterhaltung) sowie die Sicherheit und Leichtigkeit der Schifffahrt nicht beeinträchtigt wird.

B zu 3

Die Festlegung von Vorranggebieten Schifffahrt dient der zusätzlichen Sicherung der Sicherheit und Leichtigkeit des Schiffsverkehrs. Mit ihnen werden im Küstenmeer und in den inneren Gewässern die im Raumordnungsplan für die deutsche ausschließliche Wirtschaftszone (AWZ) in der Ostsee (Verordnung über die Raumordnung in der deutschen ausschließlichen Wirtschaftszone in der Nordsee und in der Ostsee (AWZROV)) festgelegten Gebiete teilweise fortgesetzt und ergänzt.

Die Verfügbarkeit und Qualität von AIS-Daten (Automatic Identification System) bilden eine neue Erkenntnisgrundlage für die räumlichen Festlegungen zur Schifffahrt. Entsprechend des Raumordnungsplans für die deutsche ausschließliche Wirtschaftszone in der Nord-und Ostsee des Bundesamts für Seeschifffahrt und Hydrographie wurde daher den Planungen für das Küstenmeer der Nordsee die Verlagerung der Schifffahrtsrouten östlich Helgoland westlich der schleswig-holsteinischen Gewässer zu Grunde gelegt. Durch die Festlegungen werden keine neuen Schifffahrtswege begründet. Über die raumordnerische Sicherung hinausgehende Anforderungen (siehe Absatz 2 und B zu 2) sowie die nach Artikel 58 des Seerechtsübereinkommens garantierte Freiheit der Schifffahrt bleiben unberührt.

Vorranggebiete Schifffahrt sind die Gebiete, die unter Zugrundelegung folgender Kriterien festgelegt wurden:

- teilweise Fortsetzung und Ergänzung der im AWZ-Plan festgelegten Vorranggebiete Schifffahrt im Bereich der Ostsee,
- Verkehrstrennungsgebiete,
- gekennzeichnetes Fahrwasser innerhalb der Seeschifffahrtsstraßen mit wichtigen internationalen Verbindungsfunktionen und
- die völkerrechtlich geschützte internationale Schifffahrtsroute Nord-Ostsee-Kanal.

Die Erfüllung eines Kriteriums ist ausreichend für die Zuordnung. Um der Bedeutung des Nationalparks Schleswig-Holsteinisches Wattenmeer Rechnung zu tragen, werden dort keine Vorranggebiete Schifffahrt festgelegt.

Nach Endabwägung mit anderen Nutzungsansprüchen haben die Vorranggebiete eine herausragende Bedeutung für die Schifffahrt. Aus dem AWZ-Raumordnungsplan fortgesetzte Vorranggebiete haben die gleiche Breite wie die dort festgelegten Gebiete. Zugehörige Reeden sind in ihrer Gesamtheit als Vorranggebiet Schifffahrt festgelegt. Allen übrigen Vorranggebieten Schifffahrt wurde eine Breite von einer Seemeile zugrunde gelegt. Unbeschadet der Festlegung der Vorranggebiete Schifffahrt in der Hauptkarte gelten auf allen Bundeswasserstraßen die gesetzlichen Regelungen und die grundsätzliche bundesrechtliche Widmung zum Verkehr.

B zu 4

Die Festlegung der Vorbehaltsgebiete Schifffahrt dient der zusätzlichen Sicherung der Sicherheit und Leichtigkeit des Schiffsverkehrs.

Die Vorbehaltsgebiete Schifffahrt wurden nach folgenden Kriterien festgelegt:

- teilweise Fortsetzung der im AWZ-Plan festgelegten Vorranggebiete Schifffahrt im Bereich der Ostsee,
- Puffer von zwei Seemeilen entlang von Verkehrstrennungsgebieten und
- Puffer von mindestens einer Seemeile beiderseits der weiteren Vorranggebiete Schifffahrt.

Die Erfüllung eines Kriteriums ist ausreichend für die Zuordnung.

Vorbehaltsgebiete Schifffahrt, die die in der AWZ festgelegten Gebiete fortsetzen, weisen die dort festgelegte Breite auf. Dort, wo Landbereiche von der Festlegung betroffen wären, wurden die Vorbehaltsgebiete an der Küstenlinie abgeschnitten.

Unbeschadet der Festlegung der Vorbehaltsgebiete Schifffahrt in der Hauptkarte gelten auf allen Bundeswasserstraßen die gesetzlichen Regelungen und die grundsätzliche bundesrechtliche Widmung zum Verkehr.

B zu 5

Die Bewältigung des stetig wachsenden Verkehrsaufkommens erfordert angesichts der Belastung und der nicht beliebig erweiterbaren Kapazitäten der Landverkehrswege eine Optimierung des Gesamtverkehrssystems unter Einbeziehung aller Verkehrsträgerschaften und -wege. Durch ihre Einbindung in das transeuropäische Verkehrsnetz und den Ausbau der Zu- und Ablaufstrecken der Bahn können die schleswig-holsteinischen Häfen – insbesondere die TEN-V-Häfen Lübeck, Kiel, Brunsbüttel und Puttgarden – aufgrund der Lage des Landes als geographischer Drehscheibe eine logistisch bedeutsame Sammel- und Verteilfunktion für Norddeutschland, Skandinavien und die osteuropäischen Ostseeanrainerstaaten beibehalten.

Neben der genannten Herstellung und Nutzung der festen Verbindungen zwischen Nord- und Mitteleuropa kommt auch dem weiteren Ausbau der Fährverbindungen, insbesondere in der Ostsee, eine große Bedeutung zu.

Ein erheblicher Anteil der weiter zunehmenden Güterströme aus und in die Ostseeanliegerstaaten soll unter anderem aus Gründen des Umweltschutzes auch künftig durch den Schiffstransport über die schleswig-holsteinischen Häfen fließen. Dabei sollen jedoch durch geeignete Maßnahmen das Unfallrisiko durch das zunehmende Schiffsverkehrsaufkommen sowie die mit diesem Aufkommen gegebenenfalls verbundenen umweltbelastenden Emissionen oder Einträge minimiert werden. Beim Ausbau der Land- und Seeverbindungen auf der Grundlage eines integrierten Verkehrskonzepts sind gleichermaßen die Fährlinien, Häfen (unter anderem mit Bereitstellung von Logistik- und Gewerbeflächen) und Hafen-Hinterlandanbindungen zu berücksichtigen.

Ein potenzieller Ausbau von (Binnen-)Wasserstraßen bedarf einer Wirtschaftlichkeit, die zugleich ökologische Belange mit einbezieht. Hierbei sind auch das Verschlechterungsverbot und Zielerreichungsgebot gemäß EU-Wasserrahmenrichtlinie zu berücksichtigen.

B zu 6

Damit die Wettbewerbsfähigkeit des Hamburger Hafens nicht gefährdet wird, ist die Anpassung der Fahrrinne von Außen- und Unterelbe an die veränderten Anforderungen der Containerschifffahrt, die längere, breitere und tiefergehende Schiffe einsetzen, erforderlich. Schließlich profitiert die schleswig-holsteinische Wirtschaft in hohem Maße von einem wettbewerbsfähigen Hamburger Hafen als Anbindung an den Welthandel.

B zu 7 – 9

Die Häfen in Kiel und Lübeck haben mit ihren zahlreichen Fährverbindungen und ihren trimodalen Hinterlandanbindungen eine weit über das Land hinausgehende Bedeutung und erfüllen eine intermodale Drehscheibenfunktion im Ost-West- und Nord-Süd-Transfer für den Güter- und Personenverkehr.

Die Kooperation mit der Metropolregion Hamburg ist bei Planung und Ausbau der Hinterlandanbindung dieser Häfen mit zu erwägen.

Zurzeit gibt es vor allem in den Lübecker und Kieler Häfen neue Ausbauvorhaben, um die in Teilbereichen angespannte Kapazitätssituation zu verbessern sowie den geänderten Marktsituationen gerecht zu werden. Weiterer Ausbaubedarf kann sich für die relevanten Standorte ergeben, wenn die derzeitigen Kapazitätsreserven ausgeschöpft sind und zum Beispiel im Zuge der Verbesserung der Hinterlandanbindung zusätzliche Umschlagsvolumina ausgelöst werden.

Den Häfen in Flensburg, Büsum und Husum kommt für den internationalen Schwergüter- und Schüttgüterverkehr und auch bei Projektladungen des Landes eine Bedeutung zu. Daher sollen diese Häfen an der Entwicklung der Verkehre ausgerichtet werden. Die Häfen sollen in ihrer Funktion gesichert werden, das heißt dauerhaft für die ihrer Größe und Funktion entsprechende Schifffahrt erreich- und nutzbar bleiben. Bei der Funktionssicherung dieser Häfen sind in der Abwägung auch aufgrund veränderter wirtschaftlicher Rahmenbedingungen angepasste Schiffsgrößen zu berücksichtigen. Die Erforderlichkeit von Vertiefungs- oder Ausbauvorhaben ist im Rahmen der für solche Vorhaben vorgesehenen gesetzlichen Genehmigungsverfahren abzuwägen.

Aufgrund des gestiegenen Interesses von Unternehmen mit volumenstarkem Massengutumschlag beziehungsweise -bedarf kann sich für die Häfen in Brunsbüttel ein zusätzlicher Bedarf an hafenseitiger Infrastruktur ergeben.

In Osterrönfeld am Nord-Ostsee-Kanal, mitten im Lebens- und Wirtschaftsraum Rendsburg, ist ein schwerlastfähiger Hafen entstanden, der sich durch seine Auslegung und technische Ausrüstung auszeichnet und über in unmittelbarer Nähe liegende umfangreiche Gewerbeflächen verfügt. Durch seine Lage im Schnittpunkt des Nord-Ostsee-Kanals, der Bundesautobahn 7 und verschiedener Bundesstraßen sowie durch die Verbindung mit dem gegenüberliegenden Kreishafen in Rendsburg ist er prädestiniert für anspruchsvolle Logistikaufgaben.

Bei der Planung und dem Ausbau von Häfen und Hafenanlagen sollen, wenn möglich und sinnvoll, Möglichkeiten für die Versorgung von Schiffen und Hafenanlagen mit alternativen Antrieben in die Überlegungen mit einbezogen werden.

B zu 10, 11

Der Nord-Ostsee-Kanal als eine der bedeutendsten künstlichen Wasserstraßen der Welt muss angesichts zunehmender Schiffsgrößen und wachsender Feederverkehre dringend an die Anforderungen des heutigen und zukünftigen Schiffsverkehrs angepasst werden. Er hat eine wichtige Funktion als Transportweg für den Warenaustausch mit den Staaten des Ostseeraums.

Für die deutschen Nordseehäfen ist der Nord-Ostsee-Kanal ein wichtiger Bestandteil des nationalen und transeuropäischen Verkehrsnetzes. Der Kanal stellt insbesondere für Hamburg einen entscheidenden Wettbewerbsvorteil gegenüber den Häfen der sogenannten Westrange (Zeebrügge, Amsterdam, Rotterdam und Antwerpen) dar.

Neben dem laufenden Schleusenneubau in Brunsbüttel und den vorbereitenden Maßnahmen zur Kurvenaufweitung zwischen Königsförde und Kiel-Holtenau sind die Schleusensanierungen in Brunsbüttel und Kiel-Holtenau mit dem Ersatzneubau der Kleinen Schleusen, die Vertiefung des Kanals um einen Meter sowie der Neubau der 1. Levensauer Hochbrücke zur Kapazitätsanpassung des Kanals dringend erforderlich.

Die Arbeiten für die fünfte Schleusenkammer in Brunsbüttel haben im September 2014 begonnen. Mit der Gesamtfertigstellung der Gesamtmaßnahme ist nicht vor 2024 zu rechnen. Der Ausbau der Oststrecke zwischen Königsförde und Kiel-Holtenau (Kurvenaufweitung) ist bereits 2019 begonnen worden.

Der Planfeststellungsbeschluss für den Kanalausbau im Bereich der Levensauer Hochbrücken (als Teil der Anpassung der Oststrecke) im Zusammenhang mit dem Ersatzneubau der ersten Levensauer Hochbrücke ist am 22. November 2017 ergangen.

Die Vorplanungen des Ausbaus des im Vordringlichen Bedarf des Bundesverkehrswegeplans 2030 aufgeführten Elbe-Lübeck-Kanals sind angelaufen; eine Realisierung ist bis 2040 vorgesehen.

4.3.4 Luftverkehr

Grundsätze und Ziele der Raumordnung

1 Z

Der Verkehrsflughafen Hamburg-Fuhlsbüttel wird als zentraler Flughafen auch künftig die überregionale Anbindung Schleswig-Holsteins sicherstellen.

2 G

Der Verkehrsflughafen Lübeck-Blankensee soll weiter entwickelt werden. Er ist in der Hauptkarte des Landesentwicklungsplans dargestellt.

3 Z

Der Verkehrsflughafen Sylt und der Verkehrslandeplatz Kiel sind in der Hauptkarte des Landesentwicklungsplans dargestellt. Weitere Flugplätze mit regionaler Bedeutung sind in den Regionalplänen darzustellen.

Begründung

B zu 1 – 3

Der Flughafen Hamburg-Fuhlsbüttel hat im norddeutschen Raum die zentrale Bedeutung für den Luftverkehr. Zur Verbesserung des Verkehrsanschlusses wurden hier wichtige Maßnahmen auf der Schiene (S-Bahn-Anschluss von Hamburg Hauptbahnhof) und der Straße (Anbindung an die Bundesautobahn 7) umgesetzt.

Der Flughafen Lübeck-Blankensee ist ein regional bedeutsamer Verkehrsflughafen und dient der Stärkung des Wirtschaftsraums. Durch den Haltepunkt der Bahnlinie Lübeck – Lüneburg und die Anbindung an die Bundesautobahn 20 über die Bundesstraße 207 ist der Flughafen Lübeck-Blankensee gut an das Straßen- und Schienenverkehrsnetz angebunden.

Die Flugplätze Sylt und Kiel-Holtenau dienen der überregionalen Anbindung der regionalen Wirtschaft und dem Tourismus. Weitere Flugplätze übernehmen als Teil der Verkehrsinfrastruktur wichtige Aufgaben der öffentlichen Daseinsvorsorge.

Das Norddeutsche Luftverkehrskonzept aus dem Jahr 2013 ist die letzte luftverkehrspolitische Positionsbestimmung der norddeutschen Küstenländer. Viele Annahmen, die ihm zugrunde liegen, haben sich seither nicht verändert. Dies gilt insbesondere für die Einschätzung der Funktionen, Kapazitäten und Entwicklungsmöglichkeiten der Flugplätze.

4.3.5 Öffentlicher Personennahverkehr

Grundsätze und Ziele der Raumordnung

1 G

Vor allem in verdichteten Gebieten, in denen es bereits erhebliche Engpässe im Straßennetz und unvertretbare Auswirkungen auf die Stadtentwicklung gibt, soll die ÖPNV-Bedienung verbessert werden. Die ländlichen Räume sollen durch ein leistungsfähiges Netz von Bus- und Schienenangeboten erschlossen werden. Der liniengebundene ÖPNV soll durch flexible und multifunktionale Bedienungsformen ergänzt werden. Hierbei sind alternative Antriebe zu berücksichtigen.

2 G

Bei der Aufstellung von Nahverkehrsplänen soll berücksichtigt werden, dass

- sich vor dem Hintergrund der regionalen Bevölkerungsentwicklung das Mobilitätsverhalten und die Verkehre von Schülerinnen und Schülern und damit die Nachfragestruktur ändern werden,
- den regionalen Pendlerverflechtungen im Berufs- und Ausbildungsverkehr insbesondere vor dem Hintergrund der prognostizierten Entwicklung der Zahl der Einwohnerinnen- und Einwohner sowie der Erwerbspersonen in der Metropolregion Hamburg und im Einzugsbereich der kreisfreien Städte sowie den Belangen des Erholungsverkehrs Rechnung getragen wird,
- ältere Menschen und Menschen mit Behinderungen für ihre Teilhabe am gesellschaftlichen Leben zunehmend auf den ÖPNV angewiesen sind. Der ÖPNV soll sich auf diese Zielgruppe nicht nur durch Barrierefreiheit einstellen, sondern auch – vor allem in den ländlichen Räumen – durch eine gute Erreichbarkeit. Von entsprechenden Konzepten profitieren ebenso Kinder, Jugendliche und Familien,
- die Erreichbarkeit der Zentralen Orte (Kapitel 3.1) sowie die Anbindung der Gemeinden mit überörtlichen Versorgungsfunktionen (Kapitel 3.2) an die benachbarten Zentralen Orte verbessert werden,
- neue größere Wohn- und Gewerbegebiete an den ÖPNV angeschlossen werden (Kapitel 3.9 Absatz 7),
- eine gute Verknüpfung der Verkehrsnetze (Bahn und Bus) sowie die Verknüpfung zwischen öffentlichem Verkehr und Individualverkehr (zum Beispiel Park+Ride, Bike+Ride) an den Übergangshaltestellen sichergestellt werden,
- in den Siedlungs-, Versorgungs- und Arbeitsplatzschwerpunkten die Anknüpfung an den ÖPNV und eine fahrradfreundliche Infrastruktur hergestellt werden,
- attraktivere Haltestellen geschaffen werden,
- der sprunghafte Anstieg der Urlaubsgäste in den Monaten Mai bis Oktober eine zusätzliche Bestimmungsgröße für die ÖPNV-Planung darstellt,
- die Belange des Erholungs- und Urlaubsverkehrs berücksichtigt werden,
- neue Mobilitätsformen unter Einbeziehung der Elektromobilität und alternativer Antriebe und digitaler Medien berücksichtigt werden und
- sie mit regionalen Mobilitätskonzepten abgestimmt werden.

Die auf der Basis des Schleswig-Holstein-Tarifs (SH-Tarifs) geschaffene verkehrliche und tarifliche Kooperation soll weiter ausgebaut werden.

Begründung

B zu 1, 2

Auch in Zukunft soll ein leistungsfähiges und attraktives Angebot für den ÖPNV im Rahmen der zur Verfügung stehenden Finanzmittel und der wirtschaftlichen Tragfähigkeit sichergestellt werden. Verkehrsplanung und Siedlungsentwicklung sind nachhaltig abzustimmen (Kapitel 3.9).

Mit der Gründung des Nahverkehrsverbunds (NAH.SH) im Jahr 2014 durch Kreise und kreisfreie Städte zusammen mit dem Land gibt es eine einheitliche Organisation für den Bahn- und Busverkehr in Schleswig-Holstein. Es soll eine noch intensivere Zusammenarbeit zur Verbesserung des Nahverkehrsangebots bewirkt, die beiden Verkehrsmittel Bahn und Bus enger zusammengeführt und der Nahverkehr als wichtiger Teil der Mobilität ausgebaut werden. Hierbei sollen emissionsarme, insbesondere elektromobile Antriebe zum Einsatz kommen. An Zentralen Orten sollen sichere Abstellmöglichkeiten für E-Bikes und Pedelecs geschaffen werden.

Eine abgestimmte Verkehrs- und Siedlungsentwicklung ist Voraussetzung für die Stärkung des ÖPNV. Neben dem Landesweiten Nahverkehrsplan und den Regionalen Nahverkehrsplänen sind auch regionale Mobilitätskonzepte zu berücksichtigen.

Ein besonderer Abstimmungsbedarf über Landes- und Kreisgrenzen hinweg ergibt sich im Hinblick auf die immer engeren Wirtschafts-, Siedlungs- und Pendlerverflechtungen in der Metropolregion Hamburg.

Das sich aus den Regionalen Nahverkehrsplänen der Kreise und kreisfreien Städte sowie dem Landesweiten Nahverkehrsplan ergebende Gesamtsystem aus Schienen- und Busverkehr wurde auf der Grundlage einer verkehrlichen und tariflichen Kooperation aller Verkehrsträgerschaften zu einem landesweit und mit den Nachbarländern (in der Metropolregion Hamburg unter Berücksichtigung des Verbundnahverkehrsplans des Hamburger Verkehrsverbunds) abgestimmten Nahverkehrsnetz verknüpft (SH-Tarif). Das System wird durch flexible und multifunktionale Bedienungsformen (zum Beispiel Rufbusse, Anrufsammeltaxen, Bürgerbusse, Dörpsmobile, Transport von Gütern und Personen in speziellen Fahrzeugen oder zeitlich versetzter Transport) ergänzt. Durch die enge Kooperation von NAH.SH und HVV (Hamburger Verkehrsverbund) ist eine große Durchlässigkeit im einheitlichen Verkehrsraum bereits gegeben. Das Land beabsichtigt, diese Kooperation durch einen Nordtarif mit durchgängigem Fahrkartensystem für Schleswig-Holstein, Hamburg und den Norden Niedersachsens zu vertiefen.

4.3.6 Rad- und Fußverkehr

Grundsätze und Ziele der Raumordnung

1 G

Der Rad- und Fußverkehr soll als wichtiger Bestandteil der umweltfreundlichen individuellen Mobilität im ganzen Land entwickelt werden. Der Anteil des Radverkehrs am Gesamtverkehrsaufkommen soll deutlich erhöht werden.

2 G

Die Attraktivität und Sicherheit des Fahrradfahrens im Alltag, auf dem Weg zur Schule oder Arbeitsstätte, in der Freizeit und im Urlaub sollen erhöht werden. Dafür sollen Radverkehrsanlagen ertüchtigt und bedarfsgerecht neu-, um- und ausgebaut werden.

Insbesondere soll die Verknüpfung des Rad- und Fußverkehrs mit dem Öffentlichen Personenverkehr verbessert werden (Kapitel 4.3 Absatz 2, Kapitel 4.3.5 Absatz 2).

3 G

Bei der Erstellung von Mobilitätskonzepten soll der Radverkehr gefördert und weiterentwickelt werden. Dabei soll berücksichtigt werden, dass

- die zentralen Versorgungsbereiche der Zentralen Orte für Radfahrende und zu Fuß Gehende gleichermaßen gut erreichbar sind,
- Radschnellverbindungen und Radschnellnetze insbesondere in Verdichtungs- und Ordnungsräumen sowie Stadt- und Umlandbereichen im ländlichen Raum aufgebaut und weiterentwickelt werden,
- neben dem Neubau von Radwegen auch Radrouten mit ÖPNV-Anbindung auf geeigneten bestehenden Verkehrswegen eingerichtet werden,
- die besonderen Erfordernisse von E-Bikes, Pedelecs und anderen E-Kleinstfahrzeugen bei der Weiterentwicklung der Verkehrsinfrastruktur berücksichtigt werden und
- neben dem Alltagsradverkehr auch der touristische Radverkehr durch geeignete Maßnahmen befördert werden soll (Kapitel 4.7.3 Absatz 11).

4 G

In den Regionalplänen können ergänzende Festlegungen zur Entwicklung des Radverkehrs in den jeweiligen Teilräumen erfolgen.

Anhang 2

Begründung

B zu 1

Rad- und Fußverkehr sind wichtige Bestandteile der individuellen Mobilität. Das gilt sowohl für die Ordnungsräume als auch für die ländlichen Räume und in besonderem Maße für die Verkehrsbeziehungen zwischen Stadt und Umland. Diese Form der Mobilität bietet Ansätze zur Lösung verkehrspolitischer und gesellschaftlicher Herausforderungen und ist eng mit den gesellschaftlichen Zielen Klima- und Umweltschutz, Gesundheitsförderung, Förderung der Mobilität und Lebensqualität in Städten und Gemeinden verknüpft. Es gilt daher für die Zukunft, insbesondere den Anteil des Radverkehrs am Gesamtverkehrsaufkommen deutlich zu erhöhen.

Aufgrund der weiterhin steigenden PKW-Dichte und der damit verbundenen verkehrlichen Probleme, insbesondere in städtischen Verdichtungsräumen, ist es notwendig, das Bewusstsein der Bevölkerung für die besondere Rolle des Rad- und Fußverkehrs im Alltags- und Freizeitverkehr zu schärfen.

B zu 2

Der Radverkehr ist eine umweltverträgliche und nachhaltige Verkehrsart – als Nahverkehrsmittel weist das Fahrrad in städtischen Verdichtungsräumen im Entfernungsbereich bis fünf Kilometer zeitliche Vorteile gegenüber dem motorisierten Individualverkehr auf, wenn entsprechende Radverkehrsanlagen vorhanden sind. Dieser Entfernungsbereich wird durch die zunehmende Verbreitung von Pedelecs und E-Bikes noch erweitert. Dafür sind qualitativ hochwertige und sichere Radverbindungen Voraussetzung.

Die Verknüpfung mit dem ÖPNV soll durch die Schaffung von Bike & Ride, Bike-Sharing, Mobilitätshubs und anderen innovativen zentralen Angeboten an Haltepunkten des ÖPNV unterstützt werden.

Der Rad- und Fußverkehr liegt überwiegend in der Verantwortung der Kommunen. Das Land unterstützt die Schaffung eines positiven gesellschaftlichen Klimas für die Nahmobilität, das dazu ermutigen soll, Wege zu Fuß oder mit dem Fahrrad zurückzulegen. Zu den Maßnahmen in diesem Bereich zählen unter anderem die Unterstützung der kommunalen Arbeitsgemeinschaft zur Förderung des Rad- und Fußverkehrs RAD.SH. Darüber hinaus wurde in 2019 mit dem standardisierten BYPAD-Verfahren (Bicycle Police Audit) die Radverkehrsförderung in Schleswig-Holstein analysiert. Aus den Ergebnissen des BYPAD wurden ein Aktionsplan Radverkehr und die Radstrategie Schleswig-Holstein als Grundlage für die Radverkehrsförderung erarbeitet und im Sommer 2020 verabschiedet.

B zu 3 und 4

Die Erschließung der zentralen Versorgungsbereiche der zentralen Orte einerseits und attraktive und schnelle Verbindungen, wie zum Beispiel Radschnellwege, andererseits können den Umstieg vom motorisierten Individualverkehr auf das umweltfreundliche Verkehrsmittel Fahrrad erleichtern.

Daher soll im Rahmen kommunaler Mobilitätskonzepte geprüft werden, wie Radschnellverbindungen und ihre Netze in die räumliche Struktur insbesondere von Ballungsgebieten, aber auch der Stadt- und Umlandbereiche im ländlichen Raum integriert werden können. In mehreren Landesteilen wird derzeit ein Netz von Radschnellverbindungen konzipiert.

Die Fuß- und Radwege werden zunehmend auch durch E-Kleinstfahrzeuge wie E-Scooter, aber vor allem durch Pedelecs und E-Bikes in Anspruch genommen. Die unterschiedlichen Anforderungen an die Infrastruktur, die zum Beispiel aus unterschiedlichen Geschwindigkeiten der Verkehrsteilnehmenden herrühren, sollen bei der Verkehrswegeplanung berücksichtigt werden.

Die Aufgabe, die Infrastruktur für den Radverkehr weiter auszubauen, zu verbessern und zu erhalten, ergibt sich aber auch aufgrund der hohen touristischen Bedeutung des Verkehrsmittels Fahrrad. Während beim Alltagsradverkehr zum Beispiel sichere Abstellmöglichkeiten und betriebliches Mobilitätsmanagement im Mittelpunkt stehen, benötigt der touristische Radverkehr insbesondere eine bessere Beschilderung, digitale Verknüpfungen mit bestehenden Tourismus-Services, Bed & Bike-Angebote, Reparaturdienste und Mitnahmemöglichkeiten im öffentlichen Verkehr.

Die Vorgaben des Landesentwicklungsplans können in den Regionalplänen auf der Grundlage von regionalen Mobilitätskonzepten, Radverkehrskonzepten oder anderweitig geeigneten fachlichen Grundlagen konkretisiert und durch Festlegungen zur Entwicklung des Radverkehrs in den jeweiligen Teilräumen ergänzt werden.

4.4 Digitale Infrastruktur

Grundsätze und Ziele der Raumordnung

1 G

Die digitale Infrastruktur soll als wichtige Grundlage für die Digitalisierung wirtschaftlicher, struktureller und gesellschaftlicher Entwicklungen bedarfsgerecht und weitgehend flächendeckend ausgebaut werden. Die digitale Infrastruktur soll mit anderen räumlichen Nutzungen abgestimmt werden. Orts- und Landschaftsbilder sollen möglichst wenig beeinträchtigt werden. Vorhandene oder geplante Richtfunkstrecken sollen von störender Bebauung freigehalten werden. Sendemasten und Antennenträger sollen von den verschiedenen Netzbetriebsgesellschaften möglichst gemeinsam genutzt werden.

2 G

Bevölkerung, Wirtschaft und öffentliche Einrichtungen in Schleswig-Holstein sollen flächendeckend bis zum Jahr 2025 mit leistungsfähigen Glasfaser-Breitbandanschlüssen versorgt sein. Soweit eine Glasfaser-Anbindung nicht sofort realisiert werden kann, sollten notwendige Zwischenlösungen technologisch kompatibel zur Glasfaser-Anbindung erfolgen und ein Konzept für den folgenden Glasfaser-Ausbau vorsehen. Parallel zur stationären Breitbandversorgung sollen eine flächendeckende Versorgung mit mobilen Breitbanddiensten und eine bedarfsorientierte Versorgung mit öffentlichen Wireless Local Area Network (WLAN)-Zugangspunkten gewährleistet sein.

Bei der Planung von Glasfaserinfrastrukturen sollen die Anbindungsmöglichkeiten von Mobilfunk-Basisstationen (insbesondere mit Blick auf die neuste Mobilfunktechnologie 5G) sowie von öffentlichen WLAN-Zugangspunkten angemessen berücksichtigt werden.

Vorrangig sollen eigenwirtschaftliche Lösungen zur Erreichung dieser Ausbauziele beitragen. Dort, wo das eigenwirtschaftliche Engagement nicht ausreicht, sollen das Land und die Kommunen mit den ihnen zur Verfügung stehenden Instrumenten flankierend tätig werden.

Kommunale Projekte beim Breitbandausbau sollten so weit wie möglich auf regionaler Ebene (mindestens Amtsebene, möglichst aber ämterübergreifend oder kreisweit) interkommunal geplant und umgesetzt werden. Darüber hinaus sollen auch Kooperationen der öffentlichen Hand mit der Privatwirtschaft sowie Kooperationen von Unternehmen untereinander intensiviert werden. Zur Kostensenkung und Ressourcenschonung sollen vorhandene, für den Breitbandausbau nutzbare Infrastrukturen sowie Mitverlegungsmöglichkeiten bei anderweitigen Baumaßnahmen in größtmöglichem Umfang genutzt werden. In Regionen, in denen Fiber to the Building (FTTB)-/ Fiber to the Home (FTTH)-Projekte bereits realisiert wurden oder realisiert werden, soll grundsätzlich auf einen parallelen eigenwirtschaftlichen Ausbau verzichtet werden; stattdessen sollen dort vorrangig Open-Access-Angebote geprüft werden.

Beim Neubau oder bei wesentlichen Erweiterungen von Gewerbegebieten, sonstigen gewerblichen Schwerpunkten in den Städten sowie von Wohngebieten sollen Glasfaseranbindungen mitgeplant werden.

3 G

In allen Teilräumen des Landes soll in zumutbarer Entfernung die Versorgung mit stationären Postdienstleistungen gemäß den Vorgaben der Post-Universaldienstleistungsverordnung (PUDLV) in ihrer jeweils geltenden Fassung gewährleistet werden.

Begründung

B zu 1

Der Zugang zu digitaler Infrastruktur ist eine wichtige Grundvoraussetzung für die wirtschaftliche Entwicklung und eine hohe Lebensqualität im Land. Der Ausbau der digitalen Infrastruktur, insbesondere des Glasfasernetzes, bietet große Chancen für die Entwicklung von Stadt und Land und fördert die gesellschaftliche Teilhabe aller Bürgerinnen und Bürger (Kapitel 5 Absatz 2). Ihr Ausbau soll unter Berücksichtigung ökologischer und landschaftlicher Gegebenheiten erfolgen.

B zu 2

Moderne Glasfasernetze sind für die wirtschaftliche Entwicklung Schleswig-Holsteins (Ausschöpfung von Wachstumspotenzialen, Erhöhung der Standortattraktivität, Abbau von strukturellen Nachteilen ländlicher Räume) von großer Bedeutung. Der Bedarf an (hohen) Bandbreiten nimmt immer mehr zu. Auch unter gesellschaftspolitischen Gesichtspunkten (Gleichwertigkeit der Lebensverhältnisse, Nutzung moderner Kommunikationsformen wie E-Government, E-Learning, E-Health oder E-Commerce) kommt schnellen Internetverbindungen eine wachsende Bedeutung zu (Kapitel 5. Absatz 2). Eine leistungsfähige Breitbandinfrastruktur gehört mittlerweile zur Basisinfrastruktur.

Die Breitbandstrategie der Landesregierung formuliert keine sich im Zeitablauf selbst entwertenden Bandbreitenziele, sondern gibt ein Infrastrukturziel vor: Flächendeckende Versorgung mit Glasfaser bis in die Gebäude und Haushalte (Fiber to the Building (FTTB) oder Fiber to the Home (FTTH)): Bis zum Jahr 2025 soll eine weitestgehend flächendeckende Versorgung mit FTTB/FTTH gewährleistet sein. Neben der Versorgung der Privathaushalte, Schulen sowie anderer sozioökonomischer Treiber sollte die Versorgung von Gewerbebetrieben und von Gewerbegebieten hohe Priorität haben.

Hintergrund ist die Tatsache, dass Glasfaser die zukunftssicherste Breitbandtechnologie ist, die

- allen künftigen Bandbreitenbedarfen gerecht wird,
- alle Verfahren und Anwendungen bis in den Bereich mehrerer Gigabit pro Sekunde stabil sowie symmetrisch im Down- und Upload abdecken kann,
- qualitativ (zum Beispiel im Bereich von Latenzzeiten) allen anderen Technologien überlegen ist,
- ohne weitere Tiefbauarbeiten zu noch höherer Leistung erweiterbar ist und
- ökologisch verträglicher als andere Technologien ist (geringerer Stromverbrauch, keine elektromagnetischen Störungen).

Die flächendeckende Versorgung mit mobilen Breitbanddiensten und WLAN wird wegen der zunehmenden Nutzung von Mobilfunkdiensten als komplementäres Ziel zur stationären Breitbandversorgung gesehen.

Die Umsetzung der Breitbandstrategie erfolgt in enger Abstimmung mit allen Akteurinnen und Akteuren (Wirtschaft, Kommunen, Verbände und Organisationen). Angesichts der zunehmenden Bedeutung einer leistungsfähigen Breitbandinfrastruktur kommt staatlichem Handeln (bei einem Vorrang eigenwirtschaftlicher Lösungen) eine wichtige Rolle bei der Verbesserung der Breitbandversorgung zu. Das Land wird daher alle Akteurinnen und Akteure (insbesondere auch die kommunale Ebene) mit den in der Breitbandstrategie verankerten Schwerpunktmaßnahmen unterstützen.

Die Nutzung von Kostensenkungspotenzialen, wie es insbesondere das Gesetz zur Erleichterung des Ausbaus digitaler Hochgeschwindigkeitsnetze (DigiNetzG) vorsieht, sowie die Intensivierung von Kooperationen auf allen Ebenen sind wichtige Instrumente, um Kosten zu reduzieren und Ressourcen zu schonen sowie die Qualität und Geschwindigkeit des Breitbandausbaus zu verbessern.

Wichtig ist es auch, bei Neubaugebieten Glasfaserlösungen mit zu planen oder notwendige technologische Zwischenschritte zukunftsfähig zu gestalten.

B zu 3

Postdienstleistungen sind ein wichtiger Teil der Daseinsvorsorge. Ihr Angebot wird über die Vorgaben der PUDLV sichergestellt, die sich im Wesentlichen am Zentralörtlichen System orientieren. Darüber hinaus sollten in den ländlichen Räumen stationäre Einrichtungen möglichst in Gemeinden mit ergänzender überörtlicher Versorgungsfunktion sowie in Tourismusgemeinden geschaffen oder gehalten werden; hieraus kann aber kein Anspruch auf Realisierung solcher Einrichtungen abgeleitet werden.

4.5 Energieversorgung

Grundsätze und Ziele der Raumordnung

1 G

Mit der Energiewende sollen die Klimaschutzziele erreicht, Versorgungssicherheit und Wirtschaftlichkeit der Energieversorgung gewährleistet und der Ausstieg aus der Kernenergie bis spätestens Ende 2021 umgesetzt werden. Bis spätestens zur Mitte des Jahrhunderts soll die Unabhängigkeit von fossilen Energieträgerschaften erreicht sein. Für Schleswig-Holstein gelten die Klimaschutzziele des Energiewende- und Klimaschutzgesetzes (EWKG) sowie die gemäß § 3 Absatz 5 EWKG für den Zeitraum ab dem Jahr 2025 in den Energiewende- und Klimaschutzberichten fortzuschreibenden Ausbauziele für die Strom- und Wärmeversorgung aus Erneuerbaren Energien. Die Erneuerbaren Energien wie Wind, Solar, Biomasse, Wasserkraft und Geothermie sind von zentraler Bedeutung für die Energiewende. Sie sollen in den Bereichen Strom, Wärme und Mobilität mittelfristig maßgebliche und langfristig ausschließliche Ressource werden. Die Umsetzung der Energiewende bedarf hierzu neben der Errichtung der Erneuerbare-Energien-Anlagen, der Energieeinsparung und der Energieeffizienz auch einer zukunftsfähigen Energieleitungsnetz- und -speicherinfrastruktur. Eine zügige Verwirklichung dieser Infrastruktur soll bei allen Planungen und Maßnahmen unterstützt werden.

Für die Entwicklung und Wettbewerbsfähigkeit der schleswig-holsteinischen Wirtschaft und die Versorgung der Bevölkerung im Gesamtraum soll eine sichere, unabhängige, effiziente, bedarfsgerechte und umweltverträgliche sowie wirtschaftliche Energieversorgung sichergestellt werden. Dabei sollen die verschiedenen Energieträgerschaften und moderne Anlagen und Technologien so genutzt und entwickelt werden, dass eine nachhaltige und klimaverträgliche Energieversorgungsstruktur im Sinne der energie- und klimapolitischen Ziele der Europäischen Union, der Bundesrepublik Deutschland und des Landes Schleswig-Holstein ermöglicht wird. Innovationen sowie Forschung und Entwicklung im Energiebereich, insbesondere zur Speicherung und Nutzung der Erneuerbaren Energien und des Untergrundes, sollen unterstützt werden.

2 G

Bei allen Planungen und Maßnahmen sollen die Ausschöpfung der Energiesparpotenziale und der Einsatz besonders effizienter, klimafreundlicher Energieerzeugungs-, Speicherungs- und Verbrauchstechnologien angestrebt werden. Im Rahmen der Verringerung der Treibhausgasemissionen kommt der Steigerung des Ressourcenschutzes und der Energieeinsparung, der Ressourcen- und Energieeffizienz sowie dem Ausbau Erneuerbarer Energien besondere Bedeutung zu.

3 G

Planungen und Maßnahmen der Energiewende, insbesondere die Errichtung von Anlagen zur Erzeugung Erneuerbarer Energien, liegen im öffentlichen Interesse und sollen dem Klimaschutz und der Versorgungssicherheit dienen. Im Außenbereich sind die Belange der betroffenen Bevölkerung sowie des Klima-, Umwelt-, Landschafts-, Boden-, Gewässer-, Natur- und Artenschutzes frühzeitig zu berücksichtigen. Nach Beendigung der Maßnahmen im Außenbereich sollten die Flächen durch Renaturierungs- beziehungsweise Rekultivierungsmaßnahmen so wiederhergestellt werden, dass möglichst keine Beeinträchtigungen des Naturhaushalts und des Landschaftsbildes verbleiben.

4 G

Die energietechnische und energiewirtschaftliche Verbindung der Bereiche Strom, Wärme und Mobilität sowie deren jeweiliger Infrastrukturen soll mit dem Ziel der Umstellung fossiler Energieträger auf Erneuerbare Energien bei gleichzeitiger Flexibilisierung der Energienutzung in den verschiedenen Sektoren verwirklicht werden. Die Sektorenkopplung sowie die Speicherung und Umwandlung von erneuerbarem Strom sollen insbesondere die Nutzung von erneuerbarem Strom in den Sektoren Strom, Wärme und Mobilität erleichtern und erhöhen. Die Potenziale der Kopplung dieser Sektoren sollen durch eine aufeinander abgestimmte räumliche Entwicklung der Infrastrukturen sowie die Erschließung der technischen und wirtschaftlichen Möglichkeiten optimiert und ausgeschöpft werden.

5 G

Die Potenziale der Digitalisierung sollen zur Verstetigung der fluktuierenden Energieerzeugung bei Erneuerbaren Energien und zur Verringerung der Nutzung fossiler Energieträger für einen intelligenten Einsatz der erneuerbaren Energieträger und ihrer Vernetzung sowie zur Sektorenkopplung genutzt werden. Eine konsequente Digitalisierung und Echtzeitsynchronisation von Erzeugung, Verbrauch und Infrastrukturen sind für die Energieversorgung in Schleswig-Holstein auf Basis Erneuerbarer Energien eine zentrale Komponente.

6 G

Zur Verbesserung des Energienutzungsgrades und im Interesse der Umwelt und des Klimaschutzes sollen die Möglichkeiten der Kraft-Wärme-Kopplung sowie der Nutzung industrieller Abwärme und von Energiespeichern ausgeschöpft werden.

Kraft-Wärme-Kopplungsanlagen sollten möglichst auf Basis regenerativer Energiequellen sowie flexibel und mit einem Wärmenetz betrieben werden. Dies soll insbesondere dort angestrebt werden, wo ein nennenswerter Wärme- und Kältebedarf besteht, wie in Wohn- und Gewerbegebieten. Hierzu soll auch der Aus- und Neubau von Fern- und Nahwärmenetzen beitragen.

7 G

Kommunale und regionale Energieversorgungskonzepte sollen einen wichtigen Beitrag zur klimaverträglichen, sparsamen und rationellen Energieversorgung leisten. Zur Umsetzung der Energiewende im Wärmesektor sollen kommunale Wärmeplanungen erarbeitet werden (Kapitel 3.9 Absatz 8).

8 G

Der Einsatz von Ersatzbrennstoffen, bei dem möglichst auch die anfallende Abwärme einer Nutzung zugeführt wird, soll unterstützt werden, soweit eine stoffliche Verwertung nicht möglich ist.

Die energetische Verwertung nachwachsender Rohstoffe soll positive Energie- und Ökobilanzen des Gesamtprozesses erzielen. Die Nutzung des wertvollen und begrenzten Guts „Fläche" hat sich im besonderen Maß an den Grundsätzen der Nachhaltigkeit, der Sparsamkeit und der Effizienz zu orientieren. Hierzu wird auch auf Kapitel 4.8 Absatz 4 und Kapitel 6.2 Absatz 6 verwiesen.

9 G

Die Nutzung von Flüssigerdgas (LNG – Liquefied Natural Gas) soll ermöglicht werden. Zur Errichtung einer leistungsfähigen Infrastruktur sollen Betankungs- und Bunkereinrichtungen sowie Terminals zur Anlandung und die erforderlichen Anbindungsleitungen realisiert werden.

10 G

Die Potenziale von grünem Wasserstoff sollen genutzt und weiterentwickelt werden. Dabei sollen im Hinblick auf effiziente Prozessabläufe innovative Technologien bei Erzeugung, Speicherung, Transport und Nutzung des Wasserstoffs angewendet werden. Bei der Erzeugung von Wasserstoff ist auf eine effektive Nutzung der anfallenden Prozesswärme zu achten.

11 G

Für die Nutzung des Untergrunds gelten die Belange der Energiewende nach Absatz 1. Nutzungen der Geothermie (Kapitel 4.5.3) oder der Speicherung von Energieträgern aus vorwiegend Erneuerbaren Energien (Kapitel 4.5.4) sollen Vorrang vor der Gewinnung fossiler Brennstoffe haben.

Begründung

B zu 1

Die Energiewende stellt als gesamtgesellschaftliches Projekt einen Paradigmenwechsel in der Energieversorgung dar. Die Energiewende umfasst den Strom-, den Wärme- und den Verkehrssektor. Durch die Energiewende sollen die Klimaschutzziele erreicht sowie Versorgungssicherheit und Wirtschaftlichkeit der Energieversorgung bei der Umsetzung des Atomausstiegs gewährleistet werden. Die Energieversorgung soll zur Erreichung der klimapolitischen Ziele bis zur Mitte dieses Jahrhunderts weitgehend frei von Kohlenstoffdioxid (CO2) erfolgen. Angesichts der globalen Erwärmung durch klimaschädliche Gase, der Endlichkeit fossiler Energieträger, aber auch vor dem Hintergrund eines weltweit steigenden Energiebedarfs werden Energieeinsparung und die verstärkte und effiziente Nutzung regenerativer Energien unabdingbar. Alle Lebensbereiche, die Art, wie wir bauen, wie wir uns fortbewegen und wie wir Güter transportieren sind darauf auszurichten.

Im Rahmen des Energiewende- und Klimaschutzgesetzes (EWKG) Schleswig-Holstein wurden Ziele zur Minderung der Treibhausgasemissionen bis 2050 sowie Ziele für den Ausbau der Erneuerbaren Energien bis 2025 verbindlich festgeschrieben. Zugleich verpflichtet § 3 Absatz 5 EWKG die Landesregierung für den Zeitraum ab dem Jahr 2025 die Ziele für die Strom- und Wärmeversorgung aus Erneuerbaren Energien in den Energiewende- und Klimaschutzberichten fortzuschreiben. Dies ist mit dem Energiewende- und Klimaschutzbericht 2021 (Landtagsdrucksache 19/3063) erstmals erfolgt; dort hat die Landesregierung die Ausbauziele für die Strom- und Wärmeversorgung aus Erneuerbaren Energien bis zum Jahr 2030 fortgeschrieben.

Die Landesregierung unterstützt grundsätzlich die mittel- und langfristigen klima- und energiepolitischen Ziele, wie sie die Europäische Union (EU) im Kontext des EU Green Deal und die Bundesregierung in den Jahren 2019 bis 2021 im Bundes-Klimaschutzgesetz (KSG) 2021 und im Integrierten Nationalen Energie- und Klimaplan (2020) beschlossen haben, sowie das Pariser Abkommen. Ihre Erreichung wird auch in Schleswig-Holstein angestrebt, soweit nicht höhere Ziele formuliert werden.

Die Gesamtsumme der Treibhausgasemissionen in Schleswig-Holstein soll gemäß EWKG 2017 bis zum Jahr 2020 um mindestens 40 Prozent, bis zum Jahr 2030 um mindestens 55 Prozent, bis zum Jahr 2040 um mindestens 70 Prozent und bis zum Jahr 2050 um 80 bis 95 Prozent im Vergleich zu den Gesamtemissionen des Jahres 1990 verringert werden. Angestrebt wird für 2050 der obere Rand des Zielkorridors. Die Landesregierung strebt aktuell eine Novelle des EWKG inklusive einer Anpassung der Treibhausgasminderungs-ziele an die geänderten Rahmenbedingungen auf europäischer und nationaler Ebene an (siehe Landtagsdrucksache 19/3061).

Die Stromerzeugung aus Erneuerbaren Energien soll in Schleswig-Holstein gemäß EWKG bis zum Jahr 2025 auf mindestens 37 Terawattstunden ausgebaut werden. Als Zielszenario für den Ausbau der Erneuerbaren Energien zur Stromerzeugung strebt die Landesregierung eine installierte Leistung von Windenergie an Land von 10 Gigawatt bis 2025 an. Dieses Ausbauszenario wurde auch bei den Teilaufstellungen der Regionalpläne für Windenergie an Land berücksichtigt (siehe gesamträumliches Plankonzept zur Teilaufstellung der Regionalpläne vom 29. Dezember 2020). Bis 2030 soll gemäß Energiewende- und Klimaschutzbericht 2021 (Landtagsdrucksache 19/3063) eine Stromerzeugung aus Erneuerbare-Energien-Anlagen an Land von mindestens 34 Terawattstunden erreicht werden mit einer Bandbreite von bis zu 38 Terawattstunden unter der Annahme, dass EU- und bundesweit und damit verbunden auch in Schleswig-Holstein die Treibhausgas-Minderungs- und Erneuerbare Energien-Ausbauziele erhöht werden und mehr Strom für die Sektorkopplung eingesetzt wird.

Der Anteil der Wärme aus Erneuerbaren Energien am Wärmeverbrauch (Endenergieverbrauch Wärme) soll in Schleswig-Holstein bis zum Jahr 2025 gemäß EWKG mindestens 22 Prozent betragen. Fernwärmenetze sollen effizient und unter Ausschöpfung aller zumutbaren Maßnahmen bei Betriebsgesellschaften sowie Nutzerinnen und Nutzern zur Reduzierung der Wärmeverluste errichtet sowie mit einem möglichst hohen Anteil an Erneuerbaren Energien betrieben werden. Für Wärme aus Erneuerbaren Energien hat die Landesregierung ein Szenario für das wirtschaftlich realisierbare Potenzial des Beitrags der Erneuerbaren Energien zum Endenergieverbrauch auf dem Wärmesektor (für die Sektoren Raumwärme, Prozesswärme und Warmwasser) entwickelt. Auf dieser Grundlage wurde im Energiewende- und Klimaschutzbericht 2015 das Landesziel einer Steigerung des Anteils der erzeugten Wärme aus Erneuerbaren Energien am Wärmeverbrauch (Endenergieverbrauch Wärme) bis zum Jahr 2025 auf mindestens 22 Prozent des Endenergieverbrauchs Wärme in Schleswig-Holstein formuliert. Dies ist im EWKG verankert. Gemäß dem EWKG soll die Landesregierung ihre Ziele für den Zeitraum ab dem Jahr 2025 in den Energiewende- und Klimaschutzberichten fortschreiben. Dies ist mit dem Energiewende- und Klimaschutzbericht 2021 (Landtagsdrucksache 19/3063) erfolgt. Demnach soll die Wärmebereitstellung aus Erneuerbaren Energien bis 2030 auf mindestens 38°Prozent des Endenergieverbrauchs Wärme erhöht werden, wobei auch die Nutzung von Strom aus Erneuerbaren Energien zur Wärmeversorgung auf die Zielerreichung angerechnet wird.

Zur Energiewende gehört auch der Ausstieg aus der Nutzung der Kernenergie zur Stromerzeugung. Dabei werden die Arbeiten zur Stilllegung und zum Rückbau der Kernkraftwerke über das Jahr 2030 hinaus andauern. Die Zwischenlagerung der nuklearen Abfälle, besonders die Zwischenlagerung der abgebrannten Brennelemente, wird noch länger andauern. Für den Bau und den Betrieb von Endlagern ist der Bund zuständig. Nach gegenwärtiger gesetzlicher Festlegung durch das Standortauswahlgesetz soll ein geeigneter Endlagerstandort bis 2031 ausgewählt sein. Die schleswig-holsteinische Landesregierung hat auf Bundesebene angeregt, die Anzahl der Kernbrennstoffzwischenlager in Deutschland deutlich zu verringern. Sollte dem Ansinnen gefolgt werden, könnte sich in der Folge die Anzahl der in Schleswig-Holstein geplanten Zwischenlager von derzeit drei ebenfalls verringern. Die schleswig-holsteinische Landesregierung wird dafür sorgen, dass die Stilllegungs- und Abbauverfahren zwar zügig, aber auch sozialverträglich verlaufen. Der Strahlenschutz steht auch nach der Betriebsbeendigung von Atomkraftwerken immer im Vordergrund.

Kraftwerksstandorte sollen auch unter dem Aspekt einer nachhaltigen Nachnutzung für eine weitere Verwendung geprüft werden.

Für die Umsetzung der Energiewende sind weitere Innovationen sowie Forschungs- und Entwicklungsaktivitäten erforderlich. Hierzu ist es im Einzelfall erforderlich, durch Demonstrations- und Pilotanlagen neue Technologien zu entwickeln und zu präsentieren, die hierfür entsprechende Flächen benötigen.

B zu 2

Die Ausschöpfung von Energiesparpotenzialen und der Einsatz besonders effizienter Energieerzeugungs- und Verbrauchstechnologien sollen bei Planungen und Maßnahmen regelmäßig in die Abwägung einbezogen werden. Die Frage der wirtschaftlichen Vertretbarkeit spielt dabei eine wichtige Rolle und ist im Einzelfall zu bewerten.

Für den rationellen und sparsamen Umgang mit Energie kommen insbesondere in Betracht:

- energetische Optimierung von Neubauten,
- energiesparende Sanierungsmaßnahmen im Gebäudebestand,
- verstärkte Nutzung der Kraft-Wärme-Kopplung und Erneuerbarer Energien zur Effizienzsteigerung und Dekarbonisierung bei der Heizwärmeversorgung entsprechend den Zielen der EU, der Bundesregierung und der Landesregierung (gemäß EWKG und Energiewende- und Klimaschutzberichten),
- Unterstützung von Sektorenkopplung, Speichern und Power-to-X-Technologien,
- Erschließung von Energiesparpotenzialen in der gewerblichen Wirtschaft,
- Erschließung von Energiesparpotenzialen in Haushalten,
- Förderung von E-Mobilität und sparsamen Autos im privaten und öffentlichen Nah- und Fernverkehr,
- Energiespar- und Energieversorgungskonzepte in Kommunen,
- Förderung von alternativen Antriebstechnologien und alternativen Kraftstoffen sowie
- Unterstützung der Umsetzung von Erkenntnissen aus der Energieforschung.

B zu 3

Die Belange der betroffenen Bevölkerung sowie des Klima-, Umwelt-, Landschafts-, Natur-, Gewässer- und Artenschutzes sollen bei der Errichtung von Energieerzeugungsanlagen und -speichern durch eine nachhaltige räumliche Steuerung sowie durch umweltfachliche und ökologische Standards berücksichtigt werden. Fehlentwicklungen und Investitionsrisiken sollen vermieden und die öffentliche Akzeptanz für Veränderungen im Orts- und Landschaftsbild verbessert werden. Aufgrund der Hochwertigkeit der Schutzgüter (Leben und Gesundheit der Menschen sowie Schutz von Gewässern, Natur, Landschaft und Boden) sind die mit der Maßnahme verbundenen Beeinträchtigungen von Mensch und Umwelt auszuschließen oder möglichst gering zu halten. Nach Beendigung der Maßnahmen sind Renaturierungs- beziehungsweise Rekultivierungsmaßnahmen vorzunehmen, um die in Anspruch genommenen, anlagenbezogenen, oberirdischen Flächen wieder nutzbar zu machen und mögliche Beeinträchtigungen des Naturhaushalts und des Landschaftsbildes zu beseitigen. Darüber hinaus gilt unter den Voraussetzungen des § 35 Absatz 5 Baugesetzbuch (BauGB) die Verpflichtung zum Rückbau des Vorhabens (der baulichen Anlage einschließlich Nebenanlagen, Leitungen, Wege und Plätze) und der durch die Anlagen bewirkten Bodenversiegelung.

B zu 4

Sektorenkopplung ist im Sinne dieser Definition eine ganzheitliche Umstellung fossiler Energieträger auf Erneuerbare Energien (Dekarbonisierung) aller Sektoren bei gleichzeitiger Flexibilisierung des gesamten Systems. Sie geht somit über eine Elektrifizierung der Bereiche Wärme und Verkehr hinaus. Um eine volkswirtschaftlich effiziente Sektorenkopplung zu erreichen, sind technologieoffene und wettbewerbliche Rahmenbedingungen unerlässlich. Hierfür sind insbesondere vergleichbare Rahmenbedingungen im Bereich der Abgaben und Umlagen einschließlich CO2-Bepreisung erforderlich, um einen fairen und technologieoffenen Wettbewerb um die besten Lösungen zur CO2-Reduktion ermöglichen zu können.

Neben der Entwicklung des Gesamtsystems sollen zeitnah Lösungen zur Nutzung der Strommengen aus Erneuerbaren Energien entwickelt werden, die aufgrund von Netzengpässen nicht genutzt werden. Der flexible Einsatz in den verschiedenen Sektoren muss ermöglicht werden, wodurch eine Optimierung des Gesamtsystems stattfindet. Hierzu können Power-to-X-Technologien einen wertvollen Beitrag zur Erhöhung der Systemstabilität und zur Verringerung der Emissionen liefern. Power-to-X-Technologien bezeichnen verschiedene Technologien zur Speicherung oder anderweitigen Nutzung von Strom, so dass eine Rückumwandlung in Elektrizität oder eine Nutzung als Brenn- und Treibstoff im Wärme- oder Verkehrssektor erfolgen kann. Beispielhaft zu nennen sind Power-to-Gas (Umwandlung von elektrischer Energie in Gas) und Power-to-Heat (Umwandlung elektrischer Energie in Wärme). Geeignete Technologien sollen in Pilot- und Demonstrationsprojekten gefördert werden, um langfristig wirtschaftliche Modelle für deren Einsatz zu ermöglichen.

Die Power-to-Gas-Aktivitäten sind auch Bestandteil der bundesweiten Netzentwicklungspläne für Strom und Gas 2030. Darin wird von einem weiteren Ausbau der Kapazitäten ausgegangen. Schleswig-Holstein wird diese Entwicklung begleiten und unterstützen. Dabei wird eine intelligente Verbindung der Infrastrukturen für Strom und Gas angestrebt.

B zu 5

Der Ausbau von intelligenten Stromnetzen (Smart-Grids) sowie entsprechende Software- und IT-Strukturen sollen unterstützt werden. Die Entwicklung und der Einsatz intelligenter Messsysteme und moderner Messeinrichtungen (sogenannte Smart Meter) sollen durch das technische Design insbesondere im häuslichen Einsatz hohen Datenschutzanforderungen genügen, der Kontrolle der Letztverbraucherinnen und -verbraucher sowie Anlagenbetreiberinnen und -betreiber unterliegen sowie das Verhältnis von Kosten und Nutzen wahren. Standardlastprofile sollen verbessert und mittelfristig unter Wahrung höchster datenschutzrechtlicher Standards durch eine viertelstündliche Messung und Bilanzierung ersetzt werden, um Verbraucherinnen und Verbrauchern eine aktive Marktteilnahme zu ermöglichen und zugleich die Systemsicherheit des Stromnetzes zu wahren.

Zur Steigerung der Nutzung von Erneuerbaren Energien in Landesliegenschaften identifiziert die Landesregierung energetisch und wirtschaftlich sinnvolle Vorhaben sowie innovative Pilot- und Demonstrationsvorhaben insbesondere in den Bereichen Flexibilisierung und Sektorenkopplung zum Ausgleich von Stromangebot und -nachfrage und ergreift die erforderlichen Maßnahmen zur Umsetzung. Die Landesregierung erarbeitet zur Erreichung der Klimaschutzziele eine „Green-IT-Strategie" zur Steigerung der Energieeffizienz bei der Beschaffung und Nutzung von Informationstechnik sowie Strategien zur nachhaltigen Beschaffung und für eine klimaverträgliche Mobilität der Landesbediensteten.

Die Potenziale des Projekts NEW 4.0 sollen genutzt werden. NEW steht für die Norddeutsche Energiewende und 4.0 beschreibt die Schwelle zur vierten industriellen Revolution: die Digitalisierung der Industrie und die intelligente Vernetzung der Systeme im Rahmen der Energiewende. Mit dem Projekt NEW 4.0 wurde in einem länderübergreifenden Projekt zwischen Schleswig-Holstein und der Freien und Hansestadt Hamburg in den Jahren 2016 bis 2020 gezeigt, wie die Gesamtregion mit 4,5 Millionen Einwohnerinnen und Einwohnern bereits 2035 zu 100 Prozent mit regenerativem Strom versorgt werden kann und zugleich die Sicherheit und Zuverlässigkeit der Stromversorgung, gesellschaftliche Akzeptanz und deutliche CO2-Einsparungen erreicht werden können.

B zu 6, 7

Kommunale Wärmeplanungen sind ein zentrales Mittel zur Zielerreichung der Energiewende im Wärmesektor. Damit sollen die Potenziale wärmetechnischer Gebäudesanierung und effizienter Wärmeversorgung jeweils objektübergreifend strukturiert analysiert und vor allem Synergieeffekte der Verknüpfungen offengelegt werden. Wärmenetze stellen eine zukunftsflexible Wärmeversorgungsinfrastruktur dar, weil sie für alle kohlendioxidarmen Versorgungstechniken offen sind. Die erforderliche Wärme kann aus fossil betriebenen hocheffizienten Kraft-Wärme-Kopplungsanlagen, industrieller Abwärme, Abfall- oder Klärschlammverbrennungsanlagen oder Erneuerbaren Energien wie Biomasse, Solarenergie oder Geothermie stammen. Durch die Verwendung von Wärmespeichern kann der Anteil von fluktuierenden Erneuerbaren Energien im Wärmenetz gesteigert werden. Im Ergebnis soll damit der kosteneffizienteste Weg der Erreichung der Klimaschutzziele im Wärmesektor entwickelt und umgesetzt werden.

Durch kommunale und regionale Energieversorgungskonzepte sollen energetische Vorteile von Versorgungssystemen einzelner Orte, aber auch ganzer Regionen unter Ausnutzung örtlicher Energiepotenziale ausgeschöpft werden.

Eine ungekoppelte Stromerzeugung aus fossilen Energieträgern soll nur noch erfolgen, wenn die Errichtung und der Betrieb eines Kraftwerks für die Systemstabilität oder die Bereitstellung von Spitzenlast erforderlich sind.

Um den Anforderungen des Umstiegs auf Erneuerbare Energien auch im Wärmesektor gerecht zu werden, sollen kommunale Wärmeplanungen auf einen schrittweisen Infrastrukturwechsel hin zu Wärmenetzen optimiert werden, wenn die örtlichen strukturellen Rahmenbedingungen einen effizienten und wirtschaftlichen Betrieb eines Fernwärmenetzes erwarten lassen. Diese Netze sollen vorrangig durch Wärme aus Erneuerbaren Energien gespeist werden.

B zu 8

Nicht jede Region ist gleichermaßen für die Nutzung jeglicher Form Erneuerbarer Energien geeignet. Während nahezu das gesamte Landesgebiet aufgrund der Windhöffigkeit für Windenergieanlagen prädestiniert ist und küstennahe Standorte sich aufgrund der solaren Strahlungsintensität für Photovoltaik anbieten, können Standorte im Binnenland besonders gut für den Anbau von Energiepflanzen geeignet sein, sofern Grundwasser- sowie Gewässerbelastungen ausgeschlossen werden können, natur- und artenschutzfachliche Anforderungen und Flächenkonkurrenzen beachtet werden und der sehr wertvolle Rohstoff Biomasse so effizient und intelligent wie möglich im Mix Erneuerbarer Energien eingesetzt wird. Bei der Planung und Nutzung regenerativer Energien spielen auch die Aspekte der Landschaftspflege, des Arten- und Biotopschutzes, des Tourismus und der Siedlungs- und Agrarstruktur eine Rolle.

Darüber hinaus soll Schleswig-Holstein als Energieland auch wirtschaftlich von der Nutzung der Erneuerbaren Energien profitieren. Die Erkenntnisse aus dem Schaufenster-Projekt „Norddeutsche Energiewende/NEW 4.0" sollen in die Umsetzung einfließen.

B zu 9

Um die zunehmende Nutzung von Flüssigerdgas (LNG – Liquefied Natural Gas) im Energie-, Verkehrs- und Wärmesektor zu ermöglichen, sollen die räumlichen Voraussetzungen für eine LNG-Infrastruktur geschaffen werden. Darüber hinaus wird LNG im Vergleich zu Schweröl als umweltfreundlicherer Kraftstoff für Schiffe und energiepolitisch zur Verringerung der Abhängigkeit von pipelinegebundenen Erdgas-Importen immer wichtiger. Der industrielle Bedarf am Energieträger Gas ist insbesondere im Raum Brunsbüttel und Umgebung hoch. Zudem sind hier auch die Standortbedingungen zur Errichtung des Terminals gegeben. An der Elbe in Brunsbüttel soll daher das erste deutsche LNG Importterminal entstehen. Hierzu bedarf es einer Weiterentwicklung und Anpassung an die Möglichkeiten eines ergänzenden Energieträgers unter markwirtschaftlichen Bedingungen.

B zu 10

CO2-frei und aus Erneuerbaren Energien erzeugter („grüner") Wasserstoff ist ein notwendiger Baustein der Energiewende. Er ist klimaneutral, hervorragend speicherbar und er kann Grundstoff für zahlreiche synthetische Kohlenwasserstoffverbindungen sein.

Die von der Landesregierung verfolgte Wasserstoffstrategie zielt ab auf mehr Klimaschutz und die konsequente Fortsetzung der Energiewende, mehr Forschung und Entwicklung sowie die Nutzung der wirtschaftlichen Potenziale der Wasserstofftechnologien. Dadurch soll auch ein Beitrag zur Schaffung gleichwertiger Lebensverhältnisse in allen Landesteilen geleistet werden.

B zu 11

Vor dem Hintergrund der klima- und energiepolitischen Zielsetzungen haben bei der Nutzung des Untergrunds die Belange der Energiewende Vorrang vor der Gewinnung fossiler Energieträger.

Weite Bereiche des Untergrunds von Schleswig-Holstein sind Aufsuchungsräume für Vorkommen fossiler Energieträger, insbesondere Erdöl. Die „Heide-Restfläche" unter dem Nationalpark Schleswig-Holsteinisches Wattenmeer ist das größte Vorkommen für die konventionelle Erdölgewinnung in Deutschland. Für die Gewinnung aus diesem Feld gilt, dass sie ausschließlich über Mittelplate A und von außerhalb des Nationalparks (Landstation Dieksand) im Rahmen der gesetzlichen Bestimmungen des Nationalparkgesetzes (NPG) erfolgt; eine Gewinnung darüber hinaus ist rechtlich ausgeschlossen. In konventionellen Lagerstätten werden Kohlenwasserstoffe in der Regel mit herkömmlichen Methoden gewonnen; unkonventionelle Lagerstätten und nachträglich verdichtete konventionelle Lagerstätten können derzeit hingegen oftmals nur durch technische Maßnahmen sinnvoll erschlossen werden. Der Einsatz der „Fracking"-Technologie im Rahmen der Erschließung von Lagerstätten ist mit Umweltrisiken verbunden, insbesondere im Hinblick auf mögliche Beeinträchtigungen des Grundwassers. Die Methode widerspricht demnach den Prinzipien der Energiewende. Sie ist auch vor dem Hintergrund des zu beachtenden Vorsorgeprinzips auszuschließen (Kapitel 4.6 Absatz 5).

4.5.1 Windenergie an Land

Grundsätze und Ziele der Raumordnung

1 G

Verfolgtes Planungsziel

(1) In den Regionalplänen sollen bis zum 31.12.2027 mindestens drei Prozent der schleswig-holsteinischen Landesfläche als Vorranggebiete Windenergie als Rotor-innerhalb-Planung ausgewiesen werden.

Durch die Ausweisung von Vorranggebieten Windenergie soll eine installierte Leistung von 15 Gigawatt bis 2030 ermöglicht werden.

(2) Im Küstenmeer sollen keine Vorranggebiete Windenergie ausgewiesen werden.

(3) Der Ausbau der Windenergienutzung soll insbesondere unter Berücksichtigung aller relevanten Belange des Kapitels 4.5.1 inklusive seiner Unterkapitel fortgesetzt werden.

Neben den mittels Zielen ausgeschlossenen Bereichen sind für die Ausweisung von Windenergiegebieten auch die Bereiche auszunehmen, in denen aus rechtlichen Gründen die Errichtung von Windenergieanlagen (WEA) nicht zulässig ist.

2 Z (1)

Ausweisung von Vorranggebieten Windenergie für raumbedeutsame Windenergieanlagen an Land

In den Regionalplänen sind Vorranggebiete Windenergie im Sinne des § 2 Absatz 1 Nummer 1 Buchstabe a) WindBG für raumbedeutsame WEA an Land festzulegen.

In den Vorranggebieten Windenergie hat die Windenergienutzung Vorrang vor anderen raumbedeutsamen Nutzungen.

Als nicht raumbedeutsam gelten bis zu zwei Kleinanlagen mit einer Gesamthöhe von jeweils bis zu 30 Meter. Ebenso gelten Nebenanlagen als Einzelanlagen als nicht raumbedeutsam, wenn sie überwiegend der Energieversorgung eines anderen im Außenbereich privilegierten Vorhabens nach § 35 Absatz 1 Nummer 1 bis 4 Baugesetzbuch (BauGB) dienen.

Z (2)

Festlegung regionaler Teilflächenziele

(1) Als regionale Teilflächenziele sind zur Erreichung des landesweiten Flächenbeitragswertes von 1,3 Prozent der Landesfläche unter Berücksichtigung der anteiligen Anrechnung von Rotor-innerhalb-Flächen bis zum 31.12.2027 nach dem Windenergieflächenbedarfsgesetz

- im Regionalplan für den Planungsraum I mindestens 7.192 Hektar,
- im Regionalplan für den Planungsraum II mindestens 3.082 Hektar und
- im Regionalplan für den Planungsraum III mindestens 10.273 Hektar

als Vorranggebiete Windenergie festzulegen.

(2) Als regionale Teilflächenziele sind auf Regionalplanebene zur Erreichung des landesweiten Flächenbeitragswertes von 2,0 Prozent der Landesfläche unter Berücksichtigung der anteiligen Anrechnung von Rotor-innerhalb-Flächen bis zum

31.12.2032 nach dem Windenergieflächenbedarfsgesetz

- im Regionalplan für den Planungsraum I mindestens 11.065 Hektar,
- im Regionalplan für den Planungsraum II mindestens 4.741 Hektar und
- im Regionalplan für den Planungsraum III mindestens 15.804 Hektar

als Vorranggebiete Windenergie festzulegen.

G

Übernahme von Vorranggebieten Windenergie aus der vorherigen Regionalplanung Windenergie an Land

Als Vorranggebiete Windenergie sollen in den Regionalplänen bevorzugt die Vorranggebiete Windenergie und Vorranggebiete Repowering der Teilaufstellungen der Regionalpläne zum Sachthema Windenergie an Land von 2020 und außerhalb dieser Gebiete stehende raumbedeutsame WEA übernommen werden.

3 G

Festlegung einer Referenzanlage

Der Ausweisung der Vorranggebiete Windenergie in den Regionalplänen soll eine Referenzanlage mit einer Gesamthöhe von 200 Metern, einem Rotordurchmesser von 150 Metern und einer elektrischen Nennleistung von 5,3 Megawatt zugrunde gelegt werden.

4 Z

Verbot von Höhenbeschränkungen

In Vorranggebieten Windenergie und in Bauleitplänen innerhalb der Vorranggebiete Windenergie dürfen keine Bestimmungen zur Höhe von raumbedeutsamen WEA getroffen werden.

G

Höhenbeschränkungen in Bauleitplänen außerhalb von Vorranggebieten Windenergie

In Bauleitplänen, die Windenergiegebiete im Sinne des § 2 Nummer 1 Buchstabe a) WindBG festlegen und die außerhalb von Vorranggebieten Windenergie liegen, sollen keine Bestimmungen zur Höhe von raumbedeutsamen WEA getroffen werden

5 Z

Rotor-innerhalb-Planung

Raumbedeutsame WEA müssen vollständig einschließlich der Rotorblätter innerhalb der in Regional- und Bauleitplänen ausgewiesenen Windenergiegebiete liegen.

Werden raumbedeutsame WEA außerhalb von Windenergiegebieten errichtet, ist für Abstandserfordernisse der Kapitel 4.5.1.1, 4.5.1.2, 4.5.1.3, 4.5.1.4 und 4.5.1.5 die Rotorblattspitze maßgeblich.

6 Z

Mindestgröße von Windenergiegebieten

Die Vorranggebiete Windenergie und Windenergiegebiete außerhalb der Vorranggebiete Windenergie müssen eine Mindestgröße von 15 Hektar aufweisen. Dabei können mehrere räumlich zusammenhängende Flächen, die jeweils mindestens fünf Hektar umfassen und zusammen die Mindestgröße von 15 Hektar erreichen, berücksichtigt werden. Ein räumlicher Zusammenhang ist dann gegeben, wenn die Entfernung der Außengrenzen einzelner Flächen zueinander weniger als 600 Meter beträgt.

7 Z

Solar-Freiflächen

Überschneidet sich die beabsichtigte bauleitplanerische Darstellung und/oder Festsetzung von Solar-Freiflächenanlagen (Photovoltaik und Solarthermie) mit in Aufstellung befindlichen Zielen der Raumordnung betreffend die Ausweisung von Vorranggebieten Windenergie oder mit ausgewiesenen Vorranggebieten Windenergie in einem Regionalplan, ist der Windenergienutzung der Vorrang einzuräumen. Die Landesplanungsbehörde ist in jedem Bauleitplanverfahren zu beteiligen.

Begründung

B zu 1 G

zu (1)

Mit dem WindBG hat der Bund ein neues Regime für die Planung und Genehmigung von WEA an Land erlassen. Danach ist Schleswig-Holstein verpflichtet, bis zum 31.12.2027 einen Flächenbeitragswert von 1,3 Prozent und bis zum 31.12.2032 einen Flächenbeitragswert von 2,0 Prozent seiner Landesfläche für Windenergienutzung zu erreichen. In Schleswig-Holstein soll der Flächenbeitragswert von 2,0 Prozent bereits bis zum 31.12.2027 erreicht werden.

Diese Flächenbeitragswerte werden vom WindBG unter der Annahme festgelegt, dass auf den ausgewiesenen Flächen WEA auch dann zugelassen werden können, wenn die Rotorblätter über die Grenzen der ausgewiesenen Fläche hinausragen, der Anlagenmast also bis an die Grenze der Fläche heranrücken kann (Rotor-Out-Planung) (BT-Drs. 20/2355 S. 27). Der gesetzliche Flächenbeitragswert von zwei Prozent entspricht nach der vom WindBG (gemäß § 4 Absatz 3 Sätze 3 bis 4) vorgegebenen Umrechnungsmethode etwa drei Prozent der Rotor-innerhalb-Planung in Schleswig-Holstein – siehe B zu 5. Durch die Ausweisung von mindestens drei Prozent der Landesfläche soll das Flächenziel für Schleswig-Holstein aus der Spalte 2 der Anlage des WindBG erreicht werden. Im Falle einer Zielverfehlung des Flächenbeitragswertes würde für das gesamte Plangebiet die Privilegierung nach § 35

Absatz 1 Nummer 5 BauGB gelten. Damit wäre der gesamte Außenbereich für Windenergievorhaben planungsrechtlich geöffnet; Ausweisungen in Raumordnungs- oder Flächennutzungsplänen könnten einem Windenergievorhaben dann nicht mehr entgegengehalten werden (§ 249 Absatz 7 BauGB). Das Land wird jedoch von der Möglichkeit der regionalen Teilflächenziele durch ein eigenes Ziel der Raumordnung Gebrauch machen, um damit das vorstehend beschriebene Szenario gegebenenfalls auf einzelne Planungsräume zu beschränken.

Darüber hinaus sollen die Raumordnungspläne zum Sachthema Windenergie an Land dazu beitragen, die Klimaschutzziele des Landes aus dem Energiewende- und Klimaschutzgesetz Schleswig-Holstein (EWKG SH) zu erreichen. Darin werden Ziele zur Minderung der Treibhausgasemissionen sowie für den Ausbau der erneuerbaren Energien verbindlich festgeschrieben. Grundlage hierfür sind die nationalen und europäischen Klimaschutzziele sowie die Verpflichtung nach dem Übereinkommen von Paris aufgrund der Klimarahmenkonvention der Vereinten Nationen, wonach der Anstieg der globalen Durchschnittstemperatur auf deutlich unter zwei Grad Celsius und möglichst auf 1,5 Grad Celsius gegenüber dem vorindustriellen Niveau zu begrenzen ist.

Die Landesregierung hat sich zum Ziel gesetzt, perspektivisch 15 Gigawatt installierte Leistung durch Windenergie an Land bis 2030 zu erreichen. Damit soll die Grundlage für eine jährliche Energieerzeugung von 30 bis 35 Terawattstunden pro Jahr bis 2030 sichergestellt werden (vergleiche Koalitionsvertrag für die 20. Wahlperiode des Schleswig-Holsteinischen Landtages (2022–2027) zwischen der Christlich Demokratischen Union Deutschlands (Landesverband Schleswig-Holstein) und Bündnis 90/ Die Grünen (Landesverband Schleswig-Holstein), Seite 155). Durch die Ausweisung von circa drei Prozent der schleswig-holsteinischen Landesfläche (ausgenommen der Küstenmeere) als Vorranggebiete im Sinne des § 2 Absatz 1 Nummer 1 Buchstabe a) WindBG kann dieses Ziel erreicht werden. Innerhalb der Kulisse von 2,03 Prozent der in den Regionalplänen zum Sachthema Windenergie 2020 festgelegten Vorranggebiete sind bereits WEA errichtet beziehungsweise genehmigt worden, die rund 10 Gigawatt installierte Leistung erreichen. Unter Berücksichtigung des technischen Fortschritts der WEA kann davon ausgegangen werden, dass auf einem weiteren Prozent Vorranggebiete Windenergie mindestens weitere 5 Gigawatt Leistung installiert werden können. Damit kommt der Windenergie an Land sowohl unter energie- und klimapolitischen als auch unter wirtschaftlichen und räumlichen Gesichtspunkten weiterhin eine besondere Bedeutung zu.

zu (2)

Vorranggebiete Windenergie sollen vordringlich nur auf dem schleswig-holsteinischen Festland ausgewiesen werden. Eine Ausweisung im schleswig-holsteinischen Küstenmeer der Nord- und Ostsee soll unterbleiben.

Durch den Ausbau der Windenergie auf See in der ausschließlichen Wirtschaftszone (AWZ) wird der Anteil der erneuerbaren Energien an der Bruttostromerzeugung zusätzlich erhöht werden. Im Bereich des schleswig-holsteinischen Küstenmeers sprechen zahlreiche Belange gegen eine Ausweisung von Vorranggebieten Windenergie. In der Nordsee sind dies vor allem naturschutzfachliche Gründe (Nationalpark Schleswig-Holsteinisches Wattenmeer, Fauna-Flora-Habitat- und EU-Vogelschutzgebiete [FFH-Gebiete und EU-VSG]), aber auch Belange der Schiffssicherheit. Darüber hinaus gilt für Nord- und Ostsee gleichermaßen, dass andere, vorrangige Nutzungen (Schifffahrt, militärische Übungsgebiete, Naturschutz) und die Dichte der Nutzungskonkurrenzen für die Ausweisung von Vorranggebieten Windenergie voraussichtlich keinen Raum lassen. Die Landesplanungsbehörde verzichtet daher auf die Ausweisung von Vorranggebieten Windenergie im Küstenmeer.

Im Einzelnen sind für diese Bewertung folgende Gründe maßgeblich: Der Nationalpark Schleswig-Holsteinisches Wattenmeer oder als Natura 2000-Gebiet ausgewiesene Bereiche des Küstenmeeres werden für die Ausweisung von Windenergiegebieten nicht als geeignete Bereiche eingestuft beziehungsweise ist die Windenergienutzung dort rechtlich ausgeschlossen. Mit der Ausweisung der Natura 2000-Gebiete im Küstenmeer (in der Nordsee das Gebiet des Nationalparks Schleswig-Holsteinisches Wattenmeer einschließend) ist das Land Schleswig-Holstein der Verpflichtung nachgekommen, die für den Fortbestand der in der FFH- und Vogelschutzrichtlinie genannten Arten und Lebensraumtypen wesentlichen Bereiche von europaweiter Bedeutung zu sichern. Zudem besteht für den Nationalpark Schleswig-Holsteinisches Wattenmeer ein gesetzliches Verbot der Errichtung und des Betriebs von WEA gemäß § 5 Absatz 1 Nummer 8 des Gesetzes zum Schutze des schleswig-holsteinischen Wattenmeers (Nationalparkgesetzes – NPG). Dies bedeutet nicht, dass außerhalb dieser Gebiete kein Schutzerfordernis besteht. Austauschbeziehungen zwischen den binnenländischen und den marinen Gebieten beziehungsweise der marinen Schutzgebiete untereinander werden gestört. So trägt Schleswig-Holstein eine internationale Verantwortung hinsichtlich des Schutzes der Vogelzugwege, der Rastund Mausergebiete von Meeresenten und Seetauchern sowie der Lebensräume von Meeressäugern wie dem Schweinswal. In der Nordsee sind die Flächen westlich und südlich von Helgoland ebenfalls von außerordentlicher Bedeutung für den Vogelzug in Richtung Helgoland sowie für die nahrungssuchenden, auf Helgoland brütenden Seevogelarten wie Basstölpel, Trottellumme und Dreizehenmöwe. Bei den Trottellummen kommt hinzu, dass sie mit den noch flugunfähigen Jungen die Meeresgebiete um Helgoland aufsuchen, sodass diese für den Bruterfolg von entscheidender Bedeutung sind. Hier steht Schleswig-Holstein mit dem Schutz der auf dem Helgoländer Felsen brütenden Arten in bundesweiter Verantwortung. Mit einem Ausbau von WEA in südlicher/westlicher Richtung käme es zu einer Barriere- beziehungsweise Riegelbildung in Verbindung mit den bereits bestehenden Offshore-WEA in der AWZ.

In der Ostsee haben die Bereiche um Fehmarn und in der Lübecker Bucht eine herausragende Bedeutung für den internationalen Vogelzug (Vogelfluglinie). Mit den bereits in den dänischen Gewässern bestehenden Offshore-WEA würde es hier zu einer verstärkten Beeinträchtigung bis hin zu einer Riegelbildung kommen. Die Flächen in der Kieler Förde liegen zwischen den EU-VSG „Eckernförder Bucht mit Flachgründen" und „Östliche Kieler Bucht", sodass hier der Austausch zwischen den beiden Natura 2000-Gebieten insbesondere für Meeresenten beeinträchtigt wäre. Von besonderer Bedeutung sind auch die Wasserflächen zwischen den EU-VSG „Flensburger Förde" mit dem international bedeutenden Flachgrund „Kalkgrund" vor der Geltinger Birk und dem EU-VSG „Schlei" mit dem ebenfalls für Meeresenten bedeutenden Schleisand. Auch hier würde es zu einer Beeinträchtigung der Austauschbeziehungen zwischen den Natura 2000-Gebieten kommen. Außerdem wirkt die Flensburger Förde als bedeutende Leitlinie für ziehende Wasservögel auf dem Weg von der Ostsee in die Nordsee, wobei viele Arten an der Küste von Angeln vorbeiziehen. Dem Schutz der Schweinswale in der Ostsee kommt gleichfalls eine besondere Bedeutung zu. Während die Bestandszahlen der Beltsee-Tiere nach aktuellen Nachforschungen unsicher sind und auf einen Rückgang hindeuten, gehören die Tiere der zentralen Ostsee zur Liste der vom Aussterben bedrohten Arten der Weltnaturschutzunion (IUCN = International Union for Conservation of Nature). Die bereits durch den internationalen Schiffsverkehr massiv lärmbelasteten Bereiche der schleswig-holsteinischen Ostsee (insbesondere die Bereiche der Kieler Förde, des Fehmarnbelts und der Lübecker Bucht) würden durch zusätzliche massive Verlärmung durch die Errichtung und den Betrieb von WEA im Küstenmeer weiter belastet und als Lebensraum der Meersäuger Schweinwal und Seehund deutlich entwertet werden.

zu (3)

Der Ausbau der Windenergienutzung soll unter Berücksichtigung unterschiedlicher Anforderungen an den Raum und unter Ausgleich von Konflikten vollzogen werden. Zu diesem Zwecke werden in dem Kapitel 4.5.1 und seiner Unterkapitel raumplanerisch relevante Kriterien als Ziele und Grundsätze der Raumordnung festgelegt. So sollen einerseits Zielkonflikte reduziert werden, andererseits soll hinreichend Abwägungsraum für die nachfolgenden Planungsebenen geschaffen werden, um die unterschiedlichen Nutzungsansprüche an den Raum zu koordinieren. Innerhalb der als Ziele festgelegten Bereiche wird eine Windenergienutzung pauschal ausgeschlossen. In den als Grundsätzen bezeichneten Bereichen ist im Rahmen der Abwägung zu prüfen, ob eine Windenergienutzung stattfinden kann.

Neben den als Ziele der Raumordnung ausgeschlossenen Bereichen gibt es für die Windenergienutzung zusätzlich aus rechtlichen Gründen nicht nutzbare Bereiche. Dazu zählen zum Beispiel militärische Bereiche (Anlagen und Einrichtungen der Bundeswehr und der verbündeten Streitkräfte), Binnenwasserstraßen des Bundes, Anlagenschutzbereiche um Luftnavigationsanlagen (Drehfunkfeuer), Wälder einschließlich eines Abstandsbereiches von 30 Metern und Gewässer- sowie Küstenschutzstreifen. Sie werden bei der raumordnerischen Festlegung von Vorranggebieten von vornherein ausgeschlossen

B zu 2 Z (1)

Eine geordnete räumliche Entwicklung der Windenergienutzung in Schleswig-Holstein ist ein zentrales Anliegen der Landesregierung. Dafür sollen im Landesentwicklungsplan sowie in den Regionalplänen die notwendigen Voraussetzungen geschaffen werden. Um dabei auch den bundesrechtlichen Normen betreffend die Windenergie an Land nachzukommen, ist es notwendig, dass in den Regionalplänen Vorranggebiete für Windenergie an Land im Sinne des § 2 Nummer 1 Buchstabe a) WindBG ausgewiesen werden.

Durch die Ausweisung von Vorranggebieten Windenergie wird dem Mangel an verfügbarer Fläche für den Ausbau der Windenergie an Land wirksam begegnet (vergleiche BT-Drs. 20/2355 Seite 23). Innerhalb dieser Vorranggebiete setzt sich nämlich die raumbedeutsame Windenergienutzung gegenüber anderen Nutzungen durch. Andere raumbedeutsame Funktionen oder Nutzungen in diesem Gebiet werden ausgeschlossen, soweit diese mit der vorrangigen Funktion oder Nutzung der raumbedeutsamen Windenergie an Land nicht vereinbar sind (vergleiche § 7 Absatz 3 Satz 2 Nummer 1 Raumordnungsgesetz [ROG]). Als grundsätzlich vereinbar mit der Windenergienutzung gelten Stromleitungstrassen als Erdkabel oder Freileitungen. Deren Verlauf kann sich in der Regel innergebietlich an die Standorte der WEA anpassen und beeinträchtigt die Ausnutzbarkeit der Vorranggebiete nicht. Die Stromtrassen sind zudem integraler Bestandteil und notwendige Voraussetzung des Windenergieausbaus.

Die raumordnerische Steuerung umfasst nur raumbedeutsame WEA. Die Raumbedeutsamkeit einer Einzelanlage kann sich insbesondere aus ihren Dimensionen (Höhe, Rotordurchmesser), aus ihrem Standort oder aus ihren Auswirkungen auf bestimmte Ziele der Raumordnung (Schutz der Bevölkerung, von Natur und Landschaft, Erholung und Tourismus) ergeben.

Bei bis zu zwei Kleinwindenergieanlagen mit jeweils bis zu 30 Metern Gesamthöhe ist generell von geringen Umwelt- und Raumauswirkungen auszugehen. Zum einen treten diese Anlagen regelmäßig im Landschaftsbild, insbesondere hinter hochgewachsenen Gehölzen, zurück. Zum anderen werden maximal zwei zusammenstehende Kleinanlagen noch nicht als Windpark wahrgenommen und sind damit weniger landschaftsbildprägend. Deshalb sollen sie nicht unter die raumordnerische Steuerung fallen. Gruppen von drei oder mehr Kleinwindenergieanlagen haben demgegenüber stärkere Umwelt- und Raumauswirkungen, sind daher raumbedeutsam und werden somit von der raumordnerischen Steuerung erfasst.

Ebenfalls nicht vom raumordnerischen Ausschluss betroffen sind Einzelanlagen, die einem im Außenbereich privilegierten Betrieb gemäß § 35 Absatz 1 Nummern 1 bis 4 BauGB als Nebenanlage dienen. Dies trägt zum einen der gesetzlichen Privilegierung der Hauptanlage Rechnung. Zum anderen ist bei diesen im Zusammenhang zu einem privilegierten Betrieb stehenden Anlagen durch die bauliche Vorbelastung des Standortes und die räumlich-funktionale Zuordnung grundsätzlich von geringeren Auswirkungen auf die Umgebung auszugehen als bei Anlagen, die weder Kleinanlagen noch Nebenanlagen sind. Mit „Nebenanlagen" sind solche WEA gemeint, die überwiegend der Energieversorgung eines im Außenbereich privilegierten Vorhabens nach § 35 Absatz 1 Nummer 1 bis 4 BauGB dienen und mit diesem Vorhaben in einem räumlichen Zusammenhang stehen. Der betriebsbezogene Anteil der Energieerzeugung gemessen an der Gesamtkapazität der Anlage muss dabei nach der Rechtsprechung des Bundesverwaltungsgerichts erheblich ins Gewicht fallen (BVerwG, Urt. vom 16.6.1994 – 4 C 20.93 –). Überwiegt der betriebsbezogene Anteil der Energieversorgung dem zur Einspeisung in das öffentliche Netz bestimmten Anteil nicht deutlich, fehlt es an der dienenden Funktion der Anlage (BVerwG, Beschl. vom 4.11.2008 – 4 B 44.08 –). Das Oberverwaltungsgericht Schleswig hat mit Urt. vom 29.3.2017 (– 1 LB 2/15 –; juris Rn. 99 f. mit weiteren Nachweisen) bestimmt, dass hierfür „eine betriebliche Verwendung von mindestens 65 Prozent der Stromerzeugung erforderlich" ist.

Daneben muss die „Nebenanlage" dem privilegierten Vorhaben unmittelbar zu- und untergeordnet sein und sie muss durch diese Zu- und Unterordnung auch äußerlich erkennbar geprägt sein.

Anlagen nach § 35 Absatz 1 Nummer 5 bis 9 BauGB sind bewusst nicht in diese Regelung einbezogen worden, weil es sich hierbei um Anlagen zur Energieerzeugung handelt, die nicht ihrerseits energieerzeugende Nebenanlagen als Betriebsteil beanspruchen können. Für Biogasanlagen nach § 35 Absatz 1 Nummer 6 BauGB gilt darüber hinaus, dass sie aufgrund der Bedingungen, die eine zwingende Verknüpfung mit einem landwirtschaftlichen Betrieb voraussetzen, ohnehin nicht als selbständig privilegierte Anlagen des Außenbereichs gewertet werden können.

Insgesamt wird mit der Ausweisung von Vorranggebieten Windenergie der nach dem WindBG und dem Gesetz für den Ausbau erneuerbarer Energien (Erneuerbare-Energien-Gesetz – EEG) favorisierte bedarfsgerechte Windenergieausbau ermöglicht (vergleiche BT-Drs. 20/2355 S. 24).

B zu 2 Z (2)

Gemäß § 3 Absatz 1 Satz 1 WindBG ist in jedem Bundesland ein prozentualer Anteil der Landesfläche für die Windenergie an Land auszuweisen. Der durch das jeweilige Bundesland zu erreichende sogenannte Flächenbeitragswert ist der Anlage des WindBG zu entnehmen. Dabei sind bis zum 31.12.2027 mindestens die Flächenbeitragswerte nach Spalte 1 der Anlage des WindBG und bis zum 31.12.2032 mindestens die Flächenbeitragswerte nach Spalte 2 der Anlage des WindBG auszuweisen.

Von der Möglichkeit nach § 3 Absatz 4 WindBG erhöhte Flächenbeitragswerte und vorgezogene Stichtage abweichend zu regeln, macht Schleswig-Holstein keinen Gebrauch. Zum Zwecke der Bestimmung der Größe der auszuweisenden Flächen ist die Größe der jeweiligen Landesfläche der Bundesländer der Anlage des WindBG zu entnehmen.

Die Länder können die oben genannte Pflicht erfüllen, indem sie Flächen selbst in landesweiten oder regionalen Raumordnungsplänen ausweisen oder dies durch von ihnen abweichende regionale oder kommunale Planungsträger erfolgt. Das Land Schleswig-Holstein ist selbst zuständiger Planungsträger

(§ 4 Gesetz über die Landesplanung). Die Erreichung der Flächenbeitragswerte soll durch die Ausweisung von Vorranggebieten Windenergie in den Regionalplänen sichergestellt werden. Zugleich ist durch den Bundesgesetzgeber in § 3 Absatz 2 Satz 2 WindBG die Möglichkeit für die Länder geschaffen worden, regionale Teilflächenziele auch für eigene regionale Raumordnungspläne festzulegen. Dabei müssen die einzelnen regionalen Teilflächenziele in der Summe den Flächenbeitragswert aus der Spalte 1 und der Spalte 2 der Anlage des WindBG ergeben. Von dieser Möglichkeit macht das Land Schleswig-Holstein Gebrauch. In der Folge kann mittels der aus den Flächenbeitragswerten abgeleiteten Teilflächenziele nämlich die Rechtsfolge des § 249 Absatz 7 Satz 1 Nummer 1 BauGB auf einzelne betroffene Regionen begrenzt werden, vergleiche § 249 Absatz 7 Satz 1 BauGB. Konkret heißt dies, dass im Falle der Unwirksamkeit eines Regionalplans in den Planungsräumen der anderen Regionalpläne weiterhin die Zulässigkeit von WEA außerhalb von Vorranggebieten Windenergie nach § 35 Absatz 2 BauGB zu beurteilen ist. Damit bietet die Möglichkeit der Teilflächenziele eine nicht zu unterschätzende Rechtssicherheit und -klarheit in den einzelnen Planungsräumen.

Die Teilflächenziele werden in Schleswig-Holstein durch konkrete Flächenumfänge in Hektar festgelegt. Dabei stellen sich die Potenziale für die Nutzung der Windenergie an Land in Schleswig-Holstein naturräumlich und siedlungsstrukturell in den drei Planungsräumen sehr unterschiedlich dar.

Der Planungsraum I ist überwiegend ländlich geprägt mit einer Vielzahl von kleinen Dörfern. In weiten Teilen ist der Planungsraum dünn besiedelt, insbesondere an der Westküste und im Grenzraum zu Dänemark. Mit der Stadt Flensburg besteht ein Oberzentrum mit einem Stadt- und Umland-Bereich, darüber hinaus gibt es mit Husum und Schleswig und jeweiligen Stadt- und Umland-Bereichen zwei Mittelzentren. Die Dichte an Großvogelhorsten ist in Bezug auf das landesweite Vorkommen unterdurchschnittlich. Insbesondere der Kreis Nordfriesland und der westliche Teil des Kreises Schleswig-Flensburg gehört zu den bereits stark durch Windenergie geprägten Regionen in Schleswig-Holstein.

Planungsraum II wiederum zeichnet sich sowohl durch ländlich geprägte Regionen als auch durch hochverdichtete Bereiche wie die Oberzentren Kiel und Neumünster und die Mittelzentren Eckernförde und Rendsburg mit ihren jeweiligen Stadt-Umland-Bereichen aus. Zugleich sind innerhalb des Planungsraumes vier Naturparke ganz oder teilweise ausgewiesen. Daneben zeichnet sich der Planungsraum durch langgezogene Küstenregionen sowie Hauptnahrungs- und Rastflächen von Vögeln und der überregional beanspruchten Vogelflugkorridore aus. Zudem beheimatet der Planungsraum das Dichtezentrum für Seeadlervorkommen und weist auch darüber hinaus eine hohe Dichte an Großvogelhorsten auf.

Der Planungsraum III gehört zur Metropolregion Hamburg. Einerseits ist der Planungsraum durch die hochverdichteten und stark beanspruchten Siedlungsbereiche um Hamburg und Lübeck und die in den Planungsraum hinausstrahlenden Siedlungsachsen gekennzeichnet. Andererseits finden sich insbesondere im Bereich der Westküste dünn besiedelte und stark ländlich geprägte Teilräume. Der Ostteil ist abseits des Ordnungsraumes durch Küsten- und Seenlandschaft geprägt. Im Bereich der Kreise Dithmarschen und Steinburg liegen ausgedehnte, weit einsichtige und teilweise von der Energiewirtschaft schon stark belastete Marschen. Auf der Geest wiederum finden sich zahlreiche zusammenhängende Waldflächen.

Eine Verteilung der Flächenbeitragswerte des WindBG auf die drei Planungsräume muss diese unterschiedlichen naturräumlichen und siedlungsstrukturellen Unterschiede ebenso berücksichtigen wie die Flächengrößen der Planungsräume. Dabei weist der Planungsraum I rund 4.211 Quadratkilometer, der Planungsraum II rund 3.463 Quadratkilometer und der Planungsraum III rund 8.129 Quadratkilometer auf.

Zudem wurde für die Bestimmung der Teilflächenziele aufgrund der in diesem und den Kapiteln 4.5.1.1, 4.5.1.2, 4.5.1.3, 4.5.1.4 und 4.5.1.5 bestimmten Ziele der Raumordnung und der Bereiche, die aufgrund rechtlicher Gründe die Errichtung von WEA nicht zulassen, die sich ergebende Potenzialfläche zugrundegelegt. Auch war die Berücksichtigung der bestehenden Vorranggebiete Windenergie im Hinblick auf die Verteilung in den jeweiligen Planungsräumen maßgebend. Für den Planungsraum I, für den kein rechtskräftiger Wind-Regionalplan existiert, wurde anstelle bestehender Vorranggebiete Windenergie der Bestand der WEA berücksichtigt. Durch diese Vorgehensweise sind bereits die unterschiedlichen Siedlungsdichten im Land entsprechend beachtet, weil um Siedlungen Abstände von Vorranggebieten Windenergie einzuhalten sind.

Ziel war es, ein insgesamt angemessenes Verhältnis zwischen den ausgewiesenen Flächen, den Bestandsanlagen im Planungsraum I, den raumstrukturellen Potenzialen und anderen Raumfunktionen zu erreichen. Dabei ergibt die Kombination aus bereits vorhandenen Flächen zur Nutzung der Windenergie und, möglichen Potenzialen in den Planungsräumen, eine insgesamt planerisch angemessene Lösung, um die unterschiedlichen Strukturen des Raums, in einen sachgerechten Ausgleich zu bringen. Aus diesem Ansatz ergeben sich die im Ziel bestimmten Teilflächenziele.

Es handelt sich dabei um Mindestanforderungen, wobei damit kein übermäßiger Überschuss an der Ausweisung von Vorranggebieten Windenergie einhergehen soll. Vielmehr wird damit dem Umstand Rechnung getragen, dass es sich bei der in Schleswig-Holstein vorzunehmenden Ausweisung von Vorranggebieten Windenergie um eine Rotor-innerhalb-Planung handelt. Eine solche Planung darf jedoch ausweislich des bundesgesetzgeberischen Willens nur anteilig auf die Flächenbeitragswerte angerechnet werden. Je nach Flächenzuschnitt und Größe der einzelnen Vorranggebiete Windenergie, der erst auf Ebene der Regionalplanung bekannt ist, kommt es durch den Umrechnungsfaktor in § 4 Absatz 3 WindBG zu unterschiedlichen Ergebnissen der auf den Flächenbeitragswert anrechenbaren Anteile. Es kann auf dieser, der Regionalplanung übergeordneten Ebene daher nicht mit der für ein Ziel der Raumordnung maßgebenden Letztentscheidung bestimmt werden, welche prozentualen Anteile die einzelnen Planungsräume bei einer Rotor-innerhalb-Planung erzielen müssten, um daraus Teilflächenziele ableiten zu können. Vor diesem Hintergrund werden für die jeweiligen Planungsräume konkrete Flächenvorgaben gemacht, die sich auf den gemäß WindBG zu erreichenden Flächenbeitragswert unter Berücksichtigung einer Rotor-außerhalb-Regelung beziehen. Zu diesem Zwecke muss aufgrund der in Schleswig-Holstein geltenden Rotor-innerhalb-Regelung so viel Fläche an Vorranggebieten Windenergie festgelegt werden, dass nach Abzug des in § 4 Absatz 3 Satz 4 WindBG bestimmten Streifens von 75 Metern von den Grenzen der ausgewiesenen Fläche die im Ziel genannten Flächenumfänge erreicht werden.

B zu 2 G

Die ehemaligen Vorranggebiete der Regionalpläne 2020 und außerhalb dieser bestehende WEA sollen daraufhin überprüft werden, ob sie den Anforderungen der Ziele und Grundsätze insbesondere aus Kapitel 4.5.1 entsprechen. Von dieser Prüfung sind auch die Vorranggebiete Repowering aus den Regionalplänen 2020 umfasst.

Dies dient zum einen der Sicherung der Interessen der Altanlagenbetreiber. Gleichzeitig wird dadurch auch die bisher im Zusammenhang mit der Windenergienutzung errichtete Infrastruktur berücksichtigt und geschützt. Insbesondere die Netzanbindung und der damit zusammenhängende Netzausbau bilden einen wichtigen und entscheidenden Standortfaktor und -vorteil. Ohne die den Windstrom aufnehmenden Stromnetze kann dieser weder vor Ort verbraucht, noch in die Ballungszentren in Mittel- und Süddeutschland transportiert werden. Der Netzausbau und die Erzeugung von erneuerbarer Energie sind miteinander unabdingbar verbunden. Daher sollen insbesondere Gebiete, die bereits über eine Netzanbindung verfügen, vornehmlich wieder als Vorranggebiete Windenergie in den Regionalplänen ausgewiesen werden.

Die Regionalpläne sollen diese Belange bei der Auswahl der Vorranggebiete Windenergie berücksichtigen. Die Vorranggebiete der Regionalpläne 2020 und außerhalb dieser bestehende WEA sollen daher bevorzugt in die Regionalpläne als Vorranggebiete Windenergie übernommen werden, sofern sie den Zielen und Grundsätzen der Raumordnung entsprechen.

Auf die Ausweisung von Vorranggebieten Repowering soll fortan verzichtet werden. Weder das WindBG noch die §§ 245e und 249 BauGB geben vor, dass im Rahmen von Raumordnungsplänen besondere Flächen für das Repowering von WEA auszuweisen sind. Die Bundesnormen tragen dem berechtigten Interesse der Altanlagenbetreiber an einem dauerhaften Weiterbetrieb der WEA in anderer Form Rechnung. Zum einen sind gemäß § 249 Absatz 3 BauGB Repowering-Vorhaben nach § 16b Absatz 1 und 2 Gesetz zum Schutz vor schädlichen Umwelteinwirkungen durch Luftverunreinigungen, Geräusche, Erschütterungen und ähnliche Vorgänge (Bundes-Immissionsschutzgesetz – BImSchG) vom Zeitpunkt des Erreichens des Flächenbeitragswertes bis zum Ablauf des 30.12.2030 außerhalb von Windenergiegebieten privilegiert zulässig (§ 35 Absatz 1 Nummer 5 BauGB). Zum anderen können WEA auch nach Feststellung des zu erreichenden Flächenbeitragswertes außerhalb von Windenergiegebieten über § 249 Absatz 2 in Verbindung mit § 35 Absatz 2 BauGB als „sonstige Vorhaben" genehmigt werden, wenn die Genehmigungsvoraussetzungen insgesamt erfüllt sind.

B zu 3

Planungsgrundlage soll eine Referenz-WEA von 200 Metern Gesamthöhe mit einem Rotordurchmesser von 150 Metern und 5,3 Megawatt Nennleistung sein.

Es besteht zwar keine gesetzliche Verpflichtung, eine Referenzanlage für die Planung und Ausweisung von Vorranggebieten Windenergie heranzuziehen. Allerdings lässt sich bereits aus der Qualität der Gebietsausweisung als Vorranggebiet und dem Umstand, dass nach § 4 Absatz 1 Satz 5 WindBG keine Höhenbeschränkungen zugelassen sind, schließen, dass die ausgewiesene Fläche für eine wirtschaftliche Windenergienutzung geeignet sein muss. Hierfür spricht auch der Umstand, dass außerhalb der Vorranggebiete Windenergie nach Erreichung des Flächenbeitragswertes WEA nur noch gemäß § 35 Absatz 2 BauGB als sonstiges Vorhaben genehmigungsfähig sind (§ 249 Absatz 2 BauGB).

Diese Umstände sprechen dafür, dass die Landesplanungsbehörde bei der Ausweisung von Vorranggebieten Windenergie deren Geeignetheit für die Nutzung von WEA anhand einer Referenzanlage prüfen und zudem sicherstellen muss, dass die auf Landesebene gesetzlich festgelegten Energieerzeugungsziele (siehe B zu 1) erreicht werden können. Die Dimensionen der zukünftigen WEA bilden wesentliche Planungsparameter, da sich daraus sowohl der Flächenbedarf als auch die notwendigen Anforderungen an die Abgrenzungen der Vorranggebiete (unter anderem Mindestbreite) ableiten. Andernfalls bestünde die Gefahr, dass innerhalb der Vorranggebiete Windenergie nicht ausreichend leistungsfähige WEA realisiert werden könnten. Die Vorranggebiete Windenergie dürfen weder rechtliche noch tatsächliche Gründe aufweisen, die der Windenergienutzung vor Ort entgegen–gehalten werden könnten. Die Windenergienutzung muss sich auf den Flächen gegenüber anderen Nutzungsarten durchsetzen können.

Auch ist die Gesamthöhe der Referenzanlage für den planerischen Umgang mit Belangen der (militärischen) Flugsicherung oder des Deutschen Wetterdienstes von Bedeutung.

Dies legt insgesamt nahe, dass für die Ausweisung von rechtssicheren Vorrang-gebieten Windenergie eine Referenzanlage geboten ist.

Mit der Festlegung einer Referenzanlage, vor allem in Kombination mit einer Rotor-innerhalb-Planung, geht die Selbstbindung des Plangebers auf daraus hergeleitete Mindestabstände und Flächengeometrien (Mindestbreiten und Rundungen) der Vorranggebiete Windenergie einher. So sollen Vorranggebiete Windenergie grundsätzlich an jeder Stelle hinreichend Raum aufweisen, um der Referenzanlage einschließlich der Rotorblätter ausreichend Platz zu geben. Durch diese Regelung ergibt sich eine hohe Kongruenz zwischen den ausgewiesenen und den tatsächlich nutzbaren Vorranggebieten Windenergie.

Da für die Landesplanungsbehörde keine gesetzliche Verpflichtung besteht, eine Referenzanlage heranzuziehen, liegen auch keine gesetzlich vorgegebenen Abmessungen für eine solche vor. In einem solchen Fall muss die Referenzanlage auf Grundlage einer plausiblen Herleitung bestimmt werden. Zur Definition der Referenzanlage bieten sich für Schleswig-Holstein die Erfahrungen aus erteilten Genehmigungen für WEA nach dem BImSchG an. Ergänzend wurde auch die Referenzanlage aus der „Analyse der Flächenverfügbarkeit für Windenergie an Land post-2030" (Ermittlung eines Verteilungsschlüssels für das zwei-Prozent-Flächenziel auf Basis einer Untersuchung der Flächenpotenziale der Bundesländer; erstellt im Auftrag vom: Bundesministerium für Wirtschaft und Klimaschutz; Stand Mai 2022) herangezogen. Diese bemisst einen Rotordurchmesser von 165 Metern und je nach Standort eine Gesamthöhe von circa 250 Metern.

Von Januar 2023 bis Dezember 2023 wurden in Schleswig-Holstein 241 WEA neu genehmigt. Diese wiesen im Durchschnitt einen Rotordurchmesser von 144 Metern, eine durchschnittliche Gesamthöhe von 186 Metern und im Durchschnitt eine elektrische Nennleistung von 5,3 Megawatt auf.

Auf Grundlage dieser Daten wird seitens der Landesplanungsbehörde eine WEA mit einem Rotordurchmesser von 150 Metern, einer Gesamthöhe von 200 Metern und einer elektrischen Leistung von 5,3 Megawatt unter den Wind- und Landschaftsverhältnissen und Genehmigungsvoraussetzungen in Schleswig-Holstein als wirtschaftlich tragfähig angenommen. Nur in schmalen Vorranggebieten Windenergie oder randlichen Bereichen von Vorranggebieten Windenergie würde der Rotordurchmesser auf den Referenzdurchmesser begrenzt. Im Einzelfall kann auch von einem geringeren Rotordurchmesser ausgegangen werden, sofern eine Windenergienutzung hinreichend möglich erscheint. Die elektrische Nennleistung von 5,3 Megawatt spiegelt den Anlagendurchschnitt wieder und soll auch zur Berechnung des Erreichens des Energieziels herangezogen werden.

Letztgenanntes ist auch deshalb von entscheidender Bedeutung, da durch das WindBG die Flächenbereitstellung von Windenergiegebieten an energiewirtschaftliche und klimapolitische Bedarfe geknüpft ist, die sich aus den Ausbauzielen und -pfaden des EEG 2023 zum Erreichen der Klimaschutzziele ergeben.

Mit der Referenzanlage wird keine Höhenbeschränkung vorgegeben. Sie soll vielmehr als Referenz für die Ausgestaltung der Vorranggebiete und die Berechnung der energetischen Ausnutzung der ausgewiesenen Flächen herangezogen werden.

B zu 4 Z

Entsprechend § 4 Absatz 1 Satz 5 WindBG sind Flächen, die in Plänen ausgewiesen werden, welche nach dem 1. Februar 2023 wirksam geworden sind und Bestimmungen zur Höhe baulicher Anlagen enthalten, nicht auf den Flächenbeitragswert nach der Anlage des WindBG anzurechnen. Das Ziel der Raumordnung stellt in dieser Hinsicht sicher, dass sämtliche Vorranggebiete Windenergie auf den von Schleswig-Holstein zu erbringenden Flächenbeitragswert in Höhe von zwei Prozent (bei einer Rotor-außerhalb-Planung) der Landesfläche angerechnet werden können.

Das Verbot von Bestimmungen zur Höhe der WEA gilt sowohl für Festlegungen in Regionalplänen als auch für Darstellungen und Festsetzungen in Bauleitplänen und in gemeindlichen Satzungen, welche innerhalb von Vorranggebieten Windenergie aufgestellt werden. Es verbietet sowohl Bestimmungen zur Mindest- als auch zur Maximalhöhe von WEA. Ebenso unzulässig sind indirekte Höhenbestimmungen, die Mindestabstände zur Wohnbebauung abhängig von der Höhe der WEA enthalten.

Insbesondere Bauleitplanungen der Kommunen, die die auf Regionalplanebene getroffenen Flächenausweisung konkretisieren können, könnten Bestimmungen zur Höhe treffen. Dies würde den durch die Ausweisung von Vorranggebieten Windenergie auf Regionalplanebene erreichten Flächenbeitragswert nach dem WindBG gefährden, da die entsprechende Fläche dann nicht anrechenbar wäre. Durch ein (nachträgliches) Nichterreichen eines der Teilflächenziele wären Windenergievorhaben nach § 249 Absatz 7 Satz 1 Nummer 1 BauGB in dem jeweiligen Planungsraum gemäß § 35 Absatz 1 Nummer 5 BauGB privilegiert zulässig. Dies wird durch die Zielbestimmung verhindert, ohne übermäßig in die Selbstverwaltungsgarantie der Kommunen einzugreifen.

Daneben gebietet das Ziel auch die Erreichung der energie- und klimapolitischen Ziele, zu denen der Ausbau der Windenergie an Land einen maßgeblichen Beitrag leistet. So verfügen insbesondere höhere WEA über eine gesteigerte installierte Leistung. Sofern von vornherein nur kleinere WEA raumordnerisch beziehungsweise bauplanungsrechtlich genehmigungsfähig wären, bestünde die Gefahr des Nichterreichens dieser Ziele. Dem kann durch die Zielvorgabe effizient begegnet werden.

B zu 4 G

Neben der Ausweisung von Vorranggebieten Windenergie bleibt es den Gemeinden nach Erreichen der Flächenbeitragswerte unbenommen, innerhalb der Potenzialfläche Bauleitpläne zugunsten der Windenergie aufzustellen. Diese Flächen sollen für die Anrechenbarkeit zu den Flächenbeitragswerten aber nicht herangezogen werden. Sofern also im Einzelfall auf einer kommunal geplanten Fläche außerhalb der Vorranggebiete Windenergie die Windenergienutzung noch umsetzbar bleibt, kann auch eine Höhenfestlegung zulässig sein. Die Einschränkung der kommunalen Planungshoheit soll auf den Regelungsbedarf beschränkt bleiben, der zur Umsetzung der Vorgaben des WindBG zwingend erforderlich ist. Wenn die Gemeinden hierbei Windenergiegebiete im Sinne von § 2 Nummer 1 Buchstabe a) WindBG darstellen beziehungsweise festsetzen, sollen jedoch im Einklang mit den gesetzlichen Regelungen im WindBG keine Höhenbeschränkungen in diesen Plänen getroffen werden, um einen möglichst hohen Energieertrag je Fläche zu ermöglichen. Um den Auswirkungen des Plankonzeptes auf den Anlagenbestand im Land Rechnung zu tragen, können die Regionalpläne Vorranggebiete Repowering ausweisen, wenn dies in der Gesamtabwägung der Belange im jeweiligen Planungsraum erforderlich ist. Die Auswahl der dazu geeigneten Flächen erfolgt unabhängig von der Vorgabe, mit den Regionalplänen der Windenergie substanziell Raum zu verschaffen; sie trägt aber zur Erreichung der energiepolitischen Ziele bei. Gleichwohl gelten die für die Vorranggebiete Windenergie erarbeiteten Auswahlkriterien entsprechend. Weitere für den Zweck des Repowerings erforderliche Auswahlkriterien werden in den Regionalplänen anhand des teilräumlichen Bedarfs festgelegt. Die Befristung der Vorranggebiete Repowering ist zum einen erforderlich, um die dadurch angestrebte Entlastung der Landschaft von Altanlagen innerhalb des durchschnittlichen Geltungszeitraums der Regionalpläne zu erreichen. Zum anderen wird so sichergestellt, dass die Bevorzugung von Altanlagenbetreibern nach Ablauf der Frist endet, so dass die Benachteiligung neuer Anlagenbetreiber hinsichtlich der Nutzung der Vorranggebiete Repowering zeitlich beschränkt bleibt. Im Sinne der angestrebten frühzeitigeren Entlastung des Landschaftsbildes ist die Frist derart bemessen, dass eine tatsächliche Nutzung der Vorranggebiete Repowering innerhalb des Planungszeitraums des Regionalplans erfolgen kann. Auch unter Berücksichtigung der gegebenenfalls längeren Anlaufzeit von Projekten zur Nutzung der Vorranggebiete Repowering ist davon auszugehen, dass entsprechende Projekte innerhalb dieses Zeitrahmens umgesetzt werden können. Entsprechen die bebauten Vorranggebiete für Repowering dem Plankonzept, können die Regionalpläne sie bei zukünftigen Planfortschreibungen als Vorranggebiete Windenergie unter Berücksichtigung der gesamträumlichen Belastung übernehmen.

B zu 5

Die bisherige Planungspraxis der Rotor-innerhalb-Planung soll beibehalten werden. Bei der Rotor-innerhalb-Planung muss gemäß § 2 Nummer 2 WindBG eine WEA einschließlich Rotor vollständig innerhalb eines Windenergiegebietes liegen. Der Begriff des Windenergiegebietes wird in § 2 Absatz 2 Nummer 1 Buchstabe a) WindBG legaldefiniert. Danach sind Windenergiegebiete Vorranggebiete und mit diesen vergleichbare Gebiete in Raumordnungsplänen sowie Sonderbauflächen, Sondergebiete und mit diesen vergleichbare Ausweisungen in Flächennutzungsplänen und Bebauungsplänen. Für letztgenannte ist es ohne Belang, ob diese innerhalb von Vorranggebieten Windenergie oder der Potenzialfläche liegen.

Bei der Bemessung der Abstände zu schutzwürdigen Nutzungen und betroffenen Schutzgütern werden die Auswirkungen des Rotors der WEA immer mitberücksichtigt. Daher gilt für die Planung von WEA innerhalb der Windenergiegebiete, dass die Anlagen immer vollständig einschließlich Rotor innerhalb der Fläche liegen müssen. So wird auch gewährleistet, dass durch die WEA einzuhaltende Abstände nicht dadurch unterschritten werden, dass seitens des Vorhabenträgers die WEA innerhalb des Windenergiegebietes so platziert wird, dass der Rotor aus der Fläche herausragt.

Um sicherzustellen, dass die Abstandserfordernisse der Kapitel 4.5.1.1, 4.5.1.2, 4.5.1.3, 4.5.1.4 und 4.5.1.5 auch dann eingehalten werden, wenn eine raumbedeutsame Anlage außerhalb eines Windenergiegebietes errichtet werden soll, wird geregelt, dass für die Abstandsbemessung die Rotorblattspitze maßgeblich ist.

B zu 6

Ein wesentliches Ziel der Planung ist die räumliche Steuerung und Konzentration von WEA, um gleichzeitig größere zusammenhängende Landschaftsteile von Anlagen freizuhalten und eine mehr oder weniger flächendeckende Bebauung mit Einzelanlagen zu verhindern. Eine Konzentrationswirkung ist nur dann anzunehmen, wenn mehrere Anlagen in einem Gebiet gebündelt werden. Damit ein Vorranggebiet Windenergie und ein Windenergiegebiet außerhalb der Vorranggebiete Windenergie eine hinreichende Konzentrationswirkung in diesem Sinne erzielen, muss das Gebiet eine gewisse Mindestgröße aufweisen, die geeignet ist, mindestens zwei Referenzanlagen aufzunehmen.

Um diese Anforderung für die Ebene der Regionalplanung und für die der Bauleitplanung (gemeindliche Windenergiegebiete) umsetzen zu können, werden folgende Annahmen und Verfahrensregeln zugrunde gelegt:

Bei Flächen mit einer Größe unter 15 Hektar ist unter Zugrundelegung der Referenzanlage regelmäßig davon auszugehen, dass – unter Berücksichtigung der Mindestabstände der WEA untereinander – mindestens zwei Referenzanlagen nicht mehr errichtet werden können.

In räumlichem Zusammenhang stehende Flächen, die eine Größe zwischen fünf und 15 Hektar aufweisen und zusammen mindestens 15 Hektar ergeben, können als Vorranggebiet berücksichtigt werden. In diesen Fällen ist davon auszugehen, dass sie hinsichtlich ihrer Wirkung auf das Landschaftsbild und ihrem räumlichen Zusammenhang untereinander eine Konzentrationswirkung entfalten.

Aufgrund der heutigen Dimensionen von WEA an Land und der damit verbundenen Wirkung auf das Landschaftsbild wird ein räumlicher Zusammenhang zu einer Nachbarfläche bis zu einer Entfernung von 600 Metern angenommen. Das entspricht einem durchschnittlichen Abstand moderner WEA untereinander, wodurch optisch der Eindruck eines Windparks bestehen und die Konzentrationswirkung erhalten bleibt.

Einzelstandorte stehen einer Konzentrationsplanung im Übrigen entgegen.

B zu 7

Das Ziel dient der Ermöglichung und Förderung der Mehrfachnutzung und Bündelung von Flächen für die Nutzung der Wind- und Sonnenenergie und der dafür notwendigen Infrastruktur. Gleichzeitig dient es der Sicherung einer geordneten regionalplanerischen Festlegung von Vorranggebieten Windenergie und der möglichen Ausnutzung derselben. Zudem wird eine weitergehende Inanspruchnahme des Außenbereichs verhindert.

Um das Flächenziel aus Absatz 1 G zu erreichen, muss Schleswig-Holstein seine Raumordnungspläne für Windenergie an Land fortschreiben. Die Ausweisung der Windenergiegebiete als Vorranggebiete setzt voraus, dass der Plangeber bereits bei der Ausweisung der Windenergiegebiete davon ausgehen kann, dass die Nutzung der Windenergie an Land sich in diesem Gebiet gegenüber anderen Belangen durchsetzen wird.

Der Bundesgesetzgeber erkannte selbst, dass „ein wesentliches Hemmnis für den Ausbau der Windenergie an Land (...) der Mangel an verfügbarer Fläche (ist)." (BT Drs. 20/2355 S. 17). Die für Windenergie an Land geeigneten Flächen konkurrieren indes mit denen für Solar-Freiflächenanlagen im Außenbereich. Dabei gereicht der Windenergie an Land zum Nachteil, dass die Planung auf Raumordnungsebene von einer Komplexität geprägt ist und mehr Zeit in Anspruch nimmt als die Bauleitplanung auf kommunaler Ebene. Es kann damit zu einer Überholung der Planung von Vorranggebieten Windenergie durch eine Solar-Freiflächenplanung während der Planungsaufstellungsverfahren der Regionalpläne Windenergie an Land kommen.

Nach § 2 EEG besteht bei den beiden erneuerbaren Energieformen untereinander kein Vorrang der einen gegenüber der anderen Energiegewinnungs-Variante.

Um einerseits den Flächenbeitragswert nach dem WindBG und andererseits eine Bündelung beider erneuerbarer Energien zu erreichen, bedarf es der Koordination beider Technologien. Andernfalls besteht die Gefahr, dass die Vorranggebiete Windenergie bei uneingeschränkter Nutzbarkeit durch Solar-Freiflächenanlagen nicht auf den Flächenbeitragswert angerechnet werden können (Arbeitshilfe zum Vollzug des Gesetzes zur Erhöhung und Beschleunigung des Ausbaus von Windenergieanlagen an Land [sog. Wind-an-Land-Gesetz] [Arbeitshilfe Wind-an-Land] beschlossen durch die Fachkommission Städtebau und den Ausschuss für Recht und Verfahren der Ministerkonferenz für Raumordnung am 3. Juli 2023, Seite 8).

Um bereits frühzeitig im Rahmen der Regionalplanung für Windenergie geeignete Flächen vor der ausschließlichen Nutzbarkeit durch Solar-Freiflächenanlagen zu bewahren, unterfallen auch in Aufstellung befindliche Ziele der Raumordnung betreffend Vorranggebiete Windenergie in Regionalplänen dem Ziel. Es ist zulässig, als Ziel der Raumordnung ergänzend eine einzelne Nutzung innerhalb dieser Gebiete auszuschließen, insbesondere, wenn es planerischer Wille ist, dadurch den formulierten späteren Nutzungsvorrang der Windenergie zu sichern. Die Sicherung der raumordnerisch gesteuerten Windplanung rechtfertigt dies.

Der Vorrang der Windenergie ist im Rahmen der Solar-Freiflächenplanung verbindlich zu regeln. Eine solche Regelung kann auf der bauleitplanerischen Ebene mit entsprechenden Festsetzungen im Bebauungsplan umgesetzt werden, so dass eine Solar-Freiflächennutzung nur bis zu dem Zeitpunkt der Genehmigung von WEA zulässig ist. Es ist sicherzustellen, dass der Vorhabenträger der Solar-Freiflächenanlage die Solar-Freiflächenanlagen in erforderlichem Umfang zurückbaut oder den Rückbau duldet, soweit dies räumlich und zeitlich für die Errichtung, den Betrieb oder das Repowering eines raumbedeutsamen Windenergievorhabens erforderlich ist. Hiervon betroffen dürfte nur ein Teil der Solar-Freiflächenanlagen sein. Diese Verpflichtung muss sowohl für den Fall bestehen, dass noch keine WEA auf der Fläche errichtet worden ist, als auch für den Fall, dass die Fläche bereits mit WEA bebaut ist. Denn durch die Verpflichtung werden spätere Standortänderungen der WEA zum Beispiel durch ein Repowering bereits einer Lösung zugeführt.

Neben einer bauleitplanerischen Regelung ist es auch denkbar, dass der Vorhabenträger der Solar-Freiflächenanlage eine entsprechende Verpflichtungserklärung abgibt.

Das Ziel ermöglicht eine Nutzung von WEA und Solar-Freiflächenanlagen auf gleicher Fläche bei Sicherstellung des Vorrangs der Windenergienutzung.

Die mit dem Ziel einhergehende (zeitliche) Einschränkung der gemeindlichen Planungshoheit, der Grundstückseigentümer und sonstigen dinglich Berechtigten von Solar-Freiflächenanlagen ist im Interessenausgleich beider erneuerbarer Energieformen mit dem Vorbehalt, dass das Ziel zu keinem Verbot der Solar-Freiflächenanlagen führt, verfassungsgemäß.

Mit dem Ziel wird der raumordnungsrechtliche Interessenausgleich zwischen der Windenergienutzung, der Solar-Freiflächennutzung und sonstigen Belangen gesichert. Ebenso wird die in Aufstellung befindliche raumordnerische Windplanung als auch der seitens des Bundesgesetzgebers initiierte raumordnungsrechtliche Planungsauftrag der Windenergie an Land gesichert.

4.5.1.1 Siedlungsstruktur

Grundsätze und Ziele der Raumordnung

1 Z

800 Meter Umgebungsbereich um Siedlungsbereiche mit Wohn-, Erholungs-, Tourismus- oder Gesundheitsfunktion

Die Ausweisung von Windenergiegebieten und die Errichtung raumbedeutsamer WEA sind in Bereichen mit Wohn-, Erholungs-, Tourismus- oder Gesundheitsfunktion, die nach § 30 BauGB und nach § 34 BauGB zu beurteilen sind (Siedlungsbereiche), sowie in einem Umgebungsbereich von 800 Metern um die vorgenannten Bereiche ausgeschlossen. Dies gilt auch für planverfestigte Siedlungsflächenausweisungen mit Wohn-, Erholungs-, Tourismus- oder Gesundheitsfunktion, die im Anschluss an Siedlungsbereiche liegen.

G (1)800 bis 1.000 Meter Umgebungsbereich von

Siedlungsbereichen mit Wohn-, Erholungs-, Tourismus- oder Gesundheitsfunktion

Der Umgebungsbereich von 800 bis 1.000 Metern um Bereiche mit Wohn-, Erholungs-, Tourismus- oder Gesundheitsfunktion, die nach § 30 BauGB und nach § 34 BauGB zu beurteilen sind, sowie um planverfestigte Siedlungsflächenausweisungen mit Wohn-, Erholungs-, Tourismus- oder Gesundheitsfunktion, die im Anschluss an Siedlungsbereiche liegen, soll von Windenergiegebieten freigehalten werden, sofern noch keine weithin sichtbare Vorbelastung der Landschaft, beispielsweise durch eine Windenergienutzung oder andere Energieinfrastrukturen, besteht.

G (2)

Umgebungsbereich um Flächen für den Gemeinbedarf

Bei Flächen für den Gemeinbedarf, die für einen regelmäßigen längeren Aufenthalt bestimmt sind, soll geprüft werden, ob im Einzelfall ein Umgebungsbereich wie in 1 Z zugrunde gelegt werden kann.

2 Z

Einzelhäuser und bebaute Bereiche mit Wohnnutzung im Außenbereich sowie Gewerbe- und Sondergebiete zuzüglich 400 Meter Umgebungsbereich

Die Ausweisung von Windenergiegebieten und die Errichtung raumbedeutsamer WEA sind in einem Umgebungsbereich von 400 Metern um Einzelhäuser und bebaute Bereiche im Außenbereich mit Wohnnutzung ausgeschlossen.

Ebenso sind die Ausweisung von Windenergiegebieten und die Errichtung raumbedeutsamer WEA ausgeschlossen

- in Gewerbegebieten nach § 8 der Verordnung über die bauliche Nutzung der Grundstücke (Baunutzungsverordnung – BauNVO) in Bereichen gemäß § 30 BauGB und in planerisch verfestigten Gewerbeflächenausweisungen sowie jeweils in einem Umgebungsbereich von 400 Metern;
- in faktischen Gewerbegebieten gemäß § 34 Absatz 2 BauGB in Verbindung mit § 8 BauNVO und in einem Umgebungsbereich von 400 Metern;
- in Sonderbauflächen nach § 1 Absatz 1 Nummer 4 BauNVO und sonstigen Sondergebieten nach § 11 BauNVO; ausgenommen sind bestehende sowie in Aufstellung befindliche Sonderbauflächen und sonstige Sondergebiete, die der Erforschung, Entwicklung oder Nutzung erneuerbarer Energien dienen;
- in einem Umgebungsbereich von 400 Metern um Sonderbauflächen nach § 1 Absatz 1 Nummer 4 BauNVO und sonstige Sondergebiete nach § 11 BauNVO, die nicht der Erforschung, Entwicklung oder Nutzung erneuerbarer Energien dienen.

G

Umgebungsbereich um planverfestigte Siedlungsflächen im Außenbereich

Bei planverfestigten Siedlungsflächenausweisungen, die nicht an die Siedlungsbereiche angrenzen und gemäß § 35 BauGB eingestuft sind, soll geprüft werden, ob im Einzelfall ein Umgebungsbereich wie in 1 Z zugrunde gelegt werden kann.

3 Z

Gegenseitige Beachtung von Abstandserfordernissen von Siedlungsentwicklungen und Windenergienutzung

Bei der gemeindlichen Siedlungsentwicklung sind Abstände zu Windenergiegebieten entsprechend der Schutzwürdigkeit der geplanten Nutzungen einzuhalten. Diese entsprechen den Umgebungsbereichen aus den Absätzen 1 Z und 2 Z.

4 Z

Siedlungsachsen, besondere Siedlungsräume, Baugebietsgrenzen, baulich zusammenhängende Siedlungsgebiete sowie Entwicklungs- und Entlastungsorte

Die Ausweisung von Windenergiegebieten und die Errichtung raumbedeutsamer WEA sind ausgeschlossen innerhalb

- der in den Regionalplänen festgelegten Siedlungsachsen und besonderen Siedlungsräumen,
- von in den Regionalplänen festgelegten Baugebietsgrenzen,
- des baulich zusammenhängenden Siedlungsgebiets der zentralen Orte,
- der in den Regionalplänen festgelegten Entwicklungs- und Entlastungsorte.

G

Umgebungsbereiche um Siedlungsachsen, besondere Siedlungsräume, Baugebietsgrenzen, baulich zusammenhängende Siedlungsgebiete sowie Entwicklungs- und Entlastungsorte

Bei der Ausweisung von Windenergiegebieten und der Errichtung raumbedeutsamer WEA sollen die Abstände der Windenergiegebiete in 1 Z und G zu den in 4 Z genannten Gebietskategorien berücksichtigt werden. Ein Umgebungsbereich von 400 Metern ist ausreichend, wenn im konkreten für die Abstandsbemessung maßgeblichen Bezugsraum in der Siedlungsachse oder im besonderen Siedlungsraum, im Entwicklungs- und Entlastungsort oder innerhalb der Baugebietsgrenzen eine gewerbliche Nutzung vorhanden oder geplant ist.

5 G

Umgebungsbereiche um geplante Siedlungsentwicklungen und Standorte für Gewerbegebiete an Landesentwicklungsachsen

Bei der Ausweisung von Windenergiegebieten sollen geplante Siedlungsentwicklungen der Gemeinden und die in den Regionalplänen festgelegten überregionalen Standorte für Gewerbegebiete an Landesentwicklungsachsen mit den Umgebungsbereichen nach 1 Z und G (1) sowie 2 Z berücksichtigt werden.

6 G

Stadt- und Umlandbereiche sowie Verdichtungsräume

Bei der Ausweisung von Windenergiegebieten sollen die Erfordernisse der Stadt- und Umlandbereiche in ländlichen Räumen sowie der Verdichtungsräume in den Ordnungsräumen Hamburg, Lübeck und Kiel berücksichtigt werden.

7 G

Umfassung von Ortslagen durch die Windenergienutzung

Eine unzumutbare Umfassung von Ortslagen durch WEA soll vermieden werden. Dafür soll geprüft werden, ob Umfang und Anzahl von Windenergiegebieten in unmittelbarer räumlicher Nähe zu Ortslagen im Einzelfall begrenzt werden müssen.

Begründung

Nicht abgedruckt.

4.5.1.2 Militärische Belange, Infrastruktur, Tourismus, Erholung und Freiraumschutz

Grundsätze und Ziele der Raumordnung

1 G

Militärische Belange

Bei der Ausweisung von Windenergiegebieten sollen die militärischen Belange der Verteidigung berücksichtigt werden. Hierzu zählen über die ohnehin der Windenergienutzung entzogenen militärischen Liegenschaften und Anlagen hinaus insbesondere Bauschutzbereiche der Flugplätze Hohn und Schleswig-Jagel, Radaranlagen und entsprechende Schutzbereiche, Interessensgebiete von Funkdienststellen, Richtfunkstrecken sowie Produktfernleitungen.

2 Z

Schienenverkehrswege und Umgebungsbereiche

Die Ausweisung von Windenergiegebieten und die Errichtung raumbedeutsamer WEA in einem Umgebungsbereich von 100 Metern beiderseits von bestehenden sowie im Planfeststellungsverfahren befindlichen und planfestgestellten Schienenverkehrswegen sind ausgeschlossen.

3 Z

Vorhaben von Straßenverkehrswegen und Umgebungsbereiche

Die Ausweisung von Windenergiegebieten und die Errichtung raumbedeutsamer WEA sind ausgeschlossen innerhalb eines beiderseitigen Umgebungsbereiches

- von 200 Metern bei Vorhaben von Straßenverkehrswegen laufender und abgeschlossener Linienbestimmungsverfahren und
- von 100 Metern bei Straßenverkehrswegen in Planfeststellungsverfahren.

G

Abstände zu bestehenden und geplanten Vorhaben des Straßenverkehrs

(1) Bei der Ausweisung von Windenergiegebieten sollen Sicherheit und Leichtigkeit des Verkehrs sowie die Abstandserfordernisse zu Straßenverkehrswegen berücksichtigt werden.

(2) Bei der Ausweisung von Windenergiegebieten sollen die Trassen des vordringlichen und weiteren Bedarfs des Bundesverkehrswegeplanes berücksichtigt werden. Planungen ohne verbindliche Festlegung der Linie, sollen bei der Ausweisung von Windenergiegebieten mit dem im Bundesverkehrswegeplan festgelegten Korridor berücksichtigt werden. Gleiches gilt für in Planung befindliche Straßenneubauvorhaben des Landes mit deren festgelegten Korridoren.

4 Z

Platzrunden um Flugplätze

Die Ausweisung von Windenergiegebieten und die Errichtung raumbedeutsamer WEA innerhalb der zur Regelung des Flugverkehrs an Flugplätzen bestimmten Platzrunde einschließlich eines Umgebungsbereiches von 400 Metern zum Gegenanflug sowie 850 Metern zu den anderen Teilen von Platzrunden einschließlich der Kurventeile sind ausgeschlossen.

G

An- und Abflugbereiche sowie Hindernisbegrenzungsflächen von Flugplätzen

Bei der Ausweisung von Windenergiegebieten sollen die An- und Abflugbereiche sowie die daran anschließenden Hindernisbegrenzungsflächen von Flugplätzen berücksichtigt werden.

5 Z

Umkreis um die Radarstation Boostedt

Die Ausweisung von Windenergiegebieten und die Errichtung raumbedeutsamer WEA im Umkreis von fünf Kilometern um die Radarstation des Deutschen Wetterdienstes in der Gemeinde Boostedt sind ausgeschlossen.

6 G

Korridore von Richtfunkstrecken

Bei der Ausweisung von Windenergiegebieten sollen die Korridore hoheitlicher Richtfunkstrecken berücksichtigt werden.

7 Z

Schutzstreifen entlang von Landesschutz- und Regionaldeichen

Innerhalb eines 50 Meter breiten Streifens seewärts und eines 100 Meter breiten Streifens landwärts entlang des Verlaufs der Deichkrone von Landesschutz- und Regionaldeichen sind die Ausweisung von Windenergiegebieten und die Errichtung raumbedeutsamer WEA ausgeschlossen.

G

Mittel- und Binnendeiche

Bei der Ausweisung von Windenergiegebieten sollen die Schutzfunktionen von Mittel- und Binnendeichen berücksichtigt werden.

8 G

Bestehende und geplante Infrastrukturen des Hoch- und Höchstspannungsnetzes

Bei der Ausweisung von Windenergiegebieten soll der Schutz der bestehenden und geplanten Infrastrukturen des Hoch- und Höchstspannungsnetzes Berücksichtigung finden.

9 G

Schwerpunkträume für Tourismus und Erholung sowie Kernbereiche für Tourismus und/oder Erholung

Bei der Ausweisung von Windenergiegebieten sollen die Erfordernisse der Schwerpunkträume für Tourismus und Erholung sowie der Kernbereiche für Tourismus und/oder Erholung berücksichtigt werden.

10 G

Regionale Grünzüge

Bei der Ausweisung von Windenergiegebieten sollen die regionalen Grünzüge berücksichtigt werden.

11 G

Landschaftsschutzgebiete

Bei der Ausweisung von Windenergiegebieten sollen besonders hochwertige naturräumliche und landschaftlich wertvolle Bereiche innerhalb von Landschaftsschutzgebieten berücksichtigt werden.

12 G

Naturparke

Bei der Ausweisung von Windenergiegebieten sollen die besonderen Funktionen von Naturparken berücksichtigt werden

Begründung

Nicht abgedruckt.

4.5.1.3 Gebiets- und Artenschutz

Grundsätze und Ziele der Raumordnung

1 Z

Europäische Vogelschutzgebiete und Umgebungsbereiche

(1) Innerhalb von Europäischen Vogelschutzgebieten (EU-VSG) sind die Ausweisung von Windenergiegebieten und die Errichtung raumbedeutsamer WEA ausgeschlossen.

(2) Im Umgebungsbereich von 1.000 Metern um EU-VSG sind die Ausweisung von Windenergiegebieten und die Errichtung raumbedeutsamer WEA ausgeschlossen.

Ausgenommen von diesem Ausschluss sind Ausweisungen von Windenergiegebieten um Standorte von WEA, die den Zielen der Raumordnung des Kapitels 4.5.1 entsprechen, und sofern eine FFH-Verträglichkeitsprüfung bestätigt, dass erhebliche Beeinträchtigungen der Erhaltungsziele des EU-VSG ausgeschlossen werden. In der Karte (Anlage 2 zu § 1 der LEPWindVO) sind Bereiche um Standorte von WEA innerhalb des Umgebungsbereiches von 1.000 Metern um EU-VSG dargestellt, die den übrigen Zielen der Raumordnung des Kapitels 4.5.1 entsprechen.

2 Z

Naturschutzgebiete und Umgebungsbereiche

In folgenden Schutzgebietskategorien sind die Ausweisung von Windenergiegebieten und die Errichtung raumbedeutsamer WEA ausgeschlossen:

- Naturschutzgebiete (NSG) gemäß § 23 BNatschG in Verbindung mit § 13 LNatschG;
- Gebiete, die nach § 22 BNatSchG in Verbindung mit § 12a Absatz 3 LNatSchG als NSG einstweilig sichergestellt sind;
- Gebiete, für die nach § 12a Absatz 2 LNatSchG das Verfahren zur Unterschutzstellung eingeleitet ist;
- Gebiete, die die Voraussetzungen für eine Unterschutzstellung nach § 23 BNatSchG in Verbindung mit § 13 LNatSchG erfüllen.

Um Beeinträchtigungen der Gebiete von außen zu verhindern, sind eine Ausweisung von Windenergiegebieten und die Errichtung raumbedeutsamer WEA auch für einen Umgebungsbereich von 100 Metern um die vorgenannten Gebiete herum unzulässig.

3 Z

Fauna-Flora-Habitat-Gebiete und Umgebungsbereiche

In Fauna-Flora-Habitat-Gebieten (FFH-Gebiete) in Schleswig-Holstein sind die Ausweisung von Windenergiegebieten und die Errichtung raumbedeutsamer WEA ausgeschlossen.

Dieser Ausschluss von Windenergienutzungen gilt auch für einen Umgebungsbereich von 100 Metern um die FFH-Gebiete herum.

Ein erweiterter Umgebungsbereich von insgesamt 200 Metern gilt für folgende Gebiete, deren Erhaltungsziele den Schutz von Fledermäusen umfassen:

Tabelle nicht abgedruckt

4 Z

Nationalpark Schleswig-Holsteinisches Wattenmeer und Umgebungsbereich

Die Ausweisung von Windenergiegebieten und die Errichtung raumbedeutsamer WEA sind im Nationalpark Schleswig-Holsteinisches Wattenmeer, der Teil des grenzüberschreitenden UNESCO Weltnaturerbes Wattenmeer ist, einschließlich eines Umgebungsbereiches von 300 Metern dazu ausgeschlossen. Der Ausschluss gilt auch für die nordfriesischen Halligen außerhalb des Nationalparks.

5 Z

Gesetzlich geschützte Biotope

In gesetzlich geschützten, flächenhaften, unmittelbar räumlich zusammenhängenden Biotopen mit einer Größe von insgesamt mindestens fünf Hektar sind die Ausweisung von Windenergiegebieten und die Errichtung raumbedeutsamer WEA ausgeschlossen.

G

Schwerpunktbereiche und Verbundachsen des Schutzgebiets- und Biotopverbundsystems, Kleinstbiotope

(1) Für die in den Landschaftsrahmenplänen das Landes Schleswig-Holstein dargestellten Schwerpunktbereiche und wichtigen Verbundachsen des Schutzgebiets- und Biotopverbundsystems soll geprüft werden, ob eine Ausweisung von Windenergiegebieten mit dem Schutzgebiets- und Biotopverbundsystem vereinbar ist.

(2) Bei der Ausweisung von Windenergiegebieten sollen Flächen, auf denen mehrere gesetzlich geschützte Kleinstbiotope auf engem Raum beieinanderliegen, dahingehend geprüft werden, ob aufgrund der vorhandenen Biotopdichte die Mindestgröße gemäß Kapitel 4.5.1 Absatz 6 Z verbleibt.

6 Z

Umgebungsbereiche um Naturwälder

Die Ausweisung von Windenergiegebieten und die Errichtung raumbedeutsamer WEA sind in einem Umgebungsbereich von 100 Metern um Naturwälder ausgeschlossen.

7 Z

Dichtezentrum für Seeadlervorkommen

Innerhalb des in den Landschaftsrahmenplänen des Landes Schleswig-Holstein dargestellten Dichtezentrums für Seeadlervorkommen (im Kreis Plön und in Teilen der Kreise Rendsburg-Eckernförde, Segeberg und Ostholstein sowie der Landeshauptstadt Kiel) sind die Ausweisung von Windenergiegebieten und die Errichtung raumbedeutsamer WEA ausgeschlossen.

8 Z

Wintermassenquartiere für Fledermäuse und Umgebungsbereiche

Im Umgebungsbereich mit einem Radius von 3.000 Metern der Wintermassenquartiere für Fledermäuse (Levensauer Hochbrücke, Segeberger Kalkberghöhle, Bunker Kropp und Brauereikeller Schleswig) sind die Ausweisung von Windenergiegebieten und die Errichtung raumbedeutsamer WEA ausgeschlossen.

9 Z

Küstenstreifen als Nahrungs- und Rastgebiet für Vögel

Entlang von Küstenstreifen an der Nordsee und auf Fehmarn mit herausragender Bedeutung als Nahrungs- und Rastgebiet außerhalb von EU-VSG sowie auf der Insel Helgoland sind die Ausweisung von Windenergiegebieten und die Errichtung raumbedeutsamer WEA ausgeschlossen. Der Küstenstreifen ist in der Karte (Anlage 2 zu § 1 der LEPWindVO) festgelegt.

10 Z

International bedeutsame Nahrungsgebiete, Schlafplätze und Flugkorridore von Zwergschwänen

In international bedeutsamen Nahrungsgebieten, Schlafplätzen und Flugkorridoren von Zwergschwänen, die außerhalb von EU-VSG liegen, sind die Ausweisung von Windenergiegebieten und die Errichtung raumbedeutsamer WEA ausgeschlossen.

Die international bedeutsamen Gebiete sind in der Karte (Anlage 2 zu § 1 der LEPWindVO) festgelegt.

11 Z

Kolonien von Trauer- und Lachseeschwalben und Umgebungsbereiche

In Brutkolonien von Trauerseeschwalben einschließlich eines Umgebungsbereiches von 1.000 Metern und in der Lachseeschwalben-Brutkolonie bei Neufeld einschließlich eines Umgebungsbereiches von 3.000 Metern sind die Ausweisung von Windenergiegebieten und die Errichtung raumbedeutsamer WEA ausgeschlossen. Die Brutkolonien sind in der Karte (Anlage 2 zu § 1 der LEPWindVO) festgelegt.

12 Z

Querungshilfen zum Austausch zwischen Populationen wandernder Arten

Im Bereich der unmittelbaren Brückenköpfe und prioritären Zuleitungskorridore von Querungshilfen zum Austausch zwischen Populationen wandernder Arten über bestehende und geplante Bundesautobahnen sind die Ausweisung von Windenergiegebieten und die Errichtung raumbedeutsamer WEA ausgeschlossen. Die unmittelbaren Brückenköpfe und prioritären Zuleitungskorridore sind in der Karte (Anlage 2 zu § 1 der LEPWindVO) festgelegt.

13 G

Schlafgewässer von Kranichen und Umgebungsbereiche

Bei der Ausweisung von Windenergiegebieten im Umkreis von 3.000 Metern um landesweit bedeutsame Schlafgewässer der Kraniche sollen die Anforderungen des Artenschutzes berücksichtigt werden.

14 G

Nahrungsgebiete für Gänse und Singschwäne außerhalb von EU-Vogelschutzgebieten

Bei der Ausweisung von Windenergiegebieten in Nahrungsgebieten für Gänse (ohne Graugänse und Neozoen) und Singschwäne außerhalb von EU-VSG sollen die Anforderungen des Artenschutzes berücksichtigt werden.

15 Z

Hauptachsen des überregionalen Vogelzugs mit besonderer Bedeutung

In den Hauptachsen des überregionalen Vogelzuges mit besonderer Bedeutung,

charakterisiert durch eine sehr hohe Zugintensität, sind die Ausweisung von Windenergiegebieten und die Errichtung raumbedeutsamer WEA ausgeschlossen. Die Hauptachsen des überregionalen Vogelzuges mit besonderer Bedeutung sind in der Karte (Anlage 2 zu § 1 der LEPWindVO) festgelegt.

G

Hauptachsen des überregionalen Vogelzugs mit Bedeutung

Bei der Ausweisung von Windenergiegebieten sollen innerhalb der Hauptachsen des überregionalen Vogelzuges mit Bedeutung, die außerhalb der nach 15 Z ausgeschlossenen Bereiche liegen, die Anforderungen des Artenschutzes und der Funktionsfähigkeit der Hauptachsen berücksichtigt werden. Dies betrifft einen Korridor von Schleswig zur Husumer Bucht, Bereiche entlang des Küstenstreifens der Nordsee, einen Bereich südlich der Eider-Treene-Sorge-Niederung und einen Bereich entlang der Stör sowie Teilbereiche von Fehmarn.

16 Z

Wiesenvogel-Brutgebiete mit besonders hohen Siedlungsdichten und Bereiche mit hohem Wiederbesiedlungspotenzial

In Wiesenvogelbrutgebieten mit einer besonders hohen Siedlungsdichte sowie in Bereichen mit hohem Wiederbesiedlungspotenzial sind die Ausweisung von Windenergiegebieten und die Errichtung raumbedeutsamer WEA ausgeschlossen. Die Wiesenvogelbrutgebiete mit einer besonders hohen Siedlungsdichte und die Bereiche mit hohem Wiederbesiedlungspotenzial sind in der Karte (Anlage 2 zu § 1 der LEPWindVO) festgelegt.

G

Wiesenvogel-Brutgebiete mit hohen Siedlungsdichten

Bei der Ausweisung von Windenergiegebieten in Wiesenvogelbrutgebieten mit hohen Siedlungsdichten außerhalb der nach 16 Z ausgeschlossenen Bereiche sollen die Anforderungen des Artenschutzes berücksichtigt werden.

17 Z

Nahbereiche um Brutplätze windkraftsensibler Großvögel

(1) Die Ausweisung von Windenergiegebieten ist innerhalb von 500 Metern um Brutplätze der nachfolgend genannten windkraftsensiblen und kollisionsgefährdeten Großvögel ausgeschlossen:
- Seeadler (Einzelbrutplätze außerhalb des Dichtezentrums für Seeadlervorkommen),
- Rotmilan und
- Weißstorch.

(2) Die Ausweisung von Windenergiegebieten ist innerhalb von 500 Metern um Brutplätze des gegenüber Störungen durch WEA besonders sensiblen Schwarzstorches ausgeschlossen.

G

Umgebungsbereiche um Brutplätze windkraftsensibler Großvögel

(1) Um Brutplätze der nachfolgend genannten windkraftsensiblen Großvögel soll anschließend an den nach 17 Z ausgeschlossenen Bereich im angegebenen Umgebungsbereich in der Regel keine Ausweisung von Windenergiegebieten stattfinden:
- Seeadler: 500 Meter bis 2.000 Meter (Einzelhorste außerhalb des Dichtezentrums für Seeadlervorkommen),
- Rotmilan: 500 Meter bis 1.200 Meter,
- Weißstorch: 500 Meter bis 1.000 Meter.

(2) Um genutzte Brutplätze von Schwarzstörchen soll anschließend an den nach 17 Z ausgeschlossenen Bereich in einem Umgebungsbereich von 500 Metern bis 2.000 Metern in der Regel keine Ausweisung von Windenergiegebieten stattfinden.

18 G

Nordfriesische Inseln

Auf den nordfriesischen Inseln soll aufgrund der hohen Bedeutung für den Vogelschutz und für den Tourismus in der Regel keine Ausweisung von Windenergiegebieten stattfinden. Darüber hinaus soll in den Bereichen von bestehenden raumbedeutsamen WEA geprüft werden, ob eine Ausweisung von Windenergiegebieten mit den genannten Schutzbedarfen vereinbar ist

Begründung

Nicht abgedruckt.

4.5.1.4 Boden und Wasser

Grundsätze und Ziele der Raumordnung

1 Z

Gewässer erster und zweiter Ordnung sowie Seen und Teiche ab einem Hektar

In Gewässern erster Ordnung sowie Seen und Teichen mit einer Größe von mindestens einem Hektar sind die Ausweisung von Windenergiegebieten und die Errichtung von raumbedeutsamen WEA ausgeschlossen. Der Ausschluss gilt ebenfalls für Gewässer zweiter Ordnung, soweit sie in der Anlage der Landesverordnung zur Sondernutzung am Meeresstrand und über Schutzstreifen an Gewässern zweiter Ordnung aufgeführt sind.

G

Übrige Gewässer zweiter Ordnung sowie Seen und Teiche unter einem Hektar

Für Gewässer zweiter Ordnung sowie Seen und Teiche mit einer Größe von weniger als einem Hektar, die nicht unter Absatz 1 Z fallen, soll geprüft werden, ob die Ausweisung von Windenergiegebieten über die Gewässerflächen hinweg mit den jeweiligen Schutzbelangen vereinbar ist.

2 Z

Zonen II von Wasserschutzgebieten

Die Ausweisung von Windenergiegebieten und die Errichtung raumbedeutsamer WEA sind in der Zone II der festgesetzten Wasserschutzgebiete (WSG) ausgeschlossen.

3 G

Vorranggebiete für den vorbeugenden Binnenhochwasserschutz

Bei der Ausweisung von Windenergiegebieten sollen die Funktionen der Vorranggebiete für den vorbeugenden Binnenhochwasserschutz berücksichtigt werden.

4 G

Talräume an natürlichen Gewässer und an erheblich veränderten Wasserkörpern

Bei der Ausweisung von Windenergiegebieten sollen die Schutzbelange von Talräumen an natürlichen Gewässern und an erheblich veränderten Wasserkörpern (HMWB= Heavily Modified Water Bodies) gemäß der europäischen Wasserrahmenrichtlinie 2000/60/EG (WRRL) beziehungsweise dem Gesetz zur Ordnung des Wasserhaushalts (Wasserhaushaltsgesetz – WHG) berücksichtigt werden.

5 Z

Vorranggebiete für den Abbau oberflächennaher Rohstoffe

Die Ausweisung von Windenergiegebieten und die Errichtung raumbedeutsamer WEA sind innerhalb der in den Regionalplänen festgelegten Vorranggebiete für den Abbau oberflächennaher Rohstoffe ausgeschlossen. Ausgenommen sind die Gebiete, in denen der Abbau abgeschlossen ist.

G

Vorbehaltsgebiete für den Abbau oberflächennaher Rohstoffe

Bei der Ausweisung von Windenergiegebieten soll den Belangen der Rohstoffsicherung in den Vorbehaltsgebieten für den Abbau oberflächennaher Rohstoffe ein besonderes Gewicht beigemessen werden.

6 G

Schützenswerte Geotope

Bei der Ausweisung von Windenergiegebieten sollen die geomorphologischen oder erdgeschichtlichen Besonderheiten schützenswerter Geotope nicht beeinträchtigt werden.

7 G

Kompensations- und Ökokontoflächen

Bei der Ausweisung von Windenergiegebieten sollen die räumlichen Bedarfe von Kompensationsflächen sowie Ökokontoflächen berücksichtigt werden.

Begründung

Nicht abgedruckt.

4.5.1.5 Kultur und sonstige Sachgüter

Grundsätze und Ziele der Raumordnung

1 G

Belange des Denkmalschutzes

Bei der Ausweisung von Windenergiegebieten sollen die Belange des Denkmalschutzes berücksichtigt werden.

2 Z

UNESCO-Welterbestätte Hansestadt Lübeck

Die Ausweisung von Windenergiegebieten und die Errichtung raumbedeutsamer WEA sind innerhalb der als Sichtachsen auf die UNESCO-Welterbestätte „Hansestadt Lübeck" definierten Bereiche, die in der Karte (Anlage 2 zu § 1 der LEPWindVO) festgelegt sind, ausgeschlossen.

3 Z

UNESCO-Welterbestätte Archäologischer Grenzkomplex Haithabu und Danewerk

Die Ausweisung von Windenergiegebieten und die Errichtung raumbedeutsamer

WEA sind innerhalb der als Ausschlusszone um die UNESCO-Welterbestätte „Archäologischer Grenzkomplex Haithabu und Danewerk" festgelegten Bereiche, die in der Karte (Anlage 2 zu § 1 der LEP-WindVO) festgelegt sind, ausgeschlossen.

G

Sichtkorridore um die UNESCO-Welterbestätte Archäologischer Grenzkomplex Haithabu und Danewerk

Bei der Ausweisung von Windenergiegebieten soll die denkmalschutzfachlich begründete Freihaltung der Sichtkorridore um die UNESCO-Welterbestätte „Archäologischer Grenzkomplex Haithabu und Danewerk" berücksichtigt werden.

Begründung

Nicht abgedruckt.

4.5.2 Solarenergie

Grundsätze und Ziele der Raumordnung

1 G

Die Potenziale der Solarenergie sollen in Schleswig-Holstein an und auf Gebäuden beziehungsweise baulichen Anlagen und auf Freiflächen genutzt werden. Bei der Solarenergienutzung werden zwei Anwendungsarten unterschieden: die Stromerzeugung mittels Photovoltaikanlagen und die Wärmeerzeugung mittels Solarthermieanlagen.

2 G

Die Entwicklung von raumbedeutsamen Solar-Freiflächenanlagen (Photovoltaik- und Solarthermie) soll möglichst freiraumschonend sowie raum- und landschaftsverträglich erfolgen. Um eine Zersiedelung der Landschaft zu vermeiden, sollen derartige raumbedeutsame Anlagen vorrangig ausgerichtet werden auf:

- bereits versiegelte Flächen,
- Konversionsflächen aus gewerblich-industrieller, verkehrlicher, wohnungsbaulicher oder militärischer Nutzung und Deponien,
- Flächen entlang von Bundesautobahnen, Bundesstraßen und Schienenwegen mit überregionaler Bedeutung oder
- vorbelastete Flächen oder Gebiete, die aufgrund vorhandener Infrastrukturen ein eingeschränktes Freiraumpotenzial aufweisen.

Solarthermie-Freiflächenanlagen sollen in guter städtebaulicher Anbindung, räumlicher Nähe zu Verbraucherinnen und Verbrauchern oder in räumlicher Nähe von Nah- oder Fernwärmenetzen beziehungsweise Wärmespeichern geplant und errichtet werden.

3 G

Die Inanspruchnahme von bisher unbelasteten Landschaftsteilen soll vermieden werden.

Bei der Entwicklung von Solar-Freiflächenanlagen sollen längere bandartige Strukturen vermieden werden. Einzelne und benachbarte Anlagen sollen eine Gesamtlänge von 1.000 Metern nicht überschreiten. Sofern diese Gesamtlänge überschritten wird, sollen jeweils ausreichend große Landschaftsfenster zu weiteren Anlagen freigehalten werden, räumliche Überlastungen durch zu große Agglomerationen von Solar-Freiflächenanlagen sollen vermieden werden.

Z

Raumbedeutsame Solar-Freiflächenanlagen dürfen nicht

- in Vorranggebieten für den Naturschutz und Vorbehaltsgebieten für Natur und Landschaft,
- in Regionalen Grünzügen und Grünzäsuren sowie
- in Schwerpunkträumen für Tourismus und Erholung und Kernbereichen für Tourismus und/oder Erholung (dies gilt nicht für vorbelastete Flächen oder Gebiete, die aufgrund vorhandener Infrastrukturen, insbesondere an Autobahnen, Bahntrassen und Gewerbegebieten, ein eingeschränktes Freiraumpotenzial aufweisen)

errichtet werden.

4 G

Planungen zu Solar-Freiflächenanlagen sollen möglichst gemeindegrenzenübergreifend abgestimmt werden, um räumliche Überlastungen durch zu große Agglomerationen von Solar-Freiflächenanlagen zu vermeiden.

5 G

Für größere raumbedeutsame Solar-Freiflächenanlagen ab einer Größe von 20 Hektar soll in der Regel ein Raumordnungsverfahren durchgeführt werden. Dies gilt auch für Erweiterungen von vorhandenen Anlagen in diese Größenordnung hinein und bei Planungen, die mit weiteren Anlagen in räumlichem Zusammenhang stehen und gemeinsam diese Größenordnung erreichen.

6 G

Bestehende Dach- und Gebäudeflächen beziehungsweise bauliche Anlagen sollen für Solaranlagen genutzt werden. Durch die Aufstellung von Bauleitplänen soll die Nutzung von solarer Strahlungsenergie an und auf baulichen Anlagen durch geeignete Darstellungen und Festsetzungen ermöglicht werden.

7 G

Eine Konkretisierung der Vorgaben zu Freiflächen-Photovoltaik- und Solarthermieanlagen kann in den Regionalplänen durch Festlegung von Grundsätzen und Zielen der Raumordnung erfolgen.

Begründung

B zu 1

Die Nutzung Erneuerbarer Energien zur Stromerzeugung liegt im öffentlichen Interesse und dient der öffentlichen Sicherheit. Daher sollen in Schleswig-Holstein auch die Potenziale der Stromerzeugung mittels Photovoltaikanlagen und die Wärmeerzeugung mittels Solarthermieanlagen genutzt werden. Um die energie- und klimapolitischen Ziele zu erreichen, werden für die Solarenergie weitere Flächen an und auf Gebäuden beziehungsweise bauliche Anlagen (zum Beispiel Parkplätze) und Freiflächen benötigt.

Die Flächeninanspruchnahme und die Raumbedeutsamkeit von Solar-Freiflächenanlagen erfordern eine Abwägung aller relevanten Belange unter Berücksichtigung der landesplanerischen Zielsetzungen und gesetzlichen Vorgaben. Auf eine raumordnerische Steuerung durch Vorrang-, Vorbehalts- oder Eignungsgebiete für Solar-Freiflächenanlagen wird verzichtet.

B zu 2

Das Ziel der Landesregierung, den Ausbau der Erneuerbaren Energien weiter zu stärken, erfordert die Entwicklung weiterer Standorte für Solar-Freiflächenanlagen in erheblichem Umfang. Der weitere Ausbau soll dabei möglichst raumverträglich auf den Weg gebracht werden und Bürgerinnen und Bürgern akzeptanzfördernd vermittelt werden. Daher soll der Ausbau der raumbedeutsamen Solar-Freiflächenanlagen möglichst auf geeignete Räume gelenkt und die Planung weiterer Standorte geordnet und plausibel aus schlüssigen Konzepten hergeleitet werden. Zu den Solar-Freiflächenanlagen zählen auch Agrar-Photovoltaikanlagen, die weiterhin eine (maschinelle) landwirtschaftliche Bewirtschaftung zulassen, Flächenkonkurrenzen abbauen und dadurch zu einem raumverträglichen Ausbau der Solarenergie beitragen können. Solar-Freiflächenanlagen ab einer Größenordnung von vier Hektar sind grundsätzlich als raumbedeutsame Planungen und Maßnahmen nach § 3 Absatz 1 Nummer 6 Raumordnungsgesetz einzustufen.

Im Einzelfall können jedoch bereits deutlich kleinere Anlagen raumbedeutsam sein. Solar-Freiflächenanlagen sollen vorrangig auf Flächen errichtet werden, auf denen bereits eine Vorbelastung von Natur und Landschaft durch die Nutzung auf der Fläche selbst (zum Beispiel bauliche Vorprägung durch Gebäude und Anlagen) oder durch die Zerschneidungswirkung und Lärmbelastung von Verkehrswegen besteht.

Im Einzelfall können Solar-Freiflächenanlagen auch auf Flächen entstehen, auf denen zuvor andere Stromerzeugungsanlagen standen, die abgebaut wurden beziehungsweise noch werden (zum Beispiel Windparks außerhalb der Vorranggebiete Windenergie, wo kein Repowering möglich ist) sowie auf Flächen in Vorranggebieten Windenergie.

Die Flächeninanspruchnahme und die damit einhergehende Raumbedeutsamkeit von großflächigen Photovoltaik- und Solarthermie-Freiflächenanlagen erfordern eine sorgfältige Abwägung aller betroffenen Belange für die Standorte. Im Interesse der Schonung des Außenbereiches soll von den Möglichkeiten der interkommunalen Zusammenarbeit Gebrauch gemacht werden. Dabei sind die Ergebnisse der Landschaftsplanung entsprechend zu berücksichtigen.

Zukünftig werden multivalente Wärmenetze immer wichtiger werden. Es werden verschiedene Wärmeerzeugungsanlagen kombiniert, sodass Abwärme, Biomasse, Solarthermie oder andere Energieträger zusammenwirken und sich gegenseitig ergänzen können. So kann kosteneffizient Wärme aus Erneuerbaren Energien bereitgestellt werden. Für Solarthermie-Freiflächenanlagen ist die Nähe zu Wärmeabnehmern entscheidend. Aus diesem Grund sollen Solarthermie-Freiflächenanlagen möglichst in guter städtebaulicher Anbindung zu Siedlungen sowie in räumlicher Nähe zu Heizwerken beziehungsweise zu Einspeisepunkten eines Fern- beziehungsweise Nahwärmenetzes geplant werden.

B zu 3

Die umfangreiche Flächeninanspruchnahme und die damit einhergehende Raumbedeutsamkeit von großflächigen Solar-Freiflächenanlagen erfordern insbesondere entlang der Verkehrstrassen eine sorgfältige räumliche Standortsteuerung. Bei der Entwicklung von Solar-Freiflächenanlagen sollen längere bandartige Strukturen sowie stärkere Beeinträchtigungen des Landschaftsbildes vermieden werden. Dies gilt insbesondere entlang von Bundesautobahnen, Bundesstraßen und überregionalen Schienenwegen. Hierzu sollen einzelne und benachbarte Anlagen eine Länge von 1. Meter entlang von Trassen nicht überschreiten und ausreichend große Landschaftsfenster zwischen Anlagen freigehalten werden. Dadurch soll der Eindruck einer durchgehenden Überprägung der Landschaft entlang der genannten Trassen vermieden werden. Hierzu sollen ausreichend große Freiräume erhalten bleiben. Eine pauschale Größenordnung lässt sich dabei nicht festlegen, da immer auf die jeweilige landschaftliche Situation und die Sichtbeziehungen vor Ort planerisch zu reagieren sein wird. Allerdings kann sich die Länge der freien Landschaftsfenster an der oben genannten Grenzgröße von 1. Meter orientieren. Räumliche Überlastungen durch zu große Agglomerationen von Freiflächen-Photovoltaikanlagen sollen vermieden werden. Bei der Planung von Freiflächen-Photovoltaikanlagen ist darauf zu achten, dass Überbelastungen der Landschaft vermieden werden. Dies kann der Fall sein, wenn Größenordnungen geplant werden, die zu einer deutlichen Minderung der Landschaftsqualität führen und den Charakter der Landschaft in seinem Erleben und Wahrnehmen stark beeinträchtigen. Eine pauschale Größenordnung lässt sich dabei nicht festlegen, da immer auf die jeweilige landschaftliche Situation und die Sichtbeziehungen vor Ort planerisch zu reagieren sein wird. Für eine landschaftsgerechte Eingrünung von Freiflächen-Photovoltaikanlagen soll Vorsorge getroffen werden.

Grundsätzlich sollen raumbedeutsame Solar-Freiflächenanlagen auf wenige konfliktarme und vorbelastete Gebiete konzentriert werden. Die Entwicklung von raumbedeutsamen Solar-Freiflächenanlagen soll möglichst raumverträglich, freiraumschonend und landschaftsverträglich erfolgen. Durch ihre räumliche Konzentration soll eine Überprägung des Außenbereichs minimiert werden.

Das EEG differenziert hinsichtlich der Gebietskulisse für die Förderung von Solar-Freiflächenanlagen an Schienenwegen nicht nach der Art der Schienentrasse. Aus raumordnerischer Sicht ist jedoch das Niveau der Vorbelastung je nach Bedeutung, Ausbauzustand und Verkehrsbelegung der jeweiligen Schienentrassen unterschiedlich zu werten. Eine größere Vorbelastung kann grundsätzlich bei den Trassen von überregionaler Bedeutung angenommen werden. Dies sind die Strecken Hamburg – Sylt, Hamburg – Kiel/Flensburg/Padborg, Hamburg – Lübeck – Fehmarn, Lübeck – Lüneburg und Hamburg – Büchen. Die Vorbelastung durch wenig genutzte Industriegleise, stillgelegte Bahntrassen und baulich wenig prägende Schienentrassen ist demgegenüber gering. Um die Zersiedelung des Außenbereichs zu begrenzen, sind gering vorbelastete Schienenwege aus raumordnerischer Sicht möglichst von Solar-Freiflächenanlagen freizuhalten.

B zu Z

Raumbedeutsame Solar-Freiflächenanlagen dürfen nicht

- in Vorranggebieten für den Naturschutz und Vorbehaltsgebieten für Natur und Landschaft,
- in Regionalen Grünzügen und Grünzäsuren sowie
- in Schwerpunkträumen für Tourismus und Erholung und Kernbereichen für Tourismus und/oder Erholung (dies gilt nicht für vorbelastete Flächen oder Gebiete, die aufgrund vorhandener Infrastrukturen, insbesondere an Autobahnen, Bahntrassen und Gewerbegebieten, ein eingeschränktes Freiraumpotenzial aufweisen) errichtet werden.

In den Regionalplänen werden Vorranggebiete für den Naturschutz und Vorbehaltsgebiete für Natur und Landschaft ausgewiesen, um einen großräumigen Schutz von Natur und Landschaft auf der Ebene der Raumordnung zu gewährleisten. Die Errichtung von raumbedeutsamen Freiflächenphotovoltaikanlagen steht generell in Konflikt zu diesen regionalplanerischen Zielsetzungen. Daher ist die pauschale Freihaltung dieser Gebietstypen auf Ebene der Regionalplanung gerechtfertigt.

Regionale Grünzüge und Grünzäsuren übernehmen wichtige Freiraumfunktionen in den stärker verdichteten Ordnungsräumen. Die Errichtung von raumbedeutsamen Freiflächenphotovoltaikanlagen steht generell in Konflikt zu diesen regionalplanerischen Zielsetzungen. Daher ist die pauschale Freihaltung dieser Gebietstypen auf Ebene der Regionalplanung gerechtfertigt.

Aus gesetzlichen Gründen sind folgende Flächen für Solar-Freiflächenanlagen grundsätzlich auszuschließen:

- Schwerpunktbereiche des Schutzgebiets- und Biotopverbundsystems Schleswig-Holstein gemäß § 21 Bundesnaturschutzgesetz (BNatSchG) in Verbindung mit § 12 Landesnaturschutzgesetz (LNatSchG),
- Naturschutzgebiete (einschließlich vorläufig sichergestellte Naturschutzgebiete, geplante Naturschutzgebiete) gemäß § 23 BNatSchG in Verbindung mit § 13 LNatSchG,
- Nationalparke/nationale Naturmonumente (zum Beispiel Schleswig-Holsteinisches Wattenmeer inklusive Weltnaturerbe Wattenmeer) gemäß § 24 BNatSchG in Verbindung mit § 5 Absatz 1 Nummer 1 Nationalparkgesetz (NPG),
- Gesetzlich geschützte Biotope gemäß § 30 Absatz 2 BNatSchG in Verbindung mit § 21 Absatz 1 LNatSchG),
- Natura 2000-Gebiete (FFH-Gebiete, europäische Vogelschutzgebiete, Ramsar-Gebiete),
- Gewässerschutzstreifen nach § 61 BNatSchG in Verbindung mit § 35 LNatSchG,
- Überschwemmungsgebiete gemäß § 78 Absatz 4 WHG (Gesetz zur Ordnung des Wasserhaushalts) einschließlich der gemäß § 74 Absatz 5 Landeswassergesetz (LWG) vorläufig gesicherten Überschwemmungsgebiete als Vorranggebiete der Raumordnung für den vorbeugenden Binnenhochwasserschutz,
- Gebiete im küstenschutzrechtlichen Bauverbotsstreifen gemäß § 82 LWG,
- Wasserschutzgebiete Schutzzone 1 gemäß WSG-Verordnungen in Verbindung mit §§ 51, 52 WHG und
- Waldflächen gemäß § 2 Landeswaldgesetz (LWaldG) sowie Schutzabstände zu Wald gemäß § 24 LWaldG (30 Meter).

In diesen Flächen könnten Solar-Freiflächenanlagen nur dann errichtet werden, wenn eine Ausnahme oder Befreiung von den jeweiligen Schutzvorschriften erteilt wird.

Bei den Schwerpunkträumen für Tourismus und Erholung und Kernbereichen für Tourismus und/oder Erholung besteht aufgrund des erheblichen Nutzungsdrucks ein besonderes Steuerungs- und Abstimmungserfordernis zwischen den verschiedenen öffentlichen und privaten Belangen, insbesondere der Natur, des Landschaftsschutzes und der Freizeit- und Erholungsgestaltung in naturnaher Umgebung. Den touristischen Belangen und dem Freiraumschutz soll in diesen Gebieten ein besonderes Gewicht beigemessen werden. Die Errichtung von raumbedeutsamen Solar-Freiflächenanlagen steht generell in Konflikt zu diesen regionalplanerischen Zielsetzungen. Daher ist die Freihaltung dieser Gebietstypen auf Ebene der Regionalplanung gerechtfertigt. Aufgrund der Vorbelastung von Flächen oder Gebieten durch vorhandene Infrastrukturen, insbesondere an Autobahnen, Bahntrassen und in Gewerbegebieten, und des damit verbundenen eingeschränkten Freiraumpotenzials, sind diese Bereiche vom Ausschluss hier ausgenommen.

B zu 4

Der gemeindlichen Bauleitplanung kommt bei der Standortsteuerung von Photovoltaik- und Solarthermieanlagen eine besondere Bedeutung zu. Im Rahmen der vorbereitenden Bauleitplanung bietet sich für eine Gemeinde die Möglichkeit, die Freiflächennutzung auf geeignete Standorte zu lenken. Ein konfliktarmes Nebeneinander von Solarenergienutzung und konkurrierenden Raumansprüchen erfordert eine sorgfältig abgewogene Standortwahl.

Bei der Planung von raumbedeutsamen Solar-Freiflächenanlagen muss sich die Gemeinde mit den in Betracht kommenden anderweitigen Planungsmöglichkeiten – den Standortalternativen – aktiv auseinandersetzen. Entlang der Trassen von Bundesautobahnen, Bundesstraßen und überregionalen Schienenwegen reicht die Betrachtung einzelner Gemeindegebiete für eine raumverträgliche Steuerung von Solar-Freiflächenanlagen häufig nicht aus. Durch die räumliche Konzentration von Anlagen besteht ein erhöhter Bedarf an die Vorhabenkoordination. Damit hier gravierende Beeinträchtigungen des Landschaftsbildes, wie die Bildung längerer bandartiger Strukturen, vermieden werden, sollen Neuplanungen entlang von geeigneten Verkehrsstraßenabschnitten gemeindegrenzenübergreifend zwischen den Kommunen – möglichst frühzeitig, gegebenenfalls bereits vor der Bauleitplanung – abgestimmt werden.

B zu 5

Das Raumordnungsverfahren dient der Ermittlung, Beschreibung und Bewertung der raumbedeutsamen Auswirkungen des Vorhabens unter überörtlichen Gesichtspunkten und soll eine frühzeitige Konfliktminimierung durch Abstimmung des Vorhabens mit den Erfordernissen der Raumordnung ermöglichen. Ein Raumordnungsverfahren wird in der Regel für raumbedeutsame Planungen und Maßnahmen im Sinne von § 1 der Raumordnungsverordnung durchgeführt. Darüber hinaus kann nach § 14 Absatz 4 LaplaG die Landesplanungsbehörde für weitere raumbedeutsame Vorhaben, die nicht unter die Raumordnungsverordnung fallen, im Einzelfall ein Raumordnungsverfahren durchführen, wenn dies raumordnerisch erforderlich ist. Ein solches Erfordernis liegt in der Regel bei der Planung von größeren Solar-Freiflächenanlagen ab einer Größe von 20 Hektar vor. Die Landesplanungsbehörde entscheidet nach eigenem Ermessen, ob sie das Raumordnungsverfahren entsprechend der gesetzlichen Vorgaben der §§ 15 folgende ROG und §§ 14 folgende LaplaG durchführt.

B zu 6

Im Gebäudebestand steht ein großflächiges Potenzial an Flächen und Dächern für die Nutzung der Solarenergie zur Verfügung. So kann der Außenbereich geschont und die Inanspruchnahme baulicher Freiräume begrenzt werden. Gemeinden sollen entsprechend der gesetzlichen Möglichkeiten des § 1 Absatz 5 und Absatz 6 Nummer 7 Buchstabe f) sowie des § 1a BauGB die Nutzung solarer Strahlungsenergie in Flächennutzungsplänen darstellen und in Bebauungsplänen festsetzen.

B zu 7

Um auf die unterschiedlichen regionalen Ausbaupotenziale und Rahmenbedingungen reagieren zu können, ist die Landesplanungsbehörde berechtigt, in den Regionalplänen entsprechend der detaillierteren Maßstabsebene weitere Ziele und Grundsätze zur Steuerung von Freiflächenphotovoltaikanlagen festzulegen, dies beinhaltet auch die Nutzung von Potenzialen.

4.5.3 Geothermie

Grundsätze und Ziele der Raumordnung

1 G

Die Nutzung von Geothermie im Rahmen der Energiegewinnung soll nachhaltig erfolgen und einen Beitrag zur Wärmeerzeugung aus Erneuerbaren Energien für Haushalte, Industrie, Gewerbe und Landwirtschaft leisten. Sofern entsprechend geeignete Gegebenheiten vorliegen, soll geothermische Energie darüber hinaus auch zur Stromerzeugung genutzt werden.

2 G

Die Nutzung von tiefer, hydrothermaler Geothermie als Energiequelle für Wärmenetze soll entwickelt werden.

3 G

Die Erkundung und Erschließung von geothermischen Potenzialen soll so erfolgen, dass damit verbundene Beeinträchtigungen für Mensch und Umwelt möglichst gering gehalten werden. Dabei sollen alle Maßnahmen im unterirdischen Raum mit oberirdischen und oberflächennahen Schutzgütern vereinbar sein, insbesondere soll die Ressource Grundwasser nicht beeinträchtigt werden (Kapitel 6.4).

Begründung

B zu 1

Um die klima- und energiepolitischen Ziele im Rahmen der Energiewende zu realisieren, sind Bereiche des Untergrunds insbesondere für geothermische Nutzungen langfristig zu sichern und zu nutzen. Geothermie als eine der wenigen grundlastfähigen Wärme- und Stromerzeugungsmöglichkeiten aus Erneuerbaren Energien sollte im zukünftigen Energiemix eine zunehmend größere Rolle einnehmen. Geothermische Energie ist die in Form von Wärme gespeicherte Energie unterhalb der Erdoberfläche. Es wird zwischen der oberflächennahen und der tiefen Geothermie unterschieden.

Der Schwerpunkt der Nutzung oberflächennaher Geothermie liegt auf der Wärmeversorgung von Privathaushalten, insbesondere von Einzelhäusern, und wird in Schleswig-Holstein vielfach für private, gewerbliche und öffentliche Immobilien genutzt. Dabei wird im oberflächennahen Untergrund (bis 400 Meter Tiefe) geothermische Energie zum Beispiel mittels Erdwärmekollektoren, Brunnensystemen, Energiepfählen oder Erdwärmesonden aufgenommen. Die dem Untergrund entzogene Wärme (10 bis 12 Grad Celsius) wird dabei mittels Wärmepumpen auf ein höheres Temperaturniveau angehoben und zur Heizung von Gebäuden genutzt. Auch eine Kühlung von Gewerbeimmobilien und Verwaltungsgebäuden bis hin zur saisonalen Speicherung von Wärmeenergie im Untergrund kann so umgesetzt werden.

Die tiefe Geothermie umfasst hingegen Systeme, bei denen die geothermische Energie über Tiefbohrungen erschlossen wird (unterhalb 400 Meter Tiefe) und deren Energie direkt genutzt werden kann. Zur tiefen Geothermie gehören unter anderem die hydrothermalen Systeme, welche natürlich im Untergrund vorhandenes Wasser als Wärmeträgermedium nutzen und einen Teil der darin gespeicherten Wärme (40 bis 85 Grad Celsius) gewinnen.

B zu 2, 3

Die geologischen Gegebenheiten in Schleswig-Holstein ermöglichen in Teilen des Landes auch die Nutzung der tiefen, hydrothermalen Geothermie durch Geothermie-Heizwerke, gegebenenfalls auch Heizkraftwerke, zur Einspeisung in Wärmenetze. Für Schleswig-Holstein hat der Geologische Dienst des Landesamtes für Landwirtschaft, Umwelt und ländliche Räume Bereiche mit geologischem Potenzial für die Nutzung tiefer, hydrothermaler Geothermie ermittelt. Auf Basis dieser Potenzialdarstellung wurden unter Berücksichtigung abnehmer- und wirtschaftlichkeitsorientierter Kriterien Bereiche ermittelt, die derzeit besonders geeignet erscheinen (Themenkarte 12). Dabei wurden folgende Kriterien ausgewählt und auf der Grundlage von Expertenmeinungen gewichtet:

- Raum mit hohem geologischen Potenzial,
- Raum mit guter geologischer Datenbasis,
- Raum mit hoher Wärmebedarfsdichte (geschätzter Wärmebedarf in Megawattstunden pro Hektar pro Jahr),
- Räumliche Lage des geologischen Potenzials in unmittelbarer Nähe der Abnehmerinnen und Abnehmer.

Die durch diese Multi-Kriterien-Analyse ermittelten Bereiche weisen eine orientiert an den Abnehmerinnen und Abnehmern günstige Lage für die nachhaltige, bedarfsgerechte und effektive Nutzung der tiefen, hydrothermalen Geothermie im Wärmebereich auf. Aufgrund der Rahmenbedingungen scheint die Situation in Hinblick auf eine Umsetzbarkeit von Geothermieprojekten in diesen Bereichen günstig zu sein. Mit dem Hinweis auf diese Bereiche in der Themenkarte 12 wird eine entsprechende Nutzung des Untergrunds an anderer Stelle jedoch nicht ausgeschlossen; die geothermische Nutzung kann auch außerhalb dieser Bereiche stattfinden.

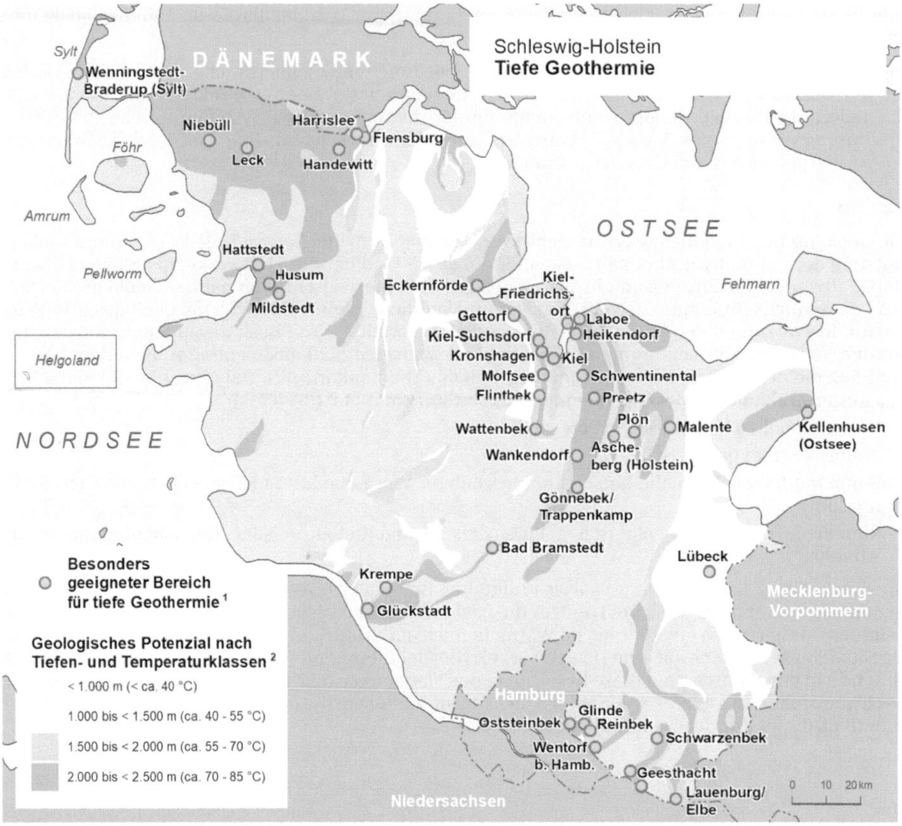

Quellen: [1] Thomsen und Liebsch-Dörschner 2014, Schwanebeck, M. (2020), Kompetenzzentrum Geo-Energie der CAU zu Kiel
[2] Geologischer Dienst / LLUR (2014)
© GeoBasis-DE/LVermGeoSH
Herausgeber: Ministerium für Inneres, ländliche Räume, Integration und Gleichstellung des Landes Schleswig-Holstein
Landesentwicklungsplan Schleswig-Holstein – Fortschreibung 2021

Themenkarte 12 Tiefe Geothermie

4.5.4 Energiespeicher

Grundsätze und Ziele der Raumordnung

1 G

Der Ausbau kurzfristig verfügbarer Speicherkapazitäten und saisonaler Energiespeicher soll dazu beitragen, Erneuerbare Energien bedarfsgerecht zur Verfügung zu stellen.

2 G

Die geologischen Potenziale zur saisonalen, unterirdischen Speicherung von Erneuerbaren Energien in Salzkavernen (Abbildung 2) sollen zur Energiewende beitragen. Die Erkundung und Erschließung von Kavernenspeichern in Salzformationen soll so erfolgen, dass damit wesentliche Beeinträchtigungen für Mensch und Umwelt möglichst gering gehalten werden. Dabei sollen alle Maßnahmen im unterirdischen Raum mit oberirdischen und oberflächennahen Schutzgütern vereinbar sein, insbesondere soll die Ressource Grundwasser nicht beeinträchtigt werden. Im Bereich des Küstenmeeres ist eine Vereinbarkeit der Speicherung mit den Schutzgütern des Nationalparks Schleswig-Holsteinisches Wattenmeer nicht gegeben (Kapitel 6.4).

3 G

Bei geeigneten hydrogeologischen Voraussetzungen, lokalem Wärmebedarf und sofern Belange des Grundwasserschutzes oder anderer Schutzgüter nicht entgegenstehen, sollen oberflächennahe Wärme- oder Kältespeicher errichtet werden.

Begründung

B zu 1

Energiespeicher stellen eine Möglichkeit dar, einerseits kurzfristige Lastschwankungen, insbesondere in Strom- und Wärmenetzen auszugleichen. Andererseits können sie saisonale Schwankungen der Energieerzeugung, wie sie beispielsweise bei der Wind- und Solarenergieerzeugung auftreten, durch die Einspeisung überschüssiger oder die Entnahme benötigter Energie ausgleichen. Die Errichtung solcher Anlagen soll dazu beitragen, Erneuerbare Energien bedarfsgerecht zur Verfügung zu stellen und damit Nachteile Erneuerbarer Energien gegenüber konventionellen Kraftwerken zu mindern und deren Vorteile zu sichern. Hierfür sollen auf dem jeweiligen Stand der Technik unter anderem Batteriespeicher, Wärmespeicher und Speicher für Medien, die in sogenannten Power-to-X-Technologien unter Verwendung von Stromüberschüssen aus Erneuerbaren Energie erzeugt werden – etwa Power-to-Gas (Methanisierung und Elektrolyse, saisonale Speicherung) oder Power-to-Heat (Wärmeerzeugung, kurzfristige Speicherung) –, dienen. Solche Anlagen sind meist obertägig, können aber wie in Absatz B zu 2 dargestellt auch unterirdisch realisiert werden.

B zu 2

Ein besonderes Potenzial zur saisonalen Speicherung von Energie, das heißt über mehrere Monate hinweg, bieten unterirdische Hohlräume, die in Form von Kavernen in Salzformationen angelegt werden. Die in solchen Kavernen gespeicherte Energie lässt sich je nach gespeichertem Medium beispielsweise durch Druckluftkraftwerke (CAES) oder konventionelle Gas- oder Wasserstoffspeicher-Kraftwerke wieder verstromen und in das elektrische Leitungsnetz einspeisen.

Der Untergrund Schleswig-Holsteins ist geprägt durch das Auftreten lang gestreckter, mehrere Kilometer breiter Salzstrukturen, die sich wirtschaftlich für die Errichtung von Kavernen eignen, da sie in erreichbaren Tiefen unter der Erdoberfläche liegen (Themenkarte 13). Sie werden durch Aussolung erstellt; das heißt durch eine Bohrung wird Süßwasser in den Untergrund eingeleitet, das die löslichen Bestandteile des Salzgesteins aufnimmt. In Schleswig-Holstein sind derzeit zwei Kavernenfelder in Betrieb: Die Stadtwerke Kiel unterhalten in Kiel-Rönne drei Speicherkavernen für Erdgas mit einem Gesamtvolumen von rund 800.000 Kubikmetern, und die Nord-West Kavernengesellschaft unterhält in Hemmingstedt bei Heide neun Speicher mit zusammen bis zu 270.000 Kubikmeter Speicherkapazität für Erdölprodukte.

Salzkavernen zeichnen sich durch eine auf mehrere Jahrzehnte ausgelegte Nutzungsdauer aus. Der untertägige Raumbedarf beträgt je nach Größe einer Kaverne wenige oder bei einem Kavernenfeld mehrere Kubikkilometer (Abbildung 2).

Aufgrund der unterschiedlichen technischen Möglichkeiten zur Speicherung von Energie, insbesondere Erdgas, Wasserstoff und Druckluft, vermehrt auch LNG (verflüssigtes Erdgas), ergeben sich unterschiedliche Anforderungen an die Anlage der Speicherkaverne, die außerdem von den am Standort angetroffenen geologischen Voraussetzungen abhängig sind. So werden Druckluftspeicherkavernen bei einem Betriebsdruck von 50 bis 100 bar in der Regel zwischen 500 und 1.300 Metern Teufe (Tiefe unter Geländeoberkante) entwickelt, während Wasserstoff- und Erdgasspeicherkavernen mit einem Druckbereich von 60 bis 180 bar in Deutschland zwischen 400 und 1.800 Metern Teufe angelegt wurden. So befinden sich die Kavernen in Kiel-Rönne in Teufen von 1.300 bis 1.727 Metern; in Hemmingstedt zwischen 590 und 1.150 Metern.

In Deutschland bestehen Erfahrungen im Bau von Kavernen in Tiefenlagen zwischen 500 und bis zu 1.500 Metern (Oberkante der Kaverne). Daraus ergibt sich unter Berücksichtigung des Hutgesteins und einer ausreichenden Kavernenabdeckung für eine Vorerkundung eine Maximaltiefe für die Salzstrukturen von rund 1.300 Metern (Erdgas- und Wasserstoffspeicher) oder 800 Metern (Druckluftspeicher), die der Darstellung des geologischen Potenzials zugrunde gelegt wurden.

Diese besondere geologische Eignung des schleswig-holsteinischen Untergrunds, die hohen Mengen des in Norddeutschland erzeugten Stroms aus Erneuerbaren Energien, der daraus zu erwartende hohe Anteil an zu errichtenden Power-to-X-Anlagen sowie die Anlandung importierter Gase begünstigen einen Ausbau der zugehörigen Speicherinfrastruktur. Schleswig-Holstein kann aufgrund der geologischen Voraussetzungen einen bundesweit prognostizierten Ausbaubedarf von Gasspeichern bis 2050 von bis zu acht Terawattstunden durch Errichtung von bis zu 15 Kavernen mit je circa 520.000 (fünfhundertzwanzigtausend) Kubikmetern Speichervolumen decken. Dabei ist zu beachten, dass der Bund sich im Rahmen der §§ 12, 21 Standortauswahlgesetz (StandAG) eine Nutzung unterirdischer Salzformationen als Standorte für Endlager für hochradioaktive Abfälle zunächst vorbehält.

Die Nutzung von Salzformationen zur Speicherung von Energie ist gegenüber anderen raumbedeutsamen Planungen und Maßnahmen in besonderem Maß zu berücksichtigen. Die ober- und untertägigen Auswirkungen der Speicherung von Druckluft, Wasserstoff und Erdgas schätzen die Staatlichen Geologischen Dienste Deutschlands als gering ein. Die Ein- und Ausspeicherung in einer Kaverne führt zu Druckänderungen, die geringe Hebungen beziehungsweise Senkungen an der Erdoberfläche auslösen können. Einer Speicherung im Bereich des Nationalparks Schleswig-Holsteinisches Wattenmeer stehen die Schutzziele dieses Vorranggebietes für den Naturschutz entgegen. Der Flächenbedarf der obertägigen Anlagen ist ebenfalls als gering einzustufen.

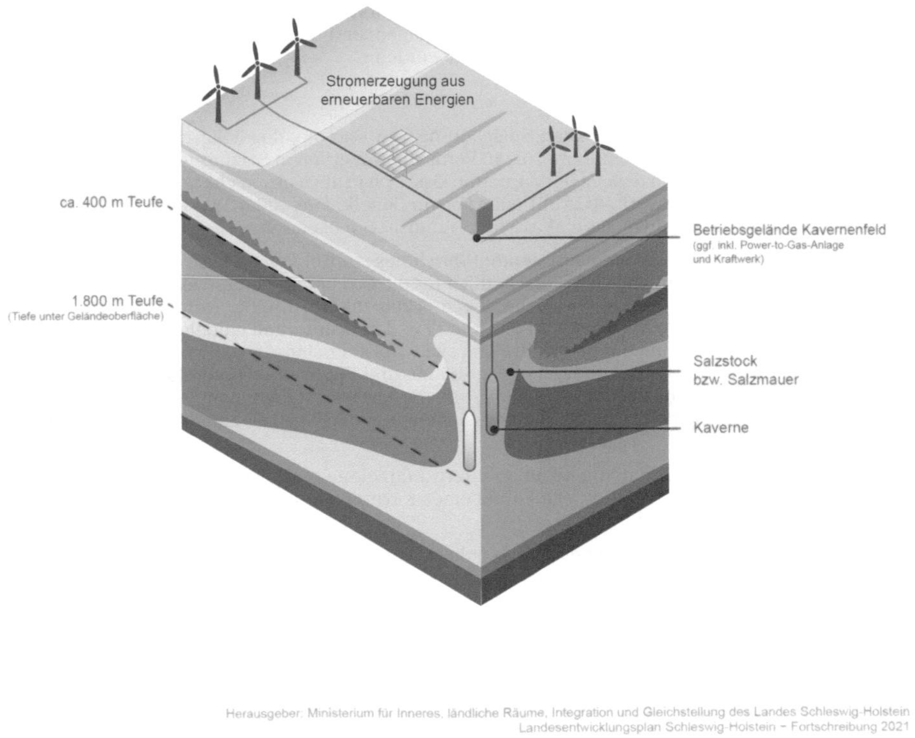

Abbildung 2 Salzkavernenspeicher (schematische Darstellung)

Von unterirdischen Energiespeichern sind Speicher für abgeschiedenes Kohlenstoffdioxid (CCS – Carbon Dioxide Capture and Storage) zu unterscheiden; bei diesen handelt es sich in der Regel um mindestens 800 Meter tiefe poröse Sedimentschichten, in denen das Kohlenstoffdioxid in fluider Phase dauerhaft gelagert wird. Eine Erprobung und Demonstration zur dauerhaften Speicherung und/oder die dauerhafte Speicherung von Kohlenstoffdioxid sind in Schleswig-Holstein, einschließlich des Küstenmeers, aufgrund des Gesetzes zur Regelung der Kohlendioxid-Speicherung in Schleswig-Holstein (KSpG SH) nicht zulässig. Gleiches gilt für die Errichtung von Forschungsspeichern zur Speicherung von Kohlenstoffdioxid.

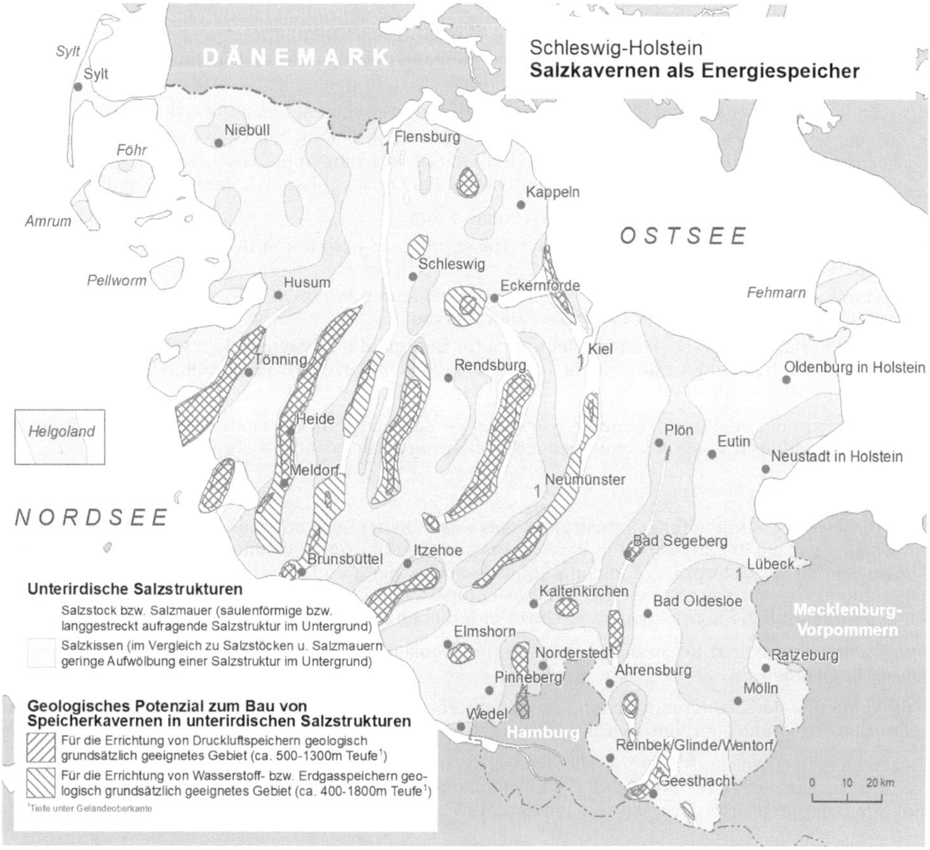

Quelle: LANIS
© GeoBasis-DE/LVermGeoSH
Herausgeber: Ministerium für Inneres, ländliche Räume, Integration und Gleichstellung des Landes Schleswig-Holstein
Landesentwicklungsplan Schleswig-Holstein – Fortschreibung 2021

Themenkarte 13 Salzkavernen als Energiespeicher

B zu 3

Zum Schutz der Umwelt kommt einem sparsamen Energieverbrauch und einer nachhaltigen Wärmeversorgung besondere Bedeutung zu. Wärmenetze stellen eine flexible und zukunftsfähige Wärmeversorgungsinfrastruktur dar, da sie für alle CO2-armen Versorgungstechniken und fluktuierend einspeisende Erneuerbare Energien offen sind. Durch die Verwendung von oberflächennahen Wärmespeichern kann der Anteil von Erneuerbaren Energien im Wärmenetz deutlich gesteigert werden. Wärmespeicher im Untergrund können hier eine nachhaltige und kosteneffiziente Lösung sein, sofern nachteilige Auswirkungen auf das Grundwasser auszuschließen sind.

4.5.5 Leitungsnetze

Grundsätze und Ziele der Raumordnung

1 G

Die vorhandene Energieleitungsinfrastruktur soll gesichert und bedarfsorientiert ausgebaut werden. Maßnahmen zur Netzverstärkung sollen Vorrang vor dem Neubau von Leitungen unter Inanspruchnahme neuer Trassen haben.

Transportleitungen für Energie sollen möglichst flächensparend und gebündelt in Trassenkorridoren geführt und an bereits vorhandene linienförmige Infrastrukturen im Raum angelehnt werden. Im Rahmen der Bündelung sollen im räumlichen Zusammenhang bestehende Hochspannungsleitungen (110 Kilovolt) abgebaut und

- auf der neuen Höchstspannungstrasse durch Mitführung auf einem Gestänge errichtet oder
- auf der neuen Höchstspannungstrasse beziehungsweise in räumlicher Nähe hierzu verkabelt werden, soweit dies im Rahmen des Gesetzes über die Elektrizitäts- und Gasversorgung (EnWG) wirtschaftlich zumutbar ist und dem keine überwiegenden netztechnischen Belange entgegenstehen.

Vom Bündelungsprinzip kann abgewichen werden, wenn

- eine Trassenführung in geeigneter neuer Trasse zu einer geringeren Belastung von Umwelt und Landschaft führt oder
- dadurch größere Abstände zu bestehenden oder geplanten Wohnnutzungen erreicht werden können, als dies im Falle der Bündelung der Fall wäre oder
- durch die Bündelung von Transportleitungen für Energie die Störanfälligkeit von Kritischen Infrastrukturen im Trassenkorridor oder in dessen Nachbarschaft in einem unverhältnismäßigen Umfang erhöht werden würde.

Bei der Errichtung von Stromleitungen, Umspannwerken und Konverterstationen sollen die Belange des vorbeugenden Gesundheitsschutzes der Bevölkerung berücksichtigt werden.

2 G

Der Ausbau der Energieleitungsinfrastruktur – als wesentlicher Bestandteil und Grundpfeiler der Energiewende – soll mit der angestrebten Wirtschafts- und Siedlungsentwicklung sowie mit den Zielen des Umwelt- und Naturschutzes in Einklang gebracht sowie zügig und bedarfsgerecht realisiert werden. Die Stromnetze sollen zur Verwirklichung des europäischen Energiebinnenmarkts und insbesondere einer norddeutschen Energiekooperation im erforderlichen Maß ausgebaut werden.

Die Übertragungskapazität zwischen den Übertragungsnetzen in Hamburg und Schleswig-Holstein soll erhöht werden.

Zur Aufnahme der Erzeugungsleistung aus Erneuerbaren Energien in das Elektrizitätssystem sollen möglichst erzeugungsnah zentrale Einspeisepunkte eingerichtet werden.

Der Ausbau der Transport- und Verteilnetze soll auch die Voraussetzungen für die Sektorenkopplung verbessern. Um die Möglichkeiten für die Erschließung wirtschaftlicher Potenziale zu schaffen und die Sektorenkopplung zu fördern, soll eine intelligente Verbindung von Strom- und Gasinfrastruktur erfolgen.

3 G

Bei allen raumbedeutsamen Planungen und Maßnahmen sollen die im Bundesbedarfsplangesetz (BBPlG) und im Energieleitungsausbaugesetz (EnLAG) aufgenommenen Neubauvorhaben für Höchstspannungsleitungen sowie die erforderlichen Erweiterungen oder Neubauten von Nebenanlagen (zum Beispiel Umspannwerke, Konverter) berücksichtigt werden. Diese sind:

- Mittelachse: Kassø (Dänemark) – Hamburg Nord – Dollern (Drehstrom),
- SuedLink: Brunsbüttel – Großgartach (Gleichstrom),
- SuedLink: Wilster – Grafenrheinfeld (Gleichstrom),
- Westküstenleitung: Brunsbüttel – Barlt – Heide – Husum – Niebüll – Bundesgrenze Dänemark (Drehstrom),
- Ostküstenleitung: Raum Segeberg – Raum Lübeck – Siems – Göhl (Drehstrom),
- NordLink: Schleswig-Holstein – Südnorwegen (Gleichstrom),
- Netzverstärkung Hamburg Nord – Hamburg Ost – Krümmel,
- Heide West – Polsum (Gleichstrom) und
- Netzverstärkung Brunsbüttel – Büttel – Wilster West – Amt Geest und Marsch Südholstein (Drehstrom)

4 Z

Bereits bestehende und planfestgestellte Leitungstrassen des Höchstspannungsnetzes (Nennspannung 220/380 Kilovolt) sind in der Hauptkarte des Landesentwicklungsplans nachrichtlich dargestellt.

5 Z

In den Regionalplänen sind bereits bestehende sowie planfestgestellte Leitungstrassen des Hoch- und Höchstspannungsnetzes (ab 110 Kilovolt) sowie Umspannwerke und Konverterstationen nachrichtlich darzustellen.

Trassenkorridore in Schleswig-Holstein, die durch die Bundesfachplanung nach dem Netzausbaubeschleunigungsgesetz Übertragungsnetz (NABEG) verbindlich festgestellt wurden, sind in den Regionalplänen nachrichtlich darzustellen.

6 G

Neue Hochspannungsleitungen mit einer Nennspannung von 110 Kilovolt sollen als Erdkabel errichtet werden, soweit die Gesamtkosten für Errichtung und Betrieb des Erdkabels die Gesamtkosten einer technisch vergleichbaren Freileitung den in § 43h des Gesetzes über die Elektrizitäts- und Gasversorgung (EnWG) ausgewiesenen Faktor nicht überschreiten und naturschutz- und umweltfachliche Belange nicht entgegenstehen.

7 G

Bei der Ausweisung von neuen Baugebieten oder Bauflächen in Bauleitplänen oder sonstigen Satzungen nach dem Baugesetzbuch, die Gebäude oder Anlagen – insbesondere solche mit höherer Sensibilität wie Wohnungen, Krankenhäusern, Schulen, Kindergärten, Kinderhorten, Spielplätzen oder ähnlichen Einrichtungen – zulassen, soll ein Abstand von mindestens 100 Metern zur Trassenmitte von

- bestehenden Höchst- und Hochspannungsfreileitungen und
- Höchst- und Hochspannungsfreileitungen, für die die Auslegung des Plans begonnen hat oder die Planfeststellung erfolgt ist, sowie den dazugehörigen Schaltanlagen eingehalten werden.

8 Z

Neue Hochspannungsleitungen mit einer Nennspannung von 110 Kilovolt im Küstenbereich von Nord- und Ostsee, die in einem 20 Kilometer breiten Korridor verlegt werden sollen, der längs der Küstenlinie landeinwärts verläuft, sind als Erdkabel auszuführen.

9 Z

Im Küstenmeer der Nordsee sind für die Offshore-Windparks der Gebiete N-4 und N-5 sowie für die Fläche N-7.2 des Gebiets 7.2 aus dem Flächenentwicklungsplan in der AWZ und der in Schleswig-Holstein bestehenden Netzeinspeisungsmöglichkeiten unter Berücksichtigung der genehmigten Stromleitungen, die hierfür erforderlichen Kabelsysteme in einem Trassenkorridor nach Büsum übergreifend zu bündeln, soweit dies unter Berücksichtigung der Grenzkorridore möglich ist. Im Bereich des Nationalparks Schleswig-Holsteinisches Wattenmeer sind diese parallel zu den bestehenden Netzanschlusssystemen auf der Büsumtrasse zu führen.

10 Z

Zur Verringerung der vorübergehenden sowie dauerhaft wirksamen räumlichen Eingriffe sind die in den Absätzen 8 und 9 genannten Kabel und Seekabel unter Einsatz beeinträchtigungsminimierender Verlegetechnik zu verwenden.

Begründung

B zu 1

Für eine sichere Stromversorgung des Landes werden ausreichende und leistungsfähige Stromleitungsnetze benötigt.

Die Betreibergesellschaften von Energieversorgungsnetzen (Strom und Gas) sind nach dem Energiewirtschaftsgesetz im Rahmen des wirtschaftlich Zumutbaren verpflichtet, ein sicheres, zuverlässiges und leistungsfähiges Energieversorgungsnetz diskriminierungsfrei zu betreiben, zu warten, bedarfsgerecht zu optimieren, zu verstärken und auszubauen.

Im Rahmen der Energiewende werden Ausbaumaßnahmen im Stromnetz notwendig. Daher sollen bereits bestehende Energieleitungsstrukturen gesichert und Flächenvorsorge für einen weiteren Ausbau betrieben werden. Zur vorhandenen Energieleitungsinfrastruktur zählen vorhandene Stromleitungen, Umspannwerke und Konverterstationen.

Nach den Grundsätzen der Netzplanung, insbesondere dem NOVA-Prinzip (Netz-Optimierung vor Netz-Verstärkung vor Netz-Ausbau), haben Netz-Optimierungsmaßnahmen (beispielsweise Leiterseilmonitoring) einschließlich einer dynamischen Netzauslastungssteuerung sowie die Verstärkung bestehender Leitungen (beispielsweise spezielle Leiterseile) und die Bündelung mit vorhandenen Leitungen im Sinne einer Überplanung Vorrang vor dem Neubau von Leitungen auf neuen Trassen. Hierbei sind Beeinträchtigungen des Natur- und Landschaftsschutzes so gering wie möglich zu halten.

Nach dem Bündelungsgebot sollen mehrere lineare Infrastrukturen – zum Beispiel Straßen, Schienenwege oder Energieleitungen – möglichst parallel geführt werden. Daneben besteht das Gebot der Nutzung bestehender Trassen, wonach der Ausbau des Netzes unter Nutzung vorhandener Trassenräume grundsätzlich Vorrang hat vor dem Neubau von Leitungen auf neuen Trassen. Eine vollkommene Neutrassierung würde Konflikte verlagern, neue Konflikte schaffen und – aufgrund der Tatsache, dass Einwirkungen der bisherigen Trasse in Natur und Landschaft auch nach deren Abbau zumindest eine geraume Zeit fortwirken – Konflikte zumindest befristet vermehren.

Diese Trassierungsvorgaben sind im Rahmen der Abwägung mit dem ihnen im konkreten Fall zukommenden Gewicht zu berücksichtigen, genießen aber nicht per se Vorrang vor anderen öffentlichen oder privaten Belangen. Sie gelten zudem nicht einschränkungslos. Ist die zusätzliche Belastung durch die Änderung der Nutzung einer bestehenden Trasse erheblich größer als die Neubelastung durch eine bislang nicht genutzte Trasse, greifen sie ebenso wenig wie im Fall, dass die zu erwartenden Einwirkungen rechtswidrige Eigentums- und Gesundheitsbeeinträchtigungen darstellen. Vorrangig sind bestehende Leitungen und deren Trassen für den Ausbau zu nutzen; nur falls das nicht ausreicht, um den energiewirtschaftlich erforderlichen Bedarf zu erfüllen, sind gänzlich neue Leitungen zu bauen. Diese sind wiederum mit bestehender Infrastruktur zu bündeln.

Eine Überbündelung soll vermieden werden, insbesondere wenn eine Trassenführung in geeigneter neuer Trasse zu einer geringeren Belastung von Umwelt und Landschaft führt oder dadurch größere Abstände zu bestehenden oder geplanten Wohnnutzungen erreicht werden können, als dies im Falle der Bündelung der Fall wäre, oder wenn durch Bündelung von Transportleitungen für Energie die Störanfälligkeit von Kritischen Infrastrukturen im Trassenkorridor oder in dessen Umgebung in einem unverhältnismäßigen Umfang erhöht werden würde.

Eine strikte Befolgung des Bündelungsgebots kann zur Folge haben, dass Leitungen in sehr engen Abständen zu Wohnhäusern oder mit höheren Belastungen von Umwelt und Landschaft realisiert werden müssten. Wenn geeignete neue Trassenverläufe zur Verfügung stehen und größere Abstände zu Wohnhäusern erreicht werden können, kann ein Abweichen vom Bündelungsgebot zugunsten der übrigen berührten, geschützten Rechtsgüter begründet werden. Unter Umständen kann das grundsätzliche Bündelungsgebot zu einer übermäßigen Belastung führen. Daher soll im Einzelfall ein Ausweichen auf geeignete neue Trassenräume möglich sein. Eine Bündelung kann auch dadurch erfolgen, dass die Hochspannungsleitung auf, neben oder in räumlicher Nähe zu der neuen Höchstspannungstrasse verkabelt wird.

Bei der Neuerrichtung von Höchstspannungsleitungen ist eine Mitnahme parallel bestehender Hochspannungsleitungen auf einem Gestänge anzustreben, um die Gesamtbeeinträchtigungen zu begrenzen, soweit dies im Rahmen des EnWG wirtschaftlich zumutbar ist und keine überwiegenden netztechnischen Belange entgegenstehen. Dadurch werden die Masten zwar höher, die Raumbelastung, der Flächenverbrauch sowie in vielen Fällen das Landschaftsbild können jedoch entlastet werden. Die Mitnahme ist die höchste Form der Bündelung.

Nach § 2 Absatz 2 Nummer 3 Satz 4 des Raumordnungsgesetzes ist dem Schutz Kritischer Infrastrukturen Rechnung zu tragen. Nach § 2 Absatz 10 des Gesetzes über das Bundesamt für Sicherheit in der Informationstechnik (BSI-Gesetz) sind Kritische Infrastrukturen unter anderem Einrichtungen, Anlagen oder Teile davon, die dem Sektor Energie angehören und von hoher Bedeutung für das Funktionieren des Gemeinwesens sind, weil durch ihren Ausfall oder ihre Beeinträchtigung erhebliche Versorgungsengpässe oder Gefährdungen für die öffentliche Sicherheit eintreten würden (Kapitel 5.7). Eine Abweichung vom Grundsatz der Bündelung kann in Betracht kommen, wenn die Anfälligkeit Kritischer Infrastrukturen, insbesondere von Leitungen für den Energietransport, durch die Bündelung in unverhältnismäßigem Maß erhöht wird.

Zum Schutz vor schädlichen Umwelteinwirkungen durch elektrische und magnetische Felder gibt es die Verordnung über elektromagnetische Felder, die 26. Verordnung zum Bundes-Immissionsschutzgesetz (BImSchV). Diese Verordnung enthält Grenzwerte für das elektrische Feld (5000 Volt pro Meter bei einer Niederfrequenzanlage mit einer Frequenz von 50 Hertz) und das magnetische Feld (100 Mikrotesla bei einer Niederfrequenzanlage mit einer Frequenz von 50 Hertz) für Orte, an denen sich Menschen dauerhaft aufhalten (dazu zählen insbesondere Wohngebäude, Krankenhäuser, Schulen,

Kindergärten und auch die zugehörigen Grundstücke). Die Grenzwerte gelten für die höchste betriebliche Anlagenauslastung und berücksichtigen auch den Schutz empfindlicher Personen wie zum Beispiel ältere Menschen und Kinder. Wenn die Grenzwerte eingehalten werden, sind schädliche Umwelteinwirkungen nicht zu befürchten. Für die noch nicht nachgewiesenen Gesundheitsgefährdungen unterhalb der Grenzwerte gibt es den Bereich der Vorsorge mit dem Minimierungsgebot und dem Überspannungsverbot.

Das Minimierungsgebot wird in der Allgemeinen Verwaltungsvorschrift zur Durchführung der 26. BImSchV konkretisiert. Es werden die Anforderungen an Niederfrequenz- und Gleichstromanlagen bei der Errichtung und wesentlichen Änderung beschrieben, um die elektrischen und magnetischen Felder nach dem Stand der Technik im Einwirkungsbereich zu minimieren. Technische Möglichkeiten zur Minimierung bei Freileitungen im Niederfrequenzbereich sind die Abstandsoptimierung, elektrische Schirmung, Minimieren der Seilabstände, Optimierung der Mastkopfgeometrie und die Optimierung der Leiteranordnung.

B zu 2, 3

Der Netzausbau der Transport- und Verteilnetze ist infrastrukturelle Voraussetzung für eine sichere Stromversorgung im Rahmen einer erfolgreichen Energiewende. Er dient der Anpassung, Entwicklung und dem Ausbau der Netze zur Einbindung von Elektrizität aus erneuerbaren Energiequellen, der Vereinbarkeit und Verträglichkeit von Elektrizitätsnetzen innerhalb der Europäischen Union, dem Anschluss neuer Energieerzeugungsanlagen mit zunehmend regenerativer Energie und Kraftwerken sowie der Vermeidung struktureller Engpässe im Übertragungsnetz. Der Netzausbau ist für die Flexibilisierung und die Sektorenkopplung eine wichtige Maßnahme. Er schafft eine Voraussetzung, um die Potenziale der Sektorenkopplung zur Schaffung von regionaler Wertschöpfung tatsächlich zu nutzen. Dies betrifft insbesondere auch den regionalen Netzausbau.

Die Errichtung und der Ausbau von Strom- und Erdgasnetzen erfolgen auf Basis der Vorgaben des Energierechts, auf der Höchstspannungsebene (ab 220 Kilovolt) insbesondere auf Basis der Vorgaben des Gesetzes über die Elektrizitäts- und Gasversorgung (EnWG), des Energieleitungsausbaugesetzes (EnLAG), des Bundesbedarfsplangesetzes (BBPlG), des Netzausbaubeschleunigungsgesetzes (NABEG) und der Energieinfrastruktur-Verordnung (TEN-E VO EU) 347/2013. Ein Ziel dieser Regelungen ist auch die Förderung der Akzeptanz des Netzausbaus in der Bevölkerung.

Höchstspannungsleitungen übertragen Strom im Übertragungsnetz über weite Strecken mit einer Nennleistung von 220 oder 380 Kilovolt. Dieser Strom wird in Umspannwerken in niedrigere Spannungsebenen umgewandelt. Von dort aus wird er in das Verteilnetz eingespeist und kann dort die Kundin oder den Kunden mit Elektrizität versorgen. Das Verteilnetz ist in Hochspannung (110 Kilovolt), Mittelspannung (bis 50 Kilovolt) und Niederspannung (400 Volt) unterteilt. Das Verteilnetz im Hochspannungsbereich überträgt in der Regel mit einer Spannungsebene bis zu 110 Kilovolt. Raumbedeutsam sind die Vorhaben ab 110 Kilovolt.

Der Netzausbaubedarf auf Höchstspannungsebene wird wie folgt ermittelt: Auf Basis eines bundesweiten Szenariorahmens zum künftigen Energiemix, der alle zwei Jahre fortgeschrieben wird, erstellen die Übertragungsnetzbetriebsgesellschaften alle zwei Jahre einen Netzentwicklungsplan (NEP) Strom, der die in Deutschland energiewirtschaftlich erforderlichen Höchstspannungsleitungen enthält, für deren Errichtung ein vordringlicher Bedarf zur Gewährleistung eines sicheren und zuverlässigen Netzbetriebs besteht. Dieser Plan wird von der Bundesnetzagentur geprüft, bestätigt und der Bundesregierung übermittelt. Die notwendigen Höchstspannungsprojekte fließen in das Bundesbedarfsplangesetz (BBPlG) ein, das vom Bundesgesetzgeber verabschiedet wird.

Mit der Aufnahme in das BBPlG werden für die entsprechenden Leitungsprojekte deren energiewirtschaftliche Notwendigkeit und der vordringliche Bedarf zur Gewährleistung eines sicheren und zuverlässigen Netzbetriebs rechtlich verbindlich festgestellt. Die aktuelle Fassung des BBPlG enthält die folgenden Vorhaben mit Bezug zu Schleswig-Holstein unter der jeweiligen Ziffer der Anlage:

- SuedLink (Nummer 3): Höchstspannungsleitung Brunsbüttel – Großgartach; Gleichstrom, Erdkabelvorrang,
- SuedLink (Nummer 4): Höchstspannungsleitung Wilster – Grafenrheinfeld; Gleichstrom, Erdkabelvorrang,
- Westküstenleitung (Nummer 8): Höchstspannungsleitung Brunsbüttel – Barlt – Heide – Husum – Niebüll – Bundesgrenze (Dänemark),
- NordLink (Nummer 33): Höchstspannungsleitung Schleswig-Holstein – Südnorwegen; Gleichstrom, und
- Ostküstenleitung (Nummer 42): Kreis Segeberg – Raum Lübeck – Siems – Raum Göhl.

Zudem enthält das Energieleitungsausbaugesetz (EnLAG), das neben dem Bundesbedarfsplangesetz gilt und ebenfalls die Notwendigkeit von bestimmten Leitungsvorhaben festschreibt, die folgenden Vorhaben für Schleswig-Holstein:

- Mittelachse (Nummer 1): Neubau Höchstspannungsleitung Kassø (Dänemark) – Hamburg Nord – Dollern; Nennspannung 380 Kilovolt
- Windsammelschiene (Nummer 9): Neubau Höchstspannungsleitung Hamburg/Krümmel – Schwerin; Nennspannung 380 Kilovolt (bereits errichtet)

Die Verordnung (EU) Nummer 347/2013 zu Leitlinien für die europäische Energieinfrastruktur (TEN-E Verordnung) soll zum Erreichen der energiepolitischen Ziele der Europäischen Union beitragen. Durch sie soll die Entwicklung der Erneuerbaren Energien und die Energieeffizienz gefördert werden. Voraussetzung dafür ist ein effektiver und beschleunigter Netzausbau. Daher werden zumeist national bereits als notwendig identifizierte Netzausbauprojekte der Energieinfrastruktur als „Vorhaben von gemeinsamem Interesse" (englisch: Projects of Common Interest, PCI) gekennzeichnet. Sie sollen bestehende Lücken in der europäischen Energienetzinfrastruktur schließen und unter anderem zur Entwicklung der Erneuerbaren Energien beitragen. Außerdem sollen PCI vor allem wirtschaftlichen, sozialen und ökologischen Nutzen sowie positive energiewirtschaftliche Auswirkungen für mindestens zwei Mitgliedsstaaten bringen.

Die Stromnetze sollen zur Verwirklichung des europäischen Energiebinnenmarkts und insbesondere einer norddeutschen Energiekooperation mit Hamburg und Dänemark im erforderlichen Maß ausgebaut werden.

Die Netzbetriebsgesellschaften sind nach dem Gesetz für den Ausbau Erneuerbarer Energien (Erneuerbare-Energien-Gesetz, EEG 2021) verpflichtet, den gesamten angebotenen Strom aus Erneuerbaren Energien unverzüglich vorrangig abzunehmen, zu übertragen und zu verteilen (§§ 8, 11 EEG 2021). Auf Verlangen der Einspeisewilligen sind die Betriebsgesellschaften der Verteilnetze (110 Kilovolt und niedriger) weiter verpflichtet, unverzüglich ihre Netze entsprechend dem Stand der Technik zu optimieren, zu verstärken und auszubauen, um die Abnahme, Übertragung und Verteilung des Stroms aus Erneuerbaren Energien sicherzustellen, soweit dies wirtschaftlich zumutbar ist (§ 12 EEG 2021).

Für die im BBPlG gelisteten Hochspannungsgleichstromvorhaben, die Schleswig-Holstein betreffen, gilt (Stand 2020) der Erdkabelvorrang nach § 3 BBPlG für die Planung, sodass nur im Ausnahmefall bei Vorliegen der Voraussetzungen nach § 3 BBPlG oder einem Freileitungsverlangen einer betroffenen Gebietskörperschaft eine Freileitung in Betracht kommt.

Bei allen Planungen und Maßnahmen soll auf eine zügige Verwirklichung der erforderlichen Netzausbauvorhaben hingewirkt und diese ermöglicht werden.

Für die Aufnahme der in der Fläche verteilten Erneuerbaren Energien sollte die Netzinfrastruktur möglichst effizient aufgebaut sein. Die Bildung möglichst erzeugungsnaher zentraler Einspeisepunkte dient dazu, dass die Erzeugungsleistung über eine möglichst kurze Verknüpfung auf effizientestem Weg zum nächsten geeigneten Netzverknüpfungspunkt transportiert werden kann. Parallelleitungen sind zu vermeiden. Die Optimierung sollte im Rahmen der Anforderungen der §§ 8, 11 EEG und in Folge einer engen Abstimmung der verschiedenen Netzebenen zu möglichst kurzen Trassen und einem effizienten Energietransport führen.

Um die Sektorenkopplung zu fördern, sollen Entwicklungspotenziale für eine intelligente Verbindung von Strom- und Gasinfrastruktur identifiziert werden. Ansatzpunkte können die jeweilige technische Anschluss- und Einspeisesituation oder andere lokale Gegebenheiten sein. Zudem sollen so infrastrukturell optimale Möglichkeiten der Wärmenutzung, der Nutzung zur Energieversorgung und in industriellen Prozessen sowie für Mobilitätszwecke realisiert werden. Dies reduziert volkswirtschaftliche Kosten und trägt zu einer nachhaltigen und kostengünstigen Infrastruktur bei. Im Rahmen der Netzentwicklungsplanung für Strom und Gas werden bereits die jeweiligen Potenziale auf den oberen Netzebenen wechselseitig berücksichtigt.

Die Bundesregierung hat im Mai 2021 entschieden, der EU-KOM das Projekt HyperLINK zur Förderung im Rahmen IPCEI vorzuschlagen. HyperLINK beinhaltet unter anderem eine Wasserstoff(fern)leitung in Schleswig-Holstein von Dänemark in Richtung Niedersachsen. Das Vorhaben von Gasunie soll innerhalb der 2020er Jahre realisiert werden.

B zu 4

Bestehende und rechtskräftig planfestgestellte Vorhaben der Höchstspannungsebene (220/380 Kilovolt) werden in der Hauptkarte abgebildet.

Die lediglich bestätigten beziehungsweise im Bundesbedarfsplangesetz erfassten Vorhaben werden in der Themenkarte 14 dargestellt. Der genaue Verlauf der Leitungen steht bei diesen noch nicht fest. So gilt beispielsweise für die Errichtung oder Änderung von länderübergreifenden oder grenzüberschreitenden Höchstspannungsleitungen (zum Beispiel „SuedLink") und Anbindungsleitungen von Offshore-Windpark-Umspannwerken zu den Netzverknüpfungspunkten an Land, die in einem Gesetz über den Bundesbedarfsplan nach § 12e Absatz 4 Satz 1 des Energiewirtschaftsgesetzes als solche gekennzeichnet sind, das Netzausbaubeschleunigungsgesetz Übertragungsnetz (NABEG). Innerhalb seines Anwendungsbereichs trifft die Bundesnetzagentur im Rahmen der Bundesfachplanung nach § 12 NABEG auch eine Entscheidung über den Verlauf eines raumverträglichen Trassenkorridors, der Teil des Bundesnetzplans wird.

Nach § 15 Absatz 1 NABEG ist die Entscheidung der Bundesnetzagentur über die Bundesfachplanung nach § 12 NABEG verbindlich.

Stand: 2020
© GeoBasis-DE/LVermGeoSH
Herausgeber: Ministerium für Inneres, ländliche Räume, Integration und Gleichstellung des Landes Schleswig-Holstein
Landesentwicklungsplan Schleswig-Holstein – Fortschreibung 2021

Themenkarte 14 Leitungsnetzinfrastruktur Strom

B zu 5

Maßnahmen im Sinne des Absatzes 5 sind bestehende sowie planfestgestellte Freileitungen und Erdkabel ab einer Spannungsebene von 110 Kilovolt. Ab dieser Spannungsebene sind die Vorhaben raumbedeutsam.

Der vorhandene Bestand (Hoch- und Höchstspannungsebene) sowie rechtskräftig genehmigte Vorhaben sind in den Regionalplänen nachrichtlich darzustellen.

Die im Rahmen der Bundesfachplanung festgestellten Verläufe der Trassenkorridore nach § 12 NABEG sind, sofern sie bei Inkrafttreten der Regionalpläne bereits verbindlich festgestellt sind, nachrichtlich in die Regionalpläne zu übernehmen.

B zu 6

Aus Sicht des Naturschutzes und der Landschaftspflege ist eine Erdverkabelung einer Freileitung auf der Hochspannungsebene grundsätzlich vorzuziehen, wenn sie Natur und Landschaft und die in unmittelbarer Nähe lebenden Menschen weniger belastet (vor allem Avifauna, Landschaftsbild, Zerschneidung von Landschaft) und sofern keine anderweitigen Belange (zum Beispiel Artenschutz, Boden- oder Grundwasserschutz) überwiegen. Auf der Grundlage des EnWG ist es möglich, eine Erdverkabelung von Hochspannungsleitungen in neuer Trasse auszuführen, soweit die Gesamtkosten für Errichtung und Betrieb des Erdkabels die Gesamtkosten der technisch vergleichbaren Freileitung den in § 43h EnWG ausgewiesenen Faktor nicht überschreiten und naturschutzfachliche Belange nicht entgegenstehen.

B zu 7

Eine Aussage über Mindestabstände zu oder von Hoch- und Höchstspannungsfreileitungen enthielt der Landesentwicklungsplan bisher nicht. Bundes- oder landesrechtliche gesetzliche Mindestabstände gibt es bislang ebenfalls nicht. Um- und Ausbaumaßnahmen oder Ertüchtigungen des Netzes können zu Erhöhungen der Strommasten, Errichtung neuer Masten und einer Änderung der Immissionen führen. Denkbar wäre hier beispielsweise auch das Mitführen einer 110-Kilovolt-Freileitung auf den Masten einer 380-Kilovolt-Freileitung als höchste Form der sogenannten Bündelung (siehe Absatz B zu 1).

In der Vergangenheit ist die Bebauung zum Teil bis an oder unter die Freileitungen des Hoch- und Höchstspannungsnetzes herangerückt. Wenn folgend eine bestehende Stromleitung um- oder ausgebaut oder ertüchtigt werden muss, wird der Leitungsausbau in der Bestandstrasse durch den fehlenden Abstand zwischen Leitung und Bebauung erschwert; unter Umständen werden durch großräumige Umgehungen erhebliche Neubelastungen und Zerschneidungen bislang unbelasteter Räume verursacht. Ein Abstand von 100 Metern ermöglicht die Demontage, die Neuerrichtung und das Betreiben neuer Leitungen mit den technisch erforderlichen Abständen zwischen den Masten einschließlich Schutzstreifen auf oder neben der Bestandstrasse der bereits bestehenden Leitung. Für den Umbau beziehungsweise die Ertüchtigung wird daneben oft ein Provisorium zum Weiterbetrieb der Bestandsleitungen erforderlich; hierfür besteht während der Bauphase zusätzlicher Raumbedarf. Bei Schaltanlagen soll der Abstand jeweils zu deren Außengrenzen gelten.

Der Abstand von mindestens 100 Metern zwischen Bebauung und Hoch- und Höchstspannungsfreileitungen soll daher den Ausbau innerhalb des vorbelasteten Raumes erleichtern, Neubelastungen vermeiden sowie dem Vorsorgeprinzip Rechnung tragen und Konflikte mit benachbarten Nutzungen im Sinne des Trennungsprinzips vorausschauend vermeiden. Die Abstände dienen der vorsorglichen Vermeidung von Raumkonflikten und zur Koordinierung konkurrierender Nutzungen.

Gleichzeitig können durch die Abstandsregelung mögliche gesundheitliche Beeinträchtigungen vorsorgend vermieden und negative Auswirkungen auf das Wohnumfeld minimiert werden (siehe auch B zu 1).

B zu 8

Im Küstenbereich kommt dem Natur- und Landschaftsschutz sowie dem Tourismus eine besondere Bedeutung zu. Unter Abwägung der günstigeren Kosten für eine Hochspannungsfreileitung einerseits und beispielsweise der Gefährdung geschützter Arten sowie der Beeinträchtigung des Landschaftsbildes andererseits ist im Küstenbereich bei Neubauten stets eine Erdverkabelung vorzunehmen. Die Küstenlinie ist entsprechend § 43 Absatz 2 Satz 1 Nummer 2 EnWG definiert: Küstenlinie ist die in der Seegrenzkarte Nummer 2920 „Deutsche Nordseeküste und angrenzende Gewässer", Ausgabe 1994, 12., und in der Seegrenzkarte Nummer 2921 „Deutsche Ostseeküste und angrenzende Gewässer", Ausgabe 1994, 12., des Bundesamtes für Seeschifffahrt und Hydrographie jeweils im Maßstab 1: 375.000 (eins zu dreihundertfünfundsiebzigtausend) dargestellte Küstenlinie.

B zu 9 – 10

Der Ausbau der Windenergie im Offshore-Bereich trägt einen erheblichen Anteil zur Bruttostromerzeugung durch Erneuerbare Energien bei. Das Wind-auf-See-Gesetz (WindSeeG) legt auf Bundesebene die Ausbauziele der Erzeugung durch Windenergie auf See korrespondierend zum Ausbaupfad im

EEG fest. Daneben sind dort die Fachplanung in der ausschließlichen Wirtschaftszone, das Ausschreibungsverfahren sowie die Zulassung, Errichtung und Inbetriebnahme der Windenergieanlagen auf See und der Offshore-Anbindungsleitungen geregelt.

Zukünftige Planungen zum Ausbau der Windenergie auf See werden im Flächenentwicklungsplan des Bundesamts für Seeschifffahrt und Hydrographie zwischen dem Bund und den Küstenländern abgestimmt. Dafür sind im Regelfall Netzanbindungsleitungen erforderlich, wenn die Offshore-Windparks nicht allein zur Erzeugung von Wasserstoff errichtet werden.

Der Transport der in der AWZ der Nordsee durch Offshore-Windkraftanlagen erzeugten Energie erfolgt durch Seekabel. Die zurzeit den 12-Seemeilen-Bereich Schleswig-Holsteins betreffenden Planungen umfassen den Transport der Energie aus Offshore-Windparks der Gebiete N-4 und N-5 sowie aus der Fläche N-7.2 des Gebiets N-7 (Themenkarte 15) mit einer Gesamtleistung von circa 3000 Megawatt. Die Anbindungsleitungen sind im Einzelnen:

- Anbindungsleitung NOR-4-1/HelWin1 und NOR-4-2/ HelWin2 (beide in Betrieb); Gebiet: N-4 Windparks: Meerwind Süd/Ost (Probebetrieb), Nordsee Ost (Probebetrieb), Amrumbank West (Probebetrieb), Kaskasi 2 (in Betrieb); Netzverknüpfungspunkt: Büttel; Grenzkorridor N-IV,
- Anbindungsleitung NOR-5-1 I SylWin1 (in Betrieb); Gebiet: N-5; Windparks: Butendiek (Probebetrieb) beklagt, DanTysk (Probebetrieb), Sandbank (Probebetrieb); Netzverknüpfungspunkt: Büttel; Grenzkorridor N-IV und
- Anbindungsleitung NOR-7-2 (geplant); Gebiet: N-7; Fläche: N-7.2; Netzverknüpfungspunkt: Büttel; Grenzkorridor N-V.

Anhang 2

Stand: 2020
© GeoBasis-DE/LVermGeoSH
Quellen: BSH, Bundesnetzagentur
Herausgeber: Ministerium für Inneres, ländliche Räume, Integration und Gleichstellung des Landes Schleswig-Holstein
Landesentwicklungsplan Schleswig-Holstein – Fortschreibung 2021

Themenkarte 15 Offshore-Windparks in der AWZ

Um die Eingriffe in Natur und Umwelt insbesondere im Nationalpark Schleswig-Holsteinisches Wattenmeer zu minimieren und die Sicherheit des Schiffsverkehrs zu gewährleisten, ist eine räumliche Bündelung der Stromleitungen zur Abführung der in den oben genannten Offshore-Windparks erzeugten Strommengen aus der AWZ erforderlich. In Übereinstimmung mit dem Raumordnungsplan des Bundes (Verordnung über die Raumordnung in der deutschen Ausschließlichen Wirtschaftszone in der Nordsee und in der Ostsee vom 19. August 2021 – AWZROV) sowie der Bundesfachplanung (Flächenentwicklungsplan 2020; FEP) und dem Netzentwicklungsplan (NEP) ist nur eine Trasse durch den Nationalpark Schleswig-Holsteinisches Wattenmeer mit dem Zielkorridor von der 12-Seemeilen-Grenze Richtung Büsum und landseitigem Netzverknüpfungspunkt vorgesehen, auf der die stromabführenden Kabelsysteme räumlich und windparkübergreifend gebündelt werden sollen. Auch die Anbindung der Anbindungsleitung NOR-7-2, die über den Grenzkorridor N-V in das schleswig-holsteinische Küstenmeer eintritt, soll so weit wie möglich der Büsumtrasse folgen und ist im Bereich des Nationalparks Schleswig-Holsteinisches Wattenmeer zwingend parallel zu den bestehenden Seekabeln auf der Büsumtrasse zu führen.

Im Bundesfachplan Offshore Nordsee 2016/17 ist eine Anbindung des Clusters 13 ab dem Jahr 2031 über den Grenzkorridor N-V von der AWZ durch das schleswig-holsteinische Küstenmeer nach Büsum vorgesehen. Der NEP 2019–2030 bestätigt eine Führung dieser Anbindung über den Grenzkorridor N-V zum Netzverknüpfungspunkt Heide West für eine Fertigstellung nach 2030 unter dem Vorbehalt, dass die potenziellen Flächen, die durch das Anbindungssystem erschlossen werden sollen, in einer

Fortschreibung des FEP als Flächen festgelegt werden. Diese Anbindung steht unter dem Vorbehalt einer Prüfung naturschutz- und schifffahrtsrechtlicher Vorgaben.

Aufgrund der besonderen Situation des Nationalparks Schleswig-Holsteinisches Wattenmeer sowie der besonderen Dynamik des Wattenmeers hinsichtlich seiner Morphologie besteht nur die Möglichkeit, über Büsum an das bestehende Strom- und Übertragungsnetz an Land anzuschließen. Die so genannte Büsumtrasse ist jedoch in ihrer räumlichen Ausdehnung begrenzt, sodass es darauf ankommt, Kabelanbindungen mit der höchstmöglichen Spannungsebene zu wählen und somit deren Gesamtzahl unter Beachtung eingriffsminimierender Techniken auf das notwendige Maß zu beschränken.

4.6 Rohstoffsicherung

Grundsätze und Ziele der Raumordnung

1 G

Rohstofflagerstätten und -vorkommen von wirtschaftlicher Bedeutung sollen unter Berücksichtigung anderer, gegebenenfalls sozialer und ökologischer Belange für die zukünftige Gewinnung von Rohstoffen langfristig gesichert werden. Neben der vorsorgenden Sicherung der Rohstofflagerstätten und -vorkommen von wirtschaftlicher Bedeutung kommt auch ihrer geordneten Aufsuchung eine besondere Bedeutung zu.

2 Z

In den Regionalplänen sind Vorrang- und Vorbehaltsgebiete für den Abbau oberflächennaher Rohstoffe darzustellen (Kapitel 4.6.1, 4.6.2). Sie sind unter Abwägung mit konkurrierenden Flächenansprüchen aus den geologischen Potenzialflächen abzuleiten.

G

Hierbei sollen die Ergebnisse der Landschaftsplanung sowie Kulturdenkmäler und deren Umgebung berücksichtigt werden. Soweit archäologische Kulturdenkmäler nicht erhalten werden können, sollen sie durch Ausgrabungen geborgen, gesichert und dokumentiert werden. Bei der Abwägung sollen unter ökologischen Aspekten auch die Transportwege minimiert werden und somit lokale beziehungsweise regionale Kreisläufe sichergestellt werden.

3 G

Die Nutzung der oberflächennahen Rohstoffe beziehungsweise die dafür erforderliche Flächeninanspruchnahme soll sparsam erfolgen. Abbaubereiche sollen deshalb grundsätzlich vollständig abgebaut werden, sofern nicht ökologische oder wasserwirtschaftliche Anforderungen dagegensprechen.

4 G

Abbaumaßnahmen sollen so durchgeführt werden, dass über die notwendigen Eingriffe hinaus die natürlichen abiotischen und biotischen Faktoren so wenig wie möglich beansprucht und Beeinträchtigungen des Landschaftsbildes möglichst vermieden und, wo dieses nicht möglich ist, minimiert werden.

Nach Beendigung des Abbaus sollen die Flächen durch Maßnahmen zur Förderung natürlicher Sukzession, Renaturierung, naturnahe Gestaltung, Wiedernutzbarmachung oder Rekultivierung so hinterlassen werden, dass möglichst keine mit dem Abbau verbundenen Beeinträchtigungen des Naturhaushalts und des Landschaftsbilds verbleiben. In Bereichen von großflächigen und zerstreuten Bodenabbaumaßnahmen sollen die Bündelung und zeitliche Abfolge von Bodenabbaumaßnahmen, die Qualität der landschaftspflegerischen Wiederherstellung des Landschaftsbildes und die Folgenutzungen durch die Bauleitplanung gesteuert werden.

Zur Förderung eines ressourcenschonenden Rohstoffabbaus und zur Begrenzung der Flächeninanspruchnahme durch neue Abbauvorhaben sollen bestehende Möglichkeiten zur Wiederverwertung von Sekundärrohstoffen genutzt und weitere Verwendungsmöglichkeiten für Sekundärrohstoffe entwickelt werden.

5 Z

Im Hinblick auf die Anforderungen der Energiewende (Kapitel 4.5) sind im Rahmen der Aufsuchung oder Gewinnung von Kohlenwasserstoffen nur solche Methoden zulässig, die keine schädlichen Auswirkungen auf den Menschen und seine Umwelt verursachen. Der Abbau von Kohlenwasserstoffen durch Einsatz der „Fracking"-Technologie (hydraulisches Fracturing) erfüllt diese Voraussetzungen nicht und ist damit ausgeschlossen.

6 Z

In der Hauptkarte sind im schleswig-holsteinischen Küstenmeer beziehungsweise in den inneren Gewässern eine Fläche zur Sedimententnahme für Küstenschutzmaßnahmen und ein Standort für Erdölgewinnung nachrichtlich dargestellt.

Begründung

B zu 1, 2

Die in Schleswig-Holstein genutzten oberflächennahen mineralischen Rohstoffe gehören zur Gruppe der Steine-Erden-Rohstoffe und umfassen neben Tonen und Kalken insbesondere Sande und Kiese, die im Tagebau abgebaut werden. Diese heimischen Primärrohstoffe sind die wichtigsten Vorleistungsgüter für die schleswig-holsteinische Bauwirtschaft und sind somit auch von elementarer Bedeutung für die industrielle Wertschöpfungskette. Das natürliche Angebot mineralischer Rohstoffe hängt vom geologischen Aufbau des Landes ab. Wirtschaftlich nutzbare Vorkommen sind daher ortsgebunden und ungleichmäßig verteilt; ihre Gewinnung kann nicht an beliebiger Stelle im Land erfolgen.

Die langfristige Sicherung der mineralischen Rohstoffgewinnung durch die Ausweisung von hinreichenden Rohstoffsicherungsgebieten ist für eine dauerhaft ausreichende Rohstoffgewinnung durch die Wirtschaft wegen ihrer aktuellen und künftigen Bedeutung als Produktionsfaktor der Wirtschaft von großer volkswirtschaftlicher Bedeutung.

Die wirtschaftliche Bedeutung der Rohstoffgewinnung ist nicht nur auf die Gewinnungsbetriebe reduziert, sondern schließt auch die mit der Rohstoffgewinnung in Verbindung stehenden verarbeitenden Steine-und-Erden-Industrien ein (Beton, Asphalt, Kalksandstein, Zement). Die Steine-und-Erden-Industrie ist insgesamt für einen erheblichen Anteil sowohl bei der Beschäftigung als auch beim Umsatz im Grundstoff- und Produktionsgütergewerbe verantwortlich. Aus den Rohstoffen werden Zemente, Dünge- und Spezialkalke, Ziegeleierzeugnisse, Transportbeton, Betonfertigteile, Kalksandsteine, Porenbetonsteine, Dichtungsmaterialien und Mörtel hergestellt. Weiterhin werden Sande und Kiese in großen Mengen als Straßenbaustoffe, Füllsande und für den Küstenschutz eingesetzt.

Derzeit gibt es circa 120 Betriebsgesellschaften mit etwa 200 bis 250 Gewinnungsstellen (ohne Offshore-Gewinnung, siehe Themenkarte 17), die die Versorgung der Bauwirtschaft mit rund 19 bis 20 Millionen Tonnen Steine-Erden-Rohstoffen pro Jahr, davon etwa 17 Millionen Tonnen Sand/Kies (ohne Offshore-Gewinnung) und circa 2,5 Millionen Tonnen Kreide und Tone, sicherstellen (Stand 2016). Mit dieser seit 2010 ansteigenden Gewinnung kann Schleswig-Holstein derzeit seinen Bedarf an Massenbaustoffen, mit Ausnahme von Splitten, im Wesentlichen aus eigener Produktion absichern.

Insbesondere für die Umsetzung der landespolitischen Ziele beim Wohnungsbau und beim Ausbau der Verkehrsinfrastruktur und der damit verbundenen steigenden Bedarfe ist die Gewinnung der hierfür erforderlichen oberflächennahen mineralischen Rohstoffe in ausreichendem Umfang sicherzustellen. Dies soll vor allem aus heimischen Vorkommen gewährleistet werden. Aufgrund der zeitlichen Vorläufe bis zum endgültigen Abbau bedingt dies eine frühzeitige Planung, Beantragung und Genehmigung von in erster Linie Sand- und Kiesabbau, vorzugsweise in der Nähe bereits vorhandener Infrastruktur.

Die Vermarktung der mineralischen Rohstoffe ist stark durch die Höhe der Transportkosten begrenzt. Die Gewinnung vor Ort oder aus verbrauchernahen Lagerstätten und die dadurch gewährleisteten kurzen Transportwege garantieren geringere Umweltbelastungen und angemessene Preise für den privaten und öffentlichen Bedarf. Der Rohstoffgewinnung aus verbrauchernahen Gewinnungsstellen für die heimische Wirtschaft kommt dabei eine besondere Bedeutung zu.

Vor diesem Hintergrund werden durch die Regionalplanung Vorrang- und Vorbehaltsgebiete für den Abbau oberflächennaher Rohstoffe ausgewiesen, in denen der Abbau hauptsächlich erfolgen soll. Dies schließt einen Abbau an anderer Stelle nicht aus. Die Regionalplanung soll dabei die Rohstofflagerstätten und -vorkommen, die der Geologische Dienst des Landes Schleswig-Holstein als Abbauschwerpunkte und Potenzialflächen ermittelt (Themenkarte 16) und hinsichtlich der Güte der Rohstoffvorkommen (Qualität, Abbauaktivitäten), der Versorgungsfunktion und Produktionsmengen sowie der

Anbindung an Absatzmärkte bewertet hat, zu Grunde legen. Für Rohstofflagerstätten gilt die Abbauwürdigkeit durch geologische Erkundungen als bestätigt. Dabei gehen in die Einschätzung der wirtschaftlichen Nutzbarkeit unterschiedliche Faktoren wie beispielsweise Vorratsmenge, Qualität des Rohstoffs, Erschließungsaufwand, Aufbereitungs- und Transportkosten ein. Für Rohstoffvorkommen ist die Abbauwürdigkeit noch nicht hinreichend geklärt.

Bei der Abwägung der unterschiedlichen Nutzungsinteressen ist nicht allein von den wirtschaftlich bedeutsamen Qualitätsmerkmalen des jeweiligen Rohstoffs auszugehen, da mit einem Abbau zumindest temporäre Eingriffe in den Naturhaushalt oder Konflikte mit anderen Flächenansprüchen verbunden sind. Aus diesen Gründen sollen in den Regionalplänen die Voraussetzungen für eine langfristige Rohstoffsicherung geschaffen werden. Die Gesamtsituation des Vorkommen- beziehungsweise Lagerstättengebiets ergibt sich unter anderem aus

- der besonderen Qualität des Rohstoffs,
- der besonderen Empfindlichkeit von Ökologie und Landschaft im engeren Raum, wie sie sich insbesondere aus den Landschaftsrahmenplänen ergibt,
- den zu erwartenden Belastungen der durch den Abbau unmittelbar betroffenen Bevölkerung,
- der Kulturdenkmale und
- der Knappheit des Rohstoffs in der Region.

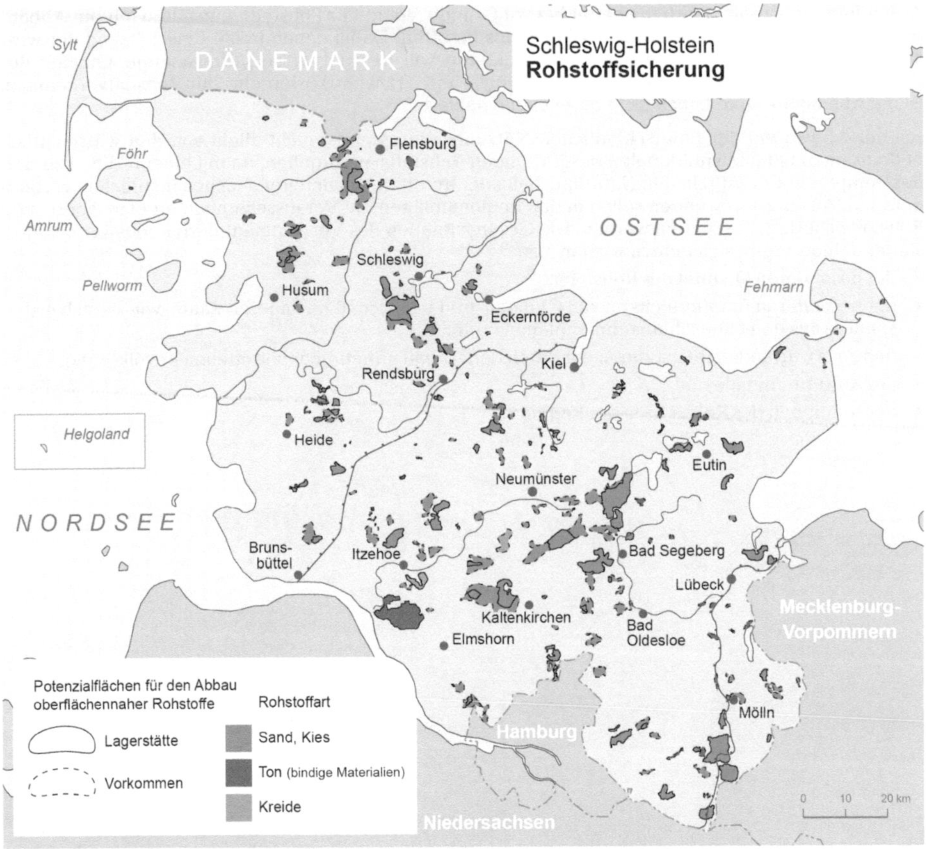

Stand: 2019
Quelle: LLUR, Geologischer Dienst

Herausgeber: Ministerium für Inneres, ländliche Räume, Integration und Gleichstellung des Landes Schleswig-Holstein
Landesentwicklungsplan Schleswig-Holstein – Fortschreibung 2021

Themenkarte 16 Rohstoffsicherung

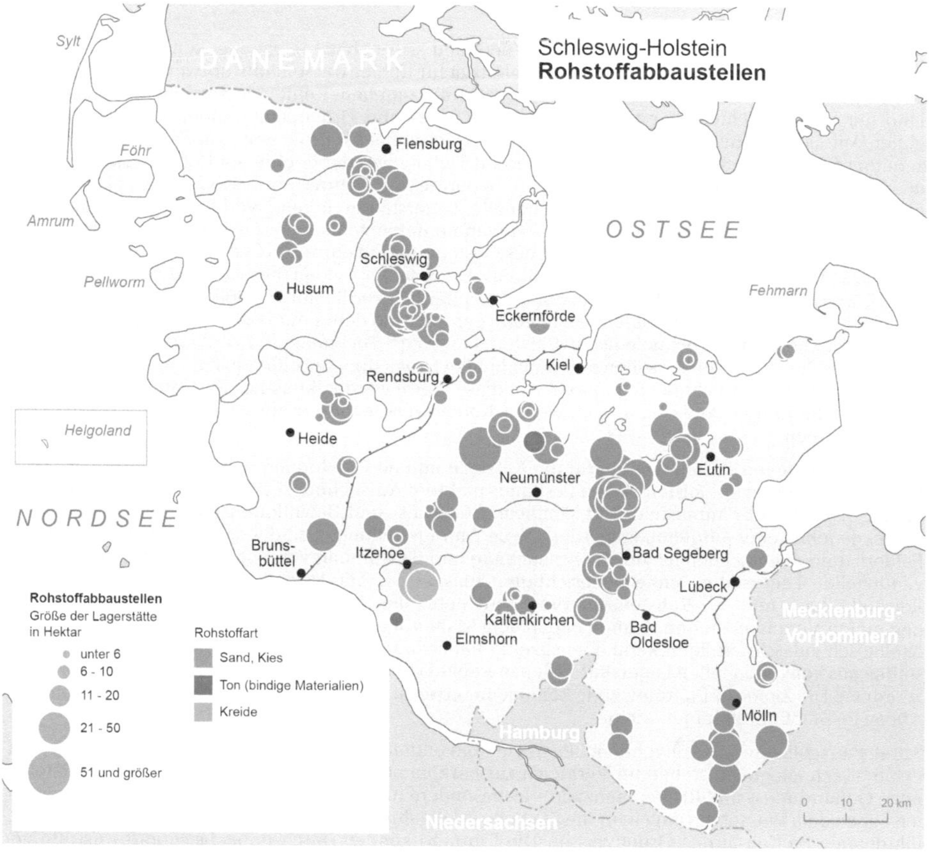

Stand: 2017, Quelle: LLUR, Geologischer Dienst
© GeoBasis-DE/LVermGeoSH
Herausgeber: Ministerium für Inneres, ländliche Räume, Integration und Gleichstellung des Landes Schleswig-Holstein
Landesentwicklungsplan Schleswig-Holstein – Fortschreibung 2021

Themenkarte 17 Rohstoffabbaustellen

B zu 3, 4

Um durch die Rohstoffgewinnung verursachte Eingriffe in Natur und Landschaft gering zu halten, sollen so weitgehend wie technisch möglich und wirtschaftlich vertretbar Primärrohstoffe durch wiederaufbereitete Baustoffe (Sekundärrohstoffe) aus Abbruchmaterial ersetzt werden. Darüber hinaus soll der Abbau selbst so gestaltet werden, dass unvermeidbare Beeinträchtigungen minimiert werden, zum Beispiel durch

- vollständige Verwendung der gewonnenen Rohstoffe,
- abschnittsweisen Abbau sowie
- vorgezogene Ausgleichs- und Ersatzmaßnahmen.

Die Gemeinden können bei großflächigen und dispersen Abbaumaßnahmen im Gemeindegebiet prüfen, inwieweit sie durch die Ausweisung von Konzentrationsflächen im Flächennutzungsplan (im Sinne von § 35 Absatz 3 Baugesetzbuch) planerische Vorsorge für die Steuerung der zeitlichen Abfolge der Bodenabbaumaßnahmen, die landschaftspflegerische Gesamtgestaltung und mögliche Folgenutzungen leisten können.

B zu 5

Im tieferen Untergrund Schleswig-Holsteins befinden sich nahezu flächendeckend geologische Formationen, die grundsätzlich Muttergesteinspotenzial für Kohlenwasserstoffe aufweisen können. Dabei ist im Wesentlichen von Erdöl und nicht von Erdgas auszugehen. Kohlenwasserstoffe bildeten sich im Lauf der Erdgeschichte unter bestimmten Temperatur- und Druckbedingungen in Tonsteinen mit hohen Anteilen organischer Substanz. Dabei bildet sich zunächst Erdöl, mit zunehmendem Druck und zunehmender Temperatur auch Erdgas. Während Teilmengen der gebildeten Kohlenwasserstoffe aus den Tonsteinen entweichen und in überlagernde poröse Speichergesteine, wie zum Beispiel Sandsteine, abwandern und sogenannte konventionelle Lagerstätten bilden, verbleiben Restmengen im ursprünglichen Muttergestein und bilden sogenannte unkonventionelle Lagerstätten. Letztere zeichnen sich durch eine geringere Wegsamkeit des Gesteins für die darin eingeschlossenen Kohlenwasserstoffe aus. Auch in konventionellen Lagerstätten ist dies der Fall, wenn diese im Lauf der Erdgeschichte nach Einwanderung von Kohlenwasserstoffen nachträglich verdichtet wurden. Bei der Förderung aus solchen Lagerstätten fließen Kohlenwasserstoffe der Bohrung daher nur beziehungsweise besser unter Einsatz der „Fracking"-Technologie zu. Bei der „Fracking"-Technologie wird Wasser mit Stützmitteln und chemischen Zusätzen versehen und unter hohem Druck über Bohrungen in die kohlenwasserstoffführenden Gesteinsschichten eingepresst. Auf diese Weise werden künstlich Risse im Gestein erzeugt, durch die die in den Poren eingeschlossenen Kohlenwasserstoffe freigesetzt werden und gefördert werden können.

In den vergangenen Jahren wurden für die Aufsuchung und Gewinnung von Kohlenwasserstoffen im Bereich des Schleswig-Holsteinischen Festlands mehrere Aufsuchungserlaubnisse und Bewilligungen erteilt. Bis auf ein Erlaubnisfeld sind sämtliche Erlaubnis- und Bewilligungsfelder auf dem Festland zurückgegeben oder aufgehoben worden. Neue Antragsstellungen sind jederzeit möglich. Bei diesen Feldern ging es ausschließlich um die Aufsuchung und Gewinnung von Kohlenwasserstoffen aus konventionellen Lagerstätten ohne beabsichtigten Einsatz der „Fracking"-Technologie. Diese Art des Rohstoffabbaus und der Rohstoffsicherung wird unter den in Grundsatz 1 sowie B zu 5 Absatz 1 genannten Voraussetzungen solange und in dem Maße zugelassen, wie sie wirtschaftlich möglich und ökologisch zulässig erfolgen kann. Gleichzeitig hat sich der mittelfristige Abbau von Kohlenwasserstoffen aus konventionellen Lagerstätten den in Kapitel 4.5 genannten Zielen der Energiewende unterzuordnen. Die Ziele der Energiewende können nur erreicht werden, wenn langfristig eine Abkehr vom Abbau fossiler Energieträger erfolgt.

Mit der Erschließung unkonventioneller sowie konventioneller Lagerstätten durch Einsatz der „Fracking"-Technologie entstehen im Vergleich zur herkömmlichen Förderung von Kohlenwasserstoffen neue Gefährdungs- und Risikopotenziale – insbesondere für das Schutzgut Grundwasser. Hierzu zählen neben dem Wasserverbrauch für die Fracking-Maßnahme auch potenzielle Einträge von wassergefährdenden Stoffen in das Grundwasser. Die Einträge können durch unbeabsichtigte Austritte von Frack-Fluiden (chemische Zusätze in der Frack-Flüssigkeit), Erdöl sowie Lagerstättenwasser an der Oberfläche oder über unvorhergesehene Prozesse im Untergrund verursacht werden und zu irreversiblen Schäden für den Boden- und Wasserhaushalt führen. Zudem besteht weiterhin Unsicherheit hinsichtlich der umweltverträglichen Entsorgung von zurückgeförderten Frack-Fluiden (sogenanntes Flowback) wie auch hinsichtlich möglicher seismischen Erschütterungen durch Fracking-Maßnahmen.

Die bisher bekannte „Fracking"-Technologie erfüllt nicht die in Kapitel 4.5 genannten raumordnerischen Grundsätze der Energiewende und ist daher als Fördermethode auszuschließen.

Die Beschaffenheit des Untergrunds ist wegen ihrer Bedeutung für die Funktionsfähigkeit der Böden und des Wasserhaushalts zu erhalten und gegenüber möglichen nachteiligen Veränderungen durch „Fracking"-Maßnahmen zu schützen. Mit dem Ausschluss des Einsatzes der „Fracking"-Technologie beim Abbau von Kohlenwasserstoffen wird dem zu beachtenden Vorsorgeprinzip nachgekommen.

Im Bereich des Schleswig-Holsteinischen Festlands ist aufgrund der geologischen Gegebenheiten von einer nahezu flächendeckenden Verbreitung von Gesteinen auszugehen, bei denen der Einsatz der Fracking-Technologie in Frage kommt und – sofern sich im Zuge weiterer Prospektion das Vorhandensein wirtschaftlich interessanter Vorkommen bestätigt – die voraussichtlich sinnvoll mit dem Einsatz der „Fracking"-Technologie zu erschließen wären. Wegen der daraus resultierenden Raumbedeutsamkeit und der mit der Erschließung verbundenen Risiken ist die Aufsuchung und Gewinnung fossiler Rohstoffe mittelfristig auf die Förderung ohne Einsatz der „Fracking"-Technologie zu beschränken und langfristig vollständig aufzugeben.

B zu 6

Im Bereich des schleswig-holsteinischen Küstenmeers und der inneren Gewässer lassen sich die Gewinnung von Kohlenwasserstoffen auf der einen und die Gewinnung beziehungsweise Entnahme von oberflächennahen mineralischen Rohstoffen wie Sand und Kies auf der anderen Seite unterscheiden.

In der Nordsee liegt für marinen Sand- und Kiesabbau westlich von Sylt das genehmigte Gebiet Westerland III, in dem bereits seit längerer Zeit die Sandentnahme ausschließlich für Maßnahmen des Küstenschutzes erfolgt. Vor dem Hintergrund der bestehenden Genehmigung und der besonderen Bedeutung des Vorhabens für den Küstenschutz ist dieses Gebiet in der Hauptkarte als Fläche für Sedimententnahme ausgewiesen.

Zur langfristigen Sicherung des Materialbedarfs für den Küstenschutz wird derzeit überprüft, ob im Bereich der schleswig-holsteinischen Küstengewässer der Nordsee außerhalb des Nationalparks weitere für den Küstenschutz geeignete und gewinnbare Sand- und Kiesvorkommen erschlossen werden können. In diesem Zusammenhang wurde eine weitere Erlaubnis zur Aufsuchung dieser Rohstoffe – Feld Nordfriesland Süd – erteilt.

Mit dem Maßnahmenprogramm zum Meeresschutz der deutschen Nord- und Ostsee gemäß § 45h Absatz 1 Wasserhaushaltsgesetz (WHG) haben Bund und Länder 2016 eine Herangehensweise beschlossen, mit der eine Verbesserung des ökologischen Zustands von Nord- und Ostsee erreicht werden soll. Die Maßnahmen sind auf die der EU-Kommission 2012 gemeldeten Umweltziele der EU-Meeresstrategie-Rahmenrichtlinie (MSRL) sowie auf die im Jahr 2015 von der Landesregierung verabschiedete „Strategie Wattenmeer 2100" hin ausgerichtet, zu denen auch das Umweltziel „Meere mit nachhaltig und schonend genutzten Ressourcen" gehört.

Das entsprechende Maßnahmenkennblatt zur Entnahme sublitoraler Ressourcen für den Küstenschutz in der Nordsee bezieht sich auf zwei konkrete operative Unterziele zur Umsetzung dieses Umweltziels. Für das schleswig-holsteinische Küstengewässer der Nordsee gilt, dass innerhalb der marinen Schutzgebiete die Schutzziele und -zwecke an erster Stelle stehen. Die besonderen öffentlichen Interessen des Küstenschutzes an der Gewinnung von abiotischen Ressourcen sind zu beachten und nach eingehender Prüfung von Alternativen in Betracht zu ziehen. Des Weiteren sollen durch die Nutzung oder Erkundung abiotischer Ressourcen die Ökosystemkomponenten, insbesondere die empfindlichen, zurückgehenden und geschützten Arten und Lebensräume nicht beschädigt oder erheblich gestört werden. Die Fortpflanzungs-, Aufzucht-, Mauser-, Überwinterungs- und Wanderungszeiten sowie die Fortpflanzungs-, Ruhe- und Nahrungsstätten der jeweiligen Arten sind dabei besonders zu berücksichtigen. Aufgrund der zu erwartenden Sedimentdefizite im Wattenmeer infolge eines beschleunigten Meeresspiegelanstiegs und der sich daraus ergebenden negativen Konsequenzen für Küsten- und Naturschutz sollen Maßnahmen des Küstenschutzes nicht zu einem zusätzlichen Sedimentdefizit führen. Sedimententnahmen aus dem Wattenmeer oder den (Außen-)Sänden sind daher generell ausgeschlossen.

Aufgrund der sehr begrenzten marinen Sedimentressourcen in der Ostsee im Zuständigkeitsbereich Schleswig-Holsteins ist hier eine Sandentnahme nicht nachhaltig und deshalb grundsätzlich nicht vorgesehen; Einzelfallentscheidungen aus Gründen des Küstenschutzes bleiben jedoch möglich.

Ölförderung findet im schleswig-holsteinischen Küstenmeer nur noch im genehmigten Bewilligungsfeld Heide-Mittelplate I, das sich im Bereich des Nationalparks Schleswig-Holsteinisches Wattenmeer in der Nordsee befindet, bis 2041 (Ende der Bewilligung) statt. Dieses derzeit bedeutendste deutsche Erdölvorkommen innerhalb der Zwölf-Seemeilenzone wurde vor Errichtung des Nationalparks von einer künstlich angelegten Bohr- und Förderinsel westlich von Friedrichskoog erschlossen und wird seit 2000 auch vom Festland aus ausgebeutet. Bis 2017 wurden circa 34,8 Millionen Tonnen aus der Lagerstätte gefördert. Weitere 13,6 Millionen Tonnen Erdöl gelten als technisch und wirtschaftlich gewinnbar. Dies entspricht 50,8 Prozent der deutschen Erdölreserven. Vor dem Hintergrund der bestehenden Genehmigung und der besonderen Bedeutung des Vorhabens Mittelplate A für die Rohstoffsicherung ist dieses Gebiet in der Hauptkarte als Standort für die Erdölgewinnung ausgewiesen.

Erdölbohrungen und -förderungen im Nationalpark Schleswig-Holsteinisches Wattenmeer dürfen ausschließlich von der genehmigten Bohr- und Förderinsel Mittelplate A aus erfolgen. Aus diesen Gründen werden neben dem Standort zur Erdölgewinnung und der Sedimententnahmefläche für den Küstenschutz in der Nordsee keine weiteren Rohstoffsicherungs- oder Abbauflächen im Meeresbereich dargestellt. Für die weitere Erdölgewinnung ist es erforderlich, dass Untersuchungsarbeiten zur Aufsuchung vorhandener Lagerstätten in Verbindung mit der genehmigten Bohr- und Förderinsel Mittelplate A durchgeführt werden können. Erkundungsbohrungen im Rahmen solcher Aufsuchungstätigkeiten sind dabei nur zulässig von der Mittelplate A selbst oder vom Festland aus, das heißt von außerhalb des Nationalparks.

4.6.1 Vorranggebiete für den Abbau oberflächennaher Rohstoffe

Grundsätze und Ziele der Raumordnung

1 Z

Gebiete, in denen genehmigte Vorhaben zur Nutzung verwertbarer Rohstoffe durchgeführt werden oder durchgeführt werden sollen, sind in den Regionalplänen als Vorranggebiete für den Abbau oberflächennaher Rohstoffe darzustellen.

2 G

Über die in Absatz 1 dargestellten Gebiete hinausgehend sollen zur Vorsorge für den langfristigen Bedarf in den Regionalplänen weitere Vorranggebiete für den Abbau oberflächennaher mineralischer Rohstoffe ausgewiesen werden, bei denen

- die der Ausweisung zugrundeliegenden Lagerstätten rohstoffgeologisch hinsichtlich Mindestanforderungen an Qualität, Menge und räumlicher Ausdehnung ihrer Rohstoffe ausreichend erkundet worden sind und die für die Deckung des regionalen oder überregionalen edarfs von Bedeutung sind,
- Ausweichmöglichkeiten für den Abbau eines regional seltenen und knappen Rohstoffs in vertretbarer Weise nicht angeboten werden können
- und bei denen weiterhin
- die ökologische und landschaftsräumliche Verträglichkeit gegeben ist sowie
- günstige Transportwege (zwischen Gewinnungs-, Aufbereitungs- und Weiterverarbeitungsstätten sowie der Endverbraucherin oder dem Endverbraucher) und eine gute Anbindung an die Verkehrsinfrastruktur gesichert sind.

3 Z

In den in Absatz 1 und 2 genannten Gebieten sind die Lagerstätten für den Abbau langfristig zu sichern; sie sind von Nutzungen freizuhalten, die den Abbau wesentlich erschweren oder verhindern würden. Andere Nutzungen sind nur zulässig, wenn sie mit dem festgelegten Vorrang vereinbar sind.

4 G

In den Regionalplänen können Aussagen zur Folgefunktion in den Vorranggebieten getroffen werden.

Begründung

B zu 1 – 4

In den Gebieten, die nach Absatz 1 als Vorranggebiete darzustellen sind, ist eine Abwägung mit anderen Belangen gemäß der fachrechtlich relevanten Verfahren bereits erfolgt oder im laufenden Verfahren für geplante Vorhaben ist erkennbar, dass das Vorhaben genehmigungsfähig ist.

Die Festlegung von Vorranggebieten für den Abbau oberflächennaher Rohstoffe nach Absatz 2 setzt in der Abwägung mit anderen Nutzungsansprüchen voraus, dass die langfristige Sicherung einer Abbaumöglichkeit Vorrang vor anderen Nutzungsinteressen erhalten soll. In diesen Gebieten sollen daher alle Planungen und Maßnahmen unterbleiben, die einen Abbau wesentlich erschweren oder verhindern würden. Vorhaben zum Abbau oberflächennaher Rohstoffe in Vorranggebieten entsprechen regelmäßig den Zielen der Raumordnung. Das schließt nicht aus, dass im Einzelfall auf kleinräumigen Teilflächen der Vorranggebiete öffentliche Belange einem Abbau entgegenstehen können. Die Ausweisung eines Vorranggebietes und die positive landesplanerische Stellungnahme zu einzelnen Abbauvorhaben ersetzen nicht die nach Fachvorschriften erforderlichen Einzelabwägungen in den dafür vorgesehenen rechtsförmlichen Genehmigungsverfahren. Häufig sind in Teilflächen bestehender Vorranggebiete bereits in der Vergangenheit Abbaugenehmigungen erteilt worden.

Die Festlegung eines Vorranges für den Abbau oberflächennaher Rohstoffe ist zu rechtfertigen, wenn aufgrund einer vorausgegangenen Bedarfsermittlung und einer besonderen Standortuntersuchung mit großer Wahrscheinlichkeit eine Realisierung des Abbaus erwartet werden kann. Darüber hinaus muss mindestens eine Abstimmung mit der Landschaftsplanung stattgefunden haben.

Eine Überlagerung mehrerer Vorranggebiete oder von Vorranggebieten und Vorbehaltsgebieten unterschiedlicher Nutzung ist nur zulässig, soweit die festgelegten Nutzungen miteinander vereinbar sind.

4.6.2 Vorbehaltsgebiete für den Abbau oberflächennaher Rohstoffe

Grundsätze und Ziele der Raumordnung

1 Z

Als Vorbehaltsgebiete für den Abbau oberflächennaher Rohstoffe sind in den Regionalplänen nach Maßgabe der Kriterien in Absatz 2 darzustellen:

- Lagerstätten, für die noch kein Vorrang festgelegt worden ist, und
- Gebiete mit noch nicht ausreichend untersuchten Rohstoffvorkommen oder nicht genau bestimmbaren Rohstoffmengen, soweit sie von erkennbar regionaler oder überregionaler Bedeutung sind.

2 G

Kriterien für die Ausweisung der Vorbehaltsgebiete sind:

- Art, Häufigkeit und Verbreitung des Rohstoffs,
- absehbarer Rohstoffbedarf,
- Abbauwürdigkeit der Lagerstätten und Vorkommen,
- ökologische, landschaftsräumliche und denkmalpflegerische Verträglichkeit,
- möglichst günstige Transportwege zwischen Gewinnungs-, Aufbereitungs- und Weiterverarbeitungsstätten sowie der Endverbraucherin oder dem Endverbraucher,
- möglichst gute Anbindung an Verkehrsinfrastruktur und
- keine großflächigen konkurrierenden Nutzungsansprüche, die eine Rohstoffgewinnung ausschließen.

3 G

In den Vorbehaltsgebieten

- sollen die Rohstofflagerstätten oder -vorkommen vorsorglich für eine Rohstoffgewinnung von irreversiblen Nutzungen freigehalten werden und
- sollen bei Vorhaben, die eine spätere Rohstoffgewinnung ausschließen oder wesentlich beeinträchtigen können, den Rohstoffvorkommen oder -lagerstätten bei der Abwägung mit konkurrierenden Nutzungsansprüchen ein besonderes Gewicht beigemessen werden.

4 G

Bei größeren Abbauvorhaben innerhalb oder außerhalb der Vorbehaltsgebiete ist, sofern diese nicht in Vorranggebieten liegen, die Durchführung eines Raumordnungsverfahrens zu prüfen.

Begründung

B zu 1 – 4

Die Vorbehaltsgebiete für die Gewinnung oberflächennaher Rohstoffe sind als Rohstoffreserve anzusehen. Die Festlegung von Vorbehaltsgebieten kennzeichnet Rohstofflagerstätten oder -vorkommen, bei denen eine Abwägung mit anderen Nutzungsinteressen noch nicht abschließend erfolgt ist. Damit Vorbehaltsgebiete einen Beitrag zur langfristigen Sicherung der Rohstoffversorgung leisten können, soll die regionalplanerische Abwägung und Festlegung so erfolgen, dass die Vorbehaltsgebiete eine grundsätzliche Eignung für den Rohstoffabbau aufweisen und möglichst konfliktarm zu realisieren sind.

Dabei ist eine Überlagerung der angestrebten Rohstoffnutzung mit anderen Raumansprüchen nicht ausgeschlossen. In verschiedenen Lagerstätten sind zum Beispiel ökologisch wertvolle Bereiche vorhanden. Eine Überlagerung von Vorbehaltsgebieten für die Gewinnung oberflächennaher Rohstoffe mit Vorbehaltsgebieten für Natur und Landschaft kann dann erfolgen, wenn sich die Zielsetzungen nicht widersprechen oder ein Abbau oder eine anschließende Renaturierung zur Realisierung der ökologischen Zielsetzungen beiträgt. Die Regionalpläne sollen für die Vorbehaltsgebiete zum einen die besondere Wertigkeit der Rohstofflagerstätte darstellen und zum anderen Hinweise geben für eine ökologisch verträgliche Durchführbarkeit des Rohstoffabbaus.

Eine Abwägung von konkurrierenden Ansprüchen im Vorbehaltsgebiet muss, insbesondere bei Planungen und Maßnahmen, die den Abbau auf Dauer wesentlich erschweren oder behindern könnten, im Einzelfall gegebenenfalls im Rahmen eines Raumordnungsverfahrens nach §§ 15 folgende Raumordnungsgesetz (ROG) und §§ 14 ff. Landesplanungsgesetz (LaplaG) erfolgen.

4.7 Tourismus und Erholung

Grundsätze und Ziele der Raumordnung

1 G

Eine touristische Entwicklung ist grundsätzlich in allen Teilräumen des Landes möglich. Auf der Grundlage der Tourismusstrategie Schleswig-Holstein 2025 sollen neben dem Tourismus an den Küsten auch der Tourismus im Binnenland und der Städtetourismus ausgebaut und gestärkt werden. Dabei sollen die touristischen Planungen und Maßnahmen im Land insbesondere auf einen Qualitätstourismus und Saison verlängernde Maßnahmen ausgerichtet sein, um die Wachstumspotenziale des Tourismus zu nutzen.

2 G

Das private touristische Angebot (Beherbergung, Gastronomie, Freizeiteinrichtungen), die kommunale touristische Infrastruktur sowie die Ortsbilder der touristischen Orte im Land sollen qualitativ, zielgruppen- und themengerecht weiterentwickelt und wo notwendig verbessert werden. Hierbei sind auch in ihrer Bedeutung wachsende Gruppen in den Blick zu nehmen, wie zum Beispiel ältere Menschen und Menschen mit Behinderungen. Die Barrierefreiheit von touristischen Angeboten gewinnt daher besonders an Bedeutung. Eine gute Erreichbarkeit von touristischen Angeboten sowie tourismusgeprägten Orten auch mit dem ÖPNV soll angestrebt werden (Kapitel 4.3 Absatz 8).

Für eine abgestimmte touristische Infrastrukturplanung sind auf Basis der Tourismusstrategie des Landes touristische Entwicklungskonzepte auf regionaler Ebene notwendig. Diese sollen öffentliche und private Aktivitäten miteinander verknüpfen. Von den Möglichkeiten der interkommunalen Kooperation und der Kooperation zwischen öffentlichen und privaten Trägerschaften soll Gebrauch gemacht werden.

3 G

Bei Planungen und Maßnahmen des Tourismus in räumlicher Nähe zu Flüssen und Küsten sollen auch die Belange des Binnenhochwasserschutzes (Kapitel 6.5) sowie die Belange des Küstenschutzes und der Klimafolgenanpassung im Küstenbereich (Kapitel 6.6) berücksichtigt werden.

Begründung

B zu 1

Mit seinen Küsten, einem abwechslungsreichen Binnenland, vielfältigen Natur- und Kulturlandschaften, interessanten Städten und einem ausgezeichneten Klima zeichnet sich Schleswig-Holstein als Urlaubs- und Erlebnisland aus.

Mit der im Juni 2014 beschlossenen Tourismusstrategie Schleswig-Holstein 2025 setzt sich der Tourismus im Land drei Hauptziele:

- Stärkung des Wirtschaftsfaktors Tourismus,
- Verbesserung der Wettbewerbsposition,
- Stärkung von Image, Marke und Marketing des Urlaubsreiseziels Schleswig-Holstein.

Die umsetzungsorientierte Strategie definiert klare Ziele für den Tourismus in Schleswig-Holstein und benennt Zielgruppen und Themen als Schwerpunkte für die Vermarktung und Infrastrukturentwicklung. Einen besonderen Stellenwert haben die Themen Qualität und Nachhaltigkeit im Tourismus.

B zu 2

Eine gute touristische Infrastruktur, ein breites privatwirtschaftliches Angebot (vor allem im Beherbergungsbereich) sowie ansprechende Ortsbilder sind Erfolgsfaktoren für einen wettbewerbsfähigen Tourismus in Schleswig-Holstein. Vor diesem Hintergrund ist ein konzeptionell begründeter, integrierter

Ansatz von öffentlichen und privaten touristischen Aktivitäten erforderlich, um den Erfolg touristischer Orte und Regionen sicherzustellen. Hierzu sind regionale touristische Entwicklungskonzepte erforderlich, die auf der Tourismusstrategie des Landes aufbauen. Diese sind die Basis für eine zielgruppen- und themengerechte Fortentwicklung und Aufwertung des lokalen touristischen Angebots (unter Einschluss eines korrespondierenden städtebaulichen Umfelds). Hierbei können auch Mobilitätsbelange älterer Menschen und von Menschen mit Behinderungen sowie Erreichbarkeitsgesichtspunkte touristischer Einrichtungen sowie Umbau- und Rückbaumaßnahmen eine wichtige Rolle spielen. Die touristischen Entwicklungskonzepte und die daraus abgeleitete touristische Infrastrukturplanung sollen dabei die naturschutzfachlichen, denkmalpflegerischen und landschaftsplanerischen Aspekte in den Teilräumen des Landes berücksichtigen.

Um die Wettbewerbsfähigkeit des Tourismus im Land weiter zu stärken, sollen die Akteurinnen und Akteure von Städten und Gemeinden, touristischen Organisationen sowie privaten Leistungsanbietern eng miteinander kooperieren. Die anzustrebenden Kooperationen sollen auf marktfähigen räumlichen Einheiten mit einem klar erkennbaren und abgrenzbaren Angebot basieren und neben der Abstimmung und Festlegung der strategischen Zielrichtung auf eine Mittelbündelung und Synergienutzung in den Bereichen Organisation, Infrastruktur und Marketing abzielen.

Durch eine regional abgestimmte Vorgehensweise und eine damit verbundene räumliche Schwerpunktbildung von touristischen Einrichtungen sollen die touristische Infrastruktur zielgruppen- und themengerecht angepasst und ihre Auslastung optimiert werden.

B zu 3

An den Küsten und Flüssen Schleswig-Holsteins sind Hochwassersituationen Teil der natürlichen Dynamik und folglich nicht zu vermeiden. Verschärft wird diese Dynamik durch den Klimawandel. Bei der touristischen Entwicklung soll dies berücksichtigt werden, um die Schadensrisiken zu minimieren. Innerhalb von Retentionsräumen und hochwassergefährdeten Bereichen soll auf touristische Planungen und Maßnahmen möglichst verzichtet werden (Kapitel 6.5 und 6.6). Alternativ ist mit entsprechenden, der Hochwassersituation angepassten Maßnahmen dafür Sorge zu tragen, dass Schäden durch Hochwasser vermieden werden.

4.7.1 Schwerpunkträume für Tourismus und Erholung

Grundsätze und Ziele der Raumordnung

1 Z

Schwerpunkträume für Tourismus und Erholung sind:

An der Nordsee:

- die Nordfriesischen Inseln Sylt, Amrum, Föhr und Pellworm sowie Nordstrand und die Halligen Hooge, Langeneß und Oland,
- die Insel Helgoland,
- die Räume um Dagebüll, Sankt Peter-Ording, Büsum, Husum und Friedrichskoog.

An der Ostsee:

- der Küstenraum Flensburgs sowie der Raum um Glücksburg,
- der Küstenraum von Steinbergkirche über Kappeln bis Eckernförde,
- der Küstenraum der Kieler Förde (Strande, Kiel, Mönkeberg, Heikendorf, Laboe),
- der Küstenraum der Probstei von Stein bis Stakendorf,
- der Küstenraum von Behrensdorf bis Weißenhaus,
- Teile der Insel Fehmarn,
- der Küstenraum von Heiligenhafen bis Lübeck-Travemünde sowie die Altstadt von Lübeck.

Im Landesinneren:

- der Raum Malente, Eutin und Plön.

Die Schwerpunkträume für Tourismus und Erholung sind in der Hauptkarte dargestellt. Sie umfassen auch Teile des Küstenmeers.

2 Z

Die Schwerpunkträume für Tourismus und Erholung sind in die Regionalpläne zu übernehmen.

G

Die Regionalpläne können die Schwerpunkträume inhaltlich und räumlich konkretisieren.

3 G

In den Schwerpunkträumen für Tourismus und Erholung soll dem Tourismus und der Erholung besonderes Gewicht beigemessen werden. Dies soll bei der Abwägung mit anderen raumbedeutsamen Planungen, Maßnahmen und Vorhaben berücksichtigt werden.

Maßnahmen zur Struktur- und Qualitätsverbesserung sowie zur Saisonverlängerung sollen hier Vorrang vor einer reinen Kapazitätserweiterung des Angebots beziehungsweise dem Bau neuer Anlagen haben. Zusätzliche Kapazitäten sind möglich, wenn sie eine Struktur- und/oder Qualitätsverbesserung des Angebots bewirken.

Hochwertige Standorte, insbesondere in direkter Strand-, Wasser- oder Promenadenlage, für die die Aufstellung eines Bebauungsplans erforderlich wird, sollen zur Stärkung des örtlichen und regionalen Tourismus hochwertigen Tourismuseinrichtungen und -angeboten vorbehalten bleiben.

In den Räumen, die auch Teile des Küstenmeers oder der Binnengewässer einschließen, sollen die Attraktivität und die Erlebbarkeit dieser Räume für Wassersportlerinnen und Wassersportler und andere Nutzerinnen- und Nutzergruppen unter Beachtung der jeweiligen Ziele und Grundsätze des Gewässer- und Naturschutzes erhalten und verbessert werden.

Die Städte sollen durch Hotellerie- und Gastronomie-, Tagungs- und Veranstaltungs-, sowie Kultur- und Einkaufsangebote, städtebauliche Maßnahmen und eine gute verkehrliche Anbindung ihre Entwicklungschancen im Marktsegment Städtetourismus verbessern.

Innerhalb der Schwerpunkträume für Tourismus und Erholung soll die touristische Infrastrukturplanung abgestimmt werden.

4 Z

In den Regionalplänen sind in den Schwerpunkträumen für Tourismus und Erholung entweder Grenzen für die Siedlungsentwicklung (Baugebietsgrenzen, Kapitel 3.5) darzustellen, innerhalb derer sich die weitere bauliche Entwicklung vollziehen darf, oder es sind regionale Grünzüge (Kapitel 6.3.1) darzustellen, in denen keine planmäßige Siedlung stattfinden darf.

5 G

Touristisch intensiv genutzte Küsten, Ufer- und Strandabschnitte sollen sich mit landschaftlichen Freiräumen abwechseln.

4.7.2 Entwicklungsräume und -gebiete für Tourismus und Erholung

Grundsätze und Ziele der Raumordnung

1 G

Der Landesentwicklungsplan stellt in der Hauptkarte Entwicklungsräume für Tourismus und Erholung dar. Sie umfassen Räume, die sich aufgrund der naturräumlichen und landschaftlichen Voraussetzungen und Potenziale sowie ihrer Infrastruktur für Tourismus und Erholung besonders eignen.

2 Z

In den Regionalplänen sind diese Entwicklungsräume zu konkretisieren und als Entwicklungsgebiete für Tourismus und Erholung darzustellen.

G

Sie sollen eine ausreichende touristische Bedeutung aufweisen. Darüber hinaus sollen bei der Abgrenzung der Gebiete die naturräumlichen und die landschaftlichen Potenziale und die Naturparke berücksichtigt werden.

3 G

In den Entwicklungsgebieten für Tourismus und Erholung soll eine gezielte regionale Weiterentwicklung der Möglichkeiten für Tourismus und Erholung angestrebt werden. Hinsichtlich der touristischen

Nutzung soll dabei vorrangig auf den vorhandenen (mittelständischen) Strukturen aufgebaut werden. Darüber hinaus sollen diese Gebiete unter Berücksichtigung und Erhalt der landschaftlichen Funktionen durch den Ausbau von Einrichtungen für die landschaftsgebundene Naherholung weiter erschlossen werden. Auf der Basis von interkommunal abgestimmten Entwicklungskonzepten sollen eine gemeinsame touristische Infrastrukturplanung sowie die Anbindung und die Erschließung dieser Gebiete mit öffentlichen Verkehrsmitteln angestrebt werden (Kapitel 4.3).

4 G

In den Regionalplänen können die Entwicklungsgebiete durch die Darstellung von Kernbereichen für Tourismus und/oder Erholung inhaltlich differenziert und räumlich konkretisiert werden. Diese Bereiche sollen innerhalb der Entwicklungsgebiete eine herausgehobene Bedeutung für den Tourismus und/oder die Erholung haben. Die Kernbereiche können sich – orientiert an den Kriterien zur Abgrenzung der Schwerpunkträume für Tourismus und Erholung – in die Schwerpunktraumkategorie hineinentwickeln. Die Zielsetzungen der Entwicklungsgebiete für Tourismus und Erholung gelten hier entsprechend. In den Regionalplänen können die Zielsetzungen für die Kernbereiche für Tourismus und/oder Erholung konkretisiert werden.

Begründung

B zu 1

Die Ausweisung der Entwicklungsräume für Tourismus und Erholung erfolgte auf der Grundlage der Landschaftsplanung des Landes Schleswig-Holstein. Die Entwicklungsräume umfassen die in den Landschaftsrahmenplänen festgelegten Gebiete mit besonderer Erholungseignung, die Naturparke sowie Landschaftsschutzgebiete. Diese Räume haben aufgrund ihrer landschaftlichen Voraussetzungen eine besondere Bedeutung für den Tourismus und die Erholung. Eine grundsätzliche Eignung der übrigen Räume des Landes für Tourismus und Erholung wird damit nicht in Frage gestellt.

B zu 2–4

Mit der Konkretisierung der Entwicklungsräume für Tourismus und Erholung und der Darstellung von Entwicklungsgebieten für Tourismus und Erholung wird der Regionalplanung Spielraum gegeben, um den regionalen Erfordernissen hinreichend Rechnung zu tragen. In den Ordnungsräumen kann vor dem Hintergrund der Ausweisung regionaler Grünzüge (Kapitel 6.3.1) auf die Darstellung dieser Gebiete verzichtet werden. Durch ihre differenziertere Infrastruktur und ihr Angebot sowie ihre Landschaftspotenziale heben sich diese Gebiete von anderen Räumen (außerhalb der Schwerpunkträume für Tourismus und Erholung) ab. In den Entwicklungsgebieten für Tourismus und Erholung sollen der Tourismus in seiner regionalwirtschaftlichen Bedeutung und die landschaftsgebundene Naherholung gestärkt und weiterentwickelt werden. In diesen Gebieten sollen Tourismus und Naherholung auch durch die Verbesserung des kulturellen, gastronomischen, sportlichen und verkehrlichen Angebotes sowie durch Infrastrukturmaßnahmen für die landschaftsgebundene Erholung (wie Rad-, Reit-, Fahr- und Wanderwege, Erlebnispfade, Badestellen, Aussichtspunkte, Infostellen, Naturinformationszentren und andere) weiterentwickelt werden.

Bei der Festlegung sollen die Zielsetzungen regionaler touristischer Entwicklungskonzepte berücksichtigt werden.

Um den unterschiedlichen Anforderungen der Bereiche „Tourismus" und „Erholung" sowie der räumlichen Schwerpunktsetzung innerhalb der Entwicklungsgebiete für Tourismus und Erholung hinreichend Rechnung tragen zu können, besteht die Möglichkeit, in den Regionalplänen Kernbereiche für Tourismus und/oder Erholung festzulegen. Sie sollen sich qualitativ und quantitativ von den übrigen Teilen der Entwicklungsgebiete abheben. Dadurch soll eine weitere räumliche Schwerpunktbildung, auch für spezielle Zielgruppen (zum Beispiel Radtourismus oder Reiter-Ferien), auf regionaler Ebene erreicht werden. Die Regionalpläne können für die einzelnen Kernbereiche für Tourismus und/oder Erholung unter Berücksichtigung der naturräumlichen und infrastrukturellen Gegebenheiten konkretisierte Entwicklungsziele festlegen.

In den Entwicklungsgebieten wie auch in den Kernbereichen kommt der Abstimmung und Kooperation zur Synergienutzung und zur Stärkung der Wettbewerbsfähigkeit eine hohe Bedeutung zu.

4.7.3 Infrastruktur für Tourismus und Erholung

Grundsätze und Ziele der Raumordnung

1 G

Für größere tourismusbezogene Bauvorhaben mit Kapazitäten von mehr als 150 Betten, 100 Zimmern, 40 Ferien-/Wochenendhäusern oder 80 Standplätzen auf Campingplätzen und für sonstige tourismusbezogene Bauvorhaben ab einer Größe des Plangebiets von vier Hektar soll in der Regel eine raumplanerische Abstimmung durchgeführt werden. Dies gilt auch für Erweiterungen von vorhandenen Einrichtungen in diese Größenordnung hinein, bei isolierten Lagen von größeren tourismusbezogenen Bauvorhaben und innerhalb von Vorbehaltsgebieten für Natur- und Landschaft (Kapitel 6.2.2).

2 G

Größere tourismusbezogene Bauvorhaben (gemäß Kapitel 4.7.3 Absatz 1) mit Ausnahme von Wochenendhausgebieten sollen vorrangig innerhalb der Schwerpunkträume für Tourismus und Erholung realisiert werden. Sie sollen siedlungsstrukturell eingebunden werden und die Funktionsfähigkeit dieser Räume nicht beeinträchtigen.

3 G

Größere Hotels und Hotelanlagen sollen zur Vermeidung einer Zersiedelung der Landschaft im Anschluss an vorhandene (gegebenenfalls auch touristisch geprägte) Bauflächen vorgesehen werden; sie sollen das Landschaftsbild so wenig wie möglich beeinträchtigen.

4 Z

Ferienhäuser und -wohnungen dienen überwiegend und auf Dauer einem wechselnden Personenkreis zur touristischen Nutzung. Dementsprechend ist ihre Lage, Größe und Ausstattung auch für längere Urlaubsaufenthalte auszurichten.

Um einer Zersiedelung der Landschaft entgegenzuwirken, sind diese Ferienhausgebiete im Anschluss an vorhandene (gegebenenfalls auch touristisch geprägte) Bauflächen vorzusehen; sie sollen das Landschaftsbild so wenig wie möglich beeinträchtigen. Außerdem dürfen sie sich nicht bandartig an den Küsten und den Ufern von Flüssen, Seen und Kanälen entlangziehen, sondern sind in die Tiefe zu staffeln.

G

Nutzungs- und Betriebskonzepte sollen für Ferienhausgebiete dauerhaft eine touristisch-gewerbliche Nutzung gewährleisten; ein Dauerwohnen ist auszuschließen.

5 G

Neue Camping- und Wochenendplätze sollen nicht in unmittelbaren Küsten- und Uferbereichen ausgewiesen werden. Sie sollen nach Möglichkeit im Anschluss an vorhandene (gegebenenfalls auch touristisch geprägte) Bauflächen vorgesehen werden.

Z

Bei der Planung neuer und der Erweiterung bestehender Camping- und Wochenendplätze dürfen sich diese nicht bandartig an Küsten und Ufern von Flüssen, Seen und Kanälen entlang ziehen, sondern sind in die Tiefe zu staffeln. Darüber hinaus sind sie durch Freiflächen zu gliedern und durch landschaftsgerechte Umpflanzungen einzugrünen.

6 G

Bei neuen Camping- und Wochenendplätzen sowie bei Erweiterungen bestehender Plätze sollen in nennenswertem Umfang, in Schwerpunkträumen für Tourismus und Erholung in überwiegendem Umfang, Stand- und Aufstellplätze für einen wechselnden Personenkreis (Touristikplätze) bereitgestellt werden.

Erweiterungen und Umstrukturierungen von Camping- und Wochenendplätzen sollen zu Qualitätsverbesserungen und/oder Verbesserungen des touristischen Angebots führen. Außerdem soll geprüft werden, inwieweit Verlagerungen von Stand- und Aufstellplätzen aus unmittelbaren Küsten- und

Uferbereichen möglich sind. Ein Zugang von den Camping- und Wochenendplätzen zum Wasser soll möglich sein.

Campinghäuser sind ein ergänzendes Angebot auf Camping- und Wochenendplätzen und sollen möglichst im Zusammenhang mit vorhandenen baulichen Einrichtungen stehen und einer touristischen Nutzung dienen.

In den Schwerpunkträumen für Tourismus und Erholung sollen Campinghäuser in ein Nutzungs- und Betriebskonzept eingebunden werden. Diese Regelung kann in den Regionalplänen auf die Kernbereiche für Tourismus und Erholung erweitert werden.

Für Wohnmobile sollen auf und vor Campingplätzen sowie an anderen geeigneten Standorten ausreichende Standplätze zur Verfügung gestellt werden.

7 Z

Wochenendhäuser dienen dem zeitlich begrenzten Aufenthalt zu Erholungszwecken. Um einer Zersiedelung der Landschaft entgegenzuwirken, sind diese Gebiete im Anschluss an vorhandene oder geplante Bauflächen vorzusehen. Wochenendhausgebiete dürfen sich nicht bandartig an den Küsten und den Ufern von Flüssen, Seen und Kanälen entlang ziehen, sondern sind in die Tiefe zu staffeln

8 G

Neue Wochenendhausgebiete können grundsätzlich überall im Land ausgewiesen werden.

Z

Hiervon sind ausgenommen:
- Schwerpunkträume für Tourismus und Erholung (Kapitel 4.7.1),
- Vorranggebiete für Naturschutz (Kapitel 6.2.1) und Vorbehaltsgebiete für Natur und Landschaft (Kapitel 6.2.2) sowie
- regionale Grünzüge und Grünzäsuren (Kapitel 6.3.1, 6.3.2).

Hier dürfen keine neuen Wochenendhausgebiete errichtet werden. Ausgeschlossen ist auch die Erweiterung bestehender Wochenendhausgebiete.

G

In den Ordnungsräumen (Kapitel 2.2) und den Stadt- und Umlandbereichen in ländlichen Räumen (Kapitel 2.4) sollen in der Regel keine neuen Wochenendhausgebiete errichtet und bestehende Wochenendhausgebiete nicht erweitert werden. Abweichungen können in den Regionalplänen bezeichnet werden.

9 G

Wochenendhausgebiete sollen das Landschaftsbild so wenig wie möglich beeinträchtigen. Größere Wochenendhausgebiete sollen durch ausreichende Grünzonen in überschaubare Einheiten gegliedert werden. Die Grundfläche (GR) von Wochenendhäusern soll 70 Quadratmeter und die zulässige Geschossfläche (GF) 80 Quadratmeter nicht überschreiten.

10 G

Anlagen für den Wassersport sollen möglichst nicht in ökologisch sensiblen Gewässerbereichen geplant werden. Der Ausbau und die Umnutzung bestehender Anlagen sollen Vorrang vor dem Bau neuer Anlagen haben. Neubauten von Sportboothäfen sollen in ein touristisches und bedarfsorientiertes regionales Standortkonzept eingebunden sein. Häfen und Marinas sollen soweit möglich für eine touristische Inwertsetzung genutzt werden.

Hausboote und Wohnschiffe sollen in den Schwerpunkträumen für Tourismus und Erholung nur insoweit zugelassen werden, als sie das touristische Angebot für einen wechselnden Personenkreis erweitern. Dabei soll der Betrieb der Sportboothäfen uneingeschränkt und das Angebot an Liegeplätzen bedarfsgerecht erhalten bleiben.

11 G

Zur Erholung der Menschen in der Natur sollen das Rad-, Wander- und Reitwegenetz sowie die Wasserwanderwege gesichert und weiterentwickelt werden.

Anhang 2

Begründung

B zu 1, 2

Mögliche raumbedeutsame Auswirkungen können in einem raumplanerischen Abstimmungsverfahren (§ 11 LaplaG) geklärt werden. Dies kommt für größere tourismusbezogene Bauvorhaben wie Feriendörfer, große Hotels und Hotelkomplexe, sonstige große Einrichtungen für die Ferien und Gästebeherbergung (Ferienhäuser und -wohnungen, Camping- und Wochenendplätze) sowie Freizeitanlagen (zum Beispiel. Themenparks) in Betracht. Die dargestellten Größenordnungen orientieren sich mit gewissen Aufschlägen an der allgemeinen Vorprüfung gemäß der Liste der „UVP-pflichtigen Vorhaben (Anlage 1)" des Gesetzes über die Umweltverträglichkeit (Anlage 1 des UVPG).

Mit der Abstimmung soll eine geordnete Freiraum- und Siedlungsentwicklung sichergestellt werden, ohne damit die Entwicklung der gewerblichen Tourismusfunktion zu sehr einzuschränken. Daher sollen neben dem Schutz von Natur und Landschaft auch die Ansprüche der Allgemeinheit an die Erlebbarkeit und die Zugänglichkeit von Natur und Landschaft berücksichtigt werden. Gleichzeitig soll mit der Abstimmung auch Planungssicherheit für Kommunen und Investoren geschaffen werden. Diese Maßnahme soll zudem zur Umsetzung der Tourismusstrategie beitragen.

Größere tourismusbezogene Bauvorhaben dieser Art sollen unter Berücksichtigung ihrer Funktionen in ihrer Baumasse und Gestaltung mit der Landschaft und dem Ortsbild abgestimmt werden. Dabei sollen auch Aspekte wie die Einbindung der Maßnahme in eine touristische Konzeption (zum Beispiel Kombination von touristischen Infrastrukturen/Attraktionen beziehungsweise Themenschwerpunkten) sowie Erreichbarkeit und Versorgung berücksichtigt werden. Die erforderlichen Prüfmaßstäbe und Unterlagen (zum Beispiel Projektskizze, touristisches Leitbild, Tourismusentwicklungskonzept oder sonstige Handlungsmaßnahmen, Machbarkeitsstudie, Betriebskonzept, Verträglichkeitsprüfung, landschaftsplanerische Bewertung, Verkehrsuntersuchung) sowie der Kreis der zu Beteiligenden sind in Abhängigkeit vom Standort und vom Vorhaben mit der Landesplanungsbehörde abzustimmen.

Aufgrund der Schutzwürdigkeit einzelner Teilräume und Gebiete werden an die Errichtung neuer Hotels, Ferienhäuser und -wohnungen sowie Camping- und Wochenendplätze in diesen Gebieten qualitative planerische Anforderungen gestellt. In einigen Gebieten sind sie daher auch ganz ausgeschlossen.

Unabhängig davon sieht die Verordnung zu § 15 ROG (Raumordnungsverordnung) vor, dass bei der Errichtung von Feriendörfern, Hotelkomplexen und sonstigen großen Einrichtungen für die Ferien- und Fremdbeherbergung sowie von großen Freizeitanlagen in der Regel ein Raumordnungsverfahren durchgeführt werden soll, wenn das Vorhaben im Einzelfall raumbedeutsam ist und überörtliche Bedeutung hat. Ferner definiert die Anlage 1 des Gesetzes über die Umweltverträglichkeitsprüfung (UVP), dass Vorhaben ab 300 Betten/200 Zimmern/200 Standplätzen auf Campingplätzen UVP-pflichtig sind.

B zu 3

Zur Vermeidung der Zersiedelung der Landschaft, um eine geordnete städtebauliche Entwicklung sicherzustellen und aufgrund der Schutzwürdigkeit einzelner Teilräume werden an die Errichtung neuer Hotels planerische Anforderungen gestellt.

B zu 4

Aufgrund der bereits vorhandenen hohen Konzentration an Siedlungstätigkeit und touristischen Einrichtungen in den Schwerpunkträumen für Tourismus und Erholung sowie der Schutzwürdigkeit einzelner Teilräume beziehungsweise Gebiete werden an die Ausweisung neuer Ferienhausgebiete angemessene planerische Anforderungen gestellt. Ferienhäuser und -wohnungen dienen überwiegend, das heißt über das Jahr gesehen, und auf Dauer, das heißt über ihren Lebenszyklus gesehen, dem gewerblichen Tourismus. Daher, und um den Zielsetzungen der Tourismusstrategie des Landes Rechnung zu tragen, soll für Ferienhausgebiete im Rahmen der verbindlichen Bauleitplanung ein Nutzungs- und Betriebskonzept vorliegen, mit dem zusätzlich zur öffentlich-rechtlichen Bindung die touristisch-gewerbliche Nutzung (zum Beispiel mit vertraglicher und grundbuchlicher Absicherung) gewährleistet und ein Dauerwohnen in diesen Gebieten ausgeschlossen wird.

B zu 5, 6

Der überwiegende Teil der Camping- und Wohnmobilplätze liegt an den Küsten des Landes sowie an Ufern von Seen und Fließgewässern. Vor dem Hintergrund der hohen Konzentration soll dort bei der Ausweisung neuer und der Erweiterung bestehender Camping- und Wochenendplätze (Plätze auf

Campingplätzen zum Aufstellen von Campinghäusern) zurückhaltend verfahren werden. In jedem Einzelfall sind Belange von Natur und Landschaft zu prüfen. Bei der Planung sind die Anforderungen an Schutzstreifen von Gewässern zu beachten (§ 61 Bundesnaturschutzgesetz (BNatSchG) in Verbindung mit § 35 Landesnaturschutzgesetz (LNatSchG)), so dass der unmittelbare Küsten- und Uferbereich freigehalten wird. Ebenso sollen bei Umstrukturierungen Verlagerungen von Standplätzen (Flächen auf Campingplätzen zum Aufstellen von Zelten und Wohnwagen) sowie von Aufstellplätzen (Flächen auf Wochenendplätzen zum Aufstellen von Campinghäusern und Mobilheimen) (vergleiche Landesverordnung über Camping- und Wochenendplätze vom 15. Juli 2020 (CWVO)) aus den unmittelbaren Küsten- und Uferbereichen geprüft werden, um mögliche Konflikte mit dem Naturschutz zu lösen. Bestehende, im Bestand geschützte Camping- und Wochenendplätze können weiter genutzt werden.

Zur Stärkung der Tourismusfunktion insbesondere an den Küsten soll die Erweiterung und Umstrukturierung von Campingplätzen mit angebots- und qualitätsverbessernden Maßnahmen (wie hinreichend großen und eingegrünten Standplätzen, Ausbau der Sanitäranlagen sowie Ergänzung von Versorgungsmöglichkeiten und Freizeitangeboten) einhergehen. Hierzu kann auch die Errichtung von Campinghäusern (Grundfläche bis 50 Quadratmeter sowie auch nicht jederzeit ortsveränderlich aufgestellte Wohnwagen, Wohnmobile und Mobilheime) auf Wochenendplätzen als Teil eines Campingplatzes zählen. Diese sollen als Mietobjekte einem wechselnden Personenkreis dienen. Um den besonderen Zielsetzungen der Schwerpunkträume für Tourismus und Erholung (Kapitel 4.7.1 Absatz 3) hinreichend Rechnung zu tragen, gilt hier für die Errichtung von Campinghäusern grundsätzlich die gleiche landesplanerische Anforderung wie für Ferienhäuser. Wegen der unterschiedlichen Wirkungen von mobilen Einrichtungen (wie zum Beispiel Wohnwagen und Wohnmobile) und baulichen Verfestigungen durch Campinghäuser ist eine räumliche Konzentration derartiger baulicher Anlagen unter landschaftlichen und städtebaulichen Aspekten anzustreben.

Der hohen Zuwachsrate an Wohnmobilen im Land ist durch eine entsprechende Ausweisung ausreichender Standplätze an geeigneten Standorten (zum Beispiel in den Städten) Rechnung zu tragen.

B zu 7 – 9

Die Abwägung der verschiedenen öffentlichen und privaten Belange, insbesondere der Natur, des Landschaftsschutzes, des Tourismus sowie der Gestaltung des Orts- und Landschaftsbildes mit dem Wunsch vieler Menschen, ihre Freizeit in naturnaher Umgebung zu verbringen, erfordert eine sorgfältige Planung der Wochenendhausgebiete. Dies führt auch dazu, dass neue Wochenendhäuser in bestimmten Raumkategorien nicht errichtet werden sollen. Über die Beschränkung der zulässigen Größenordnung der Grundfläche soll erreicht werden, dass die Wochenendhäuser nicht als Erst- oder Dauerwohnsitz genutzt werden. Entsprechend beziehen sich die Größenvorgaben einer maximalen Grundfläche (GR) von 70 Quadratmeter und einer maximalen Geschossfläche (GF) von 80 Quadratmetern auf den Hauptbaukörper ohne die Nebenanlagen (GR) oder auf die Summe der Geschossflächen in allen Geschossen, einschließlich des Dachgeschosses und der sonstigen baurechtlich definierten „Nicht-Vollgeschosse" (GF – vergleiche §§ 19 und 20 Baunutzungsverordnung in Verbindung mit § 2 Absatz 7 Landesbauordnung).

Die Umwandlung von Wochenendhausgebieten in Dauerwohnnutzungen ist abhängig vom Vorhandensein städtebaulich tragfähiger Strukturen und integrierter Lagen.

B zu 10

In Schleswig-Holstein gibt es vielfältige Wassersportanlagen, beispielsweise rund 250 Sportboothäfen mit etwa 30.000 Liegeplätzen. Das Netz der seewärtigen Sportboothäfen und Marinas ist in Schleswig-Holstein sehr dicht geknüpft. Die einzige nennenswerte Lücke besteht zwischen Fehmarn und der Kieler Förde. Häfen und Marinas werden gegenwärtig primär von Segel- und Motorbootsportlerinnen und -sportlern genutzt oder von Bootsinteressierten aufgesucht. Durch die Verlagerung von touristischen Angeboten sowie die Einbindung in die touristische Ortsplanung können Häfen und Marinas attraktiver gestaltet und in Wert gesetzt werden. Dazu gehören auch Hausboote, die im Rahmen des Betriebs eines Sportboothafens das touristische Angebot erweitern.

B zu 11

Voraussetzung für die Erholung in der Landschaft ist ein attraktives Wege- und Routennetz. Dieses ist auch wichtige Grundlage für naturorientierte Tourismusaktivitäten.

4.8 Land- und Forstwirtschaft, Fischerei

Grundsätze und Ziele der Raumordnung

1 G

Die Landwirtschaft soll in allen Teilen des Landes als ein raumbedeutsamer und die Kulturlandschaft prägender Wirtschaftszweig erhalten und nachhaltig weiterentwickelt sowie in ihrer ökologischen, sozialen und ökonomischen Funktion gesichert werden.

2 G

Die Landwirtschaft soll insbesondere
- die Versorgung der Bevölkerung mit ökologisch und gesundheitlich unbedenklichen, qualitativ hochwertigen, möglichst regionalen Nahrungsmitteln sicherstellen und dabei auf eine nachhaltige Produktionsweise hinwirken,
- natürliche Lebensgrundlagen erhalten und verbessern und dabei insbesondere den Erfordernissen des Gewässer-, Klima- und Biodiversitätsschutzes sowie des Tierwohles nachkommen,
- eine attraktive Kulturlandschaft erhalten,
- zur Erzeugung und Nutzung der Erneuerbaren Energien beitragen und
- die ländlichen Räume stärken, indem sie Arbeitsplätze sichert und die regionale Wertschöpfung steigert.

3 G

Die Leistungsfähigkeit einer multifunktionalen Landwirtschaft soll erhalten und ausgebaut werden insbesondere durch
- die Verbesserung der Wirtschaftlichkeit und Wettbewerbsfähigkeit,
- die Weiterentwicklung der Betriebs- und Flurstrukturen einschließlich des ländlichen Wegenetzes,
- standort- und klimaangepasste und ressourcenschonende Produktionsweisen, die dem Erhalt der Biodiversität dienen,
- den Erhalt der bestehenden Ausbildungs- und Arbeitsplätze und
- die Ausweitung der Erwerbsmöglichkeiten.

Dabei sollen ökonomische und ökologische Belange in Einklang gebracht werden.

4 G

Der Boden ist ein nicht vermehrbares Naturgut. Seine Nutzung soll standortangepasst und umweltschonend erfolgen. Bewirtschaftungsformen, durch die die Landwirtschaft eine besondere Funktion für den Naturhaushalt, die Landschaftspflege, die Erholung sowie die Gestaltung und Erhaltung der ländlichen Räume hat, sollen gesichert und weiterentwickelt werden. Hieraus erwächst auch eine besondere Verantwortung zur Schonung landwirtschaftlicher Flächen bei sonstigen Planungen. Die Inanspruchnahme landwirtschaftlicher Nutzflächen für nicht dem Gewässer-, Klima- und Biodiversitätsschutz dienende sowie außerlandwirtschaftliche Zwecke soll verringert werden.

5 G

Die Erhöhung des Waldanteils auf 12 Prozent der Landesfläche wird weiterhin angestrebt. Der Wald soll so erhalten, bewirtschaftet, gestaltet und gemehrt werden, dass er zum nachhaltigen Arten- und Biotopschutz beiträgt und seine Schutz-, Nutz- und Erholungsfunktionen entsprechend den unterschiedlichen regionalen Erfordernissen nachhaltig erfüllen kann. Etwa 10 Prozent der in öffentlichem Eigentum stehenden Wälder sollen der natürlichen Entwicklung überlassen werden (Naturwälder, Kapitel 6.2.1). Die Umwandlung von Wäldern, deren Erhalt im überwiegenden öffentlichen Interesse liegt, soll unterbleiben.

6 G

Die Fischerei in Nord- und Ostsee sowie an Binnengewässern ist ein prägender Teil der Identität des Landes. Sie soll erhalten und unter Beachtung der Anforderungen an eine nachhaltige Nutzung der natürlichen Ressourcen weiterentwickelt werden. Besonderes Augenmerk gilt dabei der Verbesserung der regionalen Wertschöpfung, der langfristigen Sicherung der Erträge, dem Erhalt der Fischarten und -bestände und dem Schutz der Ökosysteme, insbesondere dem Schutz empfindlicher Lebensräume am

Meeresboden und bedrohter Arten wie dem Schweinswal und Seevögeln. Die Fischerei soll bei der Abwagung mit Belangen des Meeres- und Küstenbereichs eine angemessene Bedeutung erhalten.

7 G

Die bisher ungenutzten Potenziale von nährstoffneutralen Aquakulturanlagen im Meer (Ostsee) sowie geschlossenen und teilgeschlossenen auf dem Land (nicht in den Seen) sollen weiter erforscht und unter Berücksichtigung der Belange des Natur-, Landschafts- und Gewässerschutzes erschlossen werden. Bestehende Teichwirtschaften sollen unterstützt und gefördert werden.

8 G

Die vielfältigen Möglichkeiten zur Ausübung der Angelfischerei in Schleswig-Holstein sollen erhalten und wo möglich nachhaltig weiterentwickelt werden.

Begründung

B zu 1 – 4

Das Gesicht Schleswig-Holsteins ist in weiten Teilen durch die Agrarlandschaft geprägt. Die Land- und Forstwirtschaft ist mit einem Anteil von über 70 Prozent an der Gesamtfläche der größte Flächennutzer. In den einzelnen Teilräumen wirtschaften die Betriebe unter sehr unterschiedlichen natürlichen und agrarstrukturellen Bedingungen. Dementsprechend ist die Struktur der schleswig-holsteinischen Landwirtschaft vielfältig. Sie ist in allen ländlichen Kreisen ein bedeutsamer Wirtschaftsfaktor, insbesondere als Basis für die Ernährungswirtschaft. Aber auch der großflächige Dauerkulturanbau im Hamburger Randgebiet ist von wirtschaftlicher Bedeutung. Eine multifunktionale Landwirtschaft leistet einen wesentlichen Beitrag

- zur Versorgung der Bevölkerung mit Nahrungsmitteln,
- zur Erhaltung einer abwechslungsreichen Kulturlandschaft mit einer hohen Biodiversität,
- zur Umsetzung der Energiewende und
- zur wirtschaftlichen Entwicklung und Sicherung der Lebensqualität in den ländlichen Räumen.

Die zukünftige Entwicklung der Landwirtschaft wird in starkem Maß durch die gemeinsame Agrarpolitik der EU beeinflusst. Mit den durch die EU bereitgestellten Mitteln werden sowohl die landwirtschaftlichen Betriebe als auch die ländlichen Regionen gefördert. Dabei verteilt sich die EU-Förderung auf zwei Säulen: Die erste Säule bilden die Direktzahlungen an die Betriebe, die – bei Erfüllung der jeweiligen Voraussetzungen – je Hektar landwirtschaftlich genutzter Fläche gewährt werden. Die zweite Säule umfasst gezielte Förderprogramme für die nachhaltige und umweltschonende Bewirtschaftung und die ländliche Entwicklung.

Neben der Förderung der Nachhaltigkeit der Landwirtschaft ist es ein weiteres Ziel, die Wettbewerbsfähigkeit der schleswig-holsteinischen Land- und Ernährungswirtschaft zu stärken. Dabei soll der Umwelt, dem Klimaschutz und dem Tierwohl verstärkt Rechnung getragen werden. Zur Sicherung der Einkommen muss die Position der landwirtschaftlichen Betriebe in der Wertschöpfungskette und an den Märkten stabilisiert und gestärkt werden. Dies kann zum Beispiel durch regionale und qualitätsorientierte Vermarktungskonzepte geschehen.

Konventionelle und ökologische Bewirtschaftungsformen sind zu erhalten und zu entwickeln; das schließt auch den Anbau nachwachsender Rohstoffe ein. Erwerbsalternativen wie Direktvermarktung landwirtschaftlicher Produkte oder ländlicher Tourismus sind zu fördern. Dabei ist der ländliche Tourismus ortsangepasst zu entwickeln. Aufgaben im Rahmen der Pflege von Kulturlandschaften als Beitrag zum Natur- und Umweltschutz, zur Erholung und zu anderen Funktionen (zum Beispiel Klimaschutz, Grundwasser- und anderer Gewässerschutz) gehören ebenfalls dazu.

Der Anteil der landwirtschaftlichen Nutzfläche an der Gesamtfläche des Landes nimmt seit Jahren ab. Insbesondere das Wachstum der Siedlungs- und Verkehrsfläche geht auf Kosten der landwirtschaftlich genutzten Fläche. Qualitativ gute Böden sind eine endliche Ressource und nicht vermehrbar. Die Inanspruchnahme von Böden insbesondere mit hohem landwirtschaftlichem Ertragspotenzial für nicht dem Gewässer-, Klima- und Biodiversitätsschutz dienende sowie nicht landwirtschaftliche Nutzungen soll daher in Zukunft verringert werden.

Im Rahmen einer ressourcenschonenden und umweltgerechten Landbewirtschaftung sollen neben der klassischen Produktion von Nahrungs- und Futtermitteln neue stoffliche und energetische Verwertungsperspektiven für land- und forstwirtschaftliche Erzeugnisse erschlossen werden. Beim Ausbau der stofflichen und energetischen Nutzung nachwachsender Rohstoffe und organischer Reststoffe sollen Verwertungsschienen bevorzugt werden, die die bestmögliche Wirkung für den Klimaschutz entfalten, eine nachhaltige Wirtschaftsweise und somit Belange des Umwelt-, Boden- und Naturschutzes berücksichtigen und durch Kosteneffizienz betriebs- und volkswirtschaftlich positive Effekte erzielen.

B zu 5

Der Beitrag des Waldes als Rohstoffquelle und Arbeitsort, zum Schutz des Klimas, zur Reinhaltung der Luft und des Wassers, zum Schutz des Bodens vor Erosionen, für die Erholung und das Naturerleben sowie als Lebensraum für Tiere und Pflanzen ist von unschätzbarer Bedeutung für den Menschen und die Umwelt. Der Erhalt und der Ausbau der Waldfläche sind die Grundvoraussetzungen für die dauerhafte Sicherung der Waldfunktionen, weshalb vorhabenbedingte Eingriffe auf das unbedingt notwendige Maß zu beschränken und durch geeignete Maßnahmen zu kompensieren sind. Im waldarmen Schleswig-Holstein kommt dem Wald (10,3 Prozent der Landesfläche) erhebliche Bedeutung zu. Neuer Wald soll daher vor allem in den besonders waldarmen Regionen und in strukturarmen Ackerlandschaften der Geest und des Hügellandes sowie in Wasserschon- und Wasserschutzgebieten geschaffen werden. Darüber hinaus sollen Neuwaldbildungen bevorzugt dort vorgenommen werden, wo sie zugleich auch der Verbesserung der ökologischen Situation und dem Biotopverbund dienen.

Neben der Erhöhung des Waldanteils kommt auch der natürlichen Entwicklung von Wäldern eine besondere Bedeutung zu. Das Landeswaldgesetz Schleswig-Holstein (LWaldG) hat hierzu gesetzlich geschützte Naturwälder als neues Instrument eingeführt. In ihnen sind Handlungen, die zu einer Zerstörung, Beschädigung oder Veränderung des Naturwalds oder seiner Bestandteile oder zu einer erheblichen oder dauerhaften Störung der Lebensgemeinschaften führen können, verboten.

Gemäß § 9 Absatz 3 LWaldG ist die Genehmigung für die Umwandlung von Wäldern zu versagen, wenn die Erhaltung des Waldes im überwiegenden öffentlichen Interesse liegt. Dies ist in der Regel der Fall, wenn die beabsichtigte Umwandlung Naturwald beeinträchtigen würde, benachbarten Wald gefährden oder die Erhaltung oder Bildung geschlossener Waldbestände beeinträchtigen würde oder der Wald für die Erholung der Bevölkerung von wesentlicher Bedeutung ist.

B zu 6

Die Fischwirtschaft hat in den letzten Jahrzehnten einen grundlegenden Strukturwandel erfahren, der bis heute andauert. Probleme waren dabei:

- stark schwankende, teils deutlich übernutzte Fischbestände und damit verbunden sehr unsicher kalkulierbare Erträge und Erlöse,
- zunehmende Importe von Fisch aus allen Regionen der Welt,
- ständige Anpassung der Fischereiflotte an die Fang- und Ertragsmöglichkeiten und damit verbunden auch eine Anpassung der Strukturen bei den Erzeugerorganisationen zur Optimierung der Vermarktung und
- eine Zunahme von regelnden Eingriffen in die Fischerei durch die EU-Fischereipolitik.

Die Perspektiven für die schleswig-holsteinische Fischerei sind insgesamt aufgrund der Verbesserungen im Bestandsmanagement und der wachsenden Bedeutung des Nahrungsmittels Fisch grundsätzlich gut, da nach Erreichung der Nachhaltigkeitsziele der EU-Fischereireform aus 2013 von stabileren Ressourcen als bislang auszugehen ist. Aufgrund der mittlerweile erkennbaren Auswirkungen des Klimawandels auf heimische Fischbestände ist jedoch mittelfristig von einem weiteren Anpassungsbedarf in der Berufsfischerei auszugehen. Neben ihrer unmittelbaren Bedeutung für die regionale Wirtschaft ist die Fischerei auch für den Tourismus von besonderem Wert, da „lebendige Häfen" das Gesicht der Küstenregion prägen.

B zu 7

Unter Aquakultur wird die Aufzucht, Haltung und Vermehrung von Fischen und anderen Wasserorganismen mittels Techniken verstanden, die auf die Produktionssteigerung über das unter natürlichen Bedingungen mögliche Maß hinaus ausgerichtet sind. Marikultur oder marine Aquakultur ist dabei eine spezielle Form der Aquakultur, bei der die Aufzucht und Haltung im Meerwasser erfolgt. Unterschieden wird bei der Aquakultur zwischen offenen Systemen (zum Beispiel Teichen, Becken und Netzgehegen) und geschlossenen Systemen (Kreislaufanlagen).

Neben der Produktion von Fischen, Weichtieren und Algen als Nahrungsmittel kommt der Aquakultur durch die Gewinnung und Herstellung von Zusatzstoffen für die Lebensmittel-, Kosmetik- und Pharmaindustrie bis hin zum Export von entsprechenden Anlagen eine zunehmende wirtschaftliche Bedeutung zu. Zur Erschließung der in Schleswig-Holstein bisher ungenutzten Potenziale im Binnenland und an der Ostseeküste sind die wissenschaftlichen und technologischen Grundlagen unter Beachtung des

Nachhaltigkeitsgrundsatzes, zum Beispiel im Rahmen der Erprobung einer multitrophischen Aquakulturanlage an der Ostsee, zu erforschen und zu verbessern. Dabei sind auch die Belange der Verteidigung zu beachten und gegebenenfalls Synergien mit Bundeswehrdienststellen zu prüfen. Ferner sind potenzielle Standorte für geschlossene und teilgeschlossene Anlagen im Binnenland bis hin zur Investitionsreife weiterzuentwickeln. Grundlage der Förderung der Aquakultur in Schleswig-Holstein sollen der Nationale Strategieplan Aquakultur für Deutschland (2014) und die darauf aufbauende Aquakulturstrategie des Ministeriums für Energiewende, Landwirtschaft, Umwelt und Ländliche Räume (2014) sowie ihre jeweiligen Fortschreibungen und Aktualisierungen sein.

B zu 8

Angelfischerei hat in Schleswig-Holstein eine große Bedeutung: Es gibt rund 40.000 organisierte und weitere rund 30.000 nicht organisierte Anglerinnen und Angler im Land; ferner besuchen mindestens 30.000 angelnde Touristinnen und Touristen Schleswig-Holstein. Die angelfischereiliche Nutzung der Binnen- und Küstengewässer ist in ihrer volkswirtschaftlichen Bedeutung der Berufsfischerei mittlerweile ebenbürtig, angelfischereiliche Angebote bereichern die touristische Infrastruktur des Landes und schaffen Nachfrage in der umsatzschwachen Nebensaison. Konflikte in der Raumnutzung entstehen hinsichtlich konkurrierender touristischer Nutzungen, aber auch im Zuge der Weiterentwicklung des Naturschutzrechts. Belange der Angelfischerei sollen daher bei der Abwägung mit Belangen anderer Nutzungen angemessen Berücksichtigung finden. Eine Ausübung und Weiterentwicklung der Angelfischerei muss in Schutzgebieten insbesondere in Naturschutzgebieten und im Nationalpark Schleswig-Holsteinisches Wattenmeer im Einklang mit den Zielen und rechtlichen Bestimmungen der Schutzgebiete stehen. Zudem sollte sie in nachhaltiger Weise erfolgen, um möglichst sich selbst erhaltende, natürliche Fischpopulationen zu erhalten beziehungsweise zu erlangen.

5 Entwicklung der Daseinsvorsorge

Grundsätze und Ziele der Raumordnung

1 G

Die Daseinsvorsorge soll in der Fläche gesichert werden. Sie ist nicht nur wichtig für die Lebensqualität der Menschen in Schleswig-Holstein, sondern auch ein bedeutender Standortfaktor für die wirtschaftliche Entwicklung. Einrichtungen und Leistungen der Daseinsvorsorge sollen in ausreichender Qualität, zu sozialverträglichen Preisen und in zumutbarer Entfernung überall erreichbar sein und gleichwertige Lebensverhältnisse in allen Teilräumen des Landes ermöglichen. Überörtliche Einrichtungen sollen in den Zentralen Orten und Stadtrandkernen entsprechend ihrer zentralörtlichen Einstufung vorgehalten werden.

2 G

Es sollen die Chancen der Digitalisierung beim E-Government, bei der Sicherung der Daseinsvorsorge, der Stärkung der Wirtschaftskraft, für Telearbeit und Homeoffice, für vernetzte Mobilitätslösungen und bei der Energiewende vermehrt genutzt werden. Dabei sollen neue, innovative Ansätze eine nachhaltige Raumnutzung und gleichwertige Lebensverhältnisse befördern.

3 G

Zur zukünftigen Entwicklung der Daseinsvorsorge sollen die Kommunen in Zusammenarbeit mit Fachplanungen und weiteren Trägerschaften der Daseinsvorsorge auf interkommunaler oder regionaler Ebene integrierte Gesamtkonzepte (Anpassungs- und Entwicklungsstrategien) erarbeiten und umsetzen. Die öffentlichen und privaten Trägerschaften der Daseinsvorsorge sollen auf der Grundlage dieser Konzepte ihre Angebote miteinander abstimmen und vernetzen.

4 G

Die Bereitstellung von Einrichtungen und Leistungen der Daseinsvorsorge soll durch bedarfsgerechte und flexible Lösungen gesichert werden.

5 G

Die Versorgung der Bevölkerung mit Waren und Dienstleistungen des täglichen Bedarfs soll möglichst wohnortnah erfolgen. Hierzu sollen auch eine aktive Ortskernentwicklung und neue, am örtlichen Bedarf orientierte Modelle der Nahversorgung beitragen (Kapitel 3.10).

6 G

Die Trägerschaften der Daseinsvorsorge sollen sicherstellen, dass Güter und Dienstleistungen der Daseinsvorsorge für alle Menschen perspektivisch barrierefrei, aber kurzfristig bereits barrierearm zugänglich sind (Kapitel 5.4).

7 G

Zur Sicherung der Daseinsvorsorge und der Lebensqualität vor Ort sollen Strukturen und Projekte unterstützt werden, die bürgerschaftliches und ehrenamtliches Engagement fördern sowie eine Beteiligung lokaler Akteurinnen und Akteure ermöglichen.

Begründung

B zu 1

Das Angebot der Daseinsvorsorge bestimmt wesentlich die Lebensqualität und Zukunftschancen der Menschen. Das Angebot der Daseinsvorsorge hat erheblichen Einfluss auf die Gleichstellung aller Geschlechter, bestimmt die Vereinbarkeit von Familie und Beruf entscheidend mit und ist dafür verantwortlich, ob eine gleichberechtigte Teilhabe an allen Lebensbereichen gelingt. Allgemein werden jene Güter und Dienstleistungen zur Daseinsvorsorge gezählt, die das geltende Recht als lebensnotwendig für die Bevölkerung einstuft. Der Katalog der Daseinsvorsorge ist, auch angesichts von Liberalisierungs- und Privatisierungstendenzen, nicht abschließend geregelt. Zur Daseinsvorsorge zählen die technische Infrastruktur, die Grundversorgung mit Energie, Wasser- und Telekommunikationsversorgung sowie die Abfall- und Abwasserentsorgung, der öffentliche Nah- und Fernverkehr sowie die Post. Im sozialen Bereich werden neben Einrichtungen und Diensten im Gesundheits-, Pflege-, Sozial-, Erziehungs- und Bildungswesen, der Kinder- und Jugendhilfe, des Sport- und Kulturangebots, des sozialen Wohnungsbaus und des Wissenschaftsbereichs auch Dienstleistungen der öffentlichen Verwaltung, der Gerichtsbarkeit, der Sicherheit und Ordnung sowie im weiteren Sinn auch die Verteidigung zur Daseinsvorsorge gerechnet.

Die öffentliche Hand garantiert nicht mehr allein die Bereitstellung von Gütern und Dienstleistungen der Daseinsvorsorge. Heute findet Daseinsvorsorge vielfach in einer Arbeitsteilung von öffentlichem und privatem Sektor statt. Gleichwertige Lebensverhältnisse bei der Versorgung mit Leistungen der Daseinsvorsorge gelten dann als hergestellt, wenn in einem Versorgungsraum der Bevölkerung in zumutbarer Entfernung ein Angebot der Daseinsvorsorge zur Verfügung steht, das geltenden Qualitäts- und Preisstandards entspricht und Chancengerechtigkeit für alle Bevölkerungsgruppen gewährleistet. In allen Teilräumen des Landes soll es daher in zumutbarer Erreichbarkeit eine Mindestversorgung mit Gütern und Dienstleistungen der Daseinsvorsorge geben. Welches Versorgungsniveau mindestens vorgehalten werden soll, wird für die einzelnen Bereiche der Daseinsvorsorge in der Regel durch Fachgesetze und Verordnungen bestimmt.

Grundlage für die raumordnerische Sicherung der Daseinsvorsorge ist eine Siedlungsstruktur, die dem Prinzip der dezentralen Konzentration folgt. Das zentralörtliche System als Standortsystem für überörtlich bedeutsame Einrichtungen der Daseinsvorsorge leistet durch die Bündelung von Gütern und Dienstleistungen und die damit verbundenen Synergieeffekte einen wichtigen Beitrag zur Sicherung der wirtschaftlichen Tragfähigkeit.

Neben den überörtlichen Einrichtungen in den Zentralen Orten sollen Gemeinden im Rahmen ihrer Leistungsfähigkeit die für das soziale, kulturelle und wirtschaftliche Wohl ihrer Einwohnerinnen und Einwohner erforderlichen öffentlichen Einrichtungen schaffen, soweit Gesetze nichts Anderes bestimmen.

B zu 2

Der digitale Wandel ist für Schleswig-Holstein Entwicklungsvoraussetzung und Entwicklungstreiber zugleich, denn für fast alle Wirtschafts- und Lebensbereiche ergeben sich durch ihn große Chancen, aber auch manche Risiken. Die Digitalisierung bietet dabei drei Entwicklungsdimensionen:

- Wachstumschancen für die Wirtschaft zum Beispiel durch eine Industrie 4.0, durch Smart Farming, durch die Digitalisierung der Energiewende (unter anderem Dezentralisierung sowie effizientere und flexiblere Stromnutzung, Sektorkopplung) oder durch Digitalisierung im Bereich des Tourismus (wirtschaftspolitische Dimension),
- Potenziale für Wachstumsräume und bislang weniger entwickelte Regionen zum Beispiel durch Entwicklung von Smart Cities und Smart Regions, eine stärker vernetzte Mobilität, autonomes Fah-

ren, Telemedizin, Online-Handel oder die Einrichtung digitaler Bürgerservices (strukturpolitische Dimension),

- Intensivierung der gesellschaftlichen Teilhabe zum Beispiel durch E-Government, E-Learning oder Telearbeit und Forcierung der Vermittlung von digitalen Kompetenzen für alle Altersgruppen durch Ausbau von Bildungsangeboten in Schule, Ausbildung, Beruf und Ehrenamt (gesellschaftspolitische Dimension).

Die auszubauende Breitbandinfrastruktur bildet die Basis und Grundvoraussetzung, um die Chancen und Potenziale der Digitalisierung nutzen zu können. Die Digitalisierung soll mittel- bis langfristig zu „smarten" Raumstrukturen und Infrastrukturen führen. Dies setzt die Einführung zahlreicher Innovationen für alle Funktions- und Leistungsbereiche der Städte und Regionen voraus. Standortfaktoren und in der Folge konkrete Raumnutzungen werden sich verändern. So ist beispielsweise zu erwarten, dass Entfernungen an Bedeutung verlieren. Ziel ist es daher, auch über die Digitalisierung die Zukunftsfähigkeit der ländlichen Räume sicherzustellen. Digitale Bürgerservices und digitale Knotenpunkte können dazu beitragen, bestehende infrastrukturelle Nachteile zu verringern, um die ländlichen Räume zu einem zukunftsfähigen, lebenswerten und erfolgreich wirtschaftenden Standort zu machen. Gleichzeitig sollen aber auch die Chancen der Digitalisierung für Wachstumsstandorte und -räume genutzt werden, um Smart Cities oder Smart Regions zu entwickeln. Auch Prozesse der Stadt- und Regionalentwicklung können von der Digitalisierung profitieren. Durch den Einsatz digitaler Technologien kann eine intelligente, effiziente, ressourcensparsame sowie umwelt- und sozialverträgliche Entwicklung mit breiter Beteiligung aller Akteurinnen und Akteure gefördert werden. Das Land Schleswig-Holstein wird hierzu geeignete Rahmenbedingungen schaffen, um die Entwicklung und Umsetzung innovativer Ansätze der Digitalisierung zu unterstützen.

B zu 3

Da viele Einrichtungen der Daseinsvorsorge altersspezifisch nachgefragt werden, hängt der Anpassungsbedarf ihres Angebots entscheidend von der zukünftigen demografischen Entwicklung ab. In vielen Kommunen gibt es sowohl den Bedarf nach Erweiterung als auch nach Reduktion von Angeboten, weil sich gleichzeitig die Zahl der älteren Menschen erhöht, während Kinder und Jugendliche sowie die Bevölkerung im erwerbsfähigen Alter weniger werden.

Insbesondere angesichts der Gefahr, dass Einrichtungen und Leistungen der Daseinsvorsorge bei zurückgehenden Nutzerzahlen wirtschaftlich nicht mehr tragfähig sind und nicht mehr aufrechterhalten werden können, ist die Abstimmung und Vernetzung öffentlicher, freier und privatgewerblicher Trägerschaften notwendig, um Synergieeffekte zu erreichen und flexible Organisationslösungen zu ermöglichen, damit Einrichtungen und Leistungen effizient betrieben werden können.

Interkommunale oder regionale Anpassungslösungen an den demografischen Wandel sollten möglichst von den konkreten Verflechtungsbeziehungen ausgehen und durch ein Sozialmonitoring flankiert werden.

Auf Ebene von Ämtern, AktivRegionen und Kreisen sind bereits vielerorts Masterpläne, Ämterkonzepte oder Demografie- und Regionalstrategien unter Beteiligung von Kommunen, Fachplanungen und öffentlichen und privaten Trägerschaften der Daseinsvorsorge erarbeitet worden. Integrierte Gesamtkonzepte zur Anpassung und Entwicklung an den demografischen Wandel sind aber in allen Teilräumen Schleswig-Holsteins sinnvoll. Dies gilt sowohl für zukünftig noch weiter wachsende als auch für schrumpfende Teilräume.

Die Erarbeitung entsprechender Konzepte unterstützt das Land unter anderem durch die Förderung kleinräumiger Bevölkerungsprognosen und durch Angebote des Netzwerks Demografie Schleswig-Holstein.

Soweit Maßnahmen und Projekte im Rahmen von Anpassungs- und Entwicklungsstrategien der Daseinsvorsorge abgestimmt wurden, sollten diese bei der Vergabe von Fördermitteln möglichst vorrangig berücksichtigt werden.

B zu 4

In besonders vom demografischen Wandel betroffenen Räumen soll die Daseinsvorsorge durch verträgliche, möglichst flexible Anpassungsmaßnahmen gesichert werden. So sollte beispielsweise die Abweichung von Standards möglich sein, um die Versorgung auf einem möglichst hohen Niveau erhalten zu können.

B zu 5

Die Versorgung mit Waren und Dienstleistungen des täglichen Bedarfs ist insbesondere in den ländlichen Räumen zunehmend durch den Strukturwandel im Einzelhandel gefährdet. Möglichkeiten der Digitalisierung können neue Chancen für den Einzelhandel und das Handwerk schaffen und zeitgemäße Vertriebsformate fördern. Das Ziel ist, die Nahversorgung auch in digitalen Zeiten sicherzustellen. Neue Formen der Versorgung können Alternativen bieten, wie zum Beispiel Dorfläden, mobile beziehungsweise temporäre Versorgungsangebote oder Bringdienste. Dazu gehören auch die sogenannten „MarktTreffs", die sich im ländlichen Raum als multifunktionale Nahversorgungsangebote bereits fest etabliert haben. Von ihnen gibt es in Schleswig-Holstein inzwischen 43, weitere acht MarktTreffs sind geplant (Stand: Oktober 2021). Sie kombinieren möglichst verschiedene Dienstleistungen unter einem Dach und sind attraktiv für Kundinnen und Kunden, weil mehrere Dinge auf einem Weg erledigt werden können. Auch mit Nahversorgungskonzepten, bei deren Erarbeitung die Bevölkerung sowie Gewerbetreibende im Ort einbezogen werden, können Gemeinden gezielt die Versorgungssituation entwickeln und verbessern.

Eine gute Nahversorgungssituation ist außerdem auf attraktive Ortskerne angewiesen. Einer aktiven Ortskernentwicklung durch die Gemeinden kommt daher eine Schlüsselstellung zu. Sie wird in Schleswig-Holstein mit Mitteln der Gemeinschaftsaufgabe zur Verbesserung der Agrarstruktur und des Küstenschutzes (GAK) im Rahmen der integrierten ländlichen Entwicklung gefördert.

B zu 6

Barrierefreiheit in Bezug auf Zugangshindernisse und -barrieren zur physischen Umwelt (zum Beispiel Gebäude, Straßen), zu Transportmitteln sowie zu Information und Kommunikation ist die unabdingbare Voraussetzung für Teilhabe, Gleichstellung und Selbstbestimmung von Menschen mit Behinderungen und darüber hinaus ein Qualitätsmerkmal, das allen Menschen in unserer Gesellschaft zu Gute kommt. Dem barrierefreien Zugang ist in allen Lebensbereichen und auf allen Planungsebenen ein entsprechendes Gewicht beizumessen (Kapitel 3.6, 4.3, 5.4). Insbesondere im Bereich der Daseinsvorsorge ist die Barrierefreiheit Grundvoraussetzung für die Teilhabe von Menschen mit Behinderungen und für Chancengerechtigkeit. Am Grundsatz der Barrierefreiheit sollen sich sowohl öffentliche als auch privatgewerbliche Trägerschaften von Einrichtungen und Leistungen der Daseinsvorsorge orientieren.

Die Zielstellungen einer umfassenden Barrierefreiheit finden sich in der UN-Behindertenrechtskonvention (UN-BRK), die auch von der Bundesrepublik Deutschland unterzeichnet wurde. Darin verpflichten sich die Vertragsstaaten, geeignete Maßnahmen zu ergreifen, die Menschen mit Behinderungen den gleichberechtigten Zugang zur physischen Umwelt, zu Transportmitteln, zu Information und Kommunikation, einschließlich Informations- und Kommunikationstechnologien und -systemen, sowie zu anderen öffentlichen Einrichtungen und Diensten gewährleisten.

B zu 7

Bürgerschaftliches Engagement spielt eine zentrale Rolle beim Umgang mit den Folgen des demografischen Wandels. Durch die Einbeziehung der lokalen Akteurinnen und Akteure können kreative Lösungen zur Sicherung der Daseinsvorsorge gefunden werden, die die Interessen der Menschen vor Ort berücksichtigen und die Akzeptanz der Maßnahmen erhöhen. Bürgerschaftliches Engagement ermöglicht zudem oft wirtschaftlich tragfähige, ergänzende Angebote im Infrastrukturbereich, fördert den Gemeinschaftssinn und kann auch zu neuen Qualitäten des Zusammenlebens führen. Dabei darf das bürgerschaftliche Engagement nicht als Ersatz für staatliche Verantwortung gesehen werden. Der Staat und die Kommunen müssen Rahmenbedingungen schaffen, die die Eigeninitiative der Bürgerinnen und Bürger fördern, unterstützen und die konkrete Partizipation im Sinne gesellschaftlicher Teilhabe möglich machen. Dazu ist es auch notwendig, dass die Kommunen öffentliche Räume schaffen, in denen sich Menschen begegnen und austauschen können, sich bürgerschaftliches Engagement entfalten kann und dieses Unterstützung findet. Digitale Angebote und Plattformen können das ehrenamtliche Engagement und den Ideen- und Erfahrungsaustausch ebenfalls unterstützen.

5.1 Bildung

Grundsätze und Ziele der Raumordnung

1 G

In allen Landesteilen soll der Bevölkerung ein gleichwertiges, pädagogisch zeitgemäßes und leistungsfähiges Bildungsangebot in zumutbarer Entfernung zur Verfügung stehen. Die Entwicklung des Bildungsangebots soll bedarfsorientiert erfolgen, gerechte Chancen für jedes Kind bieten und auf eine Stärkung der Qualität ausgerichtet sein.

Im ganzen Land sollen das schulische Ganztagsbildungs- und -betreuungsangebot und das Angebot inklusiver Bildung ausgebaut werden. Bestehende Förderzentren sollen erhalten werden.

Maßgebliches Kriterium für die Entwicklung und Verteilung der Schulstandorte ist die Zahl der Schülerinnen und Schüler, die die einzelnen Schulen besuchen. Durch Förderung von Doppelnutzungen sollen Schulgebäude, insbesondere bei Auslastungsproblemen, effizienter genutzt werden.

Die Schulstandorte sollen von den Schülerinnen und Schülern mit dem Schülerinnen- und Schülerverkehr in zumutbarer Zeit erreicht werden können. Dies soll im Rahmen der verkehrlichen und wirtschaftlichen Möglichkeiten sichergestellt und bei allen standörtlichen Umstrukturierungsmaßnahmen als zentrales Kriterium beachtet werden. Um dies zu erreichen, soll das Öffentlicher Personennahverkehrs-(ÖPNV-)Angebot flexibel an Änderungen des Standortnetzes der Schulen angepasst werden.

Damit die vielfältigen Anforderungen an die Weiterentwicklung des Schulnetzes ausreichend Berücksichtigung finden, sollen Gemeinden zusammenarbeiten und ihre Schulentwicklungsplanung möglichst interkommunal durchführen. Eine enge Verknüpfung von Schulentwicklungsplanung, Planung der Kindertagesbetreuung und des Schülerinnen- und Schülerverkehrs ist anzustreben.

2 G

Das Standortnetz der allgemeinbildenden Schulen soll bedarfsgerecht erhalten und entsprechend neuen pädagogischen Erfordernissen angepasst und so weiterentwickelt werden, dass jeder Schülerin/jedem Schüler je nach individueller Begabung und Bedürfnissen ein zeitgemäßes pädagogisches Angebot in zumutbarer Entfernung bereitgestellt werden kann. Die Weiterentwicklung des Standortnetzes der allgemeinbildenden Schulen soll am zentralörtlichen System ausgerichtet werden.

Um Teilhabechancen von Schülerinnen und Schülern zu verbessern, sollen Kooperationen an den Übergängen zwischen Kita und Grundschulen sowie Grundschulen und weiterführenden Schulen ausgebaut werden.

Bereits bestehende Schulstandorte sollen in ihrer Tragfähigkeit nicht durch die Neuansiedlung, Erweiterung und wesentliche Änderung von Schulstandorten gefährdet werden.

3 G

Die Regionalen Berufsbildungszentren und Berufsbildenden Schulen sollen ein bedarfsgerechtes Angebot beruflicher Bildung in den kreisfreien Städten und den Kreisen sichern. Lernortkooperationen zwischen überbetrieblichen Bildungsstätten und Berufsbildenden Schulen sollen bedarfsgerecht weiterentwickelt werden.

Die Weiterentwicklung des Standortnetzes der Berufsbildenden Schulen soll am Zentralörtlichen System ausgerichtet werden, so dass eine gute Erreichbarkeit der Schulen mit dem ÖPNV gewährleistet werden kann. Durch die Fortführung der bereits bestehenden und der Einrichtung weiterer Jugendberufsagenturen in den kreisfreien Städten und Kreisen soll die Vermittlung von Ausbildungs- oder Anschlussangeboten für Jugendliche verbessert werden. Das höhere berufliche Bildungsangebot soll dabei ausgebaut werden.

4 G

In Schleswig-Holstein soll ein bedarfsgerechtes Angebot zur Weiterbildungsberatung vorzugsweise in den Zentralen Orten zur Verfügung stehen, ergänzt um eine digitale Weiterbildungsberatung mithilfe von Weiterbildungsplattformen.

Begründung

B zu 1

Investitionen in Bildung sind Investitionen in die Zukunftsfähigkeit Schleswig-Holsteins. Die gleichwertige Versorgung der Bevölkerung in allen Landesteilen mit Bildungseinrichtungen ist eine landespolitische Leitlinie. Das Angebot von schulischen und außerschulischen Ganztagsangeboten sowie der Hortbetreuung ist mit dem Ziel erweiterter Bildungs- und Fördermöglichkeiten insbesondere für Schülerinnen und Schüler mit Bildungsdefiziten und besonderen Begabungen auszubauen.

Die Landesregierung strebt ein verlässliches und qualitativ überzeugendes Ganztagsangebot an, das auch den Wünschen der Eltern Rechnung trägt. Durch Ganztagsschulen und Betreuungsangebote werden ergänzend zum planmäßigen Unterricht die Bildungschancen junger Menschen erhöht und die Vereinbarkeit von Familie und Beruf unterstützt. Gemeinsam mit den Kommunen und den verschiedenen Trägerschaften sollen deshalb die bestehenden Ganztagsangebote insbesondere an den Grundschulen qualitativ und bedarfsgerecht weiterentwickelt werden. Um an allen Schulstandorten ein hochwertiges, verlässliches und vielfältiges Angebot vorzuhalten, wird – ergänzend zu den Ressourcen des Landes und der Schulträgerschaften sowie gegebenenfalls der freien Trägerschaften – auch die Unterstützung des Bundes notwendig werden. Inklusionsangebote sind an allen Schulen zu entwickeln und zu verbessern. Hierzu können auch die Einrichtung von Klassen an allgemeinbildenden Schulen oder temporäre Angebote mit einer besonderen Beschulung für Schülerinnen und Schüler mit festgestelltem sonderpädagogischen Förderbedarf gehören. Neben den Angeboten für inklusive Beschulung sollen auch die bestehenden Förderzentren erhalten bleiben. Allgemeinbildende und berufsbildende Schulen sollen mit Förderzentren zukünftig enger kooperieren.

Zur Sicherung eines gut erreichbaren, pädagogisch zeitgemäßen und leistungsfähigen Schul- und Bildungsangebots muss frühzeitig auf erkennbare Veränderungen der Schülerinnen- und Schülerzahlen und qualitative wie quantitative Änderungen des Bedarfs an Bildungsangeboten reagiert werden. Nur in wenigen Teilräumen des Landes werden in Zukunft die Schülerinnen- und Schülerzahlen noch stabil bleiben oder anwachsen. Mit sinkenden Schülerinnen- und Schülerzahlen nimmt die Auslastung von Schulen ab. An die veränderte Nachfrage muss das Bildungsangebot möglichst flexibel angepasst werden. Exemplarisch genannt werden können

- die Reduzierung unterausgelasteter Schulstandorte durch Schließung oder Zusammenlegung,
- die Zentralisierung von Schulangeboten durch den Ersatz geschlossener Schulen durch die Schaffung eines neuen, aufgewerteten Schulstandorts,
- die Verbesserung der Schulerreichbarkeiten durch optimierte Schülerinnen- und Schülerbeförderung,
- der Erhalt kleiner Schulen als Außenstellen,
- der Ausbau von Schulkooperationen und Schulverbünden,
- die Einführung jahrgangsübergreifenden Unterrichts oder
- der Ausbau des Blended-Learnings.

Zur Vermeidung nicht zumutbar langer Schulwege in Gemeinden des ländlichen Raums können kleine Grundschulen erhalten werden, wenn die in der Mindestgrößenverordnung (MindGrVO) vorgeschriebenen Mindestschülerzahlen eingehalten werden. Außenstellen von Grundschulen müssen mindestens von 44 Schülerinnen und Schülern besucht werden. In Ausnahmen können auch kleinere Außenstellen erhalten werden (§ 3 Absatz 1 MindGrVO). Durch die Förderung von Doppelnutzungen können Schulgebäude effektiver genutzt und nicht mehr benötigte Räume einer sinnvollen Verwendung zugeführt werden. Eine kombinierte Nutzung mit anderen Bildungs-, Betreuungs- oder Freizeitangeboten ist möglich. Eine Doppelnutzung durch Sportvereine ist bereits weit verbreitet.

In Teilräumen mit stabilen oder noch wachsenden Schülerinnen- und Schülerzahlen können aber auch Kapazitätserweiterungen notwendig werden. Welche Anpassungslösungen in Frage kommen, muss unter Berücksichtigung von Alternativen vergleichend untersucht werden. Die Lösungssuche sollte möglichst aus einer regionalen Perspektive interkommunal erfolgen, da Veränderungen des Schulangebots vielfach übergemeindliche Folgen nach sich ziehen. Die Schulentwicklungsplanung sollte vermehrt interkommunal durchgeführt werden und in enger Zusammenarbeit mit der Nahverkehrsplanung und der Planung der Kinderbetreuung erfolgen.

Bei zu erwartenden rückläufigen Schülerinnen- und Schülerzahlen können durch Ausrichtung der Standortentwicklung am zentralörtlichen System überall im Land in zumutbarer Entfernung erreichbare Bildungsangebote erhalten sowie gute Voraussetzungen für einen wirtschaftlichen ÖPNV gewährleistet werden. Ein möglichst dichtes Netz von allgemeinbildenden Schulen ist für die Erhaltung der Lebensqualität in Gemeinden des ländlichen Raums eine wichtige Voraussetzung. Grundschulen sollen möglichst wohnortnah erreichbar sein. Aufgrund der erheblich höheren Mindestgröße weisen Gemeinschaftsschulen und Gymnasien einen größeren Schuleinzugsbereich auf und damit auch durchschnittlich längere Schulwege. Orientierungswerte für maximale Fahrzeiten im ÖPNV (reine Fahrtzeit für eine einfache Strecke zwischen Wohnort und Schule, einschließlich Umsteigezeiten, ohne Wartezeiten vor und nach dem Unterricht oder der Hortbetreuung) sind 30 Minuten für Grundschulen und 45 Minuten für Gemeinschaftsschulen und Gymnasien.

Wenn eine Ausdünnung des Standortnetzes von Schulen aufgrund zurückgehender Schülerinnen- und Schülerzahlen geboten sein könnte, ist durch abgestimmte Planung zwischen Schulentwicklung und Trägerschaften des Schülerinnen- und Schülerverkehrs dafür Sorge zu tragen, dass die Erreichbarkeit aufnahmefähiger öffentlicher Schulen der jeweiligen Schulart in einem zumutbaren Zeitrahmen gewährleistet ist.

B zu 2

Allen Schülerinnen und Schülern in Schleswig-Holstein sollen durch beste Bildung und individuelle Förderung größtmögliche Chancen und beste Entwicklungsperspektiven eröffnet werden. Neben einer verbesserten Unterrichtsversorgung an allen Schularten trägt hierzu auch ein gut erreichbares Standortnetz allgemeinbildender Schulen bei. Von jeder Wohnortgemeinde sollen Schülerinnen und Schüler in zumutbarer Entfernung eine allgemeinbildende Schule erreichen können. Um dies auch unter den Bedingungen des demografischen Wandels und des Rückgangs an Schülerinnen und Schülern gewährleisten zu können, soll sich die Entwicklung des Standortnetzes der allgemeinbildenden Schulen am zentralörtlichen System ausrichten.

Grundlage für verbesserte Teilhabechancen aller Kinder ist eine optimierte frühkindliche Bildung in den Kitas und eine verbesserte Elementarbildung in den Grundschulen. Dazu sollen Kooperationen zwischen Kindertagesstätten und Grundschulen vertieft werden, um die Betreuungskontinuität und den Übergang in die Schule zu verbessern.

Auch zukünftig muss mit einer hohen Nachfrage nach höher qualifizierenden Bildungsabschlüssen gerechnet werden. Die Kapazitäten der Bildungsinfrastruktur sind daher bedarfsorientiert anzupassen. Derzeit ist allerdings grundsätzlich kein Bedarf für zusätzliche Oberstufen abzusehen. Mögliche Anträge sind auf langfristige Perspektiven zu prüfen. Die bereits existierenden Oberstufen sollen erhalten werden, sofern sie die schulgesetzlichen Voraussetzungen erfüllen. Bei Unterauslastung von Oberstufen oder bei zu kleinen Oberstufen soll der Erhalt dieser mittels einer Kooperationsvereinbarung nach § 43 Absatz 6 Schulgesetz (SchulG) zwischen benachbarten Schulen ermöglicht werden.

Geplante Neuansiedlungen, Erweiterungen und wesentliche Änderungen von Schulstandorten, insbesondere die Neueinrichtung von Oberstufen, dürfen nicht zu Lasten bestehender Bildungsangebote an anderen Schulen führen. Insbesondere darf die Tragfähigkeit von Schulen in den Zentralen Orten nicht gefährdet werden.

In Grundschulen sowie Außenstellen von Grundschulen, in denen eine Unterschreitung der Mindestschülerzahlen droht, sollte vor einer Schließung die Einführung jahrgangsübergreifenden Unterrichts als Anpassungsoption geprüft werden. Jahrgangsübergreifender Unterricht funktioniert nicht einfach, indem Klassen zusammengelegt werden. Er erfordert Lehrkräfte, die auf diese Art des Unterrichts vorbereitet sind. Durch die Beratung von Schulträgerschaften und die Begleitung durch die Schulaufsicht kann die Vorbereitung auf diese Veränderungen rechtzeitig erfolgen. Für die verhältnismäßig große Zahl an Jugendlichen und jungen Erwachsenen, die keinen Schulabschluss haben oder die ohne berufliche Qualifikation in das Erwerbsleben starten, sollen Bildungsangebote verbessert und effektiver gestaltet werden, so dass die Anzahl der Schülerinnen und Schüler, die die Schule oder eine Ausbildung ohne Abschluss verlassen, verringert werden kann.

B zu 3

Moderne, zukunftsorientierte Berufsbildungsstätten einschließlich Lernkooperationen sollen Anreize für Aus-, Fort- und Weiterbildung schaffen und einen Beitrag zur Fachkräftesicherung leisten. Öffentliche berufsbildende Schulen als organisatorische Verbindungen der Schularten Berufsschule, Berufsfachschule, Berufsoberschule, Fachoberschule, Berufliches Gymnasium und Fachschule gibt es in allen kreisfreien Städten und in allen Kreisen an einem oder mehreren Standorten, zumeist in Mittelzentren. Zusätzlich existieren spezialisierte berufsbildende Schulen, teilweise in öffentlicher, teilweise in privater Trägerschaft. Infolge der demografischen Entwicklung geht die Zahl der Jugendlichen, die eine betriebliche Ausbildung oder eine schulische Ausbildung an einer beruflichen Schule beginnen, leicht zurück. Möglichst allen Jugendlichen ist ein direkter Weg in die duale Ausbildung zu ermöglichen. Diese ist eng mit dem wirtschaftlichen Erfolg von Unternehmen verknüpft. Ziel ist es, im Rahmen einer landesweiten Schulentwicklungsplanung ein Ausbildungsangebot an den Beruflichen Schulen (BS) und Regionalen Berufsbildungszentren (RBZ) in der Fläche unter Berücksichtigung der regionalen Besonderheiten zu erhalten. Unter anderem wurde diese Aufgabe an das Schleswig-Holsteinische Institut für Berufliche Bildung (SHIBB) als zuständige Aufsichtsbehörde für die BS/RBZ übertragen.

B zu 4

Der Weiterbildung, Qualifizierung und Umschulung im Sinne lebenslangen Lernens kommt insbesondere angesichts des Fachkräftebedarfs, der Digitalisierung in Wirtschaft und Arbeitswelt, der steigenden Zahl älterer Erwerbspersonen, der Arbeitsmarktintegration für Menschen mit Migrationshintergrund, mit Behinderungen und mit einem erhöhten beruflichen Qualifizierungsbedarf eine Schlüsselrolle im wirtschaftlichen Wettbewerb und bei der Sicherstellung gleicher Teilhabechancen zu. Voraussetzung hierfür ist ein zielgruppengerechtes Beratungs- und Qualifizierungsangebot, das sowohl als Präsenzangebot, insbesondere in den Zentralen Orten, um für alle Menschen im Land eine Erreichbarkeit in zumutbarer Entfernung sicherzustellen, als auch als online-Format zur Verfügung gestellt wird. Es steht unter anderem über das aus Landesmitteln geförderte flächendeckende Beratungsnetzwerk Weiterbildung, dem Kursportal Schleswig-Holstein (https://sh.kursportal.info) und dem Portal www.weiterbilden-sh.de zur Verfügung und wird kontinuierlich durch weitere, zielgruppengerechte Maßnahmen der verschiedenen Arbeitsmarktakteure flankiert, angepasst und ausgebaut. Insbesondere das Beratungsnetzwerk Weiterbildung sowie das Kursportal Schleswig-Holstein bieten kontinuierlich aktuelle, kostenfreie, anbieterneutrale und für alle Menschen zugängliche Beratungen und Informationen.

Anders als in den Bereichen Schule und Hochschule ist der Staat nicht Hauptanbieter von Weiterbildung. Vielmehr ist bei der Weiterbildung von geteilten Verantwortungen auszugehen:

Das Land, die Gemeinden und die Gemeindeverbände sind insbesondere für die allgemeine und politische Weiterbildung (Artikel 9 Absatz 3 Landesverfassung) verantwortlich; die Hochschulen für die wissenschaftliche Weiterbildung (§ 58 Hochschulgesetz (HSG)). Die Wirtschaft und die Sozialpartner sind für die berufliche Weiterbildung der Beschäftigten verantwortlich; der Bund, das Land und die Kammern für die Regelungen der beruflichen Fortbildung und die Bundesagentur für Arbeit für die arbeitsmarktpolitisch begründete Förderung der Weiterbildung. Verantwortung tragen aber auch die EU, die für die Weiterbildung nutzbare Förderprogramme anbietet, und jede/jeder Einzelne für ihren oder seinen persönlichen Beitrag zum lebenslangen Lernen.

Die öffentliche Hand konzentriert sich auf Infrastrukturförderung (zum Beispiel Investitionen in Stätten der Aus- und Weiterbildung, flächendeckende Angebote der Volkshochschulen, Weiterbildungsinformation und -beratung) und auf die Innovations- und Zielgruppenförderung. Die überbetrieblichen Ausbildungsstätten des Handwerks, der Kammern und der Innungen sollen weiterentwickelt werden und die vorhandenen Strukturen der beruflichen Aus- und Weiterbildung stärken.

5.2 Kinder, Jugendliche und Familien

Grundsätze und Ziele der Raumordnung

1 G

In allen Gemeinden, mindestens aber in allen Zentralen Orten und Stadtrandkernen, soll ein bedarfsgerechtes, wohnort- oder arbeitsplatznahes Angebot an Plätzen in Kindertageseinrichtungen und in der Kindertagespflege zur Verfügung stehen.

2 G

Kindertageseinrichtungen und Grundschulen sollen zusammenarbeiten und den Übergang zwischen den Einrichtungen verbessern. Außerdem sollen sie mit Einrichtungen und Trägerschaften der Jugendhilfe, des öffentlichen Gesundheitsdienstes sowie bei Bedarf mit Förderzentren, Beratungsstellen und Familienzentren kooperieren. Das Angebot von Familienzentren und Frühen Hilfen soll weiter gestärkt und ausgebaut werden.

3 G

Integration, Inklusion, ehrenamtliches Engagement und gesellschaftliche Teilhabe aller Kinder und Jugendlichen sollen in allen Teilen des Landes sichergestellt werden. Einrichtungen, die Angebote für Kinder und Jugendliche vorhalten, sollen in allen Zentralen Orten vorhanden sein. In den ländlichen Räumen soll auch bei zurückgehenden Nutzerinnen- und Nutzerzahlen ein möglichst wohnortnahes Angebot aufrechterhalten werden.

Begründung

B zu 1

Kindertagesförderung findet außerhalb von Familien in Kindertageseinrichtungen und in der Kindertagespflege statt.

Kindertagesförderung unterstützt Familien in ihrer Bildungs- und Erziehungsverantwortung und trägt maßgeblich zur Vereinbarkeit von Familie und Beruf bei. Kinderförderungsangebote sind Instrumente der frühkindlichen Bildung und stellen einen wichtigen Baustein für gleichberechtigte gesellschaftliche Teilhabe und Chancengleichheit für alle Kinder dar. Die Bereitstellung von qualitativ hochwertigen, wohnort- oder arbeitsortnahen Betreuungsangeboten ist ein wichtiger Standortfaktor für das Land und die Kommunen. Den Kommunen obliegt die Deckung des Bedarfs an Plätzen in Kindertageseinrichtungen.

Obwohl die Versorgungssituation in der Kindertagesförderung deutlich verbessert werden konnte, bleibt auch zukünftig ein Ausbaubedarf für Betreuungsplätze bestehen.

Um in allen Teilen des Landes gleichwertige Lebensverhältnisse auch bei der Kinderbetreuung gewährleisten zu können, ist die Entwicklung der Kindertagesförderungsangebote, die Verbesserung von Ganztags- und Randzeitenangeboten sowie der Inklusion bedarfsorientiert zu forcieren. Zur Herstellung gleichwertiger Lebensverhältnisse sieht das Gesetz zur Stärkung der Qualität in der Kindertagesbetreuung und zur finanziellen Entlastung von Familien und Kommunen (KiTa-Reform-Gesetz) landesweit einheitliche Höchstbeiträge für Elternbeiträge vor.

B zu 2

Kindertageseinrichtungen haben einen eigenen Bildungsauftrag. Sie sollen die kindlichen Kompetenzen fördern, aber auch Kinder in ihren individuellen Bildungswegen begleiten und ihnen neue Bildungswelten eröffnen. Um die frühe Bildung zu fördern, sind konkrete Vorgaben an die Kindertageseinrichtungen hierzu in § 19 des Kindertagesförderungsgesetzes (KiTaG) geregelt. Außerdem sind Leitlinien zum Bildungsauftrag von Kindertageseinrichtungen erarbeitet worden.

Um eine erfolgreiche Bildungsbiografie zu fördern, sollten die Kooperationen zwischen vorschulischen und schulischen Einrichtungen quantitativ und qualitativ intensiviert werden. Das Achte Buch Sozialgesetzbuch (SGB VIII), das Kindertagesförderungsgesetz (KiTaG) und das Schulgesetz (SchulG) bilden den rechtlichen Rahmen für diese Kooperationen. Zudem soll das letzte Kita-Jahr zu einem „Startchancenjahr" entwickelt werden, in dem erste Besuche in der Schule und eine Vorbereitung in der Kita auf den Schulalltag enthalten sein sollen.

B zu 3

Die Unterstützung von Familien, Integration und Inklusion aller Kinder und Jugendlichen sind wichtige gesellschaftliche Aufgaben. Durch abgestimmte Planungen und die Vermittlung des gemeinsamen Bildungsauftrags von Elternhaus, Kinder- und Jugendhilfe und Schule sollen Familien gestärkt und die Chancen junger Menschen auf gesellschaftliche Integration und Teilhabe erhöht werden. Angebote der Kinder- und Jugendarbeit zur Freizeitgestaltung und zur Bildung von Kindern und Jugendlichen sowie zur Unterstützung von Familien sollen in allen Teilen des Landes möglichst wohnortnah vorhanden sein. Kinder und Jugendliche sollen die Möglichkeit haben, sich ehrenamtlich zu engagieren. Dies gilt insbesondere auch in den ländlichen Räumen, in denen solche Angebote einen wichtigen Beitrag zur Verbesserung der Lebensqualität und zur Sicherung der Zukunftsfähigkeit leisten. Zur gesellschaftlichen Teilhabe von Kindern und Jugendlichen gehören auch erste Schritte der politischen Mitgestaltung. Hierfür bietet der § 47 folgende der Gemeindeordnung (GO) den Kommunen eine gute Grundlage zur Kinder- und Jugendbeteiligung.

Das Land unterstützt den Aufbau und Betrieb von Familienzentren. Familienzentren sollen

- Familien wohnortnahe Unterstützung durch niedrigschwellige Angebote bieten,
- je nach regionalem Umfeld unterschiedliche Schwerpunkte setzen und hierbei auf die Bedarfe der Familien in ihrem Lebensraum eingehen,
- eine bestehende, den Familien im Sozialraum bekannte und vertraute Einrichtung sein,
- Betreuungsangebote und begleitende Hilfen vorhalten,
- mit den maßgeblichen Akteurinnen und Akteuren im Sozialraum kooperieren und bestehende oder auch neue Angebote vernetzen, insbesondere im Bereich der Jugendhilfe sowie des Sozial- und Gesundheitswesens.

5.3 Seniorinnen und Senioren

Grundsätze und Ziele der Raumordnung

1 G

Politik für Seniorinnen und Senioren soll den demografischen und sozialstrukturellen Veränderungen Rechnung tragen und die Interessen, Fähigkeiten und Neigungen der älteren Generation berücksichtigen. Dabei sollen auch die Belange älterer Menschen mit Migrationshintergrund berücksichtigt werden. Neben der Sicherstellung einer flächendeckenden medizinischen und pflegerischen Versorgung älterer Menschen (Kapitel 5.5) soll die „Aktivierung" älterer Menschen, die Stärkung ihrer Selbständigkeit und Kompetenzen sowie die Verbesserung ihrer gesellschaftlichen Teilhabe gefördert werden. Um die individuelle Lebens- und Wohnqualität für ältere Menschen möglichst bis ins hohe Alter zu bewahren, gilt es, das Bewusstsein der Menschen mit Blick auf Gesundheitsförderung und Wohnsituation zu schärfen sowie Eigenverantwortung und Vorsorge zu stärken. Um ein aktives Altern zu unterstützen, sollen Möglichkeiten zur aktiven Teilhabe der älteren Generation sowohl im sozialen, kulturellen und politischen Bereich als auch in der Wirtschaft verbessert werden.

Begründung

B zu 1

Die Familien- und Generationsbeziehungen unterliegen tiefgreifenden Veränderungen, die auch die Lebenssituation älterer Menschen bestimmen. Allein arbeitsplatzbedingte Wohnortwechsel haben zur Folge, dass die Stabilität sozialer Netze abnimmt und bei älteren Menschen Tendenzen zur Einsamkeit verstärkt werden können. Zudem wird die Zahl der älteren Menschen, die keine Kinder haben, ansteigen und aus diesem Grund werden sie andere Anforderungen an ihre sozialen Netzwerke und einen professionellen Unterstützungsbedarf stellen.

Daneben verlängert sich der Lebensabschnitt des aktiven Ruhestandes stetig, da die heutige Generation der Seniorinnen und Senioren so agil ist wie nie zuvor. Zudem haben diese in ihrem bisherigen Leben einen Erfahrungsschatz erworben, der zugunsten anderer eingebracht und genutzt werden kann. Ein moderner Staat, der im Sinne einer Generationenpolitik die Interessen aller Altersgruppen im Blick hat, muss die Handlungspotenziale und Kompetenzen aller Bevölkerungsgruppen nutzen und deren aktive und verantwortliche Beteiligung an der Bewältigung der sozialen Herausforderungen fördern. Eigeninitiative und bürgerschaftliches beziehungsweise ehrenamtliches Engagement sind Ausdrucksformen dieser Beteiligung. Dieses gilt auch für das Zusammenspiel von Generationen, wie zum Beispiel im Vereinswesen, in Mehrgenerationenhäusern, beim Erwerb von Medienkompetenz und gesellschaftlicher Teilhabe im Zusammenhang mit der zunehmenden Digitalisierung der Gesellschaft sowie bei privaten und öffentlichen Dienstleistungen.

Zentrale Aufgabe der Politik für Seniorinnen und Senioren ist es, den unterschiedlichen Bedürfnissen und Lebenslagen jeweils passende gesellschaftspolitische Rahmenbedingungen zu bieten. Eine vorausschauende Politik schließt darüber hinaus die Aspekte einer attraktiven und altersgerecht gestalteten Beschäftigung im Alter (Gesundheitsförderung, altersgerechte Arbeitsplätze und Arbeitszeitmodelle) sowie den Erhalt wohnortnaher Dienstleistungen, Einkaufsmöglichkeiten und die Sicherstellung der Mobilität in der Fläche ein. Ältere Menschen sollen möglichst lange in der eigenen Wohnung und im gewohnten Umfeld selbstbestimmt leben können. Die barrierefreie Gestaltung von Wohnungen und Wohnungsumfeld sind hierfür eine Voraussetzung.

Neben dem traditionellen Engagement oder klassischen Ehrenamt gewinnen neue, flexiblere und projektorientierte Formen des bürgerschaftlichen Engagements auch bei älteren Menschen an Bedeutung. Diese müssen entsprechend unterstützt und gewürdigt werden. Älteren Menschen soll die Möglichkeit geboten werden, ihre Interessen selbst zu vertreten. Die Kompetenzen und Erfahrungen der älteren Bürgerinnen und Bürger sind bei den politischen Entscheidungen zu nutzen.

5.4 Menschen mit Behinderungen

Grundsätze und Ziele der Raumordnung

1 G

Menschen mit Behinderungen sollen selbstverständlich und selbstbestimmt an allen gesellschaftlichen Bereichen teilhaben. Dies soll nach dem Leitgedanken der Inklusion erfolgen, das heißt ohne Teilung der Gesellschaft in Menschen mit und ohne Behinderungen.

Angebote in allen Lebensbereichen, etwa in den Bereichen Wohnen, Arbeit, Gesundheit, Freizeit, Kultur und Bildung sollen die besondere Situation von Menschen mit Behinderungen berücksichtigen. Darüber hinaus sollen bedarfsgerechte Hilfen für Menschen mit Behinderungen die Möglichkeiten zur Teilhabe eröffnen.

Die Belange der Barrierefreiheit sollen bei allen Planungen und Maßnahmen berücksichtigt werden.

Begründung

B zu 1

Menschen mit Behinderungen sind Bürgerinnen und Bürger mit allen Rechten und Pflichten. Ihre Ansprüche auf Selbstbestimmung, Autonomie, Partizipation und Entwicklung der Selbstkompetenz betreffen alle Lebensbereiche. Die UN-Behindertenrechtskonvention (UN-BRK) konkretisiert die allgemein gültigen Menschenrechte für die besonderen Belange von Menschen mit Behinderungen. Die Konvention stellt den Auftrag an die Landesregierung, die Verwirklichung dieser Rechte für Menschen mit Behinderungen sicherzustellen und die Ausgestaltung stetig zu verbessern. Die UN-BRK sieht zu ihrer Umsetzung verschiedene Instrumente vor; hierzu zählt der Aktionsplan der Landesregierung Schleswig-Holstein, der die Ziele der Konvention schrittweise umsetzen soll.

Die Weiterentwicklung von Angeboten ist vor dem Hintergrund der steigenden Zahl und der differenzierten Bedarfe und Wünsche von Menschen mit Behinderungen notwendig. Das Unterstützungssystem wird hier vor neue Herausforderungen gestellt. Ein wesentlicher Baustein zur Berücksichtigung der Bedürfnisse und Ansprüche von Menschen mit Behinderungen ist die Schaffung von Barrierefreiheit, beispielsweise bei Verkehrsinfrastrukturen, Gebäuden, gesellschaftlicher Teilhabe, Zugang zu Informationen sowie jeglicher Kommunikation und Kommunikationstechnik (Kapitel 3.6, 4.3, 4.4).

5.5 Gesundheit, Pflege, Betreuung und Sport

Grundsätze und Ziele der Raumordnung

1 G

In allen Landesteilen soll eine gleichwertige, leistungsfähige medizinische Versorgung sichergestellt werden. Dies gilt insbesondere für die ländlichen Räume. Flankierend zur ambulanten und stationären Gesundheitsversorgung sollen Telemedizin und mobile Gesundheitsdienstleistungen bedarfsgerecht entwickelt und ausgebaut werden.

Um in den ländlichen Räumen eine gute hausärztliche Versorgungsqualität langfristig zu sichern, sollen die Kassenärztliche Vereinigung, die Kommunen und die Leistungserbringer des Gesundheitswesens ihre Zusammenarbeit intensivieren, um dem sich abzeichnenden strukturellen und lokalen Ärztemangel durch geeignete Maßnahmen und Anreize entgegenzuwirken. Die Sicherstellung der ambulanten ärztlichen und psychotherapeutischen Versorgung obliegt der Kassenärztlichen Vereinigung. Die interkommunale Zusammenarbeit, insbesondere unter Einbeziehung Zentraler Orte, ebenso wie telemedizinische Instrumente zur Sicherung der ärztlichen Versorgung sollen ausgebaut werden.

Bei der Krankenhausplanung soll die Vielfalt der Krankenhausträgerschaften beachtet werden. Krankenhäuser sollen vorrangig in den Mittel- und Oberzentren betrieben werden; Krankenhäuser der Schwerpunktversorgung mindestens in den Oberzentren. Aufgaben der Maximalversorgung sollen durch das Universitätsklinikum Schleswig-Holstein mit Standorten in den Oberzentren Kiel und Lübeck erbracht werden.

2 G

Im Bereich der Hospizversorgung sollen Angebote für Patientinnen und Patienten in Schleswig-Holstein, auch durch Einbindung hospizlicher Arbeit in den Alltag von Krankenhäusern und Pflegeeinrichtungen, ausgebaut werden. Dafür ist die Vernetzung vorhandener Angebote einschließlich interdisziplinär zusammengesetzter Palliativ-Care-Teams im Verbund mit den Akteurinnen und Akteuren der Hospizversorgung erforderlich.

3 G

Krankheitsprävention und aktive Gesundheitsförderung sollen durch zielgruppenorientierte, frühzeitige Maßnahmen des Öffentlichen Gesundheitsdienstes die Gesundheit der Bevölkerung stärken und verbessern. Für die Suchtprävention soll landesweit ein differenziertes System an Einrichtungen für die Suchtvorbeugung, -beratung und -hilfe vorgehalten werden.

4 G

In allen Teilräumen soll die Altenhilfe und Altenpflege an die deutlich steigende Zahl älterer Menschen sowie Menschen mit Pflege- und Betreuungsbedarf angepasst werden. Die Versorgungsstruktur soll entsprechend den zukünftigen Anforderungen ausgebaut und sektorenübergreifend weiterentwickelt werden. Die Versorgung geriatrischer Patientinnen und Patienten soll landesweit durch Krankenhäuser und daran angeschlossene Angebote der tagesklinischen Akutbehandlung sowie über ergänzende Maßnahmen im häuslichen Umfeld sichergestellt werden. Die Vernetzung zwischen ambulanten und stationären Pflege- und Betreuungseinrichtungen soll ausgebaut werden. Vor allem in den ländlichen Regionen soll eine abgestimmte Planung ambulanter, teilstationärer und stationärer Angebote und Einrichtungen der Altenpflege erfolgen.

Angebote an offenen ambulanten Einrichtungen zur Versorgung von Menschen mit Pflege- und Betreuungsbedarf sowie von der Trägerschaft unabhängige Beratungsangebote und Angebote, die den Erhalt der eigenen Häuslichkeit unterstützen, sollen bedarfsgerecht und in zumutbarer Entfernung in allen Landesteilen ausgebaut werden. Ihre Standorte sollen sich am Zentralörtlichen System (Kapitel 3.1) orientieren und durch mobile Angebote ergänzt werden.

Stationäre und teilstationäre Altenhilfe- und -pflegeeinrichtungen sollen möglichst in allen ländlichen Zentralorten, mindestens ab der Ebene der Unterzentren vorhanden sein.

Zur Gewährleistung ausreichender Altenpflegekapazitäten sollen die Fachkräftesicherung für die Altenpflege intensiviert und die ambulanten Pflege- und Unterstützungsangebote zur Stärkung der häuslichen Pflege verbessert werden. Bei der Weiterentwicklung der pflegerischen Unterstützungsmöglichkeiten sollen auch die Entwicklungen der technischen Entlastung und Unterstützung (Ambient Assisted Living und Robotik) unter Berücksichtigung partizipativer und ethischer Gesichtspunkte berücksichtigt werden.

Die Einrichtungen der Altenhilfe sowie Angebote für altengerechtes und betreutes Wohnen sollen an städtebaulich integrierten und siedlungsstrukturell geeigneten Standorten angesiedelt werden.

5 G

Sport leistet einen wichtigen Beitrag zur Gesundheitsförderung, zum gesellschaftlichen Miteinander und zur Integration. In allen Teilräumen des Landes sollen Menschen die Möglichkeit haben, in zumutbarer Entfernung Sportstätten zu nutzen. Mindestens in allen Zentralen Orten (Kapitel 3.1) sollen Sportstätten vorhanden sein. Sportanlagen, die für einen überörtlichen/regionalen Bedarf konzipiert sind (Großsportanlagen), sollen möglichst in Ober- oder Mittelzentren angesiedelt sein. Bei Sanierung und Neubau von Sportstätten sollen die veränderten Bedarfe, wie zum Beispiel eSports, Seniorinnen- und Seniorensport, Rehabilitationssport, Prävention sowie Aspekte der Barrierefreiheit und der Inklusion berücksichtigt werden.

Kommunen sollen im Rahmen von Sport- und Stadtentwicklungsplanungen ein bedarfsgerechtes Angebot schaffen und dabei insbesondere auch interkommunal und regional zusammenarbeiten. Sportliche Angebote sollen dem Ziel einer Gleichbehandlung aller Menschen gerecht werden, unabhängig von Geschlecht, Alter oder Herkunft, von Religionszugehörigkeit oder Bildung, von Behinderungen oder sonstigen individuellen Merkmalen. Ebenso sollen Aspekte des Natur- und Umweltschutzes bei der Sportraumplanung berücksichtigt werden. Sportstätten sollen für mehrere Sportarten genutzt werden können. Natürliche Sporträume, die nicht an Anlagen gebunden sind, sollen unter Beachtung der Naturschutzbestimmungen gesichert werden.

Im Rahmen von Sport- und Stadtentwicklungsplänen soll die Qualität des öffentlichen Raums für sportliche Aktivitäten verbessert und auf die Sicherung und Vernetzung von Bewegungsräumen geachtet werden, die auch außerhalb von Sportstätten allen Altersgruppen sportliche Aktivitäten, Bewegung und Gesunderhaltung ermöglichen.

Begründung

B zu 1

Die steigende Zahl älterer Menschen wird zu einem steigenden Bedarf an medizinischer Betreuung führen. Durch Orientierung der gesundheitlichen Versorgung am zentralörtlichen System kann eine auf Schwerpunkte ausgerichtete medizinische Versorgung im Land sichergestellt werden. Das relativ hohe Alter insbesondere der Hausärzteschaft sowie die nicht ausreichende Anzahl von Nachwuchskräften lassen befürchten, dass die hausärztliche Versorgung in Zukunft nicht mehr in allen ländlichen Räumen ausreichend gesichert werden kann. Es bedarf daher Anstrengungen auf allen Ebenen, um die hausärztliche Versorgung insbesondere in betroffenen ländlichen Räumen gewährleisten zu können. Die Kassenärztliche Vereinigung Schleswig-Holstein (KVSH) hat die ambulante vertragsärztliche und vertragspsychotherapeutische Versorgung und die Kassenzahnärztliche Vereinigung (KZV SH) die ambulante vertragszahnärztliche Versorgung in dem in § 73 Absatz 2 des fünften Buches Sozialgesetzbuch (SGB) bezeichneten Umfang zu garantieren.

Das wesentliche Instrument zur Umsetzung des Sicherstellungsauftrags für die ambulante vertragsärztliche und vertragspsychotherapeutische Versorgung ist die vertragsärztliche Bedarfsplanung, die Zulassungsbeschränkungen beinhaltet, aber auch Anreizmechanismen ermöglicht, um gezielt Niederlassungen dort zu unterstützen, wo die Versorgung zu verbessern ist.

Ebenso wie bei der ambulanten vertragsärztlichen und vertragspsychotherapeutischen Versorgung wird die vertragszahnärztliche Bedarfsplanung von der jeweiligen Selbstverwaltung im Einvernehmen mit den Landesverbänden der Krankenkassen und Ersatzkassen auf der Basis der Bedarfsplanungsrichtlinie des Gemeinsamen Bundesausschusses (G-BA) für Ärzte und Psychotherapeuten beziehungsweise für Zahnärzte erstellt.

Anders als im vertragsärztlichen Bereich besteht im Bereich der vertragszahnärztlichen Versorgung seit 2007 nicht mehr das Instrument der Zulassungssperre bei festgestellter Überversorgung. Hat der Landesausschuss der Ärzte und Krankenkassen oder der Zahnärzte und Krankenkassen vorhandene oder absehbare Unterversorgungen festgestellt, können Gegenmaßnahmen eingeleitet werden. Als solche kommen insbesondere die Ausschreibung unbesetzter Vertragsarzt-, Vertragspsychotherapeuten- oder Vertragszahnarztsitze sowie finanzielle Förderungen in Frage, zum Beispiel durch Sicherstellungszuschläge oder Zuschüsse zur Vergütung und zu den Investitionskosten bei Praxisgründungen. Allerdings ist es rechtlich ausgeschlossen, Ärzte, Psychotherapeuten oder Zahnärzte zur Niederlassung an einem konkreten Ort zu zwingen.

Darüber hinaus haben die Kassenärztlichen und kassenzahnärztlichen Vereinigungen die Möglichkeit, Maßnahmen zur Stärkung der Versorgung zu treffen, bevor eine eingetretene oder drohende Unterversorgung durch den Landesausschuss festgestellt wurde (§ 105 Sozialgesetzbuch Fünftes Buch).

Für die hausärztliche Versorgung definiert die Bedarfsplanung für jeden Mittelbereich in Schleswig-Holstein, ob eine Über- oder Unterversorgung vorliegt und wie viele Vertragsarztsitze in den einzelnen Mittelbereichen zulassungsfähig sind und hier betrieben werden können.

Im Rahmen der Bedarfsplanung sind die Erfordernisse der Raumordnung zu berücksichtigen.

Auch die Kommunen sind als Verantwortliche für die Daseinsvorsorge gefordert, in enger Zusammenarbeit mit den vor Ort tätigen Gesundheitsdienstleistern und der KVSH sowie der KZV SH rechtzeitig Lösungen für sich abzeichnende Engpässe bei der ärztlichen Versorgung zu finden. Im Rahmen interkommunaler Zusammenarbeit können insbesondere innovative Modelle der hausärztlichen Gesundheitsversorgung gemeinsam mit Akteurinnen und Akteuren des Gesundheitswesens und den Hausärztinnen und Hausärzten einer Region entwickelt und umgesetzt werden. Strategien für die hausärztliche Versorgung können auch auf der Ebene von Ämtern, Kreisen oder sogar kreisübergreifend im Rahmen von regionalen Demografiekonzepten oder Masterplänen zur Daseinsvorsorge entstehen.

Insbesondere in den Teilräumen von Schleswig-Holstein, die von einer Verschlechterung der gesundheitlichen Versorgung betroffen sind, sollen frühzeitig neue kooperative Organisationsformen wie zum Beispiel Gesundheitszentren sowie kommunale medizinische Versorgungszentren, die die benötigte Ausstattung für die Haus- und Fachärzteschaft zur Verfügung stellen, oder Projekte der sektorenübergreifenden Telemedizin erprobt werden, um flexibler reagieren zu können.

Die stationäre Krankenversorgung wird durch ein abgestuftes System medizinisch leistungsfähiger Standorte sichergestellt. Die Standorte der Krankenhäuser sollen entsprechend ihrer jeweiligen Aufgabenstellung auf die zentralörtliche Gliederung ausgerichtet werden. Der Krankenhausplan Schleswig-Holstein soll die Erfordernisse der Raumordnung beachten und an aktuelle Entwicklungen der Nachfrage angepasst werden. Bei der Krankenhausplanung, die der Sicherstellung der bedarfsgerechten Vorhaltung mit stationären und teilstationären medizinischen Versorgungsangeboten dient, haben das Land, die Kreise und die kreisfreien Städte zugleich aufgrund bundesgesetzlicher Vorgaben die Vielfalt der Krankenhausträgerschaft zu beachten.

B zu 2

Im Bereich der Palliativmedizin und der Hospizversorgung soll Schleswig-Holstein eine führende Rolle übernehmen. In Zusammenarbeit des Landes mit dem Hospiz- und Palliativverband Schleswig-Holstein soll die ambulante und stationäre Hospizversorgung verbessert und bedarfsgerecht weiterentwickelt werden, zum Beispiel durch die Erhöhung stationärer und ambulanter Hospizplätze. Hierzu wurde die Landeskoordinierungsstelle Hospiz- und Palliativarbeit eingerichtet, die durch das Land unterstützt wird. Außerdem soll das Land zielgerichtete Maßnahmen unterstützen, die zu einer besseren Versorgung der Patientinnen und Patienten in diesen Bereichen beitragen.

B zu 3

Seit Jahren nehmen die chronischen und lebensstilbedingten Erkrankungen wie zum Beispiel Übergewicht in der Bevölkerung (größtenteils geschlechterunabhängig) zu und auch das Themenfeld mentale Gesundheit beziehungsweise psychische Belastungen und Erkrankungen rückt immer mehr in den Fokus. Präventiven Maßnahmen kommt deshalb eine wachsende Bedeutung zu. Auch die Suchtvorbeugung ist eine wichtige Säule im System der Gesundheitsvorsorge. Daher sollen landesweit Einrichtungen zur Vorbeugung, aber auch zur Beratung Betroffener sowie deren Angehöriger und zur Hilfe bei Suchterkrankungen vorgehalten werden.

B zu 4

Der Bedarf an Unterstützungs-, Betreuungs- und Pflegeangeboten wird aufgrund der steigenden Zahl älterer Menschen und von Menschen mit Behinderungen deutlich zunehmen. Zukünftig werden mehr spezifisch qualifizierte Ärztinnen und Ärzte sowie geschultes, medizinisches Fachpersonal im pflegerischen Bereich benötigt. Für den Bereich der Pflege ebenso wie für die ärztliche Versorgung älterer Menschen gilt dabei der Grundsatz „ambulant vor stationär", das heißt pflegebedürftige Menschen sollten durch ambulante Dienste so unterstützt werden, dass sie so lange wie möglich in ihrer häuslichen Umgebung leben können. Um Pflegebedürftige und pflegende Angehörige zu beraten und praktisch zu unterstützen, ist das koordinierte Zusammenwirken von Kommune, Pflegeanbietern, Pflegekassen, Medizinischem Dienst der Krankenkassen, Ärzteschaft, Betroffenenorganisationen und anderen notwendig. Der Vernetzung der im Pflegebereich tätigen Akteurinnen und Akteure kommt deshalb eine wichtige Funktion zu. Der Aus- und Aufbau der Unterstützungsangebote für anspruchsberechtigte Versicherte wird vom Land gefördert, um selbstbestimmt am gesellschaftlichen Leben teilnehmen und so lange wie möglich im eigenen Zuhause sowie im vertrauten sozialen Umfeld leben zu können. Die Landesregierung fördert durch verschiedene Maßnahmen und Projekte den Erhalt der eigenen Häuslichkeit auch bei Pflegebedarf (zum Beispiel Pflegestützpunkte, das Pflegeportal mit Erstinformationen, die Koordinationsstelle für innovative Wohn- und Pflegeformen im Alter (KIWA), das Kompetenzzentrum Demenz, die Förderung von Alltagshilfen, die Umsetzung des Demenzplans).

Die Dienste und Einrichtungen der medizinischen und pflegerischen Versorgung sollen zukünftig im Sinne einer sektorenübergreifenden Versorgung stärker miteinander vernetzt und die Aufgabenwahrnehmung wirksamer koordiniert, gebündelt und verzahnt werden. Die Bedarfsplanung für ambulante und stationäre Angebote soll besser aufeinander abgestimmt werden.

Dies wird nur gelingen, wenn die Dienste und Einrichtungen der medizinischen und pflegerischen Versorgung stärker miteinander kooperieren. Flankierend ist die Nutzung neuer Formen ambulanter medizinischer und sozialer Dienstleistungen, wie mobile, nichtärztliche Praxisassistentinnen und Praxisassistenten (sogenannte „NäPA") und Gemeindeschwestern sowie der Ausbau der Telemedizin erforderlich. Die Weiterentwicklung von integrierten und sektorenübergreifenden Versorgungsstrukturen sowie von Telemedizin und E-Health-Anwendungen ist insbesondere für die ländlichen Räume sehr wichtig, aber auch für die dichter besiedelten Teilräume von Schleswig-Holstein von Relevanz. Generell sollen sich standortgebundene Einrichtungen und Angebote im Bereich der Pflege am zentralörtlichen System orientieren, da so am besten in allen Landesteilen eine gut erreichbare Versorgung gewährleistet werden kann. Städtebaulich integrierte Standorte für stationäre Pflegeeinrichtungen sollen eine gute Erreichbarkeit sicherstellen und dazu beitragen, dass die dort lebenden Menschen sich auch am gesellschaftlichen Leben außerhalb der Einrichtungen beteiligen können.

B zu 5

Sport hat in der Gesellschaft eine herausragende Funktion. Er umfasst nicht nur die körperliche Betätigung und gesundheitliche Förderung. Als größte soziale Bewegung des Landes trägt der Sport auch zum gesellschaftlichen Zusammenhalt bei. Neben dem Miteinander von Jung und Alt, fördert er die Inklusion durch Teilhabe von Menschen mit Behinderungen oder die Integration von Menschen unabhängig von ihrer kulturellen, religiösen oder sozialen Herkunft. Dies gilt für den Breiten- wie für den Spitzensport. Der Sport stellt darüber hinaus ökonomisch betrachtet eine Querschnittsbranche dar. Er generiert einen Umsatz von fünf Milliarden Euro, was gut 2,8 Prozent des gesamten Umsatzes der schleswig-holsteinischen Privatwirtschaft entspricht.

Vor dem Hintergrund sich verändernder Bedürfnisse beim Angebot und beim Umfang von Sportstätten sind bedarfsgerechte Planungen, auch in interkommunaler Zusammenarbeit, seitens der Kommunen erforderlich. Da ein Teil der sportlichen Aktivitäten außerhalb von Sportstätten stattfindet, sollen auch hierfür geeignete Flächen, sogenannte Bewegungsräume, vorhanden sein. Dies sind zum Beispiel Parkanlagen, Plätze oder Wege, die primär eine andere Nutzung haben, aber auch für Freizeitsport genutzt werden können.

Der demografische Wandel und ein sich veränderndes Sport- und Freizeitverhalten erfordern auch eine Auseinandersetzung mit der zukünftigen Vereinslandschaft, die für viele Kommunen eine hohe Bedeutung hat.

Das Ministerium für Inneres, ländliche Räume, Integration und Gleichstellung hat in Abstimmung mit Sportverbänden und den Kommunen eine landesweite Sportentwicklungsplanung erarbeitet, die nach Beschlussfassung des Landtages in einen „Zukunftsplan Sportland Schleswig-Holstein" überführt wurde. Insgesamt wurden 118 Handlungsempfehlungen für Vereine, Verbände, Kommunen und das Land erarbeitet, um die sportlichen Inhalte und die Infrastruktur den zukünftigen Bedürfnissen der Menschen anzupassen. Dabei wurde unter vielen weiteren Aspekten auch die bedarfsgerechte Versorgung mit Lehrschwimmbecken und Schwimmsportstätten berücksichtigt.

5.6 Kultur

Grundsätze und Ziele der Raumordnung

1 G

Die Schaffung eines möglichst flächendeckenden, differenzierten, qualitätsvollen und allgemein zugänglichen Kulturangebots ist eine gesamtgesellschaftliche Aufgabe.

In allen Teilräumen des Landes soll den Menschen der Zugang zu den verschiedenen Formen von Kunst und Kultur ermöglicht werden. Die kulturelle Infrastruktur mit Bibliotheken, Volkshochschulen, kommunalen Kulturzentren, Kulturknotenpunkten, Musikschulen, Theatern, Museen und Archiven soll bedarfsgerecht und bürgerinnen- und bürgerorientiert erhalten und weiterentwickelt werden. Die Standorte der kulturellen Infrastruktur mit überörtlicher Bedeutung sollen sich möglichst eng am zentralörtlichen System (Kapitel 3.1) orientieren.

2 G

Es sollen solche kulturellen Initiativen und Ansätze unterstützt werden, die lokale und regionale Identitäten der Bevölkerung betonen. Das gilt auch für die Kulturarbeit nationaler Minderheiten und Volksgruppen.

3 G

Kulturdenkmale und historische Sachgüter sollen erhalten und nachhaltig weiterentwickelt werden. Soweit Denkmale gemeinnützig ausgerichtet sind, sollen sie der Öffentlichkeit zugänglich sein. Dies gilt auch für das Unterwasserkulturerbe in Nord- und Ostsee. Archäologische Denkmale, die im Meeresboden verborgen sind, sollen an Ort und Stelle erhalten werden. Soweit dies nicht möglich ist, sollen sie geborgen, gesichert und dokumentiert werden, um ihren wissenschaftlichen Wert zu erhalten.

4 G

Die historischen Kulturlandschaften sollen geschützt und ihre ökologischen, ökonomischen, sozialen und kulturellen Funktionen dauerhaft erhalten werden (Kapitel 6.2 Absatz 3). Gleichzeitig sollen ihre individuellen Entwicklungspotenziale kreativ weiterentwickelt werden. Insbesondere durch bessere Vermarktung für den Tourismus soll das kulturlandschaftliche Potenzial des Landes stärker für die wirtschaftliche Entwicklung genutzt werden.

5 G

Das kulturelle Angebot soll demografischen Veränderungen Rechnung tragen. Auch bei veränderten Nutzerinnen- und Nutzerzahlen gilt es, kulturelle Angebote für alle Generationen und Menschen jeder Herkunft zu erhalten.

Städte und Gemeinden sollen bei ihrer Kulturarbeit verstärkt die Möglichkeiten interkommunaler und regionaler Kooperation nutzen. Dies gilt insbesondere auch für die ländlichen Räume. Das kulturelle Angebot sollte in paritätischer Partnerschaft von öffentlicher Hand, Privatwirtschaft und gemeinnützigem Bereich verankert sein.

Bei der Entwicklung der kulturellen Infrastruktur sollen vermehrt multifunktionale Einrichtungen geschaffen werden, insbesondere in den ländlichen Räumen, die flexibel an Nutzungsänderungen angepasst werden können.

Anhang 2

Begründung

B zu 1

Kultur- und Bildungsangebote tragen maßgeblich zur Lebensqualität bei und stellen in Verbindung mit Betrieben der Kreativwirtschaft einen wichtigen Standortfaktor dar. Zur Sicherstellung gleichwertiger Lebensverhältnisse gehört auch, dass in allen Teilen des Landes die gleichen Chancen bestehen, ein vielfältiges kulturelles Angebot zu nutzen. Die Schaffung eines solchen Angebots ist dabei keine ausschließlich staatliche Aufgabe, sondern neben dem Bund, den Ländern und den Gemeinden tragen auch Unternehmen, öffentlich-rechtliche und private Stiftungen, selbständige Künstlerinnen und Künstler und ehrenamtliches Engagement dazu bei. Ein reichhaltiges und vielfältiges kulturelles Angebot schafft Lebensqualität, bietet Bildung und Möglichkeiten sinnvoller und kreativer Freizeitgestaltung, Aufklärung und Unterhaltung. Insbesondere die Standorte kultureller Infrastruktur, die eine überörtliche Versorgungsfunktion erfüllen, sollen sich nach Möglichkeit am zentralörtlichen System orientieren, damit sie für alle Menschen im Land in zumutbarer Entfernung erreicht werden können. Neben der interkommunalen Zusammenarbeit beim Betrieb solcher Einrichtungen sollen auch Synergien aus der Vernetzung der kulturellen Einrichtungen untereinander genutzt werden. Ein landesweites Netzwerk dieser Art stellen die Kulturknotenpunkte dar, die als Service-Einrichtungen allen Kulturschaffenden und Kultureinrichtungen zur Verfügung stehen.

B zu 2

Schleswig-Holstein verfügt in allen Landesteilen über ein vielfältiges Kulturangebot. Vor dem Hintergrund knapper finanzieller Mittel ist es erforderlich, die Ressourcen hierfür effizient zu nutzen und Schwerpunkte zu benennen. Zu den kulturellen Schwerpunkten von landesweiter und darüber hinausgehender Bedeutung zählen zum Beispiel die Stiftung Schleswig-Holsteinische Landesmuseen mit dem Schloss Gottorf, dem Gottorfer Fürstengarten und dem Freilichtmuseum Molfsee, die beiden UNESCO-Weltkulturerbestätten „Archäologischer Grenzkomplex Haithabu und Danewerk" und „Lübecker Altstadt", das Nolde-Museum in Seebüll, die Kieler Kunsthalle und der Flensburger Museumsberg sowie die Veranstaltungen des Schleswig-Holstein-Musikfestivals, des Wacken Open Airs und der Nordischen Filmtage Lübeck.

B zu 3

Schleswig-Holstein besitzt ein reiches bauliches und archäologisches kulturelles Erbe. Kulturdenkmale, deren Erhaltung wegen ihrer besonderen geschichtlichen, wissenschaftlichen, künstlerischen, städtebaulichen oder kulturlandschaftsprägenden Bedeutung im öffentlichen Interesse liegt, sind gesetzlich geschützt und in die Denkmalliste des Landes einzutragen (Themenkarte 19, 20). Neben den bekannten Kulturdenkmalen sind auch bislang nicht in Denkmallisten erfasste oder sogar bislang unbekannte Kulturdenkmale gesetzlich geschützt. Das Landesamt für Denkmalpflege, das Archäologische Landesamt sowie die Bereiche Archäologie und Denkmalpflege der Hansestadt Lübeck prüfen anhand der im Denkmalschutzgesetz (DSchG) vorgegebenen Kriterien den besonderen Wert von Kulturdenkmalen und tragen diese in die Denkmalliste ein. So sind zum Beispiel an vielen Stellen des Landes sowie der Küsten- und Binnengewässer archäologische Kulturdenkmale zu vermuten, aber noch nicht bekannt. Zu diesen archäologischen Interessensgebieten zählen auch die Nord- und die Ostsee, in denen ein vielfältiges Unterwasserkulturerbe erhalten ist. Neben Schiffswracks und Siedlungen sind ganze Landschaften, wie die bei historischen Sturmfluten untergegangenen Marschen im Wattenmeer oder die nach der letzten Eiszeit überfluteten Küstenlandschaften der Mittelsteinzeit, Teil des archäologischen Erbes Schleswig-Holsteins, die noch bis zu einer Tiefenlinie von zehn Metern nachzuweisen sind (Themenkarte 20). Archäologische Denkmale im Meeresboden sollen an Ort und Stelle erhalten werden, indem menschliche Einflüsse minimiert werden, welche die schützende Sedimentschicht beeinträchtigen.

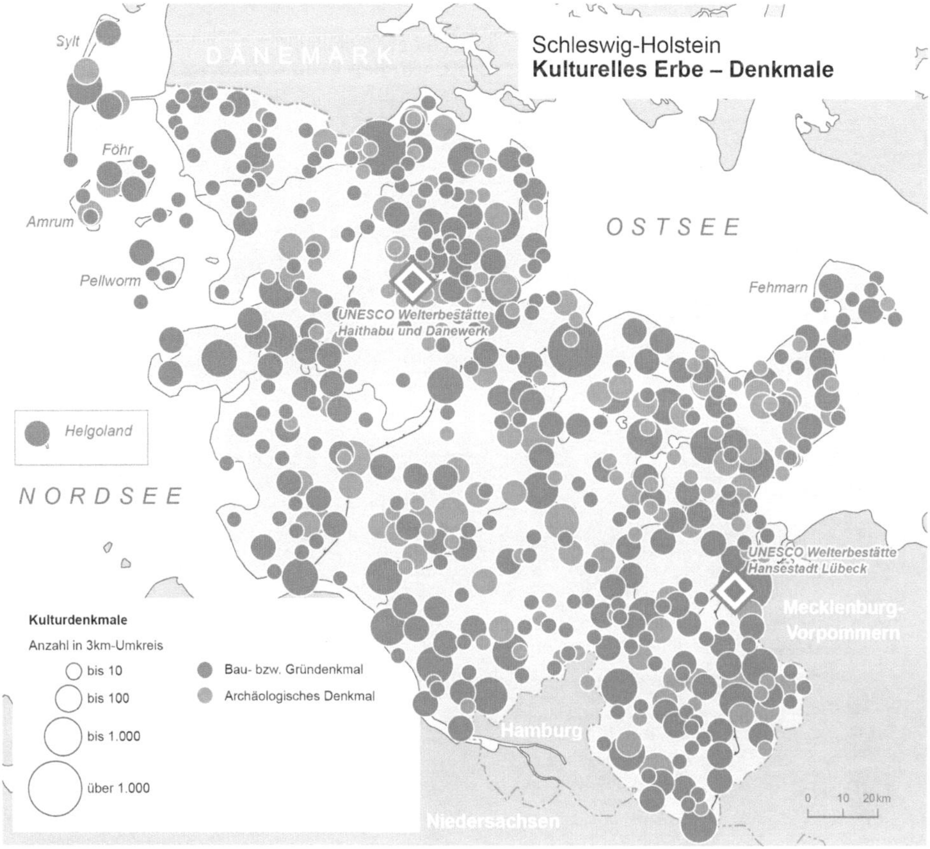

Quellen: ALSH, Hansestadt Lübeck, Landesamt für Denkmalpflege
© GeoBasis-DE/LVermGeoSH
Herausgeber: Ministerium für Inneres, ländliche Räume, Integration und Gleichstellung des Landes Schleswig-Holstein
Landesentwicklungsplan Schleswig-Holstein – Fortschreibung 2021

Themenkarte 19 Kulturelles Erbe – Denkmale

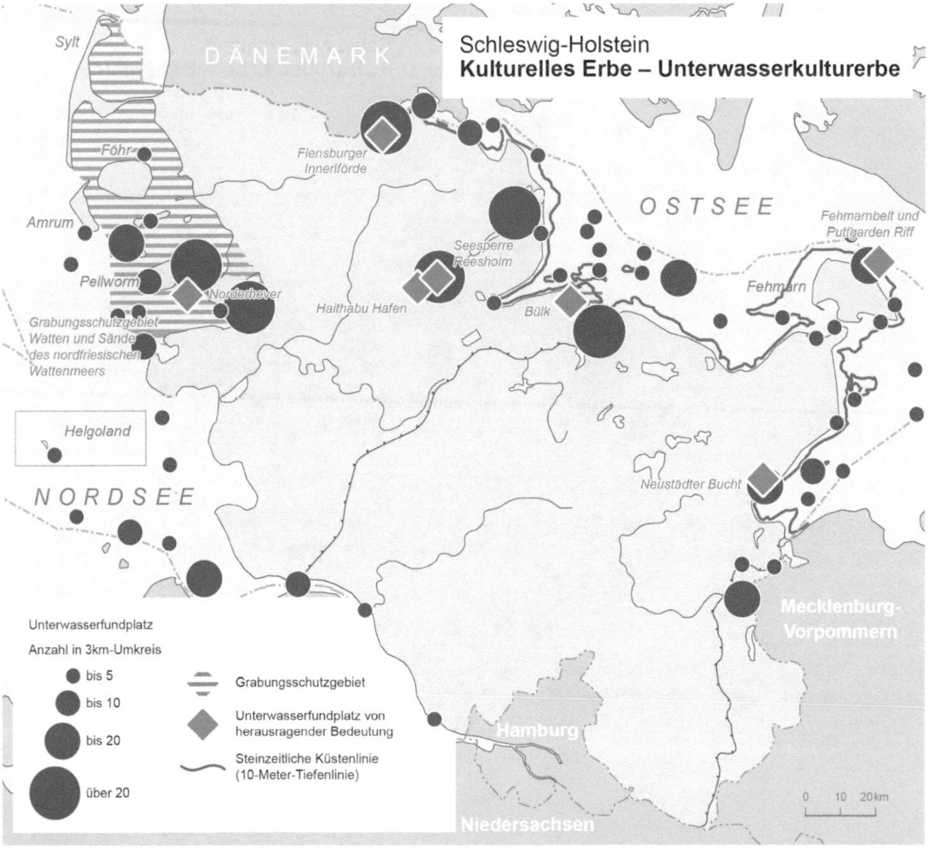

Quellen: ALSH
© GeoBasis-DE/LVermGeoSH
Herausgeber: Ministerium für Inneres, ländliche Räume, Integration und Gleichstellung des Landes Schleswig-Holstein
Landesentwicklungsplan Schleswig-Holstein – Fortschreibung 2021

Themenkarte 20 Kulturelles Erbe – Unterwasserkulturerbe

B zu 4

Schleswig-Holstein bietet nicht nur landschaftliche Reize, sondern auch kulturelle Attraktionen wie Schlösser und Herrenhäuser, Museen und Sammlungen, Kirchen und Klöster, ein maritimes Erbe mit Museumsschiffen, Schleusenanlagen und Schifffahrtsmuseen sowie eine lebendige und kreative Kulturszene. Als Land zwischen zwei, in ihrer Dynamik und naturräumlichen Ausstattung völlig unterschiedlichen Meeren, bildet Schleswig-Holstein zugleich einen Landkorridor zwischen der skandinavischen Welt und Kontinentaleuropa und ist über die Jahrtausende vielfältigen kulturellen Einflüssen ausgesetzt gewesen, die sich in einer einzigartigen räumlichen Verbindung von Kultur und Landschaft manifestieren, wie sie in vielen Regionen des Landes zu finden ist. Diese Eigenheiten der Kulturlandschaft sollen auch durch eine regionale Bezüge aufnehmende, kreative Baukultur weiterentwickelt werden (Kapitel 3.9 Absatz 10).

B zu 5

Die Nachfrage nach Kulturangeboten wird sich auf der Grundlage demografischer und gesellschaftlicher Entwicklungen verändern. Vor dem Hintergrund knapper öffentlicher Mittel wird das kulturelle Angebot in den Kommunen zudem immer wieder auf den Prüfstand gestellt werden müssen. Interkommunale und regionale Kooperationen bieten Synergieeffekte und können langfristig ebenso zur Aufrechterhaltung eines attraktiven Kulturangebots beitragen wie stärkeres ehrenamtliches Engagement. Die Finanzierung von kulturellen Angeboten soll verstarkt auch mit Hilfe von Unternehmen und privaten Förderern ermöglicht werden. Dadurch ergeben sich mehr Chancen, das kulturelle Angebot aufrechtzuerhalten oder zu erweitern.

5.7 Ver- und Entsorgungsinfrastruktur, Kritische Infrastrukturen

Grundsätze und Ziele der Raumordnung

1 G

In allen Teilräumen des Landes ist eine funktionsfähige Ver- und Entsorgung sicherzustellen. Die hierfür erforderliche technische Infrastruktur soll unter Beachtung der wirtschaftlichen Tragfähigkeit und ökologischer Belange saniert und modernisiert sowie entsprechend der Bedarfsentwicklung aus-, um- oder rückgebaut werden. Damit Anpassungslösungen einfacher realisiert werden können, sollen geltende Standards im Rahmen rechtlich zulässiger Spielräume flexibel angewendet werden.

Bei der Planung der Ver- und Entsorgungsinfrastruktur sollen die demografischen, wirtschaftlichen, touristischen und landwirtschaftlichen Entwicklungen sowie der aktuelle Stand der Technik berücksichtigt werden. In den Teilen von Schleswig-Holstein mit langfristig sinkenden Zahlen an Einwohnerinnen und Einwohnern soll die Siedlungsentwicklung vorrangig auf die bestehenden Siedlungskerne und Innenbereichsflächen ausgerichtet werden, so dass der Bestand der schon vorhandenen Ver- und Entsorgungsinfrastruktur nachhaltig ausgelastet wird (Kapitel 3.9 Absatz 4). Um den Erschließungsaufwand bei neuen Wohn- und Gewerbegebieten zu reduzieren, soll unter Berücksichtigung der Funktionsfähigkeit des Naturhaushalts auf kompakte Siedlungsformen und eine angemessene Bebauungsdichte geachtet werden.

2 G

Für die ordnungsgemäße Reinigung von Abwässern, insbesondere im ländlichen Raum, können sowohl dezentrale Abwasserbehandlungsanlagen als auch Anschlüsse an bestehende zentrale Anlagen wirtschaftlich sinnvoll sein. In Gebieten, in denen bereits zentrale Kläranlagen existieren, soll deren Auslastung durch Neuanschlüsse erhöht oder erhalten werden. Wo erforderlich und wirtschaftlich tragfähig, sollen dem Stand der Technik entsprechende dezentrale Abwasserbehandlungsanlagen ermöglicht werden.

Beim Umgang mit Regenwasser und bei der Niederschlagsentwässerung sollen die Anpassung an den Klimawandel vorangetrieben und vermehrt Lösungen dezentraler Regenwasserbewirtschaftung umgesetzt werden.

3 G

Die Versorgung der Bevölkerung mit Trinkwasser soll in allen Teilräumen Schleswig-Holsteins durch die Erhaltung der Funktionsfähigkeit der vorhandenen Brunnen und Netze sowie der Wasseraufbereitungsanlagen langfristig garantiert sowie durch den Schutz der Trinkwasserressourcen vor nachteiligen Veränderungen abgesichert werden (Kapitel 6.4). Für die Sicherung der Trinkwasserversorgung im Fall von extremen Naturereignissen, technischen Störfällen und anderen Notständen soll ausreichend Vorsorge getroffen werden.

4 G

Die Kreislaufwirtschaft soll konsequent auf die Abfallvermeidung und das Recycling ausgerichtet werden. Für die Entsorgung von Abfällen sollen in Schleswig-Holstein bedarfsgerecht Abfallentsorgungsanlagen vorgesehen werden. Bei Bedarf sind neue Standorte für die Abfallverwertung und -beseitigung planerisch vorzubereiten und zu sichern. Bei der Standortfindung für Abfallentsorgungsanlagen (zum Beispiel Deponien) sollen eine gute Verkehrsanbindung und eine angemessene regionale Verteilung der Anlagen berücksichtigt werden. Bei der Prüfung der Standorteignung von neuen Deponien oder der Planung neuen Deponievolumens sollen auch stillgelegte und vorhandene Deponien einbezogen werden.

5 G

Bei der Unterhaltung und Weiterentwicklung der Ver- und Entsorgungsinfrastruktur sollen Kommunen vermehrt die Vorteile interkommunaler Kooperationen und regionaler Zusammenarbeit nutzen.

6 G

Bei raumbedeutsamen Planungen und Maßnahmen sollen die Belange Kritischer Infrastrukturen und ihr Schutzbedarf frühzeitig auf allen Ebenen der räumlichen Gesamtplanung sowie der raumbedeutsamen Fachplanungen berücksichtigt werden. In den Regionalplänen können Aussagen zur Kritischen Infrastruktur räumlich weiter konkretisiert werden.

Begründung

B zu 1

In Schleswig-Holstein ist die Versorgung der Bevölkerung mit Wasser und Energie sowie die Abwasser- und Abfallentsorgung gesichert. Dennoch besteht ein Investitionsrückstand bei der Unterhaltung und Modernisierung der öffentlichen Ver- und Entsorgungsinfrastrukturen. Die größten Herausforderungen der kommenden Jahre sind die Sanierung der Ver- und Entsorgungssysteme sowie die Anpassung an langfristig rückläufige Einwohnerinnen- und Einwohnerzahlen. Wenn die Zahl der Nutzerinnen und Nutzer sinkt, steigen die Kosten pro Kopf. Daher ist bereits bei der Planung der Ver- und Entsorgungsinfrastruktur auf langfristig kostengünstige Einrichtungen zu achten, die flexibel durch Umbau an geänderte Bedarfe angepasst werden können.

Bei der Siedlungsentwicklung sind die Kostenfolgen für die Ver- und Entsorgungsinfrastruktur von den Kommunen frühzeitig zu berücksichtigen. Durch den Vorrang der Innenentwicklung vor der baulichen Entwicklung im Außenbereich sollen der bereits bestehende Infrastrukturbestand besser ausgelastet und Investitionen in die Erschließung von Neubaugebieten eingespart werden. Bei der Planung neuer Wohn- und Gewerbegebiete sollen die Infrastrukturfolgekosten unterschiedlicher Standorte, Erschließungsvarianten und Bebauungsdichten frühzeitig berücksichtigt werden. Kosten können mit Hilfe von Folgekostenrechnern abgeschätzt werden (zum Beispiel www.was-kostet-mein-baugebiet.de).

B zu 2

Jede Gemeinde ist laut Wasserhaushaltsgesetz (WHG) zu einer ordnungsgemäßen Abwasserentsorgung verpflichtet. Insbesondere für kleine Gemeinden ist diese Aufgabenwahrnehmung häufig zu aufwendig, so dass sich Gemeinden zu Abwasserzweckverbänden zusammenschließen, die gemeinsam zentrale Kläranlagen betreiben oder die Aufgaben auf bestehende Abwasserzweckverbände übertragen können. Aber auch dezentrale Abwasserentsorgungslösungen sind möglich, zum Beispiel in Form von naturnahen Kläranlagen oder Kleinkläranlagen für Einzelgebäude im Außenbereich. Auch Pflanzenkläranlagen entsprechen mittlerweile dem Stand der Technik ordnungsgemäßer Abwasserentsorgung.

In einzelnen Gemeinden werden zentrale und dezentrale Abwassersysteme parallel betrieben. Das Abwasser des Siedlungskerns wird in einer zentralen Kläranlage geklärt, während im Außenbereich eine Abwasserentsorgung durch Kleinkläranlagen stattfindet. Im Falle geringer Siedlungsdichten und bei starkem Bevölkerungsrückgang weisen dezentrale Abwassersysteme Kostenvorteile gegenüber zentralen Systemen auf und können einfacher an sinkende Abwasseraufkommen angepasst werden. In vielen Fällen ist es allerdings sinnvoll, bestehende zentrale Kläranlagen weiter zu betreiben, anstatt parallel eine dezentrale Abwasserentsorgung aufzubauen. Bei der Neuausweisung von Bauflächen sind die Auswirkungen auf die Auslastung bestehender zentraler Kläranlagen infolge sich verändernder Zahlen von Nutzerinnen und Nutzern zu berücksichtigen. Bei der Anpassung bestehender Kläranlagen und bei Neuplanungen sind der Klimawandel und seine Auswirkungen auf Wasserstand und Wasserqualität von Vorflutern, insbesondere in Trockenperioden, bei Anlagenplanung und -genehmigung ausreichend zu berücksichtigen.

Bei der Erschließung von Gebieten ist neben der Regenwasserbehandlung auch die Rückhaltung des Niederschlags in der Fläche zu berücksichtigen, um hydraulische Belastungen und ökologische Schädigungen der Gewässer zu vermeiden und einen Beitrag zum vorsorgenden Hochwasserschutz zu leisten. Angesichts des Klimawandels sind Starkregenereignisse mit schweren Überschwemmungen vermehrt zu erwarten. Auf Ebene der Bauleitplanung sollen daher bei der Planung von Baugebieten bedarfsgerechte Flächenreserven für die Regenrückhaltung beziehungsweise Regenwasserversickerung vorgesehen werden. Bei versickerungsfähigen Böden kann die Grundwasserneubildung unterstützt werden. Hierbei sollen mögliche Beeinträchtigungen des Bodens und des Grundwasserkörpers durch belastetes Oberflächenwasser so weit wie möglich vermieden werden.

B zu 3

In Gebieten von Schleswig-Holstein, in denen die für die öffentliche Wasserversorgung genutzten Grundwasservorkommen nur unzureichend vor Beeinträchtigungen geschützt sind, besteht langfristig das Risiko, dass die Trinkwasserversorgung entsprechend den Anforderungen der Trinkwasserverordnung nur noch mit großem technischem Aufwand gewährleistet werden kann.

Damit die Versorgungssicherheit beim Trinkwasser erhalten wird, sind frühzeitig Maßnahmen zum Schutz des Grundwassers vor nachteiligen Veränderungen zu ergreifen (Kapitel 6.4). Um Versorgungssicherheit beim Trinkwasser auch im Falle von extremen Naturereignissen, technischen Störfällen und anderen Notständen gewährleisten zu können, ist Vorsorge zu treffen. Hierzu sind in ausreichendem Umfang Anlagen zur Trinkwassernotversorgung zu betreiben und netzunabhängige Brunnen gemäß Wassersicherstellungsgesetz zu unterhalten.

B zu 4

Bei der Abfallbehandlung ist eine grundsätzliche Stufenabfolge von Abfallvermeidung, Vorbereitung zur Wiederverwendung, Recycling, sonstiger Verwertung und Abfallbeseitigung einzuhalten. Grundsätzlich soll die jeweils beste Option aus Sicht des Umweltschutzes bevorzugt werden. Für die Entsorgung zu beseitigender Abfälle sowie zu verwertender Abfälle aus privaten Haushalten sind in Schleswig-Holstein ausreichend Abfallentsorgungskapazitäten, insbesondere Deponiekapazitäten, vorzuhalten, um eine umweltverträgliche Entsorgung zu gewährleisten. Der Betrieb von Abfallbehandlungsanlagen und Deponien ist häufig mit Emissionen verbunden. Bei ihrer Neuplanung ist deshalb auf ausreichend große Abstände zu Siedlungsflächen und andere sensible Nutzungen zu achten. Damit bestehende Abfallentsorgungsanlagen und deren Erweiterungsmöglichkeiten nicht durch heranrückende Wohngebiete und andere sensible Nutzungen gefährdet werden, ist im Rahmen kommunaler Bauleitplanungen durch Vorgabe ausreichender Schutzabstände entsprechend Sorge zu tragen. Die Standorte von Abfallentsorgungsanlagen sollen im Land so verteilt sein, dass eine der Abfallart angemessene entstehungsortnahe Entsorgung der Abfälle ermöglicht werden kann.

Zudem ist eine gute Verkehrsanbindung auf Grund des unausweichlichen Lieferverkehrs erforderlich. Die Konzentration von Abfallbehandlungsanlagen kann Vorteile bieten, zum Beispiel eine insgesamt geringere Umweltbelastung. Bei der Planung neuen Deponievolumens sollen auch vorhandene und bereits stillgelegte Deponien in die Standortsuche einbezogenen werden, um die Flächenneuinanspruchnahme möglichst gering zu halten und bereits bestehende Entsorgungsinfrastruktur weiternutzen zu können. Um die knappen Deponiekapazitäten in Schleswig-Holstein zu schonen, ist die Verwertungs- und Recycling-Quote, insbesondere für mineralische Bauabfälle, weiter zu erhöhen (Kapitel 4.6, Absatz 4).

B zu 5

Die flächendeckende Erhaltung der Funktionsfähigkeit der Ver- und Entsorgungsinfrastruktur zu akzeptablen Kosten und die bedarfsgerechte Anpassung der Infrastruktur an geänderte Rahmenbedingungen überfordern häufig die Leistungsfähigkeit einzelner Gemeinden. Durch interkommunale Zusammenarbeit bei der Ver- und Entsorgungsinfrastruktur lassen sich Synergieeffekte realisieren. Angesichts angespannter öffentlicher Haushalte, hoher Kostensteigerungen und zu bewältigender Herausforderungen durch schrumpfende oder wachsende Bevölkerung kann die kommunale Handlungsfähigkeit durch eine kooperative Wahrnehmung der Ver- und Entsorgungsaufgaben gesteigert werden. Zur regionalen Zusammenarbeit in der Daseinsvorsorge und zur notwendigen rechtlichen Absicherung entsprechender interkommunaler Kooperationen gibt es eine Vielzahl von bekannten, bislang jedoch zu wenig genutzten Möglichkeiten. Umfangreiche Erfahrungen liegen mit der Organisationsform von Zweckverbänden vor. Viele Infrastrukturen werden mittlerweile von Kommunen gemeinschaftlich durch Zweckverbände betrieben. Positive Ergebnisse hat auch die Einbeziehung der Ver- und Entsorgungsinfrastruktur in interkommunale oder regionale Gesamtkonzepte für die Daseinsvorsorge erbracht.

B zu 6

Kritische Infrastrukturen sind Organisationen, Einrichtungen und bauliche Anlagen, bei deren Ausfall oder Beeinträchtigung nachhaltig wirkende Versorgungsengpässe, erhebliche Störungen der öffentlichen Sicherheit oder andere dramatische Folgen für Wirtschaft und Gesellschaft eintreten würden.

Nahezu sämtliche Lebensbereiche sind in Schleswig-Holstein vom Funktionieren Kritischer Infrastrukturen abhängig. Ohne technische Basisinfrastruktur für Stromversorgung, Kommunikationstechnik oder Transport können die meisten sozialen Infrastrukturen nicht betrieben werden. Aber auch umgekehrt sind technische Basisinfrastrukturen auf funktionsfähige soziale Infrastrukturen angewiesen, wie etwa ein wirksames Rechtssystem oder Rettungswesen. Aus Gründen des Bevölkerungsschutzes soll im Fall einer Krise, wie zum Beispiel extremer Naturereignisse, eines Störfalls oder eines Terroranschlags, die Funktionsfähigkeit der Einrichtungen, Organisationen und Anlagen der Kritischen Infrastruktur möglichst weitestgehend aufrechterhalten werden. Die Gewährleistung des Schutzes der Kritischen Infrastruktur ist daher eine Aufgabe kommunaler und staatlicher Gesamtplanungen, der Fachplanungen, aber auch der privaten Sicherheitsvorsorge. Neben der kommunalen Bauleitplanung und den unterschiedlichen spezialisierten Infrastrukturfachplanungen soll auch die Regionalplanung einen Beitrag zum Schutz Kritischer Infrastrukturen leisten (§ 2 Absatz 2 Nummer 3, Satz 4 des Raumordnungsgesetzes).

Die BSI-Kritisverordnung (BSI-KritisV) gibt verbindlich aus Sicht des Bundes vor, welche Sektoren zur Kritischen Infrastruktur zählen (Energie, Wasser, Ernährung, Informationstechnik und Telekommunikation, Gesundheit, Finanz- und Versicherungswirtschaft, Transport und Verkehr). Außerdem legt die Verordnung Schwellenwerte fest, um jene Anlagen, Einrichtungen und Organisationen zu identifizieren, die aus Sicht des Bundes eine hohe Bedeutsamkeit für die Versorgung der Bevölkerung und der Wirtschaft haben. Bund, Länder und Kommunen sind gemeinsam gefordert, den Schutz Kritischer Infrastrukturen voran zu bringen und in ihren Zuständigkeitsbereichen umzusetzen. Zentral ist dabei die Bestimmung der Kritischen Infrastrukturen mit einer landes- und regionsweiten Bedeutung. Diese Bewertung erfolgt im Rahmen der Zuständigkeiten jeweils sowohl auf Ebene des Landes als auch auf Ebene der Kreise und kreisfreien Städte. Durch Kritikalitätsanalysen sollen die zuständigen Behörden unterstützt durch Infrastrukturbetriebsgesellschaften die Anlagen, Einrichtungen und Organisationen mit Relevanz für Schleswig-Holstein und seine Teilräume verorten, die als Kritische Infrastrukturen einzustufen sind. Auf der Grundlage von Vulnerabilitätsanalysen sollen die möglichen Auswirkungen von Störungen und Ausfällen auf die Bevölkerung und die Wirtschaft und ihre Schutzbedürftigkeit abgeschätzt werden.

Für die Regionalplanung sind all jene Kritischen Infrastrukturen von Belang, die eine erhebliche überörtliche Raumbedeutsamkeit aufweisen. Eine solche besteht, wenn die Beeinträchtigung oder der Ausfall von Anlagen oder Einrichtungen einer Kritischen Infrastruktur negative Wirkungen entfalten, die deutlich über die Grenzen eines Gemeindegebiets hinausreichen und die Bevölkerung, die Unternehmen und die Einrichtungen der Daseinsvorsorge eines größeren Teilraums oder des gesamten Landes betreffen. Die konkrete Raumbedeutsamkeit von Kritischen Infrastrukturen beurteilt sich nach den tatsächlichen Umständen des Einzelfalls.

6 Ressourcenschutz und Ressourcenentwicklung

6.1 Klimaschutz und Klimaanpassung

Grundsätze und Ziele der Raumordnung

1 G

Eine nachhaltige Raumentwicklung soll zum Ressourcenschutz, zur effizienten Nutzung von Ressourcen, zur Verringerung des Energieverbrauchs und zum Ausbau der Erneuerbaren Energien beitragen. Dadurch soll der Ausstoß von Treibhausgasen soweit wie möglich reduziert werden.

Hierzu dient insbesondere die raumordnerische Vorsorge für

- eine energiesparende Siedlungsstruktur und -entwicklung (Kapitel 3),
- eine energiesparende städtebauliche Entwicklung (Kapitel 3.9), eine energiesparende und klimaverträgliche Verkehrsinfrastruktur und
- Verkehrsentwicklung (Kapitel 4.3, 4.3.2, 4.3.5, 4.3.6),
- eine klimaverträgliche Energieversorgung und -infrastruktur (Kapitel 4.5),
- die Erhaltung und Vermehrung von Wald (Kapitel 4.8)
- den Schutz und die Entwicklung der natürlichen Ressourcen sowie für Natur-, Boden-, Landschafts- und Gewässerschutz (Kapitel 6).

2 G

Den unvermeidbaren Folgen des Klimawandels soll durch kommunale und regionale Anpassungsstrategien und -maßnahmen begegnet werden, um bereits bestehende und zukünftige Gefährdungen zu vermeiden oder abzumildern.

Die Anpassungsstrategien und -maßnahmen betreffen in erster Linie die städtebauliche Entwicklung (Kapitel 3.9),

- den Tourismus (Kapitel 4.7),
- die Ver- und Entsorgungsinfrastruktur (Kapitel 5.7),
- das Regenwassermanagement (Kapitel 5.7),
- den Ressourcenschutz (Kapitel 6.2),
- das Freihalten von Flächen für die Auen- und Gewässerentwicklung (Kapitel 6.2),
- die Entwicklung der Niederungen (Kapitel 6.5 und 6.6),
- den Binnenhochwasserschutz (Kapitel 6.5) und
- den Küstenschutz (Kapitel 6.6).

Begründung

B zu 1

Der Klimawandel betrifft als globales Phänomen auch Schleswig-Holstein. Der weltweite Anstieg der Treibhausgasemissionen wird zu einer Gefahr für Mensch und Natur. Um diese Gefahr abzuwenden, gilt es vor allem, die Treibhausgasemissionen zu reduzieren.

Es wird davon ausgegangen, dass der Klimawandel in Schleswig-Holstein zu folgenden Effekten führen wird:

- Zunahme der mittleren Lufttemperatur,
- Erhöhung der Niederschläge im Winter,
- Abnahme der Niederschläge im Sommer,
- Zunahme der Starkniederschlagsereignisse, sowohl in der Häufigkeit als auch in der Niederschlagshöhe,
- Zunahme der Trockenperioden,
- Veränderung der Vegetationsperioden und der Bodeneigenschaften,
- Erwärmung der Gewässer mit nachteiligen Folgen für die Gewässerqualität,
- Versalzung der Böden in Küstennähe und
- Anstieg des Meeresspiegels.

Vor diesem Hintergrund sind alle Planungsträgerschaften im Land aufgerufen, durch geeignete Maßnahmen zum Klimaschutz und zu einer erfolgreichen Energiewende beizutragen. Auch das Land Schleswig-Holstein sieht sich hier in der Verantwortung. Anfang 2017 wurde das Gesetz zur Energiewende und zum Klimaschutz (EWKG) Schleswig-Holstein beschlossen. Durch dieses wird eine rechtliche Grundlage für Energiewende-, Klimaschutz- und Klimaschutzanpassungsmaßnahmen in Schleswig-Holstein geschaffen. Zudem werden mit dem Gesetz zentrale Klimaschutzziele für das Land festgeschrieben. So sollen die Treibhausgasemissionen gegenüber dem Jahr 1990 bis 2020 um mindestens 40 Prozent und bis 2050 um 80 bis 95 Prozent gesenkt werden; dabei wird der obere Rand des Korridors angestrebt. Im Zeitraum 1990 bis 2015 hat Schleswig-Holstein nach Angaben des Statistikamtes Nord die Treibhausgase um 25 Prozent verringert. Weitere Ziele gemäß EWKG sind, bis 2025 mindestens 22 Prozent des Energieverbrauchs im Wärmesektor aus Erneuerbaren Energien zu bestreiten und eine Stromerzeugung aus Erneuerbaren Energien von mindestens 38 Terrawattstunden zu erreichen (Kapitel 4.5 Absatz B zu 1).

In den jährlich auf Basis von Landtagsaufträgen vorgelegten Energiewende- und Klimaschutzberichten wird über aktuelle Schwerpunktmaßnahmen in der gesamten Bandbreite der Handlungsfelder der Energiewende- und Klimaschutzpolitik berichtet.

Die Raumordnung kann zum Klimaschutz beitragen, indem sie an den räumlichen Voraussetzungen der Energienutzungskette von der Erzeugung über den Transport bis hin zum Endverbrauch ansetzt. Ein wesentlicher Ansatz zur Erreichung der Klimaschutzziele Schleswig-Holsteins ist eine langfristige Umstellung der Energieversorgung auf erneuerbare Energieträger. Dies trägt maßgeblich zur Reduzierung der Treibhausgasemissionen bei. Raumordnerisch erfordert dies vor allem die Sicherung von Standorten für die Energieerzeugung aus erneuerbaren Energieträgern, wie zum Beispiel Wind, Sonne und Geothermie. Durch die Umstellung der Energieversorgung auf Erneuerbare Energien kommt es zunehmend zu einer fluktuierenden Stromerzeugung. Daher bedarf es auch der raumordnerischen Vorsorge für die Speicherung Erneuerbarer Energien. Die mit dem Ausbau der Stromerzeugung aus Erneuerbaren Energien einhergehende Neuverteilung der Stromerzeugung auf die Regionen und die Notwendigkeit des überregionalen Ausgleichs bedingen zudem den Ausbau des Energienetzes. Dafür sind Trassen für zusätzliche Energieleitungen zu sichern oder Vorsorge für die Ertüchtigung von bestehenden Leitungen zu leisten. Außerdem stellt der Ausbau der dezentralen, effizienten und klimafreundlichen Kraft-Wärme-Kopplung einen wesentlichen Baustein zur Erreichung der Klimaschutzziele dar.

Weitere Beiträge der Raumordnung zum Klimaschutz sind die konsequente planerische Unterstützung einer dem Leitbild der dezentralen Konzentration entsprechenden energiesparenden und verkehrsvermeidenden Siedlungsstruktur und -entwicklung. Dies umfasst

- eine Konzentration der Siedlungsentwicklung auf
  - Zentrale Orte und Stadtrandkerne (Kapitel 3.1),
  - Ortslagen auf den Siedlungsachsen (Kapitel 3.3) und
  - Gemeinden mit einer ergänzenden überörtlichen Versorgungsfunktion (Kapitel 3.2),
- eine bedarfsgerechte Wohnungsbau- und gewerbliche Entwicklung (Kapitel 3.6.1, 3.7),
- eine entsprechende städtebauliche Entwicklung (unter anderem Vorrang der Innenentwicklung vor der Außenentwicklung) (Kapitel 3.9),
- die Stärkung des schienengebundenen Verkehrs (Kapitel 4.3.2), des öffentlichen Personennahverkehrs (Kapitel 4.3.5) und des Rad- und Fußverkehrs (Kapitel 4.3.6),
- die Ausweitung der Waldflächen (Kapitel 4.8) und den Schutz der Moorböden (Kapitel 6.2) und anderer CO2-Senken (Kapitel 6.3) sowie
- den Schutz und die Entwicklung der natürlichen Ressourcen sowie den Natur-, Landschafts-, Boden- und Gewässerschutz (inklusive Auen) (Kapitel 6).

B zu 2

Vor dem Hintergrund der sich abzeichnenden Auswirkungen des Klimawandels in Schleswig-Holstein ist eine rechtzeitige Anpassung an die Auswirkungen der Klimaänderungen erforderlich.

Raumordnerische Erfordernisse hierbei sind insbesondere

- klimaangepasstes Bauen sowohl in den Städten als auch in den ländlichen Regionen (Kapitel 3.9),
- die Sicherung innerstädtischer Grün-, Wasser- und Waldflächen (Kapitel 3.9),
- die Sicherung der ausgleichenden Funktion des Freiraums für angrenzende Siedlungsräume durch regionale Grünzüge und Grünzäsuren (Kapitel 6.3),
- die Sicherung und Entwicklung eines umfassenden Biotopverbundsystems, das die Ansprüche klimasensitiver Arten- und Biotope berücksichtigt (Kapitel 6.2),
- die Freihaltung und Rückgewinnung von Überschwemmungsbereichen zum schadlosen Abfluss von Hochwassern (Kapitel 6.5) sowie
- die Erhöhung und Verstärkung von Schutzanlagen sowie das Freihalten von baulichen Anlagen beziehungsweise eine hochwasserangepasste Bauweise im Küstenbereich (Kapitel 6.6).

6.2 Natur und Umwelt

Grundsätze und Ziele der Raumordnung

1 G

Die Funktionsfähigkeit des Naturhaushalts soll erhalten und wo erforderlich wiederhergestellt werden. Die natürlichen Grundlagen des Lebens sollen besonders geschützt und entwickelt werden. Natur- und Umweltressourcen sollen haushälterisch genutzt und pfleglich behandelt werden.

Zur Regeneration und Stabilisierung des Naturhaushalts und zur Erhaltung der Artenvielfalt soll der landesweite Biotopverbund auf mindestens 15 Prozent der Landesfläche ausgedehnt, weiterentwickelt und durch geeignete Maßnahmen gesichert und umgesetzt werden. Innerhalb des Biotopverbundes sollen mindestens 2 Prozent der Landesfläche zu Wildnisgebieten entwickelt werden. Durch den Bau von Querungshilfen (Grün-, Faunabrücken und Tier-Unterführungen; Anlage 6) soll die Trennwirkung von Straßen verringert werden.

2 G

Tiere und Pflanzen und ihre Lebensgemeinschaften sollen in ihrer gewachsenen Vielfalt sowie in ihrer ursprünglichen Verbreitung und natürlichen Entwicklung geschützt werden. Dieses gilt auch für die einzelnen Naturräume und Ökosysteme. Soweit nötig und möglich, sollen sie regeneriert oder neu entwickelt werden. Dabei soll der Biotop- und Ökosystemschutz umgesetzt werden, der letztlich auch Grundlage für den Schutz von einzelnen Arten ist.

Die herausragende Funktion Schleswig-Holsteins im europäischen Vogelzuggeschehen soll erhalten und gestärkt werden.

Zum Schutz des Klimas, der Böden und der Gewässer sowie als Lebensraum für viele Arten soll das Dauergrünland als Teil der landwirtschaftlichen Nutzflächen erhalten und entwickelt werden.

3 G

Die naturraumtypischen Landschaften sowie die Kulturlandschaften beziehungsweise historischen Kulturlandschaften sollen in ihrer Vielfalt, Eigenart und Schönheit sowie in ihrem Erholungswert geschützt und zur Regeneration und Stabilisierung des Naturhaushalts sowie zur Stärkung der Identität und Wirtschaftskraft entwickelt werden.

Die kulturhistorischen und landschaftlichen Besonderheiten der Küstenräume sollen als Identität stiftende Merkmale für die maritime Landschaft erhalten werden. Der freie Blick auf das Meer und den unverbauten Horizont soll weitgehend als Landschaftserlebnis erhalten werden. Die Meeresökosysteme sollen als Wert an sich und als Lebensgrundlage der Menschen in den Küstenregionen geschützt und erhalten werden.

Meeresküsten, Binnenseen und ihre Ufer, Wälder sowie sonstige Gebiete von besonderer Schönheit und Eigenart sollen für die Allgemeinheit zugänglich sein, soweit nicht andere vorrangige Ziele entgegenstehen.

4 G

Oberflächengewässer sollen mit ihren Ufern und gegebenenfalls mit ihren überschwemmten Bereichen geschützt und nachhaltig genutzt oder bewirtschaftet werden. Dabei sollen auch ihre Einzugsgebiete berücksichtigt werden. Ihre biologische Eigenart und Vielfalt, ihre natürlichen Strukturen, ihre ökologische und wasserwirtschaftliche Funktionsfähigkeit sowie ihre Wasserqualität sollen erhalten oder so verbessert werden, dass ein guter ökologischer und chemischer Zustand für die Gewässer erreicht wird. Darüber hinaus soll das Auenprogramm umgesetzt werden.

Grundwasser soll als Ressource für Menschen, Tiere und Pflanzen sowie als eigenständiges Ökosystem geschützt werden. Die Nutzung der Grundwasservorkommen soll im Rahmen der natürlichen Neubildungsrate, ihrer ökologischen Funktionen und der direkt von ihnen abhängigen Landökosysteme im Hinblick auf deren Wasserhaushalt erfolgen. Planungen und Maßnahmen, die zur Grundwasserabsenkung und zu Veränderungen der Grundwasserbeschaffenheit führen, sollen vermieden werden.

Schad- und Nährstoffbelastungen der Gewässer und des Grundwassers sollen vermieden und bereits bestehende Belastungen sollen abgebaut oder beseitigt werden. Die diffusen Einträge von Nähr- und Schadstoffen in die oberirdischen Gewässer und die Küstengewässer sowohl auf dem direkten Weg als auch über das Grundwasser sollen minimiert werden.

In Flusseinzugsgebieten soll für einen vorbeugenden Binnenhochwasserschutz verstärkt auf den Rückhalt in der Fläche und auf den verlangsamten Abfluss des Wassers hingewirkt werden (Kapitel 6.5).

5 G

Küstengewässer sollen ebenfalls mit ihren Ufern und ihren regelmäßig überschwemmten Bereichen geschützt und nachhaltig genutzt oder bewirtschaftet werden. So soll eine Verschlechterung ihres Zustands vermieden und auf eine Verbesserung ihrer chemischen, physikalischen und biologischen Parameter hingewirkt werden.

6 G

Der Boden soll in seinen natürlichen und klimaschützenden Funktionen, seiner Funktion als Archiv der Natur- und Kulturgeschichte sowie in seinen Nutzungsfunktionen – insbesondere Moorböden mit ihrer Kohlendioxid- und Wasserspeicherfunktion – nachhaltig gesichert, in seiner Entwicklung gefördert und erforderlichenfalls wiederhergestellt werden. Daher sollen Nutzung und Inanspruchnahme von Boden durch Versiegelung, Abgrabung und Aufschüttung schonend und sparsam erfolgen.

Bei der Nutzung des Bodens soll die Leistungsfähigkeit und Empfindlichkeit des Bodens berücksichtigt werden. Nutzungsbedingte Bodenerosion, Bodenverdichtung und der Verlust organischer Substanz sowie die Überlastung der Regelungsfunktion des Bodens im Nährstoffhaushalt sollen durch landschaftsgestalterische Maßnahmen und standortgerechte Bodennutzung vermieden werden. Diffuse

Schadstoffeinträge, insbesondere Einträge von Schwermetallen, organischen Schadstoffen und Säurebildnern, in den Boden sollen durch Maßnahmen des Immissionsschutzes weiter verringert und an ihrem Emissionsort begrenzt oder minimiert werden.

Bis 2030 soll die tägliche Flächenneuinanspruchnahme im Land durch Siedlungs- und Verkehrsflächen auf unter 1,3 Hektar pro Tag abgesenkt werden (Kapitel 3.9). Zukünftig nicht mehr baulich genutzte Flächen sollen entsiegelt und Abgrabungen und Aufschüttungen sowie entsiegelte Flächen rekultiviert oder renaturiert werden, so dass die Böden natürliche oder nutzungsbezogene Funktionen erfüllen können. Schädliche Bodenveränderungen und Altlasten sollen so saniert werden, dass dauerhaft keine Gefahren, erheblichen Nachteile oder erheblichen Belästigungen für den Einzelnen oder die Allgemeinheit von ihnen ausgehen. Durch eine vorrangige Altlastenbehandlung auf Industriebrachen soll deren Wiedernutzbarmachung beschleunigt werden.

Geologische Objekte, die das Wirken der Eiszeit in Schleswig-Holstein in besonderer Weise verdeutlichen oder außergewöhnliche Einblicke in die Erdgeschichte des Landes geben, sollen als Geotope geschützt werden.

7 G

Die Aufhellung des Nachthimmels durch künstliche Lichtquellen soll soweit wie möglich vermieden beziehungsweise reduziert werden, ohne dabei jedoch die Sicherheit des Verkehrs zu gefährden.

Begründung

B zu 1

Zu den natürlichen Grundlagen des Lebens zählen vor allem die in komplexen Ökosystemen zusammenwirkenden Naturgüter und -kräfte, die auf Nutzungsansprüche sensibel reagieren können. Um die unentgeltlichen, gleichwohl sehr wertvollen, weil zum Teil unverzichtbaren, Leistungen der Ökosysteme (Oberflächen- sowie Grundwasser- und Luftreinhaltung, ausgleichende Wirkung der Wasserrückhaltung auf Klima und Hochwasserschutz, Fruchtbarkeit der Böden, Nahrungserzeugung durch Blütenbestäubung durch Insekten sowie Erholung, Freizeitnutzung und Tourismus) unbefristet nutzen zu können, sind Beeinträchtigungen der Leistungsfähigkeit der Ökosysteme zu vermeiden und gegebenenfalls auszugleichen. Nutzungen müssen so ausgestaltet werden, dass die Funktionsfähigkeit des Naturhaushalts erhalten bleibt und eine nachhaltige Nutzungsfähigkeit der Naturgüter gewährleistet ist. Darüber hinaus sind Natur und Umwelt auch um ihrer selbst willen zu schützen und zu erhalten.

Wesentliche Aspekte für eine hohe Lebensqualität des Menschen sind eine gesunde und intakte Natur und Umwelt. Intakte und leistungsfähige Ökosysteme stellen der Allgemeinheit kostenlos Leistungen bereit, die bei Kosten-Nutzen-Rechnungen in der Regel nicht berücksichtigt werden. So profitiert zum Beispiel der Tourismus maßgeblich von Urlaubern, die auch wegen der gesunden Umwelt und des Naturerlebnisses nach Schleswig-Holstein kommen.

Die Erhaltung der für den Naturraum charakteristischen natürlichen und naturnahen sowie über den Biotopverbund miteinander vernetzten Ökosysteme dient gleichzeitig der Biodiversität sowie dem Schutz der Lebensräume. Die NATURA 2000-Gebiete bilden dabei die zentralen Bestandteile des landesweiten Biotopverbundes.

Nach § 20 Bundesnaturschutzgesetz (BNatSchG) ist ein Netz verbundener Biotope zu schaffen, das mindestens 10 Prozent der Fläche eines jeden Landes umfassen soll. Gemäß § 12 Landesnaturschutzgesetz (LNatSchG) soll der Anteil auf mindestens 15 Prozent der Landesfläche erhöht werden. Dabei sollen auch Querungshilfen bei Bundesfernstraßen berücksichtigt werden. In der Anlage 6 sind die ausreichend dimensionierten, bestehenden beziehungsweise beschlossenen Straßenbrücken, Grünbrücken und Grünunterführungen aufgeführt. Gemäß § 21 Absatz 4 BNatSchG ist der Biotopverbund durch Erklärung zu geschützten Teilen von Natur und Landschaft im Sinne des § 20 Absatz 2, durch planungsrechtliche Festlegungen, durch langfristige vertragliche Vereinbarungen oder durch andere geeignete Maßnahmen rechtlich zu sichern.

Neben der Möglichkeit des räumlichen Austausches ist es ebenso entscheidend, innerhalb der verbliebenen Räume ausreichend Flächen und Vernetzungsstrukturen zur Verfügung zu haben. Somit kommt dem Biotopverbundsystem, den Fließgewässern mit ihren Entwicklungsräumen und dem Knicknetz, aber auch Wäldern, Seen, Naturschutzgebieten und NATURA 2000-Gebieten mit ihren Randbereichen eine große Bedeutung für die Bewahrung, Wiederherstellung und Entwicklung funktionsfähiger ökologischer Wechselbeziehungen und für die großräumige Vernetzung zu.

Schleswig-Holstein ist im bundesweiten Vergleich ein Bundesland mit einem hohen Anteil an Räumen, die durch Verkehrswege zerschnitten werden. Wirken die zerschneidenden Elemente als Barrieren, verinseln Lebensräume und verarmen Populationen. Insgesamt weisen die großflächig unzerschnittenen Räume nur noch einen Anteil von knapp 25 Prozent der Landesfläche Schleswig-Holsteins auf.

Der Biotopverbund soll daher auch zur Erhaltung und Schaffung ausreichend großer, unveränderter oder nur leicht veränderter Naturgebiete beitragen, die von natürlichen Prozessen beherrscht werden und in denen sich die Natur weitgehend unbeeinflusst von menschlichen Nutzungen entwickeln kann (Wildnisgebiete).

B zu 2

Um die heimischen Tier- und Pflanzenarten dauerhaft erhalten zu können, sind die für sie notwendigen Lebensräume zu sichern und zu entwickeln. Wegen der reichen Naturausstattung des Landes bestehen neben nationalen insbesondere internationale Verpflichtungen (FFH, EU-Vogelschutzrichtlinie, Wasserrahmenrichtlinie (EU-WRRL), Meeresstrategie-Rahmenrichtlinie (EU-MSRL), Helsinki- und OSPAR-Konvention, Trilaterale Wattenmeer-Zusammenarbeit, Ramsar-Konvention) zum Erhalt der wertvollen Tier- und Pflanzenarten sowie ihrer Lebensräume. Besondere Bedeutung hat dabei auch der Schutz von Insekten, da diese eine wesentliche Funktion in der Nahrungskette einnehmen und im ökologischen Gesamtsystem wesentlichen und unmittelbaren Einfluss auf praktisch alle anderen Bereiche ausüben.

Schleswig-Holstein, bedingt durch seine Lage zwischen Nord- und Ostsee, zwischen Skandinavien und Mitteleuropa sowie der Lage am Wattenmeer, ist Drehscheibe des nord- und mitteleuropäischen Vogelzuges (siehe Themenkarte 21 Vogelzug). Mehrere Millionen Entenvögel, Watvögel und Möwen sowie 50 bis 100 Millionen Singvögel und Tausende von Greifvögeln queren alljährlich das Gebiet. Hierbei nutzen die Vögel den Küstenmeerbereich wie auch die Landflächen als Überwinterungs- und Durchzugsgebiet (Heim- und Wegzug in und aus den arktischen/skandinavischen Brutgebieten).

Anhang 2

Stand: 2019
© GeoBasis-DE/LVermGeoSH
Quelle: Landesamt für Landwirtschaft, Umwelt und ländliche Räume
Herausgeber: Ministerium für Inneres, ländliche Räume, Integration und Gleichstellung des Landes Schleswig-Holstein
Landesentwicklungsplan Schleswig-Holstein – Fortschreibung 2021

Themenkarte 21 Vogelzug

Dauergrünland in Schleswig-Holstein umfasst nur noch circa ein Drittel der landwirtschaftlichen Nutzfläche. Grünlandflächen sind ökologisch wertvolle Elemente in der Agrarlandschaft und unverzichtbarer Bestandteil einer multifunktionalen Landwirtschaft. Der Flächenanteil des Grünlands hat jedoch über die Jahre abgenommen. Grünland wird häufig in Ackerland umgewandelt und intensiv bewirtschaftet. Dies hat negative Folgen für den Schutz des Bodens, der Gewässer, der Biodiversität und des Klimas. Zwischen 2003 und 2008 ging das Dauergrünland von 363.000 Hektar auf 335.000 Hektar zurück. Seit 2010 ist mit den üblichen jährlichen Schwankungen langsam eine Zunahme des Anteils an Dauergrünland im Land zu beobachten. Um den Schutz des Dauergrünlands vor Umwandlung zu verbesserten, trat 2013 das Dauergrünlandgesetz in Kraft. Das Dauergrünlandgesetz sowie weitere Rechtsvorschriften aus dem Landwirtschaftsrecht, dem Wasserrecht, dem Bodenschutzrecht und dem Naturschutzrecht schützen den quantitativen und qualitativen Erhalt des Grünlands.

B zu 3

Natur und Landschaft charakterisieren in ihrer Eigenart und Vielfalt das Land. Der Schutz von Natur und Landschaft dient der Sicherung der natürlichen Grundlagen des Lebens und damit auch der Lebensqualität der Menschen. Eingriffe in Natur und Landschaft sind daher auf ihre Notwendigkeit zu überprüfen und so gering wie möglich zu halten beziehungsweise durch geeignete Maßnahmen auszugleichen. Die heutige Kulturlandschaft mit ihren Dörfern und Städten und insbesondere das heutige Landschaftsbild sind das Ergebnis von Naturprozessen, der vom Menschen gestalteten Natur, Landschaft und Siedlungen sowie der aktuellen Landnutzungsformen. Sie bestimmen maßgeblich den Charakter des Landes und bilden eine wichtige Grundlage für die Freizeit- und Erholungsnutzung. Sie stellen damit nicht nur ein ökologisch, sondern auch ökonomisch wertvolles Potenzial dar, das es zu erhalten und zu nutzen gilt. Dies gilt sowohl für Kulturlandschaften im Allgemeinen als auch für die historischen Kulturlandschaften im Speziellen. Hierzu dienen Maßnahmen zur Strukturierung der

Landschaft, eine standortgerechte Landwirtschaft (zum Beispiel Vermeidung von Grünlandumbruch, Erhalt der kleinstrukturellen Vielfalt durch Erhalt des Knicknetzes einschließlich fachgerechter Pflege) sowie Maßnahmen zur Sanierung der Landschaft (Landschaftsbild). Zum Erhalt und zur Entwicklung von Kulturlandschaften zählt auch die Bewahrung und Entwicklung von historischen Kulturlandschaften, wie zum Beispiel der Landschaft prägenden Knicklandschaft in Schleswig-Holstein.

In Schleswig-Holstein haben sich an Nord- und Ostsee unterschiedliche Natur- und Kulturlandschaften entwickelt. Insbesondere das Wattenmeer an der Westküste Schleswig-Holsteins stellt sich in seiner Art als ein auf der ganzen Welt einmaliger Landschaftsraum dar und ist als Nationalpark, UNESCO-Weltnaturerbe, Biosphärenreservat und teilweise als Grabungsschutzgebiet geschützt. Es ist Zeuge einer besonderen Besiedlungsgeschichte, die durch die Naturgewalten des Meeres bestimmt ist. Das Landschaftsbild, die Artenvielfalt und das Kulturgut dieses Raumes tragen wesentlich zur Identität der Bewohnerinnen und Bewohner bei und haben eine hohe Attraktivität für Touristinnen und Touristen.

Schleswig-Holstein zeichnet sich insbesondere durch seine Lage zwischen zwei Meeren aus. Dieses Alleinstellungsmerkmal ist eine entscheidende Grundlage für verschiedene Wirtschaftsbereiche, insbesondere den Tourismus. Es ist daher von großer Bedeutung, die Erlebnismöglichkeiten der maritimen Natur und Landschaft sowie des offenen Meeres als charakteristisches Landschaftsbild zu erhalten und vor Beeinträchtigungen zu schützen. Dieses gilt auch für Buchten und Förden.

Die Zugänglichkeit von besonderen Landschaftselementen für die Allgemeinheit soll soweit wie möglich gesichert werden, um Natur und Landschaft in ihrer Eigenart, Vielfalt und Schönheit erleben zu können.

B zu 4

Gewässer sind ein wesentliches Element des Naturhaushalts und der Landschaft. Insbesondere das Grundwasser bildet zum Beispiel als Trinkwasserreservoir eine wichtige Lebensgrundlage, die es nachhaltig zu bewirtschaften gilt. Durch die EU-WRRL werden die Gewässer einschließlich des Grundwassers in ihrer funktionalen Gesamtheit (Flusseinzugsgebiete/Flussgebietseinheiten) betrachtet.

Die Umweltziele der EU-WRRL können an den meisten Wasserkörpern der Fließgewässer, Seen, Übergangsgewässer, Küstengewässer und des Grundwassers in Schleswig-Holstein nicht erreicht werden, weil die Wasserkörper neben anderen Belastungen nach wie vor besonders durch hydromorphologische Veränderungen und zu hohe Nährstoffeinträge belastet sind. Bei rund der Hälfte der Grundwasserkörper in Schleswig-Holstein (etwa 450.000 Hektar landwirtschaftliche Nutzfläche) werden die von der EU-WRRL geforderten Qualitätsziele nicht erreicht. Um den guten ökologischen und chemischen Zustand in den Wasserkörpern von Grundwasser und Seen wiederherzustellen, ist es erforderlich, die landwirtschaftliche Flächennutzung im Hinblick auf eine notwendige Reduzierung von Nährstoffausträgen aus landwirtschaftlichen Nutzflächen zu optimieren. Dabei sind auch potenzielle Schadstoffausträge aus Klärschlämmen einzubeziehen und möglichst zu reduzieren. Mit Blick auf die Gewässer kommt insbesondere beim Grundwasser der Vermeidung und Verringerung von Stickstoffeinträgen eine herausragende Bedeutung zu. Bezogen auf die Seen ist es der Nährstoff Phosphor. Um die Belastungen der Küstengewässer zu vermindern oder zu beseitigen, müssen die Einträge der Nährstoffe Stickstoff und Phosphor noch weiter deutlich reduziert werden.

Übermäßige Wasserentnahmen und Beeinträchtigungen der Wasserbeschaffenheit belasten den Wasserhaushalt und die davon abhängigen Ökosysteme. Vor allem in stark wasserabhängigen Landschaftsteilen führen Grundwasserabsenkungen zu veränderten Standortbedingungen und damit zu einer nachhaltigen Schädigung der Pflanzen- und Tierwelt, die auf hohe Grundwasserspiegel angewiesen sind (Kapitel 6.4).

Die Gewässer mit ihren Entwicklungsräumen haben eine besondere Bedeutung als zentrale Elemente des landesweiten Biotopverbunds. Wenn Gewässer eine herausragende Bedeutung als Wasserstraßen oder für den Wassersport und -tourismus haben, ist eine besondere Berücksichtigung der daraus resultierenden Anforderungen bei der Planung von gewässerschonenden Unterhaltungs-, Ausbau- und Neubaumaßnahmen erforderlich.

Fließgewässer bilden mit ihren Überflutungsbereichen – den Auen – natürlicherweise eine landschaftliche Einheit. Naturnahe Fließgewässer und Auen sind dynamische Ökosysteme mit vielfältigen Funktionen. Ziel des Auenprogramms Schleswig-Holstein von 2016 ist es daher, die bisherigen Aktivitäten zum Gewässerschutz und zum Schutz der Auen stärker zu bündeln und auf einen umfassenden Auenschutz zu fokussieren. Das Auenprogramm dient damit der Zielerreichung der EU-WRRL und dem Schutzgebietssystem NATURA 2000. Das Auenprogramm Schleswig-Holstein ist auch unter dem Gesichtspunkt des Klimaschutzes zu sehen.

Anhang 2

B zu 5

Der Druck auf die natürlichen Ressourcen, die Inanspruchnahme der Meeresökosysteme und die Belastung der Meeresumwelt sind weiterhin zu hoch. So weisen die Küstengewässer zum Beispiel überhöhte Nährstoffkonzentrationen auf. Der Eintrag von Schadstoffen und Müll, Ressourcengewinnung und -nutzungen, Lärmbelästigungen sowie die Folgen des Klimawandels beeinflussen darüber hinaus die biotische und abiotische Meeresumwelt.

Die 2008 in Kraft getretene EU-MSRL bildet die Umweltsäule der europäischen Meerespolitik. Die Ziele der EU-MSRL sind der Schutz der Meeresnatur und -umwelt sowie die nachhaltige Nutzung mariner Güter und Dienstleistungen. In allen europäischen Meeren sollte dafür bis 2020 der „Gute Umweltzustand" erreicht und darüber hinaus erhalten bleiben. Wo erforderlich, sollen Maßnahmen zur Zielerreichung ergriffen werden, die dem Ökosystemansatz sowie dem Vorsorge- und dem Verursacherprinzip gerecht werden. Die Zustandsbewertung, die Beschreibung des „Guten Umweltzustands", die Festlegung von Umweltzielen und die Erstellung von Überwachungs- und Maßnahmenprogrammen werden gemäß den Anforderungen der EU-MSRL alle sechs Jahre geprüft und wenn notwendig aktualisiert. Das bereits 2016 vom Bund in Abstimmung mit den Ländern erarbeitete Maßnahmenprogramm enthält 31 Maßnahmen zur Erreichung eines guten Umweltzustandes der Meere, von denen 27 für Schleswig-Holstein relevant sind.

B zu 6

Der Boden nimmt eine Vielzahl von Funktionen im Naturhaushalt sowie für den Menschen und die Gesellschaft war. Um Boden als nicht vermehrbares Naturgut und Lebensraum zu bewahren, sind ein wirksamer Schutz und eine schonende Bodennutzung erforderlich (Bundes-Bodenschutzgesetz (BBodSchG)).

Die hohe Flächeninanspruchnahme verursacht unter anderem hohe Verluste beziehungsweise Einschränkungen der Bodenfunktionen, die auch Auswirkungen auf andere Bereiche des Naturhaushalts haben, zum Beispiel auf das Rückhaltevermögen von Niederschlagswasser in den Einzugsgebieten. Im Hinblick auf den Klimawandel nimmt der Boden eine vorrangige Funktion als Kohlendioxid-Senke ein. Insbesondere Moorstandorte, Auen und Feuchtwiesen sind in ihrer klimaschützenden Funktion zu sichern und deren Charakteristika zu erhalten sowie nach Möglichkeit wiederherzustellen und auszuweiten. Andererseits existieren zahlreiche ehemals vom Menschen genutzte Standorte, die nach fachgerechter Entsiegelung beziehungsweise Rekultivierung wieder Bodenfunktionen übernehmen und somit zur Kompensation der aktuellen Verluste von Bodenfunktionen beitragen können. Um einen sparsamen und schonenden Umgang mit dem Schutzgut Boden zu fördern, ist die bauliche Inanspruchnahme von bisher nicht baulich genutzten Böden möglichst zu vermeiden. Es sollen vorrangig bereits versiegelte oder vorbelastete Böden für Baumaßnahmen genutzt und ein Vorrang der Innen- vor der Außenentwicklung umgesetzt werden. Hierzu kann eine stärker bedarfsorientierte, flächensparende Ausweisung und Nutzung von neuem Bauland durch die Kommunen wesentlich beitragen. Durch eine effizientere Flächennutzung, zum Beispiel durch angemessen verdichtete Bauweisen von Gewerbe-, Einzelhandels- und Wohnimmobilien oder die Bündelung von Infrastrukturvorhaben auf einer Trasse, werden ebenfalls Bodenressourcen geschont.

Fachübergreifende Aufgaben des Bodenschutzes können durch die Raumordnung wahrgenommen werden, indem diese dazu beiträgt, dass die Vielzahl von Ansprüchen an den Boden koordiniert wird und der Boden in seiner Leistungsfähigkeit und als Fläche für Nutzungen aller Art nachhaltig gesichert oder wiederhergestellt wird.

B zu 7

Auch in Schleswig-Holstein wird der Nachthimmel zunehmend durch künstliches Licht aufgehellt. Dies hat Folgen für den Menschen und das Ökosystem. Sowohl Menschen als auch tagaktive Tiere brauchen die Dunkelheit zum Schlafen und Regenerieren. Nachtaktive Tiere brauchen sie dagegen für die Nahrungssuche und manche sogar für die Fortpflanzung. Auch Pflanzen brauchen den Wechsel zwischen Helligkeit und Dunkelheit für die Photosynthese. Hinzu kommen die vielen Insekten, die den Leuchtkörpern zum Opfer fallen. Des Weiteren kann die Erkennbarkeit von Schifffahrtszeichen und Signalen erschwert oder gar verhindert werden, so dass Sicherheit und Leichtigkeit des Schiffsverkehrs potentiell gefährdet werden können. Die Kommunen können durch Modernisierung ihrer Beleuchtungsinfrastruktur und systematische Beleuchtungsplanung einen der wichtigsten Beiträge zum Klimaschutz und zur Reduzierung des künstlichen Lichts bei Nacht leisten. Durch schlecht ausgewählte Leuchten wird sehr viel Licht und damit Energie sinnlos in den nächtlichen Himmel gestrahlt. Der größte Anteil ließe sich durch die sorgfältige Wahl gut abgeschirmter Leuchten vermeiden, die kein Licht oberhalb der Horizontalen abstrahlen. Zudem sollten insektenfreundliche Leuchtmittel verwendet werden. Das Beleuchten von Bäumen sollte vermieden werden, da Vögel und andere baumbewohnende Lebewesen in ihrem Tag-Nacht-Rhythmus gestört werden. Die Umrüstung auf neue Leuchten erfordert zwar zunächst erhebliche Investitionen, die sich aber durch eingesparte Energie sehr schnell amortisieren und den Gemeinden langfristig niedrigere Energiekosten bescheren.

6.2.1 Vorranggebiete für den Naturschutz

Grundsätze und Ziele der Raumordnung

1 Z

Als Vorranggebiete für den Naturschutz sind in den Regionalplänen darzustellen:

- der Nationalpark Schleswig-Holsteinisches Wattenmeer,
- bestehende Naturschutzgebiete (NSG),
- gesetzlich geschützte Biotope gemäß § 30 Bundesnaturschutzgesetz (BNatSchG) in Verbindung mit § 21 Landesnaturschutzgesetz (LNatSchG) über 20 Hektar,
- Gebiete des Netzes NATURA 2000 sowie Gebiete über 20 Hektar, die die Voraussetzungen für eine Unterschutzstellung als NSG nach § 23 BNatSchG in Verbindung mit § 13 LNatSchG erfüllen und die einstweilig sichergestellt sind (§ 22 BNatSchG in Verbindung mit § 12 LNatSchG) oder bei denen ein weitest gehender Anteil an gesetzlich geschützten Biotopen (§ 30 BNatSchG in Verbindung mit § 21 LNatSchG) vorhanden ist,
- Naturwälder gemäß § 14 Landeswaldgesetz (LWaldG) über 20 Hektar.

Der Nationalpark Schleswig-Holsteinisches Wattenmeer ist in der Hauptkarte als Vorranggebiet für den Naturschutz dargestellt.

2 Z

In den Vorranggebieten für den Naturschutz hat der Schutz der Natur in ihrer Gesamtheit oder in einzelnen Teilen Vorrang vor allen anderen Nutzungen, soweit die oben genannten Vorschriften keine Ausnahmen gestatten.

3 G

Für das Gebiet des Nationalparks Schleswig-Holsteinisches Wattenmeer soll der Trilaterale Wattenmeerplan in seiner jeweils gültigen Fassung als übergeordneter Managementplan angewendet werden. Die darin enthaltenen Entwicklungsziele sollen bei Planungen und Maßnahmen berücksichtigt werden.

Begründung

B zu 1 – 2

Die Vorranggebiete stellen Bereiche für eine überwiegend naturnahe Entwicklung dar. Die Ausweisung bedeutet in der Regel nicht den Ausschluss jeglicher anderer Ansprüche (im Sinne eines generellen Nutzungsverbotes), sondern lediglich derjenigen, die mit den Schutz- beziehungsweise den Erhaltungszielen nicht vereinbar sind. Bei den durch Verordnung bereits festgelegten Gebieten gelten die Bestimmungen der entsprechenden Rechtsvorschriften. Für die Gebiete des Netzes NATURA 2000 gelten die entsprechenden Vorschriften des BNatSchG. Die NATURA 2000 Gebiete setzen sich aus den Schutzgebieten der europäischen Vogelschutz- und der FFH-Richtlinie zusammen. Die Ausweisung durch die Europäische Kommission stellt aber noch keine eigene rechtswirksame Schutzkategorie dar. In Deutschland sind diese Gebiete entsprechend den jeweiligen Erhaltungszielen zu geschützten Teilen von Natur und Landschaft im Sinne des § 20 Absatz 2 BNatSchG zu erklären. Eine Schutzerklärung bestimmt den Schutzzweck entsprechend den jeweiligen Erhaltungszielen und die erforderlichen Gebietsbegrenzungen. Gemäß § 32 Absatz 4 BNatSchG kann eine Unterschutzstellung unterbleiben, wenn andere Rechtsvorschriften und gebietsbezogene Bestimmungen des Landesrechts einen gleichwertigen Schutz gewährleisten. Der Landtag hat in diesem Sinne im Vorläufer zu dem aktuellen Landesnaturschutzgesetz alle Gebiete des Netzes Natura 2000 zu gesetzlich geschützten Gebieten erklärt. Die Liste der geschützten Gebiete ist nach § 4 Absatz 1 und 2 des LNatSchG in den Anlagen 1 und 2 des Gesetzes veröffentlicht. Die Abgrenzungskarten der Gebiete sind im Internet veröffentlicht und beim Landesamt für Landwirtschaft, Umwelt und ländliche Räume (LLUR) in Flintbek archivmäßig und zur Einsichtnahme gesichert.

Die Landesregierung Schleswig-Holstein sieht damit die Unterschutzstellungs-verpflichtungen als umgesetzt an und strebt keine flächendeckende Unterschutzstellung der Gebiete des Netzes Natura 2000 zum Beispiel als Naturschutzgebiete an. In einigen Fällen sind diese Gebiete bereits durch andere Rechtsvorschriften des Naturschutzrechts geschützt. Soweit dies der Fall ist, werden sie in den Regionalplänen als Vorranggebiete für den Naturschutz dargestellt. Für Gebiete nach Absatz 1 vierter Aufzählungspunkt, bei denen ein weitest gehender Anteil an gesetzlich geschützten Biotopen gefordert wird, um diese Gebiete als Vorranggebiet auszuweisen, wird in der Regel ein Anteil von mindestens 80 Prozent an gesetzlich geschützten Biotopen vorausgesetzt oder die Flächen in diesen Gebieten befinden sich überwiegend im Eigentum der Stiftung Naturschutz Schleswig-Holstein.

In Küstenbereichen kann es zu Überschneidungen von Vorranggebieten für den Naturschutz mit Vorranggebieten für den Küstenschutz und die Klimafolgenanpassung im Küstenbereich (Kapitel 6.6.1) kommen. In diesen Überschneidungsgebieten gilt, dass Nutzungen, die mit den Belangen des Küstenschutzes nicht vereinbar sind, ausgeschlossen sind. Für Maßnahmen des Küstenschutzes selbst bleibt jedoch – wie bei anderen Nutzungen auch – der Vorrang des Naturschutzes bestehen. Das bedeutet, dass den Funktionen von Natur und Landschaft bei den Maßnahmen des Küstenschutzes ein besonderes Gewicht beigemessen werden soll. Bei Überschneidungen mit Vorranggebieten für die Schifffahrt (Kapitel 4.3.3, Absatz 3) gelten weiterhin die bestehenden Regelungen der jeweiligen Rechtsvorschriften.

B zu 3

Mit dem Trilateralen Wattenmeerplan liegt ein zwischen den Wattenmeeranrainern Dänemark, Niederlande und Deutschland (Hamburg, Niedersachsen und Schleswig-Holstein) abgestimmter Managementplan für das Wattenmeergebiet vor. Er genügt auch den Anforderungen des § 32 Absatz 3 BNatSchG an einen Bewirtschaftungsplan für die NATURA 2000-Teilgebiete im Bereich des Nationalparks. Der Wattenmeerplan wird in Teilbereichen durch räumliche und sektorale Planungen oder Konzepte weiter konkretisiert.

Mit der Ausweisung als Nationalpark und der Anerkennung als UNESCO-Weltnaturerbe hat das schleswig-holsteinische Wattenmeer eine seiner naturschutzfachlichen Bedeutung entsprechende Unterschutzstellung und Anerkennung erfahren. Sein Erhalt ist ein gesamtgesellschaftlicher Auftrag, der nicht allein von der zuständigen Naturschutzbehörde wahrgenommen werden kann. Die im Wattenmeerplan enthaltenen Entwicklungsziele sollen daher bei Planungen und Maßnahmen von Trägerschaften der öffentlichen Verwaltung berücksichtigt werden, soweit sie die Belange des Nationalparks Schleswig-Holsteinisches Wattenmeer berühren.

6.2.2 Vorbehaltsräume und Vorbehaltsgebiete für Natur und Landschaft

Grundsätze und Ziele der Raumordnung

1 G

Der Landesentwicklungsplan stellt in der Hauptkarte großflächig Vorbehaltsräume für Natur und Landschaft dar. Sie umfassen großräumige, naturraumtypische, reich mit naturnahen Elementen ausgestattete Landschaften, Biotopverbundachsen auf Landesebene sowie die Biosphärenreservate „Schleswig-Holsteinisches Wattenmeer und Halligen" und „Flusslandschaft Elbe –Schleswig-Holstein". Sie dienen als Planungsgrundlage für ganzheitliche Schutzansätze sowie zur Entwicklung großflächiger naturbetonter Landschaftsbestandteile und Kulturlandschaften mit ihren charakteristischen Lebensräumen und Lebensgemeinschaften. Dieses gilt auch für die schleswig-holsteinischen Küsten an Nord- und Ostsee sowie für die Uferbereiche der Unterelbe (Kapitel 2.1 Absatz 1).

2 Z

In den Regionalplänen sind diese Räume weiter differenzierend als Vorbehaltsgebiete für Natur und Landschaft darzustellen. Im Einzelnen sind einzubeziehen und darzustellen:

- Gebiete über 20 Hektar, die die Voraussetzungen für eine Unterschutzstellung gemäß § 23 BNatSchG in Verbindung mit § 13 LNatSchG erfüllen, soweit sie nicht bereits als Vorranggebiet gemäß Kapitel 6.2.1 Absatz 1 dargestellt sind,
- NATURA 2000-Gebiete (soweit nicht Vorranggebiete für den Naturschutz),
- Gebiete für den Biotopverbund (Schwerpunkträume und Verbundachsen),
- Feuchtgebiete von internationaler Bedeutung nach der Ramsar-Konvention,

- die Entwicklungszone des Biosphärenreservats „Schleswig-Holsteinisches Wattenmeer und Halligen" sowie das Biosphärenreservat „Flusslandschaft Elbe – Schleswig-Holstein" und
- Geotope.

Die Festsetzungen in den Regionalplänen können auch Flächen umfassen, die im Landesentwicklungsplan nicht als Vorbehaltsräume nach Absatz 1 dargestellt sind oder derzeit unter einer Sondernutzung stehen.

3 G

Die Vorbehaltsgebiete sollen der Entwicklung und Erhaltung ökologisch bedeutsamer Lebensräume und zur Sicherung der Funktionsfähigkeit des Naturhaushalts dienen. Sie sollen räumlich so angeordnet werden, dass ein räumlicher Verbund oder eine funktionale Vernetzung verschiedener Biotoptypen hergestellt wird. Dabei sollen eine Erweiterung der Biotope um Entwicklungs- beziehungsweise Pufferzonen sowie die Entwicklung von naturraumtypischen Biotopkomplexen angestrebt werden. Sie sollen in ihrer typischen Landschaftsstruktur möglichst erhalten bleiben.

4 G

In diesen Gebieten sollen Maßnahmen und Planungen nur durchgeführt werden, wenn sie Naturhaushalt und Landschaftsbild nicht erheblich beeinträchtigen und zu keiner negativen, dauerhaften Veränderung der Landschaft führen. Erhebliche Eingriffe sind nur dann hinnehmbar, wenn sie im überwiegenden öffentlichen Interesse erforderlich sind und angemessen ausgeglichen werden.

5 G

Die Vorbehaltsgebiete für Natur und Landschaft sollen im Rahmen der kommunalen Planungen berücksichtigt werden. Dabei soll eine überörtliche Abstimmung angestrebt werden. Die entlang des Nord-Ostsee-Kanals zwischen Brunsbüttel und Kiel festgelegte Biotopverbundachse soll weitgehend freigehalten werden.

Begründung

B zu 1 – 5

Zum Reichtum des Landes gehört auch die Vielzahl an Tier- und Pflanzenarten mit ihren Lebensräumen, also die biologische Vielfalt. Ihre Bedeutung ist dabei nicht ausschließlich naturschutzfachlicher und rechtlicher Art, sondern sie besteht auch in wirtschaftlicher, gesellschaftlicher, kultureller, erzieherischer und ästhetischer Hinsicht. Schleswig-Holstein trägt wie alle anderen Regionen Europas Verantwortung, die hier wild lebenden Tiere und Pflanzen zu schützen und die natürlichen und naturnahen Lebensräume zu bewahren, wiederherzustellen und weiterzuentwickeln.

Die europäische Vogelschutz- und die FFH-Richtlinie sehen die Sicherung von Schutzgebieten vor. Gemeinsam bilden diese das zusammenhängende ökologische Netz NATURA 2000 (Themenkarte 22). Die Ausweisung durch die Europäische Kommission stellt aber noch keine eigene rechtswirksame Schutzkategorie dar. In Deutschland sind diese Gebiete entsprechend den jeweiligen Erhaltungszielen zu geschützten Teilen von Natur und Landschaft im Sinne des § 20 Absatz 2 BNatSchG zu erklären. Eine Schutzerklärung bestimmt den Schutzzweck entsprechend den jeweiligen Erhaltungszielen und die erforderlichen Gebietsbegrenzungen. Gemäß § 32 Absatz 4 BNatSchG kann eine Unterschutzstellung unterbleiben, wenn andere Rechtsvorschriften und gebietsbezogene Bestimmungen des Landesrechts einen gleichwertigen Schutz gewährleisten. Der Landtag hat in diesem Sinne im Vorläufer zu dem aktuellen Landesnaturschutzgesetz alle Gebiete des Netzes Natura 2000 zu gesetzlich geschützten Gebieten erklärt. Die Liste der geschützten Gebiete ist nach § 4 Absatz 1 und 2 des LNatSchG in den Anlagen 1 und 2 des Gesetzes veröffentlicht. Die Abgrenzungskarten der Gebiete sind im Internet veröffentlicht und beim Landesamt für Landwirtschaft, Umwelt und ländliche Räume in Flintbek archivmäßig und zur Einsichtnahme gesichert.

Die Landesregierung Schleswig-Holstein sieht damit die Unterschutzstellungsverpflichtungen als umgesetzt an und strebt keine weitere flächendeckende Unterschutzstellung der Gebiete des Netzes Natura 2000 zum Beispiel als Naturschutzgebiete an.

In einigen Fällen sind diese Gebiete bereits durch andere Rechtsvorschriften des Naturschutzrechts stärker geschützt. In einigen Fällen jedoch auch nicht. Durch eine Ausweisung dieser Gebiete als Vorranggebiete würde ein stärkerer Schutz als durch das Gesetz vorgesehen etabliert. Diese Gebiete werden daher in den Regionalplänen als Vorbehaltsgebiete für den Naturschutz dargestellt. Die EU-Meeresstrategierahmenrichtlinie (EU-MSRL) fordert den guten Umweltzustand aller Meeresgewässer und schließt dabei ausdrücklich Meeresschutzgebiete ein, die auf der Grundlage des Ökosystemansatzes zu managen sind. Mit diesem europaweiten Verbund von Schutzgebieten sollen die natürlichen Lebensräume sowie wild lebende Tiere und Pflanzen in den Mitgliedsstaaten der Gemeinschaft erhalten und gegebenenfalls wiederhergestellt werden. Die NATURA 2000-Gebiete sind ein wesentliches Element des angestrebten Biotopverbundes. Dieser stellt einen zentralen Teil der langfristig angelegten Strategie des Landes dar, um die biologische Vielfalt zu erhalten und den Folgen einer Zerschneidung und Verinselung für den Naturhaushalt entgegenzuwirken. Aus diesem Grund werden die marinen NATURA 2000-Gebiete auch in die entsprechenden Schutzgebietsnetze der regionalen Meeresübereinkommen integriert und dabei die Anforderungen der zugehörigen EU-Richtlinien zugrunde gelegt.

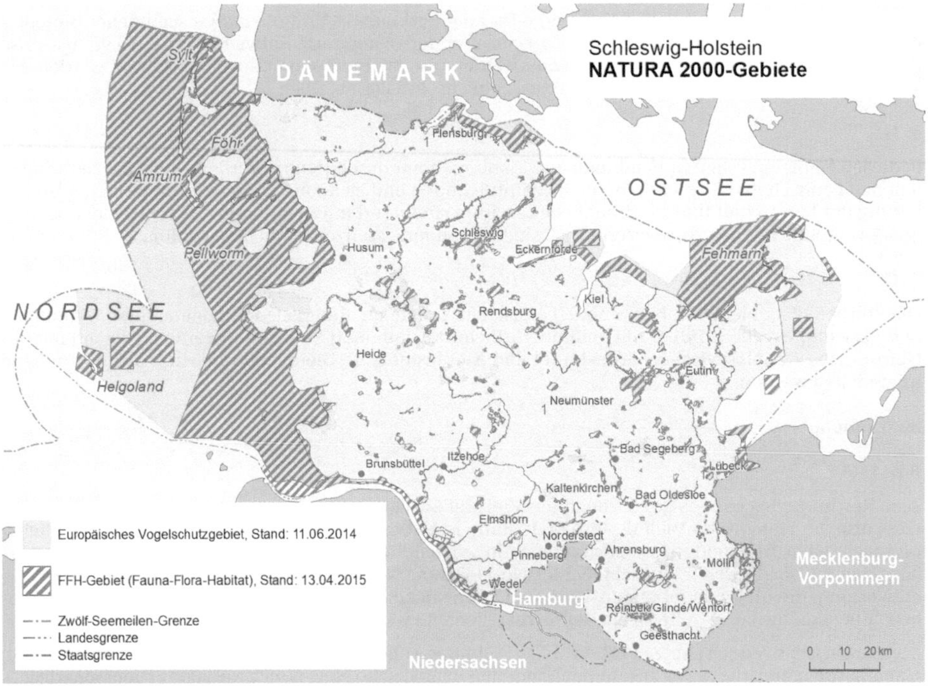

Quelle: LANIS Schleswig-Holstein
© GeoBasis-DE/LVermGeoSH
Herausgeber: Ministerium für Inneres, ländliche Räume, Integration und Gleichstellung des Landes Schleswig-Holstein
Landesentwicklungsplan Schleswig-Holstein – Fortschreibung 2021

Themenkarte 22 NATURA 2000-Gebiete

Das Biotopverbundsystem auf Landesebene umfasst Räume und Gebiete von überregionaler Bedeutung für den Arten- und Biotopschutz. Die landesweite Ebene steht jedoch in keinem unmittelbaren Zusammenhang mit dem gesetzlich geregelten Biotopverbundsystem auf regionaler Ebene. Es werden damit lediglich die Räume des Landes gekennzeichnet, in denen die Elemente des Biotopverbundes eine überregionale Bedeutung aufweisen (Themenkarte 23). Erst das Biotopverbundsystem auf regionaler Ebene steht mit den gesetzlichen Vorgaben zum Biotopverbund im Zusammenhang.

Die Vorbehaltsräume für Natur und Landschaft einschließlich der Biotopverbundachsen der Landesebene haben beim Aufbau und der Entwicklung eines Schutzgebiets- und Biotopverbundsystems eine besondere Bedeutung, da sie in der Regel bereits heute einen besonders hohen Anteil an gesicherten naturnahen Flächen aufweisen (zum Beispiel Naturschutzgebiete, NATURA 2000-Gebiete, Flächen von Naturschutzstiftungen, Ausgleichsflächen und gesetzlich geschützte Biotope). Auf die Darstellung von Verbundachsenräumen in den Uferzonen der Küsten wurde bewusst verzichtet, da die Zielsetzungen hier generell gelten.

Die Darstellung der Vorbehaltsgebiete für Natur und Landschaft in den Regionalplänen soll auf der Basis der in den gültigen Landschaftsrahmenplänen dargestellten Schutzgebietskategorien erfolgen.

Die aufgezählten Elemente der Landschaftsplanung werden in den Regionalplänen zur Vorbehaltsgebietskategorie zusammengefasst. Sie umfassen naturbetonte Lebensräume zum Schutz der besonders gefährdeten Tier- und Pflanzenarten und zur Sicherung der Funktionsfähigkeit des Naturhaushalts. Aber auch das 1990 eingerichtete Biosphärenreservat „Schleswig-Holsteinisches Wattenmeer und Halligen“ und das 1997 eingerichtete Biosphärenreservat „Flusslandschaft Elbe – Schleswig-Holstein“ zählen dazu.

Die Festsetzungen in den Regionalplänen können aufgrund der differenzierteren Darstellung auch Flächen umfassen, die im Landesentwicklungsplan nicht dargestellt sind oder die unter einer (militärischen) Sondernutzung (zum Beispiel Standortübungsplätze) stehen, sofern hier hinreichende ökologische Flächenpotenziale bestehen. Damit soll eine raumordnerische Sicherung dieser Flächen für Natur und Landschaft für den Fall einer Aufgabe dieser (militärischen) Liegenschaften bewirkt werden.

Mit der Darstellung als Vorbehaltsgebiet für Natur und Landschaft sind unmittelbar keine Nutzungseinschränkungen verbunden. So kann insbesondere nach wie vor ordnungsgemäße Land- und Forstwirtschaft betrieben werden. Entsprechende Einschränkungen können nur auf gesetzlicher Grundlage oder im Rahmen von Rechtsverordnungen erfolgen. Darüberhinausgehende Nutzungsvereinbarungen können nur auf freiwilliger Grundlage einvernehmlich mit den jeweiligen Grundeigentümerinnen und Grundeigentümern beziehungsweise Nutzungsberechtigten getroffen werden. Jedoch ist in den Gebieten bei der Abwägung mit anderen Nutzungsansprüchen der Funktionsfähigkeit des Naturhaushalts besonderes Gewicht beizumessen.

Bei NATURA 2000-Gebieten, die als Vorbehaltsgebiete für Natur und Landschaft dargestellt werden, gilt der gesetzliche Schutz gemäß § 33 BNatSchG uneingeschränkt.

Die Kommunen sollen die entsprechenden Flächen der Vorbehaltsgebiete für Natur und Landschaft in der örtlichen Landschaftsplanung weiter konkretisieren und durch eine überörtliche Abstimmung sicherstellen, dass der Biotopverbund verwirklicht werden kann.

Im Bereich des Nord-Ostsee-Kanals soll im Rahmen der kommunalen Bauleitplanung darauf geachtet werden, dass die Bebauung möglichst nur im Bereich der Ober- und Mittelzentren an die Uferbereiche des Nord-Ostsee-Kanals heranreicht, so dass er als zusammenhängender landschaftlicher Freiraum erhalten und wahrnehmbar bleibt. Die für den Betrieb des Nord-Ostsee-Kanals notwendigen Maßnahmen zur Gewährleistung der Sicherheit und Leichtigkeit des Schiffsverkehrs der Wasserstraßen- und Schifffahrtsverwaltung sollen nicht eingeschränkt werden.

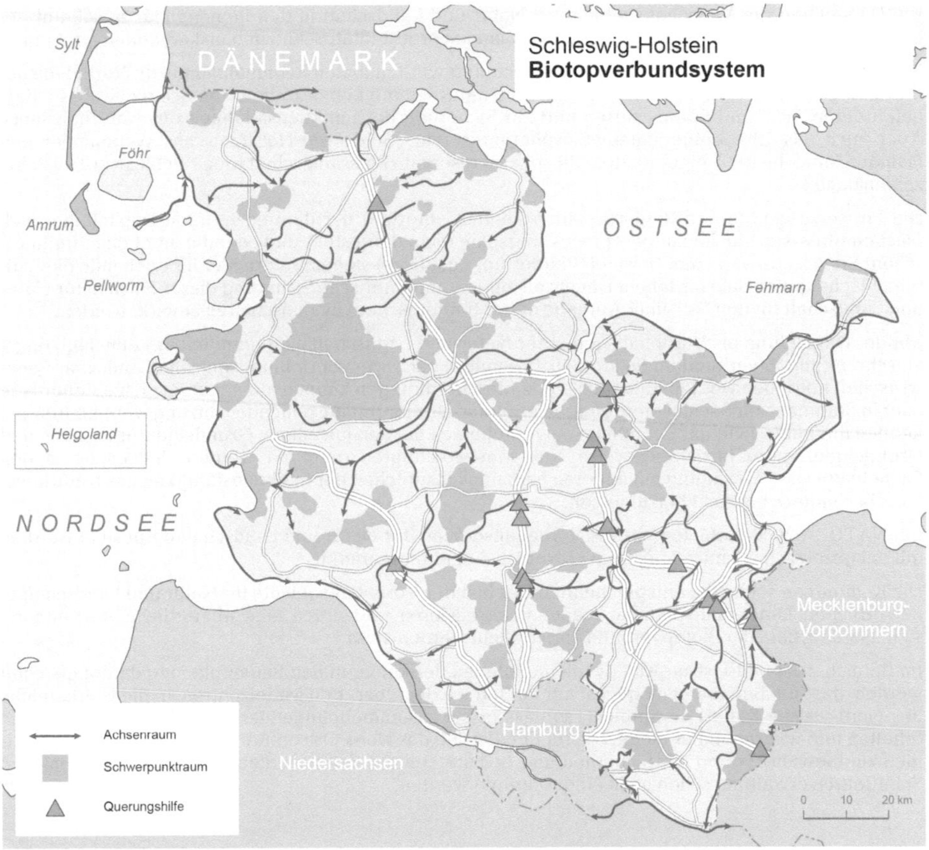

Stand: 2019
© GeoBasis-DE/LVermGeoSH
Herausgeber: Ministerium für Inneres, ländliche Räume, Integration und Gleichstellung des Landes Schleswig-Holstein
Landesentwicklungsplan Schleswig-Holstein – Fortschreibung 2021

Themenkarte 23 Biotopverbundsystem

6.3 Regionale Grünzüge und Grünzäsuren

6.3.1 Regionale Grünzüge

Grundsätze und Ziele der Raumordnung

1 Z

In den Ordnungsräumen (Kapitel 2.2) kommt dem langfristigen Schutz unbesiedelter Freiräume eine besondere Bedeutung zur Sicherung eines ausgewogenen Verhältnisses zwischen Siedlungsansprüchen und ökologischer Qualitätssicherung des Raums zu. Daher sind in den Regionalplänen außerhalb der Siedlungsachsen und besonderen Siedlungsräume (Kapitel 3.3 Absatz 5) regionale Grünzüge auszuweisen. Diese dienen als großräumig zusammenhängende Freiflächen

- der Gliederung der Ordnungsräume (Kapitel 2.2),
- dem Schutz der Landschaft vor einer großräumigen Zersiedelung (Kapitel 3.9),
- der Sicherung und Entwicklung wertvoller Landschaftsbereiche (Kapitel 6.2),
- dem Biotopverbund und dem Gewässerschutz (Kapitel 6.2),

- dem Geotopschutz (Kapitel 6.2),
- dem Grundwasserschutz (Kapitel 6.4),
- der Klimaverbesserung und Lufthygiene (Kapitel 6.1) sowie
- der siedlungsnahen landschaftsgebundenen Erholung (Kapitel 4.7).

2 Z

In den Regionalplänen sind in den Schwerpunkträumen für Tourismus und Erholung - soweit keine Baugebietsgrenzen dargestellt werden - zum Schutz des Freiraums gegenüber einer planmäßigen Siedlungsentwicklung regionale Grünzüge darzustellen (Kapitel 4.7.1 Absatz 4).

3 G

In den Regionalplänen können in den Stadt- und Umlandbereichen (Kapitel 2.4) der Oberzentren Flensburg und Neumünster regionale Grünzüge dargestellt werden.

4 Z

In den regionalen Grünzügen darf planmäßig nicht gesiedelt werden. Es sind nur Vorhaben zuzulassen, die mit den Funktionen dieser Gebiete entsprechend Absatz 1 vereinbar sind oder die im überwiegenden öffentlichen Interesse stehen.

5 G

Bei allen Planungen und Maßnahmen sollen
- sowohl die Funktionsfähigkeit der regionalen Grünzüge insgesamt
- als auch die verschiedenen, sich teilweise überlagernden ökologisch bedeutsamen Funktionen der Teilbereiche der Grünzüge berücksichtigt werden. Bodennutzungen sollen die ökologischen Funktionen der regionalen Grünzüge so wenig wie möglich beeinträchtigen.

6 G

Eine Verbindung der regionalen Grünzüge mit überörtlich bedeutsamen Grünzäsuren (Kapitel 6.3.2) und mit örtlichen oder innerörtlichen Grünbereichen soll im Rahmen der kommunalen Landschafts- und Bauleitplanung angestrebt werden.

Begründung

B zu 1 – 6

Regionale Grünzüge sind prinzipiell multifunktional begründet, das heißt sie umfassen eine größere Anzahl unterschiedlich geprägter Freiraumfunktionen und deren Wechselwirkungen untereinander.

Aus der höheren Siedlungsdichte, dem höheren Siedlungsflächenanteil, der stärkeren Arbeitsplatzkonzentration sowie der Entwicklungsdynamik der Ordnungsräume gegenüber den ländlichen Räumen resultieren besondere Anforderungen an die Freiraumsicherung. Mit dem regionalplanerischen Instrument der regionalen Grünzüge wird der Aufgabe der vorsorgenden Sicherung von Freiräumen und Freiraumfunktionen in dicht besiedelten Räumen sowie in Schwerpunkträumen für Tourismus und Erholung Rechnung getragen. Bei einem entsprechenden Ordnungs- und Sicherungsbedarf in den Stadt- und Umlandbereichen der Oberzentren Flensburg und Neumünster können dort ebenfalls regionale Grünzüge ausgewiesen werden.

Darüber hinaus ist auch eine qualitative Sicherung der Freiraumfunktionen und die Verbesserung der ökologischen Funktionen notwendig. Landschaftsnutzungen sollen möglich bleiben, sie dürfen jedoch nicht zu Beeinträchtigungen der Qualität der Freiräume führen. Die Abwägung von Vorhaben, die im überwiegenden öffentlichen Interesse stehen, bezieht Standortalternativen mit ein. Sofern Einrichtungen der technischen Infrastruktur in den regionalen Grünzügen unvermeidbar sind, sind diese so auszuführen, dass die Funktionsfähigkeit des Grünzugs erhalten bleibt.

In das zusammenhängende Freiraumsystem der regionalen Grünzüge sind insbesondere Flächen einzubeziehen, die aufgrund ihrer besonderen ökologischen, klimaschützenden und naherholungsbezogenen Funktionen sowie aus raumstruktureller Sicht als besonders wertvoll einzustufen sind. Konkret können zu regionalen Grünzügen Gebiete mit folgenden Merkmalen gehören:
- besondere Eignung für die Erholung aufgrund der landschaftlichen Voraussetzungen,

- besondere Bedeutung für den Arten- und Biotopschutz (festgesetzte Naturschutzgebiete (NSG) oder Gebiete, die die Voraussetzungen für eine Festsetzung als NSG besitzen, größere Biotope),
- besondere Bedeutung für das Schutzgebiets- und Biotopverbundsystem,
- besondere Bedeutung für den Gewässerschutz,
- besondere Bedeutung für den Grundwasserschutz,
- erhaltenswerte Geotope,
- zusammenhängende Waldgebiete,
- zusammenhängende Freiräume,
- historische Kulturlandschaften (historische Knicklandschaften, Beet- und Grüppengebiete) gemäß den Landschaftsrahmenplänen,
- Moorböden.

Für die regionalen Grünzüge besteht ein generelles Freihaltegebot. Dies bedeutet, dass innerhalb der regionalen Grünzüge keine weitere Siedlungstätigkeit stattfinden soll (keine planmäßige Besiedelung). Dazu gehören auch die Ausweisung und Errichtung von Wochenend- und Ferienhausgebieten, Campingplätzen, großen baulichen Freizeiteinrichtungen und sonstigen landschaftsfremden baulichen Einzelanlagen sowie großflächigen Infrastruktureinrichtungen (Kapitel 4.7.3). Nicht privilegierte Vorhaben im Sinne des § 35 Absatz 2 Baugesetzbuch (BauGB) beeinträchtigen in der Regel die Funktionen der regionalen Grünzüge. Privilegierte Vorhaben im Außenbereich gemäß § 35 Absatz 1 BauGB bleiben hiervon unberührt. Rohstoffgebiete, die in regionalen Grünzügen liegen, sollen die ökologischen Funktionen der Grünzüge möglichst wenig beeinträchtigen.

6.3.2 Grünzäsuren

Grundsätze und Ziele der Raumordnung

1 Z

Zur Gliederung der Siedlungsentwicklung auf den Siedlungsachsen in den Ordnungsräumen (Kapitel 3.3) und zur Vernetzung regionaler Freiräume sind in den Regionalplänen überörtlich bedeutsame Grünzäsuren auszuweisen. Sie dienen der ortsnahen Erholung sowie der Klimaverbesserung und können darüber hinaus auch besondere Funktionen innerhalb eines Biotopverbundsystems übernehmen.

2 G

In den Regionalplänen können auch innerhalb der Stadt- und Umlandbereiche in ländlichen Räumen (Kapitel 2.4) überörtlich bedeutsame Grünzäsuren ausgewiesen werden.

3 Z

Die Grünzäsuren sind generell von einer Bebauung freizuhalten. Die Grundsätze und Ziele für regionale Grünzüge (Kapitel 6.3.1 Absatz 4 bis 6) gelten hier entsprechend.

Begründung

B zu 1 – 3

Grünzäsuren sollen das ungegliederte, bandartige Zusammenwachsen einzelner Siedlungskörper auf Siedlungsachsen verhindern. Sie sind insbesondere ein Gliederungselement der Siedlungsachsen. Sie orientieren sich im Allgemeinen an vorhandenen Niederungsgebieten, Bachläufen, bewaldeten oder parkähnlichen Flächen, Bereichen, die eine besondere Bedeutung für den Arten- und Biotopschutz beziehungsweise den überörtlichen Biotopverbund sowie den Gewässerschutz haben, oder anderen besonderen landschaftlichen Elementen. In ihrer Wirkung entsprechen die Grünzäsuren den regionalen Grünzügen im größeren Maßstab. In diesen Zonen können jedoch in der Regel öffentliche Nutzungen vorgesehen werden, die dem Charakter dieser für die Erholung der Bevölkerung und für das Stadtbild wesentlichen Grünräume entsprechen. Sie sollen gleichzeitig Verbindungselemente zu Biotopverbundachsen sein oder kleinklimatische Funktionen (Frischluftschneisen) übernehmen. Die schematischen Darstellungen in den Regionalplänen bedürfen einer Konkretisierung in den Landschaftsplänen beziehungsweise den Bauleitplänen der Gemeinden.

Für den Fall, das aufgrund des Siedlungsdrucks in den Stadt- und Umlandbereichen der Oberzentren Flensburg und Neumünster ebenfalls der Bedarf besteht, die Siedlungsentwicklung entlang von Siedlungsachsen auszurichten (Kapitel 3.3), können auch dort die Siedlungsachsen durch Grünzäsuren strukturiert werden.

6.4 Grundwasserschutz

6.4.1 Vorranggebiete für den Grundwasserschutz

Grundsätze und Ziele der Raumordnung

1 Z

Als Vorranggebiete für den Grundwasserschutz sind in den Regionalplänen bereits festgesetzte Trinkwasserschutzgebiete mit ihren äußeren Grenzen (Schutzzone 3) für die Einzugsbereiche von Wassergewinnungsanlagen darzustellen.

2 Z

In den Vorranggebieten für den Grundwasserschutz sind zum Zweck der nachhaltigen Sicherung der Trinkwasserversorgung alle anderen Nutzungsansprüche der Sicherung der Qualität und der Nutzungsmöglichkeit der Grundwasservorkommen unterzuordnen.

Bei der Nutzung der Grundwasservorkommen darf die Entnahmemenge die Neubildungsrate nicht übersteigen. Die Grundwasserförderung hat sich am regionalen Bedarf oder soweit erforderlich am überregionalen Bedarf zu orientieren.

Begründung

B zu 1 – 2

Vorranggebiete für den Grundwasserschutz umfassen bereits festgesetzte Trinkwasserschutzgebiete. Sie sollen die Wasservorräte sichern und die Versorgung der Bevölkerung und Wirtschaft mit Trinkwasser sicherstellen. Der Vorrang gegenüber anderen Nutzungen nimmt entsprechend der Gliederung der Wasserschutzgebiete in Schutzzonen mit zunehmender Entfernung von der Wassergewinnungsanlage ab. Für geplante Trinkwasserschutzgebiete kann wegen der nicht hinreichend determinierten Abgrenzung noch kein gesetzlich verbindlicher Vorrang gegenüber anderen Nutzungen begründet werden. Die Verfahren zur Festsetzung von Trinkwasserschutzgebieten sind daher zügig durchzuführen. Bei den durch Verordnung festgesetzten Gebieten gelten die Bestimmungen der entsprechenden Rechtsvorschriften.

6.4.2 Vorbehaltsgebiete für den Grundwasserschutz

Grundsätze und Ziele der Raumordnung

1 Z

Als Vorbehaltsgebiete für den Grundwasserschutz (Trinkwassergewinnungsgebiete) sind in den Regionalplänen solche Gebiete auszuweisen, die für die Sicherung der Trinkwasserversorgung sowie zur nachhaltigen Sicherung des Wasserhaushaltes, insbesondere des Grundwassers, von Bedeutung sind.

Begründung

B zu 1

Die Vorbehaltsgebiete für den Grundwasserschutz umfassen die geplanten Trinkwasserschutzgebiete und die Einzugsgebiete der Grundwassererfassungen größerer öffentlicher Wasserversorgungsunternehmen (Trinkwassergewinnungsgebiete). In den Vorbehaltsgebieten kommt neben der Sicherung der öffentlichen Wasserversorgung dem Gesichtspunkt des vorsorgenden Grundwasserschutzes bei der Abwägung mit anderen Nutzungsansprüchen ein besonderes Gewicht zu. Die Vorbehaltsgebiete für den Grundwasserschutz sind nach dem jeweiligen hydrogeologischen Kenntnisstand abgegrenzt.

6.5 Binnenhochwasserschutz

Grundsätze und Ziele der Raumordnung

1 G

Zum Schutz von Menschen und ihren Siedlungen sowie zum Schutz wichtiger Infrastruktureinrichtungen vor Schäden durch Überflutungen sollen an den Fließgewässern Schleswig-Holsteins in ausreichendem Maß Schutz- und Vorsorgemaßnahmen ergriffen werden.

2 G

Für den Binnenhochwasserschutz sollen in Hochwasserrisikogebieten an oberirdischen Gewässern sowie in deichgeschützten und geschöpften Niederungsgebieten bei allen raumbedeutsamen Planungen und Maßnahmen die Möglichkeiten der Risikovorsorge gegen Überflutungen in die Abwägung mit anderen Nutzungsansprüchen einbezogen werden.

3 G

In den Regionalplänen können Vorbehaltsgebiete für den Binnenhochwasserschutz in potenziell überflutungsgefährdeten Bereichen außerhalb von Überschwemmungsgebieten ausgewiesen werden, um die Hochwasserrisikovorsorge zu verbessern, eine an Hochwasserrisiken angepasste Siedlungsentwicklung zu fördern, Retentionsflächen zu sichern und zurückzugewinnen sowie den Wasserrückhalt in der Fläche zu steigern. In Vorbehaltsgebieten für den Binnenhochwasserschutz sollen diese Belange des Hochwasserschutzes in der Abwägung mit konkurrierenden Belangen mit einem erhöhten Gewicht berücksichtigt werden.

4 G

Die Bauausführung Kritischer Infrastrukturen (Kapitel 5.7) soll in Hochwasserrisikogebieten an oberirdischen Gewässern sowie in deichgeschützten und geschöpften Niederungsgebieten ausreichend hochwasserangepasst erfolgen. Bestehende Kritische Infrastrukturen, die noch nicht hochwasserangepasst sind, sollen entsprechend nachgerüstet werden.

Begründung

B zu 1, 2

Hochwasser im Binnenland ist als Teil des natürlichen Wasserkreislaufs grundsätzlich nicht zu vermeiden. Maßgebend für die Höhe des eintretenden Hochwassers und für hierdurch hervorgerufene Schäden oder Risiken sind neben der zeitlichen und räumlichen Verteilung der Niederschläge die natürlichen Speicherkapazitäten von Gewässernetz, Gelände und Boden sowie die Verwundbarkeit der betroffenen Raumnutzungen und Raumfunktionen. Insbesondere beim Zusammentreffen von Sturmwetterlagen mit erhöhten Wasserständen in Nord- und Ostsee und ergiebigen Niederschlägen im Binnenland können Hochwasserlagen entstehen, die bestehende landwirtschaftliche und vereinzelt auch Wohn- und Gewerbenutzungen beeinträchtigen. Die Ursachen für die in den letzten Jahren vermehrt auftretenden Überschwemmungen sind vielfältig und sowohl natürlichen als auch menschlichen Ursprungs. Der bereits heute zu verzeichnende Umfang der Schäden kann als Folge des Klimawandels insbesondere dann zunehmen, wenn in den Hochwasserrisikogebieten sowie in den deichgeschützten und geschöpften Niederungsgebieten Sachwerte nicht hochwasserangepasst neu geschaffen werden.

Zur Sicherung vor Überflutungen existiert in Schleswig-Holstein ein aus Deichen und Schöpfwerken bestehendes System von Hochwasserabwehrinfrastrukturen. Bis zum Bemessungsfall, auf den die Schutzbauwerke und Schöpfwerke ausgelegt sind, können die Anlagen sicher vor Hochwasser schützen. Ereignet sich ein Hochwasser, das den Bemessungsfall überschreitet, oder tritt ein Deichbruch aufgrund anderer Ursachen ein (zum Beispiel Unterspülung oder Durchnässung), sind Hochwasserschäden nicht mehr zu vermeiden. Eine Reduzierung des Restrisikos auf null ist daher nicht möglich. In Anbetracht des Klimawandels und der damit verbundenen zunehmenden Intensität von Hochwasser- und Starkniederschlagsereignissen ist es geboten, Risikovorsorge auch hinter den Deichen zu betreiben.

Hochwasserrisikogebiete an oberirdischen Gewässern sind die Gebiete, die in den Hochwassergefahren- und -risikokarten nach § 74 Absatz 2 Wasserhaushaltsgesetz (WHG) dargestellt sind. Deichgeschützte und geschöpfte Niederungsgebiete umfassen nach Definition der Arbeitsgruppe „Niederungen 2050" Flächen mit einer geodätischen Geländehöhe von unter 2,5 Meter über Normalhöhennull, die durch einen Deich geschützt sind oder geschöpft werden. Ausgedehnte Flächen liegen an der Westküste in den Kreisen Nordfriesland und Dithmarschen, dort insbesondere auf Eiderstedt und im Gebiet von Eider, Treene und Sorge. Im weiteren Verlauf der Elbmarschen in den Kreisen Dithmarschen, Steinburg und Pinneberg gehören die Teileinzugsgebiete der Stör, Krückau und Pinnau dazu. An der Ostküste gibt es solche Flächen im nordwestlichen Fehmarn und im Bereich des Oldenburger Grabens. Etwa ein Fünftel der Landesfläche von Schleswig-Holstein besteht aus diesen Niederungsgebieten mit geringer Höhenlage (Themenkarte 24). Über diese Niederungsgebiete werden große Teile des Landes, insbesondere höher liegende Bereiche der Geest, entwässert.

Zur Minderung von Schäden durch Hochwasser und zur Begrenzung möglicher Schadenspotenziale besteht die Notwendigkeit einer weitergehenden Vorsorge. Aus diesem Grund soll bei allen Planungen und Maßnahmen in den Hochwasserrisikogebieten an oberirdischen Gewässern sowie in den deichgeschützten und geschöpften Niederungsgebieten die Hochwassergefährdung in der Abwägung mit einem erhöhten Gewicht berücksichtigt werden. Durch Vorsorgemaßnahmen wie zum Beispiel hochwasserangepasste Bauweisen sowie durch geeignete bautechnische Maßnahmen zur Vermeidung des Eintrags wassergefährdender Stoffe in die Umwelt soll das Risiko minimiert werden. Weiterhin ist die Darstellung und Betrachtung des Hochwasserrisikos in diesen Gebieten der Information und Bewusstseinsbildung der potenziell Betroffenen sowie einer Verringerung und Vermeidung von Schadenspotenzialen dienlich.

Die konkrete Berücksichtigung der Hochwasserrisiken ist auch Aufgabe privater und öffentlicher Planungen und der sich daraus ergebenden baulichen Maßnahmen.

B zu 3

Die Strategie des Binnenhochwasserschutzes ist im „Generalplan Binnenhochwasserschutz des Landes Schleswig-Holstein" in der jeweils geltenden Fassung dargelegt. Gesetzliche Grundlage für den Binnenhochwasserschutz ist das Landeswassergesetz (LWG) in der jeweils geltenden Fassung. Der Generalplan Binnenhochwasserschutz Schleswig-Holstein von 2007 wird derzeit fortgeschrieben. Weiterhin werden aktuell die Hochwasserrisikomanagementpläne für Schleswig-Holstein fortgeschrieben. Bestandteil der Fortschreibungen ist die Verfeinerung und räumliche Differenzierung der Gebietskulissen der Hochwasserrisikogebiete sowie der deichgeschützten und geschöpften Niederungsgebiete. Auf der Basis dieser Fachpläne und ihrer aktualisierten Datengrundlage entscheidet die Regionalplanung, ob und an welchen Standorten eine Ausweisung von Vorbehaltsgebieten für den Binnenhochwasserschutz im Sinne des Vorsorgeauftrages der Raumordnung erforderlich und gerechtfertigt ist.

Durch die Ausweisung von Vorbehaltsgebieten für den Binnenhochwasserschutz soll eine frühzeitige Berücksichtigung von Belangen des Binnenhochwasserschutzes und der Risikovorsorge im Rahmen von raumbedeutsamen Planungen und Maßnahmen bewirkt werden. Dadurch soll eine hochwasserangepasste und schadensminimierende Planung und Gestaltung bestehender und künftiger Siedlungsnutzungen und Infrastrukturen ermöglicht sowie ein verbesserter Wasserrückhalt in der Fläche erreicht werden.

Stand: 2020
Quelle: MELUND
Herausgeber: Ministerium für Inneres, ländliche Räume, Integration und Gleichstellung des Landes Schleswig-Holstein
Landesentwicklungsplan Schleswig-Holstein – Fortschreibung 2021

Themenkarte 24 Binnenhochwasserschutz

B zu 4

Da technische Hochwasserschutzanlagen keinen absoluten Schutz vor extremen Ereignissen gewährleisten, ist bei allen Nutzungsentscheidungen in Hochwasserrisikogebieten an oberirdischen Gewässern sowie in deichgeschützten und geschöpften Niederungen zu berücksichtigen, dass eine Überlastung oder ein Versagen dieser Anlagen erhebliche Schäden zur Folge haben kann. Dies gilt insbesondere für Kritische Infrastrukturen (siehe Kapitel 5.7 B zu 6), deren Ausfall gravierende Beeinträchtigungen von Gesellschaft und Wirtschaft nach sich ziehen kann. Aus diesem Grund soll die bauliche Ausführung Kritischer Infrastrukturen ausreichend hochwasserangepasst erfolgen. Bestehende Kritische Infrastrukturen sollen hinsichtlich ihrer Hochwassergefährdung überprüft und soweit geboten im Sinne der Hochwasservorsorge so angepasst werden, dass ein Auftreten von Schäden vermieden wird.

6.5.1 Vorranggebiete für den Binnenhochwasserschutz

Grundsätze und Ziele der Raumordnung

1 Z

In den Regionalplänen sind als Vorranggebiete für den vorbeugenden Binnenhochwasserschutz die zur Regelung des Hochwasserabflusses im Binnenland erforderlichen Flächen (Überschwemmungsgebiete) auszuweisen. Hierzu gehören:

- durch Rechtsverordnung festgesetzte Überschwemmungsgebiete,
- Gebiete zwischen oberirdischen Gewässern und Deichen, die nach dem Wasserrecht per Legaldefinition als Überschwemmungsgebiet gelten sowie
- wasserrechtlich als Überschwemmungsgebiet gesicherte Gebiete, die bei Hochwasser überschwemmt oder durchflossen oder die für Hochwasserentlastung oder Rückhaltung beansprucht werden.

2 Z

Die Vorranggebiete für den vorbeugenden Binnenhochwasserschutz sind in ihrer natürlichen Funktion als Überschwemmungsbereiche dauerhaft zu erhalten und zu sichern. Sie sind von Bebauung frei zu halten, soweit keine Baurechte gemäß §§ 30, 31, 33 und 34 Baugesetzbuch (BauGB) bestehen. Die Ausweisung neuer Baugebiete ist unzulässig.

Ausnahmen sind hiervon abweichend nur im Rahmen der Regelungen der §§ 78, 78a des Wasserhaushaltsgesetzes (WHG) zulässig. In den Vorranggebieten sind Planungen und Maßnahmen auszuschließen, die die Funktion als Hochwasserabfluss- oder Retentionsraum beeinträchtigen oder durch die der Hochwasserabfluss erhöht oder beschleunigt wird.

3 G

Der Gebäudebestand in Vorranggebieten für den Binnenhochwasserschutz soll möglichst hochwasserangepasst entwickelt werden, das heißt bei bestehenden Gebäuden sollen technische und bauliche Vorsorgemaßnahmen umgesetzt werden, die das Ausmaß von Hochwasserschäden minimieren.

Begründung

B zu 1

In der Vergangenheit sind Überschwemmungsflächen und Hochwasserabflussgebiete durch Eingriffe des Menschen weitgehend verloren gegangen. Die noch verbliebenen Flächen sollen im Interesse der Risikominderung und im Einklang mit der Erhaltung ökologischer Funktionen konsequent vor einem weiteren Verlust bewahrt werden. Hierzu dient die Ausweisung von Vorranggebieten für den Binnenhochwasserschutz.

Überschwemmungsgebiete sind Gebiete zwischen oberirdischen Gewässern und Deichen, die nach dem Wasserrecht per Legaldefinition als Überschwemmungsgebiet gelten, sowie wasserrechtlich als Überschwemmungsgebiet gesicherte Gebiete, die bei Hochwasser überschwemmt oder durchflossen oder die für Hochwasserentlastung oder Rückhaltung beansprucht werden. Dies gilt in Schleswig-Holstein auch für Gebiete an oberirdischen Gewässern, die von den Gezeiten beeinflusst werden.

Die Überschwemmungsgebiete sind in ihrer Funktion als Rückhalteflächen zu erhalten. Soweit überwiegende Gründe des Wohls der Allgemeinheit dem entgegenstehen, sind rechtzeitig die notwendigen Ausgleichsmaßnahmen zu treffen.

B zu 2

Die Ausweisung als Vorranggebiet bedeutet in der Regel nicht den Ausschluss anderer Ansprüche im Sinne eines generellen Nutzungsverbotes, sondern lediglich von Nutzungen, die mit dem vorbeugenden Hochwasserschutz nicht vereinbar sind. Um Leben und Gesundheit der Bevölkerung zu schützen und Schäden weitgehend zu vermeiden, sind innerhalb von Vorranggebieten Planungen und Maßnahmen unzulässig, die ihre Funktion als Hochwasserabfluss- oder Retentionsraum (zum Beispiel durch Bebauung oder Aufschüttung) beeinträchtigen oder die den Abfluss erhöhen oder beschleunigen.

Über die raumordnerische Sicherung hinausgehende Anforderungen und rechtliche Regelungen bleiben unberührt. So gelten bei Überschwemmungsgebieten, die durch Verordnung festgesetzt sind, weiterhin die Bestimmungen der entsprechenden Verordnung sowie des WHG. Entsprechend § 78

Absatz 1 WHG ist in festgesetzten Überschwemmungsgebieten unter anderem die Ausweisung von neuen Baugebieten in Bauleitplänen oder sonstigen Satzungen nach dem Baugesetzbuch untersagt – ausgenommen Bauleitpläne für Häfen und Werften sowie die Errichtung oder Erweiterung baulicher Anlagen nach den §§ 30, 33, 34 und 35 des BauGB. Ausnahmen sind nur unter bestimmten Umständen zulässig, die im WHG sowie in der jeweiligen Verordnung zum festgesetzten Überschwemmungsgebiet genannt sind.

B zu 3

Bei bestehenden Gebäuden und dabei insbesondere bei Gebäuden und Bauwerken der Kritischen Infrastruktur (Kapitel 5.7) sollen technische und bauliche Vorsorgemaßnahmen zum Schutz vor Hochwasser und zur Vermeidung des Eintrags wassergefährdender Stoffe in die Umwelt realisiert werden.

6.6 Küstenschutz und Klimafolgenanpassung im Küstenbereich

Grundsätze und Ziele der Raumordnung

1 G

Zum Schutz vor Sturmfluten und Küstenrückgang sind an der West- und Ostküste Schleswig-Holsteins, auf den Inseln sowie an der Unterelbe Schutzmaßnahmen erforderlich. Durch Maßnahmen des Küstenschutzes

- sollen Menschen und ihre Siedlungen sowie wichtige Infrastruktureinrichtungen vor Meerwasserüberflutungen geschützt werden (Küstenhochwasserschutz),
- sollen Siedlungen, wichtige Infrastrukturanlagen und hohe Sachwerte vor irreversiblem Küstenrückgang und struktureller Erosion geschützt werden (Küstensicherung) und
- soll das Wattenmeer mit seinen prägenden Elementen und Funktionen erhalten bleiben (flächenhafter Küstenschutz).

2 G

In den Hochwasserrisikogebieten an der Küste, die durch Landesschutzdeiche und Anlagen mit vergleichbarem Schutzstandard ausreichend geschützt sind, sollen bei allen raumbedeutsamen Planungen und Maßnahmen die Erfordernisse der Risikovorsorge gegen Überflutungen und die Belange des Küstenschutzes bei der Abwägung mit anderen Nutzungsansprüchen besonders berücksichtigt werden.

3 G

Die Bauausführung Kritischer Infrastrukturen (Kapitel 5.7) soll in Hochwasserrisikogebieten an der Küste, die durch Landesschutzdeiche und Anlagen mit vergleichbarem Schutzstandard ausreichend geschützt sind, hochwasserangepasst erfolgen. Bestehende Kritische Infrastrukturen, die noch nicht hochwasserangepasst sind, sollen entsprechend nachgerüstet werden.

Begründung

B zu 1, 2

Etwa ein Viertel der Landesfläche Schleswig-Holsteins ist Küstenniederungsgebiet. Innerhalb dieses Gebietes besteht ein potentiell signifikantes Hochwasserrisiko (Themenkarte 25). Ohne Küstenschutzmaßnahmen könnten diese Niederungen theoretisch bei Sturmfluten überflutet werden. In diesem Raum leben rund 354.000 Menschen und sind Sachwerte in Höhe von 49 Milliarden Euro vorhanden. Über 90 Prozent dieser Küstenniederungen werden durch Landesschutzdeiche oder Schutzanlagen mit vergleichbarem Schutzstandard ausreichend geschützt; über die Hälfte darüber hinaus noch durch Mitteldeiche beziehungsweise eine zweite Deichlinie.

Die Strategie des Küstenschutzes ist im „Generalplan Küstenschutz des Landes Schleswig-Holstein (GPK)" in der jeweils geltenden Fassung dargelegt. Gesetzliche Grundlage für den Küstenschutz ist das Landeswassergesetz (LWG) in der jeweils geltenden Fassung. Nach § 62 LWG ist Küstenschutz eine Aufgabe derjenigen, die davon Vorteile haben. Nach § 63 LWG sind der Bau und die Unterhaltung von Deichen, Sicherungsdämmen sowie die Sicherung der Inseln und Halligen, der Wattflächen und Wattrinnen im Sinne eines flächenhaften Küstenschutzes, die im Interesse des Wohls der Allgemeinheit erforderlich sind, öffentliche Aufgaben.

Mit dem erwarteten Meeresspiegelanstieg und den dadurch bedingten höheren Sturmflutwasserständen als Folge des Klimawandels kann sich auch das Risiko von Meerwasserüberschwemmungen in den Marschen und Niederungsgebieten an der Küste erhöhen.

Als durch Landesschutzdeiche und Anlagen mit vergleichbarem Schutzstandard ausreichend geschützte Hochwasserrisikogebiete an der Küste gelten die in den Hochwassergefahren- und Risikokarten nach § 74 Absatz 2 Nummer 1 Wasserhaushaltsgesetz (WHG) dargestellten Gebiete, die bei einem Versagen der Schutzanlagen in Kombination mit einem Hochwasser niedriger Wahrscheinlichkeit (HW200-extrem) bis zur zweiten Deichlinie überschwemmt werden (Themenkarte 25). Innerhalb dieser Gebiete besteht entsprechend ein erhöhter Bedarf an Maßnahmen der Risikovorsorge. Die Gebietskulisse endet an der zweiten Deichlinie, da Auswirkungen auf die dahinterliegenden Bereiche nach menschlichem Ermessen nicht zu erwarten sind.

In den durch Landesschutzdeiche und Anlagen mit vergleichbarem Schutzstandard ausreichend geschützten Hochwasserrisikogebieten an der Küste bleibt gleichwohl ein Restrisiko bestehen, da ein Versagen der Küstenschutzanlagen im Extremfall nicht mit absoluter Sicherheit ausgeschlossen werden kann. Überschwemmungen in Folge eines Versagens können zu extrem hohen Schäden führen. Zur Vermeidung dieser Schäden und zur Begrenzung möglicher Schadenspotenziale besteht die Notwendigkeit einer weitergehenden Vorsorge vor Überflutungen auch in diesen deichgeschützten Küstenniederungen. Bei allen Planungen und Maßnahmen in diesen Gebieten ist die Hochwassergefährdung in der Abwägung zu berücksichtigen. Durch entsprechende Vorsorgemaßnahmen soll eine ergänzende Risikominimierung erreicht und das Schadenspotenzial für die Gesellschaft langfristig begrenzt werden, zum Beispiel durch eine hochwasserangepasste Bauweise sowie durch geeignete bautechnische Maßnahmen zur Vermeidung des Eintrags wassergefährdender Stoffe in die Umwelt.

Weiterhin ist die Darstellung und Betrachtung des Restrisikos in diesen Gebieten der Information und Bewusstseinsbildung der potenziell Betroffenen sowie einer Verringerung und Vermeidung von Schadenspotenzialen dienlich.

Die konkrete Berücksichtigung der Risiken ist auch Aufgabe privater und öffentlicher Planungen und der sich daraus ergebenden baulichen Maßnahmen.

B zu 3

Auch in durch Landesschutzdeiche und Anlagen mit vergleichbarem Schutzstandard geschützten Hochwasserrisikogebieten an der Küste besteht keine absolute Sicherheit vor Überschwemmungen. Dieses Restrisiko gilt es insbesondere bei Kritischen Infrastrukturen (siehe Kapitel 5.7 B zu 6) zu berücksichtigen, deren Ausfall gravierende Beeinträchtigungen von Gesellschaft und Wirtschaft nach sich ziehen kann. Aus diesem Grund soll die bauliche Ausführung von Kritischen Infrastrukturen in durch Landesschutzdeiche und Anlagen mit vergleichbarem Schutzstandard ausreichend geschützten Hochwasserrisikogebieten an der Küste ausreichend hochwasserangepasst erfolgen. Bestehende Kritische Infrastrukturen sollen hinsichtlich ihrer Hochwassergefährdung überprüft und soweit geboten im Sinne der Hochwasservorsorge so angepasst werden, dass ein Auftreten von Schäden in Folge einer Überschwemmung vermieden wird.

6.6.1 Vorranggebiete für den Küstenschutz und die Klimafolgenanpassung im Küstenbereich

Grundsätze und Ziele der Raumordnung

1 Z

Vorranggebiete für den Küstenschutz und die Klimafolgenanpassung im Küstenbereich sind

- ein Küstenstreifen bis 50 Meter landwärts vom Fußpunkt der Innenböschung von Landesschutzdeichen und bis 25 Meter vom Fußpunkt der Innenböschung von Regionaldeichen,
- das Deichvorland,
- ein Küstenstreifen bis 150 Meter landwärts von der oberen Böschungskante eines Steilufers oder vom seewärtigen Fußpunkt einer Düne oder eines Strandwalles sowie
- die nicht durch Landesschutzdeiche oder durch Schutzanlagen mit einem vergleichbaren Schutzstandard geschützten Hochwasserrisikogebiete an der Küste.

Als Vorranggebiete für den Küstenschutz und die Klimafolgenanpassung im Küstenbereich sind in den Regionalplänen die nicht durch Landesschutzdeiche oder durch Schutzanlagen mit einem vergleichbaren Schutzstandard geschützten Hochwasserrisikogebiete an der Küste darzustellen.

2 Z

In den Vorranggebieten für den Küstenschutz und die Klimafolgenanpassung im Küstenbereich haben die Belange des Küstenschutzes und der Anpassung an die Folgen der Klimaveränderung gegenüber konkurrierenden Raumnutzungsansprüchen Vorrang. Die Vorranggebiete für Küstenschutz und Klimafolgenanpassung im Küstenbereich sind von neuen raumbedeutsamen Planungen und Maßnahmen, die nicht dem Küstenschutz dienen, und sonstigen nur schwer revidierbaren Nutzungen, die im Konflikt mit Belangen des Küstenschutzes und der Anpassung an den Klimawandel stehen, freizuhalten.

Nur in begründeten Fällen kann vom Vorrang des Küstenschutzes und der Klimafolgenanpassung abgewichen werden. Raumbedeutsame Planungen und Maßnahmen sind möglich, wenn diese

- in öffentlichen Häfen liegen und Hafenbetriebszwecken dienen,
- der Sicherheit und Leichtigkeit des Schiffsverkehrs sowie der Sicherheit der Bundeswasserstraßen dienen, oder
- bereits zulässig sind aufgrund eines Bebauungsplanes, der vor dem Inkrafttreten des Raumordnungsplanes rechtsverbindlich war, oder weil sie im Bereich eines im Zusammenhang bebauten Ortsteils nach § 34 Baugesetzbuch (BauGB) liegen, und
- wenn die Durchführung der zur ausreichenden Minderung der Hochwasserrisiken erforderlichen Maßnahmen mit Herstellung der raumbedeutsamen Maßnahmen zeitlich und rechtlich verbindlich sichergestellt ist.

Die Ausweisung neuer Bauflächen und Baugebiete durch Bauleitpläne oder sonstige bauplanungsrechtliche Satzungen im Wege einer Ausnahme ist nur zulässig, wenn sie ausschließlich für bauliche Anlagen erfolgt, die unter den Voraussetzungen des § 82 Absatz 3 Landeswassergesetz (LWG) zulässig sind und die Vereinbarkeit mit den Belangen der Klimafolgenanpassung sichergestellt ist.

3 G

In den Vorranggebieten für den Küstenschutz und die Klimafolgenanpassung im Küstenbereich sollen die erforderlichen Küstenschutzmaßnahmen im Sinne einer nachhaltigen Entwicklung durchgeführt werden. Bei der Ausführung von Küstenschutzmaßnahmen sollen Natur und Landschaft geschont werden. Hierzu soll bereits frühzeitig nach naturverträglichen Maßnahmenvarianten gesucht werden. Diese sollen in der Abwägung bevorzugt werden. Die Umsetzung von anderen berechtigten Anforderungen an den Küstenraum wie Tourismus, Hafenwirtschaft oder Entwässerung sollen dabei ermöglicht werden. Im Interesse der Zukunftsvorsorge sollen hydromorphologische Entwicklungen sowie Klimaänderungen und ihre möglichen Folgen sorgfältig beobachtet und bewertet werden.

Begründung

B zu 1

Aufgrund des Klimawandels sind die Küsten in Schleswig-Holstein einem gestiegenen Gefährdungspotenzial ausgesetzt. Es ist deshalb besonders wichtig, auch raumordnerisch dafür Sorge zu tragen, dass die für den Küstenschutz und die natürliche Küstensicherung erforderlichen Flächen langfristig gesichert werden und gleichzeitig andere Raumnutzungsansprüche, wie der Tourismus oder die Siedlungsentwicklung, nicht gefährdet sind oder eine nachhaltige Entwicklung dieser Nutzungen sichergestellt wird. Dieses soll durch die Festlegung von Vorranggebieten für den Küstenschutz und die Klimafolgenanpassung im Küstenbereich erreicht werden.

Als Reaktion auf die geänderte Gefahrenlage sind eine Erhöhung und Verstärkung von Küstenschutzanlagen und neue Schutzabstände erforderlich. Auf diese Herausforderung hat das Land mit der Verstärkung von Landesschutzdeichen als Klimadeichen, die einem weiteren Anstieg des Meeresspiegels hinreichend Rechnung tragen, sowie der Novellierung des LWG (insbesondere § 82 LWG) reagiert.

Die Erhöhung und Verstärkung von Küstenschutzanlagen ist in der Regel mit einem zusätzlichen Raumbedarf verbunden. Die für den Küstenschutz und die Klimafolgenanpassungsmaßnahmen erforderlichen Flächen im Deichvorland sowie hinter Landesschutzdeichen und Regionaldeichen sind von neuen baulichen Anlagen und sonstigen nur schwer revidierbaren Nutzungen freizuhalten. In Abwägung mit anderen Raumnutzungsansprüchen werden die Gebiete auf ein aus küstenschutzfachlicher Sicht vertretbares Maß begrenzt. Durch die Ausweisung von Vorranggebieten für den Küstenschutz und die Klimafolgenanpassung im Küstenbereich werden die Belange des Küstenschutzes gestärkt, so dass auch zukünftig eine Verstärkung von Deichen und anderen Küstenschutzanlagen gewährleistet ist.

Darüber hinaus muss infolge des Meeresspiegelanstiegs mittel- bis langfristig mit verstärktem Küstenabbruch gerechnet werden; dann auch an Stellen, die heute stabil sind. Im Sinne der Küstensicherung sind daher Sicherheitsabstände hinter Dünen, Strandwällen sowie Steilufern landeinwärts erforderlich. Auch aus diesem Grund werden Vorranggebiete für den Küstenschutz und die Klimafolgenanpassung im Küstenbereich ausgewiesen. So können Küstenstreifen von neuen baulichen Anlagen und Nutzungen freigehalten und zusätzliche Gefährdungen infolge von Küstenabbruch verhindert werden.

Stand: 2020
Quelle: MELUND
Herausgeber: Ministerium für Inneres, ländliche Räume, Integration und Gleichstellung des Landes Schleswig-Holstein
Landesentwicklungsplan Schleswig-Holstein – Fortschreibung 2021

Themenkarte 25 Küstenhochwasserschutz

Als Hochwasserrisikogebiete an der Küste gelten die in den Hochwassergefahren- und -risikokarten nach § 74 Absatz 2 Nummer 1 Wasserhaushaltsgesetz (WHG) dargestellten Gebiete, die bei einem Hochwasser mit niedriger Wahrscheinlichkeit (voraussichtliches Wiederkehrintervall mindestens 200 Jahre) und definiertem Deichbruch (HW200-extrem) überschwemmt werden (Themenkarte 25). Von diesen Risikogebieten gelten diejenigen als ausreichend geschützt, die durch Landesschutzdeiche oder durch Schutzanlagen mit einem vergleichbaren Schutzstandard geschützt sind. In den nicht ausreichend geschützten Hochwasserrisikogebieten an der Küste, für die bisher noch kein vergleichbarer Sicherheitsstandard zum Schutz vor Sturmfluten umgesetzt werden konnte, sollen in den Regionalplänen Vorranggebiete für den Küstenschutz und die Klimafolgenanpassung im Küstenbereich vorsorglich ausgewiesen werden (Themenkarte 25). Durch die Freihaltung dieser Bereiche von neuen baulichen Anlagen und Infrastrukturen kann in diesen Gebieten im Fall einer Sturmflut das Ausmaß von Schäden begrenzt und die Gefährdung von Menschen vermindert oder sogar vermieden werden.

B zu 2

Die Ausweisung als Vorranggebiet für den Küstenschutz und die Klimafolgenanpassung im Küstenbereich bedeutet in der Regel nicht den Ausschluss anderer Ansprüche im Sinne eines generellen Nutzungsverbotes. So ist hier zum Beispiel bei Überschneidungen mit Schwerpunkträumen für Tourismus und Erholung (Kapitel 4.7.1) oder Entwicklungsräumen und -gebieten für Tourismus und Erholung (Kapitel 4.7.2) eine touristische Entwicklung und Erholungsnutzung weiterhin grundsätzlich möglich, soweit sie den besonderen Risiken hinreichend Rechnung trägt. In Vorranggebieten sind lediglich jene Raumnutzungen ausgeschlossen, die im Konflikt zu Belangen des Küstenschutzes und den erforderlichen Anpassungsmaßnahmen an die Klimafolgen stehen. Neue Planungen und Maßnahmen können nur dann umgesetzt werden, wenn sie mit den Belangen des Küstenschutzes und mit der Anpassung an die Folgen der Klimaveränderung im Küstenbereich vereinbar sind. In den fachgesetzlichen Regelungen zum Hochwasserschutz sowie den baulichen Maßnahmen zur Erhöhung und Verstärkung der Landesschutzdeiche und anderer Hochwasserschutzanlagen mit vergleichbarem Schutzstandard spiegeln sich die Anforderungen an den Hochwasserschutz und die Hochwasservorsorge durch den Klimawandel wider. Durch die raumordnerische Sicherung des Vorrangs des Küstenschutzes und der Klimafolgenanpassung in den Vorranggebieten beziehungsweise die Freihaltung von raumbedeutsamen Planungen und Maßnahmen, die mit Belangen des Küstenschutzes und des Hochwasserschutzes nicht vereinbar sind, wird die Klimafolgenanpassung auch planerisch berücksichtigt. Für die Errichtung von touristischen Infrastrukturen bedeutet dies, dass hier eine hochwasserangepasste Bauweise sichergestellt wird und die Einrichtungen damit langfristig vor Überflutungen geschützt werden.

Die definierten Ausnahmen bestimmen die Fälle, in denen der Vorrang der Belange des Küstenschutzes und der Anpassung an den Klimawandel gegenüber anderen Belangen zurückgestellt werden kann. Anforderungen, die über die raumordnerische Sicherung hinausgehen sowie die Regelungen nach § 82 Absatz 2 LWG bleiben unberührt.

An der Ostseeküste kann bei der Errichtung von baulichen Anlagen in Bebauungsplänen ein ausreichender Schutz vor Hochwasserrisiken beispielsweise durch Festsetzung folgender Mindesthöhen sichergestellt werden:

- Verkehrs- und Fluchtwege auf mindestens Normalhöhennull + 2,50 Meter,
- Räume mit Wohnnutzung auf mindestens Normalhöhennull + 3,00 Meter,
- Räume mit gewerblicher Nutzung auf mindestens Normalhöhennull + 2,50 Meter und
- Lagerung wassergefährdender Stoffe auf mindestens Normalhöhennull + 3,00 Meter.

Im Küstenbereich an der Nordseeküste und entlang der Tiedeelbe können für die Errichtung von baulichen Anlagen in den Vorranggebieten für den Küstenschutz und die Klimafolgenanpassung keine pauschalen Mindesthöhen angegeben werden. Im Einzelfall ist an der Westküste zu ermitteln, welche Höhen für eine ausreichend hochwasserangepasste Bauweise erforderlich sind.

B zu 3

In vielen Küstenbereichen kommt dem Schutz von Natur- und Landschaft ebenfalls eine hohe Bedeutung zu. Daher kann es zu Überschneidungen von Vorranggebieten für den Naturschutz (Kapitel 6.2.1) mit Vorranggebieten für den Küstenschutz und die Klimafolgenanpassung im Küstenbereich kommen. In diesen Überschneidungsgebieten gilt, dass Nutzungen, die mit den Belangen des Küstenschutzes nicht vereinbar sind, ausgeschlossen sind. Für Maßnahmen des Küstenschutzes selbst bleibt jedoch – wie bei anderen Nutzungen auch – der Vorrang des Naturschutzes bestehen. Das bedeutet, dass den Funktionen von Natur und Landschaft bei den Maßnahmen des Küstenschutzes ein besonderes Gewicht beigemessen werden soll.

Anhang

Anlage 1

Zu Kapitel 2.2 B zu 1: Abgrenzungskriterien der Ordnungsräume

In die Untersuchungen zur Abgrenzung der Ordnungsräume in Schleswig-Holstein wurden alle Gemeinden einbezogen, deren Auspendlerinnen und Auspendler vorrangig in die Kernstädte der Ordnungsräume, das heißt nach Kiel, Lübeck oder Hamburg, auspendeln. In den weiteren Untersuchungsraum für den Ordnungsraum Hamburg wurden zudem einige Gemeinden einbezogen, aus denen überwiegend in die Mittelzentren Elmshorn und Bad Oldesloe ausgependelt wird.

Im Weiteren erfolgte die Abgrenzung der Ordnungsräume dann anhand der Indikatoren „Verdichtung" und „Arbeitsplatzzentralität".

1. Verdichtung

Für das Kriterium Verdichtung wurden folgende Kennziffern gebildet:

- Siedlungsdichte (Einwohnerinnen und Einwohner je Hektar (ha) Gebäude- und Freifläche),
- Siedlungsflächenanteil (Anteil der Siedlungsfläche an der Gesamtfläche),
- Summe aus Einwohnerinnen und Einwohnern und Sozialversicherungspflichtig Beschäftigten am Arbeitsort (a. A.) je Hektar (ha) Gebäude- und Freifläche.

Die Bewertung der einzelnen Kennziffern erfolgte über ein Punktbewertungsverfahren mit folgendem Schlüssel:

Siedlungsdichte:

bis 10	Einwohnerinnen und Einwohner je ha Gebäude- und Freifläche:	1 Punkt
11 bis 20	Einwohnerinnen und Einwohner je ha Gebäude- und Freifläche:	2 Punkte
21 bis 30	Einwohnerinnen und Einwohner je ha Gebäude- und Freifläche:	3 Punkte
31 bis 40	Einwohnerinnen und Einwohner je ha Gebäude- und Freifläche:	4 Punkte
41 bis 50	Einwohnerinnen und Einwohner je ha Gebäude- und Freifläche:	5 Punkte
über 50	Einwohnerinnen und Einwohner je ha Gebäude- und Freifläche:	6 Punkte

Siedlungsflächenanteil:

bis 5 Prozent	Anteil der Siedlungsfläche an der Gesamtfläche:	1 Punkt
5–10 Prozent	Anteil der Siedlungsfläche an der Gesamtfläche:	2 Punkte
11–15 Prozent	Anteil der Siedlungsfläche an der Gesamtfläche:	3 Punkte
16–20 Prozent	Anteil der Siedlungsfläche an der Gesamtfläche:	4 Punkte
21–25 Prozent	Anteil der Siedlungsfläche an der Gesamtfläche:	5 Punkte
Über 25 Prozent	Anteil der Siedlungsfläche an der Gesamtfläche:	6 Punkte

Einwohnerinnen und Einwohner plus Sozialversicherungspflichtig Beschäftigte am Arbeitsort (Sozial. Besch. a. A.) je Hektar (ha) Gebäude- und Freifläche:

bis 15	Einwohnerinnen und Einwohner+ Sozial. Besch. a. A. je ha Gebäude- und Freifläche:	1 Punkt
15 bis 20	Einwohnerinnen und Einwohner+ Sozial. Besch. a. A. je ha Gebäude- und Freifläche:	2 Punkte
21 bis 30	Einwohnerinnen und Einwohner+ Sozial. Besch. a. A. je ha Gebäude- und Freifläche:	3 Punkte
31 bis 40	Einwohnerinnen und Einwohner+ Sozial. Besch. a. A. je ha Gebäude- und Freifläche:	4 Punkte
41 bis 50	Einwohnerinnen und Einwohner+ Sozial. Besch. a. A. je ha Gebäude- und Freifläche:	5 Punkte
über 50	Einwohnerinnen und Einwohner+ Sozial. Besch. a. A. je ha Gebäude- und Freifläche:	6 Punkte

2. Arbeitsplatzzentralität

Zur Analyse der Arbeitsplatzzentralität wurden die Kennziffern „Sozialversicherungspflichtig Beschäftigte am Arbeitsort je Einwohnerinnen und Einwohner" und „Anteil der Auspendlerinnen und Auspendler an den Sozialversicherungspflichtig Beschäftigten am Wohnort (a. W.)" berechnet. Je nach Wert erfolgte anschließend eine Zuordnung zu verschiedenen Gemeindetypen (Typen 1 bis 9).

Der Raumkategorie Ordnungsraum wurden die Gemeinden in der Regel dann zugeordnet, wenn sie entsprechend ihres Gemeindetyps eine bestimmte Mindestpunktzahl bei der Verdichtung erreichten (siehe Tabelle).

Neben dem oben beschriebenen rechnerischen Verfahren für die Ordnungsraumabgrenzung waren zudem regionalplanerische Aspekte sowie die Siedlungsentwicklung der vergangenen Jahre ausschlaggebend.

Arbeitsplatzzentralität Kennziffer Sozial. Besch. a. A. je Einwohnerinnen und Einwohner	Arbeitsplatzzentralität Kennziffer Auspendlerinnen und Auspendler je Sozial. Besch. a. W.	Arbeitsplatzzentralität Gemeindetyp	Verdichtung: Mindestpunktzahl für Zuordnung Ordnungsraum
10 Prozent bis unter 20 Prozent	unter 85 Prozent	Typ 1	14
unter 10 Prozent	unter 85 Prozent	Typ 2	14
unter 10 Prozent	85 Prozent bis unter 95 Prozent	Typ 3	7
mehr als 20 Prozent	unter 85 Prozent	Typ 4	8
10 Prozent bis unter 20 Prozent	85 Prozent bis unter 95 Prozent	Typ 5	7
unter 10 Prozent	95 Prozent und mehr	Typ 6	7
mehr als 20 Prozent	85 Prozent bis unter 95 Prozent	Typ 7	6
mehr als 20 Prozent	95 Prozent und mehr	Typ 8	7
10 Prozent bis unter 20 Prozent	95 Prozent und mehr	Typ 9	6

Anlage 2

Zu Kapitel 2.2 Absatz 1: Abgrenzung der Ordnungsräume

Ordnungsraum Kiel

Verdichtungsraum Kiel

Kiel (Oberzentrum)

Altenholz (Stadtrandkern II. Ordnung)

Flintbek (Stadtrandkern II. Ordnung)

Kronshagen (Stadtrandkern II. Ordnung)

Molfsee

Mönkeberg

Schwentinental (Stadtrandkern II. Ordnung)

Weitere Gemeinden im Ordnungsraum Kiel

Kreis Plön

Barsbek

Boksee

Brodersdorf
Fiefbergen
Großbarkau
Heikendorf (Stadtrandkern I. Ordnung)
Höhndorf
Honigsee
Kirchbarkau
Klein Barkau
Krokau
Laboe
Lutterbek
Passade
Pohnsdorf
Prasdorf
Preetz (Unterzentrum)
Probsteierhagen
Schellhorn
Schönberg (Holstein) (Unterzentrum)
Schönkirchen
Stein
Wendtorf
Wisch

Kreis Rendsburg-Eckernförde
Achterwehr
Blumenthal
Böhnhusen
Bordesholm (Unterzentrum)
Brügge
Dänischenhagen
Felde (Ländlicher Zentralort)
Felm
Gettorf (Unterzentrum)
Grevenkrug
Lindau
Melsdorf
Mielkendorf
Neudorf-Bornstein
Neuwittenbek
Noer
Osdorf
Ottendorf
Quarnbek
Reesdorf

Rumohr
Schinkel
Schmalstede
Schwedeneck
Strande
Techelsdorf
Tüttendorf
Wattenbek

Ordnungsraum Hamburg

Verdichtungsraum Hamburg

Ahrensburg (Mittelzentrum im Verdichtungsraum)
Halstenbek (Stadtrandkern II. Ordnung)
Henstedt-Ulzburg (Stadtrandkern I. Ordnung)
Geesthacht (Mittelzentrum im Verdichtungsraum)
Glinde (Mittelzentrum im Verdichtungsraum zusammen mit Reinbek und Wentorf bei Hamburg)
Großhansdorf (Stadtrandkern II. Ordnung)
Norderstedt (Mittelzentrum im Verdichtungsraum)
Oststeinbek
Pinneberg (Mittelzentrum im Verdichtungsraum)
Reinbek (Mittelzentrum im Verdichtungsraum zusammen mit Glinde und Wentorf bei Hamburg)
Rellingen
Schenefeld (Stadtrandkern II. Ordnung)
Wedel in Holstein (Mittelzentrum im Verdichtungsraum)
Wentorf bei Hamburg (Mittelzentrum im Verdichtungsraum zusammen mit Reinbek und Glinde)

Weitere Gemeinden im Ordnungsraum Hamburg

Kreis Herzogtum Lauenburg

Aumühle
Basthorst
Börnsen
Brunstorf
Dahmker
Dassendorf
Elmenhorst
Escheburg
Fuhlenhagen
Grabau
Grove
Groß Pampau
Gülzow
Hamfelde
Hamwarde
Havekost

Hohenhorn
Kasseburg
Klein Pampau
Köthel
Kollow
Kröppelshagen-Fahrendorf
Kuddewörde
Linau
Möhnsen
Müssen
Mühlenrade
Sahms
Schönberg
Schretstaken
Schwarzenbek (Unterzentrum)
Stubben
Talkau
Wentorf A.Seite
Wiershop
Wohltorf
Worth

Kreis Pinneberg
Appen
Barmstedt (Unterzentrum)
Bevern
Bilsen
Bönningstedt
Bokholt-Hanreder
Borstel-Hohenraden
Bullenkuhlen
Ellerbek
Ellerhoop
Elmshorn (Mittelzentrum)
Groß Nordende
Groß Offenseth-Aspern
Haselau
Haseldorfi
Hasloh
Heede
Heidgraben
Heist
Hemdingen
Hetlingen

Holm
Klein Nordende
Klein Offenseth-Sparrieshoop
Kölln-Reisiek
Kummerfeld
Langeln
Lutzhorn
Moorrege
Neuendeich
Prisdorf
Quickborn (Stadtrandkern I. Ordnung)
Raa-Besenbek
Seester
Seestermühe
Seeth-Ekholt
Tangstedt
Tornesch (Stadtrandkern II. Ordnung)
Uetersen (Unterzentrum)

Kreis Segeberg

Alveslohe
Ellerau
Groß Niendorf
Heidmoor
Hüttblek
Itzstedt (Ländlicher Zentralort zusammen mit Nahe)
Kaltenkirchen (Mittelzentrum)
Kattendorf
Kayhude
Kisdorf
Lentföhrden
Nahe (Ländlicher Zentralort zusammen mit Itzstedt)
Nützen
Oering
Oersdorf
Schmalfeld
Seth
Sievershütten
Struvenhütten
Stuvenborn
Sülfeld
Wakendorf I
Wakendorf II
Winsen

Kreis Steinburg

Altenmoor

Horst (Holstein) (Ländlicher Zentralort)

Kiebitzreihe

Kreis Stormarn

Ammersbek

Bad Oldesloe (Mittelzentrum)

Bargfeld-Stegen

Bargteheide (Unterzentrum)

Barnitz

Barsbüttel (Stadtrandkern II. Ordnung)

Braak

Brunsbek

Delingsdorf

Elmenhorst

Grabau

Grande

Grönwohld

Großensee

Hamfelde

Hammoor

Hohenfelde

Hoisdorf

Jersbek

Köthel

Lasbek

Lütjensee

Meddewade

Neritz

Nienwohld

Pölitz

Rausdorf

Reinfeld (Holstein) (Unterzentrum)

Rethwisch

Rümpel

Siek

Stapelfeld

Steinburg (Ländlicher Zentralort)

Tangstedt

Todendorf

Travenbrück

Tremsbüttel

Trittau (Unterzentrum)

Westerau

Witzhave

Ordnungsraum Lübeck

Verdichtungsraum Lübeck

Lübeck

Bad Schwartau (Stadtrandkern I. Ordnung)

Groß Grönau

Krummesse

Weitere Gemeinden im Ordnungsraum Lübeck

Kreis Herzogtum Lauenburg

Bliestorf

Groß Sarau

Groß Schenkenberg

Klempau

Rondeshagen

Kreis Ostholstein

Ratekau (Stadtrandkern II. Ordnung)

Scharbeutz (Unterzentrum zusammen mit Timmendorfer Strand)

Stockelsdorf (Stadtrandkern II. Ordnung)

Timmendorfer Strand (Unterzentrum zusammen mit Scharbeutz)

Kreis Stormarn

Badendorf

Feldhorst

Hamberge

Heidekamp

Heilshoop

Klein Wesenberg

Mönkhagen

Rehhorst

Wesenberg

Zarpen

Anlage 3

Zu Kapitel 2.4 Absatz 1: Abgrenzung der Stadt- und Umlandbereiche in ländlichen Räumen

Hinweis: Die Stadt- und Umlandbereiche in ländlichen Räumen umfassen in der Regel nur Teile der nachstehend genannten Gemeinden.

Im Planungsraum I

Stadt- und Umlandbereich Flensburg

Flensburg (Oberzentrum)

Ausacker

Dollerup
Freienwill
Glücksburg (Ostsee) (Stadtrandkern I. Ordnung)
Großsolt
Grundhof
Handewitt
Harrislee (Stadtrandkern II. Ordnung)
Hürup
Husby
Langballig
Maasbüll
Munkbrarup
Oeversee
Ringsberg
Sieverstedt
Tarp (Unterzentrum)
Tastrup
Wees
Westerholz
Wanderup

Stadt- und Umlandbereich Husum

Husum (Mittelzentrum)
Hattstedt
Horstedt
Mildstedt
Rantrum
Schwesing
Simonsberg
Südermarsch
Wobbenbüll

Stadt- und Umlandbereich Schleswig

Schleswig (Mittelzentrum)
Busdorf
Dannewerk
Fahrdorf
Hüsbyi
Jagel
Lürschau
Neuberend
Nübel
Schaalby
Selk
Schuby

Im Planungsraum II

Stadt- und Umlandbereich Neumünster

Neumünster (Oberzentrum)
Bönebüttel
Boostedt
Ehndorf
Großharrie
Groß Kummerfeld
Großenaspe
Krogaspe
Loop
Mühbrook
Padenstedt
Tasdorf
Wasbek

Stadt- und Umlandbereich Plön

Plön (Unterzentrum mit Teilfunktionen eines Mittelzentrums)
Ascheberg in Holstein
Bösdorf
Dörnick
Grebin
Lebrade
Rathjensdorf
Wittmoldt

Stadt- und Umlandbereich Eckernförde

Eckernförde (Mittelzentrum)
Altenhof
Barkelsby
Gammelby
Goosefeld
Loose
Osterby
Windeby

Stadt- und Umlandbereich Rendsburg

Rendsburg (Mittelzentrum)
Alt Duvenstedt
Borgstedt
Büdelsdorf (Stadtrandkern II. Ordnung)
Fockbek
Jevenstedt
Nübbel

Osterrönfeld
Rickert
Schacht-Audorf
Schülldorf
Schülp bei Rendsburg
Westerrönfeld

Im Planungsraum III

Stadt- und Umlandbereich Brunsbüttel
Brunsbüttel (Mittelzentrum)
Averlak
Büttel
Eddelak
Landscheide
Kudensee
St. Margarethen

Stadt- und Umlandbereich Heide
Heide (Mittelzentrum)
Hemmingstedt
Lieth
Lohe-Rickelshof
Neuenkirchen
Norderwöhrden
Nordhastedt
Ostrohe
Stelle-Wittenwurth
Süderheistedt
Weddingstedt
Wesseln
Wöhrden

Stadt- und Umlandbereich Ratzeburg
Ratzeburg (Unterzentrum mit Teilfunktionen eines Mittelzentrums)
Bäk
Einhaus
Harmsdorf
Römnitz
Ziethen

Stadt- und Umlandbereich Mölln
Mölln (Mittelzentrum)
Alt Mölln
Breitenfelde
Bälau

Niendorf/Stecknitz

Stadt- und Umlandbereich Eutin

Eutin (Mittelzentrum)

Kasseedorf

Malente (Stadtrandkern II. Ordnung)

Süsel

Stadt- und Umlandbereich Neustadt in Holstein

Neustadt in Holstein (Unterzentrum mit Teilfunktionen eines Mittelzentrums)

Schashagen

Sierksdorf

Stadt- und Umlandbereich Bad Segeberg/Wahlstedt

Bad Segeberg (Mittelzentrum zusammen mit Wahlstedt)

Wahlstedt (Mittelzentrum zusammen mit Bad Segeberg)

Fahrenkrug

Högersdorf

Groß Rönnau

Klein Gladebrügge

Klein Rönnau

Mözen

Negernbötel

Schackendorf

Schwissel

Stipsdorf

Traventhal

Weede

Wittenborn

Stadt- und Umlandbereich Itzehoe

Itzehoe (Mittelzentrum)

Bekmünde

Breitenburg

Dägeling

Heiligenstedten

Heiligenstedtenerkamp

Hohenaspe

Hohenlockstedt

Kremperheide

Krempermoor

Lägerdorf

Münsterdorf

Neuenbrook

Oelixdorf

Oldendorfi

Ottenbüttel

Rethwisch

Schlotfeld

Anlage 3a

Zu Kapitel 3.6.1 B zu 3: Überschlägige Umweltprüfung zu den Änderungen in Kapitel 3.6.1 Absatz 3 Landesentwicklungsplan Schleswig-Holstein- Fortschreibung 2021 (LEP 2021)

Gemäß § 8 Absatz 2 Raumordnungsgesetz (ROG) kann bei geringfügigen Änderungen von Raumordnungsplänen von einer Umweltprüfung abgesehen werden, wenn durch eine überschlägige Prüfung unter Berücksichtigung der in Anlage 2 zu § 8 Absatz 2 ROG genannten Kriterien festgestellt wurde, dass die Änderungen voraussichtlich keine erheblichen Umweltauswirkungen haben werden.

Im Folgenden werden in diesem Kontext die Auswirkungen der geringfügigen Änderungen des Kapitels 3.6.1 Absatz 3 LEP 2021 in Bezug auf den Landesentwicklungsplan Schleswig-Holstein – Fortschreibung 2021 (LEP 2021) und unter Berücksichtigung der Kriterien in Anlage 2 zu § 8 Absatz 2 ROG geprüft.

Diese Kriterien sind:

1. Merkmale des Raumordnungsplans, insbesondere in Bezug auf
   - 1.1 das Ausmaß, in dem der Raumordnungsplan einen Rahmen im Sinne des § 35 Absatz 3 des Gesetzes über die Umweltverträglichkeitsprüfung setzt;
   - 1.2 das Ausmaß, in dem der Raumordnungsplan andere Pläne und Programme beeinflusst;
   - 1.3 die Bedeutung des Raumordnungsplans für die Einbeziehung umweltbezogener, einschließlich gesundheitsbezogener Erwägungen, insbesondere im Hinblick auf die Förderung der nachhaltigen Entwicklung;
   - 1.4 die für den Raumordnungsplan relevanten umweltbezogenen, einschließlich gesundheitsbezogener Probleme;
   - 1.5 die Bedeutung des Raumordnungsplans für die Durchführung nationaler und europäischer Umweltvorschriften.
2. Merkmale der möglichen Auswirkungen und der voraussichtlich betroffenen Gebiete, insbesondere in Bezug auf
   - 2.1 die Wahrscheinlichkeit, Dauer, Häufigkeit und Umkehrbarkeit der Auswirkungen;
   - 2.2 den kumulativen und grenzüberschreitenden Charakter der Auswirkungen;
   - 2.3 die Risiken für die Umwelt, einschließlich der menschlichen Gesundheit (zum Beispiel bei Unfällen);
   - 2.4 den Umfang und die räumliche Ausdehnung der Auswirkungen;
   - 2.5 die Bedeutung und die Sensibilität des voraussichtlich betroffenen Gebiets auf Grund der besonderen natürlichen Merkmale, des kulturellen Erbes, der Intensität der Bodennutzung des Gebiets jeweils unter Berücksichtigung der Überschreitung von Umweltqualitätsnormen und Grenzwerten.
   - 2.6 folgende Gebiete:
     - 2.6.1 Natura 2000-Gebiete nach § 7 Absatz 1 Nummer 8 des Bundesnaturschutzgesetzes,
     - 2.6.2 Naturschutzgebiete gemäß § 23 des Bundesnaturschutzgesetzes, soweit nicht bereits von Nummer 2.6.1 erfasst,
     - 2.6.3 Nationalparke gemäß § 24 des Bundesnaturschutzgesetzes, soweit nicht bereits von Nummer 2.6.1 erfasst,
     - 2.6.4 Biosphärenreservate und Landschaftsschutzgebiete gemäß den §§ 25 und 26 des Bundesnaturschutzgesetzes,
     - 2.6.5 gesetzlich geschützte Biotope gemäß § 30 des Bundesnaturschutzgesetzes,
     - 2.6.6 Wasserschutzgebiete gemäß § 51 des Wasserhaushaltsgesetzes, Heilquellenschutzgebiete gemäß § 53 Absatz 4 des Wasserhaushaltsgesetzes sowie Überschwemmungsgebiete gemäß § 76 des Wasserhaushaltsgesetzes,
     - 2.6.7 Gebiete, in denen die in den Gemeinschaftsvorschriften festgelegten Umweltqualitätsnormen bereits überschritten sind,

2.6.8 Gebiete mit hoher Bevölkerungsdichte, insbesondere Zentrale Orte im Sinne des § 2 Abs. 2 Nr. 2 dieses Gesetzes,

2.6.9 in amtlichen Listen oder Karten verzeichnete Denkmäler, Denkmalensembles, Bodendenkmäler oder Gebiete, die von der durch die Länder bestimmten Denkmalschutzbehörde als archäologisch bedeutende Landschaften eingestuft worden sind.

Das zusammengefasste Ergebnis der Prüfung ist Teil der Begründung zu Kapitel 3.6.1 Absatz 3. Die Überschlägige Umweltprüfung wird als Anlage zu Kapitel 3.6.1 B zu 3 dem Landesentwicklungsplan beigefügt.

Zu 1. Merkmale des Raumordnungsplans

Ziel der veränderten Anrechnung auf den wohnbaulichen Entwicklungsrahmen ist es, einen Anreiz für mehr verdichteten und flächensparenden Wohnungsbau außerhalb der Schwerpunkte für den Wohnungsbau zu setzen und die Planung und den Bau von kleinen Wohnungen zu unterstützen, für die es landesweit einen wachsenden Bedarf gibt.

Die veränderte Anrechnung auf den wohnbaulichen Entwicklungsrahmen, der für alle Gemeinden gilt, die keine Schwerpunkte für den Wohnungsbau sind, beeinflusst nachfolgende Entscheidungen der Kommunen über die Nutzung wohnbaulicher Entwicklungsmöglichkeiten und damit verbunden auch die Inanspruchnahme von Ressourcen (Kriterium 1.1 in Anlage 2 zu § 8 Absatz 2 ROG).

Indem auf den wohnbaulichen Entwicklungsrahmen Wohneinheiten, die in Gebäuden mit drei und mehr Wohnungen, in Wohnheimen und durch Baumaßnahmen an bestehenden Gebäuden entstehen, sowie andere kleine Wohneinheiten in flächensparender Bauweise nur noch zur Hälfte statt bislang zu zwei Drittel angerechnet werden, können in den betroffenen Gemeinden gegebenenfalls mehr Wohneinheiten als bislang realisiert werden. Im Vergleich zu den Festlegungen im LEP 2021 kann dadurch unter Umständen auch mehr Fläche in Anspruch genommen werden. Durch verdichtete und flächensparende Bauweisen, wie sie der LEP 2021 im Kapitel 3.9 Absatz 4 und 5 fordert, kann dem seitens der Kommunen durch konkrete Festlegungen zum Wohnungsbau im Rahmen ihrer verbindlichen Bauleitplanung aber entgegengewirkt werden.

Die Auswirkungen der veränderten Anrechnung (ein Halb statt zwei Drittel) auf andere Pläne und Programme (1.2), wie die Bauleitplanungen der Gemeinden, werden nicht sehr groß sein. Bezogen auf die Zahl an Wohnungen in Mehrfamilienhäusern, die im Zeitraum 2019 bis 2022 in den vom wohnbaulichen Entwicklungsrahmen betroffenen Gemeinden gebaut worden sind (insgesamt 2.682), hätte die geplante geringere Anrechnung lediglich dazu geführt, dass pro Jahr in Schleswig-Holstein nur etwa 110 Wohnungen weniger auf den wohnbaulichen Entwicklungsrahmen angerechnet worden wären als bei einer Berücksichtigung zu zwei Dritteln (LEP 2021). Der Bau von Wohnungen in Mehrfamilienhäusern in Schleswig-Holstein findet zu fast 90 Prozent in den Schwerpunkten für den Wohnungsbau statt (Zentrale Orte et cetera), für die der wohnbauliche Entwicklungsrahmen nicht gilt. Auch von der verringerten Anrechnung anderer kleiner Wohneinheiten mit einer Richtgröße von 50 Quadratmetern Wohnfläche und in flächensparender Bauweise sind keine großen Auswirkungen zu erwarten, da sie außerhalb von Mehrfamilienhäusern und Wohnheimen selten sind.

Trotzdem ist gegenüber den Festlegungen im LEP 2021 grundsätzlich eine Zunahme der Flächenneuinanspruchnahme mit den damit verbundenen negativen Umweltauswirkungen auf die entsprechenden ökologischen Funktionen sowie gegebenenfalls auf die Erholungsfunktion oder auf Kulturgüter möglich. Negative Wirkungen infolge einer verstärkten Innenentwicklung, zum Beispiel im Hinblick auf die Verschlechterung der Luftqualität oder auf den Verlust von Freiräumen, beispielsweise mit Bedeutung für das innerörtliche Klima, müssen im Rahmen der Detailplanung auf der kommunalen Ebene (verbindliche Bauleitplanung) näher geprüft und soweit möglich vermieden werden. Gleiches gilt für negative Einflüsse auf die menschliche Gesundheit (1.4) beispielsweise durch Verlust von Freiräumen für die siedlungsnahe Erholung.

Eine Zunahme von Wohneinheiten in flächensparender und verdichteter Bauweise trägt aber trotz möglicher punktueller negativer Umweltauswirkungen in der Gesamtbetrachtung zu einer nachhaltigen Entwicklung des Wohnungsbaus (1.3) bei.

Die geringfügigen Änderungen im Kapitel 3.6.1 Absatz 3 lassen auf dieser Prüfebene keinen Einfluss auf die Durchführung nationaler und europäischer Umweltvorschriften (1.5) erkennen. Eine inhaltliche und räumliche Konkretisierung der Auswirkungen kann erst im Rahmen der Bauleitplanung der Gemeinden abgeschätzt und in der Folge vermieden oder minimiert werden.

Zu 2. Merkmale der möglichen Auswirkungen und der voraussichtlich betroffenen Gebiete

Auf Ebene des Landesentwicklungsplans sind die Umweltauswirkungen der Planänderung in ihrer Tendenz einschätzbar. Genauere Aussagen zur Wahrscheinlichkeit, Dauer, Häufigkeit und Umkehrbarkeit der Umweltauswirkungen sind hingegen erst auf Ebene der kommunalen Bauleitplanung möglich, da erst hier Art und Ausgestaltung des Wohnungsbaus definiert werden. Gleiches gilt für den kumulativen und grenzüberschreitenden Charakter (2.2) der Auswirkungen.

Auch die Risiken für die Umwelt (2.3) einschließlich der menschlichen Gesundheit sowie der Umfang und die räumliche Ausdehnung der Auswirkungen (2.4) können wie bereits im ersten Teil der Prüfung dargestellt, auf der Planungsebene der kommunalen Bauleitplanung im Rahmen der räumlichen Konkretisierungen abgeschätzt und vermieden oder vermindert werden.

Bei der Prüfung der Betroffenheit einzelner Schutzgebiete durch die verringerte Anrechnung auf den wohnbaulichen Entwicklungsrahmen ist zu beachten, dass die Regelungen des Kapitels 3.6.1 übergeordnete, richtungsweisende Vorgaben für die wohnbauliche Entwicklung der Gemeinden darstellen. Diese sind nicht örtlich konkretisiert und haben keine direkten Auswirkungen auf Natura 2000-Gebiete, Nationalparke, Wasserschutzgebiete oder auch Denkmalschutzbelange (2.5-2.6.7, 2.6.9).

Die veränderte Anrechnung auf den wohnbaulichen Entwicklungsrahmen hat zudem keinen unmittelbaren Einfluss auf die Zentralen Orte (2.6.8), da die Regelungen des Kapitels 3.6.1 Absatz 3 nicht für diese anzuwenden sind. Eine schwerpunktmäßige Verlagerung des Wohnungsbaus weg von den Schwerpunkten für den Wohnungsbau hin zu Gemeinden mit wenig Versorgungsinfrastruktur ist nicht zu erwarten und wird durch die Änderungen auch nicht ermöglicht.

Alternativenprüfung

Die Änderung der Anrechnung auf den wohnbaulichen Entwicklungsrahmen soll dazu beigetragen, den Bedarf an kleinen Wohneinheiten im Land besser zu decken.

Alternativ könnte der Anrechnungsfaktor höher angesetzt werden, wodurch tendenziell weniger Wohnungen gebaut werden könnten und weniger Fläche in Anspruch genommen würde. Allerdings könnte der steigende Bedarf an kleinen Wohneinheiten in Mehrfamilienhäusern in Gemeinden, die den wohnbaulichen Entwicklungsrahmen beachten müssen, dort unter Umständen nicht ausreichend gedeckt werden. Stattdessen müssten die benötigten Wohnungen in den Schwerpunkten für den Wohnungsbau entstehen, was dort zu mehr Flächenverbrauch verbunden mit anderen Umweltauswirkungen führen würde.

Ergebnis

Die Verringerung des Anrechnungsfaktors auf den wohnbaulichen Entwicklungsrahmen kann auf der kommunalen Planungsebene zu negativen Effekten für die Umwelt führen, da unter bestimmten Voraussetzungen in einigen Gemeinden mehr Wohnungsbau und dadurch mehr Flächenneuinanspruchnahme als bislang möglich wären. Die Betonung einer verdichteten und flächensparenden Bauweise sowie das gleichzeitig geltende Ziel der Innenentwicklung wirken einer Zunahme der Flächenneuinanspruchnahme jedoch entgegen. Negative Effekte lassen sich außerdem durch eine geeignete Detailplanung auf kommunaler Ebene verringern. Festzuhalten ist, dass eine konkrete Einschätzung zu den Umweltauswirkungen der Planänderung (verringerte Anrechnung bestimmter Wohneinheiten auf den wohnbaulichen Entwicklungsrahmen) im Vergleich zu den Regelungen des LEP 2021 generell erst im Rahmen der verbindlichen Bauleitplanung möglich ist.

Auf Ebene des Landesentwicklungsplans sind erhebliche Umweltauswirkungen nicht zu erwarten. Die Planänderung stellt nur eine geringe Absenkung der Anrechnung bestimmter Wohneinheiten dar, und kleine Wohneinheiten mit der Richtgröße von 50 Quadratmetern kommen nur in Ausnahmefällen vor und beanspruchen nur wenig Fläche. Die voraussichtlich nur geringe Zahl an Wohneinheiten, die aufgrund der Planänderung zusätzlich gebaut werden, führt landesweit zu keiner erheblichen Zunahme der Flächenneuinanspruchnahme. Zudem stellt der Grundsatz in Kapitel 3.9 Absatz 3 G, die maximale Inanspruchnahme neuer Flächen in Schleswig-Holstein auf unter 1,3 Hektar pro Tag bis 2030 zu reduzieren, eine übergeordnete Begrenzung der Flächenneuinanspruchnahme dar. Die verringerte Anrechnung befördert verdichtete und flächensparende Bauweisen und kann damit unter Umständen auch zu weniger Flächenneuinanspruchnahme führen. Positiv ist außerdem zu bewerten, dass durch die Planänderung ein Anreiz zur Deckung des wachsenden Bedarfs an kleinen Wohneinheiten geschaffen wird.

Anhang 2

Die überschlägige Prüfung zu den Umweltauswirkungen der Planänderung führt zu dem Ergebnis, dass von der Verringerung der Anrechnung bestimmter Wohneinheiten (von zwei Drittel auf ein Halb) voraussichtlich keine erheblichen Umweltauswirkungen zu erwarten sind.

Anlage 4

Zu Kapitel 3.10 Absatz 6 Z: Nahversorgungs- und zentrenrelevante Sortimente

(1) Nahversorgungs- und zugleich zentrenrelevante Sortimente:

- Nahrungs- und Genussmittel, Getränke
- Reformwaren
- Drogerieartikel, Wasch-/Putz- und Reinigungsmittel
- Apothekenwaren
- Zeitungen/Zeitschriften
- Schnittblumen, Topfblumen im Innenbereich

(2) Zentrenrelevante Sortimente:

Zentrenrelevant sind diejenigen Sortimente, die in den Zentralen Versorgungsbereichen der jeweiligen Standortgemeinde maßgeblich prägende Wirkung haben. Dies sind in der Regel:

- Papier/Bürobedarf/Schreibwaren
- Bücher
- Bekleidung und Bekleidungsaccessoires (Sonnenbrillen, Schale, Hüte oder Ähnliches)
- Schuhe, Lederwaren
- Sanitätshauswaren, Brillen, Hörgeräte
- Haushaltswaren, Glas/Porzellan/Keramik
- Spielwaren
- Sportbekleidung, Sportschuhe, Sportartikel
- Elektrokleingeräte, Medien (= Unterhaltungs- und Kommunikationselektronik, Computer, Foto)
- Uhren, Schmuck

Anlage 5

Zu Kapitel 4.7.1 Absatz 1: Abgrenzung der Schwerpunkträume für Tourismus und Erholung

Hinweis: Die Schwerpunkträume für Tourismus und Erholung umfassen in der Regel nur Teile der nachstehend genannten Städte und Gemeinden.

Inseln und Halligen

Insel Sylt

Hörnum (Sylt)

Kampen (Sylt)

List

Wenningstedt-Braderup (Sylt)

Sylt

Insel Föhr

Alkersum

Borgsum

Dunsum

Midlum

Nieblum

Oevenum

Oldsum
Süderende
Utersum
Witsum
Wrixum
Wyk auf Föhr

Insel Amrum
Norddorf auf Amrum
Nebel
Wittdün auf Amrum

Halligen
Hooge
Langeneß
Oland

Insel Pellworm
Pellworm

Insel Helgoland
Helgoland

Westküste
Dagebüll
Elisabeth-Sophien-Koog
Nordstrand
Husum
Sankt Peter-Ording
Büsum
Büsumer Deichhausen
Westerdeichstrich
Friedrichskoog

Ostküste
Flensburg
Glücksburg (Ostsee)
Steinbergkirche
Steinberg
Niesgrau
Gelting
Nieby
Pommerby
Kronsgaard
Hasselberg
Maasholm
Kappeln

Anhang 2

Brodersby
Dörphof
Damp
Waabs
Barkelsby
Eckernförde
Strande
Kiel
Mönkeberg
Heikendorf
Laboe
Stein
Wendtorf
Barsbek
Wisch
Schönberg (Holstein)
Stakendorf
Behrensdorf (Ostsee)
Hohwacht (Ostsee)
Blekendorf
Wangels
Fehmarn
Heiligenhafen
Großenbrode
Neukirchen
Heringsdorf
Grube
Dahme
Kellenhusen (Ostsee)
Grömitz
Schashagen
Neustadt in Holstein
Sierksdorf
Scharbeutz
Ratekau
Timmendorfer Strand
Lübeck

Binnenland

Malente
Eutin
Plön
Bösdorf

Anlage 6

Zu Kapitel 6.2 Absatz 1: Liste der Querungshilfen im Bereich landesweit bedeutsamer Lebensraumkorridore und Bundesfernstraßen

Ausreichend dimensionierte, bestehende beziehungsweise beschlossene Straßenbrücken, Grünbrücken und Grünunterführungen

- Querung der A 7, Treenetalbrücke bei Tarp mit Verbundachse Treene (Bestand)
- Querung der A 7 bei Brokenlande mit Verbundachse Segeberger Heide-Aukrug; Großsäugerkorridor von überregionaler Bedeutung (Grünbrücke im Bau)
- Querung der A 7, Störbrücke südwestlich Neumünster mit Verbundachse Stör (Brückenerweiterung im Bau)
- Querung der A 7, Brücke über die Schmalfelder Au mit Verbundachse Schmalfelder Au (Brückenerweiterung im Bau)
- Querung der A 7, Grünbrücke nördlich Schmalfelder Au mit Verbundachse Hasselbusch-Segeberger Heide
- Querung der A 20, Wakenitzbrücke mit Verbundachse Goldensee-Wakenitz (Bestand)
- Querung der A 20, Brücke über den Elbe-Lübeck-Kanal mit Verbundachse Stecknitz-Delvenauer Tunneltal (Bestand)
- Querung der A 20, Travetalbrücke mit Verbundachse Trave (Bestand)
- Querung der A 20, Grünbrücke bei Geschendorf, (Bestand); Großsäugerkorridor von überregionaler Bedeutung
- Querung der A 21, Grünbrücke bei Negernbötel mit Verbundachse Segeberger Heide-Ostholstein (Bestand); Großsäugerkorridor von überregionaler Bedeutung
- Querung der A 21, Wildtunnel bei Stolpe (im Bau)
- Querung der A 23, Störbrücke westlich Itzehoe mit Verbundachse Stör (Bestand)
- Querung der A 24, Grünbrücke bei Gudow/Segrahn mit Verbindung des nördlichen und südlichen Teils des Möllner und Büchener Sanders (Bestand); Großsäugerkorridor von überregionaler Bedeutung
- Querung der B 76, Schwentinetalbrücke nördlich Preetz mit Verbundachse Schwentinetal zwischen Plön und Kiel (Bestand)
- Grünunterführung der A 21 bei Nettelsee, Durchlassbauwerk für Biotopverbund (im Bau)

Anlage 7

Verzeichnis der zitierten Rechtsvorschriften

Abkürzung	**Zitat**
26. BImSchV	Verordnung über elektromagnetische Felder in der Fassung der Bekanntmachung vom 14. August 2013 (BGBl. (Bundesgesetzblatt) I (Teil 1) Seite 3266)
26. BImSchVVwV	Allgemeine Verwaltungsvorschrift zur Durchführung der Verordnung über elektromagnetische Felder – 26. BImSchV vom 26. Februar 2016 (BAnz AT (Amtlicher Teil des Bundesanzeigers) 3. März 2016 B5, BAnz AT 3. März 2016 B6)
6. FStrAbÄndG	Sechstes Gesetz zur Änderung des Fernstraßenausbaugesetzes vom 23. Dezember 2016 (BGBl. I Seite 3354)
Anlage 1 des UVPG	Gesetz über die Umweltverträglichkeitsprüfung in der Fassung der Bekanntmachung vom 18. März 2021 (BGBl. I Seite 540), geändert durch Gesetz vom 10. September 2021 (BGBl. I Seite 4147), hier: Anlage 1 Liste „UVP-pflichtige Vorhaben" (BGBl. 2021 I Seite 565–582)
AWZROV	Verordnung über die Raumordnung in der deutschen ausschließlichen Wirtschaftszone in der Nordsee und in der Ostsee vom 19. August 2021 (BGBl. I Seite 3886)

BauGB	Baugesetzbuch in der Fassung der Bekanntmachung vom 3. November 2017 (BGBl. I Seite 3634), zuletzt geändert durch Artikel 9 des Gesetzes vom 10. September 2021 (BGBl. I Seite 4147).
BauNVO	Baunutzungsverordnung in der Fassung der Bekanntmachung vom 21. November 2017 (BGBl. I Seite 3786), zuletzt geändert durch Artikel 2 des Gesetzes vom 14. Juni 2021 (BGBl. I Seite 1802)
BBodSchG	Bundes-Bodenschutzgesetz vom 17. März 1998 (BGBl. I Seite 502), zuletzt geändert durch Artikel 7 des Gesetzes vom 25. Februar 2021 (BGBl. I Seite 306)
BBPlG	Bundesbedarfsplangesetz vom 23. Juli 2013 (BGBl. I Seite 2543; 2014 I Seite 148, 271), zuletzt geändert durch Artikel 3 Absatz 4 des Gesetzes vom 2. Juni 2021 (BGBl. I Seite 1295)
BImSchG	Bundes-Immissionsschutzgesetz in der Fassung der Bekanntmachung vom 17. Mai 2013 (BGBl. I Seite 1274; ber. (berichtigt) 2021 I Seite 123), zuletzt geändert durch Artikel 1 des Gesetzes vom 18. August 2021 (BGBl. I Seite 3901)
BNatSchG	Bundesnaturschutzgesetz vom 29. Juli 2009 (BGBl. I Seite 2542), zuletzt geändert durch Artikel 1 des Gesetzes vom 18. August 2021 (BGBl. I Seite 3908)
BSIG	Gesetz über das Bundesamt für Sicherheit in der Informationstechnik (BSI-Gesetz) vom 14. August 2009 (BGBl. I Seite 2821), zuletzt geändert durch Artikel 12 des Gesetzes vom 23. Juni 2021 (BGBl. I Seite 1982)
BSI-KritisV	Verordnung zur Bestimmung Kritischer Infrastrukturen nach dem BSI-Gesetz (BSI-Kritisverordnung) vom 22. April 2016 (BGBl. I Seite 958), zuletzt geändert durch Artikel 1 der Verordnung vom 6. September 2021 (BGBl. I Seite 4163)
BSWAG	Bundesschienenwegeausbaugesetz vom 15. November 1993 (BGBl. I Seite 1874), zuletzt geändert durch Artikel 1 des Gesetzes vom 23. Dezember 2016 (BGBl. I Seite 3221)
CWVO	Camping- und Wochenendplatzverordnung vom 15. Juli 2020 (GVOBl. Schl.-H. (Gesetz- und Verordnungsblatt Schleswig-Holstein) Seite 448)
DGLG	Dauergrünlanderhaltungsgesetz vom 7. Oktober 2013 (GVOBl. Schl.-H. Seite 387), zuletzt geändert durch Artikel 2 des Gesetzes vom 8. Juni 2021 (GVOBl. Schl.-H. Seite 858)
DigiNetzG	Gesetz zur Erleichterung des Ausbaus digitaler Hochgeschwindigkeitsnetze vom 4. November 2016 (BGBl. I Seite 2473), geändert durch Artikel 3 Absatz 5 des Gesetzes vom 27. Juni 2017 (BGBl. I Seite 1947)
DSchG	Denkmalschutzgesetz vom 30. Dezember 2014 (GVOBl. Schl.-H. 2015 Seite 2), geändert durch Artikel 5 des Gesetzes vom 1. September 2020 (GVOBl. Schl.-H. Seite 508)
EEG 2021	Erneuerbare-Energien-Gesetz vom 21. Juli 2014 (BGBl. I Seite 1066), zuletzt geändert durch Artikel 11 des Gesetzes vom 16. Juli 2021 (BGBl. I Seite 3026)
EnLAG	Energieleitungsausbaugesetz vom 21. August 2009 (BGBl. I Seite 2870), zuletzt geändert durch Artikel 84 des Gesetzes vom 10. August 2021 (BGBl. I Seite 3436)
EnWG	Energiewirtschaftsgesetz vom 7. Juli 2005 (BGBl. I Seite 1970, ber. Seite 3621), zuletzt geändert durch Artikel 2 des Gesetzes vom 16. Juli 2021 (BGBl. I Seite 3026)
EU-MSRL	Richtlinie 2008/56/EG des Europäischen Parlaments und des Rates vom 17. Juni 2008 zur Schaffung eines Ordnungsrahmens für Maßnahmen der Gemeinschaft im Bereich der Meeresumwelt (Meeresstrate-

	gie-Rahmenrichtlinie) (ABl. (Amtsblatt) L 164 Seite 19), geändert durch Richtlinie (EU) 2017/845 der Kommission vom 17. Mai 2017 (ABl. L 125 Seite 27)
EU-Vogelschutzrichtlinie	Richtlinie 2009/147/EG des Europäischen Parlaments und des Rates vom 30. November 2009 über die Erhaltung der wildlebenden Vogelarten (ABl. L 20 Seite 7), zuletzt geändert durch Verordnung (EU) 2019/1010 des Europäischen Parlaments und des Rates vom 5. Juni 2019 (ABl. L 170 Seite 115)
EU-WRRL	Richtlinie 2000/60/EG des Europäischen Parlaments und des Rates vom 23. Oktober 2000 zur Schaffung eines Ordnungsrahmens für Maßnahmen der Gemeinschaft im Bereich der Wasserpolitik (Wasserrahmenrichtlinie) (ABl. L 327 Seite 1), zuletzt geändert durch Richtlinie 2014/101/EU der Kommission vom 30. Oktober 2014 (ABl. L 311 Seite 32)
EWKG	Energiewende- und Klimaschutzgesetz Schleswig-Holstein vom 7. März 2017 (GVOBl. Schl.-H. Seite 124)
FAG	Finanzausgleichsgesetz vom 20. November 2020 (GVOBl. Schl.-H. Seite 808, ber. S. 996)
FFH-Richtlinie	Richtlinie 92/43/EWG des Rates vom 21. Mai 1992 zur Erhaltung der natürlichen Lebensräume sowie der wildlebenden Tiere und Pflanzen (ABl. L 206 Seite 7), zuletzt geändert durch Richtlinie 2013/17/EU des Rates vom 13. Mai 2013 (ABl. L 158 Seite 193)
GKV-WSG	Gesetz zur Stärkung des Wettbewerbs in der gesetzlichen Krankenversicherung (GKV-Wettbewerbsstärkungsgesetz) vom 26. März 2007 (BGBl. I Seite 378)
GEG	Gebäudeenergiegesetz vom 8. August 2020 (BGBl. I Seite 1728).
GO	Gemeindeordnung für Schleswig-Holstein (Gemeindeordnung) in der Fassung der Bekanntmachung vom 28. Februar 2003 (GVOBl. Schl.-H. Seite 57), zuletzt geändert durch Artikel 1 des Gesetzes vom 25. Mai 2021 (GVOBl. Schl.-H. Seite 566)
HSG	Gesetz über die Hochschulen und das Universitätsklinikum Schleswig-Holstein (Hochschulgesetz) in der Fassung der Bekanntmachung vom 5. Februar 2016 (GVOBl. Schl.-H. Seite 39), zuletzt geändert durch Gesetz vom 13. Dezember 2020 (GVOBl. Schl.-H. 2021 Seite 2)
KiTa-Reform-Gesetz	Gesetz zur Stärkung der Qualität in der Kinderbetreuung und zur finanziellen Entlastung von Familien und Kommunen vom 12. Dezember 2019 (GVOBl. Schl.-H. Seite 759), geändert durch Artikel 25 Nummer 1 des Gesetzes vom 8. Mai 2020 (GVOBl. Schl.-H. Seite 220)
KiTaG	Kindertagesförderungsgesetz vom 12. Dezember 2019 (GVOBl. Schl.-H. Seite 759), zuletzt geändert durch Artikel 9 des Gesetzes vom 25. Februar 2021 (GVOBl. Schl.-H. Seite 201)
KSG	Bundes-Klimaschutzgesetz vom 12. Dezember 2019 (BGBl. I S. 2513), zuletzt geändert durch Artikel 1 des Gesetzes vom 18. August 2021 (BGBl. I S. 3905)
KSpG SH	Gesetz zur Regelung der Kohlendioxid-Speicherung in Schleswig-Holstein vom 27. März 2014 (GVOBl. Schl.-H. Seite 65)
Landesverfassung SH	Verfassung des Landes Schleswig-Holstein in der Fassung der Bekanntmachung vom 2. Dezember 2014 (GVOBl. Schl.-H. Seite 344, ber. 2015 Seite 41), zuletzt geändert durch Gesetz vom 20. April 2021 (GVOBl. Schl.-H. Seite 438)
LaplaG	Landesplanungsgesetz in der Fassung vom 27. Januar 2014 (GVOBl. Schl.-H. Seite 8), zuletzt geändert durch das Gesetz vom 12. November 2020 (GVOBl. Schl.-H. Seite 808)

LBO	Landesbauordnung für das Land Schleswig-Holstein vom 22. Januar 2009 (GVOBl. Schl.-H. Seite 6), zuletzt geändert durch Gesetz vom 1. Oktober 2019 (GVOBl. Schl.-H. Seite 398)
LNatSchG	Landesnaturschutzgesetz vom 24. Februar 2010 (GVOBl. Schl.-H. Seite 301, ber. Seite 486), zuletzt geändert durch Artikel 7 des Gesetzes vom 13. November 2019 (GVOBl. Schl.-H. Seite 425)
LWaldG	Landeswaldgesetz vom 5. Dezember 2004 (GVOBl. Schl.-H. S. 461), zuletzt geändert durch Artikel 3 des Gesetzes vom 13. Dezember 2018 (GVOBl. Schl.-H. Seite 773)
LWG	Landeswassergesetz vom 13. November 2019 (GVOBl. Schl.-H. Seite 425), geändert durch Gesetz vom 22. Juni 2020 (GVOBl. Schl.-H. Seite 352)
MindGrVO	Landesverordnung über die Bestimmung der Mindestgröße von öffentlichen allgemein bildenden Schulen und Förderzentren (Mindestgrößenverordnung) vom 21. März 2017 (NBl.MSB. Schl.-H. Seite 87)
NABEG	Netzausbaubeschleunigungsgesetz Übertragungsnetz vom 28. Juli 2011 (BGBl. I Seite 1690), zuletzt geändert durch Artikel 4 des Gesetzes vom 25. Februar 2021 (BGBl. I Seite 298)
NPG	Gesetz zum Schutze des schleswig-holsteinischen Wattenmeeres (Nationalparkgesetz) in der Fassung vom 17. Dezember 1999 (GVOBl. Schl.-H. Seite 518), zuletzt geändert durch Gesetz vom 13. Dezember 2007 (GVOBl. Schl.-H. Seite 499), Ressortbezeichnungen zuletzt ersetzt durch Artikel 19 der Verordnung vom 16. Januar 2019 (GVOBl. Schl.-H. Seite 30)
NPNordSBefV	Verordnung über das Befahren der Bundeswasserstraßen in Nationalparken im Bereich der Nordsee in der Fassung der Bekanntmachung vom 15. Februar 1995 (BGBl. I Seite 211), zuletzt geändert durch Artikel 28 der Verordnung vom 2. Juni 2016 (BGBl. I Seite 1257)
PUDLV	Post-Universaldienstleistungsverordnung vom 15. Dezember 1999 (BGBl. I Seite 2418), zuletzt geändert durch Artikel 3 Absatz 26 des Gesetzes vom 7. Juli 2005 (BGBl. I Seite 1970)
ROG	Raumordnungsgesetz vom 22. Dezember 2008 (BGBl. I Seite 2986), zuletzt geändert durch Artikel 5 des Gesetzes vom 3. Dezember 2020 (BGBl. I Seite 2694)
RoV	Raumordnungsverordnung vom 13. Dezember 1990 (BGBl. I Seite 2766), zuletzt geändert durch Artikel 6 des Gesetzes vom 3. Dezember 2020 (BGBl. I Seite 2694)
SchulG	Schleswig-Holsteinisches Schulgesetz vom 24. Januar 2007 (GVOBl. Schl.-H. S. 39, ber. Seite 276), zuletzt geändert durch Gesetz vom 16. Juni 2021 (GVOBl. Schl.-H. Seite 723)
SGB V	Das Fünfte Buch Sozialgesetzbuch – Gesetzliche Krankenversicherung – vom 20. Dezember 1988 (BGBl. I Seite 2477, 2482), zuletzt geändert durch Artikel 38 des Gesetzes vom 20. August 2021 (BGBl. I Seite 3932)
SGB VIII	Das Achte Buch Sozialgesetzbuch – Kinder und Jugendhilfe – in der Fassung der Bekanntmachung vom 11. September 2012 (BGBl. I Seite. 2022), zuletzt geändert durch Artikel 42 des Gesetzes vom 20. August 2021 (BGBl. I Seite 3932)
SRÜ	Seerechtsübereinkommen der Vereinten Nationen vom 10. Dezember 1982 (BGBl. 1994 II Seite 1798)
StandAG	Standortauswahlgesetz vom 5. Mai 2017 (BGBl. I Seite 1074), zuletzt geändert durch Artikel 1 des Gesetzes vom 7. Dezember 2020 (BGBl. I Seite 2760)

SUP-Richtlinie	Richtlinie 2001/42/EG des Europäischen Parlaments und des Rates vom 27. Juni 2001 über die Prüfung der Umweltauswirkungen bestimmter Pläne und Programme (ABl. L197 Seite 30)
TEN-E VO EU 347/2013	Verordnung (EU) Nummer 347/2013 des Europäischen Parlaments und des Rates vom 17. April 2013 zu Leitlinien für die transeuropäische Energieinfrastruktur und zur Aufhebung der Entscheidung Nummer 1364/2006/EG und zur Änderung der Verordnungen (EG) Nummer 713/2009, (EG) Nummer 714/2009 und (EG) Nummer 715/2009 (ABl. L 115 Seite 39), zuletzt geändert durch Delegierte Verordnung (EU) 2020/389 der Kommission vom 31. Oktober 2019 (ABl. L 74 Seite 1)
TrinkwV	Trinkwasserverordnung in der Fassung der Bekanntmachung vom 10. März 2016 (BGBl. I Seite 459), zuletzt geändert durch Artikel 99 der Verordnung vom 19. Juni 2020 (BGBl. I Seite 1328)
UVPG	Gesetz über die Umweltverträglichkeitsprüfung in der Fassung der Bekanntmachung vom 18. März 2021 (BGBl. I Seite 540), geändert durch Artikel 14 des Gesetzes vom 10. September 2021 (BGBl. I Seite 4147)
VO ZÖS	Verordnung zum Zentralörtlichen System vom 5. September 2019 (GVOBl. Schl.-H. Seite 348)
WasSiG	Wassersicherstellungsgesetz vom 24. August 1965 (BGBl. I Seite 1225, ber. 1817), zuletzt geändert durch Artikel 251 der Verordnung vom 19. Juni 2020 (BGBl. I Seite 1328)
WaStrG	Bundeswasserstraßengesetz in der Fassung der Bekanntmachung vom 23. Mai 2007 (BGBl. I Seite 962, ber. 2008 I Seite 1980), zuletzt geändert durch Artikel 57 des Gesetzes vom 23. Juni 2021 (BGBl. I Seite 1858)
WHG	Wasserhaushaltsgesetz vom 31. Juli 2009 (BGBl. I Seite 2585), zuletzt geändert durch Artikel 2 des Gesetzes vom 18. August 2021 (BGBl. I Seite 3901)
WindSeeG	Gesetz zur Entwicklung und Förderung der Windenergie auf See (Windenergie-auf-See-Gesetz) vom 13. Oktober 2016 (BGBl. I S. 2258, 2310), zuletzt geändert durch Artikel 12a des Gesetzes vom 16. Juli 2021 (BGBl. I Seite 3026)

Konventionen

Helsinki-Konvention	Übereinkommen über den Schutz der Meeresumwelt des Ostseegebietes (Helsinki-Übereinkommen) vom 14. Juli 1992 (BGBl. II Seite 502)
OSPAR-Konvention	Übereinkommen zum Schutz der Meeresumwelt des Nordostatlantiks (OSPAR – Übereinkommen) vom 22. September 1992 (BGBl. 1994 II Seite 1355, 1360), zuletzt geändert durch Verordnung vom 24. August 2010 (BGBl. 2010 II Seite 1006, 1010)
Ramsar-Konvention	Übereinkommen über Feuchtgebiete, insbesondere als Lebensraum für Wasser- und Wattvögel, von internationaler Bedeutung (Ramsar-Konvention) vom 2. Februar 1971 (BGBl. 1976 II Seite 1265), geändert durch das Pariser Protokoll vom 3. Dezember 1982 und die Regina-Änderungen vom 28. Mai1987
UN-BRK	Übereinkommen über die Rechte von Menschen mit Behinderungen (UN-Behindertenrechtskonvention) vom 13. Dezember 2006 (BGBl. 2008 II Seite 1419, 1420)

3. Landesverordnung zur Festlegung der Zentralen Orte und Stadtrandkerne einschließlich ihrer Nah- und Mittelbereiche sowie ihre Zuordnung zu den verschiedenen Stufen (Verordnung zum Zentralörtlichen System)

vom 5. September 2019 (GVOBl. 2019 S. 348), geändert durch Art. 1 der Verordnung vom 23. Juli 2024 (GVOBl. 2024 S. 690)

Aufgrund des § 24 Absatz 3 des Landesplanungsgesetzes in der Fassung vom 27. Januar 2014 (GVOBl. Schl.-H. S. 8), zuletzt geändert durch Artikel 1 des Gesetzes vom 20. Mai 2019 (GVOBl. Schl.-H. S. 98), verordnet die Landesregierung:

§ 1
Ländliche Zentralorte

Ländliche Zentralorte sind:

Ahrensbök, Berkenthin, Böklund, Erfde, Felde, Garding, Gelting, Grömitz, Großenwiehe, Grube, Hanerau-Hademarschen, Hennstedt, Hohenlockstedt, Hohn, Horst (Holstein), Krempe, Leezen, Lunden, Nahe/Itzstedt, Neukirchen/Klanxbüll, Owschlag, Sandesneben, Sankt Michaelisdonn, Sankt Peter-Ording, Schafflund, Schenefeld, Schönwalde am Bungsberg, Selent, Silberstedt, Sörup, Steinbergkirche, Steinburg, Süderlügum, Tellingstedt, Viöl, Wacken und Wankendorf.

§ 2
Unterzentren

Unterzentren sind:

Albersdorf, Bad Bramstedt, Bargteheide, Barmstedt, Bordesholm, Bornhöved/Trappenkamp, Bredstedt, Büchen, Burg (Dithmarschen), Büsum, Fehmarn, Friedrichstadt, Gettorf, Glückstadt, Heiligenhafen, Hohenwestedt, Kellinghusen, Kropp, Lauenburg/Elbe, Leck, Lensahn, Lütjenburg, Marne, Mittelangeln, Nortorf, Preetz, Reinfeld (Holstein), Schönberg (Holstein), Schwarzenbek, Süderbrarup, Tarp, Timmendorfer Strand/Scharbeutz, Trittau, Uetersen, Wesselburen, Wilster und Wyk auf Föhr/Nebel.

§ 3
Unterzentren mit Teilfunktionen von Mittelzentren

Unterzentren mit Teilfunktionen von Mittelzentren sind:

Kappeln, Meldorf, Neustadt in Holstein, Niebüll, Oldenburg in Holstein, Plön, Ratzeburg, Sylt und Tönning.

§ 4
Mittelzentren

Mittelzentren sind:

Bad Oldesloe, Bad Segeberg/Wahlstedt, Brunsbüttel, Eckernförde, Elmshorn, Eutin, Heide, Husum, Itzehoe, Kaltenkirchen, Mölln, Rendsburg und Schleswig sowie Ahrensburg, Geesthacht, Norderstedt, Pinneberg, Reinbek/Glinde/Wentorf bei Hamburg und Wedel als Mittelzentren im Verdichtungsraum.

§ 5
Oberzentren

Oberzentren sind:

Flensburg, Kiel und Lübeck sowie Neumünster (Teilfunktionen eines Oberzentrums).

§ 6

Stadtrandkerne

(1) Stadtrandkerne I. Ordnung sind:

Bad Schwartau, Heikendorf, Henstedt-Ulzburg, Kiel-Friedrichsort, Kiel-Mettenhof, Lübeck-Moisling, Lübeck-Travemünde, Norderstedt-Garstedt und Quickborn.

(2) Stadtrandkerne II. Ordnung sind:

Altenholz, Barsbüttel, Büdelsdorf, Flintbek, Glücksburg (Ostsee), Großhansdorf, Halstenbek, Harrislee, Kiel-Elmschenhagen, Kiel-Suchsdorf, Kronshagen, Lübeck-Kücknitz, Malente, Ratekau, Rellingen, Schenefeld, Schwentinental, Stockelsdorf, Tornesch.

§ 7

Festlegung der Nah- und Mittelbereiche

[1]Die Zuordnung von Gemeinden zu Nah- und Mittelbereichen erfolgt über die als Anlage beigefügte Tabelle. [2]Die Tabelle ist Bestandteil dieser Verordnung.

§ 8

Inkrafttreten, Außerkrafttreten

(1) Diese Verordnung tritt am 30. September 2019 in Kraft.

(2) Diese Verordnung tritt mit Ablauf des 29. September 2029 außer Kraft.

Anlage

zu § 7 der Verordnung zum Zentralörtlichen System

Gemeindekennziffer	**Gemeindename**	**Nahbereich**	**Mittelbereich**
1001000	FLENSBURG, Stadt	Flensburg	Flensburg
1002000	KIEL, Landeshauptstadt	Kiel	Kiel
1003000	LÜBECK, Hansestadt	Lübeck	Lübeck
1004000	NEUMÜNSTER, Stadt	Neumünster	Neumünster
Kreis Dithmarschen			
01051001	Albersdorf	Albersdorf	Heide
01051002	Arkebek	Albersdorf	Heide
01051003	Averlak	Brunsbüttel	Brunsbüttel
01051004	Bargenstedt	Meldorf	Meldorf
01051005	Barkenholm	Hennstedt	Heide
01051006	Barlt	Sankt Michaelisdonn	Meldorf
01051008	Bergewöhrden	Hennstedt	Heide
01051010	Brickeln	Burg (Dithmarschen)	Brunsbüttel
01051011	Brunsbüttel, Stadt	Brunsbüttel	Brunsbüttel
01051012	Buchholz	Burg (Dithmarschen)	Brunsbüttel
01051013	Büsum	Büsum	Heide
01051014	Büsumer Deichhausen	Büsum	Heide
01051015	Bunsoh	Albersdorf	Heide
01051016	Burg (Dithmarschen)	Burg (Dithmarschen)	Brunsbüttel

Gemeindekennziffer	Gemeindename	Nahbereich	Mittelbereich
01051017	Busenwurth	Meldorf	Meldorf
01051019	Dellstedt	Tellingstedt	Heide
01051020	Delve	Hennstedt	Heide
01051021	Diekhusen-Fahrstedt	Marne	Brunsbüttel
01051022	Dingen	Sankt Michaelisdonn	Brunsbüttel
01051023	Dörpling	Tellingstedt	Heide
01051024	Eddelak	Sankt Michaelisdonn	Brunsbüttel
01051026	Eggstedt	Burg (Dithmarschen)	Meldorf
01051027	Elpersbüttel	Meldorf	Meldorf
01051028	Epenwöhrden	Meldorf	Meldorf
01051030	Fedderingen	Hennstedt	Heide
01051032	Frestedt	Burg (Dithmarschen)	Meldorf
01051033	Friedrichsgabekoog	Büsum	Heide
01051034	Friedrichskoog	Marne	Brunsbüttel
01051035	Gaushorn	Tellingstedt	Heide
01051036	Glüsing	Hennstedt	Heide
01051037	Großenrade	Burg (Dithmarschen)	Meldorf
01051038	Groven	Lunden	Tönning
01051039	Gudendorf	Sankt Michaelisdonn	Meldorf
01051043	Hedwigenkoog	Büsum	Heide
01051044	Heide, Stadt	Heide	Heide
01051045	Hellschen-Heringsand-Unterschaar	Wesselburen	Heide
01051046	Helse	Marne	Brunsbüttel
01051047	Hemme	Lunden	Heide
01051048	Hemmingstedt	Heide	Heide
01051049	Hennstedt	Hennstedt	Heide
01051050	Hillgroven	Wesselburen	Heide
01051051	Hochdonn	Burg (Dithmarschen)	Meldorf
01051052	Hövede	Tellingstedt	Heide
01051053	Hollingstedt	Hennstedt	Heide
01051054	Immenstedt	Albersdorf	Heide
01051057	Kaiser-Wilhelm-Koog	Marne	Brunsbüttel
01051058	Karolinenkoog	Lunden	Tönning
01051060	Kleve	Hennstedt	Heide
01051061	Krempel	Lunden	Heide
01051062	Kronprinzenkoog	Marne	Brunsbüttel
01051063	Krumstedt	Meldorf	Meldorf
01051064	Kuden	Burg (Dithmarschen)	Brunsbüttel
01051065	Lehe	Lunden	Tönning
01051067	Lieth	Heide	Heide

Gemeindekennziffer	Gemeindename	Nahbereich	Mittelbereich
01051068	Linden	Hennstedt	Heide
01051069	Lohe-Rickelshof	Heide	Heide
01051071	Lunden	Lunden	Tönning
01051072	Marne, Stadt	Marne	Brunsbüttel
01051073	Marnerdeich	Marne	Brunsbüttel
01051074	Meldorf, Stadt	Meldorf	Meldorf
01051075	Neuenkirchen	Wesselburen	Heide
01051076	Neufeld	Marne	Brunsbüttel
01051077	Neufelderkoog	Marne	Brunsbüttel
01051078	Nindorf	Meldorf	Meldorf
01051079	Norddeich	Wesselburen	Heide
01051080	Norderheistedt	Hennstedt	Heide
01051081	Norderwöhrden	Heide	Heide
01051082	Nordhastedt	Heide	Heide
01051083	Odderade	Meldorf	Meldorf
01051084	Oesterdeichstrich	Büsum	Heide
01051085	Offenbüttel	Albersdorf	Heide
01051086	Osterrade	Albersdorf	Heide
01051087	Ostrohe	Heide	Heide
01051088	Pahlen	Tellingstedt	Heide
01051089	Quickborn	Burg (Dithmarschen)	Brunsbüttel
01051090	Ramhusen	Marne	Brunsbüttel
01051092	Rehm-Flehde-Bargen	Lunden	Heide
01051093	Reinsbüttel	Wesselburen	Heide
01051096	Sankt Annen	Lunden	Heide
01051097	Sankt Michaelisdonn	Sankt Michaelisdonn	Brunsbüttel
01051098	Sarzbüttel	Meldorf	Meldorf
01051099	Schafstedt	Albersdorf	Meldorf
01051100	Schalkholz	Tellingstedt	Heide
01051102	Schlichting	Hennstedt	Heide
01051103	Schmedeswurth	Marne	Brunsbüttel
01051104	Schrum	Albersdorf	Heide
01051105	Schülp	Wesselburen	Heide
01051107	Stelle-Wittenwurth	Heide	Heide
01051108	Strübbel	Wesselburen	Heide
01051109	Süderdeich	Wesselburen	Heide
01051110	Süderhastedt	Burg (Dithmarschen)	Meldorf
01051113	Wöhrden	Heide	Heide
01051114	Tellingstedt	Tellingstedt	Heide
01051117	Tielenhemme	Tellingstedt	Heide
01051118	Trennewurth	Marne	Brunsbüttel

Gemeindekennziffer	Gemeindename	Nahbereich	Mittelbereich
01051119	Volsemenhusen	Marne	Brunsbüttel
01051120	Wallen	Tellingstedt	Heide
01051121	Warwerort	Büsum	Heide
01051122	Weddingstedt	Heide	Heide
01051125	Welmbüttel	Tellingstedt	Heide
01051126	Wennbüttel	Albersdorf	Heide
01051127	Wesselburen, Stadt	Wesselburen	Heide
01051128	Wesselburener Deichhausen	Wesselburen	Heide
01051129	Wesselburenerkoog	Wesselburen	Heide
01051130	Wesseln	Heide	Heide
01051131	Westerborstel	Tellingstedt	Heide
01051132	Westerdeichstrich	Büsum	Heide
01051133	Wiemerstedt	Hennstedt	Heide
01051134	Windbergen	Meldorf	Meldorf
01051135	Wolmersdorf	Meldorf	Meldorf
01051136	Wrohm	Tellingstedt	Heide
01051137	Nordermeldorf	Meldorf	Meldorf
01051138	Tensbüttel-Röst	Albersdorf	Meldorf
01051139	Süderdorf	Tellingstedt	Heide
01051140	Oesterwurth	Wesselburen	Heide
01051141	Süderheistedt	Hennstedt	Heide
Kreis Herzogtum Lauenburg			
01053001	Albsfelde	Ratzeburg	Ratzeburg
01053002	Alt Mölln	Mölln	Mölln
01053003	Aumühle	Reinbek/Glinde/Wentorf bei Hamburg	Reinbek/Glinde/Wentorf bei Hamburg
01053004	Bäk	Ratzeburg	Ratzeburg
01053005	Bälau	Mölln	Mölln
01053006	Basedow	Lauenburg/Elbe	Geesthacht
01053007	Basthorst	Schwarzenbek	Mölln
01053008	Behlendorf	Berkenthin	Ratzeburg
01053009	Berkenthin	Berkenthin	Ratzeburg
01053010	Besenthal	Mölln	Mölln
01053011	Bliestorf	Berkenthin	Lübeck
01053012	Börnsen	Reinbek/Glinde/Wentorf bei Hamburg	Reinbek/Glinde/Wentorf bei Hamburg
01053013	Borstorf	Mölln	Mölln
01053014	Breitenfelde	Mölln	Mölln
01053015	Bröthen	Büchen	Mölln

Gemeindekennziffer	Gemeindename	Nahbereich	Mittelbereich
01053016	Brunsmark	Mölln	Mölln
01053017	Brunstorf	Schwarzenbek	Geesthacht
01053018	Buchholz	Ratzeburg	Ratzeburg
01053019	Buchhorst	Lauenburg/Elbe	Geesthacht
01053020	Büchen	Büchen	Mölln
01053021	Dahmker	Trittau	Mölln
01053022	Dalldorf	Lauenburg/Elbe	Geesthacht
01053023	Dassendorf	Geesthacht	Geesthacht
01053024	Düchelsdorf	Berkenthin	Lübeck
01053025	Duvensee	Mölln	Mölln
01053026	Einhaus	Ratzeburg	Ratzeburg
01053027	Elmenhorst	Schwarzenbek	Mölln
01053028	Escheburg	Geesthacht	Geesthacht
01053029	Fitzen	Büchen	Mölln
01053030	Fredeburg	Ratzeburg	Ratzeburg
01053031	Fuhlenhagen	Schwarzenbek	Mölln
01053032	Geesthacht, Stadt	Geesthacht	Geesthacht
01053033	Giesensdorf	Ratzeburg	Ratzeburg
01053034	Göldenitz	Berkenthin	Ratzeburg
01053035	Göttin	Mölln	Mölln
01053036	Grabau	Schwarzenbek	Geesthacht
01053037	Grambek	Mölln	Mölln
01053038	Grinau	Berkenthin	Lübeck
01053039	Groß Boden	Bad Oldesloe	Bad Oldesloe
01053040	Groß Disnack	Berkenthin	Ratzeburg
01053041	Groß Grönau	Lübeck	Lübeck
01053042	Groß Pampau	Schwarzenbek	Mölln
01053043	Groß Sarau	Lübeck	Lübeck
01053044	Groß Schenkenberg	Lübeck	Lübeck
01053045	Grove	Schwarzenbek	Geesthacht
01053046	Gudow	Mölln	Mölln
01053047	Gülzow	Ortsteile Gülzow, Neu Gülzow: Nahbereich Lauenburg/Elbe; Geesthacht	Geesthacht
01053048	Güster	Büchen	Mölln
01053049	Hamfelde	Trittau	Mölln
01053050	Hamwarde	Geesthacht	Geesthacht
01053051	Harmsdorf	Ratzeburg	Ratzeburg
01053052	Havekost	Schwarzenbek	Geesthacht
01053053	Hohenhorn	Geesthacht	Geesthacht
01053054	Hollenbek	Mölln	Mölln

Gemeindekennziffer	Gemeindename	Nahbereich	Mittelbereich
01053056	Hornbek	Mölln	Mölln
01053057	Horst	Mölln	Mölln
01053058	Juliusburg	Lauenburg/Elbe	Geesthacht
01053059	Kankelau	Schwarzenbek	Mölln
01053060	Kasseburg	Trittau	Mölln
01053061	Kastorf	Berkenthin	Lübeck
01053062	Kittlitz	Ratzeburg	Ratzeburg
01053064	Klein Pampau	Büchen	Mölln
01053066	Klein Zecher	Mölln	Mölln
01053067	Klempau	Berkenthin	Lübeck
01053068	Klinkrade	Sandesneben	Mölln
01053069	Koberg	Mölln	Mölln
01053070	Köthel	Trittau	Mölln
01053071	Kollow	Schwarzenbek	Geesthacht
01053072	Kröppelshagen- Fahrendorf	Reinbek/ Glinde/Wentorf bei Hamburg	Reinbek/ Glinde/ Wentorf bei Hamburg
01053073	Krüzen	Lauenburg/Elbe	Geesthacht
01053074	Krukow	Lauenburg/Elbe	Geesthacht
01053075	Krummesse	Lübeck	Lübeck
01053076	Kuddewörde	Trittau	Mölln
01053077	Kühsen	Mölln	Mölln
01053078	Kulpin	Ratzeburg	Ratzeburg
01053079	Labenz	Sandesneben	Mölln
01053080	Langenlehsten	Büchen	Mölln
01053081	Lankau	Mölln	Mölln
01053082	Lanze	Lauenburg/Elbe	Geesthacht
01053083	Lauenburg/Elbe, Stadt	Lauenburg/Elbe	Geesthacht
01053084	Lehmrade	Mölln	Mölln
01053085	Linau	Sandesneben	Mölln
01053086	Lüchow	Sandesneben	Mölln
01053087	Lütau	Lauenburg/Elbe	Geesthacht
01053088	Mechow	Ratzeburg	Ratzeburg
01053089	Möhnsen	Schwarzenbek	Mölln
01053090	Mölln, Stadt	Mölln	Mölln
01053091	Mühlenrade	Trittau	Mölln
01053092	Müssen	Büchen	Geesthacht
01053093	Mustin	Ratzeburg	Ratzeburg
01053094	Niendorf bei Berkenthin	Berkenthin	Ratzeburg
01053095	Niendorf/Stecknitz	Mölln	Mölln
01053096	Nusse	Mölln	Mölln
01053097	Panten	Mölln	Mölln

Gemeindekennziffer	**Gemeindename**	**Nahbereich**	**Mittelbereich**
01053098	Pogeez	Ratzeburg	Ratzeburg
01053099	Poggensee	Mölln	Mölln
01053100	Ratzeburg, Stadt	Ratzeburg	Ratzeburg
01053101	Ritze rau	Mölln	Mölln
01053102	Römnitz	Ratzeburg	Ratzeburg
01053103	Rondeshagen	Berkenthin	Lübeck
01053104	Roseburg	Büchen	Mölln
1053105	Sachsenwald, Fortsgutsbezirk	Reinbek/Glinde/Wentorf bei Hamburg	Reinbek/Glinde/Wentorf bei Hamburg
01053106	Sahms	Schwarzenbek	Mölln
01053107	Salem	Ratzeburg	Ratzeburg
01053108	Sandesneben	Sandesneben	Mölln
01053109	Schiphorst	Sandesneben	Mölln
01053110	Schmilau	Ratzeburg	Ratzeburg
01053111	Schnakenbek	Lauenburg/Elbe	Geesthacht
01053112	Schönberg	Sandesneben	Mölln
01053113	Schretstaken	Mölln	Mölln
01053114	Schürensöhlen	Bad Oldesloe	Bad Oldesloe
01053115	Schulendorf	Büchen	Geesthacht
01053116	Schwarzenbek, Stadt	Schwarzenbek	Geesthacht
01053117	Seedorf	Mölln	Mölln
01053118	Siebenbäumen	Berkenthin	Lübeck
01053119	Siebeneichen	Büchen	Mölln
01053120	Sierksrade	Berkenthin	Lübeck
01053121	Sirksfelde	Sandesneben	Mölln
01053122	Steinhorst	Sandesneben	Mölln
01053123	Sterley	Mölln	Mölln
01053124	Stubben	Steinburg	Bad Oldesloe
01053125	Talkau	Mölln	Mölln
01053126	Tramm	Mölln	Mölln
01053127	Walksfelde	Mölln	Mölln
01053128	Wangelau	Lauenburg/Elbe	Geesthacht
01053129	Wentorf bei Hamburg	Reinbek/Glinde/Wentorf bei Hamburg	Reinbek/Glinde/Wentorf bei Hamburg
01053130	Wentorf (Sand.-Nus.)	Sandesneben	Mölln
01053131	Wiershop	Geesthacht	Geesthacht
01053132	Witzeeze	Büchen	Geesthacht
01053133	Wohltorf	Reinbek/Glinde/Wentorf bei Hamburg	Reinbek/Glinde/Wentorf bei Hamburg
01053134	Woltersdorf	Mölln	Mölln

Gemeindekennziffer	Gemeindename	Nahbereich	Mittelbereich
01053135	Worth	Geesthacht	Geesthacht
01053136	Ziethen	Ratzeburg	Ratzeburg
Kreis Nordfriesland			
01054001	Achtrup	Leck	Niebüll
01054002	Ahrenshöft	Bredstedt	Husum
01054003	Ahrenviöl	Viöl	Husum
01054004	Ahrenviölfeld	Viöl	Husum
01054005	Alkersum	Wyk auf Föhr/Nebel	Niebüll
01054006	Almdorf	Bredstedt	Husum
01054007	Arlewatt	Husum	Husum
01054009	Aventoft	Neukirchen/Klanxbüll	Niebüll
01054010	Bargum	Bredstedt	Husum
01054011	Behrendorf	Viöl	Husum
01054012	Bohmstedt	Bredstedt	Husum
01054013	Bondelum	Viöl	Husum
01054014	Bordelum	Bredstedt	Husum
01054015	Borgsum	Wyk auf Föhr/Nebel	Niebüll
01054016	Bosbüll	Süderlügum	Niebüll
01054017	Braderup	Süderlügum	Niebüll
01054018	Bramstedtlund	Leck	Niebüll
01054019	Bredstedt, Stadt	Bredstedt	Husum
01054020	Breklum	Bredstedt	Husum
01054022	Dagebüll	Niebüll	Niebüll
01054023	Drage	Friedrichstadt	Husum
01054024	Dreisdorf	Bredstedt	Husum
01054025	Dunsum	Wyk auf Föhr/Nebel	Niebüll
01054026	Elisabeth-Sophien-Koog	Husum	Husum
01054027	Ellhöft	Süderlügum	Niebüll
01054032	Fresendelf	Friedrichstadt	Husum
01054033	Friedrichstadt, Stadt	Friedrichstadt	Husum
01054034	Friedrich-Wilhelm-Lübke-Koog	Neukirchen/Klanxbüll	Niebüll
01054035	Garding, Kirchspiel	Garding	Tönning
01054036	Garding, Stadt	Garding	Tönning
01054037	Goldebek	Bredstedt	Husum
01054038	Goldelund	Bredstedt	Husum
01054039	Gröde	Bredstedt	Husum
01054040	Grothusenkoog	Garding	Tönning
01054041	Haselund	Viöl	Husum
01054042	Hattstedt	Husum	Husum
01054043	Hattstedtermarsch	Husum	Husum

Gemeindekennziffer	Gemeindename	Nahbereich	Mittelbereich
01054045	Högel	Bredstedt	Husum
01054046	Hörnum (Sylt)	Sylt	Sylt
01054048	Holm	Süderlügum	Niebüll
01054050	Hallig Hooge	Bredstedt	Husum
01054052	Horstedt	Husum	Husum
01054054	Hude	Friedrichstadt	Husum
01054055	Humptrup	Süderlügum	Niebüll
01054056	Husum, Stadt	Husum	Husum
01054057	Immenstedt	Viöl	Husum
01054059	Joldelund	Bredstedt	Husum
01054061	Kampen (Sylt)	Sylt	Sylt
01054062	Karlum	Leck	Niebüll
01054063	Katharinenheerd	Garding	Tönning
01054065	Klanxbüll	Neukirchen/Klanxbüll	Niebüll
01054068	Klixbüll	Leck	Niebüll
01054070	Koldenbüttel	Friedrichstadt	Husum
01054071	Kolkerheide	Bredstedt	Husum
01054072	Kotzenbüll	Tönning	Tönning
01054073	Ladelund	Leck	Niebüll
01054074	Langeneß	Bredstedt	Husum
01054075	Langenhorn	Bredstedt	Husum
01054076	Leck	Leck	Niebüll
01054077	Lexgaard	Süderlügum	Niebüll
01054078	List	Sylt	Sylt
01054079	Löwenstedt	Viöl	Husum
01054080	Lütjenholm	Bredstedt	Husum
01054083	Midlum	Wyk auf Föhr/Nebel	Niebüll
01054084	Mildstedt	Husum	Husum
01054085	Nebel	Wyk auf Föhr/Nebel	Niebüll
01054086	Neukirchen	Neukirchen/Klanxbüll	Niebüll
01054087	Nieblum	Wyk auf Föhr/Nebel	Niebüll
01054088	Niebüll, Stadt	Niebüll	Niebüll
01054089	Norddorf auf Amrum	Wyk auf Föhr/Nebel	Niebüll
01054090	Norderfriedrichskoog	Tönning	Tönning
01054091	Nordstrand	Husum	Husum
01054092	Norstedt	Viöl	Husum
01054093	Ockholm	Bredstedt	Husum
01054094	Oevenum	Wyk auf Föhr/Nebel	Niebüll
01054095	Oldenswort	Tönning	Tönning
01054096	Oldersbek	Husum	Husum
01054097	Olderup	Husum	Husum

Gemeindekennziffer	Gemeindename	Nahbereich	Mittelbereich
01054098	Oldsum	Wyk auf Föhr/Nebel	Niebüll
01054099	Ostenfeld (Husum)	Husum	Husum
01054100	Osterhever	Garding	Tönning
01054101	Oster-Ohrstedt	Viöl	Husum
01054103	Pellworm	Husum	Husum
01054104	Poppenbüll	Garding	Tönning
01054105	Ramstedt	Friedrichstadt	Husum
01054106	Rantrum	Husum	Husum
01054108	Reußenköge	Bredstedt	Husum
01054109	Risum-Lindholm	Niebüll	Niebüll
01054110	Rodenäs	Neukirchen/Klanxbüll	Niebüll
01054113	Sankt Peter-Ording	Sankt Peter-Ording	Tönning
01054116	Schwabstedt	Friedrichstadt	Husum
01054118	Schwesing	Husum	Husum
01054119	Seeth	Friedrichstadt	Husum
01054120	Simonsberg	Husum	Husum
01054121	Sönnebüll	Bredstedt	Husum
01054123	Sollwitt	Viöl	Husum
01054124	Sprakebüll	Leck	Niebüll
01054125	Stadum	Leck	Niebüll
01054126	Stedesand	Leck	Niebüll
01054128	Struckum	Bredstedt	Husum
01054129	Süderende	Wyk auf Föhr/Nebel	Niebüll
01054130	Süderhöft	Friedrichstadt	Husum
01054131	Süderlügum	Süderlügum	Niebüll
01054132	Südermarsch	Husum	Husum
01054134	Tating	Ortsteile Esing, Ehst, Ehstensiel, Westerhof, Norderhof, Süderhof, Süderdeich: Nahbereich Sankt-Peter-Ording; alle übrigen Ortsteile: Nahbereich Garding	Tönning
01054135	Tetenbüll	Garding	Tönning
01054136	Tinningstedt	Leck	Niebüll
01054138	Tönning, Stadt	Tönning	Tönning
01054140	Tümlauer Koog	Garding	Tönning
01054141	Uelvesbüll	Friedrichstadt	Husum
01054142	Uphusum	Süderlügum	Niebüll
01054143	Utersum	Wyk auf Föhr/Nebel	Niebüll
01054144	Viöl	Viöl	Husum
01054145	Vollerwiek	Garding	Tönning

Gemeindekennziffer	Gemeindename	Nahbereich	Mittelbereich
01054146	Vollstedt	Bredstedt	Husum
01054148	Welt	Garding	Tönning
01054149	Wenningstedt-Braderup (Sylt)	Sylt	Sylt
01054150	Westerhever	Garding	Tönning
01054152	Wester-Ohrstedt	Viöl	Husum
01054154	Westre	Süderlügum	Niebüll
01054156	Winnert	Husum	Husum
01054157	Wisch	Friedrichstadt	Husum
01054158	Witsum	Wyk auf Föhr/Nebel	Niebüll
01054159	Wittbek	Husum	Husum
01054160	Wittdün auf Amrum	Wyk auf Föhr/Nebel	Niebüll
01054161	Witzwort	Friedrichstadt	Husum
01054162	Wobbenbüll	Husum	Husum
01054163	Wrixum	Wyk auf Föhr/Nebel	Niebüll
01054164	Wyk auf Föhr, Stadt	Wyk auf Föhr/Nebel	Niebüll
01054165	Galmsbüll	Niebüll	Niebüll
01054166	Emmelsbüll-Horsbüll	Neukirchen/Klanxbüll	Niebüll
01054167	Enge-Sande	Leck	Niebüll
01054168	Sylt	Sylt	Sylt
01055001	Ahrensbök	Ahrensbök	Lübeck
Kreis Ostholstein			
01055002	Altenkrempe	Ortsteile Klaushorst, Hasselburgermühle, Sibstin, Stolpe: Nahbereich Schönwalde am Bungsberg; alle übrigen Ortsteile: Nahbereich Neustadt i.H.	Neustadt i.H.
01055004	Bad Schwartau, Stadt	Lübeck	Lübeck
01055006	Beschendorf	Lensahn	Neustadt i.H.
01055007	Bosau	Eutin	Eutin
01055010	Dahme	Grube	Neustadt i.H.
01055011	Damlos	Lensahn	Oldenburg i.H.
01055012	Eutin, Stadt	Eutin	Eutin
01055014	Göhl	Oldenburg i.H.	Oldenburg i.H.
01055015	Gremersdorf	Ortsteile Dazendorf, Kembs, Neuratjensdorf, Sulsdorf: Nahbereich Heiligenhafen; alle übrigen Ortsteile: Nahbereich Oldenburg i.H.	Oldenburg i.H.
01055016	Grömitz	Grömitz	Neustadt i.H.

Gemeindekennziffer	Gemeindename	Nahbereich	Mittelbereich
01055017	Großenbrode	Heiligenhafen	Oldenburg i.H.
01055018	Grube	Grube	Oldenburg i.H.
01055020	Harmsdorf	Lensahn	Oldenburg i.H.
01055021	Heiligenhafen, Stadt	Heiligenhafen	Oldenburg i.H.
01055022	Heringsdorf	Oldenburg i.H.	Oldenburg i.H.
01055023	Kabelhorst	Lensahn	Oldenburg i.H.
01055024	Kasseedorf	Schönwalde am Bungsberg	Eutin
01055025	Kellenhusen (Ostsee)	Grube	Neustadt i.H.
01055027	Lensahn	Lensahn	Oldenburg i.H.
01055028	Malente	Eutin	Eutin
01055029	Manhagen	Lensahn	Neustadt i.H.
01055031	Neukirchen	Oldenburg i.H.	Oldenburg i.H.
01055032	Neustadt in Holstein, Stadt	Neustadt i.H.	Neustadt i.H.
01055033	Oldenburg in Holstein, Stadt	Oldenburg i.H.	Oldenburg i.H.
01055035	Ratekau	Ratekau	Lübeck
01055036	Riepsdorf	Grube	Oldenburg i.H.
01055037	Schashagen	Neustadt i.H.	Neustadt i.H.
01055038	Schönwalde am Bungsberg	Schönwalde am Bungsberg	Eutin
01055039	Sierksdorf	Neustadt i.H.	Neustadt i.H.
01055040	Stockelsdorf	Lübeck	Lübeck
01055041	Süsel	Eutin	Eutin
01055042	Timmendorfer Strand	Timmendorfer Strand/ Scharbeutz	Lübeck
01055043	Wangels	Ortsteile Karlshof, Neutestorf, Testorferfelde: Nahbereich Schönwalde am Bungsberg; alle übrigen Ortsteile: Nahbereich Oldenburg i.H.	Oldenburg i.H.
01055044	Scharbeutz	Timmendorfer Strand/ Scharbeutz	Lübeck
01055046	Fehmarn, Stadt	Fehmarn	Oldenburg i.H.
Kreis Pinneberg			
01056001	Appen	Pinneberg	Pinneberg
01056002	Barmstedt, Stadt	Barmstedt	Elmshorn
01056003	Bevern	Barmstedt	Elmshorn
01056004	Bilsen	Quickborn	Norderstedt
01056005	Bönningstedt	Pinneberg	Pinneberg
01056006	Bokel	Barmstedt	Elmshorn
01056008	Bokholt-Hanredder	Barmstedt	Elmshorn
01056009	Borstel-Hohenraden	Pinneberg	Pinneberg

Gemeindekennziffer	Gemeindename	Nahbereich	Mittelbereich
01056010	Brande-Hörnerkirchen	Barmstedt	Elmshorn
01056011	Bullenkuhlen	Barmstedt	Elmshorn
01056013	Ellerbek	Pinneberg	Pinneberg
01056014	Ellerhoop	Uetersen	Elmshorn
01056015	Elmshorn, Stadt	Elmshorn	Elmshorn
01056016	Groß Nordende	Uetersen	Elmshorn
01056017	Groß Offenseth-Aspern	Barmstedt	Elmshorn
01056018	Halstenbek	Pinneberg	Pinneberg
01056019	Haselau	Uetersen	Wedel
01056020	Haseldorf	Uetersen	Wedel
01056021	Hasloh	Quickborn	Norderstedt
01056022	Heede	Barmstedt	Elmshorn
01056023	Heidgraben	Uetersen	Elmshorn
01056024	Heist	Uetersen	Wedel
01056025	Helgoland		
01056026	Hemdingen	Barmstedt	Elmshorn
01056027	Hetlingen	Wedel	Wedel
01056028	Holm	Wedel	Wedel
01056029	Klein Nordende	Elmshorn	Elmshorn
01056030	Klein Offenseth-Sparrieshoop	Elmshorn	Elmshorn
01056031	Kölln-Reisiek	Elmshorn	Elmshorn
01056032	Kummerfeld	Pinneberg	Pinneberg
01056033	Seester	Elmshorn	Elmshorn
01056034	Langeln	Barmstedt	Elmshorn
01056035	Lutzhorn	Barmstedt	Elmshorn
01056036	Moorrege	Uetersen	Elmshorn
01056037	Neuendeich	Uetersen	Elmshorn
01056038	Osterhorn	Barmstedt	Elmshorn
01056039	Pinneberg, Stadt	Pinneberg	Pinneberg
01056040	Prisdorf	Pinneberg	Pinneberg
01056041	Quickbom, Stadt	Quickborn	Norderstedt
01056042	Raa-Besenbek	Elmshorn	Elmshorn
01056043	Rellingen	Pinneberg	Pinneberg
01056044	Schenefeld, Stadt	Pinneberg	Pinneberg
01056045	Seestermühe	Elmshorn	Elmshorn
01056046	Seeth-Ekholt	Elmshorn	Elmshorn
01056047	Tangstedt	Pinneberg	Pinneberg
01056048	Tornesch, Stadt	Uetersen	Elmshorn
01056049	Uetersen, Stadt	Uetersen	Elmshorn
01056050	Wedel, Stadt	Wedel	Wedel
01056051	Westerhorn	Barmstedt	Elmshorn

Gemeindekennziffer	Gemeindename	Nahbereich	Mittelbereich
Kreis Plön			
01057001	Ascheberg (Holstein)	Plön	Plön
01057002	Barmissen	Preetz	Kiel
01057003	Barsbek	Schönberg (Holstein)	Kiel
01057004	Behrensdorf (Ostsee)	Lütjenburg	Plön
01057005	Belau	Wankendorf	Plön
01057006	Bendfeld	Schönberg (Holstein)	Kiel
01057007	Blekendorf	Lütjenburg	Plön
01057008	Bönebüttel	Neumünster	Neumünster
01057009	Bösdorf	Plön	Plön
01057010	Boksee	Kiel	Kiel
01057011	Bothkamp	Preetz	Kiel
01057012	Brodersdorf	Kiel	Kiel
01057013	Dannau	Lütjenburg	Plön
01057015	Dersau	Plön	Plön
01057016	Dobersdorf	Preetz	Kiel
01057017	Dörnick	Plön	Plön
01057018	Fahren	Schönberg (Holstein)	Kiel
01057020	Fiefbergen	Schönberg (Holstein)	Kiel
01057021	Giekau	Lütjenburg	Plön
01057022	Grebin	Plön	Plön
01057023	Großbarkau	Preetz	Kiel
01057024	Großharrie	Neumünster	Neumünster
01057025	Heikendorf	Kiel	Kiel
01057026	Helmstorf	Lütjenburg	Plön
01057027	Högsdorf	Lütjenburg	Plön
01057028	Höhndorf	Schönberg (Holstein)	Kiel
01057029	Hohenfelde	Schönberg (Holstein)	Plön
01057030	Hohwacht (Ostsee)	Lütjenburg	Plön
01057031	Honigsee	Preetz	Kiel
01057032	Kalübbe	Plön	Plön
01057033	Kirchbarkau	Preetz	Kiel
01057034	Kirchnüchel	Schönwalde am Bungsberg	Eutin
01057035	Klamp	Lütjenburg	Plön
01057037	Klein Barkau	Preetz	Kiel
01057038	Kletkamp	Lütjenburg	Plön
01057039	Köhn	Schönberg (Holstein)	Kiel
01057040	Krokau	Schönberg (Holstein)	Kiel
01057041	Krummbek	Schönberg (Holstein)	Kiel
01057042	Kühren	Preetz	Kiel

Gemeindekennziffer	Gemeindename	Nahbereich	Mittelbereich
01057043	Laboe	Kiel	Kiel
01057044	Lammershagen	Selent	Plön
01057045	Lebrade	Plön	Plön
01057046	Lehmkuhlen	Preetz	Kiel
01057047	Löptin	Preetz	Kiel
01057048	Lütjenburg, Stadt	Lütjenburg	Plön
01057049	Lutterbek	Kiel	Kiel
01057050	Martensrade	Selent	Kiel
01057051	Mönkeberg	Kiel	Kiel
01057052	Mucheln	Selent	Plön
01057053	Nehmten	Plön	Plön
01057054	Nettelsee	Preetz	Kiel
01057055	Panker	Lütjenburg	Plön
01057056	Passade	Schönberg (Holstein)	Kiel
01057057	Plön, Stadt	Plön	Plön
01057058	Pohnsdorf	Preetz	Kiel
01057059	Postfeld	Preetz	Kiel
01057060	Prasdorf	Schönberg (Holstein)	Kiel
01057062	Preetz, Stadt	Preetz	Kiel
01057063	Probsteierhagen	Schönberg (Holstein)	Kiel
01057065	Rantzau	Plön	Plön
01057066	Rastorf	Ortsteile Hanskamp, Hohenberg, Rastorfer Passau, Redderkrug, Sackwisch, Wildenhorst: Nahbereich Selent; alle übrigen Ortsteile: Nahbereich Preetz	Kiel
01057067	Rathjensdorf	Plön	Plön
01057068	Rendswühren	Wankendorf	Neumünster
01057069	Ruhwinkel	Wankendorf	Neumünster
01057070	Schellhorn	Preetz	Kiel
01057071	Schillsdorf	Wankendorf	Neumünster
01057072	Schlesen	Preetz	Kiel
01057073	Schönberg (Holstein)	Schönberg (Holstein)	Kiel
01057074	Schönkirchen	Kiel	Kiel
01057076	Schwartbuck	Schönberg (Holstein)	Plön
01057077	Selent	Selent	Plön
01057078	Stakendorf	Schönberg (Holstein)	Kiel
01057079	Stein	Kiel	Kiel
01057080	Stolpe	Wankendorf	Plön
01057081	Stoltenberg	Schönberg (Holstein)	Kiel

Gemeindekennziffer	Gemeindename	Nahbereich	Mittelbereich
01057082	Tröndel	Lütjenburg	Plön
01057083	Tasdorf	Neumünster	Neumünster
01057084	Wahlstorf	Preetz	Kiel
01057085	Wankendorf	Wankendorf	Neumünster
01057086	Warnau	Preetz	Kiel
01057087	Wendtorf	Kiel	Kiel
01057088	Wisch	Schönberg (Holstein)	Kiel
01057089	Wittmoldt	Plön	Plön
01057090	Fargau-Pratjau	Selent	Kiel
01057091	Schwentinental, Stadt	Schwentinental	Kiel
Kreis Rendsburg Eckernförde			
01058001	Achterwehr	Ortsteil Schönwohld: Nahbereich Kiel; alle übrigen Ortsteile: Nahbereich Felde	Kiel
01058003	Alt Duvenstedt	Rendsburg	Rendsburg
01058004	Altenhof	Eckernförde	Eckernförde
01058005	Altenholz	Kiel	Kiel
01058007	Arpsdorf	Neumünster	Neumünster
01058008	Ascheffel	Owschlag	Eckernförde
01058009	Aukrug	Neumünster	Neumünster
01058010	Bargstall	Hohn	Rendsburg
01058011	Bargstedt	Nortorf	Neumünster
01058012	Barkelsby	Eckernförde	Eckernförde
01058013	Beidorf	Hanerau-Hademarschen	Rendsburg
01058014	Bendorf	Hanerau-Hademarschen	Rendsburg
01058015	Beringstedt	Hohenwestedt	Rendsburg
01058016	Bissee	Bordesholm	Kiel
01058018	Blumenthal	Kiel	Kiel
01058019	Böhnhusen	Kiel	Kiel
01058021	Bokel	Nortorf	Rendsburg
01058022	Bordesholm	Bordesholm	Neumünster
01058023	Borgdorf-Seedorf	Nortorf	Neumünster
01058024	Borgstedt	Rendsburg	Rendsburg
01058025	Bornholt	Hanerau-Hademarschen	Rendsburg
01058026	Bovenau	Rendsburg	Rendsburg
01058027	Brammer	Nortorf	Rendsburg
01058028	Bredenbek	Felde	Kiel
01058029	Breiholz	Hohn	Rendsburg

Gemeindekennziffer	Gemeindename	Nahbereich	Mittelbereich
01058030	Brekendorf	Owschlag	Eckernförde
01058031	Brinjahe	Hohenwestedt	Rendsburg
01058032	Brodersby	Kappeln	Kappeln
01058033	Brügge	Bordesholm	Kiel
01058034	Büdelsdorf, Stadt	Rendsburg	Rendsburg
01058035	Bünsdorf	Rendsburg	Rendsburg
01058036	Christiansholm	Hohn	Rendsburg
01058037	Dänischenhagen	Kiel	Kiel
01058038	Dätgen	Nortorf	Neumünster
01058039	Damendorf	Owschlag	Eckernförde
01058040	Damp	Eckernförde	Eckernförde
01058042	Dörphof	Kappeln	Kappeln
01058043	Eckernförde, Stadt	Eckernförde	Eckernförde
01058044	Ehndorf	Neumünster	Neumünster
01058045	Eisendorf	Nortorf	Rendsburg
01058046	Ellerdorf	Nortorf	Rendsburg
01058047	Elsdorf-Westermühlen	Hohn	Rendsburg
01058048	Embühren	Hohenwestedt	Rendsburg
01058049	Emkendorf	Nortorf	Rendsburg
01058050	Felde	Felde	Kiel
01058051	Felm	Gettorf	Kiel
01058052	Fleckeby	Eckernförde	Eckernförde
01058053	Flintbek	Kiel	Kiel
01058054	Fockbek	Rendsburg	Rendsburg
01058055	Friedrichsgraben	Hohn	Rendsburg
01058056	Friedrichsholm	Hohn	Rendsburg
01058057	Gammelby	Eckernförde	Eckernförde
01058058	Gettorf	Gettorf	Kiel
01058059	Gnutz	Nortorf	Neumünster
01058061	Gokels	Hanerau-Hademarschen	Rendsburg
01058062	Grauel	Hohenwestedt	Neumünster
01058063	Grevenkrug	Bordesholm	Kiel
01058064	Groß Buchwald	Bordesholm	Neumünster
01058065	Groß Vollstedt	Nortorf	Rendsburg
01058066	Groß Wittensee	Eckernförde	Eckernförde
01058067	Güby	Eckernförde	Eckernförde
01058068	Haale	Hanerau-Hademarschen	Rendsburg
01058069	Haby	Eckernförde	Eckernförde
01058070	Hamdorf	Hohn	Rendsburg
01058071	Hamweddel	Rendsburg	Rendsburg

Gemeindekennziffer	Gemeindename	Nahbereich	Mittelbereich
01058072	Hanerau-Hademarschen	Hanerau-Hademarschen	Rendsburg
01058073	Haßmoor	Rendsburg	Rendsburg
01058074	Heinkenborstel	Hohenwestedt	Neumünster
01058075	Hörsten	Rendsburg	Rendsburg
01058076	Hoffeld	Bordesholm	Neumünster
01058077	Hohenwestedt	Hohenwestedt	Neumünster
01058078	Hohn	Hohn	Rendsburg
01058080	Holtsee	Eckernförde	Eckernförde
01058081	Holzbunge	Rendsburg	Rendsburg
01058082	Holzdorf	Eckemförde	Eckernförde
01058083	Hütten	Owschlag	Eckernförde
01058084	Hummelfeld	Eckernförde	Eckernförde
01058085	Jahrsdorf	Hohenwestedt	Neumünster
01058086	Jevenstedt	Rendsburg	Rendsburg
01058087	Karby	Kappeln	Kappeln
01058088	Klein Wittensee	Eckernförde	Eckernförde
01058089	Königshügel	Hohn	Rendsburg
01058090	Kosel	Eckernförde	Eckernförde
01058091	Krogaspe	Nortorf	Neumünster
01058092	Kronshagen	Kiel	Kiel
01058093	Krummwisch	Felde	Kiel
01058094	Langwedel	Nortorf	Kiel
01058096	Lindau	Gettorf	Kiel
01058097	Lohe-Föhrden	Hohn	Rendsburg
01058098	Loop	Bordesholm	Neumünster
01058099	Loose	Eckernförde	Eckernförde
01058100	Lütjenwestedt	Hanerau-Hademarschen	Rendsburg
01058101	Luhnstedt	Hohenwestedt	Rendsburg
01058102	Goosefeld	Eckernförde	Eckernförde
01058103	Meezen	Hohenwestedt	Neumünster
01058104	Meisdorf	Kiel	Kiel
01058105	Mielkendorf	Kiel	Kiel
01058106	Mörel	Hohenwestedt	Neumünster
01058107	Molfsee	Kiel	Kiel
01058108	Mühbrook	Bordesholm	Neumünster
01058109	Negenharrie	Bordesholm	Neumünster
01058110	Neudorf-Bornstein	Gettorf	Kiel
01058111	Neu Duvenstedt	Rendsburg	Rendsburg
01058112	Neuwittenbek	Gettorf	Kiel
01058113	Nienborstel	Hohenwestedt	Rendsburg

Gemeindekennziffer	Gemeindename	Nahbereich	Mittelbereich
01058115	Nindorf	Hohenwestedt	Neumünster
01058116	Noer	Gettorf	Kiel
01058117	Nortorf, Stadt	Nortorf	Neumünster
01058118	Nübbel	Rendsburg	Rendsburg
01058119	Oldenbüttel	Hanerau-Hademarschen	Rendsburg
01058120	Oldenhütten	Nortorf	Neumünster
01058121	Osdorf	Gettorf	Kiel
01058122	Ostenfeld (Rendsburg)	Rendsburg	Rendsburg
01058123	Osterby	Eckernförde	Eckernförde
01058124	Osterrönfeld	Rendsburg	Rendsburg
01058125	Osterstedt	Hohenwestedt	Neumünster
01058126	Ottendorf	Kiel	Kiel
01058127	Owschlag	Owschlag	Rendsburg
01058128	Padenstedt	Neumünster	Neumünster
01058129	Prinzenmoor	Hohn	Rendsburg
01058130	Quarnbek	Kiel	Kiel
01058131	Rade b. Hohenwestedt	Hohenwestedt	Neumünster
01058132	Rade b. Rendsburg	Rendsburg	Rendsburg
01058133	Reesdorf	Bordesholm	Kiel
01058134	Remmels	Hohenwestedt	Neumünster
01058135	Rendsburg, Stadt	Rendsburg	Rendsburg
01058136	Rickert	Rendsburg	Rendsburg
01058137	Rieseby	Eckernförde	Eckernförde
01058138	Rodenbek	Kiel	Kiel
01058139	Rumohr	Kiel	Kiel
01058140	Schacht-Audorf	Rendsburg	Rendsburg
01058141	Schierensee	Kiel	Kiel
01058142	Schinkel	Gettorf	Kiel
01058143	Schmalstede	Bordesholm	Kiel
01058144	Schönbek	Bordesholm	Neumünster
01058145	Schönhorst	Kiel	Kiel
01058146	Schülldorf	Rendsburg	Rendsburg
01058147	Schülp b. Nortorf	Nortorf	Neumünster
01058148	Schülp b. Rendsburg	Rendsburg	Rendsburg
01058150	Schwedeneck	Kiel	Kiel
01058151	Seefeld	Hanerau-Hademarschen	Rendsburg
01058152	Sehestedt	Rendsburg	Rendsburg
01058153	Sören	Bordesholm	Kiel
01058154	Sophienhamm	Hohn	Rendsburg
01058155	Stafstedt	Hohenwestedt	Rendsburg

Gemeindekennziffer	Gemeindename	Nahbereich	Mittelbereich
01058156	Steenfeld	Hanerau-Hademarschen	Rendsburg
01058157	Strande	Kiel	Kiel
01058158	Tackesdorf	Hanerau-Hademarschen	Rendsburg
01058159	Tappendorf	Hohenwestedt	Neumünster
01058160	Techelsdorf	Kiel	Kiel
01058161	Thaden	Hanerau-Hademarschen	Rendsburg
01058162	Thumby	Eckernförde	Eckernförde
01058163	Timmaspe	Nortorf	Neumünster
01058164	Todenbüttel	Hohenwestedt	Rendsburg
01058165	Tüttendorf	Gettorf	Kiel
01058166	Waabs	Eckernförde	Eckernförde
01058167	Wapelfeld	Hohenwestedt	Neumünster
01058168	Warder	Nortorf	Rendsburg
01058169	Wasbek	Neumünster	Neumünster
01058170	Wattenbek	Bordesholm	Neumünster
01058171	Westensee	Felde	Kiel
01058172	Westerrönfeld	Rendsburg	Rendsburg
01058173	Windeby	Eckernförde	Eckernförde
01058174	Winnemark	Kappeln	Kappeln
01058175	Ahlefeld-Bistensee	Owschlag	Eckernförde
Kreis Schleswig-Flensburg			
01059001	Alt Bennebek	Kropp	Schleswig
01059002	Arnis, Stadt	Kappeln	Kappeln
01059005	Bergenhusen	Erfde	Schleswig
01059006	Böel	Süderbrarup	Schleswig
01059008	Böklund	Böklund	Schleswig
01059009	Börm	Kropp	Schleswig
01059010	Bollingstedt	Silberstedt	Schleswig
01059012	Borgwedel	Schleswig	Schleswig
01059018	Busdorf	Schleswig	Schleswig
01059019	Dannewerk	Schleswig	Schleswig
01059020	Dörpstedt	Kropp	Schleswig
01059023	Ellingstedt	Silberstedt	Schleswig
01059024	Erfde	Erfde	Rendsburg
01059026	Fahrdorf	Schleswig	Schleswig
01059032	Geltorf	Schleswig	Schleswig
01059034	Grödersby	Kappeln	Kappeln
01059035	Groß Rheide	Kropp	Schleswig

Gemeindekennziffer	Gemeindename	Nahbereich	Mittelbereich
01059037	Havetoft	Böklund	Schleswig
01059039	Hollingstedt	Silberstedt	Schleswig
01059041	Hüsby	Schleswig	Schleswig
01059042	Idstedt	Schleswig	Schleswig
01059043	Jagel	Schleswig	Schleswig
01059044	Jübek	Silberstedt	Schleswig
01059045	Kappeln, Stadt	Kappeln	Kappeln
01059049	Klappholz	Böklund	Schleswig
01059050	Klein Bennebek	Kropp	Schleswig
01059051	Klein Rheide	Kropp	Schleswig
01059053	Kropp	Kropp	Schleswig
01059055	Loit	Süderbrarup	Schleswig
01059056	Lottorf	Schleswig	Schleswig
01059057	Lürschau	Schleswig	Schleswig
01059058	Meggerdorf	Erfde	Rendsburg
01059060	Mohrkirch	Süderbrarup	Schleswig
01059062	Neuberend	Schleswig	Schleswig
01059063	Norderbrarup	Süderbrarup	Schleswig
01059065	Nottfeld	Süderbrarup	Schleswig
01059067	Oersberg	Kappeln	Kappeln
01059068	Rabenkirchen-Faulück	Kappeln	Kappeln
01059070	Rügge	Süderbrarup	Schleswig
01059072	Saustrup	Süderbrarup	Schleswig
01059073	Schaalby	Schleswig	Schleswig
01059074	Scheggerott	Süderbrarup	Kappeln
01059075	Schleswig, Stadt	Schleswig	Schleswig
01059076	Schnarup-Thumby	Mittelangeln	Schleswig
01059077	Schuby	Schleswig	Schleswig
01059078	Selk	Schleswig	Schleswig
01059079	Silberstedt	Silberstedt	Schleswig
01059080	Steinfeld	Süderbrarup	Schleswig
01059081	Stolk	Böklund	Schleswig
01059082	Struxdorf	Böklund	Schleswig
01059083	Süderbrarup	Süderbrarup	Schleswig
01059084	Süderfahrenstedt	Böklund	Schleswig
01059086	Taarstedt	Schleswig	Schleswig
01059087	Tetenhusen	Kropp	Schleswig
01059088	Tielen	Erfde	Rendsburg
01059090	Tolk	Böklund	Schleswig
01059092	Treia	Silberstedt	Schleswig
01059093	Uelsby	Böklund	Schleswig

Gemeindekennziffer	Gemeindename	Nahbereich	Mittelbereich
01059094	Ulsnis	Süderbrarup	Schleswig
01059095	Wagersrott	Süderbrarup	Kappeln
01059096	Wohlde	Erfde	Schleswig
01059097	Twedt	Böklund	Schleswig
01059098	Nübel	Schleswig	Schleswig
01059102	Ahneby	Steinbergkirche	Flensburg
01059103	Ausacker	Flensburg	Flensburg
01059105	Böxlund	Schafflund	Flensburg
01059106	Dollerup	Sörup	Flensburg
01059107	Eggebek	Tarp	Flensburg
01059109	Esgrus	Steinbergkirche	Kappeln
01059112	Gelting	Gelting	Kappeln
01059113	Glücksburg (Ostsee), Stadt	Flensburg	Flensburg
01059115	Großenwiehe	Großenwiehe	Flensburg
01059116	Großsolt	Mittelangeln	Flensburg
01059118	Grundhof	Sörup	Flensburg
01059120	Harrislee	Flensburg	Flensburg
01059121	Hasselberg	Gelting	Kappeln
01059123	Hörup	Schafflund	Flensburg
01059124	Holt	Schafflund	Flensburg
01059126	Hürup	Flensburg	Flensburg
01059127	Husby	Flensburg	Flensburg
01059128	Janneby	Tarp	Flensburg
01059129	Jardelund	Schafflund	Flensburg
01059131	Jerrishoe	Tarp	Flensburg
01059132	Jörl	Tarp	Flensburg
01059136	Kronsgaard	Gelting	Kappeln
01059137	Langballig	Flensburg	Flensburg
01059138	Langstedt	Tarp	Flensburg
01059142	Maasholm	Gelting	Kappeln
01059143	Medelby	Schafflund	Flensburg
01059144	Meyn	Schafflund	Flensburg
01059145	Munkbrarup	Flensburg	Flensburg
01059147	Nieby	Gelting	Kappeln
01059148	Niesgrau	Ortsteil Koppelheck mit Gelting-Mole: Nahbereich Gelting; alle übrigen Ortsteile: Nahbereich Steinbergkirche	Kappeln
01059149	Nordhackstedt	Schafflund	Flensburg
01059151	Osterby	Schafflund	Flensburg

Gemeindekennziffer	Gemeindename	Nahbereich	Mittelbereich
01059152	Pommerby	Gelting	Kappeln
01059154	Rabel	Kappeln	Kappeln
01059155	Rabenholz	Gelting	Kappeln
01059157	Ringsberg	Flensburg	Flensburg
01059158	Schafflund	Schafflund	Flensburg
01059159	Sieverstedt	Tarp	Flensburg
01059161	Sörup	Sörup	Flensburg
01059162	Sollerup	Tarp	Flensburg
01059163	Stangheck	Gelting	Kappeln
01059164	Steinberg	Steinbergkirche	Flensburg
01059167	Sterup	Steinbergkirche	Flensburg
01059168	Stoltebüll	Ortsteile Guide, Wittkiel: Nahbereich Kappeln; alle übrigen Ortsteile: Nahbereich Gelting	Kappeln
01059169	Süderhackstedt	Tarp	Flensburg
01059171	Tarp	Tarp	Flensburg
01059173	Wallsbüll	Schafflund	Flensburg
01059174	Wanderup	Tarp	Flensburg
01059176	Wees	Flensburg	Flensburg
01059177	Weesby	Schafflund	Flensburg
01059178	Westerholz	Flensburg	Flensburg
01059179	Lindewitt	Großenwiehe	Flensburg
01059182	Freienwill	Flensburg	Flensburg
01059183	Handewitt	Flensburg	Flensburg
01059184	Oeversee	Tarp	Flensburg
01059185	Mittelangeln	Mittelangeln	Flensburg
01059186	Steinbergkirche	Steinbergkirche	Flensburg
01059187	Boren	Süderbrarup	Kappeln
01059188	Stapel	Erfde	Husum
01059189	Brodersby-Goltoft	Schleswig	Schleswig
Kreis Segeberg			
01060002	Alveslohe	Kaltenkirchen	Kaltenkirchen
01060003	Armstedt	Bad Bramstedt	Neumünster
01060004	Bad Bramstedt, Stadt	Bad Bramstedt	Neumünster
01060005	Bad Segeberg, Stadt	Bad Segeberg/Wahlstedt	Bad Segeberg
01060006	Bahrenhof	Bad Segeberg/Wahlstedt	Bad Segeberg
01060007	Bark	Leezen	Bad Segeberg
01060008	Bebensee	Leezen	Bad Segeberg

Gemeindekennziffer	Gemeindename	Nahbereich	Mittelbereich
01060009	Bimöhlen	Bad Bramstedt	Neumünster
01060010	Blunk	Bad Segeberg/Wahlstedt	Bad Segeberg
01060011	Boostedt	Neumünster	Neumünster
01060012	Bornhöved	Bornhöved/Trappenkamp	Neumünster
01060013	Borstel	Kellinghusen	Neumünster
1060014	Buchholz (Forstgutsbezirk)	Bad Segeberg/Wahlstedt	Bad Segeberg
01060015	Bühnsdorf	Bad Segeberg/Wahlstedt	Bad Segeberg
01060016	Daldorf	Bornhöved/Trappenkamp	Bad Segeberg
01060017	Damsdorf	Bornhöved/Trappenkamp	Bad Segeberg
01060018	Dreggers	Bad Segeberg/Wahlstedt	Bad Segeberg
01060019	Ellerau	Quickborn	Norderstedt
01060020	Fahrenkrug	Bad Segeberg/Wahlstedt	Bad Segeberg
01060021	Föhrden-Barl	Bad Bramstedt	Neumünster
01060022	Fredesdorf	Leezen	Bad Segeberg
01060023	Fuhlendorf	Bad Bramstedt	Neumünster
01060024	Geschendorf	Bad Segeberg/Wahlstedt	Bad Segeberg
01060025	Glasau	Ahrensbök	Eutin
01060026	Gönnebek	Bornhöved/Trappenkamp	Neumünster
01060027	Großenaspe	Neumünster	Neumünster
01060028	Groß Kummerfeld	Neumünster	Neumünster
01060029	Groß Niendorf	Leezen	Bad Segeberg
01060030	Groß Rönnau	Bad Segeberg/Wahlstedt	Bad Segeberg
01060031	Hagen	Bad Bramstedt	Neumünster
01060033	Hardebek	Bad Bramstedt	Neumünster
01060034	Hartenholm	Kaltenkirchen	Kaltenkirchen
01060035	Hasenkrug	Bad Bramstedt	Neumünster
01060036	Hasenmoor	Kaltenkirchen	Kaltenkirchen
01060037	Heidmoor	Bad Bramstedt	Kaltenkirchen
01060038	Heidmühlen	Neumünster	Neumünster
01060039	Henstedt-Ulzburg	Henstedt-Ulzburg	Kaltenkirchen
01060040	Hitzhusen	Bad Bramstedt	Neumünster
01060041	Högersdorf	Bad Segeberg/Wahlstedt	Bad Segeberg
01060042	Hüttblek	Kaltenkirchen	Kaltenkirchen

Gemeindekennziffer	Gemeindename	Nahbereich	Mittelbereich
01060043	Itzstedt	Nahe/Itzstedt	Bad Segeberg
01060044	Kaltenkirchen, Stadt	Kaltenkirchen	Kaltenkirchen
01060045	Kattendorf	Kaltenkirchen	Kaltenkirchen
01060046	Kayhude	Nahe/Itzstedt	Norderstedt
01060047	Kisdorf	Kaltenkirchen	Kaltenkirchen
01060048	Klein Gladebrügge	Bad Segeberg/Wahlstedt	Bad Segeberg
01060049	Klein Rönnau	Bad Segeberg/Wahlstedt	Bad Segeberg
01060050	Krems II	Bad Segeberg/Wahlstedt	Bad Segeberg
01060051	Kükels	Leezen	Bad Segeberg
01060052	Latendorf	Neumünster	Neumünster
01060053	Leezen	Leezen	Bad Segeberg
01060054	Lentföhrden	Bad Bramstedt	Kaltenkirchen
01060056	Mönkloh	Bad Bramstedt	Kaltenkirchen
01060057	Mözen	Leezen	Bad Segeberg
01060058	Nahe	Nahe/Itzstedt	Bad Segeberg
01060059	Negernbötel	Bad Segeberg/Wahlstedt	Bad Segeberg
01060060	Nehms	Bad Segeberg/Wahlstedt	Bad Segeberg
01060061	Neuengörs	Bad Segeberg/Wahlstedt	Bad Segeberg
01060062	Neversdorf	Leezen	Bad Segeberg
01060063	Norderstedt, Stadt	Norderstedt	Norderstedt
01060064	Nützen	Kaltenkirchen	Kaltenkirchen
01060065	Oering	Nahe/Itzstedt	Bad Segeberg
01060066	Oersdorf	Kaltenkirchen	Kaltenkirchen
01060067	Pronstorf	Bad Segeberg/Wahlstedt	Bad Segeberg
01060068	Rickling	Bornhöved/Trappenkamp	Neumünster
01060069	Rohlstorf	Bad Segeberg/Wahlstedt	Bad Segeberg
01060070	Schackendorf	Bad Segeberg/Wahlstedt	Bad Segeberg
01060071	Schieren	Bad Segeberg/Wahlstedt	Bad Segeberg
01060072	Schmalensee	Bornhöved/Trappenkamp	Bad Segeberg
01060073	Schmalfeld	Kaltenkirchen	Kaltenkirchen
01060074	Schwissel	Leezen	Bad Segeberg
01060075	Seedorf	Bad Segeberg/Wahlstedt	Bad Segeberg

Gemeindekennziffer	Gemeindename	Nahbereich	Mittelbereich
01060076	Seth	Nahe/Itzstedt	Bad Segeberg
01060077	Sievershütten	Kaltenkirchen	Kaltenkirchen
01060079	Stipsdorf	Bad Segeberg/Wahlstedt	Bad Segeberg
01060080	Stocksee	Bornhöved/Trappenkamp	Bad Segeberg
01060081	Strukdorf	Bad Segeberg/Wahlstedt	Bad Segeberg
01060082	Struvenhütten	Kaltenkirchen	Kaltenkirchen
01060084	Stuvenborn	Kaltenkirchen	Kaltenkirchen
01060085	Sülfeld	Nahe/Itzstedt	Bad Segeberg
01060086	Tarbek	Bornhöved/Trappenkamp	Bad Segeberg
01060087	Tensfeld	Bornhöved/Trappenkamp	Bad Segeberg
01060088	Todesfelde	Leezen	Bad Segeberg
01060089	Trappenkamp	Bornhöved/Trappenkamp	Neumünster
01060090	Travenhorst	Bad Segeberg/Wahlstedt	Bad Segeberg
01060091	Traventhal	Bad Segeberg/Wahlstedt	Bad Segeberg
01060092	Wahlstedt, Stadt	Bad Segeberg/Wahlstedt	Bad Segeberg
01060093	Wakendorf I	Bad Segeberg/Wahlstedt	Bad Segeberg
01060094	Wakendorf II	Henstedt-Ulzburg	Kaltenkirchen
01060095	Weddelbrook	Bad Bramstedt	Kaltenkirchen
01060096	Weede	Bad Segeberg/Wahlstedt	Bad Segeberg
01060097	Wensin	Bad Segeberg/Wahlstedt	Bad Segeberg
01060098	Westerrade	Bad Segeberg/Wahlstedt	Bad Segeberg
01060099	Wiemersdorf	Bad Bramstedt	Neumünster
01060100	Winsen	Kaltenkirchen	Kaltenkirchen
01060101	Wittenborn	Leezen	Bad Segeberg
Kreis Steinburg			
01061001	Aasbüttel	Schenefeld	Itzehoe
01061002	Aebtissinwisch	Wilster	Brunsbüttel
01061003	Agethorst	Schenefeld	Itzehoe
01061004	Altenmoor	Horst (Holstein)	Elmshorn
01061005	Aufer	Kellinghusen	Itzehoe
01061006	Bahrenfleth	Krempe	Itzehoe
01061007	Beidenfleth	Wilster	Itzehoe

Gemeindekennziffer	Gemeindename	Nahbereich	Mittelbereich
01061008	Bekdorf	Wilster	Itzehoe
01061010	Bekmünde	Itzehoe	Itzehoe
01061011	Besdorf	Wacken	Itzehoe
01061012	Blomesche Wildnis	Glückstadt	Itzehoe
01061013	Bokelrehm	Wacken	Itzehoe
01061014	Bokhorst	Schenefeld	Itzehoe
01061015	Borsfleth	Ortsteile Borsfleth, Borsflether Altendeich, Borsflether Büttel, Ivenfleth: Nahbereich Glückstadt; alle übrigen Ortsteile: Nahbereich Krempe	Itzehoe
01061016	Breitenberg	Kellinghusen	Itzehoe
01061017	Breitenburg	Itzehoe	Itzehoe
01061018	Brokdorf	Wilster	Brunsbüttel
01061019	Brokstedt	Kellinghusen	Neumünster
01061020	Büttel	Brunsbüttel	Brunsbüttel
01061021	Christinenthal	Schenefeld	Itzehoe
01061022	Dägeling	Itzehoe	Itzehoe
01061023	Dammfleth	Wilster	Itzehoe
01061024	Drage	Schenefeld	Itzehoe
01061025	Ecklak	Wilster	Brunsbüttel
01061026	Elskop	Krempe	Itzehoe
01061027	Engelbr. Wildnis	Glückstadt	Itzehoe
01061028	Fitzbek	Kellinghusen	Neumünster
01061029	Glückstadt, Stadt	Glückstadt	Itzehoe
01061030	Grevenkop	Krempe	Itzehoe
01061031	Gribbohm	Wacken	Itzehoe
01061033	Hadenfeld	Schenefeld	Itzehoe
01061034	Heiligenstedten	Itzehoe	Itzehoe
01061035	Heiligenstedtenerkamp	Itzehoe	Itzehoe
01061036	Hennstedt	Kellinghusen	Neumünster
01061037	Herzhorn	Glückstadt	Itzehoe
01061038	Hingstheide	Kellinghusen	Itzehoe
01061039	Hodorf	Itzehoe	Itzehoe
01061040	Hohenaspe	Itzehoe	Itzehoe
01061041	Hohenfelde	Horst (Holstein)	Elmshorn
01061042	Hohenlockstedt	Hohenlockstedt	Itzehoe
01061043	Holstenniendorf	Wacken	Itzehoe
01061044	Horst (Holstein)	Horst (Holstein)	Elmshorn
01061045	Huje	Wilster	Itzehoe
01061046	Itzehoe, Stadt	Itzehoe	Itzehoe

Gemeindekennziffer	Gemeindename	Nahbereich	Mittelbereich
01061047	Kaaks	Itzehoe	Itzehoe
01061048	Kaisborstel	Schenefeld	Itzehoe
01061049	Kellinghusen, Stadt	Kellinghusen	Itzehoe
01061050	Kiebitzreihe	Horst (Holstein)	Elmshorn
01061052	Kleve	Wilster	Itzehoe
01061053	Kollmoor	Itzehoe	Itzehoe
01061054	Krempdorf	Krempe	Itzehoe
01061055	Krempe, Stadt	Krempe	Itzehoe
01061056	Kremperheide	Itzehoe	Itzehoe
01061057	Krempermoor	Itzehoe	Itzehoe
01061058	Kronsmoor	Itzehoe	Itzehoe
01061059	Krummendiek	Wilster	Itzehoe
01061060	Kudensee	Brunsbüttel	Brunsbüttel
01061061	Lägerdorf	Itzehoe	Itzehoe
01061062	Landrecht	Wilster	Itzehoe
01061063	Landscheide	Brunsbüttel	Brunsbüttel
01061064	Lockstedt	Hohenlockstedt	Itzehoe
01061065	Lohbarbek	Hohenlockstedt	Itzehoe
01061066	Looft	Schenefeld	Itzehoe
01061067	Mehlbek	Schenefeld	Itzehoe
01061068	Moordiek	Kellinghusen	Itzehoe
01061070	Moorhusen	Wilster	Itzehoe
01061071	Mühlenbarbek	Kellinghusen	Itzehoe
01061072	Münsterdorf	Itzehoe	Itzehoe
01061073	Neuenbrook	Krempe	Itzehoe
01061074	Neuendorf b. Elmshorn	Elmshorn	Elmshorn
01061076	Nienbüttel	Wacken	Itzehoe
01061077	Nortorf	Wilster	Brunsbüttel
01061078	Nutteln	Wacken	Itzehoe
01061079	Oelixdorf	Itzehoe	Itzehoe
01061080	Oeschebüttel	Kellinghusen	Itzehoe
01061081	Oldenborstel	Schenefeld	Itzehoe
01061082	Oldendorf	Itzehoe	Itzehoe
01061083	Ottenbüttel	Itzehoe	Itzehoe
01061084	Peissen	Hohenlockstedt	Itzehoe
01061085	Pöschendorf	Schenefeld	Itzehoe
01061086	Poyenberg	Hohenwestedt	Neumünster
01061087	Puls	Schenefeld	Itzehoe
01061088	Quarnstedt	Kellinghusen	Itzehoe
01061089	Rade	Kellinghusen	Itzehoe
01061091	Reher	Schenefeld	Itzehoe

Gemeindekennziffer	Gemeindename	Nahbereich	Mittelbereich
01061092	Rethwisch	Itzehoe	Itzehoe
01061093	Rosdorf	Kellinghusen	Itzehoe
01061095	Sankt Margarethen	Brunsbüttel	Brunsbüttel
01061096	Sarihusen	Kellinghusen	Neumünster
01061097	Schenefeld	Schenefeld	Itzehoe
01061098	Schlotfeld	Hohenlockstedt	Itzehoe
01061100	Silzen	Hohenlockstedt	Itzehoe
01061101	Sommerland	Ortsteile Berghof, Brunsholt, Siethwende, Schönmoor, Grönland: Nahbereich Horst (Holstein); alle übrigen Ortsteile: Nahbereich Krempe	Itzehoe
01061102	Stördorf	Wilster	Itzehoe
01061103	Störkathen	Kellinghusen	Itzehoe
01061104	Süderau	Krempe	Itzehoe
01061105	Vaale	Wacken	Itzehoe
01061106	Vaalermoor	Wacken	Itzehoe
01061107	Wacken	Wacken	Itzehoe
01061108	Warringholz	Schenefeld	Itzehoe
01061109	Westermoor	Itzehoe	Itzehoe
01061110	Wewelsfleth	Wilster	Itzehoe
01061111	Wiedenborstel	Kellinghusen	Neumünster
01061112	Willenscharen	Kellinghusen	Neumünster
01061113	Wilster, Stadt	Wilster	Itzehoe
01061114	Winseldorf	Hohenlockstedt	Itzehoe
01061115	Wittenbergen	Kellinghusen	Itzehoe
01061116	Wrist	Kellinghusen	Itzehoe
01061117	Wulfsmoor	Kellinghusen	Itzehoe
01061118	Kollmar	Glückstadt	Itzehoe
01061119	Neuendorf-Sachsenbande	Wilster	Brunsbüttel
Kreis Stormarn			
01062001	Ahrensburg, Stadt	Ahrensburg	Ahrensburg
01062003	Badendorf	Lübeck	Lübeck
01062004	Bad Oldesloe, Stadt	Bad Oldesloe	Bad Oldesloe
01062005	Bargfeld-Stegen	Bargteheide	Ahrensburg
01062006	Bargteheide, Stadt	Bargteheide	Ahrensburg
01062008	Barnitz	Reinfeld (Holstein)	Bad Oldesloe
01062009	Barsbüttel	Barsbüttel	Reinbek/Glinde/ Wentorf bei Hamburg
01062011	Braak	Ahrensburg	Ahrensburg

Gemeindekennziffer	Gemeindename	Nahbereich	Mittelbereich
01062014	Delingsdorf	Bargteheide	Ahrensburg
01062016	Elmenhorst	Bargteheide	Ahrensburg
01062018	Glinde, Stadt	Reinbek/Glinde/Wentorf bei Hamburg	Reinbek/Glinde/Wentorf bei Hamburg
01062019	Grabau	Bad Oldesloe	Bad Oldesloe
01062020	Grande	Trittau	Ahrensburg
01062021	Grönwohld	Trittau	Ahrensburg
01062022	Großensee	Trittau	Ahrensburg
01062023	Großhansdorf	Ahrensburg	Ahrensburg
01062025	Hamberge	Lübeck	Lübeck
01062026	Hamfelde	Trittau	Ahrensburg
01062027	Hammoor	Bargteheide	Ahrensburg
01062031	Heidekamp	Reinfeld (Holstein)	Bad Oldesloe
01062032	Heilshoop	Reinfeld (Holstein)	Lübeck
01062033	Hohenfelde	Trittau	Ahrensburg
01062035	Hoisdorf	Ahrensburg	Ahrensburg
01062036	Jersbek	Bargteheide	Ahrensburg
01062039	Klein Wesenberg	Lübeck	Lübeck
01062040	Köthel	Trittau	Ahrensburg
01062045	Lütjensee	Trittau	Ahrensburg
01062046	Meddewade	Bad Oldesloe	Bad Oldesloe
01062048	Mönkhagen	Lübeck	Lübeck
01062050	Neritz	Bad Oldesloe	Bad Oldesloe
01062051	Nienwohld	Bargteheide	Ahrensburg
01062053	Oststeinbek	Reinbek/Glinde/Wentorf bei Hamburg	Reinbek/Glinde/Wentorf bei Hamburg
01062056	Pölitz	Bad Oldesloe	Bad Oldesloe
01062058	Rausdorf	Trittau	Ahrensburg
01062059	Rehhorst	Reinfeld (Holstein)	Bad Oldesloe
01062060	Reinbek, Stadt	Reinbek/Glinde/Wentorf bei Hamburg	Reinbek/Glinde/Wentorf bei Hamburg
01062061	Reinfeld (Holstein), Stadt	Reinfeld (Holstein)	Bad Oldesloe
01062062	Rethwisch	Bad Oldesloe	Bad Oldesloe
01062065	Rümpel	Bad Oldesloe	Bad Oldesloe
01062069	Siek	Ahrensburg	Ahrensburg
01062071	Stapelfeld	Ahrensburg	Ahrensburg
01062076	Tangstedt	Norderstedt	Norderstedt
01062078	Todendorf	Steinburg	Ahrensburg
01062081	Tremsbüttel	Bargteheide	Ahrensburg
01062082	Trittau	Trittau	Ahrensburg

Gemeindekennziffer	Gemeindename	Nahbereich	Mittelbereich
01062083	Westerau	Reinfeld (Holstein)	Bad Oldesloe
01062086	Witzhave	Trittau	Ahrensburg
01062087	Zarpen	Reinfeld (Holstein)	Lübeck
01062088	Brunsbek	Barsbüttel	Reinbek/Glinde/Wentorf bei Hamburg
01062089	Lasbek	Steinburg	Bad Oldesloe
01062090	Ammersbek	Ahrensburg	Ahrensburg
01062091	Steinburg	Steinburg	Bad Oldesloe
01062092	Travenbrück	Bad Oldesloe	Bad Oldesloe
01062093	Feldhorst	Reinfeld (Holstein)	Bad Oldesloe
01062094	Wesenberg	Reinfeld (Holstein)	Lübeck

4. Planungsanzeigen sowie Unterrichtungen nach dem Landesplanungsgesetz

Erlass des Ministeriums für Inneres, ländliche Räume und Integration
– Landesplanungsbehörde – IV 62 –
vom 1. Mai 2020 (Amtsbl. Schl.-H. 2020 S. 912)

Bezug: Landesplanungsgesetz in der Fassung vom 27. Januar 2014 (GOVBl. S. 8), zuletzt geändert durch Artikel 1 des Gesetzes zur Änderung des Landesplanungsgesetzes vom 20. Mai 2019 (GOVBl. S. 98) [im Folgenden LaplaG].

I. Einleitung

Die bis Ende 2019 befristete Geltungsdauer des Erlasses zu Planungsanzeigen sowie Unterrichtungen nach dem Landesplanungsgesetz (LaplaG) hat eine Aktualisierung erforderlich gemacht. Sie ist zum Anlass genommen worden, um auf ein digitales Verfahren umzustellen. Planungsanzeigen sollen zukünftig ausschließlich auf digitalem Wege ausgetauscht werden.

II. Planungsanzeige nach § 11 LaplaG

Nach § 11 Abs. 1 LaplaG haben Städte und Gemeinden der Landesplanungsbehörde frühzeitigd die beabsichtigte Aufstellung von Bauleitplänen anzuzeigen. Soweit erforderlich teilt die Landesplanungsbehörde den Gemeinden innerhalb einer Frist von zwei Monaten, nach der ihr beurteilungsfähige Planunterlagen vorliegen, die zu beachtenden Erfordernisse der Raumordnung (§ 3 Abs. 1 Nummer 1 ROG) mit (§ 11 Abs. 2 Satz 1 LaplaG i. V. m. § 1 Abs. 4 BauGB). Die höhere Verwaltungsbehörde erhält nachrichtlich eine Mitteilung der zu beachtenden Erfordernisse der Raumordnung in digitaler Fassung.

Die in den Stellungnahmen der Landesplanungsbehörde nach § 11 LaplaG bekannt gegebenen Ziele der Raumordnung sind zu beachten und nicht der Abwägung zugänglich. Die ggf. darüber hinaus in der landesplanerischen Stellungnahme enthaltenen Grundsätze und sonstigen Erfordernisse der Raumordnung sind im weiteren Bauleitplanverfahren zu berücksichtigen und sind der Abwägung zugänglich.

§ 11 Abs. 3 LaplaG eröffnet der Landesplanungsbehörde die Möglichkeit, in bestimmten Fällen auf die Anzeigepflicht nach § 11 Abs. 1 LaplaG zu verzichten (siehe Ziffer 2).

1 Anzeigepflicht nach § 11 Abs. 1 LaplaG:

1.1 Planungsanzeigen der Städte und Gemeinden sind als solche eindeutig zu kennzeichnen und in einer digitalen Fassung an die Landesplanungsbehörde (Abteilung 6 „Landesplanung und ländliche Räume", E-Mailadresse: landesplanung@im.landsh.de) und nachrichtlich an das Referat IV 52 „Städtebau und Ortsplanung, Städtebaurecht" (E-Mailadresse: bauleitplanung@im.landsh.de) im Ministerium für Inneres, ländliche Räume und Integration des Landes Schleswig-Holstein (MILI) zusenden. Gleichzeitig senden kreisangehörige Städte und Gemeinden ihre Planungsanzeige in einer digitalen Fassung an die Landrätin bzw. den Landrat.

1.2 Zu den Planungsanzeigen der Städte und Gemeinden, für die die Landrätin bzw. der Landrat die höhere Verwaltungsbehörde ist, senden die Landrätin bzw. der Landrat eine erste Voreinschätzung aus übergeordneter planerischer Sicht in digitaler Fassung an die Landesplanungsbehörde und nachrichtlich an das Referat IV 52 „Städtebau und Ortsplanung, Städtebaurecht" sowie die jeweilige Gemeinde. Zu den Planungsanzeigen der übrigen kreisangehörigen Städte und Gemeinden soll die Landrätin bzw. der Landrat im Rahmen ihrer/seiner allgemeinen Aufgaben eine Stellungnahme an die Landesplanungsbehörde abgeben.

1.3 In Einzelfällen kann die Landesplanungsbehörde ergänzend zur digitalen Fassung auch Planunterlagen in Papierform anfordern.

1.4 Planungsanzeigen sind möglichst frühzeitig nach dem Aufstellungsbeschluss und spätestens parallel zur frühzeitigen Beteiligung der Behörden und sonstigen Träger öffentlicher Belange (§ 4 Abs. 1 BauGB) zu erstatten.

1.5 Um die auf den Einzelfall und die jeweiligen örtlichen Gegebenheiten zutreffenden Ziele der Raumordnung bekannt geben zu können, müssen der Planungsanzeige Lagepläne und – soweit bereits vorhanden – erste Planskizzen beigefügt werden sowie Angaben über Art und Umfang der vorgesehenen Flächennutzung (z. B. die Zahl der geplanten Wohneinheiten oder die Größenordnung der geplanten Verkaufsfläche) und über die zeitlichen Vorstellungen der Verwirklichung der Planungen zu entnehmen sein. Digitale Texte sollen nach Möglichkeit als PDF-Dokumente bereitgestellt werden.

1.6 Zur Führung des Raumordnungsinformationssystems der Landesplanungsbehörde sind entsprechend § 23 LaplaG die Plankarten zusätzlich über WFS-Geodatendienste oder mittels GIS- oder CAD-Daten im Vektorformat im Rahmen der Planungsanzeige zur Verfügung zu stellen. Sofern vorhanden, sollen Daten entsprechend des Standards XPlanung übersendet werden.

1.7 Die Landesplanungsbehörde nimmt zu den Planungsanzeigen innerhalb einer Frist von zwei Monaten auf digitalem Wege Stellung; die Frist beginnt mit der Vorlage (Eingangsdatum) beurteilungsfähiger Unterlagen einschließlich des Votums der Landrätin bzw. des Landrates. Davon unberührt bleibt die Durchführung raumplanerischer Abstimmungsverfahren gemäß § 11 Abs. 4 LaplaG.

1.8 Die Landesplanungsbehörde ist in geeigneter Weise über den weiteren Fortgang der Planverfahren zu unterrichten; dies gilt insbesondere, wenn eine erneute Auslegung erforderlich wird.

2 Verzicht auf die Anzeigepflicht nach § 11 Abs. 3 LaplaG:

2.1 Die Landesplanungsbehörde verzichtet bei der Aufstellung, Änderung oder Ergänzung von Bebauungsplänen, die sich aus dem Flächennutzungsplan entwickeln und in denen die Festsetzung von Kleinsiedlungsgebieten, besonderen, reinen oder allgemeinen Wohngebieten, Dorf- oder Mischgebieten oder Grünflächen (§ 9 Abs. 1 Nummer 15 BauGB) vorgesehen ist, auf eine Planungsanzeige gem. § 11 Abs. 1 LaplaG. Das gilt entsprechend bei der Aufhebung von Bebauungsplänen. In diesen Fällen gibt die Landesplanung keine Stellungnahme ab.

2.2 Bei Städten und Gemeinden, die als Zentrale Orte oder Stadtrandkerne eingestuft sind, verzichtet die Landesplanung außerdem bei Bebauungsplänen der Innenentwicklung nach § 13a BauGB, bei denen eine Anpassung des Flächennutzungsplans im Wege der Berichtigung erfolgt, auf eine Planungsanzeige. Voraussetzung ist, dass diese Bebauungspläne die Festsetzung der in Ziffer 2.1 genannten Gebiete bzw. Grünflächen zum Gegenstand haben.

2.3 Im Übrigen sind – außer in den Fällen der selbstständigen Bebauungspläne nach § 8 Abs. 2 BauGB – Planungsanzeigen entbehrlich, wenn Belange der Raumordnung nicht oder nur unwesentlich berührt sind. Dies ist in der Regel bei folgenden Fallgruppen anzunehmen:

- Änderung und Ergänzung von Bebauungsplänen im vereinfachten Verfahren nach § 13 BauGB;
- Änderung der Stellung von baulichen Anlagen, Änderung von baugestalterischen Festsetzungen und/oder Änderung der inneren Verkehrserschließung eines Baugebietes;
- Änderung der Festsetzungen von Grundflächenzahl, Geschossflächenzahl und/oder überbaubaren Grundstücksflächen, sofern in diesen Fällen keine Erhöhung von Verkaufsflächen ermöglicht wird.

2.4 Unbeschadet des Verzichts auf eine Planungsanzeige und die Mitteilung der zu beachtenden Erfordernisse der Raumordnung durch die Landesplanungsbehörde besteht gem. § 1 Abs. 4 BauGB die Verpflichtung zur Anpassung der Bauleitpläne an die Ziele der Raumordnung. Die Ziele der Raumordnung sind verbindliche Vorgaben für die planende Gemeinde und können durch Abwägung nicht überwunden werden.

III. Unterrichtung nach § 12 LaplaG

Neben der Anzeigepflicht nach § 11 LaplaG besteht nach § 12 Abs. 2 LaplaG die Verpflichtung zur Unterrichtung der Landesplanungsbehörde über raumbedeutsame Planungen und Maßnahmen. Insofern dient § 12 der Informationsbeschaffung der Landesplanungsbehörde und trägt den Regelungen zur raumordnerischen Zusammenarbeit des § 10 LaplaG sowie des § 14 des Raumordnungsgesetzes des Bundes (ROG) Rechnung.

Raumbedeutsame kommunale Planungen und Maßnahmen sind daher der Landesplanungsbehörde mitzuteilen.

Mit Ausnahme der zentralen Orte und Stadtrandkerne ist die Landesplanungsbehörde auf der Grundlage des § 12 LaplaG weiterhin auch über Planungen von Satzungen nach §§ 34 und 35 BauGB zu informieren.

Eine gesonderte Unterrichtung der Landesplanungsbehörde ist entbehrlich, wenn die Landesplanungsbehörde bereits ein Raumordnungsverfahren durchgeführt hat oder entschieden hat, auf die Durchführung eines Raumordnungsverfahrens zu verzichten und eine Beteiligung der Landesplanungsbehörde im Rahmen eines Genehmigungs- oder sonstigen Fachverfahrens erfolgt.

IV. Schlussbestimmungen

Dieser Erlass tritt rückwirkend zum 1. Januar 2020 in Kraft.

Stichwortverzeichnis

Die fett gedruckten Zahlen verweisen auf den Paragrafen
und die mager gedruckte Zahl auf die Gliederungsnummer.

L

M

N

O

P

R

S

T

U

V

Z